经以修身
赴德尚美

贺教育部
本科改问项目

成果出版

李和林
2018

教育部哲学社会科学研究重大课题攻关项目
"十三五"国家重点出版物出版规划项目

# 英语世界的中国文学译介与研究

## TRANSLATION AND RESEARCH OF CHINESE LITERATURE IN THE ENGLISH-SPEAKING WORLD

曹顺庆 等著

中国财经出版传媒集团
经济科学出版社
Economic Science Press

#### 图书在版编目（CIP）数据

英语世界的中国文学译介与研究/曹顺庆等著．
—北京：经济科学出版社，2021.5
教育部哲学社会科学研究重大课题攻关项目"十三五"
国家重点出版物出版规划项目
ISBN 978-7-5218-2568-8

Ⅰ.①英⋯ Ⅱ.①曹⋯ Ⅲ.①中国文学-英语-文学翻译-研究 Ⅳ.①H315.9

中国版本图书馆 CIP 数据核字（2021）第 098013 号

责任编辑：刘　博
责任校对：郑淑艳　刘　昕
责任印制：范　艳

**英语世界的中国文学译介与研究**

曹顺庆　等著

经济科学出版社出版、发行　新华书店经销
社址：北京市海淀区阜成路甲 28 号　邮编：100142
总编部电话：010-88191217　发行部电话：010-88191522
网址：www.esp.com.cn
电子邮箱：esp@esp.com.cn
天猫网店：经济科学出版社旗舰店
网址：http://jjkxcbs.tmall.com
北京季蜂印刷有限公司印装
787×1092　16 开　59 印张　1181000 字
2021 年 5 月第 1 版　2021 年 5 月第 1 次印刷
ISBN 978-7-5218-2568-8　定价：236.00 元
(图书出现印装问题，本社负责调换。电话：010-88191510)
(版权所有　侵权必究　打击盗版　举报热线：010-88191661
QQ：2242791300　营销中心电话：010-88191537
电子邮箱：dbts@esp.com.cn)

## 课题组主要成员

曹顺庆　黄鸣奋　季　进　简小滨
刘　颖　万　燚　张　放　余夏云

# 总　序

哲学社会科学是人们认识世界、改造世界的重要工具，是推动历史发展和社会进步的重要力量，其发展水平反映了一个民族的思维能力、精神品格、文明素质，体现了一个国家的综合国力和国际竞争力。一个国家的发展水平，既取决于自然科学发展水平，也取决于哲学社会科学发展水平。

党和国家高度重视哲学社会科学。党的十八大提出要建设哲学社会科学创新体系，推进马克思主义中国化、时代化、大众化，坚持不懈用中国特色社会主义理论体系武装全党、教育人民。2016年5月17日，习近平总书记亲自主持召开哲学社会科学工作座谈会并发表重要讲话。讲话从坚持和发展中国特色社会主义事业全局的高度，深刻阐释了哲学社会科学的战略地位，全面分析了哲学社会科学面临的新形势，明确了加快构建中国特色哲学社会科学的新目标，对哲学社会科学工作者提出了新期待，体现了我们党对哲学社会科学发展规律的认识达到了一个新高度，是一篇新形势下繁荣发展我国哲学社会科学事业的纲领性文献，为哲学社会科学事业提供了强大精神动力，指明了前进方向。

高校是我国哲学社会科学事业的主力军。贯彻落实习近平总书记哲学社会科学座谈会重要讲话精神，加快构建中国特色哲学社会科学，高校应发挥重要作用：要坚持和巩固马克思主义的指导地位，用中国化的马克思主义指导哲学社会科学；要实施以育人育才为中心的哲学社会科学整体发展战略，构筑学生、学术、学科一体的综合发展体系；要以人为本，从人抓起，积极实施人才工程，构建种类齐全、梯队衔接的高校哲学社会科学人才体系；要深化科研管理体制改革，发挥高校人才、智力和学科优势，提升学术原创能力，激发创新创造活力，建设中国特色新型高校智库；要加强组织领导、做好统筹规划、营造良好学术生态，形成统筹推进高校哲学社会科学发展新格局。

哲学社会科学研究重大课题攻关项目计划是教育部贯彻落实党中央决策部署的一项重大举措，是实施"高校哲学社会科学繁荣计划"的重要内容。重大攻关项目采取招投标的组织方式，按照"公平竞争，择优立项，严格管理，铸造精品"的要求进行，每年评审立项约40个项目。项目研究实行首席专家负责制，鼓励跨学科、跨学校、跨地区的联合研究，协同创新。重大攻关项目以解决国家现代化建设过程中重大理论和实际问题为主攻方向，以提升为党和政府咨询决策服务能力和推动哲学社会科学发展为战略目标，集合优秀研究团队和顶尖人才联合攻关。自2003年以来，项目开展取得了丰硕成果，形成了特色品牌。一大批标志性成果纷纷涌现，一大批科研名家脱颖而出，高校哲学社会科学整体实力和社会影响力快速提升。国务院副总理刘延东同志做出重要批示，指出重大攻关项目有效调动各方面的积极性，产生了一批重要成果，影响广泛，成效显著；要总结经验，再接再厉，紧密服务国家需求，更好地优化资源，突出重点，多出精品，多出人才，为经济社会发展做出新的贡献。

作为教育部社科研究项目中的拳头产品，我们始终秉持以管理创新服务学术创新的理念，坚持科学管理、民主管理、依法管理，切实增强服务意识，不断创新管理模式，健全管理制度，加强对重大攻关项目的选题遴选、评审立项、组织开题、中期检查到最终成果鉴定的全过程管理，逐渐探索并形成一套成熟有效、符合学术研究规律的管理办法，努力将重大攻关项目打造成学术精品工程。我们将项目最终成果汇编成"教育部哲学社会科学研究重大课题攻关项目成果文库"统一组织出版。经济科学出版社倾全社之力，精心组织编辑力量，努力铸造出版精品。国学大师季羡林先生为本文库题词："经时济世　继往开来——贺教育部重大攻关项目成果出版"；欧阳中石先生题写了"教育部哲学社会科学研究重大课题攻关项目"的书名，充分体现了他们对繁荣发展高校哲学社会科学的深切勉励和由衷期望。

伟大的时代呼唤伟大的理论,伟大的理论推动伟大的实践。高校哲学社会科学将不忘初心,继续前进。深入贯彻落实习近平总书记系列重要讲话精神,坚持道路自信、理论自信、制度自信、文化自信,立足中国、借鉴国外,挖掘历史、把握当代,关怀人类、面向未来,立时代之潮头、发思想之先声,为加快构建中国特色哲学社会科学,实现中华民族伟大复兴的中国梦做出新的更大贡献!

教育部社会科学司

# 前　言

中国文学如一棵参天大树，历经数千年的历史演变，在世界文学之林屹立不倒。无论是《周易》《诗经》《论语》《孟子》《老子》《庄子》《楚辞》《文心雕龙》、唐诗、宋词、元曲、明清小说等中国文化典籍和古典文学，还是鲁迅、茅盾、巴金、金庸、莫言等中国现当代作家的作品，犹文之奥府，"采摭生言，莫非宝也"，其意旨符号无不承载着中国文化，镌刻着中华民族的思想智慧，甚至影响着中外文学和诗学的生成与发展。可以说，中国文学是我国软实力不可或缺的一部分。

何为软实力？哈佛大学教授约瑟夫·奈（Joseph S. Nye）在20世纪90年代提出此概念。约瑟夫·奈认为，"软实力是一种通过吸引力来获取想要之物的能力，其区别于依靠胁迫或报酬的方式。它来源于一个国家在文化、政治理想和政策上的吸引力。"① 实际上，软实力包括了一个国家的文学、艺术、哲学、政治等在内的人类精神文明活动和产品，与一国话语权息息相关。

作为中国软实力的一部分，中国文学想要获得"吸引力"，在世界文学之林掌获话语权，就不能故步自封，满足于国内学界对中国文学的研究。相反，我们应该深入挖掘中国文学中的瑰宝，梳理中国文学在国外，尤其是在英语世界译介与研究的特征与规律，有策略地将中国文学译介至西方，加强中西方有关中国文学译介与研究的对话与

---

① Joseph S. Nye, Jr. *Soft Power：The Means to Success in World Politics*. New York：Public Affairs, 2004, p. x. 原文如下："What is soft power? It is the ability to get what you want through attraction rather than coercion or payments. It arises from the attractiveness of a country's culture, political ideals, and policies."

交流，促进中国文学在世界范围内的传播，尤其是在英语世界内的传播，推动中国文学"走出去"战略。"英语是目前世界上使用最为广泛的语言，英语文化圈在目前世界文明生态中占据着极为重要的地位。因此，探讨中国文学在英语世界的译介与研究，就成为连接中国文学在世界传播的方法和模式的重要途径，对于推进中外文学交流、促进中国文化'走出去'战略有着不可忽视的意义。"① 而中国文学"走出去"反过来又进一步扩大了我国文学与文化在世界范围内的影响力与吸引力，进一步提升了我国软实力，两者互为因果。

近年来，有关中国文学译介问题的探讨愈发激烈，学者们基本达成共识，一致认为中国文学"走出去"的必经之路便是翻译。比如美国汉学家葛浩文（Howard Goldblatt）就认为中国文学"走出去"有两大要素，其一为作家与作品，其二就是翻译。② 但是，翻译并非中国文学"走出去"的全部。谢天振将翻译问题上升至译介学层面，并指出："对莫言获奖背后的翻译问题的讨论，已经超出了传统翻译认识和研究中那种狭隘的语言文字转换层面上的讨论，而是进入了译介学的层面，这就意味着我们今天在讨论中国文学、文化外译问题时，不仅要关注如何翻译的问题，还要关注译作的传播与接受等问题。"③ 莫言作品在海外的译介与传播便是中国文学"走出去"的一个成功案例。显然，葛浩文译介莫言作品时所采用的那种连译带改的翻译方法，有助于莫言作品在英语世界的接受与获誉。葛浩文多次申明，自己对莫言作品只是做了简单的修饰或修正工作，读者所看到的大量改动是多方作用的结果，比如美国或英国出版社的编辑做了大量修改。④ 尽管如此，不可否认的是，葛浩文的译介加上英美出版社的编辑和修改影响了莫言作品在英语世界的接受；而因此引发的英语世界一系列关于翻译和原著的种种研究，更是进一步改变了莫言作品传播的广度和深度。问题在于，对译本的修改和处理何以促进中国文学在海外的传播？译者的主体意识在何种程度上产生了何种影响？学术界的考察和互动对

---

① 曹顺庆、刘颖：《英语世界中国文学译介与研究的若干问题》，载于《英语研究》2017年第1期，第2页。
②④ [美]葛浩文：《中国文学如何走出去》，林丽君译，载于《文学报》2014年7月3日，第18版。
③ 谢天振：《中国文学走出去：问题与实质》，载于《中国比较文学》2014年第1期，第3页。

文学的传播有何意义？类似案例对中国文学"走出去"有何启示？可见，中国文学的传播与接受问题离不开考察文学作品在翻译、传播与接受、变异过程中所产生的一系列原文本和原意的失落、增加、扭曲、错位和变异现象。想要考察中国文学在海外的传播与接受问题，就需要系统梳理英语世界中国文学的传播、译介、变异与研究情况，从中总结中国文学传播的特征与规律，以期指导中国文学对外传播工作。

中国文学走向世界是伴随着文学的译介与研究双轨进行的。国内对中国文学的研究成果丰硕，然而，在过去相当长的时间里，国内研究对中国文学在国外的传播与译介和研究重视还不够，对中国文学在英语世界的研究所带来的反馈性作用也不太注重。此外，无论是早期的西方商人、传教士、留学生，还是汉学家、中国学家等异国他者，抑或是中国学者，他们对中国文学的译介与研究方法大多遵循传统模式，以为翻译就是将中国文学推向英语世界或整个西方世界的全部内容，结果忽略了文学译介与传播过程中的变异现象。因此，基于以上两点考虑，我们在梳理中国文学在英语世界的译介与研究之时，以比较文学变异学为理论框架，着重考察中国文学在英语世界的传播过程中所产生的一系列变异特征，以此寻求中国文学走出去的规律和路径。

"沿波讨源，虽幽必显。"通过系统梳理，我们发现，中国文学"走出去"具有一定的特征与规律可循。就传播媒介而言，中国文学在英语世界的译介与研究经历了不同发展阶段，因译介与研究目的各有不同，其媒介相应有所不同。总体而言，"早期的媒介主要是他者——传教士、外交官、汉学家等。20世纪初开始，海外华人学者加入译介与研究的大军，成为传播媒介的重要组成部分。到了21世纪，英语世界的中国文学译介与研究由被动转向主动，国内的研究者积极参与到这一重要的学术活动中。"① 如今，我国学者主动将国内中国文学研究的著作译介到海外，同时开始对英语世界中国古典文学译介和研究情况进行反馈性的研究。通过对英语世界的中国文学研究进行再研究，从而反哺本土研究，为本土中国文学研究者带来新的启发与视野。此外，各种学术会议、交流与互动将进一步促进关于中国文学的

---

① 曹顺庆、刘颖：《英语世界中国文学译介与研究的若干问题》，载于《英语研究》2017年第1期，第4页。

对话，甚至直接影响到之后中国文学史的书写。与此同时，各种出版机构、官方与非官方的学术组织、评价机构乃至新时代的各种媒体平台，也扮演着重要的角色，成为中国文学海外传播的重要媒介。

从译介与研究的对象来看，中国文学在英语世界的译介与研究对象是从古代文学典籍开始的，对西方的影响也主要源于经典文学。自中国戏剧、小说、诗歌传至欧洲，中国文学对西方的文化、思想、文学、艺术都产生了种种影响。直到今天，古代文学仍然在英语世界中国文学译介中占据重要的位置。中国古典文学名家评介、中国古典文学史的编纂、中国古典文学现象分析等方面的研究持续不断，而对中国现当代文学作品的研究与译介还不尽如人意。直到中国新时期文学，一批享有声誉的新时代汉学家将目光更多地投向现当代文学，如美国的葛浩文、英国的蓝诗玲（Julia Lovell）等，他们在翻译的基础上展开研究，译研结合，为中国现当代文学在英语世界的传播做出了重要贡献。当然，值得注意的是，尽管汉学家们的译介成功地促进一部分中国现当代文学在海外的接受与传播，但他们在译介策略的选择上却常常倾斜于英语世界的审美与期待视野。总的来说，到今天，英语世界对中国文学的译介涉及的范围更广阔、更全面，涵盖了中国文学史上的各个阶段，但与中国社会文化的发展息息相关的中国现当代文学译介的数量、质量以及影响力亟待提高。此外，作品的传播远远多过文艺思想的译介。每年都有大量西方文学理论著作译介至中国，而我们自己的文艺理论却极少出现在海外学界，这势必造成中西文艺理论对话的失衡。针对中国文学理论在英语世界的译介与研究有所欠缺的现状，中国文学或文化的海外传播需要在对话与互动中逐渐构建自己的话语体系，并通过理论研究、学术论争、翻译阐释协同推进。

从中国文学译介与传播至异质文明后所产生的影响与传播效果来看，中国文学与文化均在传播与接受过程中产生了不同程度的变异，有时甚至在变异中构筑出新语境下的新形象。不同文明的异质性、不同语言本身的特质都会造成一国文学在不同境况下的多种解读，并在跨文化传播中不断发生变化。一般中外文学交流史研究往往注重个别事实的梳理，对中国文学译介到英语世界的影响缺乏理论指导、分析和探讨。正是在这样的背景下，我们引入了本项目首席专家曹顺庆提出的比较文学变异学理论，探寻变异现象背后的深层次机制。变异学指的是："在跨越性和文学性的基础之上，比较文学变异学研究不同国家之间有或没有事实关系的文学现象交流的变异，以及研究同一主题范围内的文学现象存在的文学表达上的异质性和变异性，从而探究文学现象差异与变异的内在规律。"① 比较文学变异理论适时而出，为英语世界中国文学的译介与研究提供一套恰当的方法论。变异学强调"异质性"和"变异性"，尊重世界范围内的不同文明，倡导的是一种平等的跨文明对话模式。这对于翻译研究、文学跨文化传播研究以及世界文学研究而言均不失为一大创新视角。

总体而言，中国文学"走出去"主要经历了跨语际变异、跨文化变异和跨文明变异，体现在不同文学体裁上则有不同的特征与规律。中国文学"走出去"首先会经历语际翻译这一过程，而产生变异的首要因素便是译者的作用。尽管译者会尽可能在译作中保持原作的原汁原味，然而，"翻译并非产生于真空当中。译者在既定时间、既定文化中发挥作用。译者理解自身以及他们文化的方式正是影响译者如何进行翻译的因素之一。"② 因此，由于译者的生活时代、教育经历、意识形态、文化背景、前理解、心理构成、译介目的等多方因素，最终导致译作的变异。而这样的变异无论在中国文学典籍方面，还是在中国小说、诗歌、戏剧中，都在不同程度上引发语义、风格、文化内涵、人物形象等方面的变异。比如，理雅各（James Legge）《论语》的英译本，就在语义、风格、文化思想和形象建构层面发生了诸多变异。

由此可见，由于译者带着自身的文化背景和前理解介入，译本不可避免地产生变异。这样的变异具体可分为两种情况：其一，由于译者自身语言掌握能力不足，或是译者对原文化和目标文化缺乏深入理解，或是在翻译过程中因为疏忽而造成的错译、漏译。这是由于无意

---

① Cao Shunqing. *The Variation Theory of Comparative Literature*. Heidelberg：Springer，2013，p. xxxii. 原文如下："On the basis of crossing and literariness, the Variation Theory of Comparative Literature is the study on variations of the literary phenomena of different countries within or without factual contact as well as the comparative study on the heterogeneity and variability of different literary experiences in the same subject area so as to achieve the goal of exploring the patterns of intrinsic differences and variability."

② André Lefevere ed. *Translation*, *History*, *Culture*：*A Source Book*. London：Routledge，1992，p. 14. 原文如下："Translations are not made in a vacuum. Translators function in a given culture at a given time. The way they understand themsevles and their culture is one of the factors that may influence the way in which they translate."

误译而产生的变异，应当为译者所尽量避免的变异，否则拙劣的译本、歪曲的中国文化谈何推动中国文学与文化的传播？其二，当译者怀揣某种目的或为了达到某种预设的效果而进行译介，在翻译过程中，则有意改变原语结构和表达方式，比如庞德（Ezra Pound）创造性地对原文进行拆字翻译，最终产生变异。这样的译介，与其说是翻译，毋宁说是再创作，是一种"创造性叛逆"。正如法国文学社会学家罗贝尔·埃斯卡皮（Robert Escarpit）所言："说翻译是叛逆，那是因为它把作品置于一个完全没有预料到的参照体系里（指语言）；说翻译是创造性的，那是因为它赋予作品一个崭新的面貌，使之能与更广泛的读者进行一次崭新的文学交流；还因为它不仅延长了作品的审美，而且又赋予了它第二次生命。"① 而"创造性叛逆"所带来的远不止译本的变异，更在某种程度上促进了文学和文论的新增长点。比如庞德的汉诗英译直接影响了美国"意象派"的形成与发展，在中国诗歌中意象运用的基础上，庞德更是提炼出意象派三原则，② 充盈了美国诗歌发展史，丰富了美国诗学体系。

一部文学作品往往蕴含着意义深远的文化意象，然而，原本产生于特定文化背景中的文化意象一旦进入跨语际、跨文化、跨文明的传播与交流当中，由于文化土壤的置换，不可避免地会发生变化、错位。在跨文化背景中，文化意象的错位是多方因素共同作用的结果。从接受者的角度来看，接受者的文化构成、接受过程中的主体性与选择性都影响着接受者对作品的理解，都可能促成文本发生变异。中国文学"走出去"势必涉及一个接受问题，接受的过程其实就是一个对文学作品进行阐释与理解的过程，但接受者并非原封不动地接受译本，而是基于自身的文化构成与前理解有选择地接受、解读，甚至出于某种目的进行改造、移植，这就构成了文化过滤和文学误读。而不论是有意误读还是无意误读，恰恰体现了文学和文化的交流、对话、碰撞和过滤。尽管有时候原文本中的文化内涵被过滤，却在异质语境中增加

---

① ［法］罗贝尔·埃斯卡皮：《文学社会学》，王美华、王沛译，安徽文艺出版社1987年版，第138页。

② Ezra Pound. "A Retrospect", in *Literary Essays of Ezra Pound*, edited by T. S. Eliot. New York：New Directions Publishing, 1968, pp. 3–5.

了新的意义，对文化的发展起到特殊的推动作用；不仅为他国文学和文化增加了文学和文化新质，一种更深层次的变异也随即发生。

语言与文化差异之外，更有文明根基的不同。当文学作品传播至异质文明时，有时文化规则和文学话语会发生根本性的改变，这种更深层次的变异主要体现在传播国文学本身的文化规则和文学话语之中。中西方的话语言说方式差异甚大，如果不能意识到这一点，中国文学的译介、传播和接受问题无法从本质上说清楚。例如在中国，老子的"道"崇尚"无"，而在西方，与"道"相对应的"逻各斯"则偏向"有"，即理性、逻辑、系统、结构。在这样不同的话语言说背景下，中国文学作品或理论经译介，以英语作为语言载体进行呈现时，必然涉及话语言说方式的变异。文学经翻译后，无论在跨语际、跨文化还是跨文明方面均发生变异，促进不同文明间的对话、交流和互补，既可能给本土文化带来生机，又可能给他国文化带来文化新质，最终形成本土与世界的对话与融合，促成世界文学的形成。而作品进入世界文学范畴，翻译、传播对作品所带来的转化作用甚大，"当作品进入世界文学阶段，作品非但不会不可避免地丢失原真性或本质，反而会在多个方面有所获得。"[1] 文学在翻译与传播过程中的这种变异，为文学作品带来新的意义，这正是世界文学的特征之一，也是构成世界文学的因素之一。

萨义德（Edward Said）在《理论旅行》（Traveling Theory）一文中将理论和观念的旅行与传播活动划分为四个阶段：初始阶段，即观念产生或进入话语的阶段；横距阶段，即经过不同语境的作用，观念从初始阶段旅行至另一时间和空间，而使得它的重要性得以重新彰显；接受阶段，即面对移植过来的理论或观念时，这些作为接受和接受过程中不可避免的抵抗的一组接受条件，让移植而来的理论和观念能够得到介绍或容许，不论这些理论或观念看起来多么的异质；转化阶段，即移植的观念在完全或部分地适应或融合后，某种程度上在一个新的

---

[1] David Damrosch. *What is World Literature*. Princeton, New Jersey: Princeton University Press, 2003, p. 6.

时空里被它的新用途和新状态所转化。① 显然，文学或理论传播活动总是涉及接受和转化问题。即便输入文学遭到本土文学的抵抗（resistance），这也是接受过程中不可避免的一部分。理论或观念经传入国接受后，适应传入国的环境或与传入国的理论相融合，然后进入转化阶段。萨义德在此所说的"转化"（transformed），其实也就是文学的"他国化"问题。

  文学的变异和"他国化"在推动中国文学译介传播的过程中发挥着重要角色。因此以变异学理论来指导这一研究是可行的，也是必要的。中国历史上的唐朝文化辐射到日本、韩国等周边国家，甚至影响到更远的地区。究其原因，还是在于唐朝政治、经济文化的繁荣发展和中国文化自身的强大魅力。当一国文学译介、传播至另一国时，要么强势地对输入国文学产生潜移默化的影响，要么适应输入国社会历史环境的需要而顺利地被接受。因此，考察中国文学在英语世界的译介与研究问题，必须充分考虑英语世界读者和西方社会对中国文学的接受问题。当然，这并不意味着中国文学的译介应有意迎合西方世界有关中国的"东方主义"似的想象或故意歪曲，也不是说应当有意以强者的身份将中国文学"倾销"到输入国，而是说要将文学输入国的社会历史环境和接受情况的考察作为译介的前期考量，并充分了解他者对我国文学的认识和看法。只有这样，我们才能有效地选择译什么以及回答如何译的问题，并真正看清中国文学的特征，掌握中国文学发展和传播的规律。正因如此，系统梳理和研究英语世界中国文学的传播、译介、变异和研究颇具理论和现实意义。

  中国文学本身是一个复杂的概念，其分类与定义自古以来就有许多争议。现当代文学受西方文学影响深远，分类也借用西方文学理论，相对来说范围比较容易确定。中国古代文学的情况则复杂得多，以四部为例，除了传统集部的诗词文赋、戏曲小说之外，经、史、子中的作品也可能具有很强的文学性。本书中所指的"中国文学"包括中国古代文学理论以及重要文化典籍、中国古代作家及文学作品、中国现当代作家及文学作品。

---

① Edward W. Said. "Traveling Theory" in *The World, the Text, and the Critic*. Cambridge, Massachusetts: Harvard University Press, 1983, pp. 226 – 227.

英语是世界上使用最广泛的语言之一，英语世界对中国文学的研究成果极多，地理分布也很分散。由于当今世界文化交流频繁，学者语言使用情况复杂，用英语翻译和研究中国文学的学者来自世界各地，既有（但不限于）英国、美国、加拿大、澳大利亚等以英语为母语的国家、地区及文化圈的学者，也有来自母语非英语，但英语为重要写作语言或学术语言的国家（或地区）。因此本书所说的"英语世界的中国文学译介与研究"，涉及一切用英语翻译和研究中国文学作品及论著的成果。毫无疑问，英语世界的成果繁杂纷多，难以穷尽，何况每年新的译介和研究都在不断出现，我们在处理这一研究对象时须从发生学的视角来适时引入新材料和新观点。本书力图梳理现有的研究成果，从纷繁的材料中抽丝剥茧，理出清晰的主线，找出主要的规律与特征。

中国文学走向世界，不仅需要译者的翻译，也需要中西译者和学者的对话与合作，需要出版机构在选择文本、考察市场时的洞见，更需要世界学者共同发声的平台。对英语世界中国文学译介与研究的梳理和分析，也是中国学者争取在世界上发声的一个重要途径。无论中国文学"走出去"的具体实施需要进行怎样的多方协同，中国文学在翻译、传播、接受过程中，均会产生不同程度的变异，甚至"他国化"。变异现象与其作为传播和接受的最终结果来看待，不如作为文学跨文化传播的必经阶段和途径来分析。文学与文化的跨文化交流和对话在文学的变异和"他国化"的基础上进行双向阐释，可能促进中西方文学和理论的交流与互补，大可激发文化创新。以文学译介和研究的变异现象作为研究对象正是以一种开放的姿态，破除"话语霸权"的西方中心主义和"自说自话"的自我中心主义，避免"东向而望，不见西墙"的片面性理解，促进文学和文化在不同文化、文明之间的对话。今天，全球化进程使跨文化传播活动愈加频繁，跨学科、跨文化的对话势在必行。

"士不可以不弘毅，任重而道远。"中国文学在国土之外的传播与接受由来已久，在历史的推进下，海外汉学研究已经取得了许多重要成绩，并逐步从最初的零星碎屑走向系统化。在此历史背景下，对中国文学外传问题进行系统、专门的研究和讨论迫在眉睫。由于英语在世界范围内被广泛使用，对英语世界中国文学译介与研究的考察正是开展中国文学外传研究的一个绝佳的切入点。世界文学不是东方或西方的世界文学，也不是全世界文学作品的简单堆积，更不是哪一国家的世界文学，而是特质与共通、本土与全球、民族与世界、传播与变异并存且相得益彰的世界文学。一个国家想要在当今世界文学之林屹立，首先便要对自身的文学特点有足够的了解，对本国文学在世界的传播与交流变异和作用有清晰开阔的视野，因此，发扬和传播本土优秀文学成果，探究英语世界中国文学研究的传播变异、学术互动和理解接受的规律，乃中国文学真正走进世界的秉要执本之举。与此同时，中国文学也要加强与异质文明和文学交流、对话，甚至通过变异和"他国化"互相吸收优秀文明成果，形成文学和文论的互补和创新，不断促进世界文学创新、世界文化创新。我们不仅要从西方文学宝库中"拿来"优秀作品和文学理论，更要主动"送去"我国优秀文化与文学瑰宝，在一"拿"一"送"的双向对话与变异互动过程中，总结并发扬文化变异与发展和创新的规律，从而在世界范围内扩大我国文化影响力，在世界文学中确立中国文学的存在，从而提升我国软实力。这是我们当前正在做的，也是今后我们将长期从事的事业。

本书是教育部哲学社会科学研究重大课题攻关项目——"英语世界的中国文学译介与研究"结项成果。课题于2012年立项，耗时6年，目前终于完成并顺利结项；课题由5个子课题组成，相关成果共计440余万字，工程浩大。课题组由曹顺庆任首席专家，主要成员有黄鸣奋、季进、简小滨、刘颖、万燚、张放、余夏云。本书具体各章节由以下作者分工完成：

**上编**

第一章：第一、二节（龚静），第三节（佘国秀）

第二章：谢春平

第三章：王涛

第四、五章：万燚

第六章：第一节（黄立），第二节（刘颖），第三节（刘颖、陈侠），第四节（刘颖）

**中编**

第七、八章：黄鸣奋

第九、十章：万燚

第十一章：秦岭

第十二章：万燚

第十三、十四章：秦岭

**下编**

第十五章：曾攀

第十六章：曾攀

第十七章：姜智芹

第十八章：王树文、翟月琴

第十九章：Megan Ammirati、冯雪峰（著）、施清婧（译）

第二十章：龚浩敏

第二十一章：蒋一之

曹顺庆

2018 年 6 月

# 摘 要

本书是教育部哲学社会科学研究重大课题攻关项目"英语世界的中国文学译介与研究"成果之一。该重大课题由五个子课题组成,(项目批准号:12JZD016)相关成果共计440余万字,耗时6年,工程浩大。该项目囊括了目前中国学术界有关英语世界中国文学的译介与研究的若干著名学者,如厦门大学黄鸣奋教授、美国俄亥俄州立大学简小滨教授、苏州大学季进教授等,以及一批专门从事英语世界中国文学译介与研究的博士研究生团队。在首席专家曹顺庆教授的带领下,项目团队共同努力奋斗,进行集体协同攻关。广泛查阅、搜集、整理散见于海内外的相关文献资料,充分利用各种学术资源与学术平台,积极进行国际、国内学术交流。出版和发表了丰富的中期成果,已在美国普度大学A&HCI期刊(*Comparative Literature and Culture*)《外国文学研究》《文艺研究》《中国比较文学》等期刊发表了70余篇学术论文,子课题成果"英语世界中国文学的译介与研究个案"系列丛书15部,首批7部专著(150余万字)已由中国社会科学出版社出版;子课题另编有一本覆盖面广且翔实可靠的资料集《英语世界中国文学译介与研究文献目录》,也准备由相关出版社出版。

本书是该项目成果的总论部分,是更具宏观性、理论性与思辨性的学术著作,本书在项目团队首席专家曹顺庆教授原创理论"比较文学变异学"理论[①]的指导下,以翔实的资料发掘为基础,全面系统地梳理英语世界中国文学的传播、译介、接受和研究等变异情况,深究

---

① Cao Shunqing. *The Variation Theory of Comparative Literature*. Heidelberg:Springer, 2013.

中国文学英译过程中目的语和源语语言文化背景的关系，探讨中国文学在英语世界的传播、译介和变异机制及研究范式。由于英语在世界上有着广泛的影响，中国文学在英语世界的译介与研究既是中国文学外传的最重要代表，也是中国文化在异域被接受的典范；因此，深入系统地研究中国文学在英语世界的译介与研究，在中国文化"走出去"战略的背景下，具有特别重要的学术意义、现实意义和应用价值。

本书系统梳理英语世界中国文学的传播、译介、变异与研究情况，采取史论结合、个案与通论相结合的研究策略；运用跨学科研究方法，尤其是比较文学变异学的研究方法来审视中国文学的英译与研究；从跨文化角度审视英语世界的中国文学传播、译介与研究，探索中国文学在英语世界的接受变异规律与影响状况；在全面了解英语世界对中国文学传播、译介、变异与研究基本情况的基础上，总结与掌握中国文学在英语世界接受与变异的基本特征与规律，为中国文学与文化建设及"走出去"战略提供有益的借鉴。

本书共三编。上编"英语世界的中国文学译介与研究总论"总体介绍英语世界中国文学翻译与研究的缘起、历史与现状；英语世界中国文学翻译与研究和中国学术界的互动；英语世界中国文学翻译及研究对西方文学、诗学、文化意识等方面的影响；英语世界中国文学译介与研究的新方法——比较文学变异学，且分别以《论语》《红楼梦》《牡丹亭》、杜甫诗歌等多个案例阐明中国文学典籍、诗歌、小说、戏剧在英语世界的变异和他国化；分析中国文学海外传播的种种问题，并给出建构中国文学研究与传播变异机制的建议。

中编"英语世界的中国古典文学译介与研究"梳理英语世界中国古典文学译介与研究发展的过程，总结每个阶段的特征与规律，并将研究成果划分为古典文学典籍、古典诗歌、古典散文、古典小说、古典戏剧和工具书六个研究领域，针对各个领域，介绍知名学者，概括主要议题，总结成果贡献，分析变异现象，以此由表及里，由浅入深，全面展现英语世界中国古典文学传播、译介、变异与研究的面貌，以比较文学变异学的眼光回顾英语世界的研究成果，揭示文学他国化过程的内在规律。

下编"英语世界的中国现当代文学译介与研究"始终追寻"同

异"间的变异转换是如何在不同的情境中逐一展开这一问题。在体例上，沿袭中国现代文学自身的发展进路来顺时排列，从清末到现代以迄当代。这种安排强化了将中国文学作为主体的意念，但也无疑回避了海外汉学研究和翻译本身的系统性或者说脉络性线索，很难让我们看清楚翻译变异和研究各自的起承转合以及交错丛生。作为修正，下编紧接着讨论了小说、诗歌、戏剧、电影、文论的研究和翻译变异情况，来勾勒英语世界现代文学领域内的个性化变异发展历史。在此，不仅研究和传播、翻译的主体性得到了有力的展现，而且它对于"文"的开放性理解也被同时揭示出来。"文"由其题中应有之义的"文心""文学""文论"，扩充为"文化""文明"，乃至"文脉"的起落与变异。电影研究的出现就清楚指明了文脉发展或者说文学研究的文化的倾向。

　　本书首次对包括中国文化典籍、古代文学及文论、现当代文学在英语世界的译介与研究进行了全面、系统、深入的探究，突破了中国文学研究和中外文学关系研究模式，从跨文化变异角度审视中国文学，同时将中国文学在西方的影响纳入中国文学关系研究的范围。通过综合运用比较文学、翻译学、哲学、社会学、政治学、文化学等学科理论，尤其是比较文学变异学理论，将英语世界中国文学的传播、译介与研究中所存在的变异、误读、文化过滤、他国化等问题予以呈现，并揭示其中所存在的文化偏见、意识形态等因素。本书在对英语世界中国文学的译介与研究进行理论分析的同时，总结文化变异创新的规律和经验，为中国文化建设及中国文化"走出去"战略提供有益的借鉴。

# Abstract

This book is one of the research findings of the project Translation and Research of Chinese Literature in the English-speaking world, a major research project in the philosophy and social science research of the Ministry of Education (Grant No. 12JZD016). The project, consists of five sub-projects with the relevant academic productions amount to over 4.4 million words, is such a gigantic scale that it took around six years to complete. The research team includes several famous scholars who engage in translation and research of Chinese literature in the English-speaking world in the current Chinese academia, including Professor Huang Mingfen in Xiamen University, Professor Jian Xiaobin from the Ohio State University and Professor Ji Jin in Suzhou University, in conjunction with a group of Ph. D. students specializing in translation and research of Chinese literature in the English-speaking world. Under the leadership of the chief expert Professor Cao Shunqing, the team worked hard together to tackle the puzzles and embrace the challenges all the time. In the course of the research, the team extensively consulted, collected and sorted out pertinent literature and material scattering at home and abroad, and made full use of various academic resources and platforms to carry out international and domestic academic exchanges actively. That is why we can accomplish the following abundant research findings. Concerning the interim achievements, more than seventy academic papers have already been published on multiple core journals, including *Comparative Literature and Culture* (Purdue University Journals, A&HCI), *Foreign Literature Studies*, *Literature & Art Studies*, *Comparative Literature in China* etc. In addition to that, the sub-project Translation and Case Study in the English-speaking World with 15 books accomplished will be published by China Social Sciences Press along with the first batch of seven monographs (about 1.5 million words). Moreover, we have compiled a comprehensive and reliable data set i. e. *Chinese Literature Translation and Research in the English-speaking World: A Bibliography*, which is also ready to be delivered.

This book is not merely a general introduction to the full research results but, more importantly, a macroscopic, theoretical and critical academic work. It is theoretically instructed by the Variation Theory of Comparative Theory①, which is initially advanced by Professor Cao Shunqing. This book, based on the informative data mining, has comprehensively and systematically analyzed the variation in the process of communication, translation, reception and research of Chinese literature in the English-speaking world, through which the relationship between the target language and the cultural background of the source language in the process of translating Chinese literature into English has been thoroughly investigated. At the same time, it also explored the communication, translation and variation motivation of Chinese literature in the English-speaking world and the research paradigm. Because of the great influence of the language English, translation and research of Chinese literature in the English-speaking world is not only the most important representative of Chinese literature in terms of international communication, but also the model of Chinese culture being accepted in foreign countries. Therefore, it is reasonable to say such an in-depth and systematic study is of particular academic and practical significance as well as the application value under the background of the "going global" strategy of Chinese culture.

The book has systematically scrutinized the communication, translation, variation and research of Chinese literature in the English-speaking world via combining historical theory with case studies and overall analysis. It also adopted cross-disciplinary approaches, the methods of Variation Theory of Comparative Literature in particular, to investigate the English translation and research of Chinese literature, during which the communication, translation and research of Chinese literature in the English-speaking world from the inter-cultural perspective have been studied. In such a way, we are allowed to have an exhaustive look at the laws of reception of and influences caused by Chinese literature in the English-speaking world. Thereupon, we could figure out the features and rules of the reception of Chinese literature in the English-speaking academia on the basis of a comprehensive understanding of the above basic situations of Chinese literature in the English-speaking world. And this undoubtedly contributes to the construction of Chinese literature and culture and the strategy of "going global".

The main body of this research comprises three parts. The first part provides an overview of the origin, history and present studies of translation and research of Chinese

---

① Cao Shunqing. *The Variation Theory of Comparative Literature*. Heidelberg: Springer, 2013.

literature in the English-speaking world. And it deliberates the interaction between scholars in the English-speaking world and Chinese academia, mainly focusing on the influence brought by translation and research of Chinese literature in the English-speaking world on Western literature, poetics and cultural consciousness. It utilizes the variation theory of comparative literature, which could be a new approach to translation and research of Chinese literature in the English-speaking world, to process some case studies based on *The Analects of Confucius*, *A Dream of Red Mansions*, *The Peony Pavilion*, Du Fu's poems, etc., delving into the variation and domestic appropriation of Chinese literature in the English-speaking world. Besides, some key issues on the part of the international communication of Chinese literature have been considered and suggestions on constructing the rules of the variation during the process of research and communication of Chinese literature have been presented.

Part Two "Translation and Research of Chinese Classical Literature in the English-speaking World" interpreted the process of translation and research of Chinese classical literature in the English-speaking world, and epitomized these characteristics and rules in each stage. The research results of this part have been subdivided into six aspects, i. e. Chinese literary classics, Chinese classical literature, classical poetry, classical prose, classical novels, classical drama and reference books. For each, we have gave introduction to the remarkable scholars, summed up the main topics and the contributions, and spelled out the variation phenomenon in order to show an overall view of translation and research of Chinese classical literature in the English-speaking world, and to disclose the inherent law of the domestic appropriation of literature via reviewing the research achievements in the English-speaking world in reference to the Variation Theory of comparative literature.

Part Three "Translation and Research of Contemporary Chinese Literature in the English-speaking World" aims to trace how the transformation of variation between similarities and differences unfold in different situations. Regarding the structure, we followed the development of Chinese modern literature in a diachronic manner, from the late Qing Dynasty to the modern and contemporary time. Such arrangement helps reinforce the idea of regarding Chinese literature as the main subject. However, in that case, it undeniably avoids the systematic or contextual clues of overseas sinology research and translation itself, which might make it difficult for us to see clearly the development and transformation of the translation variation and research, as well as the interlaced clusters. As for amendment, we continue to discuss the variation of research and translation of poetry, drama, film, and literary theories to outline the development history of the characterized variation within the context of modern English literature. Here, it not only demonstrated the subject matter of research and translation, but explained the open understanding of *Wen* (文). The meaning of *Wen* expands from its surface meaning of *literary mind* (文心), *literature* (文学), and *literary theory* (文论), to a more fluctuated meaning of *culture* (文化), *civilization* (文明), and even *historical venation of Wen* (文脉). Film study has clearly pointed out the inclination of contextual development or the culturalization of literary study.

For the first time, this book has made such a complete and systematized study on translation and research of Chinese cultural classics, classical literature and literary theory, translation and research of modern and contemporary literature in the English-speaking world, overshadowing the research pattern concerned with Chinese literature and the relationship between Chinese and foreign literature. It examined Chinese literature from the perspective of intercultural variation, and simultaneously included the influences of Chinese literature in the West into the scope of Chinese literature relation research. By an integration of different disciplinary theories, arranging from Comparative Literature studies, especially the Variation Theory of comparative literature, to Translation Studies, Philosophy, Sociology, Politics Studies and Cultural Studies, this study has stated the issues in regard to the English translation of Chinese literature covering misreading, cultural filtering and domestic appropriation. Despite it uncovered the cultural prejudice and ideological problems within these procedures as well. In general, this book carried on the theoretical analysis of translation and research of Chinese literature in the English-speaking world, while it inquired into and concluded the rules and experience of cultural variation innovation, through which an advantageous reference for the construction of Chinese culture and the strategy of Chinese culture "going global" has been explicitly shown.

# 目 录

## 上编

**英语世界的中国文学译介与研究总论**　1

### 第一章 ▶ 英语世界的中国文学译介与研究概况　3

第一节　缘起与历史　3

第二节　译介与研究概况　9

第三节　国内学界的梳理与反思　21

### 第二章 ▶ 英语世界的中国文学译介、研究与中国学术界的互动　31

第一节　英语世界的中国文学研究与中国学术界互动概述　32

第二节　英语世界的中国文学研究与中国学术界互动的基础和平台　34

第三节　英语世界的中国文学研究与中国学术界互动的方式与路径　40

### 第三章 ▶ 英语世界的中国文学译介与研究对西方的影响　49

第一节　中国文学影响西方的几个问题　49

第二节　对文学的影响　51

第三节　对诗学的影响　67

第四节　对文化意识的影响　81

### 第四章 ▶ 变异学：英语世界的中国文学译介与研究的方法论　89

第一节　变异学的提出　89

第二节　变异学的三个层面　91

第三节　变异学对中国文学在英语世界译介与研究的作用与意义　99

## 第五章 ▶ 英语世界的中国文学变异与"他国化"举隅　103

　　第一节　英语世界中国文学典籍的变异与"他国化"　103
　　第二节　英语世界中国诗歌的变异与"他国化"　111
　　第三节　英语世界中国小说的变异与"他国化"　138
　　第四节　英语世界中国戏剧的变异与"他国化"　148

## 第六章 ▶ 英语世界的中国文学研究与传播机制的建构　154

　　第一节　中国文学海外传播的困境　155
　　第二节　中国文学理论与文学史的重新建构　158
　　第三节　翻译出版机制的完善和新媒体的引入　161
　　第四节　走向世界的中国文学　166

### 中 编

## 英语世界的中国古典文学译介与研究　175

## 第七章 ▶ 英语世界的中国古典文学译介与研究背景　177

　　第一节　远交时期中国古典文学的英语译介与研究（1840 年以前）　178
　　第二节　近渗时期中国古典文学的英语译介与研究（1840～1945 年）　188
　　第三节　粘合时期中国古典文学的英语译介与研究（1945 年～）　197

## 第八章 ▶ 英语世界的中国古典文学译介与研究综述　209

　　第一节　英语世界中国古典文学综合译介与研究名家选介　209
　　第二节　英语世界中国古典文学综合译介与研究议题选介　229
　　第三节　英语世界中国古典文学译介与研究数字化传播　239

## 第九章 ▶ 英语世界的中国古典文学典籍译介与研究　252

　　第一节　英语世界中国古典文学典籍译介与研究名家选介　253
　　第二节　英语世界中国古典文学典籍译介与研究议题选介　261
　　第三节　英语世界中国古典文学典籍译介与研究贡献举隅　273

## 第十章 ▶ 英语世界的中国古典诗歌译介与研究　279

　　第一节　英语世界中国古典诗歌译介与研究名家选介　280
　　第二节　英语世界中国古典诗歌译介与研究议题选介　286
　　第三节　英语世界中国古典诗歌译介与研究贡献举隅　305

## 第十一章 ▶ 英语世界的中国古典散文译介与研究　333

　　第一节　英语世界中国古典散文译介与研究名家选介　334
　　第二节　英语世界中国古典散文译介与研究议题选介　357
　　第三节　英语世界中国古典散文译介与研究贡献举隅　371
　　第四节　英语世界中国古典散文译介的变异及其启示意义　385

## 第十二章 ▶ 英语世界的中国古典小说译介与研究　397

　　第一节　英语世界中国古典小说译介与研究名家选介　398
　　第二节　英语世界中国古典小说译介与研究议题选介　401
　　第三节　英语世界中国古典小说译介与研究贡献举隅　417

## 第十三章 ▶ 英语世界的中国古典戏剧译介与研究　430

　　第一节　英语世界中国古典戏剧译介与研究名家选介　430
　　第二节　英语世界中国古典戏剧译介与研究议题选介　443
　　第三节　英语世界中国古典戏剧译介与研究的贡献与变异　460

## 第十四章 ▶ 英语世界的中国古典文学译介与研究工具书　473

　　第一节　英语世界中国古典文学译介与研究工具书名家选介　474
　　第二节　英语世界中国古典文学译介与研究工具书议题选介　479
　　第三节　英语世界中国古典文学译介与研究工具书的贡献与变异　484

## 下编

**英语世界的中国现当代文学译介与研究　491**

## 第十五章 ▶ 晚清小说的译介与研究　493

　　第一节　晚清小说的译介　493
　　第二节　传统中国与现代世界　498
　　第三节　历史叙事与抒情想象　508
　　第四节　叙事结构与修辞形态　519

## 第十六章 ▶ 现代小说的译介与研究　524

　　第一节　现代小说第一个十年（1918～1927年）在英语世界的
　　　　　　译介和研究　525

第二节　现代小说第二个十年（1928～1937年）在英语世界的
　　　　　　译介和研究　535
　　第三节　现代小说第三个十年（1938～1949年）在英语世界的
　　　　　　译介和研究　548

## 第十七章 ▶ 当代小说的译介与研究　562

　　第一节　"十七年文学"及"文革"小说在英语世界的
　　　　　　译介与研究　563
　　第二节　新时期小说的译介与研究　587
　　第三节　英语世界的莫言研究　618

## 第十八章 ▶ 现代汉诗的译介与研究　628

　　第一节　现代汉诗的译介及其特点　628
　　第二节　现代汉诗的研究　636
　　第三节　英语世界的戴望舒研究　644
　　第四节　奚密的现代汉诗研究　657

## 第十九章 ▶ 现代话剧的译介与研究　670

　　第一节　英语世界话剧研究的四个阶段　671
　　第二节　话剧研究领域的新问题和新方向　685
　　第三节　当代英语学界中国现代话剧研究的两条路径　690

## 第二十章 ▶ 中国电影的研究　699

　　第一节　中国电影研究的形成与发展　700
　　第二节　英语世界的中国电影专题研究及动向（上）　706
　　第三节　英语世界的中国电影专题研究及动向（下）　717

## 第二十一章 ▶ 现代文论的译介与研究　727

　　第一节　现代文论研究述评　728
　　第二节　现代文论与异域滋养　735
　　第三节　现代文论与传统遗泽　748

**参考文献**　761

**后记**　897

# Contents

## Part I

Translation and Research of Chinese Literature in the English-speaking World: A General Introduction   1

**Chapter 1   An Overview of Translation and Research of Chinese Literature in the English-speaking World   3**

    1.1   Origin and History   3
    1.2   An Overview of Translation and Research   9
    1.3   The Analysis and Reflection of Domestic Academia   21

**Chapter 2   The Interaction on Translation and Research of Chinese Literature between the English-speaking World and Chinese Academia   31**

    2.1   Introduction to the Interaction on the Research of Chinese Literature between the English-speaking World and Chinese Academia   32
    2.2   Foundation and Platform of the Interaction on the Research of Chinese Literature between the English-speaking World and Chinese Academia   34
    2.3   Approaches to the Interaction on the Research of Chinese Literature between the English-speaking World and Chinese Academia   40

## Chapter 3   Influences of Translation and Research of Chinese Literature on the West   49

   3.1   Several Subjects Related to the Influences of Chinese Literature   49
   3.2   Influences on Literature   51
   3.3   Influences on Poetics   67
   3.4   Influences on Cultural Consciousness   81

## Chapter 4   The Variation Theory: An Approach to the Translation and Research of Chinese Literature in the English-speaking World   89

   4.1   The Variation Theory   89
   4.2   Three Aspects of the Variation Theory   91
   4.3   The Significance of the Variation Theory Concerned with Translation and Research of Chinese Literature in the English-speaking World   99

## Chapter 5   Case Studies of the Variation and Domestic Appropriation of Chinese Literature in the English-speaking World   103

   5.1   The Variation and Domestic Appropriation of Chinese Classics in the English-speaking World   103
   5.2   The Variation and Domestic Appropriation of Chinese Poetry in the English-speaking World   111
   5.3   The Variation and Domestic Appropriation of Chinese Novels in the English-speaking World   138
   5.4   The Variation and Domestic Appropriation of Chinese Dramas in the English-speaking World   148

## Chapter 6   The Construction of Chinese Literature Research and Communication Modes in the English-speaking World   154

   6.1   The Predicament of the Overseas Communication of Chinese literature   155
   6.2   The Reconstruction of Chinese Literary Theory and Literary History   158
   6.3   Improving Translation & Publishing Modes and Introducing New Media   161

6.4　Chinese Literature to the Global　166

# Part II

Translation and Research of Chinese Classical Literature in the English-speaking World　175

## Chapter 7　Translation and Research Background of Chinese Classical Literature in the English-speaking World　177

7.1　Translation and Research of Chinese Classical Literature before 1840　178

7.2　Translation and Research of Chinese Classical Literature from 1840 to 1945　188

7.3　Translation and Research of Chinese Classical Literature after 1945　197

## Chapter 8　An Overview of Translation and Research of Chinese Classical Literature in the English-speaking World　209

8.1　A Guide to Famous Experts of Translation and Research of Chinese Classical Literature in the English-speaking World　209

8.2　A Guide to Topics for the Discussion of Translation and Research of Chinese Classical Literature in the English-speaking World　229

8.3　The Digital Communication of Translation and Research of Chinese Classical Literature in the English-speaking World　239

## Chapter 9　Translation and Research of Chinese Classics in the English-speaking World　252

9.1　A Guide to Famous Experts of Translation and Research of Chinese Classics in the English-speaking World　253

9.2　A Guide to Topics for the Discussion of Translation and Research of Chinese Classical Literature in the English-speaking World　261

9.3　Case Studies of Contributions of Translation and Research of Chinese Classics in the English-speaking World　273

## Chapter 10　Translation and Research of Chinese Classical Poetry in the English-speaking World　279

10.1　A Guide to Famous Experts of Translation and Research of Chinese Classical Poetry in the English-speaking World　280

10. 2　A Guide to Topics for the Discussion of Translation and Research of Chinese Classical Literature in the English-speaking World　286

10. 3　Case Studies of Contributions of Translation and Research of Chinese Classical Poetry in the English-speaking World　305

# Chapter 11　Translation and Research of Chinese Classical Prose in the English-speaking World　333

11. 1　A Guide to Famous Experts of Translation and Research of Chinese Classical Prose in the English-speaking World　334

11. 2　A Guide to Topics for the Discussion of Translation and Research of Chinese Classical Literature in the English-speaking World　357

11. 3　Case Studies of Contributions of Translation and Research of Chinese Classical Prose in the English-speaking World　371

11. 4　The Variation and the Enlightenment Significance of Translation and Research of Chinese Classical Prose in the English-speaking World　385

# Chapter 12　Translation and Research of Chinese Classical Novels in the English-speaking World　397

12. 1　A Guide to Famous Experts of Translation and Research of Chinese Classical Novels in the English-speaking World　398

12. 2　A Guide to Topics for the Discussion of Translation and Research of Chinese Classical Literature in the English-speaking World　401

12. 3　Case Studies of Contributions of Translation and Research of Chinese Classical Novels in the English-speaking World　417

# Chapter 13　Translation and Research of Chinese Classical Dramas in the English-speaking World　430

13. 1　A Guide to Famous Experts of Translation and Research of Chinese Classical Dramas in the English-speaking World　430

13. 2　A Guide to Topics for the Discussion of Translation and Research of Chinese Classical Literature in the English-speaking World　443

13. 3　Contributions and the Variation of Translation and Research of Chinese Classical Dramas in the English-speaking World　460

## Chapter 14    Reference Books for Translation and Research of Chinese Classical Literature in the English-speaking World    473

14.1  A Guide to Famous Experts of Translation and Research of Reference Books in the English-speaking World    474

14.2  A Guide to Topics for the Discussion of Translation and Research of Chinese Classical Literature in the English-speaking World    479

14.3  Contributions and the Variation of Translation and Research of Reference Books in the English-speaking World    484

# Part Ⅲ

Translation and Research of Modern and Contemporary Chinese Literature in the English-speaking World    491

## Chapter 15    Translation and Research of Novels in the Late Qing Dynasty    493

15.1  Translation of Novels in the Late Qing Dynasty    493

15.2  Traditional China and Modern World    498

15.3  Historical Narrative and Lyric Imagination    508

15.4  Narrative Structure and Rhetorical Form    519

## Chapter 16    Translation and Research of Modern Novels    524

16.1  Translation and Research of Modern Novels in English-speaking World in the First Decade (1918 – 1927)    525

16.2  Translation and Research of Modern Novels in English-speaking World in the Second Decade (1928 – 1937)    535

16.3  Translation and Research of Modern Novels in English-speaking World in the Third Decade (1938 – 1949)    548

## Chapter 17    Translation and Research of Contemporary Novels    562

17.1  Translation and Research of Seventeen Years Literature (1949 – 1966) and Novels in Cultural Revolution in the English-speaking World    563

17.2  Translation and Research of Novels in the New Era    587

17.3  Studies on Mo Yan in English-speaking World    618

## Chapter 18  Translation and Research of Modern Chinese Poetry    628

    18.1  Translation of Modern Chinese Poetry and its Characteristics    628

    18.2  Studies on Modern Chinese Poetry    636

    18.3  Studies on Dai Wangshu's Poetry in the English-speaking World    644

    18.4  Studies on Xi Mi's Modern Chinese Poetry    657

## Chapter 19  Translation and Research of Modern Dramas    670

    19.1  Four Phases of Studies on Dramas in the English-speaking World    671

    19.2  New Themes and Trends of Studies on Dramas    685

    19.3  Two Paths of Studies on Modern Chinese Dramas    690

## Chapter 20  Studies on Chinese Films    699

    20.1  The Formation and Development of Studies on Chinese Films    700

    20.2  Research and Trend of Chinese Films in English-speaking World (Ⅰ)    706

    20.3  Research and Trend of Chinese Films in English-speaking World (Ⅱ)    717

## Chapter 21  Translation and Research of Modern Literary Theory    727

    21.1  A Review of Studies on Modern Literary Theory    728

    21.2  Modern Literary Theory and Foreign Influences    735

    21.3  Modern Literary Theory and Traditional Heritage    748

**References**    761

**Postscript**    897

# 上编

英语世界的中国
文学译介与研究
总论

# 第一章

# 英语世界的中国文学译介与研究概况

有人认为，中国文学是封闭型的文学，这种论断显然是错误的。众所周知，汉代佛教东传，中国文学便开始接受印度文学的影响，而汉文化圈内的文学交流更是中国文学对外开放的明证。公元6~13世纪，中国文学向日本等邻国辐射光华，对东亚各国从整体上产生影响，也开始和南亚、西亚、欧洲产生较为广泛的交流。正是在这个时代，形成了以中华文化为中心的汉文化圈。自16世纪，利玛窦（Matteo Ricci）最早将"四书"翻译成拉丁文以来，中国文学开始从东方走向西方，走向世界，对世界的文学创作与文学理论建构产生了一定程度的影响。整体而言，中国文学在世界的传播与影响，经历了漫长而曲折的道路。

## 第一节 缘起与历史

"汉学"原指汉儒之学，明末清初特指当时中国本土继承汉儒方法的考证学，清末以来主要是指国外有关中国的研究。在后一种意义上又称国际汉学、海外汉学、域外汉学、世界汉学等。世界汉学的发轫由来已久，早在2000余年前就出现了涉及"赛里斯"（Serice，指中国及周边区域）的地理学、博物学著作。不过，欧洲与中国真正的"接触"开始于欧洲文艺复兴时期。当时欧洲所经历的知识革命让欧洲人有能力将足迹扩散到其他大陆，马可·波罗（Marco Polo）便是其中最著名的代表。马可·波罗在其游记中对华夏国繁荣盛况的描写，刺激了哥伦布（Christopher Columbus）这样的探险家及其背后的利益群体。在这样的背景下，16世纪晚期，欧洲系统的中国研究开始正式萌芽。

16～17世纪时，欧洲在中国的主要势力是葡萄牙，欧洲关于中国情况的描述主要出自来华的葡萄牙人和西班牙人。继哥伦布发现新大陆后，西班牙和葡萄牙这两个海上强国对非基督教世界进行了瓜分。中国属于葡萄牙的势力范围，因而在欧洲的地理大发现过程中，中国被葡萄牙探险家所"发现"。在1588年英国打败西班牙无敌舰队之前，英国无力与西班牙和葡萄牙这两个海上强国匹敌，也无力插手东亚事务。之后，虽然早在16世纪末期英国人和耶稣会士便到达东方，英国人于1600年即在印度成立了东印度公司，并在19世纪和20世纪初在欧洲与中国的关系中占支配性地位，但在17世纪，东方的欧洲霸主则主要是荷兰人。在整个17世纪，他们晚于英国两年成立的东印度公司是东亚海域上最强大的欧洲势力。从他们的记述来看，他们对当时中国的城市、司法程序、民风、桥梁建筑等均赞誉有加，认为中国在这些方面均远远优越于欧洲。① 在17世纪中期，荷兰人曾三次往清政府派遣大使，其中一名叫作诺伊霍夫（Joan Nieuhof）的使者对第一次出使中国的情形所做的描写为各欧洲主要国家翻译成本国文字，成为欧洲人关于中国知识描述的范本。② 该书在欧洲广为流传，直至18世纪，都是欧洲人了解中国生活的主要图文材料。③ 荷兰医生达佩尔（Olfert Dapper）对第二次和第三次出使中国的情形所做的描写中描绘了更多的城市，丰富了欧洲人对中国地理知识的了解。④

这一时期的耶稣会修道士们对欧洲人了解中国做出了更大的贡献。其中奥古斯丁修会修道士门多萨（Juan González de Mendoza）虽然从没有到过中国，却编纂了之前的修道士对中国的讲述，首次以欧洲语言出版了系统的关于中国知识的书籍——《中华大帝国史》⑤。此书得到教皇格里高利十三世的认可，成为关于

---

① Hsia Adrian ed. *The Vision of China in the English Literature of the Seventeenth and Eighteenth Centuries*. Hong Kong: The Chinese University Press, 1998, pp. 7 – 10.

② Joan Nieuhof, et al. *Legatio Batavica Ad Magnum Tartariae Chamum Sungteium*, *Modernum Sinae Imperatorem. Historiarum Narratione.* Amstelodami: Apud Jacobum Meursium, 1668.

③ 该书在阿姆斯特丹出版后，次年便有了英译本：Joan Nieuhof, et al., *An Embassy from the East – India Company of the United Provinces, to the Grand Tartar Cham, Emperour of China: delivered by their excelleies Peter de Goyer and Jacob de Keyzer, at his imperial city of Peking.* London: Printed by John Macock, 1669.

④ Olfert Dapper. *Asia, Oder Genaue und Gründliche Beschreibung des gantzen Syrien und Palestins, oder Gelobten Landes: Worinnen Die Landschafften Phoenicien, Celesyrien, Commagene, Pierien, Cyrestica, Seleucis, Cassiotis, Chalibonitis, Chalcis, Abilene, Apamene, Laodicis, Palmyrene, & c. Neben denen Ländern Peréa oder Ober – Jordan, Galilaea, das absonderliche Palestina, Judaea und Iduméa begriffen sind.* Amsterdam: Jacob von Meursen, 1681.

⑤ Juan Gonzále de Mendoza. *Historia de las cosas mas notables, ritos y costumbres, del gran reyno de la China, sabidas assi por los libros delos mesmos Chinas, como por relacion de Religiososy otras personas que an estado en el dicho reyno.* Rome: Bartholome Grassi, en la Stampa de Vicentio Accolti, 1585. （该书首先以西班牙文在罗马出版。）

中国知识的权威之作。1601年，利玛窦到达北京。这比荷兰人的大使团要早半个世纪，耶稣会修道士掌管了向中国传教的事务，自然而然地扮演了欧洲和中国之间文化交流的桥梁。他们在欧洲出版关于中国的书籍，向中国人介绍欧洲的科学发现和宗教观念，他们还经常派送传教士回欧洲去进行游说和募捐。关于耶稣会士在中国和欧洲之间所从事的活动流传下来了诸多记载，也得到广泛研究。利玛窦还深入地研究了儒家思想，试图采用"以耶合儒"路线改变中国人的信仰。值得一提的是，17世纪时，随着欧洲对中国历史的了解，基督教之前所奉为真理的一些历史事实在欧洲也遭遇到了极大的挑战，引起了欧洲知识界很大的震动，关于中国汉字的发明与《圣经》中记载的巴别塔事件之间的争论，直至现在仍无定论。

18世纪，欧洲与中国的文化交流有了长足发展。法国科学院第一次向中国派遣耶稣会传教士，之后法国国王又第二次向中国派遣耶稣会传教士，这些传教士中包含了第一位将元剧《赵氏孤儿》翻译为欧洲语言的马若瑟神甫（Père Prémare）。① 直至耶稣会于1773年解体，欧洲在中国的传教事业均由法国利益群体所主导，因而法国知识界便根据耶稣会传教士的记载对中国文化进行解释和介绍，他们对中国文化的研究领先于欧洲其他国家。清王朝的知识分子正统而保守，耶稣会士"以耶合儒"的路线难以为继，幸而康熙皇帝个人对传教士很感兴趣。他不仅任命了一些耶稣会士担任官员、参观了耶稣会士在北京的教堂并赐"敬天"匾额，甚至派遣白晋（Joachim Bouvet）作为他的私人代表归国，请路易十四（Louis XIV）派遣更多具有科学素养的传教士来华，并得到路易十四的应允。白晋回到法国后，当年便在巴黎出版了《康熙皇帝》②，塑造了康熙皇帝堪为欧洲各国开明君主典范的形象。随着罗马天主教会的态度转向正统、保守，耶稣会士在欧洲遭到镇压。教皇克莱门特十四世于1773年宣布在全世界范围清除耶稣会士。随之，在欧洲人对中国的介绍中，中国作为一个与欧洲平等的高度文明国家的形象也一去不复返。

在19世纪以前的欧洲世俗世界，德国哲学家莱布尼茨（Leibniz）是真正对中国感兴趣的思想家。他的《中国近事》③ 经常被引用和选录，他与在中国的耶稣会神父保持密切通信往来，对汉语和《易经》八卦很感兴趣。另一位对中国感兴趣的德国哲学家克里斯蒂安·沃尔夫（Christian Wolff），于1772年6月21日

---

① Le Père Prémare. *L'Orphelin de Tchao*, in *Description de la Chine*, par le Peèr du Halde. Paris, 1735.
② Joachim Bouvet, Collège de la Trinité, Michallet. *Portrait historique de l'Empereur de la Chine*. chez Estienne Michallet, 1697.
③ Gottfried Wilhelm Leibniz. *Novissima Sinica Historiam Nostri Temporis Illustrata*: *In quibus De Christianismo Publica nunc primum autoritate propagato missa in Europam relatio exhibetur*. Förster, 1699.

发表了《关于中国实践哲学的演讲》。① 在该演讲中,他对中国的自然宗教推崇有加。普鲁士国王腓特烈大帝二世写作了《中国皇帝的使臣菲希胡发自欧洲的报道》②。该书是一部关于中国的书信体小说,代表了当时西欧对中华文化兴趣的一个高峰。在 18 世纪的法国,孟德斯鸠(Montesquieu)、伏尔泰(Voltaire)、魁奈(Quesnay)和卢梭(Rousseau)均对中国具有浓烈的兴趣。伏尔泰是著名的中国迷,不过孟德斯鸠对之后欧洲对中国的认识产生了更大的影响。他在《论法的精神》(De L'Esprit des Lois,1748)中讨论了中国的优劣问题,③ 认为中国的气候决定了其东方君主专制,因而也不存在什么荣誉和美德观念。孟德斯鸠刺激了伏尔泰发表《风俗论》,④ 为中国的理想政府、父权政治、哲学尤其是儒家思想、汉语而辩护,重新将中国、印度和土耳其列入文明国家。卢梭获第戎科学院奖励的文章《论科学与艺术》将中国批判为被满洲人所统治的国度,没有什么科技和艺术上的成就。⑤ 1755 年伏尔泰写了戏剧《中国孤儿》⑥ 对卢梭的观点进行了批判。不过,孟德斯鸠和卢梭的观点与当时欧洲盛行起来的重商主义及主流政治风气更相吻合,因而也更具影响力。当英国上将安森(George Anson)到达澳门和广东时,他们对中国的印象便十分不堪了。

直到 19 世纪中期,英国从未派送过传教士到中国,只派送了水手和商人,这些人自然而然地以一种优越的姿态来看待非欧洲人。工业革命开始后,英国的社会和经济结构发生了变化,侵略和剥削非欧洲国家、向这些国家进行势力扩张成为欧洲对外政策的主旋律。像伏尔泰那样对非欧洲国家所持的宽容态度已经成为过去,美国独立战争和法国大革命之后,欧洲国家加紧了殖民扩张的步伐,适者生存的观念也逐渐成为欧洲思想界的主导思想。孟德斯鸠的学说正体现了这种适者生存的观念。他的思想是欧洲中心主义的代表,认为历史虽然起始于东方,文明却逐渐迁移到波斯、希腊、罗马等地,最后迁移至欧洲大陆。东方的君主专制因而只是历史发展的一个落后阶段,文明的中心逐渐从气候炎热的地区迁移到更加温和的地区。因而历史的演进就是从迷信、野蛮的东方向一神教和文明的西方进化。德国哲学家赫尔德(Herder)对中国形象的描述也是丑

---

① Christian Wolff. *Oratio De Sinarum Philosophia Practica*. Francofurti:Hort Andreae, 1726.
② Friedrich (Preußen, König, Ⅱ.). *Relation de Phihihu, émissaire de l'empereur de la Chine en Europe*. Traduit du chinois. A Cologne, chez Pierre Marteau, 1760.
③ E. Carcassonne. "La Chine dans l'Esprit des Lois," in *Revue d'Histoire littéraire de la France*, 1924, 31, pp. 193 – 205.
④ Voltaire. *Essai Sur Les Moeurs Et L'esprit Des Nations*. [Remarques & piéces relatives a L'Essai]. Fragmens sur l'histoire. Eclaircissemens historiquesà l'occasion d'un libelle…contre l'Essai. Chez Stoupe, Imprimeur, 1792.
⑤ Jean – Jacques Rousseau. *Discours sur les Sciences et les Arts*. A Geneve:Chez Barillot & fils, 1750, p. 11.
⑥ Voltaire. *L'orphelin de la Chine*:*Tragedie*. Dans l'imprimerie de J. L. N. de Ghelen, 1757.

陋、鄙俗不堪。① 受到卢梭、孟德斯鸠与赫尔德的影响，黑格尔（Hegel）避开了赫尔德感兴趣的细枝末节，将对所有问题的讨论纳入"精神"（geist）这一主题下，在对"东方世界"的讨论中，他也同样从当时盛行的现象学的角度分析了中国。

总体而言，17~18世纪英语世界的中国研究的特点之一是缺乏直接认识，英语世界对中国的知识主要来自欧洲的间接材料。这一时期的中国研究者主要是文人和思想家，他们出于业余兴趣而研究中国。19世纪开始，英国和中国建立官方外交关系，1783年和1816年英国派到中国的大使包括普通官员、传教士和商人，他们成为汉学职业研究者，这些人也逐渐成为英国汉学界的主流。出现了诸如斯当东（Sir George Thomas Staunton）、马礼逊（Robert Morrison）、德庇时（Sir John Francis Davis）、马儒翰（John Robert Morrison）、伟烈亚力（Alexander Wylie）、理雅各（James Legge）等重要汉学家，他们编纂汉学词典，翻译了大量宗教册子、商业指南、蓝皮书、关税报表等。斯当东的《中英商业往来札记》（*Miscellaneous Notices Relating to China*，1822）、马儒翰的《中国贸易指南》（*Chinese Commercial Guide*，1833）都是这一时期的汉学代表作。但这一时期，随着经济利益在欧洲在华利益中占据主导地位，汉学和文学也出现了分野。

除此之外，19世纪还有几件就世界汉学发展而言具有里程碑意义的事件。1814年12月11日，雷慕莎（Jean-Pierre Abel-Rémusat）在法国法兰西学院主持的汉学讲座被认为标志了汉学的正式诞生，雷慕莎本人也因此成为欧洲的第一个汉学教授。1824年英国皇家亚洲学会（Royal Asiatic Society of Great Britain and Ireland）成立，这是英语世界汉学诞生的另一标志。纪德（Reverend Samuel Kidd，1797~1843）在1837年被委任为伦敦大学学院的汉学教授，成为英国的第一个汉学教授。他了解中国文学，并将中国文学作为自己教学和研究的内容。不过，真正让汉学在英语世界享有声誉的汉学家是理雅各。他于1876年就任牛津大学首位汉学教授，在职时间长达21年。翻译了大量中国经典，且他的翻译质量高，颇受好评。剑桥大学1888年设立汉文教授岗位，首任为英国陆军出身的卸任外交官威妥玛（Thomas Francis Wade，1818~1895）。他以创造汉字罗马拼音方法著称。1897~1928年继任该职位的是卸任外交官翟理斯（Herbert Allen Giles，1845~1935）。

在19世纪，尤其是在第一次鸦片战争之后，西方的思想观念强势传入，中国社会由古代向现代转型，儒家思想在中国经历了空前的危机，我国古典文学也

---

① Johann Gottfried Herder. Translated by T. Churchill. *Outlines of a Philosophy of the History of Man*. London: Luke Hanford, 1803.

向文化遗产转变，在"西学"和"新学"面前，成了"国学"和"旧学"。不过，在国门洞开后，应欧洲各国政府的要求，清朝政府开始向欧美派出使团，这些外交家具有良好的中文功底，客观上也促进了中国古典文学在西方世界的传播。进入 20 世纪后，尤其是两次世界大战之间，战争的残酷及其对西方社会造成的严重破坏让苦闷的知识分子开始转向东方寻找新的思想动力。如庞德等诗人翻译出版了大量中国古诗，在美国掀起了空前的中国诗歌热潮，华夏古国的形象再次在这些诗人的笔下得到赞美。另外，在辜鸿铭等中国学者的推动下，出现了被称之为东学西渐的历史时期。辜鸿铭精通多国语言、获得 10 多个博士学位，称为当时学贯中西的代表人物。从 1883 年开始，他致力于宣传中国文化，提升中国人在西方人眼中的形象，先后将《论语》①、《中庸》② 和《大学》③ 翻译成典雅的英语。在他的翻译中，他还旁征博引了歌德等欧洲名家之言加以注释，并对中西人物和朝代进行横向比较。这位才华横溢的学者在西方赢得了尊敬，为中国文化在西方的传播做出了杰出的贡献，同时也提高了国人在列强面前的自信心。

20 世纪，高等学府逐渐接管了欧美的文学、文化研究，世界汉学也不例外。在此之前，英语世界的中国研究相当分散，基本是个人独立进行的。自 19 世纪中叶以来，英语世界的中国古典文学译介和研究逐渐集中到各个国家或地区的高等学府。在牛津大学、剑桥大学、伦敦大学、耶鲁大学、哈佛大学、澳大利亚国立大学等高校里，荟萃了一流的学者，开设了多种类型的中国文学课程，培养了汉学方面具有专长的一代代学者，诸如哈佛大学的燕京学社等，著名汉学家辈出，成为英语世界汉学研究的重镇。在国内，本土高校也培养出了向英语世界输出中国文学的杰出人才。例如，毕业于西南联合大学后执教于北京大学的许渊冲教授，是国内 20 世纪汉诗英译的著名翻译家，对国内的诗歌英译产生了广泛的影响。

中华人民共和国成立以来，政府有意识地促进对外文化交流活动。新闻总署国际新闻局（后更名为"中国外文出版发行事业局"，又称"中国国际出版集团"）、中国翻译协会、联合国资料小组（后更名为"北京对外翻译出版处"，1979 年改称"中国对外翻译出版公司"）、中国英汉语比较研究会（China Association for Comparative Studies of English and Chinese，CACSEC）等的成立，培养了大量译介和研究人才，出版了大量中国经典文学作品的外文版。进入 21 世纪以

---

① Ku Hung‑Ming, tr. *The Discourses and Sayings of Confucius. A New Special Translation*, *Illustrated with Quotations from Goethe and Other Writers.* Shanghai［etc.］Kelly and Walsh, limited, 1898.

② Ku Hung‑Ming, tr. *The Conduct of Life*; or, *The Universal Order of Confucius*: *A Translation of One of the Four Confucian Books Hitherto Known as The Doctrine of the Mean.* London, J. Murray, 1908.

③ Ku Hung‑Ming, tr. *Higher Education*: *A New Translation of Ta hsüeh.* Shanghai: Shanghai Mercury, 1915.

来,"金水桥计划""中国图书对外推广计划""中国文学海外传播"等工程启动,通过资助国外出版机构翻译出版中国图书等策略,大大地促进了中华文化在世界范围内的推广。孔子学院的纷纷成立、英文季刊《中国文学研究前沿》(*Frontiers of Literary Studies in China*)的创办和《今日中国文学》(*Chinese Literature Today*, CLT)系列丛书的出版等,也促进了中国古典和现代文学在英语世界的流传。于 2005 年启动的《大中华文库》工程,更是首次全面、系统地推出外文版中国文化典籍。在政府的推动下,自 20 世纪中期以来,中华文化精粹走向世界出现了空前繁荣的态势。

## 第二节 译介与研究概况

中国文学历经几千年的发展与变化,在世界文学史上占有一席之地,也成为世界文学不可或缺的一个重要组成部分。作为世界文学中的一朵瑰丽奇葩,中国文学以其丰富多彩、光辉灿烂的文学硕果和博大精深、兼容并蓄的文学精神受到越来越多的学者们的关注,其价值也不断地得到了各国学者的肯定和接受。自从中国文学为英语世界的学者所关注以来,以英语为媒介的译介与研究成果从最初的星星点点发展如雨后春笋,如今已呈现出欣欣向荣的新气象。

### 一、英语世界中国古典文学译介与研究现状

历史上最早的儒家经典西译是耶稣会传教士罗明坚(Michele Ruggieri, 1543~1607)的"四书译稿",现存于罗马国家图书馆。17 世纪后半叶,耶稣会传教士集合了三个拉丁语版本的"四书"翻译出版,之后很快被其他欧洲国家翻译成各国语言。1619 年,出现了基于该版本的英文版节译,标志着中国文学作品英译的正式出现。在此之前,早在 16 世纪英语世界便出现了第一部大量谈及中国文学作品的英文文献,即作家、文学评论家泼德能(George Puttenham)的《诗艺》(*The Arte of English Poesie*, 1589)。帕特纳姆称与一位长期居住在中国宫廷因而精通中国诗歌的意大利绅士的谈话而获取了对中国诗艺的了解。这也是所有欧洲书籍里第一次对中国文学的讨论,且里面对中国古诗格律的讨论,尤其是关于中国人喜爱短小诗歌的看法,均较为准确。由此算来,英语世界中国文学的译介与研究已历经了四个多世纪的发展。

20 世纪以前，从事中国古典文学翻译和研究的英国人主要是外交官、传教士和商人。外交官出身的英国著名汉学家有德庇时、翟理斯、道格思（Robert Kennaway Douglas，1838～1913）、瓦特斯（Thomas Watters，1840～1901）、阿连壁（Clement Francis Romilly Allen，1844～1911）等。他们从自身的兴趣出发，向英语世界翻译和介绍了中国古典诗歌、散文、汉语言本身以及庄子、儒家、佛教等各家典籍作品。其中，德庇时和翟理斯是最杰出的代表。前者发表在《英国皇家亚洲学会会刊》（Journal of the Royal Asiatic）上的《汉文诗解》（On the Poetry of the Chinese）讨论了史诗和戏剧诗在汉语诗歌中缺失的原因，比较了中西方田园诗的不同特点。该文被认为是西方第一部全面、系统地介绍中国古典诗歌的著述。后者一生笔耕不辍，留下了大量译著和著述。他对汉语言颇有见地，出版了《汉语方言口头惯用语辞典》[①]《字学举隅》[②]《远东相关主题参考字汇》[③]《华英词典》[④]《剑桥大学图书馆汉、满文书籍韦德藏书目录》[⑤]《中国人名大辞典》[⑥]等语言类或工具书类书籍。他还出版了大量译著，其中最重要的译作之一是《古文选珍》[⑦]，该书被认为是英语世界的读者了解哲学散文、历史散文及小说之外的中国散文形式发展最具价值的参考书。他对中国文化的兴趣还涉及道家学说、中国绘画史、古代中国的宗教、中国童话、儒学等。传教士在英语世界的中国古典文学译研中是另一股重要力量。其中杰出的代表人物有塞缪尔·比尔（Samuel Beal，1825～1889）和理雅各。比尔是直接从汉语中翻译早期佛教记录，从而研究印度史的第一个英国人，译有《大唐西域记》[⑧]《沙门慧立著

---

[①] Herbert A. Giles. *A Dictionary of Colloquial Idioms in the Mandarin Dialect.* Shanghai, A. H. de Carvalho, 1873.

[②] Herbert A. Giles. *Synoptical Studies in Chinese Character.* Shanghai, A. H. de Carvalho, 1874.

[③] Herbert A. Giles. *A Glossary of Reference on Subjects Connected with the Far East.* 1878. Hong Kong：Shanghai；Yokohama；London：Lane, Crawford；Kelly & Walsh；B. Quaritch, 1886. London：Totowa, N. J.：Curzon Press；Rowman & Littlefield, 1900, 3d ed.. London：Curzon Press；Totowa, N. J.：Rowman & Littlefield 1974.

[④] Herbert. A. Giles. *A Chinese - English Dictionary.* London, Shanghai［etc.］B. Quaritch；Kelly & Walsh, limited, 1892. Revised edition, Nanking, 1899. Rev. & enl. . Taipei：Cheng Wen Pub. Co. , 1972.

[⑤] Herbert A. Giles. *A Catalog of the Wade Collection of Chinese and Manchu Books in the Library of the University of Cambridge.* T. F Wade（Thomas Francis），1818 - 1895. Cambridge：University Press, 1898.

[⑥] Herbert A. Giles. *A Chinese Biographical Dictionary.* London：Bernard Quaritch；Shanghai：Kelly & Walsh 1898. Taipei：Cheng - Wen Pub. Co. 1968.

[⑦] Herbert. A. Giles, ed. & tr. *Gems of Chinese Literature.* London, Shanghai, B. Quaritch；Kelly & Walsh, 1884.

[⑧] Xuanzang. *Si-yu-ki. Buddhist Records of the Western World.* Translated from the Chinese of Hiuen Tsiang（A. D. 629）by Samuel Beal. Popular ed. London：Trubner & Co. , 1884, 1906；Calcutta：Susil Gupta, 1957 - 1958；Delhi：Nirmal D. Jain, 1969；New York：Paragon Book Reprint Corp, 1968.

玄奘传》①《法显、宋云游记：从中国至印度的佛教朝圣之旅》② 等。理雅各作为来华传教士回国之后成为著名的汉学教授。他曾将"四书""五经"译成英文，③回国后，于 1876~1897 年，任牛津大学首任汉学教授。他还与缪勒（Max Müller）合作，出版了《东方圣书》50 卷④。其译文受到广泛好评，对学术研究具有深远影响。早期为中国文学在英语世界的译介发挥了重要作用的还有一些来华商人，巴尔福（Frederic Henry Balfour, 1846~1909）便是一例。他曾来华经营丝茶贸易，后来在伦敦出版了英译的《〈南华真经〉：道教哲学家庄子著作集》⑤ 和《道家文本》⑥。

进入 20 世纪后，英国的汉学研究也取得了一些重要成就。大型工具书得到编纂，普及性读物增多，研究内容也走向细化。⑦ 出现了韦利（Arthur David Waley）、翟林奈（Lionel Giles, 1875~1958）、赖发洛（Leonard A. Lyall, 1867~?）、佛来遮（William John Bainbrigge Fletcher, 1871~1933）、卜道成（Joseph Percy Bruce, 1861~1934）、修中诚（Ernest Richard Hughes, 1883~1956）等重要英国汉学家。伦敦大学于 1916 年还成立了东方学院。但从总体上来讲，这一时期的英国逐渐退出了西方汉学舞台的中心，美国汉学研究后来居上，逐渐居主要地位。

美国汉学的由来和发展均受到宗教因素影响。早期美国汉学家，如德效骞（Homer Hasenplug Dubs, 1892~1968）和傅路特（Luther Carrington Goodrich, 1894~1986）等均与美国来华传教士背景有关。前者在 1918 年以圣道会（Evangel Mission）教士身份来华，后任哥伦比亚大学中文客座教授（1944~1945）、牛津大学中文教授（1947~1959）、夏威夷大学教授（1962~1963）。他主要研究中国古代史，著有《荀子：古代儒学的定形者》⑧ 等，并曾选择《汉书》本纪部分，分三卷在美国出版（1938, 1944, 1955）。后者于北京出生于传教士家庭，

---

① Hwui Li. *The life of Hiuen-Tsiang by the Shaman Hwui Li.* With an introduction. containing an account of the works of *I-tsing*, by Samuel Beal. With a pref. by L. Cranmer-Byng. New ed. London：Trubner, 1911.

② Samuel Beal. *Travels of Fah-hian and Sung-yun, Buddhist pilgrims, from China to India (400 A. D. and 518 A. D).* London, Trübner, 1869. [2d ed]. New York：Kelley, 1964.

③ James Legge. *The Chinese Classics：with a Translation, Critical and Exegetical Notes, Prolegomena, and Copious Indexes*, 5 vols., Hong Kong：Legge；London：Trubner, 1861–1872.

④ Max Müller, eds. *Sacred Books of the East Series.* Oxford：Clarendon Press, 1879–1891.

⑤ F. H. Balfour. *The Divine Classic of Nan-hua, Being the Works of Chuang-Tsze, Taoist Philosopher.* London：Kelly & Walsh, 1881.

⑥ F. H. Balfour. *Taoist Texts：Ethical, Political, and Speculative.* London：Trübner, 1884.

⑦ 胡优静：《英国19世纪的汉学史研究》，学苑出版社 2009 年版，第 107~117 页。

⑧ Homer Hasenplug Dubs. *Hsuntze：The Moulder of Ancient Confucianism.* London：Arthur Probsthain, 1927.

后任哥伦比亚大学汉文系教授兼系主任,主要研究中国历史和文化。20世纪现代高等院校教育异军突起,高校学术研究和课程讲授取代了过去的传教活动,成为汉学研究的主要渠道。中国文学研究也从汉学中分离出来,成为相对独立的重要分支,出现诸如傅汉思(Hans Hermann Frankel,1916~2003)、管佩达(Beata Grant,1954~)、倪豪士(William H. Nienhauser, Jr.,1943~)、梅维恒(Victor H. Mair,1943~)、韩禄伯(Robert G. Henricks,1943~)、比勒尔(Anne Birrell)等术业有专攻的中国古典文学研究者。他们大多毕业于美国名校,取得中国文学方面的博士学位,并从事这方面的教学和研究工作。

除英国和美国之外,澳大利亚和加拿大等其他英语国家在中国文学译介和研究方面也取得了一些成绩,其中突出的代表学者有澳大利亚的马兰安(Anne Elizabeth Mclaren)和加拿大学者白润德(Daniel Bryant,1942~)等。

经过长达几个世纪的发展,尤其是经过20世纪高等教育机构的发展带来学术研究专业化局面,英语世界中国古典文学译介和研究在内容和讨论深度上得到不断拓展,研究视角愈发多元化,研究议题也层出不穷。概而言之,主要涵盖了中国古典文学名家评介、中国古典文学史的编纂、中国古典文学现象分析等方面。

中国古典文学名家评介方面,主要是对儒学、道家经典等的译介。在历史上,来华传教士利玛窦是最早向欧洲人介绍孔子思想的欧洲人。意大利神父殷铎泽(Prospero Intorcetta,1626—1696)和比利时耶稣会士柏应理(Filippo Couplet 1622~1693)在17世纪末期于伦敦出版了《孔子的道德思想:一种中国哲学》(1691)。早期传教士对儒家思想的研究兴趣主要出自欲将其融入基督教的目的。① 不过,经过几个世纪以来,英语世界已出版了诸多关于孔子的论著。其中包括:英国亚历山大(George G. Alexander)的《伟大的教师孔子》②、美国汉学家顾立雅(Herrlee Glessner Creel)的《孔子其人与神话》③、柳无忌(Liu Wu-chi)的《孔子的生平与时代》④ 等著作。另一些学者则对孔子作为儒家思想的创立人是否确有其人而提出质疑。如美国汉学家詹森(Lionel M. Jensen)出版的《制造孔子学说:中国传统与世界文明》一书,便认为孔子是儒家虚构和神化的

---

① Hobson, John M. *The Eastern Origins of Western Civilisation*. Cambridge, UK: Cambridge University Press, 2004, pp. 194 – 195.
② George G. Alexander. *Confucius, The Great Teacher: A Study*. London: Kegan Paul, Trench, Trübner & Co, 1890.
③ Herrlee Glessner Creel. *Confucius, the Man and the Myth*. New York: John Day, 1949. Rpt. under title: *Confucius and the Chinese Way*, New York: Harper, 1960.
④ Liu Wu-chi. *Confucius, His Life and Time*. New York: Philosophy Library, 1955.

圣人。① 孟子其人及其思想也得到莱尔（A. L. Lyall）等学者的研究。除此之外，《道德经》《庄子》等道家典籍因其本身所具有的诗性语言风格和思想内容也得到英语世界翻译家和学者的诸多关注。例如，学者高本汉（Bernhard Karlgren，1889～1978）的论文《〈老子〉之诗韵》（1932）对《老子》的用韵进行了细致的考察。英国汉学家葛瑞汉（Angus C. Graham，1919～1991）、香港中文大学哲学系刘殿爵（Lau Din Cheuk）、布鲁克斯（Bruce Brooks）、美国学者陈汉生（Chad Hansen）、瓦格纳（Rudolf Wagner）、陈荣捷（Chan Wing-tsit）、美国贝尔蒙大学的利特尔约翰（Ronnie Littlejohn）等学者则就《道德经》是否确系老子所作以及老子是否确有其人而展开了长期的争论，双方均从《道德经》的行文风格等入手作为自己理论的依据，但对此在英语世界似乎尚无定论。《庄子》的语言更加富于诗意，其文学性在英语世界受到更多关注。美国学者魏鲁男（James R. Ware）出版的《庄周言论：将古代中国引导到进步的、活跃的儒学之再生的孔子继承人的智慧》（1963）是《庄子》一书的全译本，并且将《庄子》的思想内容与犹太基督教传统进行了比较，但译者因过分受到自身犹太基督教传统影响，而对《庄子》的精神内容做了削足适履的误读和误译。美国学者爱莲心（Robert E. Allinson，1942～）所著《精神变形〈庄子〉内篇分析》②一书，通过分析《庄子》所运用的文学形式与传统及其关键性隐喻等，提出《庄子》的基本主题是精神变形的观点。

除此之外，英语世界关于中国古典文学名家译研具有较大影响的成果还有列入波士顿特怀恩世界作家丛书（Twayne's World Authors Series）的传记和论著。该丛书收录了英语世界的学者们撰写的关于中国文学名家的生平介绍、代表作思想艺术简论和作家个性特点分析的文章。古典文学部分包括：《诗经》、梁简文帝、江淹、王维、孟浩然、王昌龄、高适、杜甫、柳宗元、皮日休、元稹、李贺、李清照、陆游、杨万里、辛弃疾、贯云石、董说、金圣叹、李渔、李汝珍、吴敬梓、龚自珍、曾朴、李伯元等。现代作家有：周作人、苏曼殊、沈从文、闻一多等。

20世纪以来，英语世界对中国古典文学进行了系统性的研究，导致中国古典文学史得以编撰。世界上第一部现代意义上的中国文学英语通史是剑桥大学中文教授翟理斯写的《中国文学史》③，于1901年出版。该书作为戈斯（E. Gosse）

---

① Lionel M. Jensen. *Manufacturing Confucianism*: *Chinese Traditions & Universal Civilization*. Durham: Duke University Press, 1997.

② Robert E. Allinson. *Chuang - Tzu for Spritual Transformation*: *An Analysis of the Inner Chapters*. Albany: State University of New York Press, 1989.

③ Herbert Allen Giles. *A History of Chinese Literature*. London: W. Heinemann, 1901. New York, D. Appleton and Company. 1901. New York; London: D. Appleton and co., 1915. New York: Appleton, 1924, 1937. New York, Grove Press (1958) Rutland, Vt., C. E. Tuttle Co., 1973.

编辑的《简明世界文学史》的第10册出版,多次再版,1967年的版本增加了现代文学的内容。① 翟理斯的这部文学史内容广博,在20世纪上半叶被视为中国文学标准的入门书,但未免庞杂、缺乏体系感,且存在诸多谬误。陈受颐(Ch'en Shou-yi,1899~1978)用英语撰写的《中国文学史略》② 在体系、线索上较翟理斯的《中国文学史》有较大突破。该书以时代变迁和文体演化两条线索组织全书,既对文学发展的社会背景进行了阐述,又讨论了文学自身的发展变化。但该书遭到许多批评,如称其前后不一致、汲取过时学术成果、缺乏一手材料、存在谬误等。美国学者华兹生(B. Watson)的《早期中国文学》(1962)并非中国文学通史,梳理了周代至东汉中叶的中国文学,其中关于汉赋及历史散文的介绍堪称精彩。赖明(Lai Ming)的《中国文学史》③ 讨论了各个时代的代表文体及相关作家作品,不过该书因引文过多、注音不标准等问题也招致了较多负面评价。柳无忌的《中国文学概论》(1966)由于其眼界开阔、立论准确、行文优美等缘故受到了中国学界广泛的赞扬。

　　进入21世纪以来,梅维恒主编的《哥伦比亚中国文学史》④ 和孙康宜(Kang-i Sun Chang)与宇文所安(Stephen Owen)合著的剑桥世界文学史系列之一的《剑桥中国文学史》是英语世界中国文学史研究领域较为权威的著作。前者以诗歌、散文、小说、戏剧等文类为组织形式,讨论了流行文化、宗教、妇女生活现实、中国和其他非汉语国家之间的关系等历史和文化语境与各时期中国文学发展之间的关系。后者以1375年为界分为两卷(上卷2010,下卷2011),力求摆脱文类分割造成的束缚,采用文学文化史的探讨方法,讨论了中国文学的经典形成和文化潮流等问题。此外,较新近的一部这方面的著作是康达维(David R. Knechtges)等编纂的《古代与中世纪早期中国文学导读》⑤。

　　总体而言,海外汉学家们所撰述的中国文学史,西式观点和研究方法的痕迹非常突出。往往以西方的"时间维度"来评价中国文学,评价标准也往往按照某种既定的西式标准,从而导致在对文学作品和名家的选择上与本土文学批评传统形成较大差异,讨论核心问题也会存在诸多不同。这种向西方倾斜的译介和解读方式,容易形成以西方标准来规范中国民族文学的弊病,从而引起一些本土学者

---

① Herbert Allen Giles. *History of Chinese Literature*. With a supplement on the modern period, New York, F. Ungar Pub. Co., 1967.
② Ch'en Shou-yi. *Chinese Literature*: *A Historical Introduction*. New York: Ronald Press, 1961.
③ Lai Ming. *A History of Chinese Literature*. New York, John Day Co., 1964. London: Cassell, 1964.
④ Victor H. Mair. *The Columbia History of Chinese Literature*. New York: Columbia University Press, 2001.
⑤ David R. Knechtges, Taiping Chang, eds. *Ancient and Early Medieval Chinese Literature*: *A Reference Guide*. Leiden, Boston: Brill, 2010 – 2014.

的担忧。幸运的是，中国学者陆侃如、冯沅君的《中国古典文学简史》英译本①和骆玉明的《简明中国文学史》（2011）英译本出版，中国本土学者所著的古代文学史开始被引入英语世界。②

除此之外，对中国古典文学现象分析也是英语世界中国古典文学研究的一大议题。如华盛顿大学圣路易斯分校的何谷理（Rodert Earl Hegel, 1943~）等编撰的《中国文学里自我的表现》③一书，对中西文化不同背景下自我观念的差异进行比较。浦安迪（Andrew H. Plaks）《线条交会之处：中国文学中的对仗》④一文探讨了中国古典文学中的平行结构和平稳节律。康达维的《文宴：早期中国文学中的食物》⑤一书涉及中国古代的饮食观，探讨了饮食在中国传统文化中的重要地位以及饮食作为政事或哲思隐喻的作用和辞赋中各种食物的名目及其译法等话题。宇文所安的《追忆：中国古典文学里对过去的体验》（1986）和李惠仪（Wai-yee Li）《销魂与醒悟：中国文学里的爱情与幻影》（1993）是这方面较有价值和影响的两部专著。前者抓住中国古代文学中过去与将来的关系和记忆在文学创作中所起的作用等问题。后者讨论了中国文学中的销魂和顿悟，分析了二者对立统一的关系。

中国历史悠久，古典文学也是如此，内容浩瀚，形式丰富。英语世界的译研者受到不同历史时期西方文学关怀和形形色色的文学思潮的浸染，对中国古典文学的译介和讨论议题非常广泛，但同时他们也可能受限于自身所处的民族文化传统，对中国文学传统的把握甚至对一些文学事实的了解都难免有失准确。所幸的是，随着20世纪以来英语世界中国文学译介和研究的长足发展，中国本土学者开始一方面对英语世界中国古典文学译研情况进行"反凝视"的研究，即所谓的"研究的研究"，另一方面也通过将国内研究成果推向英语世界，而让英语世界听到中国学者的声音，从而促成了中国古典文学研究在两个不同语言世界之间的互动得以深入发展。

## 二、英语世界的中国现、当代文学译介与研究现状

20世纪30年代，在埃德加·斯诺（Edgar Snow）为《活的中国：现代中国短

---

① 陆侃如、冯沅君：《中国古典文学简史》，中国青年出版社1957年版。
② Feng Yuanjun. *A Short History of Classical Chinese Literature*. Beijing: Foreign Languages Press, 1958.
③ Robert E. Hegel, Richard C. Hessney, eds. *Expressions of Self in Chinese Literature*. New York: Columbia University Press, 1985.
④ Andrew H. Plaks. "Where the Lines Meet: Parallelism in Chinese and Western Literatures", *Chinese Literature: Essays, Articles, Reviews*, 1988, 10, pp. 43–60.
⑤ David Knechtges. "A Literary Feast: Food in Early Chinese Literature", *Journal of the American Oriental Society*, Vol. 106, No. 1, 1986, pp. 49–63.

篇小说选》（*Living China*：*Modern Chinese Short Stories*，1937）搜集材料时，曾指出当时的中国没有生产出什么伟大的作品，研究当时的中国文学主要出于科学和社会学研究兴趣。中华人民共和国成立以后，尤其是1978年十一届三中全会以来，中国实行改革开放且中国政府对文化"软实力"给予很大的重视，中国现当代文学在英语世界的译介与研究比起斯诺搜集材料的时代已经有了翻天覆地的变化。

1949~1966年的中国当代小说作品较多被译成英文，编选成集或以单行本形式出版，主要有：英国汉学家詹纳（W. J. F. Jenner）编选的《现代中国小说选》①、沃尔特·麦瑟伍（Walter J. Meserve）和鲁斯·麦瑟伍（Ruth I. Meserve）编选的《中国现代小说集》②、许芥昱（Kai-yu Hsu）的《中国文学图景：一个作家的人民共和国之行》③、美国汉学家白志昂（John Berninghausen）与胡志德（Theodore Huters）合编的《中国革命文学选》④、许芥昱编选的《中华人民共和国文学作品选》⑤、聂华苓（Nieh Hua-ling）的《"百花"时期的文学》卷2《诗歌与小说》⑥等。

其中，詹纳的选集对中国文学的评价与斯诺大致相似，其目的并不在于向西方读者展示中国文学作品的艺术价值，而是着眼于小说所反映的中国社会信息。在"引言"中，他指出中国当代小说的艺术性整体来讲并不突出，对其他国家的文学创作没有多少借鉴价值，"这部选集的目的主要是展现中国人的生活，让西方读者看到中国人的世界观"。⑦这一观点体现了英语世界中国文学译研的一些共识性取向。许芥昱编选的《中华人民共和国文学作品选》对新中国作家作品进行了规模庞大的收录，体现了编者欲展现新中国文学整体面貌的意图。不过，许芥昱的选集突出了新中国文学与政治的关系，却在一定程度上忽视了文学自身发展的规律，未能从艺术角度反映出新中国文学的发展脉络。美国汉学家白志昂与胡志德合编的《中国革命文学选》则尽可能地将作品放在中国具体的历史文化语境中进行解读，对新中国文学给予了更多的同情和理解。

---

① W. J. F. Jenner, ed. *Modern Chinese Stories*. London：Oxford University Press，1970.

② Walter J. Meserve, Ruth I. Meserve, eds. *Modern Literature From China*. New York：New York University Press，1974. 收入了周立波的《山那边人家》（*The Family on the Other Side of the Mountain*）、老舍的《上任》（*Brother Yu Takes Office*）.

③ Kai-yu Hsu. *The Chinese Literary Scene*：*A Writer's Visit to the People's Republic*. New York：Vintage Books，1975.

④ John Berninghausen, Theodore Huters, eds. *Revolutionary Literature in China*：*An Anthology*. White Plains，New York：M. E. Sharpe，1976.

⑤ Kai-yu Hsu, ed. *Literature of the People's Republic of China*，Bloomington：Indiana University Press，1980.

⑥ Nieh Hua-ling, ed. *Literature of the Hundred Flowers Period*. Vol. 1 *Criticism and Polemics*；Vol. 2 *Poetry and Fiction*. New York：Columbia University Press，1981.

⑦ W. J. F. Jenner, ed. *Modern Chinese Stories*. London：Oxford University Press，1970，p. vii.

英语世界对这两个阶段的中国文学进行研究的群体主要包括了西方本土学者和华裔学者。西方本土学者有美国的白之（Cyril Birch, 1925 ~ ）、包华德（Howard L. Boorman, 1920 ~ 2008）、戈茨（Michael Gotz, 1944 ~ ）、何谷理、马若芬（Josephine Alzbeta Matthews, 1947 ~ ）和英国的詹纳、杜博妮（Bonnie S. McDougall, 1941 ~ ）。华裔学者的代表人物有夏志清（Hsia Chih-tsing, 1921 ~ ）、杨富森（Richard F. S. Yang, 1918 ~ ）、时钟雯（Shih Chung-wen, 1922 ~ ）、黄胄（Joe C. Huang, 1929 ~ ）、吕亚力（Alexander Ya-li Lu, 1935 ~ ）、蔡梅曦（Tsai Mei-hsi, 1942 ~ ）等。他们的研究既有着眼于诸如浩然、赵树理、茹志鹃等个体作家的，也有从人物形象、创作主题进行分类对新中国文学进行分析和讨论的。但无论是西方本土研究者还是华裔学者，均因为当时新中国与西方世界在政治意识形态上的隔膜和西方世界对中国所具有的刻板印象，对中国本土的真实情况缺乏充分的了解，而对这一时期的中国文学存在诸多误读和误解。

改革开放以来的中国文学被称为新时期文学。新时期以来，一方面，文学创作本身硕果累累；另一方面，中国官方积极向外推介、输出中国文学，加之英语国家的译者、出版商对中国新时期文学作品的翻译和出版展现了前所未有的兴趣，让中国现当代文学在英语世界的译介和研究迎来了一个崭新的繁荣时期。

从中国官方主动向外输出中国文学作品的努力来看，首先值得关注的是《中国文学》（Chinese Literature）、"熊猫丛书"（Panda Books）等刊物的出版。这些刊物向西方读者展示了新中国人民的真实生活和精神面貌。不过，因其秉承的翻译原则和实际翻译时质量上的良莠不齐，加之东西方在审美趣味上的差异，导致这些中国文学对外译介工程并不完全受到西方的中国当代文学译者和研究者的喜爱。进入21世纪，中国政府进一步加快中国文学走向世界的脚步。国务院新闻办公室推出的"中国图书对外推广计划"、中国作家协会推出的"中国当代文学百部精品译介工程"等，促进中国文学作品在国外的出版和流通，让世界更真实、更全面地了解中国。

但是，在一定意义上，英语世界的学者通过合集等形式向英语世界的读者翻译介绍中国文学作品，对中国文学作品在英语世界的传播和接受发挥了更加主要的作用。这些合集按流派、专题、特定时间段或地域等标准选择和组合译本。流派译介方面，香港联合出版集团出版的英文版《伤痕：描写"文革"的新小说，1977 ~ 1978》①、李怡编选的《新现实主义："文革"之后的中国文学作品集》②、

---

① Geremie Barmé, Benneett Lee, eds. *The Wounded: New Stories of the Cultural Revolution*, 77 – 78. Hong Kong: Joint Publishing Co., 1979.

② Lee Yee, ed. *The New Realism: Writings from China After the Cultural Revolution*. New York: Hippocrene Books Inc., 1983.

戴静编选的《春笋：中国当代短篇小说选》①以及王晶编选的英文版《中国先锋小说选》②等对新时期以来先后粉墨登场的诸如"伤痕文学""反思文学""改革文学""先锋小说"等各种思潮进行了梳理和介绍。专题介绍方面，对中国女作家和女性主题的聚焦是一个研究热点。这方面的主要文献有：刘年玲等编选的《玫瑰色的晚餐：中国当代女作家新作集》③、朱虹编译的《恬静的白色：中国当代女作家之女性小说》④、美国女编辑金婉婷（Diana B. Kingsbury）编选的《我要属狼：中国女性作家的新呼声》⑤、黄恕宁（Shu-ning Sciban）和弗雷德·爱德华兹（Fred Edwards）编选的《蜻蜓：20世纪中国女作家作品选》⑥、夏颂编选的《红色不是惟一的颜色》⑦等。另外，还有收录反映中国西部生活、描写中国农民或其他话题的文学作品的译介。这方面的代表文献有：朱虹编选的《中国西部：今日中国短篇小说》⑧、萧凤霞编选的《犁沟：农民、知识分子与国家，中国现代小说与历史》⑨、陈家宁编选的《中国当代小说专题文选》⑩等。除此之外，还有一些按照时间段松散地组合起来的重要集子。具体而言，分别有：美国汉学家林培瑞（Perry Link）编选的《倔强的草："文革"后中国的流行文学及争议性作品》⑪、萧凤霞和塞尔达·斯特恩（Zelda Stern）编选的《毛的收获：中国新一代的声音》⑫、林培瑞编选的《玫瑰与刺：中国小说的第二次百花齐放，

---

① Jeanne Tai, ed. *Spring Bamboo*: *A Collection of Contemporary Chinese Short Stories*. New York: Random House, 1989.

② Wang Jing, ed. *China's Avant-Garde Fiction*: *An Anthology*. Durham: Duke University Press, 1998.

③ Nienling Liu et al, trans. *The Rose Colored Dinner*: *New Works by Contemporary Chinese Women Writers*. Hong Kong: Joint Publishing Co., 1988.

④ Zhu Hong, ed. *The Serenity of Whiteness*: *Stories by and about Women in Contemporary China*. New York: Ballantine Books, 1991, pp. viii-ix.

⑤ Diana B. Kingsbury, compile and trans. *I Wish I Were a Wolf*: *The New Voice in Chinese Women's Literature*. Beijing: New World Press, 1994.

⑥ Shu-ning Sciban, Fred Edwards, eds. *Dragonflies*: *Fiction by Chinese Women in the Twentieth Century*. New York: East Asia Program, Cornell University, 2003.

⑦ Patricia Sieber, ed. *Red Is Not the Only Color*: *A Collection of Contemporary Chinese Fiction on Love and Sex Between Women*. Lanham, Maryland: Rowman & Littlefield Publishers, 2001.

⑧ Zhu Hong, ed. *The Chinese Western*: *Short Fiction from Today's China*. New York: Ballantine Books, 1988.

⑨ Helen Siu, ed. *Furrows*: *Peasants, Intellectuals, and the State*: *Stories and Histories from Modern China*. Stanford: Stanford University Press, 1990.

⑩ Jianing Chen, ed. *Themes in Contemporary Chinese Literature*. Beijing: New World Press, 1993.

⑪ Perry Link, ed. *Stubborn Weeds*: *Popular and Controversial Chinese Literature after the Cultural Revolution*. Bloomington: Indiana University Press, 1983.

⑫ Helen Siu, Zelda Stern, eds. *Mao's Harvest*: *Voices from China's New Generation*. New York: Oxford University Press, 1983.

1979~1980》①、杜迈克（Michael S. Duke）编选的《中国当代文学：后毛泽东时期的小说与诗歌》②和《当代中国小说大观》③、白杰明（Geremie R. Barmé）和约翰·闵福德（John Minford）编选的《火种：中国良知的声音》④、龙煕编选、翻译的《1987~1988年中国中短篇小说选》⑤、白杰明和贾佩琳（Linda Jaivin）编选的《新鬼旧梦录》⑥、王德威（David Der-wei Wang）和戴静（Jeanne Tai）编选的《狂奔：新一代中国作家》⑦、葛浩文编选的《毛主席看了会不高兴：今日中国小说选》⑧、卡罗林·乔（Carolyn Choa）和苏立群（David Su Li-qun）编选的《中国当代小说精选》⑨以及穆爱莉（Aili Mu）、赵茱莉（Julie Chiu）和葛浩文合编的《喧闹的麻雀：中国当代小小说选》⑩等。这些合集不拘一格，有的以文学类别为标准编排内容，有的按照主题进行编排，有的按照叙事技巧进行分类，不一而足。

在英语世界对中国新时期文学的译介中，也出现了一批享有声誉的汉学家。这些杰出的代表人物有：美国的葛浩文、金介甫（Jeffrey C. Kinkley）、英国的杜博妮、蓝诗玲、澳大利亚的雷金庆（Kam Louie）、白杰明、加拿大的杜迈克等，他们均为中国现当代文学在英语世界的传播做出了重要贡献。不过他们之中最杰出的代表身上仍然不免在译介策略上尽量让中国文学向英语世界倾斜，屈从西方读者的审美趣味，从而让中国文学披上了当代英美文学的色彩。

伴随着中国新时期文学在英语世界译介的繁荣发展，这一时期的中国文学也逐渐吸引了诸多学者的关注。英语世界研究中国新时期文学的学者主要有汉学家、海外华人学者和海外攻读博士学位的年轻学者。汉学家往往在翻译的基础上

---

① Perry Link, ed. *Roses and Thorns*: *The Second Blooming of the Hundred Flowers in Chinese Fiction*, 1970-80. Berkeley: University of California Press, 1984.

② Michael S. Duke, ed. *Contemporary Chinese Literature*: *An Anthology of Post-Mao Fiction and Poetry*. Armonk, New York: M. E. Sharpe, 1985.

③ Michael Duke, ed. *Worlds of Modern Chinese Fiction*. Armonk, New York: M. E. Sharpe, 1991.

④ Geremie R. Barmé, John Minford, eds. *Seeds of Fire*: *Chinese Voices of Conscience*. New York: Hill and Wang, 1988.

⑤ Long Xu, ed. *Recent Fiction from China*, 1987-1988: *Novellas and Short Stories*. New York: Edwin Mellen Press, 1991.

⑥ Geremie Barmé, Linda Jaivin, eds. *New Ghosts, Old Dreams*. New York: Random House, 1992.

⑦ David Der-wei Wang, Jeanne Tai, eds. *Running Wild*: *New Chinese Writers*. New York: Columbia University Press, 1994.

⑧ Howard Goldblatt, ed. *Chairman Mao Would Not Be Amused*: *Fiction from Today's China*. New York: Grove Press, 1995.

⑨ Carolyn Choa, David Su Li-qun, eds. *The Vintage Book of Contemporary Chinese Fiction*. New York: Vintage Books, 2001.

⑩ Aili Mu, Julie Chiu, Howard Goldblatt, eds. *Loud Sparrows*: *Contemporary Chinese Short-Shorts*. New York: Columbia University Press, 2006.

展开研究，翻译与研究相得益彰，在国外研究中国新时期文学中具有举足轻重的作用。以之前已提及过的美国汉学家金介甫为例，他不仅翻译了大量中国新时期文学作品，还著书立说，对中国文学进行了广泛而又深入的研究。他撰写的《中国文学（一九四九——一九九九）的英译本出版情况述评》①详细介绍了新中国五十年文学在英语世界的译介情况。他出版了两部具有影响力的专著，分别是：《新迈社会主义中国的反腐败小说与现实主义：政治小说的归来》②和《小说与正义：当代中国的法律与文学》③。前者将文本结合中国具体历史语境进行了深刻的剖析，探讨了中国的现实主义、大众文化和批评家之间的关系，后者则追本溯源地探讨了中国官场文学的起源和发展。此外，金介甫还主编了《"后毛泽东时代"的中国文学与社会，1978~1981》④，收录了其他汉学家的论文，论述了中国的科幻小说、侦探小说、爱情小说、官方文学和民间文学的社会地位等问题。除汉学家以外，如王德威、张旭东、吕彤邻、钟雪萍、蔡荣等海外华人学者是国外研究中国当代文学的重要力量。他们凭借处在两种文学交界处的优势，既能更直接地了解前沿的国际学术视野，又熟悉中国文学作品及其背后的文化根源，能够从不同于国内学者的研究视角对文学文本进行丰富而深刻的解读。除此之外，随着改革开放以来，许多青年学者到海外攻读博士学位，他们往往就某一位作家或某一个主题进行研究、用英语撰写博士论文，成为中国新时期文学海外研究的又一股重要力量。他们研究较多的中国新时期作家有莫言、余华、苏童、贾平凹、王安忆、韩少功、王蒙、残雪等。

总体而言，英语世界对中国新时期文学的译介与研究在数量上和质量上与前两个阶段相比均有了可喜的进展。西方世界眼中的中国形象也有所改变，从而推动中国文学传播。英语世界对中国新时期文学的研究也不再停留在政治意识形态层面，其文学审美价值得到越来越多的关注和肯定，文学作品的丰富内涵也得到挖掘。不过，英语世界的中国新时期文学译介和研究仍然存在一些不足。英语仍然是强权者的语言，中国文学依然处于不能完全发声的状态。在这种不平等的状态下，不可避免地，中国文学在英语世界的传播和流通会向英语世界倾斜，从而

---

① Jeffrey C. Kinkley. "A Bibliographic Survey of Publications on Chinese Literature in Translation from 1949 – 1999", in Qi, Banyuan and Wang, Dewei, ed, *Chinese Literature in the Second Half of a Modern Century*: *A Critical Survey*, Bloomington: Indiana University Press, 2000.

② Jeffrey C. Kinkley. *Corruption and Realism in Late Socialist China*: *The Return of the Political Novel*. Stanford: Stanford University Press, 2007.

③ Jeffrey C. Kinkley. *Chinese Justice, the Fiction*: *Law and Literature in Modern China*. Stanford: Stanford University Press, 2000.

④ Jeffrey C. Kinkley, ed. *After Mao*: *Chinese Literature and Society*, *1978 – 1981*. Cambridge and London: Harvard University Press, 1985, reprinted in 1990.

在很大程度上仍然扮演着英语世界的研究者和读者进行想象投射的场域，为他们在建构主体身份时扮演"他者"和"异域文化"的角色，他们对中国文学的了解还远非真实、全面。

## 第三节 国内学界的梳理与反思

英语世界中国文学的译介与研究，从早期的商人、传教士、外交官的零星片段译介，到留学生、汉学家、中国学家的针对性、系统性"他者"选择译介与研究，再到海外华裔学者与中国本土学者的"自我"选择译介与译本反馈研究，这实质上经历了由外到内，由被动到主动，由"他者之镜"到"自我之象"和反观"自我之象"的过程。

### 一、译介与研究主体

译介与研究主体的变化体现出积极的文化输出与传播态势的形成。从英语世界中国文学译介与研究主体的变化和发展中，可以看出主体向内转的倾向。中国文学在英语世界中的译介与研究主要由中国学者承担，文化自信与自我主体的确立，是中国文学"走出去"的前提。20世纪以来，从分散的个人，转向集中整合学术资源的团队，再加之跨越语言障碍并能在中西文化传统中从容行走的华裔或中国本土学者，英语世界中国文学译介与研究主体的队伍日趋壮大，并取得了可喜的研究成果。

在个人研究方面，厦门大学黄鸣奋与四川大学王晓路是突出的代表。1997年，黄鸣奋的《英语世界中国古典文学之传播》问世，强烈的文化使命感使他将中国文化的域外传播研究当作责无旁贷的重任。在翟理斯《中国文学史》（第一部中国文学史，非中国人编撰）所激起的惊诧和反思的推动下，黄鸣奋利用荷兰莱顿大学图书馆的中国古典文学译著、论著与阿姆斯特丹大学、哈佛大学的丰富资源以及国内研究资源，征集了约 4 000 条英语世界研究信息，可谓资料宏富。如朱靖华所言，黄鸣奋从文化传播的角度看中国古典文学在英语世界的影响，并把英语文化圈与其他文化圈看作开放、交流、影响的互动体系，建立起英语世界中国古典文学研究的"大宏观"与"小宏观"纲目。黄鸣奋对英语世界中国古典文学的译介与研究成果的反馈研究，"对全面评价中国文学的历史影响、弘扬中华文化优秀传统、促进我国人民的对外交流与国际合作，并通过沟通，拉近中西文化间的距离，使之相互吸取、相互融汇，共同建立新世纪的世界文学，具有十分重要的意义"。① 2000 年，王晓路的《中西诗学对话：英语世界的中国古代文论研究》由巴蜀书社出版发行。该书以"互为参用"的对话视野全面梳理了中国古代文论在英语世界的接受情况，尤其侧重北美汉学家的接受，并从中探讨中国文论"走出去"的策略，可谓睿智深刻而极富创见。黄鸣奋与王晓路两位学者分别对中国古典文学与文论在英语世界的传播与接受进行梳理研究和策略探讨，二者从文化本位主义立场出发，以主动交流精神与英语文化圈学者对话，在对话中确立文化自信，寻找中国文化软实力在国际交往中的着力点与生发点，成为 20 世纪以来个人研究的范例。

在团队研究方面，1996 年北京外国语大学中国海外汉学研究中心（后更名为"国际中国文化研究院"）成立。该中心以北京外国语大学及其相关学院、研究所以及国内外著名大学和研究机构的专业研究人员为基本构成，开展海外汉学全方位的研究。在张西平、梁燕、顾钧等为代表的学者团队的努力下，取得了丰硕的成果，成为国内海外汉学研究的重要基地，在学术出版、交流等方面成绩尤为显著。该中心与国内重要出版机构合作，出版大型学术丛书，其中"国际汉学研究书系""国际汉学研究丛书""比较文学研究丛书"涉及了英语世界中国文学的译介与研究内容，三大汉学杂志《国际汉学》《世界汉学》《汉学研究》成为国内外学者海外汉学研究成果的重要交流平台。1998 年四川大学"比较文学与比较文化"研究所成立，在曹顺庆、杨武能、王晓路等团队核心学者的带领下取得了瞩目的研究成果，形成了稳定的研究梯队，对英语世界中国古代文学、文论，现当代文学的译介与研究进行了由点及面的梳理与再研究。四川大学比较文学学科点的教师和博士生形成了一系列"英语世界中国文学译介与研究"的个案专题，在海外汉学研究领域产生了重要的影响。同时，四川大学还创办了《中外文化与文论》、英文刊物《比较文学：东方与西方》（Comparative Literature：East & West），为中外学者平等交流与对话提供了广阔的平台。2014 年 3 月，曹顺庆的英文论著《比较文学变异学》（The Variation Theory of Comparative Literature）由世界知名的施普林格出版社（Springer - Verlag Berlin and Heidelberg GmbH & Co. K）在纽约出版。佛克玛（Douwe Fokkema）教授在序中指出：中国比较文学在比较文学变异学英文著作的出版，是打破长期以来困扰限制中国比较文学学者的语言障碍的一次有益尝试。② 2005 年苏州大学成立海外汉学研究中心，以季进为代表的学者群体持续关注海外汉学（中国文学）研究成果，经过十几年的不懈努力，收获

---

① 朱靖华：《他山有砺石，良璧逾晶莹——评〈英语世界中国古典文学之传播〉》，载于《中国文化研究》1998 年第 3 期，第 139 页。

② Cao Shunqing. The Variation Theory of Comparative Literature. New York：Springer. 2013，"foreword"，v.

不菲。2014年，季进发表《作为世界文学的中国文学——以当代文学的英译与传播为例》，肯定中国文学在全球多元文化背景中的独特价值与地位，并提出了中国文学译介与传播的"中国立场"，成为文化自信的又一响亮发声。2018年1月19日季进接受《深圳商报》"文化广场"栏目的专访，以《中国文学"走出去"不需焦虑》为题进行访谈。他认为中国文学本来就处在世界文学的整体结构中，所谓"走出去"是打破文化、文明间的壁垒，是一个长期积淀的过程。使中国文学"走出去"既与技术层面的要素，如译本的选择，发行营销策略相关，也同中国自身形象与其英语世界中的异国形象相关，涉及曹顺庆在比较文学变异学中所提到的异质文明的同一性与差异性问题。2011年浙江师范大学"中国现当代文学海外研究传播所"在刘江凯的筹办下成立，致力于中国现当代文学海外传播研究，既包括作家、作品个案研究，也包括传播方式与策略探讨。此后组建、整合的诸多研究团队在此不一一赘述。

  国内学者的分散研究与学术团队的集中研究相得益彰，使得英语世界中国文学的译介与研究实现了自我本位和以我为主的目标。研究主体的内转既是文化自信的体现，也是中国文学主动融入世界文学，取得自身话语权的体现。在研究主体的层面有如下几个问题值得深思：第一，中国古典文学、文论的译介与研究队伍在国内外都比较壮大，一般都是具有深厚中西文化学养的学者，并且成果卓著。西方学者对中国古典文学与文论的译介与研究往往包含了文学研究之外的动因，并且运用西方流行的哲学思潮和文学批评模式考量中国文学与文论。国内学者则侧重于从文学本位出发，结合史境、作品进行译介或研究接受过程中的误读与变异，试图跨越文化与语言的差异性层面，找出可能性的共识，即共同的诗心与文心。对国内外译者、译本与研究成果的再研究是应当采用折中的立场，即中国文学、文论与西方文化的表层相应转换，还是坚守中国文学与文论的本色，在跨语言、跨学科、跨文化的渐进式传播过程中运用文化模子寻根法探寻深层的共识？译介与研究主体的学科交叉意识应当成为当前的一项要求。中国文学与文论的海外译介并不缺乏翻译人才，缺乏的是兼通中西文化，并能实现自由转换的译介人才。被称为"诗译英法唯一人"的翻译家许渊冲提出翻译"优化论"，其中的"三美论""三化论""三之论"涉及中西文化差异、文化话语权竞争问题，他在不同文化间的张弛有度使其译作在国外备受好评，30首译诗被国外大学教材所收录，许渊冲为英语世界中国文学的译介提供了一个研究范例。国内外学者与研究团体对英语世界中国文学译介与研究的再研究更应当高瞻远瞩，立足当下，放眼未来。不应当仅仅停留在文化过滤与文学误读的层面，而应当深入其中，找到差异性的根源与同一性的可能。第二，中国现当代文学的译介与研究在西方世界处于边缘化的地位，其传播与研究的尴尬境地与根深蒂固的"西方中心主义"痼疾密切相关，中国现代文学是在欧风美雨激荡下形成的中西结合、土洋合璧的产物，西方学者认为其研究价值远远低于古典文学，文化偏见和价值挖掘滞后是一方面原因，译介作品的选择，译本的推出模式、营销策略与西方世界的"吻合度"是必须加以重视的另一方面原因。作为译介与研究主体，应当从自身的学养构成、对中西文化的谙熟程度，尤其是对英语世界中国形象构成特质进行深入了解，在区别文化偏执与差异冲突的前提下，结合西方相应时期的社会文化思潮，有的放矢地译介，而不是盲目迎合，曲解自身文化。这不单单是语言层面的转译问题，而是涉及近现代国际交往与交流过程中中国形象的塑造与异国的接受心理。曹顺庆指出比较文学形象学研究中"每一种他者形象的生成总是伴随着注视者自我形象的建构，二者相互发现、相互证明、相互补充。具体而言，二者之间又大致构成狂热、憎恶和亲善三种关系"。① 如果按照这个标准，结合冷战形成的两个阵营的对峙与冷战解体后多元格局形成的现实背景，中国现当代文学在西方的遇冷便可想而知。西方学者研究中国现当代文学也多出于文学之外的其他动因，常常与意识形态问题紧密挂钩。中国现当代文学的艺术价值被搁浅，停留在文学艺术的边缘区域，这是译介与研究主体必须加以重视的问题。在现当代文学的译介中应当注意传统中国元素与现代中国面貌的结合，译介尽量避免文化差异的直接冲突，20世纪80年代"熊猫丛书"的推出与2009年重新推出就是一个典型的例子。译介与研究主体的融通、整合意识，参互见义能力是不可或缺的。如何融通、整合，才能扩大中国现当代文学在英语世界的影响，并成功地实现他国化？译介与研究主体应当加强对成功个案的分析，增强与西方学者、翻译家的交流合作，寻找中国现当代文学域外传播与影响的新途径。第三，译介与研究主体面对异质文明间的差异，如何处理"同"与"异"的关系。这实质上包含了主体对民族性与世界性、个性与共性的关系理解。中西方文学与文论"根干丽土而同性"，但"臭味晞阳而异品"，一味地追求共识的达成，自然会耗损"异品"的特质；如若过度保持特立的个性，在一定程度上则会阻碍共识的形成，异与同的处理需要一个最佳分割点。文学传播是渐进的过程，接触—接受—理解—吸纳是一个不可逾越的链条，共识则是这一链条运作的前提。在中西方文学共同的诗心和文心基础上，也就是在英语世界接受的基础上逐步展现中国文学的民族个性，使异域接受者能够区别对待两种文化，在接受的基础上互证、互识、互补。钱钟书在《汉译第一首英语诗〈人生颂〉及有关二三事》中曾提到"这种区别对待的文化模式并不独特，例如西方中世纪有并立和对立的双重真理（twofold truth）——'来自启示的真理'和'得自推理的真理'，现代也有所谓

---

① 曹顺庆：《比较文学教程》，高等教育出版社2010年版，第128页。

'两种文化'(two cultures)——'科学家文化'和'人文学家文化',据说苏联还区分'三类科学'(three sciences)"。① 同一文明内部的模式转换与区别对待似乎不难实现,但面对异质文明中产生的文学作品,模式转换与区别对待难度要大得多。从"X+Y"式的浅层比附,到文化模子寻根法是译介与研究主体的主要探索路径。如何处理异同关系,怎样解决译介与研究中的差异冲突,是主体必须面对的问题,其中的具体策略需要在实践中不断检验。

## 二、译介与研究目的

早期中国文学的译介与研究并非出于文学艺术本身,大多是在政治、宗教目的推动下进行的。18世纪之前西方世界对中国充满了倾慕与景仰,最初来到中国的商人、传教士、外交官是中国异域形象的塑造者,也是中国文学最早的译介者与研究者。盛世强国的吸引是译介的初衷,在了解的基础上将基督教普适价值观推而广之,则是当时的主要动机。后来的留学生、汉学家、中国学家的系统译介与研究也无不与此种动机相关联。在欧洲的几次汉学热中,英语世界中国文学(包括文献典籍)的译介与研究都是与了解中国政治、经济制度、道德价值标准等非文学艺术的目标密切相关。20世纪西方学者先于中国学者完成了第一部中国文学史——1901年问世的翟理斯的《中国文学史》。翟理斯以自觉的历史意识与总体概念建构中国文学,第一次以文学史的形式为英语世界展示了中国文学悠久的面貌,并给予新旧交替时代中国学者以巨大震动,在一定程度上对中国本土文学史的自觉书写起到了推动作用。尽管翟理斯的中国文学史建构存在诸多的欠缺与不足,但在英语世界中国文学研究的艺术本位回归上,功不可没。20世纪之前,西方商人、传教士、外交官、留学生、汉学家出于对异国文化的好奇与兴趣(其中不乏被吸引与热爱)或宗教、政治目的,译介、研究中国文学,将中国文学作为了解中国社会的途径,以达成艺术审美之外的目的。可以说,此时的中国文学只是西方译者与研究者为佐证自身观点,为本国政治、宗教变革的合理性引证的东方"脚注"。中国文学独一无二的表达方式与在世界文学史中的价值和地位被严重遮蔽。20世纪以来,在以精通中国语言文化的汉学家、具有双重文化背景的海外华裔学者以及大量中国本土学者为主体的译介、研究过程中,中国文学的本体价值逐渐显现出来,大批优秀的译者与研究者成为中国文学海外传播的中坚力量。但应当明确的是译介到英语世界的中国文学在语言和文化层面经历了过滤和选择,单从中国古典诗词赋的译介来看,在语言层面韵体向散体的转变

---

① 钱钟书:《七缀集》,生活·读书·新知三联书店2007年版,第150页。

本身已经失掉了中国韵文的形式特点，语音上的朗朗上口、规则押韵本是中国诗歌的一大形式要素，用西方的散体形式翻译使中国诗词赋流于肤浅，韵味尽失，尽管有部分优秀的译者能够运用英文诗歌的韵律尽量保持原作的风貌，但中国文学的含蓄蕴藉、意在言外的特质却无法传达出来。在艺术自律原则的指导下，译介后的中国文学及其研究往往会出现两种状况，即浅层搁置与过度阐释。这也正是译介与研究目的转向文学本位后需要考量的两个方面。

  首先，艺术自律原则要求以文本为中心，从而对文学进行纯形式的分析。形式分析是否可以全面考量中国文学的艺术价值，这是必须厘清的一个问题。"文以载道"、文章经世治国是中国的文化传统，"故正得失，动天地，感鬼神，莫近于诗。先王以是经夫妇，成孝敬，厚人伦，美教化，移风俗"。[①] 如果剥离了中国文化土壤与中国社会传统，单纯从形式技巧方面研究已经在翻译过程中丧失文化原味的"二手货"，那么由此形成的评价和定位是极不公允的。中国文学从来都不是出于绝对审美目的而创作的，文学与政教、伦理、宗教、哲学紧密联系，成为"道"的载体。用纯美学的尺子衡量中国文学这一非纯美学的艺术形式（当然不排除中国文学自身包含的美学特质），虽然采撷了文学中的形式要素，但却遗漏了文学的内涵。"文"与"质"相辅相成、相得益彰。剔除"质"的中国文学只能是徒有其表的异化形式。当然，这并不是说中国文学同审美或纯形式标准格格不入，而是强调中国文学译介和研究过程中"文学原境"的重要性。脱离中国文化，站在中国传统之外的研究不是对中国文学的研究，而是对误读与异化之后的中国文学进行机械分析，这种所谓的"纯文学"观念从总体上来看是不完全适宜于中国文学的。无论是中国本土，还是西方译介与研究者都应当充分考虑并重视二者在文学观念上的重大差异，不能因为一味追求通约性而忽视深层的差异与不可通约性。用变形，甚至扭曲或歪曲的中国文学译本与研究迎合英语世界的鉴赏品位与学术好尚，严重违背了中国文学域外传播的初衷，削弱了文化自信，这一短期效应必然会造成英语世界中国形象的更大误读与误解，从而加强西方世界对中国文学的学术偏执。应该说艺术自律原则强调以文本为中心，并不是"唯文本中心"，英语世界中国文学译介与研究目的的文学转向很大程度上受到这一西方形式主义方法的推动，有利于中国文学独立价值的形成。从个人兴趣、政治、宗教、战略目的转向文学审美，正是中国文学融入世界文学潮流，清除语言与文化障碍，构筑人类共同的"诗心"与"文心"的表现。但却不能让西方纯美学的标准消解中国文学的特质，对中国"杂文学"观念的坚持并不意味着与世界文学存在距离，差异构成了世界的丰富性，文学多元原本就是文化多元语境下

---

[①] 郭绍虞：《中国历代文论选》（一卷本），上海古籍出版社2001年版，第63页。

的常态表征。侧重文学性分析，重视作品本身的自足性，尊重文学艺术发展的规律有利于中国文学艺术水准的提高。但不能完全用西方的审美价值标准"规范"中国文学，使得中国文学成为西方价值标准的"脚注"。

其次，过度阐释是英语世界中国文学研究中的显著现象。20世纪阐释学与接受美学理论的兴起使得文学研究的侧重点转移到读者身上。文学作品是由作者与读者共同完成的，在读者与作者的精神、心灵对话中，作品的价值和意义才得以实现。作者的"意思"（meaning）与读者的"会解"（significance）在一定范围内产生共鸣，就是有效解读。西方学者研究中国文学时不可避免地存在文化过滤与文学误读，对译本的研究不可能完全符合原作，这在学理上是成立的。西方学者用当下流行的哲学思想、批评模式分析文学作品，将解构主义、存在主义、现象学、精神分析学说、西方马克思主义、女权主义等理论运用到文学分析之中，实现了文学的交叉研究与跨学科研究的多维研究目标。这种研究模式使文学研究取得了长足的进步，文学与文化研究、社会研究、心理研究密切结合，挖掘出了文学蕴含的多方面内容。当西方研究者将这一时下模式运用到中国文学研究时，产生了不少富有创见的研究成果，对中国本土文学的研究有很大的启发意义。但由于中西文明的异质性特征，在研究中国文学时，过度阐释造成的误读现象屡见不鲜，热爱并精通中国文化的赛珍珠（Pearl S. Buck）对《红楼梦》的研究便是例证。中国文学与西方流行的批评模式之间不存在天然的对抗，是文化的隔膜使二者产生龃龉和抵牾，具有双重文化背景的海外华裔学者很好地充当了沟通东西方文化与文学的使者角色，在很大程度上修正了差异性的误读与误解，在文学译介与研究目的转向文学的前提下，匡正了中国文学的异国接受情况。

另外，还应当明确的是本土译者、学者与英语世界译者、研究者之间应当形成积极、主动的对话关系，在西方学术界发出中国的"声音"，避免西方学者"一家独语"，自说自话。译介与研究目的的文学转向从根本上有利于中国文学艺术价值的挖掘，尽管价值挖掘滞后，但毕竟为中国文学的世界认同提供了有利平台。中国本土学者在文化自信的基础上，应当具有"本体在我"的责任担当意识，将中国文学独特的艺术魅力展现给西方世界。

## 三、译介与研究范围

中国文学早期的译介与研究主要集中在经典文献方面（前文已说明将文献划归文学的原因），随着时代更迭，范围逐渐扩大，各种文学体裁与经典文论都纳入译介视野中。诗歌、散文、元杂剧、小说被译介到英语世界并且得到广泛接受的不在少数。寒山诗、元杂剧《赵氏孤儿》等不仅成功地译介到英语世界，而且还实现了他国化，并产生积极的"回返影响"。

英语世界中国文学的译介已经由零星和片段的选择性译介与研究转变为系统和系列的译介与研究。这一转变过程伴随着中华民族的复兴与崛起，伴随着中国形象的确立与世界声望的提高。作为文化软实力之一的文学，在走向世界的过程中，由以"他者"立场为出发点的"被选择"，转变为自我选择。译介范围的扩大势必导致研究范围的拓展，而研究范围的拓展又会扩大译介的领域，两者互为参用，相辅相成。在早期的"被选择性"译介中，主体不在我，译介哪些？如何译介？西方译者根据自身需要和认知模式来确定。译介主动性和选择权的确立是文化自信的重要标志。主体在我就是要让中国文学主动"走出去"，为塑造中国形象、增强民族文化影响力服务，在中西方文学交流中形成相容性的聆听态势，实现不同文化间的平等对话。这是一个漫长的积淀过程，它伴随着中华民族的伟大复兴，同时也伴随着全球化带来的多元文化共生格局的生成。译介准备条件、译介范围选择直接决定了英语世界中国文学研究的范围，要"走出去"，译介是第一步。译介前的准备是不可小觑的。翻译家的语言文化素养、异国文化体验与翻译技能是微观层面的要求，对译介国文化风俗的了解、流行时尚与品位的关注、图书出版发行模式的考察，是当下中国文学"走出去"的策略需要。而国家层面的支持则成为中国文学海外传播的宏观要求，除了各种大型系列译介图书、丛书外，孔子学院与文化交流年活动在很大程度上为中国文学的海外译介与研究提供契机，中西交流合作的加强是中国文学海外传播的内驱力。译介过程中要充分考虑异质性所导致的文化冲突，尽量规避相关问题，采用文化置换的方式进行相应的归化。中国文学译介与研究包括文学（含文献）、文论两个大类，直至20世纪80年代以前，译介以古典文学和文论为主。改革开放后，随着中西之间文化交流增强，中国现当代文学的译介比重逐步增加，但与古典文学和文论相比，仍然微乎其微，由于研究范围所限，中国现当代文学的海外研究一直处于边缘化的地位。时至21世纪，尽管情况有所改观，但无实质性的变化。这就使得英语世界中国文学的译介与研究范围很难出现大的突破与改观。

西方学界对中国古典文学与文论的译介与研究可谓蔚为大观，研究的层面更加细化，形成了许多富有启发意义的观点。中国古典文学译介的范围不断扩大，由于中西学者之间的交锋与争鸣，使中国古典文学迸发出崭新的价值认识，增强了自身的生机与活力。中国现当代文学的译介与研究范围相对窄小，对这一情况应当认真思考，找出相应的对策来。这一边缘化境地既与两大阵营对立时期意识形态的敌对状态造成的文化偏见有关，也与中国现当代文学自身的创作历程、作品的艺术水准等因素直接联系。2012 年诺贝尔文学奖花落中国，但中国现当代文学在英语世界的译介与研究的尴尬处境并未得到根本性改观。这不得不促使中国本土翻译家与学者深入思考中国文学，尤其是现当代文学如何"走出去"的问题。从异国他者"带出去"到本体在我"走出去"，中国本土学者掌握了传播自身文学的主动权与选择权，在译介范围上可以做全方位的拓展，用文化与文学自身的魅力感染异域读者，而非哗众取宠、曲意迎合。不能只急于"出去"，本土学者与域外学者的合作、交流与对话是"走出去"乃至"走进去"的必要前提。"走出去"并非是最终目标，"走进去"才是真正的指归。东西方文化、文学在平等的立场上互为参用，形成交流、合作与对话关系，这也是"世界文学"的倡导者歌德在启蒙时代构建的理想图景。

中国文学如何"走出去"才是当前应当深入思考的一个关键问题。中国文学在英语世界译介与研究范围的扩大是一个长期的积淀过程，不能追求短期效应。中华文化的弘扬与传播并不是要向其他地区和民族输出一种文化模式，或植入一种思想观念，而是在承认不同文明差异性前提下进行不同话语的跨文明对话，构建多元共存、杂语共生的良性文化局面，最终达到中西化合的无垠之境。"当前世界各国文化的发展，要求在全球意识下，各种不同类型的文化相互交流，相互影响，取长补短，去其糟粕，取其精华，在保持自身文化优长和特点的基础上，相互融合，共同发展。并打破西方文化中心论，既立足于时代和民族、地域，又不拘泥于时代和地域、民族，发扬超越与包容精神，以融合古今中外。"[①] 如果过于仓促，为迎合西方世界的审美好尚，不惜牺牲中国文学的民族特质，使中国文学充当哗众取宠的角色，那么这无疑是在强化科学主义元语言的世界霸权和"西方中心主义"的偏见，对多元文化独立话语权的建立毫无价值，反而会使平等对话、双向阐发、异质互补成为空谈。著名学者季进在谈到中国现代文学的海外研究时指出："……在海外研究中国文学，既需要兼顾研究的对象——中国，也需要考虑研究的场域——海外。尽管我们积极倡导建立一个以共同研究对象为起点、超越地区限制的'全球学术共同体'，把四海之内有志一同的研究者囊括其中，但是，也不能忘记任何出色的研究一定是扎根于特定的文化土壤，带有深刻的历史记忆。"[②] 他还针对研究范围的拓展提出"海外中国现代文学研究的创新总是在对话西方的前提下才得以展开的，中国现代文学的差异性表达，往往可以增益、修正甚至挑战西方的普适标准，避免走向肤浅的全球主义。海外中国现代文学所谓的'新'，不仅是新的理论路数或文献资料，更是鲜明的学科意识以及具有批评性的全球本土观念：一种既面向中国，同时也介入海外的双向文化干预。这种创造性干预是衡量海外中国现代文学研究内在活力的重要尺度，海外中

---

① 蔡方鹿：《中华道统思想发展史·自序》，四川人民出版社2003年版，第1页。
② 季进：《海外中国现代文学研究的再反思》，载于《文学评论》2015年第6期，第174页。

国现代文学研究的未来,某种意义上正取决于如何在全球化的理论大潮中展示中国的独特经验,确立和证成中国现代文学的文化合法性与正当性"。① 2018 年 1 月 19 日在接受《深圳商报》"文化广场"栏目专访时,季进指出中国文化"走出去"无须焦虑,并对海内外学者学术共同体的形成充满期待。由此可见,英语世界中国文学译介与研究范围的扩大不是表层的接纳,而是深层化合问题,这一过程的时间性是无法超越的。

从 16~17 世纪至今,英语世界中国文学译介与研究模式发生了重大变化,从主体在"他"到主体在"我",见证了民族文化自信的确立过程。中国文学在这一历程中逐步取得了文学艺术本体地位,其合理性与独特价值逐渐被异质文明所发掘、认同,中国本土学者与海外学者的联袂是中国文学"走出去"的必然选择。"东海西海,心理攸同;南学北学,道术未裂"②。在全球化多元文化共生的宏观生态中,本土学者的积极加入,中西学者的合作、交流与对话势必将中国文学的海外译介与研究推向一个崭新阶段。

---

① 季进:《海外中国现代文学研究的再反思》,载于《文学评论》2015 年第 6 期,第 174 页。
② 钱钟书:《谈艺录·序》,生活·读书·新知三联书店 2007 年版,第 1 页。

# 第二章

# 英语世界的中国文学译介、研究与中国学术界的互动

中外文学之交流，历史源远流长；中外学术研究的互动，亦为时久远。而因交通不便、通信不发达，长时间以来，中外学术研究的交流互动主要局限于东方文化与文学圈内部。中国文学作品在西方的流传，是相对晚近的事。15世纪开始的大航海与地理大发现，为西方诸国在东方的殖民活动开启了方便之门，同时也拉近了中西之间的距离，为中国文学在西方的传播提供了相对便利的条件。根据确切可考的文献记载，中国文学典籍在西方的译介、传播，最早是在西班牙语世界展开的，时间在16世纪末，而后逐渐发展到意大利语和法语世界；英语世界中国文学传播的兴起要晚于上述三者，时间在17世纪，地域范围（当时）集中在英伦三岛。[①]

进入18世纪，随着国力的发展壮大，不列颠帝国四处殖民扩张，英语的使用范围扩展到北美洲、大洋洲、亚洲等地。即便独立后的美国，英语仍然是其官方用语。现在，随着英语成为世界众多国家的官方语言或母语，英语世界的范围获得极大的扩展，中国文学在英语世界的传播也从英伦三岛走向了北美洲、大洋洲等非常广泛的地区。英语世界中国文学的批评研究是在中国文学在英语世界传播的过程中逐步兴盛发展起来的，至今已有400左右年的历史。

---

① 周发祥、李岫：《中外文学交流史》古代编（下），湖南教育出版社1999年版。

## 第一节　英语世界的中国文学研究与中国学术界互动概述

17~18世纪，是英语世界中国文学研究的肇始阶段，地域集中在英国。这一阶段的研究，呈现两个显著特点：一是间接性；二是零散化。所谓间接性，是指英语世界的研究者对中国文学的了解主要是通过第三种语言实现的。如哈切特（William Hatchett）之于《赵氏孤儿》，就是通过转译法国学者杜赫德（Jean-Baptiste Du Halde）所著《中华帝国全志》（《赵氏孤儿》法译本刊于其中）；谋飞（Arthur Murphy）写作《中国孤儿》，则是主要根据法国大文豪伏尔泰的同名剧本。所谓零散化，则是指这一时期英语世界对中国文学所作的批评只是片言只语性的，没有出现专门的研究文章，更不用说专著了。即便《赵氏孤儿》在当时的英国多次被改编、改写并被搬上戏剧舞台，形成"中国孤儿"的热潮，但对其所作的评论都只是零星见解。① 根据确切的文献来看，这一时期，中英学界在中国文学研究上的交流互动几乎没有。此种情况的出现，是因为当时以英国为主的英语国家对中国文学之了解认识甚少，研究则更加寥寥。这就缺乏可以展开交流互动的基础，而根本原因则在中英世界邦交正常化的缺失。

19世纪是英语世界中国文学研究的重要发展阶段，地域范围从英伦三岛拓展到美利坚合众国，以及英美等英语国家殖民统治之下的亚洲国家。究其原因，根本之处在于中国闭关自守状态的打破（不管是被迫还是主动）。自此，中英之间、中美之间逐渐走上常态化的交往轨道。英美等英语国家与中国常态化交往的形成，极大地方便了中国文学在英语世界的译介、传播。这一时期，中国文学典籍的代表性作品大多出现了英译本。像先秦时期的《诗经》《老子》《庄子》，南北朝时期的《搜神记》，唐诗、宋词中的杰出作品，明清小说、戏曲如《三国演义》《水浒传》《西游记》《红楼梦》《聊斋志异》《琵琶记》等，或是以选译，或是以节译的形式出版发行。中国文学作品英译的兴盛，为英语世界中国文学研究奠定了坚实的基础。有的翻译家同时也是著名的研究者，像理雅各，不仅翻译了五卷本的《中国经典》，还在牛津大学汉语讲座的教席上讲授中国文学（1876年出任），并在晚年撰写《〈离骚〉及其作者》的长篇研究文章。这一时期，英语世界出现了第一本论述中国诗的著作，那就是1867年怀利（A. Wylie）撰写的

---

① 范存忠：《〈赵氏孤儿〉杂剧在启蒙时期的英国》，载于《文学研究》1957年第3期。

《中国文学札记》（*Notes on Chinese Literature*）；同时也出现了第一部中国文学史专著，那就是翟理斯于 1901 年出版的《中国文学史》（*The History of Chinese Literature*）。

  相比于 17~18 世纪，19 世纪英语世界的中国文学研究出现了一个重大飞跃。这一时期，不仅出现了针对中国文学某一具体问题的专门研究论文，还出现了专著和文学史论著。这些研究虽然不尽完善，但呈现出来的严谨、细致的学术品质足以让人称道。也正是在这一时期，中英学界就中国文学研究已展开初步的交流互动。英语世界中国文学研究与中国学术界的互动，首先，表现在英语学界的批评者开始积极地、有意识地就中国文学研究中的某一问题展开思考、发表观点。上文提到的理雅各就是典型。其次，也可以说是真正意义上的交流互动已经出现，那就是中英学界的研究者开始携手合作翻译、研究中国文学。在此之前，虽然英国汉学家威廉·琼斯爵士（Sir William Jones，1746~1794）也有邀请旅英华人黄阿东（Whang Atong）帮忙合作翻译《诗经》的打算，但最终毕竟未能实现。这一阶段，这种合作则成为现实。像理雅各与王韬的交往，就是一个典型。理雅各在王韬的帮助下顺利翻译五卷本的《中国经典》，加深了对中国文学的认识；而王韬接受前者的邀请，远赴英伦，并在牛津大学演讲，阐述中外交往、交流之必要。翟理斯与辜鸿铭的交往，同样是中英学界中国文学研究中交流互动的经典案例[①]。上述诸人之间的交往是以民间形式进行的。而理雅各和作为中国使臣身份的曾纪泽就东西方文化相互影响等问题展开的讨论，则是以官方形式进行的。同样以外交使臣身份出现的黄遵宪，在出使英、美等国家时与人酬唱应答，客观上也起到了交流互动的桥梁作用。

  19 世纪下半叶，清政府向英、美等英语国家派遣留学生，这是对后来中英学界在中国文学研究上进一步深入发展发生重大影响的事件。上文说到的辜鸿铭虽然不是政府派遣的留学生，但他的留学经历一方面使其学贯中西，另一方面在留学交游中就中国文学与国外学人所作的交流讨论，起到了很好的互动效果。后来，辜鸿铭还选译儒经，在西方世界发行，并产生一定影响。留学制度的推行，为中国培养了不少学贯东西的大学者，像林语堂、钱钟书就是其中的佼佼者。钱钟书旅学英国期间撰写《十七、十八世纪英国文学中的中国》文章，林语堂留学、旅居美国期间撰写苏轼研究著作，就中国文学研究问题在中英学界之间展开了直接的交流。虽然林语堂和钱钟书都是 20 世纪的大学者，但从他们身上足以看到留学生在文学研究的交流互动中所起到的重要作用。留学制度在中英学界中国文学研

---

  ① 具体请参阅翟理斯为其《中国文学史》1922 年再版时所写的《中国文学简述》一文。该文中，翟理斯对辜鸿铭为其在中国文学研究中提出的建议表示感谢。

究的交流互动上所起的作用延续至今，而且所取得的成果也越来越丰硕。

如果说19世纪英语世界的中国文学研究是以翻译带动研究的话，那么，20世纪至今，英语世界在大规模翻译中国文学的同时，在中国文学研究上则进入全面、系统、自觉的研究阶段。这一转变，一方面基于学术自身的发展。经过此前两三百年的积淀，英语世界学者对中国文学有了更加深入的了解和认识。另一方面则是政治、经济利益等现实方面的因素。自19世纪晚期开始的留学生制度，在20世纪获得更大的发展，不仅有大批中国学子远渡重洋奔赴英美等英语国家求学，也有大批的英语国家学人来到中国学习。在这些留学生中，有为数不少的人后来成为出入中英学界、研究中国文学的名家、大师。像中国学者吴世昌、林语堂、钱钟书等，美籍华人学者夏志清、周策纵、刘若愚、高友工、叶维廉、孙康宜、余宝琳等，美籍新西兰学者韩南（Patrick Hanan），以及斯洛伐克（当时是捷克斯洛伐克）汉学家玛丽安·高利克（Marian Galik）——其中国文学研究论著大多有英文版，所有这些学者后来皆成为在中国文学研究上沟通中英学界的杰出人物。而在第二次世界大战后，英美等西方国家出于深入认识中国的需要而积极资助各大学和研究机构开展对中国、中国文学的研究。正是在此大的社会历史背景之下，英语世界的中国文学研究呈现出几何级的发展状态。根据统计，20世纪美国的中国古典文学研究成果，仅论著和博士学位论文就达到1 000余种①。如果再加上英国、加拿大、澳大利亚等英语国家在中国古典文学与现当代文学方面所取得的研究成果，数字则远超过此。

随着英语世界中国文学研究的发展、兴盛和繁荣，随着中国和英、美等英语国家之间的交往越来越频繁、越来越密切，在中国文学研究领域，中英学界之间的交流、互动也越来越频繁、越来越密切。民间的、官方的，个体的、团体的，旅学、访学、讲学，国际性中国文学研究学术会议，以及中美文学双边会议与中美比较文学双边会议，凡此种种，不同性质的、不同形式的互动方式不断涌现。

## 第二节　英语世界的中国文学研究与中国学术界互动的基础和平台

在中国文学研究问题上，英语世界与中国学术界能够展开互动，首先要有一个坚实的基础，那就是双方对中国文学的熟悉、认识和研究达到了相当的程度。

---

① 黄鸣奋：《英语世界中国古典文学之传播》，学林出版社1997年版，第31页。

中国学者对中国文学的认识和研究，是非常便捷的事情：作为母语文学，没有语言障碍；一踏入母语文学的园地，就对本国文学有直观的了解和认识。英语世界的学者对中国文学的认识和研究则要相对困难得多，首先要跨越语言的藩篱，在此基础上才能进一步去认识中国文学的历史传统、话语方式和话语规则。因此，英语世界与中国学界能够就中国文学研究展开互动，首先取决于英语世界的人们对中国文学的了解、认识和研究所达到的程度。而英语世界的批评者对中国文学的了解和认识，在最初的阶段是通过对中国文学作品（包括对中国文学的研究性文章）的翻译来达到的。正是在此种意义上，笔者提出，中英学界在中国文学研究的互动过程中，译者与翻译担当了先锋官的角色。而在刚开始的时候，英语国家的人们对中国文学的认识主要是通过转译获得的。像英国人对《赵氏孤儿》的认识，最初就是根据法国学者杜赫德的法译本转译而来的。即使是英国早期汉学家托马斯·珀西（Thomas Percy，1729~1811）的汉学著作《中国诗文杂著》，其中关于中国诗歌的文章也多是转译之作——四篇由法文转译而来，一篇由德文转译而来。珀西的同时代人威廉·琼斯爵士对《诗经》的选译和研究，主要也是借助比利时著名汉学家柏应理的译本展开的。这些早期的汉学家在翻译方面做出的努力，为英语世界人们对中国文学的了解和认识提供了最初的蓝本，也为后来英语世界中国文学研究与中国学术界的互动提供了最初的可能性。

19世纪到20世纪初，中英学界在中国文学研究的互动过程中，这一先锋官的角色主要落到了英语国家来华的传教士和外交官身上。像1839年来华的英国伦敦布道会传教士理雅各，经过27年（1858~1885）的呕心沥血，翻译出五大卷的皇皇巨著——《中国经典》，并为各卷撰写长篇绪论。正因为在汉籍英译和研究中取得如此辉煌的成就，理雅各由一名传教士最终成为近代英国的第一位汉学家。英语国家中，像理雅各这样的传教士出身的汉学家为数不少，英国的鲍康宁（Frederick Willian Baller）、库寿龄（Samuel Couling）、慕阿德（Arthur Christopher Moule），美国的福开森（John Calvin Ferguson）、丁韪良（William Alexander Parsons Martin）等是其中的杰出代表。以外交官身份出现而发展成一代汉学家的，人数也比较可观，像英国的德庇时、佛来遮、翟理斯、禧在明（Walter Caine Hiller）、庄延龄（Edward Harper Parker）诸人就是其中的佼佼者。

这些来华的传教士和外交官，不仅致力于翻译中国文学典籍，大多还为自己的译作撰写绪论性质的文章来介绍、研究中国文学。这些译者所作的绪论、导论及类似的文字，为中英学界在中国文学研究上的交流互动奠定了很好的基础。此其一。其二，不少来华传教士和外交官大量购买原版中国文学书籍，并在归国时带回自己的国家，或成为私人藏书，或捐献给图书馆。像托马斯·斯当东，于

1792年和1816年两次跟随英国使团来华，回国时带回一批中文图书。1823年时，斯当东为刚创立的英国皇家亚洲学会捐赠了3 000卷中文图书。来华传教士马礼逊在1824年临时回国时，则带去15 000多册中文图书（现藏于伦敦大学亚非学院）。这些被带到英语国家去的中文图书，一方面为该国人们了解、认识、研究中国文学提供了最直观的样本、第一手文献资料；另一方面因为其中一些刻本，特别是时间较早的刻本具有非常重要的学术价值，因而这些被来华传教士和外交官带回国的中文图书为后来中英学界在中国古典文学研究上展开交流互动提供了非常有价值的文献。其三，有些来华传教士和外交官后来担任大学汉文教授，有的甚至长期在大学教席上讲授中国文学。像翟理斯，1891年回英国，1897年开始担任剑桥大学汉文教授（一直到1932年），并在教授席上撰写出《中国文学史》。这部《中国文学史》，既是对20世纪以前英语学界对中国文学翻译、认识、研究所作的一个整体性的归纳和总结，也是翟理斯站在剑桥大学讲台上为英国大学生讲授中国文学发展历史的教科书。对翟理斯这样出入中英世界、深谙中国文学的人来说，其本身就成了英语世界中国文学研究与中国学术界交流互动的最好标本。像翟理斯一样，理雅各1875年开始担任牛津大学首任汉学教授；庄延龄于1896年任利物浦大学汉文讲师，随后于1901年转任曼彻斯特维多利亚大学欧文学院汉文教授；禧在明于1904～1908年任伦敦大学帝王学院汉文教授；庄士敦（Reginald Fleming Johnston）在1925年回国后担任伦敦大学汉文教授。上述诸人长时间往来于中英世界，从翻译、研究中国文学到走上大学讲坛讲授中国文学，他们既是英语国家中国文学传播的重要开拓者，也是英语国家中国文学研究的领路人，更是在中国文学研究上沟通中英学界的坚固桥梁和纽带。

在英语世界中国文学研究与中国学术界的互动上，19世纪以来英语国家的来华传教士和外交官所起到的奠基之功远不止上述三个方面。有研究者曾指出："英国来华传教士和外交官来华的同时，还带来了现代的媒体手段，即先进的印刷术与报刊杂志。""有了报刊这块阵地，传教士与外交官的译作、叙述与评介文章乃至研究成果，才有问世的可能。"① 事实的确如此。据统计，仅上海一地，19世纪中叶开始发行的英文刊物就有《字林周报》《字林西报》《文汇晚报》《中西教会报》《通闻西报》《上海泰晤士报》《亚东杂志》《中国科艺杂志》《天下》《新中国》《皇家亚东协会》等。再加上在香港、澳门、广州、天津、北京等地发行的英文刊物，数量要更大得多。这些刊物，大多是当时重要的汉学刊物，它们在中国文学的译介传播和研究上做出了重大贡献，成为当时英语国家来

---

① 徐志啸：《中国古代文学在欧洲》，河北教育出版社2013年版，第86~87页。

华传教士和外交官传播、研究中国古典文学的重要阵地。根据统计、研究，在这些英文刊物中，1832年5月在广州创刊的《中文丛刊》，1858年在上海创刊的《皇家亚洲学会华北分会会刊》，1872年在中国香港创刊的《中国评论》，1886年在上海创刊的《中国纪事》，以及《天下》《新中国》《皇家亚东协会》等，所作出的贡献尤为突出。①

事实上，上述诸种英文刊物的创办、发行，不仅在中国文学西传的过程中作出了重大的贡献，就是对后来中英学界在中国文学研究中展开交流互动仍然意义重大：它们很好地担当起了交流平台的作用。像上述1872年在中国香港创刊的、如今仍在发行的《中国评论》，就发表了不少中国学者的文学批评研究文章（只是这些文章是以英文书写的）。1978年创刊的、由美国威斯康星大学、耶鲁大学和加州大学戴维斯分校合作资助出版的《中国文学》（*Chinese Literature：Essays，Articals，Reviews，CLEAR*），同样为中英学界中国文学研究成果的发表提供了很好的平台（一个当然的事实是，所有文章都以英文书写）。

英文刊物发行的同时，不少英文出版机构也不断创立。就以上海一地来说，19世纪中叶以来出现的英文出版机构就有美华书馆、别发印书馆、商务印书馆（作为中国第一家现代出版机构，1902～1931年设有专门的"商务印书馆编译所英文部"）、字林报馆、文汇印书馆、华美书馆、中西基督福音书局等近十家。其中，尤以美华书馆、别发印书馆与商务印书馆影响重大，"它们在大量引进西方文化的同时，也从事着把中国文学向西方引出的事业"。②据统计，这些出版机构出版的西文出版物中，涉及中国语言、文化（包括文学）翻译、研究方面的著作所占的比例并不低。以美华书馆为例，其共出版西文书籍407种，涉及中国语言和文化的合计有162种。③而别发印书馆则出版了翟理斯的《华英字典》（*A Chinese - English Dictionary*）、库寿龄的《中国百科全书》（*The Encyclopaedia Sinica*）等汉学研究史上具有里程碑意义的著作。从出版物的统计数字中可以看见，这些英文出版机构在中国文学西传、在英语世界的中国文学研究中贡献甚大。正是这一贡献，进一步夯实了英语世界中国文学研究与中国学术界互动的基础。

在19世纪至20世纪上半叶这一特定的历史时期，以来华传教士和外交官为主体的英语国家人群，他们为英语世界中国文学研究与中国学术界的互动所作出

---

① 徐志啸：《中国古代文学在欧洲》，河北教育出版社2013年版，第102页。
② 孙轶旻：《近代上海英文出版机构与中国古典文学的跨文化传播（1867～1941）》，上海古籍出版社2014年版，第8页。
③ 孙轶旻：《近代上海英文出版机构与中国古典文学的跨文化传播（1867～1941）》，上海古籍出版社2014年版，第15～17页。

的最大贡献,所奠定的最坚实的基础,莫过于兴办学校和研究机构,大力培养人才。像香港英华书院、上海同文学会(即后来的广学会)、英华书馆、格致书室、西童书院、麦伦书院、厦门英华书院、宁波三一书院、汉口博学书院、青岛广文学院,大多是在19世纪50年代开始兴办起来的(上文说到的1823年创立的英国皇家亚洲学会,则又早了20余年)。这些学校和研究机构,大多附属于教会,它们在宣扬基督教教义的同时,也把中文和汉学研究作为重要课题,久而久之就为中国文学研究培养出不少人才,其中不乏华人。在来华传教士和外交官创办的学校里面,最具影响力的莫过于以美国来华传教士、教育家卜舫济(Francis Lister Hawks Pott,1864~1947)掌舵的圣约翰大学。这所大学为中国学界培养出了被称为"中国比较文学之父"的吴宓、学贯中西的林语堂,以及著名的翻译家董乐山、王永年等。事实上,中国早期的本土翻译人员,很多都接受过此种性质的教育。就以北京同文馆来说,作为中国早期译员培养和从事翻译出版的重要机构,其实是清朝政府与来华传教士和外交官共同兴办起来的。刚开始,英国人赫德(Robert Hart)任监察官,实际操纵馆务。后来,美国传教士丁韪良任总教习(自1869年起),历时25年。而在馆任职的外籍教习,有英国人傅兰雅(John Fryer)、美国人马士(Hosea Ballou Morse)等。

从对中国文学的译介到研究,从创办英文刊物、英文出版机构到兴办学校和研究机构,再到对中国文学研究人才的培养,以传教士和外交官为主体的在华英语国家人群,为英语世界中国文学研究与中国学术界的互动所作出的奠基之功与开拓之力,无论如何都不会被历史长河所淹没。不管他们的最初动机是什么,他们的行为所取得的最终的效果,则是很好地推动了中英学界在中国文学研究领域的交流互动。这些来华传教士和外交官中的不少成员,像翟理斯、理雅各、禧在明、庄士敦等人,归国之后走上大学讲坛讲授中国文学。而英美等国的主要大学,像牛津大学、剑桥大学、伦敦大学、哈佛大学等,逐渐设立专门的亚洲或东方研究所、研究中心等类似的机构,开设中国文学课程,并设立相应的学位制度。特别是第二次世界大战后的美国,像哈佛大学、加州大学伯克利分校、西雅图华盛顿大学、普林斯顿大学、芝加哥大学、耶鲁大学等知名高校,都获得政府和各大基金会的资助,专门开展对中国的研究,中国文学自然成为其重要的研究对象。到现在,上述高校也已经成为英语世界中国文学研究的重要阵地。中国文学研究走进英美等主要英语国家大学讲坛,中国文学课程成为英美等主要英语国家高校常设课程,英美等英语国家高校中国文学研究基地的形成,这些让英语世界中国文学研究走上了体制化、专业化、系统化的轨道,同时也走上了可持续发展之路。

经过上百年的努力,英语国家的学人辛勤地把中国文学输入本国。而中国学者在"西学东渐"的大潮中,也逐渐走入"中学西渐"的队伍,把中国文学输出到西方国家。上文说到的辜鸿铭可称得上是现代"中学西渐"潮流里中国学界的先驱者,他选译儒经,把中国文化、文学典籍推向西方世界。在"中学西渐"的历史进程中,还涌现出很多中国学者或海外华人学者,他们通过自己的努力把中国文学推向英、美等英语国家。像早期中国留美学生关文清(Moon Kwan),1921年时翻译中国古典诗歌,发表在《诗刊》(*Poetry*)上。江亢虎(Kiang Kang-hu)在美期间(1914~1921),与宾纳(Witter Bynner)合作翻译《唐诗三百首》。20世纪30年代,林语堂等旅美中国学人参与中国古典诗歌英译。也正是从20世纪30年代开始,中国学者不断走上英国、美国、加拿大等国家的大学讲坛,讲授中国文学。像张歆海、蒋彝、陈世骧、刘若愚、叶嘉莹、柳无忌、施友忠等,是其中的杰出代表。他们一方面在英国、美国或加拿大等英语国家大学的讲习上讲授中国文学、中国诗学,另一方面把中国文学作品、中国诗学著作翻译成英文。在中国文学英译的队伍中,著名翻译家杨宪益先生可谓功勋卓著。杨宪益与其夫人戴乃迭的中国文学英译,范围非常广泛,从古代文学到现代文学,从诗歌、小说到戏剧,精品译作不断。杨宪益不仅个人积极从事中国文学英译的事业,1981年,中国对外开放政策推行不久,他就发起并主持了旨在弥补西方对中国文学了解空白的"熊猫丛书",从而在历史转折的特殊关头重新打开了中国文学对外交流、沟通的窗口。①

正是通过中英学界数代人的努力,中国文学不断走向西方各国,为当地的人们所了解、所认识。也正是在此基础之上,英语世界中国文学研究与中国学术界的互动才得以不断推进和发展。现在,特别是20世纪70年代以来,随着改革开放和中国国力的发展壮大,随着中国与英、美等主要英语国家的邦交正常化,中英世界在文化、文学的交流上逐渐走上正轨。在中国文学研究领域,中英学界之间在研究人员的合作培养与流动上,在学术研究的合作与互动上,已逐渐走向常态化。像哈佛燕京学社(Harvard-Yenching Institute),就是东西方文化、文学交流的重要阵地,也是中国大学与美国大学交流的成功典范。而且,此种合作、交流、互动,已在国家政治制度层面获得保障。留学制度、国家间互派访问学者制度、国家之间合作办学制度,极为有力地保证了研究人员在跨国间学术界的自由流动。所有这些,非常有力地推进了英语世界中国文学研究与中国学术界的交流互动。

---

① 该丛书收录了包括中国古典文学与现当代文学在内的一百多部英译作品,最初由中国文学出版社出版发行,中国文学出版社撤销后由外文出版社继续出版相关图书。该丛书在西方100多个国家推行,在很大程度上进一步促进了西方读者对中国文学的了解和认识。

## 第三节　英语世界的中国文学研究与中国学术界互动的方式与路径

经历上百年的时间，通过中英学界数代学人的辛勤努力付出，英语世界的中国文学研究与中国学术界交流互动的基础和平台终于逐渐搭建了起来。而在此基础和平台搭建的过程中，中英学界在中国文学研究上的交流互动也不断获得展开。事实上，在中国文学研究中，早在18世纪末，中英学界已试图展开交流互动（上文提及的威廉·琼斯爵士与黄阿东），只是当时未能实现。而进入19世纪则成为现实。如今，英语世界中国文学研究与中国学术界的交流互动，已是非常频繁的事情。不仅交流的基础越来越扎实，互动的平台越来越广阔，交流互动的方式与路径也获得极大的开拓。

### 一、留学、访学、讲学与旅学交游

就笔者之管见，在中国文学研究中，中英学界展开交流互动的方式与路径，首先是留学、访学与讲学。留学，学者、研究人员在不同国家之间的访学和讲学，带来的往往是不同国度的研究者直接的学术交流与学术思想火花的碰撞。留学方面，就以上文提到的哈佛燕京学社为例，我们可以非常肯定地说，该组织通过留学方式，成功地打开了中美两国文化、文学交流的大门。哈佛燕京学社自1928年成立之后，1929~1949年，通过该学社来华留学的研究生、学者有20余人，其中以专治中国文学而闻名的有海陶玮（James Robert Hightower）等。而自19世纪70年代以来，到哈佛大学留学的中国学子数以百计，其中像胡适、梅光迪、陈寅恪、吴宓、梁实秋、林语堂、梅祖麟、范存忠、袁同礼等，后来都成了中英学界中国文化、文学研究交流互动的杰出人物。梅光迪还在哈佛大学执教十年（1924~1936年，其间回国任中央大学代理文学院院长两年左右），讲授中国文化与文学，为美国培养了不少汉学人才。

说到留学在中英学界中国文学研究领域所起到的学术交流之作用，韩南的中国留学之旅是非常典型的案例。20世纪50年代中期，韩南在伦敦大学亚非学院攻读博士学位，原来选择《史记》为博士论文题目，后在指导教授西蒙（Simon）及著名翻译家亚瑟·韦利（Arthur Waley）建议下改为研究《金瓶梅》。1957年，韩南获准到北京进修1年。虽因故未能在北京大学成功注册，但他在此期间获得很多非常珍贵的学术资源。首先就是认识了郑振铎、傅惜华、吴晓铃等韩南本人心仪已久的中国学者。其中与北京大学中国古典文学研究专家吴晓铃的交往，对韩南的《金瓶梅》研究影响很大。吴晓铃是当时中国学界《金瓶梅》研究屈指可数的人物。韩南后来撰写的《〈金瓶梅〉的版本及其他》（*The Text of the Chin Ping Mei*）与《〈金瓶梅〉探源》（*Sourses of the Chin Ping Mei*）等研究文章，多次援引吴晓铃等中国学者的观点，其影响可见一斑。而得郑振铎之帮助，韩南还得到当时人民文学出版社根据1933年影印本出版的《金瓶梅词话》一部。①

学者在不同国家之间的访学与讲学，同样是开展学术交流互动的重要方式与路径。以斯奈德（Gary Snyder）对中国古典诗歌与诗学理论（尤其是对寒山诗）的了解、认识来说，陈世骧对其所产生的影响是非常大的。1945年起，陈世骧任加利福尼亚大学伯克利分校东方语文学系教授，主要从事中西诗学比较研究。期间，斯奈德进入该校学习中文，受教于陈世骧，并在陈世骧的指导之下翻译了24首寒山诗。正是受教于陈世骧，从而让中国古典诗歌对斯奈德的诗歌创作和诗学观念的形成产生了决定性的影响。类似的情况我们还可以从美国汉学家艾朗诺（Ronald Egan）身上看到。在一次访谈时，艾朗诺如此说道：

> 现在回想起来，我走上中国文学研究之路，有几个人不得不提，内心深处对他们一直充满了感激。第一个就是白先勇，他是我的中文启蒙老师。19岁那年，我还在加州大学圣巴巴拉分校读大学二年级，他就送了我一本《唐诗三百首》，就是因为那本书，我一头儿扎进了中文世界。……第二位是我在哈佛的博士导师海陶玮（James Hightower）教授。他是老一辈的陶诗专家，也研究过贾谊的汉赋，从他那里我接受了最严格的古典训练，也是在他的指导下，完成了我的毕业论文，研究《左传》以及先秦的叙述形式。第三位，就是先后在斯坦福和普林斯顿任教的宋史宗师刘子健（James T. C. Liu）。我们有过长期交流，他对我的宋代文学研究启发很大。最后一位是方志彤（Achilles Fang），他和钱锺书是清华的同级同学，也是很要好的朋友。他学问极好，希腊文、拉丁文、德文、法文、意大利文都懂，但在哈佛却很不得志，到退休还是高级讲师，但他培养的许多学生，比如海陶玮都成了名教授。②

---

① 因韩南研究的需要，时任中国文化部长的郑振铎，特批准把该书卖给伦敦大学图书馆1部。而在当时的中国，该书仅印刷1 000部，供高级干部和专家学者参考使用。

② 季进：《另一种声音：海外汉学访谈录》之《面向西方的中国文学研究——艾朗诺访谈录》，复旦大学出版社2011年版。

中国学者在英语国家的访学、讲学，在中英学界中国文学研究领域所取得的积极的交流、互动的效果是显而易见的。不论是陈世骧之于斯奈德，还是白先勇、刘子健、方志彤之于艾朗诺，其意义和价值彰显无遗。与此相应，英美等英语国家的中国文学研究者在中国的访学、讲学，同样很好地担当着学术交流、互动之功用。下面，笔者试以美国汉学家浦安迪为例加以说明。

浦安迪教授是美国普林斯顿大学中国文学研究的舵手，长期从事中国古典小说叙事艺术研究。在其1987年出版的《明代小说四大奇书》（*The Four Master Works of the Ming Novel*）中，浦安迪从空间维度对中国古典小说叙事艺术进行了比较深入的阐释。1989年3~5月，受乐黛云教授邀请，浦安迪到北京大学为该校中文系和比较文学研究所的青年教师和研究生开设了"中国古典文学与叙事文学理论"课程。在这次系列演讲中，浦安迪就中国古典文学空间叙事论题进行了更加深入的讨论。[①] 浦安迪所作中国古典文学空间叙事研究对后来中国学界的空间叙事研究影响不小。这种影响，最明显地体现在龙迪勇的"空间叙事研究"上。[②] 根据笔者所做学术观察，龙迪勇在研究中把浦安迪的《明代小说四大奇书》《中国叙事学》列为重要参考文献，并多次援引其中观点。像浦安迪这样来华访学、讲学并对中国学界产生一定影响的英美汉学家还有很多，如宇文所安、艾朗诺等，例不繁举。

作为中英学界在中国文学研究领域展开交流互动的方式与路径，留学、访学与讲学功不可没。而随着研究者在国外留学，或是在不同国家进行访学与讲学，另一种学术交流互动的方式随之出现，那就是旅学交游。学者间的学术交游是很常见的，就中英学界中国文学研究者之间的交往来说，王韬之与理雅各，赵元任之与罗厄尔（Amy Lowell），江亢虎之与宾纳，龙墨芗之与赛珍珠，乐黛云之与浦安迪，等等，即是对此种交流方式的很好诠释。旅学交游往往展现出研究者之间在学术思想和学术观念上最直面的接触和交流。季进所著《另一种声音：海外汉学访谈录》，其实就是作者长时间以来与海外中国文学研究者如美国的宇文所安、夏志清、艾朗诺等旅学交游的成果。而以访谈的方式出现，更加凸显学者之间学术研究思想上面对面的交流。

## 二、学术移民或旅居

在中国文学研究领域，学术移民或旅居，亦是中英学术界展开交流互动的一

---

[①] 浦安迪在北京大学所做演讲内容后来经整理以《中国叙事学》题名，于1996年由北京大学出版社出版。

[②] 龙迪勇的研究成果已于2014年以《空间叙事研究》为书名由生活·读书·新知三联书店出版。

种非常重要的方式和路径。当中国学者移民英、美等英语国家，进入其高校教师的行列，或加入其中国文学研究机构，此时，两种不同历史文化语境和学术传统之下成长起来的中国文学研究者，在学术视角、学术思想、研究方法等方面的交流、碰撞就比较容易展开。同样，英语世界中国文学批评者移居（旅居）中国，亦会出现类似的情况。而学术移民或旅居在交流互动中所取得的效果，与上述诸种方式是相似的。下面，笔者试以赛珍珠为例来说明。

20世纪上半叶，赛珍珠同家人一起旅居中国，前后长达近40年。我们所熟悉的赛珍珠，更多是一个以中国题材进行文学创作而获得诺贝尔文学奖的美国女作家，但事实上，她也是一个在中国文学（古典小说）研究上取得一定成绩的批评者。① 自1925年起，赛珍珠先后任教于南京大学、东南大学、中央大学，与当时中国学界人士广泛接触，对中国文学的认识也深受中国学界的影响。这些学术经历，让赛珍珠对中国文化、中国文学的了解和认识，相对于当时英美国家的大部分研究者要更为深入。20世纪30年代，赛珍珠先后撰写多篇文章讨论中国小说，特别是1938年在诺贝尔文学奖获奖典礼上所作的《中国小说》（*The Chinese Novel*）的演讲，更是在西方世界大力宣扬中国小说，让西方人认识真正的中国小说。要知道，在当时的大多数西方学者眼中，中国小说是不入流的。当时一个学者贝克（Baker）就说，中国小说尚停留在"故事"阶段。② 作为一个旅居中国多年的美国作家，中国古典小说批评者，赛珍珠站在西方人面前，充分肯定中国古典小说在形象塑造、语言描写、情节架构等方面所取得的成就，在很大程度上为西方中国文学研究注入了另一种声音，大不同于美国时人的新颖的认识。③

赛珍珠旅居中国的经历，使其有很多机会与中国学者直面交流，相互之间在中国文学研究问题上展开讨论。而作为一个旅居中国的美国学人，中国古典小说的研究者，当赛珍珠把她在中国文化、文学语境之中所获得的对中国文学的认识公诸英美等西方国家学者面前时，赛珍珠本身就已成为英语世界中国文学研究与中国学术界交流互动得最好的、最直观的方式和路径。

移民或旅居英国、美国、加拿大等英语国家的中国学者为数不少，像陈世骧、周策纵、夏志清、叶嘉莹、刘若愚、高友工、叶维廉、孙康宜等，是其中成

---

① 姚君伟：《赛珍珠论中国小说》，南京大学出版社2012年版。
② Charles J. Alber. A Survey of English Language Criticism of the Shui-hu Chuan. *Tsing Hua Journal of Chinese Studies*，Vol. 2，1969，p. 108.
③ 赛珍珠对中国小说的具体论述，参见其所撰 China in the Mirror of Her Fiction. *Pacific Affairs*，Vol. 3，No. 2（Feb.，1930），pp. 155 – 164. *East and West and the Novel*，Bulletin of The American University Women Association，1931. The Early Chinese Novel，*The Saturday Review of Literature*，No. 46. Vol. 7，1931. Introduction of Shui Hu Chuan，All Men Are Brothers，New York：The John Day Company，1933. *The Chinese Novel*，New York：The John Day Company，1939.

就卓越者的代表。这些移民或旅居英美等英语国家的华裔学者,大部分人在中英学界频繁走动,他们的中国文学研究论著在中英世界出版发行,他们的研究方法、学术思想、理论观点等为中英学界所认识、所熟悉。其中,有些学者的观点甚至影响到中国文学史的书写。下面,笔者就以夏志清为例来说明。

夏志清是与韩南齐名的对美国的中国文学研究产生重大影响的学者。和韩南不同的是,夏志清来自中国。在上文提及的中英学界在中国文学研究领域展开交流互动的方式和路径中,夏志清身上具有多种。他是一位留学美国的中国学子,后因政见不同而旅居美国,并最终定居于此。夏志清的《中国现代小说史》(A History of Modern Chinese Fiction) 英文版于1961年在美国出版,其中文版也随后在中国出版发行。受当时美国学术思潮特别是"新批评"的影响,夏志清在该论著中致力于"优美作品之发现和评审",对中国现代文学史上的很多作家形成了大异于中国学界的认识和评价。且不说其对鲁迅、郭沫若、茅盾等的评价与中国学界之间有多大的出入乃至于冲突,单是对沈从文、张天翼、钱钟书、张爱玲等的文学史价值和地位的发掘,就对后来中国学界产生了巨大影响,甚至影响到20世纪80年代以来中国学界的中国文学史书写。① 正是因为留学美国、旅居美国,并最终移民美国,夏志清才得以受教于美国特殊的学术体制、学术语境和学术传统,从而以一种特殊的学术视角来切入认识、研究、评价中国现代文学史上的诸位作家。正是这种"异样的声音",当夏志清的研究论著传入中国学界的时候,对中国学术界形成了巨大冲击。所有这些,正是留学、学术移民等带来的效果。

留学、访学与讲学,学术移民或旅居,从性质上看大体相当,从它们在学术交流中所取得的效果来看也基本相似。这些交流互动的方式和路径首先带来的是研究者在中英学界之间的流动,而随着研究人员的流动带来的则是研究方法、研究视角与学术思想、学术观念等的交流、交叉与融合,从而使中英学界在中国文学研究领域相互影响、相互借鉴,共同推进中国文学研究之发展。然而,纵观19世纪以来中英学界的交互发展历史,在中国文学研究领域,不论是留学抑或学术移民,由中入英者远超过由英入中者。个中原因想来比较复杂,暂且不论。

## 三、学术论著译介与反馈性研究

上文中,笔者在讨论美籍华裔学者夏志清所撰《中国现代小说史》对中国学

---

① 在此之前的中国大陆的中国现代文学史论著与教材中,讲沈从文、钱钟书、张爱玲的篇幅是很有限的,后来则辟有专节来讲述他们。

界之冲击与影响时，曾谈到该论著的中文译本在中国出版发行一事。事实上，中英学界在中国文学研究的交流互动上，对研究论著的译介也是一种非常重要的路径和方式。虽然未能进行具体统计，但据笔者近年来的学术观察，对中国学界为数不少的研究者来说（专业学者之外），他们对英语世界中国文学研究的了解和认识，有很大一部分是来自中国出版发行的、中国学者翻译的英语世界中国文学研究论著的中文译本。像赛珍珠、夏志清、韩南、刘若愚、浦安迪、宇文所安等的中国文学研究著作，大多有了中文译本。自20世纪末以来，江苏教育出版社、人民文学出版社、北京大学出版社、大象出版社、上海古籍出版社、商务印书馆、生活·读书·新知三联书店等出版机构，先后出版了为数众多的中译本海外汉学研究著作。像王秋桂等译韩南著《韩南中国小说论集》，沈亨寿译浦安迪著《明代小说四大奇书》，杜国清译刘若愚著《中国文学理论》（*Chinese Theories of Literature*），程章灿、郑学勤等译宇文所安中国古典诗歌研究系列论著，刘倩等译孙康宜、宇文所安主编《剑桥中国文学史》（*The Cambridge History of Chinese Literature*）等，就是其中非常优秀的成果。特别是江苏教育出版社、上海古籍出版社与商务印书馆，它们或出版了海外汉学译丛，或出版了海外汉学书系，或出版了海外汉学丛书，其中有不少是英语世界中国文学研究著作。

英语世界对中国学术界中国文学研究之了解和认识，情形大体相似。由于笔者未能对其进行具体的梳理，在此就不展开。但要指出的一点是，英美汉学家（实际上是整个西方汉学界）对中国学界的文学批评基本持厚古薄今的态度，特别是对中国当下的文学批评可谓"不屑一顾"。在美国学者梅维恒编撰的《哥伦比亚中国文学史》（*The Columbia History of Chinese Literature*）和《剑桥中国文学史》这样的大部头著作中，对中国学者观点的引用大多局限在1949年之前，20世纪80年代以来中国学者的研究成果则基本上没有其中出现。对于这种情形，德国著名汉学家顾彬（Wolfgang Kubin）的言论是很有代表性的，虽然他的言论在中国人眼中显得很尖刻。2007年，《中国新闻周刊》记者对顾彬做过一次采访，其中有这样一个问题，原文摘录如下：

《中国新闻周刊》：你觉得中国当代文学批评的现状是怎么样的？

顾彬：太可怕。因为他们多拿"红包"来写，所以，中国评论家们的作品我们都不看。中国文学的一个问题是在评论家，他们不够认真。他们有责任。①

---

① 孙展：《顾彬：中国作家应沉默20年》，载于《中国新闻周刊》2007年4月2日。

对中国文学批评家们来说，顾彬的话很难听，但它却道出了一个实情：在中西学界之间——当然包括中英学界，出于诸种原因（按顾彬之论实则是学术品质与学术水准），中国学界始终处于被动的境地。就可见的现实来论，在中国文学研究上，中英学界的交流互动，中国的确一直处于输入、接受的一方。

在上述大的学术环境之下，中国学界出现了一种笔者称为"反馈性研究"的交流互动的方式和路径。自黄鸣奋著《英语世界中国古典文学之传播》（1997年学林出版社出版）开启先河，中国学界涌现出一大批以英语世界中国文学传播、研究为研究对象的论文和论著。根据中国知网统计（截至2015年5月31日），此类学位论文（硕士、博士）和期刊论文已有1 751部（篇）。而以英语世界中国文学研究为主题立项的社会科学基金课题，也已有数十项。本书依托课题"英语世界中国文学的译介与研究"，其性质也属于笔者所说的"反馈性研究"。

此种研究，的确较好地把英语世界中国文学研究的历史和现状、研究方法和视角、学术思想和观念等引入中国学界，甚至为中国学者的研究提供了全新的参照系，很好地推动了中国学界中国文学研究的发展；但同时也存在一个致命的问题，那就是此种研究往往是自说自话，是中国学界的研究者们在唱独角戏，而缺乏真正意义上的两个主体之间的对话和交流。与此相似，中国学界大量译介、出版英语世界中国文学的研究成果，在很大程度上也只是一个主体发出的行为。如何打破此种窘境，这是个重大的课题。努力搭建起交流互动的平台固然重要，而努力提高中国学术界的学术品质和研究水准，则更为关键。因为，当自身的研究不为他者所关注、所重视、所认可时，真正意义上的交流互动是无法展开的。

## 四、国际学术会议与跨国学术批评

通过学术会议的形式进行交流互动，这在中英世界中国文学研究领域是比较常见的。自20世纪80年代以来，中英世界的人员流动越来越频繁，举行国际性的学术会议成为可能。在中美两国之间，20世纪80年代就连续举行多次中美文学双边会议。特别是1984年的洛杉矶会议，美国诗人金斯堡（Allen Ginsberg）和斯奈德二人专门为该次会议准备了一份"美国诗人想问中国诗人的一百个问题"，在会晤时和中国与会代表展开直接交流。也是在20世纪80年代（具体时间是1983年），中美比较文学双边会议开始举行。纵览历届以来的中美比较文学双边会议，基本上都有中国文学的研究论题。而自20世纪80年代以来，专门以中国文学研究为主题的国际学术会议不断出现，像敦煌学国际研讨会、杜甫国际学术研讨会、苏轼国际学术研讨会、唐诗宋词国际学术研讨会，凡此种种，名目繁多，不可胜数。

国际性的学术会议，为不同国家的研究者进行交流提供了最为直接的舞台；在这个舞台上，不同国度的学者们可以在研究方法与视角、学术思想与观念等方面进行交流，也可以就某一具体的论题展开直面的论争，从而起到交流互动的效果。而正是通过此种性质的学术会议，中英学界在交流互动的基础上不断把中国文学研究推向前进。关于此，下面，笔者将以国际《红楼梦》研讨会为例来说明。

在众多的国际性中国文学研讨会中，国际《红楼梦》研讨会开展得比较早，影响力也比较大，在不同国家的研究者之间也起到了比较好的交流互动的作用。首届国际《红楼梦》研讨会，是由美籍华裔学者、《红楼梦》研究专家、美国威斯康星大学教授周策纵发起的，于 1980 年 6 月 16 日至 20 日在美国威斯康星大学召开，参与会议的有中国、英国、美国、加拿大、新加坡、日本等国家的学者。此次会议，围绕着《红楼梦》的主题、艺术技巧、版本与作者曹雪芹的家世和生平等问题展开，而在这些问题上中外学者之间展开了激烈的争论。像夏威夷大学马幼垣教授提交的《乾隆抄本百二十回稿的一个版本问题》一文，在会议上引来众多与会学者的关注，也在学者们之间展开了热烈的讨论。中国红学家周汝昌认为，马幼垣的论文应该得到重视。① 国际《红楼梦》研讨会从北美到中国到欧洲，一直在召开；有关《红楼梦》研究的各种论题，不断在研讨会上提出并得到讨论；中国、英国、美国、加拿大等中英学界的学者，也一直是历届研讨会的主角。而通过这样的学术会议，《红楼梦》研究中出现的不同声音不断在中英学界传播；正是中英学界发出的这些不同声音，不断促进《红楼梦》研究的发展。

针对中国文学研究中出现的问题展开跨国学术批评，不只出现在国际学术研讨会上，也出现在批评者个人的具体研究之中。笔者试举两例来说明此种情况。第一个案例，中国学界对夏志清《中国现代小说史》的批评。夏志清的著作传入中国之后，由于其对中国现代文学史上不少作家的评价大异于中国学界，很快就引来中国学界的批评。《重庆社会科学》2007 年第 1 期发表了一篇题为《在政治立场与学术探讨之间——评夏志清先生〈中国现代小说史〉鲁迅专章》的文章。该文章从政治立场的角度出发，批评夏志清因受政治偏见的局限，在对鲁迅的评价上以政治评判代替了审美评判，从而导致了对鲁迅作品的误读。② 中国学界对夏志清的此种批评文章为数不少。第二个案例，英国汉学家、陶渊明作品翻译与

---

① 关于首届国际《红楼梦》研讨会的具体情况，参见海炯：《首届国际红楼梦研讨会情况简况》，载于《社会科学》1980 年第 5 期。

② 刘畅：《在政治立场与学术探讨之间——评夏志清先生〈中国现代小说史〉鲁迅专章》，载于《重庆社会科学》2007 年第 1 期。

研究专家戴维斯（A. R. Davis）对中国学界陶渊明研究的批评。1983年，戴维斯译注《陶渊明：他的作品及其意义》（T'ao Yüan-ming (A. D. 365 – 427): His Works and Their Meaning）于剑桥大学出版社出版。在该书的卷首语和导论部分，戴维斯强调陶渊明的诗歌是个人抒情诗，立足于此从而批评了中国学者在陶渊明研究时所使用的非文学标准。此外，戴维斯对20世纪后期中国学者为陶渊明撰写更为详尽、更符合现代观念的传记进行的尝试和付出的努力也作了批评。在戴维斯看来，这些研究者的尝试和努力，一个致命的问题是缺乏有足够证据的原始材料。① 浦安迪对中国学界《水浒传》作者、版本等的研究所作的批评，与此相似。此类案例还有很多，不再赘述。

中英学界针对中国文学研究中出现的某一问题彼此之间展开批评论争，对于促进相互之间的交流互动意义非凡。相对于上文谈到的"学术论著译介与反馈性研究"这种交流方式和路径来说，跨国学术批评显得具体、实在。这不再是中国学界或英语世界学者的独角戏，而是两个主体之间有意识的学术探讨。当然，由于时空的局限，这种学术探讨往往缺乏时效性。像《在政治立场与学术探讨之间——评夏志清先生〈中国现代小说史〉鲁迅专章》一文的发表时间（2007年），与夏志清《中国现代小说史》的出版时间（1961年），足足隔了46年。

经历数百年的时间，通过数代人的努力付出，中英学界在中国文学研究领域展开交流互动的基础和平台才得以建立。通过留学、访学与讲学，通过旅学交游，通过学术移民或旅居，通过学术论著译介与反馈性研究，通过国际学术会议与跨国学术批评等方式和路径，中英世界的专家、学者就中国文学研究展开交流互动。但因受到时空差异的局限，以及上述方式和路径本身的局限性，目前构建起来的平台还不能完全及时、有效地推进中英学界展开交流互动。在传播媒介的发展日新月异的今天，我们应该在维护知识产权的前提下，积极探索建立更加迅捷、高效的交流平台，从而构建起中英学界中国文学研究领域交流互动的日常运行机制。

---

① 徐志啸：《中国古代文学在欧洲》（英国篇），河北教育出版社2013年版，第108~109页。

# 第三章

# 英语世界的中国文学译介与研究对西方的影响

中国文学对西方世界产生影响是近代以来才逐渐活跃起来。到了现代，西方对中国的影响要显著得多。主要是因为西方较早进入政治与经济的现代化阶段，从社会的全方位层面对中国文化的现代进程产生影响。相反，中国文学对西方的影响在范围与强度上都要略弱一些。同样地，英语世界主要属于西方，① 英语世界文学对中国的影响比中国文学对英语世界的影响要大很多。当然，即使在中国文学对英语世界有限的影响层面中，仍然有许多值得关注的方面。我们在这一章就是要对此进行梳理与总结。

## 第一节 中国文学影响西方的几个问题

在整理中国文学对英语世界的影响之前，有三个问题需要进行说明。

第一，关于"中国文化"与"中国文学"的关系问题。这里所要讨论的是

---

① 处于东方世界的印度虽然也以英语为官方语言，但其英语并非母语，而主要以印地语为通用语言，同时各民族和地区又有各自的民族语言，比如孟加拉语、乌尔都语等。比如印度近现代最著名的作家泰戈尔生活在孟加拉地区，其主要使用孟加拉语创作，虽然他擅长英语，部分作品也用英语创作，其获诺贝尔奖的作品《吉檀迦利》就是用英语在西方世界发表，从而产生广泛影响。但即使是《吉檀迦利》原初也是用孟加拉语创作，泰戈尔只是自己用英语重新进行了再创作。如此，印度并不能算作严格意义上的英语世界，在我们的分析中，也没有将它包括其中。

"中国文学"对英语世界的影响。但无论是在历史现实中,还是从理论视野上看,文化与文学的影响在很多时候难以区分。文学属于文化,文学影响属于文化影响的一部分。而文化既包括文学,又包括非文学的艺术、政治、经济、伦理、宗教、社会生活等方方面面。很多时候,中国所输出的往往包括了社会生活各方面的整体性影响,属于文化影响范畴。尤其是早期,在尚未有专门的中国文学作品被译介到英语世界之前,这种影响只能是在文化领域获得发生。相比文学影响来说,文化的影响在时间上更早,范围更大,涉及的问题也更多。从接受者角度来说,其所接受的影响,也是更多表现为文化的整体影响,文学影响作为文化影响之一部分,很难被单独剥离出来,并进行清晰的甄别。正是如此,在关于中国对西方之影响问题的研究中,更多人讨论的是中国文化的输出,而不仅仅是文学方面的影响。①

这也是我们要面对的一个难题。在讨论中国的文学影响时,是以文学文本的传播为线索。但文本本身也具有多重性,尤其是古典时期的文本,往往既是文化文本,又可以作为文学文本。中国古代的典籍,前秦诸子的文章都可算是古典说理散文,而《左传》《史记》等也被当作叙事散文或史传文学,这两种都是中国古代非常重要的文学类型。在谈论中国文化对英语世界的影响时,往往会提到儒道思想的影响,而这种影响是以《老子》《庄子》《论语》《大学》《中庸》等儒道典籍的译介为先决条件。可以说,这些作品既是宗教哲学论著,又是文学精品。从这个意义而言,所有儒道思想,包括之后禅宗等文化影响,都是某种程度上的文学影响。所以,我们在后面的分析中就包括了这一方面,当然,这也是以有相关作品的译介与传播为条件。

第二,关于"西方"与"英语世界"的关系问题。对于接受影响的一方,我们主要关注"英语世界"。前文已对英语世界的范围做过界定。英语世界绝大多数属于西方文化领域。整个西方文化领域有着共有的文化特征②,比如有着共同的文化源头——古希腊,共同的宗教信仰——基督教,以及"两希精神"构成了整个西方文化的精神脉络。虽然西方社会中不同民族和国家有着各自的特点,在政治、经济、文化艺术层面都有不同的表现,比如英国的经验主义哲学、美国的超验主义思想与欧洲大陆理性哲学之间都有所差异。但在启蒙主义之后,德国

---

① 这一点在汉语学界表现得非常突出。关于中外文学与文化交流最重要的几套丛书,都是偏重中国文化的整体性影响,如季羡林主编的《东学西渐丛书》(河北人民出版社1999年版)共包括七册,其中直接与英语世界文学有关的,如《中国文化对美国文学的影响》即是强调广泛的中国文化对美国文学的影响;由钱林森主编的《外国作家与中国文化》丛书共八册,是以文学问题为核心,但关注的发生影响的一方仍然是中国文化而不是单纯的中国文学;还有由乐黛云主编的《中学西渐丛书》已出版两辑共十本,也全部是以西方作家或思想家与中国文化的关系为中心。

② 乐黛云主编的《中学西渐丛书》就是从这种意义上,将西方作为与中国的对照关系。

古典哲学家康德、黑格尔等对英国与欧洲大陆哲学进行了全面的汇总，又将它们联系在了一起。可以说，以英国和美国为代表的英语世界，在文化的基础表现形态上与整个西方世界具有多方面的一致性。正是如此，更多的研究者也是将中国文学对整体性的西方的影响放在一起进行研究①，而较少从语际层面，将英语从中区分开来。比如在启蒙主义时期，英国受到了中国戏剧《赵氏孤儿》的影响，但这一影响首先从法国开始，英国所接受的影响也是通过法国的间接渠道才得以发生。为此，我们在梳理英语世界所接受的影响时，往往离不开欧洲的整体文化表现。

第三，关于被影响的范围问题。中国文学对英语世界的影响，包括了中国文学对英语世界所有领域或所有文化层面的影响。"文化"一词从最开放的意义层面来看，包括了"所有人类所创造出的物质文明和精神文明"。我们将这种影响的表现分为三大方面。其一，中国文学对英语世界文学的影响。这方面在汉语学界还没有整体性的研究，只有分别对不同国家的影响关系进行的研究，比如：赵毅衡所著的《诗神远游——中国如何改变了美国现代诗》（译文出版社2003年版），张弘所著的《中国文学在英国》（花城出版社1992年版）等。其二，中国文学对英语世界诗学的影响。中国文学在影响英语世界文学的同时，也在改变它们对于文学本身的理解。诗学的影响与文学的影响密切相关，两者有时候难以区分。比如在谈论中国古典诗歌对美国现代诗歌的影响时，其中既有对美国现代诗歌创作实践的影响，也包括对其诗学思想的影响，两者交织在一起，是同一影响在不同层面中的表现。我们在这里将诗学问题单独分出来，更有利于把握中国文学影响的多层次与深层次问题。其三，中国文学对英语世界文化观的影响。这里的文化观是排除了文学与诗学的其他方面的文化观，包括了伦理观、政治观、宗教观等方面。

## 第二节 对文学的影响

关于中国文学对英语世界文学的影响问题，前人的著作多是从文学交流史的角度去把握。无论是谈中国文学在整个西方世界的流传与影响，还是单就一个国别来谈中国文学的影响，往往多是按照历史发展的顺序来进行。我们在这里采用

---

① 法国汉学家安田朴的著作《中国文化西传欧洲史》（见［法］安田朴：《中国文化西传欧洲史》，耿昇译，商务印书馆2013年版）即是将整个欧洲放在一起，来探索这一影响历程。

了另一种体例,即按照文学作品本身的学理思路,不是纵向的史学发展逻辑,而是按文学作品的结构层面来划分层次。文学文本可被分为意、象、形三个层次。其中"意"指作品的主题意蕴层面;"象"是指作品的故事题材、人物、意象等形象层面;"形"是指作品的形式层面。分别从这三个不同层面观察英语世界的文学在接受中国文学影响时所发生的改变,这样的体例更有利于从文本本身的多重变化中,认识文学之间更为内在的影响关系。当然,在对每一部分变化的梳理中,也是按时间顺序来进行。

## 一、对思想主题的影响

思想主题属文学内在的精神属性问题,而精神属性与文化层面问题直接相关。可以说,这是中国文学作品中所具有的独特的文化底蕴与精神内涵对英语世界的作家们所产生的影响。中国文学作品中所积淀的最重要的思想,即儒释道精神,构成了对英语世界文学主题的核心影响,其中释家(佛教)思想的影响又以禅宗思想为代表。主要的思想影响分为下面几个方面:

### (一)儒家思想

在最早的一批"旅行家"和传教士将"中国形象"带到西方后①,英语世界的文学作品开始出现了关于中国的各种想象。这些想象有好有坏,但与中国的文学作品还无直接关系。其中已经出现了对于中国文化中一些关键性特点的认识,儒释道思想某些外在特征也已经通过各种方式被英语世界接受,但所谓的文学影响是在中国的作品译介到西方之后才可能发生的。启蒙主义时期,西方思维更为开阔,有着更明显探索外在世界的意愿,开始有一批中国的古典文化典籍传播到西方,其中儒家经典的译介最早出现。

意大利耶稣会(Société des Jesuits)传教士艾儒略(J. Aleni)在《太西利先生行迹》中说:"利子[利玛窦]曾将中国《四书》译为西文,寄回本国,国人读而悦之,知中国古书,能识真原……皆利子之力也。"② 之后在 1661~1662 年,又有郭纳爵(Ignace da Costa)、殷铎泽、柏应理等陆续将《大学》《中庸》《论语》译成拉丁文,在法国出版。1672 年,《大学》又再次在巴黎出版。1687 年,

---

① 如马可·波罗的《游记》,博韦的文森特(Vincet of Beauvais)的《世界镜鉴》,柏朗嘉宾(John de Plano Carpini)的《蒙古行纪》,鄂多立克(Odoric of Pordenone)的《东游记》,海敦亲王(Haiton the younger)的《东方史鉴》,以及利玛窦的《中国布道记》等。

② 范存忠:《中国文化在启蒙时期的英国》,译林出版社 2010 年版,第 12 页。

柏应理将这三种译本带往巴黎再版，题为《中国哲学家孔子》（*Confucius Sinarum Philosophus*）。译本一出版就引起强烈反响，并很快被引入英语世界。1691 年，英国便出版了英文节本，叫《孔子的道德》。可以说，在 17 世纪末，欧洲关于中国的报道已经有了相当的数量，而孔子的学说也有了比较系统的介绍。①

英国作为英语世界的国家也是在这一时期开始受到儒家思想的影响。其中英国最早受中国文学影响的作家，就是受到了儒家文化的影响。既是政治家，又是散文家的坦普尔爵士（William Temple，1628～1699）专门撰写过有关中国的杂文。他曾认真读过当时已经译介到欧洲的几种中国古典典籍，早在 1671 年，在撰写的《政府的起源及其性质》（An Essay upon the Original and Nature of Government）一文中，所论及的观点就与孔子的思想有相似之处。1683 年他在《英雄德性论》（*Of Heroic Virtue*）中系统谈论了"伟大的古老的中华帝国"，显示出对孔子政治学说的兴趣，并且说道："孔子的著作，似乎是一部伦理学，讲的是私人道德，公众道德，经济上的道德，政治上的道德，都是自治、治家、治国之道，尤其是治国之道。他的思想与推论，不外乎说；没有好的政府，百姓不得安居乐业，而没有好的百姓，政府也不会使人满意。所以为了人类的幸福，从王公贵族以至于最微贱的农民，凡属国民，都应当端正自己的思想，听取人家的劝告，或遵从国家的法令，努力为善，并发展其智慧与德性。"② 坦普尔爵士以散文写作为主，而散文本身就善于传达思想，可以说，他是以思想散文的形式，直接显示出对中国儒家思想的接受。

而通过坦普尔爵士，这种儒家思想又进一步影响到英国其他作家和作品。如英国 18 世纪初期的重要诗人亚历山大·蒲伯（Alexander Pope，1688～1744）就受到了影响。他在诗句中写道："关于政府的形式，让傻子们去嘀咕；／管得最好的政府便是最好的政府。"③ 这一段具有政治色彩的表述与坦普尔提到的孔子的政治学说非常相近，很可能是受到了坦普尔的影响。④ 不仅儒家的政治学说影响到诗人蒲伯，孔子的"自然神论"思想也对他的创作有所渗透。"自然神论"是欧洲 17 世纪时随着科学发展逐渐生成的一种新的思想，强调尊崇自然，重视理性，不反对宗教，但倡导自然而合理的宗教。孔子的思想与这一理论有着重要的联系。比如英国哲学家休谟（David Hume）曾说："孔子的门徒，是天地间最纯正的自然神论的信徒。"⑤ 为此孔子学说也与这一理论的发展联系在一起，并以这种面目对后来的英国思想家与作家产生影响。蒲伯的作品里便继承了这种自然神论观念，他在一首诗中写道："要知道，对上帝不要妄加一论，／人类应该研究

---

① 范存忠：《中国文化在启蒙时期的英国》，译林出版社 2010 年版，第 12～13 页。
②③④ 范存忠：《中国文化在启蒙时期的英国》，译林出版社 2010 年版，第 17 页。
⑤ 范存忠：《中国文化在启蒙时期的英国》，译林出版社 2010 年版，第 30 页。

的对象就是人。"① 其中便有明显的自然神论倾向。

美国作为另一个重要的英语世界的国家，在文学思想上也受到了儒家观念的影响。孔子的思想对美国本土化思想的形成就有着重要的意义。美国有本民族特色的原创思想即超验主义（transcendentalism）。其代表人物爱默生（Ralph Waldo Emerson，1803~1882）与梭罗（Henry David Thoreau，1817~1862）都受到过儒家思想的影响。爱默生与梭罗既是思想家，又是卓越的散文家，他们主要在散文中表达了一定程度的儒家精神。因为超验主义作为一种哲学与诗学对美国文学有着深远的影响，所以我们在诗学方面的影响中，再进一步来讨论这一问题。

## （二）道家思想

西方汉学家对道家思想的研究一直很重视。其中《老子》（又名《道德经》）在海外的译本层出不穷，据统计，当前的西方《老子》译本有拉丁文 5 种，英文 270 种，德文 208 种，法文 84 种，荷兰文 12 种，意大利文 11 种，俄文 10 种，丹麦文 5 种，瑞典文 3 种，西班牙文 2 种，捷克文、保加利亚文、奥地利文、芬兰文、挪威文、葡萄牙文、冰岛文、匈牙利文以及世界语各 1 种。② 《老子》在 1788 年就被译为拉丁文作为献给皇家学会的礼物送至伦敦。1842 年法国汉学家儒莲（Stannislas Julien）完成了《老子》的第一个加注全译本；1868 年出现了第一个英文译本；1870 年又有了德文本。1886~1924 年《老子》英译本有 16 种之多，而 20 世纪 20~60 年代，有 40 多种英译本。据说《老子》在西方印数之多仅次于《圣经》，几乎每年就有一种新的译本。③ 即使到了今天，很多文人诗人仍喜欢翻译《老子》中的玄妙语句。而对老子思想的研究，在西方很早就已经开始。社会学家韦伯（Max Weber）的经典著作《儒家与道家》有多种英译本，20 世纪初荷兰人亨利·波雷尔所著的《无为》被译成了各种西方文字，瑞典汉学家高本汉的《老子诗学思想》（*The Poetical Parts in Lao-tsi*，1932）直接讨论道家与中国诗学的关系。

除《老子》之外，道家的另一部经典《庄子》也被大量译介到西方。西方多数语种都有关于《庄子》的译介。其中影响较大的包括英国汉学家翟理斯在 1889 年出版的《庄子》④ 译本、另一位英国汉学家葛瑞汉的《庄子·内篇》、美

---

① 范存忠：《中国文化在启蒙时期的英国》，译林出版社 2010 年版，第 41 页。
② 丁薇在其主持的 1997 年国家社会科学基金项目《老学典籍考》中汇编了 2 000 多年来中外几乎所有关于《老子》与老学的文献，其中对中外文献做了数据统计。参见弘扬老子文化国际研讨会筹备委员会编：《自然·和谐·发展：弘扬老子文化国际研讨会论文集》，中州古籍出版社 2006 年版，第 220 页。
③ 赵毅衡：《诗神远游——中国如何改变了美国现代诗》，译文出版社 2003 年版，第 314 页。
④ 全称是《庄子：神秘主义者、道德家和社会改革家》（*Chuang Tzu*: *Mystic*, *Moralist*, *and Social Reformer*）。

国汉学家伯顿·华兹生（Burton Watson）的《庄子全译》、毕来德（Jean Franois Billeter）的《庄子·内篇》法译本，以及德国哲学家马丁·布伯（Martin Buber）的《庄子》德语编译本等。《庄子》在西方虽不及《老子》传播之广，但也受到了极大的重视，并形成了"庄子学"。在英语世界里，《庄子》的译介和研究都非常兴盛，据何颖统计，截至2009年，有关《庄子》的英译本有32部，节译与选编本有62部，有关庄学研究的英语专著有150余部，英语文章共计480多篇。①翟理斯在《中国文学史》中有20页讲道家，摘译和讲解了《老子》《庄子》《列子》《淮南子》等，将这些中国古代典籍作为古典散文来讲，更凸显出这些作品作为文化及文学文本的双重性特征。

  道家著作的译介要晚于儒家，其对英语世界的影响在时间上也较晚。英语世界中受道家思想影响的作家并不少见，比较有代表性的是英国作家奥斯卡·王尔德（Oscar Wilde，1854~1900）和美国戏剧家尤金·奥尼尔（Eugene O'Neill，1888~1953）等，以及美国现代新诗运动也受到了道家思想的整体性影响。

  王尔德早在1890年就已经读到翟理斯的《庄子》译本，并感叹道，这是"一部多么令人着迷和愉悦的书"。②在维多利亚时代保守的道德氛围中，王尔德从老庄思想中看到了个体精神的自由以及对文明与道德的批判。这些都成为王尔德作品中的重要个性表现。另外，许多唯美主义者都向往东方，是因为唯美主义与东方式的神秘主义有相通之处。而道家文化在西方人看来正具有这种神秘的气质。王尔德的作品在多重层面上受到了道家尤其是《庄子》的影响。他的成名作就是在读完《庄子》之后所作，正如爱尔兰学者杰鲁莎·麦科马克（Jerusha McCormack）所说："从能得到的证据中发现，显而易见，王尔德之所以能成为我们今天所公认的出色的思想者、智者及著名作家，《庄子》起了至关重要的作用。"③

  奥尼尔对东方文化非常感兴趣，对印度宗教、佛教、道家等思想有较深的理解。他曾学习汉文，1922年为创作有关马可波罗的剧本《马可百万》（*Marco Millione*），大量阅读有关东方尤其是中国文化方面的书籍，之后还曾构思多年准备创作剧本《秦始皇》。1928年，他还曾与夫人一起访游中国，1936年，又与作家毛姆（William Somerset Maugham）谈到想重访中国，并购买了有关北京的书。晚年他所居住的别墅就采用了中国建筑的模式，门口还用汉字写有"大道别墅"

---

  ① 何颖：《英语世界的庄子研究》，四川大学博士学位论文，2010年，第13页。其中所统计的英译本不包括重印本，同一译者的翻译因版次不同变化不大的不计在内；因检索工具限制，2008~2009年的部分著述未能计入。
  ② 何颖：《英语世界的庄子研究》，四川大学博士学位论文，2010年，第114页。
  ③ 何颖：《英语世界的庄子研究》，四川大学博士学位论文，2010年，第124页。

四字。他的家里收藏有两种版本的《老子》和《庄子》。其作品所表现出的东方精神中最突出的就是道家思想，并且越到后期，这一影响越为深入，涉及从题材到人物、风格与主题精神各方面。① 而在他的作品主题上所表现出的最重要的道家思想包括："人生如梦""生死循环""无为而行"等观念。②

另外，美国现代新诗也明显受到了道家思想的影响。他们的作品中经常会提到"道"以及关于庄周梦蝶之类的故事。诗人威特·宾纳受到中国诗歌的很大影响，并翻译出版了《唐诗三百首》。他在1922年的《诗刊》上发表了有关王维的文章，仔细讨论了王维与道家的关系，显出对诗歌中所表现出的道家精神的深层理解。之后的卡尔·桑德堡（Carl August Sandburg, 1878~1967）、罗宾森·杰弗斯（Robinsom Jeffers, 1887~1962）、威廉·卡洛斯·威廉斯（William Carlos Williams, 1883~1963）等几位重要的美国现代诗人都受到了道家思想的影响。杰弗斯的作品中既有来自尼采的悲剧精神，也有来自老子的厌世倾向。他将文明当做一种疾病，其想法与老子契合，并且与老子一样表现出对文字的不信任。而桑德堡的诗歌中有一段内容几乎就是对老子"大音希声"之意的表述：

完美地理解无声
总有音乐安慰孤独的心。
如果音乐停歇，只剩无声。
它却像乐章一样进展。
完美地理解无声就是理解音乐。③

到了20世纪50年代，美国诗人对道家思想的理解更进一步，从之前关注的"无为"主题，发展为对"无言"的诗学境界的追求。"无为"的主题在很多美国诗人作品中都有体现。罗伯特·勃莱（Robert Bly, 1926~）有一首诗标题就是《一首无为的诗》：

整个下午四处赤脚行走
之后，我的棚屋里，
我的身体已渐渐变长，透明……

---

① 涂莎丽在论文《道家思想对奥尼尔后期作品的影响》对此有较全面的分析。参见 Shali T. *The Influence of Taoism on O'Neill's Late Plays*. (Degree Thesis), Wuhan: College of Foreign Languages, Central China Normal University, 2002.
② 何颖：《英语世界的庄子研究》，四川大学博士学位论文，2010年，第135~145页。
③ 赵毅衡：《诗神远游——中国如何改变了美国现代诗》，译文出版社2003年版，第316页。

就像那

无为地生活了

十八年的海参。①

而勃莱还在另一首诗《又一首无为诗》中,把老子的"无为"与庄子的"齐物"结合在一起,反映了道家思想的多重精神主题。

### (三) 禅宗思想

中国文学对英语世界文学主题影响最大的应该是在禅宗思想方面。这一影响也主要集中在 20 世纪的美国。钟玲曾著有一本厚重的著作《中国禅与美国文学》② 专门来谈这一问题,论述得非常细致全面。禅宗对文学的影响比较复杂,涉及作品的各个层次,从表现形式,到题材的选择,以及主题精神都有关系。在这一部分,我们主要关注禅宗在思想主题方面的影响。

首先,应该明确这种影响既有文化影响,又有文学性影响,两者交织在一起。其次,禅宗文化很少是从中国直接传入美国,多数是通过日本的文化中介,所以在影响的文化构成上,往往是中国禅宗与日本禅宗交织在一起,共同对美国文学及文化产生影响。甚至,这一影响潮流中,还交错着亚洲佛教中的西藏密宗的影响。而美国文学所接受的禅宗文学影响也是既包括中国的禅宗诗歌和日本的俳句等不同文学类型。所以,其影响的过程与形态都非常复杂。这里主要谈中国禅诗对美国文学在禅宗思想方面的影响。这一影响又发生于两个阶段的两类文学之中,即现代主义时期以意象派为中心的美国现代诗歌,及后现代主义时期的"垮掉的一代"(the Beat Generation),或者说,"垮掉的一代"继承了美国现代诗歌对于禅宗思想的学习,它们所呈现的特点是一致的,所以我们将其放在一起进行总结。

中国从六朝开始,很多重要的文学家就开始深入研究佛经,有些还参与到佛经的编纂与阐释工作中。唐代时大量佛经被译为中文,很多文人喜欢阅读《譬论经》、大乘佛典及《本生经》等。王维即是其中的代表,在诗歌中大量使用《楞伽经》《涅槃经》《仁王经》《维摩诘经》《知度经》中的典故。宋代文人也继承了唐代这一特点。除此以外,中国历代文人与寺院或僧人关系密切,甚至有些文人亲身力行,以佛教徒的要求来要求自己。所以不仅禅诗成为中国古代诗歌中重要的一种,而且禅宗的精神气质也融入中国诗论中,成为中国古典诗学中的独特

---

① 董继平编译:《勃莱诗选》,宁夏人民出版社 2012 年版,第 101 页。
② 钟玲:《中国禅与美国文学》,首都师范大学出版社 2009 年版。

个性。

中国禅诗大致分为禅理诗和禅趣诗两种。前者以表现佛理为主；后者是化禅入境，表现诗人怡情于自然中的禅趣与禅意。美国文学作品中所吸收的中国禅文学，更多是其中的禅趣诗。王维、寒山、李白、杜甫、贾岛、白居易、苏东坡等富有禅意的诗歌成为美国现代和后现代诗歌的重要灵感来源。这些禅趣诗也是当时美国文学翻译的重要对象。其中寒山和王维的作品最受欢迎，有很多种英译本出现。美国诗人盖瑞·斯奈德（Gary Snyder，1930 ~ ）所译的《寒山诗》（Cold Mountain Poems，1958）最为著名，小说家杰克·克洛厄（Jack Kerouac，1922 ~ 1969）在其小说《得道流浪汉》（The Dharma Bums）中将自己理解的寒山及斯奈德翻译寒山诗的经过都写在书中，于是斯奈德与寒山在精神上融为一体构成一种文化英雄形象在当时影响很大。

这种对禅诗的翻译热潮一直延续到今天，重要的译本包括西顿（J. P. Seaton）编译的《浮舟：中国禅诗集》（A Drifting Boat：An Anthology of Chinese Zen Poetry，1994）、比尔·波特（Bill Porter，1943 ~ ）与迈克·奥康那（Mike O'Connor，1944 ~ ）编译的《云已知我心：中国诗僧》（The Clouds Should Know Me by Now：Buddhist Poet Monks of China）、彼得·哈理斯（Peter Harris，1947 ~ ）编译的《禅诗》（Zen Poems，1999）、山姆·汉米尔（Sam Hamill）与西顿编译的《禅之诗》（The Poetry of Zen，2004）、保罗·韩森（Paul Hansen）翻译九僧的作品《九僧：北宋诗僧》（The Nine Monks：Buddhist Poets of the Northern Sung，1988）等。并且这些翻译有时是以改写和再创造的形式出现，已经不单是一种翻译，其翻译的作品本身就属于美国现当代新诗作品。曾经引用过这些中国诗人诗作的美国作家很多，包括肯尼斯·雷克斯罗斯（又名王红公，Kenneth Rexroth，1905 ~ 1982）、菲利普·韦伦（Philip Whalen，1923 ~ 2002）、盖瑞·斯奈德、杰克·克洛厄、简·何丝费尔（Jane Hirshfield，1953 ~ ）、迈克·奥康那、提莫·麦克那提（Tim Mcnulty，1949 ~ ）、罗伯特·哈斯（Robert Hass，1941 ~ ）、玛丽安·曼敦（Marian Mountain，1923 ~ 2013）、罗伯特·勃莱、詹姆斯·赖特（James Wright，1927 ~ 1980）、查理·弗雷色（Charles Frazier，1950 ~ ）等。[①]这种影响主要是禅宗的诗意体验与精神境界的影响，当然同时也会涉及创作题材、意象，以及技巧方面的影响。

除此之外，中国禅诗还影响到了美国的小说与散文创作，相比诗歌的影响而言，散文作品的影响要弱一些，并且多是禅宗题材人物，及对禅宗诗歌的象征手法的借鉴。不过所有对禅宗诗歌的学习与引入，必然都离不开其中的禅味，也就

---

① 钟玲：《中国禅与美国文学》，首都师范大学出版社2009年版，第86页。

是精神层面的内容。比如杰克·克洛厄的小说《得道流浪汉》中吸收了寒山诗歌与寒山传说，其作品的主题就与禅修有关。罗伯特·波西格（Robert M. Pirsig, 1928~）的《禅与摩托车维修艺术》（*Zen and the Art of Motorcycle Maintenance: An Inquiry into Values*, 1974），在题目中就有"禅"，直接显示出主题与禅的重要联系。另外还有玛丽安·曼敦的禅修记《禅环境：坐禅的冲击》（*The Zen Environment: The Impact of Zen Meditation*, 1983），比尔·波特的游记文学《登天之道：中国隐士之遇》等都是以散文形式直接来讨论禅学问题。这种禅宗思想在当代不仅影响到"垮掉的一代"的创作，而且广泛地渗透在以其为代表的美国战后青年的创作之中，并且构成了美国的青年亚文化嬉皮士运动（The Hippie Movement）中的独特精神，影响到同时期许多作家。

## 二、对题材和意象的影响

作品的形象层一般包括故事题材、人物、意象三部分。其中题材与人物在叙事文学中表现更突出，作品的题材往往直接包含人物；意象在诗歌中更普遍，意象也包括人物意象，但更多是物象，这一点在中国以意象为主的诗歌中表现得最鲜明。我们也主要从题材和意象两大部分来看。英语世界的文学中一开始所呈现的中国题材并不是直接受到中国文学的影响，而是在漫长的中西文化交流历史中，因为接受了更广泛中国文化层面的影响而逐渐发生，这构成了英语世界文学中的"中国形象"等问题。文学中的题材影响，大概是从启蒙主义时期开始的。

### （一）故事题材

对题材人物的借用主要表现在叙事文学中。英国的戏剧很早就已经提到中国和中国人，在莎士比亚的戏剧中就已经出现，到17世纪中期，提到得更多。第一次使用中国故事题材的是埃尔卡纳·赛特尔爵士（Sir Elkanah Settle, 1648~1724）的《中国之征服》（*The Conquest of China*, 1674），主要讲述明末清军入关的故事，但这一故事并非来自中国文学的影响。

文学题材的影响案例，最早也是最著名的是《赵氏孤儿》在欧洲的流传。元杂剧《赵氏孤儿》是由纪君祥所做的，故事取自《史记·赵世家》中的事实，但有改编。1734年2月巴黎的《水星杂志》中载有法文翻译的《赵氏孤儿》的几个片段，来自一封未署名的信件。之后，1735年在中国传教的耶稣会士马若瑟将其译为法文，全文收录在耶稣会士杜赫德所编的《中华帝国志》（*Description de la Chine*）（简称《中国通志》）里。《赵氏孤儿》是最早传入欧洲的戏剧，甚至是18世纪在欧洲唯一流传的中国戏剧作品。之后在欧洲出现了不少关于它的模仿与改编作品，影响很大。根据最早的法文译本拟作和改作的作品有五篇，包括英文两篇，法文、德文、意大利文各一篇。其中法国伏尔泰的改编最为著名，并成为中国比较文学界最喜欢提到的中国文学的影响案例。英文的两篇分别是由哈切特和谋飞来改编的。

哈切特是英国戏剧家，擅长改编剧本。他改编的剧本《中国孤儿》（The Chinese Orphan）于1741年出版，依据的便是《中国通志》里的《赵氏孤儿》译本。他将其中角色的名字进行了改动，而使用的名字也都来自《中国通志》第四卷后面的索引。他将屠岸贾改成了萧何（Siako）、韩厥改成吴三桂（Ousanguee）、公孙杵臼改成老子（Lao-Tse）、赵氏孤儿变成康熙（Cam-Hy）。这些属于中国不同时代的人物，同时出现在这个有关赵氏孤儿的故事中。哈切特改编这一剧本是将其当做政治斗争的工具，其中加入大段政治色彩的独白与攻击性话语，弱化了复仇主题。其标题后说明："中国孤儿：历史悲剧，根据杜赫德《中国通志》里一部中国悲剧改编，剧中按照中国式样，插入了歌曲。"①

谋飞是18世纪后期英国剧作家，他的戏剧也常以改编为主。《赵氏孤儿》法文译本出版后，引起很多批评家关注。伏尔泰的朋友阿尔更斯（Marquis d'Argens，1704~1771）最早对《赵氏孤儿》进行了细致的分析，并以新古典主义的标准，认为其违背了三一律，对其进行批评。然而英国批评家理查德·赫德（Richard Hard）则认为这部喜剧与古希腊有相似之处，从而给以肯定。他认为中国作家与希腊作家一样，以自然为师，这部作品是模仿自然的成功之作。他的评价激起了谋飞的兴趣。谋飞即打算对其进行改编，当时又听说伏尔泰正在改编此剧，就准备等伏尔泰的作品完成后再看其效果如何。1756年4月，谋飞读到伏尔泰的《中国孤儿》，感觉很不满意，于是决定重新进行改编，当年即完成初稿，并于1759年4月首演，获得成功。谋飞依据的是伏尔泰的改编本，但更强调戏剧的情节张力，避开伏尔泰的伦理意图，将伏尔泰作品中作为婴儿的孤儿，变成成年男子，增加了更多动作与情感内容，舞台氛围也更加浓烈，在故事情节上突出了民族矛盾，正好迎合了当时英国与法国的矛盾。这一剧作在英国上演并大受欢迎，之后的60年，不仅在英国舞台上反复上演，并且横渡大洋，在美国也多次上演。

另一个重要的故事题材的流传现象是小说《好逑传》。《好逑传》是明末清初才子佳人小说里较好的一部，又名为《义侠好逑传》《侠义风月传》，作者不详。其以明代社会为背景，讲述御史铁英之子铁中玉与兵部侍郎水居一之女水冰

---

① The Chinese Orphan: An Historical Tragedy. Alter'd from a Specimen of the Chinese Tragedy, in Du Halde's History of China. Interspers'd with Songs, After the Chinese Manner.

心之间的恋爱婚姻故事。虽然它被列入"十大才子书"中的第二位,但在中国并非一流的小说。不过,这部小说却成为最早在欧洲流传的中国古典小说。1719年,一位曾在中国广东居住多年的英国商人威尔金逊(James Wilkinson)为学中文,将随手见到的《好逑传》拿来翻译,将其中四分之三译为英文,其余部分译为葡萄牙文。① 之后托马斯·珀西将其中的葡萄牙文重译为英文,并对全文做了润色,然后于1761年将其出版。在当时的书面上写着:"《好逑传》(Hau Kiou Choaan),或者《快乐的故事》(The Pleasing History),从中文译出,书末附录一、《中国戏提要》一本,二、《中文谚语集》,三、《中国诗选》共四册,加注释。"② 这部小说在欧洲出版后,很快被转译为法、德、荷兰等不同语言,对当时的欧洲人了解中国古典小说产生很大了影响。歌德也因为读了这部小说,对中国文学有着极高的期待。

珀西编译《好逑传》是为了传扬中国的道德观,劝善惩恶,从这种意义上,是为了让它达到对英国社会的伦理性启示。珀西在其中加入大量的注释和索引,这些注释虽来自二手材料,但对于普通读者了解中国文化起了很好的作用。可以说,这些索引本身伴随《好逑传》构成了一种题材,对英语世界的文学产生了影响。珀西所编译的著作与中国有关的,除了包括了四个部分的《好逑传》外,另外还编译有《中国杂文汇编》(两册,1762),以及《妇女篇》(The Matrons,1762),其中包含六篇故事,有一篇是与中国有关的,即《今古奇观》里的《庄子休鼓盆成大道》。这则故事最早是由耶稣会士殷宏绪(F. X. d'Entrecolles)将其译为法文,1735年被杜赫德收入《中国通志》,然后引起欧洲作家注意。在欧洲,珀西和英国作家哥尔斯密(Oliver Goldsmith,1730~1774)都对这一故事感兴趣。哥尔斯密将故事情节做了修改,收入他的《中国人信札》,后来印成合订本,名为《世界公民》,这一作品涉及中国文学和文化的很多方面,后面还会提到。

## (二)文化意象

中国文学对英语世界文学作品中意象的影响主要发生在美国现代诗歌领域。英美意象派诗歌的形成与中国古典诗歌密切相关,而在美国,不仅意象派如此,同一时期的其他现代诗人也大量吸收了中国古诗的影响。这些影响涉及诗歌的各个方面。现代诗中最关键的元素就是意象。意象诗能够以"意象"为名,正是凸

---

① 关于威尔金逊这个人是否存在,以及到底是谁翻译了这个版本的《好逑传》现在还有争论。参见范存忠:《中国文化在启蒙时期的英国》,译林出版社2010年版,第168~170页。

② 葛桂录:《雾外的远音——英国作家与中国文化》,宁夏人民出版社2002年版,第128~129页。

显了意象对于诗歌的重要意义，也显示出其与中国古诗意象之间的联系。

中国古典诗歌对美国现代诗歌意象的影响，包括意象本身的选择及意象的运用方法两方面。其中意象的运用方法属于写作技巧方面，下一部分再谈。这里只关注对意象本身的选择。但意象本身又非常细致而复杂。广义上来说，诗歌中所有的物象与事象都属于意象。从这个角度来说，诗歌中几乎所有名词性的词汇都属于意象构成。而要分辨其中的意象是本土文化自发的，还是外来的，以及在接受外来影响中，是受文化的影响，还是从具体的文学中而来，都很难判断。英语世界的诗歌很早就有有关中国的意象，但在中国文学作品尚未传播过去以前，更多是受文化影响。比如19世纪中期，美国因开拓西部，中国移民大量进入美国，中国移民本身就成为美国文学的题材与意象，并且随着美国作家对中国的了解日渐增多，中国意象出现的频率也在增加。美国浪漫主义诗人朗费罗（Henry Wadworth Longfellow，1807~1882）有好几首诗歌中都有中国题材和意象，比如《瓷器》（China Ware，1877）写的就是中国的景德镇，作品的整体意象都与中国有关。

与中国文学直接相关的诗歌意象，较早在斯托达德（Richard Henry Stoddard，1825~1903）的作品中有所体现。斯托达德是最早译介中国诗歌的美国诗人。朗费罗就曾在自己的诗集中重印了斯托达德翻译的10首中国诗。斯托达德的翻译接近再创作。这种更具创造色彩的诗歌翻译在美国现代诗歌发展中比较常见。中国诗的译作本身就可以作为美国诗人的诗歌作品。如此，其中的意象内容当然也就受到中国的影响。斯托达德所翻译的所谓中国诗，其来源大都是西方汉学家翻译的中国古典散文，甚至还包括了《好逑传》里"以诗为证"的诗歌篇目。这增加了他的诗歌的开放性，使其无论在意象选择上，还是形式上都具有更大的包容性。比如他的作品《他看到自己的家》（He Saw in Sight of His House）和《大师，我们能否》（Shall We, O Master），其题材和意象都是受英国汉学家理雅各所翻译的中国作品的某些章节影响而来。

而美国诗歌大范围受中国文学影响，是从现代诗歌运动开始。美国的新诗运动，在文学史上被称为"美国诗歌复兴"（American Poetry Renaissance）。这场运动成为一个转折点，开创了美国诗歌现代性新历程，这场运动与中国文学密切相关。当时最杰出的"新诗人"之一玛丽安·莫尔（Marienne Moore）提出："新诗似乎是作为日本诗——更正确地说，中国诗——的一个强化的形式而存在的，虽然单独的（specific），更持久的对中国诗的兴趣来得更晚。"① 赵毅衡明确说："新诗运动存在的理由就是因为它受到了中国影响，这就是说，新诗运动本身就

---

① 赵毅衡：《诗神远游——中国如何改变了美国现代诗》，译文出版社2003年版，第15页。

是一场中国热。"① 新诗运动的代表刊物《诗刊》的主编哈丽特·蒙罗（Harriet Monroe，1860～1936）认为，意象主义只是中国风的另一种称呼而已，② 而在新诗运动中最引人注目的就是意象派，可见中国古诗在整个美国新诗运动中的重要意义。

意象派对中国古诗的学习是全面的，包括诗歌的形式、题材、意蕴等。其中对形式的学习应该是最为深入的。在这种浪潮中，中国文学的影响以整体性姿态引发了美国诗歌中遍布的中国意象，无论这种意象的原始出处如何，但其出现本身是被这种文学接受活动所引发的。庞德是其中最重要的代表，并且也是影响那个时代英语诗歌的最重要的诗人之一，他被艾略特称为"我们时代中国诗歌的发明者"。③ 他在1914年翻译出中国诗集《神州集》（*Cathay*）。这部诗集受到各方好评，带有明显的作家再创造色彩，对其之后的长诗《诗章》（*The Cantos*）产生了重要影响。而《诗章》中所充斥的中国文化意象也成为其作品的一个重要的艺术特点。庞德后来还以他自己的方式翻译了儒家经典《大学》《中庸》《论语》以及《诗经》全文。这对他和整个英美意象派以及美国20世纪诗歌的发展都产生了重要的影响。

### 三、对艺术技巧的影响

中国文学对英语世界文学在形、象、意三个方面的影响中，意蕴主题层虽是作品的内在属性，但从影响的逻辑层面来看，却是最直接的。相反，作品的外在形式，所能获得的影响却是最内在而深刻的。因为一国作家在接受另一国作家的文学影响时，可以很容易借用他人的题材和主题来表达自己所需，或者说，我所借用的主题在本质上仍然是对我自身的主题的一种发展。比如启蒙主义作家借鉴中国文学的道德主题，并非要在西方弘扬儒家精神，而是将中国的伦理精神置入启蒙主义的道德理想之中，以获得对自身精神可能性的张扬。题材的借用很多时候也是为了得到这种主题的发挥。但是，对文学作品而言，形式更具有本体色彩。形式的改变，决定了对于文学自身的理解都在发生改变。形式作为精神的载体，其改变决定着附着其上的精神必然会发生更根深的改变。所以，我们将形式放在文学影响的最后。但正是如此，形式的变化往往也是最难发生的，在中国文学对英语世界文学的影响中，能够产生明确的形式改变的现象比较少见。虽然曾有学者猜测，在西方诗歌史中占有显著地位的十四行诗的诞生可能受到了中国古

---

①② 赵毅衡：《诗神远游——中国如何改变了美国现代诗》，译文出版社2003年版，第15页。
③ T. S. Eliot. Introduction in *Selected Poems of Ezra Pound*. London: Faber and Faber, 1959, p. 14.

诗的影响，①但这一说法一直没有明确的证据，我们也不能对此妄断。真正对英语世界文学的形式技巧产生重要影响的情况，大概在美国新诗运动中才有比较显著的表现。中国文学对美国新诗在形式上的影响主要体现在以下几个方面。②

### （一）克制陈述

现代主义文化与浪漫主义文化有着双重的关系。一方面，浪漫主义作为审美现代性的早期表现，强化了人的感性力量，并以此对抗工具理性，从而推动了现代主义的诞生。另一方面，审美现代性发展到高峰，到了现代主义盛期时，现代主义诗学开始反拨浪漫主义过于泛滥的感性色彩。现代艺术家开始反思艺术形式本身的意义，并受到现象学思维的潜在影响（这一影响在后现代文学中更为突出），更多关注艺术本体问题，从而排斥心理因素对艺术的干扰。这种变化从象征主义到英国维多利亚后期诗歌的戏剧性特点再到意象派写作，以及存在主义、新小说等流派，显示出渐进的过程。罗兰·巴特（Roland Barthes）所谓的"零度写作"（écriture ddgré zéro）即属于对这一审美倾向的一种独特表述。作为一种诗学特征，其表现与发展进程都非常复杂。而在这一过程中，中国诗歌以自身的方式为美国诗歌走向这种审美境遇，创造了形式上的可能启示。

相比于西方浪漫主义文学的夸饰色彩，中国诗歌要显得节制得多。这种节制源于中国文化的独特气质，并在中国古典诗歌的语体中有着巧妙的表现。庞德称这一特征为"接近骨头"（nearer to the bone）；这在语体技巧上，可被称为"克制陈述"（understatement），被认为是中国古诗的基本手法。中国古诗主要呈现客观意象，尽量不带感情，减少主体色彩和情感话语，由此也带来中国诗歌特有的简约风格，将语词减到最少，在形式本身上显出强烈的克制与收敛。庞德曾详细分析过李白的五绝《玉阶怨》，并提出中国古诗体现了一种"化简诗学"（reductionist poetics）："我们仔细检查此诗，可以发现一切要说的全都有了，不仅是用暗示，而且是用类数学的化简过程。"③这种化简所采用的修辞就是减少比喻而直接描述事物。这些特性都直接影响到庞德等美国诗人对于诗歌的现代性反思，并由此形成了意象派诗歌直接呈现意象的基本写作原则。受中国诗歌影响，将语言做到极致简洁的代表是威廉·卡洛斯·威廉斯。他最著名的一首短诗《红

---

① 杨宪益曾在1982年的《文艺研究》上发文《试论欧洲十四行诗及波斯诗人莪默凯延的鲁拜体与我国唐代诗歌的可能联系》提出这一假说，之后也偶有学者在文章中提出这一看法，比如薛明秋、张良奇的文章《十四行诗可能是一曲东西合璧的奏鸣曲》（载于《浙江专学报》1993年第3期）；刘立军、王海红的《西方十四行诗或源于中国律诗》（载于《河北学刊》2013年第6期）等。

② 这里谈论的中国文学对美国诗歌形式影响的几个核心表现主要参考了赵毅衡：《诗神远游——中国如何改变了美国现代诗》，译文出版社2003年版，第172~239页。

③ 赵毅衡：《诗神远游——中国如何改变了美国现代诗》，译文出版社2003年版，第197页。

色手推车》（*The Red Wheelbarrow*）即是如此的代表：

> 那么多东西
> 靠着
> 一辆红色
> 手推车
> 闪耀在
> 雨水中
> 旁边是几只
> 白色小鸡

诗歌中所出现的货物、红色手推车、雨水、白色小鸡以最简洁的方式组合成一幅简洁的画面，没有任何形容与感情描述，纯粹的意象陈列，以最克制的方式呈现出微妙的意境。这种方式非常接近中国古诗的写作理念。

### （二）形式模拟

美国的新诗运动伴随着对中国诗歌的大量翻译，并在翻译中将中国古代格律诗进行现代自由体的转型，由此构成中国诗歌与美国诗歌、律诗与自由诗在语言上直接性的对话。在这种对话中，现代诗人在形式上对中国古诗进行模拟，以学习和发现新的诗歌技巧。英国著名汉学家阿瑟·韦利用他的中国古诗英译为西方诗人打开了了解中国的窗口。他的译文影响了许多英美诗人的创作，韦利的"影响是巨大而积极的，沿着韦利开辟的道路，庞德、宾纳、罗威尔（Amy Lowell）及他本人都以中国译诗的形式创作出最好的作品"。韦利"以自己丰厚的译作丰富了英语文学，在中国文化西传的意义上，推动了'东学西渐'之风，为中国文学走向世界做出了巨大贡献"。①

庞德在反拨自由诗"泛滥过度"的语言时，就曾经采用向传统律诗学习的方法。虽然他所谓律诗并非只是针对中国古代律诗。"绝句"被翟理斯译为"Stop-short"，是戛然而止之意。翟理斯称其特点为"言尽而意无穷"，以突然的收结向读者暗示未尽的意义。② 这种意味正是中国古典诗学对于诗歌的常规性要求。他举出王维的《竹里馆》和李白的《静夜思》等作品作为例子。卡尔·桑德堡的诗歌《微光》被认为是具有中国古代绝句风貌的作品，因其结尾就非常突兀：

---

① 李冰梅：《韦利与翟理斯在英国诗学转型期的一场争论》，载于《外国文学评论》2012年第3期。
② 赵毅衡：《诗神远游——中国如何改变了美国现代诗》，译文出版社2003年版，第219页。

让头发披散下来吧，女人，
翘起腿坐在镜子前
长久地注视眼睛下的条纹。
生活划线；男人跳舞。①

这种仿效中国古诗形式的作品在当时还有不少。例如伊芙琳·斯各特（Evelyn Scott, 1893~1963）的诗集《沉降》（*Precipatation*）中就有多首。其中的《冬月》（*Winter Moon*）：

A little white thistle moon
Blown over the cold crags and fens;
A little white thistle moon
Blown across the frozen heather.

就被郭沫若很自然地翻译为五言诗：

初月如银钩，
吹讨冰岩沼；
初月如银钩，
吹渡寒郊草。②

### （三）意象并置

意象并置是意象派从中国古诗中学到的最重要的一种写作技巧。意象派的技巧核心在于对意象的并置处理。并且这一技巧不限于意象派，而是从美国新诗运动开始，成为英语诗歌写作的一种常见技巧，一直延续到后现代时期的黑山派（Black Mountain School）、"垮掉的一代"等重要流派和诗人。

这种并置技巧最早也来源于对中国古诗的翻译。现代自由体在与古诗的意象进行对照时，自然地发现了古诗的这一方法。庞德常被人提及的短诗《在地铁站》（*In a Station of the Metro*）即是这方面的代表："人群中闪现的面容／黑色，

---

① 不过这是这首诗在杂志上刊登时的样子。在之后1950年收入《桑德堡诗全集》时，该诗的下面又多了一行："你知道男人如何报答女人。"诗歌的气质发生了极大的改变，也没有了"戛然而止"的感觉。
② 赵毅衡：《诗神远游——中国如何改变了美国现代诗》，译文出版社2003年版，第220页。

潮湿树枝上的花瓣"。采用这种意象并置法最重要的代表是威廉·卡洛斯·威廉斯，他几十年来一直坚持使用这一技巧，并且对这一方法非常认同。他曾在一首诗中写道："并置在我头脑中／用其它方法无法完成。"① 黑山派的恰尔斯·奥尔森（Charles Olson），罗伯特·克里利（Robert Creeley），"垮掉的一代"的盖瑞·斯奈德等也都非常擅长使用这一技巧。比如奥尔森的短诗《为杰拉德·梵·德·维勒写的变奏曲》：

鸢尾与丁香，鸟群
鸟群，黄花
白花，柴油机
拉犁
不停
就像夜莺
夜的拖拉机，磨出
他的歌

这种意象的并置已经非常自然。②

这些艺术技巧推动了美国当代诗歌从更本质的层面发生改变，也就是在诗学和美学的层面上获得了现代性的表现。所以，中国文学对英语世界文学的影响，往更深的领域发展，就是对英语世界的诗学思想也产生了一定程度的影响。

## 第三节　对诗学的影响

相对而言，对诗学的影响比对文学的影响更深一层。中国文学对英语世界的诗学影响一方面是通过对文学实践的影响，来进一步影响到文学理论，另一方面是中国文学的创作精神直接对英语世界诗学思想发生影响。当然，更多的时候，这两方面是结合在一起的。本章第一节中所谈论的中国文学对英语世界文学的影响构成了这一节对诗学影响的基础。其中尤其是对文学形式上的影响，已经触及文学理论层面，或者说，形式上的反思与变化本身就是一种具有诗学性质的自

---

① 赵毅衡：《诗神远游——中国如何改变了美国现代诗》，译文出版社2003年版，第226页。
② 赵毅衡：《诗神远游——中国如何改变了美国现代诗》，译文出版社2003年版，第227~228页。

觉。所以，在形式影响的部分表现得最明显的中国文学对美国新诗运动的影响，也是诗学影响表现最为突出的部分。可以说，美国现代诗学精神的构成离不开中国文学精神的贡献。这种现代诗学精神属于现代性美学表现，而在现代性之前的前现代与现代性之后的后现代美学中，中国文学对英语世界也产生了一定的影响。下面将按照这三个阶段分别来进行论述。

## 一、对传统诗学的影响

中国文学对英语世界的前现代诗学，或称为传统诗学的影响虽不及对现代诗学影响那么明显，但也是存在的。其影响的范围最主要是英国启蒙主义诗学和美国超验主义诗学。虽然中国文学对英美浪漫主义等其他前现代时期的诗学也有一定影响，但影响非常微弱，并缺少充分的材料给以证明。比如美国诗人爱伦·坡（Edgar Allan Poe，1809~1849）曾对中国文学发生过兴趣，他读过一本中国小说，并在《怎样才能写成一篇投向〈布莱克伍德〉杂志的文章》里谈到过该小说，并且还看过由英国汉学家约翰·弗朗西斯·戴维斯撰写的关于中国戏曲的文章，但这些与爱伦·坡的创作或诗学思想有什么具体联系并不得知。而美国另一位浪漫主义大师惠特曼（Walt Whitman，1819~1892）在他的作品《只言片语》（Notes and Fragments）中也两次提到过孔子，并且有学者认为惠特曼的思想与中国的老庄思想有相近之处。① 这些影响是否确实存在还有争论，所以我们主要来看看中国文学对英国启蒙主义诗学和美国超验主义诗学的影响。

### （一）启蒙主义诗学

在启蒙主义时期及之前，中国文学及诗学在英国被译介的情况还非常少见。1589年，泼德能在他的文论作品《诗艺》中第一个介绍了中国古典诗歌的格律，并且还探讨了中国古代的菱形诗歌。他自称是在旅居意大利期间，通过一位到过中国的绅士了解到这些。这位绅士告诉他，中国人一样有着类似欧洲的诗歌或格律诗，但他们不像欧洲人那样喜欢长篇大论。并且，泼德能还译出了由这位意大利朋友提供的，据说是中国一位大诗人献给情人的两首诗。但是这些对中国古诗的介绍在那个时候显得太过微弱，很难被更多人注意到。

贺拉斯·沃普尔（Horace Walpole，1717~1797）在1757年出版了《叔和信札》（A Letter from Xo Ho），全名为《旅居伦敦的中国哲学家叔和致北京友人李安济书》。很明显他是受到孟德斯鸠的《波斯人信札》（Lettres Persanes，1721）的

---

① 常耀信：《中国文化在美国文学中的影响》，载于《外国文学研究》1985年第1期。

影响。其主旨是借中国人抨击英国人的习性。但重要的是在其中，作者以英国人的想象认为中国散文的风格是：活泼、轻灵、简练、机智等。这部作品出版时只有对开本的五六面，却引起批评界的注意，两周之内便翻印了四五次，还出现了多种模仿作品，如《北京李安济答叔和书》《不列颠的一个爱国者致李安济书》等。当时英国诗人哥尔斯密正为《每月评论》《评论杂志》等撰稿，看到《叔和信札》也受到了激发，创作了有关中国的重要作品《世界公民》。这部作品是用启蒙主义时期喜欢的书信体形式创作，1760~1761年在《公共账册》杂志上连载时叫作《中国人信札》。作品中的主人公是一位中国哲学家。其目的也是如启蒙主义作家伏尔泰一样，借中国题材来实现自己的道德申诉。不过其中有对中国文学风格的讨论。在《世界公民》的序言中，哥尔斯密就谈到了对中国文风的看法："简要""直率""严正而好说教""呆滞乏味"，① 并且指出这些文学特征是与作品中主人公的性格特征彼此对应。如此，可以说，作品所塑造的人物形态与个性本身就构成了对中国文学与文论的一种表现。作者正是以新的文学姿态对这一"性格"做了弥补，从而更容易为英国人接受，在某种程度上，这也正是一种中西诗学之间的对话，或者说，这是哥尔斯密所认为的对话。

《世界公民》之后又引出许多模仿之作，如查尔斯·约翰斯顿（Charles Johnston）的《朝圣记，或一名中国哲学家大部分由伦敦寄往广州他的朋友处的信件里反映的生活场景》（*The Pilgrim，or a Picture of Life in a Series of Letters Written Mostly from London by a Chinese Philosopher to His Friend at Canton*，1775），但在思想与艺术上都无深论。之后还有多种仿作都与中国文学或诗学精神无太大关系。约翰·斯格特的《李白，或贤明君主》（1782）虽提到李白，但更多涉及的也是诗人的政治理想。杜赫德的《中华帝国志》里同样也是将李白当作政治理想的对象，将其与古希腊诗人阿那克瑞翁（Anacreon，约公元前570~约公元前480）相提并论。如果再联系到之后《赵氏孤儿》在英国发生的变异与改编，更可看出，在启蒙主义时期，英国对于中国文学的接受更多是从政治伦理层面出发的。其中理查德·赫德在1751年出版的《贺拉斯致奥古斯都诗简评注》（*Commentary on Horace's Epistle to Augustus*）的最后部分《论诗的模仿》里探讨了《赵氏孤儿》。赫德站在亚里士多德《诗学》的理论层面，认为《赵氏孤儿》虽然在情节的处理上有缺陷，但是与希腊戏剧在主要创作理念上是一致的。他从古希腊的戏剧理论角度对《赵氏孤儿》的肯定直接影响到之后谋飞对《赵氏孤儿》的改编。可以说，赫德正是从戏剧艺术及诗学层面找到了中国传统戏剧与西方古典戏剧的一致性。而这种判断也是站在启蒙主义诗学的精神上，对新古典主义保守

---

① 张弘：《中国文学在英国》，花城出版社1992年版，第47~48页。

的戏剧规则的否定。

可以认为，早期中国文学与诗学对于英国诗学并没有产生直接的影响，但是英国作家与理论家却借助中国文学与诗学思想（即使其中有想象的成分）对英国的传统文学观念进行对抗，从而推动启蒙诗学的发展。

### （二）超验主义诗学

中国文学对英语世界前现代时期的诗学更重要的影响发生在19世纪的美国，主要是对美国文艺复兴（American Renaissance）时期的超验主义诗学产生了关键性的影响。超验主义是美国最早具有本土色彩的哲学与文学思想。其代表人物是爱默生与梭罗，他们既是超验主义的思想家，又是超验主义文学的实践者。两个人的超验主义思想都受到了中国文化诗学，尤其是儒家思想及诗学精神的影响。

爱默生最早对中国思想产生兴趣是在1836年，他读到了由乔舒亚·玛什曼（Joshua Marshman）翻译的《孔子的著作》（The Works of Confucius, 1809），当时就被深深打动，接连在日记里摘录了好几段文字，并在1843年4月的《日冕》（The Dial）杂志上以《孔子语录》为题，选登了其中的21段语录。1835年，他又读了一位无名氏编辑出版的《凤凰：古代奇文拾遗集》（The Phoenix: A Collection of Old and Rare Fragments）一书，其中8章，分别介绍了中国古代8位思想家的生平和学说，关于孔子的一章列为首位。1838年，爱默生在《日记》中称孔子是世界十三位伟人之一，甚至说："作为道德师表，在基督降生前的大批哲学家中堪称第一。"① 1843年，爱默生读了大卫·科利（David Collie）翻译的《中国古典：通称四书》（The Chinese Classical Word, Commonly Called the Four Books）。他在1843年10月号的《日冕》杂志上专门刊登了"四书"语录，并在序言里称这个译本"是我们迄今为止见到的中国文学中最有价值的贡献"。② 到1867年爱默生花了大量时间研读了理雅各译注的《中国古典》（The Chinese Classical Works）。这一著作几乎囊括了儒道两家所有的经典作品。

爱默生自从对儒家思想感兴趣起，在不同地方摘录引用孔子和孟子的语录多达百条。③ 他的思想与孔子学说有着诸多契合之处。比如"超灵"论，这是爱默生超验思想的核心，是指有一种统辖宇宙的唯一心灵，万物从中产生并在其中相互配合。爱默生提出，每种文化都有关于"超灵"的表述，只是"每一个新的接受者赋予它不同的名称，或光明，或良心，或精神，但其特点从本质上来说都

---

① 钱满素：《爱默生和中国——对个人主义的反思》，生活·读书·新知三联书店1996年版，第63页。
② 刘岩：《中国文化对美国文学的影响》，河北人民出版社1999年版，第18页。
③ 钱满素：《爱默生和中国——对个人主义的反思》，生活·读书·新知三联书店1996年版，第137页。

是一样的。……琐罗亚斯德在波斯,孔子在中国,俄耳甫斯在希腊,努马在意大利,曼科·卡巴克在秘鲁都声称了这一点。"① 爱默生在《四书》的英译本里看到"一以贯之"的"一"被翻译为"unity",即"统一体",这与他提出的作为"一统性"的"超灵"有着重要的联系。另外,爱默生还提出人必须在"超灵"的庇护下,才能获得健康发展,将人性与超灵问题结合在一起。他接受了儒家关于人性本善的观点,认同儒家关于修身养性的道德要求。另外他的自然观也与孔子追求的"天人合一"观念有相似之处。他在儒家的自然观与道德观中,找到了与当时美国物质主义(materialism)相抗衡的思想。这些都以不同的方式融入他的超验主义哲学认识与诗学思想中。

并且,在美国逐渐形成自己本土文学的过程中,爱默生的超验主义影响了诸如梭罗、惠特曼和霍桑(Nathaniel Hawthorne,1804~1864)等一大批美国作家。其中梭罗也直接受到了儒家思想影响。他与爱默生一起研读儒家经典,对爱默生影响较大的几种儒家著作的译本,如乔舒亚·玛什曼翻译的《孔子的著作》、大卫·科利所译的《中国古典:通称四书》,梭罗也都读过,并且还读了法国汉学家博迪耶(M. G. Pauthier)用法文翻译的《孔子与孟子——中国道德与政治哲学的四部书》(*Confucius et Mencius*, *les Quatre Livres de Philosothie Morale et Politique de la Chine*, 1840)等。他与爱默生一起编辑《日晷》,摘引儒家语录。所以与爱默生相似,他从超灵观到伦理观以及自然观,也都受到了儒家思想的影响。并且,梭罗将这种思想变成了一种独有的生活态度与文学精神,他在瓦尔登湖的隐居式生活作为一种具有超验体验的诗意生活,以及他为此完成的杰作《瓦尔登湖》(*Walden*, 1854)都是超验主义诗学的实践表现。他在《瓦尔登湖》里援引了儒家语录共10条,在作品的最后一章"结束语",引用了"三军可夺帅也,匹夫不可夺志也"(《论语·子罕篇第九》)作为总结,借以表达他的超验主义思想:人可以凭借自己的意志和力量实现个性的完善,从而振兴社会。

张冲在《新编美国文学史》中说:"作为以改造人类社会为宗旨的道德哲学出现的儒家思想,经爱默生、梭罗等人的一番解读、契合、借用甚至误读,成为美国超验主义思想的内在组成部分之一。"② 爱默生与梭罗直接以创作的形式将儒家经典思想融入在作品中,将其变成超验主义思想中重要的一部分,这种方式本身就是对超验主义诗学的建构。当然,爱默生与梭罗的贡献不仅仅是文学和诗学,他们通过超验主义影响到了整个美国文化和美国人的价值观,今天美国文化中崇尚的"个人主义"与反物质的精神就源于他们。正因如此,爱默生被美国总

---

① 刘岩:《中国文化对美国文学的影响》,河北人民出版社1999年版,第23页。
② 张冲:《新编美国文学史》(第一卷),上海外语教育出版社2000年版,第312页。

统林肯称为"美国的孔子",这一称谓既显示了爱默生的伟大影响和先驱者地位,也彰显了孔子的儒家学说在美国的重要影响力。

## 二、对现代主义诗学的影响

英语世界,尤其是美国文学在进入现代主义的关键时期,从中国文学中获得了极大的启发,在诗学上发现了许多新的可能。主要表现在下面几个方面。

### (一)"化简诗学"

前面已经提及,庞德在分析李白作品时提出了中国诗歌所展现出的"化简诗学"。围绕着庞德所提出的这一诗学称谓的还有"客观诗学""反浪漫主义诗学"等各种不同的表述。浪漫主义诗学既被当作现代主义诗学的早期形态,但又尚未真正进入严格的现代主义阶段,仍属于前现代阶段。所以浪漫主义诗学既有前现代特征,又有早期现代性特征。其现代性特征主要表现为:主体色彩、反叛性、乌托邦气质,以及自然情调等。这一系列特征都在现代主义诗学中获得了新的发展。但同时,现代诗学又从中生出与之对立性的特点,从而具有矛盾性的表现。首先,它一方面强调主体,另一方面又反对泛滥的主体,有将主体客观化处理的倾向,或是将表面上的主体抒情划入具有象征色彩的客体物意境遇中,将抒情主义引向神秘主义的美学氛围中。其次,现代主义有着更强烈的反叛性,同时也反叛浪漫主义的反叛。另外,现代主义不仅停留于用乌托邦对抗现实,同时也对乌托邦本身保有强烈的怀疑。最后,现代主义虽然继续用自然来对立工业社会,但并非要将自然乌托邦化,从而逃离到自然风景中,而是选择以城市自身的姿态来对抗城市文明等。总之,现代性诗学和美学呈现出复杂的张力特征,这种特征也被诸多学者称为现代性的自反性。[1]

中国诗学正是在这种西方诗学遭遇到现代性张力的关键时刻出现在美国文学面前。中国文学以"他者"文化的姿态进入美国诗人的视野中,让美国的作家们看到在西方文学进程之外另一种文学风格的可能性。当浪漫主义的夸饰之风遇到危机的时候,现代性美学行至急需变化的时刻,中国古典诗歌中的诸多特点成为对抗浪漫主义的关键要素。其中最重要的就是中国古典诗歌的简约化个性,与浪漫主义的铺排风格构成了对立。在这种简约中,又有着中国诗歌的客观表现与"克制陈述"等特点,都一起被美国的现代诗人们所接受,并从中创造出新的现

---

[1] 关于现代性的张力与自反性特征,可以参考周宪:《审美现代性批判》,商务印书馆2005年版。其中的第五章"现代性的张力"对这一问题有着较为清晰的说明。

代诗学。

从更细致的层面来看，法国诗人波德莱尔在 19 世纪中期就已经将欧洲的诗学引入现代阶段，他摆脱了浪漫主义的理想化与渲染性特征，为西方带来了最重要的一种诗学导向——象征主义。"象征"手法自文学初始就有。在中世纪神学氛围影响下，象征更成为宗教文学的重要手法。但现代主义的象征不仅仅是一种手法，而是一种根本性的理念，是通过建构物象世界的象征，将精神引入神秘主义领域的一种观念性技巧，将神学象征转向自然物象象征和神秘主义，是在对现代工业文明反拨的基础上，对内在真理的一种开拓与回归。英国维多利亚时代的诗歌强调戏剧性，也是以具有客观化的叙述力来反拨浪漫主义的抒情力。但这些对美国文学来说都是不够的。一方面，前期象征主义仍然保留一定的浪漫主义的感性色彩，其改变还不够彻底；另一方面，美国的语言习惯及文学个性本身更倾向于表达的质朴与直接性，从而需要一种更简洁的诗学。中国诗学的影响就是在这时应运而生。这一诗学特征对美国文学产生的巨大影响前面已经说过。并且这种诗学在意象派中体现得最为突出，以对于意象的特殊处理方法形成了独特意象派诗学。

### （二）意象派诗学

英美意象派创造出了独特的意象派诗学，其中以美国的意象派表现得更为突出。对"化简诗学"的强调也属于意象派诗学一开始的追求。这是他们较早所接受的中国诗学的启示。再之后，他们更多地考虑如何获得这种简化，或者不单以简化为目标，而是探索在这种简化的形式中所具有的更多的表现技巧与诗学可能，从而提出了两种较为重要的诗学思想。

第一，反象征主义诗学。正如前面提到的，美国现代诗学最基本的倾向不仅是反浪漫主义，更是要反欧洲大陆所开创的象征主义诗学。赵毅衡指出："在现代美国诗中占主导地位的庞德—威廉斯—奥尔森传统，是用对物象的临即性（immanence）来代替浪漫主义的繁复比喻，也代替象征主义的替代暗示。"[①] 欧洲现代诗学以象征主义反浪漫主义，并且使得象征主义几乎成为现代诗学的核心力量。由法国开始的象征主义延伸为整个西方世界的后象征主义，影响到爱尔兰的叶芝（William Butler Yeats，1865～1939）、德国的里尔克（Rainer Maria Rilke，1875～1926），同时也影响到英美意象派。但是，象征主义在传播中，其诗学的内在象征体系与方法逐渐受到怀疑，并因为文化的差异而不断被修改和削弱，尤其远在大洋彼岸的美国，因其有着喜欢直接与单纯力量的诗学传统，所以更表现

---

① 赵毅衡：《诗神远游——中国如何改变了美国现代诗》，译文出版社 2003 年版，第 260 页。

出对反象征主义的内在需要。中国传统诗歌中对于意象的直接呈现,正是对立于象征主义的诗学特征。于是英美意象派从中国诗学中找到了"意象主义"(imagism)。"意象主义的基本思想,是认为形象语言可以直接表现事物。"① 诗歌应该"呈现"(presentation)意象,而不是"再现"(representation)意象,"象"与"意"无法分开,物象本身构成自身的意义。中国传统诗学这种主客一体,物我合一的美学追求,引导美国现代诗学开拓出新的诗学可能。并且也正是这一思路,与现象学诗学具有某种一致性,对后现代诗学也产生重要影响。

第二,汉字诗学。在具体如何使用意象中,意象派又开创出"汉字诗学"。美国新诗运动的诗人在翻译和研究中国诗歌以及汉字时,认为汉字本身就是意象的组合。虽然这一认识有着对中国汉字的误解,但很多文化影响本身就来自一定程度的误读。美国诗人从中推演出一套新的诗学理论。比如埃米·罗厄尔提出的"拆字法"(split-up),认为中国文字是"图画文字"(pictogram),文字本身就是不同意象的组合,并且想用这种拆解的方式来翻译中国的诗歌。厄内斯特·费诺罗萨(Ernest Fenollosa,1853~1908)最早认为中国文字是拼画,认为书法本身就是绘画。当然这也是对中国书法的某种误解。他认为欧洲因为逻辑的暴政,语言不再具有表现物象的能力,而变成专断的符号。他提出"返回事物"②,返回到事物不可穿透的复杂性,以及语言与事物本真的联系中。庞德也强调这一点,并且有着更明确的诗学目标。他指出,虽然英语已经完全符号化,不具有中国象形文字那种直接表现物象的能力,但可以通过艺术的技巧,获得"直接处理事物"的可能。庞德在1915年倡导"漩涡主义"(vorticism)即是这样一种努力。他提出关于意象的新定义:"一个放射的节点,或一串结点……我能称之为旋涡,而不是思想不断地奔涌,从它里面射出,或穿过它,或进入它。"③ 这是在呈现静态意象的基础上,更想要展开动态的意象。通过对中国汉字意象性的发展,庞德提出了所谓的"汉字诗学"。通过汉字中内在的意象组合,再进一步延伸至对汉语诗歌的意象组合的理解,寻找现代诗在组合意象时的可能方法,并且在创作实践中探索各种可能性。庞德认为他所提出的"表意文字法"是对现代诗歌的一个最大贡献。他说:"如果我对文学批评有任何贡献的话,那就是我介绍了表意文字体系。"④

---

① 赵毅衡:《诗神远游——中国如何改变了美国现代诗》,译文出版社2003年版,第262页。
② 这与胡塞尔的现象学提出的"返回事物本身"有相似之处,但是胡塞尔的现象学是从哲学本体问题入手,是对事物本质的一种直观下的认识,属于一种哲学化的认识。费诺罗萨的"返回事物"更多是一种诗学上的直觉,是对事物自身的存在与美的展示。之后的海德格尔可以说是借助现象学,将这种诗学直觉真正引向具有存在论色彩的境界。而后现代诗学则更具有胡塞尔与海德格尔的本体意识。
③ 赵毅衡:《诗神远游——中国如何改变了美国现代诗》,译文出版社2003年版,第249~250页。
④ 赵毅衡:《诗神远游——中国如何改变了美国现代诗》,译文出版社2003年版,第254页。

## （三） 新批评

新批评本身就是一种完整的诗学体系。并且在 20 世纪方法论辈出的时代，新批评是英语世界所提供的最重要的一种批评方法论与诗学体系。而英美新批评与英美意象派之间有着千丝万缕的联系。意象派的创作方法与创作理念为新批评提供了重要的文本实践和批评的可能条件。新批评与中国诗歌的关系比较复杂。一方面，因为美国现代诗的许多诗学思想受惠于中国古诗的独特形式，在这种诗歌实践中生出的批评体系不可能不与中国诗歌拉上关系。另一方面，新批评又是一种出于对现代诗歌问题的考察与反驳，所以同时也对中国诗歌所造成的影响有着质疑与否定。

美国新诗运动是以自由体诗歌创作为主，可以说，它正是以自由体新诗的形式在与中国传统格律诗的对话中，因为两种语体与两种文化之间的张力，获得了创新的可能性。新诗的爆发非常突然，但很快也有一定程度的回落。在 20 世纪 20 年代，美国新诗开始有一种回归格律诗，倾向保守的趋势。比如 20 年代初在美国南方兴起的"逃亡者"（Agrarians or Fugitives）诗派。而这派诗人转向批评后，成为了新批评的中坚。中国古诗与自由诗正是在彼此之间的张力中紧密联系在一起，而当美国诗歌转向传统格律诗时，中国诗的影响也开始减弱。艾略特（Thomas Stearns Eliot，1888~1965）发表了著名文章《传统与个人才能》（Tradition and the Individual Talent，1919），强调欧洲文学传统，意图抛开中国的影响。艾略特所建立的新批评观念所坚持的第一原则是"非个人化"。这种"非个人化"与新诗反浪漫主义倾向一致，可以说是意象派本身创作原则的一种延伸。意象派所认为的中国诗歌传统也强调了节制感情和"克制陈述"等非个人化特征。但是美国诗人康拉德·艾肯（Conrad Aiken，1889~1973）认为："中国诗比其它任何民族的诗更令人觉得是从任性的苦恼的心灵中发出的呼喊。哀愁是中国诗中最一贯的调子——哀愁，或是悲哀地屈从于命运。"[①] 这样对中国诗歌的不同认识既反映了中国诗歌本身所具有的复杂性，又呈现出美国诗歌与诗学自身的复杂性。他们因从不同视角出发，从而在中国诗歌中看到了不同的东西。

新批评内部虽然对中国诗学认识不同，但新批评仍然受到中国文学思想的影响。其中与中国有着密切关系的新批评理论先驱和创始人之一的瑞恰兹（Ivor Armstrong Richards，1893~1979）就是代表。瑞恰兹曾在 1929~1930 年执教于中国的清华大学外文系，并在此期间出版了《文学批评原理》（Principles of Literary Criticism）、《实用批评》（Practical Criticism：A Study of Literary Judgement）等

---

① 赵毅衡：《诗神远游——中国如何改变了美国现代诗》，译文出版社 2003 年版，第 277 页。

经典文论著作。他为新批评的建立做出了很大贡献，正如另一位新批评干将兰色姆（John Crowe Ransom，1888~1974）所说："'新批评'几乎最先起源于瑞恰兹，同时也可以说，是瑞恰兹把'新批评'引上了正确的道路，因为他与别的批评家不同，努力想把'新批评'建立在更加具有综合意义的基础上。"①

与美国新诗诗人通过翻译中国古诗受影响不同，瑞恰兹主要通过直接学习中国文化来接受中国的影响。这种影响主要是一种文化与诗学精神的影响，不过瑞恰兹所读的中国经典作品本身也属于文学之一种，所以也可以认为是中国古典文学及诗学对瑞恰兹的影响。对瑞恰兹影响最大的中国古典作品是《孟子》与《中庸》。瑞恰兹专门写了《孟子论心》（Mencius on the Mind: Experiments in Multiple Definition，1932）一书，并且承认孟子的思想曾对他产生过心灵的震撼："我的确曾经从像孟子这样的圣人那里得到过两次精神震颤的经历。"② 而他在到中国之前，就研读了不同译本的《中庸》，中庸思想对他产生了终身的影响。他从朱熹对《中庸》的解释中，引出了美是"综感"（synaesthesis）之说，成为新批评中"包容诗论""张力论""不纯诗论"等多种认识的源头。瑞恰兹也像庞德等一样，关注中国汉字独特的表意特征，并且在汉语诗歌中也发现了一些特点给了他启示。比如他发现汉语诗歌中不喜欢使用人称代词，从而认为诗歌在一定程度上可以摆脱"意图谬误"（intentional fallacy），另外因为汉语诗歌中的人物由诗歌本身决定，诗歌变成了一种独立存在。这种"修辞方式中只有上下文决定着词义"的说法与"语境批评"（contextual criticism）、"文本批评"（textual criticism）、"客观主义批评"（objective criticism）、"本体论批评"（ontological criticism）、"反讽批评"（ironical criticism）、"张力诗学"（tensional poetics）、"结构批评"（structural criticism）、"分析批评"（analytical criticism）、"客观主义理论"（objective theory）、"诗歌语义学批评"（semantic criticism poetry）等诸多新批评方法与思路是相似的，而其最根本的相同点就是强调文本自立，并由此推出文学文本批评的客观性与科学性等认识。③

可以说，无论是接受了中国诗歌影响的美国现代诗对新批评诗学的影响，还是中国古代经典中的思想对新批评理论家的诗学思想的影响，都显示出中国文学及诗学精神与新批评之间有着多重而复杂的影响关系。

---

① 容新芳：《I. A. 瑞恰兹与中国文化：中西方文化的对话及其影响》，商务印书馆2012年版，第20页。
② 容新芳：《I. A. 瑞恰兹与中国文化：中西方文化的对话及其影响》，商务印书馆2012年版，第53页。
③ 容新芳：《I. A. 瑞恰兹与中国文化：中西方文化的对话及其影响》，商务印书馆2012年版，第81~82页。

## 三、对后现代诗学的影响

相比欧洲,美国的后现代诗学更具有开放性。这在于美国文化本身是容纳了多种文化的混杂体。后现代文化被认为既是对现代主义文化的继承,又是对其的反拨。后现代主义对现代主义反拨的最重要的表现在于,后现代主义者认为现代主义仍然是西方二元思维与本质主义精神的延续,世界并没有所谓抽象的"本质",世界就是现存的实在本身,所有的真理与观念都是相对的。所以后现代强调多元化,必然首要反对的是西方中心主义思想。那么,东方文化就成为后现代用以反对西方中心和本质主义的重要文化资源。在诗学领域,后现代诗学从东方诗学中大量汲取养料,中国文学与文化是其反思自身,获得启示的重要对象。英语世界中的美国是对中国文学进行学习,并发展出新的后现代诗学的最重要的国家。其获得新的诗学启示包括下面几点。

### (一)现象学诗学

现象学对后现代诗学影响很大。存在主义的哲学基础是现象学。存在主义的文学实践促进了现象学诗学的发展。① 现象学产生于现代主义时期,从哲学视野看,现象学也是在讨论本质问题,仍然属于现代性哲学问题。但是现象学所引发的是更进一步的思考,是以现象直观来反对传统的抽象本质,所以具有反本质与反现代的色彩。为此,现象学这一方面思想被延伸至后现代,推动了之后的阐释学、解构诗学等一系列后现代诗学思想。现象学强调本质直观,呼唤"回到事物本身",这些基本思路与中国传统哲学有相近之处。所以现象学哲学大师海德格尔(Martin Heidegger)也曾从中国哲学中汲取营养,尤其是海德格尔曾尝试翻译《老子》,并专门讨论"道"的问题,将这些中国的思想引入他的哲学体系中。海德格尔本就是现象学诗学最重要的缔造者和代表,而他的现象学诗学也受惠于中国诗学。现象学诗学与中国诗学在西方世界已经有过很多对话。在此基础上,中国古代诗歌与文化美学对西方后现代诗学也有着重要的影响。这种影响如果从文学实践角度来看,在美国的后现代诗歌中表现得最为突出。

诗歌天然地关注物象。只不过浪漫主义时期的诗歌是将物象当作抒情的对象

---

① 存在主义在 20 世纪文学中的位置比较特别,在时间上正好处于第二次世界大战前后,而第二次世界大战被作为西方现代主义与后现代主义的分水岭,相应地,存在主义在诗学特征上也同时具有现代主义和后现代主义特征。所以不同论者对它的归属也不同。我们认为它是从现代主义思想到后现代主义思想的过渡。

和工具，欧洲现代主义诗歌将物象当作通往真理的桥梁，美国新诗运动中的"反象征主义"是一种向更新的诗学精神的本能探索。他们借助中国诗歌所找到的意象诗学，其强调"返归事物"的要求与现象学精神非常接近，但在本质上还属于现代诗学精神。虽然在20世纪20年代之后的一段时间里，美国诗学返归保守。但在第二次世界大战之后，50年代中期，美国诗歌再次向中国传统诗歌学习。这个时候，才有了更接近现象学的新的诗学精神。在世界范围的后现代精神的影响下，美国后现代诗歌的代表黑山派与"垮掉的一代"诗派都从中国诗歌中找到了"物象"诗歌最原始的力量，也就是通过回归物象自身，来达到现象学式的生命本真状态。这种生命本真状态在禅宗诗学中表现得更为突出。

## （二）禅宗诗学

现象学诗学与禅宗诗学都强调返回事物本身，但现象学诗学更重视文学在形式上的诗学要求，即诗歌中对于意象的处理与理解，而禅宗诗学更重视作品所呈现的主题精神。前面已经提及禅宗思想对文学主题的影响，而这种文学主题也构成了一种重要的诗学精神。禅宗诗学的后现代个性主要体现在三个方面。第一，禅宗作为典型东方式的思维与审美个性，构成对西方中心主义的叛离，这种向东方美学靠拢的姿态本身就是后现代性表现。第二，禅宗诗学中的神秘主义个性，与西方传统宗教的本质主义相对立，不再是对唯一神的崇拜，而是从自然与生活中寻找神秘力量，这一个性就有着反中心、反本质的特点。第三，禅宗诗学在创作中所追求的禅趣与禅意，有将艺术生活化的趋向，消解了文学艺术本身的界限，在某种程度上也是对艺术本质论的反叛。

比如中国诗人寒山，为当代美国诗人极为喜欢，因为美国文坛把他当成了具有后现代色彩的精神自由者，即"禅癫"（Zen lunatic）的代表。[①] 中文中无"禅癫"一词，只有"禅和子"一词，指禅僧或参禅人。"Zen lunatic"一词可能是日本禅宗思想铃木大拙的发明。他在1959年出的《佛教禅宗及其对日本文化之影响》（*Zen Buddhism and Its Influence on Japanese Culture*）中说："寒山是唐朝最出色的癫诗人之一——禅时常产生这类'癫人'。"[②] 在杰克·克洛厄的小说《得道流浪汉》中，"Zen lunatic"指的是"垮掉的一代"的作家。在小说第十三节中描写了这些作家的生活，包括杰菲·莱德（Japhy Ryder）（即盖瑞·斯奈德）、雷·史密斯（Ray Smith）（即克洛厄）、金书（Goldbook）（即艾伦·金斯堡）、柯夫林（Coughlin）（即菲利普·韦伦）、莫雷（Morley）（即约翰·蒙哥马利），这些作家不论是在现实生活中，还是在克洛厄的笔下，均表现出一种放浪不羁的

---

①② 钟玲：《中国禅与美国文学》，首都师范大学出版社2009年版，第129页。

形象。① 这种现代的自由与寒山并不一样。相反，寒山生活非常严谨，遵守戒律。但是，中国诗人的生活对于当代美国诗人只是一种文化想象，在误读之中产生了奇特的影响。他们从寒山那里得到的是一种对精神的解放，一种更内在的自由感。正如陈跃红在《后现代思维与中国诗学精神》一文中提到寒山对美国当代诗歌的影响时说："寒山不过是人名、地名和心态的多重能指；其在生命、生活、自然与艺术融为一体的过程中，达到了充分的自由和心灵的彻底敞开。"② 美国诗人从中国诗人这里所要获得的不单是诗歌的技巧，更是一种对生命重新理解与表达的精神。

号称美国"第一位"后现代主义小说家的布罗提根（Richard Brautigan，1935~1984）就是一名喜欢禅宗的嬉皮士，其成名作长篇小说《在美国钓鳟鱼》（*Trout-Fishing in America*）写得就很像禅宗公案集。作品在形式上也遵循自由随性的风格。而禅宗影响到当时的美国产生了文学中的"随机诗学"。比如语言派（Language Poets）诗人尝试语言的随机运用。语言派诗人麦克娄（Jackson Mac Low，1922~）就在诗歌中用诗解禅，或者说是用诗歌来讨论禅的诗学。他的长诗《心理分析与禅宗佛理》，就直接说道：

> 禅是什么也不体验
> 而是理解。
> ……是的，你的故事即睡眠。
> "又是？""不。""禅
> 是否即启示。"不
> 存在。无疑，对付依赖他是创造者中的大师。③

可以说，这种诗歌从形式到内容都受到了禅宗的影响，或者说是在形式与内容上同时构成了诗歌中的禅宗诗学表现。

## （三）解构诗学

解构诗学的哲学根基离不开现象学，而禅宗作为一种东方美学对西方美学具有解构的意味，可以说，上面两种后现代诗学本身就引导出了解构诗学。解构诗学最早出现在法国，20世纪60年代法国结构主义思潮流行，其中的几位思想大师，

---

① 钟玲：《中国禅与美国文学》，首都师范大学出版社2009年版，第130页。
② 陈跃红：《后现代思维与中国诗学精神》，载于《北京大学学报（哲学社会科学版）》1996年第1期。
③ 赵毅衡：《诗神远游——中国如何改变了美国现代诗》，译文出版社2003年版，第328页。

如列维·斯特劳斯（Claude Levi-Strauss）、福柯（Michel Foucault）、罗兰·巴特、德里达（Jacques Derrida）等，在短短几年时间里，都发生了思想转型，由结构主义转为后结构主义，即解构主义。解构主义是西方原生的一种哲学及诗学思想，但其内在的一些精神与中国传统诗学及文化精神有类似之处，其中道家思想最接近后现代的解构理论。

前文已经提到，道家思想影响到了海德格尔等的现象学诗学，而这一现象学诗学又进一步影响到了解构诗学。在美国，道家思想更是通过影响美国当代诗歌的创作实践，而影响到其诗歌中的解构诗学精神。道家哲学在20世纪三四十年代被大量译介到美国，在第二次世界大战之后，成为美国反学院的后现代精神中一个重要的思想支柱。当时的诗人将道家思想中的"无言"当作一种诗学目标去进行追求。"无言"是对语言的怀疑，这与解构主义是相通的。无论是德里达还是福柯，其解构思想都是从针对语言的问题展开的。"无言"在诗歌中显示为对语言之不确定性的表现：一方面是用禅悟的方式回避概念的反思，回到事物本身，而不被语言所局限；另一方面是发挥语言的即兴作用，打破稳定的语言逻辑，追求语言的自发性与无意识的可能性。前者在"垮掉的一代"的禅宗诗歌中表现得比较突出，后者在语言派中有一定表现。同时在另一种美国的后现代诗歌流派——新超现实主义（New Surrealism）中也反映出这种解构意识。

新超现实主义继承了传统超现实主义（Surrealism）的某些表现色彩。超现实主义作为20世纪早期的"先锋派"（Avant-garde）之一种，已经具有一定的后现代特征。① 超现实主义很早就开始了意象与语言的实验，这种实验风格在诗学上已经富有解构意识。新超现实主义继承了超现实主义的这种解构意识。不过，新超现实主义具有更多的复杂性。它同时还呈现出一种回归的趋势，即坚持对意义的探索，从而更接近现代诗学的追求。但是新超现实主义所认为的意义并非现代诗学的固定意义，而是相信本质的不确定性、神秘性，以及事物所具有的深度意蕴。新超现实主义主张表现"深度意象"，既不是传统象征式意象，也并非现代的纯粹物象，而是在物象中获得深层直觉，即中国传统美学中的"悟境""一物观物"，而物象也是在不断地流动中，是语言无法捕捉到的。所以，从这一角度而言，相比于超现实主义，新超现实主义的后现代诗学个性要更为成熟。这一流派的代表罗伯特·勃莱和詹姆斯·赖特都受到了中国古典诗歌的影响。勃莱曾说："我认为美国诗的出路在于，向拉丁美洲的诗学习，同时又向中国古典诗学

---

① 20世纪早期的"先锋派"主要是指超现实主义、达达主义、未来主义三个流派，与同一时期其他流派相比，先锋派更为激进。在创作形式上，先锋派做了大量的实验，在主题精神上，也大胆而激烈，其复杂性已经超越现代性的容量。

习。"① 也正是在对中国诗歌从技巧到精神的学习中，他们逐渐找到有着独特诗学个性的新超现实主义风格。

## 第四节 对文化意识的影响

中国文学对英语世界的影响，不仅仅是对其文学创作与文学思想的影响，还包括对文学之外的其他文化意识方面的影响。相比文学与诗学而言，文化问题更为复杂。它渗透到社会的方方面面，很多问题难有明确表现，也难有资料说明。我们在本章开篇所说的三个难题，在这一部分表现得最为突出。在对文化意识的影响方面，中国文学与中国文化问题更是无法区分；欧洲文化与英语世界的文化也紧密联系在一起。整体而言，我们将这种影响分为三大部分：对伦理道德的影响，对宗教哲学思想的影响，以及对其他文化观念的影响。

### 一、对伦理道德的影响

中国文学对英语世界伦理道德的影响最主要是儒家经典的影响。儒家经典既是文学作品又是哲学著作，这些经典译介到西方以后，其所生成的文化影响，可以认为也是中国文学影响的一部分。而这些儒家经典文本的翻译与影响又与整个中国儒家思想的传播融合在一起，所以这里所谈到的文化影响，无法完全区分其影响的文学性质与文化性质。中国的儒家道德对欧洲的影响主要包括宗教伦理与政治伦理两个方面。

在宗教伦理方面，表现最突出的是近代耶稣会士所受儒家思想的影响。欧洲的耶稣会派有不少人主张将天主教与中国哲学进行调和。耶稣会倾向于反宗教改革，他们本来就属于宗教改革时代的"反改革运动"分子，有重新整顿和恢复传统天主教的目的，所以与当时新兴的欧洲新教思想有所矛盾。但因为自身发展的需要，他们也会随时修正自己的观念。耶稣会士本就是较早来到中国及翻译介绍中国文化经典的主要构成。如法国东方学者莱麦撒（Abel Remusat）说："欧洲人殆在16世纪末与17世纪上半叶中，始对于中国风俗文学史有正确认识，要为当时葡萄牙、西班牙、意大利等国传教士安文思（Gabriel de Magalhaens）、鲁德照（Alvarez Semedo）、殷铎泽（Prospero Intorcetta）、卫匡国诸人之功。法国传

---

① 刘岩：《中国文化对美国文学的影响》，河北人民出版社1999年版，第287~288页。

教师始与诸人竞，不久遂以所撰关于中国之著述凌驾诸人之上。"① 杜赫德在《中华帝国志》中对《易》《书》《诗》《礼记》《大学》《中庸》《论语》《孝经》《小学》等均有简单介绍，并且对《孟子》有详细说明，还抄译了元曲《赵氏孤儿》等。这对中国文学与文化对欧洲的影响产生了很大作用。17世纪时，儒家众多经典已经先后翻译为欧洲重要语言。

罗马教廷虽压制理性，启蒙主义许多思想家作品都被列入《禁书目录》，但"来华的耶稣会士，尽管他们怎样宣称他们绝对效忠于神学，却是一到和中国的理性主义哲学接触，便也不自觉地通过翻译中国经典而将他们自己的神秘主义用中国的理性主义来改造"②。比如殷铎泽认为孔子之道来自自身的生活，并以身作则，有坚实的德行。殷铎泽与李明（Louis le Comte）均认为孔子是世界之圣贤。李明学了孔子格言十四种，然后将其译为法语并加注，将其与欧洲古代哲学相比，认为："孔子哲学里，理性是遍一切时间和地点，虽然塞涅卡，也没有说出孔子以上的名言。"③ 他对孔子的推崇对之后欧洲理性主义的复兴产生了积极的影响。虽然有不少来华耶稣会教士提出儒教与基督教之间的某些一致性，但孔子学说并没有对基督教产生实质上的影响。不过其中被宣扬的理性思想却对之后的启蒙运动产生了一定的影响，或者成为启蒙思想家们可以借用的武器之一。伏尔泰即是其中的代表。

因此，通过耶稣会士的传播，儒家的影响又从宗教伦理层面，更多地渗透到了政治伦理层面。启蒙主义时期的伏尔泰等将中国当作政治上的乌托邦国家。中国的孔子学说也成为启蒙时期可被发挥的观念之一种。这一影响遍及法、德、英等国，不少人撰写相关著作介绍孔子学说。如1688年的《中国哲学家论孔子道德教的书函》（*Lettre sur la morale de Confucius, philosophe de la Chine*）和《中国人孔子之道德》（*La morale de Confucius philosophe de la Chine*）。这个时期的中国文化对法国和德国有正面的影响，但是对英语世界中的英国却反而以反面影响为主。

在18世纪，英国对中国思想的接受有正面也有反面，到了19世纪却变得全然反对中国思想。在反面影响尚未形成前，英国思想家和文学家中有一些对中国文化抱亲善态度的，如天朴尔（Sir William Temple）、廷德尔（Matthew Tindal）、艾特生（Joseph Addison）、蒲伯，以及前面提到的作家哥尔斯密、沃普尔、柏西等，其中作家所受到的正面影响前面都已经提过。不过即使有这些影响，相比欧洲大陆，中国文化对英国的影响却相差很远。其原因可能包括两点：一是在于英

---

① 沙不烈：《明末奉使罗马教廷耶稣会士卜弥格传》，冯承钧译，上海古籍出版社2014年版，第16页。
②③ 朱谦之：《中国哲学对欧洲的影响》，河北人民出版社1999年版，第134页。

国以经验主义和功利主义思想为主导，对中国的理性思想不如欧洲大陆以理性主义为主导那么容易接受；二是在于法国与中国接触较早，来往中国的也多是知识分子，而英国与中国接触较晚，其来往人员也多是航海家与商人，不易领会中国文化。所以，英国更多是在文学上接受了中国的素材，却较少在思想上受到重要影响。①

美国在伦理思想上所受中国文学的影响，主要是儒家思想对超验主义伦理的影响，以及道家及禅宗思想对美国当代社会个体伦理观的影响。这些在前面所论文学及诗学的影响中已有所表现。超验主义既是一种诗学精神，又是一种哲学伦理意识。儒家精神主要影响到了超验主义中的个人主义、修养身性、反物质精神等伦理精神，并进而影响到之后的美国人的伦理意识和文化观念。而"垮掉的一代"曾经作为美国战后青年文化的代表，与嬉皮士运动、摇滚音乐、反战运动等一起受到了中国道家及禅宗思想的影响，促进了美国战后兴起的崇尚自然与自由、绝对的个人主义及具有审美主义色彩的伦理观念。

## 二、对宗教哲学思想的影响

中国文学对英语世界宗教哲学思想的影响并不明显，其中较为重要的是"自然神论"思想的影响。前文在谈到中国文学对英语世界文学主题思想的影响时就提及了这一点。这一思想不仅在英国文学中有所表现，对当时的哲学思想也有影响。作为哲学家的休谟对孔子哲学思想的推崇，对后来的诸多英国思想家都有影响。比如安东尼·柯林斯（Anthony Collins，1676～1729）和马修·廷德尔（Matthew Tindal，1657~1766），他们都是英国自然神论者，在其著作中也都提到了中国人的信仰问题。柯林斯读过不少关于中国的著作，在他的藏书目录中可以看到其中关于中国的书有40多种。他在《思想自由论》（*Discourse of Freethinking*，1713）里提到佛教及其经典，并以此说明世界上的宗教并非只有基督教，从而对《圣经》作为经典的唯一性提出质疑。廷德尔在《创世纪以来就有的基督教》（*Christianity as Old as the Cretion*）中说："我并不认为孔子和耶稣基督教的格言有何差异，我甚至认为前者简单朴素的语录可以帮助我们阐明后者比较晦涩的指示。"② 这既是将儒家精神与基督教精神放在了对等的地位，同时还凸显出孔子著作的风格特点，以及其所反映的哲学精神的独特个性。

---

① 朱谦之：《中国哲学对欧洲的影响》，河北人民出版社1999年版，第202~203页。
② 范存忠：《中国文化在启蒙时期的英国》，译林出版社2010年版，第32页。

另有一位叫兰姆塞（Chevalier de Ramsay）的苏格兰人，在1748年出版了《自然宗教与启示宗教的哲学原理》一书。在该书中，兰姆塞采取折中态度，认为各种宗教的基础是一致的，虽使用的基本概念不同，但其内涵往往有相似之处。他借用了中国的概念"天"，不仅引用儒家，还引用了《老子》《淮南子》《关尹子》等书，从而证明"天"的概念就是普遍的，只是有人称为"天"，有人称"上帝"，还有人以"道"称之。兰姆塞将《老子》中的"道生一，一生二，二生三，三生万物"解释为基督教的"三位一体"。并且说《诗经》中的"彼美人兮，西方之人兮"是指耶稣。这当然是对中国文学及文化的误读，无论无意有意，都是一种影响。休谟也称赞兰姆塞有才情和想象力。

博林布鲁克，原名亨利·圣约翰（Henry St. John），是共济会（Free and Accepted Masons）会员，也是一位自然神论者，并且曾是英国政坛的风云人物，之后也因政治斗争流亡法国，并在此期间接触到中国问题。1714年6月他在写给斯威夫特（Jonathan Swift）的信上提到了孔子与孟子。他后来的作品中也多次提到中国。在其著作《论人类的知识》（1726）中说到在中国可以找到与他所想相近的道理。他认为，孔子的"天"就是"自然"，"天道"就是自然的道理，所谓的"顺天而行"就是顺着自然的道理来生活和工作。他说："生活的大原则是，理性应当统率情欲；而按照这个道理行事，就是沿着生活的康庄大道前进。"① 他还称赞中国的原始信仰，并列举八卦为例，以此来强调真理往往是简单的，由此来否定当时喜欢异想天开的神学家。而他的《论文集》在1754年出版，对英国诗人蒲伯和法国思想家伏尔泰都产生了重要影响。

这种"自然神论"的认识也影响到了美国。美国的宗教以清教为主。但随着科学理性思维的发展，清教受到了威胁。超验主义的诞生即是为了化解这一问题。超验主义并非否定清教，而是用"自然神论"来修正清教中面临的一些问题，将唯一神的信仰转变为具有泛神论及神秘主义色彩的自然神信仰。爱默生一方面强调："基督教的核心就是一切哲学的核心。"另一方面又说："它就是斯多葛人、中国人、伊斯兰教和印度教所竭力去唤醒的那种虔诚情绪。"② 将这种信仰的范围扩大到不同的文化领域，强调上帝与所有民族同在。这已经是非常明显的泛神论思想。爱默生这些思想的转变与他阅读东方哲学著作包括中国儒家经典有着直接关系。并且他的这种超验思想对美国的宗教文化观念影响深远，可以说，20世纪美国进一步接受中国的禅宗与道家思想也与超验主义有关。因为道

---

① 范存忠：《中国文化在启蒙时期的英国》，译林出版社2010年版，第38页。
② 钱满素：《爱默生和中国——对个人主义的反思》，生活·读书·新知三联书店1996年版，第54页。

家思想在本体认识上与超验主义更为接近，① 只是爱默生没有机会接触到道家典籍。但这种相通性，却引发了后世的美国文化对道家与禅宗等思想的接受，进一步延伸出后现代式具有自然神论色彩的信仰体系。

## 三、对"世界意识"及其他文化观念的影响

中国文学对英语世界的影响是跨文化的文学与文化比较问题，属于代表性的"比较文学"学科问题。而比较文学学科中经常要面对的一个问题是"世界文学"。世界文学在简单的意义上是对世界范围内的文学现象的一个总称，但学科意义上的"世界文学"是一种在"世界意识"下对文学的观照。美国比较文学学者大卫·丹穆若什（David Damrosch）在《什么是世界文学？》（*What is World Literature?*）中对世界文学的定义中提道："世界文学不是指一套经典文本，而是指一种阅读模式——一种以超然的态度进入与我们自身时空不同的世界的形式。"② 这种更"超然"的"阅读方式"就是一种在"世界意识"下对文学的观照方式。所以，世界的文学能够发展为"世界文学"，首先是要有"世界意识"的产生。或者说，只有当一个民族的世界意识逐渐觉醒时，它才开始拥有关于世界文学的理念。而这种世界意识的觉醒是有一个过程的，也就是只有在不断看到更多来自世界各地的文学作品与文化现象时，才能逐渐获得。

启蒙主义时期是西方人世界意识觉醒的重要时期。这是与当时的资本主义发展，以及不断拓展的世界市场直接相关的。在其中，中国文学在英语世界的传播对于他们世界意识的觉醒有着一定的推动意义。比如英国的坦普尔爵士作为一位散文家，他的文章轻松流畅，很容易被当时的人们接受。他在文中反复提到中国，对于当时欧洲人开阔视野做出了很大的贡献。他曾认真读过当时已经译介到欧洲的几种中国古典典籍，早在1671年撰写的《政府的起源及其性质》（*Essay upon the Original and Nature of Government*）一文中所论的观点就与孔子的思想有很大相似之处。1683年他在《英雄雄性论》中系统谈论了"伟大的古老的中华帝国"。1685年，他又在关于园林布置的文章中专门谈到中国。因为这些对中国的关注，当17世纪的欧洲人在谈到世界时说"从巴黎到秘鲁，从日本到罗马"，

---

① 钱满素说："将老子的'道'与爱默生的'超灵'相比，可以发现许多类似之处。二者都是无所不包，自在自为，超验而完美；二者都是万物的源泉与归宿。和老子一样，爱默生相信宇宙的一体性，相信世界的同源，这源头也就是他的'超灵'……"参见钱满素：《爱默生和中国——对个人主义的反思》，生活·读书·新知三联书店1996年版，第68页。

② ［美］大卫·丹穆若什：《什么是世界文学？》，查明建、宋明炜等译，北京大学出版社2014年版，第309页。

而他则将其改为"从中国到秘鲁"。到 18 世纪,"从中国到秘鲁"一说几乎成为欧洲文人的口头禅。比如即使是较为保守的作家约翰逊博士,也仍然说道:"要用远大的眼光来瞻顾人类,从中国一直到秘鲁。"① 这种从"中国一直到秘鲁"的"远大的眼光"就是一种更完整的世界意识。

而更多文学作品的翻译,让英国人在更清晰地感受到中国文学与文化魅力的同时,开拓出更开阔的世界意识。哥尔斯密在评论谋飞的《中国孤儿》时说道:"谈到中国习俗,作者即使有了差错,也不用着急,因为读者之中能辨别真伪的人毕竟只是少数。"② 哥尔斯密的这一说法显示出当时西方对中国的了解还非常简单,但他们已经在借助中国这一外在形象来反思自身的问题,这对于他们的"世界意识"的形成有着重要的影响。哥尔斯密所写作的《中国人信札》就是想从更完善的角度去理解中国,以及在此基础上去更好地理解世界,正是如此,他后来将这部作品的合订本命名为《世界公民》。

"世界公民"这一词可以追溯到希腊罗马时代,但得以获得更开阔的理解是 17 世纪之后。坦普尔可以算是较早从新的意义角度去提出这一点的,之后在 1711 年,散文家艾迪生(Addison)在《旁观者》报上有了类似说法。在哥尔斯密时代,爱旅行的鲍士韦尔就自称为"世界公民"。1785 年时,法国出了一本名为《世界公民》(Le citoyen du monde)的书。到了 1762 年,英国也出了本小册子,名为《世界公民吁请各国君主停战书》。这一意识的新的觉醒与中国文学及其他东方文学在西方的传播有着重要联系。哥尔斯密在《世界公民》中还专门说道:"孔子讲过,读书人的责任在于加强社会的联系,而使百姓成为世界公民。"③ 虽然这句话是否真出自孔子还难以确定,但却直接证明了这种思想的形成是与中国文学及文化有关的。而这部著作本身就大量涉及中国古代文人的言行观点,里面包括了儒家、道家、墨家等中国传统观念。可以说,这部谈论中国的作品以"世界公民"为题,直接显示出"世界意识"与中国文学及文化观念间的联系。

这种世界意识进一步拓展,最后就会形成比较文学领域中"世界文学"概念的生成。歌德最早明确提出现代意义上的"世界文学"概念。正是因为歌德看到了中国的《好逑传》,以及印度、波斯等多个东方国家文学作品后所获得的新认识。虽然歌德并非属于英语世界,但这种认识自然会拓展到整个西方世界,包括英语世界。从这种意义上说,中国文学与文化在欧洲的传播,影响到了英语世界人们的世界观,这种世界观包括借助中国对他们自身文化的反思,以及对东方文

---

① 范存忠:《中国文化在启蒙时期的英国》,译林出版社 2010 年版,第 18 页。
② 范存忠:《中国文化在启蒙时期的英国》,译林出版社 2010 年版,第 189 页。
③ 范存忠:《中国文化在启蒙时期的英国》,译林出版社 2010 年版,第 193 页。

学的重新理解，从而生出开阔的世界主义、世界文学的文化观念。

在此之外，中国文学对英语世界其他文化观念有较大影响的，主要表现在对美国后现代文化的影响。并且这种影响可以说是对美国人以及整个西方世界的世界意识的进一步拓展。中国文学及文化对西方现代主义文化及后现代文化都有一定的影响。中国学者王岳川说："现代化在某种程度上可说是'中化'或'东化'，起码，中国文化曾经对西方现代性产生过重要的意义。"① 这一说法更多强调的是整个中国文化对于西方的影响。其中也包括了中国文学的影响，前文提到的中国文学对于英国启蒙文学的影响即属于此。相对而言，中国文学对英语世界在文化思想上的影响最突出的表现是在20世纪后期的美国。美国的后现代思想与中国文学及文化有着重要的联系。

中国文学对美国文化的影响先从诗歌开始，从20世纪早期对美国新诗运动产生影响，之后深入美国的现代诗学精神，到20世纪后期，逐渐发展为文化影响，这是一个逐渐向外拓展的过程。第二次世界大战后的美国向往东方文化，与早期的新诗运动有着精神上的继承性。只是，美国文化从东方汲取思想养料并不限于中国，也包括印度、日本等地。并且在一定时期，他们对禅宗的学习，最主要是通过日本的中介。比如美国接受禅宗的起点一般被认为是1893年，那一年在芝加哥召开了世界宗教大会（World's Parliament of Religions），会议邀请了两位来自亚洲的佛教代表，一位是日本的临济宗的洪岳宗演（Kogaku Soyen Shaku）禅师，一位是斯里兰卡的佛教学者打磨帕拉（Anaga-rika Dharmapala）。而之后对美国产生极大影响的铃木大拙正是其中的翻译官。从这个时候开始，禅宗逐渐影响到美国文学及文化。

20世纪50年代之后，禅宗的影响逐渐扩大，成为美国后现代文化中一支重要的思想脉络。美国受禅宗思想影响的群体和潮流包括：50年代末兴起的"垮掉的一代"文学运动、60年代中期起源于旧金山的"花孩"运动、60年代末到70年代遍布美国的"嬉皮士"运动，甚至还包括80年代、90年代知识分子领域及大学学术圈中流行的"解构主义""后殖民主义"等文化思潮。其中"解构主义呼应了禅宗反逻辑的、断裂式的思维；后殖民主义有助于美国人民反思欧洲中心文化与亚洲文化的关系，促成他们进一步了解亚洲的宗教与文化"。② 可以说，这些影响也促成了美国文化中更开阔的"世界意识"，促进了中国与英语世界更丰富的文学与文化交流。

总的来说，中国文学对英语世界有较大影响的阶段主要集中在英国启蒙主

---

① 王岳川：《发现东方》，北京图书馆出版社2003年版，第19页。
② 钟玲：《中国禅与美国文学》，首都师范大学出版社2009年版，第43页。

义、美国超验主义、美国现代诗歌运动及后现代主义文学等几个时期，其影响涵盖了文学、诗学、社会文化各方面。而对英语世界产生影响的中国文学作品主要集中在儒释道等经典著作及中国古典诗歌，另有几种因历史机缘在欧洲流传较广的作品，如戏剧《赵氏孤儿》、小说《好逑传》等也有一定影响。但对英语世界产生影响的主要是中国古典作品，现当代文学作品的影响微乎其微，① 也较为偶然。如英国文学批评家、诗人燕卜荪（William Empson，1906~1984）在中国任教期间写有诗歌《中国谣曲》，用《王贵与李香香》来起兴："他见过了香香姑娘，正要回游击队上。"美国当代作家布拉德福·莫罗（Bradford Morrow）在《残雪进入了我的小说》一文中直接谈到自己受残雪影响的过程等。② 这些都是少数情况。所以，我们所谈论的中国文学对英语世界的影响也主要是以古代文学的影响来进行分类和整理。并且，因涉及问题较多，只是进行概括性与整体性的说明。

---

① 杨四平：《跨文化的对话与想象：现代中国文学海外传播与接受》，东方出版中心2014年版，第171页。
② ［美］布莱德·马罗：《残雪进入了我的小说》，载于《中华读书报》2004年5月12日。

# 第四章

# 变异学：英语世界的中国文学译介与研究的方法论

中国文学历经几千年的发展与变化，在世界文学史上占有一席之地，也成为了世界文学不可或缺的一个重要组成部分。我们认为，英语世界的中国文学译介与研究，经历了多个阶段。从译介与研究主体来看，中国文学海外研究经历了西方商人、传教士、留学生、汉学家、中国学家等异国他者到中国学者这样的变迁；从研究目的来看，此类研究从为政治、宗教服务而发展为真正的文学、艺术研究；研究方法也有一个从非专业走向专业、从非正式走向正式、从内敛走向开放的变化与发展过程。

## 第一节 变异学的提出

在明清以前，中外文学交流总是以官方形式作为外交、宗教、商业的附属品进行着，文学译介也脱离不了这种译介模式。早期西方传教士来华，为了传教活动的顺利进行，不仅将西方先进的科学技术介绍到中国，还以文学为传教手段和方式，开启"知识传教"的模式。沿袭传教士的步伐，中国文学译介之路上出现了专门的汉学家，他们的出现，使他者对中国文学的研究开始逐渐走向正式化、专业化的道路，他们是以学者、研究者的身份对中国文学展开了学术研究。20世纪三四十年代，美国率先完成从传统汉学向中国学（又叫"现代汉学"）的转变，中国学涵盖了传统汉学的内容，同时又包含了现当代中国研究，研究范围和内容大为扩展，这一背景下的中国文学译介研究往往与社会、文化、历史、政治相结合，我们不妨称之为"复综式研究模式"。新中国的成立，为中国文学走出中国、走向世界创造了前所未有的机遇，中国政府及一些中国学者致力于将中国文学主动译介至西方世界。在"走出去"战略的影响下，中国文学的译介活动空前繁盛，进入一个主动、外向的阶段。

对中国文学的译介、研究群体和对外传播渠道可谓是多种多样，国内外学者、作家、研究机构、海外华人等纷纷开始将目光投入中国文学的译介与研究领域，通过书籍、期刊、网络、新闻媒体以及影视作品等传播渠道最大程度地让中国文学走向世界，让西方了解当代中国文学，实现"走出去"的战略目标。但是，无论是西方商人、传教士、留学生、汉学家、中国学家等异国他者，还是中国学者，很长一段时间以来，对中国文学的译介与研究方法从根本上来说都是传统的。要么注重翻译，要么注重阐释，最关注的是选择译什么以及怎么译的问题，或者译文文本在英语世界的传播与影响等问题。概括起来，传统的研究虽然也涵盖译介主体、译介内容、译介途径、译介受众、译介效果等方面，但似乎都是在译介效果的指导下展开的。正因为如此，我们认为此前的研究从本质来说是传统的。

中国文学在英语世界的译介与研究发展到今天，情况越来越复杂，用原来的方法进行讨论已难以满足需求，必须要有新的理论进行指导，才能更好地翻译其特质。因此，适时引入了比较文学变异学理论是可行和必须的。

变异学是比较文学学科理论的重大突破，是继法国学派影响研究、美国学派平行研究之后，由中国学派在21世纪初提出的一种新理论。比较文学变异学将比较文学的跨越性和文学性作为自己的研究支点，通过研究不同国家之间的文学现象交流的变异状态，以及研究没有事实关系的文学现象之间在同一个范畴上存在的文学阐释上的异质性和变异性，从而探究文学现象差异与变异的内在规律性所在。① 比较文学的变异学将变异性和文学性作为自己的学科支点，通过研究不同国家、不同文明之间文学交流的变异状态，来探究文学变异的内在规律。它重点在求"异"。② 变异学从跨语言、跨国、跨文化与跨文明形象等层面进行，具体包括文化过滤与文学误读、译介学、形象学、接受学、文学的他国化等。变异学自然也是英语世界中国文学的一种新的译介与研究方法。与传统译介所关注与要求的"信、达、雅"不同的是，变异学更加关注中国文学译介到英语世界这一

---

① 曹顺庆、李卫涛：《比较文学学科中的文学变异学研究》，载于《复旦学报》2006年第1期。
② 曹顺庆：《比较文学教程》，高等教育出版社2006年版，第97~98页。

异质文化与文明后所发生的变异。译介是意义的传播，在传播过程中，难免出现遗漏、变异、偏差以及异质文化间的语境错置等问题。

## 第二节　变异学的三个层面

中国文学在英语世界的译介与研究，必然会涉及跨语际、跨文化、跨文明的种种问题，因此，我们从这三个层面来讨论变异学的主要内容和特点。

### 一、跨语际变异学

由于语言、时间、空间、文化等的差异，翻译作为不同语言和不同文化之间的交流活动，在交流过程中信息的传递难免会发生扭曲、变形。因此，译文相对于原文，不仅在语言本身的表达形式上，而且在语言所承载的内容信息上也会发生变异，而文学翻译的创造性特点正反映在这种变异上。这种变异不仅对传统翻译理论提出了新的挑战，而且为跨语际比较文学变异学理论的构建提供了直接的事实依据。找出翻译文学中的变异现象，尤其是发掘出其背后隐藏的深层原因，正是跨语际变异学所研究的内容。

汉语与英语之间存在着巨大差异，中国文学从汉语翻译成英语，很难做到等值，必然会产生变异。汉语属于汉藏语系，是极具代表性的东方语言，它与属于印欧语系的英语、德语、法语等西方语言有着本质上的差异，这种差异表现在语音、语法、书写文字等各个方面，并以此影响了各自的文化建构及思维方式。

要跨越汉语与西方语言之间的异质性语言障碍，首先涉及的是译者对原文语言的理解问题。其次，跨越汉语与西方语言所体现的文化异质性障碍也是一个十分重要的问题。例如汉语的"她"和英语的"she"，表面上看似乎是一对对等概念，但是，一旦意识到英语中还有"her"存在时，其对等性即消失，英语中无论是"she"还是"her"，都无法在汉语中找到一个完全对等的词。如果将差异性进一步扩大，将这两组词置于中国—西方不同的文化背景之中，"她"在现代汉语语境中所体现的女性意义和"she""her"在西方语境中所体现的女性意义又有很大的差异。这只是一个非常简单的例子，语言异质性的复杂程度远非这个例子能够完全说明。因此，在翻译中可以追求"对等"，但完全"对等"的翻译是不存在的，这是由语言的异质性决定的。

英国比较文学学者、著名翻译理论家苏珊·巴斯奈特（Susan Bassnett）强调:"翻译自然是重写原作。所有的重写,无论其出发点如何,都会反映出某种意识形态和诗学理论,以致操纵文学,使它在特定的社会里以特定的方式发挥功效。重写就是操纵……从积极的方面看,有助于一种文学和一个社会的进化。"①这意味着,翻译是一个不可避免的变异过程。这一变异的过程贯穿了翻译的生产、流通以及接受的每一个环节。

在《翻译的再现》一文中,英国学者西奥·赫曼斯(Theo Hermans)从文化的角度对等值或透明的翻译标准提出了质疑。他认为,翻译涉及的绝非单纯的源文本,译者从来就不会"仅仅翻译",译作不可能做到透明,其中必然添加了额外的东西。由于时代的需要、语言特征的差异、读者对象的不同等因素,翻译的作品不可能同原作所反映的文化背景和作品的含义完全相等,或多或少会有差异,因此,古往今来,在翻译活动中,译者对原文进行添加、删减、重组、甚至于改写的现象一直存在,任何一部翻译作品的产生和接受都不是在真空里完成的,任何一种翻译行为也都不可能脱离相关的社会语境而实现。译者并非绝对中立的,他所处时代的政治、历史、经济、文化等因素对其翻译立场、策略、动机和能力都具有重大的影响。

后现代主义文化语境下产生的众多文学理论,从根本上为变异学视野下的语言变异研究提供了学理依据,更进一步揭示出语言变异现象背后深刻的社会、政治、文化内涵。翻译研究由此深受启发,一改传统翻译研究仅囿于语言层面的"忠实",不仅承认翻译变异,探究变异现象所产生的深层原因,更是成为翻译研究"柳暗花明又一村"的转折点。

翻译实质上是一个阐释的过程。现代阐释学在文本阐释中引入了时间和历史要素,关注特定时代氛围和历史文化传统对文本解读的影响。伽达默尔(Hans-Georg Godamer)提出"主观的偏见",②指出文本的意义是读者与文本在对话过程中所产生的主观的判断。正因如此,从阐释学的角度出发,传统翻译研究很难解决的"译文与原文无法对等"等问题在这里就迎刃而解了。

如果说现代阐释学解除了传统翻译研究关于译文与原文无法对等的困惑,那么,解构主义则从根本上动摇了"忠实"原则的基础。关于结构和意义等重要概念,结构主义学说遭到了解构主义的彻底批判和颠覆。文本的解释和译文的产生也因读者和译者的不同而发生变异。"译文是永远不可能'忠实'于原文的,多少总是有点'自由'发挥。它的本体从来不确定,总是存在对原文的增减。"③

---

① Susan Bassnett, Andre Lefevere. *Translation*, *History and Culture*. London: Cassell, 1990, p. iv.
② [德]伽达默尔:《哲学解释学》,夏镇平、宋建平译,上海译文出版社1998年版,第9页。
③ Lawrence Venuti. *Rethinking Translation: Discourse, Subjectivity, Ideology*. London & New York: Routledge, 1992, p. 8.

解构主义视阈内的译文与原文的关系令人深思，也为探究文学中语言变异的原因打开了思路。解构主义者高呼"作者死了"，读者被赋予了前所未有的阐释权，译者获得了构建原作意义的自由，传统翻译研究的"忠实"原则在这里得到彻底的颠覆，文学变异不仅找到了一种可能的解释，而且逐渐成为翻译研究的重要课题。

此外，文学变异学下的语言变异现象还受到"权力话语"理论以及后殖民理论的极大启示。福柯认为，作为权力的表现形式，"话语"是掌握权力、施展权力、实现权力的工具，话语和权力难以分割。翻译作为社会人文活动的一个方面，自然也受到权力话语的深刻影响。后殖民理论则从意识形态性和文化政治批评的角度出发，打破了纯文本形式研究传统，为语言变异研究提供了超文本形式研究的更为广阔的视野——不同文明、不同文化间的"话语"对话。由此可见，翻译中的变异不仅仅是表现在文学或语言层面上的简单转换，更是意识形态、政治权力、文化传统等多种因素综合碰撞的结果。

可见，翻译绝对不是一种简单的语言转换过程，异质文化间的交流和碰撞所产生的语言变异现象更不是传统翻译理论所能解释的。在当代文化语境下，关注语言变异背后的深层原因，成为翻译研究和比较文学学科发展的必然。

如果把变异现象与因为译者能力不足或粗制滥造而导致的错译区分开来，把变异现象作为一个既成事实，作为一种文化现象看待，就不难发现，研究变异现象确有其独特的、甚至令人意想不到的意义。在当代文化语境下，翻译是在充满碰撞与张力的文化关系网络中发生的行为，不同文化、文学之间的碰撞必然会发生冲突，从而使变异成为必然。我们不仅要关注原文与译本在语言层面上的转换，还应更多地关注作为行为的翻译过程背后隐含的权力及政治的交锋，以及其中必然涉及的权力与反抗之间的互动。在变异学的视阈下重新认识翻译中的变异现象，可以为翻译研究提供新的理论武器和视角，有助于发掘文学新质的生成机制以及探讨文学发展的动力问题，对比较文学的发展具有重要意义。

如《红楼梦》的两个英文全译本，分别是杨宪益和戴乃迭的译本、大卫·霍克斯（David Hawkes）和闵福德的译本。这两个译本在对原小说中诗词的翻译上，都有不同程度的语言变异。如二十七回的《葬花吟》中的两个典故：一个是"洒上空枝见血痕"，相传湘妃哭舜，泣血染竹枝成斑，所以，林黛玉号"潇湘妃子"；杨宪益译为"Falling like drops of blood on each bare bough"，霍克斯译为"Which on the boughs as bloody drops appear"。另一个是"杜鹃无语正黄昏"（杨宪益译为"Dusk fall and the cuckoo is silent"，霍克斯译为"At twilight when the cuckoo sings no more"）。这个典故是说蜀帝魂化杜鹃鸟，啼血染花枝，花即杜鹃花。这两个典故在中国古代诗歌中经常出现，中国读者对此很熟悉，然而，西方读者却不一定十分了解，因此两种译文均采取了简化译法。译者既没有加注，也没有在诗行内作解释，保证了译诗的可读性和流畅性，然而诗的语言由于简化而发生了变异。"血痕"杨宪益译为"drops of blood"，霍克斯译为"bloody drops"，"bloody"给人一种鲜血淋漓的感觉，更好地传达了"泣血"之意。"杜鹃无语"则是指杜鹃泣尽血泪之后，沉默无语。杨宪益译的"the cuckoo is silent"是一种静态的描述，而霍克斯译的"the cuckoo sings no more"则传递出一种动态的变化过程。①

各民族在漫长的历史文化中，由于拥有不同的地理环境、历史背景、思维模式、社会习俗、价值观念，从而形成自己独特的文化背景，对同一件事物，不同民族因文化差异而会有不同的表述，比较富有民族特色的习用语便是表述差异的典型代表。由于习用语言简意赅、形象生动，传承着丰富的民族文化信息，因此翻译的时候就有必要视具体的情况作相应的变异。例如，汉语中"掌上明珠"一词，如果翻译到英语世界，最好用出自圣经《旧约》中的"the apple of someone's eye"（直译：眼睛的瞳孔）一语来作相对应的表达。而如果把汉语"对牛弹琴"一词直译成"play the lute to a cow"，倒不如变异成英语中已有的说法"cast pearls before swine"（直译：把珍珠丢在猪的面前），更容易使欧美读者明白易懂。同样，汉语"这山望着那山高"一语可用英语"The grass is always greener on the other hill"（直译：那山的草更绿）一句来表达。汉语中的"山中无老虎，猴子称大王"则译作"While the cat's away, the mice will play"（直译：猫去鼠自在）更为合适。

## 二、跨文化变异学

文学交流活动中，接受主体必然会根据自身的文化传统、现实语境、价值标准、审美习惯等对交流信息进行选择、移植、改造、重组，这种现象被称为文化过滤。文化过滤的结果就是源交流信息在本土语境中的变异。

任何文学交流都是以文化过滤为前提的。任何文化一旦形成，就具有一定的独立性、稳定性和内聚性，因而在面对异域文化的时候，或多或少会表现出抵御和排他。文学交流中本土文化遭遇异域文化的情形一般有两种：一种是异域文化作为强势文化，对接受者一方进行强制性的文化灌输或潜移默化的文化渗透；另一种是接受者一方出于发展自身文化的需要，把异域文化中有利于自身的因子主动"拿来"。在这两种情况中，文化过滤都是相伴始终的。第一种情况，接受者

---

① 胡文彬、周雷：《香港红学论文选》，百花文艺出版社1982年版。

一方可能采取文化保守主义的态度，以自身的文化传统、文化习性作为防御异域文化入侵的武器，使异域文化的传播受到一定的限制，使接受成为文化过滤之后的接受。第二种情况，接受者依据自身的情况对异域文化进行辨别、选择和改造，吸收其有利于自身发展的部分，过滤掉其与自身发展不相适合的部分。这种情况下文化过滤的作用表现得尤为突出，有时经接受者积极选择、过滤和改造后的文化与原文化相比已经面目全非。

当中国文学遭遇到英语世界读者的时候，由于文化的异质性，发生变异自是难免。文化过滤有着复杂的过滤机制，现实语境、语言因素、传统文化、接受者的主体性等是其中的几个主要因素，此外还有出版市场的控制、政府政策等其他因素。造成文化过滤的以上因素是一个不可分割的整体，它们常常是共同起作用的。研究文化过滤，对于研究各民族的民族文化特性、研究各个时代不同的时代特征和历史内需、揭示跨文化的文学接受中的变异机制，都具有重要的意义。

随着 20 世纪后现代批评理论的积极推进和发展，在文学阐释学和接受理论热潮的带动下，文学误读（misreading）现象开始跃入文学文本研讨的视野，并一步步成为批评家关心的焦点。从 20 世纪末叶开始，关于文学误读和文学变异的讨论也渐渐集中在跨文化视域下展开，乐黛云说："由于文化的差异性，当两种文化接触时，就不可避免地会产生误读。所谓误读就是按照自己的文化传统，思维方式，自己所熟悉的一切去读解某种文化。一般说来，人们只能按照自己的思维模式去认识这个世界。他原有的'视域'决定了他的'不见'和'洞见'，决定了他对另一种文化将如何选择、如何切割，然后又决定了他如何对其认知和解释。因此，我们既不能要求外国人像中国人那样'地道'地理解中国文化，也不能要求中国人像外国人一样理解外国文化，更不能把一切误读都斥之为'不懂'、'歪曲'、'要不得'。"① 关于文学误读的作用和意义，尽管因为存在着一定的价值偏见和文明对抗因素，使得文学误读也可能导致一些思想偏离和谬误，但我们也不得不看到"误读往往在文化发展中起很好的推动作用……无论是主体文化从客体文化中吸取新义，还是主体文化从客体文化的立场上反观自己，都很难不包含误读的成分。"② 所以，文学误读从进入跨文化比较视野的那天起，就一直伴随着如何推动文化生态合理发展等关键问题的思考。

曹顺庆提出："比较文学的文学变异学将变异和文学性作为自己的学科支点，它通过研究不同国家之间文学现象交流的变异状态，探究文学现象变异的内在规

---

① 乐黛云、勒·比雄：《独角兽与龙——在寻找中西文化对话中的误读》，北京大学出版社 1995 年版，第 110 页。
② 乐黛云、勒·比雄：《独角兽与龙——在寻找中西文化对话中的误读》，北京大学出版社 1995 年版，第 111 页。

律性所在。"① 变异学需要在考察文本输入国对源文本进行过滤和转变的实际过程中，一方面深刻体认源文本所蕴含的文化特质，另一方面积极探究转化后的文本背后所潜藏的文化动因、历史语境、意识形态背景等，这样一来，在文本研究的过程中就构筑起互动对话的平台，使得文本交流双方都能平等参与到文本的建构中。在跨文化的文学交流中，我们不仅需要考察接受者一方对源文本所进行的创造性理解的文化和历史语境，而且需要深刻体察源文本背后所潜藏的文化特质，只有在知己知彼的文化观照中才能寻找视域融合的契机。同样，文学变异学作为比较文学学科领域里一个新兴的研究方向，文学变异所呈现出的文学"新"貌，也可能产生文学价值异化后的偏离，正因此，对文学变异学的思考其宗旨同文学误读的研究一样，也是试图在跨文化的文学对话中放大其传播和影响的具体过程，通过体认不同文化和时代背景下的文学接受心态，分析文学移植时的一系列新的价值思考，从而推进文学交流的互信，促进文学的创造性发展。

文学误读和文学变异研究共同指向的是在跨文化文学传播和接受的过程中，文学文本所经历的筛选、改造、移植、渗透、变形等一系列的合力作用，它们凸显的是文化的总体面貌和接受者的主体性地位，寻求的是文化间真正的开放式对话和创造性的文本建构。

一国文学在经过另一国文化过滤、译介、接受之后，有时会产生一种更为深层次的变异，即接受国以自身的文学传统及其文学理论和文化规则对传播国的文学进行的本土化的改造，这种现象被称为"文学的他国化"。只有当传播国文学在接受国文化规则的基础上被他国化了之后，才能真正被接受国吸收，同时也才能参与到接受国文学的更新与再创造中去。著名翻译家茅国权和柳存仁共同将巴金的《寒夜》翻译成英文时，就充分考虑到中西方的文化差异。如《寒夜》中"医生是一个和善的老人，仔细地把着脉"，这里的"把脉"是中医学的专有词汇，指中医师用手按脉，根据脉象以了解疾病内在变化的诊断方法。但是，西方文化中并不接受这种诊断疾病的方式。"把脉"的英语原为"take/feel the pulse"，因此，译者刻意避开了把脉一词，直接翻译为"examine"，即检查。这样更容易让西方人接受并了解到中医是在看病，而不会对该词的内容疑惑不解。再如《寒夜》中，形容女主人公好打扮时，用到"一天打扮得妖形怪状，又不是去做女招待"。因为东西方自古文化宗教有所差异，对于"妖怪"这个概念也是大相径庭的。在中国文化中，用"妖形怪状"来形容打扮妖艳的女子。而西方文化受宗教影响深厚，所以"妖怪"翻译为"monster"或"demon"，主要指代丑陋邪恶的怪物或魔鬼。鉴于这种差异，译者在翻译时，便有意漏译了"妖形怪

---

① 曹顺庆：《比较文学学》，四川大学出版社 2005 年版，第 30 页。

状",而将其翻译为 "dress up like a socialite everyday",使译文更加符合西方文化的背景。① 这种跨文化的变异,有助于中国文学在英语世界的传播。

中国文学译介到英语世界,跨越了不同文化,变异是难免的。我们要考察这种变异发生的深层原因,即其背后的历史、时代或者是社会心理等因素。而寻找中国文学在英语世界的他国化现象,探寻其中的原因,更是意义深远。

### 三、跨文明变异学

中国与英语世界不仅是跨越了文化,同时也跨越了不同的文明圈。变异学不仅适用于跨文化的文学传播的研究中,而且更适用于跨文明的文学传播的研究之中。

在近 400 年间的世界文明格局中,一直占据主导支配地位的是西方文明,其他文明都处于从属地位。由于西方掌握了先进的科学技术,所以拥有了征服他国文明的军事实力。事实上,西方不是通过其思想、价值观念或宗教的优势来赢得世界的,而是运用暴力手段,关于这一点,非西方人从来都未忘记。但是,在 20 世纪,随着其他民族不断地取得独立自主之后,世界文明格局不再是一个文明单方向地控制、支配其他文明,整个世界文明体系走向了多元文明之间强烈相互作用的阶段。在这个阶段中,西方文明与其他文明之间是相互制约的。在多元文明所构成的世界文明体系下,西方文明总是把自己视为世界的中心,把自己的历史当作人类历史主要的戏剧性场面来撰写。然而,在当今提倡多元文明互融互存的世界里,这种一元文明的观点已显得不合时宜。

20 世纪 90 年代,哈佛大学教授塞缪尔·亨廷顿(Samuel Huntington)直面冷战结束后的国际新格局,为美国对外政策提出一种新的国际政治理论——"文明冲突论"。他认为,在后冷战的世界中,人类发生冲突的根本原因将不再主要是意识形态因素和经济因素,冲突的主导因素将是文化方面的差异,未来的世界冲突,必将是中华文明(又称为儒家文明)、日本文明、印度文明、西方文明、伊斯兰文明、东正教文明、拉美文明以及可能存在的非洲文明等不同文明之间的冲突。②

斯宾格勒(Oswald A. G. Spengler)将西方文明看作一种外向型的文明,其呈现的是一种向前的冲劲和对外伸张的态势;反之,东方文明是一种内向型的文

---

① 王苗苗、曹顺庆:《从比较文学变异学视角浅析巴金〈寒夜〉翻译中的创造性叛逆》,载于《当代文坛》2013 年第 6 期,第 183~186 页。
② [美] 塞缪尔·亨廷顿:《文明的冲突与世界秩序的重构》,周琪等译,新华出版社 2005 年版,第 6~8 页。

明，其态势自然是向内的。西方文明的思维路向是"理性主义"，从古希腊起就讲"理性"，他们注重科学知识，较为偏重自然哲学。中国文明的思维路向是"道德"，通俗地说就是"情"。中国重"情"甚于重"理"，相对于西方的自然哲学，中国更倾向于道德哲学。因此，西方重"知"、重"理"，更注重对自然科学的探索。中国重"情"、重"德"，注重的是思想感情、道德品质。

中国文明的文化基因用四个字概括，就是"天地良心"。这样的文化基因体现在中国几千年历史文明的长河中，就是"格物、致知、诚意、正心、修身、齐家、治国、平天下"。从统治者、文化精英到普通百姓等社会各阶层，无一不推行这一文明理念。这种文明理念体现了中华民族的智慧、道德和情感特征，是中华文明宝贵的文化基因。

西方文明的文化基因则是人性、神性、理性、公民性。西方各主要民族在认识自然、改造社会的历史进程中，西方民众所体现出来的智慧，无不渗透着这"四性"。无论是古希腊神话传说，还是文艺复兴，西方文明都突出了"人"的力量与作用。他们信奉上帝，认为是上帝创造了人，虽然人的创造力是无穷的，但在上帝的面前，人还是渺小的，上帝主宰着一切。在提倡"人性""神性"的同时，西方人也推崇"理性"。从古希腊的自然、哲学到近现代的信息科学，西方人都十分注重自然科学知识，因此取得了巨大的科学成就，理性展现了无穷的力量。在上帝面前，人人平等；在科学真理面前，人人平等。这样的平等理念延续至今就成了所谓的"公民性"。

中华文明一贯倡导的思维定式是"中和"，即"中庸之道"。"中"就是无过无不及。"庸"，就是运用。过犹不及，是两种倾向，两个极端。"中庸之道"，就是防止两种倾向，避免两种极端，力求做到恰到好处。

西方文明的思维定式就是向外扩张。这决定了它在处理人与自然的关系时，主张人要驾驭自然、征服自然、主宰自然，让自然为人类服务；在处理人与人的关系时，主张除了上帝，人要学会自救；在处理人与自我的关系时，主张人要与自我命运抗争。

鉴于东西方文明不同的历史背景和思维态势，决定了东西方总是站在对立的结构立场上去看待对方。西方人戴着西方文明的有色眼镜建构起来的所谓的东方形象，有着"懒惰""愚昧"和"落后"的习性色彩。萨义德的《东方学》一书要阐述的道理，就是西方人研究的东方并不是真正的东方，东方总是被西方丑化为野蛮和缺乏理性的妖魔。当然，伊恩·伯鲁马（Ian Bumna）和阿维夏伊·玛格里特（Avishai Margalit）在合著的《西方主义：敌人眼中的西方主义》（*Occdentalism: The West in the Eyes of its Enemies*）中认为，东方对西方的认识也是不客观的，是一种"西方主义"。"西方主义下的西方是这样的：浅薄而傲慢，缺乏东方那样的古老传统；追求罪恶的城市，唾弃美好的乡村；以商业原则替代英雄主义；总是物质至上，漠视精神和灵魂，道德败坏，等等。在这样的前置逻辑下，西方自然是邪恶的，东方则是圣洁的，为了保卫东方的圣洁，必须要动用一切力量、一切手段阻挡西方，甚至摧毁西方文明。"①

由于认识到不同文明之间存在冲突的危险，不少学者提出要进行跨文明研究，进行不同文明之间的对话与沟通。曹顺庆认为："亨廷顿的'文明冲突论'与'9·11'事件，实际上从理论和实践方面推动了全世界将目光凝聚在不同文明的异质性、冲突性及多元共存等重大问题上。不同领域的学者，几乎不约而同地展开了对文明之间的冲突与共处的思考，实际上形成了一个世界性的学术思潮——跨文明研究。"② 跨文明研究首先必须要打破那种充满霸权意识的西方中心主义的立场，走出单一向度的"东方主义"阴影，进一步从对话中重新认识东方文明的特质，并以此作为进行跨文明研究的基础。正如新儒家学派的新生代代表性人物之一杜维明所说，要开展不同文明之间的对话。开展"文明对话"，就是超越文明的二元对立局限，"超越所谓的传统与现代，东方和西方，我们和他们的界限，我们就可以在试图理解人类生存两难处境的同时开掘人类全球共同体的丰富而又多样的精神资源。"③

在这样一种跨越了文明的背景下，中国文学在英语世界的译介发生的变异可能会相当大，因此，跨文明的变异学研究的提出，是顺应时代潮流与发展趋势的一种比较文学研究方法，具有重要的学术意义与价值。

## 第三节 变异学对中国文学在英语世界译介与研究的作用与意义

变异学的引入，对传统翻译理论与文化翻译理论都有极大的冲击与影响。变异学既关注传统翻译中无意的误译，也关注文化翻译理论中有意的改写与归化，但是视角与侧重点并不相同。传统翻译与文化翻译理论都是强调在跨语际与跨文化交流中减少信息交换所产生的误解和冲突，都秉承"忠实"与"对等"原则

---

① 阿维夏伊·玛格里特、伊恩·伯鲁马：《西方主义》，张和龙译，载于《国外文学》2002年第2期，第21~28页。
② 曹顺庆：《跨文明比较文学研究——比较文学学科理论的转折与建构》，载于《中国比较文学》2003年第1期，第73~87页。
③ 杜维明：《文明对话的语境：全球化与多样性》，载于《史学集刊》2002年第1期，第1~13页。

与理念，将翻译过程中的变异视为异类或错误，竭力加以摒弃。而变异学更加关注文学翻译中的异质性、变异性与不可译性，特别关注译介中在语言、形象、文本和文化等层面上的不忠与变异。变异学特别重视变异，探寻这种变异现象背后的深层原因与规律，研究这些变异对文学的传播起到何种作用与影响。

变异学认为译介好坏的标准在于是否能有利于流通，是否能成为世界文学。与传统翻译学不同，变异学翻译研究认为，译得好的标准并不是在多大程度上忠于原文，而是能在多大范围内使中国文学在世界范围内流通与传播，能发挥多大的正面影响。

变异学关注译介的政治性，特别注意翻译背后隐藏的意识形态性，注意其中隐含的权力话语。即中国文学在跨文化、跨语际转换过程中，英语世界的政治、意识形态、文学传统、文化观念是如何干预和操纵中国文学的。西方译者与读者为何青睐中国某一特定类型的文学，中国译者与研究者应该如何将弘扬正面积极的中国形象的文学作品译介到西方世界等，这些都是变异学所重点关注的。

变异学对中国文学在英语世界的译介，有着重要的意义与价值。

首先，它解决了翻译的"等值"难题。变异学承认中西方文化的差异性与异质性的事实与价值，认为文学翻译是不可能等值的，而且翻译也不必要等值。在将中国文学译介到英语世界的过程中，翻译中的变异能够更好地推动中国文学的传播与跨语际、跨文化交流，更有利于中国文学在英语世界中产生深远的影响。因为变异有利于英语世界的读者更好地理解与接受中国文学，尤其是对中国特有的一些名词与俗语，非中文世界的读者很难理解，如果拘泥所谓的等值原则，照原样译出，可能会增加英语世界读者的理解难度，导致其对中国文学的畏难情绪，甚或是排斥与反感心理。因此，采用灵活的翻译手段，如归化、节译、漏译或错译，不失为一种传播策略。

其次，变异学对中国文学译介传播到英语世界，进而成为世界文学，可起到战略性作用。在这一点上，与美国学者丹穆若什①的观点有不谋而合之处。美国学者丹穆若什认为世界文学首先是要能够流通异邦，其次是从翻译中获益，最后是被读者阅读接受。② 使民族文学走向世界文学，其中重要的一种策略，就是先传播，而不管传播的内容是否准确。能够在异邦流通传播是最关键的，因此，对丹穆若什来说，即使牺牲一些所谓的纯粹性，或者发生一些变异，作出一些本地化的变通，都是值得的。而他本来就相信，所有的作品，一旦被翻译，就不再是其原文化的专有作品，所有的作品在异国都要受到这种操控甚至变形。在翻译中

---

① "丹穆若什"与"达姆罗什"均为 David Damrosch 的不同译法。
② 李滟波：《全球化语境下的"世界文学"新解——评介大卫·达姆罗什著〈什么是世界文学〉》，载于《中国比较文学》2005 年第 4 期，第 167～173 页。

有所获的世界文学,所谓的有所获,指的正是原文本中所没有的,而在翻译中增加的东西——有可能是增加的内容,也可能是更好的表达技巧或风格,无论如何,都是不同于原文本的东西,皆可称之为翻译中的变异。而这种翻译与变异,使其在另一种文化中获得持续的生命与来世的生命,产生国际性影响,进入世界文学的殿堂。

笔者曾经在《翻译的变异与世界文学的形成》一文中指出:"在当前的东西方学界,世界文学被定义为流通中的翻译文学已广受认同,可以这么说,没有翻译,就没有世界文学。但我们可以往前更进一步——世界文学是在翻译中发生了变异的文学,没有翻译的变异,就不会有世界文学的形成。……没有变异,翻译文学将依旧范囿于本土文学的范围内,唯有让翻译在异质文化内积极融通,本土文学才有可能跨越民族边界,真正走向世界文学。……既然世界文学是一种全球性的流通和阅读模式,且一个文学文本在异域文化环境中多数时候都是依赖译本才得以被阅读,那么这个文学文本要进入世界文学的殿堂,它首先就要经历被翻译,然后在原语语境之外的其他地方得到传播。文化和文明间的异质性又使得翻译在很多时候需要将原文本用其他的语言和文化符码进行创造性转换才能具备可操作性。因而在翻译和接受的过程中,文学文本可能需要经历多个层面的变异。只有在翻译中发生变异,世界文学才得以形成。……简而言之,我们要看到翻译在世界文学的形成过程中的重要性,同时也要意识到变异在翻译过程中的不可避免,没有翻译的变异,国别文学将很难步入世界文学的殿堂。"[①] 也就是说,传播是王道。中国文学在译介到英语世界时,作出一些变通,牺牲一些所谓的纯粹性与准确性,并不是一种缺陷与不足,甚至也不是妥协与降低标准。从某种意义上来讲,这不失为一种高明的传播手段,也是中国文学走向世界文学的必由之路。无论是想象还是误读,首先是要吸引西方世界的注意力,然后才有可能进一步讨论与交流。

最后,变异学有助于分析与警惕中国文学在译介到英语世界中时发生的一些不利于中华民族与中国文化声誉的状况。我们说过,变异学特别重视差异与变异,并对这种变异背后的深层原因极其感兴趣。对于善意的变异,或者说对中国文化与中国及中国人形象有利的变异,我们持欢迎与赞许的态度;而对中国文学译介到英语世界中偶见的一些恶意的讹误与歪曲,我们要及时发声,纠偏正讹,有理有节地作出回应与反击。变异学对变异的敏感性,有助于维护中国文化与中国形象。

---

① 曹顺庆:《翻译的变异与世界文学的形成》,载于《外语与外语教学》2018 年第 1 期,第 127~129 页。

在翻译过程中，有些译者出于文化过滤与文化误读，会对原文本作出选择性或错误的理解。而这种误读背后，实际上隐藏着权力话语之争。因此，对于西方译者将中国文学译到英语世界时，我们一方面要表示欢迎，另一方面也要特别注意他们的归化的翻译策略。因为在译介过程中，他们很难摆脱权力话语的制约与操控。这种操控是无意识的，它渗透在译者的理解、阐释乃至译文的形成过程。①我们要时刻以变异学的理论审视这些译文，对其中隐含的权力话语了然于胸。

　　总之，在当代文化语境下，翻译是在充满碰撞与张力的文化关系网络中发生的行为，不同文化之间的碰撞必然会发生冲突，从而使变异成为必然。因此，传统的忠实观念应当重新加以诠释。变异学提出的新的译介理念，使我们摆脱了原文与译本必须在语言与文化层面等值的桎梏，启示中国文学走向世界文学的途径与策略，还提示我们关注译介行为背后隐含的权力及政治的交锋。变异学研究承认中国文学与西方文学的异质性，承认原文与译文的差异性，既有利于彰显中国文学的民族性，也有利于构建更加丰富的世界文学生态。

---

① 吴琳：《文学变异学视野下的语言变异研究》，载于《当代文坛》2007 年第 1 期，第 70～72 页。

# 第五章

# 英语世界的中国文学变异与"他国化"举隅

中国文学在从其诞生的东方文明圈进入以英语为交往手段的西方文明圈的过程中,必然如自然万物的化生一样发生"变异"。中国文学在英语世界的读者眼里发生了怎样的变异?这些变异对其传播和研究产生怎样的影响?本章拟从中国文学典籍、中国诗歌、中国小说和中国戏剧在英语世界中的变异与"他国化"几个方面展开,以具体的案例来揭示英语世界中国文学发生变异的内在规律,管窥文明间的差异,并寻求文明间的平等对话。

## 第一节 英语世界中国文学典籍的变异与"他国化"

"中国文学典籍"在本书中特指产生于先秦时期并为中国文学史所公认的具有一定文学性的文化典籍,如《易经》《论语》《孟子》《老子》《庄子》《左传》等。① 中国文学典籍是中华民族的哲学观念、思维方式、伦理道德和行为准则的集中体现,是中华民族博大精深的文化的载体,蕴含着中国文化的核心价值,影响着大多数中国人的立身行事。在中外文化交流史上,中国文学典籍以其蕴藏的源远流长、悠久灿烂的中国文化而深受异域重视。英语世界对中国文学典籍的传

---

① 本书将《诗经》《楚辞》从此处排除,纳入"中国诗歌"中论述。

播始于 19 世纪。①

中国文学典籍在进入英语世界的过程中，语际翻译是必经之道。文学典籍因其丰富而独特的文化意蕴与含蓄蕴藉、简洁凝练的审美特征而极其难译，也极易发生变异。恰如冯友兰所言："中国哲学家惯于用格言、警句、比喻、事例表达思想。……其语言是如此不明晰，以致其中的暗示几乎是无限的。"② 语言的模糊性与暗示性导致意义的充溢性与不稳定性，给阐释与译介带来极大的困难。再者，文学典籍经过千年沉淀，蕴涵不断累积，在与处于异质文明语境中的译者遭遇时，已然经过时间的压缩与空间的折叠，丰富的意蕴在"文本旅行"与"文化想象"中难免发生变形。如英国圣公会差会（Church Missionary Society）传教士麦丽芝（Canon Thomas R. H. McClatchie，1812~1885）的《易经》英译本与理雅各《论语》的英译本，就在语义、风格、文化思想和形象建构层面发生了诸多变异。

## 一、语义变异

语义变异主要指对文本的误读误译，具体表现为在译介中对个别字句的理解不准确或不够准确，所以选取了不够恰切的字词来表达，还有就是对整个句子所蕴含的思想理解失当，也导致译文偏离或曲解原文之意。

我们以理雅各英译《论语》为例可管窥一斑。作为一名来华传教士，理雅各本着"了解你的敌人"（knowing thine enemy）以便"征服你的敌人"的传教目的译介中国典籍。1866 年，理雅各解释了自己将中国典籍翻译成英语的动机与目的：

> 我对中国学术所做的成功研究，乃是二十五年多的辛勤劳作的结果。为了让世界真正了解中国这一伟大的帝国，尤其是为了顺利开展我们在中国的传教事业并获得永久的成功，这样的学术研究是必不可少的。我认为，将孔子所有的著作（儒家经典）翻译并加上注释出版，会为未来的传教士们开展

---

① 第一部《易经》英译本出自英国麦丽芝牧师（Canon Thomas R. H. Mc Clatchie，1812~1885）之手，于 1876 年在英国出版，英译名是：*Book of Changes*。第一部《论语》英译本（仅译前十篇）于 1809 年出版，由英国浸礼会教士马歇曼（Joshuua Marshman，1768~1837）翻译，英译名为：*The Works of Confucius: Containing the Original Text, with a Translation*。最早的《孟子》英译本是 1828 年在英国出版的，由柯大卫（David Collie）翻译，他在出版的《四书译注》英译本中翻译了《孟子》，《四书译注》的英译名是：*The Chinese Classical Work Commonly Called the Four Books*。

② 冯友兰：《中国哲学简史》，新世界出版社 2004 年版，第 10 页。

传教工作带来极大的便利。①

理雅各的这一翻译动机直接影响了他对儒家经典的解读与译介，不论是对文本细处的字词考证和选择，还是他对孔子思想体系和中国哲学的全面评价，都与这一点相关。作为西方汉学界的奠基人物之一，理雅各所译中国文学典籍囊括所有儒家与道家经典，其于1861～1871年出版的中英文对照版《中国经典》被世界各国多次重印，现在仍是西方学者、学生学习的范本，对后来的汉学家影响颇为深远。因此对其译本语义变异现象的考察，可以管窥英语世界对中国文学典籍的接受。

比如：在"慎终追远，民德归厚矣"（《学而：九》）这一句中的"归"字，理雅各的译文是"then the virtue of the people will resume its proper excellence"。"归"被译为"resume"，解为"恢复"，而"归"在此句中应作"归于"解。再如：理雅各对"子曰：'爱之，能勿劳乎？忠焉，能勿诲乎？'"（《宪问：八》）一句的翻译，译文是"Can there be love which does not lead to strictness with its object? Can there be loyalty which does not lead to the instruction of its object?"其中，以"strictness"译"劳"字，作"严格""严厉"解。而在程树德的《论语集释》中引《吕氏春秋》高注"'劳，勉也。'谓爱之则当劝勉之也。勉与诲义相近，故劳与诲并称。"②大多注疏家都把"劳"解为"鼓励""勉励"之意，该是合理的。那么理雅各为何将其误译为"严格"呢？此处应归之于理解语义失误。③当然，理雅各此类的误译并不多，在诸多《论语》译本中，他是以中国注疏形式进行的"诠释型翻译"（interpretive translation），其中，大量参考了朱熹的《四书章句集注》，也兼采了其他中国古典文献，且采用"直译"形式力求忠实于原文意思，属于典型的"学术型翻译"（scholarly translation），其忠实于原文的程度几乎无人与之比肩，深为学界推崇。

理雅各严谨、忠实的"直译"虽然大大有助于西方传教士及学者们深入研究中国文化，也有利于意欲了解中国文化的西方读者的准确理解，但不可避免地也会引起风格层面的变异。

---

① James Legge. *The Chinese Classics*. Vol. 1. Hong Kong University Press, 1960, "Biographical Note". p. 1.

② 程树德：《论语集释》（一），中华书局1990年版，第80页。

③ 关于理雅各《论语》译本中的误译，可以参阅金学勤：《〈论语〉英译：跨文化阐释——以理雅各、辜鸿铭〈论语〉英译为例》，四川大学博士学位论文，2008年，第75～82页。

## 二、风格变异

《论语》辞约意丰、抒情性强、句式工整、比喻精妙、节奏明快,人物形象鲜活,修辞手段多样。① 但由于理雅各极力追求一一对应地翻译出每个字、词、句的意思,加之英语注重语义明晰、逻辑推理的语言特质,在由语法结构相对松散、语义含蓄蕴藉的汉语转换为英文时必须补出相应的语法成分与语词意义,加之理雅各大量使用正式的书面用语,使得《论语》呈现出与原文大相径庭的审美特征:措辞拘谨生硬、句式冗长僵硬、语气呆板滞缓。

首先看措辞变异。《论语》乃记录孔子及其弟子言谈的著作,大多为以口语形式出现的对话,尽管语言与其他先秦散文一样简洁凝练,但毕竟是语录体,而理雅各的译文措辞大量使用正式的书面用语,不免显得拘谨生硬。如"管氏有三归……焉得俭"(《八佾》)中的"俭",理雅各译为"how can he be considered parsimonious?""俭"在此处是"节俭"意,乃褒义词,而"parsimonious"却是"吝啬"之意,是贬义词,且为非常正式的用语,与语境不合,不如译为"simple",简洁明快,符合《论语》的语言风格。

其次是句式变异。理雅各《论语》译本句式冗长僵硬,毫不优雅洒脱,深为学界诟病。典型例子如对"丘也闻有国有家者,不患寡而患不均,不患贫而患不安。盖均无贫,和无寡,安无倾"的翻译,② 译文几近迂腐地忠于原文的形式(语义与句法),逐一对照字面意义进行翻译,而且大量使用从句而非短语或介词结构,使得句子冗长笨拙。将其与原文进行比较,原文的简约、工整、凝练、含蓄之风荡然无存。对此,不少译家表达不满。比如辜鸿铭就直言不讳,批评理雅各"大量依赖了那些生造的专门术语,……那些术语是深涩的、粗疏和不适当的,有的地方简直不符合语言习惯,……理雅各的儒经翻译为普通的英文读者所呈现出的中国人的思想和道德观,就仿若普通英国人眼里中国人的穿着和外表一样,非常离奇怪诞"。③ 欧阳桢也指出:"理雅各学者气的译文中处处流露出维多

---

① 金学勤:《〈论语〉英译:跨文化阐释——以理雅各、辜鸿铭〈论语〉英译为例》,四川大学博士学位论文,2008年,第93~96页。

② 理雅各的译文为:I have heard that rulers of States and chiefs of families are not troubled lest their people should be few, but are troubled lest they should not keep their several places; that they are not troubled with fears of poverty, but are troubled with fears of a want of contented repose among the people in their several places. For when people keep their several places, there will be no poverty; when harmony prevails, there will be no scarcity of people; and when there is such a contented repose, there will be no rebellious upsettings.

③ Ku Hung - Ming. *The Dicourses and Sayings of Confucius*. Shanghai: Kelly and Walsh, Limited, 1898, Preface: p. viii.

利亚时代造作冗长的文风,凝重自负的语气和笨拙倒置的句法。这无疑与中国传统文学变化多端、活泼轻快和高度隐喻的特征有着天壤之别。"①

当然也有译者为理雅各的句式、措辞风格进行辩护的,如吉瑞德(Norman J. Girardot)就说:

> 19世纪和20世纪的评论家们常常指责理雅各翻译中表现的"僵硬"感,这一点与其说是批评他对原文的忠实和译文的精确地追求,毋宁说是针对他的文学品味和学术立场而发的,长期以来,人们就注意到,由于理雅各的译文紧紧追随原文的结构,如果把它们用作学龄孩子学习中国古文的教科书,那是非常出色的,理雅各的译文的确在语义和句法方面紧紧追随原文的句子,但它们却不是"逐字"的死译。理雅各的翻译显露出维多利亚时代的措辞和拉丁文抑扬顿挫的风格,20世纪和21世纪的读者们读上去毫无感觉,其实,这才是问题所在。②

无论是肯定理雅各的维多利亚措辞和拉丁文节奏风格,还是批评理雅各僵硬冗长的措辞、句式特点,无疑都注意到理雅各译本对《论语》辞约意丰、简洁明快风格的变异。

## 三、文化思想变异

中国文学典籍文化意蕴丰富,影响了中国人道德、伦理、政治、教育、人生等各个领域。译者所从事的译介行为并非是单纯的语言符号的转换,而是对两种完全异质的文化传统的理解与阐释。在这种理解与阐释中,会发生文化思想层面的变异。

"仁"是儒家思想的一个重要内容,在《论语》中共出现109次,内涵丰富而复杂。在孔子之前的时代,"仁"专指君王或统治者对其属下和臣民的一种"恻隐"和"仁慈"之心,但在《论语》里,却不再专指帝王与统治者的"仁慈"之心,而是一种完美的道德境界,人人皆可通过后天的修身养性去追求的一种理想道德境界,且有广义与狭义之分,在宽泛意义即指理想道德境界,而狭义上则往往指"仁慈""仁爱",与"知""智""勇""礼""孝""悌"等范畴并立。在中文语境中,读者往往根据上下文来确定其具体含义,但无论是作广义解

---

① Eugene Chen Eoyang. *The Transparent Eye: Reflections on Translation, Chinese Literature, and Comparative Poetics*. Honolulu: University of Hawaii Press, 1993, p. 107.

② Norman J. Girardot. *The Victorian Translation of China: James Legge's Oriental Pilgrimage*. Oakland: University of California Press, 2002, p. 357.

还是狭义解，读者都面对同一个范畴"仁"，都能明白"仁"这个范畴所体现的孔子学说核心思想的整体性与一致性，至少不会将"仁"误解为"德"。但在英译中若也根据上下文译为不同词语，过多的译名则会使英语读者认识不到"仁"这一核心范畴的思想连贯性，因此大多译者都选择一种译名。对此问题的处理，颇能体现译者对原语文化和译语文化的理解。

  理雅各同多数译者一样，大多情形下使用一个译名。① 但与其他译者不同，理雅各大多将"仁"译为"virtue"，意思是"美德"或"崇高的德行"（moral goodness or excellence; behavior showing high moral standards）。"virtue"是一个具有宽泛意义的抽象名词，涵括人类通过努力可以获得的所有德行，是完美德行的总称，从内涵上更贴近《论语》中"德"这个范畴。理雅各自己也意识到这一点，其将"有德者"就译为"the virtuous"，而当"有德者"与"仁者"同时出现时（"有德者必有言，有言者不必有德；仁者必有勇，勇者不必有仁"《宪问第四》），则将"仁者"译为"men of principle"。"men of principle"译为中文却是"讲原则的人"。理雅各在"仁"与"德"这两个范畴单独出现时，将二者都译为"virtue"，表明其还未准确把握"仁"与"德"的差异，故将二者混为一谈；而在两个范畴同时出现的情形下，又将"仁"译为"讲原则的人"，表明其对"仁"的内涵缺乏透彻深入的理解。

  如果说理雅各对孔子"仁""德"范畴的理解存在偏差，由此造成英语世界的读者对"仁"的学说理解上混乱不清的话，那么他在《中国经典》"导论"（prolegomena）部分所发表的对孔子思想的理解则存在误读与偏见。综括起来，大致有以下几个方面：

  第一是批评孔子"述而不作"，未能创造新知识，提出新思想，只是想回到远古社会。他说：

    孔子认为自己为天下担负了特殊使命，但其"使命"不过是传播前人知识，以避免失传。孔子既没有揭示什么真理，也没有开创新的经济模式。他生活的时代已离周文王甚远，自感自己的德行也远不及周文王，他只是追随于尧、舜、禹和周文王，在领悟了先王们的治天下之道基础上，以先王之名，努力在混乱的世界重建秩序。②

---

① 西方译文中，"仁"被翻译成"good""goodness""benevolent""benevolence""kindness""love""charity""generosity""altruism""compassion""magnanimity""perfect virtue""true manhood""humanity""manhood at its best""human-heartedness""humaneness""authoritative conduct"等。

② James Legge. *The Chinese Classics*, Vol. 1. Hong Kong: Hong Kong University Press, 1960, "prolegomen", p. 95.

第二是认为孔子仅仅关注现世生活、社会道德、人伦关系等，从未涉及形而上学方面、人类灵魂的升华与救赎问题，更未向人们揭示关于上帝的真理。①

第三是认为孔子关于"为政"的观点是封闭落后社会的产物，只适合于对一个与世隔绝、规模较小的宗族社会的管理，在涉及国与国之间的交往问题方面只字未提。②

第四是拿孔子思想学说与基督教教义进行片面比较。③ 理雅各在《论语》译介时往往运用注释与评介阐明自己关于孔子学说不如基督教教义的立场。比如其在翻译孔子答"或曰，以德报怨，何如"的话"何以报德？以直报怨，以德报德"（《宪问：三十六》）时就评论说："他（指孔子）的道德是智力平衡的结果。这种道德为古人的决定所限制，既不是来自天堂的爱心，也不源于对脆弱人类的同情。"④ 此处，理雅各应是将孔子所言与《圣经》中耶稣所言"爱你的敌人"予以比较，认为孔子境界不如耶稣。

我们逐条论析，以揭示其间的误读与偏见。首先，孔子强调尊奉圣人之道，虽然将"述而不作"作为其对待传统的基本态度，但后人多认为此为夫子自谦之辞（如朱熹）。孔子在君子人格塑造、为政理念、审美追求等方面实际上都有创获，不可概而论之"因循守旧"。

其次，孔子对形而上学问题较少关注是早期儒家文化的特征之一，儒家关注现实人生，强调通过道德劝诫、礼法规范、人伦调节即可达到社会和谐（天人和谐），并不存在万能的"上帝"，以基督教的观点强为己说，无疑有"文化偏见"之嫌疑。

最后，孔子的"为政"思想不但是对其以前夏商周时代治大国经验的总结，而且对后世治国理念也启发颇多，后人有"半部《论语》治天下"之说，而沿袭数千年的中国政治体制也受孔子影响颇深，因此谓其"只适合于对一个与世隔绝、规模较小的宗族社会的管理"失之偏颇。孔子之时即有华夷之辨，天下之外即为夷狄，由"夷狄之有君，不如诸夏之无也"可见孔子对于天下（相当于今

---

① James Legge. *The Chinese Classics*, Vol. 1. Hong Kong: Hong Kong University Press, 1960, "prolegomen", pp. 98－101.

② James Legge. *The Chinese Classics*. Ibid, p. 107.

③ 理雅各翻译儒家典籍长达近30年，在由传教士变为牛津大学汉学教授的过程中，对中国社会、历史、哲学等都有了进一步的认识，其对孔子及其学说的看法也发生了一定变化。在1893年所修订的《中国经典》"导论"中他说："我对他（指孔子）的个性和观点了解和研究越多，就越对他充满敬仰。"但从上述所引1960年版中的"导论"部分我们依然发现他对孔子及其学说存在误解和偏见。原文是：Christianity is incomparably greater than the religions of China. They (the Chinese religions of Confucianism and Daoism) are of men and by men, It (Christianity) is of God, and by God. 引自 Girardot, *The Victorian Translation of China*, pp. 301－302。

④ James Legge. *The Chinese Classics*. Ibid, p. 288.

天的国家）之外的夷狄并未以同等地位视之，因此，并不存在今日的国际交往问题，存在的多是诸侯之间（当时的国与国之间）的关系问题。因此，理雅各此说无疑是苛求前人抑或是无知之论。

此外，"以直报怨，以德报德"意谓"怨"有公私曲直之分，否则失情理之正，不可一概以"德"报之方显公正。爱有等差，以正直"报怨"，促动"怨"之反省改过，不失为"爱"；而"以德报德"，更显仁爱。同样为"爱"，只是形式不同，目的在于使天下和谐。孔子由人际关系处理之道达至天下和谐之理路，可谓深邃。此外，爱有等差正反映出孔子对世界差异性的认同，而差异性才是世界的本质。耶稣所谓"爱你的敌人"只局限于教派内部，对于异教徒则是大相径庭。理雅各显然未能正确理解孔子之意，而认为孔子不如耶稣之"爱你的敌人"所显示的道德境界。

综上所述，理雅各这种片面的比较是一种文化偏见，孔子与耶稣的学说各有所长，亦有其存在的不足，不可以唯一标准定是非。异质文明之间由于在地理环境、历史发展等方面的异质性决定了其不可能在各方面均无二致，差异性不但使它们区别开来，而且还是各自的优长之处。

## 四、形象变异

与理雅各对孔子主要思想译介上的变异相关的是其对孔子形象的变异。同样在《中国经典》的"导论"部分，他对孔子的成见显露无遗，比如下面一段话：

> 孔子所谓"礼"（propriety），其实是通向孔子思想的障碍。孔子的道德学说是它深受古人思想羁绊的结果，并非是受到天国的影响，从而对那些脆弱而容易滑向歧途的人类表达同情，因此不是对人类的爱的结果。①

从这段话可以看到理雅各心目中的孔子形象，乃是冥顽不化、因循守旧、照搬他人思想、缺乏个性的老夫子，与耶稣相比，孔子最为缺乏的还不是思想的原创与个性，而是对脆弱众生的救赎之爱。在理雅各看来，孔子从不关心凡尘俗世中人类灵魂的归宿，缺乏对凡胎肉体的人类的终极关怀。理雅各以《论语》中的《阳货：二十》为据，认为孔子佯称生病而拒见儒悲但同时却"取瑟而歌，使之

---

① 参阅 James Legge. *The Chinese Classics*. Ibid, p. 111. 原文如下：This "propriety" was a great stumbling-block in the way of Confucius. His morality was the result of the balances of his intellect, fettered by the decisions of men of old, and not the gushings of a loving heart, responsive to the promptings of Heaven, and in sympathy with erring and feeble humanity.

闻之"足显待人不诚,并进而指出,虽然孔子经常教诲他的学生们为人要讲忠信,但他本人"并不完全是那种最令人称许的忠信之人"。①

理雅各由此批评孔子的思想缺乏宗教的维度,不管孔子如何提倡"亲亲",如何强调"忠""信"等德行,都得建立在"诚"或称"对真理的热爱"的基础上,若缺乏了"诚",是无法让堕落的心灵得到救赎的,是不可能营建一个良好的家庭与社会的,也是无法让说谎的人为自己的行为产生羞耻之心的。

理雅各对孔子形象的歪曲对西方汉学界影响颇深,在其身后,有不少学者均持此论,动辄从基督教教义优于孔子学说的"先见"出发评价孔子及其思想。直到20世纪中期,西方依然毫无顾忌地以基督教教义来阐释和对比孔子学说。

尽管不能将孔子形象的歪曲完全归罪于理雅各,但理雅各的确在其间扮演了重要角色。

可以看出,理雅各《论语》英译本在语义层面、风格层面、文化思想层面、孔子形象层面都存在着程度不一的变异。理雅各对孔子及其学说的误读与偏见,无疑是与他本人的生活时代、教育经历、意识形态、主流诗学、译介目的等因素紧密相关的,尤其是意识形态与主流诗学因素。身为苏格兰新教传教士的理雅各,本着在充分"认识敌人"的基础上"征服敌人"的目的,把深入了解中国人的经典视为向"异教徒"传教的必经之道,因此,其虽然以中国注疏方式参考众多中国古典文献逐字逐句直译以贴近原文句法、语义,不失为严谨的"学术型翻译",但特殊的传教目的又使他总不失时机地标榜基督教教义优于儒家思想,对当时及后来的传教士均产生了深远影响,也对当时急欲了解中国的西方读者产生了误导。理雅各的译介目的、阐释立场、文化传统、意识形态使得他将耶稣基督时时置于孔子之上,他对耶稣基督的坚定信仰和对新教传教事业的必胜信念妨碍了他历史地、客观地、整体地理解孔子的思想,他的译本隐含着呈现一个需要救赎的异教民族形象的目的,他所建构的孔子形象也反映出他的基督教中心主义或称文化沙文主义,缺乏对差异性、多元性文化的宽容与接纳。

## 第二节 英语世界中国诗歌的变异与"他国化"

中国文学及文化西传中,诗歌几乎与典籍同步,最早被英译的当属中国第一

---

① 参阅 James Legge. *The Chinese Classics*. Ibid,p. 100. 原文如下:yet he was not altogether the truthful and true man to whom we accord our highest approbation.

部诗歌总集《诗经》。① 自《诗经》始,中国诗歌如汉乐府、唐诗、宋词、现代新诗等逐渐被英译而进入英语世界。作为世界文学中的一枝奇葩,中国诗歌尤其是中国古典诗歌较之散文、小说、戏曲而言更集中展示了汉语的语言特质及其与英语语言的异质性。

在文字形态上,二者具有较大的不可通约性,在仓颉造字的传说中,汉语被说成是对鸟兽留下的"雪泥鸿爪"的形态模仿,是典型的象形文字,而英语则是一种抽象的表音符号。在语音学上,汉语被称为声调语言,而英语则被称为"重音—节拍语言",汉语的节奏以声调为准,而英语的节奏却依重音而定。在句法上,汉语较为松散,英语则重推理与逻辑。叶维廉先生曾在论及中西"文学模子"差异时提及两种文字的差异:"象形文字代表了另一种异于抽象字母的思维系统:以形象构思、顾及事物的具体的显现,捕捉事物并发的空间多重关系的玩味,用复合意象提供全面环境的方式来呈示抽象意念……,字母系统下思维性之趋于抽象意念的缕述,趋于直线追寻的细分、演绎的逻辑发展。二者各具所长,各异其趣。"②

语言的差异性具体到诗歌这种特殊文体,汉诗(这里主要指中国古典诗歌)与英诗则具有不同的诗歌"模子"(schema)。叶维廉对此也有论析:"在中国文言的古典诗里,我们发现到诗人利用了特有的灵活语法,——若即若离、若定向、定时、定义而犹未定向、定时、定义的高度的灵活语法,仿似前面所谈到的'距离的消解'(如无需人称代名词所引起的'虚位',如没有时态变化所提供的'刻刻发生的现在性',如无需连接元素多开出的'自由换位',及词性复用和模棱所保留语字与语字之间的多重暗示性),使得读者与文字之间,保持着一种灵活自由的关系,读者处于一种'若即若离'的中间地带,而字,仿佛如实际生活中的事物一样,在未被预定关系和意义封闭的情况下,为我们提供了一个可以自由活动、可以从不同角度进出的空间,让其中的物象以近乎电影般强烈的视觉性在我们目前演出。"③ 即是说,汉诗集中体现了汉语语法结构相对松散的特质,诗歌中物象与物象之间、主体与物象之间、主体与物象在时间和空间的关系上都较为随意且不确定,不拘泥于思维逻辑的限定,因此具有广阔的意义解读空间。而英语诗歌则注重言语表达上的逻辑推理性,英语重形合轻意合的特征要求用时态表现时间的先后顺序,用方位介词表现空间位置的排列。

然而在汉诗英译时,译者往往先通过诠释方式捕捉其义,然后再用西方传统

---

① 但当时《诗经》往往被当作文化典籍,译者如理雅各更多地关注《诗经》里的社会历史文化内容,其文化价值最早受到重视,文学审美价值倒在其次。
② 叶维廉:《叶维廉文集》(第一卷),安徽教育出版社2003年版,第30页。
③ 叶维廉:《中国诗学》(增订版),人民文学出版社2006年版,第56页。

的语言结构重新铸造,由于忽略了汉诗中特有的美学形态以及特有语法所构成的异于西方的呈现方式,英译后变成白话式的解读,"戏剧演出没有了,景物的自主独立性和客观性受了侵扰,因为多个突出的解说者在那里指点"。① 原诗中不定的物象与物象之间的关系、主题与物象之间的关系连同诗歌意义就被拘囿于确定的关系与意义中,原诗里的"空白点"与"不定点"就被确定为"一个点",原诗给予读者的想象空间与阐释自由就被大大限制,从而也改变了读者的审美体验。换言之,"原诗中的隐在指义变成了显在的能指表达。这样一来,译诗破坏了'诗言留白'这一诗歌旨趣。在译诗中把这种'空白'填补起来就会造成诗义的饱合(和),闭塞诗歌的诠释空间,压制读者的审美体验,从而与原诗大异其趣"。② 所以有美国诗人弗罗斯特(R. Frost)讲:"原诗就是在译文中被丢失的内容。"③

关于汉诗与英诗诗质上的差异,刘华文先生用钱钟书先生的两个概念较为妥帖地概括了,即"理趣诗"与"理语诗",理趣诗"现心境于物态之中,即目有契,着语无多",④ 而理语诗则"涉唇吻,落思维",即"意"表于落于理路的"言"中,于是降低了诗质。⑤ 鉴于汉诗、英诗在诗质上的差异,在译界一直存在着一条公认的铁则:"诗难译",甚至有"诗不可译"之说。

从变异的角度来看,越具民族特性的文体,在跨文化旅行中就越易遭遇文化间的冲突与差异,从而即引起自身的变异(有时甚至是深度的变异,即"他国化"),还可能改变译语国的诗学形态,创造文学新质,成为译语国的文学样式。可以肯定地说,诗歌变异在译介中是普遍而客观地存在着的,只是变异情形各异,程度深浅不一。

总的来看,诗歌变异与典籍变异相较,表现形式更为多样,情况也更为复杂,大致包括诗行、音韵、体式、句式、修辞、语义、抒情主人公身份、视角、意象、风格、语法等因素的变异。笼统地讲,可以分作形式变异与内容变异。诗行、音韵、体式、句式等属于诗歌形式。诗歌与其他文体相较,形式是非常重要的方面,有些诗歌即是以形式的匠心独运而别具一格的,最典型的要数"回文体"诗,其个性首先来自形式的冲击力。中国诗歌的形式美是诗美的重要组成部分,视觉形式美表现为整齐美、对称美、错落美;听觉形式美则表现为声韵美和

---

① 叶维廉:《中国诗学》,生活·读书·新知三联书店1994年版,第20页。
②⑤ 刘华文:《"道"与"逻各斯"在汉诗英译中的对话》,载于《外语与外语教学》2000年第8期。
③ Zhang Longxi. *The Tao and The Logos*: *Literary Hermeneutics*, *East and West*. Duke: Duke University Press, 1992, p.31. 原文是: The portry of the original is the poetry that gets lost from verse or prose in translation.
④ 周振甫、冀勤:《钱锺书(谈艺录)读本》,上海教育出版社1993年版,第35页。

音乐美。① 中国诗歌的形式美是译介中极难保留的部分，常常发生较大变异。句式、体式、声韵较之修辞、语义、意象等更易产生变异。

## 一、诗行变异

诗行美是汉诗形式美的重要部分，往往指诗行的多寡、长短、对仗、跨行以及诗人精心安排的诗行排列形式所产生的美。无论是四言诗、五言诗、六言诗、七言诗还是长短句的词，诗行整齐对称给人以均衡和谐之美，诗行参差错落给人以轻灵摇曳之美。且诗与词的诗行差异还是二者的重要区别之一。但译为英诗之后，不但诗歌的门类难以辨别，且诗与词的差异也很微小。译者通过特别标注每一诗行的字数来告诉读者原诗的体式，似乎这是唯一能明确表示原诗类别的途径，是四言诗还是五言诗，就看译者在译诗后面所标注的原诗每行的字数。比如美国著名翻译家华兹生，他在《宋代诗人苏东坡选集》② 中就通过这种方式表明原文的诗歌体式，随举一例：

**Spring Night**

Spring night——one hour worth a thousand gold coins;
Clear scent of flowers, shadowy moon.
Songs and flutes upstairs——threads of sound;
In the garden, a swing, where night is deep and still.
7 – character. ③

原诗如下：

春夜

春宵一刻值千金，
花有清香月有阴。
歌管楼台声细细，

---

① 有学者提出，诗歌的形式包括视觉形式与听觉形式。视觉形式又主要包括诗行的排列与缩进、诗行的行数与长短、参差错落、句式等，听觉形式则包括尾韵、头韵、内韵、谐韵等诸多方面。笔者采用此说法。参阅张智中：《诗歌形式与汉诗英译》，载于《天津外国语学院学报》2007 年 9 月第 14 卷第 5 期。

② Burton Watson. *Selections from a Sung Dynasty Poet：Su Tung-p'o*. New York：Columbia Universtiy Press，1965.

③ Burton Watson. *Selections from a Sung Dynasty Poet：Su Tung-p'o*. New York：Columbia Universtiy Press，1965，p. 24.

秋千院落夜沉沉。

　　这是一首七言绝句，译文每一诗行字数不均，且出现中国古诗中绝无的破折号，原诗整齐工整的诗行排列形式已面目全非。为让读者知悉原诗体式，华兹生在译文末尾特意标注"7－character"（七言）字样，《宋代诗人苏东坡选集》中每一首译诗均如此。除此之外，似乎无他途径能让英语读者了解原诗体式。而原因也得归于英语语言特点，英语是以音节为单位，一个音节的组成字母在数量上是不统一的，这就使得英诗诗行是由长短不齐的单词构成，在外形上不可能整齐对称，很难再现汉诗所拥有的外形均衡或错落美。这也是诸多持"诗不可译"论者的主要依据之一。试看一例，翟理斯与韦利所译《琵琶行》中第35行、36行。

　　"曲终收拨当心画，
　　四弦一声如裂帛。"

翟理斯所译如下：

So fell the plectrum once more upon the strings with a slash like the rent of silk.①
　　于是琴拨又一次落到弦上，仿若丝帛撕裂的声音。

韦利所译如下：

When the tune was ended, she withdrew her plectrum, sweeping it (as a painter sweeps his brush) across her breast, and the four strings (played in arpeggio) sounded with a slash like the tent of silk.②
　　曲终之后，她收回琴拨，在胸前一扫（就像画家扫他的毛笔），四根弦（按照琵琶音）奏出像丝帛撕裂的声音。

　　翟理斯将原诗两行合为一句，且采用散文体译诗，原诗整齐工整的外观已荡然无存，韦利虽然在语义上比较准确，但很琐碎冗长，以括号加注在文中使得句

---

① Herbert A. Giles. *A History of Chinese Literature*. New York and London：D. Appleton and Company，1924，p. 165.
② Arthur David Waley. "Notes on the Lute – Girl's Song"，*The New China Review*，Vol. 2，1920，12，p. 594.

式更为拖沓，毫无诗意可言，两位汉学家的译文在外形上都不整齐对称，都没有再现原诗外形的均衡美。①

上例以散体译诗，且将原诗两行并作一句，已无法看出原诗诗行，应属诗行变异中较为极端的例子，而大多译诗虽也以散体译诗，但一般是逐行翻译，仍能看出原诗行数，只是难以保留原诗的对仗与工整。也有以诗译诗的，译诗一般为韵体诗，也能保留原诗的诗行数，而在以诗译诗中使得诗行变异走向极致的应为美国意象派诗人的翻译，译诗几乎是对原诗的颠覆与叛离，与其说是翻译，不如说是翻译基础上的创作，译者从原诗中汲取诗意，以诗人的敏感揣摩与体悟原诗情感，以诗人的才气用英语营造原文诗意，传达原诗情绪，使得一些成功之作甚至比原诗更富有诗意，这类变异可称作"他国化"，译诗本身已经成为译语国一种新的文学体式，试举一例。

原诗：

#### 赠张云容舞

罗袖动香香不已，红蕖袅袅秋烟里。
轻云岭上乍摇风，嫩柳池边初拂水。
——杨贵妃

译诗：

**Dancing**

Wide sleeves sway,
Scents,
Sweet Scents
Incessant coming.

It is red lilies,
Lotus lilies,
Floating up,
And up,
Out of autumn mist.

---

① 为弥补这一缺憾，有论者提出可以充分运用英语的语言形式优势，在译诗里使用"形断意连"的形式，不失为一条可供尝试的路径。参见张智中：《诗歌形式与汉诗英译》，载于《天津外国语学院学报》2007年9月第14卷第5期。

Thin clouds,
Puffed,
Fluttered,
Blown on a rippling wind
Through a mountain pass.

Young willow shoots
Touching
Brushing
The water
Of the garden pool.
　　　　——Amy Lowell

　　罗厄尔是美国意象派诗人，在她的译诗里，一共有 19 行诗，显然比原诗多了 15 行。译诗用一个诗节翻译原诗的一句，以诗译诗，原诗的诗意不但得以保留，从某种意义上说，甚至比原诗更富有诗意。首先，原诗的意象都予以了完整体现，"罗袖"（wide sleeves）、"香"（sweet scents）、"红蕖"（red lilies、Lotus lilies）、"秋烟"（autumn mist）、"轻云"（thin clouds）、"岭上"（mountain pass）、"风"（rippling wind）、"嫩柳"（willow shoots）、"池边"（garden pool）、"水"（the water）无一遗漏；其次，译诗诗行的排列参差错落，摇曳生姿，与原诗所要表现的轻盈灵动的舞姿完全吻合；最后，译诗具有独特的韵律美，每一诗节通过部分诗句押尾韵的方式不但使译诗读起来气韵生动，朗朗上口，而且所押之韵让读者联想起舞姿的婆娑与优美，比如"Floating up""And up"使莲花在秋烟中的袅娜与秀挺之态跃然纸上，十分生动；"Touching""Brushing"将嫩绿的柳条轻轻拂动水面的柔美、袅娜风姿形象地勾勒出来，富有动态美。整首译诗既简洁明快，又雅致优美，可以说是"美丽的变异"了。这种变异，虽然已看不到原诗的诗行特点，但却非常传神地表现了原诗的意境，还令原诗诗意大增，笔者以为在不改变原诗诗意的前提下改变诗行是可行的翻译方式。我们不妨将原诗与译诗结合起来，进行"互文式"阅读，让二者互补，读者会受益更多。若仅仅是使用翻译"对等"原则，将原诗与译诗两相对照，比较差异，审视缺失，评价译者优劣，无益于读者审美体验的增加，也无助于展开跨文化的平等对话。民族文学通过翻译与阅读走向世界，通过变异与叛逆产生文学新质，为世界文学增加新样态，又未尝不可？英语世界的读者在领略了汉诗的诗意之后，渐渐地萌生进一步了解汉诗形式美的兴趣，从而深入地认识汉诗及其所蕴藏的中国文化，也不失为一条让世界了解汉诗和中国的路径。与翟理斯追求准确、忠实的"学术型翻译"相比，意象派诗人们的"诗人型翻译"无疑会拥有更多的读者，因为前者所面向对象毕竟只是专家、学者等研究型读者，数量有限，而后者的译诗因其优美的意境和明快的语言表达更具可读性，会拥有更多的读者。因此，诗行的变异并不总是产生负面影响，它也有积极的价值。但需要强调的是，这种变异应该保留原诗诗意，若根本没有读懂原诗，把握诗意，就对原诗进行彻底颠覆，在对原诗词句的理解上错漏百出，甚至看不出与原诗的任何联系了，就完全属于创作而非翻译了。

## 二、音韵变异

音韵美是汉诗尤其是格律诗的突出特质，可以丰富诗歌的艺术表现力，增加诗歌的情韵美与意境美，也是诗歌区别于其他文体的重要特征。有学者指出："诗歌之所以谓之歌，就在于其音乐性，而音乐性的体现多半要靠格律。"① 汉诗的格律有两大因素：韵脚与韵律。格律诗的押韵往往体现在韵脚上，韵脚的使用能在语音上形成一种和谐回旋之美，加强诗歌整体性和连贯性。韵脚之重要性恰如沈德潜所言："如大厦之有柱石，此处不牢，倾折立现。"（《说诗晬语》）也有论者说韵脚似镣铐，诗人作诗恰如"带着镣铐跳舞"（闻一多语），并提出"越有魄力的作家，越是要戴着脚镣跳舞才跳得痛快"。对于译者亦然。赵元任言："译者在译诗歌时情愿保存节律和用韵的'信'，否则诗和歌就不伦不类了。"但汉诗的音韵和英语的差异很大，也是最不易为英语读者所欣赏到的。在他们看来，以单音节汉字为基础的节奏和韵律听起来突兀单调，毫无音乐感，甚至在17世纪时还有论者认为以单音节为基础的韵律是"原始语言的特征"，② 并有论者据此评论说"汉语在本质上不适于诗歌创作"，③ 这表明汉诗的音韵确实与英诗有着极大差异，因而不为英语读者所认识。虽然英语诗歌也讲押韵，但往往是每两行就换一次韵脚，而英语又以双音节词和多音节词为主，同音词很少，押韵是很困难的，更勿论一韵到底了，这在英语诗歌中是极少见到的。而古汉语中同音字非常普遍，押韵较为容易，因此英语译诗要想完整地表现汉语原诗统一韵脚

---

① 辜正坤：《中西诗鉴赏与翻译》，湖南人民出版社1998年版，第225页。
② John Webb. *An Historical Essay Endevouring a Probability that the Language of the Empire of China is the Primitive Language.* London：Nathaniel Brooks，1669.
③ 这是 *Quarterly Review* 一位论者评论威斯顿（Stephen Weston，1747~1830，英国古典学者）的翻译时所说的话。见此杂志1810年11月号，第361~362页。引自Teele. Through a Glass Darkly, p. 47. 原文："…the nature of the language（Chinese）simply did not admit of poetry."

的特征是非常困难的，变异是必然的。再看韵律，就更是具有不可译性。传统的韵律学认为，声调的平仄形成了格律诗的韵律，其使得诗歌抑扬顿挫、朗朗上口。"它在诗和韵文中的作用是构成一种节奏。作家依照汉语声调的特点安排一种高低长短互相交错的节奏，就是所谓'声律'。"① 而英语本身没有声调，没有平仄，每一诗行的音节数目也不等，虽然有轻重音之分，讲"音部""抑扬""扬抑"等，但英语比汉语韵路窄，英语音韵总数也大大少于汉语，因此英语押韵比汉语困难得多，于是有论者提出"以汉语诗七律为例，音美所涉及的诸方面，例如平仄、节奏、押韵、双声、迭（叠）韵、迭（叠）字、谐音双关等，无一能在译文中移植。因此，这些方面尽管都是诗之所以为诗的重要因素，但在译文中却几乎尽告丢失"。② 针对这一不可译性，又有学者提出用英语诗歌的诗行内韵（internal rhyme）、头韵（alliteration）、谐韵（assonance）予以弥补，如此，则原诗情趣得以保存。③ 许渊冲先生也提出"音美"理论，"译诗要尽可能传达原诗的意美、音美、形美，但'三美'不是并列的，在'三美'之中，意美是第一位的，音美是第二位的，形美是第三位的。如果三者不能得兼，那么，首先可以不要求'形似'，也可以不要求'音似'，但是无论如何，都要尽可能传达原文的'意美'和'音美'"。④ 但刘英凯先生对此提出质疑，认为许先生"迁就韵脚，以辞害义，可谓因小失大矣"。他反对其"胶柱鼓瑟，因韵害义"，赞同清人顾炎武所言"凡诗不束于韵而能尽其意胜于为韵而牵入他意以足其韵者千万也"。（《日知录》）提倡"神似"。⑤ 王佐良先生在论及译诗的押韵问题时曾说："Giles等人译中国诗是硬将唐诗套入浪漫派末流的四行体形式的，韵脚安排主要是abab，加上用词上追求传统的'诗意'，读起来就像三、四流的维多利亚时期英国诗。等到Arthur Waley等人起来，他们抛弃了韵脚和诗歌用语的老套，而用自由诗体和白描手法着重形象、意境的移植，于是一时显得十分新鲜。正是由于有这段历史，至今英、美译得比较成功的中国诗绝大多数是不押韵的。"⑥

确然，考察国外的一些著名汉学家如查尔斯·巴德（Charles Budd）、丁韪良、佛来遮、翟理斯等所译汉诗，均出现类似问题，为追求押韵，对原文或删或增或改，以致改变原意，严重走样，甚至面目全非。随举一例窥知。翟理斯曾译唐人张九龄《自君之出矣》一诗，原文与译文如下：

---

① 王力：《古代汉语》，中华书局2000年版。
② 刘英凯：《许渊冲教授"音美"理论与实践质疑》，载于《深圳大学学报（人文社会科学版）》1986年第2期，第48页。
③ 张智中：《诗歌形式与汉诗英译》，载于《天津外国语学院学报》2007年9月第14卷第5期。
④ 许渊冲：《毛泽东诗词选·译序》，中国对外翻译出版公司1993年版。
⑤ 刘英凯：《"形美"、"音美"杂议——与许渊冲教授商榷》，载于《翻译通讯》1981年第1期。
⑥ 王佐良：《英语文体学论文集》，外语教学与研究出版社1980年版，第27页。

### 自君之出矣

自君之出矣，不复理残机。
思君如满月，夜夜减清辉。

An Absent Husband
Since my lord left——ah me,
　　　Unhappy hour!
The half-spun web hangs idly in
　　　my bower;
My heart is like the full moon,
　　　Full of pains,
Save that 'tis always full and
　　　Never wanes.
（Tr. Herbert A. Giles）

　　这首诗的大意是说：满月最亮，但之后就慢慢亏缺，"我"（指诗中抒情主人公）因为思念夫君，容颜也如这满月，将渐渐憔悴衰老。诗歌以月为喻，表达了一种极其深沉的思念之苦，笔致含蓄蕴藉，感人至深。全诗无一"苦"字、"愁"字，却让读者对"我"的思念、无奈、孤独、寂寞、忧伤感同身受，可谓"不着一字，尽得风流"，典型地体现了中国古诗的含蓄韵致。译文以"aabb"的英诗韵脚形式来表现原文的韵律，用跨行的形式来表现原文的情感，读起来有一种哀叹的节奏，然而末两句却改变原意，说"我心如满月，盛满忧伤，忧伤一直都那么浓，那么深，从未减退。"虽然原文也传达了这层深意，但却是通过写月"夜夜减清辉"暗示读者的，译文直接将暗示的深意写得明明白白，不免直露而少了含蓄朦胧的韵味，也令诗意大减。虽然原文的音韵美在译文中有所体现，但无补于诗意。

　　由此可见，为迁就韵脚，抑义就辞，因声害义，得不偿失。我们再看许渊冲先生的译文：

Since my love from me parted,
I've left unused the loom.
The moon wanes, broken hearted
To see my growing gloom.

末两句被译为"月亮渐渐亏缺,见我与日俱增的忧愁,也为我心碎。"译文由"我"的视角转换为"月"的视角,虽说也表达了原文所暗示的深意,即"我"因思君而伤心,但却改变了原文以写月的亏缺来喻"我"的容光减退的手法,虽说以"abab"押韵形式试图表现原诗的音韵美,但"此韵"非"彼韵",且"牵入他意"(顾炎武语),影响了原诗内容与风格的再现。

由此可见,"音美"与"意美",往往顾此失彼,难以兼得。恰如奈达所言:"在诗歌翻译里内容与形式的矛盾尤为突出……,拘守内容而不考虑形式常流于平庸,而失去原诗的光彩和魅力。在另一方面,为了再现文体而牺牲意义只能制造一种印象而不能传递信息。"即使牺牲一些"意美"去保留"音美",要想完整地保留也是不可能的,只能通过一些途径让译语读者体会和感受原诗的"音美",如下面这个例子:

苏氏别业

别业居幽处,到来生隐心。<br>
南山当户牖,沣水映园林。<br>
竹覆经冬雪,庭昏未夕阴。<br>
寥寥人境外,闲坐听春禽。

To a new and lonely home,
Seeking quiet I have come
Cherishing, while non intrude,
Thoughts in love with solitude.
Mountain prospects front my door,
And the Tung flows on before.
In its waters deep I see,
Images of house and tree.
Neath that thicket of bamboo,
Snow lies all the winter through.
In my darken'd cottage home,
Long are nightfall all is gloom.
In this unobserv'd retreat,
Freed from the gay world I sit,
Listening to the birds that sing,
Anthem to the welcome spring.

这是盛唐五言律诗中的一首杰作，写诗人到深山中的苏氏别墅游览情景，语言洗练，词意清新，格律严整。首先，译诗以格律诗的押韵来体现原诗韵律，每两行押一韵，译诗韵律特征为"aa""bb""cc""dd""ee""ff""gg""hh"，同时译者也列出了原诗、译诗和拼音，以拼音来说明原诗的韵律。其次，汉语每个汉字就是一个音节以及汉语诗歌凝练的诗学特征体现在每个诗行的字数整齐归一，为了体现这一形式特征，又要表现原诗的韵律，译者将每个汉语诗行对应译为押韵的两个英语诗歌，每行七个音节，四音步，抑扬格，有些诗行稍有变化。但即便如此，"此韵非彼韵"，两套完全不同的韵律规则使得读者只能感受到原诗是有韵律的，但很难欣赏到原诗的韵律。毕竟，格律诗集中体现了汉语言文化的审美特点，民族文化的异质因素很难在跨文化旅行中得以完整保留。

## 三、语义变异

江枫指出："正确理解，才能正确翻译。"① 对于诗歌翻译而言，正确理解原诗是翻译诗歌的前提。汪榕培也认为："译诗者的理解是他用外语表达的基础，只有他自己把握住原诗的精神实质才有可能把它'生动逼真'的再现出来。"② 这就是说，准确理解原诗的内容，才能减少"无意误译"，但在汉诗英译中，尤其是对古典汉诗进行英译的实践中，由于语言的隔阂和文化的差异，往往使得译者对原诗的理解出现偏差，导致翻译时的语义变异。试举几例。

**诗经·召南·鹊巢**

| | |
|---|---|
| 维鹊有巢 | The nest yon winged artist builds, |
| 维鸠居之 | The robber-bird shall tear away. |
| 之子于归 | – So yields her hopes th' affianced maid, |
| 百两御之 | Some wealthy lord's reluctant prey. |
| | |
| 维鹊有巢 | The anxious bird prepares a home, |
| 维鸠方之 | In which the spoiler soon shall dwell: |
| 之子于归 | – Forth goes the weeping bride, constrain'd, |
| 百两将之 | A hundred cars the triumph swell. |

---

① 江枫：《〈新世纪的新译论〉点评》，载于《中国翻译》2001年第3期，第23页。
② 汪榕培：《比较与翻译》，上海外语教育出版社1997年版，第72页。

维鹊有巢　Mourn for the tiny architect,
维鸠盈之　A stronger bird has ta'en its nest.
之子于归　– Mourn for the hapless, stolen-bride,
百两成之　How vain the pomp to soothe her breast.①

让我们看看译者的译文翻译成中文之后的语义偏差。

**诗经·召南·鹊巢**

有翼之鸟营建巢穴，
盗贼之鸟却来拆掉。
订婚女子感到绝望，
她将成为富人猎物。

心急之鸟准备新房，
破坏之鸟却将毁坏。
被缚新娘无奈哭泣，
百余车驾显示荣华。

哀叹这只弱小之鸟，
凶悍之鸟抢夺其爱。
惋惜那被夺走之物，
再多浮华也难欢笑。②

译者戴维斯（Sir John Francis Davis，1975~1890）③ 在翻译此诗时言其参照了一位评注者的注释："一位有钱有势的求婚者，成功地将一位已经许身于另一普通情人的新娘带走。"④ 但戴维斯未明确注明该注释的出处，而国内几个《诗

---

① 参见 Davis, "On the Poetry of the Chinese," p. 423. 原诗见《毛诗正义》, 载于《十三经注疏》(上册)，中华书局 1979 年版，第 283 页。
② 此为笔者所译。
③ 戴维斯爵士，为东印度公司在中国工作 30 余年，1829 年在英国皇家亚洲协会做了题为"汉文诗解"（On the Poetry of the Chinese）的演讲。在演讲中，他对中国诗歌的特色和如何翻译汉诗做了较为系统的论述，他对中国诗歌的认识代表了英国当时的最高水平，他就汉诗翻译所提出的理论曾经很有影响，但尽管他汉语功底较深，且著述不少，还是英国皇家亚洲协会会员，但他对中国诗歌的理解与翻译同样存在理解的偏差。
④ "On the Poetry of the Chinese", p. 423, 原文: "…the ode has reference to the success of a rich and powerful suitor, who carries off the bribe who had already been contracted to a humbler rival."

经》的权威注本都没有这样的注释。《毛序》言:"鹊巢,夫人之德也。国君积行累功,以致爵位。夫人起家而居有之。德如鸤,乃可以配焉。"① 朱熹《诗经集传》也认为这首诗的主题是"南国诸侯被文王之化,能正心修身,以齐其家。其女子亦被后妃之化,而又专静纯一之德,故嫁于诸侯,而其家人美之曰,维鹊有巢,则鸠来居之。是以之子于归,而百两迎之也。此诗之意,犹周南之有关雎也"。② 两相对照,原诗之义已面目全非,荡然无存。

上述例子几乎是对原诗内容的整体误译,在汉诗英译中较为少见,而大多语义变异表现为对部分字词的理解不够准确,即部分语义的偏差,往往是由于译者对原诗的个别语词理解不透所引起的,如下面这个例子:

行行重行行

行行重行行,与君生别离。<br>
相去万余里,各在天一涯。<br>
道路阻且长,会面安可知。<br>
胡马依北风,越鸟巢南枝。<br>
相去日已远,衣带日已缓。<br>
浮云蔽白日,游子不顾反。<br>
思君令人老,岁月忽已晚。<br>
弃捐勿复道,努力加餐饭。

这是一首东汉末年动荡岁月中的相思乱离之乐府民歌,出自南朝萧统选录的《古诗十九首》,诗歌表达了思妇对远行未归的夫君的深切思念。翟理斯的译文中有几句反映出他对原诗部分语词理解上的偏差。"胡马依北风,越鸟巢南枝。"两句言思妇在深切的思念中开始联想:"胡马眷念着北风,越鸟在枝头筑巢。"世间万物都有眷恋乡土的本性,飞禽走兽如此,更何况有情之人?以"比兴"手法喻指夫君应该是思念故土的。"依"字有"依恋、眷恋"之意。翟理斯将此句译为"The Tartar horse is happy with the north wind",意思为"胡马对北风满意",没有译出"依"字的情态和意绪。"浮云蔽白日,游子不顾反。"意思是游子忘记了返家,但翟理斯却译为"The wandering one has no hope of return.",译为中文是"游子没有希望返家",显然与原意有较大偏差。"思君令人老,岁月忽已晚。"指的是日思夜想易催人老,不知不觉时光已倏忽而逝。而翟理斯却译为"In no

---

① 参见《十三经注疏》(上册),中华书局1979年版,第283页。孔颖达与此无异。
② 《诗经集传》,文渊阁四库全书版,第一卷。

time the year has already approached to its close."，意思是"瞬间年月已经将要结束"，与原意也不相吻合。"弃捐勿复道，努力加餐饭。"指思妇在愁肠百转、苦思无果时想将游子忘掉，尽力保重自己。然翟理斯的译文却是"Have done with it! Let no more be said. But let us devote ourselves to the pleasure of feasting."，意思是"全都完啦，无须再说，但让我们投身于享受美食的乐趣吧。"与原诗之意相差甚远。尤其是语气上更不恰当。① 除此之外，还有一种语义变异是对原诗意义（meaning）的减损，原诗原本具有广阔的解读空间，意义具有充溢性与不确定性，但由于英译时对原诗典故的文化意蕴传达得不够充分，原诗的韵味就不够悠长深远，少了一些诗意，原诗的意义生发空间和文化韵味在翻译中的减少现象，也是一种"语义变异"。以晚唐诗人李商隐的《锦瑟》翻译为例：

### 锦瑟

锦瑟无端五十弦，一弦一柱思华年。
庄生晓梦迷蝴蝶，望帝春心托杜鹃。
沧海月明珠有泪，蓝田日暖玉生烟。
此情可待成追忆，只是当时已惘然。

李商隐的"无题"诗在中国诗歌史上以其思深意远、缠绵悱恻、隐约幽微的风格而独具魅力，尤其是《锦瑟》，因其大量使用典故，在典故中寄寓情感，典故表意的模糊性使得诗旨一直难有定论。"爱情说""寄托说""咏瑟说""悼亡说""伤唐氏残破说""自伤身世说""游历名区说""听瑟曲说""自叙平生说"等大约11种题旨说，至今尚无定论。因此有人建议用"混沌诗"来界说此类诗歌。王蒙曾言此类诗歌的难解与诗歌表达情感的无端性、心灵场结构、语言的超语言性密切相关。② 总之，正是由于这首诗既充分发挥了汉语语法的灵活性又大量使用典故因而大大拓宽了诗歌的意义生发空间，"不仅不得其解者无从下手，即得其真解不易达其意蕴。"③ 对汉语读者如此，那对英语读者来说就更难"达

---

① 翟理斯译文详见"A poet of the 2nd Cent. B. C."，*The New China Review*，Vol. II，1920（2），p. 25。
② 王蒙指出："内心的世界，长期的情意之结，特别是敏感多情雅致而又软弱的诗人李商隐的情意之结，迷迷茫茫，混混沌沌，如花如雾、似喜似悲、若有若无、亦近亦远、且空且实，恐怕他自己也说不清楚。"是"汉语的奇妙性的例证"。"诗的字、词的选择构成了诗的基石，……字词的组合有相当的弹性、灵活性。它的主、谓、宾、定、状诸语的搭配，与其说是确定的、明晰的，不如说是游动的、活的、可以更易的。这样的诗，不是一般地按照语法—逻辑顺序写下的表意—叙事语言，而是一种内心的抒情的潜语言、超语言性。"参见王蒙：《混沌的心灵场——论李商隐无题诗的结构》，载于《文学遗产》1995年第3期；《锦瑟的野狐禅》，载于《随笔》1991年第6期；《对李商隐及其诗作的一些理解》，载于《文学遗产》1991年第1期。
③ 吕叔湘：《中诗英译笔录》，中华书局2002年版，第4页。

其意蕴"了，对任何一个译者来说，都极具挑战性。从对这首诗的英译实践来看，的确如此，由于对典故意蕴的传达不够充分，使得原诗丰厚意义与情采都大为减少，诗意也随之减少。试以唐安石（John A. Turner）① 的译文为例：

**Jeweled Zither**

Vain are the jeweled zither's fifty strings,
Each string, each stop, bears thought of vanished things.
The sage of his loved butterflies day-dreaming,
The king that sighed his soul into a bird.
Tears that are pearls, in ocean moonlight streaming,
Jade mists the sun distills from Sapphire Sward.
Why need their memory to recall today?——
A day was theirs, which is now passed away.②

全诗共使用了四个典故，除了首联和尾联，颔联与颈联中四句各用一个典故。译文将首联"锦瑟无端五十弦，一弦一柱思华年"中的"无端"译为"Vain"，意思是"徒劳"，"华年"译为"vanished things"，意思是"逝去的、消失的人或物"，开篇即奠定了全诗的情感基调，有无奈之感。颔联中的"庄生晓梦迷蝴蝶"语出《庄子·齐物论》中"庄周梦蝶"的故事，诗人用此典故表现了一种迷离惝恍的意境，一种迷失而不自知的情境，而译文用"The sage of his loved butterflies day-dreaming"并未译出这个典故本身的含义，英语读者很可能不知道此处的"the sage"是庄子，就无法结合庄子的"齐物"思想来理解诗句，且其后的"day-dreaming"（白日梦）很可能将他们引向弗洛伊德的"泛性论"，因为弗洛伊德提出"白日梦"与艺术创作一样，是对"力比多"（一种"性"能量）的一种升华。于是该句极有可能被理解为"一位拥有心爱蝴蝶的圣人在做着白日梦"，虽说在氛围上还是迷离的，但在文化意蕴上就大大损耗了。"望帝春心托杜鹃"见诸于《寰宇记》："蜀王杜宇，号望帝，后因禅位，自亡去，化为子规。"子规昼夜哀鸣，啼血不断。诗人以此典故表达心灵的悲苦与哀痛。译文"The king sighed his soul into a bird"（国王在叹息声里化为鸟儿），虽然译出了原诗的情感，且不乏丰富的想象，但原诗中"杜鹃"这个因痛苦不断哀鸣且啼血的独特意象所具有的冲击力却没有了，只剩下一声声叹息而已。颈联"沧海月明珠

---

① 唐安石是英国著名汉学家，他曾于1976年出版《中诗金库》（*A Gold Treasury of Chinese Poetry*）。
② 许渊冲：《中诗英韵探胜》，北京大学出版社1992年版，第338页。

有泪，蓝田日暖玉生烟"引用了"沧海明珠"与"蓝田良玉"两个典故，蕴含了作者对美好事物求而不得的失落，译文"Tears that are pearls, in ocean moonlight streaming, Jade mists the sun distills from Sapphire Sward."（珍珠般的眼泪，在大海之上明月之下涌动着，美玉在阳光下被来自蓝色草地的薄雾蒙上了），译文的意境很美，但却丧失了原诗中的中国文化因素，唯有"tears"（眼泪）一词，结合前面的"Vain"与"vanished things"，可以推断出译者意在表达为逝去的美好事物而叹息的哀婉之情。末两句"Why need their memory to recall today? ——A day was theirs, which is now passed away."点明了"追忆与伤逝"的题旨。联系上下文，此处的"theirs"应该是指"圣人"（the sage）与"帝王"（the king），两句译诗的意思是：我们今天为什么要追忆圣人和帝王的那些往事呢？属于他们的那个日子已经消失了。言下之意，不必追忆那些已经逝去的人与事了，就让它们永久地成为过去吧，末两句对前面六句的叹惋予以了否定，有"追忆伤逝又能如何？"的潜台词，然而却是更深地表达出了对逝去事物的怀念与哀伤之情。虽然与"此情可待成追忆，只是当时已惘然"相比，"惘然"一词留给读者的余味更为悠长。总的来说，尽管译者唐安石对原诗的情感把握较为准确，但在传递文化典故意蕴方面却不尽如人意，使得原诗的意蕴与情采均有些减弱，当然这对于任何一位译者来说都是非常困难的，也是最考验译者功力的。关于是否使用注释来翻译典故，囿于本书篇幅，不在此处讨论。

  上述三种语义变异情形，要么是由于译者自身语言掌握能力欠缺引起，要么是由于译者文化知识积淀不够、对原语与译语文化背景缺乏彻底的了解引起，要么是由于译者在翻译过程中偶然疏忽引起的错漏，总的来说属于"无意误译"的变异，[①] 还有一种"有意误译"的变异，[②] 即译者在翻译过程中为了某种目的，或是为了达到一定的效果，如考虑到影响译语读者理解的语言习惯、文化内涵以及审美差异等因素，故意破坏原文的句式结构、颠覆原语的表达方式以及改换文化负载词的内涵等，从而引起变异。换言之，有意误译是译者有意而为的。法国文学社会学家罗伯特·埃斯卡皮特（Robert Escarpit）将之称为"创造性叛逆"（creative treason），[③] 谢天振教授也解释了这一现象，他说"为了迎合本民族的文化心态，大幅度地改变原文的语言表达形式：文学形象、文学意境等；或为了强行引入异族文化模式，置本民族的审美趣味的接受可能性于不顾，从而故意用不等值的语言手段进行翻译。"[④] 简言之，前者采取的是"归化"策略，后者采取的是"异化"策略，我们举两例分别予以说明。

---

  [①②]  曹顺庆：《比较文学论》，四川教育出版社2002年版，第222页。
  [③]  罗伯特·埃斯卡皮特：《文学社会学》，王美华、于沛译，安徽文艺出版社1987年版，第137页。
  [④]  谢天振：《译介学》，上海外语教育出版社1999年版，第201页。

美国当代翻译理论家维努提（Lawrence Venuti）曾经用"铭刻"（inscription）一词来说明"归化"现象，他提出：在文学翻译中，译文只能部分传达原文意义，因为译文总是不可避免地释放出"铭刻"在它当中的译语文化传统与习俗，译文总是受译语文化影响，因而是经过"归化"的转化。尤其是那些强调中西文化相通之处的译者，往往用译语文化中的语词来翻译原语，一方面在一定程度上纠正了西方人对中国的偏见和妖魔化倾向，但另一方面又产生了新的偏见，有用西方文化理念来抹杀中国文化异质性之嫌，当然这是个很难解决的悖论，当今一些译者采取拼音加注释形式，在一定程度上保留了文化异质因素。比如翟理斯对"天"这一文化负载词的翻译，他常常不加任何说明地用"God"（上帝）来翻译汉诗中的"天"，给西方读者造成误解，认为中国人与西方人一样也信仰基督教的"上帝"。如翟理斯翻译宋代理学家邵雍《天听吟》。

| 天听吟 | The Kingdom of God is Within You |
|---|---|
| 天听寂无音 | The heavens are still: no sound. |
| 苍苍何处寻 | Where then shall God be found? |
| 非高亦非远 | Search not in distant skies, |
| 都只在人心 | In man's own heart He lies. ① |

译诗题目"The Kingdom of God is Within You"是《圣经》中的一句引文。《路加福音》第十七章中，法利萨赛人曾经问耶稣，上帝王国何时才能降临？耶稣回答说："上帝王国并不因你们的仔细观察而来，人们也不会说它在这儿，在那儿，因为上帝王国在你们心中。"②而原诗中的题目"天听"出自《尚书·泰誓》中周武王的话："天视自我民视，天听自我民听。""天"在上古中国文化中确有宗教意义，常与"帝"互用，指至上的神灵和君主。但经过世俗化后与王权联系在一起，到宋代，已成为"道""太极""理"的同义词。因此，"上帝"与"天"不是对等词，在中国文化中，"天"从未成为"上帝"那样的人格神，而是既有自然的天之意，也有精神的（包括宗教和哲学）的含义。翟理斯之所以用"God"译"天"，是出于归化原诗和文化的需要，显然对于译语读者来说，"上帝"比"天"更易于理解和接受。

---

① *Gems of Chinese Literature*: *Prose*, p. 213. 原诗见《击壤集》，第十二卷，文渊阁本《四库全书》。
② 见 Holy Bible, New International Version, 1973. 原文："Once, having been asked by the Pharisees when the kingdom of God would come, Jesus replied," The kingdom of God does not come with your careful observation, nor will people say, Here it is, or There it is, because the kingdom of God is within you."

而另一种相对的情形则是"异化",保留原诗中的异族文化因素,对译语读者来说难以理解,只能通过注释加以解释。如韦利翻译晋代诗人左思《咏史》诗第八首,抒发诗人怀才不遇感慨之作。诗歌提及两个著名的历史人物苏秦与李斯,原文如下:

苏秦北游说,李斯西上书。
俯仰生荣华,咄嗟复雕枯。①

其间的"苏秦"与"李斯"为中国历史上的著名人物,《六臣注文选》对此解说道:"此言素皆贫贱之士,俯仰之间而取荣宠,旋而复见雕残也。言人不可无位,及其有位,不欲过分。"② 而对如此丰富的蕴涵,韦利却极为简单地将原文译为:

苏秦北游说,李斯西上书。
Su Ch'in used to go preaching in the North,
And Li Ssu sent a memorandum to the West. ③

可想而知,那些对中国古代史所知甚少的英语读者阅读这样的译文,完全体会不到其间的意义。韦利之所以如此翻译,是有意为之,当读者意识到译文的异质文化因素时,若要透彻理解必得查阅相关文献,由此才能接受,若采用转译,则对异质文化毫无察觉,但往往极少读者去查阅文献,所以这样的译文不太受读者欢迎。

## 四、修辞变异

汉诗中有些特有的修辞手段,比如叠词、顶针、复沓等,在英诗中极难表现,因此往往在译介中遗失。但有些译者为了传达汉诗中使用这些修辞手段所具有的独特美感,也尝试着模仿翻译,有时就不免影响译诗的节奏、形式和意义的表达,极少有既保留了原诗风格,还能让读者感受到汉诗的修辞之美的。比如下面这首由韦利翻译的《古诗十九首》中的《青青河畔草》,就是在模仿中反而遗

---

① *A Hundred and Seventy Chinese Poems*, p. 97;原诗见《六臣注文选》,第二十三卷,中华书局 2012 年版,第 1088 页。
② 《六臣注文选》,第二十一卷。
③ *A Hundred and Seventy Chinese Poems*, p. 96.

落了原诗在节奏上的美感。

| | |
|---|---|
| 青青河畔草 | Green, green, |
| | The grass by the river-bank, |
| 郁郁园中柳 | Thick, thick, |
| | The willow trees in the garden. |
| 盈盈楼上女 | Sad, sad, |
| | The lady in the tower. |
| 皎皎当窗牖 | White, white, |
| | Sitting at the casement window. |
| 娥娥红粉妆 | Fair, fair, |
| | Her red-powdered face. |
| 纤纤出素手 | Small, small, |
| | She puts out her pale hand. |
| 昔为倡家女 | Once she was a dancing-house girl, |
| 今为荡子妇 | Now she is a wandering man's wife. |
| 荡子行不归 | The wandering man went, but did not return. |
| 空床难独守 | It is hard alone to keep an empty bed. [1] |

原诗中六个叠词的音调非常富有韵律，"青青"是平声，"郁郁"是仄声，"盈盈"又是平声，"皎皎"则又为仄声，"娥娥"与"纤纤"同为平声，平仄映衬错综，动听谐和，在流畅利落与起伏变化中含有一种古朴之韵。尽管当时声律尚未发现，但诗人却依凭直觉写出了如此天籁之音，自然悦耳。钟嵘于《诗品》中评："蜂腰鹤膝，闾里已具。"且六个叠词声形兼具，在叠词的单调中赋予了丰富的错落变化，形象地传达出诗中女子孤独寂寥又烦乱的心声。译文将原诗中使用了叠词的前六句均翻译为两个诗行，于是乎，"青青河畔草"就成了"青，青，那些河畔上的草"，"郁郁园中柳"就成了"郁，郁，那些花园中的柳树"，"盈盈楼上女"就成了"伤，伤，那位楼阁上的女子"，等等。虽然译诗使用重复的手法来翻译叠词可以让英语读者感受原诗在修辞上的不同凡响与别具一格，但如此处理无疑改变了原诗的节奏特点，由富于流动与起伏的动感变为缓慢而拖沓的凝重，且一句变为两句，在行文上也缺失了原诗的简洁之美。《古诗

---

[1] *A Hundred and Seventy Chinese Poems*, p. 60. 原诗见《六臣注文选》第二十九卷，中华书局 2012 年版，第 1344 页。

十九首》中还有《迢迢牵牛星》《青青陵上柏》《冉冉孤生竹》《凛凛岁云暮》等篇章也都大量使用叠词，诸如"迢迢""札札""脉脉""磊磊""戚戚""悠悠""冉冉""凛凛"等，但被译为英文后都无法体现叠词这种独特辞格之美了。

在现代诗歌的英译中也有类似变异现象，比如"新月派"诗人徐志摩的《再别康桥》，原诗也使用了一些叠词，如"轻轻的我走了，正如我轻轻的来；我轻轻的招手，作别西天的云彩"中的"轻轻"；"软泥上的青荇，油油的在水底招摇"中的"油油"；"但我不能放歌，悄悄是别离的笙箫""悄悄的我走了，正如我悄悄的来"中的"悄悄"，其中，"轻轻"与"悄悄"反复使用，开篇连用三个"轻轻"，让读者感到诗人像黄昏中的小猫，轻柔地来了，又像黎明的一阵风儿，缓缓的拂过，心中那至深至纯的情思就在这样的步子中慢慢的流淌。末尾连用两个"悄悄"，在韵尾上由开篇的"in"韵变为"ao"韵，相比而言，"ao"韵读起来更为悠长、响亮，来时的轻柔变为别时的余味悠悠，令人回味，二者内含的情感是有细微差异的，来时还是不忍惊扰往事的小心翼翼，别时已是重温了往事而大有如释重负之感，叠词的使用将这种细微的情绪变化隐微地传达出来，然大多译诗都将两者译为"quietly"，如开篇三句"轻轻的我走了，正如我轻轻的来；我轻轻的招手"的译文：

"Very quietly I take my leave
As quietly as I came here；
Quietly I wave good-bye"

末尾"悄悄的我走了，正如我悄悄的来"的译文：

"Very quietly I take my leave
As quietly as I came here；"

"轻轻"与"悄悄"这两个叠词均译为一个词"quietly"，显然"quietly"是不能传递原诗中这两个叠词的深刻意蕴的，遑论叠词的使用在原诗中的一唱三叹之效。

英语世界中国诗歌的变异除了上述诗行变异、音韵变异、语义变异、修辞变异之外，还有抒情主人公身份变异（或称"人称变异"）、视角变异、语法变异（时态、句型、语序）等，因在前述四种变异的举例分析中其实已经涉及人称、视角、语法方面的变异，故不再例证。这三种变异主要源自中国古典诗歌中文法、语法的自如与英诗语法的限定性,中国古诗中语法、文法的自如,使得主客无碍,物物浑然不分,任万物自现。无人称的限定,就没有主位的限定,读者可以任意进入诗歌的情境中直接参与感受;无时态的限定,就不会将诗歌中的经验限定在某一特定的时空,而具有了恒常性;词性的多元化,使得诗歌呈现出巨大的近乎绘画性的空间张力。恰如叶维廉先生所指出的那样:"一面固意味着其欲求利用语字的多元性来保存美感印象的完全,其可以如此自如,亦必与中国传统美学的观物感物的形态有关,因为文言并非不能做到细分的作用,并非不能限指,只是在其美感运思中不知不觉地会超脱这种元素而已。"① 这里"中国传统美学的观物感物的形态"指的是来自道家在主客离合上不落名义的独特视野。而由于英语语法的限定性,便必须在翻译时做出种种限定,也就限定了原诗的多面延展性,从而也就破坏了原诗的美感活动。英语语言的这种独特思维及表达方式与西方自柏拉图以来由主体理念决定客体形意的观念是密切相关的,他们往往将存在的客体现象概念化、理念化,将存在的现象隐蔽而非呈现,通过人们的知性在推断中把握,因而在表达上注重限定性、逻辑性、抽象性,从这个层面看汉诗英译的变异,也就从深层上把握了变异产生的文化根源。

上文通过诗歌的形式与内容详尽地解说了中国古典诗歌的译介变异的方方面面,在最后,我们需要从理论的高度廓清比较文学变异学理论下的两个问题:第一,是否所有的变异都是"他国化"?如何界定古典诗歌译介变异中的"他国化"现象?第二,如何看待这种变异现象的出现?结合当下的文化"走出去"倡议,我们能够获得什么样的启示?笔者认为,界定"他国化"有如下几个标准应该被作为依据:从内在动因上来说,翻译家"化"诗歌不应该是个人的临时起意,而必须是因应时代要求,基于本土凝结所成的社会心理和诗学理想而做出的必然选择;从范围上来说,"他国化"不应该只是在有限范围内的少数译者、诗人、作家做出的选择,而应该是一种广泛的群体行为,例如形成了一个特定的流派,集结了一批有着相似美学主张的诗人;从结果上而言,必须对该国的文学形态的发展起到了明显的丰富、补充和发展作用,比如说进入了该国所出版的、较为常见的文学史教材之中,甚至成为了一种新的文学形态,具备了再传播、再影响第三者的可能性。在此,我们通过列举和分析另外一些实例来进一步说明"他国化"的判定标准和意义。我们首先使用排他法来确定什么不是"他国化"。英国著名汉学家翟理斯编写了一部《中国文学史》(*A History of Chinese Literature*),该书涉及很多中国古典诗歌的翻译,翟理斯的做法是按照维多利亚时代的格律去翻译,借此保持了韵式的工整,比如说他所翻译的《山中答问》,试比较:

---

① 叶维廉:《叶维廉文集》(第一卷),安徽教育出版社2003年版,第81页。

原文：
问余何意栖碧山，笑而不答心自闲。
桃花流水窅然去，别有天地非人间。①

译文：
The Poet
诗人
You ask what my soul does away in the sky,
你问我的灵魂在天上何为，
I inwardly smile but I cannot reply;
我内心中微笑但无法回答。
Like the peach-blossom carried away by the stream,
有如那被溪流带走的桃花，
I soar to a world of which you cannot dream.②
我飞到你无法梦想的世界

  李白的题目《山中答问》中的"山水"意象在中国文学传统中带特定的文化内涵，多被用来表达诗人与世无争、逍遥物外的老庄思想，诗人在作品中表达着自己对世俗的不懈，而将自身与自身之外的其他世界分离开来。但是在这首诗歌翻译中，翟理斯将李白的"碧山"翻译成"sky"（天空），作为一位西方的译者，我们猜测他并没有对中国文化中文人对山水的特殊感情的了解，或者说，即使他存在这样的理解，为了迁就那些对中国文学一无所知的读者，他只能用西方文学中带有超脱特征的"sky"来对"碧山"进行格义化的处理，这种"格义"的翻译和接受方法盛行于佛教传入中国的汉魏晋时期，当时人们为了快速了解佛教思想，于是通过"捷径"，即秦汉时期中国社会流行的道家思想、宗教迷信和方术的思想来对外来概念进行处理。翟理斯在这里对中国诗歌的格义化处理，为西方读者快速接近中国古代诗歌提供了方便之门，但是却无益于中国诗歌中的精髓在西方传统中扎根、发展，实现"美国化"，因为这样的翻译方法的本质只是在重复和进一步确认了业已在美国文学传统中存在的思想观念，而不可能形成新的思想潮流和文学流派。而这种新的文学流派的出现则要等到庞德所处的时代才得以出现，也只有到了那个年代，中国山水诗歌中的山水意象才能真正与英美意

---

① 詹锳：《李白全集校注汇释集评》（第五册），天津百花文艺出版社1996年版，第2623页。
② Herbert Giles. *Gems of Chinese Literature*: *Verse*. Grizzell Press, 2010, p. 91.

象派诗歌结合起来，聚集起一批拥有类似美学主张的诗人和创作，出版诗集、引领潮流，形成蔚为壮观的诗歌流派，而中国古典诗歌中的一些元素经过这批诗人的倡导，最终演变成了美国诗歌中不可分割的一部分。在这个"他国化"的进程中，我们过去的研究者倾向于研究中国古典诗歌对于美国意象派诗人例如庞德的影响，而缺少对庞德自身的诗歌传统和文化传统的溯源式分析，这就忽略了"他国化"进程中庞德作为接受者的主体性，具体来说，接受主体会对外来诗歌会进行有目的、有意识的选择，以本土、本国的诗歌传统、诗学话语的基本规则和言说方式作为"前结构"去吸收、融化外来诗歌，"将中国古典诗学创造性地融会进自己的诗学思想和文化土壤中，用'他山之石'来'攻己之玉'"。① 在美国意象派的案例中，它的本土规则和话语是西方的柏格森直觉主义。柏格森直觉主义认为，要掌握事实，必须从直觉入手，强调瞬间的感觉，而不是理性的分析，"那种从时间局限和空间局限中摆脱出来的自由感觉，那种当我们在阅读伟大的艺术作品时经历到的突然成长的感觉"。② 意象派诗人庞德对意象下的定义就与这种主张相吻合，"意象表现瞬间之中产生的智力和情绪上的复合体"。③ 因此，中国对意象派诗歌的影响自不必说，但是更为不容忽视的是，这些美国的意象派诗人本身有着一套自己的话语体系，而他们之所以迷恋于中国古典诗歌，不惜花费大量的时间和精力来翻译和援引中国古典诗歌，乃是因为中国古典诗歌中密集的意象和直觉式的把握方式让意象派诗人看到了另外一种诗歌形式的存在，这种存在不同于后期浪漫主义的维多利亚诗歌风格，于是他们开始通过模仿来摆脱其对英美诗坛的统治，反对后者诗歌中陈腐的说教和抽象的抒情，而通过保留表现具体事物的词，也就是意象来制造诗情，"他们觉得中国古典诗歌与意象派的主张颇为吻合，可以引这个有几千年历史的文明来为自己的主张作后盾"，④ 也就是说，中国古典诗歌与意象派诗歌并非先来后到的关系，不是说庞德等引入中国古典诗歌后才在美国和西方产生了意象派诗歌，而是外来资源的到来恰好与本土正在发展中的话语"一拍即合"，本土话语才有了去解读/误读他者的坚实基础和持续性动力。我们可以从中国视角出发，再次用中国吸收佛教的案例来做一番类比。佛教初入中国阶段，小到单个概念、大到整个的思想体系，人们都是借用已有的概念进行"格义"化处理，例如，安息国（现伊朗地区）太子安世高，于147年开始在中国进行佛经翻译，他将佛教中的重要概念比如说"涅槃"翻译成"无为"，而后者是一个典型的道家概念。回到中国古典诗歌西传

---

① 曹顺庆、周春：《"误读"与文论的"他国化"》，载于《中国比较文学》2004年第4期，第65页。
② ［英］彼德·琼斯：《意象派诗选》，裘小龙译，漓江出版社1986年版，第152页。
③ 赵毅衡：《意象派与中国古典诗歌》，载于《外国文学研究》1979年第4期，第4页。
④ 赵毅衡：《意象派与中国古典诗歌》，载于《外国文学研究》1979年第4期，第7页。

的例子，我们不妨可以将上文提出的"他国化"的第一个标准或者说第一步作为结论再次重申："他国化"必须以接受者已有的、新兴的诗学主张作为共鸣和出发点。但是，光有基础和表面上的契合并不够，它还必须被多数人误读、接受和创作，而根据英国学者彼特·琼斯（Peter Jones）1972年整理出版的《意象派诗歌》（*Imagist Poetry*）所收录的诗人情况来看，包含了意象派诗歌共计15位诗人的诗作，其中著名诗人有特·伊·休姆（T. E. Hulme）、庞德、洛威尔等。只有经过了这种群体性的创作之后，"他国化"的进程才能得以继续推进，而后这种模仿或者创作将超出源文化的影响，产生了一些在源文化、源文学中没有的东西，并具备了再次影响他者的能力和资源，这种模仿就构成了"他国化"的第二步。

我们以庞德翻译李白的诗为例。《古风第六》中的"惊沙乱海日"，庞德将这句话翻译为"Surprised. Desert turmoil. Sea sun"，① 直译过来就成了"惊奇。沙漠的混乱。大海的太阳"，同样，在翻译李白古风第十四首的时候，庞德就将"荒城空大漠"一句译成"荒凉的城堡，天空，广袤的沙漠"。再比如说，庞德把《诗经·周颂·执竞》"执竞武王，无竞维烈。不显成康，上帝是皇"译成：

> Great hand King Wu
> vied not, made heat.
> He drew not as sun
> rest from work done.
> Shang – Ti (over sky)
> King'd our Ch'eng and K'ang. ②

这种误解或迁就中国古典诗歌的样式特点、以牺牲英语诗歌形式为代价来体现中文诗歌的特色的翻译，反映了庞德试图在用成型中的"意象派"诗学主张来误读中国古典诗歌的尝试，或者说，"意象派"诗学主张和中国古典诗歌在这里是表现为相互支撑的关系。但是，这样的翻译方式，对于习惯了英语诗歌传统的读者来说并不自然，带有明显的外来的生硬成分在里面，并没有达到无痕迹的自然境界，因此这种译介或创作并非是"他国化"的最终产物，而只能被看作外来诗歌译入后不成熟的作品，势必要再进一步地与意象派诗人本身的诗学主张相互适应、去粗存精，以一种创新的方式将中国诗中叠加的意象和表达的凝练保留

---

① Ezra Pound. *Ezra Pound: Translations*. New Directions, 1963, p. 200.
② Ezra Pound trans. *Shih – Ching: The Classic Anthology Defined by Confucius*. MA: Harvard University Press, 1954, p. 201.

下来，才能最终脱胎换骨，创作出真正属于英美意象派诗歌的作品。相比之下，被誉为意象派诗歌经典的庞德的《在地铁站内》就没有刻意地对关联词进行省略：

> The apparition of these faces in the crow：
> 这几张脸在人群中幻景般闪现
> Petals on a wet, black bough. ①
> 湿漉漉的黑树枝上花瓣数点

短短的两句话保留了一系列的介词构成了介词短语，保留了英语语言和诗歌的基本特点，没有让上文中意象沦为单纯的并置和无意义的罗列，但是又保存了中国古典诗歌意象与意象之间相互激发营造而成的神韵。意象诗在形式和内容上都已经是彻底美国化的产物了，它在内容上的创新之处在于，意象派诗歌产生于西方工业文明高度发达的时代，不可避免地，同时也是创新式地，将描写的对象和体裁从中国古典诗歌中常见的自然景物扩张到了现代生活的方方面面，通过对地铁现代城市生活场景的诗性捕捉，来表达都市生活的虚幻、碎片和易逝，这些是明显不可能在汉语古典诗歌中发现的。在形式上，意象派运动及其引导的自由诗革命被认为是西方最大的自由诗运动，"在诗的世界里，它是一个改革的象征，也是一个改革的力量，这一运动具有那个时代特有的热情和振奋。它坚持简约，拥护自由诗的路线"，② 这种自由诗的观念在《〈意象主义诗人〉序言》中得到了较为明确的表述："运用日常会话的语言，但要使用精确的词……创造新的节奏……我们把它作为自由的一种原则来奋斗。"③ 这种在内容及形式的世俗化、自由化上，都极大地影响了汉语诗歌中的新诗革命，中国的文学革命的倡导者们通过对意象诗歌及其主张的接受甚至是误读来进行彻底的诗歌变革，其中最著名的代表就是胡适，这可以从他的日记里看出来，在一篇从《纽约时报》上摘下来的文章中，他记录下了"印象派诗人的六条原理"，他在日记的结尾处写道："此派主张与我所主张多相似之处。"④ 他这里所说的印象派就是意象派。但是，需要指出的是，以胡适为代表的白话诗运动干将们是在对庞德等诗歌主张的选择性接受中达到自身的运动目的的，他没有像意象派诗人所强调的那样去重视诗歌

---

① Ira B. Nadel. *The Cambridge Introduction to Ezra Pound*. Cambridge：Cambridge University Press，2007，p. 48.
② ［英］马库斯·埃利夫：《美国的文学》，方杰译，香港今日世界出版社1975年版，第249页。
③ ［英］彼德·琼斯：《意象派诗选》，裘小龙译，桂林漓江出版社1986年版，第158页。
④ 胡适：《胡适留学日记》（下），安徽教育出版社2006年版，第445页。

语言的创作技巧，他所强调的是诗体的解放，从旧体诗歌的桎梏中解放出来，以白话文取代文言文，"不讲对仗（文当废骈，诗当废律）"和"不模仿古人"。在胡适的带领下，徐志摩、郭沫若、李金发等都发表了不少新体的翻译诗，将新诗革命运动推向高潮。

综上所述，我们再来回顾和回答上文本节开头部分所提出的问题和标准：第一个问题，是否所有的变异都是"他国化"？变异是一种理论、文本履行过程中必然会出现的现象，但是"他国化"是变异中一种较为特殊的类型，它具有群体性、普遍性和创新性等特点，也就是说，它不是个人行为所能完成的，而是要依靠某个学术流派或创作群体共同推进；它不是对他者文化和文学的复制，而是促成了学术或文学新质的产生，形成了独立的、独具特色的文学品质，和它的源文化或者可能存在相似性的他者文化之间是独立的关系，我们不能一厢情愿地认为美国的意象派诗歌就是中国诗歌的延伸物，反之亦然，我们在评价受西方文明和文学影响下的中国现当代文学的时候，不看到自我的独立性也是一种心态上妄自菲薄、事实上不实事求是的体现。第二个问题，如何看待这种"他国化"现象的出现呢？我们认为，这种"他国化"现象是偶然性和必然性的统一。称其具有偶然性，乃是因为民族优秀文化和文学的传播并不以传播者的主观意愿作为依据，特别是涉及"他国化"这样的深层变异行为的时候，更多的是依靠接受者的接受意愿和接受努力，而这并不是我们能够影响和控制的。但是，另外，我们说它具有必然性，乃是因为，虽然外在条件对文化的传播有很大的影响，但是优秀的文化基因的存在无疑会增加这种文化基因被保留、被传承的概率。文明之间、文化之间、文学之间，在未得到充分接触之前，并不能做到充分地发育和发展，只有通过文明互鉴，才能快速地对文明进程中的新问题、新局势做出反应，文化肌体才能得以健壮和保存。第三个问题，结合当下的文化"走出去"倡议，我们能够从"他国化"机制中获得什么样的启示呢？如前所述，鉴于"他国化"是一种偶然性和必然性的统一，我们在进行文化传播的工作的时候，让优秀的中国文学得到更多的曝光和研究，可以为他者提供一个方便了解和学习中国文学的平台和窗口，增加了中国文学在他国得到深层接受的可能性，但是我们也要理智地看到，深层接受实际上是一种认同性和误读性的二律背反，在感情上，美国诗人被中国古典山水诗歌中的美丽意象和意象式的诗歌创作方式所触动，但是这种接受是建立在为自己的理论主张获取合法性依据和权力空间的初衷之上的。尽管如此，中美诗歌之间毕竟是在误读之中获得了对话的土壤，这将为文明更深层次的相互欣赏、相互包容奠定坚实的基础。

## 第三节　英语世界中国小说的变异与"他国化"

在中国小说发展史上,"四大奇书"独占鳌头:《三国演义》乃中国历史上第一部长篇小说,同时也是历史小说的典范;《水浒传》是历史上第一部全面描写农民起义的巨著,也是一部英雄传奇的典范;《西游记》是第一部长篇神魔小说,也是该类题材的典范之作;《金瓶梅》是第一部写世情的小说,也是第一部由文人独立创作的长篇小说,这四部小说深刻地影响着中国社会的发展和人们的精神生活,也是深受英语世界关注的中国小说作品。除此之外,《儒林外史》《红楼梦》与晚清时期的"四大谴责小说"《官场现形记》《二十年目睹之怪现状》《老残游记》《孽海花》也在国外广为流传。新时期以来的中国小说在越来越频繁的国际文化交流中也为更多的海外读者所了解,当今文坛上活跃着的莫言、余华、苏童、王安忆、毕飞宇、贾平凹、阎连科、王蒙、残雪等作家的作品,在英语世界都有较多的译介和评价,尤其是在莫言获得 2012 年诺贝尔文学奖之后,更多的英语世界读者开始关注中国当代的小说作品。

但在一片令人欢欣鼓舞的传播形势中,我们也必须及时地对海外的小说译介与接受进行总结。中西之间在文化传统、精神结构、历史背景、民族特点诸多方面的差异,会使得小说在译介过程中发生变异,只有及时地对传播中的文化过滤与误读等变异现象进行总结与分析,发现问题,才能为中国小说的传播提出针对性的建议,为中国当代的小说创作提供借鉴,使国内外的中国文学研究形成有效互动,这也是时代赋予文学研究者的重任。

中国小说在英语世界的变异,大致可归纳为小说题目的变异、人物姓名的变异、人物形象的变异、内容的变异等几个方面。

### 一、题目的变异

小说题目,往往高度凝练而蕴含深意,在翻译上是比较困难的,一方面要考虑尽量忠实于原意,反映出小说的思想意蕴,另一方面还要考虑译语国的文化观念与读者的审美趣味,有时还不得不受到出版机构所代表的社会主流意识形态的约束,因此,从题目的翻译可以窥视多方面的问题,试举几例。

先看《红楼梦》书名的翻译,这在英语世界的红学里堪称一桩公案,至今未有定论。英语世界对此的译介已有两百余年,出现了近 15 种译法。诸如:

"The Dreams of the Red Chamber"

"The Dream of the Red Chamber"

"Hung Lou Meng, on the Dream of the Red Chamber, A Chinese Novel"

"Dream of the Red Chamber"

"The Story of the Stone"

"A Dream of Red Mansions"

"A Dream in Red Mansions: Saga of a Nobel Chinese Family"

"Red Chamber Dream"

……

上述译名中，若抛开介词"of"与"in"的争端不论，归纳起来，大致可分为两类：一类是直译为"红楼中的梦"，一类是转译为"石头记"。前一类又集中于对"红楼"的理解，有的译为"Red Chamber"，有的译为"Red Mansions"，前者将"红楼"理解为"闺房"，后者则理解为"红色高楼"，根据前者的理解，《红楼梦》是描写一些少女们的梦，梦的美好与幻灭，持此见解的论者较多，如著名红学家周汝昌先生，他联系中国古典诗词中"红楼"意象的意蕴论证"红楼"即是小姐们的闺房，如"红楼富家女""美人情易伤，暗上红楼立""长安春色本无主，古来尽属红楼女"等。根据后者的理解，《红楼梦》是描写荣宁两府的盛衰，而非闺阁之梦，那"红楼梦"也即是"朱门梦""朱邸梦"，杨宪益夫妇即持此论。英国翻译家霍克斯与闵福德另辟蹊径，译为《石头记》，避免了对"红"与"楼"的意义纠缠，但却不免直露浅显，缺乏蕴藉，在三个译名中，笔者倾向于"Red Mansions"，其更贴近原文主题，以荣宁二府盛衰看王朝命运，题目即昭示出社会现实意蕴，其余二者则存在较大的文化意蕴损耗。

再如王安忆的《长恨歌》，虽然正式出版时的译名"*The Song of Everlasting Sorrow*"比较忠于原著，但之前曾一再被出版商要求改为《上海小姐》，理由是"上海小姐"会令西方读者想到东方情调，有噱头好吸引读者，但显然"上海小姐"含有轻薄意味，其间的意识形态色彩不言而喻。尽管在译者的强烈坚持下以"*The Song of Everlasting Sorrow*"译名在非营利性机构哥伦比亚大学出版社出版了，但仍被迫加上了一个副标题："*A Novel of Shanghai*"（一部关于上海的小说），从中不难看出出版机构迎合英语世界读者接受心理的考虑，因为上海是他们熟悉的意象，可以任其发挥放荡不羁的想象力，进而产生阅读兴趣。

还比如苏童的《妻妾成群》，译名为"*Raise the Red Lantern*"，即"大红灯笼高高挂"，显然是用的改编为电影后的题名。"大红灯笼"是极具中国文化元素的意象，在一定程度上也迎合了西方读者对中国文化的想象心理，"大红灯笼"

会令他们想到中国神秘的旧式宅院东方女性形象等。类似还有阿来的《尘埃落定》，其被译为"Red Poppies: A Novel of Tibet"，即《红罂粟：西藏故事》，"红罂粟"让人联想到"鸦片帝国"与唐人街里烟馆的烟雾缭绕与暧昧，"西藏"让人联想到神秘的东方宗教、朝圣等。

从上可得，一些译者与出版机构都"有意识地去建构、树立符合西方意识形态及认知理解中的中国形象和中国文学形象"。① 如此变异已部分地偏离作品原貌，不利于文化信息的准确传递，容易导致文化偏见，但从积极方面看，如此变异也使得作品在跨文化语境中得以重新编码，其生命也得以延续。

## 二、人物姓名的变异

以《红楼梦》中的人名为例，据李希凡、冯其庸两位先生主编的《红楼梦大辞典》统计，该书共描写了620多位人物，其间有具体姓氏的就有300余人之多。曹雪芹对笔下人物的命名是何其匠心独运，几乎每一个人名都蕴含丰富寓意，与人物命运息息相关。有的以谐音加以暗示，如贾政—"假正"、甄士隐—"真事隐"、贾雨村—"假语存"、霍启—"祸起"、秦钟—"情种"、甄英莲—"真应怜"等。有的取自中国古典诗词，别有寄托，如宝玉，源于"至贵者宝，至坚者玉"；又如薛宝钗，出自"雪满山中高士卧，月明林下美人来""敲断玉钗红烛冷""宝钗无日不生尘"等诗句，"雪"与"薛"谐音，隐喻其乃冰雪美人，也暗示了她的悲剧命运；再如袭人，出自陆游《村居书喜》"花气袭人知骤暖"一句。有的生动体现人物情态，如贾宝玉为林黛玉取字"颦颦"，缘于林黛玉"眉尖若蹙"，此字对于"心较比干多一窍，病如西子胜三分"的黛玉来说可谓传神写照。可见，曹雪芹对其笔下的人物命名，是煞费苦心的，既喻示着每个人的命运，也暗含着性情，更富有文化蕴涵与诗意。

然在大多译文中，译者很难传达出中文名字的内在韵味，只好采取音译的方式，对于个别寓意尤其丰富的名字再以注释予以说明，如宝玉—"Bao-yu"，黛玉—"Tai-yu"，宝钗—"Bao-chai"等；也有采取意译方式的，如袭人—"Aroma"，晴雯—"Sky Bright"，雪雁—"Snow Goose"，兴儿—"Merry"，鸳鸯—"Faithful"或"Loyal Goose"，紫鹃—"Purple Cuckoo"，霍启—"Calamity"等。这些译名虽然译出了其表面意思，但其间的文化蕴涵已大大减损，失却了原名的优美雅致，有的甚至完全颠覆了原文中的人物形象，引起英语读者对原作人物形

---

① 姜智芹：《英语世界中国当代文学译介与研究的方法论及存在问题》，载于《中外文化与文论》2013年第24辑，第193页。

象的错误理解。比如"雪雁"被译作"Snow Goose",就从"雁"变成了"鹅",令人啼笑皆非。"鸳鸯"被译为"Loyal Goose",从寓意恩爱夫妻的珍禽"mandarin duck"变为"忠诚的鹅",有偷梁换柱之嫌。

更令人遗憾的是"紫鹃"的译名"Purple Cuckoo",不啻是对其人其名的玷辱。"鹃",乃杜鹃,既是鸟名,也是花名,整个自然界中花鸟同名的也只有杜鹃,因此杜鹃是非常独特的,她以自己的真心为孤苦伶仃的黛玉送去温暖与慰藉,恰似火红的杜鹃花映红了大观园,前加"紫"字,则暗示了她品性的高贵坚贞,同时,"杜鹃"又是中国传统文化中一个极悲的意象,白居易《琵琶行》言:"其间旦暮闻何物,杜鹃啼血猿哀鸣","杜鹃啼血"以其凄苦哀鸣,常被用以表达愁苦与坚贞。紫鹃被曹雪芹安置在黛玉身边,且由黛玉将其原名"鹦哥"改为"紫鹃",似乎已经预示了黛玉泪尽身亡及紫鹃遁入空门的悲剧命运。小说中黛玉写了一些与"杜鹃"相关的诗词,其中有首《桃花行》言"一声杜宇春归尽,寂寞帘拢空月痕",似乎也预示着她即将撒手人寰而紫鹃也将独守寂寞为其哀怜饮泣的余生,也更加凸显了紫鹃名字的隐喻之意,可见曹雪芹之良苦用心。再回看"Purple Cuckoo"这一译名,"Cuckoo"在英语中确实是"杜鹃"之意,然在西方文化中,杜鹃的引申义是"出轨的女人",人们认为每当奸夫到来的时候,杜鹃都会鸣叫,"cuckold"即是"戴绿帽子的男人",这是极其不雅之称。可见,由于中西文化差异,杜鹃在不同文化里的意蕴截然相异,若直译其名就会玷污该人物形象,从而导致读者对该形象的误解。

值得提及的是,英国翻译家霍克斯将"紫鹃"译为"Nightingale",意思是"夜莺",表面上看似乎风马牛不相及,而其实可谓神来之笔。在西方文化中,夜莺与一个忧伤凄美的传说相关。古希腊神话里,潘特柔丝(Pandareus)之女埃冬(Aedon)是底比斯国王泽托斯(Zethus)的妻子,埃冬与泽托斯有一个女儿艾泰露丝(Itylus),但作为母亲的埃冬却不幸失手杀死了自己的女儿艾泰露丝,埃冬从此陷入了无尽的悲哀与自责之中,神祇们出于怜悯将其变成了夜莺,从此夜莺每晚悲啼以表达对女儿的哀思。因此,西方文化中的"夜莺哀鸣"与中国文化中的"杜鹃啼血"是大致对等的,霍克斯将"紫鹃"译为"Nightingale"是相当传神的。可见,优秀的译者不仅要精通原语与译语,更要掌握两种相异的文化系统,在两种语言与文化之间自由穿行,若只是进行字面意义的转换,而缺乏文化层面的重新编码与解码,势必造成上述的偏差,从而引起文化交流中的曲解。

## 三、人物形象的变异

以《红楼梦》中的王熙凤、贾宝玉为例。曹雪芹在《红楼梦》中成功塑造了600多个栩栩如生的人物，其间有四五十个主要角色可谓生动丰满、鲜明突出，无论是容貌神态、言谈举止、服饰外表，还是个性心理、情趣爱好、思想情感，都给读者留下极其深刻的印象。而且，曹雪芹在塑造人物形象时，往往是将人物内在的个性、情趣、思想等融于外在的容貌、服饰、居室、摆设等的细致描写中。而这些富有东方色彩的服饰、居室和摆设又颇具民族特色，对于英语世界读者来说是非常陌生而新鲜的，很难在英语世界觅到所谓"对等词"来予以传递，因此，要想准确、传神地翻译出原著中这些鲜活的人物形象实非易事。

总体上看，著名译者如杨宪益、戴乃迭、霍克斯等在人物形象的翻译上采取了"取神遗貌"的策略，追求"神似"，而非无一遗漏地忠实直译，巧妙地回避了对那些极具民族特色的服饰、摆设的翻译难题，值得借鉴。但细细品味，将译文与原著对照细读，还是会发现译文或多或少失去了原作精彩描绘所赋予这些人物形象的独特韵致，尤其是通过服饰所表露出来的风姿，试举一例析之。

在原著第三回"贾雨村夤缘复旧职，林黛玉抛父进京都"中，林黛玉在贾府初见王熙凤时，曹雪芹通过黛玉之眼，对凤姐作了如下刻画：

……只见一群媳妇丫鬟围拥着一个人从后门进来。这个人打扮与众姑娘不同：彩绣辉煌，恍若神仙妃子。头上戴着金丝八宝攒珠髻，绾着朝阳五凤挂珠钗；项上带着赤金盘璃璎珞圈；裙边系着豆绿宫绦，双衡比目玫瑰佩，身上穿着缕金白蝶穿花大红洋缎窄褃袄，外罩五彩刻丝石青银鼠褂；下着翡翠撒花洋绉裙。一双丹凤三角眼，两弯柳叶吊梢眉，身量苗条，体格风骚。粉面含春威不露，丹唇未启笑先闻。①

此处，曹雪芹不吝笔墨，极其细致入微地描写了贾府实权人物王熙凤的外貌、服饰、体态、神情等，可谓满身锦绣、珠光宝气。从头上的"金丝八宝攒珠髻"与"朝阳五凤挂珠钗"到颈项的"赤金盘璃璎珞圈"；从上身的"缕金白蝶穿花大红洋缎窄褃袄"与"五彩刻丝石青银鼠褂"到下身的"翡翠撒花洋绉裙"；从脸上的"丹凤三角眼"与"柳叶吊梢眉"到体态的"风骚"；再到神态、动作、个性："粉面含春威不露，丹唇未启笑先闻"，绘出了凤姐八面玲珑、面艳心狠的形象，真可谓极尽铺陈之能事，将王熙凤生活的侈靡、出身的富贵，地位的显赫、性格的泼辣、为人的精明、外表的美艳都展露得淋漓尽致，曹雪芹细腻传神的笔法，让读者一见文字仿若已睹其人，已闻其声，"辣凤姐"的形象顿时如在眉睫之前。对于这段人物出场的经典描写，杨宪益与戴乃迭合作的译本（下

---

① 曹雪芹：《红楼梦》（上），人民文学出版社2008年版，第39~40页。

文简称杨戴译本)、霍克斯与闵福德合作的译本（下文简称霍闵译本）以及邦索尔译本都予以了翻译，先看杨戴译文：

…some matrons and maids surrounding a young woman. Unlike the girls, she was richly dressed and resplendent as a fairy. Her gold-filigree tiara was set with jewels and pearls. Her hair-clasps, in the form of five phoenixes facing the sun, had pendants of pearls. Her neck let, of red gold, was in the form of a coiled dragon studded with gems. She had double red jade pendants with pea-green tassels attached to her skirt. Her close-fitting red satin jacket was embroidered with gold butterflies and flowers. Her turquoise cape, lined with white squirrel, was inset with designs in colored silk. Her skirt of kingfisher-blue crepe was patterned with flowers.

She had the almond-shaped eyes of a phoenix, slanting eyebrows as long and drooping as willow leaves. Her figure was slender and her manner vivacious. The springtime charm of her powdered face gave no hint of her latent formidability. And before her crimson lips parted, her laughter rang out.[①]

再看霍闵译文：

Even as she wondered, a beautiful young woman entered from the room behind the one they were sitting in, surrounded by a bevy of serving women and maids. She was dressed quite differently from the others present, gleaming like some fairy princess with sparking jewels and gay embroideries.

Her chignon was enclosed in a circlet of gold filigree and clustered pearls. It was fastened with a pin embellished with flying phoenixes, from whose beaks pearls were suspended on tiny chains.

Her necklet was of ren gold in the form of a coiling dragon. Her dress had a fitted bodice and was made of dark red silk damask with a pattern of flowers and butterflies in raised gold thread.

Her jacket was lined with ermine. It was of a slate-blue stuff with woven insets in coloured silks. Her under-skirt was of a turquoise-coloured imported silk crepe

---

① Yang Hsien-yi, Gladys Yang, trans. *A Dream of Red Mansions*. Beijing: Foreign Languages Press, 1978, p. 50.

embroidered with flowers.

　　She had, moreover,
　　　　eyes like a painted phoenix,
　　　　eyebrows like willow-leaves,
　　　　a slender form,
　　　　seductive grace;
　　　　the ever-smiling summer face
　　　　of hidden thunders showed no trace;
　　　　the ever-bubbling laughter started
　　　　almost before the lips were parted.①

邦索尔译文:

　　This person was dressed up differently from the young ladies—brilliantly decked out in colored embroidered attire, almost like a fairy goddess. She wore a head-dress with the eight jewels and clustered pearls strung on golden thread, bound with a Chao-yang Five Phoenix hairpin hung with pearls. She had a golden necklace of the coiling dragons pattern fringed with teasels. She was dressed in a tightly fitting coat of deep-red puffed silk with all kinds of gold thread butterflies flitting among flowers on it, over which she wore a dark-green jacket with five-coloured silk woven into a gauze ground, and below it a skirt of foreign bluish-green crepe embroidered with flower designs. She had a pair of phoenix triangular eyes, eyebrows curved like willow leaves drooping at the ends. She was elegantly proportioned with an attractive figure. Her powdered face had a gay appearance. Her sternness was not revealed. The sound of her laugh was heard, before her red lips parted.②

　　对照以上三种译文,杨戴、霍闵与邦索尔三译本形式和内容的翻译上不完全相同,然而,与原文相比,这三段译文均有不同程度的漏译,从而在所塑造的形象上与原作相比也产生了变异。译者为了达到某种目的或适应一定的需要,包括

---

　　① David Hawkes, John Minford, trans. *The Story of the Stone*, Vol. I. London: Penguin Books, 1980, p. 79.
　　② B. S. Bonsall, trans. *Red Chamber Dream* (*Hung Lou Meng*). Hong Kong: University of Hong Kong Main Library, 2004, p. 125.

读者接受的需要、文化判断与表达的需要等故意对原文的语言内涵、表达方式等作清醒、理智的选择、删减等。漏译与误译、转译等对原文所采取的增、减、编、述、缩、并、改等变通手段，与原文相比具有更大的变异性和叛逆性。① 从文化层面对此予以深究，可以深入理解文化差异。在杨戴译本当中，漏译了"八宝""洋缎""缕金""洋绉"等词语，也漏译了"裙边系着豆绿宫绦，双衡比目玫瑰佩"；邦索尔译本也漏译了"裙边系着豆绿宫绦，双衡比目玫瑰佩"。两个译本均不约而同地漏译了一些服饰描写，因为很难在英语中找到"对等词"进行转换，因为像"洋缎""褙袄""宫绦""玫瑰佩"等极具中国古典韵味与民族特色的服饰，中国现代读者理解起来都尚感吃力，更不用说将其译为英语了。中西服饰文化的差异所造成的译介障碍可见一斑。但毋庸置疑，漏译了部分内容，对于王熙凤形象的准确全面传递也是有所影响的，至少在服饰的华丽、地位的尊贵、生活的奢侈等形象的传递方面都有所减损。

在原文中，王熙凤的聪明伶俐、八面玲珑、外表美艳却内心狠毒的性格特征被刻画得淋漓尽致，作者于细节处见功力，在细致描写眼、眉时颇具匠心地描绘出了凤姐的个性，"丹凤三角眼""柳叶吊梢眉"看似绘貌，实则写心，显示王熙凤漂亮的外表下暗含着刁钻、泼辣、狠毒的个性。杨戴译本将此译为"the almond-shaped eyes of a phoenix""slanting eyebrows as long and drooping as willow leaves"；② 霍闵译本将之译为"eyes like a painted phoenix""eyebrows like willow-leaves"；③ 邦索尔译本则译为"a pair of phoenix triangular eyes""eyebrows curved like willow leaves drooping at the ends"。④

三个译本所使用的语词虽不相同，但都只将眼与眉的外形勾勒出来了，原文中的贬损意义未予体现，王熙凤"面艳心狠"的形象也未能有效传递。此外，"体格风骚"一词，杨戴译本译为"vivacious"，而"vivacious"是"女人生气勃勃、幸福快乐"之意，与原文表达王熙凤善于利用身体魅力来实现个人目的的意思相异。相较而言，霍闵译本用"seductive"则较好传达了原文的蕴意，但对王熙凤形象又贬损过度。由此看来，译者的翻译行为不仅仅是语言的忠实转换，更重要的是译出"言外之意""韵外之致"，即原文在原语文化语境中的深层蕴涵，如此才能真正实现文化的交流与沟通，才能真正体现译者作为文化使者的意义与

---

① 曹顺庆：《比较文学学》，四川大学出版社 2005 年版，第 196 页。
② Yang Hsien-yi, Gladys Yang, trans. *A Dream of Red Mansions*. Beijing：Foreign Languages Press，1978，p. 50.
③ David Hawkes, John Minford, trans. *The Story of the Stone*，Vol. I. London：Penguin Books，1980，p. 79.
④ B. S. Bonsall, trans. *Red Chamber Dream*（*Hung Lou Meng*）. Hong Kong：University of Hong Kong Main Library，2004，p. 127.

价值。

## 四、内容的变异

不同文化（文明圈）的接受者在阅读理解文学作品的过程中，由于身处由历史、文化、教育等构成的"前见"中，必然会对同一作品产生阅读接受的差异，试举两例。

1938 年诺贝尔文学奖获得者赛珍珠在授奖仪式上对《红楼梦》进行了评价，其间不乏与国内学人对相关问题的评述具有分歧之处，概括起来，大致如下：

第一，她认为《红楼梦》是曹雪芹所写的一部自传体小说，曹雪芹是满族统治时期一位得宠官吏，作品即是曹雪芹记述的自己的生活故事。

第二，《红楼梦》几乎可被看作一部病理学的研究著作。贾宝玉是一个受着自己家庭腐化影响而趋向堕落的青年。他的优秀是通过"衔玉而生"来象征的。

第三，《红楼梦》描写了中国家庭中妇女的绝对权力，描写了女家长如祖母、母亲以及婢女们过分巨大的权力。婢女们常常是家中男主人们的"玩物"，他们毁了她们，但同时她们也毁了他们。在中国家庭中，妇女们进行着超级统治，她们与世隔绝，且没有文化，所以她们的统治就伤害着一切。她们管理男孩，当男孩们得不到保护时，她们就设法保护他们，让他们不去吃苦，不去努力奋斗，贾宝玉就是这样一个男孩。他的结局是非常悲惨的。

作为"中国通"的美国小说家赛珍珠，她的见解却充满了偏颇与误读，不能不令人深思。第一，她将曹寅与曹雪芹混为一谈，导致她认为曹雪芹是一位得宠官吏。第二，她言宝玉正受着家庭腐化影响而堕落，而作品中宝玉恰恰相反，他不断设法让自己摆脱家庭的腐化影响而去追求纯洁爱情并净化自己的灵魂。第三，赛珍珠认为宝玉的优秀是通过"衔玉而生"予以象征的，此言毫无根据，宝玉的优秀主要表现在其反对升官发财、官场舞弊、封建礼教以及人生中的不平等上，与是否"衔玉而生"毫无关联。第四，她认为小说描写了家庭中妇女的绝对权力；相反，在作品里，妇女不但毫无所谓"绝对权力"，反而深受压迫。第五，赛珍珠认为年轻貌美的婢女们也毁了老爷少爷们，却未加例证，缺乏说服力。第六，赛珍珠认为《红楼梦》是一部病理学的研究著作，但未明确指出谁是病理学的研究对象，若是指"无故寻愁觅恨，有时似傻如痴"的宝玉，那是对作品的曲解。由此看来，赛珍珠对《红楼梦》未作精深研究，她的上述认识虽然新鲜，但却缺乏根据，尤其是对妇女在家庭中的权力问题的看法，大概是针对贾母与王熙凤而发，而事实上，贾母之所以受到尊重，只缘于她是贾府最年长者，而王熙凤只是工于心计，心狠手辣，在男权社会中设法保护自身利益但最终也难逃厄运。

再看保罗·马丁森（Paul Varo Martinson）在其博士论文《报应与赎罪：从〈金瓶梅〉看中国宗教与社会》（*Pao Order and Redemption：Perspective on Chinese Religion and Society Based on a Study of the Chin P'ing Mei*）① 中对潘金莲形象的分析，与国内学界多年来一直将潘金莲钉在耻辱柱上相异，马丁森并不认为潘金莲是妖艳、漂亮、淫荡、狠毒的典型，而是试图较为客观地揭示潘金莲形象中的复杂矛盾因素。马丁森认为：一方面，潘金莲极欲"操控"他人，为此，她不择手段，费尽心机，心狠手辣，通过一步步地消除潜在威胁来巩固自身地位，显示出她清醒敏锐的一面；但另一方面，她却非常无知和盲目，对于所处社会的伦理道德体系缺乏明晰认识，看似洞悉世态人情，在追逐地位的过程中玩弄手段，清醒敏锐，行动迅捷，但从根本上她没有意识到自己对他人的种种"操控"行径其实反过来也使自己受控于他人，她对西门庆越来越强烈的操控欲望将自己也置于非常危险的境地，终因超过了一定界限而受到伦理规范的惩戒。马丁森在文中论析道：

> 金莲不同于她人的，就是她除了性和工于心计外一无所有，但即使是在性这方面，她也时时面临她人的威胁，……对于家庭内部的人情世故，她具有一种敏感而深刻的洞悉力，能拨开各种关系迷雾，处理家中的各种事务。然而，如此一来，她却破坏了"报"的原则，既给别人带来了灾难，也让自己深陷其间。②

马丁森这种尽量客观评价潘金莲形象的多面性可以说是英语世界的主流，他们既批判潘金莲欲望的毁灭性，同时又对潘金莲的卑劣行径表示同情，认为潘金莲既是一个可怕的角色，同时又是一个无助的、为了生存别无他路的可怜人物。在潘金莲身上，体现了一种迎击命运的态度，以此对待正统社会的法则，并不择手段，以确保自身生存，几乎可以说，这是一种"放荡不羁"的自由意志和个人主义。总体而言，英语世界学者认为，潘金莲作为弱势群体，无钱无势，要想存活下来，只能将身体作为武器，作为男权社会控制下赢得自身权益的武器，所以，潘金莲这个人物并非只是淫荡与邪恶的化身，而是非常复杂的形象。

由此可见，受中国传统文化中男权思想影响，国内学人在评判潘金莲形象时

---

① Paul Varo Martinson. Pao Order and Redemption：Perspective on Chinese Religion and Society Based on a Study of the Chin P'ing Mei. Ph. D. dissertation，University of Chicago，1973，p. 305.

② The uncanny ability of Chin-lien is that, devoid of any resources herself other than sex…and wit, she has a piercing vision into the inner workings of jen-Ch'ing and is uncannily able to divine situations even before they have come out into the open and on this basis to attempt a manipulation of their inner workings. But in doing so she at the same time so disrupts the pao order that she invites disaster upon all, herself included.

往往容易忽略她身上的生存意志、抗争意识，而过多强调潘金莲的妖冶淫荡与心狠手辣，对于她的悲惨结局也往往从"因果报应"的佛家思想方面阐释，同情悲悯成分少，罪有应得的立场多，甚至有的学者将潘金莲形象直接简化为"淫妇"二字，潘金莲即为"淫妇"的代名词。而西方学者受文艺复兴时期人文主义思想影响较多，往往从"人"与"人性"的角度去评价潘金莲，将她置于所处的社会语境中进行客观全面的还原与审视，既看到她在男权社会中为谋取生存而不择手段、阴险狡诈，甚至加害无辜生命的邪恶面，同时也注意到她作为弱势群体面临生存威胁时产生的本能反抗意志，以及她不得不以"性"作为武器进行抗击的命运，对于她所遭受的残忍处决大多深表同情。当然，西方学者认为在她身上体现了"自由意志"与"个人主义"，有去除一个"淫妇"标签而又贴上另一种标签之嫌，重新落入了简单化的话语模式之中，还不如回归到社会语境中挖掘人性的丰富性、复杂性这上面来。总之，潘金莲形象的接受差异反映出中西文化结构的差异，呈现出中西学者各自不同的思维方式，而弄清其间的差异及其根源，恰恰就是研究接受变异的意义所在。

## 第四节　英语世界中国戏剧的变异与"他国化"

英语世界对中国戏剧（曲）的研究相当丰富，涌现出一大批知名汉学家和丰富的成果，其研究范围，从中国古典戏剧一直到现当代戏剧，都有所涉及。自然，这些英语世界中的中国戏剧也发生了不同程度的变异。

元代纪君祥的杂剧《赵氏孤儿》是第一部被翻译到欧洲的中国传统戏剧。法国耶稣会传教士马若瑟的译本（1731）影响较大，吸引了包括歌德在内的众多思想家、文学家和文化学者的兴趣，也激发了英语文化对中国戏剧的兴趣。马若瑟的译本仅译宾白，略去唱词与诗白，其译文被法国耶稣会会士杜赫德收入《中国通志》（1735），随着《中国通志》的英译而为英语读者所知晓。

哈佛大学东亚语言与文明系教授伊维德（W. L. Idema）曾经指出，马若瑟等西方译者在翻译元杂剧时没有翻译原剧唱词的原因，可能是因为这些唱词实在是不好处理。伊维德认为，马若瑟"并无意于中国文学，仅仅是出于辅助研究近代中国口语而翻译了宾白的部分，而唱词过于艰涩对这一目的无所帮助以致被完全忽略（或许马若瑟也并不知道该如何着手翻译唱词）。而颇具反讽的是，14世纪元刊杂剧中的《赵氏孤儿》只保留唱词，对宾白不置一词。"可以发现，即使是西方学者伊维德，也认为马若瑟的省略是有很大的缺憾的，并不能反映出原本的面貌。

就英语世界而言,英国人哈切特的《中国孤儿:一个历史悲剧》(1741)是《赵氏孤儿》的第一个改编本,但影响较大的是英国剧作家谋飞的改编本。谋飞在法国启蒙主义运动先锋思想家伏尔泰之前就曾计划将《赵氏孤儿》改编出来。后来听说伏尔泰正在改编,就暂时搁置了计划,直到伏尔泰改编之后才开始做这项工作。

谋飞的改编在剧情上,首先不同于伏尔泰《中国孤儿》中成吉思汗和爱达米的恋情的设定,孤儿则为两个不同的人,两个孤儿调包用倒叙处理。谋飞的这一想法也许可以与法国悲剧作家高及依的悲剧《赫拉克利乌斯》(*Heraclius*)的相关情节设定进行比较,在《赫拉克利乌斯》剧中莱昂蒂娜为拯救王子而让自己的儿子与王子互换了姓名。谋飞的《中国孤儿》因此算作保留了中文文本的悲剧色彩。大致剧情则安排为大臣臧缔(Zamti)儿子牺牲,自己因酷刑而亡,曼达美(Mandane)也随即自杀,孤儿哈麦特(Hamet)最终杀死了贴木儿(Timulkan)。

伏尔泰鼓吹理性,这种思想观念的先见帮助他对《赵氏孤儿》的文本进行了文化过滤,因此《赵氏孤儿》原文本中"忠义"的内涵变异为《中国孤儿》中的"歌颂善良、改造邪恶"的博爱思想。而谋飞改写本则张扬了抵抗外侮的爱国大义,标榜了一种英雄主义的宏大立场,符合当时英国浪漫主义的思潮,其激昂的、革命性的立意代替了中国古代思想的"义"与"忠"等范畴,也代替了伏尔泰式的博爱思想,将《赵氏孤儿》的源文化内涵过滤掉了以后,加上了英国浪漫主义式的思维方式,是更典型的文学变异、他国化的例子。

从历史上看,当时英法正在进行"七年战争",英国的民族主义情绪强烈,国内主战主和两派的斗争非常激烈。谋飞支持主战的福克斯派系,呼吁国内政治家去努力争取战争胜利。有人认为文本中抵抗异族统治的叙事与谋飞的思想意识产生共鸣,异族统治这个主题激发了其思想意识里的先见,从而将《赵氏孤儿》源语文本文化变异成了抵抗外侮的主题,一方面符合当时的思想需要,另一方面也融入了英国浪漫主义文学的大环境。这样的《中国孤儿》当然获得了18世纪英国人的喜爱。在彼时彼地的文化语境下,谋飞的改写将《赵氏孤儿》法国文本的文化内涵改变为英式的英雄情操,《赵氏孤儿》从中国的"忠义"变为法式的歌颂善良、改造邪恶,最后又变为英式的反抗侵略,在文化意识形态的层层过滤下步步变异,最后完全的英国化了。这种变异恰恰是源语文本与目的语文化对话,不同的文学观念得以他国化、相互砥砺的过程。这是文学他国化的价值所在。

元杂剧《赵氏孤儿》的另一个英国改编本是1762年出版商兼翻译家珀西在

他的《中国杂记》（1762）里的翻译。珀西在书的序言里标榜了自己的翻译与《赵氏孤儿》原文本的忠实一致性，但是他的翻译是从马若瑟的法文版本译过来的，而马若瑟的译本仅译宾白，删掉了中文原有的唱词与诗白，因此，珀西的所谓的忠实与一致性显然是不可能的。

明代南戏的杰作《牡丹亭》，最早的英译本是由阿克顿（H. Acton）选译的《春香闹学》，载于1939年上海《天下》杂志社出版的英文期刊《天下月刊》（*T'ien Hsia Monthly*）第8卷4月号。但《春香闹学》并非直接源自《牡丹亭》，而是其第7出《闺塾》的京剧改写本。因此，该译本不是从昆曲译过来的，与原作有很多不一样。

《牡丹亭》还有很多英文的选译本和改译本，如杨宪益与戴乃迭译本、美国哈佛大学中国文学和比较文学教授宇文所安完成的译本、许渊冲与许明的译本、南京师范大学陈美林教授与匡佩华、曹珊等合作的改译本等。杨宪益与戴乃迭译本基于吕硕园删订本《牡丹亭》而成。在吕硕园删订本中，原来汤显祖《牡丹亭》的55出被合并为43出。而杨宪益、戴乃迭又只从中挑选了《标目》《闺塾》《惊梦》《寻梦》《写真》《诘病》《闹殇》《拾画》《幽媾》《回生》《婚走》11出。相比阿克顿《春香闹学》的选段，杨宪益与戴乃迭译本基本呈现了《牡丹亭》的主要剧情。宇文所安完成的译本，选译了《牡丹亭》中《惊梦》《玩真》《幽媾》3出戏，以及汤显祖的《作者题词》。在翻译《牡丹亭》时，宇文所安遵循的原则是尽量"将文本英语化"（to English these texts），对于原文中可能造成读者阅读障碍的表达方式进行了归化处理。许渊冲、许明的译本是汉英对照舞台本。许渊冲、许明选译了《牡丹亭》55出戏的22出。许渊冲一贯主张译者要在翻译过程中贯彻"三美"原则，即译文不仅要表达出其表面意思，还要表达出其深层含义；不仅要表达出原作的字间之意，还要传达出言外之意；不仅需要创造性地再现原文的节奏和音韵之美，而且必须行文灵活多变。为此，许渊冲对剩下这22出戏与《牡丹亭》"情理矛盾"无关的人物、情节和唱词等进行了删节。陈美林教授根据汤显祖《牡丹亭》改编成小说故事，再由匡佩华、曹珊译成英文，以英汉对照的形式收入《中国古代爱情故事》系列丛书，于1999年由新世界出版社出版。全书图文并茂，改编者考虑到海外读者的阅读习惯，对原剧进行了重新改写。然而，文学体裁的不同导致写作表现手段的迥异，改写者必须遵守不同体裁的艺术规则和特定审美要求，因此该书完全是重新创造的故事写作方法，除了主要故事情节得以保留，原剧的诗词唱腔全部改掉。原来为55出的剧本被重新分章立节，改编成只有14章的通俗读物。

《牡丹亭》的首个英文全译本是由美国学者白之完成的，于1980年由印第安纳大学出版社出版。白之的全译本以其流畅、地道的英语著称。为了忠实再现原作的文化内涵，他对原作中的人名、曲牌名都采取了意译。除此之外，白之抛弃了传统的格律和押韵，用自由诗的形式来翻译《牡丹亭》中的唱词部分和诗体部分，自然，相对原中文版本来说，这也不可避免地发生了变异。由中国人完成的首个《牡丹亭》英文全译本，是中国科技大学张光前教授于 1986 年完成的。张光前译本运用莎士比亚素体诗（blank verse）的格式，以抑扬格为基本节奏来翻译《牡丹亭》中的唱词和诗句。由中国人完成的第二个《牡丹亭》英文全译本，是汪榕培的译本。汪榕培对剧中大量文化词语进行了淡化或透明化处理，用英语进行再创作，把散体对话或独白部分尽量译成明白易懂的英文。与此同时，在翻译唱词和诗句的时候，在不影响英语读者理解的前提下，尽可能地保持作者原有的意象，否则就宁肯牺牲原有的意象而用英语的相应表达方式来取代。对于原文的诗体部分及唱词部分，汪榕培译本以抑扬格为基本格式，采用了多种不同韵式。

汪榕培自叙了翻译理念："我为自己的译文制定了'传神达意'的目标，否则，复译也就没有意义了。第一，我的译文应该是创造性地准确再现原著的风采。字对字的翻译当然不等于忠实于原文，'妙趣横生'不能译成 The interest flows horizontally，'年已二八'不能译成 at the double eight，'折桂之夫'不能译成 scholar to break the cassia bough，连 laurel holder 似乎也有点勉强。但是，如果把原文中的形象说法都改成大白话，自然也不能说是再现了原著的风采。所以，我在翻译的过程中，把散体对话或独白部分尽量译成明白易懂的英文，例如把'吾今年已二八，未逢折桂之夫'译成 I've turned sixteen now, but no one has come to ask for my hand。与此同时，在翻译唱词和诗句的时候，在不影响英语读者理解的前提下，尽可能地保持作者原有的意象，否则就宁肯牺牲原有的意象而用英语的相应表达方式来取代。我在唱词和诗句的部分是下了一番苦心的。我当然没有能力把所有的唱词和诗句都译成莎士比亚在《罗密欧与朱丽叶》里的美丽抒情诗，但是我努力用英语进行再创作，以体现原著文字的优美。当然，语言是随着时代的变化而变化的，当代的中国读者对汤显祖的语言也有点陌生了，当代的英美读者对莎士比亚的语言也有点陌生了。但若能带点古色古香的味道、却又不离开当代英语的规范，则大功告成矣。第二，对于原文的诗体部分及唱词部分，我在一定程度上采用了英语传统格律诗的若干形式。由于汤显祖的《牡丹亭》的唱词是有严格的曲调的，诗体的部分也是采用了格律诗的形式，所以，我在翻译唱词和诗句的时候，以抑扬格为基本格式，音步则可能有差异，因为唱词原文的字数就是长短不等的。原著的唱词在每一出戏中基本上一韵到底，英语无法做到这一点，我采用了多种不同的韵式。对于译诗是不是押韵的问题，在中国和在西方都有不同的看法，更不用说译一个可演出 22 个小时的长篇剧本了。我的译本可能会引起争议，可能有的地方确实'因音损义'了，也可能有的地方显得'滑稽可笑'，不过我可以问心无愧地说，我已经尽了我的努力进行了一次尝试。"①可以看出，无论译者如何努力，《牡丹亭》的各种英译本，可能在文字、韵律、句式、风格、体裁上，发生了大大小小的变异。

现代著名剧作家老舍的话剧《茶馆》，是1956～1957年的作品，是中国话剧史上第一个应邀去欧洲演出的作品。加拿大人霍华（John Howard - Gibbon）将《茶馆》译成英文，其中也发生诸多变异。例如《茶馆》第一幕："唐铁嘴：（凑过来）这位爷好相貌，真是天庭饱满，地阁方圆，虽无宰相之权，而有陶朱之富！"（SOOTHSAYER TANG（coming over）：This gentleman has an auspicious face. Truly a full forehead and a strong jaw. I don't see the lineaments of a prime minister, but there's a wealthy merchant there.）②霍华将"天庭饱满，地阁方圆"翻译成"宽广的额头和强壮的下巴"（a full forehead and a strong jaw），虽然意思基本达到，但是缺失了这个短语在中国文化语境中的特有意味。它是一个相面的专用术语，形容一个人的面相好。在剧本中，唐铁嘴靠算命骗人，这是他对秦仲义的胡乱奉承，凸显了唐铁嘴的地痞无赖嘴脸。

又如《茶馆》第二幕："王利发：得了，明天咱们开张，取个吉利，先别吵嘴，就这么办吧？All right？"（WANG LIFA：Enough！We're opening tomorrow. For good luck, let's not have any arguments. All agreed？Okay？）袁世凯死后，帝国主义的势力已经渗透到旧北京城内，茶馆掌柜王利发显得老气横秋起来。在当时军阀混战、民不聊生的朝代，他的茶馆还能够支撑经营下来，就是因为他能够顺应时势，懂得改良。这种顺应社会而求生存的底层人物的智慧，也体现在他所用的语言上，即他有意无意地"与时俱进"，接受当时社会上新出现的情况，口中也会蹦出几个英文单词，这非常形象地表现了人物的性格。但非常可惜的是，霍华的译本未能够将这一点体现出来，不利于人物性格的充分展示。

再如《茶馆》第三幕："小吴祥子：老梆子，你真逗气儿！你跑到阴间去，我们也会把你抓回来！"（LITTLE WU XIANGZI：Are you kidding, you old fart？We'll get you no matter where you go.）小吴祥子威胁恫吓王利发，意思是说即使王利发死了也跑不了。但英语译文中没有能够把"阴间"这一具有中国封建迷信思想的词翻译出来，丧失了中国本土文化信息。

此外，《茶馆》中还有不少的成语、俗语和歇后语，在霍华的英译本中也未能很好地体现出来。如"过了这个村可没有这个店"（This is your only chance）、

---

① 汪榕培：《〈牡丹亭〉的英译及传播》，载于《外国语》1999年第6期，第51页。
② 老舍：《茶馆》，霍华译，外文出版社2003年版。以下涉及《茶馆》的英文皆引自此。

"化干戈为玉帛"（Hostility transformed to hospitality）、"死马当活马医"（We must try to breathe new life into her）等，英译都采用了意译的方式，丢失了原文中鲜活的意象和生动传神的人物形态。

通过对中国文学在英语世界中的诸多变异进行了较为系统的考察，可以发现，尽管译者与研究者对中国文学的西传作出了重大贡献，但由于受个人对语言的掌握、对文本的理解以及强大的文化传统和积习的力量等因素的影响，他们在传播中国文学的过程中也使得中国文学发生了变异，有的还将自己的文化偏见植入译介或研究中，又反过来直接影响到世界文化生态的发展与平衡，这在一个多元文化并存共生、共图进步的时代，是应想方设法克服的。我们应该正视不同文化及文明间的差异，不做高低、位势上的评判，而以沟通与交流促进彼此的共同发展。以一种尊重与宽容的心态，或称"理解之同情"的姿态，促进异质文明间的平等对话。正如叶维廉先生所言："文化的交流正是要开拓更大的视野，互相调整，互相包容，文化交流不是以一个既定的形态去征服另一个文化的形态，而是在互相尊重的态度下，对双方本身的形态作寻根的了解。"① 只有这样，才能在保持各民族文学与文化特色的基础上构建"和而不同"的理想世界。

中国文学以自身悠久的历史、承载的博大精深的中国文化、独特的审美理想、丰富的思想内容、多样的艺术形式成为世界文学宝库中光彩夺目的瑰宝。随着国际交往的日益频繁，中国国力的日益强大，独树一帜的中国文学越来越引起世界文坛的关注，在比较文学与总体文学的发展进程中扮演着越来越重要的角色，越来越多的中国文学作品通过译介与研究传播到以英语为主要交往手段的文明圈，似乎"21 世纪真的是中国的世纪"② 了。但在一片令人欢欣鼓舞的传播形势中，我们也必须及时地对海外的中国文学译介与接受进行总结，因为中西之间在文化传统、精神结构、历史背景、民族特点、语言形式方面存在诸多差异，中国文学在"跨文明""跨语际"旅行过程中必然会发生变异，正如曹顺庆所言："一种文学事实经过跨语际旅行之后，往往面目全非，表现出不同的风貌，变异现象如影随形地渗透在文学译介实践之中。"③ 因此，只有及时地对传播中的变异现象进行总结与分析，发现问题，才能为中国文学走向世界提出有针对性的建议，为中国文学的进一步繁荣发展提供借鉴，为海内外中国文学研究的有效互动提供有益参考，这也是时代赋予当今文学工作者的重任。

---

① 叶维廉：《叶维廉文集》（第一卷），安徽教育出版社 2003 年版，第 42 页。
② 2007 年美国《时代》周刊封面文章"中国：一个新王朝的开端"（China：Dawn of a New Dynasty）文内标题是"中国世纪"，预测未来的 100 年，说："21 世纪将是中国的世纪。"参见美国《时代》周刊 2007 年 1 月 22 日版封面。
③ 曹顺庆：《比较文学学》，四川教育出版社 2002 年版，第 184 页。

# 第六章

# 英语世界的中国文学研究与传播机制的建构

近年来，中国文学"走出去"的呼声越来越高，尤其莫言荣获诺贝尔文学奖后，民众对中国文学走向世界寄予了极大的期待。为了能迅速提升中国的文化软实力，让世界更好地了解中国文化，近年来中国政府和许多学者开始了主动向西方译介中国文学的历程。2009年，中国外文局所属的外文出版社重新推出了曾经风靡海内外的"熊猫丛书"，且此次所译的40卷图书中，除13卷图书为鲁迅、巴金、老舍等现代作家作品外，其余27卷均为王蒙、张贤亮、史铁生、王安忆、贾平凹等当代作家的作品。2010年，在原国家汉语国际推广领导小组办公室"中国文学海外传播工程"的推动下，北京师范大学和美国俄克拉荷马大学在美国共同创办了英文期刊《今日中国文学》(*Chinese Literature Today*)，该刊旨在向英语世界的读者推介当代中国文学和优秀作家作品。2013年9月，国务院新闻办公室、中国作家协会和中国外文局联合主办了"2013中国当代优秀作品国际翻译大赛"，大赛组委会推荐了莫言、铁凝以及王蒙等30位国内著名当代作家的优秀短篇小说作为参赛原文，力图通过大赛，让更多的优秀译文出现在西方读者面前。从这一系列的译介活动中，我们可以看到中国政府再一次掀起向英语世界推介中国文学的高潮，让世界了解今天的中国文化。

## 第一节 中国文学海外传播的困境

在中国文学的海外译介和研究过程中,还有许多现象和问题值得我们反思。

首先,中国文学,尤其是现当代文学在英语世界的影响力还有待提升。今天,虽然已有许多中国文学典籍和作品被译介到西方,但在西方读者和学者中产生的影响却相对较小。梳理中国文学在英语世界的接受史,我们可以看到对西方文学产生深刻影响的主要是我们的儒道思想、禅和古典诗词,在老祖宗留给我们的宝贵文化遗产之外,几乎没有什么作品能引起西方学界的关注。一直致力于中国现当代文学英语译介的葛浩文在谈到中国当代作家作品在美国的影响时语出惊人:"目前,中国当代文学真能深入美国社会的根本没有。"[①] 对于这一现象,我们有很多学者进行了反思,除了国家的经济、政治和文化影响之外,我们的文学创作、翻译和研究中也还有不足之处。在向英语世界翻译中国典籍方面,很多学者已经开始了艰难的征程,但在向英语世界介绍中国文学方面,我们的学者却忽略了这重要的一环。在英语世界的中国文学研究中,我们很难听到中国学者的声音。中国学者自身的研究成果和研究方法并未在英语世界产生其应有的影响,进而对英语世界的中国文学研究起到积极的推动作用。即使存在中西方的交流,我们读到的也是西方文艺理论关照下的中国文本解读,是西方文化视野中的中国文学研究,有的只是西方文化的过滤和海外学者的误读。许多海外汉学家和国内学者花费了大量时间精力将中国文学作品翻译成英语,而我们的后续研究做得还很不够,英语世界少有各种中国文学赏析作品和研究作品的出现,为海外读者理解中国文学提供足够的参考文本,为海外汉学研究提供坚实的理论基础。"西方学界除了宇文所安有中国文学批评文选的英汉对照本外,全面论述中国文论思想史,或中国文学批评史的论著至今没有出现。"[②] 中国学界在中国文学批评和研究作品的英语译介方面过于欠缺,致使中国学者重要的研究成果无法为西方世界所了解,英语世界的读者也无法对中国文学有更为深入的认识。

同时,中西学者在中国文学研究中的互动式影响还有待加强,英语世界中国文学研究的方法和成果也未能在国内学界引起足够的影响,对海外汉学研究成果的翻译介绍往往被国内学界所忽略。英语世界的汉学研究并不是一门显学,汉学

---

[①] 王侃:《中国当代小说在北美的译介和批评》,载于《文学评论》2012年第5期。
[②] 王晓路:《论费维廉的中国文论观》,载于《湖南师范大学社会科学学报》2003年第5期。

研究学者数量相对来说很少，与国内庞大的外国文学和西方文艺理论研究队伍形成了鲜明的对比。中国学者对海外汉学家的接受更多的是因为他们对中国文学的热爱和在英语世界传播中国文学，而他们独特的研究视角和对中国文学的看法并未引起国内中国文学研究学者足够的重视。没有向英语世界的大力推介，让西方学者和读者真正了解中国文学，甚至中国文化都是不太可能的。没有对西方汉学的深刻了解，我们就很难明白西方文化对中国文学的关注重点和需求目标。强化中国文学研究作品的外译，提高中国学者的英语写作水平和推广汉语都是刻不容缓的工作，只有在没有语言障碍的交流中，中国文学作品才能被世界所了解和认知。

其次，在中国文学的译介和研究中，中西交流和对话亟待加强。在英语世界产生过重大影响的中国文学作品多为西方学者的译本，在对题材的选取、译介、研究和吸收的过程中，更多的是海外学者的主动选择，中国文学在英语世界所产生的影响因子也是西方文化和学者的主动选择。正如葛浩文所指出：难的不是翻译，选择才是最困难的。"我就是按照自己的兴趣来，基本上只翻译自己喜欢的作家作品。……很多时候一部作品能不能翻译，还得看出版社的意思"。① 在爱默生对孔子和儒家思想的接受和美国化过程中，《日晷》杂志上刊登的儒家典籍译文让美国学者看到了他们的"个人主义"核心理念所需要的中国文化因子，孔子积极入世的思想正吻合了"个人主义"所强调的为美国梦的实现而诚实劳动的精神。虽然美国学者译介了孔子学说和儒家典籍，但译什么、拿什么都是美国学者根据自身所受到的美国文化影响和对中国文化的了解所决定的。"即使当爱默生等人发现儒家思想与超验主义在道德、人性、自修等方面有着广泛的相似之处时，他们从来没有放弃'为我所用'的立场。他们的'借用'和取舍都是为了证明超验主义的广泛实用性。"② 让英语世界读者和学者接纳的大都是海外学者的译著，比如莫言的作品，如果没有美国翻译家葛浩文的精彩诠释，莫言走上诺贝尔领奖台也会遥遥无期。是我们中国学者的译著质量不如欧美学者的作品吗？也不尽然。在今天的图书出版中，营销和策划也是很重要的部分，中国学者的译著在国外没能得到相关机构的大力推介，海外读者根本无法了解这些作品。即使西方学界也根本无从了解中国学者的译著，也就谈不上研究和推广了。

但是，很多西方学者对中国文学的理解是片面的，不深入的，带有浓厚的西方文化色彩。在他们的译文中，我们会看到大量的误读，这种误读既有他们对中国文化和文学作品理解的错误，也有他们根据美国社会和文学发展的需求

---

① 季进：《另一种声音——海外汉学访谈录》，复旦大学出版社2012年版，第125页。
② 张冲：《新编美国文学史》（第一卷），上海外语教育出版社2000年版，第312页。

而有意进行的误读。比如在被称为美国"垮掉的一代"之父的肯尼斯·雷克思罗斯的中国古典诗词英译本中,就有大量误读,在他的中国诗词译文中,荡秋千、水云间、梅花等意象都成为性活动的隐晦表达。葛浩文也承认在翻译莫言作品的过程中对作品做了许多删减和修改,以适应美国读者的阅读习惯。美国学者这种有意的误读体现了美国文化对中国文化的需求和主动改写,也体现出海外学者对中国文学和中国文化的了解还不够深入,因此,在译介过程中加强中西学者之间的对话和合作是非常必要的。理雅各在翻译《中国经典》(The Chinese Classics)过程中,有一位非常重要的中国助手王韬,在与理雅各长达二十多年的合作中,王韬为理雅各解释中国典籍,撰写注释,理雅各在翻译过程中认真研读和吸纳了王韬的研究成果,使自己的译本更为准确和精彩,成为了中国典籍英译的典范之作。而在雷克思罗斯的中国诗词英译本中,也有他和中国台湾诗人钟玲的合译本,使他对中国诗词的诠释不仅保留了诗意的境界和情怀,也更好地反映出原作的丰富内涵,影响了史奈德和许多"垮掉派"诗人。"'送去主义'现在面临的一个主要的问题是:研究、介绍中国文化比较深入的是在西方的华人,中国本土的学者向世界介绍中国古代文化反而很少。把中国典籍介绍到西方去,不应以在西方的华人为主,而应以中国学者为主,这是中国学者的责任,也是一条重要的交流渠道。"① 中西学者在译介中国文学方面进行的合作既可以选择英语世界所需要的中国文学,也可以让英语世界读到内容更为丰富和全面的中国文学译本,让英语世界真正读懂中国文学的丰富内涵和深刻魅力,而我们所倡导的提升中国文化软实力的理想才可能真正得以实现。

最后,中国文学理论的译介还相对薄弱。这是一个理论的时代,整个西方学界对理论的探索还方兴未艾。从最初的新批评到结构主义、读者反应批评、精神分析、女性主义,再到解构主义、后殖民主义、文化研究,西方学者不断用新的理论对原有的理论进行解构、修正。随着西方理论浪潮的涌动,国内学者译介了大量西方现代文学理论并对其进行了广泛的研究,大有无理论,主要是无西方现代文学理论则无学术之势。对西方现代文论的追逐一如国人对英语的狂热,小孩子从三四岁就开始了英语的学习,而且这一过程伴随我们大半生,但这种耗时耗力学习的用途却少有家长考虑过。在许多国内学者译介和研究西方理论热情的背后,在西方理论流行之后,中国的文学理论如何发展?有的学者认为经过翻译之后,西方文论即是中国文学的一部分,就是中国自己的理论。但是在日益增强的中西文化交流中,我们倾听的却是西方学者的言说,是对熟谙西方理论的西方学

---

① 曹顺庆、靳义增:《论"失语症"》,载于《文学评论》2007年第6期。

者的追随。国内有许多学者在研究德里达、赛义德、克里斯蒂娃，但是我们能够数出几位被国内学者关注和研讨的中国学术大师？由此看来，创建属于自己的文学理论确实是树立自身文化地位的重要条件，向西方译介中国的文学理论是平等对话的先决条件。正如王晓路在自己的论文中指出的："对中国文论的建设工作不仅包括对传统文论的梳理和转换，而且应当包括向西方的译介，在真正地理解东西方的基础上，超越狭隘的民族本位思维方式，在互为主观和双向互动的方式中寻求激发中国文论中若干命题的内在精神和价值，使这种传统面向现代开放。"① 许多长驻海外的中国学者体会到了中国文学理论和批评方法的重要性，我们才会看到刘若愚用现代理论体系重构中国文学理论的尝试，叶嘉莹在西方学术中心讲述直觉感悟式的中国诗词赏析范式的努力，孙康宜用西学视野重写中国文学史的用心。但是，中国诗学的海外译介一直未能得到足够的重视，赵毅衡在他的《诗神远游》一书中指出："中国诗歌理论（'诗话'）被介绍到西方是很晚的事了，现在所能找到的中国诗话的最早英译作品是 1922 年张朋淳（译音 Chang Peng Chun）发表在九月号的《日晷》杂志上的《沧浪诗话》的'诗辨'、'诗法'两章。《文心雕龙》、《文赋》和《诗品》等的翻译对诗人们影响甚微。"② 没有对中国传统诗学的挖掘整理，没有向西方译介中国的文学理论，中西诗学的平等对话就只是我们的美好愿望。强化中国传统诗学的外译和研究应当成为中国文学"走出去"的重要部分，在中西理论的碰撞中，为中国现代文学理论的创建和发展寻找更好的契机。正如叶嘉莹所说："如何学习并掌握中国旧日传统文学批评的优点，并进而与西方批评中长于理论分析的优点相结合，实在应当是我们现在思考的重要课题。"③

## 第二节 中国文学理论与文学史的重新建构

中国文学的译介与研究经历了种种阶段，其传播呈现出多种样态，但至今尚未建立恰当的传播体系和传播机制。首先，我们应当明确一点，英语世界中国文学研究离不开翻译，但其体系的建构决不应该囿于翻译。此外，传播机制的建构必须以适当的理论为指导。对作品的选择，对译本的推敲，对文学文本及外部因

---

① 王晓路：《术语的困惑——西方汉学界的中国古代文论研究述研》，载于《文艺理论研究》1999 年第 4 期。
② 赵毅衡：《诗神远游——中国如何改变了美国现代诗》，上海译文出版社 2003 年版，第 146 页。
③ 叶嘉莹：《王国维及其文学批评》，河北教育出版社 1997 年版，第 302～303 页。

素的纵深研究,以及对作品及译本展开的国际性的对话,对若干环节深思熟虑方能建构起英语世界中国文学研究与传播的有效机制,形成中国文学在域外传播的良性循环。

## 一、中国文论的重新建构

建构英语世界中国文学研究与传播机制的首要问题是中国文学理论的建构与传播。我们知道,自古以来,在西方,文学理论与文学作品就是共生共进,西方文坛之所以能枝繁叶茂,对全世界的文学研究产生影响,和现代西方文学理论的繁荣是分不开的。我国不断从西方引进大量文学理论,不仅开阔了国内学者的视野,也为国内的文学研究提供了许多新的方法。然而,在国内文艺理论研究不断发展的同时,我们确实能明显感受到对话的不平等。中国的文学作品一直有对中国文化充满热情的译者、学者在积极译介,中国古代文论也逐渐进入学者视野,但中国当代文艺理论在世界别处的声音真是小得可怜。面对中国文学理论发展的现状,已故的季羡林先生曾不无遗憾地慨叹:"反观我们东方国家,在文艺理论方面噤若寒蝉,在近现代没有一个人创立出什么比较有影响的文艺理论体系,没有一本文艺理论著作传入西方,起了影响,引起轰动。"① 在今天,越来越多的中国学者开始关注海外汉学的发展,国内大量学术团队和科研机构将海外汉学家的研究成果介绍到了中国,让国内学界了解了海外汉学家独特的研究视角和研究范式,也为中国学者就当代中国文学批评与西方文化展开积极的对话打下了坚实的基础。然而令人遗憾的是,国内学者众多的中国文学研究成果却极少被西方学者所了解,尤其是不懂汉语的学者。

一直以来我们对中国文学的译介主要集中在文学作品,关于文艺理论和文学批评的译介相比而言关注太少。同时,我们与世界学者的对话也大多集中在文学作品的翻译和流传,很少深入理论层面。在理论建构方面,中国学者在国际上发出的声音少之又少,与中国学界对西方文学和理论的极大热情形成了巨大的反差。客观来说,这一方面与政治经济因素有关,另一方面也有语言障碍的因素。结果是中国文论在面对世界话语时的严重失语,是中西学者国际学术地位的严重失衡。国外的理论大师来访中国引起轰动,即使是一些在国外并没有什么影响力的西方学者来中国也大受追捧。与此相比,国内赫赫有名的学者为了在国际学术界发出一点声音而获得同行认可,却需作出大得多的努力。

此外,大多数学者试图将中国文论话语介绍到海外,却多限于中国传统文

---

① 季羡林:《〈东方文论选〉序》,载于《比较文学报》1995年10月。

论，虽然古代文论经过现代转化，可以成为我们话语的重要组成部分，但当今学者自己的文论话语体系还远未建构起来。值得庆幸的是，中国学者不断努力发出自己的声音，近年来在国际刊物上发表的学术言论逐渐产生了影响，与西方学者交流也日趋平等。正如王宁教授所言："中国的文学理论必须走向世界，中国的文学研究必须跻身国际主流文学研究界，全球化进程中的中国绝不应当仅仅满足于向世界输出廉价商品和劳动力，还应该以一个文化大国的身份向世界输出思想观念和理论方法。"① 我们的学者出版的理论著作也在海外产生了影响。例如曹顺庆的英文著作《比较文学变异学》（*The Variation Theory of Comparative Literature*）于 2014 年 3 月在纽约出版，对世界比较文学的发展历程做出评价，并提出比较文学变异学理论，是中国学者在世界文学批评论坛上发出的重要声音。

由此看来，中国文学没有自己的文学理论，就不算完善；中国文学要想获得英语世界读者的了解和接受，就必须要理论和文学批评的介入。因此，中国文学理论的建构和海外传播之路任重而道远。

## 二、中国文学史的重新建构

随着全球化时代的到来，身份与边界问题成为文学研究新的关注点，文学传播方式与历史方面的许多问题都需要相应地重新界定。

一是语言疆界的拓展使我们必须重新确定中国文学涵盖的范围。华人在世界广泛分布，汉语在全世界范围内使用，于是，汉语文学、华语文学与中国文学之间的关系亟须厘清。如今中国向全世界张开臂膀，欢迎来自世界各地不同民族的人群，这些在中国土地上定居的外来者，免不了要以汉语作为交流手段，有一些人也会成为汉语写作者。事实上，这在中国历史上早有先例可循。唐朝时一些来自日本的遣唐史和新罗的"入唐人"就创作了大量汉语文学作品，如日本的晁衡（阿倍仲麻吕）和新罗的崔致远就留下许多用汉语创作的文学作品，前者的诗作《望月望乡》被收入《全唐诗》，当时就是作为中国文学作品被载入文学史册。

二是中国少数民族的文学创作也应以一种新的姿态重新纳入中国文学史。过去的中国文学史中虽然也有少数民族文学，但一般都是汉译的少数民族文学，或者说是汉族言说中的少数民族文学。少数民族母语创作只在很小的范围内流传。少数民族文学话语应该以怎样的方式进入中国文学史，已经有不少人讨论。比如

---

① 王宁：《从单一到双向：中外文论对话中的话语权问题》，载于《江海学刊》2010 年第 2 期。

在"2015 中国多民族文学论坛"上,就提出了"多民族文学理论建构"的议题,与会学者朝戈金教授指出应把少数民族话语纳入国家知识体系的建构。① 现在中国已有一些少数民族作家用母语创作,并直接参与到世界文学中。例如阿库乌雾用英语、彝语、汉语出版的诗歌文本,跨域了语言、民族和国界,在世界多元文化空间中占据了特定的位置。

三是由于经济文化的发展和网络平台的出现,文学创作不再是阳春白雪,已成为人人触手可及的领域,每年创作发表、出版的文学作品迭出不穷。各级作家协会成员数量惊人,大量业余作家创作热情高涨。大量文学作品良莠不齐,即使是本国的读者都看得眼花缭乱,何况是那些靠翻译来接触、了解中国文学的海外读者。公众除了从一些官方的奖项得到引导,最大的影响来自媒体导向。那么学者是否可以更多地参与编著年度作品甄选及赏析,创办更多的书评刊物,充分利用各种媒体平台,将专业的见解传递给大众,让读者获得更多参考意见。同时,这些作品选析文本可以英译出版,书评刊物也可以中英文出版,并寄送世界各地。这些书籍、刊物可以让国外读者了解最新的中国文学作品动向,并为他们选择译介作品提供参考。通过对当代文学年度文学作品的梳理让国内读者和海外学者更好地了解当代中国文学,这样就不会让海外汉学家把自己的视野仅仅局限在一个人数极少的作家群体当中,认为中国当代文学作品未能很好地反映出中国的现状,对自己的社会和人民的情感缺乏深刻的思考。正如孙康宜和宇文所安组织众多海外汉学家重新编撰中国文学史,在 2010 年出版了厚达 1704 页的《剑桥中国文学史》,将对中国文学的介绍更新至 2008 年,也是为了让国外读者更好地了解中国文学。

总之,中国文学史的重新梳理与建构,将为中国文学的海外传播提供明确的选择范围和恰当的发展方向,有利于海外读者了解中国文学的真实状况。

## 第三节 翻译出版机制的完善和新媒体的引入

文学的译介是十分复杂的活动,牵扯到方方面面,只有考虑到各个环节,才能更好地完善中国文学译介的机制。

---

① 徐新建:《回顾与前瞻:2015 中国多民族文学论坛评述》,载于《贵州民族大学学报(哲学社会科学版)》2015 年第 6 期。

## 一、翻译出版机制的完善

过去对翻译作品的选择，多根据译者自己的喜好，或者依照出版社的要求，选择最可能创造市场价值的作品。在这种导向下，译介输出到英语世界的文学作品，未必就是最有价值、最能反映中国文化的作品。由此看来，在向英语世界译介中国文学的过程中，对中国文学有着深入了解的中国学者也应该积极介入作品的选择问题。如果中国学者缺席作品外译的选择，国外读者对中国文学作品的面貌始终难窥真容，中国文学在世界始终会处于一个边缘的位置。在英语世界中国文学译介的高峰时期，我们可以看到，中国文学的选择工作几乎都是由处于主流文化中的西方学者来决定的。他们或出于了解中国文化的需要，或由于对自身文化的焦虑，在中国作家、思想的选取中能够有的放矢，取己所需并为己所用。而在今天的中国文学英译中，我们需要强化主体意识，认识到自身参与和引导的重要性，并在对西方文学深刻理解、对目标读者市场充分了解的基础上，真正了解西方文学的发展状况和引进需求，满足不同受众对中国文学的阅读需求。

我们还应当与海外译者建立起更良好密切的合作关系，让海外译者在译介中国作者及作品时对中国文化怀有深深的温情，才能在连接中西文学作品及理论的过程中取得有效沟通。我国翻译家杨宪益与其英籍妻子戴乃迭的携手合作，也是中国文学翻译史上的一段佳话。又如钟玲，在美国留学期间，和雷克思罗斯一起翻译了《李清照全集》和《中国女诗人》，不仅使英译本成为美国翻译文学中的经典之作，也让美国学者对中国古代女诗人的创作有了更全面的了解，以至于有学者认为其译著"就像庞德的'河商之妻'和菲茨杰拉德的'鲁拜集'，已经是我们自己的文学的一部分了"。① 王宁在谈到中国当代作家作品的海外传播时也强调合作的重要性，他确信："如果我们与国外的汉学家通力合作，将他们（中国当代作家）②的优秀作品译成优美地道的英文和其他主要的世界性语言，并且在国际文学评论和研究界进行评论和讨论，他们迟早会成为世界文学中不可分割的一部分。"③

莫言获得诺贝尔奖，《三体》《北京折叠》获得雨果奖，除了作品本身的魅力，译者葛浩文和刘宇昆的翻译功不可没，反映了译介对作品传播的重要意义。但如果就此认为中国文学在英语世界获得了广泛的接受和认可还为时尚早。与西学铺天盖地涌入中国的情形相反，海外译介中国文学的汉学家人数寥寥，马悦然

---

① Morgan Gibson. *Revolutionary Rexroth*: *Poet of East-West Wisdom*. Hamden: Archon Books, 1986, p. 97.
② 括号中内容为笔者添加。
③ 王宁：《世界文学与中国》，载于《中国比较文学》2010 年第 4 期，第 21 页。

（Nils Göran David Malmqvist）、葛浩文、林丽君（Sylvia Lichun Lin）、顾彬、蓝诗玲、金介甫、周成荫（Carlos Rojas）、陈毓贤（Susan Chen Egan）等，屈指可数的海外中国文学翻译家与中国庞大的西学译介队伍形成了鲜明的对比。一国文学在他国的接受和传播效果，往往要考察作品在他国的销量。但是，从统计中，我们能看到，中国文学作品在英语世界的销量并不乐观。因此，我们不能只靠英语世界译介者个体的努力，而应该有计划地从译者、出版机构、出版程序、作品舆论等多个方面入手，逐步完善国内的译介机制。

2018年2月22日，金庸小说《射雕英雄传》在创作发表60年后，终于有了第一个正式英译本 Legends of Condor Heroes，由英国麦克莱霍斯出版社（Maclehose Press）面向全球发行。译者郝玉青（Anna Holmwood）从小在英国长大，父亲是英国人，母亲是瑞典人。从一接触中国文学起，郝玉青就爱上了中国古典文学，读过《射雕英雄传》之后，她立刻迷上了中国武侠小说。早在2012年，郝玉青就开始积极地向西方图书代理商推介《射雕英雄传》。她在接受澎湃新闻的一次采访中提道："金庸是我一直想要推荐给西方读者的作者之一。那时候其实有多家出版社表达浓厚的兴趣，其中在英国出版界相当受人敬重的编辑 Christopher MacLehose 一口咬定说：'我一定要出版金庸的作品，没有人可以从我的手中抢走！'"① 据了解，英文版《射雕英雄传》第一册《英雄诞生》（A Hero Born）在英国出版后反响热烈，首月即加印到第7版。郝玉青还透露，已有美国知名出版社与她接触联系，将推出美国版；另有西班牙、德国、芬兰、巴西、葡萄牙等国家也相继买下了版权，未来将出现更多语言版本的《射雕英雄传》。②

这样一个消息，不免让中国的文学爱好者和文学研究者感到欣喜，这不啻为中国文学走向世界的又一个标志性事件。我们在看这样一则消息时，有一点一定不能忽略，那就是郝玉青作为《射雕英雄传》译者的同时，还是一名有着丰富经验的文学作品版权经纪人。正是这样的身份，让她积累了一定的人脉，又了解市场心理，在选择作品时有独到的眼光，对市场的定位也十分准确。外国的版权经纪人和代理商在推荐莫言、余华等的作品时，走的是严肃文学的路子，还会有意申请一些文学奖项的评比。《射雕英雄传》的英译本从一开始考虑的却是"主流奇幻"路线，郝玉青甚至用了"中国的《指环王》"这样的推介语。虽然中国读者可能不一定认可这样的对比，我们却不得不承认：中国文学作品的译介不仅需要关注翻译的问题，还要关注市场的问题。

---

① 李争，"《射雕》英译者：翻译武功招式不难，难在译得流畅"，澎湃新闻，2017年10月28日，http://app.peopleapp.com/Api/600/DetailApi/shareArticle?type=0&article_id=767088。
② 彭珊珊，"郝玉青谈英译《射雕》成'爆款'：撬动市场耗时近十年"，澎湃新闻，2018年6月4日，https://www.thepaper.cn/newsDetail_forward_2169168。

## 二、全球化进程下新媒体在中国文学译介中的应用

全球化语境下,我们还应当注意新媒体在中国文学海外传播中的作用,考虑作为时代大背景的全球化进程与新媒体技术作为新的传播媒介的重要影响。全球化进程虽然是以经济为起点和动力,但在其席卷包括中国在内的不同国家、地区文明的过程中,也广泛地渗透进了政治、文化等更深的层面。如美国研究全球化的代表人物大卫·哈维(David Harvey)所描述:全球化的时代导致了人类社会的时空压缩,使地球成为了一个村庄——这一"时空压缩"加剧了不同文化之间的交流,并引发了更频繁也更剧烈的文化冲突。① 中国当代文学的海外传播当然需要重视这一时代大背景:全球化不仅影响了中国的文学理论,而且对中国文学创作的土壤——社会文化现实也日渐产生了系统性的影响与限制,从而对中国当代文学实践的主体如何处理"全球性"与"本土性"或"民族性"之间的关系提出了新的挑战;同时,新媒体技术的发展正在结构性地重塑传播媒介生态,已形成了新的中国当代文学实践形式——网络文学,亟待新的文学理论加以阐释;最后,中国当代文学海外传播作为一项跨文化的传播,亟须理解和把握海外受众在面对外来文化传入时的社会心理机制,避免在海外受众群体中引发文化冲突的心理反应。

首先,急速扩张的全球化进程深入影响了中国的文学领域,使中国的文学理论极大地受到西方理论的影响与限制,如曹顺庆、靳义增在《论"失语症"》中所指出的,中国的学者和作家在对西方文学作品的模仿和对西方理论的追随中,"中国文化已经到了几乎要被'西化'掉的衰弱局面"。② 事实上,在文学创作层面,全球化也通过对中国文学创作的土壤——作家所生存的社会文化现实产生了系统性的影响,从而催生了"本土性""民族性"的缺位、偏向"全球性"的文学创作。这类"本土性""民族性"缺失的文学作品,即使在国内取得一时的成功,在海外传播中也注定会面临失败。从事跨文化传播研究的学者罗贻荣在对"马小跳现象"的跨文化传播分析中聚焦了一个很好的实例:在充斥着国外图书的中国儿童图书市场,中国本土的原创作品"马小跳"系列异军突起,在国内热销总量达 1 000 万册、连续 41 个月位列中国童书销售榜;而"马小跳"系列的作者杨红樱甚至被奉为中国的"少儿图书皇后""中国的 J. K. 罗琳",一时成为中国儿童文学界的热门话题人物。但令人意外的是,"马小跳"系列的英文版自

---

① David W. Harvey. *The Condition of Postmodernity: An Enquiry into the Origins of Cultural Change*. Cambridge, MA: Blackwell, 1990.

② 曹顺庆、靳义增:《论"失语症"》,载于《文学评论》2007 年第 6 期,第 80 页。

从 2008 年开始，在欧美国家推出后反响平平，竟然在 5 年之内全部停印。罗贻荣在对这一中国当代文学作品海外传播失败的现象进行了深度分析之后指出："马小跳系列作品在西方失败的实质，是其本土性和民族性的缺失"；该系列作品原创的主旨与核心价值观都是追随西方的作品，在英译作品中甚至将所有西方受众无法理解的中国本土元素和现象的痕迹尽数抹去，出版社在海外销售中也极力宣传书中人物"马小跳""与西方孩子没有区别"。①

全球化对中国本土文化的压制和影响所导致的中国当代文学创作中"本土性""民族性"的缺失与向"全球性"的趋同，不仅直接导致中国当代文学在海外传播中的衰弱态势，也已经引起了学界与读者对中国当代文学的反思与批评。正如葛浩文的批评：中国当代文学缺乏有影响力的作品，明显的缺陷之一为"语言西化，缺乏创新"——未能从"中国传统诗词歌赋的意象优美和精粹独特的语言表现"中吸取养料。② 全球化极大地挑战了中国当代文学实践如何处理"全球性"与"本土性"或"民族性"之间的关系。王宁在《翻译研究的文化转向》中指出：作家、学者和译者在经济全球化到文化全球化的过程中需要认清不同文化之间固有的差异与全球化导致的文化趋同两者共存的事实。③ 当前中国当代文学领域的学者和作家，需要共同努力在文学全球化与文学民族性之间进行对话与交流，通过良性互动获得中国当代文学的"全球本土化"。

其次，在中国文学的海外传播中还必须重视传播媒介的变迁：中国的新媒体技术正进入井喷式的发展阶段，正在重塑传统的"第一媒介"为主体（包括报纸、电视、广播这类"第一媒介"）的传播媒介生态。文学的传播离不开媒介，传统的文学对应传统的媒介。传统的报纸、电视、广播曾被并称为三大媒介，这三者尽管存在具体传播形式的差异，但其共同特征是：三者都是单向传播，即由一个中心发布者向多个受众的辐射式传播。这种"信息制作者极少而信息消费者众多的播放型模式占主导地位"的时期，被马克·波斯特（Mark Poster）称为"第一媒介时代"；而"多向、互动、去中心化的互联网"这类新媒体技术，则使中国当代文学进入了"第二媒介时代"。"第二媒介时代"是以网络为主角的新媒体传播时代，因其异于传统的文化土壤而产生新的文学样式、新的作者和读者群，甚至新的文学创作过程。新的传播媒介生态环境必然影响中国当代文学的创作实践，目前已催生了一类新的中国当代文学实践形式——网络文学。从事网络文化与都市文化研究的学者许苗苗指出：网络文学是"专指一类占文学网站作

---

① 罗贻荣：《"马小跳现象"的跨文化传播分析》，载于《中国海洋大学学报（社会科学版）》2015 年第 2 期，第 57~61 页。
② 彦火：《葛浩文与性描写》，载于《羊城晚报》2013 年 1 月 31 日。
③ 王宁：《翻译研究的文化转向》，清华大学出版社 2009 年版。

品主题的超长篇类型化小说",这一形式在创作形式、创作主体、读者与作者的关系等重要方面,都与传统的文学形式大相径庭,例如:"作者"的个体性正在被"群体创作"取代;"读者"从传统的以对文学作品的审美欣赏为诉求,转而到以批评"网络文学"作品、敦促其改进为乐;而"创作过程"则以"作者"和"读者"的紧密互动性为其突出特征,区别于传统意义上由"作者"独立完成创作、印刷呈现的即已成熟并且固定的作品。正如许苗苗所指出的,这一类新媒介形式下产生的新的文学形式亟须独立于传统文学理论的新的文学理论的阐释,在中国当代文学的海外传播体系建构中更是不能忽视的一个方面。①

最后,中国文学的海外传播本质上是文学的跨文化传播,为了避免引发海外受众的文化冲突心理而导致传播的失败,也需要更深入地理解跨文化传播过程中的社会文化心理机制。研究跨文化交流的社会心理学家基于实证研究揭示了其中的规律:跨文化传播过程中,受众会置身于同时接触本土文化和外来文化的场景,在不同的条件下会引发"排斥"或"接纳"截然相反的反应模式,如:当在跨文化传播过程中,诱发了受众的本土文化与外来文化冲突的信念,或者感受到外来文化正在或即将威胁到本土文化,则更有可能采取对外来文化的"排斥"反应。② 基于此,中国文学的海外传播,必须要注重了解中西文化价值观的差异,在翻译和理论推介过程中要注意中西方的文化背景差异,充分尊重英语世界的文化价值观,并基于这一原则选取好的译者和出版方。具体而言,中国文学作品在海外传播中所需要的译者和出版机构,应当是充分了解中西方文化差异,在尊重西方文化和价值的同时也充分理解并尊重中国文学作品中体现的中国本土性与民族性的文化和价值,从而不仅能译出优秀的作品,还能胜任中国文学作品在海外传播的最佳推介人与代言人。

## 第四节　走向世界的中国文学

### 一、世界文化格局的新变化

所谓世界文化格局,是指一定历史时期内,世界上若干文化体系或文化区

---

① 许苗苗:《作者的变迁与新媒介时代的新文学诉求》,载于《文艺理论研究》2015年第2期,第130～137页。
② 赵志裕、康萤仪:《文化社会心理学》,刘爽译,方文校,中国人民大学出版社2010年版。

域之间相互联系、相互依存，从而形成和表现出的一定力量分布与对比的结构状态。具有一定特征的文化体系或文化区域，一般是由在较长历史时期里所形成的有着大体相同或相近的语言、文字、信仰、价值系统、风俗和民族样式等的多个国家组成。与之类似的还有世界政治格局、世界经济格局、世界军事格局。

纵观世界文化几千年的发展历史，我们可以发现，早在七千多年前甚至更早的时候，埃及、巴比伦、印度和中国所形成的古代东方文化圈就已经发源。西方欧洲列国文明发端虽然较东方晚，但自13世纪始，先后经历了文艺复兴、启蒙运动、资产阶级革命和工业革命，政治、经济、文化等实力突飞猛进。中国的周边国家和邻近地区，陆续成为欧美列强的殖民地或势力范围。中国作为一个幅员辽阔的封建国家，自然成为殖民主义者选择侵略扩张的最佳对象。

鸦片战争的硝烟，给中国大地笼罩上阴云。西方列强的坚船利炮，不仅炸开了大清帝国闭锁的国门，还对日益走向衰败之路的封建文化展开了狙击。久锁的国门洞开，现代文明随着炮声送入神州大地，有识之士正视现实，意识到了解域外世界的必要性，进而"开眼看世界"，开启了"师夷长技"和"中学为体，西学为用"的学习西方的新时代。

自20世纪后半叶始，东方文化逐渐呈现复苏之势。中国不仅在20世纪完成了政治经济上的独立转变，在历经数十年的种种坎坷后，文化方面也终于主动进入世界总体格局，重新以独立的姿态站在世界文化之林。2004年初秋，语言学家许嘉璐、科学家杨振宁、国学家季羡林、哲学家任继愈和文学家王蒙在中国"2004文化高峰论坛"上发起签署了《甲申文化宣言》，向国际社会表达中华文化重获话语权的决心。宣言称："文化多元化对全球范围的人文生态，犹如生物多样性对维持物种平衡那样必不可少。"① 在经济全球化的影响下，各民族的文化突破了地域和模式的局限，通过交流、融合和互补，开始了前所未有的发展，世界文化因此出现了勃勃生机。当下，东方文化正呈复兴之势，在整个世界文化中的地位越来越显著，成为多元文化环境中的重要一员。

作为文明古国的中国，历经乾旋坤转，从没有中断过自己的历史。自古以来，中国知识分子骨子里就有着高度的文化建设自觉性，这种意识成为中国文化长河源远流长的强劲原动力。在新的世界文化格局之下，中国文学也迎来新的契机。不论是源远流长的古典文学，还是创新求变的现代文学，都有了与世界文学对话的更强烈的欲望，这必将进一步推动中国文学走向世界。

---

① 许嘉璐等：《甲申文化宣言》，载于《大地》2004年第18期。

## 二、世界语言秩序的重构

由于贸易往来的发展以及殖民地的开拓，18世纪的英国与世界各地的民族文化发生了广泛的接触。随着英国殖民地范围的扩大，英国成为当时世界上经济、科技最发达的国家，是世界贸易、金融中心。殖民地、半殖民地以及其他独立国家为发展本国经济、科技、贸易，必须同英国交往，于是学习英语成为必然。后来，美国在经历了独立战争、南北战争之后，经济、科技迅速发展，并于第二次世界大战后国力大增，成为世界超级大国，英语也进一步成为世界霸权语言。

截至20世纪末期，世界上以英语为母语的国家有十余个，以英语为官方语言的国家超过七十个。在各种语言中，英语的影响力一直名列前茅。据统计，90年代后期世界上有近1/4的人口，即12亿~15亿人能讲流利的英语或能熟练使用英语。现在，在世界五大洲均有讲英语的国家和人民。在国际交往中，英语的地位更是十分重要。

在人类历史上，跨民族、跨国度使用的通用语曾经出现过许多种，除开早期的古希腊语、拉丁语、法语和英语，先后扮演过此种角色的还有意大利语、德语、阿拉伯语和俄语，在东亚则是汉语。与古希腊语、拉丁语、法语和英语相比较，汉语是世界上最古老的语言之一，是世界上使用人口最多的语言，更是中华文明延续五千年的重要载体。历史上，汉语文化圈内各国历史上都使用过汉字，不少语言受汉语影响极大，例如日本、朝鲜、越南等国语言中大量借用古汉语词汇，至今仍能从中寻觅到汉语影响的踪影。但是，在西方科技、经济崛起的时代，汉语也一度受到种种质疑，甚至有人提出汉字拉丁化的设想。

随着中国国力和国际影响力的增强，世界上使用人口最多的汉语重新焕发新彩。世界范围的"汉语热"令很多国家纷纷开设汉语课程来推广汉语言和中国文化。在中外双方的共同努力下，2004年11月21日，全球首家孔子学院在韩国首尔成立，截至2015年12月1日，全球134个国家（地区）建立500所孔子学院和1 000个孔子课堂。① 各地孔子学院充分利用自身优势，开展丰富多彩的教学和文化活动，逐步形成了各具特色的办学模式，成为各国学习汉语言文化、了解当代中国的重要场所。

汉语学习者人数越多，能直接阅读中国文学作品的国际读者就越多，能从事中国文学作品的译介和研究工作的学者与译者也就越多，对中国文学感兴趣、能

---

① 统计数据参见：http://www.chinairn.com/news/20151207/103453116.shtml。

对中国文学问题发表看法的国际读者也更多。这意味着中国文学作品有可能不仅仅是作为汉学专家的研究文本存在，更有可能作为一般的世界文学作品呈现在更多读者眼前。也就是说，世界语言秩序的重构，使以汉语为语言载体的中国文学更有可能为世界市场所接受。

### 三、世界文学繁荣的新气象

在东方，早在春秋时代，中国便呈现出不同民族文化的冲突碰撞交流融汇的开放活跃的多元态势，秦始皇的"焚书坑儒"、汉代的"独尊儒术"并没有切断中华民族与世界其他民族文化的多向联系，张骞通西域开启了主权国家与异民族文化有目的、有意识的交流；丝绸之路的开通、魏晋南北朝各民族文化的大冲突大融合、唐玄奘西天取经、元帝国开疆扩土、郑和航海下西洋等，凡此诸举都推动了中国文化、文学与世界其他民族文化、文学的交汇、融通和契合，使中国文化、文学逐步面向世界。至于唐朝，中国在经济上、政治上以及文化和文学上已经成为世界上最强大和最富有的国家之一。

中国文学在18世纪欧洲享有很高声誉，歌德所提"世界文学"概念与其阅读德译本中国文学相关，伏尔泰名作《中国孤儿》是改编于元代纪君祥杂剧《赵氏孤儿》的法译本。然而，这些事实并不能改变当时世界文学话语的西方中心论调。在19~20世纪欧洲所建构的世界文学史中东方文学偏于一隅，并被不断边缘化。中国文学也未得到应有的重视，长期被置于世界文学的边缘。

随着全球化的进程，真正的"世界文学"呼声愈高。截至2019年，有116名作家获诺贝尔文学奖，来自非西方国家的仅16名，其中在1991年后获奖的有8名，几乎相当于过去获此奖的东方作家之总和。尽管这是一个小得可怜的数字，却说明非西方文学正在渐渐得到重视。

21世纪初期以来，西方学术界兴起了"世界文学史新建构"的文学思潮，以大卫·丹穆若什、弗兰克·莫莱蒂（Franco Moretti）、艾米莉·阿普特（Emily Apter）等为代表的学者高举"世界文学"大旗，最具代表性的成果之一就是丹穆若什等主编的《朗曼世界文学文选》（*The Longman Anthology of World Literature*）。在该书的古代文本部分，除了荷马史诗，以及赫西俄德、维吉尔、奥维德、奥古斯丁等西方古典作家、思想家的作品被选编以外，居于整部文选之首的是巴比伦创世神话，接着是印度的《梨俱吠陀》、古埃及的赞美诗、巴比伦史诗《吉尔伽美什》、古埃及的《亡灵书》以及印度史诗《罗摩衍那》、中国的《诗经》《论语》等。东方文学所占分量之大，不仅对1650年开始出版的诺顿文选中纯正的西方文学来说是颠覆性的现象，即使对十几年前的诺顿文选的选篇而言,也是相当罕见。

用丹穆若什本人的话来说,《朗曼世界文学文选》是在"试图推动从欧洲中心到真正全球视野的结构转向"。① 这本身就有一定的象征意义,它实际上体现了世界文学的多样性、多元性。由此我们也可以看到西方学者对东方文学态度的改变。世界文学是由多元文学构成的,多元性意味着世界文学体系内不止一个中心,而是多个中心并存,且每个中心都尤其独特的形态。一个国家历史上所有的文学作品总和就是该国的文学总体,而世界上所有国家的文学作品总体汇合在一起,就形成了世界文学的集合体。不过丹穆若什认为,并不是所有的民族文学的作品都可以构成世界文学,只有那些参与跨越语言、跨文化的流通的,并且为他者文化的读者所阅读和理解的作品才可以成为世界文学的组成部分。从文化相对主义的角度看,每种国别或民族文学都是平等的,本没有高下之分,这就从根本上否定了欧洲中心论,② 也为目前繁荣的多元世界文学格局埋下了伏笔。

时至今日,世界文学呈现出百花齐放的繁荣新气象,中国文学作为世界多元文学中的重要"一元"业已在走向世界的探索之路上小有收获。王蒙、张贤亮、王安忆等一批中国当代作家活跃于世界文学的环境里。2000年,诺贝尔文学奖的名单上出现了首位华语作家——高行健。12年后,中国当代作家莫言获得诺贝尔文学奖,这意味着中国文学已经步入世界文坛。不论人们愿意与否,世界文学的新格局已成气候,中国文学也将带着其深厚的历史和特有的当代姿态汇入历史长河。

## 四、中国文学的译与介

当今的世界,各个国家和地区相互制衡、相互联系、相互合作,任何国家的发展都不可能置身于全球语境之外。在这样的世界局势下,一个国家能否在全球化中夺得先机,离不开文化软实力。中国文学是中华民族整体精神面貌与文化身份的映像,是最能反映中国文化的范本,其特质对于中国人性和人心的影响如此深远,以至于我们能从中看到中国社会的现实及未来的走向。越来越多的国际学者试图在世界文学的背景下了解、研究各个民族的文学创作和理论,主动突破文化偏见,探求异质文明形态之间的对话与交流。他们对中国文学的翻译、探讨、接受也反映了不同背景学者观察中国人的内心世界和精神文化空间的视角。对本

---

① 大卫·丹穆若什,"一个学科的再生:比较文学的全球起源",载于大卫·丹穆若什:《新方向:比较文学与世界文学读本》,陈永国、尹星主编,北京大学出版社2010年版,第40页。

② 杜明业:《"世界文学史新建构"中的多元文学观与中国话语》,载于《西安外国语大学学报》2012年12月第4期,第12~15页。

国学者来说，中国文学在当今复杂的社会环境中，如何更好地走向世界，于纷繁多样的世界文学中占据一席之地，也是我们不能逃避的重要课题。文学的接受，总是要受到审美习惯、接受心理和文化传统等诸多因素的影响，文化基因既是滋润民族文学之花果的肥沃土壤，也往往是不同语言文化背景中文学交往的隐性障碍。文学的传播和接受不可能像出口一般商品那样简单，中国文学怎样通过译与介，跨过文化的鸿沟，穿越语言的界限，真正走进国际读者的内心世界，将是一个复杂而漫长的过程。

尽管中国文学外传的历史由来已久，但我们不得不承认，在中外文学交流史中，中国学者的关注更多放在对外国文学的译介上。晚清知识分子把翻译看成"开渝民智"[①]的重要手段，开启大量翻译西方文学作品的先声。不论是译印政治小说救国启蒙的梁启超，还是以中学之体重构异域文本的林纾，抑或是关注俄国和东欧弱小民族文学的周氏兄弟，都试图通过翻译外国文学作品来实现中国文学的改革与创新。20世纪80年代，中国学者试图通过大量翻译文学作品，恢复中国文学的创作血脉。然而，仅仅从外部汲取养分，是不足以保存中国文学之根本的。文化记忆的承继，恰恰需要从本国文学的阐释、翻译开始。大量西方作品有相应的中文译本，相比之下，许多优秀的中国文学作品在西方却鲜为人知。有些作品虽然被译成多种外文，却不见得真正进入流通渠道，并不能产生真正的影响。每天都有大量新的文学作品问世，中国文学作品置于世界阅读市场的书架上，如何获得受众的青睐，是一个复杂的问题。高行健和莫言十分幸运地遇到了异国知音——优秀的译者陈顺妍和葛浩文，以及颇具眼光和魄力的出版商，才能使自己的作品真正进入英语图书市场。还有很多优秀的作品却在浩瀚的作品海洋中静躺着，等待人们来发现。

让中国文学走向世界的过程，也是将中国文学世界化的过程。正如王宁所言："中国文学要想走向世界，在本质上是离不开翻译的，尤其离不开英语的中介。"[②] 翻译不仅仅是单纯的语言转换，更是异质文化之间的碰撞与交流，是将一种文化转换成另一种文化的实践，其力量不仅足以再现源语文化，更能在目的语中起到独特的文化模筑作用。因此，译者是不同文化之间的通灵者和协调者，一部文学名著的翻译史，既是两种文化的对话史，也是两种文化相互理解和阐释的过程。

审视当代中国文学在海外的译介状况，以汉学家为驱动、以市场为主导、以归化为主要翻译策略的模式仍然是主导。为了确保译作通达流畅、适应西方读者

---

① 王栻：《严复集》（第一册），中华书局1986年版，第130页。
② 王宁：《世界主义、世界文学以及中国文学的世界性》，载于《中国比较文学》2014年第1期，第11～26页。

的阅读习惯，原著中反映文化特质的陌生感、异质性往往被淡化、消解和改造。比如《红楼梦》最受欢迎的霍克斯译本虽然译笔流畅，但对其中的诗词、隐喻作了大大简化，而杨宪益版本力图表现原作文字特点，虽然为汉学家提供研究的资料，却并不受普通读者喜爱。再如当代作家刘震云的《手机》所设定的时间结构，在英译本（Cell Phone）中被完全重置，转化为回忆式的倒叙手法。还有一些作品的标题被别出心裁地改头换面，如阿来的《尘埃落定》被译为"Red Poppy"，施叔青的《香港三部曲》被译成"City of the Queen: A Novel of Colonial Hong Kong"，虹影的《上海王》被译成"The Concubine of Shanghai"。这些改写有的是因为作者对作品的理解有文化上的倾向，有的则是为迎合西方读者的阅读习惯和文化心理而故意为之。对市场的迁就，可以带来一些短期的推动作用，但从长远来看是弊大于利的。没有进入世界性"消费"的精神产品，很难说是进入了"世界文学"总系统。但精神产品的"消费"恐怕又和物质产品的"消费"有所不同。这种一味迁就读者的译本虽然能在一定程度上拉近读者的距离，并获得一些商业效应，但并不能向西方读者充分展现中国文学的审美价值和诗学特征，更无法投射文学创作背后的深层文化底蕴，这对中国文学形象建立和传播的真实性和完整性终会产生较为消极的影响。

除了翻译之外，文学的传播还要接触其他各界的推介力量。传播机构的介入、文学批评的开展、文学交流平台的建立、文学创作者的借鉴，都是影响中国文学传播的重要因素。从中国古典文学在西方的传播高潮中，我们可以看到，译者之外还有许多其他的力量在推动着文学的影响。在以爱默生为代表的超验主义思想家对儒家文化的接受中，我们看到爱默生的身后还有梭罗、霍桑、玛格丽特·富勒（Margaret Fuller）等一大批著名作家和超验主义学者，他们在自己创办的《日晷》（The Dial）杂志上向美国读者积极推介孔子及其儒家思想，并在超验主义思想体系中对其加以借鉴融合，最终奠定了孔子在美国文化和思想体系中的影响力。以庞德为首的意象派诗人，不仅翻译了大量中国古诗，还在自己的创作中借鉴中国诗歌的创作手法，形成独特的意象派诗歌，为美国现代诗歌创作注入新鲜血液。20世纪五六十年代美国"垮掉的一代"在雷克思罗斯的引领下，大量翻译中国古典诗词，并在自己的创作中积极吸纳其精髓，使美国现代诗的创作达到了一个高峰，也让美国学者和读者进一步了解中国古典诗词。在雷克思罗斯的背后，我们还可以数出斯耐德、艾伦·金斯堡、杰克·凯鲁亚克（Jack Kerouac）等一大批诗人。他们的译介活动使中国古诗词译文成为美国文学的经典，形成了独特的小传统。从中国文学海外传播的这几次高潮中我们看到，翻译只是文学传播的第一步，要想让英语世界真正了解中国文学，多方力量的积极推介尤为重要。

如果说中国古代文学多少得到了专家和优秀译者的译介，当代文学作品则始终在翻译与传播中感受到身份不被认同的焦虑，更需要伯乐与知音的垂青。以长篇小说《长恨歌》的英译本为例，该译本于 2008 年经美国哥伦比亚大学出版社推出后，作者王安忆荣获 2011 年英国曼布克国际文学奖（Man Booker International Prize）提名，这也是中国作家首次入围这一重要的世界文学大奖。该译本在赢得西方文坛认可的同时，"以开放而尊重的姿态完成了异质文学的接纳，让彼此的写作观和阅读观在'异'的碰撞中较为和谐地共处，也为中国文学的世界化进程开辟了新的道路"。① 2012 年，莫言获得诺贝尔文学奖，更是中国文学通过译介步入世界文坛的重要例证。通过王安忆和莫言的案例，我们可以清楚地看到：以作者为轴心，翻译者、提名者、出版商、读者、传统媒体、新媒体等多方面通力合作，最后证实了世界主义在文学传播中的作用。

中国辉煌的文学传统为我们带来了荣耀和满足，然而我们不能永远在传统的光环中停留，对传统的研究和反思最终是为了回归当下，为中国文学的发展和海外传播提供更多的借鉴。很多学者从翻译模式、出版策划等方面进行分析并提出相应的对策，探讨中国文学如何"走出去"。大家抱怨以汉语为母语的译者文笔不够流畅自然，吸引不了外国读者的目光；而母语为译入语的译者又可能存在对中国文学作品的误读，而且人数太少，难以满足中国文学作品译介的需求。不可否认，高质量的翻译作品是中国文学提升海外影响力的必要前提，但翻译之后我们还应当做些什么，关注哪些环节，却是大家有所忽略的问题。

对英语世界中国文学译介和研究的探索给我们许多启示：英语世界对中国文学有选择地吸收，并最终完成其本土化的历程，进而促进了本国文学高潮的出现。在今天我们译介了大量西方文学作品和理论作品之后，从中应该收获什么？自 20 世纪 80 年代以来，我国学者译介了大量海外文学作品和理论作品，也有庞大的队伍对现代西方文论进行了研究，但却未能出现中国文学理论的发展和文学创作的高峰。在中西文学的交流和对话中，我们更多的是在追随西方，仰视西学，"'西方'或'西语'之外的文学——如中国文学，被强行摁定在这样一个地位：在这个地位上，中国作家不得不对西方文学持仰视姿态，最后，不得不以获得'西方'的认可方能晋身'普世'的行列"。② 同时，国内许多学者在对西方理论的热情追随中忘却了本民族的文化之根，在译介之后，我们所读到的听到的都是用西方的文学理论来阐释中国的文学现象，渐渐忘却了我们的文化规则和学术话语。"我们已经历了近百年的'西化'历程，中国文化已经到了几乎要被

---

① 吴赟：《中国当代文学译介伦理探讨——以白睿文、陈毓贤〈长恨歌〉为例》，载于《中国翻译》2012 年第 3 期，第 98~102 页。

② 王侃：《中国当代小说在北美的译介和批评》，载于《文学评论》2012 年第 5 期。

'西化'掉的衰弱局面。"①

面对这样的文化危机,英语世界学者译介和研究中国文学的方式可以为我们提供很好的借鉴:一方面,我们可以用自己的文学对西方的文学和理论加以吸纳,进而与中国文学融合,完成其中国化的历程,使大量的译介作品真正成为中国文学,尤其是中国诗学的一部分。另一方面,我们更要从中国文学自身出发,通过与世界学者、机构的合作,翻译、阐释、介绍中国文学作品和理论,实现中国文学新的传承和发展。

英语世界对中国文学的译介和研究,是一场文化与文化间的持续对话。这种对话不只是由作家和译者完成的,更需要汉学家、文学研究者、批评家以及社会各界人士的参与。中国文学要走出国门,不能只纠结于翻译手法的提升,更要以研促译,译介结合。在当下的文学史中,文学理论本身也已经成为了不可或缺的一部分,在研究中国文学走出去的进程中,中国文学批评和文学理论也要同时走出去。中国学者和西方学界的平等对话和深入交流是西方读者和西方文化了解中国文学最为切实的途径和方法,中国学者在进行翻译模式和出版策划探讨的基础上,更应该思考自身和西方学界的互补、互证和互识。只有强化中西学者在中国文学研究层面的对话,才能促进西方学者对中国文学的了解和运用。只有中国文学理论和文学批评真正进入海外学者的创作中,中国文学才能被世界读者所理解和接纳。

一味地模仿或排斥无法完成西方文学的中国化,盲目地迎合或强推更无法促进中国文学的发展,在我们大量译介西学之后,在我们认真梳理中国文学在英语世界的传播际遇之后,我们应该冷静下来理性思考:从西方文学中我们得到了什么?作为中国传统产物和文化延续的中国文学又能为世界文学带来什么?我们要怎样才能重建中国人的精神世界,重塑中国文学的世界影响力?回顾来路,展望未来,在传播中国文学、记录中华文化记忆的路上,我们还需继续求索。

---

① 曹顺庆、靳义增:《论"失语症"》,载于《文学评论》2007年第6期。

# 中 编

英语世界的中国古典文学译介与研究

# 第七章

# 英语世界的中国古典文学译介与研究背景

以汉语为主导语言的中华文明拥有悠久的历史，近代以来经历了艰难的社会转型。以英语为主导语言的西方文明具备强劲的势头，仿佛要将世界版图全都纳入自己的势力范围。正是在这样的历史背景之下，英语世界中国古典文学译介与研究开始了自己的历程。不同文明之间不仅有剑与火的冲突，而且有诗和文的切磋。在某种意义上，后者更符合人类心灵交流的需要，因此也更珍贵。

中国古典文学之所以称为"古典"，主要原因是20世纪初"五四"新文化运动造成了传统的断裂，带来了更新的契机。因此，英语世界中国古典文学译介与研究不只是人类两大文明的对话，也是中华文明内部历史传统与现代精神之间的对话。随着社会生活的变迁，中国古典文学逐渐成为历史现象（而非现实进程），不论是语言还是观念都渐渐与读者拉开了距离。尽管如此，它所包含的艺术经验和人生哲理却在新的参照系中显示出灿烂的光辉。

文学是语言的艺术。不论从文学的本质或交流的平台看，英语世界中国古典文学的翻译和研究都与近代以来的信息革命存在密切关系。以印刷术为标志的第三次信息革命使我们得以接触到中国古典文学在英语世界中流传的各种纸质复制品，以电磁波为标志的第四次信息革命向我们展示了中国古典文学在英语世界中被电子化、影像化之后所显示的新形态，以计算机为标志的第五次信息革命为我们提供了通过移动互联网络在英语世界中分享中国古典文学信息的前所未有的可能性。

本书在学术意义上是"研究之研究"。它将英语世界中国古典文学翻译、介绍和研究作为自己的议题，将上文所述的文明对话、文化嬗变和信息革命作为自己的背景，将增进人类命运共同体的相互理解当成自己所憧憬的宏大叙事，将对相关翻译者、研究者及论著的介绍和评述作为自己所着力的操作目标。

中国古典文学在英语世界传播的历史背景演变大致可以划分为三个阶段：一是远交时期，从英语文化圈和汉语文化圈相互接触开始，到鸦片战争爆发前夕为止；二是近渗时期，从鸦片战争爆发，到第二次世界大战结束为止；三是粘合时期，从战后世界划分为两大阵营、冷战开始到结束，直至现在。

## 第一节 远交时期中国古典文学的英语译介与研究（1840年以前）

中国古典文学是中华民族传统文化的结晶。它在英语世界传播，最初是在中国趋于封闭和衰落、欧洲处于扩张和兴盛的背景下进行的。所谓"远交"，指的是中国与欧洲由于地理条件的限制而以远距离交往为主，大致相当于鸦片战争爆发之前的历史阶段。本时期值得注意的现象主要有：

### 一、殖民扩张促进英语世界形成

英语由公元5世纪中叶移民到英格兰的日耳曼人西支部落（盎格鲁族、撒克逊族、朱特族和弗里西族）所使用的语言嬗变而来，属于印欧语系日耳曼语族西日耳曼语支，公元7世纪起有文献。它经历了由古英语、中古英语到近代英语的发展，在文学史上的里程碑分别是完成于公元8世纪的英雄叙事诗《贝奥武夫》（Beowulf）、14世纪末英国诗人乔叟（Geoffrey Chaucer）诗体短篇小说集《坎特伯里故事集》（The Canterbury Tales），还有16~17世纪的莎士比亚（William Shakespeare）戏剧。

现代意义上的"英语世界"之形成，和英国的殖民扩张有密切关系。17世纪中叶，它通过三次英荷战争打败荷兰，成为海上霸主。此后，它加紧推行殖民政策，远渡重洋，攻城略地，在鼎盛时曾占有相当于本土面积150倍以上的殖民地，其中包括美洲的加拿大、牙买加、特立尼达和多巴哥、圭亚那，大洋洲的澳大利亚、新西兰、斐济，非洲的尼日利亚、乌干达、喀麦隆、毛里求斯、加纳、津巴布韦、博茨瓦纳、肯尼亚、坦桑尼亚，欧洲的爱尔兰、马耳他，亚洲的马来西亚、印度，等等。1606年，英国的两个殖民公司从国王那里获得向北美移民的特许状，揭开了英国海外殖民史的重要一页。1607年，英国在北美建立第一个殖民地（詹姆士镇）。17世纪上半叶，英国殖民势力已扩张至亚洲、美洲和非洲。1640年英国爆发了资产阶级革命。这场革命扫清了英国发展资本主义的道路，为英国其后建立世界工商业霸权和殖民帝国提供了条件。夺得政权的资产阶级以更大规模实行殖民扩张，并将商业重心由波斯推进到远东、印度和中国。到17世纪末，英国人已在广州建立商馆（1684），专营对外贸易。

近代英语以1800年为界区分为早期近代英语和后期近代英语。17世纪以前，全球使用英语的主要是500万~700万英国人，英语世界因此也不过是地理范围大致相当于不列颠岛的文化圈，和远在万里之外的华语世界谈不上什么直接交流，有关中国的知识基本上得之于间接的途径。当时中国的国力仍然比较强大，因此13世纪来华的威尼斯人马可·波罗能在其游记里为中国勾勒出富庶繁荣的图景，令欧洲人几乎难以置信。《马可·波罗游记》① 唤起了一批野心勃勃的冒险家、航海家的热情，成为其后所谓"地理大发现"的契机。当通往中国的航线开通之后，欧洲大陆的传教士陆续来华，并根据自己的见闻撰写出关于中国的报告。这些报告虽不是用英语写成，但有不少被英译，如葡萄牙人毕雷拉（Galeotte Pereira）《关于外省中国的可靠报告书》② 等。西班牙奥斯定修会传教士门多萨根据毕雷拉等的报告书写成的《中华大帝国史》也有了英译本，③ 成为英人了解中国的依据。就中国古典文学而言，英人已经辗转知道中国的诗律。1589年英国作家、文学评论家泼德能的《诗艺》一书，除介绍中国古典诗词格律外，还译介了据说是中国一位大诗人献给其情人的两首诗。他自称关于中国诗的知识和这两首诗都得之于一位到过中国的意大利朋友。④

英国的殖民扩张不是某个国家的孤立事件，而是世界移民史的里程碑之一。它既表明人类迁徙能力在近代交通（特别是航海）技术支持下大为提高，又表明崛起中的资本主义争夺世界市场的利己本质。在这个时代，大规模进行殖民扩张的欧洲国家除英国之外还有法国、德国、葡萄牙、西班牙等。与英语世界同时形成的语言文化圈还有法语世界、德语世界、葡语世界、西（西班牙）语世界等。

---

① Ronald Latham, tr. *The Travels of Marco Polo*. Harmondsworth, Middlesex：Penguin Books, 1958.

② Richard Willis, tr. "Certain Reports of the Province China, Learned through the Portugals there Imprisoned, and Chiefly by the Relation of Galeote Pereira, a Gentleman of Good Credit, that Lay Prisoner in that Country Many Years. Done out of Italian by R. W." *The History of Travayle in the West and East Indies*, by Pietro Martire D'Anghiera, London：R. Jugge, 1577.

③ Juan González de Mendoza. *The Historie of the Great and Mightie Kingdome of China, and the Situation Thereof：Togither with the Great Riches, Huge Cities, Politike Gouernement, and Rare Inuentions in the Same*. London：Printed by I. Wolfe for Edward White, 1588.

④ George Puttenham. *The Arte of English Poesie：Contriued into Three Bookes：The First of Poets and Poesie, the Second of Proportion, the Third of Ornament*. London：Printed by Richard Field, dwelling in the black‑Friers, neere Ludgate, 1589.

近代资本主义列强的崭露头角和中国沦为被动挨打的境地是有一个历史过程的。18世纪与欧洲关山迢递的中国基本上还是资本主义列强虽垂涎已久但一时还鞭长莫及的区域，并且由于先前文献中朦胧而诱人的描写而蒙上了多姿多彩的光晕，曾经波及英国的18世纪欧洲的"中国时尚"便是这种历史条件的产物。其时，元代纪君祥的《赵氏孤儿》以法语为中介传入英国，曾引起了剧作家、演员和观众的兴趣，并以改编的形式在英国上演；章回小说《好逑传》则有了直接根据原作英译的版本。① 这些文学作品一方面被加以改造、供影射与批评英国现实之用，另一方面成为英人了解中国社会的凭据。

18世纪的两个重要历史事件是英国工业革命和英属北美殖民地的独立战争。大规模的殖民掠夺作为资本原始积累的重要来源充当了英国工业革命的前提，工业革命本身大大加强了英国的经济实力，又替进一步的殖民扩张提供了后盾。就在这交互作用的过程中，英国战胜了法国等对手，在北美取得加拿大和密西西比河东岸的法属土地，在澳大利亚东岸建立殖民点悉尼港（1788）并加紧向澳大利亚移民，在非洲则从葡萄牙人手中接管了冈比亚（1765）。英国推行殖民政策的过程中不仅面临着来自其他殖民者的争夺，而且遇到了殖民地人民的英勇反抗。到18世纪中叶，英国在北美的殖民地已达13个。它们和宗主国之间所发生的矛盾导致独立战争爆发（1775），美国因此诞生（1776）。这个新兴国家从杰弗逊（Thomas Jefferson）当政（1801~1809）起进入大规模领土扩张时期，到19世纪中期已将其领土从大西洋延伸到太平洋，约占北美大陆的一半。英国的殖民扩张和美国独立战争就国家之间的势力消长而言是相互对立的事件，然而却对英语世界的扩大起了一致性的促进作用，美利坚合众国成为继英国之后最主要的英语国家。

## 二、西来布道带动中国文学传播

本时期传教士在中国古典文学典籍西译活动中占有重要地位。例如，耶稣会（The Society of Jesus，拉丁文名称"Societas Iesu"，简称S. J.，SJ或SI）是天主教组织之一，作为16世纪基督新教的宗教改革的反拨而产生。创办者是西班牙的罗耀拉（Ignace de Loyola）。1540年9月27日，该组织获罗马教皇正式批准。耶稣会重视海外的播道活动。意大利传教士罗明坚因此奉派来华，由当时葡萄牙

---

① Bishop Thomas Percy, ed. Hau Kiou Choaan or the Pleasing History: A Translation from the Chinese Language, to which are Added, I. The Argument or Story of a Chinese Play, II. A Collection of Chinese Proverbs, and III. Fragments of Chinese Poetry. In four volumes. With notes. London: Printed for R. and J. Dodsley in Pall-mall, MDCCLXI, Vols. 1-3 translated by James Wilkinson, Vol. 4 translated by Bishop Percy, 1761.

控制的澳门进入中国（1579）。同为意大利传教士的利玛窦（字西泰）1582年来华。他在中国的时间长达28年，和徐光启、李之藻、冯琦等名流交往，以天主教士独特视野解读儒学，著述颇丰。耶稣会传教士从事双向活动：一是将西方数学、天文学著作译成汉语，以求唤起中国士大夫的兴趣；二是将中国的知识和哲学介绍到欧洲。正是在这样的背景下，越来越多的欧洲人知道了"孔夫子"。西班牙多明我会传教士高母羡（Juan Cobo）由墨西哥、菲律宾辗转来华传教，将范立本1393年左右所编劝善书《明心宝鉴》译为西班牙语出版，时间大约在1592年。① 此举在将汉语典籍译为欧洲白话方面具有开创意义。《明心宝鉴》因此被认为是有史以来被译介到西方的第一部中国古籍，内容主要出自儒道经典。1723年，原任康熙帝宫廷画师的意大利波里耶稣会神父马国贤（Matteo Ripa）因礼仪之争被驱逐回国。他带领四位华人基督徒及其汉语教师到意大利，计划培养出精通中国语言文化的传教士赴华。在教皇克勉十二世（Pope Clement XII）支持下，他开办了中国学院（Collegio dei Cines）。这就是当今那不勒斯东方大学（Università degli studi di Napoli）的由来。此举的意义在于创立了欧洲第一所研究汉学的学校。后来英语国家建立类似学校或教育机构，在一定程度上受其影响。1773年，耶稣会被教皇克勉十四世（Pope Clement XIV）解散，之后来华传教主要是新教教士。

  16世纪中叶以来，欧洲海外扩张和基督教会改革相辅相成，为传教士在世界各地的活动注入了强大动力。这些人千里迢迢来到中国，首先是肩负所属教会赋予的使命。为让远在欧洲的教会了解中国国情，他们开始着手翻译在其时社会生活中有广泛影响的典籍。从今天的观点看，这些典籍有的是文学史上发生过重要影响的作品（如《诗经》），有些虽非严格意义上的文学作品，但也和文学关系密切，如《论语》便是文学史家研究先秦散文时不能不瞩目的对象。因此，传教士之译经无疑有助于中国文学之流传。当时参与其事的传教士比比皆是。除上引外，著名的还有金尼阁（Nicolas Trigault，法国人，1611年来华）、郭纳爵（Ignatius de Costa，葡萄牙人，1634年来华）、柏应理（Filippo Couplet，比利时人，1658年来华）、殷铎泽（Prospero Intorcetta，意大利人，1659年来华）、卫方济（Frongois Noel，比利时人，1687年来华）、宋君荣（Antoine Ganbil，法国人，1721年来华）、蒋友仁（Michel Benoist，法国人，1744年来华）等。特别值得一提的是法国人马若瑟（1698年来华）。他不仅节译过《尚书》和《诗经》，而且译出了元代纪君祥的杂剧《赵氏孤儿》（仅译宾白，略去唱词与诗白），其译文

---

① Fan Liben. *Beng Sim Po Cam o Espejo Rico del Claro Corazón*. primer libro traducido en lengua castellana por Fr. Juan Cobo, O. P. （c. a. 1592）. Madrid：V. Suarez, 1959.

被法国耶稣会会士杜赫德收入《中国通志》(1735),随着《中国通志》的英译(删节本1736①,全译本1738②)而为英语读者所知晓。该书还收有耶稣会士殷弘绪(Père Francois Xavier d'Entrecolles)所译《今古奇观》选篇。除译介中国经籍和文学作品之外,来华传教士还撰写了不少介绍中国历史和社会状况的著作和文章,如葡萄牙人鲁德照(A. de Semedo,1585～1658)著有《中国通史》(1645,英译本1655③),安文思著有《中国的十二个显著特征》(英译本题为《中国新史》,1688④)等。这些著作和文章在欧洲既增强了人们对于遥远的中国的兴趣,又以其中关于中国语言文学的描述为人们学习汉语创造了条件。

西方传教士译介中国经籍和文学作品的动机固然不止一端,但有两条看来是主要的,即向教会介绍中国国情(包括中国人的观念)和为在华传教寻找理论根据。出于前一种动机者多对中国的意识形态辨析其异于西方宗教思想之处,例如,德国传教士花之安(Ernst Faber)与穆麟德(P. G. von Möllendorff)在所译的《孔子学说系统分类》(1875)中便指摘了儒家不信上帝等24项缺点错误;⑤出于后一种动机者则多从中国的意识形态里求同,比较典型的是法国耶稣会教士傅圣泽(Jean Francois Foucquet,1663～1740)。在他眼里,中国的高山均系耶稣殉难之处,"四书五经"都寓有基督教的含义,中国文献里可发现与耶稣蒙难有关的十字架。当然,以上动机并非互相排斥,经常可以交相为用。

英国传教士来华时间较晚,基督新教来华传教的开山祖是伦敦会(London Missionary Society)的马礼逊(1807年来华)。他和其子马儒翰(1814年生于澳

---

① Du Halde, J. – B. (Jean – Baptiste). *The General History of China*: *Containing a Geographical, Historical, Chronological, Political and Physical Description of the Empire of China, Chinese – Tartary, Corea and … adorn'd with curious maps, and … copper-plates*, Translated by Richard Brookes. London: printed by and for John Watts, 1736.

② Du Halde, J. – B. (Jean – Baptiste). "A Description of the Empire of China and Chinese – Tartary, together with the Kingdoms of Korea: Containing the Geography and History (Natural as well as Civil) of those Countries." Enrich'd with general and particular maps, and adorned with a gread number of cuts. From *The French of P. J. B. Du Halde, Jesuit: with Notes Geographical, Historical, and Critical; and other Improvements, Particularly in the Mpas*, by the translator, in two volumes. London: printed by T. Gardner in Bartholomew – Close, for Edward Cave, at St. John's Gate, MDCCXXXVIII, 1738.

③ F. Alvarez Semedo. *The History of that Great and Renowned Monarchy of China*: *Wherein all the Particular Provinces are Accurately Described, as also the Dispositions, Manners, Learning, Lawes, Militia, Government, and Religion of the People*: *Together with the Traffick and Commodities of that Country*, Translated by De bello Tartarico Historia. London: Printed by E. Tyler for Iohn Crook, 1655.

④ Gabriel Magaillans. *A New History of China*: *Containing a Description of the Most Considerable Particulars of that Vast Empire*. London: Printed for Thomas Newborough, 1688.

⑤ Ernst Faber and P. G. von Möllendorff. *A Systematical Digest of the Doctrines of Confucius, According to the Analects, Great learning and Doctrine of the Mean, with an introd on the authorities upon Confucius Confucianism*. Shanghai: Mission Press; London: Trubner, 1875.

门）都是著名的"中国通"，但所忙碌的主要是《圣经》翻译。马礼逊还编纂汉英词典，马儒翰则编纂商务指南。由于马礼逊等的建议，美国从 1829 年开始对华传教。公理会的裨治文（E. C. Bridgman）与卫三畏（S. Wells Williams）、海员之友社的雅裨理（David Abeel）、北长老会的丁韪良等陆续来华。丁韪良在中国生活了 62 年（1850～1916 年，其间有 4 年时间离华），著有《汉学菁华》①等。书中介绍了中国的诗人与诗歌、儒家伪经、散文作品、书信写作、寓言和说教作品。卫三畏后来成为美国最早的汉学教授（耶鲁大学，1877）。

## 三、国势变化造成欧洲中心主义

英国之所以有实力进行空前规模的殖民扩张，主要原因是政府从 13 世纪起就通过颁布《默顿法令》等方式强制推行圈地运动，迅速发展资本主义，从 15 世纪末起就抓住新航路开辟所带来的契机大力发展对外贸易，并实行重商主义政策以鼓励出口。英国在世界上率先爆发资产阶级革命（1640），率先完成工业革命（18 世纪后半叶至 19 世纪上半叶）。这是它成为第一殖民大国的条件。西欧其他国家也经历了类似过程，德、意、西、葡等国家的综合国力因此大为增强。相比之下，中国、印度等历史悠久的国家在本时期却处于相对停滞的状态，世界经济、政治的大格局因此发生重大变化。

毫无疑问，中国古典文学是以中国为大本营而形成和发展的。"中国"在字面上意为"中央王国"，与之相适应的民族优越感（Ethnocentrism）被称为中国中心主义（Sinocentrism）。这种观念的表现之一是认为汉族聚居地处于世界的中心位置，周围是"化外之民"；中国的皇朝是天朝上国，其他国家都只是贡国或属国。上述观念不是凭空产生的，因为中华民族不仅拥有悠久的历史，而且对周边国家和民族产生了巨大影响。中国古典文学早期对外传播就是在这样的背景下开展的。"远方来朝"是其主要契机。明末清初，人们仍以这样的观念看待来自欧洲的传教士和使臣。

实际上，民族优越感并非汉族人或中国人所特有。欧洲中心主义（Eurocentrism）便是它的另一种表现形式，以从欧洲视角看世界为特点。虽然这个术语是在 20 世纪下半叶非殖民化时期才出现的，但欧洲中心主义作为一种思潮早在 16～18 世纪（西方人称之为"现代早期"）就已经发端，至 19 世纪趋于流行。作为证据，可以举出本初子午线（Prime Meridian）、公元纪元（Common Era）、拉丁字

---

① W. A. P. Martin（William Alexander Parsons）. *The Lore of Cathay*; or, *The Intellect of China*. New York, Chicago, etc.: F. H. Revell company, 1901.

母（Latin alphabet）等国际标准。欧洲中心主义的表现是漠视欧洲文化深受小亚细亚与近东文化影响的历史事实，认为它拥有相对于其他文化的优越性。就此而言，欧洲中心主义的由来甚至可以追溯到文艺复兴时期。当时，欧洲人兴奋地发现自己的文化原来有如此辉煌的古希腊罗马文化作为源头。15世纪以来，欧洲在科技革命、社会革命、商业革命以至于产业革命等领域占有先机，其实力大为增强，对外扩张的势头到18世纪、19世纪趋于顶峰。伴随着殖民化的推进，欧洲人逐渐将自身的历史当成是其他国家的先导，将自身的文化当成世界通用的普遍范式，认为由原始狩猎、采集经济、农业经济、早期文化、封建主义向现代自由资本主义发展是一般规律，并认为只有自己进入了最后这个阶段。在全球化的进程中，欧洲人到亚非各国定居，由此而形成的以英语为母语的美国、澳大利亚、新西兰等国家将欧洲当成自己的祖居地，扩大了欧洲文化的影响。1851年所确立的本初子午线将伦敦的格林尼治当成中心。德国地缘政治学代表人物豪斯霍费尔（Karl Haushofer）早在20世纪20年代就意识到这类现象的存在，并用"欧洲中心的"（europa-zentrisch）来描述它。① 不论对豪斯霍费尔其人做何评价，这是对我们了解中西文学关系有价值的范畴之一。英语世界中国古典文学译介与研究中所出现的某些争议就和欧洲中心主义的影响有关。欧阳桢（Eugene Chen Eoyang）曾在《诗学中的极化范式：中西文学前提》（1989）列举出"中国文学里有悲剧吗？""为什么中国文学里没有史诗？"之类问题，认为它们似是而非，和下述问题一样近于荒唐："西方为什么没有朝代编年史？""西方因何未产生像《诗经》这样的作品？""西方存在和'律诗'、'杂剧'对应的体裁吗？"从根本上说，这是缺乏反省意识所致。② 若要追溯这类问题的背景，欧洲中心主义是思想根源之一。

## 四、中西交流导致域外汉学形成

中西文化交流具备双向互动的特点。如果说西学东渐促进了中国固有意识形态变革的话，那么，东学西传则为西方汉学兴起准备了前提。"汉学"本来是指汉儒之学，明末清初特指当时中国本土继承汉儒方法的考证学，清末以来主要是指国外有关中国的研究，在后一种意义上又称国际汉学、海外汉学、域外汉学、

---

① Karl Haushofer. *Geopolitik des Pazifischen Ozeans，Studien über die Wechselbeziehungen zwischen Geographie und Geschichte. Mit sechzehn Karten und Tafeln*. Berlin：K. Vowickel，1924，pp. 11 – 23，110 – 113.

② Eugene Chen Eoyang. Polar Paradigms in Poetics：Chinese and Western Literary Premises. *Comparative Literature East and West：Traditions and Trends*，edited by Cornelia Moore and Raymond A. Moody. Honolulu：University of Hawaii Press，1989，pp. 11 – 21.

世界汉学等。

西方有关中国的研究由来已久，早在 2000 余年前就出现了涉及"赛里斯"（Serice，指中国及周边区域）的地理学、博物学著作。不过，欧洲对中国的系统研究是在 16 世纪晚期才开始的，最早的汉学家有天主教耶稣会波兰籍传教士卜弥格（Michał Boym，1612 ~ 1659）和俄罗斯大臣米列斯库（Nicolae Milescu，1636 ~ 1708）等。到 17 世纪初，英国人自撰的有关中国的游记已出现，虽然内容不一定可靠。1673 ~ 1674 年，伦敦上演了剧本《鞑靼征服中国记：悲剧一种》，这反映了当时英国人对中国的关注。在大诗人弥多顿（John Milton）《失乐园》等作品里，中国仍以富饶而强大的面貌出现，这和当时大多数英国人对中国瓷器、丝绸、茶叶等产品的歆羡是一致的。到 17 世纪末，英国人已从来华耶稣会士的拉丁文译本及其转译中接触了《大学》《中庸》《论语》等儒家经典，不仅对中国的物质财富而且对中国的精神文明有所了解。早期汉学研究主要从事基督教教义和中国文化的比较。在 18 世纪启蒙运动期间，汉学家开始将中国哲学、道德、法律和美学等观念介绍到西方。他们经常将中国视为开明国度，其心目中的欧洲则刚从黑暗的时代走出。

18 世纪中叶，俄国圣彼得堡科学院已经有了汉学教师（伊拉利昂·罗索欣，1741）。1814 年 12 月 11 日，雷慕莎在法国法兰西学院主持的汉学讲座被认为是汉学正式诞生的里程碑，他本人也因此成为欧洲的第一个汉学教授。1824 年英国皇家亚洲学会（Royal Asiatic Society of Great Britain and Ireland）成立，这是英语世界汉学诞生的标志之一。英国的第一个汉学教授是纪德。他在 1837 年被委任为伦敦大学学院的汉学教授，为期五年，每学期的报酬是 60 英镑。他了解中国文学，并将它作为自己教学与写作的内容。不过，真正让汉学教授在英语世界名闻遐迩的学者最早要数理雅各。他于 1876 年就任牛津大学首位汉学教授，在职时间长达 21 年。所译中国经典不仅数量多，而且质量高，颇受好评。剑桥大学 1888 年设立汉文教授岗位，首任为英国陆军出身的卸任外交官威妥玛。他以创造汉字罗马拼音方法著称，但对中国的傲慢也是有名的。1897 ~ 1928 年继任汉学教授的是卸任外交官翟理斯。曼彻斯特大学也设立了汉学教授岗位。

国学、西学之辨，是在中西文化交流过程中产生的。有了异邦传入的文化作为参考系，国人才将本土的学术称为"国学"，而将自己所理解的西方学术称为"西学"。因西学为国人前所未闻，所以又被视为"新学"；相对而言，国学便成了"旧学"。新旧之分还有另一重原因，即传入中国的西学包含了进化论思想。这对于守旧的本土学者构成了威胁。清人朱寿朋因此说："自泰西学说流播中国，学者往往误认，谓西人主进化而不主保守，至事事欲舍其旧而新是图，不知所谓进化者乃扩其所未知、未能，而补其所未完、未备，不主保守者乃制度文为之代有变更，而非大经大法之概可放弃。狂谬之徒误会宗旨，乃敢轻视圣教、夷弃伦纪，真所谓大惑矣。各国教育必于其本国言语、文字、历史、风俗、宗教而尊重之、保全之，故其学堂皆有礼敬国教之室。孔子之道大而能博，不但为中国万世不祧之宗，亦五洲生民共仰之圣。日本之尊王倒幕论者以为汉学之功。其所谓汉学者，即中国圣贤之学也。"①

## 五、印刷革命推动大众传媒兴起

在历史上，人类先后经历了分别以语言、文字、印刷术、电磁波、计算机为代表的五次信息革命。其中，印刷术所标志的第三次信息革命在本时期产生了巨大影响。印刷术为中国所发明，始于隋朝的雕版印刷，由北宋毕昇发展为活字印刷。它由蒙古人传至欧洲，成为所谓"谷腾堡革命"的契机。在印刷术发明之前，文学作品主要通过口说和抄写的途径传播，范围非常有限。在印刷术发明之后，情况大为改观。来华传教士之所以能够带来大量的宣传资料和书籍，离开印刷术是不可想象的。谷腾堡革命是大众传媒（早期形式为报刊）兴起的先决条件，报刊则是当年西学东渐的重要手段。1815 年 8 月 5 日，英国传教士马礼逊、密兰（William Miline）在马来西亚的马六甲创办月刊《察世俗每月统纪传》。据考订，它是外国人办的第一家以华人为对象的中文报刊，旨在宣传基督教教义。

中国古典文学之所以能够在英语世界中传播，印刷术也发挥了不可替代的作用。早期中国古典文学英译文主要是作为综合性书籍的组成部分流传，或者单独出版。19 世纪以来，英文报刊成为中国古典文学译介与研究的新载体，如创办于伦敦的《亚洲杂志》（Asiatic Journal，1816～1845），创办于广州的《中国丛报》（Chinese Repository，1832～1851，旧译《澳门月报》），创办于伦敦的《皇家亚洲学会会志》（Journal of the Royal Asiatic Society，1834～）、《东方学院学报》（Bulletin of the School of Oriental Studies，1917～）②，等等。此外，中国古典文学英译文亦开始作为选集或读本行世。

## 六、对外移民促进本土文学流传

从中国的角度看，中国文学在英语世界里的传播与近代海外移民有密切关

---

① （清）朱寿朋：《东华续录（光绪朝）》光绪一百九十九（光绪199），清宣统元年上海集成图书公司本，第 5174～5175 页。

② 1940 年更名为《伦敦大学东方及非洲研究院学报》（Bulletin of the School of Oriental and African Studies，University of London）。

系。中国人移居国外,在历史上与对外交易彼此交织。南宋1127年迁都临安(今杭州),开启了中国的"航海时代"。当时的海外移民取向主要是东南亚。元代统治者雄心勃勃地开拓疆土,从而促进了人口外向流动。明清两朝都曾一度实行海禁,但即使在这样的时期,对外移民仍艰难地进行。1600年左右,英国人来到东南亚,与聚居在那儿的华人有了接触。

华人移居欧洲的最早时间难以确考,但至迟17世纪便有华人到了英国。中国科学院潘吉星考订得知:清代南京人沈福宗(Michel Tchin Fo-tsung,1657~1691)根据比利时耶稣会士柏应理安排前往欧洲,随身带有中国儒家经典及诸子书40余部。他于1685年应邀访问英国,曾和牛津大学学者海德(Thomas Hyde,1636~1703)等进行学术交流。① 海德向沈福宗学习汉语及有关中国的知识,在某种意义上成为英国研究汉学的第一人。1785年,多名中国海员在巴尔的摩港定居,由此开始了华人移居美国的历史。1788年,50名中国工匠抵达加拿大维多利亚,又为华人移居美洲添上了新的一页。

19世纪与中国古典文学西传密切相关的历史因素之一是中国和欧美国家之间的外交活动。英国统治者有同中国接触的愿望,伊丽莎白女王曾于1596年派遣使臣前来中国,但使臣的船队中途受挫、一去不返,女皇的亲笔信未能抵达当时明朝万历皇帝之手。1793年,英国政府再次派遣马戛尔尼(George Macartney)伯爵为首的使团前来中国,到达热河,向乾隆皇帝提出正式通商、互派使臣、租借领地的要求,未曾获准。但是,使团成员回国后撰写了《英使谒见乾隆纪实》,增进了英人对中国的了解。② 1816年,英国又一次派使节来华,嘉庆皇帝坚持要"该贡使"行"三跪九叩之礼",结果英国正、副使托辞罹疾而拒绝入觐。1854~1856年,英、法、美等国政府又要求与中国互派使节。直至1867年,清廷的总理衙门才找到在京任职7年、业已卸任准备回国的美国驻华公使蒲安臣(Anson Burlingame,1820~1870),请他代表中国赴欧美各国修约,并派志刚、孙家谷以大臣名义随之出访,由此组成了中国向欧美派出的第一个外交使团。此后,中国开始向外国派出使臣,其中比较著名的有郭嵩焘(1876)、黄遵宪(1877)、曾纪泽(1878)等。曾纪泽先后出使法国、英国、俄国、德国等国,曾同牛津大学汉学教授理雅各讨论东西方文化的互相影响等问题。他有很好的中、英文功底,可用它们写作诗歌与人酬答。黄遵宪是著名诗人,曾出使日本、美国、英国、新加坡等国,除个人坚持创作外,任美国旧金山总领事时还曾联络刘云樵、李韵初

---

① 潘吉星:《沈福宗在十七世纪欧洲的学术活动》,载于《传统文化与现代化》1994年第1期,第69~70页。

② Papers of Sir Joseph Banks. Section 12 – Lord Macartney's Embassy to China. 斯当东:《英使谒见乾隆纪实》,叶笃义译,上海书店出版社2005年版。

等和加拿大多利埠的华人吟和酬唱。这些杰出外交家对中国古典文学在英语世界的传播功不可没，客观上有益于中国古典文学传播的还有政府之间交换的出版物。例如，美国国会史密森博物馆、农业部、土地总局从1867年起先后提出对中国出版物的要求，并且积极敦促美国政府以交换方式取得相应的资料。美国政府因此向史密森博物馆提供50份美国官方文件，尔后再由该馆通过美国驻华公使将这些有关农事、机器和旧金山地理的文件馈赠中国政府，冀得回报。清政府犹豫良久，两年之后方作出答复，但并未按美国政府的企求提供户籍、税收资料，而是以数量大大超过对方的近千卷儒家经典及科技、文化、医学著作作为回报，其中包括《诗经》。这些书籍运抵美国后成为国会图书馆的第一批中文藏书。

19世纪"出洋"的中国人，外交官和留学生仅占很小的比例，华工在人数上要多得多，时间上也较早。很难判定当时异域谋生的这些华人的文化水平以及他们对中国文学的了解程度，但若推测他们至少懂得一些中国民间传说和歌谣，应当是合情合理的。同时，也很难判定他们对英语的掌握程度以及有否传播中国古典文学的明确意图，但若假定他们多少学会了一些英语、在和来自其他国家劳工共同劳作和娱乐的过程中产生过讲唱家乡传说和歌谣的某种愿望，大概同样是情理中事。通常那些英语水准较高、和当地人士交往较多的会馆首领、学堂教员更有可能在传播中国文学方面有所作为。

## 第二节 近渗时期中国古典文学的英语译介与研究（1840~1945年）

英、中两国在第一次鸦片战争中作为侵略者和被侵略者直接交手，结果是中国首度向外国割地赔款，结束了闭关锁国的历史，开始沦为半殖民地半封建社会。门户洞开之后，西方的思想观念以前所未有的速度和规模传入，瓦解了我国古典文学数千年来赖以生息的心理基础。中国社会由古代向现代转型，则促成了我国古典文学由"活的文学"向文化遗产转变。在西方，虽然仍有不少汉学家对我国古典文学的译介与研究感兴趣，但越来越多的学者将精力投向中国现实问题研究。这种转折在两次世界大战期间清楚地显示出来。

### 一、战乱频发波及中西文化交流

尽管人类历史上战争不断，但真正意义上的两次世界大战都发生在这一时期。它们是由于资本主义列强争霸而引发的。中国自从在鸦片战争中失败,便沦为半殖民地半封建社会。闭关锁国的状态被打破,中西文化以空前的速度和规模相互渗透。在这样的背景下,英国传教士比以前更加重视中国典籍的翻译。例如,安立甘会(Church Missionary Society for Africa and the East)教士麦克开拉启(Thomas McClatchie)出版了《儒家的宇宙起源论》(1874),是对《朱子全书》49卷的翻译。① 此人在上海传教37年(1845~1882年),还译过《易经》。② 美国南长老会教士杜步西(H. C. Du Bose)《儒释道三教》(1887)一书勾勒了中国传说里的神灵关系,就宗教角度比较了儒、释、道三家异同,可以说是提纲挈领性的。③ 他于1872年来华,传教主要在苏、杭等地。值得铭记的是:他因目睹鸦片之害,发起成立中国禁烟会并担任首任会长。与此同时,"经过两次鸦片战争后,中国渐渐变成西方世界眼中一个落后得可以任意宰割的对象,当然谈不上仰慕和向往了,曾兴盛一时的'中国热'迅速冷却,从1840年鸦片战争直到1918年第一次世界大战结束近80年间,英国文学乃至整个欧洲文学,提及中国或是语焉不详,或是肆意贬斥。"④

两次世界大战中,中国都"选边站",而且都选对了边。它在1917年8月14日对德、奥宣战,表明站在协约国一边,反对同盟国;在1937年7月奋起抗击日本侵略军,拉开了世界大规模反法西斯战争的序幕。从总体上看,世界各国正常的文化交流受到战争的巨大冲击。军费在政府预算中所占的比例越大,能用于文化交流的经费就越少,这是显而易见的。不过,中国在两次大战中都和英、美等主要英语国家站在同一边,这在客观上又为彼此之间的文化交流创造了有利条件。两次世界大战的结果和中国的国际地位密切相关。第一次世界大战结束时,由英、美、法主导签署的《凡尔赛和约》(1919)包含了若干有利于中国的条款。第二次世界大战结束后,中国成为联合国安理会常任理事国。

本时期战争的影响是广泛而深刻的。正如四川大学外国语学院朱徽所指出的:"第一次世界大战的浩劫极大地冲击着欧美的传统思想文化和价值观念。人们对数百年来奉为正统的道德观念和社会准则产生怀疑。他们发现,社会的严酷

---

① Zhu Xi. *Confucian Cosmogony*: *A Translation of Section Forty-nine of the Complete Works of the Philosopher Choo - Foo - Tze/with Explanatory Notes*, by Thomas M'Clatchie. Shanghai: American Presbyterian Mission Press, 1874.

② Thomas McClatchie, tr. *A Translation of the Confucian...*: [*Yih king*] *or the "Classic of change", with notes and appendix*. Shanghai: American Presbyterian Mission Press; London: Trübner & co., 1876.

③ Hampden C. DuBose. *The Dragon, Image, and Demon: or, The Three Religions of China; Confucianism, Buddhism and Taoism, Giving an Account of the Mythology, Idolatry, and Demonolatry of the Chinese*. New York: A. C. Armstrong & Son, 1887.

④ 陈友冰:《二十世纪中期以前英国作家笔下的中国形象及特征分析》,载于《华文文学》2008年第2期,第75页。

现实和人的复杂思想观念远不像自文艺复兴时期以来许多文学家艺术家所描绘的那般美好。一些知识分子苦闷彷徨，对未来悲观失望。另一些人试图在欧美传统文化之外（如悠久神秘的东方文化）去寻求新的思想和道德观念。在这样的历史背景下，一批学者诗人翻译出版了多种以唐代诗歌为主的中国古典诗歌……这一阶段，在美国掀起了翻译学习以唐诗为主的中国古诗的空前热潮。唐诗开始受到美国文学界文化界的热情关注，中国古典诗歌开始对美国诗坛和思想文化产生影响。"①

## 二、古典文学转入文化遗产形态

英语世界的中国古典文学批评产生于中国古典文学的传播过程中。19世纪以前，英语世界里不能说没有任何对中国古典文学的评论，但这些评论只是些零星见解（如对《赵氏孤儿》的看法等），并且几乎都是基于第二手材料（转译）。如果说18世纪是英人因为好奇等缘故而赏好中国古典文学的世纪，19世纪则有一批学者开始了严谨而细致的探讨，如理雅各等人就是如此。但是，对中国古典文学的传播而言，19世纪主要是译介的世纪，20世纪才真正进入全面而系统的研究。

本时期中国文学实现了从古典到现代的转型。对于中国来说，古典文学发端于前封建时期，繁荣于封建时期；现代文学发端于半殖民地半封建时期，繁荣于新民主主义革命时期。转型的原因，既有意识形态从传统国学向主要来自西方的现代思潮的变化，也有交往手段从古代汉语向现代汉语的转变，当然还包括大众传媒的兴起、机器大工业的崭露头角、国际资本主义的影响等。作为两者之间的过渡阶段，近代文学是古典文学的余响，是现代文学的先声。经过上述转型，中国古典文学逐渐由文化现实形态转入文化遗产形态。与此相适应，它在英语世界的译介与研究所能起的作用渐渐由现实交互为主转向历史参考为主。由于中华民族在鸦片战争之后积贫积弱、备受列强欺凌，我国古典文学在英语世界中已经难以唤起马可·波罗时代欧洲人对于中国那样的美好想象。

尽管如此，我国古典文学仍然有其现实价值，对于海外移民尤其如此。例如，19世纪中叶的淘金热吸引我国大量劳工出境。1848年1月美国加利福尼亚州发现金矿，不久就有自费华工和契约华工前往淘金。1851年，澳大利亚发现金矿的消息在报刊上公开，当年被运往澳大利亚的契约华工因此较前剧增数倍；

---

① 朱徽：《唐诗在美国的翻译与接受》，载于《四川大学学报（哲学社会科学版）》2004年第4期，第84页。

1858 年，加拿大西部不列颠哥伦比亚地区发现金矿，当年就有华工从旧金山北上到此地淘金。1866 年首批华工来到新西兰，也是适应当地采金的需要。华工出国对中国古典文学传播的影响是多方面的。华工们对家乡的歌谣、谚语、民间故事等自幼耳濡目染，谙熟于心，出国后依然辗转相传，这些民间文学作品有不少引起所在国学者的兴趣而获得译介。华工们在从事艰苦甚至非人的劳动之余，也需要娱乐，因此吸引了戏班前往演出。1852 年第一家戏班抵达美国华工聚集地旧金山，班名鸿福堂，演员达 123 人之多。此后，华工侨居地又出现了组建戏班、营造剧场之举。例如，1866 年，加利福尼亚州加拉富列士县圣安多里布华侨集资开演粤剧，请来 30 名演员和乐工，搭设大帐幕为剧场，观众都是中西矿工。该剧团后来又在各矿场及华埠轮流演出。1854 年，沙加缅度建立粤华剧院，有 100 个座位，招牌长 14 英尺，前来看戏的主要是侨领和附近矿工。侨领是华人当中社会地位较高者，其中有不少人具备一定文化素养，组织过诗歌竞赛活动。黄遵宪来旧金山时相与唱酬的主要就是这些人。

## 三、中西文化撞击引发社会变革

东学西渐是本时期令人瞩目的历史现象之一。若论战前以儒家思想为代表的中国传统文化在西方的传播，不能不铭记清末怪杰辜鸿铭所做出的卓越贡献。他掌握 9 种语言、获得 13 个博士学位，堪称学贯中西。从 1883 年开始，他致力于宣传中国文化，先后将《论语》①《中庸》②《大学》③ 翻译成典雅的英语，以期让西方人形成对中国人的良好印象。为便于西方读者理解这些中国经典的要旨，他引用歌德（Johann Wolfgang von Goethe）等欧洲名家之言加以注释，并对所涉及的人物、朝代进行了横向比较。这位才华横溢的学者在西方赢得了尊敬。他所出版的第一部英文书《尊王篇》④ 是报刊政论文合集，据信对提高中国在西方的地位颇有贡献。《清史稿》本传说："辜氏以英文撰《尊王篇》，申大义，列强知中华以礼教立国，终不可侮，和议乃就。"但这本书同样显示出辜鸿铭的守旧局限。在为纪念张之洞所著《中国牛津运动故事》⑤ 一书中，他将张之洞所领导的

---

① Ku Hung-ming, tr. *The Discourses and Sayings of Confucius. A New Special Translation*, *Illustrated with Quotations from Goethe and other Writers.* Shanghai, etc.：Kelly and Walsh, limited, 1898.

② Ku Hung-ming. *The Conduct of Life*；or, *The Universal Order of Confucius. A translation of One of the Four Confucian Books Hitherto Known as The Doctrine of the Mean.* London：J. Murray, 1908.

③ Ku Hung-ming, tr. *Higher Education. A new Translation of Ta hsüeh.* Shanghai：Shanghai Mercury, 1915.

④ Ku Hung-ming. *Papers from a Viceroy's Yamen. A Chinese Plea for the Cause of Good Government and True Civilization in China.* Shanghai：The Shanghai Mercury, 1901.

⑤ Gu Hongming. *The Story of a Chinese Oxford Movement.* Shanghai：Shanghai Mercury, 1910.

清流运动和英国纽曼（Newman）所领导的牛津运动加以比较，认为二者都将矛头指向欧洲现代物质文明的破坏力量。在其代表作《中国人的精神》（原名《春秋大义》，1915）中，辜鸿铭致力于弘扬中国文化救西论。该书先以英文出版，[①]其后又译成德文，提高了国人相对于列强的自信心。正如原西藏民族学院郝景春所言，在第一次世界大战之前，资本主义社会的矛盾不断显现，有良知的知识分子都在寻求治世的良方，结果发现了儒家思想，认为孔教是西方最为紧迫需要的，儒学为未来世界秩序提供了蓝图并能帮助创造地球上的乐园。确实，儒家思想的核心内容为"仁""礼""孝"等，其目的是建立一个有尊卑等级观念的和谐社会，每当世界大乱或遇到道德危机时，儒家思想往往被视为一剂良药。[②] 在这样的背景下，东学西渐是有其历史意义的，虽然未必就是救世良方。

尽管如此，这一历史时期儒家思想在中国本土却经历着前所未有的重大危机。从戊戌变法到五四运动，反孔非儒渐成气候。众所周知，西学东渐更新了中国人的视野，使之认识到德先生和赛先生（即民主和科学）的重要性，自由、平等、博爱的观念不胫而走。在这样的背景下，中国本土的古典文学研究形成了前所未有的参照系。在帝制被推翻、共和成共识之后，由本国人所推动的古典文学译介与研究已经是现代意义上的国际文化交流的组成部分。

本土学者从国学的角度去看待西人对中国古典文学的译介，在中西文化交流初期是很自然的事情。所谓"换位思考"，从心理上说必然在"本位思考"之后。在中西文化彼此接触之前，学者们自然只能满足于本位思考。直到接触外来文化之后，学者们才有条件了解别人的"本位"，以至于能够从对方的本位来反观己方的本位，这就是换位思考的由来。一般地说，身处本土而要进行换位思考，显得比较困难，因为周边环境的巨大影响妨碍了自己对异邦文化的认知。辜鸿铭之所以能够成为清朝精通中西之学的第一人，和他生在南洋、学在西洋、婚在东洋、仕在北洋的独特经历是分不开的。作为一代大师的辜鸿铭因为换位思考而更加热爱国学，认为理雅各的翻译并没有表达出儒学的精髓，起了误导读者的作用，因此亲自操刀。从总体上看，他对于西学持不屑的态度。与辜鸿铭同为大师级人物的胡适（1891~1962）是留美学者，较早引入西学以治国学。众所周知，他自从接受杜威（John Dewey）实用主义哲学之后便终生服膺，提倡"文学改良"和白话文学，对新文化运动做出重要贡献。尽管如此，他不是不加分析地认可海外汉学。福建师范大学冀爱莲等指出，作为国学大师的胡适与许多著名的

---

① Ku Hung-ming. *The Spirit of the Chinese People. With an Essay on "The War and the Way out"*. The Peking Daily News, 1915.
② 郝景春：《儒家思想在西方的传播》，载于《河北学刊》2012年第5期，第191~193页。

海外汉学家交往密切。他对海外汉学的看法经历了大体否定、部分认同、理性存疑、感性挑剔四个阶段。尽管有上述变化,但他始终以国学研究的校勘考证为主要方法,据此对海外汉学加以评价。① 这样做自然有不可忽略的前提,即评价者本人精通国学。在诗歌领域,美国诗人庞德等因受汉诗影响而开创了意象派,胡适又部分借鉴意象派理论而提倡新诗。

从辜鸿铭到胡适,数十年间国学的地位已经发生了重要变化。如果说辜鸿铭是痛感国学之危、试图以一己之力挽狂澜于既倒的话,那么,胡适对国学的态度则是以变求存。自五四运动以来,传统意义上的国学已经逐渐退出历史舞台的中心,到今天已经成为必须抢救的文化遗产,所留下的是诸多研究课题。从西学与国学的角度探讨英语世界中国古典文学的译介和研究,具体做法有许多可选项,其中之一是将西方学者对本土学者的借鉴当成研究课题。例如,辽宁大学佟艳光以理雅各《诗经》英译本与我国宋朝理学大师朱熹的《诗集传》的关系为例,对《诗经》英译本与国学注本的关系加以探讨。她指出,理雅各在翻译出版于1871年的第一部英文《诗经》全译本(《中国经典》第四卷)时,曾参阅了多达55种注本。理雅各的译本继承了宋学的怀疑精神,表现出对《毛序》的否定。②

## 四、高等学府成为文学交流枢纽

本时期高等学府逐渐成为英语世界中国古典文学译介与研究的大本营。在此之前,英语世界的中国古典文学研究相当分散,基本是个人独立进行的。自19世纪中叶以来,英语世界的中国古典文学译介与研究逐渐集中到各英语国家的高等学府。高等学府荟萃了第一流的学者,开设了多种类型的中国古典文学课程,培养出一批批学有所长的学士、硕士与博士,产生了数量与质量均颇为可观的学术成果。这些高等学府有英国的牛津大学、剑桥大学、伦敦大学学院等,美国的耶鲁大学、哈佛大学等,澳大利亚的国立大学等。下文试以哈佛燕京学社(Harvard-Yenching Institute)为例加以说明。

哈佛燕京学社由美国铝业公司创办人霍尔(Charles Martin Hall, 1863~1914)的遗产捐赠建成(1928年)。参与筹办的主要有燕京大学校长司徒雷登(John Leighton Stuart)、教授洪业(William Hung, 1893~1980)和哈佛大学筹款

---

① 冀爱莲、郭炳通:《胡适海外汉学观研究》,载于《安徽史学》2010年第3期,第90~97页。
② 佟艳光:《理雅各〈诗经〉英译本与朱氏〈诗集传〉的关系初探》,载于《辽宁行政学院学报》2010年第10期,第124~126页。

主管董纳姆（W. Donham）等。司徒雷登的父母均为美国在华传教士，本人是基督教长老会传教士。洪业号煨莲（畏怜，Willian），名正继，字鹿岑，福建侯官（今闽侯）人。他于1915年赴美留学，获文学士、文硕士、神学士等多种学位。归国后曾任燕京大学文理科学院教务长（1923～1927年）、历史系主任、图书馆主任（1928年），受派作为燕京大学代表赴哈佛燕京学社，1930年回校后任历史系教授、研究院文科主任、哈佛燕京学社执行干事等职。1946年后寓居美国，1952年出版英文著作《中国最伟大的诗人——杜甫》①。此书在英语世界中享有盛誉。洪业是《燕京学报》的创办者，并为编纂中国古代典籍引得（包括《杜诗引得》）做出巨大贡献。

哈佛燕京学社的历任社长都是著名汉学家，其中包括1930～1955年在任的叶理绥（Serge Elisséeff，一译艾利塞夫）、1955～1963年在任的赖肖尔（Edwin O. Reischauer）、1963～1975年在任的佩尔泽尔（John Pelzel）、1975～1988年在任的克雷格（Albert M. Craig）、1988～1996年在任的韩南、1996～2008年在任的杜维明（Tu Wei-ming）、2008年至今在任的佩里（Elizabeth J. Perry）。其中，韩南是著名的中国古典小说专家。哈佛燕京学社致力于推动中美大学交流，成绩斐然。例如，魏鲁男（James Roland Ware，1901～1993）是哈佛燕京学社第一个研究生，1929～1932年来华。1932年获哈佛大学哲学博士，次年起在该校历史系执教。魏鲁男编译了《论语》②，视为"中国最伟大的圣人孔子之训示"；出版了《孟子语录》③和《庄周语录》④。又如，顾立雅（Herrlee Glessner Creel，1905～1994）1929年获芝加哥大学中国哲学博士，两度以哈佛燕京学社研究生名义来中国留学（1932～1935年、1939～1940年），归国后在芝加哥大学执教，任东方语文系教授。他主张以"中国主义"（Sinism）概括中国的世界观，⑤出版有《孔子其人及其神话》⑥《中国思想：从孔子到毛泽东》⑦《何谓道家学说以及中

---

① William Hung. *Tu Fu*, *China's Greatest Poet*: *A Supplementary Volume of Notes*. MA：Harvard University Press, 1952.
② Confucius. *The Best of Confucius. Translated from the Chinese by James R. Ware*. Garden City, New York：Halcyon House, 1950.
③ Mencius. *The Sayings of Mencius. A New Translation by James R. Ware*. New York：New American Library, 1960.
④ Zhuang Zi. *The Sayings of Chuang Chou. A New Translation by James R. Ware*. New York：New American Library, 1963.
⑤ Herrlee G. Creel. *Sinism*：*A Study of the Evolution of the Chinese World-view*. Chicago：Open Court Pub. Co., 1929.
⑥ Herrlee G. Creel. *Confucius*, *the Man and the Myth*. New York：J. Day Co., 1949.
⑦ Herrlee Glessner Creel. *Chinese Thought*, *from Confucius to Mao Tse-tung*. London：Eyre & Spottiswoods, 1954.

国文化史的其他研究》①《申不害：中国公元前4世纪的政治哲学家》② 等著作，发表了《孔子与荀子》③《孔子是不可知论者吗？》④《作为历史文献的西周青铜雕刻》⑤ 等论文。主要研究中国六朝、唐宋时期的历史与文化等的白思达（Glen William Baxter）曾在哈佛燕京学社工作，编有《〈钦定词谱〉索引》⑥，发表了《词的韵律起源》⑦ 等论文。

国内高校也培养出中国古典文学英语译介与研究人才。例如，许渊冲是江西人，毕业于国立西南联合大学外文系，在校时就从事汉诗英译。后执教于北京大学，是著名翻译家。他将"书销中外六十本，诗译英法唯一人"印在名片上，表明了充分的自信心。他所出版的英文译著以诗歌为主，兼及戏曲（《西厢记》等），成就很高。

## 五、报刊媒体打造文化研究平台

19世纪中叶以来，英、美等殖民国家加紧在远东的侵略活动，以坚船利炮打开中国的大门，并大肆进行经济掠夺和文化渗透。以此为背景，西方传教士、外交官和商人纷纷来华，香港、广东、上海、北京等地的西文报纸和出版机构络绎问世，如英国人但尼士（N. B. Dennys）在香港创办的《中国评论》（或《远东释疑报》）(*China Review or Notes and Queries on the Far East*，1872~1901），上海北华捷报社（North-China Herald Office，即字林洋行）出版的《亚东杂志》(*The East of Asia Magazine*，1902~1906）等。其中，《中国评论》被研究者称为"西方世界第一份真正的汉学期刊"。⑧ 上述来华外国人所肩负的使命是相当复杂的。他们当中自然不乏对中国怀有敌意或持不友好态度者，但也有些人出于个人

---

① Herrlee G. Creel. *What is Taoism? And Other Studies in Chinese Cultural History*. Chicago：University of Chicago Press，1970.

② Herrlee G. Creel. *Shen Pu-hai：A Chinese Political Philosopher of the Fourth Century B. C*. Chicago，London：University of Chicago Press，1974.

③ Herrlee G. Creel. Confucius and Hsün-Tzǔ，*Journal of the American Oriental Society*，Vol. 51（1），1931，pp. 23-32.

④ Herrlee G. Creel. "Was Confucius Agnostic?" *T'oung Pao*，Vol. 29，1932，pp. 55-99.

⑤ Herrlee G. Creel. "Bronze Inscriptions of the Western Chou Dynasty as Historical Documents"，*Journal of the American Oriental Society*，Vol. 56（3），1936，pp. 335-349.

⑥ Glen William Baxter. *Index to the Imperial Register of Tz'u Prosody（Ch'in-ting tz'u-p'u）*. Cambridge：Harvard University Press，1956.

⑦ Glen William Baxter. "Metrical Origins of the Tz'u"，*Harvard Journal of Asiatic Studies*，Vol. 16（1/2），1953，pp. 108-145.

⑧ 王国强：《〈中国评论〉（1872~1901）与西方汉学》，上海世纪出版集团2010年版，第117页。

兴趣等方面的原因而成为中国文学的爱好者，在公务之余从事中国文学的收集、整理、翻译和评介。来华外国人所兴办的出版社和报纸从整体上说是服务于文化侵略之目的的，但它们出于牟利或满足西方读者了解中国国情之需要等方面的考虑，出版了一批中国古典文学的译、论著，发表了相关的论文和译文，客观上对中国文学的西传作出了贡献。

在英国，伦敦国王学院撒姆斯（James Summers，1828～1891）编出了《凤凰杂志》（The Phoenix, a monthly magazine for China, Japan and Eastern Asia, 1870～1873）。在美国，本时期陆续出现了若干和东方相关的刊物，如1843年创办的《美国东方学会学报》（Journal of American Oriental Society），1928年费城大学艺术协会创办的《东方艺术》（Eastern Art），1936年哈佛燕京学社创办的《哈佛亚洲学报》（Harvard Journal of Asiatic Studies）、纽约美国中国研究所创办的《中国研究所会报》（China Institute Bulletin）等。在日本，苏格兰出版商布莱克（John Reddie Black，1826～1880）创办了《远东杂志》（The Far East，1870～1878）。

除报刊外，相关出版社也是文化研究平台的建造者，对中国古典文学的译介与研究贡献不菲。例如，上海北新书局、上海商务印书馆、纽约哥伦比亚大学出版社等都出版了和中国古典文学译介与研究相关的书籍。

## 六、移民地域扩展带动文学传播

作为中国古典文学发祥地的本土将英语当成外国语来教学，是近代传教士来华以后的事情，像罗郁正、时钟雯当年就读的上海圣约翰大学前身是1879年成立的圣约翰书院，1905年才升格。其他类型的学校通过聘请外籍教师或回国留学人员任教的方式开展英语教学，培养出一批批能应用英语从事科研和社会活动的人才，从而为本国的古典文学翻译出版事业奠定了基础。从政府方面看，清朝在相当长的时期内实行闭关锁国的政策，对中西文化交流持消极态度，谈不上什么"让中国文学走向世界"之类的雄心大志。当时已出现的中国古典文学翻译出版活动基本上都是民间的。民国时期对"国故"倒是相当重视，也成立了国立编译馆之类的机构，但重视"国故"不等于重视古典文学，加上其时战乱频仍等原因，中国古典文学的翻译出版事业仍然很萧条。

19世纪中国逐渐摆脱封闭状态的标志之一是向外派遣留学生。1871年，刑部主事陈兰彬、江苏同知容闳奉命率学生赴美，这是根据志刚、孙家谷等出使美国时订立的《中美续约》，由曾国藩、李鸿章等奏请获准的。后来李圭于1876年赴美参加为纪念美国建国100周年而在费城举办的世界博览会，曾看望过这批留美小学生（共113人），发现他们已能用中、英和拉丁文写文章。梁启超《新大陆游记》提到过这批留学生中留居于美国者，说其中有的人"在使馆任翻译，文学甚优"。尽管其时留学生的数量还很少，但派遣留学生本身却值得在中西文化交流史上大书一笔。这些留学生对中国国情和留学所在国度的社会状况有一定了解，能够运用多种语言从事交际，又掌握了一技之长，学成之后不论留在国外或者回到中国，都可能发挥沟通中西文化的桥梁作用。虽然他们当中的大多数人并非专治中国古典文学，但通常都由于童年的家庭教育等原因接触过古典文学作品，耳熟能详，因此也有条件为中国古典文学的西传尽自己的一分力量。19世纪 60 年代以来，留学生数量渐增，留学方式亦趋多样，有官吏派送、教会资助、自费游学等。中国人到英语国家求学，最初以攻读自然科学为主，后来逐渐有人选择人文科学或社会科学作为自己的研究方向。

## 第三节 粘合时期中国古典文学的英语译介与研究（1945 年~）

粘合时期是英语世界和华语世界"你中有我，我中有你"的时期。由于双语（甚至是多语）教学的开展，世界各国能够同时掌握英语、汉语（不论将它们当中的哪一种当成母语）的人越来越多；由于国际性人口流动日益频繁，我国古典文学随着移民（主要但不限于华人）的迁徙而在世界上获得空前广泛的传播，英语成为其最重要的媒介之一；由于东西方文化在"地球村"的背景下彼此交融，英语世界中国古典文学的译介与研究有了空前方便的环境。尽管冷战、后冷战将意识形态等矛盾带入了文学交流领域，但上述译介与研究毕竟在全球化的驱动下获得了新的动力和成果。

### 一、中国解放开创文学西传全新局面

中华人民共和国成立后大力促进对外文化交流活动，将译介本国古典文学当成大事来抓，从而造就了中国文学出版社（1951~2002 年）[①]、外文出版社（1952~）等国际知名的翻译出版机构，有力地推动了中国文学（包括古典文学）在英语世界的传播。特别值得一提的是：（1）1949 年 10 月，中央人民政府成立新闻总署国际新闻局。它是中国外文局（全称为中国外文出版发行事业局，

---

[①] 该社 1951 年起出版英文刊物《中国文学》，20 世纪 80 年代出版有"熊猫丛书"，2002 年并入新世界出版社。

又称中国国际出版集团）的前身。中国外文局包括10家出版社、5家杂志社，以及中国网、中国国际图书贸易总公司、对外传播研究中心、翻译资格考评中心等单位，在美国、英国、德国、比利时、俄罗斯、埃及、墨西哥、日本等国家和中国香港等地区设有海外分支机构。该局所属外文出版社以出版多语种外文图书为特色，至今已经出版了数百部中国经典文学作品的外文版（包括中国古典文学作品的英文版）；中国翻译协会（原名"中国翻译工作者协会"，简称"中国译协"，1982~）是翻译领域唯一的全国性社会团体，下设社会科学、文学艺术等专业委员会，其成员有不少是资深或年轻的中国古典文学英语译介与研究者。(2) 1973年，国务院批准成立"联合国资料小组"，代表国家专门从事联合国文件的翻译工作。该机构1976年更名为"北京对外翻译出版处"，1979年改称"中国对外翻译出版公司"（简称"中译公司"，China Translation & Publishing Corporation，CTPC）。它与香港商务印书馆合作，在20世纪八九十年代出版了"英汉汉英对照一百丛书"，包括《中国历代散文一百篇：汉英对照》《京剧名唱一百段：汉英对照》等。以此为基础，该公司在21世纪初致力于打造适应新时代读者需求、提升中国文化新形象的精品图书——中华传统文化精粹丛书。书中除附原文、英译之外，还增加了白话翻译、中文注释、经典名句等栏目。(3) 1986年，中国翻译协会文学艺术翻译委员会（原名"中国翻译工作者协会文学艺术翻译委员会"，简称"中国译协文学艺术翻译委员会"）成立。其成员以文学翻译家为主，同时还包括电影、美术、音乐、戏剧专家。秘书处设在人民文学出版社。1994年，中国英汉语比较研究会（China Association for Comparative Studies of English and Chinese，CACSEC）成立。类似的非营利性人文社科学术组织成为国内古典文学译介与研究工作者相互联系的桥梁。(4) 2003年"金水桥计划"启动，旨在资助国外出版机构翻译出版中国图书。2004年"中国图书对外推广计划"启动，包括资助翻译费、鼓励外国出版商和出版机构翻译出版发行中国图书、向国外图书馆赠送关于中国的图书等内容。(5) 孔子学院的举办促进了中国古典文学在英语世界的流传。2004年11月21日，全球第一所孔子学院在韩国首尔成立。截至2011年底，已在105个国家建立了358所孔子学院和500个中小学孔子课堂，注册学员达到50万人。① 根据2015年12月6日在上海举办的第十届孔子学院大会提供的信息，中国已在134个国家和地区建立了500所孔子学院和1 000个孔子课堂，学员总数达190万人。② 孔子学院以推广汉语并传播

---

① 参见中华人民共和国教育部《孔子学院发展规划（2012—2020年）》，http：//www.moe.gov.cn/jyb_xwfb/gzdt_gzdt/s5987/201302/t20130228_148061.html。

② 参见中华人民共和国教育部"第十届全球孔子学院大会闭幕"，http：//www.moe.gov.cn/jyb_xwfb/s5147/201512/t20151208_223846.html。

中国文化为己任，在教学过程中（特别是面向以英语为母语的初级汉语学员时）也使用英语，教材中某些有关中国古典文学的内容采用英汉对照。这在客观上有利于中国古典文学在英语世界的传播。（6）2005年，国家启动《大中华文库》工程，首次系统、全面地推出外文版中国文化典籍。（7）2007年，由教育部发起，高等教育出版社出版了英文季刊《中国文学研究前沿》（*Frontiers of Literary Studies in China*），由荷兰博睿出版公司负责海外发行。该刊的主要使命是将中国文学研究推向世界，并及时向国内引介海外相关研究领域的问题意识、理论思考和前沿成果。该刊发表了不少有关中国古典文学研究的文章。（8）2010年1月14日，国家汉办资助的"中国文学海外传播"工程在北师大启动。它利用《当代世界文学》杂志成熟的联系网络和运营模式，在美国编辑出版英文学术期刊《今日中国文学》（*Chinese Literature Today*，CLT）；由俄克拉荷马大学出版社协同加拿大和欧洲的合作出版社，出版发行"今日中国文学"英译系列丛书；举办"中国文学海外传播"国际学术研讨会。该项目虽然以中国当代文学为主，但仍对中国古典文学在英语世界的传播有促进作用。从 CLT 网站（http：//www.ou.edu/clt/，2010年开通）看，许多文章提到与中国古代文学相关的内容。（9）2010年，全国哲学社会科学规划办公室批准设立国家社会科学基金中华学术外译项目。

## 二、古典文学喜获多种艺术表现形式

从中国本身来看，古典文学英语译介与研究是国家软实力工程的重要组成部分。目前，从事这方面工作的已经有多家出版机构，其中包括外文出版社、译林出版社、外语教学与研究出版社、中国文学出版社、中国旅游教育出版社、中国国际广播出版社、国际文化出版公司、新世界出版社、山东友谊出版社、四川人民出版社、河南人民出版社、上海人民美术出版社、暨南大学出版社、中国建设杂志社、中国文学杂志社、北京文学杂志社等。相关出版物的文体有我国古典文学名著（全书或选编）原文翻译与改编，我国古典文学名家的传记与研究，我国古代文学史的论文与著作等。值得一提的是，外文出版社在1986~1987年推出布脊硬精装彩绘英文版"美猴王丛书"，根据《西游记》改编、绘画，已知的共34种。这类出版物对促进我国古典文学的跨文化传播发挥了独特的作用，往往被理解为代表国家所希望推介的文化。它们显然各有各的市场定位和传播渠道，其所发挥的作用是有待深入研究的课题。笔者尝试进行了考察。例如，2013年7月16日查找外文出版社所出版的书籍在哈佛大学图书馆的收藏情况，共发现107个条目，但仅有一例和中国古典文学相关，即《孙悟空大闹天宫》

（詹纳尔译，1979）①。这既说明我国所推出的中国古典文学英语译介与研究成果已经进入像哈佛大学这样的著名高等学府，又说明为之所收藏者还相当有限。

至迟从 20 世纪中叶开始，英语世界中国古典文学就逐渐以音像形态传播。例如，1960 年，法国电影制片人莫雷特（Marc Maurette）将中国戏剧影像化；② 20 世纪七八十年代，奥尔姆特（Theodora Olembert）等制作了电影《中国戏剧》③；此后，米切尔（John Dietrich Mitchell）制作了录像带《中国古代戏剧舞打杂技系列》④。在录音制品方面，有曾戴蕊（Tseng Tai-yiu）长达 29 分钟的吟诵《中国古今诗歌》⑤及其增补版⑥等。以上制品估计所采用的是模拟技术。进入 21 世纪之后，美国蒙特利半岛学院福特（Grant L. Voth）教授制作了范围覆盖中国文学史的录音带、录像带《世界文学史》⑦，哈佛大学著名汉学家宇文所安为盲人诵读困难者制作了录音带《中国文学选集：从发端到 1911 年》⑧。这时，数码设备可能已经派上了用场。

在影视领域，中国古典文学在英语世界译介与研究似乎没有产生太大影响，这一点正好和中国现代文学的贡献形成对照。要论其原因，首先应当是中国古典文学本身的艺术规定性。根据俄罗斯学者托洛普采夫的看法，"中国的古典民族艺术将许多传统特点给了本国电影：对冗长的事件链的钟爱、众多的人物、突出的'物体感'，以及'程序化'等同电影美学格格不入的特点。运用主要的民族文学形式创作的文学作品则热衷于平铺直叙式的讲述和间离的叙事态度，而对人物心理和事件内涵却并不进行深入的揭示。因此中国传统文学作品中没有特写镜头式的描写，而大多是笼统的描述。中国的民族音乐是以打击乐器为主。这无疑也影响了电影剪辑（特别是三十年代探索时期）所具有的精神节奏感。"⑨一般说来，比较适合影视改编的文学体裁首推小说，但我国古典小

---

① W. J. F. Jenner, tr. *Havoc in Heaven*: *Adventures of the Monkey King*, Illustrated by Li Shiji. Beijing: Foreign Language Press, 1979.

② Marc Maurette, Victoria Mercanton. *Chinese Theatre*. France: Triangle Films and Procinex, distributed by Gateway Film Productions, 1960.

③ Theodora Olembert, Marc Maurette. *Chinese Theatre*. Great Britain: Procinex [production company]; Triangle Films [production company], 1970–1980.

④ John Dietrich Mitchell. *Classical Chinese Theater Martial Arts & Acrobatic Sequences*. Bronx, N.Y.: Fordham University Press, 1980–1986.

⑤ Tseng Tai-yui. *Chinese Poetry Classical and Modern*. Pacifica Programs, 1961.

⑥ Tseng Tai-yui, Glen Glasow, Judy Brundin, et al. *Chinese Poetry Classical and Modern*. North Hollywood, CA: Pacifica Radio Archives, 2010.

⑦ Grant L. Voth. *The History of World Literature*. Chantilly, VA: Teaching Co., 2007.

⑧ Stephen Owen. *An Anthology of Chinese Literature Beginnings to 1911*. Princeton, NJ: Recording for the Blind & Dyslexic, 2008.

⑨ 谢·托洛普采夫：《银幕上的中国文学作品》，王燎译，载于《世界电影》1998 年第 4 期，第 57 页。

说确实存在托洛普采夫所指出的以笼统描述为主的问题,因此不为影视艺术家所看好。

当然,这不是说英语世界的影视作品没有多少中国古典文学的元素,更不是说中国古典文学完全无法改编成为英语影视作品。美国二维动画片《花木兰》便是例证之一。它由迪斯尼电影公司出品,其创意上极尽夸张之能事。在花木兰(Hua Mulan)女扮男装、替父从军、功成不居的基本情节上,它与我国流传的《木兰辞》是吻合的。但是,在角色塑造、主题处理、动机揭示等方面,明显打上了美国文化的烙印。总体来说,这部影片是比较符合美国观众口味的,不仅在票房价值上表现不错,而且获得美国动画界最高奖——安妮奖(1998)。又如,英国导演麦克唐纳(Peter MacDonald)2001年推出微系列电视片《美猴王》(*The Monkey King*)。这部片子又名《遗失的帝国》(*The Lost Empire*),长度为4小时。经剪辑而成的影片长达150分钟,以《西域西游记》为名发行。它将秦始皇焚书的典故、《西游记》的人物、吴承恩本人遭遇、西方救世主明星等杂糅在一起,所创造出的后现代喜剧风格和刘镇伟执导的《大话西游》(*A Chinese Odyssey*,1994)相似。

电影《刮痧》(*The Treatment*,2001)由郑晓龙执导,北京紫禁城影业有限责任公司发行。主人公许大同移民美国,担任游戏设计师。五岁的儿子丹尼斯闹肚子发烧,来美国探亲的爷爷用中国民间疗法——刮痧给他治病。不了解刮痧疗效的美国人只看到孩子皮肤上的血痕,以虐待儿童罪将家长告上法庭。许大同想到父亲不懂英语无法应诉,便将责任担了起来。在法庭上,他所开发的游戏的主人公孙悟空居然成为他有暴力倾向的根据,控方律师如是说:"别人种了九千年的桃子,他不跟主人打一声招呼摘来便吃,当人家制止时,他不但不听劝阻,而且还大打出手毁了人家的桃园。别人辛辛苦苦炼好的丹丸,他拿来就吃,还把主人打得头破血流,临走还毁了人家的制作车间——像这样一个野蛮顽劣的猴子,竟然被许大同在电子游戏中描绘成英雄……"许大同的败诉反映了中国古典文学在英语世界传播过程中所可能发生的变异和遭受的曲解。影片的编导肯定早就看到跨文化交流的困难。

## 三、国力消长导致世界中心观念变化

本时期中国古典文学研究在指导思想上逐渐摆脱欧洲中心论的影响,这有利于客观、公正地理解和评价相关作家作品。造成上述转变的原因是多种多样的。第二次世界大战以前,世界的汉学中心一直在欧洲。战后海外中国学研究的中心移至美国,这和美国成为资本主义世界新霸主的历史进程是相适应的。大西洋彼岸美国的后来居上使欧洲人不能不正视资本主义世界力量对比的现实。此外，第三世界人民争取和维护民族独立的斗争不仅动摇了殖民统治，而且沉重打击了种种为殖民统治服务的观念；科学及科学哲学的发展揭示了观察结果对观察主体的依赖性，因而启迪人们重新审视自身观察世界的"内镜头"的可靠性。这些因素都使得欧洲中心论不能不渐次退出历史舞台。西方大多数学者因此能够摒弃过去常见的以欧洲文学为标准而指摘中国文学的做法，丢开诸如中国无悲剧、中国小说不入流等不公正的结论，进而尊重中国悠久的文化传统、探索中国文学的特征、恰当地评价中国古典文学在世界文学中的地位。华人学者在促进上述转变中起了积极作用。例如，刘若愚在名作《跨语言批评家：中国诗歌阐释》（1982）一书中系统考察了批评家所扮演的读者、译者、阐释者和仲裁者的多种角色，既反对通向某种"汉中心主义"的历史主义，又反对和欧洲中心主义相投契的呈现主义，宣扬兼顾文学作品在当时及后世之价值的透视主义，肯定超历史、超文化阐释的可能性。①

20世纪国际政治波云诡谲，国际关系显得比以往任何时代都更为复杂多变，国际战争的规模和破坏性亦非往昔所可比拟。当然，国际合作的可能性也较前增加。处于这样的时代，世界各国出于自身的利益考虑，纷纷加强对与其利害攸关的国家的研究。中国作为世界上最大的发展中国家、安理会常任理事国，不能不受到其他国家的注意。据估计，全球以中国为对象的研究机构数以百计，它们分布于日本、德国、英国、法国、荷兰、丹麦、瑞典、澳大利亚、加拿大、俄罗斯等许多国家，而以美国为多。第二次世界大战以后，美国政府和各大基金会积极资助各大学和研究机构开展对中国的研究，获得资助的哈佛大学、加州大学伯克利分校、西雅图华盛顿大学、普林斯顿大学、芝加哥大学、耶鲁大学、密歇根大学等高校如今都成为美国的中国学基地。它们培养出不少与中国古典文学译介与研究相关的人才。例如，康纳瑞（Christopher Leigh Connery）以《建安诗歌话语》② 获得普林斯顿大学博士学位，著有《文本王国：早期中华帝国的写作与权威》③ 等。从整体上说，西方的中国学研究固然有延续19世纪以来为侵略扩张服务的一面，但从20世纪60年代以来，力求科学地重新认识中国的倾向日益增强，研究范围也较旧汉学为宽，与中国古典文学有关的许多课题正是在这样的情形下入选的。20世纪90年代以来，世界格局发生了重大变化。冷战结束有利于

---

① James J. Y. Liu. *The Interlingual Critic: Interpreting Chinese Poetry*. Bloomington: Indiana University Press, 1982.
② Christopher Leigh Connery. Jian'an Poetic Discourse, Thesis (Ph. D.). Princeton University, 1991.
③ Christopher Leigh Connery. *The Empire of the Text: Writing and Authority in Early Imperial China*. Lanham: Rowman & Littlefield Publishers, 1998.

中西交流，从而加快了中国文学走向世界的步伐，同时促进了主要英语国家对中国文学关注的重点从古典文学向现当代文学的转移。

在这样的历史时期，尽管欧洲中心主义风光不再，但"美国中心主义"（亦即大美国主义）却继之而起。就英语世界中国古典文学译介与研究而言，本时期最有影响的汉学家集中在美国，最易被检索到的研究成果集中在美国，这两个原因造成了事实上的"美国中心"。换言之，即使我们在指导思想上想要摆脱美国中心主义的笼罩，但客观上所征引的材料却多数出自美国。

美国汉学经历了由业余汉学（以传教士为主体）向专业汉学（以高校为主体）的发展，1877年耶鲁大学设立首个汉学教授职位是转折的标志。专业汉学本身在1955年产生了以语文学、文献考证为特色的传统汉学和以对近现代中国的跨学科研究为特色的"中国学"（亦称"中国研究"）的分化，其标志是费正清（John King Fairbank）建立哈佛大学东亚研究中心。从总体上看，中国古典文学译介与研究在美国是属于传统汉学范围的。

## 四、思潮迭代有利研究观念推陈出新

在传统意义上，汉学是指中国以外的学者有关中国社会方方面面的研究（兼及海外华人的研究），着重在中国古代文化（包括古代文学）。第二次世界大战之后，形成了以现代中国为研究对象的中国研究（Chinese Studies）。在这样的背景下，人们将汉学区分为古代汉学和现代汉学，二者的差别在于所研究的是1949年之前或之后的中国（亦有人将1911年作为分水岭）。在欧洲，汉学以中国研究知名；在美国，汉学则是中国研究的子领域。第二次世界大战之前汉学家集中在欧洲，相对重视语文训练；战后研究中国的学者云集于美国，相对重视社会科学方法，由此形成了中国学。

20世纪是哲学思潮相递迭代、文艺流派层出不穷、文艺批评方法竞相出新的历史时期。处于这种历史条件之下的海外中国古典文学研究不能不打上相应的烙印，不少学者汲取西方心理学和神话学的研究成果，到中国古典文学作品中寻找原型；引进结构主义、解构主义等方法和观念对中国古典文学作品的含义作出别开生面的阐析等。近年来从性别角度开展研究的有美国的黄卫总（Martin W. Huang）、中国台湾的丁乃非等。这当中，诸如殚精竭虑地发掘《兰亭诗》的同性恋含义之类做法有待商榷，但更多的研究成果对于中国学者具备一定的启发性，像美国当代中国学家宇文所安对初唐诗的整体研究就是如此。后现代主义思潮对英语世界中国古典文学译介与研究产生了显著影响。例如，美国马萨诸塞大学阿默斯特分校白牧之（E. Bruce Brooks）、白妙子（A. Tacko Brooks）夫妇在翻译过程中"彻底否定了《论语》文本的传统定论,得出结论:《论语》大部分与孔子真实的言论无关,是先秦鲁国历代儒家弟子因社会、文化需要以地层累积的方式逐渐编撰而成的,孔子只是一个文化符号"。这种观点体现了后现代主义的学术挑战性和文本观。①

  国内学术界最初是从国学的角度去看待英语世界中国古典文学译介与研究的。五四运动结束了国学独尊的历史,促进了我国意识形态的转型。人们逐渐学会用马克思主义的观点去看待文化交流。20世纪是西学与国学相互博弈与渗透的时代。在此之前,国学是我国的正宗学术,代表我国的主导意识形态;西学只是舶来品,充其量不过是某种参考系。在此之后,国学与西学已经没有明显的界线,整个学术领域呈现出多元而混杂的现象。上述转变的重要契机是20世纪西方涌现的各种社会思潮陆续传入中国学术界,为研究西方汉学提供了新的视角。人们因此不仅了解汉学家对中国古典文学如何看,而且逐渐理解他们为什么那样看。结构主义、后结构主义、接受美学、后殖民主义等理论,都起了这样的作用。国内的汉学研究者取用了它们的观点、方法,反转过来用于西方汉学研究,由此形成了"译传学"。

  从社会多样化需要的角度看,中国古典文学英语译介与研究已经成为跨学科研究对象:(1)在人口性需要层面,中国古典文学在英语世界的传播很大程度上是由于人口迁移引发的。人口学研究可以揭示中国古典文学英语译介与研究活动同留学移民、投资移民和海外华人聚居等关系。(2)在经济性需要层面,中国古典文学英语译介与研究必须讲成本、算费用甚至求收入、计利润,因而是经济学、产业学、市场学、消费学等学科的研究课题。早在传教士译经阶段,译作的出版就面临着经济压力。这些年来的实践进一步表明,英语世界中国古典文学译介与研究是文化产业的组成部分。老少咸宜的中国古典文学译作可能在英语世界拥有可观的市场,深入浅出的中国古典文学论著也可能在英语世界赢得会心的读者。匠心独运的改编可以大大扩展受众面,正如电影《花木兰》所证明的那样,这其中自然包含着一定的产业机遇。目前中国古典文学英语音像出版物数量较少,完全可能再加一把力。(3)在知识性需要层面,中国古典文学英语译介与研究需要一定知识系统的支持,同时又作为人类经验传承的特殊形式而起作用,因而是教育学、文化学、传播学等学科的研究课题。例如,中国古典文学从汉语系统向英语系统的转换不只是文字的转变,而且是语音和语义的转变。教育学将英语世界中国古典文学英语译介与研究同语言教学联系在一起,既关注英语世界的汉语教育如何将中国古典文学作品当成教材,又关注汉语世界的英语教育如何

---

① 王琰:《汉学视域中的〈论语〉英译研究》,上海外语教育出版社2012年版,第185页。

将中国古典文学的译作和论著作为教科书。又如，这种译介与研究作为跨文化交流是文化学的研究课题。文化学将英语世界和华语世界视为两种不同的文化圈，将中国古典文学英语译介与研究看成文化圈之间的信息交换，关注译介与研究主体和译介与研究对象之间的文化身份、文化认同，关注作为文化产品的译作和论著在信息交换过程中所产生的文化折扣和文化增益等现象，关注文化运营过程中的文化输入、文化输出、文化反馈等现象。再如，传播学从编码与解码的角度理解英语世界中国古典文学的译介与研究，认为译介与研究包含了相关对象的重新编码与重新解码，重视上述过程中新的码本（即中国古典文学作品所进入的英语世界的意义系统）的价值，关注这一过程中所存在的各个层次、不同主体和对象之间的信息发送、接受与反馈，强调个人媒体、大众媒体和网络媒体于中国古典文学在英语世界传播的重要性。（4）在规范性需要层面，中国古典文学英语译介与研究是一种社会行为，须有相应的社会规范、行为准则加以制约，因而是伦理学、礼仪学、法学等学科的研究课题。比如，伦理学关注英语文化圈和华语文化圈道德规范的异同，留意上述异同对于中国古典文学作品评价、人物分析、价值判断等影响。（5）在意向性需要层面，中国古典文学英语译介与研究是以人的需要为出发点、以社会动机为驱力而进行的，既是译介与研究者施展才华、实现潜能的途径，又是接受者熏陶自我、实现升华的方式，因而是艺术学、管理学、政治学、社会学、心理学（特别是社会心理学）等学科的研究课题。艺术学从语言艺术的角度看待译介与研究活动，一方面将中国古典文学的译作视为中国特有的语言艺术的价值的延伸，另一方面将它们视为英语艺术表现力在跨文化背景中的特殊表现。这种译介与研究是艺术理论的研究课题。一方面，译介与研究不是机制复制或数码复制，而是译介与研究者在特殊动机驱使下显示其潜能的活动。因此，英语世界中国古典文学的译介与研究同样是一种艺术创造。另一方面，译介与研究意味着被译介与研究的艺术作品获得了与新的受众群体相接触的可能性，这些受众的审美理想、审美趣味不能不影响译介与研究的过程。因此，英语世界中国古典文学的译介与研究的历史不只是译介与研究者的历史，而且是由相应的读者以至于观众、听众所书写的历史。这种译介与研究又是社会学、心理学（特别是社会心理学）的研究课题。译介与研究者并非纯粹根据个人的喜好而选择作品、进行评价。他们作为公民、作为民族或社会的成员，从群体需要出发规划自己的翻译和研究活动。因此，译介与研究者的社会立场、社会倾向、社会使命感、角色规范、自我意识等因素不能不引起注意，实际上，英语世界中国古典文学的译介与研究从整体上已经超越个人层次，成为国际交流、民族交往的有机组成部分。（6）在反思性需要层面，中国古典文学英语译介与研究促进了有关人士对于自身存在的思考，因而是哲学（特别是美学）、史学、宗教学等学科的研究课题。例如，宗教是中国古典文学英语译介与研究发展过程中（特别是其起步阶段）难以忽视的因素之一。因此，可以从宗教学的角度研究宗教动机在传教士翻译中国古典文学典籍中所起的作用，中国古典文学作品中的宗教成分在异文化背景中引发的反应，译者宗教信仰（或无神论思想）对译介与研究活动的影响等。20世纪以来，学科分化、渗透与重组成为令人瞩目的现象。因此，以上所述及的英语世界从不同学科视角进行的中国古典文学研究完全可以相互结合。

## 五、数码科技建设全球信息基础设施

以计算机为龙头的数码革命在20世纪中叶爆发。它对于英语中国古典文学译介与研究的影响至少从以下三方面表现出来：

一是为相关资料的统计分析增添了利器。例如，大连理工大学霍跃红完成博士论文《典籍英译译者文体分析与文本的译者识别》（2010），并在学术刊物上发表了相关成果。他采用定量研究和定性研究相结合的方法，自建语料库，比较分析了三个不同译者对我国古代第一部叙事长诗《孔雀东南飞》的翻译。他以汪榕培教授的译本为主要研究对象，以英国著名汉学家韦利的译本和我国著名翻译家许渊冲的译本为参照，从词汇、句子、语篇三个层面对译者文体进行了比较研究。研究发现，与《孔雀东南飞》的原文相比，三个译本的词汇量明显增加，词汇变化量却在减少；汪榕培译本与韦利译本用词方面偏向归化，许渊冲译本异化特征明显。① 湖南师范大学周小玲也完成了博士论文《基于语料库的译者文体研究》（2011）。作者选取理雅各6部代表性译作，从微观层面考察形符数、类符数、类符/形符比、平均词长、平均句长、平均段长、词频、词汇密度、语篇连贯、叙事方式等，发现其译文用词正式、考究，平均句长较短，语篇衔接较为紧密；从中观层面考察其主题词、高频词、特色词、独特词、译者所添加的注释等副文本，发现其学识渊博，经常使用感叹句、问句；从宏观层面考察相关意识形态、社会价值观念和读者期待等，发现其大量使用宗教词汇，主要从宗教的角度解读中国典籍文本。

二是为相关信息的传播建造了平台。从20世纪中叶开始，计算机首先为英语世界与中国古典文学相关的印刷文献的编目数据共享创造了条件，然后在超文本传输协议的支持下将相关的电子文本变成万维网网站的内容，继之为各种数字化的译介与研究成果变成移动通信的传输内容、为用户通过手机来调取和阅读创

---

① 霍跃红：《基于语料库的译者文体比较研究》，载于《大连理工大学学报（社会科学版）》2010年第2期。

造条件。随着国家信息基础设施（national information infrastructure，NII）乃至全球信息基础设施（global information infrastructure，GII）的建成，英语世界中国古典文学译介与研究信息日益成为可供不同国家、不同民族、不同母语的用户共享的精神财富。许多重要文本都可以通过网络下载。

三是为相关观念的变革创造了契机。自从英语世界开展和中国古典文学译介与研究相关的活动以来，在相当长的历史时期内，传教士、高校教师、报刊作家等专业人士是主体，公众通常只是扮演读者或接受主体的角色。自从以交互性为特征的数码媒体在传播领域后来居上、处于主导地位之后，情况有所改变，用户生成内容所占的比例明显增加，其表现形式有网帖、视频、微信、App 等多种类型。

## 六、海外留学成为文学传播重要途径

中国学生到国外留学，在过去数百年间都是促进中国古典文学在英语世界传播的重要动力。大约从 20 世纪 60 年代起开始，成批出现由留学生撰写的以中国古典文学为题的英语学位论文。相当多的留学生只是把中国古典文学当成自己的"敲门砖"，一拿到学位便改行了，因此我们除了学位论文之外见不到他们撰写的其他有关中国古典文学的文章，更不用说著作了。当然，也有的留学生从其他专业转到中国古典文学方面来，将它作为自己的业余爱好甚至职业。无论留学生们如何在学术领域进行跨专业流动，有一条是确定无疑的：他们充当了英语世界中国古典文学研究的生力军。作为例证，可以举出洪煨莲、施友忠、张心沧、李祁、李田意、丁乃通、夏志清、罗郁正、刘若愚、王靖献、马幼垣、时钟雯、商伟等一大批知名学者。这些人基本上是在中国国内获得学士学位后出国深造的，毕业后留在英、美任教并从事与中国古典文学有关的研究。例如，陈世骧（Chen Shih-Hsiang，1912~1971）字子龙，号石湘。他在 1936~1937 年任教于北京大学时就与英国人哈罗德·阿克顿（Harold Acton）合译中国诗歌，出版了《中国现代诗选》①，后于 1941 年赴美深造，专攻中西文学理论。1947 年起执教于加州大学伯克利分校。1948 年，他在北京大学出版社出版了《烛幽洞微的文学：陆机〈文赋〉研究》②。该书修订本 1952 年出版于美国。③ 此后，他为《大美百科

---

① Harold Acton, Ch'en Shih-hsiang, tr. *Modern Chinese Poetry*. London: Duckworth, 1936.
② Chen Shih-Hsiang. *Literature as Light against Darkness*: *Being a Study of Lu Chi's "Essay on Literature", in Relation to His Life, His Period in Medieval Chinese History, and Some Modern Critical Ideas*; with a translation of the text in verse. Peiping: National Peking University Press, 1948.
③ Lu Chi. *Essay on Literature*, translated by Shih-hsiang Chen in the year MCMXLVIII, Rev. ed., Portland, Me.: Anthoensen Press, 1952.

全书》撰写了"中国文学"辞条①，翻译《晋书·顾恺之传》②、孔尚任剧本《桃花扇》③、《花鼓及其他中国歌曲》④ 等。在他身后，其学生杨牧为之编纂了中文版《陈世骧文存》（志文出版社，1972；辽宁教育出版社，1998）。又如，周策纵 1948 年赴美国密歇根大学深造，后曾担任国际红楼梦研究会主席，退休前是威斯康星大学东亚语文系与历史系双料教授。他被誉为"国际汉学大师"。⑤也有人回国（或曾回国）工作，成为专业或业余的古典文学研究者，如蔡廷干、林文庆、陆志韦、王德箴等，其中在英语世界知名度最高的大概要推翻译家杨宪益了。

当然，国外高校也培养出了不少从事中国古典文学译介与研究的华裔学者。例如，余宝琳（Pauline Ruth Yu）1949 年出生于纽约，1983 年在斯坦福大学完成博士论文《王维诗歌的世界：符号诗学阐述》⑥，曾在哥伦比亚大学、加州大学洛杉矶分校等校执教，担任美国学术团体联合会（The American Council of Learned Societies）主席。由于中外文化交流中所处的特殊地位所决定，我国港澳台地区对英语世界中国古典文学的传播发挥了中介作用。香港（1997 年）、澳门（1999 年）陆续回归祖国，在新的历史条件下更强有力地作为中国古典文学译介和研究的枢纽起作用。

---

① Chen Shih-hsiang. "China—Literature", in *Encyclopedia Americana*. New York：American Corporation, Vol. 6, 1952, pp. 541–548.
② Chen Shih-hsiang, tr. and annotated. *Biography of Ku K'ai-chih*. Berkeley：University of California Press, 1953.
③ K'ung Shang-jên. *The Peach Blossom Fan* (*Tao hua shan*), translated by Chen Shih-hsiang and Harold Acton, with the collaboration of Cyril Birch. Berkeley：University of California Press, 1976.
④ Chen Shih-hsiang, tr. *The Flower Drum and other Chinese Songs*, Arranged by C. Chen; foreword by Pearl S. Buck; preface by Henry Cowell, Ann Arbor, Mich.：UMI Out of Print Books on Demand, 1988.
⑤ 王润华：《华裔汉学家周策纵的汉学研究》，北京学苑出版社 2011 年版。
⑥ Pauline Ruth Yu. *The World of Wang Wei's Poetry：An Illumination of Symbolist Poetics*, Ph. D. Dissertation, Stanford University, Ann Arbor, Mich.：University Microfilms International, 1983.

# 第八章

# 英语世界的中国古典文学译介与研究综述

英语世界中的翻译活动已经有 1000 多年的历史。早在 9 世纪,英国威塞克斯国王阿尔弗雷德大帝(Alfred the Great, 849~899)就委托人将波爱修斯(Anicius Manlius Severinus Boëthius, 480~524/525)的《哲学的慰藉》(*Consolation of Philosophy*, 524)和修道士比德(Venerable Bede, 672/673~735)的《教会史》(*Ecclesiastical History*)译成盎格鲁—撒克逊白话。14 世纪时,英国诗人乔叟曾将意大利薄伽丘(Giovanni Boccaccio)的作品由意大利语译成英文。他着手翻译法语的《罗马玫瑰》(*Roman de la Rose*),并完成了译自拉丁语的《伯蒂乌斯》(*Boethius*)。乔叟建立了一种以改编与翻译先前已经确立的文学语言为基础的英语诗歌传统。① 对于中国古典文学的译介与研究就是以此为背景发展起来的。

## 第一节 英语世界中国古典文学综合译介 与研究名家选介

回溯英语世界中国古典文学综合性翻译和研究活动,可以发现如下现象:(1)远交时期这类活动或者只是个别人偶尔为之,或者源于文学之外其他社会需求,还谈不上什么名家。(2)近渗时期,英语世界对于中国文学本身的兴趣渐趋

---

① J. M. Cohen, tr. *Encyclopedia Americana*. Danbury, Conn.: Grolier, Vol. 27, 1986, pp. 12–13.

浓厚,这为在相关翻译和研究领域产生名家准备了必要的条件。就此而言,英国走在其他国家的前面。(3) 融合时期,上述领域取得令人瞩目的进展,美国后来居上。(4) 除英、美这两个国家之外,其他国家也出现了一些和本书的论题相关的名家。

## 一、英国名家选介

在早期从事中国古典文学翻译和研究的英国人中,外交官、传教士和商人是三种常见的身份。

英国汉学家德庇时(John Francis Davis, 1795~1890)又以德俾士、迪字士、爹必时知名。他1816年就来到中国,先是当外交官,后来在东印度公司、英国驻华商务监督署工作。1829年,他在《英国皇家亚洲学会会刊》发表《汉文诗解》。这被认为是西方第一部全面、系统地介绍中国古典诗歌的著述,其中提出了若干重要见解:(1) 史诗在汉语诗歌中的缺席。德庇时认为原因一是中国韵文的特点不适于创作鸿篇巨制,二是书写材料的昂贵限制了作品的篇幅。(2) 田园诗在中西不同的文化土壤中衍生出两种形态各异的题材,即西方的田园牧歌和中国农事诗。(3) 中国诗歌没有西方人所说的严格意义上的戏剧诗。① 1844~1848年,他担任香港总督,在公务之外,中国诗歌对他来说只是业余爱好。

在曾从事外交活动的英国汉学家中,最有名的是翟理斯(Herbert Allen Giles, 1845~1935)。他作为英国使馆翻译学生来华(1867年),后任英国驻华各领事馆翻译、副领事、领事。1891年回国,1897~1928年任剑桥大学汉文教授。他的汉学研究至迟从19世纪80年代就已经开始。1873年,他在上海出版了《汉语方言口头惯用语辞典》②。次年,他又编印了《字学举隅》③,供辨析同形异义字、同形异音字之用。他出版了《中国概要》④,还有译著《法显的旅行或〈佛国记〉》(1877、1923、1956)⑤。1877~1878年,他摘译《镜花缘》,以《访

---

① John Francis Davis. "On the Poetry of the Chinese", *Transactions of the Royal Asiatic Society*. Vol. 2, 1829, pp. 393–401. 详见王燕:《〈汉文诗解〉与中国古典诗歌的早期海外传播》,载于《文艺理论研究》2012年第3期,第45~52页。
② Herbert A. Giles. *A Dictionary of Colloquial Idioms in the Mandarin Dialect*. Shanghai:A. H. de Carvalho, 1873.
③ Herbert A. Giles. *Synoptical Studies in Chinese Character*. Shanghai:A. H. de Carvalho, 1874.
④ Herbert A. Giles. *Chinese Sketches*. London:Trübner & co., Ludgate Hill. Shanghai:Kelly & Co., 1876.
⑤ Herbert A. Giles. *The Travels of Fa-hsien* (399–414 A. D.); or, *A Record of the Buddhistic Kingdoms*, Translated by H. A. Giles. London:Trübner & Co., 1877, Retranslated, Cambridgeshire:University Press, 1923; London:Routledge & K. Paul, 1956.

游君子国》为题刊载于《中国评论》。几年后，他又译出《聊斋志异》（1880、1908、1965）①。1882年，他出版《历史上的中国及其他概述》②，书中收有包公故事译文。1884年，他推出最重要的译作之一《古文选珍》③。这本书对先秦作品只是译述其大意、注重其作为警句的用途，对汉代以后的散文则选译了为其他译者所忽略的章表、论文、书信等体裁，因此被视为了解哲学散文、历史散文及小说之外的中国散文形式发展的最好参考书。1878年，他编纂了《远东相关主题参考字汇》④。此书分别于1886年、1900年和1974年再版。其后，他将兴趣转向道家学说，编译了《老子遗教》⑤《庄子：神秘主义者、道德家与改革者》⑥。后者第二版名为《庄子：道家哲学家与中国神秘主义者》⑦。到了19世纪末，他忙于编工具书，出版了《华英词典》⑧、《剑桥大学图书馆汉、满文书籍韦德藏书目录》⑨《中国人名大辞典》（又译《古今姓氏族谱》，1898、1968）⑩。后者介绍了从先秦到19世纪的中国历史人物，其中有不少是文学家。1898年，他还推出了译本《中诗英韵》⑪。该书后来与《古文选珍》合刊，即《中国文学精华》（1923、1965）⑫。翟理斯也译过《三字经》（1900、1910、1964）⑬。在《中国文学史》出版之后，翟理斯仍然笔耕不辍。著译有《中国与中国人》（1902，

---

① Pu Songling. *Strange Stories from a Chinese Studio*, translated and annotated by Herbert A. Giles. London：Thos. De la Rue, 1880. 2nd ed. rev., New York：Paragon Book Gallery 1908；2nd ed. rev., Shanghai（etc.）Kelly & Walsh, limited, 1916；Taipei：Wen-xing, 1965.

② H. A. Giles. *Historic China, and Other Sketches*. London, T. de La Rue, 1882.

③ H. A. Giles, ed. & tr. *Gems of Chinese Literature*. London, Shanghai, B. Quaritch；Kelly & Walsh, 1884.

④ Herbert A. Giles. *A Glossary of Reference on Subjects Connected with the Far East*. 1878. Hong Kong；Shanghai；Yokohama；London：Lane, Crawford；Kelly & Walsh；B. Quaritch, 1886；London：Totowa, N. J.：Curzon Press；Rowman & Littlefield, 1900, 3d ed. . London：Curzon Press；Totowa, N. J.：Rowman & Littlefield, 1974.

⑤ H. A. Giles. *The Remains of Lao Tzu*. Hongkong：The China Mail Office, 1886.

⑥ H. A. Giles. *Chuang tzŭ*：*Mystic, Moralist, and Social Reformer*. London, B. Quaritch, 1889.

⑦ Herbert A. Giles, tr. *Chuang tzu, Taoist Philosopher and Chinese Mystic*, 2nd rev. ed., London：Allen & Unwin, 1926.

⑧ H. A. Giles. *A Chinese-English Dictionary*. London, Shanghai [etc.]：B. Quaritch；Kelly & Walsh, limited, 1892；Revised edition, Nanking, 1899；Rev. & enl., Taipei：Cheng Wen Pub. Co., 1972.

⑨ Herbert A. Giles. *A Catalog of the Wade Collection of Chinese and Manchu Books in the Library of the University of Cambridge*. T. F Wade（Thomas Francis）, 1818 – 1895. Cambridge：Cambridge University Press, 1898.

⑩ Herbert A. Giles. *A Chinese Biographical Dictionary*. London：Bernard Quaritch；Shanghai：Kelly & Walsh, 1898；Taipei：Cheng-Wen Pub. Co., 1968.

⑪ Herbert A. Giles. *Chinese Poetry in English Verse*. Bernard Quaritch, 1898.

⑫ H. A. Giles. *Gems of Chinese literature*：*Prose*；*Gems of Chinese Literature*：*Verse*, Shanghai：Kelly and Walsh, 1923. 2nd ed., rev. and greatly enl., New York：Paragon Book Reprint Corp, 1965.

⑬ Wang Yinglin. *San Tzu Ching. Elementary Chinese*, translated and annotated by Herbert A. Giles, 1900；2nd ed., rev., 1910. Taipei：Republished by Literature House, 1964.

1912；中文版，2011）①、《中国绘画史导论》（1905、1976、2004）②、《古代中国的宗教》（1905，1976，2004）③、《翟山笔记》（文集，1905）④、《中国童话》⑤、《中国的文明》⑥《中国满人》⑦《儒学及其反对派：在大学礼堂威廉博士图书馆的演讲》⑧《关于鸦片的某些真相》⑨《汉语俏皮话摘录》⑩《英译中国诗歌选》（1934，1967）⑪ 等。在他身后出版的有《中国神秘主义者：庄子哲学选》⑫《翟理斯选译文言故事》（黄秉炜编选，2004）⑬ 等。

曾经拥有外交官身份的汉学家为数不少，试举数例：（1）道格思（Robert Kennaway Douglas, 1838～1913）爵士早年是驻中国的领事官、翻译（1858年来华），1865年辞职回国，任大英图书馆汉文藏书部助理，后任该馆东方书籍保管人（1892～1907）及伦敦大学汉文教授（1903～1908）等职。1875年5月、6月分别在英国皇家机构做了两次讲演，其讲稿以"中国的语言和文学"为题印行。⑭（2）领事官瓦特斯（Thomas Watters, 1840～1901）著有《老子：中国哲学研究》⑮《文庙碑匾指南》⑯ 等。他精通佛学，将玄奘《西域记》译成英文，

---

① Herbert A. Giles. *China and the Chinese*. New York：The Columbia University Press, The Macmillan Compay Agents, 1902；New York：Columbia University Press, 1912.

② H. A. Giles. *An Introduction to the History of Chinese Pictorial Art*. Shanghai：Keloy & Walsh, ld., 1905；London, B. Quaritch, ltd, 1918.［2d ed., rev. and enl.］

③ H. A. Giles. *Religions of Ancient China*. London, 1905；Folcroft, Pa.：Folcroft Library Editions, 1976；Whitefish, MT：Kessinger Pub, 2004.

④ H. A. Giles. *Adversaria Sinica*. Shanghai：Kelly & Walsh, 1905.

⑤ Herbert Allen Giles. *Chinese Fairy Tales*. London, etc.：Gowan & Gray, 1911.

⑥ Herbert A. Giles. *The Civilization of China*. London：Williams and Norgate, 1911.

⑦ Herbert A. Giles. *China and the Manchus*. Cambridge：University Press；New York：G. P. Putnam's Sons 1912.

⑧ Herbert A. Giles. *Confucianism and its Rivals：Lectures Delivered in the University Hall of Dr. William's library*. London：Williams and Norgate, 1915.

⑨ H. A. Giles. *Some Truths About Opium*. Cambridge：W. Heffer & Sons Ltd., 1923.

⑩ Herbert A. Giles, tr. *Quips from a Chinese Jest-book*. Shanghai：Kelly and Walsh, limited, 1925.

⑪ Herbert A. Giles, Arthur Waley, trs. *Select Chinese Verses*. Shanghai：Commercial Press 1934；Taipei：Commercial Press, 1967.

⑫ Herbert A. Giles, tr. *Musings of a Chinese Mystic：Selections from the Philosophy of Chuang Tzu*. London：John Murray, 1955.

⑬ Herbert A. Giles. *Short Stories from Giles' Historic China*, Compiled by Ping-wei Huang. 2004.

⑭ Robert K. Douglas. *The Language and Literature of China. Two Lectures Delivered at the Royal Institution of Great Britain in May and June*. London：Trübner & co., 1875.

⑮ Thomas Watters. *Lao-Tzu；A study in Chinese Philosophy*. Hongkong：Printed at the China Mail office；Williams & Norgate, 1870.

⑯ Thomas Watters. *A Guide to the Tablets in a Temple of Confucius*. Shanghai：America Presbyterian Mission Press, 1879.

此即《玄奘的印度之行（公元前 629～645）》①。（3）阿连壁（Clement Francis Romilly Allen，1944～1911）1863 年来华，曾任使馆翻译、领事等职。他将《诗经》译成英文，为之起了很长的名字《中国诗歌之书：歌谣、传说、赞美诗及其他篇章，以"诗经"知名》（1891）。②

传教士在英语世界中国古典文学译介与研究中颇为活跃。比尔（Samuel Beal，1825～1889）即为一例。他是直接从汉语中翻译早期佛教记录，进而研究印度史的第一个英国人，译有《大唐西域记》③《沙门慧立著玄奘传》④《法显、宋云游记：从中国至印度的佛教朝圣之旅》⑤等。有一部分来华传教士回国之后成为汉学教授。其中，从事经典翻译最有名的汉学家是英国的理雅各。他属于苏格兰公理会，1840～1873 年作为伦敦布道会（London Missionary Society）代表长驻马六甲与香港。在港期间，他由王韬协助将"四书""五经"译成英文，名为《中国经典》。⑥ 理雅各本人反对鸦片贸易，但《中国经典》的翻译却是在从事鸦片贸易的查顿（William Jardine）、颠地（Lancelot Dent）等人的经济支持下才完成的。理雅各回国后，1876～1897 年任牛津大学首任汉学教授。他与缪勒合作，出版了《东方圣书》50 卷（1879～1891）⑦。理雅克的译文质量很高，至今仍为学术界所采用。

在商人中，巴尔福（Frederic Henry Balfour，1846～1909）值得一提。他于 1870 年自英国来华，先营丝茶贸易，后为报人，曾任《通闻西报》《华洋通闻》主笔等。在担任上海《字林西报》总主笔（1881～1886）期间，他在伦敦出版了译本《〈南华真经〉：道教哲学家庄子著作集》⑧ 和《道家文本》⑨。

---

① Thomas Watters. *On Yuan Chwang's Travels in India*（A. D. 629 - 45）. London：Royal Asiatic Society, 1904.

② Clement Francis Romilly Allen. *The Book of Chinese Poetry：Being the Collection of Ballads，Sagas，Hymns，and other Pieces Known as the Shih Ching，or，Classic of Poetry*. London：K. Paul, Trench, Trübner, 1891.

③ Xuan Zang. *Si-yu-ki. Buddhist Records of the Western World*, translated from the Chinese of Hiuen Tsiang（A. D. 629）by Samuel Beal. Popular ed. London：Trubner & Co. , 1884；1906；Calcutta：Susil Gupta, 1957 - 1958；Delhi：Nirmal D. Jain, 1969；New York：Paragon Book Reprint Corp, 1968.

④ Hwui Li. *The Life of Hiuen - Tsiang by the Shaman Hwui Li*, with an introd. containing an account of the works of I-tsing , by Samuel Beal；with a pref. by L. Cranmer - Byng, new ed. London：Trubner, 1911.

⑤ Samuel Beal. *Travels of Fah-hian and Sung-yun，Buddhist Pilgrims，from China to India*（400 A. D. and 518 A. D. London：Trübner, 1869. ［2d ed］. New York：Kelley, 1964.

⑥ James Legge. *The Chinese Classics：with a Translation，Critical and Exegetical Notes，Prolegomena，and Copious Indexes*, 5 vols. Hong Kong：Legge；London：Trubner, 1861 - 1872.

⑦ Max Müller, eds. *Sacred Books of the East Series*. Oxford：Clarendon Press, 1879 - 1891.

⑧ F. H. Balfour. *The Divine Classic of Nan-hua，Being the Works of Chuang - Tsze，Taoist Philosopher*. London：Kelyy & Walsh, 1881.

⑨ F. H. Balfour. *Taoist Texts：Ethical，Political，and Speculative*. London：Trubner, 1884.

如上所述，外交官、传教士和商人是近世西人来华的三种主要身份，这些身份彼此并非完全绝缘，并且由于西方人在华兴办学校、报纸等事业的缘故而可同新的身份或社会角色（如教师、记者、编辑等）结合。对中国民间传说颇有研究的德呢克（N. Belfield）即为一例。他于1863年来华，任驻天津领事，后来成为香港《德臣报》（*The China Mail*）社长兼主笔。

进入20世纪之后，"英国由于已经在中国确定了势力范围，对汉学研究的重视大大减弱，这一阶段已经退出西方汉学舞台的中心，而英国汉学步入现代很大程度上是受到欧洲其他国家汉学的影响，尤其是法国汉学"。本时期英国汉学家屈指可数，牛津大学、剑桥大学和伦敦大学都曾因为没有合适人选而使汉学教授席位空缺。① 从积极的方面看，本时期英国汉学逐渐向现代中国学过渡，其标志是伦敦大学设立东方学院（1916）。大型工具书的编纂、普及性读物的增多、研究内容的细化等，都是值得重视的变化。②

当时最负盛名的"中国通"是韦利。其译作覆盖了中国古典散文、诗歌、小说等领域，主要著作有《中国绘画研究入门》③《白居易的生平与时代》④《李白的诗歌与职业》⑤ 等。此外，比较著名的汉学研究者至少有：（1）翟理斯之子翟林奈（Lionel Giles，1875～1958）。他出生于中国，1900年进入大英博物馆图书馆，负责管理东方书籍，直到1940年退休。他和其父一样热心于中国文献翻译，译有《老子》⑥《一个中国神秘主义者的沉思：庄子哲学选读》（类编本，根据其父译文）⑦、《孙子兵法》⑧《列子》⑨《论语》⑩《孟子》（节译）⑪ 等。（2）赖发洛（Leonard A. Lyall，1867～  ）英国人，1886年来华，入中国海关任帮办，后在

---

① 王琰：《汉学视域中的〈论语〉英译研究》，上海外语教育出版社2012年版，第88页。
② 胡优静：《英国19世纪的汉学史研究》，学苑出版社2009年版，第107～117页。
③ Arthur Waley. *An Introduction to the Study of Chinese Painting*. New York：Charles Scribner's Sons，1923.
④ Arthur Waley. *The Life and Times of Po Chü – I*. Routledge Ltd.，1949.
⑤ Arthur Waley. *The Poetry and Career of Li Po*，701–762 A. D. London：G. Allen and Unwin；New York：Macmillan Co.，1950.
⑥ Lao Zi. *The Sayings of Lao Tzǔ*，translated from the Chinese，with an introduction by Lionel Giles. London：Orient Press，1904.
⑦ Zhuang Zi. *Nanhua Jing. Musings of a Chinese Mystic：Selections from the Philosophy of Chuang Tzǔ*，with an Introduction by Lionel Giles. London：J. Murray，1906.
⑧ Sun Zi. *Transcription of the Text of Sun Tzu on the Art of war，the Oldest Military Treatise in the World*，tr. from the Chinese by Lionel Giles. London：Luzac，1910.
⑨ Lie Zi. *Taoist Teachings from the Book of Lieh Tzǔ*；tr. from the Chinese，with introduction and notes，by Lionel Giles. London：J. Murray，1912.
⑩ Confucius. *The Sayings of Confucius：A New Translation of the Greater Part of the Confucian Analects*，with Introduction and Notes by Lionel Giles. London：J. Murray，1927.
⑪ Mencius (Mengzi). *Selections. The Book of Mencius：(abridged) Translated from the Chinese by Lionel Giles*. London：J. Murray，1942.

沙市等埠任税务司。曾译《论语》①《孟子》②。(3) 佛来遮（W. J. B. Fletcher, 1871~1933）是20世纪来华的翻译官、领事官，退休后被广州中山大学聘为英语教授。他在唐诗研究方面颇有造诣，出版有《英译唐诗选》③《英译唐诗选续集》④。(4) 卜道成（Joseph Percy Bruce，1861~1934）。他是英国浸礼会教士，1887年来华传教，曾任齐鲁大学校长。1925年返英，任伦敦大学汉学教授。卜道成以朱熹研究著称，译有《朱熹人性哲学》⑤，著有《朱熹及其著述：中国理学入门》⑥《朱熹之为人：1925年元月15日在中国学会宣读的论文》⑦ 等。2010年，厦门大学出版社印行了他的相关著作，即《朱熹和他的前辈们：朱熹与宋代新儒学导论》。(5) 修中诚（Ernest Richard Hughes，1883~1956）。他是英国伦敦会教士，毕业于牛津大学。1911年来华，在福建汀州传教多年，后任职于上海中华基督教青年会全国协会（1929~1932）。1933年起在牛津大学任教；1948~1952年在美国加利福尼亚大学任教。他生前出版的著作主要是关于中国政治、宗教、哲学的，身后出版的书籍有陆机《文赋》译注⑧，还有《两位中国诗人：汉代生活与思想小景》⑨。后者是班固《两都赋》、张衡《二京赋》译考。他将这两篇作品当成汉代社会生活的镜子加以译析与比较，认为张衡的描写更少偏见、更为可信，并由汉赋引申到汉代政治结构，提出西汉乃专制政治、东汉是神权政治的观点。(6) 叶女士（Evangeline Dora Edwards，1888~1957）。她是英国汉学家，生于中国。其父母都是传教士。她本人也于1913年来华传教，曾任苏格兰长老会在奉天办的女子师范学堂的校长。代表作《唐代中国散文》⑩ 是她回英国后撰写的。她担任过伦敦大学汉文讲师（1921）、汉文教授（1933）等职。(7) 领事官

---

① Leonard A. Lyall. *The Sayings of Confucius*, translated by Leonard A. Lyall, 1909, 2nd ed. London: Longmans 1925; Leonard A Lyall (Leonard Arthur), tr., *Confucius: Bold-faced thoughts on Loyalty, Leadership, and Teamwork*, edited by Laura Ross; New ed., New York, NY: Sterling Innovation, 2010.

② Leonard A. Lyall. *Mencius*. London: Longmans Green and Co., 1932.

③ W. J. B. Fletcher. *Gems of Chinese Verse*. Shanghai: Commercial Press, 1922.

④ W. J. B. Fletcher. *More Gems of Chinese Poetry*. Shanghai: The Commercial Press, Limited, 1933.

⑤ Zhu Xi. *The Philosophy of Human Nature*, translated from the Chinese, with notes, by J. Percy Bruce. London: Probsthain, 1922.

⑥ J. P. Bruce. *Chu Hsi and His Masters*; *An Introduction to Chu Hsi and the Sung School of Chinese Philosophy*. London, Probsthain & co., 1923.

⑦ J. P. Bruce. *The Humanness of Chu Hsi*: *A Paper Read before the China Society on January 15, 1925*. London: East and West, 1925.

⑧ Lu Ji. *The Art of Letters*; *Lu Chi's "Wen fu", A. D. 302*, a translation and comparative study, by E. R. Hughes; with a forenote by I. A. Richards. New York: Pantheon Books, 1951.

⑨ E. R. Hughes. *Two Chinese Poets*; *Vignettes of Han Life and Thought*. Princeton, N. J., Princeton University Press, 1960.

⑩ E. D. Edwards. *Chinese Prose Literature of the T'ang Period*, A. D. 618 - 906. London: A. Probsthain, 1937 - 1938.

查理（Herbert James Allen, ？~1911）生于印度，1861 年来华，任翻译，1888 年退休，著有《中国古代史：中国经籍是伪造的吗？》[1]。

## 二、美国名家选介

美国汉学的由来和发展的背景有宗教因素。例如，德效骞（Homer Hasenplug Dubs，1892~1968），号闵卿（德和美），1918 年以圣道会（Evangel Mission）教士身份来华，后任哥伦比亚大学中文客座教授（1944~1945）、牛津大学中文教授（1947~1959）、夏威夷大学教授（1962~1963）。他主要研究中国古代史，著有《荀子：古代儒学的定形者》[2] 等，并曾选择《汉书》本纪部分，分三卷在美国出版（1938、1944、1955）。又如，傅路特（富路德或傅路德，Luther Carrington Goodrich，1894~1986）是美国公理会来华传教士富善（Chauncey Goodrich）之子，生于北京通州，美国威廉斯学院大学毕业后来华任教，1926 年回美国，任哥伦比亚大学汉文系教授兼系主任。他主要研究中国历史和文化（如道教、庙会、会馆等），曾为明代名人编辞典，著有《乾隆朝的文字狱》（1935）[3] 等多种。

美国汉学在其发展过程中逐渐超出了传教格局，成为现代高等院校教育科研活动的重要组成部分。中国文学研究作为汉学的重要分支之一开始享有相对独立的地位，出现了不少值得重视的专家。例如，傅汉思是加州大学伯克利分校博士，曾任耶鲁大学东亚系中国文学教授，他著有《孟浩然传》（1952、1961）[4]，《梅花与宫女：中国诗选译随谈》[5]，编有《中国王朝史译文目录（曹魏至五代）》[6]。又如，管佩达是斯坦福大学博士，华盛顿大学圣路易斯分校中国文学与宗教研究教授，她主要研究佛教与文学、后现代中国女性与文化，著作有《重游

---

[1] Herbert James Allen. *Early Chinese History. Are the Chinese Classics Forged*? London; New York: Society for Promoting Christian Knowledge; E. S. Gorham, 1906.

[2] Homer Hasenplug Dubs. *Hsuntze: The Moulder of Ancient Confucianism*. London: Arthur Probsthain, 1927.

[3] Luther Carrington Goodrich. *The Literary Inquisition of Ch'ien - Lung*. New York: Paragon Book Reprint Corp., 1966.

[4] Hans Hermann Frankel, tr. and annotated. *Biographies of Meng Hao-jan.* 2nd ed., rev. and enl. Berkeley: University of California Press, 1961.

[5] Hans Hermann Frankel. *The Flowering Plum and the Palace Lady: Interpretations of Chinese Poetry*. New Haven: Yale University Press, 1976.

[6] Hans Hermann Frankel. *Catalogue of Translations from the Chinese Dynastic Histories for the Period 220 - 960*. Berkeley: University of California Press, 1957; Greenwood, 1974.

庐山：佛教与苏轼的生活与创作》①《空门女：中国佛尼之诗》②《彤管：中华帝国时代的女性书写》（合作）③《名尼：17世纪中国的女禅师》④ 等，译有《逃离血池地狱：目连及黄氏女的传说》（合作）⑤ 等，论文有《世界宗教的女圣人》⑥《观音：菩萨中国化的演变》⑦《出乎静隐：中国宋代文人的佛教观》⑧《大丈夫：17世纪禅语记录中英雄气概与平等性的性别修辞》⑨《女诗人与法师：顾太清道教诗选》⑩ 等。再如，田笠（Stephen L. Field, 1951~）是1985年堪萨斯奥斯汀联合大学博士，著有《天问：中国起源之书》⑪《中国古代的神祇》⑫ 等。曾在三一大学（Trinityu University）现代语言与文学系任教。

在美国众多和中国古典文学译介与研究相关的学者中，倪豪士显得格外突出。他是美国印第安纳大学文学博士（1972），曾任威斯康星大学东亚语言文学系主任（1980~1982、1987~1990、2004），麦迪逊分校东亚语言文学系 Halls - Bascom 讲座教授，兼德国、日本、中国多所高校或研究机构的客座教授，2003年由于其在中国古典文学领域的突出贡献，获得洪堡基金会（Humboldt Foundation）终身成就奖。著有《柳宗元》（合作）⑬《皮日休》⑭《〈西京杂记〉的文史侧面阐

---

① Beata Grant. *Mount Lu Revisited*: *Buddhism in the Life and Writings of Su Shih*. Honolulu: University of Hawaii Press, 1994.

② Beata Grant. *Daughters of Emptiness*: *Poems of Chinese Buddhist Nuns*. Somerville, MA: Wisdom Publications, 2003.

③ Beata Grant. W. L. Idema (Wilt L.). *The Red Brush*: *Writing Women of Imperial China*. Cambridge: Harvard University Asia Center, 2004.

④ Beata Grant. *Eminent Nuns*: *Women Chan Masters of Seventeenth-century China*. Honolulu: University of Hawaii Press, c2009.

⑤ Beata Grant and W. L Idema (Wilt L.), tr. *Escape from Blood Pond Hell*: *The Tales of Mulian and Woman Huang*. Seattle: University of Washington Press, 2011.

⑥ Beata Grant. "Women Saints in World Religions", *The Journal of Asian Studies*, Vol. 60 (2), 2001, pp. 510 - 512.

⑦ Beata Grant. "Kuan-yin: The Chinese Transformation of Avalokiteshvara", *The Journal of Asian Studies*, Vol. 61 (3), 2002, pp. 1045 - 1047.

⑧ Beata Grant. "Out of the Cloister: Literati Perspectives on Buddhism in Sung China, 960 - 1279", *The American Historical Review*, Vol. 112 (3), 2007, pp. 826 - 827; *Harvard East Asia Monographs*, No. 272, Cambridge. Mass: Harvard University Press, 2006.

⑨ Beata Grant. "Da Zhangfu: The Gendered Rhetoric of Heroism and Equality in Seventeenth - Century Chan Buddhist Discourse Records", *NAN Nü*, Vol. 10, No. 2, pp. 177 - 211.

⑩ Beata Grant. "The Poetess And The Precept Master: A Selection of Daoist Poems by Gu Taiqing", *Text, Performance, and Gender in Chinese Literature and Music*. Essays in Honor of Wilt Idema Leiden - Boston: Brill 2010, pp. 325 - 340.

⑪ Stephen Lee Field. *Tian Wen*: *A Chinese Book of Origins*. New York: New Directions, 1986.

⑫ Stephen Lee Field. *Ancient Chinese Divination*. Honolulu: University of Hawaii Press, 2008.

⑬ William H. Nienhauser, Jr., et al. *Liu Tsung-yüan*. New York: Twayne, 1973.

⑭ William H. Nienhauser, Jr. *P'i Jih-hsiu*. Boston: Twayne Publishers, 1979.

释》①，发表了近百篇论文与书评。他编有《中国文学论集》②《唐代文学研究西文论著目录》③《美国学者论唐代文学》（1994）、《唐代故事：一种有指南的读本》④，主编《印第安纳中国古典文学指南》（第一卷，1986⑤；第二卷，1998⑥）。他创办《中国文学》（Chinese Literature：Essays，Articles，Reviews，CLEAR）。这是美国唯一专门研究中国文学的杂志，他是首任主编（1979~2010）。此外，他还翻译了大量作品（包括《史记》、《搜神记》、唐传奇、杜诗等），并将法国波尔多第三大学中文系教授雷威安（Andreé Lévy）的《中国古今文学》⑦ 译成英语⑧。他的中文出版物有《传记与小说：唐代文学比较论集》（1995，2007）⑨ 等。

  梅维恒是哈佛大学博士（1976），1979 年起执教于宾夕法尼亚大学，任亚洲与中东研究系教授等职。他致力于出版中国古典文学选集，编写中国文学史，译介与研究道家著作，译注散文，研究敦煌文学，关注中国小说的白话传统与表演艺术。他致力于打通学科界限，推广汉语拼音化，组织辞典编纂，担任夏威夷大学"ABC 汉语词典系列"的总编，创办刊物 Sino-Platonic Papers（1986）。20 世纪 90 年代，他组织中东亚青铜与铁器时代木乃伊考古研究，为《科学美国人》（Scientific American）、NOVA 与发现频道（Discovery Channel）制作了三部电视纪录片。美国哲学协会（The American Philosophical Society）授予他荣誉会员。他曾在香港大学担任访问教授（2002~2003），已出版著作《绘画与表演——中国的看图讲故事和它的印度起源》⑩。

---

  ① William H. Nienhauser Jr. *An Interpretation of the Literary and Historical Aspects of the Hsi-ching Tsa-chi* (*Miscellanies of the western capital*). Ann Arbor, Mich.：University Microfilms International, 1985.

  ② William H. Nienhauser, Jr., ed. *Critical essays on Chinese Literature.* Hong Kong：Chinese University of Hong Kong；Honolulu：distributed outside Hong Kong by the University Press of Hawaii, 1976.

  ③ William H. Nienhauser, Jr., ed. *Bibliography of Selected Western Works on T'ang Dynasty Literature.* Taipei：Center for Chinese Studies, 1988.

  ④ William H. Nienhauser, Jr. *Tang Dynasty Tales：A Guided Reader.* Singapore；Hackensack, NJ：World Scientific, 2010.

  ⑤ William H. Nienhauser, Jr., ed. & compiled. *The Indiana Companion to Traditional Chinese Literature*, Charles Hartman, associate editor for poetry, Y. W. Ma, associate editor for fiction, Stephen H. West, associate editor for drama, Bloomington, Ind.：Indiana University Press, 1986.

  ⑥ William H. Nienhauser, Jr., ed. and compiled. *The Indiana Companion to Traditional Chinese Literature* (*volume* 2), Charles Hartman, associate editor；Scott W. Galer, assistant editor. Bloomington：Indiana University Press, 1998.

  ⑦ Andreé Lévy. *La Littérature Chinoise*, *Ancienne Classique.* Paris：PUF, 1991.

  ⑧ Andreé Lévy. *Chinese Literature*, *Ancient and Classical*, translated by William H. Nienhauser, Jr. Bloomington：Indiana University Press, 2000.

  ⑨ ［美］倪豪士著：《传记与小说：唐代文学比较论集》，中华书局 1995 年版（扩展与修订版，2007）。

  ⑩ ［美］梅维恒：《绘画与表演——中国的看图讲故事和它的印度起源》，王邦维等译，北京燕山出版社 2000 年版。

韩禄伯1976年以《嵇康：其生平、文学与思想》① 获得威斯康星大学麦迪逊分校博士学位，其先后在宾州州立大学、威斯康星大学、达慕斯大学等任教。在道家研究方面，他发表了《马王堆老子帛书考》②《老子马王堆帛书考：谈其与王本的区别》③《论〈老子〉之分章》④《道德经：中国经典》⑤ 等论文，出版了《道与场：类比探索》⑥，译有《老子道德经》（1989，据马王堆文本译出）⑦，此书2000年再版。⑧ 韩禄伯这方面的研究成果为国内学术界所关注，2002年学苑出版社在北京出版了他的《简帛老子研究》，由邢文改编，余瑾翻译。张华丽发表了"《道德经》英译中的译者主体性——Henricks《道德经》译文第一章解析"（《科技信息》2009年第29期）。韩禄伯出版了《公元3世纪中国的哲学与论争：嵇康之"论"》⑨《寒山诗全译注本》⑩，发表了《论"空桑"的所在及其同一性》⑪ 等论文。所著论文《舜三身与世界创造之完成》⑫ 被收入中国社会科学院历史研究所编《华夏文明与传世藏书——中国国际汉学研讨会论文集》。

何谷理是1973年哥伦比亚大学博士，学位论文为《〈隋唐演义〉一部中国

---

① Robert G. Henricks. *Hsi K'ang* (223 – 262): *His Life, Literature, and Thought*. Ann Arbor, Mich.: University Microfilms International, 1983.

② Robert G. Henricks. "Examining the Ma – Wang – Tui Silk Texts of the Lao – Tzu", *T'oung Pao*, Vol. 65, No. 4 – 5, 1979, pp. 166 – 199 (34).

③ Robert G. Henricks. "Examining the Ma-wang-tui Silk Texts of the Lao-tzu: With Special Note of Their Differences from the Wang Pi Text", *T'oung Pao*, Vol. 65 (4/5), 1979, pp. 166 – 199.

④ Robert G. Henricks. "On the Chapter Divisions in the Lao-tzu", *Bulletin of the School of Oriental and African Studies*, Vol. 45, No. 3, 1982, pp. 501 – 524.

⑤ Robert G. Henricks. "Tao Te Ching – Chinese Classics", *The Journal of Asian Studies*, Vol. 44, No. 1, 1984, pp. 177 – 180.

⑥ Robert G. Henricks. "The Tao and the Field: Exploring an Analogy", St. John's Papers in Asian Studies, No. 27, The Center of Asian Studies, St. John's University, 1981.

⑦ Robert G. Henricks. *Laozi. Lao-tzu: Te-tao Ching: A New Translation Based on the Recently Discovered Ma-wang-tui Texts*. New York: Ballantine Books, 1989.

⑧ Lao Zi. *Lao Tzu's Tao Te Ching: A Translation of the Startling New Documents Found at Guodian*, translated by Robert G. Henricks. New York: Columbia University Press, 2000.

⑨ Hsi Kang. *Philosophy and Argumentation in Third-century China: The Essays of Hsi Kang*, translated, with introduction and annotation by Robert G. Henricks. Princeton, N. J.: Princeton University Press, 1983.

⑩ Robert G. Henricks, tr. *The Poetry of Han-shan: A Complete, Annotated Translation of Cold Mountain*. Albany: State University of New York Press, 1990.

⑪ Robert G. Henricks. "On the Whereabouts and Identity of the Place Called 'K'ung – Sang' (Hollow Mulberry) in Early Chinese Mythology", *Bulletin of the School of Oriental and African Studies*, Vol. 58 (1), 1995, pp. 69 – 90.

⑫ Robert G. Henricks. "The Three – Bodied Shun and the Completion of Creation", *Bulletin of the School of Oriental and African Studies*, Vol. 59, No. 2, 1996, pp. 268 – 295.

古典小说的来源及叙事技巧》①。他担任圣路易斯华盛顿大学亚洲与近东语言文学中文教授,著有《十七世纪的中国小说》②《阅读中华帝国插图小说》③,与人合编有论文集《中国文学中自我的表现》④《中华帝国后期的写作与法律:犯罪、冲突与审判》⑤。他发表了许多论文,如《明代文学研究:艺术状态观察》(合作)⑥《云之朝圣:袁宏道及其兄弟的诗文》⑦《中国古典小说:领域现状》⑧《赤壁的声响与视像:论阅读苏轼》⑨《中国文学的历史?》(合作)⑩ 等。

高德耀(Robert Joe Cutter,1947~)是华盛顿大学博士,学位论文为《曹植(192~232)及其诗歌》⑪。他曾任威斯康辛大学麦迪逊分校东亚语言文学系教授兼系主任。著有《交战与驱策:中国文化与斗鸡》⑫,此书已有中译本。⑬ 译作有《皇后与妃嫔:陈寿〈三国志〉及裴松之注选》(合作)⑭ 等,论文有《道别:中古早期中国挽歌的形成》⑮ 等。

美国学者比勒尔以《情色之饰:6 世纪诗歌选集中爱的意象:〈玉台新咏〉

---

① Robert E. Hegel. *Sui T'ang Yen-i*:*The Sources and Narrative Techniques of a Traditional Chinese Novel*. Thesis(Ph. D. ),Columbia University,1973.

② Robert E. Hegel. *The Novel in Seventeenth-century China*. New York:Columbia University Press,1981.

③ Robert E. Hegel. *Reading Illustrated Fiction in Late Imperial China*. Stanford,Calif.:Stanford University Press,1998.

④ Robert E. Hegel,Richard C. Hessney,eds. *Expressions of Self in Chinese Literature*. New York:Columbia University Press,1985.

⑤ Robert E. Hegel,Katherine Carlitz,eds. *Writing and Law in Late Imperial China:Crime,Conflict,and Judgment*. Seattle:University of Washington Press,2007.

⑥ Cyril Birch,Robert E. Hegel. "Studies of Ming Literature:Observations on the State of the Art",*Ming Studies*,Vol. 2,No. 1,1976,pp. 25 – 31.

⑦ Robert E. Hegel. "Pilgrim of the Clouds:Poems and Essays by Yuan Hung-tao and His Brothers",*Ming Studies*,Vol. 9,No. 1,1979,pp. 33 – 34.

⑧ Robert E. Hegel. "Traditional Chinese Fiction—The State of the Field",*The Journal of Asian Studies*,Vol. 53,No!. 2,1994,pp. 394 – 426.

⑨ Robert E. Hegel. "The Sights and Sounds of Red Cliffs:On Reading Su Shi",*Chinese Literature:Essays,Articles,Reviews(CLEAR)*,Vol. 20,1998,pp. 11 – 30.

⑩ Martin Kern,Robert E. Hegel. "A History of Chinese Literature?" *Chinese Literature:Essays,Articles,Reviews(CLEAR)*,Vol. 26,2004,pp. 159 – 179.

⑪ Robert Joe Cutter. *Cao Zhi(192 – 232)and His Poetry*. Ann Arbor,Mich.:University Microfilms International,1985.

⑫ Robert Joe Cutter. *The Brush and the Spur:Chinese Culture and the Cockfight*. Hong Kong:Chinese University Press,1989.

⑬ [美]高德耀著:《斗鸡与中国文化》,张振军、孔旭荣等译,中华书局 2005 年版。

⑭ Robert Joe Cutter,William Gordon Crowell,tr. *Empresses and Consorts:Selections from Chen Shou's Records of the Three States with Pei Songzhi's Commentary*. Honolulu:University of Hawaii Press,1999.

⑮ Robert Joe Cutter. "Saying Goodbye:The Transformation of the Dirge in Early Medieval China",*Early Medieval China*,Vol. 10,No. 1,2004,pp. 67 – 129.

研究》①获得哥伦比亚大学博士学位。她的学术兴趣从中国宫体诗开始，逐渐扩大到有关性别的神话和文化，陆续出版了10余种书籍，其中包括译注《〈玉台新咏〉：中国中古爱情诗选集》②《山海经》③《中国汉代民间歌谣》④《中国神话》（1993⑤，2000⑥）《诗家游戏：中国中古诗歌读本》⑦《中国神话与文化》⑧等著作，《近年中国文学研究中的后现代理论》⑨《性别化权力：关于〈山海经〉中女性神话的话语》⑩等专论。论文主要是关于神话的，如《尘镜：南朝爱情诗中妇女的优雅形象》（收入何谷理等编《中国文学里自我的表现》，1985）等。

也有些学者以对中国某一文体译介与研究见长。例如，萨进德（Stuart Sargent）主要研究宋诗。他是1977年斯坦福大学哲学博士，学位论文为《贺铸（1052～1125）词中的经验模式》⑪。萨进德先后在马里兰大学、科罗拉多州立大学等校任教，著有《贺铸的诗：文体、语境与创造性》⑫，发表了《后来者能否居上？宋代诗人与唐诗》⑬《苏轼与黄庭坚的题画诗》⑭《罗伯特·赫里克与辛弃疾比较要点：抒情诗、典故与印刷》⑮等论文。又如，柯罗尔（Paul William

---

① Anne Margaret Birrell. *Erotic Decor*：*A Study of Love Imagery in the Sixth Century A. D. Anthology*，*Yu-t'ai hsin-yung*，*New poems from a Jade Terrace*. Thesis（Ph. D.），Columbia University，1979.

② Anne Birrell，tr. *New Songs from a Jade Terrace*：*An Anthology of Early Chinese Love Poetry*，with annotations and an introduction. London：Allen & Unwin，1982.

③ Anne Birrell，tr. *The Classic of Mountains and Seas*. London：Penguin Books，1999.

④ Anne Birrell. *Popular Songs and Ballads of Han China*. Honolulu：University of Hawaii Press，1993.

⑤ Anne Birrell. *Chinese Mythology*：*An Introduction*，with a foreword by Yuan K'o. Baltimore：Johns Hopkins University Press，1993.

⑥ Anne Birrell，ed. *Chinese Myths*. Austin：University of Texas Press，Published in cooperation with British Museum Press，2000.

⑦ Anne Birrell. *Games Poets Play*：*Readings in Medieval Chinese Poetry*. Cambridge：McGuinness China Monographs，2004.

⑧ Anne Birrell. *Chinese Myth and Culture*. Cambridge：McGuinness China Monographs，2006.

⑨ Anne Birrell. *Postmodernist Theory in Recent Studies of Chinese Literature*. Philadelpia，PA，USA：Order from Dept. of Asian and Middle Eastern Studies，University of Pennsylvania，2000.

⑩ Anne Birrell. *Gendered Power*：*A Discourse on Female-gendered Myth in the Classic of Mountains and Seas*. Philadelphia，PA：Order from Dept. of Asian and Middle Eastern Studies，University of Pennsylvania，2002.

⑪ Stuart Howard Sargent. Experiential Patterns in the Lyrics of Ho Chu（1052–1125），UMI，1979.

⑫ Stuart Sargent. *The Poetry of He Zhu（1052–1125）*：*Genres*，*Contexts*，*and Creativity*. Leiden：Brill，2007.

⑬ Stuart Sargent. "Can Latecomers Get There First? Sung Poets and T'ang Poetry"，*Chinese Literature*：*Essays*，*Articles*，*Reviews*（CLEAR），Vol. 4，No. 2，1982，pp. 165–198.

⑭ Stuart Sargent. "Colophons in Countermotion：Poems by Su Shih and Huang T'ing-chien on Paintings"，*Journal of Asian Studies* 52（June 1992），pp. 263–302.

⑮ Stuart Sargent. "Points of Comparison between Robert Herrick（1591–1674）and Hsin Ch'i-chi（1140–1207）：Lyric Poetry，Allusion，and Print. Culture"，*Chinese Literature*：*Essays*，*Articles*，*Reviews*（CLEAR），Vol. 26，2004，pp. 151–158.

Kroll）在密歇根大学完成博士论文《为曹操绘象：关于其人和其传奇的文学研究》（1976）①，1980 年以来在科罗拉多波德校区任教。他出版了文学传记《孟浩然》②，编写《孟浩然诗引得》③。他致力于中国中古史、汉唐语言和宗教等的研究，出版了《法钟与法柱：李白的佛教碑铭》④《中古道教与李白诗研究》⑤《中古中国文学与文化史论集》⑥ 等书籍。他关注道教诗歌研究，发表了《道家诗歌与神祇追求》⑦ 等论文。

还有些学者从思想史的角度切入。例如，美国贾德讷（Daniel K. Gardner）1978 年获哈佛大学博士，曾任史密斯学院历史系教授等。著有《朱熹和〈大学〉：理学的儒家教义观》⑧，注译有《圣人之道：朱子语录选》⑨《朱熹语录读本：原文、注解与古代传统》⑩《四书：后期儒学传统的基本教诲》⑪ 等。又如，巴瑞特（Timothy Hugh Barrett）在耶鲁大学完成博士论文《李翱思想中的儒释道》⑫，以之为基础出版了专著《李翱：佛家、道家或理学家？》⑬。此外，他还出版了《唐代道教：中国历史上的宗教与帝国》等。再如，金鹏程（Paul Rakita Goldin）是哈佛大学博士（1996），学位论文题为《荀子的哲学》⑭。毕业后，他担任宾州大学东亚语言与文明系中国思想教授，主要研究战国思想史，以跨学科见长，涉及

---

① Paul W. Kroll. *Portraits of Ts'ao Ts'ao: Literary Studies on the Man and the Myth*, Ph. d Dissertation, The University of Michigan, 1976.

② Paul W. Kroll. *Meng Hao‐Jan.* Boston: Twayne, 1981.

③ Paul W. Kroll, Joyce Wong Kroll, compiled. *A Concordance to the Poems of Meng Hao-jan.* Taipei: Chinese Materials Center, 1982.

④ Paul W. Kroll. *Dharma Bell and Dharani Pillar: Li Po's Buddhist Inscriptions.* Scuola italiana di studi sull'Asia orientale, 2001.

⑤ Paul W. Kroll. *Studies in Medieval Taoism and the Poetry of Li Po.* Farnham: Ashgate, 2009.

⑥ Paul W. Kroll. *Essays in Medieval Chinese Literature and Cultural History.* Farnham: Ashgate, 2009.

⑦ Paul W. Kroll. "Daoist Verse And The Quest of The Divine", *Early Chinese Religion*, Part Two: The Period of Division (220 – 589 AD). Leiden – Boston: Brill 2009, pp. 963 – 996.

⑧ Daniel K. Gardner. *Chu Hsi and the Ta-hsueh: Neo – Confucian Reflection on the Confucian Canon.* Cambridge, Mass.: Council on East Asian Studies, Harvard University, 1986.

⑨ Daniel K. Gardner, tr. *Learning to Be a Sage: Selections from the Conversations of Master Chu, Arranged Topically.* Berkeley: University of California Press, c1990.

⑩ Daniel K. Gardner. *Zhu Xi's Reading of the Analects: Canon, Commentary, and the Classical Tradition.* New York: Columbia University Press, c2003.

⑪ Daniel K. Gardner, tr. *The Four Books: The Basic Teachings of the Later Confucian Tradition.* Indianapolis: Hackett Pub, 2007.

⑫ Timothy Hugh Barrett. *Buddhism, Taoism and Confucianism in the thought of Li Ao*, Vol. 1 – 2, Ann Arbor, Mich.: University Microfilms International, 1986.

⑬ Timothy Hugh Barrett. *Li Ao: Buddhist, Taoist, or Neo – Confucian?* Oxford; New York: Oxford University Press, 1992.

⑭ Paul Rakita Goldin. *The Philosophy of Xunzi*, Thesis (Ph. D.), Harvard University, 1996.

考古学、艺术史、文学、法律、美学、哲学与宗教等领域，出版有《不祥之兆：〈战国策〉与古代修辞》①《原道：荀子的哲学》②《古代中国的性文化》③《孔子之后：早期中国哲学研究》④《儒学》⑤，编有《韩非哲学之道指南》⑥。

除上引外，在美国高校从事中国古典文学综合研究的学者还有韩瑞亚（Rania Huntington）、苏源熙（Haun Saussy）、夏颂（Patricia Sieber）等。

## 三、其他名家选介

在英、美之外，澳大利亚也是以英语为官方语言的发达国家。这有利于中国古典文学英语译介与研究者的成长。澳大利亚汉学家马兰安毕业于澳大利亚国立大学，博士论文为《明代的歌唱寓言及早期中国小说：成化年间词话研究》⑦。她任教于墨尔本大学，从事亚洲研究，所出版的著作有《中国流行文化与明代歌唱寓言》⑧《中国妇女，生活与工作》⑨《表演哀痛：中国农村新娘的悲情》⑩ 等；论文有《后期中华帝国读者身份考：方法论思考》⑪《印刷时代历史的重新包装：〈三国志〉与〈三国演义〉》⑫ 等，译著有《中国蛇蝎美人：明代故事》（译自"三言"）⑬ 等。

加拿大是以英语、法语为官方语言的国家，在中国古典文学英语译介与研究方

---

① Paul Rakita Goldin. *Miching Mallecho：The Zhanguoce and Classical Rhetoric*. Philadelphia, PA，USA：Dept. of Asian and Middle Eastern Studies，University of Pennsylvania，1993.

② Paul Rakita Goldin. *Rituals of the Way：The Philosophy of Xunzi*. Chicago，Ill. ：Open Court，1999.

③ Paul Rakita Goldin. *The Culture of Sex in Ancient China*. Honolulu：University of Hawaii Press，2002.

④ Paul Rakita. Goldin. *After Confucius：Studies in Early Chinese Philosophy*. Honolulu：University of Hawaii Press，2005.

⑤ Paul Rakita Goldin. *Confucianism*. Durham；Acumen；United Kingdom：Acumen Publishing，2010.

⑥ Paul Rakita Goldin，ed. *Dao Companion to the Philosophy of Han Fei*. New York：Springer，2012.

⑦ Anne E. McLaren. *Ming Chantefable and the Early Chinese Novel：A Study of the Chenghua Period Cihua*. Ann Arbor，Mich. ：University Microfilms International，1985.

⑧ Anne E. McLaren. *Chinese Popular Culture and Ming Chantefables*. Leiden；Boston Mass. ：Brill，1998.

⑨ Anne E. McLaren，ed. *Chinese Women，Living and Working*. London；New York：Routledge Curzon，2004.

⑩ Anne E. McLaren. *Performing Grief：Bridal Laments in Rural China*. Honolulu：University of Hawaii Press，2008.

⑪ Anne E. Mclaren，"Investigating Readerships in Late–Imperial China：A Reflection on Methodologies"，*The East Asian Library Journal* 10，No. 2，2001，pp. 104–159.

⑫ Anne E. Mclaren. "History Repackaged in the Age of Print：The Sanguozhi and Sanguo Yanyi"，*Bulletin of the School of Oriental and African Studies*，University of London，Vol. 69，No. 2（Jun 2006），pp. 293–313.

⑬ Anne E. Mclaren，tr. *The Chinese Femme Fatale：Stories from the Ming Period*. Honolulu：International distribution，University of Hawaii Press，1994.

面也有不少人才。例如，白润德（Daniel Bryant）以《盛唐诗人孟浩然》（1978）获不列颠哥伦比亚大学哲学博士，后任维多利亚大学亚太研究系教授，主要研究中国古典诗歌。著有《南唐词人冯延巳和李煜》①《伟大的再创造：何景明（1483～1521）的世界》②等，他还发表了若干书评。又如，裴玄德（Jordan D. Paper）在维多利亚大学宗教与社会研究中心工作，编有《〈法苑珠林〉中超自然故事索引》③，著有《〈傅子〉：一篇后汉儒家文本》④《精灵沉醉：中国宗教比较研究》⑤《中国犹太人的神学（1000～1850）》⑥等。其代表作为《中国散文导读》（1973，1984）⑦，旨在介绍中国散文英语译介与研究概况，内容以古典作品为主。在1984年的版本中，裴玄德为196种英语书籍写了简介。这些书籍分为以下10类：总体研究，22种；选集，9种；典籍，7种；历史，14种；哲学，33种；纯文学（Belles Lettres，包括随笔和文论），6种；短篇小说，26种；小说，36种；20世纪文学，43种。对该书的分析表明：（1）编者所持的是广义的散文观，因此，除诗歌和戏剧之外，其他文体几乎都被当成了散文，不论是历史著作、哲学著作，或者是典籍和文艺论著，还是小说，都算在其名下。（2）编者应当已经尽可能广泛地收集了当时有关中国散文的译介与研究情况。从他所披露的信息看，中国古代真正的纯文学散文英语译介与研究是很稀罕的。《中国散文导读》列于纯文学的仅有6种，其中宋代画家郭熙《林泉高致》的译文仅70页，说是书籍也薄了一点。⑧ 对刘勰《文心雕龙》的译本⑨，裴玄德是当成骈文来介绍的。扣除这两部理论译著外，真正涉及纯文学散文的只有四部，即刘师舜《中国古代散文：唐宋八大家》（1979）、威廉森（H. R. Williamson）《王安石：宋代

---

① Daniel Bryant, ed. & tr. *Lyric Poets of the Southern T'ang*: *Feng Yen-ssu*, 903–960, *and Li Yü*, 937–978, *Feng*, *Yansi*, 903–960. Vancouver: University of British Columbia Press, 1982.

② Daniel Bryant. *The Great Recreation*: *Ho Ching-ming*（1483–1521）*and His World*. Leiden and Boston: Brill, 2008.

③ Jordan D. Paper. *An index to Stories of the Supernatural in the Fa Yuan Chu Lin*. Taipei: Chinese Materials and Research Aids Service Center, 1973.

④ Jordan D. Paper. *The Fu-tzu*: *A Post-Han Confucian Text*. Leiden; New York: E. J. Brill, 1987.

⑤ Jordan D. Paper. *The Spirits are Drunk*: *Comparative Approaches to Chinese Religion*. Albany, N. Y.: State University of New York Press, 1995.

⑥ Jordan D. Paper. *The Theology of the Chinese Jews*, 1000–1850. Waterloo, Ont.: Wilfrid Laurier University Press, 2012.

⑦ Jordan D. Paper. *Guide to Chinese Prose*. Boston, Mass.: G. K. Hall, 1973; 2nd ed., 1984.

⑧ Kuo His. *An Essay on Landscape Painting*, translated by Shio Sakanishi; a foreword by L. Cranmer-Byng. London: J. Murray, 1935.

⑨ Liu Hsieh. *The Literary Mind and the Carving of Dragons*: *A Study of Thought and Pattern in Chinese Literature*, translated with an introduction and notes by Vincent Yu-chung Shih. New York: Columbia University Press, 1959.

一个中国政治家与教育家》（仅限重在文学的第二卷，1935～1937）①、齐皎瀚（Jonathan Chaves）《浮云朝圣者：三袁诗文集》②，加上布莱克（Shirley M. Black）所译沈复《浮生六记》③。上述分析表明：英语世界中国古典散文译介与研究从总体上说是泛散文为主。

在非英语国家中，某些学者也有和中国古典文学英语译介与研究相关的成果。试举数例：（1）德国同善会传教士卫礼贤（即尉礼贤或卫理贤，Richard Wilhelm，1873～1930），曾在北京大学教德语（1933～1937）。著有《中国文明简史》（英译本）④、《中国民间故事》（英译本）⑤ 等。所译《易经》⑥ 在英语世界很有影响（当然是通过转译），部分原因是他1948年赴美，任华盛顿州立大学东方学院教授。从德语译成英语的相关著作有《〈易经〉讲义：不易与变易》⑦、《理解〈易经〉：卫礼贤关于变化之书的讲义》⑧ 等。（2）何可思（叶乃度，Eduard Erkes，1891～1958），曾任莱比锡大学、洪堡大学教授，有译注《〈老子〉解说》⑨，发表过关于《老子》河上公注的三篇系列论文。⑩（3）格林策（即格凌策，Helwig Schmidt‐Glintzer），在慕尼黑大学获得汉学博士学位，后在波恩大学、慕尼黑大学等校任教。主要研究中国佛教、中国史和中国古典文学，除德语论著外，用英语发表有《学者—官员及其群体：中古中国贵族特性》⑪ 等

---

① Henry Raymond Williamson. *Wang An Shih*，*A Chinese Statesman and Educationalist of the Sung Dynasty*. London：A. Probsthain，1935－1937.

② Jonathan Chaves，tr. "Yüan Hung-tao and His Brothers"，*Pilgrim of the Clouds*：*Poems and Essays*. New York：Weatherhill，1978.

③ Shirley M. Black. *Chapters from a Floating Life*：*The Autobiography of a Chinese Artist*. New York：Oxford University Press，1960.

④ Richard Wilhelm. *A Short History of Chinese Civilization*，translated from the German by Joan Joshua；with an introd. by Lionel Giles. New York：Viking Press，1929.

⑤ Richard Wilhelm. *Chinese Folktales*，translated from the German by Ewald Osers. London：Bell，1971.

⑥ Richard Wilhelm，tr. *The I ching*；or，*Book of Changes*，translated into English by Cary F. Baynes，foreword by C. G. Jung，Pref. to the 3d ed. by Hellmut Wilhelm［3d ed.］. Princeton，N. J.：Princeton University Press，1967.

⑦ Richard Wilhelm. *Lectures on the I Ching*：*Constancy and Change*，translated from the German by Irene Eber. Princeton，N. J.：Princeton University Press，1979.

⑧ Hellmut Wilhelm，Richard Wilhelm. *Understanding the I Ching*：*The Wilhelm Lectures on the Book of Changes*. Princeton，N. J.：Princeton University Press，1995.

⑨ Eduard Erkes，tr. and annotated. *Commentary on Lao-tse*. Ascona，Switzerland：Artibus Asiae，1958.

⑩ Eduard Erkes. "Ho‐Shang‐Kung's Commentary on Lao-tse"，*Artibus Asiae*，Vol. 8（2/4），1945，pp. 119－196；Vol. 9（1/3），1946，pp. 197－220；Vol. 12（3），1949，pp. 221－251.

⑪ Helwig Schmidt-Glintzer，Thomas Jansen. "The Scholar‐Official and His Community：The Character of the Aristocracy in Medieval China"，*Early Medieval China*，Vol. 1，No. 1，1994，pp. 60－83.

论文，著有《想像帝国：中国和罗马比较》①《自然观念：中欧跨文化视野》②，编有《历史真理、历史批评与意识形态：从比较文学新视野看中国史学和历史文化》③等。(4) 瓦格纳（Rudolf G. Wagner），将注意力放在玄学上，著有《一个中国注家的技巧：王弼论〈老子〉》④《王弼对玄学的学术探索》⑤等英文书籍，编有《〈道德经〉中文读本：王弼注〈老子〉及评译》⑥，并用汉语出版了《王弼〈老子注〉研究》。他还编有《加入全球公众：早期中文报纸（1870~1910）中的词语、图像与城市》⑦。(5) 白若思（Rostislav Berezkin），俄罗斯圣彼得堡人，宾夕法尼亚大学博士（2010），导师为梅维恒教授。白若思2012年起任复旦大学文史研究院副研究员，主要研究明清时期中国宗教与社会史、中国讲唱文学、中俄交往与文化交流史等。英文论文有《郑振铎对宝卷研究的贡献：该文体的起源及早期史的问题》⑧《〈救母记〉：一出绍兴地方戏》⑨《张家港地区的讲经及中国说书史》⑩《张家港庙节讲经分析：关注表演者身份》⑪《上海二十世纪十至二十年

---

① Helwig Schmidt - Glintzer. *Conceiving the Empire: China and Rome Compared.* Oxford; New York: Oxford University Press, 2008.
② Helwig Schmidt - Glintzer. *Concepts of Nature: A Chinese - European Cross-cultural Perspective.* Leiden, The Netherlands; Boston: Brill, 2010.
③ Helwig Schmidt - Glintzer, Achim Mittag and Jörn Rüsen, eds. *Historical Truth, Historical Criticism, and Ideology: Chinese Historiography and Historical Culture from a New Comparative Perspective.* Leiden; Boston: Brill, 2004.
④ Rudolf G. Wagner. *The Craft of a Chinese Commentator: Wang Bi on the Laozi.* Albany, NY: State University of New York Press, 2000.
⑤ Rudolf G. Wagner. *Wang Bi's Scholarly Exploration of the Dark (Xuanxue).* Albany: State University of New York Press, 2003.
⑥ Rudolf G. Wagner. *A Chinese Reading of the Daodejing: Wang Bi's Commentary on the Laozi with Critical Text and Translation.* Albany: State University of New York Press, 2003.
⑦ Rudolf G. Wagner, ed. *Joining the Global Public: Word, Image, and City in Early Chinese Newspapers, 1870 - 1910.* Albany, NY: State University of New York Press, 2007.
⑧ Rostislav Berezkin. "Zheng Zhenduo's Contribution to the Study of Baojuan (Precious Scrolls): Problems of the Origin and Early History of the Genre", *Book of Papers of 3rd International Scientific Conference "Issues of Far Eastern Literatures"*. Saint - Petersburg, June 24 - 28, 2008. Saint - Petersburg University Press, Vol. 1, 2008, pp. 9 - 19.
⑨ Rostislav Berezkin. "'Records on Rescuing Mother': A Local Drama from Shaoxing (English translation of excerpt with introduction)", *The Columbia Anthology of Chinese Folk and Popular Literature*, edited by Victor H. Mair and Mark Bender. New York: Columbia University Press, 2010, pp. 303 - 306.
⑩ Rostislav Berezkin. "Scripture Telling (jiangjing) in the Zhangjiagang Area and the History of Chinese Storytelling", *Asia Major*, Vol. 24, part 1, 2011, pp. 1 - 42.
⑪ Rostislav Berezkin. "An Analysis of 'Telling Scriptures' (jiangjing) during Temple Festivals in Gangkou (Zhangjiagang), with Special Attention to the Status of the Performers", *CHINOPERL* papers 30, 2011, pp. 25 - 76.

代石印出版业的发展与宝卷文学形式的变迁：出版业与中国俗文学发展的关系》①等。

全球化时代的特点之一是人口与职业的流动性。这在学术领域也有所体现。试举数例：（1）美国/法国汉学家侯思孟（Donald Holzman，1926～）是耶鲁大学博士，学位论文为《阮籍及其诗歌》（1954）②，已出版，即《诗歌与政治：阮籍的生平与作品》③。他说阮籍在抵制自己事实上所坚持的礼（这是他反对独裁和普遍乖戾的唯一堡垒）的背后隐藏着他对社会的完全醒觉。侯思孟又到巴黎大学师从戴密微（Paul Demiéville），以《嵇康的生平和思想》（*La vie etpenseede Hi K'ang*）为题，获得第二个博士学位。他曾任法国巴黎社会科学高等研究学院研究所所长，研究范围主要是汉末以及魏晋南北朝的诗和乐府，兼及日本的宗教与哲学等。英语著作有《中国上古与中古的景观欣赏：山水诗的诞生》④《中国文学从上古向中古的转变》⑤《中国中古的神仙、节日与诗歌：社会观念史研究》⑥等。论文有《沈括及其〈梦溪笔谈〉》⑦《公元三世纪初的中国文学批评》⑧《陈子昂：唐诗的创新者》⑨《关于〈兰亭集序〉的真伪》⑩《追踪被放逐的仙人：李白的诗歌及其批评接受》⑪等多篇。（2）美国学者白之（Cyril Birch）。他于1954

---

① Rostislav Berezkin. "The Lithographic Printing and the Development of Baojuan Genre in Shanghai in the 1900 – 1920s：on the Question of the Interaction of Print Technology and Popular Literature in China（preliminary observations）", *Chongcheng University Bulletin of the Department of Chinese Language and Literature*，2011，1（cumulative 13），pp. 337 – 368.

② Donald Holzman. *Yuan Chi and His Poetry*. Ann Arbor，University Microfilms，1974.

③ Donald Holzman. *Poetry and Politics：The Life and Works of Juan Chi，A. D. 210 – 263*. Cambridge［Eng.］；New York：Cambridge University Press，1976.

④ Donald Holzman. *Landscape Appreciation in Ancient and Early Medieval China：The Birth of Landscape Poetry；Six Lectures Given at Tsing Hua University*，February – March 1995，Hsin Chu，Program for Research of Intellectual-cultural History，College of Humanities and Social Sciences，Tsing Hua University，1996.

⑤ Donald Holzman. *Chinese Literature in Transition from Antiquity to the Middle Ages*. Aldershot，Great Britain；Brookfield，Vt.，USA：Ashgate，1998.

⑥ Donald Holzman. *Immortals，Festivals，and Poetry in Medieval China：Studies in Social and Intellectual History*. Aldershot，Hants，England；Brookfield，Vt.，USA：Ashgate，1998.

⑦ Donald Holzman. "Shen Kua and His Meng-ch'i pi-t'an"，*T'oung Pao*，Vol. 46（3/5），1958，pp. 260 – 292.

⑧ Donald Holzman. "Literary Criticism in China in the Early Third Century A. D. "，*Asiatische Studien*，Vol. 28，1974，pp. 113 – 149.

⑨ Donald Holzman. "Ch'en Tzu-ang：Innovator in T'ang Poetry"，*T'oung Pao*，Vol. 81（4/5），1995，pp. 355 – 360.

⑩ Donald Holzman. "On the Authenticity of the 'Preface' to the Collection of Poetry Written at the Orchid Pavilion"，*The Journal of the American Oriental Society*，April – June，Vol. 117，No. 2，1997，p. 306.

⑪ Donald Holzman. "Tracking the Banished Immortal. The Poetry of Li Bo and Its Critical Reception"，*T'oung Pao*，Vol. 90，Vol. 4/5，2004，pp. 475 – 480.

年以《〈古今小说〉考评》①获得伦敦大学哲学博士学位，曾执教于该校东方和非洲研究院（1948～1960），后任美国加州大学伯克利分校副教授、教授（1960～1991）。他的早期研究以小说为主，发表了《话本故事的某些形式特性》②《冯梦龙及〈古今小说〉》③等文章，出版了译本《古今小说》④《中国神话与幻想曲》⑤。改编本更名为《中国故事选》。后来，他将兴趣转向戏曲，撰写了《翻译中国剧本的问题和可能性》《"牡丹亭"或"还魂记"》《〈牡丹亭〉结构》等论文，与人合译孔尚任《桃花扇》⑥，翻译了汤显祖《牡丹亭》⑦（修订版于2002年出版）孟称舜《娇红记》⑧，出版了《明代精英戏曲》⑨等。此外，他还主编了《中国文学选集》⑩与《中国文体研究》。后者收入1967年1月在百慕大召开的中国文体讨论会的11篇论文，以所研究的文体出现先后为序。⑪所发表的论文还有《中国文学的语言》⑫、《明代文学研究：艺术状态观察》（合作）⑬等。白之还向在台北召开的欧洲汉学史国际会议提交论文《论中国戏曲英译史》⑭。

（3）比肖夫（毕少夫，Friedrich Alexander Bischoff，1928～2009）生于维也纳，于1958年获得巴黎大学汉学博士学位，曾在波恩大学、印第安纳大学、汉堡大

---

① Cyril Birch. *Ku Chin Hsiao Shuo A Critical Examination*, Thesis (Ph. D.), School of Oriental and African Studies, University of London, 1954.
② Cyril Birch. "Some Formal Characteristics of The Hua-pen Story", *Bulletin of the School of Oriental and African Studies*, Vol. 17, No. 2, 1955, pp. 347–364.
③ Cyril Birch. "Feng Meng-Lung and the Ku Chin Hsiao Shuo", *Bulletin of the School of Oriental and African Studies*, Vol. 18, No. 1, 1956, pp. 64–83.
④ Cyril Birch. *Stories from a Ming Collection: Translations of Chinese Short Stories Published in the Seventeenth Century*. Westport, Conn.: Greenwood Press, 1958; New York: Grove Press, 1958; London: Bodley Head, 1958.
⑤ Cyril Birch. *Chinese Myths and Fantasies*. London: Oxford University Press, 1961.
⑥ Kong Shangren. *The Peach Blossom Fan* (*T'ao-hua shan*), translated by Chen Shih-hsiang, Harold Acton and Cyril Birch. Berkeley: Califonia University Press, 1976.
⑦ Tang Xianzu. *The Peony Pavilion*: (*Mudan Ting*), translated by Cyril Birch. Bloomington: Indiana University Press, 1980.
⑧ Meng Chengshun. *Mistress and Maid*: *Jiaohongji*. New York: Columbia University Press, 2001.
⑨ Cyril Birch. *Scenes for Mandarins*: *The Elite Theater of the Ming*. New York: Columbia University Press, 1995.
⑩ Cyril Birch, Donald Keene. *Anthology of Chinese Literature*. New York etc.: Grove Press, 1965, 1972; Harmondsworth: Penguin, 1967.
⑪ Cyril Birch. *Studies in Chinese Literary Genres*. Berkeley: University of California Press, 1974.
⑫ Cyril Birch. "The Language of Chinese Literature", *New Literary History*, Vol. 4, No. 1, 1972, pp. 141–150.
⑬ Cyril Birch, Robert E. Hegel. "Studies of Ming Literature: Observations on the State of the Art", *Ming Studies*, Vol. 2, No. 1, 1976, pp. 25–31.
⑭ Cyril Birch. "On the History of the Translation of Chinese Plays into English", paper presented to the International Conference on the History of European Sinology held in Taipei, April, 1992, pp. 17–22.

学等校任教，著作以法语为主，内容包括中国史（特别是西藏史）、蒙古学等。英语出版物的代表是专著《释赋：中国文学修辞研究》①。（4）王安国（Jeffrey Riegel），在加州大学伯克利分校执教，2007年退休，任悉尼大学语言文化学院教授。他节译过《礼记》中传为子思所作的《坊记》《中庸》《表记》《缁衣》②；翻译了《吕氏春秋》（合作）③。论文有《性爱、内倾与〈诗经〉评论之始》④等。（5）伊维德（Wilt L. Idema），荷兰著名汉学家。他于1974年在莱顿大学以关于中国白话小说的论文获得博士学位，1976年晋升为该校中国语言文学教授；2000年起担任哈佛大学东亚语言与文明系中国文学教授，直到退休。他在中国古典诗歌、小说、戏曲译介与研究等领域著作颇丰。

近年来，汉语世界（特别是中国学术界）对海外汉学日益重视。与此相应，对于英语世界中国古典文学译介与研究者的身份、动向、水准、个性、成就等多侧面考察已经成为重要研究课题。这既标志着对于这些译介与研究者的贡献给予应有的承认和评价，也意味着中国古典文学研究通过两个不同语言世界的互动得以深入。一旦将英语世界中国古典文学译介与研究者当成考察对象，那么，分析角度自然可以是多样化的，从家世到交游，从政治到经济，从为官到从教，都可能被列入视野之中。国外某些从事中国古典文学译介与研究的著名汉学家的成长过程和主要贡献，已经成为国内学术界的研究课题。这些汉学家包括美国的浦安迪、孙康宜、顾立雅、周策纵，捷克的普实克，瑞典的高本汉，荷兰的高罗佩，德国的卫礼贤，英国的理雅克、亚瑟·威利（韦利），等等。

## 第二节 英语世界中国古典文学综合译介与研究议题选介

不论在汉语或英语中，所谓"文学"都可能兼有文献、学术、语言艺术等多

---

① Friedrich A. Bischoff. *Interpreting the Fu: A Study in Chinese Literary Rhetoric*. Münchener Ostasiatische Studien Vol. 13, Wiesbaden: Steiner, 1976.

② Jeffrey K. Riegel, analysed and tr. *The Four "Tzu Ssu" Chapters of the Li Chi: An Analysis and Translation of the Fang Chi, Cheung Yung, Piao Chi, and Tzu I*. Ann Arbor, Mich.: University Microfilms International, 1988.

③ Buwei Lü. *The Annals of Lü Buwei (Lü shi chun qiu)*, a complete translation and study by John Knoblock and Jeffrey Riegel. Stanford, Calif.: Stanford University Press, 2000.

④ Jeffrey Riegel. "Eros, Introversion, and The Beginnings of Shijing Commentary", *Harvard Journal of Asiatic Studies*, Vol. 57, No. 1, 1997, pp. 143–177.

种含义。作为语言艺术的纯文学或美文学是相对晚起的。在英语世界与华语世界相互交流的过程中,中国古典文学综合译介与研究相应具备多种议题,除语言艺术之外,还可能涉及辞章修养、意识形态等。限于篇幅,下文选取若干专题加以讨论。

## 一、中国古典文学名家评介

在我国,"文学"曾是孔门四科之一,与德行、政事、言语并列。因此,关注文学,就不能不关注儒学。在历史上,来华传教士利玛窦向欧洲人报告了孔子的思想。意大利神父殷铎泽和比利时耶稣会士柏应理在伦敦出版了《孔子的道德思想:一种中国哲学》①。殷铎泽主要研究中国哲学,从1662年起用拉丁语出版了不少关于"四书"和孔子思想的研究成果。柏应理1658年来华,他早就用拉丁语翻译了《论语》《大学》和《中庸》。与殷铎泽合著的这本书的出版,对于孔子的声名在英语世界中的传播发挥了历史作用。它有一个很长的副标题:"(孔子)活跃于我主耶稣基督降生之前约500年;是了解这个国家其他部分的最佳选择之一",正好说明作者心目中孔子在中西文化交流过程中所起的作用。这类著作为本时期欧洲思想家(特别是自然神论信仰者及其他启蒙思想家)所重视。他们有兴趣将孔子的伦理学体系融入天主教义。② 不过,直到19世纪仍有人怀疑孔子的历史存在,例如,英国《皇家亚洲学会中国分会合刊》1886年第21期刊载了《孔子是个神话吗?》一文。作者艾伦(Herbert J. Allen)认为先秦时期实无孔丘其人。孔子之父叔梁纥的大名只要对中间一字略加改动,就成了"叔探纥",读音很像佛教里释迦牟尼名义上的父亲净饭王(Suddhodana)。儒家经典里的《中庸》佛教亦有,就是龙树写的《中论》。由种种迹象判断,"孔子"是佛教传入中国后本土之人以佛教始祖为蓝本而造出来的。现存关于孔子存在的文献均可疑,《史记·孔子世家》是根据《论语》写成的,而《论语》据说到汉代才发现,这难道没有蹊跷吗?③ 1997年,美国汉学家詹森出版《制造孔子学说:中国传统与世界文明》一书,④ 质疑儒家的思想体系。他认为"Confucius"这个

---

① Prospero Intorcetta, Filippo Couplet. *The Morals of Confucius, a Chinese Philosopher: Who Flourished above Five Hundred Years before the Coming of our Lord and Saviour Jesus Christ: Being one of the Most Choicest Pieces of Learning Remaining of that Nation*. London: Printed for Randal Taylor, 1691.

② John M. Hobson. *The Eastern Origins of Western Civilisation*. Cambridge, UK: Cambridge University Press, 2004, pp. 194–195.

③ Herbert J. Allen. "Is Confucius a Myth?", *Journal of the China Branch of the Royal Asiatic Society*, Vol. XXI, 1886.

④ Lionel M. Jensen. *Manufacturing Confucianism: Chinese Traditions & Universal Civilization*. Durham: Duke University Press, 1997.

名字（孔夫子的音译）和"Confucianism"这个术语都是由西方传教士制造出来的。作为孔子在西语中的标准译名"Confucius"确实是因为来华传教士柏应理主编的《中国哲人孔夫子》①一书出版才固定下来，但"孔夫子"的称呼至迟在唐代就已经出现，例如，唐代杜牧所著一篇墓志中就有"周公"和"孔夫子"的并称；②宋代黄震所写的一封信则就"孔夫子"和《论语》连言。③这都说明詹森的看法是没有根据的。当然，英语世界有更多的人承认孔子、尊重孔子、研究孔子。近5个世纪以来，英语世界已经出版了诸多关于孔子的论著。如英国亚历山大《伟大的教师孔子》④、美国汉学家顾立雅《孔子其人与神话》（再版更名为《孔子与中国之道》）等。⑤柳无忌《孔子的生平与时代》⑥等著作也提及关于孔子的传说，但其立意则是拂去其灵光而还之以本来面目。美国来华报人、商人克劳（Carl Crow, 1883~1945）在为其所著《孔子的故事》一书取名时，提出了一个很有意思的观点："Confucius"和"Master Kung"虽然指的是同一人，但含义有别。前者是孔子身后的学者世世代代对他予以神化而形成的，后者则是活生生的人而非神。这本书试图还孔子以本来面目，根据《史记》的记载和理雅各所译的《中国经典》描绘孔子的一生。作者自述这本书并未提供什么新发现，只是将一切已知的或普遍接受的事实连缀成编年的顺序，和其时的社会历史背景相对照。全书共分22章。⑦

对后人而言，如果说孔子主要存在于他人的记载中的话，那么，孟子则更多的是靠自己的著作传世。因此，《孟子》一书是英语世界了解这位思想家的主要根据。莱尔《孟子》（1932）一书将孔、孟作了比较，认为孟子是论辩大师，善能切中肯綮，拥有很强的推理力、敏锐的智力、精明的共同感，具备想象力和幽默感，有时能很生动地讲述故事、勾勒图画，就娴熟地掌握语言并造就了无以过之的美的风格而言堪称散文诗人，就坚持原则、决不俯就权贵而论也值得钦佩，

---

① Confucius. *Confucius Sinarum Philosophus*, sive scientia Sinensis Latine exposita. Studio & Opera Prosperi Intorcetta, Christiani Herdtrich, Francisci Rougemont, Philppi Couplet… Adjecta est tabula chronologica sinicae monarchiae…Published：Parisiis, Apud D. Horthemels, 1687. 它是西方第一部儒家经典译著，内容是《大学》《中庸》和《论语》的拉丁语全译。

② ［唐］杜牧：《唐故范阳卢秀才墓志》，载于《樊川集》樊川文集第九，四部丛刊景明翻宋本，第65页。

③ ［宋］黄震：《黄氏日钞》卷八十五书《回陈统领》，元后至元刻本，第1462页。

④ G. G. Alexander. *Confucius, the Great Teacher：A Study*. London：Kegan Paul, Trench, Trübner & Co., 1890.

⑤ Herrlee Glessner Creel. *Confucius, the Man and the Myth*（1949）. New York：John Day. Rpt. under title：*Confucius and the Chinese Way*, New York：Harper, 1960.

⑥ Wu-chi Liu. *Confucius, His Life and Time*. New York：Philosophy Library, 1955.

⑦ Carl Crow. *Master Kung；The Story of Confucius*. New York, Harper & Brothers, c1937.

但孟子没有孔子那种善意的优雅,对家常乐事亦未显示兴趣。① 有趣的是:猎诗网(www.PoemHunter.com)将孟子作为诗人列入其中,虽然未能给出孟子所写的任何诗歌。这个英语版网站设在巴黎。它提供了如下孟子传:"他是一个中国巡回哲学家与圣人,儒学的主要阐释者之一。有人说他是孔子之孙的学生。根据传说,他像孔子一样,在中国旅行40年之久,为统治者提供关于改革的建议。在战国时期(公元前403年至公元前221年),孟子为齐国(公元前1046年至公元前221年)稷下学宫的官员与学者(公元前319年到公元前312年)。他离职三年守母丧,表达孝心。对无力影响当时世界的事变感到失望,他从公共生活中退休。"② 这个小传说明了全球化时代外国人对孟子一种可能的理解。

在我国,道家和儒家一样属于显学,而且具备互补的性质。若从纯文学的角度看,道家代表人物老子的《道德经》具备很高的价值,不能不受到英语世界中国古典文学译介与研究者的重视。在西方老子比孔子幸运得多,没有被当成杜撰的人物。他的大名不像孔子那么固定,有"Lao Tse""Lao Tu""Lao-Tsu""Laotze""Laosi""Laocius"等译法。目前,由于汉语拼音的巨大影响,比较常见的译名是"Laozi"。"老"被理解为年纪大或地位高,"子"则是尊称。高本汉的论文《〈老子〉之诗韵》(1932)发表了如下看法:读者可能发现《老子》全书有3/4是诗的形式。《老子》的许多句群始于散文,继之于有韵律的对句,再以一行或两行散文作结。《老子》的用韵颇异于《诗经》《楚辞》里的清晰规则,因此需要从其他先秦古籍援引佐证。通过对《老子》用韵的研究,作者得出结论说:现存《老子》并非东汉人的伪造。③ 老子在英语世界中通常被认为是哲学家,但并非所有的人都接受司马迁关于老子"著书上下篇言道德之意五千余言"④ 的看法。例如,英国汉学家葛瑞汉认为《道德经》一书是到公元前250年左右才由其作者或推销者系于老聃名下,为的是利用其名望。⑤ 还有人认为《道德经》是一部选集,材料取自不同来源。香港中文大学哲学系刘殿爵就持这样的观点。⑥ 白牧之等认为这部书所包含的材料时间跨度长达近一个世纪(公元前

---

① Leonard A. Lyall. *Mencius*. London etc.:Longmans,Green,1932.
② Unknown Writer. *Mencius*. http://www.poemhunter.com/mencius.[2013-3-9]
③ Berhard Karlgren. *The Poetical Part in Lao Lao-tsï*. Göteborg:Elanders boktryckeri aktiebolag,1932.(Göteborgs Högskolas Arsskrift,38)
④ [汉]司马迁:《史记》卷六十三"老庄申韩列传第三",清乾隆武英殿刻本,第721页。
⑤ A. C. Graham. *The Origins of the Legend of Lao Tan*. Singapore:Institute of East Asian Philosophies,1986;Reprinted in A. C. Graham,*Studies in Chinese Philosophy and Philosophical Literature*,Albany:State University of New York Press,1990,p. 119.
⑥ D. C. Lau. *Lao Tzu Tao Te Ching*. Harmondsworth:Penguin Books,1963,p. 14.

340~249年），因此不可能是单一作者。① 美国学者陈汉生认为这部书是多种片段的汇总，因此既无单一作者，亦无老子其人。② 不过，也有人坚持司马迁的观点，并以《道德经》一书修辞结构的一致性作为论据，像瓦格纳就是如此。③ 经过对上述观点的比较，《斯坦福哲学百科全书》（Stanford Encyclopedia of Philosophy）④ 的编者倾向于陈荣捷的看法，即老聃的门徒先是口头传诵其教诲，后来才有学生将它们写定。⑤ 美国贝尔蒙大学的利特尔约翰为《互联网哲学百科全书》（Internet Encyclopedia of Philosphy）写的辞条则说老子是传说中的道家人物，突出了他的神话色彩。⑥

如果说《道德经》比《论语》近于诗的话，那么《庄子》也许又更富于诗意了。英语译介与研究者对《庄子》的文学性给予了比对《道德经》更多的关注。美国学者魏鲁男《庄周言论：将古代中国引导到进步的、活跃的儒学之再生的孔子继承人的智慧》是《庄子》一书的全译本。译者认为：在中国伟大的思想家庄周那儿，我们见到了世界上关于上帝的最为清晰与有趣的讨论。庄周为其同时代人描述了强有力的、包容一切的、亘古永存的上帝，这可以和犹太基督教传统中以等式"上帝＝生活"所界定的上帝相比。如果你愿意的话，不妨想想《圣经》"出埃及记"第三章所载的上帝的话"我是自有永有的"，以及《马可福音》所说的"神不是死人的神，乃是活人的神"（第十三章）。换言之，在庄周那儿，我们遇见了儒家进步的、活跃的一翼，它努力维护孔子的精神而非字句。⑦ 将庄子视为孔子的继承人，虽然有忽略二者学说的重要差别的问题，但还是可以理解的。至于在《庄子》一书中看到"上帝＝生活"，则是受了译者本人犹太基督教信仰强烈影响所致。美国爱莲心《精神变形〈庄子〉内篇分析》（1989）一书认为：精神变形是《庄子》的基本主题。内篇的各种论题都是围绕这一核心组织起来的。作者集中分析《庄子》内篇所运用的文学形式与传统，如畸人与作为蜕变象征的蝴蝶等关键性隐喻，以及文本的轶事性论证形式等，看它们如何充当

---

① E. Bruce Brooks, A. Taeko Brooks. *The Original Analects*. New York: Columbia University Press, 1998, p. 151.

② Chad Hansen. *A Daoist Theory of Chinese Thought*. New York: Oxford University Press, 1992, p. 201.

③ Rudolf Wagner. *The Craft of a Chinese Commentator: Wang Bi on the Laozi*. Albany: State University of New York Press, 2000.

④ Livia Kohn, et al. Laozi. [2012-6-27] http://plato.stanford.edu/entries/laozi/. [2013-3-12]

⑤ Chan Wing-tsit. *The Way of Lao Tzu*. Indianapolis: Bobbs-Merrill, 1973, p. 77.

⑥ Ronnie Littlejohn. Laozi (Lao-tzu, fl. 6th C. BCE). [2005-7-25] http://www.iep.utm.edu/laozi/#H5. [2013-3-12]

⑦ Zhuang Zi. *The Sayings of Chuang Chou: The Wisdom of the Successor of Confucius Who Led Ancient China to a Rebirth of Progressive Dynamic Confucianism*, translated by James R. Ware. New York: New American Library, 1963.

促进与描绘读者精神变形发展过程的手段。本书的基本观点是：大多数表面上看来相互矛盾的段落、非从前提演变而来的推断，表面看来迂曲或纯属幽默的文学参照，包括运用（或有意曲用）像孔子这样的历史人物或哲学论敌作为对话者，个个都有压制读者的分析思维反映，同时激活读者休止的直觉的或全盘的心理功能的意图。在使读者心灵那种分析的、思考的即时反映丧失作用的过程中，庄子采用了一连串夺目的语言技巧和文学手段。它们显示了不断增加的复杂性水平，这是为突破读者的理智习性不断增加的抵抗所必需的。①

从总体上看，英语世界的中国古典作家研究以个体为主，其中影响较大的成果是列入波士顿特怀恩世界作家丛书（Twayne's world authors series）的传记和论著。该丛书是特怀恩出版公司组织的，所收录的中国作家传记包括麦克诺顿（W. McNaughton，1933～）《诗经》②、马约翰（J. Marney）《梁简文帝》和《江淹》③、瓦格纳（M. L. Wagner）《王维》④、科罗尔（P. W. Kroll）《孟浩然》⑤、李珍华（Joseph J. Lee）《王昌龄》⑥、詹玛丽（Marie Chan）《高适》⑦、戴维斯（A. R. Davis）《杜甫》⑧、倪豪士《柳宗元》⑨ 和《皮日休》⑩、荣之颖（Angela C. Y. Jung Palandri）《元稹》⑪、杜国清（Kuo-ch'ing Tu）《李贺》⑫、胡品清（Pinqing Hu）《李清照》⑬、杜迈克（M. S. Duke）《陆游》⑭、施米特（J. D. Schmidt）《杨万里》⑮、罗郁正（Irving Yucheng Lo）《辛弃疾》⑯、林理彰（R. J. Lynn）《贯云石》⑰、白保罗（F. P. Brandauer）《董说》⑱、王靖宇（John Ching-yu Wang）

---

① Robert E. Allinson. *Chuang-Tzu for Spritual Transformation. An Analysis of the Inner Chapters*. Albany：State University of New York Press，1989.
② William McNaughton. *The Book of Songs*. New York：Twayne Publishers，1971.
③ John Marney. *Chiang Yen*. Boston：Twayne，1981.
④ Marsha L. Wagner. *Wang Wei*. Boston：Twayne Publishers，1981.
⑤ Paul W. Kroll. *Meng Hao-Jan*. Boston：Twayne，1981.
⑥ Joseph J. Lee. *Wang Chang-Ling*. Boston：Twayne，1983.
⑦ Marie Chan. *Kao Shih*. Boston：Twayne Publishers，1978.
⑧ A. R. Davis. *Tu Fu*. New York：Twayne，1971.
⑨ William H. Nienhauser, Jr. *Liu Tsung-yüan*. New York：Twayne，1973.
⑩ William H. Nienhauser, Jr. *P'i Jih-hsiu*. Boston：Twayne Publishers，1979.
⑪ Angela C. Y. Jung Palandri. *Yüan Chen*. Boston：Twayne Publishers，1977.
⑫ Kuo-ch'ing Tu. *Li Ho*. Boston：Twayne Publishers，1979.
⑬ Pinqing Hu. *Li Ch'ing-chao*. New York：Twayne Publishers，1966.
⑭ Michael S. Duke. *Lu You*. Boston：Twayne Publishers，1977.
⑮ J. D. Schmidt. *Yang Wan-li*. Boston：Twayne Publishers，1976.
⑯ Irving Yucheng Lo. *Hsin Ch'i-chi*. New York：Twayne Publishers，1971.
⑰ Richard John Lynn. *Kuan Yün-shih*. Boston：Twayne Publishers，1980.
⑱ Frederick Paul Brandauer. *Tung Yüeh*. Boston：Twayne Publishers，1978.

《金圣叹》①、茅国权（Nathan K. Mao）与柳存仁（Liu Ts'un-yan）《李渔》②、高信生（Hsin-Sheng C. Kao）《李汝珍》③、黄宗泰（Timothy Chung-tai Wong）《吴敬梓》④、黄秀魂（Shirleen S. Wong, 1940~）《龚自珍》⑤、李培瑞（Peter Li）《曾朴》⑥、希雷（Douglas Lancashire）《李伯元》⑦，等等。这套丛书原则上每本只论一个作家，体例上有一定之规，大抵是先述生平后论代表作的思想和艺术，且要求抓住每个作家的特点，避免泛泛的空论。为丛书撰稿的作者原先大抵有相关博士论文或其他形式的研究成果为基础，因而多能驾轻就熟，保证了丛书的整体质量。丛书中所收中国作家传记还有《周作人》⑧《苏曼殊》⑨《沈从文》⑩《闻一多》⑪ 等。

## 二、中国古典文学史编撰

世界上第一部就现代意义而言的中国文学英语通史是剑桥大学中文教授翟理斯写的《中国文学史》⑫，作为戈斯编辑的《简明世界文学史》第10册出版。该书再版多次，其中一个版本补充了现代文学的内容。⑬ 此书作者的视野是比较广阔的。他不仅谈雅文学，而且也谈俗文学；不仅论述狭义的文学，而且也介绍广义的文学（如史书、招贴、宗教典籍等）；不仅谈文学自身的发展，而且也分析了与文学相关的各种社会历史事件，如文字的发明、辞典的编纂、印刷术的发展、佛教的东传等；对中国文学的创作者所进行的介绍也比较多样，下至娼妓、俳优，上至帝王——书中替康熙、乾隆两位皇帝立了专章，分别阐述其促进类书编纂的贡献。这部文学史在20世纪上半叶被视为中国文学标准的入门书，筚路

---

① John Ching-yu Wang. *Chin Sheng-t'an*. Boston：Twayne Publishers, 1972.
② Nathan K. Mao, Liu Ts'un-yan. *Li Yu*. Boston：Twayne Publishers, 1977.
③ Hsin-sheng C. Kao. *Li Ju-chen*. Boston：Twayne Publishers, 1981.
④ Timothy Chung-tai Wong. *Wu Ching-tzu*. Boston：Twayne Publishers, 1978.
⑤ Shirleen S. Wong. *Kung Tzu-chen*. Boston：Twayne Publishers, 1975.
⑥ Peter Li. *Tseng P'u*. Boston：Twayne Publishers, 1980.
⑦ Douglas Lancashire. *Li Po-Yuan*. Boston：Twayne Publishers, 1981.
⑧ Ernst Wolff. *Chou Tso-jen*. New York：Twayne Publishers, 1971.
⑨ Wuji Liu. *Su Man-shu*. New York：Twayne Publishers, 1972.
⑩ Hua-ling Nieh. *Shen Ts'ung-wen*. New York：Twayne Publishers, 1972.
⑪ Kai-yu Hsu. *Wen I-to*. Boston：Twayne Publishers, 1980.
⑫ Herbert Allen Giles. *A History of Chinese Literature*. London：W. Heinemann, 1901；New York, D. Appleton and Company, 1901；New York；London：D. Appleton and co., 1915；New York：Appleton, 1924, 1937；New York, Grove Press, 1958；Rutland, Vt., C. E. Tuttle Co., 1973.
⑬ Herbert Allen Giles. *History of Chinese Literature*. With a Supplement on the Modern Period. New York：F. Ungar Pub. Co., 1967.

蓝缕，功不可没。但书中的线索感不强，错误也不少（如说王维是个医生、司马相如之作今已不存等），有些看法今天已过时（如说《红楼梦》作者未知等）。该书所持的文学观念和我们今天有较大差距，如津津乐道于汉文帝刘恒、汉武帝刘彻、隋炀帝杨广和清朝乾隆皇帝的文学成就便是如此。他对王实甫及其《西厢记》轻描淡写，而对罕为人知的清代作家蓝鼎元却花了不少篇幅来论述。

陈受颐用英语撰写的《中国文学史略》① 遭到了许多批评，如说它前后不一致、所汲取的学术成果有不少已过时、根据二手材料写作、不乏事实错误等。但该书仍有其特色，最主要的便是以时代变迁和文体演化两条线索组织全书，力求既阐明文学发展的社会背景、又照顾到文学自身的特点。美国学者华兹生的《早期中国文学》（1962）并非严格意义上的通史，但所涉及的时间跨度相当大（周代至东汉中叶），学术上较可靠，关于汉赋及历史散文的介绍尤佳。作者不像前人那样把儒家的五经视为整体，而是归到相应的文体来论述，亦有独到之处。赖明《中国文学史》（1964）持以为据的是一个时代有一个时代的代表体裁的"黄金时代"理论，重点为最有代表性的文体及相关作家作品。它因引文过多、显得像选集而非文学史，加上注音不标准，引起了非议。② 柳无忌《中国文学概论》由于其眼界开阔、立论准确、行文优美等缘故受到了中国学界广泛的赞扬。也许正是由于"高山仰止"的缘故，某些人在柳著出来后便放弃了编纂新的中国文学通史的努力。工具书有李田意《中国文学史选目》③ 等。论文集有巴黎出版的《中国文学史研究：献给普实克教授》④，收文 20 篇。

进入 21 世纪之后，梅维恒主编了《哥伦比亚中国文学史》⑤。孙康宜与宇文所安合著的《剑桥中国文学史》是剑桥世界文学史的系列之一，以 1375 年为界分为两卷（上卷 2010，下卷 2011）⑥。本书采用文学文化史的叙述方法，以求避免机械性地进行文类分割的弊端。经典形成、文化潮流等问题都获得关注。这两部中国文学史都和教学活动有密切关系。此外，康达维等编纂了《古代与中世纪

---

① Ch'en Shou-yi. *Chinese Literature：A Historical Introduction*. New York：Ronald Press，1961.
② Lai Ming. *A History of Chinese Literature*. New York，John Day Co.，1964. London：Cassell，1964.
③ Li Tien-yi. *The History of Chinese Literature：A Selected Bibliography*. New Haven，Far Eastern Publications，Yale University，1968.
④ Jaroslav Průšek. *Chinese History and Literature；Collection of Studie*. Dordrecht：Reidel，1970. Prague：Academia，1970.
⑤ Victor H. Mair. *The Columbia History of Chinese Literature*. New York：Columbia University Press，2001.
⑥ Kang-i Sun Chang，Stephen Owen. *The Cambridge History of Chinese Literature*. Cambridge，UK；New York：Cambridge University Press，2010；*The Cambridge History of Chinese Literature*. Vol. 2，From 1375，Cambridge：Cambridge University Press，2011.

早期中国文学导读》（2010～2014）①。

如何看待上述英语世界中国文学史著作呢？黄云霞谈道：从海外汉学家们所撰述的中国文学史来看，除了明确的西式观点和方法之外，以西式"时间维度"来界定中国文学，其实还隐含着将"中国文学"纳入整体的"世界文学"序列之中的设想。姑且不论这种设想是否合理，单就在这个维度对于中国文学的评价就已经预设了某种既定的西式标准，即符合其价值理念的文学将得到肯定，而为本民族所推崇的杰作甚至所谓"经典"却未必会进入被选择和被肯定的视野范围，这类现象在目前已引进的这些文学史著作中屡见不鲜，其甚至已经成为了诸多无谓争论的核心焦点。作为某种理想，民族文学能够得以进入"世界文学"的范畴确实令人鼓舞，但以"同一化"的"世界标准"（实际是西式标准）来"自觉"地规范自身的民族文学，恐怕是一件更令人恐惧的事情。她还谈道：与西式的"技术理性"处于统领地位的情形有所不同，中国古人的精神活动并没有受到"技术"思维层面的多大影响。中国文学虽然在表面上要受到"文体形式"的严格制约，但作为形式的"文体"本身却只有一般的限定而并无苛刻的边界，甚至相反，不同"文体"之间还常常"越界"，进而演化出全新的"文体"。也因此，以"文体"为根基而非纯粹依据西式的"科学"分类法来描画中国文学的历史进程，也许更能接近中国文学自身的本相。② 上述看法是有道理的。值得欣慰的是：中国学者所著的古代文学史也已经被引入英语世界。冯沅君《中国古典文学简史》是由汉语版③英译的④，修订本题为《中国古典文学史大纲》⑤。类似著作还有骆玉明《简明中国文学史》⑥等。

## 三、中国古典文学现象分析

华盛顿大学圣路易斯分校何谷理等编撰《中国文学里自我的表现》一书，肇端于1977年亚洲学会在纽约召开的第29届年会，是对夏志清1962年所发表的关于中国短篇小说里的社会和自我的论文的响应。文集的主体分为"诗歌与评论中的自我""自我在戏剧与小说中的表现"两部分，收入10篇文章，编者写了

---

① David R. Knechtges, Taiping Chang, eds. *Ancient and Early Medieval Chinese Literature: A Reference Guide*. Leiden; Boston: Brill, 2010–2014.
② 黄云霞：《"历史"著述与"文学史"书写——从近年引进的几部海外版"中国文学史"谈起》，载于《东南学术》2015年第1期，第218~222页。
③ 陆侃如、冯沅君：《中国古典文学简史》，中国青年出版社1957年版。
④ Feng Yuanjun. *A Short History of Classical Chinese Literature*. Beijing: Foreign Languages Press, 1958.
⑤ Feng Yuanjun. *An Outline History of Classical Chinese Literature*. Hong Kong: Joint Pub. Co., 1983.
⑥ Luo Yuming. *A Concise History of Chinese Literature*. Leiden; Boston: Brill, 2011.

洋洋洒洒的导论，就中西文化不同背景下自我观念的差异加以比较。他们认为：中国文化里的自我是由人们所处的社会背景、所扮演的社会角色、所发挥的社会作用来界定的，古今皆然。与西方作为个体成长之终点的"成人"观念不同，中国人认为自我赋有无限的发展潜能，成熟是终生的过程。儒家强调守礼修德可导致自我实现、自我超越，道家要求个人做出有意识的努力以使自己懂道、归于自然，佛教强调"无我"、将自我当成有条件的、暂时的存在。这一切都造成了自我的泯灭。儒道佛三家都关心时间问题，自我因此成了流动的实体。儒家注意时间的流逝（向后看），道家注意时间的延续（向前看），它们都断定时间的循环。唯有佛教（指哲学性而言）例外，将解放了的自我视为超出时间之外。对时间的关心造成了对死的病态恐惧、超越或减缓时间运动的精神及炼丹术的企图，通过写作来寻求不朽也是一种对人生有限的补救办法。在王维"空山不见人，但闻人语响。返景入深林，复照青苔上"（《鹿柴》）这样的诗篇里，文学自我不是站在时间的圆周上，而是站在圆心，因此不随时间而逝。通过创造这样的文学自我、创造这样一首已经保存超过一千年的赞美无我的诗，诗人的不朽得到了双重保证。中国人以自我服从于群体和社会，认为自我具有可分性（灵、肉），诸如此类的自我观也在文学中得到了反映与表现。①

浦安迪《线条交会之处：中国文学中的对仗》（1988）一文认为中国古典文学最显著的美学特征之一是平行结构和平稳节律。他援引希伯来文、阿拉伯语中的例子说明对仗并非中国文学所特有，而是文学美学中的普遍现象。不过，中国古典文学具备特殊的语言学基础——无词形变化的单音节词义单位，由此产生的语法上的流动性使对仗变得非常方便。从《诗经》到八股文，人们长期关注平行结构中同一性和差异性之间的差异。中国古典戏曲的构思运用了"结构对仗"。中国章回小说不仅将对句美学运用于标题，而且贯穿于内部布局，由此产生了毛宗岗《读〈三国志法〉》所说"奇峰对插，锦屏对峙"等原则。② 康达维《文宴：早期中国文学中的食物》（1986）涉及中国古代的饮食观，饮食在中国传统文化中的重要地位，饮食作为政事或哲思隐喻的作用，厨师及其入仕，辞赋中各种食物的名目及其译法，等等。作者以此文向在中国专有名称翻译方面以严谨著称的莎佛（Edward Schafer）教授致敬。③

值得一提的是两部专著：宇文所安《追忆：中国古典文学里对过去的体验》

---

① Robert E. Hegel, Richard C. Hessney, eds. *Expressions of Self in Chinese Literature*. New York：Columbia University Press，1985.

② Andrew H. Plaks. "Where the Lines Meet：Parallelism in Chinese and Western Literatures", *Chinese Literature：Essays, Articles, Reviews*，1988（10），pp. 43 – 60.

③ David Knechtges. "A Literary Feast：Food in Early Chinese Literature", *Journal of the American Oriental Society*，Vol. 106，No. 1，1986，pp. 49 – 63.

（1986）和李惠仪《销魂与醒悟：中国文学里的爱情与幻影》（1993）。前者抓住中国古代重视过去与将来的关系、将文学当成"不朽之盛事"的特点，依次探讨记忆者与被记忆者的关系、与死者的对话、盛衰感、作为记忆凭借的片段的作用、记忆的陷阱、重复的蕴义、记忆与艺术创作动机等问题，立意奇特。后者将销魂（指被引入有望获得感官与精神满足的另一世界，是人的力量、人超越自身条件的能力的幻影）和醒悟作为古代文学反复出现的对立统一因素，分析了二者的结合点——本来意义上的女性及其象征意义。

　　古典文学是中国文化的瑰宝，内容非常丰富，形式颇为多样。英语世界的译介与研究者处身于不同国家、隶属于不同民族、濡染于不同文化。在这样的情况下，相互接触所能产生的激励作用是相当强大的，议题肯定极为广泛，看法则难免见仁见智。以上所述，不过是管窥蠡测而已。

## 第三节　英语世界中国古典文学译介与研究数字化传播

　　至迟从 16 世纪开始，我国古典文学就通过口语、手稿以至于印刷品等形式在英语世界传播。所谓"英语世界"，最初主要是指以英国本土为中心、以英语为母语的文化圈，其后随着英国对外殖民、英语成为世界上使用最广的第二语言等原因而不断扩大。19 世纪问世的电子媒体为我国古典文学在英语世界的传播增添了新的手段，20 世纪中叶爆发的计算机革命推动了我国古典文学英语译介和研究的数据化、网络化和交互化。英语世界中国古典文学数字化传播体现了信息科技和文学遗产彼此结合的趋势。自 20 世纪 60 年代以来，它经历了分别以联机目录与索引、数据库与万维网、三网融合与全媒体为标志的三个发展阶段，是当前我国跨文化传播领域值得重视的现象之一。其显著特征是数据化、网络化与交互化。它的贡献表现在为英语世界新媒体艺术创作提供新契机、为相关国家文化产业提供新的增长点、为我国文学遗产跨文化传播提供新视野等方面。

### 一、英语世界中国古典文学传播的数字化进程

　　由于汉字输入计算机曾是一个难题的缘故，中国古典文学若就数字化而言从整体上晚于相关的英语译介和研究信息。英语世界中国古典文学传播的数字化进程始于相对简单的元数据查询服务，这是依托早期的联机目录实现的。随着数码媒体应用的推广，中国古典文学相关信息越来越频繁地出现在以英语为主要工作

语言的网络平台上。以互联网为龙头的全球信息基础设施的建设有力促进了中国文学与英语世界的交流媒介的电子化，与中国古典文学相关的英语网站络绎亮相，相关电子出版物也异彩纷呈。我们可以将上述进程大致分为如下三个阶段：

### （一）20世纪六七十年代：联机目录与索引

20世纪60年代，欧美发达国家图书馆率先推广联机目录，汇总馆藏文献的元数据。通过这项服务，英语世界的读者可以方便地检索中国古典文学在各图书馆的收藏情况。当时，美国国会图书馆的艾弗拉姆（Henriette Avram）制定了机读编目（MAchine-Readable Cataloging，MARC）方案，以促进计算机化的信息共享。它在1971年、1973年相继成为国家标准和国际标准。总部设在美国俄亥俄州的联机计算机图书馆中心（Online Computer Library Center，OCLC）早在1967年就充当了该领域的先行者，如今已经成为世界上最大的文献信息服务提供商之一。联机目录所能提供的仅仅是相关图书馆所收藏的我国古典文学作品及相关文献的元数据，还不是相关作品的全文。真正能让英语世界新媒体受众了解我国古典文学原貌的技术，首推电子书。尽管西班牙教师鲁伊斯（Angela Ruiz）早在1949年就为第一种电子书申请了专利，但她的发明实际上是由压缩空气驱动、由通电线圈定位的自动阅读器（亦可视为机器化百科全书），和计算机没有什么关系。20世纪60年代，恩格尔巴特（Douglas Engelbart）在斯坦福研究院开发出非线性系统（non lines system，NLS），范达姆（Andries van Dam）在布朗大学开发出超文本编辑系统（hypertext editing system，HES）和文件调用编辑系统（file retrieval and editing system，FRESS），施乐公司帕洛阿尔托研究中心艾伦·凯（Alan Kay）构想出笔记本电脑原型"Dynabook"，才算逐渐为世人揭开计算机化电子书的面纱。值得一提的是：伊利诺伊大学学生哈特（Michael S. Hart）利用学校主机管理员所给予的机时，启动谷腾堡项目（Project Gutenberg，1971），建立了世界上最早的电子书网站。它由志愿者维护，提供公共领域的文史作品免费下载服务。到笔者2013年7月31日检索时，其藏书已达43 267种，其中包括近代英国著名汉学家理雅各所译《诗经》《论语》等经典，还有出自不同译家的中国小说名著。① 至2016年9月藏书超过5万种。② 此外，德国汉堡大学吴用彤（Paulus J. T. Wu）率先用计算机编制了英译本《诗经》索引。③ 此举不仅对古籍索引有创新意义，而且对文学研究也有重要价值（至少是为意象统计之类方法在

---

① http：//promo.net/pg/.  [2011-7-31]
② https：//www.gutenberg.org/.  [2016-9-4]
③ Paulus J. T. Wu. *A Concordance to the Book of Poetry: Based upon a New Chinese-character-coding-system*. Hamburg：Helmut Buske，1975.

中国古典文学跨文化传播研究中的应用提供了新的技术前提）。

### （二）20世纪八九十年代：数据库与万维网

早在20世纪70年代，西方学者就致力于运用计算机工具进行文学研究。例如，1974年英国学者法灵顿（Michael G. Farringdon）出版了《计算机定量文学分析与文学数据处理研究：菲尔丁及其若干同时代作家散文风格定量分析》①。受这类研究的启发，美国威斯康辛大学陈炳藻（Bing C. Chan）开发出《红楼梦》文本数据库，用电脑对这部名作进行定量语汇分析，支持单一作者的假说，其论据见其1980年提交的英语博士论文《从〈红楼梦〉语汇的电脑统计语汇分析看其作者归属》（1986年正式出版）②。虽然其结论并未获得国内红学界的公认，但就研究工具的革新而言，该文无疑是值得重视的。此后国内有若干学者做了类似的研究（但对《红楼梦》的作者问题给出不同的答案），如复旦大学数学系李贤平等。③ 也有人质疑他们以聚类分析为特征的研究方法的可信性。④

20世纪80年代计算机光存储技术取得突破，这为数码设备之间的信息交换提供了空前便利。1992年，索尼公司推出光盘阅读器（Data Discman）。由于上述技术的商业化，英语世界中国古典文学研究者不仅能够运用磁盘交换研究资料和成果，而且逐渐用上了光盘。为适应教育市场的需求，国内外出版商开始推出中国古典文学双语（或多语）单行电子出版物（如上海金仕达多媒体有限公司《中国八大古典文学名著精选》等），但受困于盗版问题而未取得太大成功。本时期意义深远的变化是互联网功能发生了由共享计算能力为主向共享媒体信息为主的转折，其标志是20世纪90年代初超文本系统万维网（WWW）闪亮登场。它为英语世界中国古典文学的传播提供了新的渠道。1998年，美国弗吉尼亚大学图书馆推出中华文学集锦网站，汉英对照。⑤ 此外，电子商务在本时期的崛起显然有利于中国古典文学各种英译本和相关论著的在线销售。美国的亚马逊公司（Amazon.com Inc.，1994～）便开展这类业务。

---

① Michael G. Farringdon. *A Study of Quantitative Literary Analysis and Literary Data Processing by Computer: With some Quantitative Analysis of the Prose Style of Henry Fielding and Some Writers Contemporary with Him*. Bristol, Eng.: Bristol University, 1974.
② Bing C. Chan（Bing–Cho Chan）. *The Authorship of The Dream of the Red Chamber: Based on a Computerized Statistical Study of its Vocabulary*. Hong Kong: Joint Pub. Co., 1986.
③ 李贤平：《〈红楼梦〉成书新说》，载于《复旦学报（社会科学版）》1987年第5期，第3~16页。
④ 施建军：《关于以〈红楼梦〉120回为样本进行其作者聚类分析的可信度问题研究》，载于《红楼梦学刊》2010年第5期，第318~335页。
⑤ http://etext.virginia.edu/chinese/. ［2000-1-4］

### (三) 21 世纪：三网融合与全媒体

进入 21 世纪以来，互联网、移动通信网和广电网的融合为英语世界中国古典文学的传播提供了前所未有的巨大平台。(1) 互联网上和中国古典文学英语译介与研究有关的网站逐渐增多。例如，美籍华人陈士骏等 2005 年创立 YouTube，以 "表现你自己"（broadcast yourself）为口号。YouTube 已经发展成为规模首屈一指的视频分享网站，目前可用中国古典文学英语关键词检索到有关短片数千部。又如，EN8848 原版英语网站提供中国小说四大名著英语版下载，面向英语学习（2010）。① (2) 手机电子书由互联网信息资源转化而来，近年来大行其道，其格式已经为谷腾堡项目等所采用，因而使英语世界中国古典文学传播得以受益。(3) 在 "全媒体" 的理念引领下，广播电视媒体和互联网、移动通信网的关系日益密切。例如，英国广播公司（BBC）第三套在 2008 年 6 月 27 日 21：45 - 22：30 播出了诗人麦克米伦（Ian McMillan）等关于中国文学的节目。嘉宾们讨论了现代中国写作与中国文学传统的关系、为何现代诗歌被许多人所摒弃（它看来离开了其古典的根）等问题。② 这类节目存放于 BBC 网站，任何时候都可以由访客所点播。(4) Amazon 在 2007 年 11 月 19 日发布第一代电子书阅读器 Kindle，让世界各地的用户可借此通过无线网络购买、下载和阅读电子书、报纸、杂志、博客及其他电子媒体。该公司自身在中国古典文学英语电子资源方面尚待开拓，不过，Kindle 阅读器已经获得了古腾堡项目等网站的支持，从而成为英语世界中国古典文学传播的新媒体。苹果公司所推出的 iBooks 可用 iPad、iPhone 和 iPod touch 等终端阅读，目前也有了少量和中国古典文学有关的英语电子书（《论语》、理雅各所译《诗经》等）。(5) 和 Web 2.0 相关的维基百科全书、博客（微博）、社交网站、即时信息等服务有助于英语世界中国古典文学爱好者、研究者进行交流。

处在这样的历史条件下，国内有关机构日益意识到新媒体对于中国文化传播的重要性，由此采取相应措施。值得注意的大事至少有：(1) 2004 年以来，孔子学院的建设有力促进了中国古典文学在英语世界的流传。孔子学院是以推广汉语并传播中国文化为己任的，在教学过程中（特别是面向以英语为母语的初级汉语学员时）也使用英语，教材中某些有关中国古典文学的内容采用英汉对照的电子书、网络课件、计算机游戏等数码手段。这在客观上有利于扩大中国古典文学在英语世界的数字化传播。(2) 全国哲学社会科学工作办公室委托北京外国语大

---

① http：//www.en8848.com.cn/soft/Fiction/Classic/4154.html#edown. ［2013 - 8 - 1］
② http：//www.bbc.co.uk/radio3/theverb/pip/8oj8a/. ［2012 - 10 - 4］

学制作中国文化海外传播动态数据库，2012年已开通"国外中国主题出版机构数据库""中国主题外文出版物数据库""新中国出版外文图书目录数据库"等子库。据2013年2月18日对中国主题外文出版物数据库的访问，该库共收录用76种语言出版的图书，英语位居榜首（22 813种，占总数的58.89%）。其中，以中国古典文学为主题的英语图书共2 686种。此外，高等教育出版社出版的英文季刊《中国文学研究前沿》同时通过网络版和印刷版流传。中国国家汉语国际推广领导小组办公室资助的"中国文学海外传播"工程在美国编辑出版英文学术期刊《今日中国文学》（Chinese Literature Today，CLT）。从其网站看，许多文章提到与中国古代文学相关的内容。

## 二、信息革命与英语世界中国古典文学传播的变革

英语世界中国古典文学传播曾有过以传教士译经为代表的时代，其后才是以学者、媒体人、出版商为主导的时代。近代外文报刊的发行为中国古典文学英语译介和研究增添了新载体，继之而兴的电子媒体促进了中国古典文学相关产品的音像化。20世纪中叶以来，数码媒体崭露头角，进而推动了英语世界中国古典文学传播的数据化、网络化与交互化。

### （一）英语世界中国古典文学传播的数据化

数据化的要旨是将相关信息转变为适合计算机及相关设备处理的形态。以世界驰名的谷腾堡项目为例。它将包括中国古典文学作品和论著在内的各种文史信息送上网，最初采用的是txt格式（包含极少格式信息的文字文件），以便于系统终端或者简单的文本编辑器接受，实现跨平台传播。在英语文本文件（单一语言）中，最常见的格式是ASCII字符集；若论表达多样化的语言，首推Unicode（即万国码、国际码、统一码，又称单一码），特别是其中可以兼容ASCII的UTF－8。因此，谷腾堡项目将文本格式扩大到Plain Text – US ASCII和Plain Text UTF－8。为了适应数码媒体多样化趋势，该项目又采用了适合于大容量文档存贮与传送的ZIP，适合于万维网的HTML，适合于个人数字助理和掌上电脑Plucker，适合于Amazon阅读器的Kindle，适合于手机的QiOO，可根据用户机器特色调整内容呈现方式的EPUB等格式。《孙子兵法》英译本是该项目的热门书之一，目前已经拥有8种格式的文本；《红楼梦》英译本也是如此。在谷腾堡项目中，目前所收藏的电子书除一般书籍之外还包括如下专项：合成语音读物、人工语音读物，汇编（包括CD和DVD等）、数据（基因图谱等）、录制音乐、乐谱、活动图像、静止图像，等等。显然，只要条件许可又有需要，中国古典文学

信息完全可以转化成为多种形态的电子书,如合成语音读物等。

在数据化过程中,谷腾堡项目尊重原著,尽可能让读者得其详。相比之下,某些项目带有改编性质。例如,2007年韦伯斯特(Daniel Webster)及其在澳大利亚、中国的朋友创办了DW Three Kingdom公司,作为出版商、发行商和书商,生产新三国系列英语版,并向全球公众推销。最初的动机是将来自原作的价值、启发和快感带给西方读者,并通过重新定义故事线、加入新价值来加深和改进这一文化资产。在更为个人化的水平上讲故事,更具沉浸性。目前已出版其中一部分,并计划译成汉语,出版儿童版、音频版、图解版等。

英语世界中国古典文学信息一旦成为开放、通用、非线性、标准化的数据对象,便可能导致人们传播观念的深刻变化:英语世界不仅对应于说英语的人所组成的社群、社区、社会实体,而且对应于将英语信息作为处理对象的"计算机世界"或"数据天地";中国古典文学英语译介和研究信息不只是相应作品和论著尽可能真实的原貌呈现,而且是计算机用户都可能访问的信息资源。

## (二)英语世界中国古典文学传播的网络化

从局域网到广域网以至于作为国际广域网的互联网,计算机网络的建设已经拥有数十年的历史,以之为依托的英语世界中国古典文学传播的范围、规模、途径和形式也发生了诸多变化。由于网页时常变动等缘故,要想追踪上述历史相当困难。目前我们所能见到的相关网站主要是21世纪以来建设的。试举数例:(1)网站"中国文本采样——古今中国文学文本加注收藏"(2002)面向汉语学习者,采用英语注解,展示文学文本。所收集的古典文学文本包括《木兰诗》等。① (2)美国克瑞顿大学英语系世界文学项目2003年推出的中国文学网页包含了丰富的资料,以专题论就有《诗经》、孔子(《论语》)、孔尚任(《桃花扇》)、李清照、唐诗(李白、杜甫、王维)、陶潜、曹雪芹(《红楼梦》)、吴承恩(《西游记》)等(以上按音序排列)。② (3)澳大利亚墨尔本大学东亚收藏品中国研究万维网虚拟图书馆(2005)文学部分包括三类:一是中国文学总论;二是古典文学;三是现当代文学。在该馆中,可以找到不少中国古典文学作品的汉英对照版。③ (4)2003年,美国女作家迪斯(Dorothy Disse)的"他者妇女之声:1700年前妇女作品译文"收录超过125名女作家之作,其中包括班昭、薛

---

① Unknown writer, Chinese Text Sampler – Annotated Collection of Classical and Modern Chinese Literary Texts, http://www-personal.umich.edu/~dporter/sampler/sampler.html. [2012-10-4]
② http://mockingbird.creighton.edu/worldlit/works/china.htm. [2013-7-29]
③ http://www.lib.unimelb.edu.au/collections/asian/chi-web/chihp-literature.html#classical. [2013-7-29]

涛、鱼玄机、李清照等的作品。① 除此之外，还有一些英语网站是关于中国哲学、宗教、文化、艺术等主题的，和中国古典文学在英语世界的传播相关，如夏威夷大学哲学系主办的"书海文苑"等。②

网络化诉诸通信技术和计算机技术，实现分布在不同地点的计算机及各类电子终端设备的相互连接，让它们按照一定的网络协议相互通信，用户因此可非常方便地共享软件、硬件和数据资源。在观念上，它不期然而然地诱导我们从新的角度看待英语世界中国古典文学传播：英语世界所对应的已经不只是现实生活中使用英语的国家、民族或文化圈，而且包括以英语进行交际的"赛伯空间"。活跃在赛伯空间的已经不是传统意义上的"书呆子"或"沙发土豆"，而是充满主动精神、共享需求和探索热情的新媒体用户。因此，中国古典文学传播不能再简单地理解为信息的发送与接收，而且要充分估计到反馈、交互、再生产等范畴的重要意义。

### （三）英语世界中国古典文学传播的交互化

数字化语境中的"交互"首先是指人机交互，其次是指通过人机交互实现的人际交互。数码媒体经常将"交互"当成自己的特色，以此和模拟媒体相区别。至于"交互"的具体内涵，往往是随着界面的不同设计、用户的不同要求而变化的。在英语世界中国古典文学传播领域，最常见的交互有以下类型：（1）按需点播。例如，用户可登录 BBC 网站，点播节目《我们时代的道家》；③ 可登录美国国会图书馆网站，点播亚利桑那州立大学刘邦瑞（Marjory Bong‐Ray Liu）的讲座《昆曲：中国首个伟大的多艺术戏剧传统》（原为网络直播，2008 年 9 月 4 日，48 分钟）。④ 哥伦比亚大学出版社网站上有中国诗歌有声读物专栏，采用 PDF、MP3 文件，英语标题，汉语朗读，可点播。⑤ （2）信息查询。例如，前述 OCLC 到 2013 年已经拥有 170 个国家和地区的 23 000 个图书馆、档案馆和博物馆作为团体会员。通过其编目数据库 World Cat 和 1991 年 10 月开始应用的 First-Search 检索服务，我们可以查找到有关中国古典文学在英语世界传播的基本信息。（3）艺术探索。中国古典文学在英语世界的译介与研究激发了新媒体艺术家的灵感。例如，由国际艺术联合体马西卡（Mashica）创作的《马西卡的〈易

---

① http：//home.infionline.net/~ddisse/index.html.［2013‐2‐22］
② http：//ctext.org/.［2013‐8‐4］
③ http：//www.bbc.co.uk/radio/player/b00wlgbg.［2012‐10‐4］
④ Marjory Bong‐Ray Liu, Kunqu：China's First Great Multi-art Theatrical Tradition Webcast（Library of Congress），http：//www.loc.gov/today/cyberlc/feature_wdesc.php?rec=4472.［2013‐7‐29］
⑤ http：//www.cup.columbia.edu/static/cai‐sound‐files.［2013‐8‐2］

经》》（2001）采用美国华人理论物理学家黄克孙等的《易经》译本，将它加工成为网络艺术形式。作者认为《易经》是神谕，并非基于宗教信条、神的启示或古代中国法律，而是以历史人物、民歌与伦理哲学为基础，用阴阳说明自然秩序的占卜文本集。它显示没有什么静态局面，成败皆有过程。各种卦象都对统一的变易哲学做出贡献。作者声称自己的目标是让这部名著多一种可以通过互联网访问的版本，而不是挑战社会科学的合法性，或者祈求潜意识未经探索的领域的存在。作者希望识别互联网作为现代神谕的神力，并将具备 3 000 年历史的《易经》加乎其上。甲骨文中的神谕是对于被驾驭的机缘及其在日常生活中的应用的说明。如今，互联网告诉我们将在哪儿工作、会与谁陷入爱河、谁可能是我们最忠实的朋友。《易经》只是扩展上述活动、创造未来的工具。互联网用户可应用这个版本的《易经》去规划自己的道路。只要选框中填写问题，点击"问"键，屏幕上的卦象就会发生变化。神谕就在其中！① 又如，德国艺术家卡伦（Wolf Kahlen）创作了《抱歉，密勒日巴/对不起，李白/请你原谅，空海》（2001）。这是运用藏语、汉语和日语的"三重"网络艺术。访客必须耐心地用鼠标在空白网页上探索，因为诵读的声音就隐藏在其中。这种探索行为被视为某种游戏，因为鼠标的每次移动都触及另一个词。这样，在作品的基本结构被发现之前，已经发生了诸多音响事件。访客好比是调音师，用鼠标生成音乐会。作者之所以向三位大师致歉，或许是因为对其作品别出心裁的应用吧。②

  上述数据化、网络化和交互化实际上是综合起作用的，它们共同构建了数字化传播的特色。在历史上，人类先后经历了以语言、文字、印刷术、电磁波和计算机为里程碑的五次信息革命。英语世界中国古典文学传播兴起于印刷媒体主导期，发展于电子媒体主导期，演化于数码媒体主导期。印刷媒体从总体上说有利于经典地位的巩固（印刷术早先的主要用途之一就是复制经籍），电子媒体从总体上支持权威性中心的存在（模拟性广播电视所诉诸的单向传播是其机制），数字媒体从总体上支持分布性的众声喧哗。与此相适应，当前英语世界中国古典文学传播经常将经典文本碎片化、经典诠释个人化、经典应用游戏化，这类现象是以前述数据化、网络化和交互化为媒体条件的。换言之，在数码媒体艺术中，经典不再享有昔日的神圣、神秘和（或）庄重。不管艺术家本身的意图是什么，从传统媒体向数码媒体的迁移不能不抹去这些经典原有的光晕。像《易经在线》③

---

  ① Kerson Huang and Rosemary. *I Ching*. New York：Workman Publishing Company，1987.
  ② Wolf Kahlen. "Sorry, Milarepa/Excuse me, Li Bo/I Beg your Pardon, Kukai"，http：//rhizome.org/artbase/artwork/2697/．［2012 - 10 - 6］
  ③ Jing Zhou. "The Interactive 'Book of Changes' — 'I Ching'"，http：//www.ichingonline.net/．［2013 - 4 - 17］

这样的作品让访客通过虚拟丢硬币的方法来寻找问题的答案,给人的是寻开心的感觉。加上其主页同时呈现商品广告,世俗的氛围就更浓郁了。

英语世界中国古典文学数字化传播已经有半个世纪左右的历史。在计算机革命的浪潮滚滚而来的时代,它或许不像其他领域所发生的巨变那么醒目,但却同样反映了信息科技与文化传统之间的强烈相互作用。我们至少可以从创作、研究和产业三个方面分析其贡献。

**1. 为英语世界新媒体艺术创作提供新契机**

中国古典文学在英语世界中的传播,早就成为西方作家的灵感来源之一。比如,1736 年小说《今古奇观》传入英语世界,就为 18 世纪英国作家哥尔德斯密斯(Oliver Goldsmith)的书简体作品《世界公民》(1760)提供了素材。至于中国古典诗歌对于 20 世纪初美国意象诗的影响,那是众所周知的。上述例子里,起中介作用的主要是书籍,它们适应了印刷媒体主导期成长起来的读者的需要。如今,中国古典文学的影响要深入新一代的"数码土著",不能不诉诸数码媒体、数码信息、数码社区。某些新媒体艺术家已经意识到这一点,像北京旅美艺术家杨熙瑛(Lily Jun)与李宏磊就是如此。① 他们以 Lily & Honglei 的组合活动,2007 年依托基于互联网的虚拟世界"第二人生"建造了网络艺术平台"大观园",试图在赛博空间中重建中国历史与文化,融过去、现在与未来于一炉,以庄周梦蝶、佳人传说等视觉隐喻寓指当代社会问题。② 他们化名 1056073 为"第二人生"项目"太虚幻境"(Land of Illusion)创作了多种作品(2008),包括混合传统绘画和数码动画的技巧以阐释当代社会文化反响的视频《猿之第四啼》,并非拘泥于原作而是以广阔文化背景反映悲剧结果的动画《孔雀东南飞》,以及引擎电影《墙与城》。后者包括三个场景:东面大观园,杨贵妃在那里表演著名的"醉酒之舞";西面大火城,褒姒在那里戏诸侯;水下城,吞噬了西施的青春与美丽,让她孤独的灵魂围绕三峡库区被淹没的城市。上述影片反映了定向象征的观念,相关的建筑结构基于古代中国对应的宇宙观(阴阳五行),生命始于东,终于西。对源于中国历史和民间传说的重新阐释正在为理解当今社会修建道路。2009 年,他们又同 DSL Collection 合作,以"第二人生"为平台,创立并发展虚拟当代艺术馆(DSL Cyber MOCA),旨在促进艺术家社区建设。

**2. 为相关国家文化产业提供新的增长点**

从经济的角度看,英语世界中国古典文学数字化传播主要存在公益和营利两种取向。传统读者已经接受图书市场准则,养成付费的习惯。相比之下,新媒体

---

① http://lilyhonglei.com.[2013-8-2]
② http://world.secondlife.com/group/6a76f51e-8b64-f6cc-d1af-4d076dbc94c9.[2013-5-2]

用户从总体上倾向于信息共享和"免费午餐"。除了 IT 界自由软件运动等所代表的特殊文化氛围之外，还有技术上的原因，这就是数码复制远较机械复制为低的成本。当然，仍然存在尊重著作权的要求。正因为如此，谷腾堡项目之所以能够顺利开展，在很大程度上是由于着眼已经进入公共领域的书籍。在妥善解决相关矛盾的条件下，我们可以将英语世界中国古典文学数字化传播视为信息产业和文化产业的荟萃之处，蕴藏着新的增长点。某些网络商已经将它作为自己营销对象的一部分。例如，亚马逊商城（英国）的网站提供数十种中国古典文学英语电子书，阅读收费高低不等。威尔逊（E. Wilson）编选的《中国文学》（1900）是免费的，翟理斯《中国文学史》（1901）收费 1.98 英镑。新书定价自然高得多，如严志雄（Lawrence C. H. Yim）所著《诗人兼历史家钱谦益》（2009 年印刷版，2010 年电子版）收费则达 56.52 英镑。这家商城不仅根据图书来源和版权情况定价，而且还精明地考虑到读者的用途。例如，其网站提供赫尔（Kari Hohne）《道德经：自然之诗》Kindle 版，对电子阅读收费 1.91 英镑，对打印阅读收费 6.22 英镑。① 还有人将英语世界中国古典文学数字化传播当成是主营业务的"诱饵"。例如，承揽网站设计、推广和维护业务的中国在场网站（2002 ~）② 设有"中国文本项目——带英语和现代汉语翻译的早期经典文本"，收入多部中国古代小说的配图英语译文（可免费观赏），目的是吸引客户。桂林国旅的品牌网站中国华鼎旅游网（Top China Trave，TCT）③ 同样有意识地运用中国古典文学的英语资源来开展业务。类似的实践证明：经过数字化的中国古典文学作品成了数码资产（更准确地说是数码遗产）的一部分，其经营是文化产业的题中应有之义。目前，在这方面最有潜力的品种或许要推数码游戏。例如，腾讯公司新近推出的大型多人在线角色扮演游戏《斗战神》（Asura）注重全球运营，其效果除经济收益之外，还体现在扩大我国《西游记》及相关作品和传说的影响等方面。至于电影《刮痧》（2001）所描绘的有关孙悟空的电脑游戏遭到别有用心的美国律师的曲解和攻击，则体现了"文化折扣"（cultural discount）的风险（见本书第七章第三节）。

**3. 为我国文学遗产跨文化传播提供新视野**

从中国古典文学在英语世界传播的角度看，数字化带来的重要机遇之一是基于语料库的典籍英文译介与研究。例如，上海外国语大学冯庆华所著《母语文化下的译者风格》（上海外语教育出版社，2008）运用语料库的方法系统地研究了

---

① http：//www.amazon.co.uk/gp/product/B005II6422/ref = as _ li _ tf _ tl? ie = UTF8&tag = ecom0e - 21&linkCode = as2&camp = 1634&creative = 6738&creativeASIN = B005II6422．[2012 - 10 - 4]

② http：//www.china - on - site.com.

③ http：//www.topchinatravel.com.

《红楼梦》两个英译本的文体特点和译者风格。燕山大学刘泽权[①]、朱虹[②]和石河子大学外国语学院自正权[③]等也在上述领域进行了重要探索。正如华中农业大学外国语学院覃江华所指出的,翻译语料库本身除了可以为译介与研究所用之外,还可以用于数据驱动学习(data-driven learning,DDL)。这样典籍英译学员就可以通过学习前人的经验,了解语篇操作上的特点,树立正确的语篇翻译观,然后有针对性地改进自己的翻译方法,进而提高翻译技能。[④]

就已知而言,中国文学遗产数字化相关研究还有其他不少用英语发表的成果。例如,范德比尔特大学梅俏竹、北京大学胡俊峰等以北京大学中国古典诗歌数码博物馆的设计和应用为基础,从文本挖掘的角度探讨语言文学电子学习问题;[⑤] 台湾大学吴明德等对人文科学研究生使用中国古籍全文数据库行为进行了调查分析;[⑥] 德岛大学中国留学生杨叶等采用数据挖掘聚类算法 K – MEDOIDS 建构了中国经典自动答询系统,以帮助人们正确理解《论语》;[⑦] 亚琛工业大学曹怡蔚等运用手机技术和教育游戏开发了中国古典诗歌学习环境;[⑧] 香港大学方称宇等与台湾元智大学合作,将自然语言处理和语料库分析技术应用于中国古代诗歌结构化想象分析,建立旨在研究中国古代诗歌所应用的创造性语言的计算机框架。它由文本收集与管理、语词单位分割、语词归类与标识、句法分析与描述、想象析取与分类五个层次组成,所输出的统计报告供诗间分析、诗内分析和文本

---

① 刘泽权、田璐:《〈红楼梦〉叙事标记语及其英译——基于语料库的对比分析》,载于《外语学刊》2009 年第 1 期,第 106~110 页。

② 朱虹、刘泽权:《四大名著汉英平行语料库的创建:问题与对策》,载于《当代外语研究》2011 年第 1 期,第 13~17 页。

③ 自正权:《古代文学作品英译的语料库辅助研究——以〈道德经〉为例》,载于《海外英语》2011 年第 2 期,第 133~134 页。

④ 覃江华:《典籍英译者翻译观的多维思考》,载于《江西教育学院学报》2009 年第 2 期,第 61~63 页。

⑤ Mei Qiaozhu, Hu Junfeng. "From Text to Exhibitions: A New Approach for E – Learning on Language and Literature based on Text Mining", *Proceeding of COLING* 2004 *Workshop* "e – Learning for Computational Linguistics and Computational Linguistics for e – Learning", pp. 90 – 96.

⑥ Wu Ming – Der, Chen Shih – Chuan. Humanities Graduate Students' Use Behavior on Full-text Databases for Ancient Chinese Books. Dec. 2007. *Proceedings of the* 10*th International Conference on Asian Digital Libraries*. Lecture Notes in Computer Science 4822, pp. 141 – 149.

⑦ Yang Ye, Jiang Peilin, Fuji Ren, Seiji Tsuchiya. "Classic Chinese Automatic Question Answering System Based on Pragmatics Information", Oct. 2008. *Proceedings of the* 2008 *Seventh Mexican International Conference on Artificial Intelligence*. IEEE Computer Society. 1730 Massachusetts Ave., NW Washington, DC USA, 2008, pp. 58 – 64.

⑧ Cao Yiwei, Ralf Klamma, Gao Yan, Rynson W. H. Lau, Matthias Jarke. "A Web 2.0 Personal Learning Environment for Classical Chinese Poetry", *Advances in Web Based Learning* – ICWL 2009. Lecture Notes in Computer Science Volume 5686, 2009, pp. 98 – 107.

分析之用;① 元智大学黄志方等运用算法对中国古典诗歌的发声加以探讨等。②
这些成果虽然选取了不同角度,但都将计算机作为研究手段,都致力于将我国文学遗产和当代信息科技结合起来,都促进了英语世界和中文世界的学术交流。

目前,世界已经进入大数据时代。像谷歌这样的顶级互联网公司占有庞大的数据资源。它从2004年着手进行图书大规模数字化,旨在建立全球最大的电子图书馆。以此为基础开发的"谷歌词频统计器"(Google Ngram Viewer, 2010)已经可以充当中国文学传播研究新工具。它提供给我们如下基于电子书籍统计信息的图像(见图8-1)。

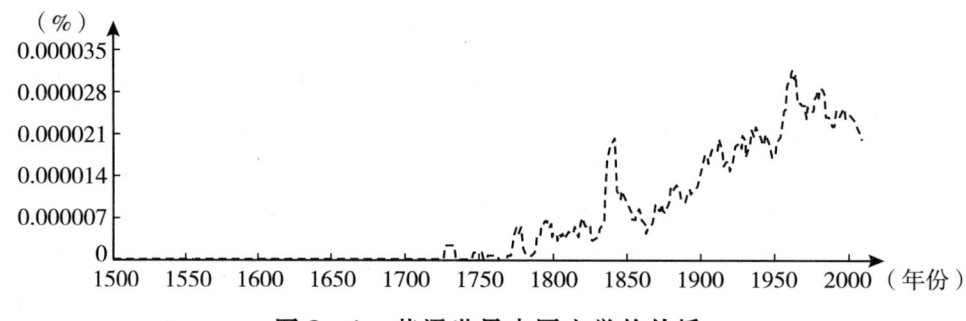

图8-1 英语世界中国文学的传播

图8-1表明:世界(由于输入的是英语关键词、且根据英语文献统计,因此是就英语世界而言)对中国文学的关注在1840年之前、1950年之后分别有一次明显的陡升。前者的背景可能是鸦片战争前夕局势紧张、西方读者盯着中国,后者的背景应当是中华人民共和国成立、国际地位提高。谷歌词频统计器还生成了另一幅令我们感兴趣的图像(见图8-2)。

图8-2在一定程度上显示了英语世界对中国不同时期文学关注点的变化。从总体上看,对中国古典文学(图中部曲线)的关注度不及中国现代文学(图高位曲线),但高于中国当代文学(图低位曲线)。我们甚至可以运用大数据技术去了解英语世界中国古典文学之传播的反馈情况。例如,运用微软学术搜索(http://libra.msra.cn/)去了解学术动态,运用微软亚洲研究院开发的"人立方"(http://renlifang.msra.cn/, 2008)把握西方汉学家在汉语文化圈的社会联系,等等。这类技术可提供以往任何手段都无法勾勒的图像,虽然其诠释仍是悬

---

① Alex Chengyu Fang, Fengju Lo, Cheuk Kit Chinn. "Adapting NLP and Corpus Analysis Techniques to Structured Imagery Analysis in Classical Chinese poetry", *Proceedings of the Workshop on Adaptation of Language Resources and Technology to New Domains*. Morristown, NJ USA, 2009, pp. 27 - 34.

② Huang Chih - Fang, Lu Hsiang - Pin, Ren Jenny. "Algorithmic Approach to Sonification of Classical Chinese Poetry", *Multimedia Tools and Applications*, Vol. 61, 2012, pp. 489 - 518.

而未决的问题（当大数据拥有者未提供必要的接口时尤其如此）。

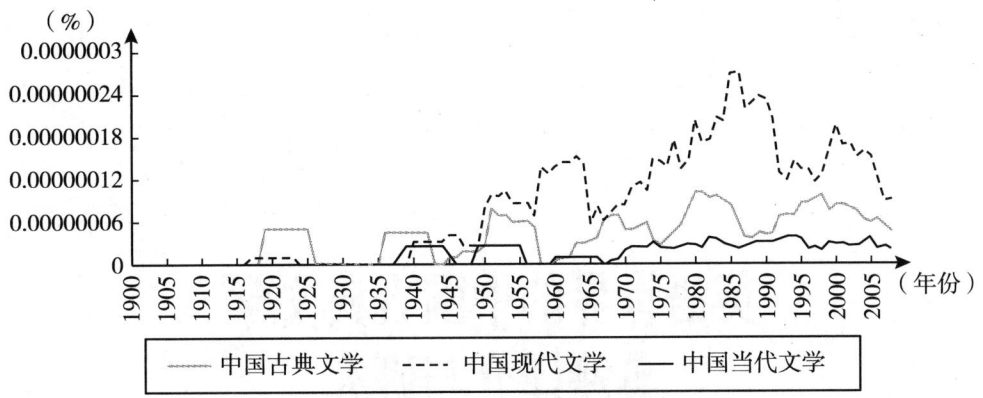

**图8-2　英语世界中国古典文学、中国现代文学、中国当代文学传播比较**

　　迄今为止，英语世界中国古典文学传播的数字化与其说是有组织的系统工程，还不如说是某种带有随机性的现象。在英语世界中，中国古典文学作为信息资源所占有的比重从总体上说仍然非常之少。为有效提升我国的文化软实力，近年来国家有关部门先后启动翻译出版中国图书的"金水桥计划"（2003）、"中国图书对外推广计划"（2004），设立国家社会科学基金中华学术外译项目（2010）等。倘若能够将相关数码信息资源（如中国古典文学名作、论著电子版）等的开发也考虑在内，必定有益于推动英语世界中国古典文学传播的数字化进程，进而扩大中华文化的国际影响。

# 第九章

# 英语世界的中国古典文学典籍译介与研究

"中国古典文学典籍"特指产生于先秦时期并为中国文学史所公认的具有一定文学性的文化典籍,如《诗经》《楚辞》《易经》《论语》《孟子》《大学》《中庸》《尚书》《礼记》《老子》《庄子》《春秋》等。中国古典文学典籍是中华民族的哲学观念、思维方式、伦理道德和行为准则的集中体现,是中华民族博大精深的文化的载体,蕴含着中国文化的核心价值,影响着大多数中国人的立身行事。在中外文化交流史上,中国古典文学典籍以其蕴含的源远流长、悠久灿烂的中国文化而深受异域重视。19世纪以降,英语世界展开对中国古典文学典籍的系统研究与翻译,在长达近两个世纪的传播历程中,已将中国众多古典文学典籍引介给英语世界的读者,成就斐然,硕果累累。

中国正在走向世界,中国古典文学典籍在英语世界的译介与研究既是中国文学外传的重要代表,也是中国文化在异域被接受的典范,对其进行研究有着重要的学术价值与现实意义。在学术价值层面,考察中国古典文学典籍在英语世界的译介与研究可以拓宽中华文化圈的研究视域,创新研究方法,在跨文明视野中重新审视中国文学典籍,并与异域研究成果展开平等对话,充分吸收来自"他者"的优秀成果,从而丰富典籍所蕴藏的中国传统文化的内涵;在现实意义层面,探究中国文学典籍在英语世界的传播可以让我们认识中国文化外传的特点与规律,为中国文化"走出去"战略的实施提供启示。

基于上述认识,本章拟对英语世界中国古典文学典籍的译介与研究情况进行论述,采取点面结合、个案与通论结合、实证性与变异性相结合的研究策略,试图呈现出英语世界中国古典文学典籍译介与研究的整体面貌，包括译介与研究名家选介、译介与研究议题评介、译介与研究贡献举隅等方面。具体分为三节：第一节为译介与研究名家选介，介绍马礼逊、理雅各、葛瑞汉、司马富（Richard J. Smith, 1944~）、夏含夷（Edward L. Shaughnessy, 1952~）等。第二节译介与研究议题评介对两个议题进行深入探讨：一是英语世界中国古典文学典籍译介与研究的变异研究，具体从语义层面、风格层面、文化思想层面、思想家形象层面展开，重在探索变异背后的文化冲突与碰撞；二是英语世界中国古典文学典籍译介与研究热点评介，以群经之首《易经》为例，侧重于论述代表性译本、不同研究视角与相应成果。第三节译介与研究贡献举隅拟以《诗经》《楚辞》的译介与研究为例，探讨名家研究视野、学术方法、研究启示等。总之，本章详他人所略、略他人所详，力图对英语世界中国古典文学典籍的译介与研究进行整体观照与重点透析。

## 第一节 英语世界中国古典文学典籍译介与研究名家选介

中国古典文学典籍西传史上，对英语世界而言，16~18世纪是准备阶段。意大利、西班牙、比利时、法国等欧洲国家因政治经济优势走在前面，成就突出，尤其是法国，名家众多，如白晋、雷孝思（Jean Baptiste Regis, 1663~1738）、马若瑟等。他们的译介与研究为英语世界产生名家准备了条件。19~20世纪，随着世界政治经济格局的演变，译介与研究中心也转向英美，名家辈出，群星璀璨。据笔者所收集的资料，除了英美，其他英语国家具有突出成就的译介与研究名家数量较少，比较突出的如曾任澳大利亚国立大学中文系主任、亚洲研究学院院长，澳大利亚人文科学院首届院士的柳存仁，加拿大的方秀洁，等等。

### 一、英国名家选介

英国早期从事中国典籍译介与研究的多为基督教传教士，他们在向中国人传播基督教的同时，为增进国人对中国的认识，就将自己感兴趣的中国经典翻译成英文。随着文化交流的发展，外交官也加入了典籍英译的队伍。之后专业的汉学学者逐渐产生，专业汉学研究推进了中国典籍的西传。

马礼逊是第一位入华的基督教新教传教士。1807年,马礼逊历经艰辛,经由美国辗转来到广州,他克服许多困难,以超强的毅力从事各种工作,如翻译经书、编纂字典、创办刊物、开设学校、兴置医馆等,堪为开创近代中西文化交流的先驱。1810年,马礼逊将《新约全书》译成中文,1813年问世;1819年,在传教士米怜(William Milne, 1785~1822)协助下,马礼逊译竣《旧约全书》,1823年出版。他是首位将《新旧约全书》完整介绍到中国的传教士。1815~1823年,马礼逊历时7年编纂的《华英字典》(A Dictionary of the Chinese Language)陆续出版,此为第一部汉英字典,不仅嘉惠后来的传教士,在中西文化交流史上也占有一席之地。1832年,马礼逊又和美国传教士裨治文(Elijah Coleman Bridgman, 1801~1861)合作编辑《中国丛报》(The Chinese Repository)。由于马礼逊在中西文化交流方面具有开山之功,贡献卓著,1817年,格拉斯哥大学授予其神学博士学位,1824年他被选为英国皇家学会会员(Fellow of the Royal Society)。为了让西方人更好地了解中国,马礼逊也将部分中国经典翻译成了英文,当推比较系统地将中国经典翻译成英文的第一人。马礼逊主要著述有《三字经》(The Three-Character Classic)、《大学》(The Great Science)、《三教源流》(Account of FOE)、《太上老君》(Account of the Sect TAO-SZU)等著作。

理雅各,他是入华传教士、近代英国首位著名汉学家,也是第一个系统研究、翻译中国古典文学典籍的学者,西方汉学的奠基者之一,首位"儒莲(Prix Stanislas Julien)翻译奖"获得者。理雅各翻译了数十部中国古典文学典籍,基本囊括了整个儒家与道家经典。所翻译的儒家经典至今仍是英语世界学者的范本。1841年理雅各开始着手翻译中国古典文学典籍,1861~1872年相继出版《中国经典》丛书,① 译介《尚书》《诗经》《春秋左传》《论语》《孟子》《大学》《中庸》。该丛书陆续出版后,在西方引起轰动,让英语世界读者走进东方文明,了解中国文化,尤其是中华民族的伦理道德。时至今日,该译本仍被公认为"标准译本",理雅各也由此而蜚声学界,奠定了在西方汉学界的大师地位。该丛书也深深吸引了来自不同学科的学者,成为研究中国文化的经典之作。因《中国经典》体现出理雅各严谨的治学态度及力求精准的翻译追求,理雅各被译学界公认为"学者型"翻译的典范,并与法国学者顾赛芬(Séraphin Couvreur, 1835~1919)、德国学者卫礼贤并称汉籍欧译的三位大师。1875年,理雅各成为"儒莲翻译奖"的首位外国获得者。他曾在香港主持英华书院,1876~1897年获聘牛津大学首位汉学教授,是该校历史上第一位中国语言文学教授,担任这一教

---

① James Legge. *The Chinese Classic—With a Translation, Critical and Exegetical Notes, Prolegomena, and Copious Indexes*, Vol. 1-5. Hongkong: At the Authorps, 1861.

职长达二十多年，直至逝世。理雅各的《中国经典》《易经》①《四书》②《易经：东方圣书》③《帝国儒学讲稿四篇》④《中国人关于天神和鬼怪的概念》⑤《孔子生平及其学说》⑥《孟子生平及其学说》⑦《中国的宗教：儒教、道教与基督教的对比》⑧《法显行传》⑨ 等著作在西方汉学界占有重要地位。在他生命中的最后二十年间，理雅各被誉为西方汉学界的泰斗，其汉学著述深深影响了整个西方世界的中国研究。

继理雅各之后领衔英国汉学界的学者当为翟理斯。与理雅各不同，翟理斯是以外交官而非传教士身份开始翻译中国典籍的。1867 年，翟理斯来到北京，为英国外事局（Foreign Affairs Office）做学生译员（student interpreter），从此开始对中国文化的研究，且长达半个多世纪。1897 年，因翟理斯对中国语言文化的精湛研究，阿伯丁大学（University of Aberdeen）授予其第一个汉学荣誉博士学位，同年，剑桥大学聘任他为该校第二任中国语言文学教授。法国也于1897 年、1892 年两次颁发"儒莲翻译奖"给翟理斯。1922 年，翟理斯荣获皇家亚洲协会颁发的金奖。该奖每三年颁发一次，翟理斯是首位获得该奖的汉学家。1924 年翟理斯还被牛津大学授予荣誉博士学位，可见翟理斯在当时汉学界的盛誉与地位。翟理斯的汉学成就主要体现在编纂工具书与语言课本、翻译典籍与诗歌、杂议随笔等领域，著述多达百余种。典籍译介与研究方面，为人熟知的有译本《三字经》（Three Character Classic，1873）、《老子》（Lao Tzu，1891）、《庄子：神秘主义者、伦理学家、社会改革家》（Chuang Tzu：Mystic，Moralist，and Social Reformer，1889）、《女千字文》（A Thousand - Character Essay for Girls，1875）等，杂论《中国札记》（Chinese Sketches，1875）、《儒家及其竞争者》（Confucius and Its Competitors，1915）、《中国古代宗教》（Religions of Ancient China，1905）、《中国之文明》（The Civilization of China，1911）等。翟理斯的翻译面向普通的英语读者，旨在让更多人了解中国及其语言文化。因

---

① James Legge, trans. The I Ching. New York：Dover Publications, 1963.
② James Legge. The Four Books with English Translation and Notes. Shanghai：Chinese Book Press, 1861.
③ James Legge. The I Ching, Sacred Books of the East. ed. Max Muller. NY：Dover Publications, 1963.
④ James Legge. "Imperial Confucianism", China Review 6 (1877 - 78)：147 - 158, 223 - 235, 299 - 310, 363 - 374.
⑤ James Legge. The Notions of the Chinese Concerning God and Spirits. Hong Kong：Hong Kong Register Office, 1852.
⑥ James Legge. The Life and Teaching of Confucius. Montana：Kessinger Publishing Co., 2004.
⑦ James Legge. The Life and Teaching of Mencius. Montana：Kessinger Publishing Co., 2004.
⑧ James Legge. The Religions of China：Confucianism and Taoism Described and Compared with Christianity. Montana：Kessinger Publishing Co., 1880.
⑨ James Legge. A Record of Buddhistic Kingdoms. New York：Cosimo Classics, 2005.

此，他的翻译主要采取"归化"方法，使用英语世界读者习惯的语言表达方式传达源语文本内容，深受一般读者欢迎，在当时产生了巨大反响，时至今日依然为许多英语读者所熟知。

与前面三位汉学家相比，亚瑟·韦利虽然也是成就卓著、蜚声四海，但他从未到过中国，凭借自己惊人的语言天赋研究并翻译中国典籍，是20世纪最为杰出的典籍翻译家之一。他虽然没有担任过任何高校教职，但仍然因为对中西文化交流的杰出贡献而被授予"大英帝国勋爵"（Companion of the British Empire，1952）与"荣誉勋爵"（Companion of Honor, 1956），还获得"女王诗歌奖"（Queen's Medal for Poetry, 1953），充分证明了韦利对英国社会所产生的深刻影响。在典籍翻译方面，韦利出版了英译本《论语》（The Analects of Confucius，1938）、《道德经》（The Way and Its Power，1934）等。此外，他还著有《中国古代的三家思想》（Three Ways of Thought in Ancient China，1939）、《〈道德经〉和它在中国思想中的地位》（The Way and Its Power：Tao Te Ching and Its Place in Chinese Thought，1958）。在上述译本与著述中，韦利对中国文化做出了较为客观的评价。相对理雅各与翟理斯，韦利的评价较少宗教的偏见，而是力图在语言上体现出中国文化的非宗教性。比如他对"上帝"这个术语的翻译，就没有译成"God"，而是用"supreme ancestor"，强调"祖先"之意，而非基督教所言那个"上帝"。在《中国古代的三家思想》中，韦利以比较冷静的笔调译介了《庄子》《孟子》《韩非子》的部分篇章，将这三家思想与其他文化予以平等的比较，力图将中国文化纳入世界文化的宽广语境之中，这对于消除当时西方人心中对中国文化的偏见无疑是大有裨益的。

继韦利之后，葛瑞汉当属英国20世纪最为知名的汉学家之一。他1919年7月出生于英国威尔士的珀纳斯（Penarth），1932～1937年在希罗普郡的埃尔斯大学学习，后在牛津大学神学院学习神学，1940年毕业。1946年，葛瑞汉进入伦敦大学的东方及非洲研究院（SOAS），选修汉语。1949年获文学学士学位，毕业后留校担任古汉语讲师。1953年获哲学博士学位。尽管葛瑞汉久居伦敦，但他热心讲学，周游世界。他以访问学者、客座教授的身份在多地讲学，比如香港大学（1954～1955年）、耶鲁大学（1966～1967年）、密歇根大学（1970年）、康奈尔人文学会（1972～1973年）、新加坡东亚哲学研究所（1984～1986年）、清华大学（新竹）（1987年）、布朗大学（1988年）和夏威夷大学（1989～1990年）。1971年，葛瑞汉获聘伦敦大学东方及非洲研究院古汉语教授一职，并保持该职位长达十三年，直到告老退休。1981年，葛瑞汉当选为英国（文史哲）研究院院士。1991年葛瑞汉因病逝世，享年72岁。在四十多年的学术生涯中，葛瑞汉不但译介了大量中国典籍与诗歌，还对新儒学有精湛的研究。

尤其是对宋代理学家程颢（程明道）、程颐（程伊川）用功甚勤，撰著《中国的两位哲学家——二程兄弟的新儒学》①一书，对二程思想进行了系统深入的阐述与分析，奠定了他在汉学界的地位。该著作视角独特，见解独到，深受好评。葛瑞汉的研究立足于中国经典文本，从西方理论视角阐述中国哲学，具开创性。他的译作也是以准确精当著称，精品迭出。由于治学严谨、言必有据、著述丰厚、涉猎广泛，葛瑞汉被称为"二十世纪最知名的汉学家之一"。其主要成果还有《列子》②《价值观问题》③《晚唐诗选》④《后期墨家的逻辑、伦理和科学》⑤《庄子内七篇和外篇选》⑥《〈庄子选译本〉评注》⑦《理性与自发性》⑧《中国哲学和哲学文献研究》⑨《西湖诗选》⑩，等等。学术论文有《中国哲学传统中的理性》⑪《〈墨子〉的逻辑》⑫，等等。

## 二、美国名家选介

和英国相似，早期译介中国典籍的美国人多为传教士，出于让本国人了解中国及其文化的目的译介中国经典，其中有些后来放弃传教专事汉学，经历了从传教士向大学教授的转变。美国汉学虽然起步较晚，但起点较高，尤其是第二次世界大战后专业汉学的快速发展，大大推进了中国典籍的译介与研究，汉学中心也从之前的法国转到美国。

美国首位来华传教士当推裨治文，他同时也是美国首位汉学家。裨治文1801年出生于马萨诸塞州（Massachusetts），1823年到安贺斯特大学（Amherst College）学习，毕业后即进入安道华神学院（Andover Theological Seminary）学习神

---

① A. C. Graham. *Two Chinese Philosophers*: *Ch'eng Ming-tao and Cheng Yi-chuan*. London：Lund Humphries，1958.
② A. C. Graham. *The Book of Lieh-tzu*. London：John Murray，1960.
③ A. C. Graham. *The Problem of Value*. London：Hutchinson's University Library，1961.
④ A. C. Graham. *Poems of the Late Tang*. London：Penguin Classics，1965.
⑤ A. C. Graham. *Later Mohist Logic*，*Ethics and Science*. Hong Kong：Chinese University Press，1978.
⑥ A. C. Graham. *Chuang-tzu*：*The Seven Inner Chapters and Other Writings from the Book Chuang-tzu*. London：Allen and Unwin，1981.
⑦ A. C. Graham. *Chuang-tzu*：*Textual Notes to a Partial Translation*. London：School of Oriental and African Studies，1982.
⑧ A. C. Graham. *Reason and Spontaneity*. London：Curzon Press，and New York：Barnes and Noble，1985.
⑨ A. C. Graham. *Studies in Chinese Philosophy and Philosophical Literature*. Albany：SUNY Press，1990.
⑩ A. C. Graham. *Poems of the West Lake*. London：Wellsweep Press，1990.
⑪ A. C. Graham. "Reason in the Chinese philosophical tradition"，*The Legacy of China*，ed. by Raymond Dawson. Oxford：Clarendon Press，1964.
⑫ A. C. Graham. "The logic of the Mohist Hsiao-ch'u"，*T'oung Pao*，Vol. 51，No. 2，1964.

学。1829~1830年，受美国国外宣教会（American Board of Foreign Missions）差遣辗转到达中国广州，受到马礼逊器重与提携，后与之共同创办《中国丛报》（The Chinese Repository）。在华三十年，裨治文一直勤勉工作，对中国文化充满热情，他不但翻译中国的《孝经》（Hsiao Ching）、《小学》（Hsiao Xue）等典籍，让美国人了解中国，还撰著《美国志略》（A Brief Account of the United States of America），介绍美国政治制度与文化，让中国人了解美国及其基督教。由于治学严谨、论析透辟、热忱奉献，1841年，裨治文获纽约大学神学博士荣誉学位，1849年还担任皇家亚洲学会华北分会（North-China Branch of the Royal Asiatic Society）会长，足显裨治文的学术威望。

裨治文在华期间还培养出美国第一位汉学教授卫三畏（Samuel Wells Williams，1812~1884）。卫三畏也有"美国汉学之父"之美誉。在华四十年期间，卫三畏工作非常勤勉努力，在协助裨治文编辑《中国丛报》的过程中，语言能力、对华了解都飞速进步，在1847年裨治文离开广州之后，主要就由卫三畏负责丛报编撰了。卫三畏的主要汉学成就是撰著《中国总论》（The Middle Kingdom，1848），该著作被认为是当时美国研究中国最早、最权威之作，从某种意义上可被视作美国首部关于中国的"百科全书"。全书共23章，分上下两卷，系统论述了中国的政治经济、文化外交、历史地理、教育宗教、文学艺术等方面，堪称巨著。

顾立雅，美国芝加哥大学教授，20世纪美国知名汉学家之一。顾立雅对孔子思想有深入研究，是西方汉学领域的孔子研究专家。撰著《孔子与中国之道》（Confucius and Chinese Way）、《孔子真面目》（The Real Confucius）、《从孔夫子到毛泽东的中国思想》（Chinese Thought, from Confucius to Mao Tse-Tung），等等，其孔子观对欧美儒学研究者影响较大，尤其是《孔子与中国之道》一书已成为西方汉学界研究孔子的必备书目。

费正清（John King Fairbank，1907~1991），哈佛大学终身教授，美国最负盛名的中国问题观察家，美国中国近现代史研究领域的泰斗，其又被称为"头号中国通"。此外，他还是哈佛大学东亚研究中心的创始人。费正清任职颇多，历任美国远东协会副主席、亚洲协会主席、历史学会主席、东亚研究理事会主席等重要职务，还曾是美国政府雇员、社会活动家、政策顾问。身为一名历史学家，费正清长期致力于中国问题的研究，从进入牛津大学直到1991年去世，长达50年期间，他一直围绕着中国问题展开研究，主要学术成果有《中国：传统与变迁》[①]

---

① John King Fairbank, Edwin O. Reischauer. China: Tradition and Transformation. Boston: Houghton Mifflin Company, 1978.

《中国的思想与制度》①等。1966年他与英国历史学家杜希德（Denis C. Twitchett）开始合作主编多卷本《剑桥中国史》（*The Cambridge History of China*）。

几乎与费正清同时活跃在汉学舞台的还有狄百瑞（William Theodore de Bary，1919~），他是哥伦比亚大学东亚语言与文化系教授，也是海外研究中国哲学的知名学者。他的主要学术成果有：《中国的自由传统》（*The Liberal Tradition in China*，1983）、《东亚文明：五个阶段的对话》（*East Asian Civilization*：*a Dialogue in Five Stages*，1988）、《为己之学》（*Learning for One's Self*，1991）、《儒家的困境》（*The Trouble with Confucianism*，1996）、《亚洲价值与人权》（*Asian Values and Human Rights*，1998）、《中国的自由传统》（*Nobility and Civility*：*Asian Ideals of Leadership and the Common Good*，1983）、《高贵与文明》（*Nobility and Civility*：*Asian Ideals of Leadership and the Common Good*，2004），还编写了影响广泛的《中国传统资料选编》（*Sources of Chinese Tradition*，1960）。在《中国的自由传统》一书里，狄百瑞探讨了中国的道统，论及朱熹与自由教育问题、新儒学思想中的个人主义、理学与黄宗羲的自由思想。

司马富（Richard J. Smith，1944~），美国著名汉学家。1944年出生于美国，1972年毕业于美国加州大学戴维斯分校，获得历史学博士学位，现就职于美国莱斯大学历史系。主要研究领域是易经研究与中国社会文化史，其易学研究在国际上具有较大影响力。学术专著主要如下：《中国传统文化：一个解释性的简介》②《算命先生和哲学家：中国传统社会的占卜》③《中国的文化遗产：清代，1644年~1912年》④《探寻宇宙和规范世界：易经和它在中国的进程》⑤《易经：一部传记》⑥，等等。学术论文则有：《易经》⑦《易经的语言和现实的表征》⑧，等等。

---

① John King Fairbank ed. *Chinese Thought and Institutions*. Chicago：The University of Chicago Press，1957.

② Richard J. Smith. *Traditional Chinese Culture*：*An Interpretive Introduction*. Houston，Texas：Rice University Press，1978.

③ Richard J. Smith. *Fortune Tellers and Philosophers*：*Divination in Traditional Chinese Society*. Boulder：Westview Press，1991.

④ Richard J. Smith. *China's Cultural Heritage*：*The Qing Dynasty*，*1644 – 1912*. Boulder：Westview Press，1994.

⑤ Richard J. Smith. *Fathoming the Cosmos and Ordering the World*：*The Yijing*（*I – Ching*，*or Classic of Changes*）*and Its Evolution in China*. Charlottesville：University of Virginia Press，2008.

⑥ Richard J. Smith. *The I Ching*：*A Biography*. Princeton：Princeton University Press，2012.

⑦ Richard J. Smith. "The Yijing"，in *Great Literature of the Eastern World*，Ian P. McGreal，ed. New York：Harper – Collins，1996.

⑧ Richard J. Smith. "The Languages of the Yijing and the Representation of Reality"，*The Oracle*：*The Journal of Yijing Studies*，Vol. 2，1998.

夏含夷（Edward L. Shaughnessy, 1952~），美国著名汉学家。1952 年出生于宾夕法尼亚州赛维克立镇（Sewickley），1970 年进入圣母大学（University of Notre Dame），以宗教学为专业。1974 年毕业以后，曾在中国台湾留学三年。回国以后，进入斯坦福大学（Stanford University）东亚语言与文化系，1980 年获硕士学位，1983 年获博士学位，博士论文为《〈周易〉的编纂》[①]。1985 年受聘为芝加哥大学东亚语言与文化系助理教授，之后一直在芝加哥大学任教，1997 年晋升为顾立雅中国古史名誉教授。还曾任汉学杂志《古代中国》（Early China）主编。夏含夷主要致力于中国先秦史及先秦文化史的研究，成果卓著，影响广泛。夏含夷的主要学术著作如下：《易经》[②]《中国智慧：经典大师名言集》[③]《重写中国早期文本》[④]《古代中国：生活、神话与艺术》[⑤]《中国：龙的土地》[⑥]《孔子之前：中国经典的创造研究》[⑦] 等；编辑《中国古代史新资料：阅读铭文与手抄本的指南》[⑧]《易经：马王堆帛书易经第一英文翻译》[⑨]《西周史料：铜器铭文》[⑩] 等。另外，他还与鲁惟一（Michael Loewe）合编《剑桥中国古代史》[⑪]。

---

[①] Edward L. Shaughnessy. "The Composition of the Zhouyi", Ph. D. dissertation, Stanford University, 1983.

[②] Edward L. Shaughnessy. *I Ching: The Classic of Changes*. New York: Ballantine Books, 1996.

[③] Edward L. Shaughnessy. *Chinese Wisdom: Sayings from the Classical Masters*. London: Duncan Baird Publishers, 2010.

[④] Edward L. Shaughnessy. *Rewriting Early Chinese Text*. Albany. NY: Suny Press, 2006.

[⑤] Edward L. Shaughnessy. *Ancient China: Life, Myth and Art*. London: Duncan Baird Publishers, 2005.

[⑥] Edward L. Shaughnessy. *China: Land of the Heavenly Dragon*. London: Duncan Baird Publishers, 2000.

[⑦] Edward L. Shaughnessy. *Before Confucius: Studies in the Creation of the Chinese Classics*. Albany: State University of New York Press, 1997.

[⑧] Edward L. Shaughnessy. *New Sources of Early Chinese History: An Introduction to the Reading of Inscriptions and Manuscripts*, editor. Berkeley: Institute of East China, 1997.

[⑨] Edward L. Shaughnessy. *I Ching, The Classic of Changes: The First English Translation of the Newly Discovered Second Century B. C. Mawangdui Texts*. New York: Ballantine Press, 1997.

[⑩] Edward L. Shaughnessy. *Sources of Western Zhou History: Inscribed Bronze Vessels*. Berkeley: University of California Press, 1991.

[⑪] Edward L. Shaughnessy. *The Cambridge History of Ancient China: From the Origins of Civilization to 221 B. C.*, ed. with Michael Loewe. New York: Cambridge University Press, 1999.

## 第二节　英语世界中国古典文学典籍
## 　　　　译介与研究议题选介

### 一、英语世界中国古典文学典籍译介的变异

在中国古典文学典籍进入英语世界的过程中，语际翻译是必经之道。语际翻译在将原语（source language）转换成译语（target language）时，必然会产生变异。与其他文学门类的变异相较，文学典籍因其丰富而独特的文化意蕴与含蓄蕴藉、简洁凝练的审美特征而极其难译，也极易发生变异。恰如冯友兰所言："中国哲学家惯于用格言、警句、比喻、事例……表达思想。其语言是如此不明晰，以致其中的暗示几乎是无限的。"① 语言的模糊性与暗示性导致意义的充溢性与不稳定性，给阐释与译介带来极大的困难。再者，文学典籍经过千年沉淀，蕴涵不断累积，在与处于异质文明语境中的译者遭遇时，已然经过时间的压缩与空间的折叠，丰富的意蕴在"文本行旅"与"文化想象"中难免发生变形。翻译行为在某种意义上成为一种"虚拟旅行"，或称"神游"，乃是形而上的精神游动、观念游动的审美实践，且译者常常在神游的意识活动中，隐喻对社会的各种现实关怀，其对异质文明中的典籍所作的跨越时空的文化阐释与穿越，往往是一种喻词意义上的迁延，译者所具备的文化经验决定着其穿越时空维度的大小，② 换言之，对典籍意义的理解与阐发与译者本人的文化经验、现实关怀直接相关，"一千个译者就有一千个哈姆雷特"，变异是必然的，只是程度轻重之别而已。本着文化交流之宗旨，考察与甄别典籍译介中的变异现象，总结典籍译介中变异的特征及内在规律，对促进异质文化间的理解、沟通与对话无疑是大有裨益的。下文拟以儒家经典《论语》为例对此问题予以剖析。

《论语》是中国历史上最受重视的文献典籍之一，也被认为是了解中国思想和中国文化的钥匙，它的影响不但受到中国历朝历代官方的重视，同时也在英语世界广为传播。从最初的来自西方的传教士到近来的西方汉学家，都对《论语》进行了广泛、深入的研究。在所有的国外译本中，理雅各的《论语》译本被誉为

---

① 冯友兰：《中国哲学简史》，新世界出版社 2004 年版，第 10 页。
② 郭少棠：《旅行：跨文化想象》，北京大学出版社 2005 年版，第 151～155 页。

"标准译本",以严谨著称。但受其译介目的、所处异质文化等因素影响,译本中的变异也非常突出。作为一名来华传教士,理雅各本着"了解你的敌人"(knowing thine enemy)以便"征服你的敌人"的传教目的译介中国典籍。但是,笔者的研究重点并不在此,笔者认为,当今世界正在经历着一场文化更加多元化、文化不断融合的革命,后结构主义、后现代主义、解构主义等西方思潮在西方传统内部风起云涌,各领风骚,在这样的时代氛围中,《论语》也在经历着新的阐释,而代表着这一重要风向的翻译成果是 1998 年由安乐哲(Roger Ames)、罗思文(Henry Rosemont)合作出版的《〈论语〉的哲学诠释》(The Analects of Confucius: A Philosophical Translation)一书。安乐哲在他的学术讲演丛书《和而不同:比较哲学与中西会通》中这样解释了他对中西哲学的看法:"我们要做的不只是研究中国传统,而是设法化之为丰富和改造我们自己世界的一种文化资源。儒家从社会的角度定义人的观念是否可以用来修改和加强西方自由主义模式?……我们自己的宗教经验怎样才能通过思索中国的有关观点而得以丰富呢?"① 从这番话,我们可以解读出他对中国典籍翻译的总体看法和英译的动机和目的,他是希望通过英译来使得中西哲学之间有深层的对话,并为哲学新思想的产生制造场合和条件。安乐哲的这一翻译动因直接影响了他对儒家经典的解读与译介,小到对文本字词意义的考证和选择,大到他对孔子思想体系和中国哲学的全面评价。因此对其译本变异现象的考察,可以概览目前的英语世界对中国文学典籍的接受。下面就从《论语》中最重要的关键词,如"命""德""仁""义""知"出发来看译介中最重要的变异现象,并对变异的原因予以具体分析。

### (一)关键词变异

所谓的关键词是指在《论语》中出现的带有鲜明的儒家思想文化内涵的一些术语,这些术语既体现了中国文化中独具特色的思想因子,但同时也对翻译构成了极大的障碍。安乐哲和罗思文在翻译的时候,为了体现中西文化和哲学之间的差异性,没有选择归化的策略,因为那样,会造成读者先入为主式的解读,会以西方的哲学传统来比附中国的儒家思想,无法达到安乐哲在英译本序言中所谈到的翻译《论语》的重要目的:"我们总是预设了自己文化经验中所熟悉的东西,而忽略了其他一些重要材料,恰恰正是它们,展示了作为文化之源的具有可比性的行为,只有当我们注意到积淀与中国人生活方式和思维模式

---

① [美]安乐哲:《和而不同:比较哲学与中西会通》,温海明编,北京大学出版社 2002 年版,第 15 页。

中的那些非同寻常的理念时,我们才能抵御文化简化论的大举进攻。"①

我们首先来看"命"。在"子罕言利与命与仁"(《子罕:一》)这一句中的"命"字,一般会理解成"fate",但是在西方语境下"fate"在西方是指一种人类无法抗拒和改变的力量,是超越了人而独立存在的,比如说希腊神话中的俄狄浦斯王,不管他如何抗争和逃避,都逃不过杀父娶母的命运,带有浓厚的宿命论的色彩。如果我们就此把"命"翻译成"fate"的话,翻译上来说倒是不费吹灰之力,但是对于实现安乐哲所设定的发现中西哲学差异性、异质性的目标来说,却是没有任何帮助的,因此安乐哲和罗思文翻译成了"propensity of circumstances",②直译过来就是"环境的倾向",这就带有了一种唯物主义的色彩。另外一个在《论语》中具有重要文化信息的词是"德"。从中文《论语》版本来看,"德"的出现频率非常高,达到了32次,一般来说,"德"会被翻译成"virtue",但是从安乐哲和罗思文的处理来看,他们主要将"德"翻译成了"excellence"或者"excellence"的衍生词如"excellent"等。比如说"为政以德"就被翻译成了"governing with excellence"③,而只有在下面的几处做了不同的处理:"民德归厚"(the virtue of the common people will thrive)④,"不恒其德"(a person who is not constant in his character)⑤,"以德报怨"(repay ill with beneficence)和"以德报德"(repay beneficence with gratitude)⑥。对于这样的处理,译者在译本中的介绍部分里面谈到虽然"德"通常会被翻译作"virtue"或者"power",但是他们认为"德"的意义更加接近"dharma",这个来自印度教的术语是用来形容人们遵守法律习俗的义务,译者在此似乎认为"德"这个术语,同属于东方文化的儒家和印度教之间有着更为亲近的特征,而西方语境下的"virtue"则相去甚远。

我们再来看"仁"。在《论语》中,"仁"可以说是出现频率最高也最难处理的一个重要术语,该字出现了109次,在不同的语境中有不同的含义。根据林艳的计量研究,《论语》中的"仁"的意思被分为了五类,分别是"孔子对最高

---

① [美]安乐哲、罗思文:《〈论语〉的哲学诠释》,余瑾译,中国社会科学出版社2003年版,第2页。
② Roger T. Ames, Henry Rosemont. *The Analects of Confucius: A Philosophical Translation*. New York: The Ballantine Publishing Group, 1998, p. 126.
③ Roger T. Ames, Henry Rosemont. *The Analects of Confucius: A Philosophical Translation*. New York: The Ballantine Publishing Group, 1998, p. 76.
④ Roger T. Ames, Henry Rosemont. *The Analects of Confucius: A Philosophical Translation*. New York: The Ballantine Publishing Group, 1998, p. 73.
⑤ Roger T. Ames, Henry Rosemont. *The Analects of Confucius: A Philosophical Translation*. New York: The Ballantine Publishing Group, 1998, p. 168.
⑥ Roger T. Ames, Henry Rosemont. *The Analects of Confucius: A Philosophical Translation*. New York: The Ballantine Publishing Group, 1998, p. 179.

仁德的称谓""践行仁德""践行仁政""仁人""通人",但是在具体的句子中,意思之间又有微妙的变化,因此在英语中很难找到一个与之对应的词。通常,译者会采用"humanity""benevolence"或"moral life"这样的词,但是安乐哲和罗思文却做出了不同的选择。例如:

子曰:"巧言令色,鲜矣仁!"(第一篇,第三章)

安乐哲译:The Master said, "It is a rare thing for glib speech and an insinuating appearance to accompany authoritative conduct (ren 仁)."①

辜鸿铭译:Confucius remarked, "With plausible speech and fine manners will seldom be found moral character."②

颜渊问仁。子曰:"克己复礼为仁。一日克己复礼,天下归仁焉。为仁由己,而由人乎哉?"(第十二篇,第一章)

Yan Hui inquired about the authoritative conduct (ren 仁). The Master replied, "Through self-discipline and observing ritual propriety (li 礼) one becomes authoritative in one's conduct. If for the space of a day one were able to accomplish this, the whole empire would defer to this authoritative model."③

我们发现安乐哲和罗思文的译文,正如他自己都承认的那样"用'authoritative conduct'来翻译'仁'也是一个多少有点耕奇的表达",④要做出这样别出心裁的翻译,显然是暗含了译者的特殊考虑。安乐哲在《〈论语〉的哲学诠释》一书的导言部分中指出:"诚然,'benevolence'和'goodness'可能是翻译'仁'字的最佳选择,但是,经过深思熟虑之后,我们决定采用相比之下不够雅致的'authoritative conduct'",他说给出的理由是"'仁'不仅体现在精神方面,而且还具有物质指向:比如人的举止与态度,手势和肢体语言。因此,如果把'仁'译为'Benevolence'的话,那就是在一个并不以'精神'概念作为定义人类经验的方法的文化传统中,强行对'仁'进行心理分析。结果,不但因为截断与其他德行的联系大大削弱了'仁'的丰富内涵,而且得不偿失

---

① Roger T. Ames, Henry Rosemont. *The Analects of Confucius: A Philosophical Translation.* New York: The Ballantine Publishing Group, 1998, p. 71.
② 辜鸿铭:《辜鸿铭文集》,海南出版社2000年版,第349页。
③ Roger T. Ames, Henry Rosemont. *The Analects of Confucius: A Philosophical Translation.* New York: The Ballantine Publishing Group, 1998, p. 152.
④ [美]安乐哲、罗思文:《〈论语〉的哲学诠释》,余瑾译,中国社会科学出版社2003年版,第51页。

地将为人复杂化"。① 从这段所给出的理由，我们发现，译者最为看重的还是"仁"这个概念是产生于什么样的一个社会环境的、它对于它所产生的这个社会意味着什么，以及如何通过翻译最大程度地保留这种差异性。基于此，这种变异，对西方读者来说，增加的是阅读的陌生体验，牺牲掉的是阅读的流畅。

### （二）修辞变异

《论语》作为一本记录对话的口语体典籍，具有很强的修辞色彩，对它的一般评价都认为它辞约意丰、抒情性强、句式工整、比喻精妙、节奏明快、人物形象鲜活、修辞手段多样。《论语》一书中运用了诸多的修辞格，例如比喻、对仗、设问、夸张等，这些修辞格穿插在孔子与学生的对话中间，一来有利于传达对话双方的信息、语气和微妙的思想感情，二来对于阅读《论语》这部书的读者来说，对话的感染力得到了增强。但是，这些修辞格的存在无疑会增加翻译的难度，有一些修辞格，比如设问，在英语中还比较好处理，但是涉及比喻和对仗这两种修辞格的时候，就可能会产生明显的变异现象。首先，我们来看看比喻的修辞格的变异情况。

> 子曰："不义而富且贵，于我如浮云。"（第七篇，十六章）
> The Master said, "But wealth and position gained through inappropriate means—these are to me like floating clouds."
> 天下之无道也久矣，天将以夫子为木铎。
> All under tian（天）have long since lost their way（dao 道），and tian is going to use your master as a wooden bell-clapper.

在第一个翻译中，"浮云"对于中国读者来说是再熟悉不过的一个意象，人们很容易、很直接地会将这个意象与稍纵即逝、轻飘飘、无足轻重、虚幻的等意思联系在一起，但是在英语中，西方读者并没有这样的遐想，安乐哲和罗思文在此采用直译的方法，并且没有对这一比喻加以说明，这可能会对西方读者的理解造成一定的干扰，相比之下，辜鸿铭的翻译是："Riches and honors acquired through the sacrifice of what is right, would be to me as unreal as a mirage."，采取的是意译的策略，将"浮云"化为"海市蜃楼"，可以说是非常高明的、追求神似

---

① ［美］安乐哲、罗思文：《〈论语〉的哲学诠释》，余瑾译，中国社会科学出版社2003年版，第49~50页。

的翻译。这种意义的翻译方法也可以在上文中的第二个例子得到反映，即对"木铎"的翻译，辜鸿铭在翻译"木铎"一句的时候，翻译为："The world has long been without the order and justice of good government; now God is going to make use of your Teacher as a tocsin to awaken the world."辜鸿铭翻译的区别之处在于他在末尾增加了带有解释性的"to awaken the world"来帮助读者进行理解。针对安乐哲、罗思文和辜鸿铭之间存在的明显的差异，笔者认为，后者的翻译对于西方读者深入地了解中国古典典籍背后的语言载体和哲学思想是没有帮助的，这可以从语言学的研究上得到支持。语言学研究成果表明，语言在很大程度上决定了说该语言者的世界观。比如说洪堡特（William von Humboldt）提出了著名的语言世界观理论：每一个语言体系的不同都形成了不同的对于世界的看法，"每一种语言都围绕掌握语言的民族画了一个圈子。每一个圈子都封闭着该语言集团的世界观。人永远局限在他用以进行思维并借以进行交际的那种语言的圈子中。……人类各种语言的不同不在于外部声音和感性符号的不同，不在于对某一事物的称谓不同，而在于它的内蕴形式所取的对某一事物的观点不同，即世界观的不同"。①这种思想最终发展成了"萨丕尔—沃尔夫"假说，②该假说甚至认为语言会决定一个民族的思维方式，因此引起了巨大的争议。笔者无意去验证该假说的真假与否，但是可以肯定的是，语言对民族的思维方式的影响是可以肯定的，因此如要想了解一个民族的思想，不研究它的语言是不可能达成的。回到《论语》的翻译上来，如果英语世界的读者只依赖于本身的语言表达方式和思维方式来接近中国的古典典籍的内容的话，那终究是要跟真理隔了好几层，无法触摸到中国文化中最核心的部分。因此，安乐哲采用直译的方式来翻译经典，笔者认为是更为高明的，也是跟他的翻译目的吻合的。

这种策略也可以从他对其他修辞格的翻译中体现出来，比如说对对仗的翻译。众所周知，对仗在中国古典诗歌当中大量存在，而《论语》作为偏口语化的先秦散文，也有一定的对仗的例子，比如说：

子曰："君子怀德，小人怀土。君子怀刑，小人怀惠。"（第四篇，十一章）

辜鸿铭译：Confucius remarked, "A wise man regards the moral worth of a man; a fool, only his position. A wise man expects justice; a fool expects favors."

---

① 申小龙：《语言的文化阐释》，上海知识出版社1992年版，第63页。
② Benjamin L. Whorf Linguistics as an exact science. John B. Carroll（ed.）. *Language, Thought, and Reality*. Cambridge：The M. I. T Press, 1956, pp. 220–232.

安乐哲译：The Master said, "Exemplary persons (junzi 君子) cherish their excellence; petty persons cherish their land. Exemplary persons cherish fairness; petty persons cherish the thought of gain."

安乐哲、罗思文的译文只有在对比之中才能发现他们一以贯之的翻译策略。"怀"字在四个分句中不断得到重复，但是在地道的英文中，这种重复的用词是会得到极力避免的，要么使用相对应的代词进行替换，要么干脆省略。辜鸿铭作为中国译者，采用的是较为顺畅的、地道的英文表达，而来自英语世界的安乐哲和罗思文则反而采取了中文的语法结构，使用"cherish"一词对译"怀"，并且在四个分句中完整地保留、重复"怀"字。这样的严格按照中文语法进行翻译的现象并不少见，再举两例：

子曰："君子喻于义，小人喻于利。"（里仁第四）
The Master said, "Exemplary persons (junzi 君子) understand what is appropriate (yi 义); petty persons understand what is of personal advantage (li 利)."

曾子曰："吾日三省吾身，为人谋而不忠乎？与朋友交而不信乎？传不习乎？"
Master Zeng said: "Daily I examine my person on three counts. In my undertakings on behalf of other people, have I failed to do my Zhong (忠)? In my interactions with colleagues and friends, have I failed to Xin (信)? In what has been passed on to me, have I failed to carry it into practice?"

第一个例子中依然重复使用"understand"来对应"喻"字，第二个例子中英文译本的对仗句式整齐，全部以"in"引导句子开头，这样的句式安排似乎已经发展到了比中文原文更加严谨的地步，我们可以猜测出来，也许安乐哲和罗思文在翻译的时候，始终秉持着贴近原文，不但力图从思想层面，更从语言层面达到和中文版本的接近。这可以说是一种非常有趣的现象，中国译者力求贴近英文母语表达习惯，英语世界译者反而寻求异质性，这种相向而行、互相从对方角度考虑问题的角度，正是由于异质性所带来的。在经历了理雅各、辜鸿铭等人的版本之后，伴随着比较文学学科的崛起以及西方内部开始的对自身传统的怀疑、批判和反思，安乐哲和罗思文的版本带来的是对文明、文化和文学之间的异质性的高度关注和敏锐发现，这种关注和实践也正是变异学得以产生的土壤。

### (三) 结论：变异大小及其根源

综上可得，辜鸿铭、安乐哲和罗思文的《论语》英译本在语义层面、修辞层面都存在着程度不一的变异，那么，根据上文的分析，我们是否能得出结论：安乐哲的版本变异性更少，因此它是更优质的译本？笔者的答案是否定的。笔者将其进行对比的目的并非是对多个译本进行一番优劣评判，实际上，如果从表达的流畅性和贴近英文表达习惯的角度来说，安乐哲作为一名地道的母语为英语的使用者，应该更加占优势，更能够翻译出符合西方读者阅读习惯和思维方式的作品，而辜鸿铭作为一名晚清的学者，即使学富五车，也不可能达到英语母语的水平。但是二者翻译《论语》，呈现出来的结果却大相径庭。可见，译介的风格并不是完全决定于语言水平本身的。从辜鸿铭的流畅简洁英语翻译到安乐哲的"中式翻译"，这种语言上的变异背后是时代的变化和译者翻译目的的变异。这种变异的前提是译者地位在变异学理论中的提高。在变异学理论中，读者和译者的主体意识和创造性随着法国文学理论家罗兰·巴尔特（Roland Barthes）一声高呼"作者死了"而活跃起来，假译者之手，"文本因经过翻译而被赋予了新的意义，并获得了新的生命。……译者是创作的主体，翻译文本是创作的新生语言"。[①]这种变异的具体表现是在翻译修辞格的时候，辜鸿铭采用变通的方法，甚至由于预料到西方读者无法快速、准确明白汉语修辞而省略了原版中的一些比喻的形象；而安乐哲则是尽可能保留原文句式、修辞方式和修辞形象，译文的语体风格跟原文十分接近。为什么会产生这样的变异大小的变化呢？这和二者的目标读者和译介目的息息相关。辜鸿铭所处的年代是晚清时期，他作为一名游历欧洲多国的学者和政治家，掌握多国语言，被称为不可多得的"国学大师"，热衷于向西方传播中国文化，而如何高效地、容易让对方接受地翻译中国经典是他的重要目标，因此他在翻译中，主要考虑的是译文的通畅流利和可读性。简单地说，辜鸿铭的翻译哲学是"求同"的；而安乐哲是在"求异"，这既是变异学的根本之所在，也是"求同"发展到了一定阶段后必然的转向。在英译本序言中，安乐哲和罗思文开宗明义地指出了中西哲学和思想之间的差异性："西方思想家多以一种非历史非文化的方式进行哲学化的探讨，但是，孔子与之相反，他深切地关注身边刻不容缓的现实问题。"他们接受了这样的显著差异，并且以一种学术性的眼光来看待这种差异性，而不做价值判断，这应该成为我们在"求异"过程中的一个基本原则。

---

① 郭建中：《当代美国翻译理论》，湖北教育出版社2000年版，第176~177页。

## 二、英语世界中国古典文学典籍译介与研究热点评介

早在 16 世纪，西方就开始了对《易经》《孟子》的翻译、研究及传播。① 英语世界对此的传播则始于 19 世纪。② 在两个多世纪的西传历程中，受政治环境、文化心理、学者志趣等诸多因素影响，英语世界逐渐凸显对某些中国古典文学典籍的持续兴趣和高度关注，形成一些译介与研究热点，如《易经》《论语》《老子》《庄子》等，下文拟对《易经》的译介与研究作一论述。

《易经》作为群经之首，是理解和通向中华民族思维方式、价值理念、审美心理等的重要途径。尽管《易经》的思想玄奥深邃，且行文也艰深晦涩，但仍然吸引英语世界的学者们投身其间，埋首耕耘，其热情至今持续不衰。从已有的译本、论著、论文的数量和质量来看，《易经》一直是英语世界译介与研究中国古典文学典籍的重心，且还出现了深受《易经》影响的文学创作。

自 1876 年麦丽芝《易经》全译英文版面世，英语世界便全面展开了《易经》的译介与研究。马王堆汉墓中帛书《易经》之出土更推动其发展。成中英（Chung-ying Cheng）指出，英语文化中的《易经》研究有向纵深发展的趋势，在数个领域展开了深入而卓有成效的研究，例如文史易、哲学易、科学易、逻辑易、语言易、管理易、兵法易、医学易、宗教易、艺术易以及民俗易等，③《易经》英译本已多达近百种，也足显易学的发展与深化之势。

在译介方面，尽管英语世界中的《易经》译本多达近百种，但其中流传得较广、影响较大的出自麦丽芝④、理雅各⑤、蒲乐道（John Blofeld，1913～1987）⑥、

---

① 关于《易经》的西播史，可以参阅李伟荣：《英语世界的〈易经〉研究》，四川大学 2012 年博士论文，详见论文第一、第二章。关于《孟子》的西播史，可以参阅杨颖育：《英语世界的〈孟子〉研究》，四川大学 2012 年博士论文，详见论文第一章。

② 第一部《易经》英译本出自英国麦丽芝牧师（Thomas R. H. McClatchie，1812～1885）之手，于 1876 年在英国出版，英译名是 *Book of Changes*。第一部《论语》英译本（仅译前十篇）于 1809 年出版，由英国浸礼会教士马歇曼（Joshuua Marshman，1768～1837）翻译，英译名为 *The Works of Confucius*：*Containing the Original Text，with a Translation*。最早的《孟子》英译本是 1828 年在英国出版的，由柯大卫（David Collie，～1828）翻译，他在出版的《四书译注》英译本中翻译了《孟子》，《四书译注》的英译名是 *Si Shu. The Chinese Classical Work Commonly Called the Four Books*.

③ 成中英：《易学本体论》，北京大学出版社 2006 年版，第 290～296 页。

④ Thomas McClatchie. *A Translation of the Confucian Yih-king*. Shanghai：American Presbyterian Mission Press，1876.

⑤ James Legge，trans. *The I Ching*（originally rendered *Yi King*）. New York：Dover Publications，1963（2rd edition，rpt. of 1899 edition）.

⑥ John Blofeld. *The Book of Change*：*A New Translation of the Ancient Chinese I Ching*（*Yi King*）*with Detailed Instruction for its Practical Use in Divination*. London：Allen & Unwin，1965.

林理彰①、茹特（Richard Rutt, 1925~2011）②、夏含夷③等之手，也有一些中国学者英译《易经》，如罗志野④、傅有德⑤、傅惠生⑥、汪榕培⑦等，但影响力不及本土译者。

在研究方面，英语世界易学大致可分为四个方向：其一，从文献学角度研究《易经》的编撰；其二，从翻译学角度考察《易经》的英译；其三，从心理学、自然科学、卜筮、宇宙哲学等角度多维探讨《易经》的思想；其四，从学术史角度梳理《易经》的接受史、传播史等。在诸多研究者中，成就最为突出的当属麦丽芝⑧、司马富⑨、夏含夷⑩、孔理霭（Richard Alan Kunst）⑪、艾约瑟（Joseph Edkins）⑫ 等，也有一批华裔学者向英语读者大力推介《易经》及自己的研究成果，如成中英⑬、顾

---

① Richard John Lynn, trans. *The Classic of Changes: A New Translation of the I Ching as Interpreted by Wang Bi*. New York. Chichester: Columbia University Press, 1994.

② Richard Rutt, trans. *The Book of Changes (Zhouyi): A Bronze Age Document Translated with Introduction and Notes*. London: Curzon Press Ltd., St. John's Studios, Church Road Richmond, 1996.

③ Edward L. Shaughnessy, trans. *I Ching, the Classic of Changes: the First English Translation of the Newly Discovered Second-century B. C. Mawangdui Texts*. New York: Ballantine Books, 1996 (reprinted in 1998).

④ 《易经新译》（*A New Translation of Yijing*），罗志野译，青岛出版社1995年版。

⑤ 《易经译著》（*I Ching: Translation and Annotations*），傅有德译，山东友谊出版社1995年版。

⑥ 《汉英对照周易》（*The Zhou Book of Change*），傅惠生译，山东友谊出版社2000年版。

⑦ 汪榕培、任秀桦：《英译周易》，上海外语教育出版社1993年版。

⑧ Thomas R. H. McClatchie. "Confucian Cosmology", *China Review*, Vol. 1, No. 3, 1872, pp. 84 – 95.

⑨ Richard J. Smith. *Fathoming the Cosmos and Ordering the World: The Yijing (I – Ching, or Classic of Changes) and Its Evolution in China*. Charlottesville: University of Virginia Press, 2008.

⑩ 前文已述，此处省略。

⑪ Richard Alan Kunst. "The Original *Yijing*: A Text, Phonetic Transcription, Translation and Indexes, with Sample Glosses", Ph. D. dissertation in Oriental Languages, University of California at Berkeley, 1985.

⑫ Joseph Edkins. "The Yi King of the Chinese, as a Book of Divination and Philosophy", *China Review*, Vol. 16, 1884, pp. 360 – 380.

⑬ Chung-ying Cheng, Elton Johnson. "A Bibliography of the I Ching in Western Languages", *Journal of Chinese Philosophy*, Vol. 14, 1987, pp. 73 – 90.
—— "Book of Changes", *Routledge History of Chinese Philosophy*, ed. Bo Mou, London: Routledge, 2008.
—— "Chinese Philosophy and Symbolic Reference", *Philosophy East & West*, Vol. 27, No. 3, Jul., 1977, pp. 307 – 322.
—— "Confucius, Heidegger, and the Philosophy of the *I Ching*", *Philosophy East & West*, Vol. 27, No. 3, Jan., 1987, pp. 51 – 70.
—— "Li and Ch'I in the I Ching: Reconsideration of Being and Non – Being in Chinese Philosophy", *Journal of Chinese Philosophy*, Vol. 14, Mar., 1987, pp. 1 – 38.

明栋①、韩子奇②、陈荣捷③等。

英语世界第一部公开出版的《易经》英文全译本出自英国圣公会海外差会（Church Missionary Society）传教士麦丽芝牧师之手，④一出版就引起西方学界的广泛关注，褒贬不一。其中有论者金斯密对其持肯定态度，认为"如果不考虑麦丽芝译本中的一些古怪因素（antiquarianism），那么他的翻译是《易经》难解之书在西方迄今最学术、最通顺（the most scholarly and idiomatic）的译本"，⑤该评价中所言"古怪因素"，应该是指麦丽芝关于《易经》起源和性质的奇怪理论，这也是译本招致同时代人如英国长老会教士理雅各强烈批评的原因之一。从变异学的角度看，这些"古怪因素"其实即是"变异"。首先，麦丽芝关于《易经》的起源之说的确"古怪"，他认为《易经》起源于《圣经》所记载的大洪水时期，该书是从大洪水中抢救出来的，对于古巴比伦人而言是非常重要的文本。⑥其次，在译文中他极力宣扬《周易》中关于"乾""坤"所隐含的生殖器官的含义，如：

> 乾，阳物也；坤，阴物也。（《系辞传》）

---

① Ming dong Cu. "Literary Openness: A Bridge across the Divide between Chinese and Western Literary Thought", *Comparative Literature*, Vol. 55, No. 2, Spr., 2003, pp. 112-129.
—— "Elucidation of Images in the Book of Changes: Ancient Insights into Modern Language Philosophy and Hermeneutics", *Journal of Chinese Philosophy*, Vol. 31, No. 4, 2004, pp. 469-488.
—— "From yuanqi (Primal Energy) to wenqi (Literary Pneuma): A Philosophical Study of a Chinese Aesthetic", *Philosophy East & West*, Vol. 59, No. 1, 2009, pp. 22-46.
—— "The Theory of the Dao and Taiji: A Chinese Model of the Mind", *Journal of Chinese Philosophy*, Vol. 36, No. 1, 2009, pp. 157-75.
—— "The 'Zhouyi' (*Book of Changes*) as an Open Classic: A Semiotic Analysis of Its System of Representation", *Philosophy East & West*, Vol. 55, No. 2, Apr., 2005, pp. 257-282.
② Tze-ki Hon. "Constancy in Change: A Comparison of James Legge's and Richard Wilhelm's Interpretations of the *Yijing*", *Monumenta Serica*, Vol. 53, 2005, pp. 315-336.
—— "Eremetism, Sagehood, and Public Service: The *Zhouyi kouyi* of Hu Yuan", *Monumenta Serica*, Vol. 48, 2000, pp. 67-92.
—— "Being and Non-Being: A Comparison of the Yijing Commentaries of Wang Bi, Kong Yingda, Hu Yuan and Zhang Zai", *Excursions in Sinology*. Hong Kong: Commercial Press, 2002, pp. 195-232.
③ Wing-tsit Chan. "A Review on Change: Eight Lectures on the *I Ching*", *The Journal of Asian Studies*, ed. by Hellmut Wilhelm & Cary F. Baynes, Vol. 20, No. 4, 1961, pp. 527-528.
④ 1876年，麦丽芝出版《易经》英文全译本，比理雅各的译本早出版6年。
⑤ Thomas W. Kingsmill. "In Memoriam (of Rev. Canon McClatchie)", *Journal of the China Branch of the Royal Asiatic Society*, Vol. 20, 1885, p. 100.
⑥ Thomas McClatchie, trans. *A Translation of the Confucian 易经 or the "Classic of Changes" with Notes and Appendix*. Shanghai: American Presbyterian Mission Press and London: Messrs. Trubner & Co., 1876.

麦丽芝将其翻译为：

Khien is the membrum virile, and Khwăn is the pudendum muliebre.①

"membrum virile"，是拉丁文，乃"阴茎"之意，"pudendum muliebre"，也是拉丁文，指"女阴"。麦格基以拉丁文试图优雅地表达他对"乾""坤"的理解，但这种优雅的掩饰反而大大激怒了同时代人，比如理雅各就高呼麦丽芝的译文"真丢人"（proh pudor），卫礼贤也称其译文"怪异、外行"。② 而这种理解并非麦丽芝所独有，美国当代易学家夏含夷、国内学界郭沫若、钱玄同、嵇文甫也持类似观点。③

再者，麦丽芝认为《易经》暗示了宇宙的起源，此为"变异"的又一突出之处。他认为《易经》中所言的六十四卦若排成圆形，不仅代表永恒、无限之气的恒常演化，而且还象征着整个宇宙来源于"太极"（Great Extreme）或"太一"（Great Monad 或 Ovum Mundi）。④ 麦格基不但认为可以从《易经》中找寻宇宙起源之证据，而且他还提出：若能彻底理解《易经》，则可以预言未来，肯定了《易经》作为中国最古老的典籍将给人类生活带来不可估量的影响，从而促动了学界对《易经》的探究与译介。⑤

细查麦丽芝的易学思想，发现其与麦丽芝本人研究中国文化典籍与译介《易经》的目的密切相关，他试图从这些典籍中找到宇宙起源的证据，换句话说，麦丽芝从他自己构建的宇宙起源论来研究和翻译《易经》，而其他传教士译介中国文化典籍的目的，以麦丽芝的说法，则是急切地想在其间找到一些关于"God"的信息，而将基督教的意义赋予"异教徒"的哲学术语中，将"异教徒"的哲

---

① James Legge, trans. "The Yih King", *The Texts of Confucianism*. Oxford: Claredon Press, 1882, p. 396.

② 卫礼贤，德国同善会来华传教士，德国19世纪末20世纪初最有名的汉学家，译著甚丰，包括《易经》《孔子与儒教》《老子与道家》《论语》《礼记》等。

③ 郭沫若：《〈周易〉时代的社会生活》，蔡尚思主编，《十家论易》，上海人民出版社2006年版，第5～6页。

④ Thomas McClatchie, trans. *A Translation of the Confucian 易经 or the " Classic of Changeds" with Notes and Appendix*. Shanghai: American Presbyterian Mission Press and London: Messrs. Trubner & Co., 1876. p. ix-xvii, pp. 415 – 429, pp. 433 – 453.

⑤ Thomas McClatchie. "Introduction", Thomas McClatchie, trans. *A Translation of the Confucian 易经 or the "Classic of Changeds" with Notes and Appendix*. Shanghai: American Presbyterian Mission Press and London: Messrs. Trubner & Co., 1876, pp. i-ix.

学思想基督化，而这是他极力避免的。① 此外，我们也发现麦格基的易学思想与他所崇拜的两位英国学者的思想有内在关联，一是剑桥的柏拉图主义者卡德华，卡德华的哲学理念与麦丽芝《系辞传》（*The Great Treaties*）中的理念完全吻合；二是布兰特，他有关比较神学的著作催生了当时关于人类文化根植于东亚的流行理论。由此可见，麦丽芝的《易经》译介与阐释中的"变异"现象与他的学术宗旨与理论背景紧密相关。他的《易经》译介体现出极强的学术性，旨在探索宇宙起源与深究"异教徒"的哲学信仰，较少一般传教士译介儒家典籍的功利性。而在以理雅各为代表的传教士所译介的中国典籍中，"变异"则更多源于现实的传教目的。

## 第三节　英语世界中国古典文学典籍译介与研究贡献举隅

### 一、英语世界《诗经》译介与研究贡献

1829 年，英国汉学家戴维斯在其专著《汉文诗解》里首次以《诗经》及先秦至六朝民歌为例论述中国诗歌格律，可谓拉开了《诗经》研究的序幕。自那以后，英语世界汉学家及华裔学者就活跃在《诗经》研究领域，关于《诗经》的论著蔚为大观，成为中国诗歌批评中成就最为突出的领域。如果说 19 世纪有关《诗经》的研究成果还寥若星辰（比较富代表性的如《远古周人的语言和仪式：〈诗经〉诠诂》，金斯密，《英国皇家亚洲学会中国北方分会会刊》新系列 15 号，1879），到 20 世纪 30 年代也还屈指可数（如《〈诗经〉研究》（高本汉，瑞典斯德哥尔摩远东博物馆通报第 4 号，1932)②、《〈诗经〉中韵律的"不规则性"》

---

① Thomas McClatchie, "Preface", Thomas McClatchie, trans. *A Translation of the Confucian* 易经 *or the "Classic of Changeds" with Notes and Appendix.* Shanghai：American Presbyterian Mission Press and London：Messrs. Trubner & Co., 1876, p. iii. 麦丽芝所言"异教徒"，应指信奉儒家思想的中国人。他所指的"将'异教徒'的思想基督化"指理雅各之类的译者在译介儒家经典时融入基督教思想，理雅各在麦丽芝出版《易经》全译本后 6 年也出版了《易经》的英译本，译文渗透着基督教思想。中国学界关于理雅各的儒家典籍翻译渗透着基督教思想几成定论，如刘单平就认为："通过对中国特有文化词语的神学化翻译，理雅各把灵魂、天国、圣徒等基督—耶稣意象强加给了中国传统文化。"参阅刘单平：《〈孟子〉西译史述评》，载于《理论学刊》2010 年第 8 期，第 106 页。

② Bernhard Karlgren. *The Book of Odes.* Stockholm：The Museum of Far Eastern Antiquities, 1950.

[金守拙（G. A. Kennedy），《哈佛亚洲研究杂志》1934年12月号]，自20世纪60年代之后，《诗经》研究成果就层出不穷了。比如：《〈诗经〉年代的确定和语言学证据》[多布逊（William A. Dobson），《通报》，1964]①、《〈诗经〉在中国文学史和诗学里的文体意义》（陈世骧，收入白之编论文集《中国文体研究》，1974）、《诗经》（胡品清，收入其所编《中国文学与语言》，1980）、《寓意、寓意学与〈诗经〉》（余宝琳，《哈佛亚洲研究杂志》1983年第12期，收入《中国传统诗歌里比喻的解释》，1987）、《〈诗经〉的抒情性与主观性初探》[容世诚（Sai-shing Yung）] 和《〈诗经〉中节间互动的两种模式及其含义》[孙筑瑾（Cecile Chu-chin Sun），均见《淡江评论》19：1－4，1988年秋/1989年夏]、《创造性置换：评〈诗经·国风〉的比喻与助动词的英译》[孙小玉（Hsiao-yu J. Sun），《辅仁学报》23期，1990] 等。已编成的工具书有《〈诗经〉引得》[龙彼得（Piet van Der Loon），1943]、《〈诗经〉字汇》（高本汉，1964）、《〈诗经〉索引》（洪业，年代不详）、《〈诗经〉索引》（吴用彤，1975）等。其中，吴用彤所编的工具书是利用计算机对原作进行编码的最初尝试之一。相关论著有《古代中国的节日与歌谣》[葛兰言（Marcel Granet）译自法文，1932]、《押韵诗：封建诸侯的标准，封建诸侯的韵律》（杨奋进，1964）、《〈诗经〉的语言》（多布逊，1968）、《诗经》（麦克诺顿，1971）、《钟和鼓：〈诗经〉是一种口述传统的说唱诗》（王靖献，1974）等；博士论文有《宋高宗、马和之与毛诗画卷》（默里，1981。正式出版时题为《马和之与〈诗经〉图解》，1993）、《从〈诗经〉看周代社会生活》（李家树，1984）、《诗与人格：中国传统经解与阐释学》[范佐仁（Steven van Zoeren），1986]、《中国美学问题》（苏源熙，1990，已正式出版，1993），等等。其中，麦克诺顿的《诗经》一书是就主题和风格所作的全面评述。作者认为《诗经》的倾向以儒家为主导，亦杂有"无为"等道家观念；诗歌形式、合成意象的手法与修辞手段都丰富多样。美籍华裔学者陈世骧的《〈诗经〉在中国文学史和诗学里的文体意义》（The Shih-Ching: Its Generic Significance in Chinese Literary History and Poetics）（收入白之编论文集《中国文体研究》，1974），对《诗经》的诗体与诗法的形成、发展过程作了深入探讨，尤阐明了作为"六艺"之一的"兴"，剖析《诗经》的文体特征，进而对比分析了中西主要文体差异。美国学者苏源熙在《哈佛亚洲研究》发表《〈诗经〉的重复、韵律与置换》②一文。王靖献（Wang Ching-hsien）运用西方套语理论研究

---

① William A. Dobson. *The Language of the Book of Songs*. Toronto：University of Toronto Press，1968.
② Haun Saussy. "Repetition, Rhyme and Exchange in the Book of Songs", *Harvard Journal of Asiatic Studies*, Vol. 57, 1997, pp. 519-542.

《诗经》，完成博士论文《钟与鼓——〈诗经〉的套语及其创作方式》①，作者根据中国古诗的语言与韵律特征，对西方套语理论做了大量修正，也对中国古典诗歌的创作方式与美学意蕴进行了深入研究，新见迭出。

## 二、英语世界《楚辞》译介与研究贡献

欧人最早翻译《楚辞》的是德国的费慈曼。他的《〈离骚〉和〈九歌〉——纪元前三世纪的两篇中国诗歌》于 1852 年发表于维也纳皇家科学院报告上，其后被译成英文。19 世纪末出现了两种新的《楚辞》英译文，译者分别为庄延龄（1879）和理雅各（1895）。英国汉学家庄延龄全文翻译了《离骚》，发表在中国香港的英文杂志《中国评论》。1884 年，翟理斯出版《古文珍选》（Gems of Chinese Literature），翻译屈原的三篇作品，即《卜居》（Consulting the Oracle）、《渔父》（The Fisherman's Replay）和《山鬼》（The Genius of the Mountain）。1895 年，著名汉学家理雅各发表文章《〈离骚〉及其作者》（Li Sao Poem and its Author）。20 世纪问世的若干英语书籍里收入《楚辞》的选译，像翟理斯的《中国文学史》（A History of Chinese Literature，1901）、亚瑟·韦利的《汉诗 170 首》（One Hundred and Seventy Chinese Poems，1918）、《译自中国文学史续编》（More Translations from Chinese，1919），以及英国汉学家罗伯特·佩恩（Robert Payne）的《白驹集：中国古今诗新译》（The White Pony: an anthology of Chinese poetry from the earliest times to the present day，1949）、华兹生译著的《十三世纪前的中国文学》（From Early Times to the Thirteenth Century，1984）等就是如此。

《楚辞》专题译本出现的时间稍晚，计有林文庆（Lim Boon Keng）的《屈原〈离骚〉：罹哀之挽歌》（The Li Sao: An Elegy of Encountering Sorrows，1929）、亚瑟·韦利的《大招》（The Great Summons，1919）和《〈九歌〉与中国古代巫教》（The Nine Songs: A Study of Shamanism in Ancient China，1955），杨宪益、戴乃迭的《〈离骚〉及屈原其他诗作》（Li Sao and Other Poems of Chu Yuan，1953）等。

1956 年，大卫·霍克斯完成论文《楚辞》（On the Problem of Date and Authorship of Ch'u Tz'u），以此获得牛津大学博士学位，这是英语世界第一篇《楚辞》研究博士论文。该论文于 1959 年以书名《楚辞：南方之歌》（Ch'u Tz'u: The Songs of the South）出版，1985 年以书名 The Songs of the South: An Anthology of Ancient Chinese Poems by Qu Yuan and Other Poets 由企鹅出版社再版。

---

① Ching-hsien Wang. The Bell and the Drum: Shih Ching as Formulaic Poetry in an Oral Tradition. Berkeley: University of California Press, 1974.

1980年，劳伦斯·斯奈德（L. A. Schneider）出版专著《楚地狂人：中国关于忠诚与异议的神话》（*A Madman of Ch'u*）。1985年，杰佛雷·沃特斯（Geoffrey Waters）出版专著《楚国挽歌三首：〈楚辞〉传统诠释导论》（*Three Elegies of Ch'u: An Introduction to the Traditional Interpretation of the Ch'u Tz'u*）。① 1986年，史蒂芬·菲尔德（Stephen Field）在美国出版专著《天问：关于起源的中国作品》（*Tian Wen: A Chinese Book of Origins*）。1987年，鲍则岳（William G. Boltz）曾发表书评。② 1988年，王靖献出版《从礼仪到寓言：七篇论述早期中国诗歌的文章》（*From Ritual to Allegory: Seven Essays in Early Chinese Poetry*）。1996年，保尔·克罗尔（Paul Kroll）在《美国东方学会期刊》（*Journal of the American Oriental Society*）上发表《楚辞》研究论文《远游》（*Far Roaming*）。1997年，美国学者叶维廉（Wai-lim Yip）出版专著《中国诗歌：主要风格和文体汇集》（*Chinese Poetry: An Anthology of Major Modes and Genres*），书中简要介绍了《楚辞》和屈原并翻译了《哀郢》。

相关研究还有巴纳德（N. Barnard）的《略论楚地艺术的起源与性质》（*The Origin and Nature of the Art of Ancient Ch'u*，1972）等会议论文，沃克（G. L. Walker）的《楚辞形式史初探》（1982）、陈芷芸（D. Tze-yun Chen）的《〈九歌〉：中国古代萨满教再认识》（*The Nine Songs: A Reexamination of Shamanism in Ancient China*，1986）、曾辰辰（Chen-chen Tseng）的《历史化的神话诗学：屈原的诗及其传人》（*Mythopoesis Historicized: Qu Yuan's Poetry and Its Legacy*，1992）、劳顿（T. Lawton）所编《东周楚文化讨论会》（1991）等论文集，见于报刊及收入其他文集的单篇论文有尹锡康、周发祥主编的《楚辞资料海外编》（湖北人民出版社，1986）附录所辑有理雅各《〈离骚〉及其作者》（理雅各，1895）等11篇，该书未及辑入的论文有陈炳良的《〈离骚〉里的悲剧主题》（收入郑树森等编《中西比较文学论集》，1980）、常璐璐（Lulu Chang）的《楚辞：楚地哀歌》（《亚洲文化季刊》19：3，1991年秋）等。除上述译著、论著之外，见于辑录的尚有中国人民保卫世界和平大会的《纪念屈原、哥白尼、拉伯雷与马蒂》（1953）和曾子维（Tzu-wei Tung）的《屈原》（1957）。

上述译著、论著中，大多都对《楚辞》创作的文化背景予以了介绍。如翟理斯的《古文选珍》（1884）、亚瑟·韦利的《一百七十首中国诗》、罗伯特·佩恩的《白驹集》、杨宪益与戴乃迭的《离骚和屈原的其他诗歌》（*Li Sao and Other Poems of Chu Yuan*，1953）、亚瑟·韦利的《九歌：古代中国的巫术研究》（*The Nine Songs: A Study of Shamanism in Ancient China*，1955）、大卫·霍克斯的《楚

---

① 此书原为印第安纳大学博士论文（1980），后由威斯康星大学出版社刊行。
② 见《亚洲研究》杂志1987年2月号。

辞：南方之歌》（*Ch'u Tz'u：The Songs of the South*，1985）等。

　　总的来看，介绍的内容由简到繁，早期往往直接翻译《史记·屈原贾生列传》中所涉信息，自霍克斯始，则逐渐结合屈原生存的历史背景予以叙述，且个人评述成分渐趋增加，不再拘执于司马迁、王逸之成说。此外，英语世界学者还擅长吸收中国学界楚辞研究最新成果进行评骘。

　　英语世界学者对《楚辞》文学成就的评价，经历了从充满西方中心主义偏见到肯定赞赏的发展过程。在《中国文学珍选》中，翟理斯用"晦涩难懂"一语概括《楚辞》给他的总体印象；在《〈离骚〉及其作者》一文中，理雅各则以《离骚》诗行长度远不及西方史诗为标准断言《楚辞》乃二流作品；1918年，亚瑟·韦利在《一百七十首中国诗》里专论"中国文学的局限性"，言称中国文学根本不能与西方伟大作品相提并论，《楚辞》也概莫能外。虽然亚瑟·韦利仍然贬低《楚辞》，但值得肯定的是，他毕竟指出了《楚辞》乃作者强烈感情的流露这一抒情性特征。较之前面二位笼统贬低《楚辞》价值，亚瑟·韦利已经注意到《楚辞》强烈的主观性、抒情性，而这正是中国抒情文学传统的异质性。从林文庆开始，英语世界开始对前面几位汉学家的评论予以批判，逐渐纠正西方学术界对《楚辞》的偏见。罗伯特·佩恩、杨宪益与戴乃迭、大卫·霍克斯、华兹生、柳无忌等均有所纠偏。他们均一致认可《楚辞》对中国后世文学的深远影响，肯定《楚辞》对中国文学表达方式的革新。

　　英语世界对屈原的评价，与上述对《楚辞》的评价大抵类似，也历经了从贬低到推崇的演变。理雅各言"屈原是个以自我为中心的人"；① 林文庆则提出"屈原是个伟大诗人，无人可及的爱国者"；② 杨宪益和戴乃迭高度赞美屈原，称"在世界文学史上，很少诗人能与之匹敌"；③ 华兹生在推崇之余，也大胆质疑，认为"屈原已成为忠君爱国的代名词"；④ 柳无忌出于增强民族自豪感的目的而高度赞誉屈原，将屈原提升到"中国诗歌之父"（*Chu Yuan：Father of Chinese Poetry*）的高度，并赞其创作"在古代中国诗歌史上处于最高的地位"。⑤

　　就总体而言，欧美学者对《楚辞》的研究以宗教角度占优势。韦利《九歌：

---

　　① James Legge. "The Li Sao Poem and its Author"，*The Journal of the Royal Asiatic Society of Great Britain and Ireland*，Vol. 7，1895，p. 91.
　　② Lim Boon Keng. *Li Sao：An Elegy on Encountering Sorrows*. Shanghai：The Commercial Press，1929，p. 19.
　　③ Yang Hsien-yi，Gladys Yang. *Li Sao and Other Poems of Chu Yuan*. Beijing：Foreign Languages Press，1953，p. xx.
　　④ Burton Watson. *Early Chinese Poetry*. New York and London：Columbia University Press，1962，p. 232.
　　⑤ Liu Wuji. *An Introduction to Chinese Literature*. Bloomington and London：Indiana University Press，1966，pp. 32 – 33.

中国古代巫术研究》(*The Nine Songs: A Study of Shamanism in Ancient China*, 1955) 认为《九歌》是巫教的产物, 记载了中国古代巫术, 其与西伯利亚和中亚的巫术具有一定关联。但后来又被赋予讽喻的解释, 巫变成了正直而失宠的大臣。韦利还从宗教角度对《九歌》的各篇章予以具体阐述, 如《东皇太一》《云中君》《湘君》《湘夫人》《大司命》《少司命》《东君》《河伯》和《山鬼》等; 霍克斯也试图从宗教的角度解释《楚辞》的特点。陈炳良的博士论文《〈楚辞〉与古代中国的萨满教》(1972) 进而把巫教作为理解屈原其人和《楚辞》的含义的关键, 提出了许多迥异于中国国内学者传统看法的解释。

但纵观其论述, 多有断章取义, 抓取个别词汇与巫术、性别身份之间的勉强关联, 这种套用西方理论以观照中国文本, 进而得出新奇结论的方法尚缺乏说服力。

# 第十章

# 英语世界的中国古典诗歌译介与研究

中国是一个诗歌国度,而中国古典诗歌是中国传统文化的精粹,是了解中国文化的窗口,中国古典诗歌在中外文化交流史上一直扮演着极其重要的角色。与西方诗歌重叙事有别,中国古典诗歌尤重抒情言志,因此西方汉学界对中国诗歌的译介与研究投入了相当关注,成果斐然,无论在成果数量还是影响力方面均超过其他中国文学体裁。据张弘《中国文学在英国》一书所载,泼德能的《诗艺》率先向英语读者介绍中国古典诗词格律,其间还翻译了据说是中国一位大诗人献给其情人的两首诗。若该记载可靠,那中国古典诗歌在英语世界的传播已长达四百多年。在这四个多世纪的传播历程中,16、17世纪属于传播的肇始期,18、19世纪则为传播的发展期,20世纪至今乃传播的繁荣期。据黄鸣奋《英语世界中国古典文学之传播》一书统计,"20世纪出版的综合性中国诗歌译本(不包括各朝代或具体诗人的专集)为数甚多,大约有100余种。这相当于每年出版1种以上,其中如1954年、1967年、1968年、1975年、1976年、1977年、1990年等年度至少出了4种。"① 这说明随着中外文化交流的日趋频繁,中国古典诗歌在英语世界的传播也愈显重要。

本章拟对英语世界中国古典诗歌译介与研究作整体观照与重点透析,分为三节:第一节选介英语世界中国古典诗歌译介与研究名家,如亚瑟·韦利、埃兹拉·庞德、宇文所安、艾朗诺等。第二节重点论析英语世界中国古典诗歌译介与研究热点及研究变异。第三节则对英语世界中国古典诗歌译介与研究贡献进行深

---

① 黄鸣奋:《英语世界中国古典文学之传播》,学林出版社1997年版,第132页。

入探讨。

## 第一节　英语世界中国古典诗歌译介与研究名家选介

英语世界中国古典诗歌译介与研究名家辈出，群星璀璨，比如理雅各、翟理斯、庞德、韦利、雷克思罗斯、海陶玮、葛瑞汉、霍克斯、华兹生、白之、刘若愚、叶维廉、欧阳桢、宇文所安等。本节择取颇具代表性的译介与研究名家予以介绍，主要概述他们的教育背景、学术经历、代表著述、突出成就等，试图呈现他们对中国古典诗歌西传的杰出贡献。

### 一、英国名家选介

亚瑟·韦利（Arthur Waley，1888～1966），著名英国汉学家、文学翻译家，他精通古希腊文、拉丁文、法文、德文、汉文、葡萄牙文、意大利文、希伯来文、梵文、日文和西班牙文等语种，堪称语言天才。他一生撰著和译著共200余种，其中大部分都与中国古典诗歌有关。《不列颠百科全书》介绍他的词条说："他是20世纪前半个世纪中的最杰出的东方学家，也是将东方文种译为英文的最杰出的翻译家。……他是一位诗人和诗歌的创新者。由于他的译作，使中国文学易于为西方读者接受了。" 1903年，韦利进入英国著名的拉格比学校（Rugby School）读书（该校以语言教育著称）。在拉格比，韦利接受了系统扎实的语言训练，获得拉丁文学奖，还因古典文学成绩优异而获得剑桥大学皇家学院的古典文学奖学金。在剑桥大学的三年里，韦利坚持不懈地发展他的语言天赋和文学兴趣。1913年离开剑桥后，他放弃了父亲为他选择的经商之路，申请到大英博物馆东方部工作，其能获聘，也与他非凡的语言天赋密切相关。1929年韦利以健康理由辞职，从而能全心投入翻译和写作。尽管后来韦利也担任伦敦东方与非洲研究学院与剑桥大学荣誉讲师，但只是偶尔做学术讲座与指导学生论文，他的大部分人生都在安静写作中度过。截至1966年逝世前，韦利撰著40余部书，译作46部，文章160余篇。由于韦利著述成就的社会影响力，英国政府授予他"大英帝国勋爵"（Companion of the British Empire，1952）和"荣誉勋爵"（Companion of Honor，1956）的光荣称号。1953年其还荣获"女王诗歌奖"（Queen's Medal for Poetry）。

亚瑟·韦利的主要学术成果如下：《一百七十首中国古诗选译》[1]《中国古诗选译续集》[2]《诗人李白》[3]《郊庙歌辞及其他》[4]《英国奥古斯坦诗歌丛书第二辑第七号〈中国古诗选〉》[5]《长春真人西游记》[6]《英译中国歌诗选》[7]《诗经》[8]《论语》[9]《译自中国文》[10]《猴》[11]《中国古诗集》[12]《白居易的生平及其时代》[13]《大招》[14]《李白的诗歌与生平：701~762年》[15]《真实的三藏及其它》[16]《九歌、中国古代祭祀仪式研究》[17]《袁枚：中国十八世纪的一位诗人》[18]《敦煌曲子词与变文选集》[19]《蒙古秘史》[20]等。在《一百七十首中国古诗选译》（1918年版）前言部分，韦利阐明了自己的诗歌主张，还对中西诗歌差异提出了自己的见解。其中有合理成分，但更体现出韦利当时认识的局限与偏颇。可贵之处在于韦利看到了中国文学传统的自身特色，而不以西方文学优越论否定中国文学的价值。比如他认为"白居易诗歌虽没有严格的理念和微妙的哲学，但其中蕴藏深刻、真诚的反思和自我剖析，此为西方文学无法比肩之处"。韦利还对中国诗歌的比喻、用典、格律、韵律等艺术特征进行了分析，尽管他从比较的视角揭示了中国诗歌

---

[1] Arthur Waley. *A Hundred and Seventy Chinese Poems*. London：Constable & Co.，Ltd.，1918.

[2] Arthur Waley. *More Translations From The Chinese*. London：George Allen & Unwin Ltd，1919.

[3] Arthur Waley. *The Poet Li Po A.D.*（701—762 A.D.）. London：London East and West Ltd，1919.

[4] Arthur Waley. *The Temple and Other Poems*. London：George Allen and Unwin Ltd，1923. New York：Alfred A. Roof Press，1923.

[5] Arthur Waley. *The Augustan Books of Englisn Poetry Second Series Number Seven：Poems From The Chinese*. London：Ernest Benn Ltd，1927.

[6] Arthur Waley，trans. *The Travels of An Alchemist：The Journey of the Taoist Chang Chun from China to the Hindukush at the Sumons of Chingiz Khan*. London：George Routleadge & Sons，Ltd，1931.

[7] Arthur Waley，H. A. Giles，trans. *Selected Chinese Verses*. Shanghai：The Commercial Press，1934.

[8] Arthur Waley. *The Book of Songs*. London：George Allen and Unwin Ltd，1937.

[9] Arthur Waley. *The Analects of Conucius*. London：George Allen and Unwin Ltd，1938.

[10] Arthur Waley. *Translations from the Chinese*. NewYork：Alfred A. Roof Press，1941.

[11] Arthur Waley. *Monkey*. London：George Allen and Unwin Ltd，1942.

[12] Arthur Waley. *Chinese Poems Selected from 170 Chinese Poems，More Translations from the Chinese，the Temple and the Book of Songs*. London：George Allen and Unwin Ltd，1946.

[13] Arthur Waley. *The Life and Times of Po Chu-yi*（772—846 A.D.）. London：George Allen and Unwin Ltd，1949.

[14] Arthur Waley，trans. *The Great Summons*. Hawaii. Honolulu：The White Knight Press，1949.

[15] Arthur Waley. *The Poetry and Career of Li Po*（701—762 A.D.）. London：George Allen and Unwin Ltd，1951.

[16] Arthur Waley. *The Real Tripitaka and Other Piece*. London：George Allen and Unwin Ltd，1952.

[17] Arthur Waley. *The Nine Songs：A Study of Shamanism in Ancient China*. London：George Allen and Unwin Ltd，1955.

[18] Arthur Waley. *Yuan Mei：Eighteenth Century Chinese Poet*. London：George Allen and Unwin Ltd，1956.

[19] Arthur Waley. *Ballads and Stoties from Tun-Huang：An Anthology*. London：George Allen and Unwin Ltd，1960.

[20] Arthur Waley. *The Secret History of the Mongols*. London：George Allen and Unwin Ltd，1964.

的某些特征，但理解也并不全然准确。所以，在1960年再版时，韦利坚决删掉了前言，可见他也意识到自己当时认识上的固陋之处了。在翻译主张上，韦利倾向于选择那些可以直译而不失其诗意的篇目进行翻译，如他较为偏爱翻译白居易诗，就因为在他看来白居易的诗可译性最强，甚于李白、杜甫、苏轼的诗。对于用典颇多的诗，韦利认为最不可译，也最难阅读。但韦利虽重视汉诗的节奏，然而却没有进一步阐明如何在翻译中保留节奏。《一百七十首中国古诗选译》所提出的翻译主张并未影响所译诗歌的流传，该著作从1918年出版到1946年就已经印刷12次，影响广泛。韦利译诗采用自由诗体，注重保持一定的形式美与节奏感，且译文自然流畅，开创了自由诗体英译汉诗之风，是继理雅各与翟理斯的格律体译诗之后的新诗风，具有开创之功。

## 二、美国名家选介

埃兹拉·庞德（Ezra Pound，1885~1972），美国"意象派"诗人代表，也是著名的诗歌理论家。其对中国古典诗歌的翻译、评论引起欧美许多读者对中国古诗的强烈兴趣，也掀起了欧美学界译介与研究中国古诗的热潮。庞德的诗歌创作与理论探讨，为欧美现代派诗歌的产生奠定了基础，也推进了欧美诗坛现代诗学理论的发展。庞德年轻时即表现出对诗歌的着迷，常与诗人、作家交游，同时创作诗歌。1915年即30岁时就出版中国古诗英译著作《神州集》（Cathy），1919年再版。该著作翻译了19首中国古典诗歌，选自《诗经》、汉乐府、古诗19首、李白和陶潜的诗作，以李白的诗为多。译诗根据费诺罗萨遗稿译出，体现出典型的"创造性叛逆"，基本是依据原诗的意境进行的诗歌创作。译诗意象鲜明，语言流畅，简洁优美，极富诗意。一出版就深受读者喜爱，学界也热情赞扬，艾略特就称赞这部译著"丰富了现代英语诗坛"。的确，该著作增进了英语读者对中国古典诗歌的了解，也为英语诗坛吹入一股来自东方诗苑的清风，推动了英语诗歌朝着新的方向发展。继《神州集》之后庞德最重要的译作当推《诗经》翻译，1954年，庞德出版《孔子审定古诗选》[①]，庞德虽是参照理雅各《诗经》译本进行翻译，但译介风格大异其趣。理雅各是学者型翻译的典范，译文追求忠实准确，而庞德则是诗人型翻译的代表，译文追求诗意再现，个性创作远甚于原文翻译。加之庞德并不懂中文，对中国文化的了解也远不如理雅各等汉学家，因此他的译文中颇多误读误译。但毋庸置疑，庞德在中国古典诗歌译介上付

---

① Ezra Pound, trans. *The Confucian odes: The Classical Anthology Defined by Confucius*. Cambridge, Massachusetts: Harvard University Press, 1954.

出了巨大的努力,成就也是很突出的。他那富有想象力的大胆革新为中国古典诗歌在英语世界的行旅增添了亮色。华盛顿大学施友忠(Vincent Yu-chung Shih)曾经评论庞德的《孔子审定古诗选》译作比中文原诗更具艺术性,一些文学意象均为庞德加入。即便是在相当忠实原诗的译作中,我们也能看出庞德对简洁语言表达的追求和对文字间幽微关联的敏锐感知。

伯顿·华兹生(Burton Watson,1925－2017),1956年自哥伦比亚大学取得汉学博士学位,后以福特基金会海外学人的身份前往京都大学中国文学系随中国文学研究专家吉川幸次郎(Yoshigawa Koziro)教授学习中国诗词方面的知识,逐渐积淀了深厚的中国文化学养。作为吉川幸次郎教授助理的华兹生主要工作之一是负责将吉川幸次郎教授的研究成果译成英文,这为其进行中国古典文学的翻译和研究奠定了坚实基础。回国后华兹生供职于哥伦比亚大学,主要教授中国文学和日本文学,并进一步展开中国古代文化研究与典籍译介,很快成为以出版东亚研究成果著称的哥伦比亚大学出版社的首要撰稿人,较为深厚的中华文化积淀为华兹生的中国诗歌翻译之路奠定了很好的基础。华兹生翻译出版了大量的中国历史和哲学典籍,尤其是《史记》与先秦子书的译介,甚至出版了用于讲授中国古代文学课程的教材。在拥有这些成就作为铺垫的基础上,华兹生将翻译的目标转向中国古代诗歌,当然这与他本人认为诗歌是文化最为集中的载体这一观念有关。

华兹生以毕生的执着和热忱"坚守心中的东方圣土",① 长期从事中国和日本等亚洲国家的文化和文学翻译与研究。在长达半个多世纪的学术生涯中,华兹生共出版了二十多部专著(包括译著)。因其在译介领域的杰出才华,华兹生被誉为"最受欢迎的英译亚洲语言的美国译者之一"。② 华兹生的中国典籍翻译与研究涉及中国古典哲学、佛学、文学和史学等多个领域,又被誉为自亚瑟·韦利之后最伟大的中日文学翻译家。自1962年始,华兹生先后翻译并出版了《唐代诗人寒山诗100首》《荀子入门》《庄子入门》《宋代诗人苏东坡选集》《宋词入门》《汉魏六朝赋选》《哥伦比亚中国诗选》等中国文学与文化典籍译著。细分来看,在文学领域,他相继译介了寒山、苏轼、白居易、陆游、杜甫等诗人诗作,还出版了《中国的赋》与《哥伦比亚中国诗选》两部译作;在哲学领域,他翻译了老子、庄子、荀子、墨子、韩非子等著作;在史学领域,他翻译了《史记》《左传》等经典作品;在佛学领域,他翻译了《莲花经》《临济大师说禅》等著作。除此之外,华兹生还撰写了两部学术专著,一为《早期中国文学》;一

---

① "坚守心中的东方圣土"一语出自《华兹生:坚守心中的东方圣土》,该文作者在全方位分析了华兹生在翻译与研究东方文化成就的基础上,认为"坚守心中的东方圣土"是华兹生一生的追求,实为的论。参见朱徽:《中国诗歌在英语世界——英美译家汉诗翻译研究》,上海外语教育出版社2009年版,第194页。
② 李秀英:《华兹生的汉学研究与译介》,载于《国外社会科学》2008年第4期。

为《中国抒情诗》。华兹生的中国文学与文化典籍译介甚为美国学界推崇,"近20～30年以来,在美国学习汉学的学生没有不靠华教授的译作入门的",[①] 华兹生也因此获得了哥伦比亚大学翻译中心颁发的金质奖章(1979)和"笔会翻译大奖"(1981)以及美国艺术文学院颁发的"文学奖"(2006)。

宇文所安(Stephen Owen,1946～),美国著名汉学家。1972年,宇文所安以《韩愈与孟郊的诗》[②] 获得耶鲁大学东亚系博士学位,随即执教耶鲁大学。1982年,年仅36岁的宇文所安在众多竞争者中脱颖而出,就任哈佛大学东亚语言与文明系中国文学与比较文学教授,现为詹姆斯·布莱恩特·柯南德特级教授(James Bryant Conant University Professor),是以翻译和汉学成就获得该荣誉的极少数学者之一。宇文所安是目前美国汉学界研究中国古典诗歌尤其是唐诗首屈一指的专家,撰写多部研究专著,《初唐诗》[③]《盛唐诗》[④]《晚唐诗(827～860)》[⑤]《中国"中世纪"的终结:中唐文学文化论集》[⑥]《追忆中国古典文学中的往事再现》[⑦]《迷楼——诗与欲望的迷宫》[⑧]《中国文论》[⑨]《他山的石头记:宇文所安自选集》[⑩] 等。宇文所安也翻译中国古典文学,影响较大的当为《诺顿中国文学选集:从初始至1911年》[⑪]。该著作编译了从《诗经》至清代文学共600余篇作品,时间跨度大,涵括文体多,翻译质量高,在文学界、翻译界均产生极大反响,随即宇文所安获得美国文学翻译协会颁发的"杰出翻译奖"(Outstanding Translation Award)。宇文所安在《诺顿中国文学选集》前言《翻译札记》部分提出了自己的翻译主张,简言之,即译者应常常根据自己心目中的中国形象在译文中创造出能让英语读者感知的差异体系,译者的艰辛在于寻找适合表达这种差异的合适词语。所谓的"归化"或"异化"都不能表达这种差异,译者应该保持

---

① 吴涛:《勒菲弗尔"重写"理论视域下的华兹生〈史记〉英译》,载于《昆明理工大学学报(社会科学版)》2010年第5期。
② Stephen Owen. The Poetry of Meng Chiao and Han Yü. New Haven. CT: Yale University Press, 1975.
③ Stephen Owen. The Poetry of the Early T'ang. New Haven: Yale, 1977.
④ Stephen Owen. The Great Age of Chinese Poetry: The High T'ang. New Haven: Yale, 1980.
⑤ Stephen Owen. The Late Tang: Chinese Poetry of the Mid-Ninth Century (827–860). Cambridge: Harvard Asia Center, 2006.
⑥ Stephen Owen. The End of the Chinese "Middle Ages": Essays in Mid-Tang Literary Culture. Stanford: Stanford University Press, 1996.
⑦ Stephen Owen. Remembrances: the Experience of the Past in Classical Chinese Literature. Cambridge: Harvard University Press, 1986.
⑧ Stephen Owen. Mi-lou: Poetry and the Labyrinth of Desire. Cambridge: Harvard University Press, 1989.
⑨ Stephen Owen. Reading in Chinese Literary Thought. Cambridge: Harvard University, 1992.
⑩ Stephen Owen. Borrowed Stone: Selected Essays of Stephen Owen. Nanjing: Jiangshu People's Publishing House, 2002.
⑪ Stephen Owen. An Anthology of Chinese Literature, Beginnings to 1911. New York: Norton & Company, 1996.

某种平衡。翻译中国古典诗歌的难处就在于忠实传达诗人的风格，中国古代诗人风格各异，对译者而言，应该尽量找到合适的词语表达这种差异，并能让读者在阅读中体会到这种差异。

艾朗诺（Ronald C. Egan, 1948~），是英语世界研究宋代文学及文化成就极高的汉学家，他著述颇丰且佳作迭出，深为汉学界推崇。尤其着力于宋代诗歌和宋代文人文化研究，对宋代美学的社会和历史文化语境有独到见解，成就突出。1970 年，艾朗诺毕业于华盛顿大学远东语言与文学系，获文学学士学位；1974 年，毕业于哈佛大学东亚语言与文明系，获文学硕士学位；1976 年，毕业于哈佛大学东亚语言与文明系，获文学博士学位，博士论文为《左传的叙事分析》[1]。出版专著近二十部，主要有《美之问题：北宋的美学追求》[2]《钱钟书之古典解读方法：〈管锥编〉治学原则探索》[3]《钱钟书的思想随笔与信件》[4]《苏轼人生中的言、象、行》[5]《欧阳修的文学作品（1007~1072）》[6]等，另外，艾朗诺还承担了《剑桥中国文学史》(Cambridge History of Chinese Literature)"宋代文学"部分的撰写工作，可见其在海外汉学研究之地位。概而言之，艾朗诺对中国古典诗歌的研究以考察文艺成就为旨归，但他并非就文艺成就直接展开阐述，而是试图在诗人的人生经历与思想的阔大语境中来分析文艺，如他对苏轼诗歌的分析，就是通过考察苏轼人生遭际、政治理念、学术思想等语境来分析苏轼诗歌"出新意于法度之中"的新变质素及其根源，[7]同时还结合苏轼其他艺术成就"互文"阐发苏轼诗歌的创新性。艾朗诺本人将自己这种独特的研究方法称为具有"特殊实用性"（special utility）的"具有一定更新性的综合研究"（updated comprehensive treatment）。对"更新性"的强调来自他对汉学界苏轼研究成果的不满，即对那种或就文学论文学的所谓"本体研究"，或套用西方某种理论强就己说，或对文艺成就进行分解割裂而非融通分析等研究模式的批判。《文心雕龙·论说》

---

[1] Ronald C. Egan. *Tso Chuan*: *Analysis of Selected Narratives*, dissertation. Cambridge: Harvard University. 1976.

[2] Ronald C. Egan. *The Problem of Beauty*: *Aesthetic Thought and Pursuits in Northern Song Dynasty China*. Cambridge: Harvard University, 2006.

[3] Ronald C. Egan. *Qian Zhongshu's Reading of the Classics*: *An Analysis of the Underlying Principles of Guanzhui Bian*. Hsinchu: Institute of History, Tsing Hua University, 1998.

[4] Ronald C. Egan. *Limited Views*: *Essays on Ideas and Letters by Qian Zhongshu*. Cambridge: Harvard University, 1998.

[5] Ronald C. Egan. *Word, Image, and Deed in the Life of Su Shi*. Cambridge, MA: Harvard-Yenching Institute Monograph Series, 1994.

[6] Ronald C. Egan. *The Literary Works of Ou-yang Hsiu* (1007-72). Cambridge, MA: Cambridge University Press, 1984.

[7] Ronald C Egan. *Word, Image, and Deed in the Life of Su Shi*. Cambridge, Mass, Harvard University Press, 1994, XV.

有"弥纶群言,而研精一理"之说,其意与"updated comprehensive treatment"有共通之处。基于这种"综合研究"策略,在展开对苏轼诗歌成就讨论之前,艾朗诺对苏轼政治生涯、贬谪经历、哲学思想等进行了深入细致的分析,而这些分析无一例外都是为阐释苏轼诗歌及其他艺术成就做铺垫,这与当时汉学界研究视域较为狭隘的诸多研究成果大异其趣。

## 第二节 英语世界中国古典诗歌译介与研究议题选介

由于英语世界自身的文化、历史、思想等传统,在接受中国古典诗歌历程中呈现出一定的偏好,也就形成了传播史上的热点现象。即英语世界在选择译介与研究哪些作品、研究何种文学现象的问题上逐渐显露出较为稳定的审美取向,当然其间也有政治形势、意识形态等因素的影响。本节以汉魏六朝诗歌、唐宋诗歌为例,归纳总结英语世界中国古典诗歌译介与研究的学术动态,尤其是 20 世纪以来的研究情况,探讨背后的影响因素如文化思想、审美取向、诗学主张等,这对于我们制定当代中国文化向外传播策略无疑是有所裨益的。

### 一、汉魏六朝诗,以曹植、阮籍、陶渊明、谢灵运为中心

魏晋六朝是中国古代诗歌形成和发展的重要时期。这一时期的诗歌对后代诗坛影响很大。过去人们一提起六朝文学,都与"绮艳""轻靡"等字眼联系在一起,其实这是文学发展过程中的一种正常现象,正是在这种现象中孕育着一个时代的文学。英语世界对汉魏六朝诗歌的研究以作家论为主,此与对先秦两汉诗歌研究重视诗体有别。

#### (一) 总体研究

对六朝诗歌进行总体研究的论著如蔡宗齐《汉魏晋五言诗的演变——四种诗歌模式与自我呈现》(*The Matrix of Lyric Transformation: Poetic Modes and Self-Presentation in Early Chinese Pentasyllabic Poetry*, 1996),该书认为,五言诗的发展总体倾向是由外向内,汉乐府、汉代古诗、曹植与阮籍诗歌中大体包含表演、叙

事、抒情与象征四种模式。① 吴伏生指出，蔡宗齐将历史与传记融入诗歌分析中是颇有成效的；② 蔡宗齐还在《中国美学：六朝的文学秩序、艺术与宇宙》③ 里进一步阐述中国六朝时期的美学追求。吴妙慧（Meow Hui Goh）《知音：中国中世纪初期的诗歌及其精致化》一文通过还原永明诗人的创作实践，探讨创造永明体的历史文化语境及其对于诗人的意义，并由此见出中世纪中国诗学与文化转向，作者长于文本分析与语境还原。④ 孙康宜与宇文所安编著《剑桥中国文学史》⑤ 也涉及对五言诗的整体评价。任勇（Ren Yong）博士论文《欧洲浪漫主义"灵感论"与中国六朝时期"灵感"论比较研究》⑥ 从比较诗学角度对六朝时期"灵感论"予以了深入探讨。孙康宜《六朝诗》⑦、张美瑜（Mei‑Yu Chang）博士论文《赋的演变（200 B.C.—600 A.D.）兼论赋的散文化与反复手法》⑧、康达维译本《文选》第二卷《赋：祭祀、狩猎、旅游、观光、宫殿楼阁、山河等》⑨、第三卷《赋：自然、鸟禽、情感、文学、音乐、激情等》⑩、布丽吉塔·李（Brigitta Ann Lee）《中世纪早期中国的模仿、记忆与诗歌》⑪、田

---

① Cai Zongqi. *The Matrix of Lyric Transformation：Poetic Modes and Self‑Presentation in Early Chinese Pentasyllabic Poetry*. Ann Arbor, Mich：Center for Chinese Studies, University of Michigan, 1996.

② *Poetry* by Fusheng Wu, Review. *The Matrix of Lyric Transformation：Poetic Modes and Self‑Presentation in Early Chinese Pentasyllabic* Zong‑qi Cai, *Chinese Literature：Essays, Articles, Reviews*（CLEAR）, Vol. 20, Dec, 1998, pp. 191–197.

③ Cai Zongqi, edit. *Chinese Aesthetics：The Ordering of Literature, the Arts, and the Universe in the Six Dynasties*. Honolulu：University of Hawai'i Press, 2004.

④ Meow Hui Goh. Knowing Sound：Poetry and "Refinement" in Early Medieval China. *Chinese Literature：Essays, Articles, Reviews*（CLEAR）, Vol. 31（Dec, 2009）, pp. 45–69.

⑤ Kang‑i Sun Chang, Stephen Owen, ed. *The Cambridge History of Chinese Literature*, Vol. 1. Cambridge：Cambridge University Press, 2010.

⑥ Ren Yong. "Poetic Inspiration in Cultural Contexts a Comparative Study of the European Romantic Concept of Inspiration and the Chinese Six Dynasties View of the 'Inspired' State of Creation", Ph. D. diss, University of California, Davis. Ann Arbor, Mich. UMI, 1991.

⑦ Kang‑i Sun Chang. *Six Dynasties Poetry*. Princeton：Princeton University Press, 1986.

⑧ Mei‑Yu Chang. *Generic Evolution of the 'Fu' from 200 BC to 600 AD：with a Comparative Study of its Prose Nature and Repetition*. Ann Arbor, Mich. UMI, 1992.

⑨ David R. Knechtges, trans. *Wen Xuan, or Selections of Refined Literature, Rhapsodies on Sacrifices, Hunting, Travel, Sightseeing, Palaces and Halls, Rivers and Seas*, Vol. 2. Princeton：Princeton University Press, 1987.

⑩ David R. Knechtges, trans. *Wen Xuan, or Selections of Refined Literature. Rhapsodies on Natural Phenomena, Birds and Animals, Aspirations and Feelings, Literature, Music, Passions*, Vol. 3. Princeton：Princeton University Press, 1996.

⑪ Brigitta Ann Lee. "Imitation, Remembrance and the Formation of the Poetic Past in Early Medieval China", Ph. D. diss, Princeton University. Ann Arbor, Mich, UMI, 2007.

晓菲博士论文《六朝诗歌研究》① 对六朝时期的诗歌进行了系统深入的研究。《烽火与陨星：梁朝的文学文化》② 将梁朝文学放入宏阔而具体的社会历史文化语境中加以考察，尤其重视社会与政治机制对文学的影响。对前人贬低梁朝文学成就的做法予以了驳斥，通过大量的文学作品尤其是诗歌分析，对梁朝文学（尤其是梁武帝时期的文学）予以重新评估。③ 列维（D. J. Levy）《中国东汉至唐代叙事诗研究》则从比较文学的角度将中国的叙事传统追溯于史学（而非西方的诗学），将中国叙事诗的特征界定为诗人的呈现模式（重外部事件）及读者对体验的期待，并论述了由诗骚到唐代叙事传统的发展、后汉到唐代诗歌的自传性及其逻辑结构。吴伏生《颓废诗学：南朝与晚唐诗歌》一书将萧纲诗作纳入颓废诗学范畴，对以《诗大序》为代表的儒家诗学进行了解构。

## （二）曹植

以曹魏诗人为研究对象的译著中，曹植诗歌受到较多关注。在肯特·乔治（Kent George W.）译著《尘与玉的世界：三世纪中国诗人曹植的 47 首诗歌》④ 专门翻译且介绍了曹植的 47 首诗歌。汪榕培《早期中国诗歌 300 首》⑤ 也选译了部分曹植诗歌；在张诵圣（Sung-sheng Yvonne Chang）合论三曹诗歌的博士论文《乐府到古诗的嬗变：三曹诗》（Generic Transformation from Yuefu to Gushi: Poetry of Cao Cao, Cao Pi, and Cao Zhi, 1985）中也对曹植的诗歌进行了论述；还有《曹子建诗 6 首》（Cao Zijian's Six Poems, 1948）、传记《曹植：一个中国王子诗人的生平》（Cao Zhi: The Life of a Chinese Prince Poet, 1970）等、博士论文《曹植及其诗》[Cao Zhi（192～232）and His Poetry, 1983]、《曹植的会饮诗》[Cao Zhi's（192～232）Symposium Poems, 1984]、《门户：曹植，继任者与文学声名》（The Incident at the Gate: Cao Zhi, the Succession, and Literary Fame, 1985)、《曹植的危机及其与朝廷的斡旋》（Personal Crisis and Court Communication in the Life of Cao Zhi, 2004）、《中世纪中国挽歌的转型》（Saying Goodbye: The

---

① Hsiang-fei Liu. "The 'Hsing–Ssu' Mode in Six Dynasties Poetry: Changing Approaches to Imagistic language", Ph. D. diss, Princeton University. Ann Arbor, Mich, UMI, 1988.

② Xiaofei Tian. Beacon Fire and Shooting Star: The Literary of the Liang（502–557）. Cambridge, MA: Harvard University Press, 2007.

③ Thomas Jansen. Beacon Fire and Shooting Star: The Literary of the Liang（502–557）, Harvard–Yenching Institute Monograph Series, 63 by Xiaofei Tian（Review）. Chinese Literature: Essays, Articles, Reviews（CLEAR）, Vol. 31（December 2009）, pp. 138–142.

④ Kent George W. trans. Worlds of Dust and Jade: 47 Poems and Ballads of the Third Century Chinese Poet Ts'ao Chih. New York: Philosophical Library, 1969.

⑤ Wang Rongpei. 300 Early Chinese Poems（206 BC–618 AD）. Changsha: Hunan People's Publishing House, 2006.

*Transformation of the Dirge in Early Medieval China*, 2004）；傅汉思的《曹植的十五首诗：一种新阐释》（*Fifteen Poems by Ts'ao Chih：An Attempt at a New Approach*, 1964）、《梅与宫女：对中国诗歌的阐释》①《曹植诗歌情感的"真"》②；芮效卫（David T. Roy）《曹植诗歌中的弃妇主题》③。

### （三）阮籍

以阮籍为对象的有传记《诗歌与政治：阮籍的人生与创作》④，译析方黛（Fang Dai）的博士论文《饮酒、思考与写作：阮籍和其时代的文化》⑤；傅乐山的《诗人阮籍》⑥；侯思孟《阮籍与其诗歌》⑦、董保中（Constantine Tung）的《阮籍：一个逃避者及其无法逃避的世界》⑧、王伊同（Wang Yi-t'ung）的《阮籍诗中的政治与思想世界》⑨。工具书则有梅维恒的《四位内省诗人：阮籍、陈子昂、张九龄与李白诗歌索引》⑩。

### （四）陶渊明

如同人们可以预料的那样，陶渊明处于英语世界里两晋诗歌研究的焦点。陶诗译本有《陶隐士之诗》［威廉·艾克尔（William Acker）、吴伏生（Fu-sheng Wu），*T'ao the Hermit：Sixty Poems by T'aoCh'ien（365 – 427 AD）*, 1952］、《陶潜

---

① Hans H. Frankel. *The Flowering Plum and Palace Lady：Interpretations of Chinese Poetry.* New Haven：Yale University Press, 1976.

② Hans Frankel. "The Problem of Authenticity in the Works of Ts'ao Chih", in Chan Ping-leung et al., eds. *Essays in Commemoration of the Golden Jubilee of the Fung Ping Shan Library（1932 – 1982）.* Hong Kong：Fung Ping Shan Library, Hong Kong University, 1982, pp. 189 – 200.

③ David T. Roy. "The Themes of the Neglected Wife in the Poetry of Ts'ao Chih", *Journal of Asian Studies* XIX, 1959, pp. 25 – 31.

④ Donald Holzman. *Poetry and Politics：The Life and Works of Juan Chi（A. D. 210 – 263）.* Cambridge：Cambridge University Press, 1976.

⑤ Fang Dai. "Drinking, Thinking, and Writing：Ruan Ji and the Culture of His Era", Ph. D. diss, University of Michigan, Ann Arbor, Mich.：UMI, 1994, ao Chih. New York：Philosophical Library, 1969.

⑥ J. D. Frodsham. "The Poet Juan Chi", *Journal of the Chinese Society*, Malaya University, 2（1963 – 1964）, pp. 26 – 42.

⑦ Donald Holzman. "Yuan Chi and His Poetry", Ph. D. diss, Yale University. Ann Arbor, Mich.：UMI, 1966.

⑧ Constantine Tung. "Juan Chi, an Escapist, and His Inescapable World", *Journal of the Blaisdell Institute* 5：2, June, 1970, pp. 9 – 22.

⑨ Wang Yi-t'ung. "The Political and Intellectual World in the Poetry of Juan Chi", *Renditions* 7, 1977, pp. 48 – 61.

⑩ Victor H. Mair, Ed. *Four Introspective Poets：A Concordance to Selected Poems by Roan Jyi, Chern Tzyyarng, Jang Jeouling, and Lii Bor.* Tempe, Ariz, Center for Asian Studies, 1987.

之诗》[张葆瑚（L. Pao-hu Chang），*Tao Qian's Poetry*，1953]、《陶潜诗》（海陶玮，*The Poetry of T'ao Ch'ien*，1970）、《陶渊明诗文选译》（方重，*Gleanings from Tao Yuan-ming*，1980）、《陶渊明的作品及其涵意》（戴维斯，*T'ao Yuanming, His Works and Their Meaning*，1983）、汪榕培的《陶渊明诗歌全译》① 等；专论陶渊明的学术论文有《陶潜的赋》[海陶玮，*The Fu of T'ao Ch'ien*，收入毕肖普（J. L. Bishop）编《中国文学研究》，1965]、《陶潜诗中的用典》（海陶玮，*Allusions in T'ao Ch'ien's Poems*，收入白之编《中国文体研究》，1974）、《内省模式：陶渊明田园诗的艺术》（周昭明，*The Mode of Introspection: The Art of Tao Yuanming's Pastoral Poetry*，《英语研究集刊》13期，1987年5月号）、欧阳祯的《陶潜〈时运〉四首》②、田菱（Wendy Swartz）的《重写隐士：早期传记作者们对陶渊明形象的建构》③ 等；博士论文有《华兹华斯与陶潜》[杜平周（Pingchow Tu），*Studies in Two Nature Poets: William Wordsworth and Tao Ch'ien*，1959]、《陶潜论生死：其诗中的自然观》[陈永明（Wing-ming Chan），*T'ao Ch'ien on Life and Death: The Concept of "Tzu–Jan" in His Poetry*，1981]、《陶潜的艺术世界：诗人及其时代》[邝龑子（Charles Yim-tze Kwong），*The Artistic World of Tao Qian (365–427): The Poet and His Age*，1989]、《抒情世界的建构：从比较的角度看陶潜诗学》[蒙梦（Mong Meng），*The Construction of Lyric World: A Comparative Study of Tao Qian's Poetics*，1990]、《李公麟与陶潜〈归园田居〉的长卷图绘》[布拉斯顿（E. C. Brotherton），*Li Kung-lin and Long Handscroll Illustrations of Tao Ch'ien's Returning Home*，1992]等；硕士论文有《威廉·华兹华斯与陶潜：其诗中山水方面的比较研究》[廖端豪（Duan-Hao Liao），*William Wordsworth and Wang Wei: The Comparative Study of the Pastoral Verse*，1973]等；专著有邝龑子的《陶潜与中国诗歌传播：对文化同一性的追求》（*Tao Qian and the Chinese Poetic Tradition: The Quest for Cultural Identity*，1994）。英语著译者们对陶诗的自传性作了充分肯定，如威廉·艾克尔说它们均与诗人的生活、思想、知觉或所目击的事件有关，海陶玮说它们较好地表达了一个意志坚强又生在乱世的人的两难处境；陶诗的自然隽永也受到他们的赞扬。

田菱在《重写隐士：早期传记作者们对陶渊明形象的建构》一文中指出，创作于南朝与初唐时期的传记（尤其是《南史》《宋书》《晋书》及萧统《陶

---

① Wang Rongpei. *The Complete Poetic Works of Tao Yuanming (A Verified Translation)*. Beijing: Foreign Language Teaching and Research Press, 2000.

② Eugene Eoyang. "T'ao Ch'ien's 'The Seasons Come and Go: Four Poems' – A Meditation", *Chinese Literature: Assays, Articles, Reviews (CLEAR)*, Vol. 20 (Dec., 1998), pp. 1–9.

③ Wendy Swartz. "Rewriting a Recluse: The Early Biographers' Construction of TaoYuanming", *Chinese Literature: Assays, Articles, Reviews (CLEAR)*, Vol. 26 (Dec., 2004), pp. 77–97.

渊明传》）成为陶渊明形象建构的最重要来源。作者试图说明陶渊明形象是传记作者的个人选择与呈现（包括材料的取舍与加工），是对陶渊明人生的阐释。① 田晓菲认为，手抄本文化时期（即印刷术盛行之前），文本流传经由多人，故版本复杂，她通过对三十多篇陶潜诗文的"细读"（close readings），认为由于文献的不确定性造成了陶渊明形象的多个面向，该书新见迭出，行文流畅，论证严密。② 与田晓菲、田菱相较，罗伯特·艾西莫（Robert Ashmore）的《阅读的传递：陶潜世界的文本与理解》③ 认为只要我们按照历史和文献的严苛标准来进行文学研究，就能够走进诗人的精神世界，他用以达到目标的考察案例是陶潜对《论语》典故的引用。他辩称道："如果我们能够重建陶潜时代人们如何阅读《论语》的世界，我们就能推出陶潜是如何运用《论语》这个文本，由此就能接近诗人的创作意图。通过检视隐藏在《论语》典故下的各种关系，我们发现《论语》在陶潜的诗歌里并不仅仅是诗歌语言措辞的来源，而更是作为成熟谈话者的一种文本。通过与大量张力的离心力的对抗，陶潜的诗歌文本自己就解释了它的意义。"④ 这也是一种运用思想文化史中相对狭窄视角来阐明其对陶潜诗歌的阅读例子。

　　刘晞仪（Liu Shi-yee）的《真实生活中的演员：评陈洪绶〈陶渊明的人生〉》⑤、田菱的《隐逸、个性与诗歌：中国文学传统中的陶渊明接受研究》⑥、余宝琳的《解读陶渊明：陶渊明接受史中的范式研究》⑦ 均从文学接受的角度探讨陶渊明在中国文学史上的形象问题，此外，《独立空间与新自我：六朝文学与艺术中田园空间的呈现》⑧ 也涉及陶渊明的诗歌与自我研究。吴伏生的《英语世界的陶渊明》（2014）系统全面地论述了陶渊明在英语世界的传播与接受。

---

　　① Wendy Swartz. "Rewriting a Recluse：The Early Biographers' Construction of TaoYuanming"，*Chinese Literature：Assays，Articles，Reviews（CLEAR）*，Vol. 26，Dec，2004，pp. 77 – 97.

　　② William H. Nienhauser, Jr. "Tao Yuanming and Manuscript Culture：The Record of a Dusty Table by Xiaofei Tian（review）"，*Chinese Literature：Assays，Articles，Reviews（CLEAR）*，Vol. 28，Dec，2006，pp. 191 – 195.

　　③④ Robert Ashmore. *The Transport of Reading：Text and Understanding in the World of Tao Qian（365 – 427）*. Cambridge，Mass：Harvard University Press，2010.

　　⑤ Liu Shi-yee. "An Actor in Real Life：Chen Hongshou's 'Scenes from the life of Tao Yuanming'（China）"，Ann Arbor，Mich.：UMI，2003.

　　⑥ Wendy Swartz. "Reclusion，Personality and Poetry：Tao Yuanming's Reception in the Chinese Literary Tradition"，Ph. D. diss，University of California，Los Angeles. Ann Arbor，Mich.：UMI，2003.

　　⑦ Pauline Lin. *Reading Tao Yuanming：Shifting Paradigms of Historical Reception（427 – 1900）*. Harvard University Asia Center：Harvard University Press，2008.

　　⑧ Paulin Lin. "A Separate Space，a New Self：Representations of Rural Spaces in Six Dynasties Literature and Art"，Harvard University，Ann Arbor，Mich.：UMI，1999.

### （五）谢灵运

谢灵运在英语世界的传播大概始于20世纪50年代，经过20多年的持续努力，到70年代进入全面发展期，至今仍然受到颇多关注。较之其他中国古典诗人，如李白、杜甫、白居易、苏轼等，谢灵运进入英语世界的时间较晚，但研究起点高，且发展势头好，随着美国汉学20世纪五六十年代的快速成长，谢灵运在英语世界的译介与研究也迎来春天，成为继陶渊明之后再次受到英语世界重视的东晋诗人。当然，谢灵运之所以受到重视还与以下因素相关：首先，谢灵运作为中国山水诗派的开创者，将自己的心灵情感倾注于对山水的描绘之中，语言富艳精工、意境优美，使对山水的描绘获得独立的审美价值，虽然有些诗句有雕刻之嫌，且仍未脱离玄言诗的影响，还拖着玄言的尾巴，但由于融情于景，意象鲜明，极大丰富和拓展了诗的境界，并使山水的描写从玄言诗中独立，从而扭转了东晋以来的玄言诗风，确立了山水诗的文学地位。英语国家如英美两国也有热爱山水、赞美自然的悠久传统，19世纪浪漫派诗人"湖畔派"三诗人华兹华斯、柯勒律治、骚塞书写了大量描绘自然的诗歌，字句间仍然涌动着强烈、真挚的情感。尽管中西山水诗歌存在诸多差异，但热爱山水、赞美自然的相似文学传统使谢灵运的山水诗歌易引起英语世界学界和读者的兴趣。其次，谢灵运独特的个性气质也是其深受重视的重要原因。孙康宜在谈及东西方不同审美倾向时，认为中国人热爱陶渊明诗歌是因其诗歌的抒情性，而美国学生倾向于喜爱谢灵运，因为谢灵运的诗歌更具现实性。在谢灵运诗歌里充满了个人与现实的矛盾与冲突，更体现个体生命在社会中的挣扎与抗争，因此具有更强的悲剧色彩。从文化接受角度来看，谢灵运的个性与存在方式更易被美国文化接受。在一些美国学者看来，谢灵运甚至体现了"中国的存在主义"。通过管窥谢灵运，能深入中国古代文人士大夫的精神世界，由此全面展开了对谢灵运的译介与研究。①

在英译方面，美国汉学家、翻译家戴维·亨顿（David Hinton）编译的《谢灵运的游山诗》②是除傅乐山（J. D. Frodsham）、韦斯特布鲁克（Francis Westbrook）英译之外的一个较为完整的译本，亨顿共译游山诗16首。其他还散见于一些诗歌选集及研究著作中，如：柳无忌与罗郁正合编的《葵晔集》③、傅汉思

---

① 生安锋、白军芳：《孙康宜教授访谈录》，载于《书屋》2008年2月，第13页。
② David Hinton. *The Mountain Poems of Hsieh Ling-yun*. New York：New Directions Publishing, 2011.
③ Wu-chi Liu, Irving Yucheng Lo, ed. *Sunflower Splendor：Three Thousand Years of Chinese Poetry*. Bloomington：Indiana University Press, 1976.

的著作《中国诗选译随谈》①、华兹生编译的《哥伦比亚中国诗选：从早期到13世纪》②、梅维恒主编的《哥伦比亚中国古典文学选集》③、叶维廉《汉诗英华》④、蔡宗齐（Zong-qi Cai）编撰的《中国诗歌选集》⑤。一些学术论文及专著中也涉及谢诗的零星英译，田晓菲的专著《驰目骋怀——中古时代和19世纪的游记》⑥ 及孙康宜的专著《六朝诗歌——抒情与描写》⑦ 中都有少量诗作的译文。尽管谢灵运诗歌译介的力度还远远不够，但由此可见西方学者对谢灵运的关注在逐渐增加。

  20世纪50年代以来，谢灵运在英语世界受到颇多关注，不少优秀学者对其进行了深入细致的探究，其中比较突出的当属马瑞志（Richard B. Mather）、傅乐山、韦斯特布鲁克。马瑞志在《中国五世纪诗人谢灵运的山水佛教思想》⑧ 一文中，阐明了谢灵运诗歌创作受佛教思想影响的密切关系，尤其是山水描写所蕴含的禅意明显体现出佛教思维和意象的影响。具有传记性质、全面评述谢灵运人生经历与文学创作的著作乃傅乐山《缓缓溪流：中国自然诗人谢灵运》［*The Murmuring Stream: The Life and Works of the Chinese Nature Poet Hsieh Ling-yün*（385 ~ 433），*Duke of K'ang - Lo*（Two Volumes）］，该著作对谢灵运山水诗歌进行了细致解析，结合谢灵运人生际遇阐明其山水诗歌创作的缘起、特征、影响等，建构了谢灵运"山水诗人"的艺术形象。韦斯特布鲁克博士论文《谢灵运抒情诗与〈山居赋〉中的山水》⑨ 同样运用文本细读法，对谢灵运诗歌的语言、修辞、意象等进行了极为细致的解读，特别是对山水描摹的词句进行了精细的探研。此外，该文还对谢灵运在西方学术界的接受历史予以了勾勒和梳理，清晰呈现出西方谢灵运研究的学术史，为学界提供了有益参照。此外，陈伟强（Timothy Wai

---

① Hans H. Frankel. *The Flowering Plum and the Palace Lady: Interpretation of Chinese Poetry*. New Haven: Yale University Press, 1976.
② Burton Watson. *The Columbia Book of Chinese Poetry—From Early Times to the Thirteenth Century*. New York: Columbia University Press, 1984.
③ Victor H. Mair ed. *The Columbia Anthology of Traditional Chinese Literature*. New York: Columbia University Press, 1994.
④ Wai-lim Yip. *Chinese Poetry: An Anthology of Major Modes and Genres*. Durham: Duke University Press, 1997.
⑤ Cai Zong-qi ed. *How to Read Chinese Poetry: A Guided Anthology*. Columbia University Press, 2008.
⑥ Tian Xiaofei. *Visionary Journeys: Travel Writings from Early Medieval and Nineteenth - Century*. Cambridge (Massachusetts) and London: Harvard University Asia Center, Harvard University Press, 2011.
⑦ Kang - I Sun Chang. *Six Dynasties Poetry*. Princeton University Press, 1986, p. 48, Footnote 1.
⑧ Richard B. Mather. "The Landscape Buddhism of the Fifth Century Poet Hsieh Ling-yun", *Journal of Asian Studies*, Vol 18, Issue 1, Nov, 1958, pp. 67 - 79.
⑨ Francis Westbrook. "Landscape Description in the Lyric Poetry and 'Fuh on Dwelling in the Mountains' of Shieh Ling-yunn", Ph. D. diss., Yale University. Ann Arbor, Mich.: UMI, 1973.

Keung Chan)《对"岁暮"的思考——中古早期诗歌表现中的生死观》[1]"谢灵运与'悟'"（Xie Lingyun on Awakening）一章，细致分析了佛教中的"顿悟"思想与谢灵运诗歌创作特征的关联。华兹生在《中国抒情诗——2世纪到12世纪的古诗史》[2]中的"隐逸诗歌"（The Poetry Reclusion）一章简要论及谢灵运的隐逸情怀。孙康宜的专著《六朝诗：抒情与描写》用"一种新的描写模式"（a new descriptive mode）界定谢灵运山水诗的写作风格；田菱《风景阅读与书写——谢灵运的〈易经〉运用》一文探讨了《易经》的典故引文与诗人当前处境以及山水诗结构的关系；[3] 田菱的另一篇论文《谢灵运诗歌的"自然"》[4] 探讨了谢诗语言的"自然"；田晓菲的专著《驰目骋怀——中古时代和19世纪的游记》从"自我"与"他者"的角度对谢灵运诗歌的审美特点作了详尽的分析；黄策昌（Harrison Tse-Chang Huang）的博士论文《短行、庄园和居高临下的审视：谢灵运的山水诗》[5] 对谢灵运山水诗的游览视角进行了探讨；赛琳娜·安·谢里登（Selinda Ann Sheidan）的博士论文《六朝诗歌的语词与风格的研究——以谢灵运和谢朓的词语频度研究为例》[6] 运用统计词频的方法，对谢灵运诗歌风格作了实证研究。

## 二、唐诗，以寒山、王维、李白、杜甫、薛涛为重心

唐诗在英语世界里的传播，可以追溯到英国政治家、艺术家兼诗人詹尼斯（S. Jenyns，1707~1787）之译作。从那时以来的200余年里，作为中国文化瑰宝的唐诗以其魅力吸引了众多西方汉学家，海内外华裔学者亦有不少人孜孜不倦地译介唐诗，其成果蔚为大观。

### （一）总体研究

唐诗的系统研究以美国汉学家宇文所安最为显著。英语世界初唐诗现有研究

---

[1] Timothy Wai Keung Chan. *Considering the End*: *Mortality in Early Medieval Chinese Poetic Representation*. Leiden：Brill Academic Publishers，2012.

[2] Burton Waton. *Chinese Lyricism*：*Shi Poetry from the Second to the Twelfth Centur*. New York：Columbia University Press，1971.

[3] 田菱：《风景阅读与书写》，李馥名译，载于《体现自然：意象与文化实践》，中央研究所中国文哲研究所2012年版。

[4] Wendy Swartz. "Naturalness in Xie Lingyun's Poetic Works"，*Harvard Journal of Asiatic Studies*，Vol. 70，No. 2，Dec 2010.

[5] Harrison Tse-Chang Huang. *Excursion*，*Estates*，*and the Kingly Gaze*：*The Landscape Poetry of Xie Lingyun*，Ph. D. diss，University of California，Berkeley. Ann Arbor，Mich.：UMI，2010.

[6] Selinda Ann Sheidan. "Vocabulary and Style in Six Dynasties Poetry：A Frequency Study of Hsieh Lingyun and Hsieh T'iao"，Ph. D. diss，University of Washington. Ann Arbor，Mich.：UMI，1982.

成果以宇文所安的《初唐诗》(1977)为代表。这部专著的主题是初唐诗如何上承南朝宫廷诗、下启盛唐诗风。作者力求超越文学史编年体、传记体的传统框架，勾勒出诗歌演化的轨迹，在对初唐诗作整体研究方面早于中、日学者，受到广泛好评。此书已有贾晋华中译本（广西人民出版社，1987）。宇文所安对之进行了回应，由于研究范围与诗歌语言的特性决定了其研究特点与翻译风格。①

宇文所安博士论文《韩愈、孟郊之诗》② 不仅对韩愈及孟郊的诗歌成就进行了详细论述，还对其"四唐论"中的中唐诗歌风格进行了解说。杜迈克指出，宇文氏擅用新批评（主要是瑞恰兹、燕卜逊）的阐释方法，在孟郊与韩愈诗歌的翻译方面也较为成功，但其不足之处在于用语艰涩、单调乏味，读者接受难度大，且参考文献数量不足，能提供的有关中国文化的信息甚少，难以引起接受者更大兴趣。③

宇文所安的《枯树：从庾信到韩愈诗赋中的枯树意象》④ 一文不但翻译了诸如孙万寿的《庭前枯树》、骆宾王的《浮查》、王泠然的《古木卧平沙》、杜甫的《枯楠》《古柏行》、韩愈的《题木居士二首》（其一）及《枯树》、张籍的《古树》、白居易的《枯桑》等，还对每首诗中枯树意象的深刻蕴旨进行了深入解读，指出了彼此之间的承袭与拓展；其《晚唐诗》⑤ 对晚唐诗歌的形成背景、风格、形式、意蕴、流传、地位及影响均有阐发，还对李贺、杜牧、李商隐进行了较为细致深入的释读，该书在美国汉学界及国内学界均有较大影响。如吴伏生认为该书最为显著的特色是互文性解读与手抄本文化研究，这使其意义超越了晚唐诗学范畴，成为"对包括唐诗在内的中国诗学颇具洞察力与启发性的研究"。⑥

## （二）寒山

初唐诗人中最受英语读者注意的是寒山。他的诗歌先由英国汉学家韦利译成英语（载于《相逢》卷12，1954），后又由美国诗人斯奈德英译（载于《常青评论》

---

① Stephon Owen. "A Defense", *Chinese Literature*: *Essay, Articles, Reviews* (*CLEAR*), Vol.1, January, 1979.

② Stephen Owen. *The Poetry of Meng Chiao and Han Yü*. New Haven and London: Yale University Press, 1975.

③ Michael S. Duke. *The Poetry of Meng Chiao and Han Yü by Stephen Owen* (Review), *Chinese Literature*: *Essays, Articles, Reviews* (*CLEAR*), Vol. No. 2, Jul, 1979, pp. 281 – 284.

④ Stephen Owen. "Deadwood: The Barren Tree from Yü Hsin to Han Yü", *Chinese Literature*: *Essay, Articles, Reviews* (*CLEAR*), Vol. 1, July, 1979, pp. 157 – 179.

⑤ Stephen Owen. *The Late Tang*: *Chinese Poetry of the Mid – Ninth Century* (827~860). Cambridge: Harvard University Press, 2006.

⑥ Fusheng Wu. "The Late Tang: Chinese Poetry of the Mid – Ninth Century (827~860) by Stephen Owen (Review)", *Chinese Literature*: *Essays, Articles, Reviews* (*CLEAR*), Vol. 30, Dec, 2008, pp. 209.

第 2 卷第 6 期，1958），现已有单行本，包括华兹生的《寒山诗选》（1962）、托拜厄斯（A. Tobias et al.）的《寒山、拾得诗选》（1982）、赤松的《寒山诗集》（1983）等；博士论文以寒山为题的有鲁本塔尔（S. H. Ruppenthal）的《寒山诗中佛法之晓喻》（1974）、斯托尔伯格（R. H. Stalberg）的《〈寒山集〉的诗》（1977）等；论文有布里布兰（E. G. Bulleyblank）的《寒山系年的语言学证据》（收入缪文杰主编的《中国诗歌与诗学研究》，1981）、钟玲的《寒山诗在远东及美国的接受》（收入郑树森等编《中西比较文学论集》，1980）。根据钟玲的分析，寒山诗之所以一度盛行于西方，原因是它的情调和 20 世纪 60 年代"垮掉的一代"的心态乃至整个现代西方文学的追求有某种投契之处。斯托尔伯格将"寒山"解释为一种作为极境的心态、将《寒山集》的主题理解为代表精神发展的空间旅行，使其诗作的象征含义更为丰富。也有从生态诗学角度阐释寒山诗歌意蕴的，如《寒山，禅宗和加里·斯奈德生态诗学》[1]。

因寒山而得以引起英语世界关注的是唐代的禅诗，一些学者开始翻译以寒山为代表的唐代禅诗，比如加里·斯奈德的《砌石和寒山诗》[2]《云应知我：中国诗僧》[3]《不系舟：中国禅诗集》[4]《中国禅诗：山中何所有》[5]《启示：古代禅学大师诗歌集》[6]《禅诗》[7]《寒山诗：寒山、拾得和王梵志禅诗集》[8]《寒山诗集：注释全译本》[9]《寒山诗集》[10] 等。

## （二）王维

王维诗歌英译本有张郢南等的《王维的诗》[11]、皮埃尔·杜丹的《王维的佛

---

[1] Joan Qionglin Tan. *Han Shan, Chan Buddhism and Gary Snyder's Ecopoetic Way*. Cornwall：TJ International，2009.

[2] Gary Synder. *Riprap and Cold Mountain Poems*. New York：Four Seasons Foundation，1965.

[3] Red Pine and Mike O'Connor, ed. *The Clouds Should Know Me by Now：Buddhist Poet Monks of China*. Boston：Wisdom Publications，1990.

[4] Jerome P. Seaton, Dennis Maloney, ed. *A Drifting Boat：an Anthology of Chinese Zen Poetry*. New York：White Pine，1994.

[5] Larry Smith, Mei Hui Huang. *Chinese Zen Poems：What Hold Has this Mountain*. Huron：Bottom Dog Press，1998.

[6] Master Sheng-yen. *The Poetry of Enlightenment：Poems by Ancient Ch'an Masters*. New York：Dharma Drum Publications，1987.

[7] Sam Hamill, J. P. Seaton. *The Poetry of Zen*. Boston：Shambhala，2004.

[8] J. P. Seaton. *Cold Mountain Poems：Zen Poems of Han Shan, Shih Te, and Wang Fan-chih*. Boston：Shambhala，2009.

[9] Robert G. Henricks. *The Poetry of Han-Shan, A Complete, Annotated Translation of Cold Mountain*. New York：State University of New York Press，1990.

[10] Red Pine. *The Collected Songs of Cold Mountain*. Washington：Copper Canyon Press，2000.

[11] Yin-nan Chang, Lewis C Walmsley. *Poems of Wang Wei*, Rutland, Vt：Charles E. Tuttle，1958.

教理想》（*Wang Wei's Buddhist Thought*，1968）、叶维廉的《掩藏宇宙：王维的诗》①、罗宾逊（G. W. Robinson）的《王维之诗》②《王维诗集》③、王方宇（Fang-Yǔ Wang）的《行到水穷处》（*Go to Infinity*，1980）、余宝琳的《王维诗歌新译》④《笑隐山中：王维诗歌》⑤等。

温伯格（E. Weinberger）著有《王维诗歌译法比较》（*Translating Comparison of Wang Wei's Poetry*，1987），比较了《鹿柴》诗在英语、法语、西班牙语等语种里的19种译法。关于王维的传记有黄思礼（L. C. Walmsley）等的《画家兼诗人王维》（*Painter and Poet Wang Wei*，1968）、魏玛莎（M. L. Wagnre）的《王维》（*Wang Wei*，1981）等；专著如杨静清（Yang Jingqing）的《王维诗歌的佛学阐释》⑥，杨静清对王维自然诗歌的佛教意蕴进行了具有开创性的阐发，著者通过王维与佛教徒的交往及其对佛教的理解，结合文学与历史视角去审视王维的隐逸思想，有论者认为，分析细致，逻辑清晰，对前人研究既有批驳，亦有推进。⑦

博士论文有魏玛莎的《王维诗歌艺术》（*The Art of Wang Wei's Poetry*，1975）、陆润堂（T. Yuntong Luk）的《从比较文学的角度看王维的山水诗》（*On Wang Wei's Poems of Mountains and Rivers from the Perspective of Comparative Literature*，1976）、余宝琳的《王维的诗歌世界：象征主义诗学的阐析》（*Wang Wei's Poetic World: An Interpretation from Symbolism Poetics*，1976）、费纳曼（J. V. Feinerman）的《王维之诗》（*Wang Wei's Poems*，1979）等；论文有陆润棠的《王维山水诗的电影解说》（收入《中西比较文学论集》，1980）、古添洪的《对王维辋川诗的符号学探索》（《淡江评论》卷14，1983～1984）等。国内出版的《唐诗百科大辞典》有关于"海外王维研究"的专题介绍。在上述译、论著里，张郢南认为王维之诗可作为人类精神的册记，叶维廉主张王维之诗以"纯体验"（即无理性知识介入的体验）见长，使读者能够看到整个现象界自身，余宝琳强调王维之诗创造了消弭矛盾的世界，这些见解在某种程度上体现了英语读者赏好王维之诗的原因。另外，余宝琳还对黄思礼与多萝西·沃姆斯利（Dorothy

---

① Wailim Yip. *Hiding the Universe: Poem by Wang Wei*. New York: Grossman, 1972.
② G. W. Robinson. *Poems of Wang Wei: Translated with an Introduction*. Baltimore: Penguin, 1973.
③ Ch'eng His, Henry W. Wells. *An Album of Wang Wei*. Hong Kong: Ling Ch'ao hsuan, 1974.
④ Pauline Yu. *The Poetry of Wang Wei: New Translations and Commentary*. Bloomington: Indiana UP, 1980.
⑤ Tony Barnstone. *Laughing Lost in the Mountains: Poems of Wang Wei*. New York: UPNE, 1991.
⑥ Yang Jingqing. *The Chan Interpretation of Wang Wei's Poetry: A Critical Review*. Hong Kong: The Chinese University Press, 2007.
⑦ Christopher Byrne. "The Chan Interpretation of Wang Wei's Poetry: A Critical Review by Yang Jingqing（Review）", *Chinese Literature: Essays, Articles, Reviews（CLEAR）*, Vol. 31, December, 2009, pp. 131-134.

B. Walmsley）的《作为画家与诗人的王维》（Wang Wei the Painter-poet）、庄申的《王维研究》、刘维崇的《王维评传》、陈贻焮的《王维诗选》、张英兰（Chang Yin-nan）与黄思礼《王维诗》的（Poems by Wang Wei）等的著述进行了评骘，①作者对各书之特征及优劣均进行了介绍。

### （四）李白

"诗仙"李白的作品最先由詹尼斯（S. Jenyns）英译，第一部英语专译本则出自日本人小畑薰良的笔下，题为《李白诗集》（Anthology of Li Bai's Poetry，1922）。孙瑜在其《李白诗新译》（New Translation of Li Bai's Poems，1982）里说自己的译本是第二部诗歌英译专集，这种看法似不确，因为尚有另一部译本存在，这便是安肯布兰德（F. Ankenbrand）的《李白之诗》（Li Bai's Poems，1941）。晚于孙瑜《李白诗新译》的有：艾黎（R. Alley）的《李白诗选二百首》（Two Hundred Poems by Li Bai，1980）、山姆·汉米尔的《谪仙李太白》（The Banished Immortal Li Taibai，1987）、许渊冲的《李白诗选》（Selected Poems of Li Bai，1987）等。对李白诗的英译情况，王丽娜已作了详细考订，见其所著《李白诗在西方（上）》（《文献》1985年第3期）。研究李白的著作有韦利的《李白的诗歌与生平》（The Poetry and Career of Li Po，701 – 762 A. D.，1950）、黄兆杰的《李白的天才》（Li Bai's Genius，1974）等；博士论文有普洛托帕帕斯（F. P. Protopappas）的《李白的生平与时代》（Li Bai's Life and Times，1982）、摩尔（P. D. Moore）的《关于唐代诗人李白的故事与诗歌》（On the Stories and Poems of Li Bai, a Poet in Tang Dynasty，1982）、施逢雨（Feng – Yu Shih）的《李白传论》（Biography of Li Bai，1983）、瓦萨诺（P. M. Varsano）的《变形与模仿：李白之诗》（Deformation and Imitation：Li Bai's Poems，1988）等。韦利对李白的才能与性格颇有微词，说他在作品里显示出自负、硬心肠、放荡、不负责任与虚伪，在实际生活中则是择业上的失败者。关于韦利这部书的评介有刘素玲的《评阿瑟·卫理〈李白的诗歌与生平〉》（载于《中外文学月刊》第14卷第2期，1985年）。黄兆杰的《李白的天才》一书则对这位诗人作了热情的赞扬，不仅致力分析李白诗歌的艺术特点，还试图驳斥传统批评家关于李白之诗不合公认规则的看法。

### （五）杜甫

杜甫作为"诗圣"赢得了英语读者普遍的尊敬。杜诗英译本有昂德伍德

---

① Pauline Yu. "Wang Wei the Painter-poet by Lewis C. Walmsley, Dorothy B. Walmsley", *Chinese Literature：Essays, Articles, Reviews*（CLEAR），Vol. 1, Jul, 1979, pp. 219 – 240.

(F. W. Underwood)的《杜甫诗歌七首》(1928)和《杜甫：中国月光下的徘徊者和游吟诗人》(1929)、布雷斯(A. J. Brace)的《杜诗蜀篇》(1934)、安利(R. Alley)所译冯至的《杜甫诗选》(1962)、霍克斯的《杜诗导读》(1967)、吴钧陶的《杜甫诗新译》(Tu Fu – A New Translation, 1981)，修订版题为《杜甫诗英译150首》(Tu Fu – One Hundred and Fifty Poems, 1985)、山姆·汉米尔的《〈对雪〉：杜甫所见》(1988)等；著作有麦大伟(D. R. McCraw)的《杜甫之哀江南》(1992)等；传记有埃斯珂弗(F. W. Ayscough)的《杜甫》(1929)及其续编的《江湖客杜甫》(1934)、洪业的《中国最伟大的诗人——杜甫》(1952)、戴维斯的《杜甫》(1971)等；博士论文有王唐安燕(An – Yan Tang Wang)的《诗心的主观性：叶芝与杜甫诗作比较》(1981)、苏珊(Susan Suk – Ning So)的《叶芝所界定的现代诗：与杜甫之对比》(1982)、周珊(Eva Shan Chou)的《杜甫〈八哀〉诗中的用典与想象》(1984)、切尼亚克(S. Cherniack)的《杜甫名诗三首》(1988)、吴传成(Chuan – Cheng Wu)的《杜甫、叶芝诗歌比较》(1989)等；论文有高友工、梅祖麟的《杜甫的〈秋兴〉——语言学批评的实践》，[1] 以及周珊的《杜甫的社会意识》(《哈佛亚洲研究杂志》1991年1月号)，丹尼尔·谢(Deniel Hsieh)的《"香稻"与"碧梧"：杜甫〈秋兴八首〉(其八)的研究》[2] 一文不但分析了《秋兴八首》(其八)的语法结构与字面意义，还揭示了杜甫的写作意图及如何通过文字与结构来表达其思想。上举杜甫传记各有特点。埃斯珂弗(F. W. Ayscough)之作是让杜甫的诗歌来讲述诗人自己的历史，力求尽可能多地收入原作的译文；洪业虽也将杜甫的374首诗译成英语散文并按编年顺序配置于各章中，但加强了历史背景的分析；戴维斯不像洪业那样取历史的而非美学的角度，注意了对杜诗的艺术性的阐释，使其所著《杜甫》成为诗人杜甫真正的文学传记。

蔡涵墨(Charles Hartman)的《唐代诗人杜甫与宋代文人》(2008)一文则从文学接受角度深入探讨宋代文人所建构的杜甫形象，揭示杜甫诗歌艺术人格的形成演变与北宋文人的构建之间的内在勾连。蔡涵墨开篇即指出，杜甫在英语世界中的形象，正如洪业所描绘的，是"孝顺的儿子、挚爱的父亲、慷慨的兄弟、忠实的丈夫、高贵的朋友、负责任的官员、爱国的布衣"，亦如戴维斯所称道的，"他作为人格典范和诗歌楷模对后世发生了巨大的影响"。继而，蔡涵墨指出研究杜甫所依赖的材料多由宋代文人整理成形，1039年以降即王诛编撰杜甫作品之后的一个世纪中，关于杜甫诗歌的选集纷纷面世，也包括对杜甫诗歌成就的评

---

[1] 原载《哈佛亚洲研究杂志》第28卷，中译文收入《唐诗的魅力——诗语的结构主义批评》，上海古籍出版社1989年版。

[2] Deniel Hsleh. Fragrant Rice and Green Paulownia, Notes on a Couplet in DuFu's "Autumn Meditations", *Chinese Literature：Essays，Articles，Reviews（CLEAR）*, Vol. 31, December, 2009, pp. 71 – 95.

价。这并非偶然,也是这一个多世纪,见证了宋代政治文化的形成及文人对此所进行的努力。这个混乱的世纪,从庆历新政文人们试图实现"君主共治"到最终以繁杂不清的政治盘查收场。再经过女真大肆入侵北方,1127 年苟偏安于临安,1142 年签订和平条约所致文化政治创痛,在这个世纪里,宋代文人们也建构了杜甫形象。12 世纪 40 年代晚期,赵彦材完成对唐代诗人的评价,杜甫形象也基本建立——"家庭好成员、忠实的朋友、有担当的官员、以及爱国者"。不仅是一个好人,而且是一个智者。杜甫对历史和文学的研究使其充分了解到人性的坚强与脆弱,政治的光明与黯淡。简言之,他是唐代文人的理想典型,乱世中的幸存者。

关于北宋在杜甫形象建构历史中的作用,学者周珊在其论著《重评杜甫:文学伟绩与文化语境》中也极为认同。周珊明确提出北宋在杜甫形象建构中起着不可替代之重要地位。蔡涵墨则试图进一步论证杜甫诗歌人格构建的关键点均与宋代政治历史的主要特征及其重要事件之间直接关联,而这些关联能让我们深入了解杜甫形象建构的政治背景与编撰者们的动机及他们所处时代的需求之间的关系,甚至还可以揭示出赵彦材等评论者们编撰的基本出发点,即建构杜甫乃当代政治典范的形象。蔡涵墨为读者绘制了一幅宋代文人编撰杜甫作品的"地层图",从 1039 年王诛首次编辑到《王状元集百家注编年杜陵诗史》,其间大致经历了近一个半世纪。也即是说杜甫形象的建构大致历经了 150 年。在杜甫接受的第一个时期(1039 年王诛编选至 1059 年印制),以杜甫反映社会现实的诗歌为主,与此相应的杜甫形象是社会改革者(social reformer)。此形象构建的政治背景是庆历新政,杜甫诗也被称作"诗史"(poetic hisorian)。杜甫接受的第二个时期是 1070 年,即 11 世纪 70 年代,北宋党争激烈朝廷分裂的时期。杜甫形象则突出他对君主的政治忠诚,坚守政治立场,直至死亡,可与屈原比肩。杜甫接受的第三个时期是 1127 年北宋衰亡,一个政治与国家遭受灾难的时期,一个与杜甫生活时期极其相似的社会时期,杜甫形象则是一个宇宙的幸存者,一个圣人,其诗作成为指引个人及道德救赎的良方。南宋初期的评论大多源于此时期,比如赵彦材,就从"诗史"形象开始发展,反对忠君形象,提升至"诗圣"形象。宋朝政治史这三个阶段对杜甫的反应也就体现出杜甫诗歌基本人格(poetic persona)的主要特征。

## (六) 薛涛

薛涛因是女性而受到特殊对待。魏莎(G. Wimsatt)写了传记《醴泉:薛涛生平与作品掠影》[①],将她作为才华横溢的中国"职业女郎"先驱介绍给英语读

---

① Genevieve Wimsatt. *A Well of Fragrant Waters: A Sketch of the Life and Writings of Hung Tu.* John W. Luce Company, 1945.

者。肯尼迪（Mary Kennedy）译有《薛涛诗》①，大部分诗歌是肯尼迪对薛涛诗歌的改写（adapted by Mary Kennedy），也有她的原创诗歌。拉森（J. Larsen）撰写了博士论文《中唐女诗人薛涛的生平与创作》②，又翻译了《锦江集》③。他高度肯定了薛涛作品的思想深度与艺术美。除了薛涛，鱼玄机也受到英语世界学者的关注。1936年，魏莎出版《卖残牡丹：鱼玄机生平及诗选》④，沃森（Jan Wilson Walls）1972年印第安纳大学博士论文专门对鱼玄机进行了研究：《鱼玄机诗选：翻译、注解及评论》⑤，大卫·杨（David Young）和华裔学者林建一（Jiann I. Lin）1998年编译出版《行云归北：鱼玄机全集》⑥，诗人沃德（Jean Elizabeth Ward）出版《忆鱼玄机》⑦和《被斩女诗人》⑧，还有2003年出版的收录三位唐女冠诗人作品的诗歌译集《秋柳：中国黄金时代女诗人诗选》⑨，几乎涵盖所有唐代创作女性的诗集《柳酒镜月：唐代女子诗集》⑩等。

## 三、宋代诗词，以苏轼为中心

北宋文豪苏轼以其辉煌的创作成就吸引了众多学者的注意，研究专著大量涌现，力图全面深入研究苏轼及其所代表的中国传统文化。

1956年，肯尼斯·雷克斯罗斯的英译本《汉诗百首》（100 Poems from the Chinese）问世，苏轼的诗词占了四分之一。1965年，艾林（Alan Ayling）和麦金托希（Duncan Mackintosh）合译的《中国词选》（A Collection of Chinese Lyrics）中包括苏轼部分词作；1969年，两人再次合作翻译出版了《中国词选续编》（A

---

① Mary Kennedy. *I Am A Thought of You*：Poems by Sie Thao（Hung Tu），Written in China in the Ninth Century. New York：Gotham Book Mart，1969.

② Jeanne Larsen. The Chinese Poet Xue Tao：The Life and Works of a Mid - Tang Woman，Ph. d Dissertation，University of Iowa，1983.

③ Jeanne Larsen. *Brocade River Poems*. Princeton，N. J，Princeton University Press，1987.

④ Genevieve Wimsatt. *Selling Wilted Peonies*：Biography and Songs of Yü Hsuan-chi. New York：Columbia university press，1936.

⑤ Jan Wilson Walls. The Poetry of Yu Hsuan-chi：A Translation，Annotation，Commentary and Critique，Ph. d Dissertation，University of Indiana，1972.

⑥ David Young，Jiann I. Lin. *The Clouds Float North*：the Complete Poems of Yu Xuanji. Wesleyan：Wesleyan University Press，1998.

⑦ Jean Elizabeth Ward. *Yu Hsuan-chi*：Remembered. Raleigh：2008.

⑧ Jean Elizabeth Ward. *The Beheaded Poetess*. Raleigh：Lulu. com，2008.

⑨ Bannie Chow，Thomas Cleary. *Autumn Willows*：Poetry by Women of China's Golden Age. Ashland，Ore：Story Line Press，2003.

⑩ Jeanne Larsen. *Willow*，*Wine*，*Mirror*，*Moon*：Women's Poems from Tang China. Rochester，NY：BOA Editions，2005.

Further Collection of Chinese Lyrics），也有苏轼词名篇。而最具代表性的译本是哥伦比亚大学教授伯顿·华兹生1965年出版的《宋代诗人苏东坡选集》①，该书是第一本英译苏诗选本。作者选译苏轼作品共86篇，包括83首诗词，前后《赤壁赋》及一封书信，该书是美国学生学习中国文学的入门书，也是最具代表性的汉诗英译选集之一。另外，该书在英译苏诗经典化方面具有开先河地位。② 1970年，肯尼斯·雷克思罗斯出版了《爱与流年：续汉诗百首》③，其间也收录了部分苏轼诗词。1974年，刘若愚著《北宋主要词家》（Major Lyricist of the Northern Sung），其间探讨了苏词特色并翻译了部分苏词。唐安石于1976年在香港出版了《中诗金库》（A Golden Treasury of Chinese Poetry），也收录了部分苏轼诗歌。另外，在一些讨论苏轼词的论文中，或在研究词之起源及发展的专著中，可以见到英译的苏轼词。1994年，朱莉·兰多（Julie Landau）编译的《春光无限：中国宋词选》（Beyond Spring：Tz'u Poems of the Sung Dynasty）其中有部分苏词的英译。戈登·奥赛茵（Gordon Osing）于1999年在河南出版了《苏轼诗集》④。

1974年，金斯伯格·斯坦利（Ginsberg Stanley）于威斯康星大学完成博士论文《中国诗人之疏离与重围——苏轼的黄州贬放》⑤，该文探讨了苏轼诗歌与北宋政治之间的关系，且附有贺巧治所著苏轼传记与详细的作品列表，将美国汉学界的苏轼研究推向了一个新高度。1983年，傅君劢（Michael Anthony Fuller）于耶鲁大学完成博士论文《东坡诗》⑥，探讨了苏轼文学创作的发展过程和成就，详细分析了苏轼"万物即理"的概念及如何把这种概念表现在诗歌之中。1987年，管佩达在斯坦福大学完成了博士论文《佛道思想对苏轼诗歌的影响》⑦，其着眼于佛道两家思想与苏轼创作之间的关系，试图探索佛道两家观念、语言是怎样影响了苏轼诗歌风格、语言、形象、思想等方面，以及怎样造成了苏轼诗歌的深刻性和复杂性。1989年，杨立宇（Vincent Yang）的《自然与自我——苏东坡

---

① Burton Watson, trans. Su Tung-P'o：Selections from a Sung Dynasty Poet. New York：Columbia University Press，1965.

② 其中的部分诗歌被收入华兹生《哥伦比亚中国诗选：从早期到13世纪》（The Columbia Book of Chinese Poetry：From Early Times to the Thirteenth Century，1984），该书涵盖了中国诗歌史上最具代表性的诗人及其作品，被誉为"几乎篇篇珠玉"，对英美及西方文坛产生了重大影响。

③ Kenneth Rexroth. Love and the Turning Year：100 More Poems from the Chinese. New York：New Directions Publishing Corporation，1970.

④ Gordon Osing. Blooming Alone in Winter：Poems of Su Dong-po. Zhengzhou：Henan People's Publishing House，1999.

⑤ Ginsberg M. Stanley. "Alienation and Reconciliation of a Chinese Poet：The Huang-chou Exile of Su Shih"，Ph. D. Diss，University of Wisconsin，1974.

⑥ Michael Anthony Fuller. "The Poetry of Su Shi（1037–1101）"，Ph. D. Diss，Yale University，1983.

⑦ Beata Grant. "Buddhism and Taoism in the Poetry of Su Shi（1036–1101）"，Ph. D. Diss, Stanford University，1987.

与华兹华斯诗歌的比较研究》①　在分析苏轼写景诗的特征、诗歌中的释老思想及苏轼思想转变的基础上，将苏轼与华兹华斯进行了比较。唐凯琳（Kathleen Tomlonovic）于1989年在华盛顿大学完成了博士论文《放逐与回归的诗歌：苏轼研究》②，唐凯琳认为苏轼诗歌中的"贬"与"归"充分地流露出苏轼本人对入世与出世的困惑，论文详细阐述了他的贬谪诗歌，试图挖掘他在流放时的自我设想以及对所处困境的认识。唐凯琳得出了这样的结论：苏轼原本就具有的出世与入世之间的矛盾在贬谪时期大大加强了，苏轼的贬谪经历及其涉及"贬"与"归"矛盾的诗歌共同成就了苏轼的伟大和苏轼作品在中国文学史上的重要地位。而后，傅君劢于1990年在博士学位论文基础上出版了《通向东坡之路——苏轼诗歌中"诗人之声"的发展》③，主要运用阐释学的"对话"理论结合历史学、语言学、修辞学理论研究苏轼各个人生阶段对"理"的思考及其在诗歌中的反映，并由此分析苏轼诗歌的特质。1991年，唐凯琳撰写了《苏轼诗歌中的"归"——宋代士大夫贬谪心态之探索》④一文，文章认为在苏轼诗歌中经常出现的字眼"归"，至少具有三重含义：一为归位，渴望回归朝廷，重新起用；二为归乡，脱离官场，回归故乡；三为退居山林，回归自然，返璞归真。三重意义互相交织，既矛盾又统一。蔡涵墨的《1079年的诗歌与政治：乌台诗案》⑤则站在比较客观的立场上，引用前人对苏轼在乌台诗案前后为人处世态度的批评和赞扬，清晰描绘出当时"诗歌与政治"密切关系的基本面貌，进而从文学与政治的关系层面探讨了苏轼的诗歌创作。何大江于1998年在俄亥俄州立大学撰写了博士论文《苏轼：价值多元观与"以文入诗"》⑥，认为多元价值观是苏轼留给我们的重要遗产，作者还以巴赫金的文类观审视苏轼的"以文入诗"。何谷理《苏轼〈赤壁赋〉中的"声"与"色"》⑦，何谷理全译、注解了前后《赤壁赋》，通过苏轼《赤壁赋》中的意象分析，捕捉苏轼所欲表现的思想，著者认为，苏轼非常擅长通过鲜明的文学

---

① Vincent Yang. *Nature and Self：A Study of the Poetry of Su Dongpo with Comparison to the Poetry of William Wordsworth*. New York：Peter Lang，1989.

② Kathleen Tomlonovic. "Poetry of Exile and Return：A Study of Su Shi（1037 – 1101）"，Ph. D. diss，University of Western Washington，1989.

③ Michael A. Fuller. *The Road to East Slope：The Development of Su Shi's Poetic Voice*. Stanford：Stanford University Press，1990.

④ ［美］唐凯琳：《苏轼诗歌中的"归"——宋代士大夫贬谪心态之探索》，载于《国际宋代文化研究会论文集》，四川大学古籍整理与研究所，1991年。

⑤ Charles Hartman. "Poetry and Politicsin 1079：The Crow Terrace Poetry Case of Su Shih"，*Chinese Literature：Essays，Articles，Reviews*，Vol. 12，December，1990，pp. 15 – 44.

⑥ Dajiang He. "Su Shi：Pluralistic View of Values and 'Making Poetry out of Prose'"，Ph. D. diss，The Ohio State University，1997.

⑦ Robert E. Hegel. "The Sights and Sounds of Red Cliffs：On Reading Su Shi"，*Chinese Literature：Essays，Articles，Reviews（CLEAR）*，Vol. 20，Dec，1998，pp. 11 – 30.

意象与文学技巧来抒发其情志，而这正是苏轼作为文学家的伟大之处。

关于苏词的研究，1972年，余丽仪（Yuh Liouyi）于华盛顿大学完成了博士论文《柳永、苏轼及早期词的发展面面观》①，对柳苏二人词作的创新性和特色作了评价。1980年，孙康宜出版专著《中国词的演进：从晚唐到北宋》（The Evolution of Chinese Tz'u Poetry: form Late T'ang to Northern Sung），该书讨论了苏词在中国词发展史上的地位。方秀洁（Fong Grace）《宋词中的角色》一文谈及了苏轼用女性口吻写的词。

在一些综合研究论著中也涵括苏诗研究方面，1964年，华盛顿大学的马尔奇（Andrew L. March）完成了博士论文《苏轼的山水观》②，考察了苏轼的山水观，尤其指出苏轼了解人与了解大自然的相通之处。1978年，香港中文大学出版了法国汉学家艾蒂安·巴拉斯的《宋代文史资料大全之宋代书录》，其中苏轼著作的题解均由贺巧治撰写，包括《苏氏易传》《东坡书传》《东坡题跋》《东坡乐府》《东坡志林》《仇池笔记》的题解。1985年，沈清莲（Cheng-Lian Sim）在悉尼大学完成了博士论文《苏轼及其弟子》③。1994年，艾朗诺出版了《苏轼人生中的言语、意象与事迹》④，艾朗诺希望还原一个真实、全面、丰富的东坡形象，他采取了一个不同于封闭的就文学谈文学、就艺术谈艺术的研究路径，而是将文学与艺术放置到一个更为宽广的社会、文化、历史、政治、思想视域下去审视。与此同时，管佩达也写出了《重游庐山——佛教对苏轼人生与创作的影响》⑤，作者以大量苏轼作品为例阐述了佛教对苏轼文学的重大影响，尤其是对苏轼创作的语言、意象、意蕴的全面影响。作者通过对苏轼复杂的人生经历及其创作的精细研究阐明了佛教对苏轼创作和宋代文化重大而全面的影响，该书还非常细致地剖析了苏轼是如何紧张而艰难地调和心理、智力、精神之间的关系，同时还有儒家与佛家之间的关系。另外，美国萨进德教授还将孔凡礼点校的《苏轼诗集》输入电脑，编制了全方位的东坡诗索引，为进一步展开苏轼研究提供了更为方便快捷的途径。

总之，英语世界苏轼诗词研究极其全面深入，上述著译者不同程度地意识到

---

① Yuh Liouyi. "Liu Yung, Su Shih, and Some Aspects of the Development of Early Tz'u Poetry", Ph. D. diss, University of Washington, 1972.

② Andrew L. March. "Landscape in the Thought of Su Shih", Ph. D. diss, University of Washington, 1964.

③ Cheng-Lian Sim. "Su Shih and His Disciples," Ph. D. diss, Sidney University, 1985.

④ Ronald C Egan. Word, Image and Deed in the Life of Su Shi. Council on East Asian Studies, Harvard University, 1994.

⑤ Beata Grant. Mount Lu Revisited: Buddhism in the Life and Writings of Su Shih. Hawaii: Universty of Hawaii Press, 1994.

苏轼糅三教为一体而形成的创作思想，写景、抒情、叙事相结合的艺术手法，豪放不羁的诗歌风格，以及鲜明独特的个性特征。但有的人因此过分强调苏轼性格所起的历史作用而忽略了社会条件的制约性，像林语堂就是如此。相比之下，傅君劢对苏轼的评价还是比较公允的。他所著的《东坡之路》既从和李白、欧阳修等名家的比较中界定苏轼的创作个性，又结合特定的政治与社会氛围阐述其个性的演变，拥有较强的逻辑力量。总的说来，英语世界的苏轼诗歌研究呈现出鲜明特点，主要是作品研究涉及面广且有深度；综合运用中西文学批评方法；注意将苏轼作品与其人生经历、思想感情、时代背景及中国传统文化密切结合；另外受时代环境尤其是意识形态影响较大。

## 第三节　英语世界中国古典诗歌译介与研究贡献举隅

### 一、英语世界中国古典诗歌译介贡献举隅

纵观英语世界中国古典诗歌译介，受译者知识结构、学术背景、审美趣味与所处时代背景、主流诗学形态等因素的共同影响，译者各显千秋，风格多样。概括起来，大致分为三种：一为学者型翻译，以理雅各为代表；二为诗人型翻译，以埃兹尔·庞德为显；三为大众化翻译，以翟理斯、华兹生为典型。虽面向不同读者，且译法各异，但殊途同归，均为中国古典诗歌在英语世界的传播作出卓著贡献。因"名家选介"部分已对庞德及其"诗人型"翻译予以论述，此处不再赘述。

#### （一）学者型翻译

所谓"学者型"翻译，指的是面向研究中国语言文化的专家学者或者具备较高文学修养的读者所进行的翻译，力求忠实、准确、精当传达源语文本的内容，为此使用大量注释，详细解释源语文本中的关键词，尤其是涉及源语文化的内容。通过引经据典、细致深入地解释文化内容，读者不仅可以准确把握源语文本的意思，还能理解文本所蕴藏的文化意蕴。理雅各的诗歌译介即为典型的学者型翻译，林语堂就曾经评价理雅各的译著乃"严谨的学者风格的译作"。当代翻译理论家克里斯蒂·诺德（Christiane Nord）提出翻译应该谨守"功能加忠诚"之原则，所谓"功能"，指的是译本在译入国按照一定的方式被阅读、理解；所谓

"忠诚",就是指译者应该既忠实于源语文本,又忠实于译语读者。当然对源语文本和译语读者同时"忠诚"很难做到,要求译者必须精通两种不同的语言与文化系统,彻底弄懂每一个字词背后的文化意义,并使用极其细腻的译语将理解的文化意义传达给译语读者。为实现"忠诚"目标,译者往往使用详细的注释对文化信息进行说明,同时还辅以绪论、索引等方式帮助译语读者理解文化信息。通过这种方式,译者能够将源语文本所蕴藏的丰富文化信息传达出来,从而实现两种异质文化最大程度地交流与沟通。理雅各便是以一生的翻译实践不断追求"忠诚"的典范。

为了保证翻译的"忠诚",理雅各还寻求中国学者的协助,如王韬。王韬是近代中国著名的思想家和报刊政论家,曾与理雅各合作翻译中国经典。王韬为理雅各提供了切实的帮助,他为理雅各讲解中国经典中的难解之处,还为其译文补充注释,和理雅各一起讨论译文,尽量减少误解、曲解。有王韬对中国经典和文化的细致解释,理雅各的译文极力追求准确、忠实。尽管难免也有误解和偏见,但与其他译本相比,显然更忠实于原文。理雅各的《诗经》译本即是一例。

理雅各翻译过两次《诗经》,第一次用散体,第二次以韵体。散体英译本是英语世界第一个《诗经》全译本,1871年在中国香港出版。该版本有较长的"绪论",内容包括《诗经》的形成、版本、笺注、格律、音韵等,甚至还有与《诗经》相关的中国历史、地理、文化等知识。译文简洁流畅,理雅各曾称力图做到不增译、不漏译,贴近字面忠实传达意义。1876年理雅各又以韵体翻译了《诗经》,这个译本包含更长的"绪论",多达200多页。详细地介绍了《诗经》诗歌的采编、流传、内容、版本、格律、音韵,同样也介绍了中国的历史地理、政治经济、文化教育等方面。在附录部分,还介绍了大量中国的神话传说、历史典故、政治制度、风俗习惯等。在理雅各之后的《诗经》译家,很多都得益于他的这两个译本,依仗理雅各对《诗经》的注释、介绍翻译《诗经》。甚至还出现了受理雅各译本影响的特殊译诗。美国翻译家瓦德尔(Helen Waddell)即根据理雅各《诗经》译本写就《译自汉语的抒情诗》(Lyrics from the Chinese,1913),瓦德尔本不识汉字,但在读了理雅各的《诗经》译本之后深受启发,专取译诗中的意境重写诗歌,脱胎于中国古诗的英文诗大受欢迎,为英语诗坛带来新鲜的血液,影响了英语诗歌的发展。其后庞德的中诗英译就在瓦德尔的基础上走得更远,开创了英美意象派诗歌。

### (二)大众化翻译

所谓"大众化"翻译,指的是翻译对象不是研究中国语言文化的专家学者,而是普通读者,他们对中国及其语言文化知之甚少甚至一无所知,因此翻译目的即是普及中国语言文化常识，让这些普通读者能够了解中国及其语言文化。翻译尽量通俗易懂，读者无须查阅相关文献即可读懂。通俗性是这类翻译的最大特色。当然，这并不是说译者学识不足，而是译者特意追求通俗易懂的文风，一方面是迎合普通读者了解中国语言文化的需求，让他们阅读方便；另一方面也是满足出版商与编辑的要求。译者本人往往学识渊博，除了此类通俗译著，译者也能撰写专业的学术著述，旁征博引，治学严谨，如翟理斯、华兹生。

  翟理斯曾谈及自己 1867 年后的两个愿望：一是让人们能更容易、也更正确地理解和运用中文，包括口语表达与书写；二是要引起人们对中国的文学、历史、宗教、艺术、哲学和风俗的兴趣。① 他认为自己前一个愿望基本实现，而后一个愿望则差强人意。但为了能引起一般英语读者对中国的兴趣，翟理斯在翻译中国古诗时偏重运用"归化"（domestication）法。所谓"归化"，指的是采用通俗易懂、明白晓畅的语言进行翻译，尽可能地淡化原作的异域特点，从而使源语文本所反映的世界接近于目的语国家，使源语文化与目的语文化基本"对等"。"归化"策略是相对于"异化"而言的，所谓"异化"（foreignization），是指尽量保留源语文本的语言与文化特点，呈现源语文学与文化的异域性，在某种程度上保持着与译语国主流文化的距离，从而丰富目的语国家的语言与文化。简言之，"归化"即是译者有意向译语国读者靠拢，用译语国读者习惯的译语表达方式来传达内容；而"异化"则是译者有意向源语文本接近，用作者所使用的语言表达方式传达内容。在具体的翻译实践中，往往没有绝对的"归化"或"异化"，只是有所偏重。翟理斯即是偏重"归化"法的译者。他曾在 1881 年发表《汉语〈新约全书〉》一文，阐明自己的翻译见解。他认为无论什么翻译，均应尽量避免直译，而应采用通顺流畅的译语传达源语文本内容，避免译语晦涩难懂，令读者生厌。② 在翻译实践中，翟理斯很好贯穿了自己的翻译理论。1898 年，翟理斯出版了第一本汉语诗集《中诗英韵》（*Chinese Poetry in English Verse*），该书广受赞誉，好评如潮，随即就被译为法语和意大利语，影响颇大。此后该书又被纳入《古文珍选：诗歌卷》③ 多次重印，至今仍被英语读者所熟知。

---

  ① Charles Aylmer, ed. "The Memories of H. A. Giles", *East Asian History* 13/14, June 1997, Institute of Advanced Studies, Australian National University, p. 85. 原文如下："Throughout my life, since 1876, I have has two dominating ambitions: (1) to contribute towards a more easy acquisition and a more correct knowledge of the Chinese language, written and spoken; and (2) to arouse a wider and deeper interest in the literature, history, religion, art, philosophy, and manners and customs of the Chinese people."
  ② H. A. Giles. The New China Review, X (1881), pp. 152 – 156.
  ③ Herbert Allan Giles. *Chinese Poetry in English Verse*. London: Bernard Quaritch, 1898. Herbert Allan Giles, *Gems of Chinese Literature*: *Pross*. Shanghai: Kelly and Walsh, 1922.

继翟理斯之后采取"大众化"翻译策略极为成功的翻译家当推美国翻译家华兹生，兹详述之。

### （三）华兹生的苏诗翻译

著名汉学家和翻译家伯顿·华兹生以毕生的执着和热忱"坚守心中的东方圣土"，长期从事中国和日本等亚洲国家的文化和文学翻译与研究。在长达半个多世纪的学术生涯中，华兹生共出版了二十多部专著（包括译著）。因其在译介领域的杰出才华，华兹生被誉为"最受欢迎的英译亚洲语言的美国译者之一"。① 华兹生的中国典籍翻译与研究涉及中国古典哲学、佛学、文学和史学等多个领域。自1962年始，华兹生先后翻译并出版了《唐代诗人寒山诗100首》《荀子入门》《庄子入门》《宋代诗人苏东坡选集》（以下简称《选集》）《宋词入门》《汉魏六朝赋选》《哥伦比亚中国诗选》等中国文学与文化典籍译著。华兹生的中国文学与文化典籍译介甚为美国学界推崇，"近20~30年以来，在美国学习汉学的学生没有不靠华教授的译作入门的"，② 华兹生也因此获得了哥伦比亚大学翻译中心颁发的金质奖章（1979）和"笔会翻译大奖"（1981）以及美国艺术文学院颁发的"文学奖"（2006）。

在华兹生的众多翻译成果中，中国古典诗歌占较大比例，《选集》是其知名度较高的诗歌译著，且是截至目前西方世界最具代表性的英译苏轼诗文选集之一。但目前国内学界对华兹生苏轼诗文译介的引入和研究尚未全面展开，我们认为这种研究现状和局面与华兹生的苏轼诗文英译在英语世界的地位和影响极为不符，因此，对华兹生的苏轼诗文英译进行引介与研究十分必要。本文以《选集》为研究对象，试图对华兹生苏轼诗文译介的理念与风格、译文特色、篇目选择、创造性叛逆及文化过滤等内容进行讨论。

**1. 译介策略**

第二次世界大战以后，美国中国学开始出现并得到一定发展，在这期间，美国投入巨额资金展开对中国的研究，美国国内成立了众多研究和出版机构。据统计，1958~1970年，美国联邦政府、基金会、高校共投入大约5 300万美元用于资助中国研究，巨额资金的投入使得这一时期的美国中国学在机构设立、人员培养、著作出版以及中国知识教育开展等方面取得了跃进式发展。③ 哥伦比亚大学、

---

① 李秀英：《华兹生的汉学研究与译介》，载于《国外社会科学》2008年第4期。
② 吴涛：《勒菲弗尔"重写"理论视域下的华兹生〈史记〉英译》，载于《昆明理工大学学报（社会科学版）》2010年第5期。
③ John M. H. Lindbeck. *Understanding China: An Assessment of American Scholarly Resources*. New York: Praeger, 1971, p. 79.

哈佛大学、密歇根大学、加利福尼亚大学等高校都成立了研究中国的学术机构，这些机构具有共同的宗旨，即"致力于中国问题研究""积极为政府出谋划策""增进公众对中国的了解"。① 因此，此时翻译和研究中国古代文化典籍和文学经典作品，既是为美国政府制定对华政策提供借鉴，也是为了增进美国大众对中国的了解，有意识形态因子存在便无可避免，这也体现了"翻译作为改写，无论其动机如何，都反映了一定的意识形态，并以此影响文学在特定的社会以特定的方式运作"。②

华兹生任教于哥伦比亚大学并从事中国学研究，其著作多由哥伦比亚大学出版社出版，《选集》就是其中之一。该书于 1965 年由哥伦比亚大学出版社出版时，编辑狄百瑞在扉页上特别提示："为哥伦比亚大学东方经典翻译工程而准备（Columbia College Program of Translations from the Oriental Classics）。"③ 哥伦比亚大学的"东方经典翻译工程"的主旨就是提供基于学术研究，但又面向普通读者而不是专家的译本，以增进美国民众对中国的了解。这就决定了《选集》的性质和定位，即它在一定程度上应该是一本面向普通读者群的普及本。该书还入选了联合国教科文组织"中国系列丛书"（UNESCO Collection of Representative Works, Chinese Series），主要原因也是该书具有很强的可读性和普及性。

意识形态的影响与接受群体决定了华兹生必须坚持译介的平民化、大众化，这从华兹生选择的翻译篇目可以看出，即选择那些易于翻译的篇目，易于翻译意味着理解难度较低。同时，华兹生还在每篇译文中注明了写作时间，并添加了较为简略的注解，这些都便于普通读者深入了解诗文中蕴涵的文化信息，有利于他们了解中国古典诗文的文化意蕴。

同时，华兹生的学术背景决定了《选集》具有较为明显的"大众化"翻译风格。所谓"大众化"翻译，指的是在翻译过程中力求使用简单易懂的普通用语来传达原诗语义，让普通英语读者也能明了原诗的意思，反映在《选集》中即华兹生试图以通俗易懂的现代英语准确传达苏轼诗文的语义。由于苏诗具有"以学为诗"之特征，文、史、哲往往融于诗中，征事奥博，要完全准确地理解苏轼诗词，即使是对长期从事苏学研究的人而言也并非易事，更遑论一位汉学家。以通俗易懂的现代英语准确翻译苏诗语义，其难度是不言而喻的。华兹生则以其深厚的中国文化学养与对苏轼创作的深入了解基本做到了这一点。尽管刘若愚认为

---

① 吴原元：《隔绝对峙时期的美国中国学（1949～1972）》，上海辞书出版社 2008 年版，第 4 页。
② Andre Lefevere. *Translation, Rewriting and the Manipulation of Literary Fame*. Shanghai：Shanghai Foreign Language Education Press，2004，p. 12.
③ Burton Watson. *Selections from a Sung Dynasty Poet*，*SuTung-p'o*. Columbia：Columbia University Press，1965.

"华兹生大量使用英语中的通俗语言来翻译苏轼诗歌,大大损伤了苏轼原作的'文学性'",① 但毋庸置疑,正是使用通俗语言才使得苏轼诗词为英语世界普通读者所接受。耶鲁大学傅汉思曾对华兹生的译介予以高度评价,认为其在向广大普通读者译介中国文学、历史、哲学著作方面无人能敌,其译文总是通俗易懂,可读性极强。② 华兹生能成功地将苏轼诗词引入英语世界,从某种意义上说,与他所择取的"大众化"译介策略密切相关,同时也与他自身的学术背景紧密关联。

华兹生1956年自哥伦比亚大学取得汉学博士学位,后以福特基金会海外学人的身份前往京都大学中国文学系随中国文学研究专家吉川幸次郎教授学习中国诗词方面的知识,逐渐积淀了深厚的中国文化学养。作为吉川幸次郎教授助理的华兹生主要工作之一是负责将吉川幸次郎教授的研究成果译成英文,这为其进入中国古典文学的翻译和研究奠定了坚实基础。回国后华兹生供职于哥伦比亚大学,主要教授中国文学和日本文学,并进一步展开中国古代文化研究与典籍译介,很快成为了以出版东亚研究成果著称的哥伦比亚大学出版社的首要撰稿人,较为深厚的中华文化积淀为华兹生的中国典籍翻译之路奠定了很好的基础。同时,在《选集》面世之前,华兹生已经翻译出版了大量的中国历史和哲学典籍,尤其是《史记》与先秦子书的译介,甚至出版了用于讲授中国古代文学课程的教材。在拥有这些成就作为铺垫的基础上,华兹生将翻译的目标转向中国古代诗歌,当然这与他本人认为诗歌是文化最为集中的载体这一观念有关。总之,华兹生的"大众化"译介策略是《选集》获得较多受众的重要因素。

**2. 选篇理念**

在"选译"类译著中,译者选择哪些篇目作为译介对象,无疑体现了译者独特的选篇理念与价值判断。众所周知,苏轼作品数量极为可观,仅诗歌就有两千多首,还有数量众多的文、赋、词之类,而且成就卓著。《宋史·苏轼传》中称赞其创作"浑涵光芒,雄视百代",然而华兹生只是选译了其中很少一部分。那么,华兹生从卷帙浩繁的苏轼作品中选择了哪些作品作为翻译原本?其选择的标准是什么?体现了作者什么样的选篇理念?对这些问题的考察,有助于我们了解西方人对苏诗乃至中国古典文学(包括中国文化)的审美认知和价值判断,找到异域民族在文化心理上的相契与相离之处。

---

① James Liu T. Y. "Su Tung-P'o: Selections from a Sung Dynasty Poet", (Book Review), *Journal of the American Oriental Society*, Vol. 35, No. 1, Nov 1, 1966, p. 21.

② Hans H. Frankel. "Review on the Columbia Book of Chinese Poetry From Early Times to the Thirteenth Century by Burton Watson", *Harvard Journal of Asiatic Studies*, 1986, 46 (1).

华兹生在《选集》的《导论》中对篇目选择作了说明："本书所选篇目均为自己偏爱且易于翻译的。"① 关于"偏爱"，华兹生并未直接阐明，我们只能通过他对苏轼个性与创作的描述中去捕捉和推断，并通过相关篇目予以论证。翻译作为一种跨语际的文化行为，由于文化之间的隔阂而难以融通，中西之间的翻译尤其如此，同时学界还认为中国古典诗歌是极难翻译的，甚至有人提出"诗不可译"。那么，华兹生所言"易于翻译"如何理解？考察华兹生的译学思想，我们认为，他所谓"易于翻译"与"偏爱"紧密相关，也就是说，对于他感兴趣且有深入了解的诗歌理所当然成为他所谓"易于翻译"的作品。当然对于他国文化中的译者而言，"易于翻译"也才能引起他们的兴趣，二者在很大程度上是联系在一起的，这些"易于翻译"的作品通常具有使用典故少、语言浅近、自然质朴、意象鲜明、诗意明晰、层次清楚、逻辑分明等特征。

在《导论》中，华兹生专门介绍并提醒读者注意苏轼人生和创作的两大特点：第一是苏轼的创作大多与宦游生活紧密相连，此为中国古代士人创作的共同性；第二是苏轼善于超越苦难的人生哲学，此为苏轼思想中的独特性，或称苏轼个性。华兹生并未言明此为其选篇缘由，但将此两点与所选篇目结合起来考察，笔者认为这即是华兹生的选篇缘由或称选篇理念：即选择那些与苏轼人生经历密切相关且能反映独特人生哲学的篇目，这是《选集》的内在逻辑，也是华兹生"偏爱"之所在。下文结合具体篇目分述《选集》是如何体现译者这一理念的。

首先，选篇多与苏轼的宦游人生相关。苏轼的宦游人生中，大部分时间都在贬所之间迁移，用他自己的话来说，"问汝平生功业，黄州惠州儋州"。（《自题金山画像》）。这与宋代特殊政治制度即官员只能在一地任职三年而后转至他处直至退休有关，华兹生显然深得其中三昧。因此，通过译介那些反映苏轼宦游经历的作品，既能让西方读者了解苏轼的生活经历，还能进一步认识宋代乃至中国古代士人的普遍生存状态。基于此，《选集》"所选篇目几乎都与苏轼真实人生经历相关"，② 译者还在大多数译作中标明了创作时间，在注释中简单介绍了写作背景，以此来显示作品与苏轼现实人生之间的对应关系。译者所选的这些篇目，或是描写宦游途中的山水景观，如《江上看山》《出颍口初见淮山》；或是描写任职所在地的风土人情，如《吉祥寺赏牡丹》《守岁》；或是与人唱和，如《和子由踏青》《和子由蚕市》，或是抒发对故友亲人的怀念，如《中秋寄子由三首》《江城子·十年生死两茫茫》；或是亲历的某个场景，如《雨中游天竺

---

① 原文如下："I have naturally chosen poems which I like and which I think go well into English"，Burton Watson，trans. *Selections from a Sung Dynasty Poet*，*Su Tung-p'o*. ibid. "Introduction" p. 15.
② Burton Watson，trans. *Selections from a Sung Dynasty Poet*，*Su Tung-p'o*. ibid. p. 12.

灵感观音院》《过百步洪二首》；或是表达对百姓困苦生活的同情，如《山村五绝》《吴中田妇叹》；或是描写与僧人的交游，如《腊日游孤山访惠勤惠思二僧》《法惠寺横翠阁》；或是表现对田园生活的向往，如《东坡八首》等。这些作品无一不与宦游人生密切相连，译者希望以此让西方读者感知一个真实的苏轼，一个真实且具有典范意义的中国古代士大夫，一种真实的中国古代社会及其文化。华兹生选择这类篇目还有更为深层的原因，那就是这些表现苏轼宦游的作品与美利坚民族"无根地漫游"的民族文化心理特征具有相通性，他认为：

  苏轼大半生都在宦游，在任所之间辗转漂泊，因此其创作大多与羁旅相关，这也是中国封建社会士人的普遍生存状态，尤其在宋代，官员在一地的任期一般不超过三年，以此防患其建立个人势力及与地方权力勾连，这使官员每隔三年就得举家迁徙且与故人相离，不过还好他们的俸禄比较可观，这在某种程度上是种补偿。无根的漫游生活据说是当今美国人的特点，但不是像宋代这样，是某个特殊群体所具有的，现代的美国人中，恐怕只有那些四处打零工的游民才过着类似宋代士人的生活。①

  这些作品显然更易为美国读者接受，事实也证明了这点。

  其次，选篇多反映苏轼善于超越苦难的人生哲学。善于超越苦难的人生哲学是苏轼最鲜明的个性，也是华兹生认为苏轼诗歌最为重要的特色并具有划时代影响的原因所在。在《导论》中，华兹生极其明确地表明了其对该哲学的叹服：

  长期的贬谪不仅让苏轼受辱，抱负受挫，也大大损害了他的健康。但令人极为惊异的是，尽管他深感痛苦，却极少在诗中流露出来，他的诗歌极少有痛苦和压抑的情调。与子由的聚少离多，常让他感到悲哀，但并不会持续多久，而是很快就被对现实人生的关注所转移，很快就融入新的环境中，并与当地的人们打成

---

  ① 原文如下：One is that he spent his entire adult years moving about from place to place, from office to office, which is why so much of his poetry deals with journeys. This was the ordinary life of a Chinese bureaucrat. After a man had entered the administration, usually by way of the civil service examnations, he was assigned to a post, sometimes in the capital but more often in the provinces. In the Sung period it was usual for an offical to remain at a particular provincial post no longer than three years—long enough to learn what he needed to know about the region, but not so long that he would begin to identify himself too closely with local interests. Hence a man like Su Tung-p'o was destined to pick up his family and move, say good-by to old friends and start to make new ones, at least every three years and sometimes oftener. The life of a high provincial official was not particularly difficult, his duties were hardly taxing, and in normal times at least his income was sufficient; but he was never permitted to stay in one place long enough to put down roots. Rootless wandering is said to be a characteristic of present-day Americans, but it is hard to think of any group in America, except perhaps migratory laborers, who could match the old-style Chinese offical on this score. Burton Watson, trans. *Selections from a Sung Dynasty Poet*, *Su Tung-p'o*. ibid. pp. 8 – 9.

一片。善于超越苦难与痛苦，这就是苏轼，伟大而令人鼓舞的中国诗人之一。①

结合华兹生的学术背景，我们可以看出他对苏轼人生哲学的分析在很大程度上是因为他接受了吉川幸次郎的观点。吉川幸次郎在《关于苏轼》一文中对苏轼文学成就和"善于超越苦难的人生哲学"都有较为深入的分析，②吉川幸次郎将苏轼善于超越苦难的人生哲学分为四个逻辑层次并对苏轼人生哲学在中国诗史上的地位和对此后诗风的影响作了高度评价，他说："自苏轼后的诗人，也包括对他没有好感的人，很少歌咏对人生的绝望与悲哀，这正是因为他们都生活在苏轼改变了诗风以后的缘故。"③华兹生不仅对此文进行了翻译，同时吉川幸次郎用以阐述苏轼人生哲学的诗例大都出现在《选集》之中，如《出颍口初见淮山，是日至寿州》《颍舟初别子由二首》《迁居临皋亭》《次韵江晦叔二首》等，这无可辩驳地说明了华兹生受吉川幸次郎直接而深刻的影响。另外，在苏轼众多散文中，华兹生仅择取了前后《赤壁赋》和《答秦太虚七首》（之四）三篇，这三篇都是表现苏轼善于超越苦难的人生哲学最突出的篇目。由此可见，善于超越苦难的人生哲学犹如一根红线贯穿《选集》始终。值得我们注意的是，华兹生选择这些凸显苏轼人生哲学的作品同样与美利坚民族一贯的民族精神似乎有着或隐或显的联系，因为苏轼的生存智慧或者抗压精神与美利坚民族对坚韧不拔、勇敢抗争、昂扬乐观、积极开拓精神的崇尚有着高度一致性，这自然更加容易获得受众的深层认同。因此，《选集》在这个意义上讲也是沟通和促进中西文化交流的使者。

华兹生对苏轼"超越痛苦的抗压精神"的强调，或许也与美国 20 世纪五六十年代的文化反叛运动有一定关联。1947 年，美国政府受"恐共症"影响，对全国公职人员进行"忠诚"审查，三年后，又开始进行政治大迫害，加之核武器带给人们的恐惧感，以及经济大萧条的回忆等，使得 50 年代大多美国青年都成为"沉默的一代"（the silence generation），但有一部分青年知识分子开始站出来挑战美国的正统文化，他们自称"垮掉派"，公开反对美国现有的价值理念，嘲

---

① 原文如下：These periods of banishment not only brought disgrace and the frustration of all his political ambitions, but often involved real physical hardship. The surprising thing is that if he felt bitter or sorry for himself he seldom shows it in his poems. He writes occasionally in a mood of depression of despair; the infrequency of meetings with his brother is a theme that always brings out a strain of strain of sadness, but he seems to have possessed an irrepressible interest in life, an engagement with his fellow men and his surroundings that made it impossible for him to brood for long. Far from being bitter, he is actually one of the most cheerful of the great Chinese poets. Burton Watson, trans. *Selections from a Sung Dynasty Poet*, *Su Tung-p'o*. ibid. p. 9.

② 《关于苏轼》一文曾先后收录于吉川幸次郎所著的《中国诗史》与《宋诗概说》中。在章培恒等译者笔下，"善于超越苦难的人生哲学"被直译为"扬弃悲哀的宏观人生哲学"，笔者以为不妥，所以作此改动。请参见吉川幸次郎著：《中国诗史》，章培恒等译，复旦大学出版社 2001 年版。

③ ［日］吉川幸次郎：《中国诗史》，章培恒等译，复旦大学出版社 2001 年版，第 286 页。

弄传统道德规范，到 50 年代末，终于掀起一场文化反叛运动。对本国文化价值观的怀疑与反对，使得一些知识分子将思想的触角伸向了神秘的东方文化，希冀从"他者"的文化中寻求思想养料，来重建对人生的信念。华兹生的译诗中含有大量体现苏轼抗压精神的篇目，或许还蕴藏如此深意。

综上所述，华兹生通过《选集》为我们呈现了一位他心目中的苏轼：多才多艺、乐观豁达、热爱自由、善于抗压、诙谐幽默、崇尚自然，具备"最完善的人"的种种品质，①"苏轼既属于他的时代，又大大超越了他的时代"。② 在这一点上，华兹生的认识与林语堂"乐观天才"的观点不谋而合。

### 3. 译本特色

法国文学社会学家埃斯卡皮提出："翻译总是一种创造性叛逆……说翻译是叛逆，那是因为它把作品置于一个完全没有预料到的参照体系（指语言）里，说翻译是创造性的，那是因为它赋予作品一个崭新的面貌，使之能与更广泛的读者进行一个崭新的文学交流，还因为它不仅延长了作品的生命，而且又赋予它第二次生命。"③ 作为译者的"创造性叛逆"，华兹生的"个性化翻译"主要是在传达诗句意蕴与保持结构形式之间保持平衡，既有效转换语言的意思，又尽量不破坏原诗的结构形式，换句话说，就是用不完全规范的现代英语自由诗体来极力保持原诗的结构与含义。既符合美国当时的主流诗学形态，即现代英语自由诗体，又通过"不太规范的英语"努力保持了原诗的结构特征和意蕴；虽然用的是散体翻译形式结构规整的中国古诗，但却尽量避免了冗长与散乱，尽量保存了中国古典诗词的简约形式，这就是华兹生的翻译技巧。正如约翰·诺布洛克（John Knoblock）所说："对于译诗而言，不仅要传达原作字面意义，还必须激发目的语读者的情感，反映原作的形式结构，传达原作的意蕴，也就是说在保留原作形式结构和传达思想意蕴之间寻求平衡是译者的终身追求。华兹生的翻译就很好地解决了这一点。"④ 译文每行对应原作诗行，且每行长度大致与原作相应，还特意标明每行字数。虽然没有与原作诗歌节奏与句子结构完全相应，但相对别的译作而言（如王红公的），华兹生的译作更为贴近原作的形式结构、意蕴与韵律，当然也并非所有的译作都成功做到了这一点。我们以译诗《和子由踏青》为例予以

---

① "最完善的人"出自美国后现代诗人、批评家和翻译家肯尼斯·雷克思罗斯，他在评论中国诗歌所表现的内容时认为，远东（主要指中国）诗歌宣扬的是一个完美文化的方方面面，或者说，人类心灵的种种要素以及最完善的人的种种品质，但都被西方文明压制或者歪曲了。远东诗歌对于美国 1940 年后出生的人来说具有重大影响。

② Burton Watson, trans. *Selections from a Sung Dynasty Poet*, *Su Tung-p'o*. ibid. p. 9.

③ [法] 埃斯卡皮著：《文学社会学》，于沛译，浙江人民出版社 1987 年版，第 267～268 页。

④ John Knoblock. "Su Tung-P'o: Selections from a Sung Dynasty Poet" (Book Review), *Journal of Asian Studies*, Vol. 26, No. 1, Nov 1, 1966, p. 112.

简析：

春风陌上惊微尘，游人初乐岁华新。人闲正好路旁饮，麦短未怕游车轮。城中居人厌城郭，喧阗晓出空四邻。歌鼓惊山草木动，箪瓢散野乌鸢驯。何人聚众称道人？遮道卖符色怒嗔：宜蚕使汝茧如瓮，宜畜使汝羊如麇。路人未必信此语，强为买服禳新春。道人得钱径沽酒，醉倒自谓吾符神！①

Rhyming with Tzu-yu's "Treading the Green"（1063）

1　East wind stirs fine dust on the roads，
2　First chance for strollers to enjoy the new spring.
3　Slack season—just right for roadside drinking，
4　Grain still too short to be crushed by carriage wheels.
5　City people sick of walls around them
6　Clatter out at dawn and leave the whole town empty.
7　Songs and drums jar the hills，grass and trees shake；
8　Picnic baskets strew the fields where crows pick them over.
9　Who draws a crowd there？A priest，he says，
10　Blocking the way，selling charms and scowling：
11　"Good for silkworms—give you cocoons like water jugs！
12　Good for livestock—make your sheep big as deer！"
13　Passers-by aren't sure they believe his words—
14　Buy charms anyway to consecrate the spring.
15　The priest grabs their money，heads for a wine shop；
16　Dead drunk，he mutters："My charms really work！"

Written while the poet was an official in Feng-hsiang in Shensi. "Treading the Green" refers to a day of picnics and outings traditionally held in early spring. Tzu-yu had weitten a poem describing the festival，and Su Tung-p'o here adopts the same theme and rhyme for his own poem. 7-character. Line 9. "A priest." Tao-jen，a term used for both Buddhist and Taosist priests. ②

此为苏轼在凤翔与其弟苏辙唱和之作，描写了青年苏轼在家乡与家人及"城中居人"游春踏青的盛况，还为我们刻画了一位骗钱道人的生动形象。诗作气韵

---

① 苏轼：《和子由踏青》，张志烈、马德富、周裕锴《苏轼全集校注》（诗集），河北人民出版社2010年版，第273页。
② Burton Watson，trans. Selections from a Sung Dynasty Poet，Su Tung-p'o. ibid. p. 28.

流走，细腻生动，夸张戏谑。华兹生的译文采用了自由诗体，除了添加必要的介词、冠词、动词外，译作的结构与原诗基本对应。如：

East wind stirs fine dust on the roads，春风陌上惊微尘

"春风"对应"East wind"，"陌上"对应"on the roads"，"惊"对应"stirs"，"微尘"对应"fine dust"，原作7个字，译作八个词，只添加了必要的介词"on"。

又如：

City people sick of walls around them，城中居人厌城郭

"城中"对应"City"，"居人"对应"people"，"厌"对应"sick of"，"城郭"对应"walls around them"，原作7个字，译作也是7个词，字数完全相等，尽管不是逐一对应，但总体相当。除了添加一个必须的介词"of"，译作省略了一些句子成分。比如"sick"前的"are"，系动词的缺席并不影响英语读者的接受，同时又能与原作保持结构上的对应，虽然不太规范，但却保留了原作的结构形式，可以让英语读者意识到中国古典诗词的简约，进而了解中国语言的灵活性、结构的松散、语法的模糊性，且译作也很好地传达了原作的意思，在节奏上也很流畅自然，因此，从这个意义上说，华兹生的翻译是非常成功的，在英语世界深受欢迎，被称为是"最受欢迎的英译亚洲语言的美国译者之一""译文自然流畅、娴雅精炼"。最令人称道的是最后一句译文：

Dead drunk, he mutters: "My charms really work!"醉倒自谓吾符神

"醉倒"对应"Dead drunk"，"自谓"对应"he mutters"，"吾符神"对应"My charms really work"，原作7个字，译作8个词，基本对应，保持了原作的简约形式，同时，使用直接引语，"My charms really work!"将原作中的道人形象呈现得栩栩如生，如在眼前。

当然，需要强调的一点是，华兹生为了保持中国古典诗词的结构形式特征，除了在必要时使用不规范的英语，还巧用破折号、冒号等符号，或者省略句子成分，避免句式繁冗拖沓，同时也完全不影响英语读者接受。比如：

3 Slack season—just right for roadside drinking，人闲正好路旁饮

11 "Good for silkworms—give you cocoons like water jugs！宜蚕使汝茧如瓮
12 Good for livestock—make your sheep big as deer！"宜畜使汝羊如鹿
13 Passers-by aren't sure they believe his words— 路人未必信此语

  上述诗句中，3句、11句、12句若省略破折号，就会造成理解上的困惑，在语义传达上就不成功，但如果使用规范的现代英语，那就必须添加较多的句子成分，才能完全符合语法，然而却势必导致诗句的冗长，破坏原作的结构，面对这样的两难处境，华兹生采取添加破折号的技巧，将两个具有内在关联的成分连在一起，既避免了语法问题，也保留了原作的形式特征，可以说，是将英语的"形合"句法与汉语的"意合"句法的灵活运用，还能让英语读者感受到汉语的"意合"句法，汉语语法的灵活，富有弹性的伸缩空间，可见华兹生的翻译巧妙之处。第13句的破折号虽然与上述的功用不同，但仍然有其妙处。从语法上看，去掉破折号完全符合规范，但在语义的传达上就少了许多韵味。一个破折号，可以营造余味无穷、余音袅袅之艺术境界，令人回味。似乎道人的叫卖一直回绕在耳边，久久不散。在传达原作韵味这个层面，华兹生也是颇有技巧的。

  当然，也有论者批评华兹生的翻译丢失了原作的风格，没有将苏诗的多种风格传达出来，也有其合理性。如刘若愚就指出："尽管我们都知道译诗必然会或多或少失去原作的一些质素，但在将中国古诗英译时，还是必须得尽量传达原诗的风格，是庄重还是戏谑，是典雅还是通俗，是涩奥还是简明，是含蓄还是直白，都得清晰地展示出来。华兹生大量使用英语中的通俗语言来翻译苏轼诗歌，大大损伤了苏轼原作的'文学性'，比如频繁使用'想知道''是不是''不是吗'等通俗口语。"① 刘若愚认为，苏轼诗歌虽然具有自发、自然的特点，非常流畅，气韵生动，如同莎士比亚的无韵体诗歌，且词汇极其丰富，但这并不意味着必须用明白如话的现代英语的日常口语来翻译。由此，刘若愚建议应用典雅的、优美的、具有文学性的语言来翻译，或许会更受欢迎。②

  刘若愚对华兹生译本的批评主要在于译本未能传达原诗的风格，其次是译本以英语中的通俗语言来翻译苏轼诗歌，大大损伤了苏轼原作的"文学性"，这两点均是从文学翻译应力求保留文学的"文学性"立场提出的，与刘若愚所受新批评思想有内在联系。但不能否认的是，刘若愚在重视文学翻译对"文学性"的传递时，似乎忽视了华兹生译介策略的历史背景，华兹生之所以择取"大众化"译介策略，是与当时中美对峙背景中美国急于增进民众对中国的认识紧密相关的，

---

①② James Liu J. Y. "Su Tung-P'o: Selections from a Sung Dynasty Poet", (Book Review), *Journal of the American Oriental Society*, Vol. 35, No. 1, Nov. 1, 1966, p. 21.

译语的通俗化是为了满足大众的需求。正是由于华兹生译本迎合了时代与大众的需求，译语明白如话，通俗易懂，符合大众审美，才获得了较多的受众，成为最受欢迎的译本，也是使用最为频繁的译本。当然，"诗歌是一种极难翻译成外语的语言形式，任何翻译都会引起许多扭曲变形"。① 从纯粹文学翻译的角度进行审视，华兹生译本无疑丧失了较多"文学性"，尤其是将苏诗多样化的艺术风格抹煞，均以通俗浅显的面目显示出来，是苏诗跨文化旅行中的一大损失。

在翻译实践中，传递语义与保持结构形式之间的矛盾一直存在，而华兹生的苏诗翻译就很好地协调了二者之间的矛盾，一方面极力传达苏轼诗文语义；另一方面又力求保持苏诗结构，同时还要接近美国的主流诗学形态，使用美国读者易于理解和接受的自由诗体，也就是说，华兹生必须在两种不同语言规范中，在两种异质文化系统中，努力进行协商调整，只有极力保持平衡，才能获得成功。正如叶维廉所说："翻译是两个文化互通的港口，在通译的过程中，必然牵涉到两个文化系统与语规的协商调整，必然牵涉双重意识形态，亦即是，一面要认知甲文化数千年来民族的意识、默契、联想构成的传统力量下所产生的作者思维状态与境界，一面要认识和掌握乙文化数千年来民族的意识、默契、联想构成的传统文化力量下所产生的语言表达的潜能与机制。翻译者在这二者的相遇里做出种种的协调。翻译者因此同时是读者（最好是够资格的读者）、批评家（最好是灵通八面的可观批评家）和诗人（最好是能掌握语言潜能的创作者）。这样一个翻译者我们可以称之为理想的翻译者，是不易得或者不可得的。"② 华兹生就是这样一个理想的翻译者。

需要补充说明的是，华兹生运用了现代英语自由诗体来翻译苏轼诗词。自由诗体是当时美国主流诗学形态之一，是对传统格律体诗歌的质疑与反叛，也是更易于让普通读者所接受的诗歌形式，一些将中国古诗翻译成格律体诗歌的译者如理雅各、翟理斯、弗莱彻等的译作被认为是陈词滥调、束缚思想，因为他们因追求格律而不惜损害原诗意义、意境等弊端。相较而言，认为有主语、谓语、宾语等结构及时态变化的自由体诗歌是一种既能更好地反映原文的意义，同时又能保持英语自身语言特色的更好的译介方式。由于中国诗歌"在组成一句话时，主语、谓语与宾语以及形容词或副词等都可以互相颠倒或完全省略，而且在行文时一向没有精密的标点符号"，③ 使得译者在翻译时必须补出省略的词语（如动词、代词、定冠词、介词、连词等），让译文更为清晰和具体，读者通过对译文的阅读才可以获得更为可感的意象和更为详细的信息。华兹生选择了自由体诗这种形

---

① ［法］列维·斯特劳斯：《结构人类学》，张祖建译，中国人民大学出版社2006年版，第224页。
② 叶维廉：《中国诗学》，人民文学出版社2006年版，第8~9页。
③ 叶嘉莹：《王国维及其文学批评》，河北教育出版社1997年版，第115页。

式,在具体的翻译过程中添加了必要的冠词、介词、代词等,或使用破折号、逗号、分号等符号代替连词,减少每行的字数,使得句式干净利落;用动词的现在分词形式,以代替较长的分句;多使用现在时,减少时态的变化同时也避免了繁复冗长的问题,这使得华兹生的译作在很大程度上反映和体现出中国古典诗词用语凝练、极富张力、意义空间大、少用连接词、语法松散等特质,这无疑有助于彰显中国诗歌言外之意、韵外之致的美学特质。恰如赵毅衡所说:"规范英语难免改动了某些汉语诗句的本意,而略去一部分冠词和动词的译法,就保留了汉语诗本意的模糊性和诠释弹性。"① 同时,华兹生又避免了詹姆斯·克莱尔(James Cryer)与庞德极端"并置式诗体"②的弊端,这使得华兹生的译作既具有中国古诗精炼的形式特征,又传达了原诗的言外之意。

总而言之,华兹生的个性化翻译充分凸显了其面向西方普通大众传播中国传统古典诗词的追求,体现了一名优秀译者对两种异质文化、两套语言系统的融通。当然,华兹生的译介也有极少的"无意误译"。③ 如《出颍口初见淮山,是日至寿州》中"我行日夜向江海"中的"江海"被误译为"the Yangtze and the sea";《腊日游孤山访惠勤惠思二僧》中的"腊日"被译为"winter solstice",意思是"冬至"等。"误译"反映出不同文化之间的碰撞、扭曲和变形。可见,尽管华兹生了解中国文化与文学,还熟知苏轼的诗文特性,更能娴熟运用地道的现代英文,可谓具备一名优异翻译者的各种素质,但"误读"也在所难免。所谓瑕不掩瑜,华兹生汉诗英译的丰硕成果是非常值得称道的。

**4. 文化过滤**

由于文化传统、接受语境的不同,苏轼作品从中国文化进入美国文化的过程中,为了让更多美国大众接受苏轼,华兹生通过选篇有意对苏轼形象进行了改造与移植,从而产生了文化过滤。所谓文化过滤,指"文学交流中接受者的不同的文化背景和文化传统对交流信息的选择、改造、移植、渗透的作用,也是一种文化对另一种文化发生影响时,接受方的创造性接受而形成对影响的反作用"。④ 文化过滤肯定文化在传播过程发生变异、变形、转化的合理性,以及产生文化误

---

① 赵毅衡:《诗神远游——中国如何改变了美国新诗》,上海译文出版社2003年版,第207页。

② "并置式诗体"指的是大量省略语词、标点;行首没有大小写区别;只是将原文中的意象或词组一一对应译入并排列起来,这种译文极其简单化,虽具有中国古诗的某些形式特征,却丢失了诗歌的意蕴。

③ "误译"分为"无意误译"与"有意误译","无意误译"是由于译者穿行于两种不同语言、文化之间能力不足造成的,它易造成信息的误导,反映了译者对另一种文化的误解,形成文化和文学交流中的阻滞。"有意误译"则是译者出于特定的需要或者目的,故意采用增删、窜改原文语词或者曲解文意等不正确手段进行翻译。参见曹顺庆:《比较文学论》,四川教育出版社2002年版。

④ 曹顺庆:《比较文学论》,四川教育出版社2002年版,第184页。

读的不可避免性。

　　首先，美国文化特别崇尚通过个人奋斗来实现个人价值，因此注重成就、仰慕英雄，形成了深厚的成就崇拜和英雄崇拜文化心理。个人成就是所有美国人价值体系中不可或缺的评价标准之一，换句话说一个人的价值是通过他在事业上的成就来体现的。因此，基于这样的文化接受语境，华兹生在建构苏轼形象时，就特别择取了苏轼在诗、词、文、赋、绘画（以题画诗来体现）等领域成就较高的篇目，以此突出苏轼在诸多艺术门类所取得的超越时人的卓越成就，把苏轼塑造成宋代艺术的集大成者。如在导论中特意为择取四篇题画诗进行说明，译者的目的是借此说明苏轼即使面对非真实的山水，也可以作出像面对真实山水时那样体物传神的诗作，华兹生有意择取契合美国文化心理之作的用心可见一斑。与此同时，华兹生虽对苏轼多才多艺、乐观超迈、平易近人、幽默诙谐大加称赏，也言及苏轼艰辛的入仕之途，但却较少提及苏轼所具有的传统士人最为普遍的价值追求，即"治国平天下"的价值理念，以及从中折射出的中国古代士人对国家、社会强烈的历史使命感和忧患意识。即使是华兹生所选的苏轼贬谪期间的诗歌，大多反映苏轼在困境中的抗压精神、不被苦难打倒的生存智慧，却极少择取反映苏轼虽遭贬谪却仍怀忠君报国之志的作品，即那些系念国事、感伤时事的作品，比如《荔枝叹》《和陶劝农六首》《和陶示周掾祖谢》等。其原因可能与美国人个人主义思想有关，他们追求个人至上、私欲至上、追求个人利益和个人享受，他们对中国古代士人深切的历史使命感与忧患意识不感兴趣。因此，华兹生在美国价值观念影响下为读者展示的苏轼形象是一个文艺成就突出的艺术家、乐观豁达的生活智者，而过滤掉了苏轼人格中非常重要的历史使命感与忧患意识，将其显现为一个美国文化所崇拜的个人奋斗形象。

　　其次，美国社会具有很大的流动性。较强的流动性使得美国文化热衷变动不居及由此引发的崇尚新奇、冒险开拓精神，华兹生在译介中特别强调苏轼宦游的人生方式，突出苏轼不断地从一个贬谪地到另一个贬谪地的漂泊生活，所到一个陌生之地，不管环境多么险恶，生活多么艰苦，都能很快融入当地人群，且从中发现生活的乐趣。华兹生对苏轼热爱生活、开拓进取的形象建构，虽然在很大程度上迎合了美国的文化心理，获得了美国大众的文化认同，但却是对中国古代贬谪文化的一种改造、移植和误读。贬谪是因为中国古代官员因过失或犯罪而被降职甚至流放，除了贬谪地自然社会环境恶劣之外，还导致贬谪者与社会的隔离以及由此带来的强烈孤独感和被拘囚感。苏轼与儿子苏过及侍妾朝云到达岭南时，境况异常凄凉，"瘴疠之地，鬼魅为邻居"，贬至海南儋州，更过着"食无肉，居无室，出无友，冬无炭，夏无寒泉"（《答程天侔书》）的生活。除了自然环境的恶劣，还有各种疾病袭来，苏轼在惠州时，"旬日之间，丧两女使"（《与林天和长官书》），侍妾朝云亦因病去世。荒蛮之地还必然会有经济的拮据，"门生馈薪米，救我厨无烟"（《和陶归园田居》），往往靠朋友和当地民众的接济生活，行动也受当局者的监视和限制，动辄得咎，精神上受到很大威胁。然而，华兹生尽管意识到贬谪对苏轼肉体和精神造成的极大痛苦，但在选篇中却重于突出苏轼对痛苦的超越、对精神危机的化解，而较少选择那些真实反映苏轼内心沉痛、愤慨甚至是质疑君主权威的作品，如《和陶咏三良》《安期生》《次韵郑介夫》等，而这无疑是中国贬谪文化的重要组成部分。显然，华兹生为了在更大程度上获得美国读者的心理认同，对这些不太契合美国文化的因素进行了过滤，对苏轼的贬谪生活进行了改造和移植，甚至在个别地方还表现出有意美化之嫌，如在《导论》中就提出宋代交通便利，为人们乘船从一地到另一地的旅游生活提供了可能，易造成苏轼贬谪生活是在不同地方旅游的误导。不只是苏轼的形象在华兹生的译介中由于文化过滤发生了变异，华兹生还认为宋代人的价值理念及兴趣更趋向现代西方人，作为宋代文化重要组成部分的宋代诗歌也更像是"我们所处社会和时代的产物"，华兹生显然忽视了宋代社会的实际，有一叶障目之嫌。

正是由于华兹生所持有的价值观念导致了译介中不可避免的文化过滤，也使得《选集》引起了美国读者对苏轼诗歌的兴趣，促进了苏轼诗文在美国的传播与接受，进而推动了20世纪70年代后美国全面研究苏轼的进程，还在一定程度上加速了苏轼作品在美国的经典化。

综上所述，虽然华兹生的苏轼诗文译介存在不可避免的文化过滤，也有一些误译现象，但不可否认的是，他为苏轼诗文的西传作出了重大贡献。华兹生的诗文译介策略、选篇理念、个性翻译为中国文学及传统文化在国外的传播提供了有益启示。一是在译介中，应根据特定的时代需求、译者的学术背景、主流诗学形态来确定译介目标与宗旨；二是无论出于何种目的进行译介，在传达原作的文化内涵时，应尽量减少无意误译，减少文化信息的扭曲和变形；三是任何译介包括诗文的译介，使用何种形式并不重要，比如诗歌中的自由体或是格律体，都应该面向受众，为此可以做适当的变通，兼顾不同形式的优势；四是译者要不断提高自身的文化修养，翻译在根本上是在两种异质文化系统之间、两种不同语言规范之间、两套不同意识形态之间，努力进行协商调整，因此，对译语和源语文化的深入研究必不可少，唯如此才能真正做到同时兼顾"异化"与"归化"；五是译介的选篇非常关键，那些与译语国的深层文化心理比较契合的作品更容易被接受。

另外，我们认为华兹生的苏轼诗文译介有很多地方值得我们借鉴，尤其是文本细读与深入细致探析作品的创作背景、文化内蕴相结合的研究方法与态度，但一些跨文化译介中难以避免的缺憾也是我们应该竭力避免的。

## 二、英语世界中国古典诗歌研究贡献

### (一) 拓宽研究视野

**1. 诗学诗艺研究**

将中国古典诗歌视作一个整体观照其艺术特质，即强调中国古典诗歌文体特征的所谓文本"内部研究"及诗学研究，自 20 世纪 60 年代以来硕果累累，尤其是一些华裔学者，依凭其深厚的中国文学积淀和精通英语及西学的优势，在跨文化阐释中国古诗诗艺及诗学领域作出了独特贡献。比如刘若愚《中国诗歌艺术》①《中国诗歌里的时间、空间与自我》②《语际批评家：阐释中国诗歌》③《语言·悖论·诗学：一种中国观》④，张隆溪的博士论文《语言与阐释：中西比较诗学研究》⑤，叶维廉的《中国诗学》（Chinese Poetics，1992）、《渐行渐远——中西诗学对话》⑥，缪文杰的《中国诗歌和诗学研究》⑦，欧阳桢的《透明之眼：翻译、中国文学与比较诗学》⑧ 等。其中较早且较为全面阐述了中国诗歌艺术的应属刘若愚的《中国诗歌艺术》。该书不仅论析了"汉字的结构、汉语的听觉效果和作诗法的基础、诗中所常流露的情感等问题，而且概述了中国关于诗作为道德表征和社会评价，作为自我表现，作为文学训练（夺胎换骨、肌理等）、作为沉思（境界、顿悟）等 4 种传统观点，并力图将以上观点统一于'诗作为世界和语言的探索'的基调"。⑨ 刘若愚的《中国诗歌中的时间、空间与自我》一文进而指出，中国诗歌在于构建一个想象世界，如欲进入这一想象世界，必须了解其

---

① James J. Y. Liu. *The Art of Chinese Poetry*. Chicago：University of Chicago Press，1962.
② James J. Y. Liu. Times，Space，and Self in Chinese Poetry，*Chinese Literature*：*Essays*，*Articles*，*Reviews*（*CLEAR*），Vol. 1（Jul.，1979），pp. 137 – 156.
③ James J. Y. Liu. *The Interlingual Critic*：*Interpreting Chinese Poetry*. Bloomington：Indiana University Press，1982.
④ James J. Y. Liu. *Language – Paradox – Poetics*：*A Chinese Perspective*. Princeton，N. J.：Princeton University Press，1988.
⑤ Zhang Longxi. "Language and Interpretation：A Study in East – West Comparative Poetics"，Ph. d Dissertation，Harvard University，1989.
⑥ Wai – Lim Yip. *Diffusion of Distances*：*Dialogues Between Chinese and Western Poetics*. California：University of California Press，1993.
⑦ Ronald Clendinen Miao. *Studies in Chinese Poetry and Poetics*. San Francisco：Chinese Materials Center，Inc.，1978.
⑧ Eoyang Eugene Chen. *The Transparent Eye*：*Reflections on Translation*，*Chinese Literature*，*and Comparative Poetics*. Honolulu：University of Hawaii Press，1993.
⑨ 黄鸣奋：《英语世界中国古典文学之传播》，学林出版社 1997 年版，第 132 页。

时空特性与作家的行为方式，中国诗歌既超越时空又面向当下，自我与时空之关系也有自身特色。较新的研究成果当数余宝琳的《言外之意：中国诗歌的隐藏艺术》①，该著作以王维的《辋川集》、孟浩然的《岁暮归南山》、李白的《送孟浩然之广陵》及刘勰、司空图、严羽、叶燮等的文学作品及文学批评理论为据，分析了中国诗歌追求言外之意的根源及表现。

此外，一些英语世界本土汉学家也在阐释中国传统诗歌与诗学方面进行了别具一格的研究，给国内学界以新的启示。比如美国著名汉学家宇文所安的《中国传统诗歌与诗学：世界之兆》②、加拿大学者林理彰的《中国诗学》③ 等。

也有学者侧重从中国传统意象理论出发研究中国古典诗歌艺术，当然，主要是华裔学者，受其所在的西方诗学影响，他们往往能融通中西，自出机杼。比如余宝琳的《中国象征主义诗学理论》④《中国诗歌传统里的意象解读》⑤，方闻（Wen C. Fong）和姜斐德（Alfreda Murck）合编的《语言与意象：中国诗歌、书法和绘画》⑥，杨晓山的《私有空间之变形：唐宋诗歌中的园与物》⑦，谢明（Xie Ming，音译）的《庞德与中国诗歌创新：神州集、翻译与意象》⑧，爱德华·彭（Edward Peng）的博士论文《中国古诗中的典故》⑨，简国如（Jian Guoru，音译）的《奔腾不息的长江：中国古诗中的长江意象》⑩ 等以诗歌创作的自然物象为研究对象的著作；以诗情为研究对象的有宇文所安著《回忆：中国古典文学之"忆"》⑪，华裔学者林顺夫与宇文所安合编的《抒情之音的重要性：汉代晚期至

---

① Pauline Yu. "Hidden in Plain Sight? The Art of Hiding in Chinese Poetry", *Chinese Literature：Essays，Articles，Reviews（CLEAR）*, Vol. 30, Dec, 2008, pp. 179–186.

② Stephen Owen. *Traditional Chinese Poetry and Poetics：Omen of the World.* Madison：University of Wisconsin Press, 1985.

③ Richard John Lynn. *Chinese Poetics.* Princeton：Princeton University Press, 1993.

④ Pauline Yu. "Chinese and Symbolist Poetics Theories", *Comparative Literature*, Vol. 30, No. 4, 1978.

⑤ Pauline Yu. *The Reading of Imagery in the Chinese Poetic Tradition.* Princeton：Princeton University Press, 1987.

⑥ Wen C. Fong, Alfreda Murck. *Words and Images：Chinese Poetry，Calligraphy，and Painting.* New York：Metropolitan Museum of Art, 1991.

⑦ Yang Xiaoshan. *Metamorphosis of the Private Sphere：Gardens and Objects in Tang–Song Poetry.* Cambridge, Mass：Harvard University Press, 2003.

⑧ Xie Ming. *Ezra Pound and the Appropriation of Chinese Poetry：Cathay，Translation，and Imagism.* New York：Garland Pub, 1999.

⑨ Edward Peng. *The Role of Allusion in Classical Chinese Poetry*, Ph. d Dissertation, *University of California*, Irvine, 1994.

⑩ Jian Guoru. *The Mighty Chang Jiang River：the Chinese Classical Poems with Paintings of the Chang Jiang Scenery.* Ontario：Pearlmak Publishing Inc, 1998.

⑪ Stephen Owen. *Remembrances：The Experience of the Past in Classical Chinese Literature.* Cambridge：Harvard University Press, 1986.

唐诗歌》①，理查德·塞拉诺（Richard Serrano）著《非借：法国、中国和阿拉伯诗歌中对传统的回味》②，叶扬（Ye Yang，音译）的哈佛大学博士论文《意余象外：中国诗歌之结尾》③《中国诗歌结尾的艺术》④，唐燕芳（Tang Yanfang，音译）的《思与悟：中国传统诗歌与诗学中的妙悟》⑤ 等。

**2. 汉诗英译与研究**

中国古典诗歌的英译是汉诗国际化的必要途径，英译古诗不仅是两种不同语言之间的文本转换，更是在两种异质文明间的冲撞。如何在忠实于源文本与目的语国家读者接受之间寻求平衡，这是摆在每个翻译者面前的艰难抉择。优秀的翻译者往往能够寻找到最佳平衡点，从而实现两种语言、两种文化、两种传统之间的沟通。翻译界学者们总是孜孜不倦地探索这种平衡之道，通过对一些成功译家的翻译策略、选篇标准、翻译技巧及其间的文化过滤等进行深入研讨，给致力于汉诗英译的译者以借鉴和启发。由此，对中国古诗英译的研究也成为海外汉学的热点之一。比如蒂勒（R. E. Teele）的《暗地里用镜子看：汉诗英译介与研究》⑥、吉安娜·林（J. Lin）的《斯蒂芬斯与道》（1988）等专论。也有以之为博士学位论文的，如温特斯（L. E. Winters）的《中国诗歌和20世纪英美诗歌的关系》（1956）、詹姆斯·伊泽（P. A. James Easy）的《辛德之诗的继承与创新》（1983）、杨秉铉（Byung HyunYang）的《艾略特：东方思想及其发展，诗与信仰之研究》（1991）等。还有朱楚申（Chushen Zhu）的《中国之谜：翻译的实践美学》（《人不列颠美学杂志》1992年1月号）等报刊论文。在上述论述中，探讨的对象往往是美国译者，此与20世纪40年代以来美国加强汉诗英译相关。通过翻译中国古诗，增进美国民众对中国文化的了解，因为在中国古典诗歌里蕴藏着中国人特有的审美心理、文化传统、人生信仰等。尤其是其中成功的译者，自然成为汉学界研究的热点人物，比如埃兹拉·庞德。1915年，庞德发表了中国古诗英译本《神州集》（Cathay），此书为庞德根据东方学者费诺罗萨的遗稿所译，蜚声文坛，获得极大成功。庞德虽不懂汉语，但他以诗人的敏感去体会原作的诗心，所传达出的诗情意绪正和经过第一次世界大战洗礼的美国读者相投

---

① Stephen Owen, Lin Shunfu. *The Vitality of the Lyric Voice: Shih Poetry from the Late Han to T'Ang*, Ed. Princeton: Princeton University Press, 1986.

② Richard Serrano. *Neither a Borrower: Forging Traditions in French, Chinese and Arabic Poetry*. Oxford: European Humanities Research Centre, 2002.

③ Ye Yang. *Beyond the Last Image: Poetic Endings in Chinese Tradition*, Ph. d Dissertation, Harvard University, 1989.

④ Ye Yang. *Chinese Poetic Closure*. New York: Peter Lang Publishing, Inc., 1996.

⑤ Tang Yanfang. *Mind and Manifestation: The Intuitive Art (miaowu) of Traditional Chinese Poetry and Poetics*, Ph. d Dissertation, Ohio State University, 1994.

⑥ 此书于1949年由密执安大学出版社出版，作者次年以之获得哥伦比亚大学博士学位。

契，由此产生强烈反响。据黄鸣奋先生统计，以庞德之创作及其和中国诗歌的关系为题的博士学位论文多达20余部，即：荣之颖《庞德与中国》（1955）、米亚克（A. Miyake）《庞德写作〈诗篇〉时对中国文化的吸收》（1971）、王燊甫（D. H. Hsin-fu Wand）《重游中国》（1972）、卡宾斯基（J. B. Karpinski）《诗学与诗辩：庞德与马雅可夫斯基的策略》（1980）、舒尔茨（R. D. Schultz）《庞德发展中的诗学》（1981）、马修斯（C. Matthews）《庞德与表意法》（1983）、威尔斯（Tanya Wells）《庞德的〈中国〉与美国人的中国观》（1983）、瓦尔特（Ying Tai S. Walther）《再论庞德的表意法》（1983）、张耀新（Yao-hsin Chang）《中国对易卜生、索洛和庞德的影响》（1985）、凯利（A. L. Kelly）《儒学与庞德〈诗篇〉的意义》（1986）、里奇（M. K. Ritchie）《从翻译到误译》（1986）、华纳（M. L. Warner）《庞德〈诗篇〉里的多语主义》（1986）、张佩文（Pei-Wen Chang）《以故为新：庞德之译〈诗经〉》（1986）、威尔森（J. A. Wilson）《仪式与接收：庞德对游吟诗人作品与中国抒情诗的翻译》（1987）、万柳（Wan Liu）《形式的姻亲关系：中国诗人与波普、庞德、艾略特及威廉斯》（1988）、陈晓梅（Xiao-mei Chen）《误解的诗学：中西文学交流里接受之切望》（1989）、王长红（Changhong Wang）《庞德之译〈诗经〉》（1991）、韦伦（P. A. Wellen）《庞德对汉字的运用及其美学、政治和宗教观念》（1991）、金永熙（Yoon-sik Kim）《猩猩语：庞德〈诗篇〉里的象形技巧》（1991）、钱兆明（Zhao-ming Qian）《庞德、威廉斯与中国诗歌：一种现代传统的形成》（1991）、沈凡（Fan A. Shen）《庞德的表意诗学》（1992）、德尔科尔（J. Dirscoll）《庞德的〈中国〉诗》（1993）、厄希（S. R. Esh）《经验论、隐喻和庞德的表意方法》（1993）等。相关书籍有梅尔钱德（W. M. Merchant）等《庞德新论》（1958）、邓波（L. S. Dembo）《庞德所译〈诗经〉评析》（1963）、斯托克（N. Stock）编《庞德80寿辰纪念文集》（1965）、叶维廉《庞德之〈神州集〉》（1969）等。黄鸣奋先生指出："上述论著里，叶维廉之作颇有特色。作者既非抓住庞德译诗的乖谬之处责难其失实，亦非抓住庞德以诗人之心所进行的再创作称道其译诗之美，而是根据原诗、费诺罗萨译稿及庞德的译文的比较弄清庞德作为诗人的精神以及他译汉诗时萦绕于心的观念和所应用的技巧，强调他受惠于印象主义和象征主义之处。"①

## （二）创新研究方法

英语世界研究中国古典文学，出于不同的文化、学术传统，往往会采取较为灵活的研究方法，得出的结论也与国内大异其趣。正如傅璇琮、周发祥所言：

---

① 黄鸣奋：《英语世界中国古典文学之传播》，学林出版社1997年版，第132页。

"国外学者的批评方法、分析角度相对来说较为灵活多变,其文艺观、价值观以及趣味好尚又与我们不尽相同,这就决定了这一研究所作的结论,很多在国内论坛实属罕见。"① 以对中国古典诗歌的研究而言,英语世界学者大多不拘泥于某种研究手段,而是根据需要融合多种方法,以解决他们所提出的问题为旨归。在诸多方法中,"新批评"的文本细读法深受欢迎,被广泛使用,但他们在运用文本细读法的同时,也采用其他手段如社会历史批评法、平行研究法等一并分析问题,所得出的见解也颇为新颖。本节拟以英语世界对苏轼诗词的研究为例,从方法层面管窥英语世界译介与研究中国古典诗词的贡献。

"新批评"(The New Criticism)在20世纪40年代末、50年代初一度在美国学术界一统天下,得名于美国诗人、批评家兰色姆所著论文集《新批评》(1941)。威廉·维姆萨特(William K. Wimsatt, 1907~1975)与门罗·比厄兹利(Menroe C. Beardsley)合著的《意图谬误》和《感受谬误》奠定了"新批评"的理论基础。他们将文学作品视为一个独立于它的创造者和消费者的存在,是与外界(作者声誉、时代风尚、宗教信仰、道德伦理等因素)绝缘的自足有机体,作为空间上的"意义复合体",诗是一个整体,其所有组成要素密切相关,共同作用。批评家的任务是如同评价一个物体或机器一样评价诗,看诗歌的各部分是怎样关联起来"工作"的,如何表达意义的。因此,文学批评的重点应落在作品本身。运用细读方法,通过研究构成文本的语言、意象、修辞、韵律、歧义、反讽、张力、悖论等要素来理解作品,把握意义,是一种"本体论的文学理论"(兰色姆语),主张摒弃基于社会历史和传记进行文学批评的方法。他们还探讨了文学作品里意义与感情的关系,阐述了诗的接受效应不能成为批评标准的思想,强调批评的出发点和归宿都应该是作品本身,而不是外在的作者"意图"或读者"反应",不能将诗本身与诗的效应相混淆,从而导致批评对象从文学自身规律转移到作品对读者的心理影响上,使文学批评丧失"客观性",变成主观印象主义。尽管"新批评"很快就失势,由极盛转向衰退,但其所倡导的"内部研究"却成为美国批评界的传统。

新批评并未成为过去时,而是方兴未艾,"综观美国汉学界近几十年来所涌现的诸位学者,他们在对于西方诸种话语体系予以接受的过程中既注重兼容并包又长于质疑创新,其中一些杰出人士在不同程度上接受并运用了新批评派的诸种理论"。② 英语世界的苏轼诗词研究大量使用文本细读法,艾朗诺、刘若愚、孙康宜、何大江、唐凯琳等无一例外,其中以刘若愚、孙康宜最为明显。

---

① 周发祥:《西方文论与中国文学》,江苏教育出版社1997年版,第5页。
② 胡燕春:《新批评派与美国汉学界的中国文学研究》,载于《福建师范大学学报(哲学社会科学版)》2009年第2期。

学界有论者提出，刘若愚有效借鉴了新批评派的词语研究法，开创了英语论词著述的先河。体现在两个方面：一是将词家词作体现出的境界进行了梳理，划分为晏殊、欧阳修的情操和敏感的词境，柳永和秦观的情感写实与风格创新的词境，苏轼的理性与机智的词境，周邦彦的微妙与细致的词境等。二是以"意象"为批评标准，将上述词家词作中的"意象"划分为"单纯意象"与"复合意象"，进而以此作为评价词作的最重要标准之一。① 笔者认为，此论只注意到刘若愚对"词境"与"意象"的分析，忽略了刘若愚对文字、风格、修辞、想象、句法、结构等方面的研究，不够全面。刘若愚评诗词有一套独特的诗学观念："诗是境界和语言的双重探索。"同时也有独到的评论方法：一是判断一首诗是否具有自己独有的境界；二是判断它在语言的使用上，是否开创了新的局面。以此标准来判断诗词的出色与平庸。在上述诗歌见解和方法指导下，刘若愚建立了一套较为成熟的评词体系：选词、翻译、注释典故、标示声韵谱、评论分析、总结。在总结部分，往往包括境界分析与语言分析，而语言分析又包括用字、句法、意象、修辞、典故、声韵等，总结又常常以评价词人在词史上的地位作结，评价地位时一般会使用词人之间比较的方法。在对苏词的研究中，刘若愚也采用这一体系，对苏词的文字、意象、意境、风格、修辞、想象、句法、结构等予以全面解析，兼采中西诗学方法，是一种典型的"融合中西诗学"的研究范式。在西学方面主要运用新批评派"文本细读"法，在文本细读中进行语义分析和结构分析，对文本各个部分之间的相互作用和隐秘关系也予以揭示，而且广涉意象、隐喻、悖论、张力等问题，运用这一独特的方法探究苏词的特质及其对词的革新，相对于传统词学家大多从整体上描述苏词的美学特征与阅读印象，刘若愚的研究显得非常新颖、独到。

当然，由于西方学术在世界范围内的广泛传播，已有学者指出："刘氏对诸家词境的诠释与把握，对（今天的）中国读者而言，并非新颖的看法。"② 但刘若愚关于苏词的研究论著出版于 1974 年，那时中国的词学研究还不如今日这般繁荣，在英语世界，也是首开英文论词的先河。因此，非常值得中国学界借鉴。兹以其对《水龙吟·似花还似非花》的解读予以论析：

似花还似非花，也无人惜从教坠。抛家傍路，思量却是，无情有思。萦损柔肠，困酣娇眼，欲开还闭。梦随风万里，寻郎去处，又还被、莺呼起。不恨此花飞尽，恨西园、落红难缀。晓来雨过，遗踪何在，一池萍碎。春色

---

① 胡燕春：《新批评派与美国汉学界的中国文学研究》，载于《福建师范大学学报（哲学社会科学版）》2009 年第 2 期。
② 刘少雄：《近现代词学批评方法论》，载于《中国文哲研究通讯》1994 年 6 月第 4 卷第 2 期。

三分,二分尘土,一分流水。细看来,不是杨花,点点是离人泪。①

刘若愚认为,这个例子典型地体现了苏轼作为一位天才诗人的才华。"和诗"一般都显得牵强,但这个"惊人的"例子却一点都没有牵强之感,极其成功且自然地表达了苏轼的思想和情感。他将杨花这样微小的东西描写成了多种想象的情感经验的化身和象征,这是在成功运用悖论、想象及诗歌技巧前提下得以完成的。刘若愚的分析有其合理之处,似是矛盾的隽语几乎贯穿全词,开篇即"花非花",点明杨花模棱两可的属性,接着便是"无情有思",没情绪有心思,下阕又以矛盾句子开端,诗人说不是杨花而是另一种落红使得他心伤,但接着他却又回到对杨花的哀悼,哀怜杨花落水化为浮萍,消失于尘土,随流水而逝,最后这一切矛盾才都归于"泪"的意象,春天的离去,无家的游子,闺中的思妇都由杨花来象征,由此,全词达到了情绪的高潮。刘若愚再次展示了他文本细读的功力以及对新批评方法的娴熟运用,他将全词看作一个封闭自足的系统,通过对艺术技巧的深入剖析,将苏词的艺术特质呈现出来,让读者叹服苏轼惊人的艺术想象力、精湛的构思、高超的语言技法。"悖论"(亦称为矛盾、吊诡、诡局或佯谬),也是"新批评"评论家创造的一个文学批评术语,指的是表面上看上去互相对立、互为矛盾甚至是非常荒谬,但实际上是真实的陈述,刘若愚运用英美新批评派理论术语分析中国词作的艺术风格,向西方读者引介词这种独特文体,是比较成功的,也是典型的"西学中用"。正如余宝琳所言,"尽管在1974年以前有一些词的译作、零散著作和文章对中国文学史上这一文类形式进行了传统和粗略的研究,但可以说这一文类在现代西方学术研究中取得有体系的成就,是从这一年已故刘若愚之《北宋主要词人》的出版才开始的,该书囊括了一些大家的代表词作及对那些词作的批评"。②

在这种细读批评中,刘若愚将作品看作是一个完整的多层次艺术客体,批评者似乎拿着放大镜读每一个字,捕捉着词句中的言外之意、暗示、想象等。先了解语义,再理解语境,继而把握修辞特点,这种文本细读法注重批评的客观性,排斥批评者的主观感受、自我表现、自我宣泄。刘若愚吸收了细读法的长处,又在语义分析时融入了对词境的分析,从而既把握了整首词的语义,又传达了该词的情感、风格,显示出对境界探索与语言运用两方面的深厚功底与审美敏感,确实是融合中西诗学阐释古典文学作品的成功典范。

总之,刘若愚的苏词分析,摆脱了新批评的限制,将历史史实与社会文化也

---

① 苏轼:《水龙吟》(似花还似非花),张志烈、马德富、周裕锴《苏轼全集校注》(词集),河北人民出版社2011年版,第302页。

② Pauline Yu, ed. *Voices of the Song Lyric in China*. Berkeley: University of California Press, 1994, p. xii.

纳入分析范畴，有效地打破了两种批评的界限，很好地将二者联系起来，可见，"细读法没有必要作茧自缚，可以根据实际需要，进行外在因素（包括作者的生平、际遇、心理等主观因素，以及历史、社会、文化背景等客观因素）的考察。而且内向细读与外向考察的结合，有时确能对作品作出更全面、更准确的阐释"。① 刘若愚对新批评细读法的运用，就没有走向一端，而是联系社会、历史考察进行细读，由此开创出了一种的新的方法，即细读与社会历史批评结合法。此方法对于中国诗词批评，是有较强适应性的，值得我们继续探索。

孙康宜也运用文本细读法对苏词进行了细致的剖析，探讨苏词的结构、句法、修辞、手法、措辞、意象等方面的特质，由此论证苏词对中国词传统的超越。孙康宜论苏词，始终围绕苏词的结构、句法、修辞、手法、措辞、意象、想象力展开，对词人苏轼的创作背景、社会文化、道德伦理、宗教情感等几乎不提，对自己作为读者的阅读体验、心理反应等也不曾论及，基本只关注作品本身，而将作者、读者因素排除在外。

孙康宜着力探讨了苏词结构。她曾提出，"苏词的词体结构非常复杂，我只能尝试讨论最基本的质素，通过比较的方法，希望可以将其作为一种显著的语言结构来定位"。② 同时，她也指出，苏轼借助诗歌结构来表达他内心复杂多样的感情。可以说，孙康宜认为苏词大大推动了中国词的演进就在于苏轼创设了一种非常特殊的语言结构，并且这种特殊的语言结构与苏轼所要表达的复杂情感融为一体，成为一个有机整体。比如，孙康宜注意到苏词结构上的一个显著之处，即词的下阕往往发端于他要强调的一种情感，并且往往是一个突然的转折。如以下诗句："忽闻江上弄哀筝，苦含情""转头山下转头看，路漫漫""停杯且听琵琶语，细捻轻拢"；在句法上，孙康宜又总结出苏词的又一大特征，即"流动"句法，指运用具有连续性的系列词句组建一个完整陈述，使得表达活泼有力。比如："终须放，船儿去，清香深处往，看伊颜色""又莫是，东风逐君来，便吹散眉间，一点春皱，又如："明日落花飞絮，飞絮送行舟，水东流""终不羡人间，人间日似年"通过在两个独立句子里重复一些关键词的做法也能创造"流动"效应，就像古乐府诗所惯用的那样，运用"重复"制造出类似"流动"句法那样的艺术效果。还比如："多情多感仍多病，多景楼中""莫道狂夫不解狂，狂夫老更狂"，通过不断重复一些字也能产生"流动"句法效果。孙康宜非常细

---

① 周发祥：《西方文论与中国文学》，江苏教育出版社1997年版，第177页。
② 原文如下："Since the structure of the tz'u form is so complex, I have attempted to deal only with its most essential qualities, through a comparative approach, in the hope that we may locate it as a distinct verbal structure." Kang-i Sun Chang. *The Evolution of Chinese Tz'u Poetry: From Late T'ang to Northern Sung*, Princeton: Princeton University Press, 1980, p. 184.

致地探索苏词句法上的"流动"特征及其所使用的各种手法,还包括苏轼对让步从属句的使用,如"雪似故人故人似雪,虽可爱,有人嫌""虽抱文章,开口谁亲",提出为了制造"流动"效应,"苏轼似乎时刻准备着在词里去实验各种各样的方法",①这些分析确实触及了苏词在形式方面的突出特征。

在论及苏词语言的创新时,孙康宜专门讨论了苏轼对古典虚词的使用,如"噫""矣"等,这些词以前只在古文中使用,但却出现在了苏词里。苏轼将他们用于引发议论的情形中,如:"噫、归去来兮,观草木欣荣,幽人自感,吾生行且休矣"(《哨遍》);此外,孙康宜还对苏词中的典型意象予以了探讨,如"雪浪""水浪""江海""我梦扁舟浮震泽,雪浪摇空千顷白""小舟从此逝,江海寄余生",认为苏轼常以它们来传达永恒事物的普遍性,或者还可以说,它们代表着词人心灵深处的幻景。水浪象征着词人对自由的冲动,词人试图捕捉到超越生活的幻景,流水就把自我从生活现实中解脱出来,从而获得自由。即使在那些词里,那样的思想还很缺乏,但词人也宁愿在开篇就使用水浪意象以展示一个更加有力的诗性场景。如:"江汉西来,高楼下、蒲萄深碧,独自带、岷峨雪浪,锦江春色。"上述意象也使得苏词的境界远比柳词宏阔。综上,孙康宜对苏词本身的结构、句法、用词、意象等进行了分析,是一种典型的"本体研究"。

对于孙康宜的苏词研究,刘若愚曾有精辟论断:"学习中国诗歌的学生会发现,不论在什么时候反复查阅它(指孙康宜著《晚唐迄北宋词体演进与词人风格》——引者注)都会有收获,特别是有关结构方面的细微之处",②充分肯定了孙康宜对苏词语言结构的细致剖析。但与此同时,孙康宜对苏词的"本体研究"也存在弊端,刘若愚曾批评孙康宜过于关注语言结构分析的弊端,"在另一方面,如果,每一首诗或每一位诗人境界的特性不是独一无二的,或者每一位诗人的典型方法与其外部自然境界和文化境界互相影响,那么,过分关注结构和语言的分析就不能总为我们详尽讨论诗的特色提供足够的空间"。③刘若愚还指出,孙康宜以二分法分析中国古典诗词的不妥:"同样,作者(指孙康宜)倾向于用二分法看事物(例如,'含蓄意思'与'直接意思','想象语言'与'抒情语言','文人词'与'通俗词'),这固然可以消除对中国抒情诗以及整个诗歌模糊性特征的误解,不过中国诗包含各种元素的综合——语言的、文化的、文人的、艺术家的——而不仅仅是任何层面上的相反两方面相互争论的结果,更不是严格执着于它们中的任何一个。作者意识到了过于简单叙述和简单分类的不妥,

---

① Kang-i Sun Chang. *The Evolution of Chinese Tz'u Poetry*:*From Late T'ang to Northern Sung*. Princeton:Princeton University Press,1980.

②③ 詹杭伦:《刘若愚:中西诗学融合之路》,北京出版社2005年版,第153页。

其可取之处是告诉读者不要犯这类错误"。① 总之,我们应该辩证看待孙氏以文本细读法和西方学术话语解析苏词,既看到其对苏词结构、意象、句法、修辞、用字等方面新颖合理的论析,也应该避免拘执于"内部研究",在使用西方学术话语分析中国古典诗词时,更应该仔细地廓清术语的内涵及其流变,将其进行界定,在合理层面运用,以适用于中国文学批评。

此外,何大江也主要运用文本细读法研究苏诗的思想内核,他明确指出自己是在文本细读的基础上灵活运用社会历史批评方法与平行比较法进行研究的,"在研究中对苏轼及相关诗人诗作进行'文本细读'。细致研读诗作,在中国自古有之。西方也讲究这一点,但'细读'一词往往与'新批评'相连,该批评流派通过自身的一套规则解读文本,有不少创见。但后来这个流派被批评仅仅局限于美学范围忽视了社会与思想因素而被冷落"。② 在何大江看来,若能在"细读"的同时也考虑社会、历史因素,会更好发挥"细读"的阐释能力。既能阐明文学特有的艺术形式、技巧,也能开掘其间的社会、历史、文化意蕴。尤其是研究诗歌,其特有的文体特点要求研究者应更加仔细、谨慎地研读文本。同时,何大江还"将苏轼诗歌与他的思想相连,即将诗歌置于具体的历史语境与思想语境中考察。尤其将苏轼的思想倾向与宋代其他思想家相比较,把他置于中国思想发展史的大框架下审视。因为文学毕竟是文化产物,其必然与哲学、社会、政治相连"。③ 在何大江看来,将苏

---

① 詹杭伦:《刘若愚:中西诗学融合之路》,北京出版社2005年版,第153页。

② 原文如下:I read poems by Su Shi and other poets closely and engage in detailed analyses. In the Chinese critical tradition, scholars often read literary works very closely and analyze them in great details. It is especially true in the study of poetry. In the West, "close reading" used to be the strength and the very emblem of New Criticism, a major critical school earlier this centure. By employing certain reading strategies, scholars of that school made some vety interesting and original analyses. However, it was later justly criticized for being ahitorical and solely focusing on artistic aspects while ignoring social and intellectual factors, and subsequently it lost its appeal to critics. But I believe that if we do not lose sight of social and hisrorical aspects when doing close reading, it can still be a valid and powerful tool in the study of literary works of all genres. Although the line between literary works and other kinds of texts is not always crystal clear, literature is after all a special kind of culrural product that has its properties and special ways of representing human experience. The critic's tast is not simply to "extract" moral, political or other messages from a literary work. He has to show us those "special ways", to reveal the subtlety and the layers of meaning, the complexity of characters, the tints and emotional associations of words, etc. All these have to be achieved by concrete reading of literary texts. One's interpretation has to be based on one's reading experience and intellectual and emotional responses to the text. It is even more important to engage in attentive, close reading in the study of poetry because of poetry's relatively dense structure, brevity and more pronounced play of meanings in words. He, Dajiang. "Su Shi: Pluralistic View of Values and Making Poetry out of Prose", Ph. D. diss., The Ohio State University, 1997, pp. 21 - 22.

③ 原文如下:First, Su Shi's poetry is studied in relation with his thinking, which in turn is examined in the context of the hisrorical conditions and the intellectual environment. Specifically, Su Shi's intellectual orientation is compared with other leading thinkers of the Song and is also set in the context of the history of Chinese intellectual thought. After all, literature is a cultural artifact, which is always entangled with philosophical, social and political discourses. He, Dajiang. "Su Shi: pluralistic view of values and making poetry out of prose", Ibid. p. 20.

轼诗歌与唐代杰出诗人相比较，这是一个非常有趣的话题。"诗盛于唐"，继唐之后的有宋一代，必须寻求新的路径，以凸显自身特色。苏轼诗歌大量借鉴唐诗，他的创作可以视作其与唐代诗人的对话，在思想和美学上的对话。通过辨析这场对话，廓清苏轼自身的话语特色，去理解属于苏轼特有的呈现世界的方式。

总之，文本细读法是英语世界苏诗研究者主要运用的研究方法，但同时也结合其他批评方法，灵活运用，充分发挥中西批评方法之长，以集中解决所提出的问题，值得借鉴。

# 第十一章

# 英语世界的中国古典散文译介与研究

中国古代散文源远流长，在世界文明史上占有重要的地位。其发展过程呈现出以下两个显著的特征：一是起源很早、历时漫长。早在商周时期我国就有史料、文件的汇编等文字，均是散文形式。诚如刘勰在《原道》篇所说"自鸟迹代绳，文字始炳，炎皞遗事，纪在《三坟》，而年世渺邈，声采靡追。唐虞文章，则焕乎始盛。元首载歌，既发吟咏之志；益稷陈谋，亦垂敷奏之风"。可见我国文字起源之早，且包括散文在内的文字形式几乎是随着语言文字的出现而开始形成的。二是主题丰富、内容多样。先秦诸子就有丰富的说理文章，也有记叙历史的文章。这些说理、叙事的散文，除了具有极高的史料价值之外，也有很强的文学性。例如《春秋》所树立的"微言大义"就既是政治伦理的标准，也是文学修辞的手段。及至汉代，有了司马迁的《史记》这样的散文体的专著，史传、政论文和汉赋等文学形式纷纷出现和繁荣起来。汉魏六朝时期，辞赋和文学修辞开始发达起来，产生了很多有名的作品与作家。唐宋时期以"唐宋八大家"为代表的散文作品和以"古文运动"为代表的"复古"文学形式把中国古代散文推向了一个高峰。宋代至明代有了很多哲学、文化方面的著作，大都是散文形式；明代前七子、后七子也有许多重要的作品。晚明至清代及以后，出现了像"桐城派"这样的文学流派均与散文有关。

中国古代散文如同其他文学类型一般，也在英语世界有广泛的传播。国外的汉学研究在这一个领域也有很多成就。我国学者很早就注意到这种传播的现象，也有人做了系统扼要的梳理。如黄鸣奋《20世纪中国古代散文在英语世界之传播》一文所述，中国古代由汉至清的散文在20世纪传入英语世界，并将这些散文分为汉魏六朝、唐宋和金元明清三组来讨论。① 另外黄鸣奋还有先秦散文在英语世界的译研研究的综述等。② 在对英语世界的古典散文进行整理研究的同时，还需要认识到"散文"这一文体，在古典文学学科中的界定。古代文人、学者的随笔记录，品评诗歌的"诗话"作品，也符合散文这一体裁的行文特点，并有别于同时代传统文人的其他著述，而自成一脉。宋代学者许顗在《彦周诗话》中为"诗话"下定义："诗话者，辨句法，备古今，纪盛德，录异事，正讹误也。"清代学者章学诚在《文史通义·诗话》也指出："诗话之源，本於钟嵘《诗品》。"自《诗品》到清朝的多部诗话作品，都或多或少地被英语世界研究者纳入考察视域，他们通过英译、阐释等传播方式，使得诗话所代表的古代文论术语、思想被英语世界研究者所关注。《二十四诗品》《沧浪诗话》《原诗》等品评、鉴赏诗歌，阐述诗学理论与诗学术语的诗话作品，都是英语世界研究者集中关注、研究、传播的重要文本。

本章分四节，分别对英语世界中国古典散文译介与研究名家、议题、贡献和译介的变异及其启示意义做简要的介绍。

## 第一节　英语世界中国古典散文译介与研究名家选介

说到英语世界中国古典散文译研名家，首推《史记》译介的二位学者——美国汉学家华兹生和杜润德（Stephen W. Durrant，1944~）。华兹生和杜润德均是美国汉学界史记学研究领域最负盛名的学者。他们分别撰写的两部史记研究论著堪称该领域奠基之作，具有十分重要的学术价值。另外对先秦诸子文的翻译成果丰富，但是散见于各家，例如柯润璞就译介了《战国策》，关于柯润璞的介绍参见本书第十三章。译介先秦诸子的各家里，还有著名汉学家葛瑞汉，其代表成就为对庄子的译研。英语世界对诗话作品的译介研究集中在《二十四诗品》《原诗》《沧浪诗话》等诸多作品中，以下分别对英语世界研究中国古典散文的学者，进行大致的梳理。

---

① 黄鸣奋：《20 世纪中国古代散文在英语世界之传播》，载于《厦门大学学报（哲学社会科学版）》1996 年第 4 期，第 100 页。
② 黄鸣奋：《英语世界先秦散文著译通论》，载于《厦门大学学报（哲学社会科学版）》1995 年第 2 期，第 94 页。

## 一、美国名家

### （一）华兹生

华兹生（Burton Watson，1925~），出生于美国纽约，1956年获哥伦比亚大学博士学位。曾以福特基金会海外学人的身份在日本京都大学从事研究，并先后在京都大学、哥伦比亚大学及斯坦福大学教授中国及日本语文。1979年荣获哥伦比亚大学翻译中心金牌奖章；分别于1981年和1995年两次荣获美国笔会（PEN America）翻译奖项，目前旅居日本。华兹生的译作和著作都很多，在译介中国诗歌方面，有：《寒山诗100首》（Cold Mountain: 100 Poems by the T'ang Poet Han-Shan，1962）、《宋代诗人苏东坡选集》（Su Tung-po: Selections from a Sung Dynasty Poet，1965）、《宋词入门》（An Introduction to Sung Poetry，1967）、《汉魏六朝赋选》（Chinese Rhymed Prose: Poems in the Fu Form from the Han and Six Dynasty Periods，1971）、《中国抒情诗：从2世纪到12世纪》（Chinese Lyricism, Shih Poetry from the Second to the Twelfth Century，1971）、《陆游诗选》（Lu You, The Old Man Who Does as He Pleased，1973）、《哥伦比亚中国诗选》（The Columbia Book of Chinese Poetry，1984）、《白居易诗选》（Po Chu-i: Selected Poems，2000）、《杜甫诗选》（Selected Poems of Du Fu，2003）等。除了译诗以外，他还翻译了中国古代哲学著作《荀子》（Xunzi: Basic Writings，1963）、《墨子》（Mo Tzu: Basic Writings，1963）、《庄子》（Zhuangzi，1964）等；翻译佛学著作《维摩经》（The Vimalakirti Sutra，1993）、《法华经》（The Lotus Sutra，1997）、《临济录》（The Zen Teachings of Master Lin-Chi，1999）等。他翻译的《庄子》被收入大中华文库出版，同时也入选《诺顿世界名著选集》（The Norton Anthology of World Masterpieces，1997），成为中国典籍在美国译介的经典之作。华兹生的另一大重要成就是对中国古代史学著作的译介，其中最引人注目的即是《史记》（Records of the Grand Historian，1961），另外还有《汉书》（Courtier and Commoner in Ancient China: Selections from the History of the Former Han by Pan Ku，1974）、《左传》（The Tso Chuan: Selections from China's Oldest Narrative History，1989）等。

1956年华兹生以《司马迁：伟大的中国历史学家》（Ssu-Ma Ch'ien: Grand Historian of China）为题撰写博士论文，获得哥伦比亚大学博士学位，并将该文以专著形式由哥伦比亚大学出版社在1958年出版。这部专著曾荣获哥伦比亚大学每年一度的"克拉克·阿什利奖"（Clarke F. Ashley Award），更是西方史记研究领域第一本全面系统介绍司马迁与《史记》的英文著作。

全文共有五章。第一章为"司马迁的世界",内容为介绍中国古代从周朝末期至西汉武帝统治时期的历史,基本上也就是对《史记》所主要涵盖历史的介绍,可以看作是作者对《史记》的一种综述。值得一提的是,华兹生在本章强调了司马迁对战国时期"游侠"和"说客"两种阶层或身份的人的论述,此外,华兹生还深刻地分析了西汉前期统治者所面临的各种矛盾与问题。第二章为"司马迁传",包括司马迁生平和与他有关的最重要史料的英译。其中最重要的是,华兹生翻译了史记第一百三十卷《太史公自序》和《汉书》第六十二卷记载司马迁生平的内容,以及最著名的司马迁的自白——《报任安书》。这三段史料也被认为是最重要的关于司马迁生平的史料。第三章为"中国历史学的开端",华兹生首先论述了自《春秋》以来的中国史学家记录历史的原则,主要是"春秋笔法"以及历史记载的禁忌等内容,讨论了"史"与"文"的关系、中国历史文化和史学文化的问题。第四章为"史记的形式",讨论了《史记》中的"本纪""世家""列传""表"和"书"五种体例。第五章为"司马迁的思想",论述了司马迁的史学理论、文学理论以及作为文学作品的史记及其风格问题。

　　华兹生的这本专著的一个重要特色是分析了中国古代知识分子与普通大众在认识上的不同。他认为中国古代的知识分子更多把思维放在形而上的方面,追求"道",这一点与古代希腊思想家们对"逻各斯"的追求有异曲同工之妙。而普罗大众的视角则投向了世俗生活伦理,认为以史为鉴可以明白兴衰治乱的道理。华兹生认为这种思想导致了中华民族一直是最勤于记录历史的民族,也是至今所知的最愿意从历史中获得真理认知的民族。这一点上,华兹生在研究司马迁时使用了比较的方法,把司马迁与古希腊历史学家修昔底德和古罗马历史学家塔西佗等联系起来,① 在比较视角下让英语世界对中国远古时期的这位著名历史学家产生好的接受效果。另外华兹生也指出《史记》的形式为中国后世史学典籍的编纂提供了万世流传的范例,这与我们的史学观一致。司马迁的写作内容和风格对中国文学产生了深远的影响,甚至波及中国文化影响下的其他亚洲国家,认为司马迁对中华文明圈产生的影响类似古希腊、古罗马经典作家,如波力比阿斯和李维等对西方世界文化产生的影响。② 华兹生认为人类的历史和思维方式有共通之处,如钱钟书所说的"东海西海,心理攸同"。所以,一个国家的历史要让另一个国家的人读懂并不需要过于复杂的转换和阐释。英语世界读者自然而然地就会发现这些发生在古代中国的历史同世界各地的历史一样,都是讲述人类发展变化的事,中西历史都是人类历史的一个不可分割的部分。华兹生认为司马迁撰写《史

---

① Burton Watson. *Records of the Grand Historian of China*, Translated from the Shih - Chi of Ssu - Ma Ch'ien. New York & London: Columbia University Press, 1961, p. 5.

② *Ibid.* p. 4.

记》是为总结历史事件背后的历史发展规律，其著作正如古代东西方所有重要历史学家的作品，是蓄意说教式的，甚至为了彰显价值观而部分地放弃了对史实进行新闻再现式的"忠实"。史学家的原则，在于《春秋》以来在于"惩恶而扬善"。华兹生指出孔子在《春秋公羊传》中对做坏事的恶人所做的坏事进行谴责，使对"善"的理解更宽广，延绵到贤人的子孙辈。在《史记》中我们同样可以在变化的历史现象中寻找到接近"永恒"的规律，这便是"善"。邪恶会毁掉行恶之人，而"善"却会得到永恒，通过父子、君臣、师徒传递下去。华兹生认为史学家的功绩在于记录保存历史中的"善"，让后世万代看到"善"，把"善"的回忆继续延续，而司马迁在《史记》撰写中也在捕捉这种"善"，并立文将之传诵后世。

华兹生的这本《史记》研究专著旨在向英语世界普通读者介绍他所知道的司马迁，描述《史记》的形式和内容并指出其在中国文化中的重要性。华兹生认为既然大部分英语国家的人士无法直接阅读汉语的史料，则对这些文字的英译有助于英语世界形成对司马迁和《史记》的评判和理解，基于此华兹生对《史记》的翻译和选编就有了语言平实和有意地挑选某些部分两种特点。在这本专著出版前，英语世界几乎没有对《史记》的相关篇章做过译介，因此华兹生在这本专著中所做的英译具有开创性的意义。如上所述，华兹生在这部专著中有意选择或忽视了《史记》中某些历史篇章，有些是出于篇幅的考虑以及受限于他自身知识和能力的不足，比如涉及司马迁撰写《史记》时考证资料来源的内容，或是几个世纪以来被中国学者广为批评的内容，但他仍希望通过这本专著让英语世界的读者稍微了解到《史记》的伟大。华兹生在这本专著中还另外探讨了中国史学理论的起源及《史记》对史学理论发展的影响，生动精辟地分析了司马迁创作《史记》的思想、风格和文学技巧，成功地在古老的中国史学文化与英语世界的读者、汉学研究者之间形成了沟通与对话，让英语世界得以初步了解中国早期伟大史学家的精神，唤起学者们的兴趣，为西方汉学界进一步研究《史记》做了很好的开创性的工作。

华兹生的《史记》[①] 英语节译本于1961年由哥伦比亚大学出版社出版。华兹生本人表示它以日本学者泷川资言注解的《史记会注考说》为底本，因为这个底本在他着手翻译之时刚好重印，并且他认为这是一个兼具可读性和便利性的文本。他同时也参考了百衲本《史记》和《汉书》中相关的篇章，以及多个西方学者已有的各类译作。该译本主要选译了西汉的内容。1969年，华兹生又新译

---

① Burton Watson. *Records of the Grand Historian of China*: Translated from the Shih – Chi of Ssu – Ma Ch'ien. New York & London: Columbia University Press, 1961, p. 10.

《史记》中五卷，主要为秦之前的人物列传：《伯夷叔齐列传》《伍子胥列传》《田单列传》《吕不韦列传》和《刺客列传》。1993 年该书的修订本由香港中文大学出版社和哥伦比亚大学出版社联合出版，增译秦朝 13 卷。至此，华兹生共译《史记》130 卷中的 80 卷。

在节译本的序言中，华兹生阐述了他对于《史记》英译的一些想法。首先，他把《史记》和西方史学经典著作联系起来。华兹生的目标读者为英语国家受过教育的普通读者而非历史学专家，所以这本译本也带有一种科普性。通常来自东方的历史著作在英语世界很难引起普通读者兴趣，所以他用了比较的方法，一方面极力强调人类的共通性，提到连司马迁记录历史的方法和采用的文学修辞手法都与古希腊和古罗马的历史学家们有某种相似，这样一来既能吸引英语世界的普通读者，也开辟了理解《史记》的一个全新的视角。其次，他在序言中也说明了他的译文追求的是可读性。他写道："正如迈克尔·格兰特在《塔西佗的编年史》的序言中写到的一样，'除非是纯粹的剽窃，一本读不通的译作是毫无用处的。'他的话也许有点偏激，但是我完全同意可读性这一原则，也请我的读者带着这个立场往下看。"① 因此，华兹生的译文总的来说语言平实流畅。另一方面在尽量保全忠实和准确的情况下努力实现可读性。比如为了让读者在阅读中感觉流畅，他很少作注。总的说来，他的译文语言平实、流畅自然，按翻译学的说法就是采用了"归化"的策略。最后，华兹生认为翻译中国古典文学是没有"定译"的。他认为对这些古籍文字的翻译没有定式，任何译文和译本都只是众多翻译尝试中的一种，谈不上谁好谁坏。因为在不同的译者/读者那里，对同一个原文可能都有不同的理解，而不同的时代背景下对原文的阐释也会发生变化。

华兹生在 1961 年版的译本中，只选取了跟西汉有关的篇章，1993 年版的译本中，加入了秦 13 篇。作为节译本，他在内容上的选择，反映了他对《史记》的思考和判断。除了秦朝卷单独成书外，对于西汉的内容，华兹生的译本完全打乱了原文著名的本纪、年表、书、世家和列传的顺序，根据所选译的内容重新排列。

整个译本依次分成了三个部分：西汉的建立（其中又有六个部分），西汉的兴起阶段（大略是汉初文景之治时期）和汉武帝统治时期。西汉的建立的第一部分是"起义的开端"，然后是楚汉双雄的介绍；接下来是"伟大的政治家"，包括萧相国、留侯张良和陈丞相世家；接下来是"枭雄"张耳陈馀、黥布、韩信、卢绾和田儋；"忠实的追随者们"包括樊郦滕灌、张丞相、郦生陆贾、傅靳蒯成、

---

① Burton Watson. *Records of the Grand Historian of China*: *Translated from the Shih-Chi of Ssu-Ma Ch'ien*. New York & London: Columbia University Press, 1961, p. 8.

季布栾布等。西汉的兴起阶段分为统治者即皇帝、吕后的家族、豪门世族、反叛领袖、著名官员和跟本时期有关的三个表的序；汉武帝统治时期分为四个部分，首先是天地人的内容，包含了封禅书、河渠书和平准书；其次是政治家、将军和外族的列传；再次是反叛者的历史；最后是各色人等的列传。

其实就中国人看来，《史记》本来的体例非常成熟，广受赞誉，也为后来的史学家所膜拜，成为了一种法理性的要求。作为中国人的理念来说，要改变不是一件容易的事，甚至不会想到要去改变。然而作为他者的华兹生没有这种顾虑，他根据所节译的内容大胆采取了新的结构，并在英语世界获得了成功，这也为文学文化的接受与变异和"他国化"提供了有力的证明。对于英语世界而言，《史记》涉及大量对于非汉语母语的人来说令人困惑和头疼的人名、地名和事件名称，阅读起来颇为困难。华兹生根据西方人的阅读期待和习惯，理顺了原文的内容并重新组织。从而使英语世界的读者更容易快速把握西汉历史的大概情况和粗略的全景，明白西汉历史发展的主要过程。这么做，一方面的确促进了《史记》在英语世界被接受的程度，但在另一方面，《史记》的体例不是简单的结构安排或者是文体划分，它体现了司马迁和中国史学传统的认识和价值观。在中国人看来，这样对体例的完全颠覆和改写是牺牲了翻译的忠实与对等。不过，正如前文所述，这种归化的策略在他者的立场上来看是无可厚非的。

在华兹生译本的出版过程中，英语世界的普通读者和学术界都认识到其译本的文学价值。主要的观点都是认为华兹生的《史记》英译本可读性很强，可信度很高，展现了华兹生本人对于中国古典文学和《史记》风格的准确把握。华兹生的《史记》英译本已经成为教授修读世界文学历史的教师和学生的必备参考书。另一位后来的《史记》汉学研究名家倪豪士也认为华兹生翻译的《史记》和对司马迁的研究在相当长的一段时间里都是西方语言最重要的素材之一，许多致力于研究美国《史记》的研究者也能从中获得很大的教益。华兹生的译本从普通读者的需求出发，能使普通读者获得流畅自然的、愉悦的阅读体验，必将会有更多的英语世界读者通过阅读华兹生的译本感受到《史记》中古代中国历史、社会和文化的精神与美丽，并愿意更加深入地研读和传播中国历史文化。

近年来，在全球化和文化交流日益繁荣的历史背景下，国内也有很多译者开始将中国经典古籍翻译成外文。《史记》的英译和英译研究也成为学界关注的对象，例如国内也出版了著名翻译家杨宪益与戴乃迭夫妇的《史记选》英译本，还有一批学者开始从不同角度研究《史记》的英译。华兹生的《史记》译本对于国内翻译人士推出更符合外国人阅读的《史记》译本有很好的借鉴意义，同时也为国内外学者研究《史记》的英译提供了丰富的语料和参照系。

### （二）杜润德

杜润德（Stephen Durrant，1944～）是美国俄勒冈大学东亚语言文学系教授，当代美国汉学界从事史记研究的代表性学者。杜润德在《史记》研究领域的代表作是 1995 年由美国纽约州立大学出版社出版的专著《雾镜——司马迁著作中的紧张与冲突》（*The Cloudy Mirror：Tension and Conflict in the Writings of Sima Qian*）（以下简称《雾镜》）。

《雾镜》一书共由六章组成。第一章为"第二位孔圣人的挫折"，杜润德将司马迁当作像孔子一样的圣贤，分析了司马迁进行史学写作的时代背景，指出司马迁是因为承续孔子的志向而撰写历史，试图继承和发扬传统精神。同时他指出司马迁的个人遭遇是他进行史学研究和写作的动力。这种认识无疑是非常深刻的，并且在司马迁的《报任安书》一文中有明确的体现。无独有偶，华兹生在研究司马迁时，也提到过司马迁继承父亲司马谈太史令的职位，同时也接受了史学书写的传统和先辈想要写通史的志向。杜润德同时也发现一直以来中国历史书写的传统是"重教化而轻记录"，符合"微言大义"的《春秋》笔法历史书写准则。

可能因此原因《雾镜》的第二章选择了"司马迁笔下的孔子"这个议题。在这章中杜润德介绍了司马迁所描述的孔子，指出后世学者在谈到孔子时，都会引用司马迁《史记》中对孔子的记录。杜润德认为在《史记·孔子世家》中，司马迁对这位圣贤的描述与其身为汉朝史学家有非常重要的关系。杜润德认为《史记·孔子世家》为杰出的文学名作，这一点又符合中国历史书写有强烈文学价值的一般常识。杜润德论述了孔圣人对司马迁的深远影响，认为孔子事实上就是司马迁的榜样，司马迁的学术生涯可以被看作是汉朝的"圣贤"。

该书第三章为"司马迁：六艺与春秋"，杜润德就司马迁对孔子的描述进而展开细读，认为孔子是过去历史文化继往开来的传播者，司马迁这位伟大的历史学家在这个意义上有着和孔子一样伟大的成就。杜润德追溯了中国古代儒家经典的传统与司马迁对之所做出的重要发扬，阐述了中国历史和儒家思想的双料经典——《春秋》与司马迁作历史书写之间的关系问题。

第四章和第五章分别为"先辈和活着的回忆""有名或无名"，杜润德考察了司马迁对中国早期比较可靠的两部历史文本《左传》和《战国策》的材料处理问题。杜润德认为这些改编材料为阅读和接受司马迁在写作中同时使用的其他早期文献资料提供了重要线索。第六章为"理论家还是叙述者"，探索了后世学者们试图在史记中寻求一个中心思想的问题，讨论了司马迁的史学理论与叙事的关系问题。杜润德经过研究后指出，《史记》并非一部历史哲学，与其说司马迁是一位史学理论家，不如说他是中华文明历史的叙述者。

可以看出,《雾镜》的逻辑结构经过精心设计,具有很高的理论价值。对汉朝的历史背景、司马迁与孔子思想的关系、《春秋》等早期文本文化传统与《史记》的关系,以及司马迁的史学理念与前朝后世的相关领域的发展关系做出了全面详细的论证,体现了杜润德独特而高明的学术修养和作为一个外国人对中国历史文化传统深刻的理解与认识。

与华兹生的博士论文一样,杜润德这本专著同样对《史记》研究中的体例问题展开了论述,这种论述不同于华兹生的改变与重排,而是在翻译观念和技术上进行了探讨。他对《史记》五大体例之一的"列传"一词的翻译提出了商榷。杜润德指出"列传"一词常被汉学家英译为"Biographies"或"Accounts",再翻译回汉语意即个人传记或记录,这样的翻译其实丢失了重要的信息。史记列传中虽然大多数的篇章是对单个人物的叙述,但也有一些篇章涉及群体,如《屈原贾生列传》《樊郦滕灌列传》等,用"Biography"一词不够准确;另外,列传中有些篇章虽冠以所为之作传者其名,但并非其人历史较完整的叙述,而是对其他历史编纂的补充,如司马迁在《管晏列传》中就提到,管晏生平在当时(西汉)的很多资料里均有记录,因此他不再重复记录这些事情,主要做了"拾遗"。杜润德本人更倾向于直译"传记"一名。"传"在中文里有"传播,流传"的意思,即作为经典而流传后世。作为史学文本也主要使用这个意思。"传"作为一个文体,是在周朝晚期成为与"传统"相联系的,主要涉及人物记载评论的文学类型的名称。"列"则意味"按照一定的顺序",司马迁是用"列"修饰"传"的第一人。司马迁没有解释他的构词法,然而《史记》评论家司马贞认为司马迁意在有序地追溯历史人物的生平事迹,这样才能使他们的英名或者恶名流传于后世。基于这个理由,杜润德将"列传"一词英译为"Arrayed Traditions",这是很有创造力的归化翻译。此外,杜润德在这部专著中还对司马迁《史记》中的某些文本的真实性进行了考证。杜润德的《雾镜》选材考究并配有其对《史记》相关篇章的典雅翻译,特别注重对《史记》文本文学性的研究,通过文本细读和详尽的话语分析,向西方读者展示了司马迁复杂的创作理念和精神价值。杜润德对司马迁《太史公自序》和《报任安书》的专门分析则揭示了司马迁在撰写《史记》时的艰辛心路历程。该书的出版,促进了英语世界对司马迁《史记》创作立场和相关知识的接受,丰富了美国汉学界对《史记》的认识,并成功引导西方读者把《史记》理解为杰出的历史文本、文学名著和个人创作的典范。该书的出版在美国汉学界乃至整个英语世界获得了普遍称赞。奚如谷(Stephen H. West)称赞这是本古典、史学和文学相结合的优秀学术著作,对杜润德的历史和文学的卓越理解表示敬佩。倪豪士对杜润德所取得的突出成就非常赞赏。他指出,过去《史记》在英语世界更多被作为史学著作加以研究,但它具有的文学影响力与史学影响力同样重要，而杜润德的工作向英语世界揭示了《史记》何以被世人认为是一部杰出的文学作品的原因。

### （三）刘若愚

1975年，美国华裔学者刘若愚（James J. Y. Liu，1926~1986）出版了海外第一部中西比较诗学著作《中国文学理论》（*Chinese Theories of Literature*）。该书以艾布拉姆斯所提的艺术四要素为框架，分析中国诗学的本质内涵，从中总结出形而上、决定、表现、技巧、审美以及实用六种理论，并描述了六种理论发展及相互影响、综合的历史演进脉络。

关于《二十四诗品》（*Moods of Poetry*）刘若愚着墨不多，但他指出了司空图及《二十四诗品》在中国批评史上的重要地位——"后世批评家抱持形上文学观而对作者之观照自然与了解道渐趋注意的倾向可说始于司空图；他是第一个公开声称诗是诗人了解道的具体表现这种概念的诗人。"① 而《二十四诗品》（*Twenty-Four Moods of Poetry*）正是司空图形上诗观的直接证明。刘若愚认为整组诗描述了不同的诗歌风格，这种风格在诗中具体体现为以意象构成的"情调"（mood）或"境界"（world），而诗人对自然之道的领悟是其中一以贯之的基本观点。

可见，刘若愚强调了《二十四诗品》的风格论及对"道"的重视、表达。《自然》（*Spontaneity*）、《豪放》（*Powerful and Free*）、《形容》（*Embodying and Describing*）三品，即是"司空图借着诗的意象，表达了诗是诗人对自然之道的直觉领悟以及与之合一的具体表现"。② 这种观念同时也体现了审美观点与实用理论分歧。刘若愚在该书中也对南宋严羽的《沧浪诗话》进行了大幅的集中研究，并与《二十四诗品》相联系，形成了对历史的发展线索，由此对古代诗学的"玄学观"进行阐述。

《原诗》作为中国传统诗学理论为英语研究者纳入研究视域，进行较为突出的阐释与译介的也是《中国文学理论》。《原诗》即被划入"表现论"的理论范畴中。这种运用西方文论阐述的他者视角与方法，是《原诗》英语研究的一大重要呈现。

1988年，在遗著《语言·悖论·诗学》（*Language-Paradox-Poetics: A Chinese Perspective*）中，刘若愚认为一般阐释学的目的在于以有意识的方式理解艺术家无意识的创作是一种悖论的艺术，并从这一角度对中国阐释之道进行归纳。在第三章"悖论的诗学"（*The Poetics of Paradox*）中，他指出"对语言、诗

---

① ［美］刘若愚：《中国文学理论》，杜国清译，江苏教育出版社2006年版，第63页。
② 同上，第66页。

歌的悖论本质的意识,促使中国诗人不是抛弃诗歌而是发展出了一种悖论的诗学(a poetics of paradox),亦即以'以少总多'(saying more by saying less),或更极端的形式,'以无言尽有言'(saying all by saying nothing)为准则。在实践中,则体现为以含蓄代直接、以简洁代冗长、以间接代直接、以暗示代描述等表达方式"。① 而《二十四诗品》便是这种"悖论的诗学"最彻底、最优雅的表现。他不赞成法国学者布鲁诺·贝莱佩尔(Bruno Belpaire)将《二十四诗品》视为"道家精神休养的养生之道"(Daoist regimen for spiritual self-cultivation),而是认为《二十四诗品》与诗歌艺术相关。在此,他重点讨论与"诗意的悖论"相关的《含蓄》(Reserve)和《形容》(Embodying and Describing)两品内容。由于诗歌语言的含混、悖论,刘若愚在列举了多家学者对《含蓄》品"不着一字,尽得风流"的阐释后,提出了自己的见解。同时,刘若愚也再次提及了《原诗》的诗论。② 他在继承自身早期研究成果的基础上,对《原诗》的研究又有了进一步的细化与深入。

### (四) 宇文所安

美国哈佛大学东亚语言与文明系主任和比较文学教授宇文所安(Stephen Owen,1946~)对《二十四诗品》的解读,主要体现在1995年出版的《中国文学思想读本》一书的相关注释和评析中。与多数学者一样,他认为司空图深受道家主义影响,具体表现为《二十四诗品》在语言表达及思维方式上对玄妙的执着,神秘的道家修辞术直接造成了诗歌语言的晦涩难懂。但也正是这种玄妙、神秘化,与《二十四诗品》的分类目的、命题式表达构成了文体与内容上的双重张力。

宇文所安不赞成中国文学批评领域的观念史主流,反对从文本中提取观念,他认为文本是思想的过程,而这种方法忽视了观念是如何在文本中运行,因此在具体解读中,他力图排除固有的认知与历史评价,从文本出发,对《二十四诗品》进行文本细读及理论总结。

在导论中,宇文所安指出《二十四诗品》与早期的诗学、书法、绘画评论及人物品评等批评传统渊源甚深,其中尤以东汉人物品评传统的分类范畴密切相关。宇文所安不仅从文体上溯源,同时也注意到文本中的历史文化资源,在注释中提到了《周易》《庄子》《孟子》《晋书》等相关典籍。

对于《二十四诗品》在中国文学批评史上的影响,他认为在于说明"一个

---

① James Liu. *Language – Paradox – Poetics: A Chinese Perspective*. Pricenton: Pricenton University Press,1988,p. 56.

② James Liu. *Language – Paradox – Poetics: A Chinese Perspective*. Pricenton: Pricenton University Press,1988,pp. 128 – 129.

场景或一种声调的特质是如何区别于另一种"。因此，他倾向于从整体把握作品，分析各品间是如何相互区别的。如同是表现力的《雄浑》《劲健》《豪放》《委曲》四品，虽然讨论以力取胜的品都把重点放在积聚力量的过程中，然而"雄浑"是"一种具有产生各种决定性特质的能力"，"劲健""形成的力量是确定的、实在、有方向的"，"豪放"则是"一种推动型而非强制性的力"。这种区别有时是让共同的因素反复出现在不同的场景中，如"云"在《雄浑》品是混沌状态的"油云"，在《劲健》品则是更有方向性的"走云"。有时依赖于读者对该品内容的"前理解"，如《疏野》中的"脱巾"含有自由不羁的意味，然而由于"疏野"二字的暗示，读者对这一行为的理解则偏向于一种率性举动的理解。

　　各品之间不仅相互区别，有时也相互对立。宇文所安部分赞同杨振纲在《诗品解》中关于上下两品相互制约平衡的排序原则见解，认为这种排序原则在某些品中确实有重要地位，如《冲淡》的接受性与《雄浑》的活力、《委曲》的流动性与《实境》的具体相互对照，又如"含蓄"弥补"自然"的浅薄，外向的"豪放"弥补缄默的"含蓄"，而"精神"又弥补了"豪放"的粗鲁。这种对立有时也体现在各品内部，如第三品"纤"与"秾"相互对立又相互补充。宇文所安指出这种内部的对立只是一种表达策略，另一种表达策略则是将某品的特质推向感知边缘，如《缜密》中的"犹春于绿，明月雪时"便是在单一色调的背景中让读者将注意力集中到图案与光影的细致。

　　宇文所安认为文本是观念运动的若干点，故在整体关照的同时，也注意以一种动态的角度观察。对此他指出每一品的品质并非都是固定的，《委曲》中的特性是极端不稳定的，可以作为其他确定类型出现或转换的背景，在与其他品的相互参照中得以确立自身。《流动》则完全是一首表现宇宙运行的诗。

　　尽管在解读的过程中充分照顾中国注疏传统、尽量结合中国诗学背景，但由于异质文化背景及理论视角的差异，宇文所安在评点过程中难免会带上西方文论的评价色彩。如认为"玄妙神秘的修辞危害了著作中优秀的部分""矫饰""道家的惯用语听起来高深，实则毫无意义可言"等都是以西方逻辑性的标准评断中国诗歌中的感性思维。对《自然》品的解读更是存在理解上的偏差。宇文所安认为司空图提倡的"自然"是"以直白的语言拒接有意识的努力"，体现的是道家哲学的精神。"道法自然"，其实道家所讲的"自然"并非指自然界，而是指事物自然而然、本真的存在方式。所谓的"自然无为"反对的是破坏万物自然规律的人为，并不排斥顺应自然的人性，反而要求人性要积极地顺应自然，如此才可与"道"同行，实现与万物的和谐。"无为"看似消极，实则积极，有所为才能有所不为，才能"自然而然，无为而为"。这种自然观反映到文学思想中，就是要求诗人情感的自然表露，反对不自然的人工雕琢。杨振纲《诗品解》引《皋兰课业本原解》："此言凡诗文文论平奇浓淡，总以自然为贵。如太白逸才旷世，不假思索，固矣；少陵虽惨淡经营，亦如无缝天衣。又如元白之平易，固矣；即东野长江之苦思刻骨，玉川长吉之凿险缒幽，义山飞卿之铺锦列绣，究自出机杼。若纯于矫强，毫无天趣，岂足名世。"可见，自然并非拒绝有意识的努力，全无作为，相反，只要能自出机杼符合天趣，无论是惨淡经营或是铺锦列绣，都可称得上是"自然"。

值得注意的是，在文末的注释中，宇文所安提出了自己对于《二十四诗品》真伪的看法，"在准备此书的相当长一段时间里，我也逐渐相信《二十四诗品》是伪作。最有说服力的证据大概是其中使用的许多美学概念是宋之后才开始出现的"。他并未进一步探讨这个问题，也没有指出哪些概念在宋之后才开始出现，但这种建立在文本阅读上的怀疑精神值得我们学习。

宇文所安发表于 1988 年的论文《废墟：文学史与伊甸园的诗歌》① 一文中，对于《原诗》的具体诗学理论进行了探讨以及译介，他就"才、胆、识、力"的个人创作意识与诗歌本质的创作理念"法"的联系，进行了较为细致的分析。同时他运用自身的西方文论背景，采用他者视角将叶燮的文学史观与西方诗学进行了对比联系，如诗歌对于时代环境的映照与亚里士多德"模仿论"的联系，以及将叶燮诗史观与德国浪漫主义弗里德里希·施莱格尔的观点进行对比分析。

宇文所安沿用这种探讨《原诗》具体理论与他者视角的方法，并逐渐深入发展，其《原诗》研究成就主要集中在 1992 年出版的《中国文论：英译与评论》(*Readings in Chinese Literary Thought*) 一书，第十一章《叶燮〈原诗〉》中，② 他对《原诗》采取了分段英译与点评相结合的阐述方法，就其中诗论的相关重要理念进行了合理有效的译介与分析，他认为《原诗》是继《文心雕龙》之后，首次尝试进行全面系统诗学分析的作品。宇文所安立足于《原诗》对前代诗论破旧立新的基础上，对叶燮寻求诗评新出路这一时代环境有所把握，运用自身西方文论基础的比较视角，对于叶燮诗论的文论成就与时代意义给予了高度的评价。

### （五）余宝琳

美国汉学家余宝琳（Pauline Yu，1949～）在 20 世纪 70 年代也曾撰文评论《二十四诗品》。在《中国诗论与象征主义诗论》一文中余宝琳认为，中国形而

---

① Stephen Owen. "Ruined Estates: Literary History and the Poetry of Eden", *Chinese Literature: Essays, Articles, Reviews*（*CLEAR*），Vol. 10, No. 1/2, Jul.，1988, pp. 33–39.
② ［美］宇文所安：《中国文论：英译与评论》，王柏华等译，上海社会科学院出版社 2003 年版，第 547～652 页。

上的文学"是'道'（Tao）的显现。以庄子为代表的道家思想拒绝了知识的知觉和概念模式……提倡一种倾听虚空'心灵/精神'的直觉认知能力"。[①] 而司空图是第一个将这种为道家所独有的与道合一的理念应用到诗歌中的人。这一诗歌表现诗人与道或者宇宙原则同一的概念将《二十四诗品》整体联系在一起。余宝琳认为司空图将诗视为在抛弃了俗世与逻辑的区别、有意的追寻与强制的纯粹精神状态中，对于自然现象的直观理解，并与构成自然现象的道同化。《自然》展示了这种使得诗人可以超越感官知觉的局限，并赋予诗人相应的创造力的融合，《雄浑》以其极具召唤力的意象寓意超越了不自然的精细的诗歌意象所唤起的一种含混的、无限的含义，《形容》强调唯有内在精神的纯粹，诗人才能理解意象中的道并产生共鸣。

余宝琳强调《二十四诗品》道家思想的形而上色彩及超越主观意识与客观现实的二元性，指出以司空图等为代表的中国形而上评论家，与西方印象主义批评在含蓄的表达方式、偏爱直觉而非逻辑、诗是非个人化表达，以及自我与世界的彻底和这四个方面具有相似性。

对《二十四诗品》的进一步解读在同年发表的《司空图〈诗品〉：诗歌形式的诗论》（Ssu‑Kung Tu's Shih‑P'in：Poetic Theory in Poetic Form）。论文一开始，余宝琳便明确了两个论述基点——"因为它明确地体现了某些艺术或美学价值，或导致了这些价值表象的具体化"。故依英伽登（Roman Ingarden）的观点应将《二十四诗品》归类为文学艺术作品，理性分析有害于它的艺术价值；为了重建抽象概念下的诗歌理论，应将《诗品》视为整体，而非自足自明的个体，惟有将之视为整体，方可体现具体化的美学功能——并以此作为讨论的出发点。

关于题目，余宝琳认为二十四首诗都并未表现出足够区分彼此以自成诗境的特征，故刘若愚的"realms"或"moods"是"品"最适合的翻译，因为"mood"这个词说明了二十四首诗彼此交叉相似的方式。它们并非教人如何写好诗歌的规范指南，仅仅只是将创作过程中不同时刻中的各种氛围迂回地呈现出来，每一品都可以定位于艺术创作的准备、生产、效果等过程；如《纤秾》《洗练》聚焦于感觉上的感知，消除目的与强制，属于准备过程；《疏野》《实境》《劲健》《自然》等是集中注意力达到第二直觉的效果；《绮丽》涉及诗人感受作用；《典雅》《清奇》致力于展现和谐的状态等。

通过类比余宝琳假设司空图的文学理论是形而上的，关注的仅是文学四阶段中的第一个阶段——"宇宙"（universe），并由此讨论《二十四诗品》与道家的关系，认为诗歌是在取消区别的纯粹精神状态中，遵循认同道家并直接领悟自然

---

① Pauline Yu. "Chinese and Symbolist Poetic Theories", *Comparative Literature*, No. 4, 1978, p. 293.

现象的本质。同时，《二十四诗品》的语言模糊性是由于整部作品的隐含意图基于这样一种人与自然的道家理想主义，而非意象复合带来的不确定。

总而言之，余宝琳认为司空图遵守关于人与宇宙的基本道家观点，他的基本兴趣在于道而非诗歌。寻求内在于事物与语言的超越性并与之和谐共处，正是《二十四诗品》的主旨所在。不同于刘若愚在《语言·悖论·诗学》中的观点，余宝琳认为尽管承认语言的不足，但司空图并未过多地关注语言的悖论，对道的分析话语是出于问题需要，但并非诗的方式，故选择同样含蓄迂回的有意味的诗性方式而非理性分析来展示他诗论的基本特性。至于诗中的不足之处，余宝琳认为在《沉着》《悲慨》等品中，重复的意象成为陈腐的抽象概念，这种陈腐削弱了它们对司空图理论的贡献。

余宝琳在 1978 年出版了《中国诗学传统的意象阅读》[①] 一书。余宝琳的相关《原诗》研究还见于 1997 年出版的余宝琳、胡志德与王国斌（R. Bin Wong）主编的《中国历史中的文化与政府》[②] 一书，以及 2008 年发表的论文《隐藏于寻常场景之中？中国诗歌的隐蔽艺术》（Hidden in Plain Sight? The Art of Hiding in Chinese Poetry）中。余宝琳对于《原诗》的研究篇幅较为短小，均为片段式的阐述，重在讨论与诗歌意象相关的具体诗学观点。

## 二、欧洲名家

### （一）葛瑞汉

葛瑞汉（Angus Charles Graham，1919~1991）是英国著名汉学家，于 1919 年 7 月出生在英国威尔士的珀纳思。1932~1937 年，葛瑞汉在希罗普郡的埃尔斯大学求学，后在牛津大学神学院研修神学。1940 年毕业后，他参加了英国皇家空军。1944~1945 年，在第二次世界大战期间，他接受了日语训练，随后被派遣到东南亚战场担任日语翻译直至从军队退役。葛瑞汉"文武双全"的传奇一生被很多人津津乐道。

战后的 1946 年，葛瑞汉到伦敦大学的东方及非洲研究院选修汉语。1949 年他获文学学士学位，毕业后留校担任古汉语讲师。这段经历打下了他成为汉学家

---

[①] Pauline Yu. *The Reading of Imagery in the Chinese Poetic Tradition*, Princeton University Press, 1987, p. 210.

[②] Pauline Yu, Theodor Huters, R. Bin Wong ed. *Culture & State in Chinese History*: Conventions, Accommodations, and Critiques. Stanford, California: Stanford Unversity Press, 1997, p. 393.

的基础。1953 年他获得哲学博士学位，成为真正的学者。自此从 1954 年起，在长达三十多年的时间里，他以访问学者、客座教授的身份讲学于香港大学、耶鲁大学、密歇根大学、康奈尔人文学会、新加坡东亚哲学研究所、清华大学（新竹）、布朗大学和夏威夷大学等多所高校及学术机构。1971 年葛瑞汉受聘为伦敦大学东方及非洲研究院古汉语教授，工作了十三年，直到退休。1981 年，他当选英国文史哲研究院院士。1991 年葛瑞汉因病逝世，享年 72 岁。葛瑞汉在其学术生涯中，对中国哲学、文学、历史进行了开创性的研究，同时对中国语言、中国哲学和诗词有较多的精品译作。在他人生的最后十年集中力量进行新儒学的研究，他的哲学研究经历影响了他对新儒学问题认识上的演变。葛瑞汉是汉学界汉学研究最全面的学者之一，其研究领域之广、成果之丰富，令人叹为观止。

葛瑞汉对中国哲学的特点有非常深刻的理解，这使得他在进行其他汉学领域研究的时候，有着非常好的研究基础和对中国传统的"通心"。他认为中国人看待世界的思维和方式是普遍联系的，而不是范畴化的；在整体性的基础上再加以分别认识，而不是简单进行范畴的集合；强调矛盾的转化与补充，而不是片面强调相互对立；万物是循环变化的，而不是静止分类的；重用而不重质，研究政治和伦理多于研究纯形而上学；关心事物的相互作用，而不是简单的因果逻辑。他还认为：中国思想史上有两个特别重要的时期，一个是春秋战国，另一个是宋代，并高度评价了程朱理学。在《中国的两位哲学家——二程兄弟的新儒学》一书中，他的贡献体现在三个方面：一是梳理了二程理学范畴体系，阐明了这些范畴的意义；二是考究了二程学术的源流，揭示了他们分别代表的两种哲学特质；三是比较了中国与西方哲学，尤其难能可贵的是，他正视了二者的差异，这也是当今比较研究的重要立场。这本书不仅对新儒学研究领域的拓展和变化起到了推动作用，而且作为研究北宋时期二程理学思想最清晰、最全面的英文文献，保持着极高的学术价值和历史价值。它为英语世界对中国古典哲学思想，尤其是宋代理学这个领域感兴趣的研究者乃至爱好者提供了非常全面的帮助，成为相关领域的英语世界读者们必读的文献。这本书来自葛瑞汉 1953 年向伦敦大学申请哲学博士学位的论文。后来在东方及非洲研究院（School of Oriental and African Studies）的资助下，葛瑞汉在 1954～1955 年访问了中国和日本，获得许多新的研究资料后对论文进行了增补修改，最后以专著形式于 1958 年在英国出版。1978 年该书重印，1992 年在美国再版，流传甚广，影响巨大。有意思的是，这本书的中文版翻译和出版工作均由程伊川的直系后裔程德祥先生（程伊川二十九世孙）承担，程先生研究先祖二程的思想很长时间，对程子原著非常熟悉，他的译文非常准确练达，是葛瑞汉原作的绝佳补充。

葛瑞汉的其他主要著作还有：《中国的两位哲学家——程明道和程伊川》

(*Two Chinese Philosophers*: *Ch'eng Ming – tao and Cheng Yi – chuan*, 1958);译著《列子》(*The Book of Lieh – tzu*, 1960)、《价值观问题》(*The Problem of Value*, 1961)、《晚唐诗选》(*Poems of the Late Tang*, Penguin Classics, 1965)、《后期墨家的逻辑、伦理和科学》(*Later Mohist Logic, Ethics and Science*, 1978)、《庄子·内七篇和外篇选》(*Chuang – tzu*: *The Seven Inner Chapters and Other Writings from the Book Chuang – tzu*, 1981)、《〈庄子选译本〉评注》(*Chuang – tzu*: *Textual Notes to a Partial Translation*, 1982)、《理性与自发性》(*Reason and Spontaneity*, 1985)、《中国哲学和哲学文献研究》(*Studies in Chinese Philosophy and Philosophical Literature*, 1986/1990)、《道教辩士——古代中国的哲学辩论》(*Disputers of the Tao*: *Philosophical Argument in Ancient China*, 1989)、《西湖诗选》(*Poems of the West Lake*, 1990)等,另外还有大量的论文。

葛瑞汉在40多年的学术生涯中,治学严谨、学养深厚,为自己赢得了20世纪最权威的汉学家之一的声誉,他以高超的学术水平、广博的研究领域和知识广为人知。他的成就不仅仅体现在著作的数量和质量上,而且还基于其成果的深度与广度。他的著作对中国的经典哲学进行了开创性研究,又涉及对《庄子》《列子》等文本的翻译,甚至还有晚唐诗的权威译作,取得了辉煌的成就。

## (二) 卜松山

德国特利尔大学原系主任,汉学家卜松山教授(Karl – Heinz Pohl,1945~)于1992年发表于《通报》(*T'oung Pao*)的英语论文《论叶燮的〈原诗〉及其诗歌理论》[①],对于《原诗》进行了较为全面且细致的剖析,卜松山立足于自身长期的中国文化积淀,在对叶燮其人所处的文化背景与时代沿革有所了解的基础上,介绍了这一清朝诗学论著的理论体系、批评用语,并对叶燮所处的明末清初诗学界的地位,进行了极富洞见的归纳与审视。

卜松山教授对于《原诗》的介绍研究实际贴合了叶燮诗学创作的特点,他首先意识到了中国古代诗学理论发展所经历的时代沿革,从而把握到了叶燮的诗学理念置身于清初这一时代背景之下,所具有的继承前人与独立思辨的特质。为了更好地对这种时代地位进行定论与评价,卜松山紧接着通过对选定文本进行翻译与分析,率先勾勒出《原诗》的批评理论体系,并通过具有代表性的特定概念,进行梳理与阐释,深入挖掘了叶燮在《原诗》中诗学见解的独到与创见之处。最终通过横向阐述《原诗》的理论精髓,与纵向对比其与前人诗学理念的异同,推

---

① K – L. Pohl. "Ye Xie's On the Origin of Poetry: A Poetic of the Early Qing", *T'oung Pao*, Second Series, Vol. 78, Liver. 1/3, 1992, pp. 1 – 32.

导出了卜松山所定位的叶燮位于明末清初诗学界的地位。

卜松山对叶燮以诗学思想为中心，对其进行了"知人论世"的把握，他首先指出中国文学史上存在着诗歌与文学理论的繁荣时间上很难重合的现象，对于诗歌的各种反应往往出现在诗歌繁荣之后，由此他梳理出从以钟嵘《诗品》、刘勰《文心雕龙》为代表的六朝文论，到以王士祯、袁枚、沈德潜等为代表的清朝诗学观念，都适用于这种时间模式。叶燮作为沈德潜的老师，其诗学代表作《原诗》既与前人著作有着审思前朝诗歌共性，又因其理论体系的建构与采用对话问答形式进行论述，独具慧眼与众不同。

在对《原诗》理论体系的认识中，卜松山首先点出叶燮的"诗史观"，即着重强调各个时期诗歌所呈现的演变，以诗三百为"源"，诗歌的"流"随着时代变迁而产生"盛""衰""正""变"等阶段。叶燮基于此批判李梦阳等明朝拟古主义者"文必秦汉，诗必盛唐"，只着眼于"正"与"盛"的文学阶段的观点，卜松山指出这与袁宏道、钱谦益、李贽、王士祯等明清学者有着观念共通之处。叶燮还指出"正"与"变"的辩证关系，即以《诗经》为"源"的诗歌发展必然经历形式与内容的"变"，这种必要的"变"能够防止诗歌"由正而衰"，故而形成诗歌成就从汉魏到明清"盛""衰"演替，循环演变的历史进程。

其次在"诗歌"创作论上，卜松山指出叶燮的观点与宋朝江西诗派、明朝拟古主义者不同，他将诗歌创作巧妙比喻为建造房屋的过程，即五个步骤：奠基、集材、匠心、着色、变化，他最为看重奠基与匠心这两个要点，基础夯实之后方可取材作诗，他以杜甫为例，强调作诗的基础是"胸襟"，同时需齐备匠心才能将素材转变为超越前人成就的诗歌。随即卜氏指出叶燮的一大理论核心是其否定了拟古主义者强求作诗有定法的结论，他将诗歌之"法"分为"死法""活法"，"死法"指人为确定的音律、平仄、对仗等法则，"活法"则是藏于宇宙的内在规则之下，只能通过自然万物的变动而被感知。卜松山认为死法毫无用处，而活法这一重要的创作理念则体现在诗人"匠心变化"的创作过程中。卜松山随即指出，叶燮运用上述思路将作为外在世界反映诗歌的客观"在物者"，与诗人内在主观"在我者"进行区别，将前者划分为三个方面："理"（原则）、"事"（事实）、"情"（情状），使三者得以运作的即物质的力——"气"，当诗歌通过这三者来展现客观世界的时候，"活法"得以应运而生。与之相对的"在我者"则分为："才""胆""识""力"四个方面，叶燮将"识"置于最重要的地位，将其比作理学的"格物"之法。卜松山指出叶燮的不足之处在于对世界进行上述二维层次的划分，却未对二者关系进行深入的探究。

卜松山总结叶燮讲求诗人自身接触世界从而有所感兴，才能摆脱在创作上摆脱"死法"的束缚寻求到"自然之法"即"活法"的指引，他强调《原诗》中

"泰山之云"的这一比喻,贴切地阐释了叶燮诗论中"活"的核心理念,并指出《原诗》的思想体系具有贴合中国传统文论特色的"精神化"倾向。

### 三、其他名家

除上述欧美学者外,还有如下一些与中国古典散文译介与研究有关的学者和论著:

安乐哲与刘殿爵合著的《追溯道之源流》(1998)、《孙膑与孙膑兵法》(1996);安乐哲与郝大维(David L. Hall)合作的《孙子思维研究》(1987)。白威淑珍(Suzanne Wilson Barnett)写了关于清末思想家魏源的《海国图志》的介绍:《魏源与西方人:〈海国图志〉注释》,载于《近代亚洲研究》1972年第6卷第2期。毕乃德(Knight Biggerstaff)有《中文参考文献选注》(1936,1950,1971)。蒲百瑞(Barry B. Blakeley)有《春秋时代部族的注释家谱中的七个部族》(1983)。包弼德(Peter K. Bol)等研究易经在中国的流传,有《宋代对〈易经〉的使用》(1990)。白牧之有《〈诗品〉的几何学》(1968),登载与威斯康星大学出版社的《文林》一书,他还有《前汉典籍研究:目前的状况与未来的前景》(1994),载于 Sino-Platonic Papers 的46号,与白妙子合作的《〈论语〉原文:孔子和他弟子的语录(公元前479~公元前249)》(1996),以及《战国年表、编年及历史意义的研究》(1996)。

蔡宗齐研究《文心雕龙》,出版了《〈文心雕龙〉与中国传统文论系统》,收入北京大学的《文心雕龙研究》(1996)。康儒博(Robert Company)有《典礼忌俗的理论家荀子与涂尔干》,收录在富克兰·雷诺斯(Frank Reynolds)与戴维·崔西(David Tracy)编著的《论述与实践》(1992),1996年又载于罗纳德·格兰姆斯(Ronald L. Grimes)的《典礼研究读物》,他还有《中国中世纪早期的佛教与道教译文》,收于1993年的《道教资源》;1996年他全译了葛洪的《神仙传》。秦家懿有《获得智慧:王阳明之道》(1976)以及《王阳明》(1987)。周岂荣有《论说、考试与地方英杰:清代桐城派的产生》,收入本杰明·艾尔曼(Benjamin Elman)与亚历山大·伍德赛德(Alexander Woodside)所编的《近世中国的社会与教育》(1994)。柯鹤立(Constance A. Cook)有《神话传说与真实性:译解楚公逆钟的铭文》载于《美国东方学会杂志》第113卷(1993)。顾史考(Scott Cook)有《庄子与他的庖丁解牛》收入《东西方哲学》(1997),《〈乐记〉——音乐记录:介绍、翻译、注释与评注(1990)》收入《亚洲音乐》(1995)。柯雄文(Antonio S. Cua)写了《知识与行动的统一:王阳明道德心理学研究》(1982)以及《伦理论辩:荀子道德认识论之研究》(1991)等关于荀子、道家和先秦思想的论著。《比较诗学结构——中西文论研究的三种视角》(2001)，其中第二章"中国诗学趋向"中，蔡宗齐就明清评论家如何重新定义文学展开了探讨。① 蔡宗齐力图关注叶燮核心的诗学体系观，以较为宏观的视角把握"至文"这一诗歌境界与《原诗》建构的"理、事、情"为核心的理念体系的关系。

戴伟生（Steven Davidson）与鲁惟一（Michael Loewe）合著了《春秋繁露》，收入后者主编的《中国古文献：文献指南》(1993)。狄大维（David Deal）选译了18世纪的苗文，是对中国少数民族文学研究的重要贡献。贾德讷（D. R. Gardner）研究哲学文本，有《圣人之道：朱子语录选》(1990)，出版于加利福尼亚大学。《朱熹和〈大学〉：理学对儒家学说原则的看法》(1986)则出版于哈佛大学出版社，论文有《理学世界中的鬼怪与幽灵：〈鬼神〉一书中的朱子学说》，载于《美国东方学会杂志》第115卷第4期（1995），《宋代的思想方式与交流方式：〈语录〉中的部分思想》，载于《亚洲研究学报》第50卷第3期（1991），还有《传播之路：朱子及其治学之道》载于《哈佛亚洲研究杂志》第49卷第2期（1989）。

季博思（Donald A. Gibbs）研究《文心雕龙》，写了《〈文心雕龙〉的文学理论》《〈文心雕龙〉中"风"的体裁》，金鹏程研究韩非子、荀子以及其他先秦文献，写了《Miching Mallecho；〈战国策〉与古典修辞学》，收入《中国柏拉图哲学论文集》第41卷（1993）。独立学者肯尼斯·古道尔（Kenneth Goodall）发表《〈易经〉评论：中国古典预言》，收入《中国国际评论》第4卷第2号。蔡涵墨研究韩愈，出版了《韩愈和唐对统一的追求》(1986)，并有"韩愈与艾略特"的课题。赫斯（L. E. Hess）翻译了《墨子·明鬼》由霍尔（Prentice Hall）出版社出版于2002年。孔维雅（Livia Kohn）与迈克尔·拉法格（Michael LaFargue）合写了《老子与〈道德经〉》(1997)，后者另独立翻译并编著了《〈道德经〉的道：译注》(1992)。林顺夫从语言角度出发，研究写作了《〈庄子·内篇〉的语言》，收入余英时（Yu Ying - shih）、裴德生（Willard J. Peterson）和浦安迪的《文化的力量：中国文化历史研究》，由香港大学出版社在1994年出版。林理彰有译著《〈易经〉新译》(1994)。著名汉学家梅维恒有《道德经：关于诚实和处世的经典》(1990)，包括译文、注释和评论，甚至推出了精装本。同样的汉学大师倪豪士也有和他人一起合作的《柳宗元》(1973)和《皮日休》(1979)。罗思文与安乐哲合作写了《论语》(1998)。詹姆斯·塞尔曼

---

① [美] 蔡宗齐：《比较诗学结构：中西文论研究的三种视角》，刘青海译，北京大学出版社2012年版，第63~65页。

（James Sellman）发表了《〈庄子〉中的转换幽默》，收入安乐哲的《漫游》（1998），他还翻译了《吕氏春秋》和《尸子》。权威汉学家夏含夷著有《孔子之前：中国经典产生之研究》（1997）、《〈易经〉变化的经典：新近发现的公元前二世纪马王堆文字的英文首版翻译》（1997）。

在诗话作品的研究上，也有欧美其他学者的论文或部分著作，体现出了对《二十四诗品》《原诗》等著作的研究。华裔学者方志彤（Achilles Fang，1910~1995）原名金淳谟，朝鲜族人，青年时代在上海求学，后进入清华大学哲学系主修西方哲学。1947 年携家人抵美，1958 年以《庞德〈诗章〉之材料研究》（Materials for the Study of Pound's Cantos）获哈佛大学比较文学博士学位，之后留哈佛大学任教。据宇文所安《中国文学思想读本》注释所言，"虽然我没有跟方志彤讨论过这个问题，但我听说他一直致力于证明《二十四诗品》是伪作"。① 《中国文学思想读本》的出版早于陈尚君、汪涌豪先生发难的时间，故方志彤无疑为《二十四诗品》辨伪第一人。

方志彤研究《二十四诗品》的英文手稿现存于哈佛档案馆，生前未能刊印出版，据译者闫月珍介绍，手稿分为考证与英译两部分。② 关于这篇手稿的来源，译者引用了方志彤的自述——"这篇文章的一稿起草于 1960 年代早期"，③ 可见早在 20 世纪 60 年代方志彤已着力证明题为司空图所作的《二十四诗品》是伪作。

在第一部分考证中，方志彤首先检视了司空图十五首四言韵文的形式和韵律，认为出于不同文类的用韵习惯，司空图将《二十四诗品》当成独立组诗来写的可能性不高。接着，他指出毛晋《津逮秘书》中书尾跋语内容的不一致性以及对苏轼《书黄子思诗集后》中"二十四韵"的曲解。他还从杨慎未提及司空图《二十四诗品》旁证"直到 1634 年似乎并未有人读过《二十四诗品》"，最后对杨廷芝《二十四诗品浅解》中题为张之洞所作的序提出了质疑。虽然方志彤怀疑司空图非《二十四诗品》的作者，但他也提到"无论是哪位文学天才伪造了《二十四诗品》，他一定深受司空图《诗赋》启发"。

---

① Stephen Owen. *Readings in Chinese Literary Thought*. Cambridge, Massachusetts and London：Harvard University Press，1992，p. 621.

② 闫月珍在哈佛档案馆找到方志彤的手稿，并将其手稿以《〈诗品〉作者考》《〈诗品〉作者考之二——以〈诗品〉第三品为例》为名翻译发表，分见《文学遗产》2011 年第 5 期、《中山大学学报（社会科学版）》2014 年第 6 期，以及 Achilles Fang, Yan Yuezhen. "On Ssu-k'ung T'u's Shih-p'in", *Frontiers of Literary Studies in China*，Vol. 5，No. 4，2011.

③ ［美］方志彤：《〈诗品〉作者考》，闫月珍译，载于《文学遗产》2011 年第 5 期。

在英译部分中，方志彤进一步从《二十四诗品》的内容进行辨伪。① 通过对《纤秾》英译字句和音韵的考察，方志彤认为该品文字充满矛盾之处，且并未明确表述出"纤"与"秾"的意思。而杨廷芝《二十四诗品浅解》、无名氏《唐司空图诗品详注》对"纤秾"的解释也是意义不明，试图从中发现意义只是徒劳。无论如何，方志彤的思考都是值得关注的。可惜当时未能发表，国外学者知之者甚少，国内学界更是无从得知这一观点。

美国学者露易丝·桑德拉拉詹（Louise Sundararajan）发表了《诗意地栖居：司空图诗论的海德格尔式解读一种》（Dwelling Poetically：A Heideggerian Interpretation of Ssu‐K'ung T'u's Poetics）。论者从存在主义的角度，探讨司空图诗论思想（主要是《与极浦书》和《二十四诗品》）的存在主义暗示。论者认为"象外之象"的断论为海德格尔"诗意地栖居"提供了时间与空间两个理论范式，论文即从历时与共时两个时间维度上探讨《二十四诗品》中隐含的存在主义"林中空地"（"澄明"）。从历时角度而言，是"即将到来却永远无法到达"，如"远引若至，临之已非"等以"已"为时间标识的诗句。从共时角度而言，则是指"一个脆弱的、不确定的共时性时刻"，如"如不可执，如将有闻"，作者要求把握现在的意图，但意图一旦实现，表面的现在便将荡然无存。在结论部分，桑德拉拉詹引用《飘逸》全品，分析总结了以上观点。

之后，桑德拉拉詹又陆续发表了三篇与《二十四诗品》相关的论文。1998年的《〈诗品〉的幸福幻想：从心理主义到存在主义》（Reveries of Well‐Being in the Shih‐P'in：From Psychology to Ontology）从存在主义和心理学角度分析《二十四诗品》，以此印证巴什拉（Bachelard）的"诗学幻想"理论。根据巴什拉的理论，"诗学幻想"（poetic reverie）与幸福的状态息息相关。从心理学而言，每一个幻想的要素都是成熟的一课，从存在主义而言，意象是想象的产物，同时也是存在的现象。文章分三部分，首先从威廉·格雷（William Gray）的创造性思维理论检阅《二十四诗品》的诗学幻想，指出《二十四诗品》中的情感类似于"情感—认知结构"，经由了一个从无序到有序、从粗俗到诗意的提纯。接着从巴什拉式的幻想观点出发，指出《二十四诗品》中的意象是一种"理想化的自我"，每一个意象都象征着一个自我圆满的宇宙。最后从诗歌幻想的角度观察以上两者的重合处及联系处。

在 2004 年的《二十四种诗歌情调：中国美学中的诗歌与个性》（Twenty‐Four Poetic Moods：Poetry and Personality in Chinese Aesthetics）中，具有"诗歌与

---

① ［美］方志彤：《〈诗品〉作者考之二》，闫月珍译，载于《中山大学学报（社会科学版）》2014年第6期。

个性的双重指称性"的《二十四诗品》被当作案例以分析辨别关于创造力（creativity）的某些普遍特征。通过分析，桑德拉拉詹认为中国式创造力的标准包括了创造性人格的大部分基本要素，中国诗论的特别之处在于其高度的自我指涉和互补辩证原则的大量使用。此外，中国人格关于创造力的概貌包含了埃森克（Hans Eysenck）等关于心理评析法的基本特点，但同时也存在着重要的文化变异。

同年，桑德拉拉詹还发表了《司空图关于终极现实的观点：一种量子力学的阐明》（Ssu-k'ung T'u's Vision of Ultimate Reality：A Quantum Mechanical Interpretation）一文。其摘要部分可窥见作者的大概思想。兹将其摘要翻译于此，以备参考：

"这篇论文尝试在终极现实的角度上探讨一种观点，用海德格尔的话来说，即'在存在主义的领域内，可能性比让任何实在更高级'。据此，从可能通往实存的路径即从无限可能的原始退化到无创造性的简单。而这，在中国九世纪诗人兼评论家司空图的作品中得到了充分的表达。我的假设是司空图的诗论观点在某些方面与量子力学（quantum mechanics）的某些理论相似。更特殊的是，我认为《诗品》中的'妙机'是'薛定谔的猫'的文学表达。为了阐释这两者间的相似性，我引入威廉·格雷关于创造性思维的理论，这第三个'变量'将帮助我们将这一只量子猫置于思想的微小进程水平中。"①

桑德拉拉詹似乎对《二十四诗品》情有独钟，除了以上所列篇目，在其他论文②中也多次引用了《二十四诗品》或其中的某一品、某一术语作为她分析的例证。从此也可以看出，桑德拉拉詹与其说是把《二十四诗品》视为理论文本，倒不如说是当成一个关于心理学、存在主义理论的宝库。故她的相关论文不同于其他论者用西方理论阐释《二十四诗品》的"西学中用"特色，而呈现出一种特异的"中学西用"特色。

另一位致力于用西方当代文论挖掘《二十四诗品》新内涵的学者是顾明栋（Mingdong Gu）。在《中国思想中的美学暗示：形而上学与美学的交响乐》

---

① Louise Sundararajan. "Ssu-k'ung T'u's Vision of Ultimate Reality：A Quantum Mechanical Interpretation", *Ultimate Reality and Meaning：Interdisciplinary Studies in the Philosophy of Understanding*, No. 4, 2004, pp. 254–264.

② 如 "Creativity in the Everyday Culture Self and Emotions", "Emotion Refinement：A Theory Inspired by Chinese Poetics", "The Plot Thickens—or Not：Protonarratives of Emotion and the Chinese Principle of Saving". etc.

(Aesthetic Suggestiveness in Chinese Thought: A Symphony of Metaphysics and Aesthetics) 一文中,① 顾明栋对《含蓄》品进行了一次后结构主义解读。他认为不该将《二十四诗品》作为诗歌类型学的研究,而应看作"诗歌的元批评或诗歌的哲理"。《含蓄》品的主导思想虽然是道家的玄思,但它已超越传统的玄思,指向充满无限意指的现代开放观。"不着一字,尽得风流"谈的是诗歌的表征实践,但其中包含了当代文论中"开放诗学"及符号学中无限意指的理论萌芽。顾明栋还借用心理语言学解读"飞尘"与"浪花"两个意象,指出它们在类似心理机制层面上的记忆痕迹,且与德里达所言的"踪迹""延异"密切相关。而"忽忽海沤"在空间中的"聚散"与"空尘"在时间中的"悠悠"交错,又与雅各布森的结构主义语言学的诗论不谋而合。

心理语言层面上,司空图的"含蓄"及诗品可被看作是意指机制的知觉感悟,其意直指诗意语言及文学开放性,换言之,"含蓄"是司空图基于直观地对文学开放概念和诗歌开放性的把握。言外之意是心理语言概念,生成于能指与所指的间隙,植根于意指的无尽哲思。顾明栋的论文是中国古典文论与西方现代文论的对话,在对话中挖掘中国古典文论的洞见。顾明栋也对《原诗》进行了一定程度的解读研究,1999 年,顾明栋在其博士论文《文学开放性和诗歌含蓄:跨文化视角下的中国化视域》②中,将《原诗》纳入了自"诗大序"起的中国传统诗学发展脉络中进行探讨,他阐述了诗歌含蓄理论以及与刘若愚一样,将叶燮的诗学观与着重创作者角度的表现论,进行结合。顾明栋在其 2005 年出版的著作《中国阅读理论:走向诠释学与开放诗学》③,第二章"美学思想的开放性阐释"中继承了博士论文中有关《原诗》的观点,同时又在同年发表的论文《文学与艺术中的模仿理论是否普遍?》④ 中,发展了对于《原诗》的认识,在表现论认识的基础上,和宇文所安一样探讨了模仿论这一西方文论观点,与叶燮理论的联系,同时运用他者文论视角进行对比,这种研究方法与视角的继承与创新,意味着顾明栋自身研究成果的逐步推进。在顾明栋 2009 年发表的论文《从元气到文气:中国审美观的哲理性研究》⑤ 中,他又进一步探讨了叶燮诗论中更为形而上

---

① 此文收入其专著 Chinese Theories of Reading and Writing: A Route To Hermeneutics And Open Poetics. New York: State University of New York Press, 2005.

② Gu Mingdong. Literary Openness and Open Poetics: A Chinese View in A Cross-cultural Perspective, for the degree of Doctor of Philosophy of The University of Chicago, 1999, pp. 94 – 98.

③ Gu Mingdong. Chinese Theories of Reading and Writing: A Route to Hermeneutics and Open Poetics. New York: State University of New York Press, 2005, pp. 60 – 62.

④ Gu Mingdong. "Is Mimetic Theory in Literature and Art Universal", Poetics Today, 2005, pp. 478 – 480, 487 – 488.

⑤ Gu Mingdong. "From Yuanqi (Primal Energy) to Wenqi (Literary Pneuma): A Philosophical Study of a Chinese Aesthetic", Philosophy East and West, Vol. 59, No. 1, 2009, pp. 22 – 46.

的诗歌本质问题，较为系统地探究了"气"与文学二者之间的关系。通过上述研究发展可以看出，顾明栋个人对《原诗》的英语研究呈现出由个别的具体诗学理念分析，到继承与发展中西方文论联系对比，再到对形而上诗学理念进行较为系统的思考，这既是顾明栋本人研究思路的发展，同样标志着《原诗》研究始终处于动态的深入推进之中。

以上是不完全的一个统计，主要是在 20 世纪范围之内。

## 第二节　英语世界中国古典散文译介与研究议题选介

英语世界对中国古代诸子散文的译介是有自己独特的选择的。首先，在我国本土影响深远的先秦"儒家—孔孟"的文字和思想，除了思想性还有很强的文学性。但是在英语世界的译介中，却很少注意到这些文本的文学性。黄鸣奋总结过英语世界的先秦儒家研究，指出："研究《论语》和孔子其人的英语著作甚多……（但）专门研究《论语》的文学性或孔子的文学思想与文学实践的著作尚未见到。"另外就道家而言，"英语世界里有关先秦诸子散文的著译在数量上远过于先秦历史散文就诸子相比较，儒、道二家备受青睐；而儒道两家又以道家著作的文学性更引人注目；道家的《老子》与《庄子》则以《庄子》的文学性获得更高的评价"。① 所以，本节首先就英语世界的诸子研究选出庄子研究作为代表的议题。其次，《史记》的研究成果丰富，自然列入议题。最后，对唐宋古文以及明清散文的译介也做一些简单的介绍。

### 一、英语世界的《庄子》研究

西方人对《庄子》最初的接受，并不是因为它的文学价值，而是因为哲学、宗教、伦理思想的缘故，这很符合常理。由于语言的障碍，我们也从未将上古西方哲学经典作家的文本当作文学来看待，也是关注他们的思想性。由于一开始《庄子》在英语世界的译介基本上是由西方传教士完成，并将它作为英语世界了解中国文化和帮助其在中国传教的工具为目的，这类翻译具有鲜明的社会政治性，译者多是在自己解读的基础上选取有利于西方宗教思想和其他意识形态在中

---

① 黄鸣奋：《英语世界先秦散文著译通论》，载于《厦门大学学报（哲学社会科学版）》1995 年第 2 期，第 94~95 页。

国传播的部分去附会当时中国社会的意识形态。这时候的《庄子》英译使用了很多西方宗教（基督教）的术语，带有浓烈的基督教思想色彩，完全不考虑汉语文本的文学性问题。当时，现代意义上的中西交往承载着很多特殊的元素，双方都有很强的先见，了解不深情况不熟，因此一开始的《庄子》英译几乎没有学术性可言，并主要刊行在大众杂志或作为某些丛书系列的组成部分存在，没有英语世界文学的地位。

英国是庄子思想传播较早的国家。1840 年的鸦片战争以一种残酷的方式打开了近现代的中英"关系"。当时为了在华传教，英国的传教士们纷纷开始进行《庄子》英译，希望通过译本的传播来研究中国的文明"程度"和中国人的道德观念，这无疑是非常偏颇的他者立场。曾任上海《字林西报》总编的英国汉学家巴尔福是第一个英译《庄子》的文化人物，译文名为《南华真经：道家哲学家庄子的著作》（*The Divine Classic of Nan-Hua, being the Works of Chuang Tsze, Taoist Philosopher, with an Excurses, and Copious Annotations in English and Chinese*, 1881），译文本身很流畅通达，但是可信度低，改了太多原文之义。接下来翻译《庄子》的人慢慢多起来，其中最具代表性的是剑桥大学汉学教授翟理斯于 1889 年完成第一部全英译本《庄子：神秘主义者，道德家与社会改革家》（*Chuang Tzu: Mystic, Moralist and Social Reformer*），作为著名学者的翟理斯翻译的语言质量自不用多说，但该译本过于发挥，很多地方不忠实原文，近代的语言风格让现代读者也很困惑。论及译本的影响力，最大的是苏格兰公理会教士理雅各的《庄子》译本。这部译本与同为他翻译的《道德经》同时载于米勒主编的系列丛书《东方圣典》，译名为《中国圣书：道家经典》（*Writings of Kwang-Tzu, in The Sacred Books of the East*）。此书学术价值极高，是 19 世纪英语世界汉学的代表作之一。理雅各中文造诣深厚，因此该译本有相当的可信度和权威性，对于《庄子》在西方的主流接受具有决定性的意义，他在英译过程中自创了一些词汇，采用了独特的话语方式，这些都成为后学的榜样。理雅各的《庄子》译文体例规范，为了达意而附有相当多的注释，水平极高。在翻译过程中，他忠实于中国的学术文化传统，从而保证了翻译的"信"；但恰恰是由于"信"，他的译文几乎可以看作是逐字逐句的忠实翻译，因此"雅"而不"达"。在翟理斯之后，他的儿子翟林奈又翻译了部分或全部的《庄子》，并陆续载于《东方智慧丛书》。

与其他中国经典文本的接受不同，西方对《庄子》的接受一直带有强烈的社会哲学倾向。可能是由于思路迥异的东方智慧对西方关于自身社会和命运的启迪，一方面英译本陆续问世，另一方面第一次世界大战带来的思想和社会危机，使得《庄子》在西方的接受走入了新的阶段。世界大战的爆发导致生灵涂炭，文明遭遇严重危机。面对战争与厄运，人们开始反思西方文明的问题。此时的西方思想家们认为有崇尚道德和平的中国道家传统比西方冰冷的工业文明要好得多，于是关注自然、人的本性、崇尚"无为"、主张"和"的思想的《庄子》立刻成为追捧的对象，与"道家热"一起一度盛行于西方。这一时段有一个重要的现象，就是《庄子》的传播与研究在美国的开始与发展。由于经济社会等多方面的原因，美国开始逐渐成为英语世界《庄子》翻译研究的重要策源地，其研究成果无论在质量上还是数量上都是第一的。这一阶段的英译和研究，不再带有太多的非学术目的，显得专业而自然。译者们大多具有比较研究的素养，对原文进行了变异学式的改动，既不任意发挥也不拘泥原作，而是努力做到中西文化的对话与交流。英国汉学家、翻译家亚瑟·韦利的著作《中国古代的三种思维方式》（*Three Ways of Thought in Ancient China*，1939）是一本全面论述先秦诸子思想最重要方面的著作，书中有对《庄子》的简单介绍。该书文字通俗易懂，论述浅显平实，后来又被译成德语和法语在欧洲传播。最受学术界推崇的当属华兹生的《庄子全译》（*The Complete Works of Chuang Tzu*），其被看作英语世界最好的译本，该译本于 1968 年由哥伦比亚大学出版社出版。除前文所述外，翟理斯还有《庄子：道家哲学家和中国神秘主义者》（*Chuang Tzu*：*Taoist Philosopher and Chinese Mystic*，1962）；韦尔有《庄周语录》（*The sayings of Chuang Chou*，1963）等。这一时段的另一有趣的现象是出现了中国人的英译本。对中国学者而言，中国传统文化是融入血液中的东西，同时随着中西文明的交往碰撞而受到西方文化影响的他们对《庄子》的英译必然有很大的不同，更具比较色彩。同时《庄子》英译因此也走出了西方话语独白的状态，有了真正的比较文学意义。冯友兰的《庄子：新译节选与郭象哲学的阐释》（*Chuang-tzu*：*A New Selected Translation with an Exposition of the Philosophy of Kuo Hsiang*）于 1933 年由商务印书馆出版，作为一代宗师的冯友兰依靠其哲学的功力和高超的语言能力，通过解释与转换将庄子哲学中的精妙思想介绍给西方。随后，文学家林语堂以韵文形式节译的《庄子》于 1942 年面世，别具一格。

在此之后《庄子》英译本的数量迅速增加，传播的地理区域更为广泛。有一个原因是现代社会与近代文明相比发展迅速、变化多端、思想活跃，世界政治多极化、经济全球化、文化多元化，有的人难免开始质疑文明到底是在进步还是在恶化。与此对应的是道家和庄子超然世外、无欲无求、清净自在的价值观与状态直击西方人和现代人内心的痛点，自然而然成为很多人想要追求的境界。庄子学说在这种特殊的时代背景下成为沟通东西方的桥梁。《庄子》几近诗歌与寓言，话语方式上以"我"为维度来呈现"道"的方式，对于习惯了分析性语言和思维的西方世界来说非常独特而又有吸引力。这一时段译者依然秉承文化比较的立场，译文"信""达""雅"兼具，译文的版本均追求忠实、风格、思想等各方面的平衡。由于这种追求,在语言方面就有更多的讲究,译本自然更重文采和韵律。由于这种需要,译者必须考虑原文的文学问题,因此《庄子》的文学性和语言属性开始受到较多关注。著名汉学家葛瑞汉在这个方面也是顶级的权威,他对《庄子》进行了重新的编排(这很类似于华兹生在翻译《史记》时候的做法,汉学家往往能不拘泥于中国的传统,做出颇有道理的重排),其英译的《庄子·内篇》(*Chuang-tzu*: *The Seven Inner Chapters and other Writings from the Book Chuang-tzu*, 1981) 被公认为道家经典英译注本。其译本除了《内篇》有较完整的翻译,其余大多为选译,在翻译中也加入了许多他自己的解读与接受。同时中国留洋和旅居海外学者的努力进一步促进了《庄子》英译的深入发展。国内也有学者翻译,第一本中国人的英语全译本是汪榕培的《庄子》(1999)。《庄子》英译本还不断推陈出新,在风格和形式上探求变异。如梅维恒的《逍遥游:早期道家故事和庄子的寓言》(*Wandering on the Way*: *Early Taoist Tales and Parables of Chuang Tzu*, 1994) 是用的英语的韵文;中国台湾漫画家蔡志忠与美国学者布莱恩·布雅 (Brian Bruya) 合作先后推出漫画版的:《庄子说》(*Zhuangzi Speaks*: *The Music of Nature*, 1992) 及《庄子之道》(*The Dao of Zhuangzi*: *The Harmony of Nature*, 1997),成为了一种非常独特的英译形式。伴随着庄子英译的深入发展,这一时期的庄子思想研究也得到了发展。有关庄子研究的工具书、专著、论文相继出版,主题涉及庄子的文学艺术风格、美学思想、道论、天命观、语言观及具体的篇章解读等。其中,将《庄子》引入后现代的论争成为了英语世界之庄学研究的亮点。以此更深入地发掘《庄子》丰富的思想内涵,促进西方对《庄子》之智慧和感性的理解。

## 二、英语世界的《史记》研究

《史记》的英译本之一是华兹生的《史记》译本,前文已经作了一些简单的介绍。美国汉学家华兹生是《史记》英译的重要贡献者。他从20世纪50年代起就从事《史记》翻译工作,1951年他的硕士论文就是"《史记》卷124的译文"。1958年,纽约哥伦比亚大学出版社出版了以他的博士论文为基础的专著:《司马迁:中国伟大的历史学家》(*Ssu-ma Ch'ien*: *Grand Historian of China*)。这是研究司马迁及《史记》的第一部英文专著,包含了《太史公自序》等的译文。1961年,哥伦比亚大学出版社出版了华兹生的译著《史记》(*Records of the Grand Historian of China*)。选材集中在与汉朝有关的内容上。华兹生的著作可读性很强,但不一定特别忠实于原文的细节,也少有注释,关于选材的原因以及上述各点华兹生在译序和导读里作了详细的解释说明。这个译本的底本为1934年东京出版的泷川资言注解的《史记会注考说》，同时也参考了百衲本《史记》，以及《汉书》中相应的章节。该译本被列入联合国教科文组织的代表性著作选集《中国系列丛书》。这本书的修订本于 1993 年由哥伦比亚大学出版社和香港中文大学出版社联合出版，列入香港中文大学翻译研究中心《译丛》(Renditions)。1960 年，华兹生以《司马迁：历史学家的神圣职责》(Ssu-ma Ch'ien：The Sacred Duty of the Historian) 和《历史学家的撰史方式》(Methods of the Historian) 为题翻译了《太史公自序》《报任安书》《三代世表》(序) 和《大宛列传》等，收入狄百瑞主编的《亚洲文明导论》(Introduction to Asian Civilizations) 丛书中的"中国传统之本源"(Sources of Chinese Tradition) 专辑，由纽约哥伦比亚大学出版社出版，该专辑也被列入《中国系列丛书》。1969 年，华兹生又出版了《史记 5 卷》，包括《伯夷叔齐列传》《伍子胥列传》《田单列传》《吕不韦列传》《刺客列传》等，并从 1961 年版的《史记》译本中选出与汉朝相关的 13 卷等于 1969 年由哥伦比亚大学出版社出版新书，书名为：Records of the Historian：Chapters from the Shih chi of Ssu-ma Ch'ien。1995 年，该译本被收入马克·凯什岚斯基 (Mark A. Kishlansky) 编辑的《世界史资料》卷 1 (Sources of World History, Vol. 1)，由纽约哈珀柯林斯大学出版社出版。1993 年，香港中文大学出版社和哥伦比亚大学出版社联合出版华兹生新译《史记：秦朝》(Records of the Grand Historian：Qin Dynasty)，包括《秦本纪》《秦始皇本纪》及秦朝其他 10 个历史人物传记，也属《译丛》之一。到最终，华兹生翻译了《史记》130 卷中的 80 卷，他的译本是《史记》已经出版的译本中最为完整的英文译本。1995 年 12 月，华兹生在《中国文学》第 17 期上发表 "《史记》与我" (The Shih chi and I) 一文，回顾了他翻译《史记》的整个过程和翻译中的学术问题。他侧重《史记》的文学内涵，面向普通读者是非常典型的翻译文学作品。后来的倪豪士等正是在研读华译的基础上对《史记》展开研究。

1994 年，美国印第安纳大学出版社出版了倪豪士主编的，包括了他本人、郑再发、吕宗力、罗伯特·雷诺兹等翻译的英文版《史记》第 1 卷和第 7 卷 (The Grand Scribe's Records：Vol. 1 The Basic Annals of Pre-Han China、Vol. 7 The Memoirs of Pre-Han China)。2002 年，该社又出版了倪豪士等英译的《史记》第 2 卷 (The Grand Scribe's Records：Vol. 2 The Basic Annals of Han China)。第 1 卷译介内容分别是：五帝本纪、夏本纪、殷本纪、周本纪、秦本纪、秦始皇本纪、项羽本纪；第 7 卷为汉朝以前的列传 1 至 28；第 2 卷为高祖本纪 (The Exalted Emperor, Basic Annals 8)、吕太后本纪 (Empress Dowager Lü, Basic Annals 9)、孝文本纪 (The Filial and Cultured (Emperor), Basic Annals 10)、孝景本纪 (The Filial and Luminous (Emperor), Basic Annals 11)、孝武本纪 (The Filial and Martial（Emperor），Basic Annals 12）等。2006 年 4 月倪译《史记》第 5 卷（上）、《史记·汉以前的世家》（Gromd Scribe's Records：The Hereditary Houses of Pre - Ham China）由印第安纳大学出版社出版，共 549 页，主要底本为中华书局《史记》。1959 年版和 1982 年版两个版本，参考了监本和百衲本《史记》以及泷川资言、王叔岷等的评述或译文。其英译策略定位是译出一种忠实的、具有详细注解的、学术性为主导的《史记》英文译本。该译著进行了歧义释义的考证，并提供了中国、日本和西方其他学者的翻译和研究成果，具有明显的史学和文学研究的特征。

19 世纪末，利昂·罗斯尼（Lon de Rosny）和赫伯特·艾伦也曾翻译《史记》。1894 年，艾伦在《皇家亚洲文会会刊》发表《史记卷 1：五帝的起源》（Historical Records. Chapter I：Original Record of the Five Gods）的译文。1895 年，艾伦又在《皇家亚洲文会会刊》发表《殷》（The Yin Dynasty）。1917 年，夏德（Friederich Hirth）发表了《史记·张骞传》，刊登在《美国东方学会会刊》第 37 期。1947 年，约翰·德弗朗西斯（John De Francis）在《哈佛亚洲研究》（Harvard Journal of Asiatic Studies）总第 10 期发表《史记·淮阴侯列传》（Biography of the Marquis of Huai Yin）的译文。1962 年，鲁道夫（Richard C. Rudolph）在《远东》总第 9 期上发表《史记·伍子胥列传》（The Shih chi Biography of Wu Tzu - hsu）的译文。杜为廉（William Dolby）和约翰·司考特（John Scott）编译的《司马迁笔下的军阀及其他人物》（Sima Qian：Warlords，Translated with Twelve Stories from His Historical Records）在 1974 年通过英国爱丁堡南边出版公司（Southside）出版，包含《史记》卷 65～卷 78、卷 86、卷 126 等篇章，集中描写孟尝君、平原君、信陵君、春申君等，并按兵家、军阀、刺客、弄臣四组进行内容重排。他们试图用可读的现代英语来表现内容，不设注释。但这种译文在学术上没有得到学界的真正认可。1994 年，英国雷蒙·道森（Raymond Dawson）译注的《司马迁〈史记〉》（Sima Qian：Historical Records）作为《世界经典系列丛书》（World's Classics）之一由牛津大学出版社出版，概述不是全译本，主要选择秦朝部分，全译或者节译了卷 6、卷 7、卷 28、卷 29、卷 48、卷 85～卷 88 等。该书比较注重《史记》总体叙事风格，有一些注释，但主要还是面向普通读者，通俗可读。1988 年，耶鲁大学侯格睿（Grant Hardy）以《〈史记〉中的客观性与阐释问题》（Objectivity and Interpretation in the Shih chi）为题获得博士学位。这是继华兹生以后第一部《史记》研究英文专著。通过分析司马迁编撰史料的方式，侯格睿指出《史记》反映了司马迁和中国史学重教化、轻记录的史学观，认为历史学家对于史实的阐释可能不会是绝对客观的，同样的历史事实在不同的解读下可能会有其他的含义——即"春秋笔法"的传统。侯格睿认为司马迁是一位伟大的历史学家，《史记》是一部文学与史学价值兼备的杰作。1999 年，哥伦比亚大学出版社出版侯格睿著《青铜与竹子的世界：司马迁对历史的征服》（*Worlds of Bronze and Bamboo: Sima Qian's Conquest of History*）一书，对司马迁的史学成就给予高度评价。

1986年，杜润德发表了《处于传统交叉点上的自我：司马迁的自传体著作》（Self as the Intersection of Traditions: The Autobiographical Writings of Ssu-ma Ch'ien）一文，刊登在《美国东方学会会刊》总第106期。杜润德认为李陵案是司马迁一生的转折点，他从以"忠""孝"为主的狭义价值观转变为以扬名后世为目标，这个目标帮助司马迁实现了文化和历史的传递。这种传统是司马迁的自我认知的核心。杜润德指出西方偏向于以个人为中心的传统，中国则以社会价值关系和传统为中心，这两者之间可能存在对立与差异，但二者都需表现出个人生活与社会典型价值模式之间的一致性。1992年，杜润德发表了《混乱与缺漏：司马迁对前贤刻画的几个方面》（Tangles and Lacunae: A Few Aspects of Ssu-ma Ch'ien's Portrayal of His Intellectual Antecedents）一文，载于陈捷先（Ch'en Chieh-hsien）主编的《陈奇禄先生七十寿辰纪念文集》（*A Collection of Essays in Honor of the Seventieth Birth of Academician Ch'en Ch'i-lu*），由台北联经出版事业公司出版。杜润德探讨了司马谈、孔安国、董仲舒对司马迁的思想产生的影响。另外有关司马迁思想研究的还有杜润德《雾镜——司马迁笔下的张力与冲突》（*The Cloudy Mirror: Tension and Conflict in the Writings of Sima Qian*，1995）以及他与李惠仪等人合作编撰的《〈报任安书〉与司马迁遗产》（*The Letter to Ren An and Sima Qian's Legacy*，2016）等。

1970年，高本汉在斯德哥尔摩《远东古文物博物馆通报》（*Bulletin of the Museum of Far Eastern Antiquities*）总第42期发表《司马迁语言拾零》（Sidelights on Sima Ts'ien's Language）一文，系统研究了司马迁的语言特征，指出司马迁并没有严格按照他所学的先秦文学语言形式来创作，相反他更多地用"当代"的语言来处理。1981年，约瑟夫·艾伦在《中国文学》第3卷发表《〈史记〉叙事结构初探》（An Introductory Study of Narrative Structure in the *Shi ji*）一文，以《伍子胥列传》和《李将军列传》等为例探讨了《史记》的叙事机制及其对中国文学的影响。1994年，艾伦编译《中国语篇：史记的叙事结构》（Chinese Texts: Narrative Records of the Historian），收入米勒（Barbara S. Miller）主编的《比较视野中的亚洲文学巨作》（*Masterworks of Asian Literature in Comparative Perspective: A Guide to Teaching*），由纽约沙朴出版社出版。1990年，斯坦福大学李乃萃（Vivian-Lee Nyitray）撰写了《美德的写照：司马迁〈史记〉中的四位君子的生平》（Mirrors of Virtue, Four Shih-chi Biographies）的博士论文，运用法国结构主义、英美新叙事学、电影叙述学及中国传统美学理论分析了《史记》的结构特征及读者分析人物行动道德意义的方式。1992 年，俄亥俄大学简小滨（Jian Xiaobin）撰写了《〈史记〉的空间化》（Spatialization in the *Shi ji*）的博士论文，从空间角度研究了《史记》的叙事基础，强调空间位置而不是时间参照对于解读《史记》更为重要。1992 年，侯格睿在《中国文学》总第 14 卷发表了《司马迁〈史记〉的形式与叙事》（Form and Narrative in Ssu-ma Ch'ien's *Shih-chi*）一文；1993 年，侯格睿在《美国东方学会会刊》第 1 期发表了《〈史记〉卷 14（十二诸侯年表）的解释作用》（The Interpretive Function of *Shih chi* 14, The Table by Years of the Twelve Feudal Lords）；1994 年，侯格睿又撰写了《一个中国古代的历史学家对现代西方理论能起作用吗？论司马迁的多重叙事法》（Can An Ancient Chinese Historian Contribute to Modern Western Theory? The Multiple Narrations of Ssu-ma Ch'ien）一文，刊登在《历史与理论》（History and Theory）总第 33 期。1995 年，杜润德撰写《模糊的镜子：司马迁著作中的紧张与冲突》（*The Cloudy Mirror: Tension and Conflict in the Writings of Sima Qian*）一书，由纽约州立大学出版社出版。杜润德对《史记》潜在的文学模式的分析为后来的学者就司马迁对史料娴熟的操纵这个新的研究领域进行深入研究奠定了基础。1997 年，英国伦敦大学弗赫尔（Bernhard Fuehere）在《亚非研究》（Asian and African Studies）第 6 期发表《宫廷史学家的自画像：司马迁〈报任安书〉、〈札记〉》（The Court Scribe's Eikon Psyches: A Note on Sima Qian and His Letter to Ren An）一文，分析了《报任安书》的文学修辞，以及司马迁的书信格式对后来中国书信体的演变产生的影响。

## 三、唐、宋、元、明、清议论散文研究

在第一类书籍里，有综合性的杜希德（Denis C. Twitchett）的《唐代官修史籍考》（1992）、傅汉思编《宋代传记》（1976）、迪特·库恩（Dieter Kuhn）著录（石刻史料新编）（1991），有丁爱博（Albert E. Dien）选译《周书·宇文护传》（1962）、陈世骧选译《晋书·顾恺之传》（1953）、傅汉思选译《旧唐书》《新唐书》各自的《孟浩然传》（1952）、方志彤选译《资治通鉴·三国纪事》（1952）等；相关博士论文有安东尼·沙利特（Anthony W. Sarit）的《司马光的政治思想：北宋官僚专制主义》（1970）、菲尔特（D. P. Failter）的《儒家史学与司马光的思想》（1991）等。其中，傅汉思在译《孟浩然传》时注意到，《新唐书》为了创新模式而对取自不同来源的材料重新编排、删节并改变语言表达方式，使得文本有极简主义的感觉，对于接受来讲有时比较模棱两可。方志彤在译《三国纪事》时除注析原文外，还翻译了司马光使用的材料，分析了司马光选取材料的取舍标准，分析他如何将素材构建加工，形成了自己的风格和连贯统一的

文本。这两位译者都表现出对原著文学性的某种关注。

第二类书籍以"唐宋八大家"为核心。属于综合性的有刘师舜《唐宋八大家文选》（1979）等选本，斯普林（M. K. Spring，《唐代古文风格研究：韩、柳之修辞》（1983）等博士论文，陈幼石（Yu-Sihh Chen）《中国古代散文的意象与观念》（1988）等专著。专论韩愈的博士论文有陈幼石《作为古文家的韩愈》（1967）、曼利（V. E. Manley）《唐代中国保守的改革者——韩愈的生平与思想》（1986）、蔡涵墨《韩愈与唐代对统一的追求》（1986）、莫纳汉（M. C. Monahan）《韩愈及其文学贡献》（1987）等，译本有贝纳尔德·所罗门（Bernard S. Solomon）《韩愈〈顺宗实录〉》（1955）等。专论柳宗元的有倪豪士《柳宗元》（1973）等专著，根兹勒（Jennings M. Gentzler）《柳宗元传》（1966）、陈弱水（Jo Shui Chen）《新儒学的发端：柳宗元与中国唐代的观念变化》（1987）等博士论文。其中，陈弱水的博士论文已正式出版，题为《柳宗元及中国唐代的观念变化》（1992）。专论欧阳修的有马乔里·洛克（Marjorie A. Locke）《欧阳修的早年生活及其与宋代古文运动兴起的关系》（1951）等博士论文，艾朗诺《欧阳修的文学作品》（1984）等著作。苏洵专论有贺巧治（George C. Hatch）《苏洵的思想：论北宋观念多元论的社会意义》（1972）等博士论文。苏轼专论及译本有克拉克（C. D. LeGros Clark）《苏东坡选集》（1932）、林语堂《欢乐的天才：苏东坡的生平与时代》（1947）、马尔奇《苏轼的山水观》（1964）、华兹生《宋代诗人苏东坡选集》（1965）、包弼德《11世纪中国的文与道》（1982）、沈清莲《苏轼及其弟子》（1985）、哈蒂（M. P. Harty）《苏轼的〈中庸论〉》（1986）等；报刊论文有载于《汉学研究》1990年12月号的何瞻（James M. Hargett）《苏轼的游记散文》等。王安石专论有威廉姆森（H. R. Williamson）《中国宋代政治家与教育家王安石》（1935）。关于苏辙、曾巩的专论和译本尚未见到。

唐宋八大家之外与古文运动多少有关的散文家也进入了英语世界学者们的视野。这方面的成果有何汉心（P. A. Herbert）《唐明皇治下：从张九龄论著看唐代中国皇权》（1978）、费佛乐（Eugene Feifel）《作为谏官的白居易》（*Po Chü-i as a Censor*：*His Memorials Presented to Emperor Hsien-tsung during the Years 808-810*，1961）、荣之颖《元稹》（1977）、倪豪士《皮日休》（*P'i Jih-hsiu*，1979）等书籍；莫穆伦（D. C. Momullen）《元结与早期古文运动》（1960）等博士论文，以及镖原吉《白居易墓志名铭中的"结构"与"群体"》等论文。其中，荣之颖指出：元稹在文学上是革新者，他促使官方文件的散文风格起变化，直接或间接地支持了其时的古文运动；倪豪士认为皮日休力求将道德哲学与政治哲学相联系，很早就对《中庸》《大学》《孟子》等加以模仿，在写作上追随韩愈，这使其散文在思想和风格两方面都成为新儒学的先驱第三类书籍数量很多，主要以李靓、程颐、程颖、邵雍、张载、朱熹、陆象山为研究对象，其中，关于朱熹的译论著占了相当大的数量。必须说明的是：上述著作大部分将宋代理学家的散文当成哲学文献来研究，几乎不考虑文学性的问题。唯有穆（D. J. Mu）的《人性意象：宋代的一种描绘》一书（1988）例外。该书分析了朱熹用来表达其宇宙观、认识观、政治观、道德观的种种意象，如水流、镜、灯、种子、秤等，具有现代语言学的一些意味。

元明清议论散文主要是中国封建社会后期思想家的论著，以之为研究对象的英语书籍比比皆是。其中，综合性选本有哥伦比亚大学出版社出版的《新儒家论著选》（1963）。明儒最受重视的是王阳明，译本有弗雷德里克·亨克（Frederick G. Henke）《王阳明的哲学》（1916）、秦家彭《王阳明哲学书信集》（1972）等，论著有张嘉上（Carsum Chang）《16世纪中国唯心主义哲学家王阳明》（1962）、杜维明（Wei Ming Tu）《付诸实行的新儒家思想：王阳明的青年时代》（1976）、方东美（Tung Mei Fang）《人与自然的创造性》（1980），以及周苏（Su Chow）《王阳明哲学中的良知》（1981）、艾文贺（Phlip J. Ivanhoe）《明代之孟子——王阳明的道德哲学》（1987）等博士论文。关于其他明儒的译、论著有（以其生活年代为序）：凯希尔（M. T. Kelheer）博士论文《对追求成圣的人格反映：吴与弼的生平和旧录》（1952）、布鲁姆（I. T. Bloom）博士论文《罗钦顺〈困知录〉译价》（1976）、丁贝格（R. G. Dimberg）所著《圣人与社会：何心隐的生平与思想》（1974）、柏林（J. A. Berling）的博士论文《道之一统：林兆恩的调和主义思想》（1976）、钱新祖（Edward Tzuu Ch'ien）的博士论文《晚明新儒家焦竑的综合性》（1978）。金莉华所译洪应明《菜根谭》（1979）、阿特维尔（W. S. Atwell）《晚明学者——官员陈子龙》（1974）、裴德生论方以智的专著《匏瓜》（1979）。关于清代思想家的译、论著有：杨·奥吉姆（Young Oakim）博士论文《王夫之的哲学》（1982）、程一凡（I-Fan Cheng）《晚明治国之才：顾炎武家庭之五世》（1981）、贝利特（T. E. Batlett）《顾炎武对亡天下的反应》（1985）、黄进兴（Chin-shing Huang）博士论文《李穆堂与清代的陆王学派》（1983）、成中英译本《戴震〈原善〉》（1971）、博雷（D. V. Borei）博士论文《衰落与改革：龚自珍国策论研究》（1977）、惠特贝克（Judith A. Whitbeck）《龚自珍的历史观》（1980）、列昂纳德（Jane K. Leonard）《魏源与中国对海洋世界的重新发现》（1984）、蒙哥马利（Walter G. Montgomery）《冯桂芬的"抗议"：19世纪中国儒家对变革的追求》（1979）、麦克利维（H. McAleavy）《王韬：一个流浪者的生平与创作》（1953）、柯文（P. A. Cohen）《传统与现代之间：王韬与中国晚清的改革》（1974）、托马斯·潘（Thoms Pon）《〈大同书〉与康有为的大同世界哲学》（1958）、罗荣邦（Lo Jung-pang）编译《康有为年谱与纪念文集》

(1967)、理查·霍华德（Richard C. Howard）《康有为的早期生活与思想》(1972)、陈善伟（Chan Sin - wai）博士论文《谭嗣同与晚清政治思想里的佛教主旋律》(1977)、《谭嗣同研究书目提要》(1980)、《谭嗣同的〈仁学〉》(1984)、鲁斯特（John Lust）译本《邹容〈革命军〉——中国民族主义者的传单》(1968)等。综论有施沃（T. S. Wok HSih）博士论文《晚清"国家"与"民"的观念：梁启超、谭嗣同、黄遵宪个案研究》(1980)等。上述著译者所取的角度主要是哲学、政治或宗教的，唯裴德生的《匏瓜》显得很别致，因为它将方以智1637年所作散文《七解》当成参照系来考察方以智的生平和思想。

真正从文学角度研究该时代散文的英语出版物，有洪铭水传《袁宏道与明代后期的文学运动与思想运动》(1974)、齐皎瀚《袁宏道及其兄弟诗文集》(1978)、周齐平（Chih Ping Chou）《袁宏道及晚明文学中自我表现的倾向》(1982)、潘子延译《影梅庵忆语》(1931)、林语堂译《浮生六记》(1935)、马士李（Shidey M. Black）《〈浮生六记〉——一个中国艺术家的自传》(1960)、韩南《创造李渔》(1988)等。

## 四、清代诗话研究——以《原诗》为例

清初诗论家叶燮（1627~1703）的诗论专著《原诗》是中国古代诗论的杰出之作，分为内外篇共四卷，共计三万余字，对诗歌批评、诗歌创作等方面进行了阐述，沈珩为其书作序时有过"未尝有创辟其识，综贯成一家之言"的评价，这一确切的评价是基于《原诗》内旨的高度概括。这部诗论专著以其自成体系的结构，独具一格的理念，在中国传统诗学的历史长河中拥有着独特而重要的地位。因此，随着中西学术交流对话的日趋频繁，《原诗》的学术价值吸引了英语世界诸多学者的研究目光。以西方文化作为载体的研究视域，以及以英文为媒介的表达方式，使得英语世界学者对于《原诗》的研究，既呈现出了他者视角中对于中国传统诗学价值的译介、阐释、传播，又因文化构成与视角的差异，而呈现出有别于国内研究成果的独到之处。以学者为中心，整理其学术论著中涉及《原诗》研究的部分，能够清晰、明确地把握英语世界学者对于这一清代诗学论著的整体把握与细节思辨。

叶燮的《原诗》在英语世界的译介与传播早期只有较为零散的研究，例如，华裔中国文学研究家刘若愚在1975年出版的《中国文学理论》一书中对于《原诗》部分选段进行英译，刘若愚的译文篇幅较少，且对原文的选择与译介很大程度是基于他对《原诗》所下的表现理论诗学这一定义，围绕这一西方文论话语对传统诗学进行分类、界定的先决条件，适当选译了能够支撑自身立论的部分诗学

理念与论述。

美国哈佛大学东亚系主任和比较文学教授宇文所安于 1992 年出版的《中国文论：英译与评论》(Readings in Chinese Literary Thought) 的第十一章《叶燮〈原诗〉》中对其原文进行了研究性视角的筛选，并对其进行了英文翻译。宇文所安将翻译的重心放在了内篇中，并在补充部分中增加了对于内篇（上）的较多篇幅，以及外篇（上）的部分文字的翻译与评论。宇文所安按照自身研究视角所重视的考察思路，从叶燮理论体系中有别于前人学者的立论点入手，呈现出具有其本人学术侧重点与西方文化背景视野的摘译特点。在正文部分中，他首先翻译了内篇（上）的"虚名"与"定位"，这一叶燮所讨论的诗歌评价体系的理念，从而介入《原诗》诗学理论的核心区域，即被叶燮诗学研究者所重视的"理、事、情"与"死法、活法"的诗学概念中，并围绕"法"与"理、事、情"的核心定义与密切联系，选取了与之相关的，能够体现《原诗》对于诗歌评价与创作最首要、基本的标准的文段，首先表述出了叶燮诗学体系中的核心理论点以及围绕此而延展开的基本理论架构。紧接着宇文所安进入内篇（下）的部分，从"理、事、情"这三个诗学评价理念进入有关诗歌创作的四个重要理念，即与前者密切相关，相辅相成的"才、胆、识、力"，他摘选并英译了论述这四者的定义及其之间的联系，与其给诗歌创作主体所带来的诸多重要影响的选段，详细而重点明确地介绍了这四个诗学理念的价值与地位所在。随后宇文所安的英译也遵照了《原诗》的另一特有形式，即叶燮以自问自答的方式，模拟出对自身理论有所质疑的后辈，进行富有条理与理论依据的提问，将叶燮"立新"的观点与传统诗学相联系，从前人诗学视角对其进行挑战，从而使得叶燮本人能够在接下来的回答与阐述中更加具有针对性地论述自身的创新所在。宇文所安对针对"理、事、情"界定的自问自答进行了英译，并从而引出了对于杜甫诗歌这一案例的论述，他在此处的英译与之前自身主观性较强的摘录选取不同，更多地遵循了叶燮在原文中论述"理、事、情"的逻辑，最终在这一部分的结尾英译了叶燮就此三者所下的"惟不可名言之理，不可施见之事，不可径达之情，则幽渺以为理，想象以为事，惝恍以为情，方为理至事至情至之语"这一定语。

在"《原诗》补充选段"这一部分，宇文所安首先以诗歌的"源流"为核心，选译了叶燮以历时性观点审视自《诗经》时期，而发展流变到明末复古派的诗歌线索，引出了"正、变"这一诗歌史的理念。他对叶燮以自身评价体系与历史眼光，评价历代诗人及其作品的文段进行了英译，摘选的方式体现了对于正、变这一诗史发展客观规律的高度重视，始终围绕"时有变而诗因之。时变而失正，诗变而仍不失其正，故有盛无衰，诗之源也"，① 着重译介了《原诗》中以历时性的矛盾运动沿革脉络，与共时性的特定时代下的个别主题、具体要素相结合的诗史观，并列举、赏析了"包源流，综正变"的集大成者杜甫、韩愈等诗人，借此向西方读者与研究者们推介了符合叶燮诗学价值体系的传统诗歌典范。紧接着，宇文所安的译文借此由外部考察转向内部探求，就如何创作出符合典范的诗歌而提出了诗人之"胸襟"这一观点，大量选译相关原文陈述叶燮诗歌创作观的又一要点。最后宇文所安摘取了论述"诗三百"在中国诗歌发展中譬如树木之根本的地位的文段，遵循这一部分选段讲求"源、流、正、变"的发展线索的核心思想，宇文所安将自身的思考意识又复归到了中国诗歌的"源"上，通过大篇幅的选译呈现出诗歌源头的根本旨要对中国后世朝代文学发展的重要指向。

在补充部分中宇文所安还选译了外篇（上）的部分文段，值得注意的是并未对其进行点评。他首先英译了叶燮有关诗歌创作如何面对"熟"与"新"的选择时，强调此二组如同"太极生两仪"的对立统一关系，并像前文所讲求的那样将主体的主观选择着重归结于"胸襟"，"舒写胸襟，发挥景物，境皆独得，意自天成，能令人永言三叹，寻味不穷，忘其为熟，转益见新，无适而不可也"。② 接下来英译了与上文联系紧密的，讲求"作诗者在抒写性情"的文段，阐述杜甫、李白、韩愈、苏轼等诗歌的特点，从各自的诗歌风格特点入手，强调"诗是心声"（poetry is the voice of mind）且不应当进行有违诗人内心的创作。最后宇文所安撷取了叶燮对于前代诗学研究者如钟嵘、刘勰、严羽、王世贞等的诗评，进行质疑与批评的文段，以叶燮对历代诗评所下的"杂而无章，纷而不一，诗道之不能常振于古今"的结论，这一文段选为对《原诗》英译的结尾。这正是宇文所安明确意识到了叶燮创作《原诗》的文化背景与历史目标，即是一扫前代诗评的诸多不足，以富有体系化、逻辑性的诗学理论框架，支撑起袭旧立新的理念内蕴，并最终成为中国诗话史上足以承前启后，独树一帜的理论著作的宏愿。最后的外篇选段恰好与宇文所安在"叶燮《原诗》"这一章的开头，对叶燮所下的——出于对诗学诗歌理论现状的危机意识，挑战中国文论的诸多传统这一强有力的评价，进行了呼应，同时也使得英语世界的接受者们能够在了解叶燮诗学理论核心的同时，更清晰直观地认识到叶燮本人与众不同的创作立场，以及《原诗》在特定文化、时代背景下的独特价值。

宇文所安在此体现出了《中国文论：英译与评论》一书的论述形式特点与价值所在，即在选取文论片段进行英译的同时，也随之进行概念性的阐述与论述，

---

① 叶燮：《原诗》，载于《原诗·一瓢诗话·说诗晬语》，人民文学出版社 1979 年版，第 7 页。
② 叶燮：《原诗》，前引书，第 45 页。

并就自身西方文论研究背景,将中国传统文论的诸多观点与西方文论相联系,在思考与审问之中接着引导出下一段文论原文,通过这一方法使得原文与思考层层递进,相辅相成。这种译介方式的优点在于能够使得宇文所安点评式的研究方式随着具体、详实的相关文段而逐步延展,既有利于切合切实的原文要点讨论相关问题,也有利于英语世界的接受者通过这部专著,在通过他的英译工作了解到《原诗》的核心内容与思想价值的同时,也能够有效地接受到宇文所安作为一个与他们身处同样语言文化背景之中的传播者与接受者,同样能够产生的中西方异质文化的疑问与联想。宇文所安摘取那些不仅具有诗学价值的文段,同样着重于将这一东方话语言说方式下的文论思想与西方文论的思考方式相联系,这种方式既体现了他作为汉学者的独到视角,也使得通过此书了解、研究《原诗》的英语世界接受者能够更有效地获得学术信息。不足之处同样也是宇文所安的独到之处所在,点评式的论述方法显得较为零散,与之相联系的译文选取也较为片面,虽然给英语世界的《原诗》研究提供了宝贵的第一手材料,然而自该专著出版的1992年至今,尚未出现《原诗》的全文英文翻译。使用英语作为载体的研究者们大多选择以宇文所安的选文与英译为基础,进行相关研究与讨论,可以说宇文所安的选译很大程度上影响了后世的英语世界《原诗》研究,既有其支持、引导作用,也应意识到其局限性。

自 1992 年之后的《原诗》英译,虽无较大篇幅的原文译介,但仍有绝大多数《原诗》的英语世界研究者在其研究著作与论文中,出于理论论述的目的,截取研究对象的核心文句与诗学理念进行了英译,以杨晓山、蔡宗齐、顾明栋、谢耀文等的英译较为突出,值得一提的是,从事翻译工作与翻译理论研究的暨南大学学者谢耀文在其英文专著《中国诗歌与诗学比较研究》(*Classical Chinese Poetry and Poetics*: *A Comparative Study in Terminology by Way of Chinese Wisdom*)中,就"理、事、情"及其相关的《原诗》文本进行论述时,结合其自身的学术背景与语言基础,进行了较为细致的英译,因其文本译介与理论研究的相关视角,谢耀文的英译与相关阐述呈现出了较之于文论学者,更倾向于文学解读与双语交流的特点。他作为翻译工作与理论学者,对于《原诗》这一诗学理论著作投注相当程度的重视,既体现了其英语翻译能力作用下的诗学理论研究,对于英语世界《原诗》研究的与众不同的视角与方法,以及最终解读的定义、内涵得以成为诸多研究成果中独树一帜的组成部分;却也因其翻译理论与诗歌文本解读方法的独特性,导致了一些诗学理念英译上的偏差,这些偏差体现在与以宇文所安为代表的文论研究者与汉学者,所传达出的《原诗》意蕴有所不同,具体将在后文进行阐述,但值得注意的是,跨域东西方理论视域与话语方式的英语翻译,是展现不同文学思想体系与理论接受角度的载体,翻译的多元化,以及其不可避免所带来的阐释的多样性，都是不可避免且同样值得研究重视的。英语世界中的《原诗》作为从中国传统诗学领域传播到西方文论视域中的文学文本，考察其具体的英译，始终需要注意到翻译主体的能动选择与接受对象的理解能力，这些要素与《原诗》能否在英语世界获得广泛的研究认可度，是密不可分的，同样也是从宇文所安开始进行选译时就已存在的客观现象，值得将其纳入《原诗》传播与解读的研究范畴之中。

## 第三节 英语世界中国古典散文译介与研究贡献举隅

英语世界中国古典散文的译介与研究成果比较丰富，其中首推《史记》的翻译。《史记》的英文译本主要是华兹生、倪豪士、雷蒙·道森以及杨宪益、戴乃迭夫妇等的译本。但遗憾的是，《史记》到现在尚无英文全译本。另一个突出的成就是《庄子》的翻译，如上节所述，葛瑞汉《庄子》译本是公认的经典译本。其余还有先秦诸子文的译本，例如辜鸿铭译过《论语》等。由于本书聚焦于汉学家及他们的成果，所以就以《史记》的翻译、《庄子》的翻译以及关于先秦思想的一些思考为例介绍。

### 一、华兹生的《史记》英译

华兹生英译《史记》主要分为四个阶段：第一阶段是从 1951 年英译《游侠列传》获得硕士学位到 1956 年完成博士论文《中国伟大的历史学家：司马迁》（Ssu-ma Ch'ien：Grand Historian of China）而获得博士学位。该论文于 1958 年由哥伦比亚大学出版社出版。在这个时期，他的译介是与研究相结合的。第二阶段是从他获得博士学位到 1961 年哥伦比亚大学出版社正式出版他的《史记》选择本（Records of the Grand Historian of China：Translated from the Shih chi of Ssu – ma Ch'ien）。该译本内容主要涉及汉朝。第三阶段是此后一直到 1969 年哥伦比亚大学出版社出版他的另外一个译本：Records of the Historian：Chapters from the Shih chi of Ssu – ma Ch'ien，该译本是从 1961 年版本中选取与汉朝相关的 13 卷译文和一个节选译文，然后又增加 5 卷新的译文合成的。第四阶段是 20 世纪 90 年代初，华兹生重新修订 1961 年版的译本，1993 年由哥伦比亚大学出版社和香港中文大学出版社联合出版该书的修订本：Records of the Grand Historian：Han Dynasty（revised edition）（two volumes）。同时出版的还有华兹生的新译本《史记·秦朝》

(*Records of the Grand Historian: Qin Dynasty*)。本节分析的材料主要集中在1961年版的译本，该译本被列为联合国教科文组织的中国翻译系列丛书《联合国代表性著作选集：中国系列》（*UNESCO Collection of Representative Works: Chinese Series*）之一。这是自沙畹以后《史记》西传的又一次重要尝试。它在促进西方普通读者对司马迁和《史记》的了解方面发挥了重要作用，至今享誉学术界。

### （一）华译《史记》选材范围及目录编排结构

华兹生认为《史记》生动地描绘了过去伟大的历史人物，戏剧性地再现了故事情节，娴熟地记述了轶闻趣事。《史记》具有一种史诗性、歌剧性的特质：气势磅礴的叙事方式，周而复始的兴衰节奏，雄健洪亮的语言。这些《史记》中史诗般的特质是华兹生在他的《史记》翻译中最想再现的。为了体现《史记》史诗般的叙事特质，华兹生集中翻译了《史记》中文学趣味浓厚、对后世文学影响巨大的那些内容，而对于其中一些涉及古代医学的章节，专业化性质比较突出的书表等，他无意涉猎。他的选材侧重最能反映司马迁创造性天赋的那些内容，如秦汉时期个性鲜明的人物描写，司马迁生活的那个时代或接近于这个时代的那些起伏跌宕的历史事件等。在华兹生看来，正是这些内容构成了《史记》的核心。1961年版译本第1卷按汉朝立国初期和巩固统治两大阶段把全部译文分成两大组，分为11个小部分，分别加一个标题，在各个标题的下面再分别排列相关内容的章节，各部分的标题对于该部分的叙事内容起到了提纲挈领、直点主题的作用，且人物刻画与故事情节的展开趋于统一。如第1部分为"The Beginning of the Revolt"，包括《史记》卷48《陈涉世家》；第2部分为"The Vanquished"，包括《史记》卷7《项羽本纪》；第3部分为"The Victor"，包括《史记》卷8《高祖本纪》和卷16《秦楚之际月表》（节选译高祖崛起之反思）；第4部分为"The Great Ministers"，包括《史记》卷53《萧相国世家》、卷55《留侯世家》和卷56《陈丞相世家》；第5部分为"The Disaffected"，包括《史记》卷89《张耳陈馀列传》至卷94《田儋列传》；第6部分为"The Loyal Followers"，包括《史记》卷95《樊郦滕灌列传》至卷100《季布栾布列传》；第7部分为"The Rulers"，包括《史记》卷95《吕太后本纪》至卷12《孝武本纪》；第8部分为"The Empresses"，包括《史记》卷49《外戚世家》；第9部分为"The Great Families"，包括《史记》卷50《楚元王世家》至卷54《曹相国世家》、卷57《绛侯周勃世家》至卷59《五宗世家》；第10部分为"The Leader of the Revolt (Some Remarks on the Han Peers)"，包括《史记》卷106《吴王濞列传》、卷17《汉兴以来诸侯王年表》至卷19《惠景间侯者年表》；第11部分为"The Eminent Officials"，包括《史记》卷84《屈原贾生列传》、卷101《袁盎晁错列传》至卷

104《田叔列传》。译本第 2 卷把全部译文分成 4 个部分，也是分别加一个标题，在各个标题的下面再分别排列相关内容的章节，如第 1 部分为"Heaven, Earth, and Man"；包括《史记》卷 28《封禅书》至卷 30《平准书》；第 2 部分为"Statesmen, Generals, and Foreign People"，包括《史记》卷 107《魏其武安侯列传》至卷 117《司马相如列传》、卷 20《建元以来侯者年表》、卷 120《汲郑列传》和卷 123《大宛列传》；第 3 部分为"The Plotters of Revolt"，包括《史记》卷 118《淮南衡山列传》；第 4 部分为"The Collective Biographies"，包括《史记》卷 119《循吏列传》、卷 121《儒林列传》、卷 122《酷吏列传》、卷 124《游侠列传》、卷 125《佞幸列传》、卷 127《日者列传》和卷 129《货殖列传》。

华兹生把《史记》的经验流套入一个固定的结构之中，并用西方的"novel"结构编排了原文的整体情节，在华译《史记》的整体结构上首先形成"头、身、尾"一以贯之的宏观时间框架结构，为整个叙事的展开奠定了基础，形成了一定的整体感。华兹生在 1961 年版译本正文前，首先用了较大的篇幅概述了汉朝以前的中国历史，从而把译本《史记·汉朝》置入了特定的历史框架中，这有利于读者更好地把握《史记》叙事的时空结构，并形成一定的历史意识。然后，又把译本第 1 卷分成大汉朝立国初期和大汉朝巩固统治两大阶段。这就类似于历史叙事文学的时间结构。西方小说的"头、身、尾"整体结构致使华译《史记》颠倒了《史记》原文的结构顺序，打乱了本纪、世家、列传的界限，按照一般历史叙事文学情节展开的结构重新编排人物出场的顺序，使得人物塑造呈现小说中人物推进情节的轨迹。叙事从陈涉起义开始，叙述了失败者项羽；胜利者高祖，并选译高祖崛起之反思，这样就以时间、事件发展的大的顺序架构起故事展开的总体时间框架，然后叙述了故事中的各种人物，如功勋卓著的大臣们、反叛的人物、忠实的臣子、历代帝王、外戚、豪门世家、诸侯、显赫的官吏等，这就构成了比较典型的历史叙事小说的结构模式。

《史记》给了每一个历史人物一个特定的历史定位，这种定位包含了司马迁对这些历史人物功绩的一种道德评价。华兹生准确把握了这些历史人物活动的本质特征，并按照这些特征在打乱《史记》原文排列顺序的同时，依据司马迁人物定位的主要特征把他们分别编入起义者、失败者、胜利者、功勋卓著的大臣、反叛的人物、忠实的臣子、历代帝王、外戚、豪门世家、诸侯、显赫的官吏等新的小说叙事框架，以体现新的文学主题。在各个主题下，再保留原有的《陈涉世家》《项羽本纪》《淮阴侯列传》等原有的标题形式。可见，译本虽然保留了以人物为中心的叙事方式以及本纪、列传、世家等称呼方式，但是译本与原文在结构上呈现出很大的不同。这种不同的结构特征体现了译者在文本解读的过程中表现出来的叙事理解模式，以及在译本构建过程中体现出来的叙事文本构建模式。

另外，在每一卷译文的开头，华兹生都把《太史公自序》中的相关说明性材料作为引言予以翻译呈现，使得故事情节更加趋于完整，并与该卷的核心主题相呼应，体现出叙事逻辑上的一致性。很显然，人物描写的戏剧性特色构成了华兹生重新编排译文结构的基础，致使译文可以单独成篇来阅读和欣赏，似乎每一个人物都是一个独立的故事，同时衔接起来又构成一部完整的历史叙事文学画卷。正如华兹生自己所言，目录可以作为该部戏剧性著作的主要人物的索引，因为各个章节是由该章节叙述的传记人物的名字来命名的，非常具有可读性。

### （二）华译《史记》的时代特征

华兹生在《史记》翻译过程中将之叙事化，然后结合《史记》的叙事性，按照西方小说叙事的结构特征把译本置于读者的"规约性认知框架"之内，把《史记》变成一部历史叙事小说。这种文本解读与叙事结构实际上体现了在当时的社会历史文化背景下读者认知的限度。当时普通的西方读者，尤其是美国读者对中国的历史著作很不熟悉，即使是司马迁和《史记》也都从未听说过。华兹生曾经提到，20世纪五六十年代大多数受过教育的日本人都至少听说过《史记》，对其重要性有所了解，如果说20世纪90年代美国的情况是这样的话，那么在20世纪五六十年代的美国英语读者中却不是这样。对他们来说，《史记》的编写体例及其叙事内容之间的有机联系是很陌生的。华兹生在他的博士论文，后由哥伦比亚大学出版社出版的《中国伟大的历史学家：司马迁》（1958）一书中，曾运用《史记》的体例构写了美国历史的概貌，以此说明《史记》杰出的史学和文学价值。因此，一个新的《史记》译本，要为普通读者所接受，就必须尽可能地纳入他们的认知框架中。就内容而言，华兹生认为，司马迁关于汉朝时期的皇帝、将军和政治家们的描写没有多少不是西方读者在阅读古典时期的西方历史时早已熟悉了的知识。在这样的前提下，华兹生侧重于《史记》的叙事特征，使情节叙事化，然后，华兹生又依照西方小说的叙事规约，编排了各种具有审美价值的小说故事情节，并把这些情节通过司马迁《太史公自序》的相关内容有机地贯通起来，使读者在阅读过程中可以依据西方小说叙事规约来阐释这些文本现象。可以说译本中微观和宏观的叙事设计均构成认知策略。[①] 正如华兹生自己所言，"译本读者会不时地明确感受到他是在读一本小说而不是一部历史著作"。[②] 同时，这种翻译策略也与第二次世界大战后美国的整个文化战略创造出来的文化氛围相一致。为了保持美国在世界范围内的霸权地位，美国在把自己的价值观念推向全世界的同时，在国内却创造了一种单语的、只接受满足美国人的期待的外来

---

[①][②] 李秀英：《华兹生英译〈史记〉的叙事结构特征》，载于《外语与外语教学》2006年第9期。

文化及其作品的氛围。这种期待不仅对于翻译作品的选择起了决定性的作用，而且也影响了翻译策略的定位。与 20 世纪 90 年代对异域文化和文学的认同相反，20 世纪 40 年代以来美国的主流翻译策略是归化法，讲究符合美国人所期待的流畅、自然。① 华译《史记》的翻译方式迎合了这种需求，在当时取得了很大的成功。该译本所属的《文明的记载：资料与研究》（Records of Civilization：Sources and Studies）系列丛书主编狄百瑞在给华译《史记》撰写的前言中说，华译《史记》是为哥伦比亚大学东方经典翻译课程所准备的，是基于《史记》既可以作为历史著作来读，也可以作为文学著作来读，不仅可以被研究中国的汉学家来读，也可以被广大的普通读者来读这样的信念。《史记》是一部文学经典著作，人物刻画细腻深刻，宏伟壮观，悲怆哀婉，华译《史记》正好反映了这种文学特色。如果说受到儒家文化影响的人们往往读历史书籍就像今天西方人读小说一样，那么可以说这是由于司马迁的作品使得他们以一种特定方式感到了历史的迷人之处。华兹生的译本也具有同样的魅力。直至 20 世纪 90 年代，从事《史记》新译的美国倪豪士（1991，1996）博士也认为华兹生的《史记》译本文学性极浓，面向更为广大的读者，注重可读性，堪称文学杰作，是将近 40 年来最重要的《史记》研究资料。他的译本让西方读者了解了在中国人尽皆知的《史记》的文学价值及其对中国后来的传记文学产生的重要影响，同时，也激发了一大批年轻的美国学者研究《史记》的叙事风格和史学价值的兴趣。

## 二、倪豪士的《史记》译本

《史记》在美国的第二次较大规模英译开始于 20 世纪八九十年代，是由美国威斯康星大学东亚语言文学系倪豪士等开启的《史记》全译工程。这是一个由倪豪士领衔，依托包括郑再发、吕宗力、雷诺兹（Robert Reynolds）等众多专家学者通力合作的团队工程，其努力方向是翻译整部《史记》。到目前为止，倪豪士领衔的《史记》英译项目小组已经先后翻译出版了《史记·汉以前的本纪》（The Grand Scribe's Records，Vol. 1：The Basic Annals of Pre‐Han China）、《史记·汉以前的列传》（The Memoirs of Pre‐Han China）、《史记·汉本纪》（The Basic Annals of Han China）、《史记·汉以前的世家（上）》（The Hereditary Houses of Pre‐Han China，Part I）、《史记·汉代的列传（上）》（The Memoirs of Han China，Part I）共 5 卷。按照计划，工作完成时，整部《史记》的英译本将达到 9 卷。倪译《史记》以集体合作的方式进行，得到了中国台湾有关部门、美国威斯康辛

---

① 李秀英：《华兹生英译〈史记〉的叙事结构特征》，载于《外语与外语教学》2006 年第 9 期。

大学研究生院研究委员会、太平洋文化基金会、中美学术交流委员会等机构的资助。注重史学研究的严谨性以及《史记》的学术价值和文化价值是倪译《史记》的主要特点。正因如此，倪译《史记》保留了《史记》原文本纪、世家、列传等的排列顺序，在译文下附有详尽的歧义考证、地点考证、相关章节成书说明、互文考证说明、文化背景知识注释及资料依据和词汇对照表等，在每章译文后附有译者在翻译过程中遇到的问题的相关评注和说明、该卷已有的西文和日文译本书目、关于该卷的中外研究成果等；每整卷译本的后面附有全书的参考文献目录，包括中外文的《史记》版本研究，参考文献，译本，历代注疏，关于《史记》及司马迁的研究，《史记》及《汉书》的比较，其他中文、日文和西文著作等，还包括汉语拼音、汉字及官职英文译文的索引、春秋战国图、秦帝国图等。

倪译《史记》注解详尽，具有明显的史学研究特征；同时，它所采取的异化翻译策略标志着《史记》英译进入了一个新的时代，体现了多元共生的语境中人类对异质文化的渴望与尊重。从上述论述中的所谓"定位性"与"前提条件"中得到凸显的是文学旅行与翻译的情境性，是先于旅行与翻译行为而存在的、内在于该情境中的历史文化诸因素。翻译是文本旅行，任何旅行都不能不考虑目的地的风土人情，任何翻译都不能不考虑目标受众和目的语文化语境。在始发点与目的地之间，在主方文化与客方文化之间，是一个充满各种语境压力的通道。任何语境都是具体的、历史的，任何穿越语境压力之通道后的到达都是历史的到达，都打上了深刻的历史文化语境的烙印。华兹生译《史记》的20世纪五六十年代是普通美国大众对包括《史记》在内的中国历史著作及其编写体例几乎一无所知的时代，是美国以一种"文化中心主义"的、"君临天下"的姿态来对待异质文化的时代。在这种文化语境中，通过打乱原文结构顺序将《史记》变成一部历史叙事小说以帮助译文尽可能纳入目标读者的认知框架，通过减少注释、采用自然流畅的翻译风格、"归化"翻译原文中令目标读者困惑的文化异质等手段来增加译文的可读性，这既是华兹生作为一个处于当时当地文化情境和文化氛围中的美国人的自觉选择，也是当时当地社会历史文化背景下目标读者认知限度所提出的客观要求。倪豪士译《史记》的20世纪八九十年代是中美学术交流日渐频繁、美国关于中国历史的学术研究发展迅速的时代，也是一个美国开始以一种新的开放性态度对待异质文化，对文化差异的尊重意识加强的时代。正是在这样一种追求多元共生的文化语境下，美国学界对待异质文化传统的态度发生了转变，由倪豪士领衔的《史记》全译工程得到了众多机构的资助，以再现异域文化为特色的"异化"翻译策略逐渐得到了广泛的认可。保留《史记》原文的文化特质，做出详尽的文化与学术注解，这既是倪豪士团队在当时当地文化情境和文化氛围中的自觉选择，也符合当时当地社会历史文化背景下目标读者的期待视野，切合时代的需要。

从20世纪五六十年代的华兹生到20世纪八九十年代的倪豪士团队，中国古代典籍《史记》在美国经历了两次较大规模的翻译过程。在选材上从选译走向全译，在翻译策略上从归化走向异化，在侧重点上从文学性走向学术性，在翻译目标上从可读性走向充分性，这是我们从对这两次《史记》英译的对比研究中得出的结论。翻译是文本从主方文化去往作为他者的客方文化的跨语际旅行，任何旅行都是穿越具体语境通道的旅行，任何到达都是历史的到达。以深入历史的方式面对《史记》英译的历程，在历史脉络和情境中剖析两次英译过程的相异性，我们看到了翻译与文化语境之间的互动，看到了发生在美国这一目的文化场域中的文化政策和文化心态变迁，看到了随这种变迁带来的对文化差异之尊重意识的不断加强。倪豪士团队全译《史记》的重大翻译工程及其采取的异化翻译策略标志着《史记》英译进入了一个新的时代，体现了多元共生的语境中人类对异质文化的渴望与尊重。

## 三、《庄子》的英译

1961年，著名汉学家华兹生与陈荣捷联合翻译了《庄子》部分章节。1964年，华兹生独自翻译了节选本《庄子》。1968年，华兹生正式推出完整的英译本《庄子》。华兹生教授是在先翻译《墨子》《韩非子》《荀子》之后再去翻译《庄子》的，因此在翻译《庄子》之前已积累了相当的经验。华兹生在翻译这本书的过程中又大量吸收了中外学者的一些研究成果，如以刘文典的《庄子补正》（1947）作为译本基础，以关锋的《庄子内篇译解和批判》（1961）和日本福光永司的庄子研究作为他评判《庄子》中一些段落的语义依据，冯友兰的英译本《庄子》和汉学家威利对庄子的部分翻译对他影响也挺大。简言之，他的庄子译本集各家所长，所以，在众多《庄子》的英译本中，华兹生的译本比较有影响，且兼顾了译文的通俗性和文学性。

但华兹生在介绍《庄子》成书和传播过程中因知识结构方面的问题而对一些历史事实辨别得不是很清楚，如他在介绍《庄子》在汉代的传播情况时，即没有说明内、外、杂篇在汉代是如何逐步形成的，也没有仔细区分老子与庄子在汉代的不同流传情况，只是笼统地把它们称之为道家，以示在汉代儒、道的互补。华兹生也没有对《庄子》中不同的思想层次及不同的作者作出区分。华兹生的译本成了以后英语世界学者研究《庄子》的基础。英语世界《庄子》研究真正走向成熟和繁荣要到1980年前后。标志性的事件主要有四个：一是《庄子》翻译在先前的基础上继续完善，并且风格多样化；二是学者对《庄子》研究往普及和深化两个方向发展；三是《庄子》研究的论文集相继出版，《庄子》研究开始走向自觉化，研究方法走向多元化；四是越来越多的中国学者参与了西方的庄学介绍和研究，有的甚至就在美国大学教授中国文学和哲学，中西庄学研究进入互动局面。

1980年后，汉学家葛瑞汉、学者亨顿、汉米尔等相继出版了《庄子》英译本。在众多译本中葛瑞汉的译本比较独特，主要原因是葛瑞汉注《庄子》时没有遵循传统注释范例，而其他译本基本上都是按照传统范例注释的。葛瑞汉把《庄子》中不同篇目的写作者作了区分，并对庄文中一些段落的错讹和增删一一作了说明，尤其他翻译时注重了《庄子》中语言哲学方面的内容。葛瑞汉的译本侧重思想性和考据性，因而，其译本主要面向专家而不是普通读者。

这一时期的译本，应以1994年著名汉学家梅维恒出版的英译全本《庄子》最为全面、准确和普及。该译本初版于1994年，再版于1998年。该译本在序中介绍了庄子与《庄子》这本书的关系以及内、外、杂篇的区分和形成，并对庄子口语化的言说风格和韵体式的言式的文体给予了重视。为了方便读者了解该章的主旨，他在每篇开头都有一个扼要的简介，他还把每篇分成几小节以利读者更好地把握该篇的思想脉络。梅维恒认为除学术圈外，很少有美国人听说过庄子，他认为有必要把《庄子》这本书介绍给大家，毕竟这本书在任何其他方面都不比《道德经》差，而《道德经》对美国公众来说却很熟悉。有了这样的打算，梅维恒的译本在文学性和通俗性方面超过了华兹生的译本。

有了上述大量不同版本的英译本《庄子》以及《庄子》译本向通俗性和文学性的靠拢，英语世界的读者对《庄子》比以前熟悉多了，特别值得一提的是1996年《庄子》由企鹅书屋出版，增加了《庄子》在英语世界的普及。这一时期《庄子》研究的深化主要表现在两个方面。首先是学者在英译本的基础上对《庄子》作基础性的研究和文献性的考证。这方面以著名汉学家葛瑞汉为代表。1986年，他写了篇考据性很强的文章《庄子多大程度上写了〈庄子〉》。在这篇文章中，作者认同了学界一般的观点，即认为内七篇是庄子写的，但同时也认为内七篇中并不是所有章节都是庄子写的，如内篇中的有关老子的段落不是庄子写的，原因在于在内篇中，相对于楚国狂人，老子被塑造成一个很微小简陋的形象，这跟庄子的思想不合。对于杂篇中的第23～第27篇中的部分章节，葛瑞汉认为，它们与《齐物论》篇存在着紧密联系，原因在于《齐物论》篇中的"因是""为是""天倪""天钧"等词汇也常出现在杂篇第23～第27篇中。葛瑞汉用图表的方式列举了杂篇中所使用的一些词汇与《齐物论》篇的很多相同之处。对于内七篇中一些篇章的省略以及节与节之间转折的突兀处，葛瑞汉认为可以通过杂篇中的一些材料来填补和丰富它。葛瑞汉还认定了外篇中的第8～第12篇的作者是尚古主义者（Primitivist），他们的思想主要来源于老子，而不是庄子，他们大约生活在公元前209～公元前202年，即前汉时期。另外，葛瑞汉还考证了

《庄子》中杨朱学派所写的篇目第28、第29及第31篇（《让王》《盗跖》《渔父》）以及调和论者（Syncretist）所在篇目第12~第14篇（《天地》《天道》《天运》）。葛瑞汉的考证是细致严密的，作者在原始文献的基础上主要用统计学的方法对一些篇章进行了翔实分析，并得出可靠的结论。作为一个西方学者，能做到这一点实属不易。要补充说明的是，早在1969~1970年，葛瑞汉就在《宗教历史》第2期、第3期上发表了《齐物论中庄子的故事》；在1981年和1982年，他相继出版了译本《庄子内篇》和注释本《庄子》，正因为有他前期对《庄子》文本的熟稔，以及他对中国早期思想精湛的认识（他曾编译过《列子》《墨子》），才使他后期在调动相关文献考证《庄子》为谁人所作时十分熟练。这一时期《庄子》研究的深化还表现在庄学研究在思想和哲学方面取得了重要进展，并涌现出了像葛瑞汉、汉森、史华慈（Benjamin I. Schwartz）等一批对汉学造诣颇深的哲学家。特别值得一提的是著名汉学家史华慈，他于1985年出版了《中国古代思想世界》，这本书在西方享有很高的声誉。在这本书里，史华慈总结了庄子用"泛审美"方式处理世界的方式，他认为庄子拒绝绝对的范畴，且庄子的这种审美反映并不局限于对"美"的事物，他对所有事物都这样，这种审美反映来自对这个不可穷竭的世界的变幻不定的变换和各种巨大无定型的形式的确认。

  1983年，梅维恒主编了《庄子实验性研究论文集》。这从另一方面标志着英语世界对《庄子》的研究走向自觉和繁荣。正如梅维恒在本书的序中所说的，先前英语世界对《庄子》的研究基本上是汉学家和一些从事比较宗教研究的学生，且研究方法单调陈旧，梅维恒希望打破这个局面，他因此邀请了一些不是汉学家的学者对《庄子》进行研究，并且提倡多视角、多维度地研究《庄子》。在梅维恒看来，《庄子》无论从文学、语言上，还是思想上都给我们提供了一个开放的场域，所以各种知识背景的人以及他们所运用的不同研究方法都可以在《庄子》中一试。梅维恒在这本论文集里也确实收录了哲学家葛瑞汉、陈天璇（Hanson Chan）、心理学家大岛（Harold Oshima），游戏理论家克兰德尔（Michael Crandell）等拥有不同知识结构的学者的相关《庄子》研究成果。这本论文集也由此带有了实验性研究的性质。1991年在英国，也召开了有关针对《庄子》在内的中国思想研讨会，并出版了会议论文集。这两个事件标志着英语世界对《庄子》日益重视以及对《庄子》研究的自觉化和多元化。

## 四、《二十四诗品》的英译

  唐代司空图的《二十四诗品》因篇幅较为短小，以诗论诗的诗话形式，成为了诸多英语世界译介者关注的一大要点，同时也体现了这部论诗作品在古典文论界的重要地位。通过意象对诗歌风格进行描述与分类,对英语世界自身的文学认识与发展起到了重要的影响作用,这一切都与其文本的英译传播有着密切的联系,其中以翟理斯、杨宪益夫妇、宇文所安的三个英译本为代表。

从1901年翟理斯首译,《二十四诗品》在西方学界已经经过了一个世纪多的传播,共产生了四个全译本和其他零散译篇若干,其中既有西方学界汉学家的译介,也有国人主动向外传播的结果。因译者身份、学术背景、时代不同,故不同译本各有特点。

不同民族在思维方式、语言表达、审美心理等方面有着深层次的差异,作为异质文化交流的关键环节,译介行为背后也总是有着或隐或显的文化动因和诉求。正如谢天振教授所说的"译者对另一民族或国家的文学作品的翻译不仅仅是两种语言间的转换,它还是译者对反映在作品里的另一民族、国家的现实生活和自然的翻译(理解、接受和阐释),翻译研究因此具有文学研究的性质"。[①] 因此,对译本的分析可以追溯译本表象后的深层文化动因,有助于我们理解译者的文化诉求,同时也可以此窥得英语世界读者对《二十四诗品》的接受过程。

首先,翟理斯、杨宪益夫妇、宇文所安所翻译的三个《二十四诗品》英译本是全译本,有一定的翻译标准,"至少提供了一位读者的完整的'读者反应'",[②]故较其他节译本更能全面反映《二十四诗品》的原貌及译文相对于原文的改动。

其次,西方读者对这三个版本较为熟悉——翟理斯的《中国文学史》曾多次再版;[③]《中国文学》是新中国成立初期外界了解中国文学的主要窗口;《中国文学思想读本》是宇文所安的代表作,同时也是汉学界研究成果的代表——三者均在英语世界产生过一定影响。

再次,三位译者的身份具有代表性。翟理斯是清末英国驻华外交官,对中国文化颇有研究,是早期汉学家的典型代表;杨宪益及夫人戴乃迭是中国文坛的翻译界泰斗,两人的译本代表了其时国人翻译的最高水平;宇文所安是蜚声国际汉学界的美国著名汉学家,以中国古典诗歌、诗论研究见长,其译本是典型的"学者型翻译",在一定程度上可代表西方汉学界对《二十四诗品》的接受情况。

最后,三个译本处于三个不同的历史阶段。《中国文学史》面世于1901年,其时尚处于中国文学西传初期;杨宪益夫妇译本发表的1963年,是新中国主动向外译介中国文化初期;《中国文学思想读本》出版的1992年属于近代汉学发展

---

① 谢天振:《比较文学与翻译研究》,复旦大学出版社2011年版,第142~143页。
② 欧阳桢:《捉襟见肘的信使:翻译中的接受美学》,见乐黛云、陈珏选编《北美中国古典文学研究名家十年文选》,江苏人民出版社1996年版,第624页。
③ 笔者目前所知的就有1901年伦敦的威廉·海纳曼出版公司、1923年纽约的阿普尔顿公司和1958年丛树出版社(1974年再版)。

新时期。三段时期恰好侧面反映了不同历史阶段英语世界读者对《二十四诗品》乃至中国文学的理解与接受。

"言之无文，行而不远"（《左传·襄公二十五年》）。中国古典文学批评史中，相关文学批评话语往往都是以文采斐然的文学形式出现，无论是体大虑周的《文心雕龙》或是思深意远的《诗品》，无不铺采摛文。这似乎是约定俗成不言而明的事实，但就翻译解读而言，余宝琳的讨论并非多此一举。"体有万殊，物无一量"（陆机《文赋》），不同文类有不同的表现内容和审美特征，因而翻译标准也不尽相同，故文类的判定在相当程度上制约规范着译者的翻译行为，从而直接影响译文的面貌。因此《二十四诗品》的双重文类属性成了翻译过程中制约译者的首要难题。

对于翟理斯为代表的早期汉学家而言，《二十四诗品》吸引他们的是自然淡远的诗歌之美、"比物取象"的表现形式以及"目击道存"的道家哲思，而非司空图对诗歌理论的见解阐释，所以翟理斯认定《二十四诗品》是司空图在道家思想感召下写就的"哲理诗"（philosophical poem），相关介绍中无一语涉及其中有关诗论的精妙见解。同翟理斯一样，克兰默也仅将司空图视为一位顺应自然、表现自然完整纯真本质的诗人、哲学家——"用精妙隽永的手法为崇高的主题披上了华美的外衣……将我们从特殊世界引向普遍世界……挣脱自我牢笼奔向无限自由的精神世界"。①

杨宪益夫妇译本刊登于1963年的《中国文学》。《中国文学》是新中国成立后中国文学"走向世界"的先行者，同时也是外界了解新中国文学成就的窗口，虽以介绍中国近代文学成就为主，但在早期也译介了不少中国古典文学。在《二十四诗品》前，杨宪益夫妇也曾节译了《文心雕龙》，②结合译文后吴调公所写的《司空图的诗论》（Ssu K'ung T'u's Poetic Criticism）一文，可见《二十四诗品》和《文心雕龙》节译本一样，都是作为中国古代文论典籍被介绍至英语世界。但杨宪益不仅是一名翻译家，同时也是一名诗人，浓郁的诗人气质使其译文流畅优雅、韵味无穷。

宇文所安以中国唐代诗歌、诗论研究蜚声国际汉学界，是北美汉学家的中坚人物。学者身份决定了宇文所安将《二十四诗品》的诗学价值放在首位，所以《二十四诗品》与《文赋》《文心雕龙》《原诗》等文本一起被收入《中国文学思想读本》而不是其编选的诺顿文选系列之《中国文学选集：肇始至1911年》（An Anthology of Chinese Literature, Beginnings to 1911）。他反复强调《中国文学

---

① Cranmer-Byng. A Lute of Jade: Being Selections from the Classical Poets of China.
② 见"Carving Dragon of Core of Literature", Chinese Culture, 1962, Vol. 8. 选译章节为《神思》《风骨》《情采》《夸饰》《知音》。

思想读本》是为了给西方读者一双了解中国文学思想的"慧眼",所以即便知道逐字翻译的繁冗笨重,还是选择放弃优美流畅的译文而取表面笨拙然而却更贴近中文原文的译文。

三者对文类归属的不同看法从总题亦可见一斑。翟理斯对于其译文未冠以总题,但在弗伦奇编选的《荷与菊》中翟理斯的译文总题为"道教"(Taoism),说明翟理斯与当时西方学者对《二十四诗品》思想的认识仅限于道家哲学。杨宪益夫妇译本题为"Twenty-Four Modes of Poetry","mode"即"模式、风格",旨在说明《二十四诗品》是关于诗歌风格的论述。宇文所安译本译为"Twenty-Four Strategies of Poetry","strategy"意为"策略",可见宇文所安比杨宪益更进一步,认为这二十四首诗不仅是关于诗歌风格论,同时也涉及了诗歌创作等技巧性理论。换言之,杨宪益夫妇的理解近于以诗歌为本位的"理论的诗歌"(theoretical poetry),而宇文所安类于以论为本位的"诗歌的理论"(poetic criticism)。

正如上文所言,不同的文类有不同的翻译标准,翟理斯、杨宪益夫妇、宇文所安对文类的不同判定,导致了三个译本间的风格差异。

以第十四品《缜密》为例,① 三者译文如下:

**Close Woven**
In all things there are veritable atoms,
Though the sense cannot perceive them,
Struggling to emerge into shape
From the wondrous workmanship of God.
Water flowing, flowers budding,
The limpid dew evaporating,
An important road, stretching far,
A dark path where progress is slow…
So words should not shock,
Nor thought be inept.
But be like the green of spring,
Like snow beneath the moon.

(By H. Giles)

---

① 《缜密》原文:"是有真迹,如不可知。意象欲出,造化已奇。水流花开,清露未晞。要路愈远,幽行为迟。语不欲犯,思不欲痴。犹春于绿,明月雪时。"

**The Well – Knit Mode**

The trail runs true

Yet seems beyond our ken;

And before the image take shape

Strange changes come to pass.

Water flows, flowers blow,

The sun has not yet dried the limpid dew,

While travellers with with far to go,

Tread with light steps and slow…

Writing rid of redundancy,

Thoughts free from stagnancy,

Are like the spring that make all green

And clear as moonlight on the snow.

(By Yang Hsien – yi, Gladys Yang)

**Close – Woven and Dense. Chen – mi**

This does possess genuine trace,

But it is as though they cannot be known.

As the concept-image is about to emerge,

The process of creation is already wondrous.

Water flowing, flowers opening,

The clear dew not yet dried away,

The strategic road getting ever farther,

The slowness of passage through secluded places.

The words should not come to redundancy,

The thought should not tend to naivete.

It is like the spring in greenness,

Or bright moonlight where there is snow.

(By Stephen Owen)

  三个译本均采取不押韵的翻译形式，较为忠实地译出原诗的内容。但正如前文所说的，由于翟理斯的认识局限，同时也为了让译本更好地为英语读者所了解接受，他选用了某些西方哲学术语来套用翻译原诗的某些内容。"真迹"一词所指在原诗中并未明确指出，但字面意思不难理解，可翟理斯却用了"atom"一词对应翻译。"atom"一词"源自希腊文'atomos'……字面意义指某种不可进一步切割和划分的东西,也即是最小的单位……原子论认为源自和虚空乃是这一世界上其他事物由以构成的本原。原子是不生成的,不可毁灭的,不可分的,同质的,有限的……原子概念被广泛地看做是古代自然哲学的一个伟大成就"。① 然而,在中国哲学思想中并不存在这样一种哲学概念,故"atom"一词不若杨宪益夫妇译本的"trail"或宇文所安译本的"trace"来得贴切。同样地,"造化"当指"创造化育",翟理斯将其直接提升至"God"(神)的高度,这也是西方宗教哲学独有的概念。相较之下,杨宪益夫妇译的"change"简洁且贴近原意,宇文所安译的"the process of creation"则是暗喻了诗歌的创作过程。

虽然出现了种种误译情况,但在最后一句"犹春于绿,明月雪时",翟理斯对意象的处理简洁隽永,胜过杨宪益夫妇、宇文所安,与原诗的意境有异曲同工之妙。

诗中"意象"一词和"语不欲犯,思不欲痴"一句与诗歌创作有着直接的关系,杨宪益夫妇将"意象"译为"image"是通行译法,而宇文所安在"image"一词上加了前置定语"concept-"显然更强调了"意象"一词的概念性。"语不欲犯,思不欲痴"一句的翻译,杨宪益夫妇保留了原诗的对偶形式,表达较为简练,宇文所安则用祈使句式明确直白地表达其中的创作要求。

其余如"如将不尽,与古为新"——Tis the eternal theme/Which, though old, is ever new.(翟理斯译);Infinite surely is the scene/For ever changing and for ever new!(杨宪益夫妇译);If you hold to it without creasing/You join with the old and produce the new.(宇文所安译)。可以看出宇文所安阐释得更加详备,在句中加入了各种连词,以破坏诗意空间来获得意义的阐释。

又如"鸿雁不来,之子远行"一句,翟理斯将"之子"理解为情人"She",杨宪益夫妇译为友人"friend"接近于中国传统文化的表达,而宇文所安则用一个不定的"the person"指代,如此更具普遍意义。

再如"浓尽必枯,淡者屡深"一句,翟理斯译为"Rich pleasures pall ere long/Simple joys deepen ever."将其视为人生的行乐哲学(这是中国诗歌常见的吟咏主题)。杨宪益夫妇译为"Colours laid on too thick must pall/But light shades gain in depth."将其视为颜色的深浅变化,如实地传达字面意义而不做过多的解释。宇文所安译为"When rich-and-lush(nung)reaches its limit, it will wither and dry up/But the pale will always grow deeper."用字最多,不厌其烦地用说明性的语句说明"浓"应保持在一个适当的程度。

以上译文比较可知,三个译本均顾及原诗的形式特点,也注意到了《二十四

---

① [英]布宁:《西方哲学英汉对照辞典》,余纪元编著,人民文学出版社2001年版,第87页。

诗品》"思与境协""比物取象"的特点，故能较准确地再现原诗中的一系列意象意境。然而翟理斯以《二十四诗品》为"a work of art"，故其译本以诗意传达为先，译文更近于诗，但未能体现出原诗的理论价值。杨宪益夫妇作为本土学者，对中国文化理解有先天优势，故能在传达原诗意境的同时，以意译的方式表现原诗的理论性。宇文所安译本由于分析性阐述性语句较多，较另两个译本显得繁冗笨重，但对原诗的诗学理论阐释最清楚也最接近中文原貌。对文本的文类定位最终导致了三个译本不同的面貌特色。

## 第四节 英语世界中国古典散文译介的变异及其启示意义

英语世界不同研究者对同一古典散文文本的不同英译，是出于自身对原文意义的不同理解，从比较文学译介学的角度对不同的文本翻译进行分析，呈现出了不同民族文化背景的接受视域中，中国古典散文文本的变异传播现象。对于这一过程的考察，在此以古典诗话作品中的《二十四诗品》与《原诗》为例，阐述中国古典散文在英语世界的译介及其不同研究过程中的变异，与这一文学现象所带来的古典散文在不同国家文化圈传播影响的意义。

### 一、《二十四诗品》译介与变异

《二十四诗品》的各个标题主要是由一个个审美词汇构成的，其中如"典雅""自然""含蓄"等词至今还活跃在今人的艺术评论词汇当中。但对它们的翻译并未因此简单，反而更加困难。首先，标题是对一品内容的概括，是诗人审美经验的传达，其中沉淀的是中国文化独特的审美经验，在英文词汇中很难找到相应的词汇。其次，有些标题之间意义十分接近，相互间的区别十分微妙，如"雄浑"与"劲健""豪迈"，"纤秾"与"绮丽"，"疏野"与"旷达"，"飘逸"与"超逸"等，翻译稍有疏忽，英语读者便很难领略其中的差异。因此如何精确地传达各品标题的审美内涵成了译者的一大挑战。

对此，翟理斯采取的方式是根据自己对诗内容的理解进行拟题，故各品标题不尽然与原题相符。如《绮丽》品中的"雾馀水畔，红杏在林。月明华屋，画桥碧阴"，翟理斯认为其雕缋满眼似铺锦列绣，故将标题翻译为"刺绣"（embroideries）。但"embroideries"一词只能表现辞藻华美之"绮"却无法传达自然之"丽"。又如《疏野》品中描绘了一位质朴天然、"与率为期"的不羁之人，翟理斯想当然地将其视为避世的隐者,将"疏野"译为"隐逸"(seclusion)。同样的,"seclusion"只能表现疏略简易之"疏"而无法传达天然率真之"野"。因此,翟理斯选用的译词虽与原文所表现的情趣有异曲同工之妙,但毕竟不够准确,无法精确传达原词的审美内涵。

杨宪益夫妇则是将"品"理解为模式、风格,然后统一以"The X Mode"的形式标出。不可否认的是杨宪益夫妇对标题的理解比翟理斯更贴近中文原貌,如上文所举的"绮丽""疏野",杨宪益夫妇译为"The exquisite mode"和"The artless mode"。"exquisite"有精致、细腻、高雅等义,华美而不流于表层的艳丽,"artless"即天真、无矫饰,均更符合原诗应有的论诗之旨。只是有些标题属于合成词,难以用一个简单的英语形容词所传达。如第十六品《清奇》译为"The distinctive mode","distinctive"有与众不同的"奇"义,但无法表现原诗中"娟娟群松,下有漪流"之清新、清秀之境。

宇文所安大致利用拆字法或形容词加名词的方式进行翻译,如《雄浑》译为"Potent, Undifferentiated"贯彻落实他在导言中所说的忠于原文的翻译方式。但即便逐字逐句地翻译,有些词宇文所安也无法精准地用英语表达出来。如"高古"译为"Lofty and Ancient","高"有高远、高雅之义,但却没有"lofty"中咄咄逼人的崇高之义。① 同样地,"典雅"译为"Decorous and Dignified",高雅的、庄严高贵的,但"典雅"一词并无高贵的隐含义。宇文所安在每品标题后特意加拼音注明中文发音,在一定程度上弥补了这种缺憾,同时标题的重要性也可见一斑。以《自然》品为例,虽然翟理斯与宇文所安都用对应译法译为"natural",但中西的"自然"之义差别甚大,而且原诗也并非为了表现自然之景或人与自然的关系,而是形容作诗之状态、心理,故不若杨宪益夫妇的"spontaneous"更来得贴切。但同时也应该注意,有些译法是三者都存在错误的,如"超逸"译为"transcend",多了原来没有的超越之义。相较之下,宇文所安的处理较为谨慎,注音法有可资借鉴之处。

有关《二十四诗品》中与诗论相关的术语,除了相关标题外,其余如"道""真""气""神"等对《二十四诗品》的理解有着举足轻重的地位。

以"道"的翻译为例。"道"是中国古代哲学的重要哲学范畴,也是传统文论批评中的重要术语。"一达谓之道"(《说文解字·卷二·辵部·道》),道的本意为道路,老子将其引申为哲学的本体概念,用以说明宇宙的本原和普遍规律,

---

① 关于崇高与雄浑的区别,可参见曹顺庆《西方崇高范畴与中国雄浑范畴的比较》(《文艺理论研究》1989 年第 4 期)、《痛感与美感——西方崇高范畴与中国雄浑范畴的比较》(《社会科学辑刊》1990 年第 3 期)、《热爱痛苦与逃避悲剧——对中国雄浑与西方崇高观念根源的思索》(《社会科学战线》1990 年第 1 期)等文。

是道家哲学的核心。孔子亦言"道",但主要是指"中庸之道",重在"道"的实践性。《二十四诗品》中所言之"道"当为老子所言的万物产生发展之本源。

诗中一共出现了8次"道",除了《流动》品中的"夫岂可道"作动词解释外,其余皆作名词。翟理斯根据发音,将这一哲学意义上的术语译为"Tao",①杨宪益夫妇根据理解译为"the Truth"或"the Way",②宇文所安则统一译为"the Way"。三人皆注意用大写的形式突出"道"字在诗中的位置,由于"道"在原诗中的意义几乎都是一致,故三人基本采取一以贯之的译法译出。

然而即便是同一术语,其内涵也并非总是固定不变的,正如宇文所安所言,"每一术语都有一定的自由度,以容纳各种特殊的再定义"。③ 如"气"有"生气""行气","神"有"神化""精神""神明"等。以"真"为例,诗中一共出现了11次,是全诗中出现最多的字。其中有单独出现如"乘月反真""识之愈真",也有与其他词合成新概念,如"真宰""真力"等。三个译本关于"真"的翻译情况参见表11-1。

表11-1　　　　　三个译本关于"真"的翻译

| 原文 | 翟理斯 | 杨宪益夫妇 | 宇文所安 |
| --- | --- | --- | --- |
| 1. 真体内充（《雄浑》） | spiritual existence | true substance | genuine form |
| 3. 识之愈真（《纤秾》） | reality | clearer | truely |
| 5. 畸人乘真（《高古》） | spirituality | pure air | pure |
| 7. 乘月反真（《洗练》） | spiritual | the truth | pure |
| 8. 饮真茹强（《劲健》） | spiritual | deep of truth | pure |
| 10. 真与不夺（《自然》） | verily | True | genuine |
| 11. 是有真宰（《含蓄》） | first cause | true arbiter | something in control |
| 12. 真力弥满（《豪放》） | spiritual strength | true strength | pure force |
| 14. 是有真迹（《缜密》） | veritable atoms | trails runs true | genuine trace |
| 15. 真取弗羁（《疏野》） | enjoying the natural | grasp truth | takes spontaneously |
| 20. 少回清真（《形容》） | spiritual image | the Truth | pure and genuine |

---

① 翟理斯将第四品的"俱道适往"中译为"All roads lead thither",可见是将"道"译为其本意道路,而非哲学意义上的"道"。但"俱道"一词语出《庄子·天运》"道可载而与之俱也"。翟理斯的理解显然有误。

② 第十品"俱道适往"和第十七品"道不自器"中的"道"译为"the Way",余皆译为"the Truth"。

③ Stephen Owen. Readings in Chinese Literary Thought. Cambridge, Massachusetts and London: Harvard University Press, 1992, p. 5.

据表 11-1，"真"在每一句的对应翻译都存在选词或词性的差异，可见三者在处理具体的术语翻译时都能做到因时制宜，而非盲目求同。然而，三者对术语内涵的理解导致了翻译的差异。翟理斯视《二十四诗品》为道家的哲理诗，对于"真"的理解偏于非实体意义上的精神（spiritual），带有一定的宗教意味。相反的，杨宪益夫妇则是从文本的字面意义翻译"真"，"truth"强调了事实意义上的真实准确。不同于前两者对精神或事实的选择，宇文所安从理论角度出发，认为"真"更多的当为一种非实非虚的纯粹（pure）状态。

还有一点值得注意的是，宇文所安除了各品标题皆用拼音标出外，在一些术语上也特地标上了拼音，如"机"（chi）"气"（ch'i）等，这些都是另外两个译本所没有的。

综上可见，术语虽难译，但由于中国文论术语多源于儒道经典，且儒道典籍的译介亦有一定的历史累积，尤其是"四书五经"、《老子》《庄子》等典籍已有多个译本，且研究较为深入，故许多术语对于学者甚至是一些普通读者亦并不陌生。译者在面对这些术语时其实是有先例可循的，且已有多位学者就术语提出指导原则。相比之下，一些审美概念（如各品标题）则更容易混淆，一定程度上也造成英语读者对中国文化的认知偏差，这种偏差也是基于自身文化背景的变异产生的。

从上文对译本的一系列分析可见，翟理斯从译入语的读者角度出发，对译文做了一些主观的变动，使用了如"ether""first cause""God"等西方哲学词汇，①甚至于选择第一人称作为主语，都是为了更接近译入语的文化习俗，因此属于典型的归化翻译。

宇文所安译本逐字逐词的笨拙翻译，有意牺牲译文的流畅以便更忠实地传达原文意蕴及接近原文原貌。重要术语加注音，也在时刻提醒英语读者他们所面对的译词与原词的差异。宇文所安以源语文本为本，有意打破英语的文化惯例，时刻提醒读者注意他们所面对的是一个异质文化的文本，这无疑是典型的异化翻译策略。

但在具体的翻译过程中，二者并非总是相互排斥。杨宪益夫妇译本既根植于传统文化的意义传达，又考虑到译入语的文化差异及英语读者的接受，做了某些程度上的改变，属于对两种翻译策略的综合运用。事实上，也不存在完全摒弃对方的单一翻译策略，惟有将归化与异化两种策略结合起来巧妙运用，才有可能解决翻译过程中语言与文化的冲突。宇文所安的译文更贴近中文原貌，更注重其中

---

① 这属于误译情况。但误译分有意误译与无意误译两种情况，此处属于有意误译。但翟译本中也出现了多处无意误译的情况。如形容流水粼动之词的"采采"译为采集之"采"（gathering）；雅致的"赏雨"误译为煞风景的"淋雨"（shower）；"力之于时，声之于羌"译为"努力向前，声音从我嘴唇逃脱"（struggling with effort to advance, a sound escape my lips），如此种种，此不赘举。两种情况需区分对待。

的诗学理论价值,故其译文较其他译本更为清晰地体现《二十四诗品》中的理论性内容。而杨宪益夫妇译本在照顾原诗的诗歌价值时,对其中的理论内容有所忽略。近代西方学者对《二十四诗品》的关注与宇文所安一样,更多的是出于其理论价值的考虑,所以在研究论述中不可避免地会选择更具分析性的宇文所安译文,或者根据自己的理解重新翻译。再者,宇文所安的《中国文学思想史》作为一本英文学术专著,在英语世界的学者圈中传播更广,而杨宪益夫妇的译文除了最初刊登于《中国文学》之外,再无其他传播途径,在西方学界的接受度自然小于宇文所安的专著。

至于"大中华文库",作为中国文化传播的窗口,其目标在于让异质文化背景的读者接受中国古典文化。翟理斯的译本虽多有误译,然而在意境诠释及诗歌韵律上可称得上优雅的英文诗,且以译入语读者为主,更易为英语读者接受。再者翟理斯的《中国文学史》再版多次,在英语世界的普及度、接受度皆较高。如果没有杨宪益夫妇译本的情况下,选择翟理斯译本原是无可厚非。然而,通过上文的译文分析,我们也发现,杨宪益夫妇译本在保留原诗的诗美之外,也注重传达其中的诗论价值,按理说应该更接近《二十四诗品》的形态价值,却为何出现这种被冷落的情况?而翟理斯的误译其实属于文化交流中文化过滤所造成的文化误读,即文化接受者一方对交流信息的选择、改造、移植等所造成的文化信息的增添、遗失或歪曲,这些都会在一定程度上造成西方读者对中国文化精髓的误解及忽略。虽然翟理斯的译文具有一定的历史意义,但其体现的是典型西式思维方式,渗透的也是西方的价值观念,选择这样的译文无法真正促进外界对中国文化的认识。

宇文所安的异化翻译策略,虽使译本较为准确地把握了其中的理论特性,却或多或少失去了诗歌本身具有的语言美感,更接近于理论式的分析话语,其主要受众也是相关的研究人员或学生。翟理斯的归化翻译策略,使译文较易为西方普通读者所理解接受,但也失去了其中诗论的内涵。杨宪益夫妇译文虽能二者兼顾,却又处于如此尴尬境地——中国古典文化典籍的译介以西方汉学家变形的译本而非本国学者更忠实于原文的译本为媒介。考虑到文学变异在《二十四诗品》英译传播过程中的作用,理想的译者应是西学东渐、历经东西方文化激烈碰撞之后的中国学者和翻译家,通过中国典籍外译,原原本本地将蕴含着中国文化精髓的经典通过外译方式介绍给西方。① 唯有如此,才能增进中西互信,减少西方读者对中国文化的误读,中国文化才能真正在国际舞台上发挥其影响力。

---

① 王晓农:《中国文化典籍英译出版存在的问题——以〈大中华文库·二十四诗品〉为例》,载于《当代外语研究》2013 年第 11 期。

## 二、《原诗》的译介与变异

《原诗》的英译主要集中在宇文所安的《中国文论：英译与评论》之中，以及其他英语世界研究者的研究论述中，其翻译层面的差异着重体现在核心诗学理念与概念总结性的文段。比较各个英译版本的差异，可以运用现代语言学中所提出的"能指"与"所指"，更能明确不同版本的英语翻译为《原诗》文本的异质文明交流、传播与接受，所形成的影响与导向。瑞士语言学家费尔迪南·德·索绪尔（Ferdinand de Saussure）提出的语言符号的"能指"与"所指"，他认为"语言符号连结的不是单纯的事物与名称，而是概念与音响形象"，① 因此用能指代替了形象与声音这些感官要素，用所指代替了被指示的事物的内在含义。英译版本最多的便是"理、事、情"这一组在《原诗》中被界定为包容宇宙、万物一切义法、规则的概念，需要注意到译介差异的是刘若愚、宇文所安、杨晓山、顾明栋、蔡宗齐、谢耀文这几位研究者。较早期进行英译的刘若愚，将"理、事、情"译为"principle（reason），event，manner"，以此为发端，对这一组理念尤其是"情"的所指的译介，诸多研究者产生了分歧。刘若愚基于对于《原诗》为中国诗学发展史"后期表现理论"的定义，特意将其译为"manner"，并指出"'情'在此处并非指'感情'，而是事物发生的情形"。② 德国汉学家卜松山也在《论叶燮的〈原诗〉及其诗歌理论》一文中采用此种译法。

宇文所安则将"理、事、情"翻译为"principle, event, circumstance"也是对刘若愚在此处英译的成果，进行了一定程度的沿袭。他指出"principle"与"event"的指向范畴比较容易理解，而将"情"译为表示"情形、环境、情况"这一倾向客观外部条件的"circumstance"，只是能表达出其部分意义，他认为"'情'是事物在某一特定时刻的样态，也是情感或感受，因此，事物的'情'传达出或似乎就体现着一种情绪"。③ 宇文所安意识到"情"在这一组传达外部世界终极意义的理念之中，有着表达主观内在的倾向，却仍选用"circumstance"对其进行了译介，可以看出宇文所安受到刘若愚的影响，对"情"的所指，以及如何对其进行英文表述，都还带有强调外部世界对诗歌的作用这一表现理论的倾向。他还将叶燮对"理、事、情"的界定"幽渺以为理，想象以为事，

---

① [瑞士] 费尔迪南·德·索绪尔：《普通语言学教程》，高名凯译，商务印书馆1980年版，第101页。
② [美] 刘若愚：《中国文学理论》，杜国清译，江苏教育出版社2006年版，第127页。
③ [美] 宇文所安：《中国文论：英译与评论》，王柏华、陶庆梅译，上海社会科学院出版社2003年版，第561页。

惝恍以为情"译作"the principle under consideration is hidden and elusive, the event is an image in the fantasy, and the affection/circumstance is vague and indistinct",①宇文所安在此处对之前将"情"的所指理解并译介为外部世界的相关表象进行了弥补,重新强调了与外部环境紧密相关的创作主体的内在表现。

美国华人学者杨晓山的《领悟与描绘:中英诗歌自然意象的比较研究》(*To Perceive and to Represent: A Comparative Study of Chinese and English Poetics of Nature Imagery*)中将"理、事、情"英译为"reason, fact, manifestation",不同于宇文所安,他将"理"简单地引向"原因、理由、理性"这一更容易由中文语义所推导出的引申义,"事"则同样较为简单地译为"事实、实情","情"则是通过有"表现、显示"之义的"manifestation",与宇文所安选择的"circumstance"所侧重的,宇宙外物的外在形态映射这一所指有所不同,此处"情"的英译所产生的语言所指更多是外部世界下的内在显现与传达。美国达拉斯德州大学中国文学和比较文学教授顾明栋对于这组术语的英译,大致上与宇文所安相同,却将"情"译为"condition",其侧重的含义仍是偏向外部客体的环境、情状等稳定状态。翻译理论学者谢耀文先认为应把这组术语译作"implicit",事译作"imaginary",情译作"elusive",最终则将"理、事、情"进行了英译术语表述的总结,出于对英文个体单词所指的局限,他力图通过多个英译与阐述的罗列,尽力完善《原诗》术语作为放送者所传达的传统诗学内涵,与英语世界接受者对于上述术语的理解、认识的切合。他将"理"总结为"principle, reason, significance, inherent order, etc.","事"为"event, matter, relation between visible objects","情"为"emotion as well as manner of being, vivid expressiveness of nature essence of anything",②可以看出谢耀文对于"情"解释体现了主客观世界的必然联系,却最终侧重于情感体验的主观性表述,这与他在对于"情"的理解贴近于中国传统诗话所讲求的"情景交融"有关,相关具体将在后文中阐述。同样运用意译阐述而非名词术语进行译介的,还有美国伊利诺伊大学东亚语言文化系及比较系教授蔡宗齐,在其著作《比较诗学结构——中西文论研究的三种视角》③一书中,将"理"译为"li, the inner principles that determine what we can occur","事"为"shi, actual occurrences in the world of nature and man","情"为"external forms manifested by those occurrences"。

综上所述,可以看出为了传达"理、事、情"这一诗学术语的所指意义,并将其译介为英语,从而传达出英语词汇能够体现的特定所指,英语世界的研究者

---

①② 谢耀文:《中国诗歌与诗学比较研究》,济南大学出版社 2006 年版,第 184 页。
③ Cai Zongqi. *Configurations of Comparative Poetics: Three Perspectives on Western and Chinese Literary Criticism*. Honolulu: University of Hawaii Press, 2001, p. 66.

进行了多种版本的尝试。根据译介学读者接受理论中所提出的"解释群体"这一概念，应当意识到上述研究者作为译者，同时也是文学文本的读者，在使用英语这一媒介对《原诗》进行理解、接受、阐述时，存在着他国文化背景下的译介者自身的前提视域，或是像谢耀文、蔡宗齐等以中文为母语，却旨在使用另一语言媒介阐述中国传统诗学，这一与目标接受群体的思维逻辑存在着根本性差异的理论思想。无论是采用自身先天语言优势与后天汉学基础，尽力理解与传播《原诗》文本与深层次文化底蕴的他国研究者，亦或是利用自身先天文化背景与后天语言能力，力图尽可能详尽贴切地阐述理念内涵的本国研究者，都属于美国读者反应批评理论家斯坦利·费什所提出的"有学识的读者"，具备理解者与生产者所共有的经验，译者们在理解原文时始终会依照自身所处语言、文化群体，所共用的话语规则进行解读与转换。费什指出"这些规则约束着话语的生产……它们也将约束反应的幅度，甚至反应的方向"。① 明确了上述不同国家、不同文明背景下的译者所存在的这一客观规律，可以理解译介学"文化转向"之后的要求，即"译者也好，读者也好，在对所译原文或所读作品作出的解释，必然会受其所处社会时代、文化语境、道德观念、习俗以及审美标准等的制约和引导"。②

运用译介学的理论视角，考察到"理、事、情"这一看似简单的诗学术语在英语世界的译介中所出现的多个阐释，各个译者出于自身文化背景指导下的理解视角、具体解读、表述目的等原因，对同一理念的英译采用了不同侧重、不同表述的音译、意译，以及各种总结与补充。从刘若愚用西方文论视角对《原诗》进行表现理论倾向明显的选译，到宇文所安较为重点、全面并对原文含蓄包容的理论意义，进行界定与补充的选译，到后续至今为止的多位译者，在前人基础上，进行了力求全面却也带有自身文化视角、背景等色彩的译介。纵观这一发展，应当明确认识异质文明对话之间客观存在的社会、文化环境与话语言说方式等要素的差异，就能够意识到上述种种英译虽然难免有其片面或偏差，却都是在总体文化视域与个体理解作用下对于《原诗》的合理阐释。对于英语世界《原诗》的研究，有必要通过将上述有关"理、事、情"的英译进行整理，从整体上对于这一理念的英译进行理解，明确各个版本的侧重表达，而不是片面地对某位译者的英译进行武断的评价，这样才能整合出英语世界译者、读者对于《原诗》的接受、理解以及在此基础上产生的反应方向，即后续的论述与研究。这样的理解不仅适用于"理、事、情"这一组诗学术语，同样适用于《原诗》的其他术语与

---

① ［美］斯坦利·费什：《读者心中的文学：情感文体学》，载于张经之等主编：《西方二十世纪文论选》（第三卷），中国社会科学出版社1989年版，第543页，转引自谢天振《比较文学与翻译研究》，复旦大学出版社2011年版，第242页。
② 谢天振：《比较文学与翻译研究》，复旦大学出版社2011年版，第242页。

理论在英语世界的译介与传播，以及其他在跨异质文明之间进行传播、解读、接受等能动交流过程的中国文学文本。

## 三、英语世界古典散文译介变异的启示意义

由于观察视角及学术特色的差异，英语世界学者不必囿于中国传统研究途径，视野更为开阔，更易发现那些为国内学者所忽略不知的"盲区"。

中国古代主导的文学观念是囊括所有文献的"大文学"观，故与之相联系的是开放型、宽泛型的中国古典文学批评，往往综合考察文本与作者、社会、历史、文化传统等的关系。西方近代文论批评强调文本的自足性，宣称"作者已死"，因此西方学者在论述方面更关注文本层面，反而相对忽略了文本之外的其他外部因素。故除了早期有中国学术教育背景的研究者外，之后的西方学者更喜欢单纯从文本考量，探求其中蕴含的中国批评话语理论。反观国内学界研究现状，自1995年陈尚君、汪涌豪在中国古代文学理论国际学术研讨会提交《司空图〈二十四诗品辨伪〉（节要）》，① 作品真伪及作者考论成了国内《二十四诗品》研究的热点。正反双方争讼不休，但均未能完全说服对方，原因在于无论是正方或反方都未能提出确凿的证据证明自己的观点，许多看似言之凿凿的结论只是"合情合理"的推测而已。也许，在新的历史证据出来之前，我们应该先搁置争议，积极借鉴吸取国外学者的研究路径和学术成果，着力于文本细读及阐释，努力加深对《二十四诗品》的理论探讨。同时，也要思考如何在西方话语充斥中国思想层面的今天，中国文论话语如何在保有自身文化特质的前提下得到适当的解说，实现中国古代文论话语的"现代转型"。

"意识到意义始终在变化，意识到意义并不因作者将其永远地嵌入文本便一劳永逸地得以确定而要取决于读者与文本的个人相遇，不可避免地会导致承认意义与解释的多元而主张阐释中的多元论原则。"② "不着一字，尽得风流"的《二十四诗品》，以寥寥数语含无尽人生哲理和精妙诗思，其含蓄的诗意表达为多元阐释提供了可能性。

"横看成岭侧成峰，远近高低各不同"（苏轼《题西林壁》），每个读者的观

---

① 1996年，陈尚君、汪涌豪以《司空图二十四诗品的辨伪》为题发表于《中国古籍研究》第一卷，后收入《陈尚君自选集》，广西师范大学出版社2000年版。此后，陈尚君又发表了一些文章回应各方观点，如《〈二十四诗品〉辨伪追记答疑》《〈二十四诗品〉真伪之争评述》（前两篇均选入《陈尚君自选集》）《〈二十四诗品〉伪书说再证——兼答祖保泉、张少康、王步高三教授之质疑》（《上海大学学报（社会科学版）》2011年第6期）等。

② 张隆溪：《道与逻各斯》，江苏教育出版社2002年版，第255页。

察视角决定了入眼风景各异。西方学者以比较诗学为研究视角、以跨学科为研究途径，都是用开放的态度对待《二十四诗品》。《二十四诗品》没有固定的意义，换言之，《二十四诗品》拥有无限的理论潜能，西方学者的研究为我们展示了研究的广阔前景，更提供了一定的研究范例，而这也该是现今国内研究应有之义。所幸，国内学者已有尝试，曹顺庆自 20 世纪 80 年代中期陆续发表了一系列文章探讨"雄浑"与西方"崇高"范畴的异同；林继中从符号学角度解读"超以象外，得其环中"；陈登将《二十四诗品》和休姆为代表的英美意象派进行比较等。

国内学界对于《原诗》的研究，从数量与质量上都取得了相当可观的成就。早期如有郭绍虞的《中国文学批评史》中专辟一章，从诗歌演变史、诗歌发展不变之质、诗歌与诗人本体的质、境、本这几点入手，详细而贴近地论述了《原诗》的相关理论成就，近期有蒋寅于 2014 年出版的专著《〈原诗〉笺注》，集合了他长期对叶燮诗论的研究，并运用了自身厚实的文献学基础，为《原诗》逐句逐段进行了"注、笺、评"，即文字注释、前人相关注解与论述的补充引述，以及对文意的发散理解与点评。除了从总体上研究《原诗》的重要学术著作之外，仍有六十余篇期刊论文与学位论文，以及多部有关研究清代诗学的专著对《原诗》进行了多角度的详尽研究。在此基础之上，再对英语世界的《原诗》研究进行考察，对比之下难免显得研究薄弱、立论不足、范围局限，甚至对于《原诗》的英译、理解也存在着谬误，但不能因此而对其研究现状妄下定义，要真正理解到《原诗》在英语世界传播交流的意义所在，就应当明确这一本国文学文本对外传播过程中的"他者"要素。

《原诗》在英语世界的译介、阐释等研究成果，通过上述的一系列整理、叙述之后，可以发现运用英语这一媒介向英语世界的接受者，进行译介与推广的研究者，由在以英语或德语等外语为母语的文化背景下进行解读、研究的他国学者（包括华裔学者），与以中文为母语、文化背景与学术视角都以中国文化系统为中心的本国学者（包括在中国生长，在他国进行高等教育并从事研究的学者）。无论是以哪种语言、文化背景为主的研究者，对《原诗》的译介，始终都是以英语为主要语言媒介的"他国"接受者为立足点。正如前文探讨译文的差异所提到的，需要意识到他国学者自身所处的文化环境与所持有的思维、言说方式，对传播国的文学文本的理解认识会产生不可避免的影响，在此基础上的译介、研究、传播推广，也会因客观差异的存在，产生与传播国文本话语方式与价值建构的差异之处。这种差异所带来的译文谬误、理解偏差、解读倾向等客观研究成果，都是异质文明对话之间的必然产物，同时也因为立足于英语世界的"他者"文化要素，才使得他国学者的研究成果在与《原诗》中文研究的对比之下，不但没有黯然失色，反而显现出了更多的学术价值。譬如对"理、事、情"的理论研究，中文世界研究者能够结合坚实的中国文论基础，梳理相关术语在诗学史中的前人论述，获得与"天地""文道""文气"等相联系的理论范围广、阐释方向多的各种解释，而他国学者更多出于自身文化背景之中的接受者能够理解的目的，选择了侧重从某一单一视角进行阐释的方式，虽然只能传达出较为片面的理论释义，却能有效地达到被广泛接受的目的。也正是由于他国研究者出于自身"他者性"的考虑，才导致以各个视角、方向、侧重点阐释《原诗》理论的研究成果，理解的偏差使得英语世界《原诗》研究的现状更为多样化。

同时还需注意到使用英语这一媒介进行《原诗》研究的本国文学者，这类研究者在文化视域与理论理解之中，具有本土的优势，对于《原诗》的理解与传达，客观上能够比他国背景的研究者更加深入，同时兼具熟练的英语应用能力，能够较为贴近地传达中国诗学话语的语义与内涵。这类学者所明确的"他者"因素，是站在放送者的文化立场上，思考如何将本国文学文本与文化，通过既不背离原意又能使得他国接受者得以理解的方式传播出去。正如顾明栋、蔡宗齐等人，在对于《原诗》的理解逐层推进的同时，能够通过英语媒介将自身认知传达到他国接受者中，也如同谢耀文能够利用自身学术优势，为抽象的诗学术语提供更多的理论空间，又或者如潘大安等一样，能够将《原诗》理论灵活运用于其他文学、艺术作品的阐释中，甚至于像蒋寅那样，通过英译现有论文成果，直观地将汉语世界的《原诗》成果转换成面向英语世界他国接受者的论述。虽然本国研究者的相关英文研究远远比不上现有汉语研究成果全面、深入、多样，然而正是由于这种客观存在的广大译介、推广空间，才能刺激本国研究者运用英语这一国际化的语言媒介，更多地向异质文明背景下的他国接受者们译介、传播现有的研究成果，以及开辟更多的异质文明双向对话的可能。例如宇文所安选择将《原诗》列入《中国文论：英译与评论》的讨论范围，正是在于意识到了叶燮力图建立全面统一的诗学体系，并呈现出与其相同时代其他诗学家不同的诗学风貌。这种特点在宇文所安看来，在一定程度上影响了叶燮在中国诗学史上所应得的地位，但同时也通过自成体系、继承与批判的特点，体现出了其独一无二，堪称"现代性"的诗学价值。

英语世界的中国古典散文研究成果不仅能够推动汉语世界对其的继续研究，同时也能融入成为汉语世界研究成果的一部分，而对英语世界一系列研究成果演变的总结论述，同样也力图达到完善总体研究成果这一目的，继续推动中西语言媒介下，国际文化交流视野之中的多元化研究走向。以诗话作品的英语世界译介研究为代表，所生发出的对中国古典散文等传统文学文本对外传播意义，值得当下学界思考借鉴。

五四运动以来，一方面，由于中国传统文化的承继断裂及西方知识体系的大规模引进，西方话语在中国形而上层面已经具有一定的主导权。如何在今日实现中国古代文论的"现代转型"，使中国文论话语既不失其特质，又得以在今日语境中重新"发声"，已然成为国内学者不可忽视的难题。另一方面，从20世纪的结构主义、解构主义、读者反应批评、接受美学，到如今的符号学理论、新历史主义、女权主义，西方的文学批评理论已然进入全球化跨学科的研究时代。如何跨越异质文化的藩篱，在多元共生的理论背景下，对不同语境的文本进行合理有效的阐释，也是海外研究者亟须思考的问题。

　　以中西比较或跨学科的视野来把握和研究古典散文确实能拓宽研究思路，但探索并非一蹴而就，路漫漫其修远。应该注意的是，当我们用中西比较视野审视上述文本，尤其是将其与和我们差别较大的西方文化体系横向比较时，应该注意不使中国文论的特质被武断地抹杀，否则容易沦为西方理论的注脚。他山之石可以攻玉，但他山之石终非己山之玉，己山之玉借他山之石切磋琢磨，由璞玉而为美玉，才是研究宗旨之所在。

# 第十二章

# 英语世界的中国古典小说译介与研究

在中国文学传统中,"诗"为正统,"小说"往往被"訾其卑下"。在封建社会里,小说一向受到正统文人的鄙视,但就在这样的鄙视眼光中,中国小说逐渐发展繁荣起来。在中国小说发展史上,"四大奇书"独占鳌头:《三国演义》乃中国历史上第一部长篇小说,同时也是历史小说的典范;《水浒传》是历史上第一部全面描写农民起义的巨著,也是一部英雄传奇的典范;《西游记》是第一部长篇神魔小说,也是该类题材的典范之作;《金瓶梅》是第一部写世情的小说,也是第一部由文人独立创作的长篇小说。这四部小说深刻地影响着中国社会的发展和人们的精神生活,也是深受英语世界关注的中国小说作品。除此之外,《儒林外史》与《红楼梦》两部鸿篇巨制,在国外的传播也非常久远。前者可谓是讽刺小说的典范,后者则堪称是中国小说史上的巅峰之作,可视为中国古代长篇小说创作艺术之集大成者,不但在国内已形成"红学",而且在国外也是研究热点,已然是一门世界性的学问。晚清时期的"四大谴责小说":《官场现形记》《二十年目睹之怪现状》《老残游记》《孽海花》也在国外广为流传。但在一片令人欢欣鼓舞的传播形势中,我们也必须及时地对海外的小说译介与接受进行总结。本章拟对英语世界中国古典小说的译介与研究名家、译介与研究热点、译介与研究变异、译介与研究贡献等问题予以探讨。

## 第一节　英语世界中国古典小说译介与研究名家选介

### 一、韩南

帕特里克·韩南（Patrick Hanan，1927~），生于新西兰，后到英国求学，以《〈金瓶梅〉的成书与来源》（1960）一文在伦敦大学取得博士学位，后任教于伦敦大学、斯坦福大学，1968年起任哈佛大学东亚语言与文明系教授兼系主任、Victor S. Thomas 讲座教授，曾任哈佛燕京学社社长。韩南长期从事中国文学的译介与研究并卓有建树，为美国汉学界从事中国文学研究巨擘，据李欧梵教授回忆，夏志清先生曾"公开宣布除他之外韩南教授乃天下第一"，[①] 他还曾与汉学泰斗杜希德合编与《剑桥中国史》齐名的"剑桥中华文史丛刊"，由此可见韩南在海外汉学界之影响与地位。韩南的中国文学研究遍及中国古代小说、近现代小说、李渔研究及基督教文献中译诸多方面，其成果为推动中国文学研究进程及海外传播作出了卓越贡献，在海外汉学界具有举足轻重的地位。韩南的主要学术专著有《中国白话小说史》[②]《中国短篇小说——年代、作者、作法的研究》（之一）[③]《中国近代小说的兴起》[④]《创造李渔》[⑤]《韩南中国小说论集》[⑥] 等。

《中国白话小说史》一书运用西方叙事学理论，以"叙述者的演变"为主要线索，对中国白话小说的发展和演变做了重新梳理，发现了文人作家介入话本创作后对白话小说所作的突破和创新。《创造李渔》一书中，韩南也运用了西方叙事学理论来研究李渔的小说，提供了一个崭新的视角，一种对李渔小说进行再认识的途径，也为以后的研究者开启了一个崭新的方向。其以李渔的创造精神为核

---

[①] 李欧梵：《韩南教授的治学和为人》，载于徐侠译《中国近代小说的兴起》，上海教育出版社2004年版，第240页。

[②] 韩南：《中国白话小说史》，尹慧珉译，浙江古籍出版社1989年版，第19页。《中国白话小说史》（The Chinese Vernacular Story，书名又译《中国话本小说史》）。

[③] 韩南：《中国短篇小说——年代、作者、作法的研究》（之一），曾虹、王青平译，载于《明清小说研究》1986年第1期，第376页。

[④] Hanan Patrick. *Chinese Fiction of the Nineteenth and Early Twentieth Centuries*. New York：Columbia University Press，2004.

[⑤] Hanan Patrick. *The Invention of Li Yu*. Cambridge：Harvard University Press，1988. 韩南：《创造李渔》，杨光辉译，上海教育出版社2010年版。

[⑥] 韩南：《韩南中国小说论集》，王秋桂等译，北京大学出版社2008年版。

心,揭示了李渔生活与文学作品所展现的极富个性的创造力。韩南给予了李渔极高的评价,他宣称:"没有哪位中国古典小说的作者能像李渔那样熟练使用多种文体,且能将自己的思想极其清晰明白地传达给读者。"① 韩南还提出,尽管李渔对前人有诸多突破,但他作为一名职业文人,也有以新奇吸引读者兴趣从而使作品畅销之意图。

翻译方面,韩南也不乏成果,其译《醒世恒言》与《石点头》(选译)②、《十二楼》(选译)③、《肉蒲团》④《无声戏》⑤ 也为学界认可。马克梦(Keith McMahon)认为,韩南所译《夏宜楼》(《十二楼》之一)用词准确、风格雅致,是真正大师级的译著。⑥

## 二、浦安迪

浦安迪(Andrew H. Plaks,1945~ ),美国著名汉学家,博士论文是《〈三国志演义〉文本溯源》。现任普林斯顿大学东亚系和比较文学系教授,兼任以色列希伯来大学东亚系教授。主要研究领域为中西文化比较,中国古典小说、叙事学,中国传统思想文化。代表作品有:《〈红楼梦〉里的原型与寓意》⑦《中国叙事文:批评与理论文汇》⑧《明代小说四大奇书》⑨ 等。

《明代小说四大奇书》将明代四部小说《水浒传》《西游记》《三国演义》《金瓶梅》视作明代文化的共同产物,深入分析了这四部小说在结构、行文、讽刺手法等方面的一致之处,创见迭出,新人耳目。《红楼梦批语偏全》⑩ 对历代论者的评语进行了评价。黄卫总认为,浦安迪不仅收录了历代的《红楼梦》评

---

① Patrick Hanan. *The Invention of Li Yu*, Ibid. p. viii.
② Patrick Hanan, trans. *Falling in Love: Stories from Ming China*. Honolulu: University of Hawai'i Press, 2006.
③ Patrick Hanan, trans. *Tower for the Summer Heat*. New York: Columbia University Press, 1998.
④ Patrick Hanan, trans. *The Carnal Prayer Mat*. New York: Ballantine Books, 1990. New edit. Honolulu: University of Hawai'i Press, 1996.
⑤ Patrick Hanan, trans. *Silent Operas*. Hong Kong: Chinese University Press, 1990.
⑥ Keith McMahon. "A Tower for the Summer Heat by Patrick Hanan (Review)", *Chinese Literature: Essays Articles, Reviews (CLEAR)*, Vol. 21, pp. 173-175.
⑦ Patrick Hanan. *Archetype and Allegory in the Dream of the Red Chamber*. Princeton: Princeton University Press, 1976.
⑧ Patrick Hanan. *Chinese Narrative: Critical and Theoretical Essays*. Princeton: Princeton University Press, 1977.
⑨ Patrick Hanan. *The Four Master Works of the Ming Novel*. Princeton: Princeton University Press, 1987.
⑩ Andrew H. Plaks, comp. *Hong lou meng piyu pian quan*. Taipei: Nantian Shuju, 1997.

语,还对他人观点进行了评骘,且其评价十分中肯、恰切。①

## 三、黄卫总

黄卫总(Martin W. Huang,1960~),美国著名汉学家。1991 年获美国华盛顿大学博士学位,博士论文为《中国抒情主义与清代文人小说的困境》②,现任美国加州大学尔湾校区东亚语言文学系教授,主要致力于中国传统小说、明清文人文化、明清性别文化等研究。主要学术论著有《文人和自我的再呈现:十八世纪中国长篇小说中的自传倾向》③《欲望与中华帝国晚期的小说》④《中华帝国晚期的男性构建》⑤《蛇足:中国小说传统中的续书和改编》⑥《中国明代的男性友道》⑦等。学术论文主要有《中国古典小说评点中的作者与读者》⑧《去历史化与互文性:中国古典小说变革中的焦虑》⑨《从才子到英雄:清代小说〈野叟曝言〉与〈三分梦全传〉中的男性形象》⑩等。

黄卫总在研究明清之交的小说方面成果显著,在《由欲至情:明清文学的重情倾向》(Sentiments of Desire:Thoughts on the Cult of Qing in Ming - Qing Literature)一文中,他提出晚明清初小说书写之所以重视对"情"的表现,源于被边缘化的小说家试图重新确立其社会精英地位,他们多以儒家文化的捍卫者自居。

---

① Martin W. Huang. Hong lou meng piyu pian quan, by Andrew H. Plaks. *Chinese Literature*:*Essays,Articles,Reviews*(*CLEAR*),Vol 22(Dec.,2000),pp. 173 - 175.

② Martin W. Huang. "The Dilemma of Chinese Lyricism and the Qing Literati Novel",Ph. D. dissertation,Washington University,1991.

③ Martin W. Huang. *Literati and Self - Re/Presentation:Autobiographical Sensibility in the Eighteenth - Century Chinese Novel*. California:Standford University Press,1995.

④ Martin W. Huang. *Desire and Fictional Narrative in Late Imperial China*. Massachusetts:Harvard University Asia Center,2001.

⑤ Martin W. Huang. *Negotiating Masculinities in Late Imperial China*. Honolulu:University of Hawaii Press,2006.

⑥ Martin W. Huang. *Snakes' Legs:Sequels,Continuations,Rewritings and Chinese Fiction*. Hawaii:University of Hawaii Press,2001.

⑦ Martin W. Huang. *Male Friendship in Ming China*. Holand:Brill Press,2007.

⑧ Martin W. Huang. "Author(ity) and Reader in Traditional Chinese Xiaoshuo Commentary",*Chinese Literature:Essays,Articles,Reviews*(*CLEAR*),16(1994),pp. 41 - 67.

⑨ Martin W. Huang. "Dehistoricization and Intertexualization:The Anxiety of Precedents in the Evolution of the Traditional Chinese Novel",*Chinese Literature:Essays,Articles,Reviews*(*CLEAR*),12(1990),pp. 45 - 68.

⑩ Martin W. Huang. "From Caizi to Yingxiong:Imagining Masculinities in Two Qing Novels,'Yesou puyan' and 'Sanfen meng quan zhuan'",*Chinese Literature:Essays,Articles,Reviews*(*CLEAR*),25(2003),pp. 59 - 98.

在《从才子到英雄：清代小说〈野叟曝言〉与〈三分梦全传〉中的男性形象》①一文中指出，从"才子"到"英雄"形象是18世纪末19世纪初中国小说的新变化，这一转向与特定的时代背景有关，作者以《野叟曝言》及《三分梦全传》为例，具体阐述这种变化及其社会文化语境。

## 第二节 英语世界中国古典小说译介与研究议题选介

### 一、英语世界中国古典小说译介与研究热点概述

英语世界中国古典小说译介，最早得追溯至18世纪上半叶。据黄鸣奋《英语世界中国古典文学之传播》一书考证，法国人杜赫德所编著《中国通志》（*The General History of China*）的英译本记载了《醒世恒言》三种故事的译文，其英译与出版分别由屈志仁（J. Watts）和卡夫（E. Cave）主持并于1736~1741年进行。近三个世纪以来，中国古典小说持续西传，从单个故事的零散译介发展到对中国古典小说鸿篇巨制的全译，从对单个文本的探讨走向对中国古典小说整体思想艺术的研究，英语世界的中国古典小说译介与研究渐趋繁荣。19世纪，英语世界学者以译介为主，译介内容多为节选故事，全译本较少，作品选集也寥寥无几。而进入20世纪，不断涌现著名长篇古典小说的全译本，如《三国演义》《西游记》《水浒传》《金瓶梅》等。20世纪不但在译介方面硕果累累，在研究成果上也蔚为大观，令人惊叹，大大改变了18世纪、19世纪以译介为主的传播局面。相关曲艺研究、小说特性研究、比较小说研究等都成果显著。尤其是对中国明清小说的研究令国内同行赞叹不已。英语世界学者极为关注明清小说，这虽与明清小说本是中国古典小说发展之巅峰有关，但也与他们认为明清时期乃中国社会发展的转型关键期密切相连。通过研究明清小说管窥明清社会在中国历史演进上的特殊地位，从而把握中国近代发展走向，在某种程度上大力推进了英语世界明清小说的传播。本节拟对英语世界中国古典小说译介与研究热点即明清小说传播进行较为全面系统的梳理，试图通过总结热点现象挖掘背后的文化

---

① Martin W. Huang. "From Caizi to Yingxiong: Imagining Masculinities in Two Qing Novels, 'Yesou puyan' and 'Sanfen meng quan zhuan'", *Chinese Literature: Essays, Articles, Reviews* (*CLEAR*), Vol. 25 (Dec., 2003), pp. 59–98.

制约因素，从而为国内学界提供有益之借鉴。

## （一）明清小说思想分析

马克梦《17世纪中国小说中的"因果"与"制约"》① 着力论述中国17世纪小说叙事中普遍存在的"因果报应"的思维模式。《吝啬鬼、泼妇、一夫多妻者：十八世纪中国小说中的性与男女关系》② 从性别关系切入剖析18世纪小说，视角独特。《一夫多妻与过剩激情：在中国现代性边缘上的性》③，也从男女关系角度剖析了中国小说。黄卫总《文人与自我呈现：中国18世纪小说的自传性研究》④ 提出18世纪小说具有较强的自传性特性，论述小说蕴含的作者个人性情感。

斯定文（Stephen J. Roddy）《文人身份及其在晚清小说中的呈现》⑤ 深入论析文人身份对晚清小说创作的影响，伊维德等《早期清代文学中的"精神创伤"与"精神超脱"》⑥ 则对清代小说中描绘的人类"精神创伤"及其"精神超脱"予以深刻解剖。其他研究还包括：何谷理《晚期中华帝国点评本小说研究》⑦；许伟和（Xu Weihe）《明清小说中的罪孽与〈红楼梦〉中的辛酸幽默》⑧ 黄卫总《晚清小说中的欲望与叙事》⑨；李惠仪《长篇本土小说研究》⑩ 等。

英语世界的研究者们将跨越明清的17世纪当成中国小说史上的重要时期。黄卫总在《由欲至情：明清文学的重情倾向》一书中指出，晚明清初小说书写之所以重视对"情"的表现，源于被边缘化的小说家试图重新确立其社会精英地位，他们多以儒家文化的捍卫者自居。周祖炎（Zhou Zuyan）《明末清初的文学

---

① Keith McMahon. *Causality and Containment in Seventeenth – Century Fiction*. Leiden：Brill，1988.
② Keith McMahon. *Misers，Shrews，and Polygamists，Sexuality and Male – Female Relations in Eighteenth – Century Chinese Fiction*. Durham：Duke University Press Books，1995.
③ Keith McMahon. *Polygamy and Sublime Passion，Sexuality in China on the Verge of Modernity*. Honolulu：University of Hawai'i Press，2009.
④ Martin W. Huang. *Literati and Self – Re/Presentation：Autobiographical Sensibility in the Eighteenth Century Chinese Novel*. Stanford：Stanford University Press，1995.
⑤ Stephen J. Roddy. *Literati Identity and Its Fictional Representation in Late Imperial China*. Stanford：Stanford University Press，1998.
⑥ Wilt L. Idema，Wai – Yee Li，Allan Barr，etc. eds. *Trauma and Transcendence in Early Qing Literature*. Cambridge：Harvard University Asia Center，2006.
⑦ Hegel Robert. *Reading Illustrated Fiction in Late Imperial China*. Stanford：Stanford University Press，1998.
⑧ Xu Weihe. "Novel Ridens in Ming – Qing Fiction Pathetic Humor in and of 'Honglou meng'"，Ph. D. dissertation. Washington：Washington University，1999.
⑨ Martin W. Huang. *Desire and Fictional Narrative in Late Imperial China*. Cambridge：Harvard University Asia Center，2001.
⑩ Wai – Yee Li. "Full – length Vernacular Fiction"，in *The Columbia History of Chinese Literature*，ed. Victor H. Mair. New York：Columbia University Press，2001，pp. 620 – 658.

中的双性同体》①一书借鉴西方文学批评中的"双性同体"概念,分析中国文学中的"女中丈夫"与"文弱书生"(阴柔男子——引者注),作者辟有专章研究《红楼梦》,其中以对贾宝玉的形象分析最为深入精微,作者认为中国文学中的双性同体实质上是文人表达其政治诉求的载体,尤其是显示他们对残暴政治的反抗,以此来彰显自己的文化身份。但是邱加辉(Ka-fai Yau)认为,要辨析清楚"双性同体"现象不能停留于单纯的文本分析,应放入更为宏阔的历史文化语境中加以阐释。②商伟(Shang Wei)《〈儒林外史〉与晚清的文化转型》③、韩瑞亚《另类:狐与晚清小说叙事》④、韩南《19世纪与20世纪早期中国小说研究》⑤、胡志德的《把世界带回家:西学中用在晚清与民初中国》⑥等研究强调了晚清小说在中国政治、道德、历史、哲学上的重大意义,将晚清小说置于19世纪文学创作的白话与文言之争这一语境,来探讨白话小说的社会学价值,突出晚清小说在现代书写发展历程中的文类的价值,即调和道德、文化、社会的关系,还凸显晚清小说参与现代中国经验的书写与社会改革。作者以《二十年目睹之怪现状》《孽海花》《新石头记》及鲁迅为例,对上述观点进行了深入阐发。⑦

关于《西游记》的主题思想,英语世界颇多新解。科腾马克(O. Kaltenmark)《中国文学》(1948)强调《西游记》是道教和被肤浅了解的佛教的结合,后来美国南浸礼会神学院的郭云汉(Yun-han Gwo)撰写了博士论文《〈西游记〉和〈约翰福音〉之间的传道对话》(1986),这是从宗教角度提出的看法。吕健忠的论文《花光与禅性:〈西游记〉中的主题寓言》(1988)也属于此类,梅仪慈《中国小说》一文(收入狄百瑞《东方经典研究》,1959)认为《西游记》混合了历史、民间传说、圣徒传记和幻想,将人类过度的欲望和邪恶冲动当成危险和障碍来揭示,表现了人在遇到挫折时的坚强和机智,这又是一种看法。

---

① Zuyan Zhou. *Androgyny in Late Ming and Early Qing Literature*. Honolulu: University of Hawaii Press, 2003.
② Ka-Fai Yau. "Androgyny in Late Ming and Early Qing Literature by Zuyan Zhou," *Chinese Literature: Essays, Articles, Reviews (CLEAR)*, Vol. 25, (Dec. 2003), pp. 213–215.
③ Shang Wei. *Rulin Waishi and Cultural Transformation in Late Imperial China*. Cambridge: Harvard University Asia Center, 2003.
④ Rania Huntington. *Alien Kind: Foxes and Late Imperial Chinese Narrative*. Cambridge: Harvard University Press, 2004.
⑤ Hanan Patrick. *Chinese Fiction of the Nineteenth and Early Twentieth Centuries*. New York: Columbia University Press, 2004.
⑥ Theodore Huters. *Bringing the World Home: Appropriating the West in Late Qing and Early Republican China*. Honolulu: University of Hawaii Press, 2005.
⑦ Charles A. Laughlin. "Bringing the World Home: Appropriating the West in Late Qing and Early Republican China by Theodore Huters (Review)", *Chinese Literature: Essays, Articles, Review (CLEAR)*, Vol. 29, Dec. 2007, pp. 178–180.

杨力宇等《中国古典小说》(1978)，这部导读之作将《西游记》可能的解释归纳为宗教朝圣与精神追求、对社会各种弊端的批判、英雄史诗、着眼于人类共同行为的喜剧共4种。

《金瓶梅》的主题思想也历来为英语世界学者所关注，既有从政治角度评价，也有从宗教角度论述的。费子智（C. P. Fitzgerald）《作为颠覆力量的中国小说》(Meanjin 季刊卷10，1951)称之为"讽刺小说"，强调其政治作用。马丁森的博士论文《报应与赎罪：从〈金瓶梅〉看中国宗教与社会》(1973)和论文《作为智慧文学的〈金瓶梅〉：方法论》(《明代研究》卷5，1977)突出其宗教含义，廖朝阳（Chao-yang Liao）的博士论文《中国故事里的形象：读〈五卷书〉、〈莲花经〉与〈金瓶梅〉》(1987)也看重它通过"以象喻道"来宣传救世神学的一面。齐秋兰（Chiu-lang Chi）《好事须污秽：〈金瓶梅〉中的道德歧义》(刊于《淡江评论》1982年秋季号)注意的是这部小说的伦理性。柯丽德《〈金瓶梅〉中的家庭、社会与传统》(见《现代中国》第10卷第4期，1984)认为它的主要意图是宣传封建纲常，这两篇文章均就"风化劝喻"的道德面立论。钱盈盈（Ying-ying Chien）的博士论文《妇女争权：东西方小说代表作比较研究》(1987)和发表于《淡江评论》第19卷第1~4期合刊本的《性与权力：一个男女平权主义者论〈金瓶梅〉》(1988)则是从女权角度看问题。

## （二）明清小说艺术形式分析

对明清小说艺术形式进行整体分析的较多，如邱桂芬（Kuei-fen Chiu）的《中国长篇白话小说与空间形式》(1990)、卢晓鹏（Hsiao-peng Lu）的《叙事话语次序：中国史学与小说的问题》(1990)、吴迪安（De-an Wu Swihart）的《中国小说形式的进化》(1990)、卢（J. J. Lu）的《小说中的诗：跨文体与欧洲、东亚小说》(1992)等。也有学者侧重于从整体的叙事结构入手分析中国小说，如浦安迪发表于《淡江评论》卷6的论文《中国小说中的结构问题》(1976)。它将西方首尾呼应的统一结构归因于神话受重视、亚里士多德追求形式的相对简短的规范、西方哲学对时间模式而非空间模式的强调等，而将中国小说相对自由的结构归因于受阴阳五行原则支配的存在观，认为后者的统一性在于存在方式的变化等。此外，艾梅兰（Maram Epstein）《秩序：〈镜花缘〉的结构、性别与意义》[1]将结构与小说人物、意义等结合起来追问它们内在的关联。与前人注重佛教对中国小说题材与主题的影响不同，李前程《启蒙小说：〈西游记〉、

---

[1] Maram Epstein. "Engendering Order: Structure, Gender, and Meaning in the Qing Novel Jinghuayuan", *Chinese Literature: Essays, Articles, Reviews (CLEAR)*, Vol. 18, 1996, pp. 101 - 127.

《西游补》及〈红楼梦〉》① 一书主要研究佛教因素如何及在何种程度上影响明清小说的文类与结构。其主要特色表现在以下几个方面：首先，以浦安迪为代表的研究者着力呈现明清叙事作品中的新儒家思想因素，而作者则对佛教思想进行了揭示；其次，作者从语法规则（grammatical rules）、基本场景（basic settings）（从佛教维度分析了启蒙小说从《西游记》《西游补》到《红楼梦》的基本场景的变形：从《西游记》中的旅途、道路经由《西游补》中的旅途，梦到《红楼梦》中的家庭、花园）而非社会历史维度分析明清小说的结构，具有新颖性；最后，西方叙事维度的引入是该书的显著特征。

除了从宏观角度论述中国古典小说结构之外，英语世界学者也重视对单部名著的叙事结构进行分析。比如对《西游记》叙事结构的阐述就较为新颖，余国藩《〈西游记〉的叙事结构与第九回的问题》（《亚洲研究杂志》1975 年 1 月号）专论了该著叙事结构与第九回的关系。《淡江评论》1980 年 11 期发表的 Ching - erh Chang《〈西游记〉的结构与主题》则提出了关于此书结构的新见解。作者认为《西游记》第 1～第 12 回是全书的说明，续之是上升行为（第 13～第 73 回）、高潮（第 74～第 77 回）、下降行为（第 78～第 98 回）、结局（第 99～第 100 回）。这些部分依靠道、阴阳和五行结合起来，以体现作为主题和目标意识的"空"。孙悟空乃金、火统一体，猪八戒属木，沙僧属土，三藏属金，五行相生相克，合、分、复合，周而复始，人物经过相互作用加深了彼此的理解、趋于和谐与信任，并摆脱了各自原有的缺点（如孙悟空的野心、猪八戒的好色、玄奘的软弱）而进入了更高的境界。

《红楼梦》的叙事结构与风格也一直是研究焦点。黄金铭撰就博士论文《〈红楼梦〉的叙事艺术》（1974），又发表了论文《视点、规范与结构》（收在《中国叙事体文学论集》，1977），将西方乃至整个世界上小说的发展归结为视点的运用日趋老练，认为《红楼梦》是中国第一部充分运用第三人称观察者写法的小说。余珍珠（A. Chun - Chu Yee）的《同情、均衡与象征：〈红楼梦〉之结构》（1986）、斯科特（M. E. Scott）《青出于蓝：〈红楼梦〉与〈金瓶梅〉》（1989）、刘君若（Chun - jo Liu）《章节与句法：〈红楼梦〉的叙事风格》（收入杨力宇等编《中国小说论集》，1980）都针对结构展开了分析。比较新颖的则属 Chi - hung Yim《"肝阴亏损"：〈红楼梦〉中黛玉的心病与伏笔》② 一文。很多分析匠心独具，如严志雄（Chi - hung Yim）通过细致的分析认为，黛玉心病（如

---

① Qiancheng Li. *Fictions of Enlightenment: Journey to the West, Tower of Myriad Mirrors, and Dream of the Red Chamber*. Honolulu: University of Hawai'i Press, 2004.

② Chi - hung Yim. "The 'Deficiency of Yin in the Liver': Dai - yu's Malady and Fubi in 'Dream of the Red Chamber'", *Chinese Literature: Essays, Articlrs, Reviews*（CLEAR）, Vol. 22（Dec., 2000）, pp. 85 - 111.

焦虑、抑郁、哭泣）的发作实则为其人生悲剧埋下了伏笔，这表现出作者高超的叙事技巧。王颖（Ying Wang）《〈红楼梦〉中说书人的退隐与仙界的出现》[①]一文也颇有趣味，她提出：由于白话小说的成熟与《红楼梦》独特的文本发展需要，使说书人在小说中的作用不再重要，转而代之以仙界意象来助推小说情节的发展，而仙人既成为隐含作者的代言人，还起到引领读者阅读的作用。在论及中国古典小说的叙事风格时，部分学者围绕"讽刺艺术"展开了讨论，如吉姆里卡（P. F. Kimlicka）《作为文学的小说〈三国志通俗演义〉：其作者罗贯中对讽刺的应用》（1986）、吴燕娜（Yenna Wu）《臻至完美的讽刺与中国 17 世纪小说〈醒世姻缘传〉》[②] 等都对中国小说运用讽刺艺术的高妙进行了论析。

### （三）明清小说艺术形象分析

英语世界学者们对明清小说艺术形象的分析，有的从整体上论，有的则专论单个形象。从整体上论的有努曼（R. T. Ruhlmann）《中国通俗小说里的传统英雄人物》（收入丙沃寿（Arthur Wright）编《儒家信念》，1960）。这篇论文剖析了三类角色，即性烈如火、放荡不羁、慷慨好义的武士，才华出众、足智多谋、善解人意的书生，以及知人善任、天命所归的帝王。专论武士的有柳无忌《中国游侠》（1967）的"从事实到小说"部分、马幼垣《中国话本小说中的武侠》（《通报》卷 61，1975）等。除了英雄、游侠形象，也有论女性形象的，如高雄雅（Xiongya Gao）《赛珍珠小说里中国妇女的形象》（1993）、蔡九迪（Judith T. Zeitlin）《幽灵般的女主人公：中国 17 世纪文学中的鬼怪与性别》[③]、曼素恩（Susan Mann）《中国 18 世纪小说中女性形象研究》[④]，韩南《〈风月梦〉与名妓小说》[⑤]；李惠仪《英雄的转变：清代早期文学中的女性与民族劫难》[⑥]；韩瑞亚

---

[①] Ying Wang. "The Disappearance of the Simulated Oral Context and the Use of the Supernatural Realm in 'Honglou meng'", *Chinese Literature: Essays, Articles, Reviews* (CLEAR), 27 (2005), pp. 137 – 150.

[②] Yenna Wu. *Ameliorative Satire and the Seventeenth - Century Chinese Novel, Xingshi Yinyuan Zhuan - Marriage As Retribution, Awakening the World.* Lewiston: N. Y.: The Edwin Mellen Press, 1999.

[③] Judith T. Zeitlin. *The Phantom Heroine: Ghosts and Gender in Seventeenth - Century Chinese Literature.* Honolulu: University of Hawaii Press, 2007.

[④] Susan Mann. *Women in China's Long Eighteenth Century.* Stanford: Stanford University Press, 1997.

[⑤] Patrick Hanan. "Fengyue Meng and the Courtesan Novel", *Harvard Journal of Asiatic Studies* 58, No. 2, 1998, pp. 345 – 372.

[⑥] Wai - Yee Li. "Heroic Transformation: Women and National Trauma in Early Qing literature", *Harvard Journal of Asiatic Studies* 59, No. 2, 1999, pp. 363 – 443.

《海上灯塔的视野：纪昀的女线人们》①《晚清叙事中的狐与性》②《俞樾作品中的记忆、怀念与文类》③《寻找替身的鬼：女性自杀与轮回转世》④ 等。

更多学者将眼光投向古典小说名著中的艺术形象，如夏志清《中国古典小说》（1968）以为孙悟空源于印度的哈奴曼传说，是精神向导兼保护者、捣乱者、欢闹的护送者逍遥自在的混合体；猪八戒是小说中第一流的喜剧创造，作为普通人在追求体面的世俗目标中实现自我；玄奘则是圣僧、潜在的佛与凡人的"三位一体"。叶耀坤（A. Kuang - yao Yeh）《一个造反者的演变：释吴承恩〈西游记〉》（《辅仁研究》卷10，1976）循着夏志清的思路，揭示了孙悟空和雪莱诗中普罗米修斯的相似之处——辛苦谋求摆脱旧秩序而建立新的理想化、道德上优越的世界。

此外，还有何其芳《论〈红楼梦〉》（《中国文学》1963年1月号）、荣之颖《〈红楼梦〉中的妇女》（《东西方文学》卷12，1968）、俞国藩《〈红楼梦〉中的个人与家庭：作为悲剧角色的林黛玉》（1977年亚洲研究学会年会论文，发表于《中国文学评论》卷2，1980）等。如果说夏志清的《中国古典小说》一书（1968）是将林黛玉作为中性人物看待的话，何其芳则给予她正面的评价；荣之颖引进谢尔顿（W. Sheldon）的体格心理学，称之为"外胚叶型人物"，和"内胚叶型"的宝钗、"中胚叶型"的熙凤形成对比。余国藩则针对王国维"红学"研究中的疏失强调了林黛玉悲剧的社会意义及其反抗性格。属于"红楼"人物形象阐释的论文还可以举出胡（J. S. Fu）《刘姥姥与大观园》（《东西方文学》卷17，1973）和魏格纳（M. L. Wegner）《〈红楼梦〉里的男女仆人：个性与社会秩序》（收入《中国文学里自我的表达》，何谷理等编，1985），前者认为刘姥姥的智慧与能量为黛玉的自恋与熙凤的狠毒提供了解毒剂，后者认为荣宁二府的下人不仅是他们自己，而且是其时社会和小说中艺术世界的一部分。

《金瓶梅》中的诸多女性形象也是英语世界学者们的兴趣所在，大多视角独特，结论新颖。比如何建军（Jianjun He）《烧夜香：〈金瓶梅〉中的吴月娘形象》⑤ 从《金瓶梅》第二十一回吴月娘夜晚焚香求子这一意象入手，通过十分详

---

① Rania Huntington. "The View from the Tower of Crossing Sails：Ji Yun's Female Informants"，*NAN NÜ* 12，No. 1，2010，pp. 30 - 64.

② Rania Huntington. "Foxes and Sex in Late Imperial Chinese Narrative"，*NAN NÜ* 2，No. 1，2000，pp. 78 - 128.

③ Rania Huntington. "Memory，Mourning，and Genre in the works of Yu Yue"，*Harvard Journal of Asiatic Studies* 67，No. 2，2007，pp. 253 - 293.

④ Rania Huntington. "Ghosts Seeking Substitutes：Female Suicide and Repetition"，*Late Imperial China* 26，No. 1，2005，pp. 1 - 40.

⑤ Jianjun He. "Burning Incense at Night：A Reading of Wu Yueniang in Jin Ping Mei"，*Chinese Literature：Essays，Articles，Reviews*（*CLEAR*），Vol. 29，2007，pp. 85 - 103.

细的分析来说明《金瓶梅》的精巧结构与人物形象特征。作者由月娘焚香这一意象见出其对西门庆的忠诚，并指出这是吴月娘与西门庆关系和谐的重要原因。保罗·马丁森在其博士论文《报应与赎罪：从〈金瓶梅〉看中国宗教与社会》① 中对潘金莲形象的分析，与国内学界多年来一直将潘金莲钉在耻辱柱上不同，马丁森并不认为潘金莲是妖艳、漂亮、淫荡、狠毒的典型，而是试图较为客观地揭示潘金莲形象中的复杂矛盾因素。马丁森认为：一方面，潘金莲极欲"操控"他人，为此，她不择手段、费尽心机、心狠手辣，通过一步步地消除潜在威胁来巩固自身地位，显示出清醒敏锐的一面；但另一方面，她却非常无知和盲目，对于所处社会的伦理道德体系缺乏明晰认识，看似洞悉世态人情，在追逐地位的过程中玩弄手段，清醒敏锐，行动迅捷，但从根本上她没有意识到自己对他人的种种"操控"行径其实反过来也使自己受制于他人，她对西门庆越来越强烈的操控欲望将自己也置于非常危险的境地，终因超过了一定界限而受到伦理规范的惩戒。

### （四）明清小说作者研究

#### 1.《三国演义》作者研究

伊维德《形成期的中国白话小说》（1974）还肯定了罗贯中在促使中国小说走向深思熟虑的艺术创造方面所作的贡献，但柳存仁所著《罗甘中及其历中演义》（收入杨力宇等编《中国小说论集》，1980）对此持保留意见。马幼垣在为《印第安纳中国传统文学手册》（1986）所撰写的词条"罗贯中"里也认为《三国演义》并非罗贯中所作，罗氏不过是个写了三部剧本的小小剧作家。

#### 2.《水浒传》作者研究

小川环树（T. Ogawa）曾在英文版《华裔学志》1958 年第 17 期发表题为《〈水浒传〉的作者》的文章，推测他是个站在普通人民与统治阶级之间的最下层的小官吏。赖明《中国文学史》（1964）认为这部小说系施耐庵所作。翟楚（Ch'u Chai）与翟文伯（Winberg Chai）在《中国文学宝库》（1965）对《水浒传》的介绍里尝试性地接受施耐庵是作者、罗贯中是 120 回本改编者、金圣叹是 70 回本加工者的观点。张心沧所编《中国文学》（1973）认为《水浒传》是两位大作家合作的范例——施耐庵为撰写者、罗贯中乃编者。傅路特为《明代传记辞典》（1976）所撰写的词条"施耐庵"说其真实身份尚未确定，但相信他是故事、传说、话本、剧本里相关素材的第一个收集者。

---

① Paul Varo Martinson. "Pao Order and Redemption: Perspective on Chinese Religion and Society Based on a Study of the Chin P'ing Mei", Ph. D. dissertation. Chicago: University of Chicago, 1973, p. 305.

### 3. 《西游记》作者研究

这方面的研究成果以柳存仁为多。他于1967年出版了传记《吴承恩的生平与职业》(1967)，后来又为《明代传记辞典》(1976)撰写了题为"吴承恩"的辞条。文集《和风堂论文选》(1976)也收有题为"吴承恩的生平与职业"的文章。

### 4. 《金瓶梅》作者研究

翟理斯《中国文学史》(1901)猜测《金瓶梅》为王世贞著。克拉夫特（B. Yoshida – Krafft）和白润德分别为《明代传记辞典》(1976)和《印第安纳中国传统文学手册》(1986)写的词条"王世贞"都介绍了其与《金瓶梅》的关系。美国学者芮效卫（David T. Roy）不从陈说，向1983年美国印第安纳大学《金瓶梅》国际讨论会提交了《汤显祖创作〈金瓶梅〉考》。

### 5. 《红楼梦》作者研究

周策纵为《印第安纳中国传统文学手册》(1986)撰写了词条"曹雪芹"等，涉及高鹗续书问题的有闵福德博士论文《〈石头记〉后40回与高鹗》(1980)等。陈炳藻用电脑对《红楼梦》进行定量语汇分析，支持单一作者的假说，其论据见《从〈红楼梦〉语汇的电脑统计语汇分析看其作者归属》（博士论文，1980）。陈冰（Bing C. Chan）《〈红楼梦〉里的作者身份》① 一书出版，研究方法是"科学的、客观的"。1996年，余少军（Hsiao – jung Yu）发表了题为《红楼梦中的疑问句及作者身份问题》(The Interrogatives Employed in Honglou meng and Their Bearing on the Problem of Authorship) 的论文，同样采取数据统计的方法从《红楼梦》中疑问句的使用研究作者身份问题。余少军也试图研究小说前八十回与后四十回作者身份是否一致，然而，他运用数据统计得出了不同的结论，即："经过对小说里疑问句的仔细检查，笔者发现前八十回与后四十回句型有着明显的不一致。这个不一致是疑问代词及语义结构的不一致，显而易见，我们可以从前八十回里发现曹雪芹的家乡话南京话的语法结构。这正是《红楼梦》作者应该为两人的证据。"②

霍克斯发表于《译丛》1980年春季号《译者、镜子与梦》一文则触及了《红楼梦》作者归属的另一问题，即曹雪芹此书对其他小说的依傍。苏源熙《署名时代：〈红楼梦〉作者的归属问题》③ 一文指出，胡适1922年出版的《红楼梦

---

① Bing C. Chan. *The Authorship of the Dream of the Red Chamber*, Based on A Computerized Statistical Study of Its Vocabulary. Hong Kong：Joint Publishing, 1986.

② Hsiao – jung Yu. "The Interrogatives Employed in Honglou meng and Their Bearing on the Problem of Authorship", *Journal of The American Oriental Society*, Vol. 116, No. 4, 1996, p. 730.

③ Haun Saussy. "The Age of Attribution：Or, How the 'Honglou meng' Finally Acquired an Author", *Chinese Literature：Essays, Articles, Reviews（CLEAR）*, Vol. 25, Dec. 2003, pp. 119 – 132.

考证》首次将曹雪芹视为《红楼梦》的作者,胡适的观点基于其历史实证主义立场。然而在作品的"署名时代"(1750~1922),出现了诸多具有争议性的观点,其中很多人认为《红楼梦》出于多人之手,而这也与当下很多研究者的看法具有一致性。

另外,蔡九迪《异史氏:蒲松龄与中国古典传说》① 论述了蒲松龄在中国古典小说发展史上的作用。

## 二、英语世界中国古典小说译介与研究变异述论

众所周知,中西之间在文化传统、精神结构、历史背景、民族特点诸多方面的差异,会使得小说在译介过程中发生变异,曹顺庆认为:"翻译比一般的媒介复杂得多,它不像媒介者那么客观中立,一种文学事实经过跨语际旅行之后,往往面目全非,表现出不同的风貌,变异现象如影随形地渗透在文学译介实践之中。"② 曹先生还进一步解释了变异中的误读现象,说:"在两种语言的文学交流中,由于接受者不同的文化背景和文化传统,对交流的信息便会进行选择、改造、移植及渗透,随之便出现了文化过滤。因文化过滤的原因,发送者文化出现损耗,而接受者文化逐渐渗透,这样在发送者文化与接受者文化之间便出现了误差,这就形成误读。"③ 的确,只有及时地对传播中的文化过滤与误读等变异现象进行总结与分析,发现问题,才能为中国小说的传播提出针对性的建议,使国内外的中国文学研究形成有效互动,这也是时代赋予文学研究者的重任。本部分拟以中国古典小说中的四大名著等为例,对中国古典小说在英语世界的变异进行梳理与剖析,探讨影响变异的诸多因素,尤其是中西文化观念上的差异及意识形态,体现在翻译选材、翻译策略、对原文的增删和改写等方面,并批判性地审视英语世界对中国小说的接受与国内学界的差异,从而进一步思考国外、国内研究如何形成有效对话的问题。④

### (一)题目变异

小说题目,往往高度凝练而蕴含深意,在翻译上是比较困难的,一方面要考虑尽量忠实于原意,反映出小说的思想意蕴;另一方面还要考虑译语国的文化观

---

① Judith T. Zeitlin. *Historian of the Strange: Pu Songling and the Chinese Classical Tale*. Stanford: Stanford University Press, 1993.
② 曹顺庆《比较文学学》,四川教育出版社2002年版,第184页。
③ 曹顺庆《比较文学学》,四川教育出版社2002年版,第206页。
④ 除了本部分列举的下列变异案例外,其他还可参照第五章第三节内容。

念与读者的审美趣味，有时还不得不受到出版机构所代表的社会主流意识形态的约束，因此，从题目的翻译可以窥视多方面的问题。

在四大名著中，《三国演义》作为题目是最为浅显易懂的，它英文全译本主要有两个：一个最早的译本是由英国汉学家泰勒（C. H. Brewitt-Taylor）翻译，题为"*Romance of Three Kingdoms*"，于 1925 年由上海别发印书馆出版；另一个译本是由美国汉学家罗慕士（Moss Roberts）翻译为"*Three Kingdoms*"，1992 年由美国加利福尼亚大学出版社和北京外文出版社联合在美国出版，后于 1995 年由北京外文出版社在中国首版。两个版本书名翻译的差异只在"romance"一词上，前者选择将它对应于中国小说中的"演义"这一术语。"romance"一词是西方文类中最具特色的关键词之一，具有浓厚的西方文学传统和特色。马丁（Terence Martin）在收入《哥伦比亚美国小说史》的文章《罗曼司》中谈到西方学界对"罗曼司"这一术语的讨论的时候，说针对它的"描述、分析以及辩论之多，或许没有任何文学术语能与之相提并论"。① 另外一位西方学界著名的文学理论家哈罗德·布鲁姆（Harold Bloom）更是直言："罗曼司是近代欧洲民族思想和民族文化的真正起源和基础。"② 这一文类的产生是"从 11、12 世纪开始，随着西欧诸国广泛开展的俗语文学创作的广为流行"而产生，"其内容往往关于追寻、冒险、爱情及圣徒事迹，富于浪漫和传奇色彩"。③ 董雯婷追溯了罗曼司先与历史写作相对，又与小说相较，后又成为一种另类的"历史"素材。尽管罗曼司作为一种文类在历史的长河中千变万化，但是罗曼司中时常出现骑士、国王和王后等角色，读者在不可思议的情节中感到惊讶或者兴奋，因此，罗曼司也被认为是"中世纪主要的娱乐性世俗文学"。④ 这种内置于罗曼司中的娱乐、传奇、冒险属性是泰勒将"romance"借用来翻译中国古典文学中"演义"的重要原因之一，因为他的翻译目的本身就是为了娱乐西方读者的。

总的来说，西方文学中"romance"的娱乐属性与泰勒翻译目的的契合促成了他在《三国演义》书名上的翻译选择，而当这样的目的改变或者消失了之后，译者就有可能采取其他的方式进行翻译，这便是为何罗慕士删除"romance"一词而只将《三国演义》翻译为"*Three Kingdoms*"。罗慕士是一位出生于美国并拥有哥伦比亚大学英文专业硕士学位及中文专业博士学位的汉学家，再加上他所翻

---

① Terence Martin. "The Romance". *The Columbia History of the American Novel*. Ed. Emory Elliott. New York：Columbia University Press，1991，p. 72.

② Harold Bloom. *The Ringers in the Tower：Studies in Romantic Tradition*. Chicago：University of Chicago Press，1971，p. 4.

③ 董雯婷：《西方文论关键词：罗曼司》，载于《外国文学》2017 年第 5 期，第 110 页。

④ Rosalind Field. "Romance in England：1066－1400". *The Cambridge History of Medieval English Literature*. Ed. David Wallace. Cambridge：Cambridge University Press，1999，p. 152.

译的时间已经是20世纪80年代即中国实行改革开放政策之后，20世纪初中西文化剧烈碰撞的年代已经过去，外文出版社委托他进行《三国演义》的重译，其中的政治考量必然不会是让他翻译出另外一部只符合西方读者趣味的古典小说，时代背景、学者身份都会让他在翻译的时候更加忠实于原著，力图呈现出最原汁原味的中国古典文学，这从他对"romance"一词的删减就可见一斑。

另外，《西游记》这一书名在中文中有着其独特的佛教背景，深受佛教千年洗礼的中国读者，在看到这一书名时候，往往能够自然而然地联想到佛教所描绘的西方世界，"西"字浓缩型地表达了人们心中对西方极乐净土的向往。此外，在体裁上，中国历史上长期存在的游历活动所形成的游历类小说构成了它文学上的谱系。① 这两点都给西方读者接受带来了一定的困难，作为翻译者，在翻译策略上，就做出了各式各样的选择。如果算节译本的话，《西游记》目前已经有十余种英译本，英文书名之多不下十种。比如说，杨宪益、戴乃迭译为"*Pilgrimage to the West*"。② 从字面上看，"Pilgrimage"一词的表面意思是"朝圣之旅"，在西方的语境中，它更多的是和基督教联系在一起，比如说的就是创作于17世纪的英国约翰·班扬的小说《天路历程》(*The Pilgrim's Progress*)，这样的译名往往意味着路程中的劫难和虔诚、勇敢、无畏的人物形象，虽然有着佛教和基督教的明显区别，但是在传递原著信息和引起读者的文化联想上，已经做到了最大的契合，因此这个译名被普遍认为是较为成功的。此外，还有较为常见的两个译名是"*Travels to the West*"与"*Journey to the West*"③，在这两个译名中，我们发现，"travels"或"journey"这两个词只是在字面的语义上同"游"基本对等，但是其文化内涵却并不吻合，这种在语言形式上取得的形似，并没有带来神似，读者无法从书名中得到相关的艺术联想。另外，著名汉学家韦利也翻译了《西游记》，并有多种版本，译名主要有"Monkey"与"The Adventures of Monkey"，译名中的"adventures"就不带有宗教性的暗示，而是主要偏向惊险、刺激的内涵。在英语世界中，我们当然也能发现像《哈克贝里芬历险记》(*The Adventures of Huckleberry Finn*)这样严肃的、承载了厚重的历史信息的冒险小说，但是如果将"adventures"和译名中的"monkey"合在一起之后，孙悟空的猴子形象就被作为关键形象突出地置于标题之中，译者和读者显然均会认为该书的主要人物是孙悟空，他的形象有可能更为西方读者所接受，其身上的性格、精神也值得作者和译者大书特书、给予焦点式的关注。如果西方读者对书的主要内容和背景信息没有一定的了解，就很难还原出原著中所传达的多层次、多人物信息，这样的翻译策略的选

---

① 关于中国的游历小说的历史，可以参看董定一的博士论文《明清游历小说研究》。
② 鲁迅：《中国小说史略》，杨宪益、戴乃迭译，外文出版社1976年版。
③ W. J. F. Jenner. *Journey to the West*. Beijing: Foreign Language Press, 1984.

择无疑是以牺牲《西游记》中的其他人物形象为代价的，唐僧、猪八戒、沙僧的人物形象可能会沦为孙悟空的陪衬。

我们最后来看《水浒传》，《水浒传》是一部在书名翻译上曾经引起过无数争议的作品。《水浒传》最早由宋元话本演变而来，由明代的施耐庵等整理成书。迄今为止，英文全译本有四种以上，包括 20 世纪 90 年代由约翰·登特－杨父子（John and Alex Dent – Young）翻译出版的"*The Marshes of Mount Liang*"。赛珍珠译本"*All Men Are Brothers*"于 1933 年首次出版，杰克逊（J. H. Jackson）译本"*Water Margin*"于 1937 年首次出版，沙博理（Sidney Shapiro）译本"*Outlaws of the Marsh*"于 1980 年首次出版。

首先我们来看一下"水浒"一词在汉语中的出处，学界认为，该书名当源自《诗·大雅·緜》中的"古公亶父，来朝走马，率西水浒，至于岐下"①，诗中的"水浒"一词指的就是后来供周部族居住发展的周原这个地方，由于有了这样的一个原典出处，有学者就认为"水浒"这一书名在"中国古典文学名著中，若论书名之醇雅，似少有如'水浒传'者。"② 但是这样一个"醇雅"的书名在英语世界的译本中是根本无法得到完整的传达的，我们以较为出名的赛珍珠和美国犹太裔学者沙博理的版本作为例子来探讨古典小说翻译中的书名变异问题。美国女作家赛珍珠 1927 年开始翻译并在 1933 年出版七十回版的《四海之内皆兄弟》（*All Men are Brothers*），众所周知，这里的译名是来自《论语·颜渊篇》中的"四海之内，皆兄弟也"，在谈到为什么要将"水浒传"完全改写为"四海之内皆兄弟"这样一个完全不同的但有时带有中国特色的名字的时候，她的解释是"这样可以充分而深刻地表现这群义盗的气魄"。③ 国内学界的研究似乎也注意到了赛珍珠长期浸润在中国文化中的传奇经历对她的翻译选择的影响，"（赛珍珠）把书名译成《四海之内皆兄弟》也不是偶然的：山寨内那种大碗喝酒、大块吃肉、无拘无束、自由自在的生活，确实是她很神往的"。④ 对于这样的翻译方式，读者的接受和评价呈现出了两个极端，一方面，如今在美国所能见到的《水浒传》英译本中绝大多数都是赛珍珠的译本，该译本甚至已经成了美国各大院校中国文学课的指定教科书，可见这个译本的影响力；但是盛名之下，对她的译本及其书名的质疑也同样是普遍存在的，这种批评的声音在该书出版不久之后就开始了，鲁迅就是其中一个著名的质疑者，鲁迅先生当年在致姚克书中曾对赛本的译

---

① 程俊英：《诗经译注》，上海古籍出版社 1986 年版，第 496～497 页。
② 李万生：《"水浒"书名及相关问题》，载于《云梦学刊》2005 年第 6 期，第 91 页。
③ Shi Nai'an, Luo Guanzhong. *All Men Are Brothers*, trans. by P. S. Buck. New York：The Heritage Press, 1948, p. XXI.
④ 刘龙：《赛珍珠研究》，云南人民出版社 1992 年版，第 252 页。

名批评道："近布克夫人译《水浒》，闻颇好，但其书名，取'皆兄弟也'之意，便不确，因为山泊中人，是并不将一切人们都作兄弟看的。"①笔者认为，首先，赛珍珠的"四海之内皆兄弟"并非是完全的无源之水无本之木，并非是对原文本的凭空猜测，实际上梁山好汉们在书中多处都明确道出了这句话，比如第二回，陈达等因为要攻打华阴县于是来史家庄借路通行，陈达见到史进的时候，就说："四海之内，皆兄弟也，相烦借一条路"；又如第四十四回，石秀对戴宗、杨林表示感谢的时候，杨林同样也说了这句话来表示义不容辞。其次，如果从传统的翻译微观技巧和语言角度出发来评价，赛珍珠的"四海之内皆兄弟"式的变异式翻译无疑是不足效仿的，现在的翻译者也极少会采取这样的翻译方式，但是如果将研究的视角拓展到对译者时代背景与译者主体之间的互动的层面来看的话，这样的变异又是赛珍珠必然的选择。我们发现，赛珍珠所生活的年代是一个中西文化之间的交流还没达到像今天这样发达的程度的时代，在文化之间还存在巨大鸿沟的时代背景下，译者通常不会将翻译的准确性作为翻译的第一原则和唯一要务，这样的例子不但在赛珍珠的身上发生着，也在林纾、严复等中国晚清民国时代的翻译家和思想家身上发生着。

因此，对于这样的一些变异，笔者认为我们需要在研究的态度和方法上做到以下几点：首先，对于翻译文本的内容上，重客观异同陈述，不轻易优劣判断。我们发现，如果对原文本和翻译文本进行对照分析的话，"我有彼无""我无彼有"的现象是一个普遍的、客观的存在，但是这能否说明一方就比另外一方更加深入呢？对此，笔者认为，对方的变异现象不应该被轻易的优劣判断所绑架，因为社会科学的研究对象并没有办法被精密地计算和衡量，它之于人的价值在于它是否合适，而不在于它是否完全准确。其次，在对变异现象的研究方法上，我们要重全面动态探查，不片面做静态式的、单纯的语言分析。也就是说，我们在内容上意识到双方的差异之后，一个更加重要且有价值的工作应该是投入对背后的历史发展线索及其深层的历史、文化等因素的探寻上面，致力于去发现是什么因素塑造了这些变异现象。"只有这样，我们才能把我们的研究引入深入，去发现历史背后的规律性的结论，而不是落入永无尽头的好与坏的价值之争。也只有这样，我们才能加深对双方的理解甚至发现双方中原不曾发现的东西，从而避免只是简单的比附。"②

另一个《水浒传》的译本则是美国犹太裔学者沙博理翻译的一百回版的《水泊好汉》（Outlaws of The Marsh）。我们知道，"outlaws 这个词在英语里是个好

---

① 鲁迅：《致姚克书》，《鲁迅全集》第 12 卷，人民文学出版社 1981 年版，第 359 页。
② 曹顺庆、林家钊：《语言与意义——中西文论关键词比较》，载于《学术研究》2017 年第 2 期，第 7 页。

词,经常用来描写象罗宾汉和他手下的好汉这一类人。这些英国中世纪有名的无法无天的人杀富济贫,直到今天仍被誉为民间英雄",① 而 "marsh" 一词本身的 "沼泽" "湿地" 的意思则符合水浒英雄故事发生的梁山泊这一地点信息,较为符合原著的含义。这样的处理,似乎确实如沙博理所预想的那样,让西方读者联想到了西方罗宾汉们的故事,例如,"约瑟夫·麦克莱兰在1981年7月19日的《华盛顿邮报》上发表书评,谈到《水浒》中'丰富多彩'的英雄使他想到了与这些英雄几乎是同时代的罗宾汉及其伙伴们。两个故事的主题也是相近的。他高度赞扬这部小说,认为:'象罗宾汉的传说一样,在《水浒》的奇趣外表下面是一部反抗社会的著作,它还是一部杰作。许多读者读完这部书时,都会承认它同时也是一部世界名著'"。② 结合学界目前的研究,我们承认这样的译名确实是目前为止较为妥帖的选择,和将《西游记》翻译为 "Pilgrimage to the West" 有异曲同工之妙,利用目的语文化中已有信息,让英语世界的读者更容易产生文化上的联想和亲近。相比于赛珍珠的翻译,沙博理在翻译上较为忠实于原著,所产生的误译更少,因此,从语言学的角度来说,沙博理似乎更胜一筹。但是,这种在书名上的较少的变异是否能够吸引更多的读者来进行中国古典小说的阅读呢?是否能够让读者们在看到书名之后愿意打开里面的正文的内容呢?一位读者在面对一部翻译小说的时候,他是更愿意接纳一种陌生的、异域的文化冲击,还是更愿意选择一部和自己相对熟悉的母语文化和文学具有更多一致性的小说来进行阅读,这似乎又回到了 "一千个读者有一千个哈姆雷特" 的问题上面来了,而且答案和结论似乎并没有那么简单。笔者依然保持上文所陈述过的观点,在不同文化刚刚开始接触的阶段,读者可能更愿意抱着猎奇的态度对充满异域风情的文学进行阅读,但是当文明接触到了一定的阶段,双方需要走向深入的阶段之后,我们更倾向于去寻找二者双方的共同点,或者更愿意去了解更真实的他者。在目前的这个阶段,文明和文化之间的接触无疑已经走到了需要深入地、真实地理解双方的地步了,在翻译上就表现为寻求更加客观地呈现他者文学。而在翻译评价上,也会支持这样的一种翻译行为,因为只有这样,双方的关系才有可能在最充分地相互了解之后,走向一个更高的层次和阶段。

## (二) 人物姓名的变异

在人名上具有显著的变异特色的有《水浒传》中的英雄人物的绰号的变异。《水浒传》描写了梁山聚集的108个英雄好汉,由于它所产生的社会阶层以及性

---

① 沙博理、妙龄:《〈水浒传〉的英译》,载于《中国翻译》1984年第2期,第30页。
② 沙博理、妙龄:《〈水浒传〉的英译》,载于《中国翻译》1984年第2期,第31页。

格特征等原因，每个英雄都被冠以一个响当当的绰号，这些绰号对这部古典小说的人物塑造和剧情推动都起到了重要的作用。在所有的绰号中，有的绰号是为了凸显出人物的样貌和性格，比如说"豹子头""黑旋风"，有的则是表现人物的本事，比如说"神算子"。这些惟妙惟肖的绰号有时比姓名更能代表一个人，包含了大量的历史、社会和文化信息，① 但是同时也给翻译带来了极大的困难。下文以沙博理的翻译为例，来分析原著中的信息是如何发生变异的，以及背后的变异的潜在原因和对这类变异的态度。我们发现，在翻译中，有一类是带有明显归化色彩的翻译，比如说：武松（行者）—the Pilgrim；吕方（小温侯）—the Little Duke；孙立（病尉迟）—the Sickly General；卢俊义（玉麒麟）—the Jade Unicorn；孔明（毛头星）—the Comet；孙二娘（母夜叉）—the Witch。

武松的"行者"绰号是因为他杀人后为了逃亡因此被打扮成行者的模样，所谓的"行者"就是佛教中未经剃度而出家修行的佛教徒，而"pilgrim"是指西方基督教中的朝圣者或者香客，因为具有类似的宗教色彩，而被沙博理采用。吕方的绰号"温侯"是源于吕布的封号，吕方和吕布同姓，又都是用的方天画戟，所以得此绰号，沙博理把"温侯"译成"duke"，虽然后者也是一种贵族的封号，但是却无益于人们去了解这个绰号背后的历史信息。在这些绰号中最为让人印象深刻的恐怕就是母夜叉了，夜叉乃是梵语"Yaksa"的音译，佛教传说中把它描述成一种吃人恶鬼，而孙二娘是开人肉作坊的，二者因为行为上的凶恶被联系在了一起，沙博理翻译的"witch"属于西方文化中的女巫，在一定程度上保留了孙二娘恶的特征，但是同样地，也丧失了背后丰富的宗教含义。纵观以上的这些翻译，我们发现，译者游走于两个不同的文化系统之间，在理论上是无法对原著的信息进行百分之百的传递的，有研究者对这些不完美的翻译进行了讨论，并试图从忠于译文的角度来对他们进行修改，比如徐学平就认为应该把武松的行者绰号改译成"the Untonsured Monk"，这样更恰当一些，而小温侯最好直译成"the Little Wenhou"，把母夜叉译成"the Witch"是不能传神达意的，可改成"the Yecha Woman"。② 这类文章在中国的学界中为数不少，但是这类文章的观点和所提出的修改建议看起来并不是从西方读者的角度出发的，缺少以英语世界的读者为视角的接受式的、读者反应式的批评研究，对于英译中出现的变异一味地从是否尽可能地忠于原文背后宽广的、身后的历史和文化信息出发，希望西方读者能够去了解中国古典小说背后的文化密码，这样的初衷当然没有错，但是我们也应

---

① 关于《水浒传》中的人物绰号的含义请参考王利器：《"水浒"英雄的绰号》，载于《水浒研究论文集》，作家出版社1957年版；沈伯俊：《水浒研究论文集》，中华书局1994年版。

② 徐学平：《试谈沙译〈水浒传〉中英雄绰号的英译》，载于《湛江师范学院学报》2001年第5期，第98~101页。

该看到,包括中国古典小说在内的翻译文学实际上在西方仍然处于一个比较边缘的位置,如果过度地以我为主,那么就放弃了对西方读者市场的占有,也就会影响我国古典小说在西方的传播,起到适得其反的效果。因此,针对这样的一些变异,我们首先应该抱着更加宽容的态度去看待,其次还应该多进行读者反应角度的实证研究,这样才能在实践的调查中发现问题,得出符合实际的结论。

## 第三节 英语世界中国古典小说译介与研究贡献举隅

英语世界中国古典小说译介与研究名家辈出,浦安迪、韩南、黄卫总、马克梦、伊维德、王德威等为中国古典小说的西传作出了卓著贡献。本节拟以韩南的中国文学研究为例,探讨其突出贡献、治学特征以及给中国学界的研究启示。

目前国内学界对韩南学术研究成果的引介主要集中于著述译介方面,如尹慧珉译《中国白话小说史》(The Chinese Vernacular Story,书名又译《中国话本小说史》)、曾虹、王青平译《中国短篇小说——时期、作者做法的研究》(之一)(The Chinese Short Story: Studies in Dating, Authorship, and Composition)、徐侠译《中国近代小说的兴起》(Chinese Fiction of the Nineteenth and Early Twentieth Centuries)①、杨光辉译《创造李渔》(The Invention of Li Yu)及王秋桂等译《韩南中国小说论集》。另外,韩南的部分学术论文也被翻译成中文发表于国内学术期刊上,如段怀清译《作为中国文学之〈圣经〉:麦都思、王韬与"〈圣经〉委办本"》(The Bible as Chinese Literature: Medhurst, Wang Tao, and the Delegates' Version)、姚达兑译《汉语基督教文献:写作的过程》(Chinese Christian Literature: The Writing Process)及水晶译《中国古代爱欲小说》。与译介的风生水起形成鲜明对比的是学界对韩南学术成果的探究却相对贫乏,仅有如顾钧、季进、张宏生、包振南、章晓历等为数不多的研究者从某一侧面对韩南的学术成就进行过介绍或简略分析,这显然与韩南中国文学研究斐然的成就与巨大影响极为不符。而且目前的研究成果多为细部研究,即从某一视角介绍韩南某一方面的成就,有"点"无"面",整体观照阙无。另外,韩南的很多学术成果如小说翻译成果极少有人涉足,李渔研究和基督教典籍中译介与研究就更无人对之进行专门介绍与分析。此处还需提及的是,国内学界对已有的译介与研究成果也缺乏足够的重视,因此笔者认为,从某种程度上讲,国内学界似乎集体"遗忘"了这位汉学

---

① 此书中译本在书名与内容上与英文原文有出入。

巨擘。

基于以上研究现状，本节拟对韩南的中国文学研究成果进行全面系统的呈现，尤其对一些被忽略的成果和最近动态进行介绍与分析，并引入海外学人对韩南的评骘作为参照，在此基础上，还试图对韩南的中国文学研究特点进行初步归纳。本节在总体上采取略前人之所详、详前人之所略、补前人之所缺的基本策略。

## 一、突出贡献

韩南的中国小说研究成就早已为学界公认，他在掌握大量一手材料的基础上通过其严谨的论证，对很多具有争议性或悬而未决的问题进行了探讨，得出了令人信服的结论。在此，我们进一步从中国古代小说研究、李渔研究、中国近现代小说研究及基督教文献（尤其是《圣经》）中译介与研究几个方面予以深入探讨。

韩南的中国古代小说研究起步早，著述数量最多，成就也最为突出，主要有《中国短篇小说——时期、作者做法的研究》《中国白话小说史》（书名又译《中国话本小说史》）及数量可观的单篇学术论文，这些论文多被王秋桂等中译并编撰成书，名为《韩南中国小说论集》。我们认为，韩南的中国古典小说研究主要有以下几大突出贡献：

### （一）对中国古代短篇小说的历史分期

小说在中国古代被视为不入大雅之堂的通俗文学，文人以著之为耻，由于重视程度不够，使得大量文献难以得到有效的刊刻与保存，因此文献的缺失为学界研究带来了极大困难，尤其是对小说发展阶段分期这一重大问题上更是难以找到合理的解决途径，导致了研究的长期停滞不前、言人人殊的局面。韩南借鉴前人以"层次"来进行文学分析的方法，将文学作品分为七个层次，"即叙述者的、焦点的、谈话型式的、风格的、意义的、语音的或书写的"。[①] 其中韩南尤其重视风格层次，并以"风格标志"（style criteria）作为判断小说年代的标准，他所谓风格"就是通过对许多有着共同上下文的文本各语言层次项目出现频率的比较来衡量的"。[②] 在中国短篇小说中构成这些风格的因子主要包括对话、背景与景

---

① 韩南：《中国白话小说史》，尹慧珉译，浙江古籍出版社1989年版，第19页。
② 韩南：《中国短篇小说——年代、作者、作法的研究（之一）》，曾虹、王青平译，载于《明清小说研究》1986年第1期，第376页。

物描写、诗篇与对句及普通的叙事文。在经过严格细致分析的基础上，他将中国古代短篇小说分为三个发展阶段，大致以 1450 年和 1550 年为时间节点分为早、中、晚三个时期，当然这种分类是相对粗略的，也具有较强的推测性质。韩南不仅从结构或者来源去判断各小说产生的大致年代，还通常于细微处着手，如小说中经常使用的词语"思量""自思""乃言""正所谓"等，即以这些词语在小说中出现的频率来作为判断某一时期短篇小说的创作习惯或者称为创作风尚。韩南的这种分期标准在大量资料阙无的情况下不失可资借鉴之处，当然合理性与危险性并存，韩南对之也有着清醒的认识。在分期的基础上韩南还对各个时期作品进行分类，如愚行小说、公案小说、传奇小说、连环小说、宗教小说等。

### （二）作者及编者考证

很多中国古代小说由于年代久远、保存条件恶劣、作者不署真名甚至是战乱及自然灾害等原因，真正的作者或编者至今仍不得其解，导致很多作品的归宿问题争讼不断。韩南采取内证与外证相结合的策略对很多古代短篇小说的作者或编者进行了考证，得出了很多让我们意想不到的结论，而这些结论大多是令人信服的。如韩南认为从冯梦龙使用的原本的格式和风格判断"《古今》（《古今小说》，即《喻世明言》初刻本）中有十九篇的作者可能是冯梦龙；《通言》有三篇作者肯定是冯梦龙，另有十三篇也可能是他的；《恒言》则只有一篇可能是他写的，大多数是另一位作者，可能即是《石点头》的作者，冯梦龙的合作者之一的席浪仙"。[①] 韩南所得出的结论确实让人觉得惊讶，因为国内学界对冯梦龙编"三言"确信不疑，但对其中哪些作品是经由冯梦龙创作或者是改编的却未曾关注，或由于证据不足没有作深一步探究，尤其是《醒世恒言》中的很多小说（如《灌园叟》《卢太学》等）其作者更是无人论及，韩南通过其"风格"理论判定其中的很多作品为席浪仙所作，在惊讶之余我们不得不佩服作者的见解确有高妙之处。

### （三）白话小说源流考释

注重流别是中国传统文化的显著特色，因而推源溯流是研究中国学术的基础性工作，从事中国古代文学研究似乎尤甚于此。中国古代白话小说很多篇目由于文献缺失或者来源复杂，故其何所自通常难以断定，如文言小说、喜剧、说唱艺术、史书或是佛道典籍不一而足均可能是其所本。韩南深得中国文学传统治学路径之三昧，如他认为《史弘肇龙虎风云会》及《郑节使立功神臂弓》与宋代口头文学中的"发迹变泰"故事有关；《刎颈鸳鸯会》《张子房慕道记》及《快嘴

---

[①] 韩南：《中国白话小说史》，尹慧珉译，浙江古籍出版社 1989 版，第 100 页。

李翠莲记》从形式角度看则来自说唱文学；《合同文字记》可能来自戏曲；而《夷坚志》《东京梦华录》《西湖游览志》《西湖游览志余》《太平广记》等则成为众多小说家重要的取材来源。韩南在诸多学术论文中不乏详细而精彩的论述，如《〈云门传〉从说唱到短篇小说》（The Yün–men Chun: from Chantefable to Short Story）一文是一篇追溯说唱文学与短篇小说之间关系的经典案例；《〈蒋兴哥重会珍珠衫〉与〈杜十娘怒沉百宝箱〉撰述考》（The Making of the Pear–sewn Shirt and the Courtesans Jewel Box）则为此晚明两篇优秀短篇小说均源自宋楙澄的两篇传奇《珠衫》和《负情侬传》作了深入阐述；而《百家公案考》（Judge Bao's Hundred Cases Reconstructed）则详赡全面地考察了古代包公故事流传变迁过程。约翰·米勒（John C. Miller）认为韩南"运用了大量的例子去证明话本小说的发展史"，① 显然所言非虚。另外，韩南的小说渊源考索很多都是被他人忽视或尚未涉足的，善于变废为宝是韩南学术研究的秘诀之一，故芮效卫（David Roy）认为"此书（指《中国白话小说史》——引者注）将会产生重大影响，因为书中很多首次被探索的领域必将影响未来学术的发展"，② 其学术意义自然不容忽视。

### （四）金学研究

韩南的中国文学研究起于金学，也得名于金学，因此，研究《金瓶梅》当是其看家本领，学界对其金学成就也早有定论。亦如法国汉学家雷威安所言，"他（指韩南——引者注）出版于1962~1963年的关于《金瓶梅》起源与版本的文章，建立起了他作为一位严谨而具有开创性学者的良好声誉"。③ 不过令外人不解的是，韩南从事《金瓶梅》研究之后，并未如夏志清、浦安迪等汉学家那样继续专研古典小说名著，而是致力于短篇白话小说研究，个中理由恐怕只有本人知晓。韩南的金瓶梅研究主要集中于两个方面，一是版本问题，二是探源工作。版本探讨主要见于长文《〈金瓶梅〉的版本及其他》（The Text of the Chin Ping Mei），韩南首先将《金瓶梅》的版本分为甲版本（即通称的"词话本"）、乙版本（即明代小说本）和丙版本（即张竹坡本），并对三者之异同进行了详尽多维的比较；其次对第五十三至第五十七回的增补问题从情节是否连贯和用字两方面

---

① John C. Miller. Patrick Hanan, "The Chinese Vernacular Story" (Book Review), *Studies in Short Fiction*, 1981, pp. 479–480.
② David Roy. Hanan, "The Chinese Vernacular Story" (Book Review), *Journal of Asian Studies*, 1981, pp. 764–765.
③ André Lévy. Patrick Hanan, "The Chinese Vernacular Story" (Book Review), *T'oung Pao*, 1983, p. 111.

证实确为后人增补，并认为应有甲乙据以改写的某一版本存在；另外，韩南还对"改头换面的第一回""散失诸回的内容""手钞本"及失传版本几方面内容进行了探讨。探讨《金瓶梅》的来源既有助于了解成书过程，还可以更为准确地判定作者成就，韩南认为小说《金瓶梅》主要取材于长篇小说《水浒传》、白话短篇小说（如《刎颈鸳鸯会》《志诚张主管》《新桥市韩五卖春情》等）、色情小说《如意君传》、宋史、戏曲、清曲及说唱文学，韩南据此得出结论，《金瓶梅》作者对文学传统资源吸收借鉴颇多，其引文也包括明代诸多文学领域，我们应该对著者成就作更为准确的判定，故夏志清认为"韩南的《金瓶梅的原材料》（指 Sources of the Chin P'ing Mei 一文——引者注）提供的显著成果在于，它使人们认识到作者对各种资料的大量借鉴和采用以及他的叙述的拼凑性质"。① 如果说《金瓶梅》与《水浒传》之源流关系是众所周知的话，那么其与明代其他文化典籍或艺术样式之间的密切复杂关系却较少为人关注，韩南的探源工作无疑在很大程度上推进了金学此一方面的发展。

### （五）李渔研究

韩南的李渔研究受到国内学界关注度较低，其原因既与韩南被集体"遗忘"有关，还与很多研究者对李渔及其文学成就本身的评价不高密不可分。韩南不仅因翻译了李渔的小说《十二楼》《无声戏》和《肉蒲团》而奠定了其"当代最重要的海外翻译李渔作品的专家"的地位，② 还在海内外较早展开了李渔研究，因为韩南认为李渔留下了其他作家难以匹敌的大量资料，且李渔的创作具有很强的"自我"特征，因此，"在中国所有的前现代小说家中，李渔给我们提供了将其思想与艺术放在一起加以研究的最佳机会"。③ 韩南的李渔研究主要关注以下内容：一是对李渔创新精神的标举。众所周知，孔子开创的"述而不作，信而好古"在中国传统思想中的重要地位，导致了中国文化较为浓烈的崇古情节。李渔对创新却有极高的热情，无论在生活还是思想上均是如此，韩南认为在李渔的文学创作中重视创新的突出表现就是李渔对"倒置"的娴熟运用，这不仅体现于普通的文学技巧层面，还体现在深层次的思想意识领域。韩南为李渔的创新思想深深折服，"他强调文学的独创性甚于任何中国批评家，或许也甚于二十世纪以前任何欧洲批评家。他不求助于任何古代权威。……他给同时代人最突出的印象就

---

① 夏志清：《中国古典小说史论》，胡益民译，江西人民出版社2001年版，第173页。
② 羽离子：《李渔作品在海外的传播及海外的有关研究》，载于《四川大学学报（哲学社会科学版）》2001年第3期。
③ 韩南：《创造李渔》，杨光辉译，上海教育出版社2010年版。

是推崇创新。"① 二是韩南对李渔作品中强烈的"自我"特征进行了揭示。文学创作是作者心志物化的过程，强调抒情言志的中国古代文学尤其体现了作者的人生态度与价值取向。但是在韩南眼里，没有哪一位中国古代作家的"自我"特征如李渔那般表现得清晰明显，并认为这是李渔作品的显著标志。"在李渔的所有作品中，有着某种比较一致的特点。由此体现出他的创作个性。即无论在小说、戏剧，还是在其他文章里，他都尽量使他个人的声音凸显出来，而不愿意仅仅处于一种客观描写的位置"。②《闲情偶寄》便被韩南认为是李渔的"自我之书"，在虚构属性突出的小说中，李渔依旧可以自如地注入自己的人生经历与思想感情，"李渔几乎将传统叙述者角色翻改成为他自己的形象，因此，他个人的见解与评论就侵入甚至支配了故事"。③ 这样李渔的很多作品就具有了强烈的"自叙传"色彩，我们通过研究李渔的作品可以在更大程度上窥见李渔的人生追求与精神旨趣。三是韩南对李渔的生活观念尤其是重视享受与休闲有着深刻的洞察。明清之际是中国思想界发生巨大震动的时期，其中文人志士对生活享受与休闲的追求成为显著特征，李渔未能免俗，并成为其中代表。由于李渔一贯坚持"享乐第一"的原则，韩南称其为"休闲专家"，他认为在李渔的人生与思想中，除了新奇便是享乐（包括本能快感与审美愉悦），尤其在《闲情偶寄》中有着极为鲜明的体现，李渔对花鸟虫鱼的欣赏、对美食的珍爱、对生活情趣的重视等都是其注重休闲与享乐的表征。当然韩南也特别指出，李渔的享受并非庸俗的单纯追求身体快感，还注重强调审美愉悦，并力求达至二者的和谐统一。四是对李渔作品喜剧特征的揭示。此处指涉李渔作品的喜剧效果，当然其喜剧创作具有中心地位。韩南认为中国文学中没有真正的悲剧，喜剧在中国文学史上占有着极为重要的位置，而"在中国文学史上，李渔最专注于喜剧，富有多方面喜剧才华，是中国最卓越的喜剧大师"。④ 李渔在生活中以幽默诙谐名动士林，其喜剧创作之数量与质量也冠绝一时，同时他还将这种诙谐与幽默运用于几乎所有的文类中，李渔可谓中国古代喜剧第一人，时人也以东方朔目之，他对之不置可否。韩南深刻地指出，李渔作品的喜剧特征是其与传统疏离的工具，同时也符合他的快乐人生哲学，他还将李渔与西方著名喜剧大师莫里哀、王尔德、萧伯纳和布莱希特等进行比较。五是韩南对李渔作品中的情色特征也十分重视。韩南在研究中国小说时，曾提出"爱欲小说"这一概念，他有《中国古代爱欲小说》⑤ 一文，对中国古代

---

① Patrick Hanan. *The Chinese Vernacular Story*. Cambridge：Harvard University Press，1981，p. 167.
② 张宏生：《哈佛大学东亚语言与文明系韩南教授访问记》，载于《文学遗产》1998 年第 3 期。
③ 韩南：《创造李渔》，杨光辉译，上海教育出版社 2010 年版，第 39 页。
④ 韩南：《创造李渔》，杨光辉译，上海教育出版社 2010 年版，第 1 页。
⑤ 韩南：《中国古代爱欲小说》，水晶译，载于《书城》1998 年第 11 期；以及《中国古代爱欲小说》（续），载于《书城》1998 年第 12 期。

爱欲小说传统进行了简略钩沉。李渔承续了中国古代的情色书写传统,并受晚明社会风气的影响,其作品(尤其是小说)中出现了大量露骨的描写。韩南对李渔重视包括肉体享乐的快乐人生哲学有深刻的认识,对其作品中的情色特征也多有关注,并称李渔为"情色作者"。由于对《肉蒲团》情色描写有所顾忌及作者未定等原因,国内学界对这一情色小说的论述较少,韩南不仅力证《肉蒲团》为李渔所作,还对之进行了英译,在英语世界产生了很大影响。他还认为这部小说有不可忽视的艺术特质,代表了李渔风流与道学折中的人生哲学。韩南的李渔研究还涉及其他方面,由于这并非本书重点,在此不予详论。总之,韩南的李渔研究为李渔及其作品在西方的传播作出了重大贡献,正如汉学家伊维德在《创造李渔》一书出版后断言:"此书将会被那些对文学场景与 17 世纪中叶(17 世纪如果不是中国文学史上最伟大,至少也是最活跃的时期之一)中国文学感兴趣的人阅读与重读,而且将在阅读中获益良多并感到趣味无穷。"①

### (六) 中国近现代小说研究

韩南的中国近现代小说研究虽然不如古代小说研究起步早,但是所取得的成果依旧令人惊叹。他的中国近现代小说研究集中于以下几个方面。第一,传教士与中国近代小说。西方宗教对中国学术的影响及其程度学界早有关注,但是存在的问题也不少,抑或是材料与理论之间的不协调,抑或是评判尺度方面存在缺陷。韩南对西方传教士(主要是基督教传教士)与中国近现代小说兴起关系的考察,是在充分占有大量材料的基础上,得出了令人信服的结论。韩南探究的传教士小说②,"指的是基督教传教士及其助手用中文写的叙述文本(以小说形式)。"③他对中国 19 世纪的传教士小说进行了追溯与梳理,尤其对米怜、郭实猎(Karl Gutzlaff)、理雅各、叶纳清(Ferdinand Genahr)、宾惠廉(William C. Burns)、杨格非(Griffith John)、李提摩太等传教士与其助手的小说创作多有解析。作者利用其掌握的大量一手材料,对我们既有的学术观念形成了不小冲击。如米怜的《张远两友相论》作为第一部传教士小说便少有人知晓;而郭实猎不但著有如《赎罪之道传》《常活之道传》《是非略论》《正邪比较》《诲谟训道》《小信小福》等小说,其《悔罪之大略》还是最早用第一人称创作的中文小说;而李提摩太和傅兰雅的小说译介与竞赛活动对梁启超小说创作及小说界革命的影响也尚无人提及,尤其是傅兰雅的小说竞赛经常被研究者忽视,傅兰雅在梁

---

① W. L. Idema, Patrick Hanan. "The Invention of Li Yu"(Book Review), *T'oung Pao*, Vol. 76, 1990, pp. 130 – 131.
② 在行文中,韩南实际上还将传教士的小说译介与竞赛活动也纳入其中。
③ 韩南:《中国近代小说的兴起》,徐侠译,上海教育出版社 2004 年版,第 68 页。

启超《新小说》出版之前七年举办过一次大众文学竞赛，参赛小说内容要求直指当时中国社会"三弊"，即鸦片、时文与缠足，虽然大部分参赛作品的真实面貌现在已不得而知，但是由竞赛引出的两部小说《花柳情深传》和《熙朝快史》却对晚清小说产生了影响，而这些在梁启超将小说作为改革工具的尝试中都可见踪迹，因此，可以说"傅兰雅的小说竞赛的确在某种程度上影响了晚清小说的总体方向"。① 第二，翻译小说与近代小说之关系。众所周知，域外小说翻译是中国新小说兴起的主要推动力之一，很多译者（如林纾、周桂笙等）及译著（如《巴黎茶花女遗事》《黑奴吁天录》等）也早已为人所熟知。韩南所探讨的是关注程度较小，实际上却又对中国近现代小说进程影响重大的翻译小说。例如，他考察了第一部汉译小说《昕夕闲谈》的原著是英国作家利顿的《夜与晨》（Night and Morning），译者为蒋其章，译著是一部适度同化的作品，译者在形式、顺序、连贯、风格与评论方面都有着鲜明的特征，韩南还对蒋其章处理中外文化的策略有清晰深刻的论述；早期《申报》的三部翻译小说《谈瀛小录》《一睡七十年》和《乃苏国奇闻》也是韩南关注的对象，韩南对三部小说从同化翻译的程度进行了剖析，并将其与林纾的翻译进行比较阐发；韩南还将1902年开始的小说译介称为白话翻译小说的第二阶段，以梁启超所译《十五小豪杰》和周桂笙的《毒蛇圈》作为典型文本分析了其在小说模式及主题转换方面具有的特征，这些翻译实践正是后来近现代小说创作与接受的前奏。第三，近代小说的叙事特征。对中国近代小说叙事特征的考察是韩南关注的中心所在，其出发点在于"为了表明现代兴起之前，诸般蠢蠢欲动的变革可能在播散和促成文学现代化方面扮演了重要角色"。② 韩南的这一考察角度宏观统摄与微观解剖兼有，宏观上，韩南借用了热奈特（Gérard Genette）叙事理论中的"声口"这一术语作为切入点，并按照年代顺序具体分析了个人化的叙事者、虚拟作者、最弱化的叙事者及亲自介入的叙事者四种叙事方法；微观上，他对吴趼人的小说实验和陈蝶仙的自传体写情小说有详细深入的解读。第四，鲁迅小说研究。由于教学需要，韩南涉足中国现代文学，他对鲁迅和老舍等现代小说名家均有兴趣，但以鲁迅小说研究成果最为显著，其《鲁迅小说的技巧》（The Technique of Lu Hsun's Fiction）一文颇为海内外学界称道。韩南的鲁迅小说研究重点考察两个方面：一是对鲁迅小说技巧来源的考索。韩南经过精细入微的材料爬梳认为，无论文体、主题、象征还是反语的检审都表明，鲁迅的小说受到来自果戈理、安特莱夫、显克维支、夏目漱石、森欧外等的小说的影响。二是对鲁迅小说运用"反语"的探究。韩南认为"反语是

---

① 韩南：《中国近代小说的兴起》，徐侠译，上海教育出版社2004年版，第168页。
② 季进、余夏云：《海外汉学界的晚清书写——以韩南、王德威为个案》，载于《文艺争鸣》2010年第9期。

鲁迅小说的第一个、也许是最显著的特点"①，进而分"情景反语"和"描述性反语"两个方面，用大量文本深入分析了"反语"技巧在鲁迅小说中的广泛运用。

### （七）基督教文献中译

基督教文献中译是中西文化交流的重要组成部分，也是中国文学的来源之一。作为对中国近现代文学与文化（包括传教士与中国小说之关系）有着深入了解的汉学家，基督教文献（尤其是《圣经》）中译进入韩南的研究视野顺理成章，这也是近年韩南学术研究的新动向。本节以《作为中国文学之〈圣经〉：麦都思、王韬与〈圣经〉委办本》与《汉语基督教文献：写作的过程》为例对之作简要介绍。作者认为"在19世纪，中国最大的一项翻译工程大概要算是《圣经》翻译了"，②《作为中国文学之〈圣经〉：麦都思、王韬与〈圣经〉委办本》对《圣经》中译过程中发生的争论，如忠实原文还是考虑中国读者接受、中译的文言水平（程度）等进行了事无巨细的解析，作者还重点介绍了传教士麦都思的《圣经》中译理念及翻译实践，尤其是对麦都思的中国协助者王韬为基督教文献中译所作的贡献进行了评骘。传教士与中国协助者的密切协作译介是当时《圣经》中译的基本模式，而这是《汉语基督教文献：写作的过程》探讨的重点，韩南考察了19世纪初至1870年间基督教文献中译的写作过程，试图证明基督教文献中译是传教士及其助手合力完成的，尤其是无译者之名的助手之贡献不可磨灭，虽然他们可能至今也无法为我们知晓。韩南对此领域的研究显然有利于拓展和深化我们对于中国近代文学渊源的认识，尤其是有关中国文学现代性进程的认识。

## 二、研究特点

韩南的中国文学研究不但涉及范围广，取得的成果极为丰硕，而且其学术研究特征也十分明显，在海外汉学界既颇具代表性又极具个性。

### （一）精于文献考证

海外汉学家由于语言文化隔阂，对中国语言与文化很难有由技进道的深入把

---

① 韩南：《韩南中国小说论集》，王秋桂等译，北京大学出版社2008年版，第365页。
② 韩南：《作为中国文学之麦都思、王韬与〈圣经〉委办本》，段怀清译，载于《浙江大学学报（人文社会科学版）》2010年第2期。

握，他们研究汉学也多注重理论阐发，尤其是熟练运用西方学术理论解读中国文化是其突出特征，而对文献资料的考证功夫则略有欠缺，有的汉学著作甚至遭致材料无以支撑观点的批评。韩南的中国文学研究则避免了部分汉学家在此方面的学术缺陷，尤其注重文献考证，这是韩南中国文学研究的标志性特征。韩南在文献版本、文献校勘、文献目录及文献辨伪等方面都有着炉火纯青的技巧，加之充分利用了众多海外藏书资源，他的很多考证成果理正据足，且经常有让人耳目一新之感。同为研究《金瓶梅》的汉学名家，韩南与浦安迪、夏志清、黄卫总的研究路径迥乎不同，韩南关注《金瓶梅》的版本及其来源，其所引用书目之数量何止百种，常于材料细微差别处洞幽烛微，而浦安迪则探究文人小说与政治、经济、教育、社会思想、文人群体、文坛论争及文化和文学史发展之间的密切关系，因而把"这部卷帙浩繁的小说内容理解成是一种修身理想的反面倒映",①二者治学之别一眼便知。而狄百瑞在《中国古典小说史论序》中更是直言"夏志清教授此书对这些作品（包括《金瓶梅》——引者注）的探讨重在阐释"②。黄卫总则关注小说中的欲望书写，并认为《金瓶梅》是"第一部致力于描写主人公的私人生活和他们的'私欲'的大型小说"。③ 又如《论〈肉蒲团〉的原刊本》(On the Original Edition of Rou Putuan) 一文根据广为人知的《肉蒲团》版本排印之误，推断现藏日本的一手钞本更接近于李渔原刊本，而且大致推断出了原刊本原貌。由此观之，"我们现在来检验他的成果，发现有一个非常重要的特点，就是他所选择的课题，往往是他经过仔细爬梳，从大量第一手资料中得来的，有许多文献，正是由于他的发现和使用，才开始为学术界所知道",④ 实为的论。

(二) 材料分析与理论阐发密切结合

这似乎是所有学术研究的基本要求，但是我们发现在学术实践中真正做到这一点的学者微乎其微，多是各有偏重、难以兼顾，导致陷入资料堆积而欠理论提升或有论无据的泥潭。前已提及，韩南的中国文学研究尤其注重文献资料的考证爬梳，但这并不意味着他是一位纯粹的考据式学者，其理论阐释水准也不容小觑。"爱欲小说"与"传教士小说"概念的提出，"风格标志"研究法的使用，白话文学历史的源流追述，白话、文言小说之别的辨析，倒置能手、情色作者及

---

① 浦安迪：《明代小说四大奇书》，沈亨寿译，中国和平出版社1993年版，第1页。
② 夏志清：《中国古典小说史论》，胡益民译，江西人民出版社2001年版，第1页。
③ 黄卫总：《中华帝国晚期的欲望与小说叙述》，张蕴爽译，江苏人民出版社2010年版，第75页。
④ 张宏生：《传统与现代：方法的开放与包容——韩南教授的中国古典小说研究》，载于《南京大学学报（哲学·人文·社会科学）》1998年第4期。

休闲专家称谓的总结,"声口"理论的运用等,莫不是其于纷繁材料中提炼出的理论,同时又将这些理论恰切地运用于学术论证中。"风格"作为韩南研究中国古代小说最基本的概念,还是其进行小说分期、考订作者及编者的基本依据,是韩南此意治学特征的典范形态,但前文已述此处从略。"爱欲小说"是韩南首先提出并使用的术语,他不仅对爱欲小说进行了界定,即"关于性行为的描摹是最重要的一环,那么爱欲语言就成为一个主要的恒定标准",且"语言必须相对的平铺直叙,换言之,其语言不是隐喻式的,也不是引经据典式的"。① 某一概念是否成立的关键是论证是否合理,韩南接着对中国古代爱欲小说传统进行了梳理,尤其是对《如意君传》所起到的奠基与作为资料库的价值进行了详细分析,如其对《金瓶梅》《痴婆子传》《肉蒲团》的直接或者间接影响。在梳理材料的基础上,韩南还对中国古代"爱欲小说"的基本特征进行了总结,如性爱场面的描写、向社会规范挑战、为男人而写、引发情爱坚贞及与暴行相伴随等显著特征,这些材料为"爱欲小说"这一概念提供了强有力的支撑。透过韩南的著述我们可以清晰看出,材料与论证有机融合是其治学的又一显著特征。

### (三) 对西方文学批评方法(尤其是叙事学理论)的熟练运用

海外汉学的优势之一便是以他者的眼光来审视中国文化,站在新角度,运用新方法,摆脱"当局者迷"的藩篱,因而经常能得出独到的结论。韩南作为西方思想体系中培养出来的学者,对西方学术的研究路数烂熟于心,其中国文学研究通常适时地运用西方文学批评方法,尤其是对西方叙事学理论的化用随处可见。韩南根据中国白话小说的基本特性,将其叙述语态分为"评论"式(commentary)、"描写"式(description)、"表达"式(presentation)三种;调和西方叙事学各家学说提出文学分析的层次理论,并运用于分析中国小说;分析李渔作品的叙事特征,尤其是"自我"在其作品叙事中的作用;借用热奈特的"声口"理论来解析中国近现代小说。韩南用叙事学理论来考察中国近现代小说,他认为19世纪小说的叙事特征对于20世纪中国小说的发展意义重大,小说革命前的中国近代小说颇具实验性特征,主要表现在四种叙事方法的出现:一是个人化的叙事者,如《儿女英雄传》《花月痕》和《玉蟾记》;二是虚拟作者,如《风月梦》《品花宝鉴》与《青楼梦》;三是最弱化的叙事者,如《海上花列传》;四是亲自介入的作者,如《熙朝快史》《花柳情深传》《海上名妓四大金刚奇书》及《南朝金粉录》。当诸多研究者忽视这些小说对中国近现代文学发展的意义之时,韩南却从叙事学角度看到了这些小说承前启后的价值。韩南还对晚清小说家吴趼人

---

① 韩南:《中国古代的爱欲小说》,水晶译,载于《书城》1998年第11期。

的小说实验倾注了不少精力,认为他在"晚清小说家中在技巧方面最富实验精神。他在时间顺序、结局,尤其是叙事者的位置、性格、身份方面最富创获",①进而分析其如何在小说叙事中通过极力隐去叙事者存在、第一人称叙事、第三人称限知叙事等方式来表达其主题思想。

### (四)善于从他人轻视或忽视的文献中发现其价值

国内学界多忽视陈蝶仙的小说,韩南则对其"自传"性特征评价很高,认为其应该在中国自传体文学中占据一席之地,同时,陈蝶仙的某些小说(如《玉田恨史》)还是对传统小说结局模式与形式的摒弃。

另外,作为一位学贯中西的汉学家,进行中西对比也是韩南治学之特点,如他认为中国白话小说都运用了形式写实主义的叙述程序,进而将之与笛福、理查逊、菲尔丁等的小说及《十日谈》进行比较阐发。

## 三、启发意义

韩南的中国文学研究对我们颇具启发意义:一是从元典出发是进行学术研究的基本路径,也有可能取得扎实丰硕的成果。韩南在中国文学研究方面取得的成就,在很大程度上得益于其扎实的文献功夫,也就是以元典作为研究的重心。这与我们当下国内学界的境况着实不同,诸多所谓学术研究都是在已有成果上进行阐发,叠床架屋,导致整体研究水平长期停滞不前。二是汲取西方学术之优长,适时运用于中国学术研讨中。中西两种异质文化各有优长,必须相互借鉴方可不断进步。目前中国文学研究面临诸多困境,与未能融通中西有莫大关系。中国传统的文学研究体系有其过人之处,但也存在一些不足,通过吸收西方文学理论和批评方法,很可能为我们解决问题提供参考,甚至起到推动作用,这是海外汉学对中国学术研究的真正意义所在。三是敢于摆脱束缚,破旧立新。熟悉韩南研究成果的人都知道,韩南经常能从被人忽视的文献材料中发现其价值,如中国古代爱欲小说传统、《云门传》和《乐府红珊》之价值、传教士小说对中国近代小说发展的意义、基督教文献的中译等不一而足,当然韩南这些成果的获得并非盲目追新或者有论无据,而是从丰富可靠的材料出发自然而然推出结论。我们不得不为韩南的学术眼光感到惊叹,正如汉学家雷威安在有关《中国白话小说史》的书评中所指出的那样,"韩南的艰苦研究,为我们提供了很多具有普遍性的

---

① 韩南:《中国近代小说的兴起》,徐侠译,上海教育出版社2004年版,第169~170页。

新观点……事实上，该书几乎每页都包涵着新的信息"。① 创新能力严重不足早已成为中国学界的痼疾，韩南敢于破旧立新的学术勇气、治学方法及学术实践都颇具借鉴价值。

以上对韩南中国文学译介与研究的梳理与总结不免有疏漏不足之处，但由此亦可窥见韩南治学之大略，中国学界应该重视而不能"遗忘"这位汉学巨擘。

---

① André Lévy. "The Chinese Vernacular Story"（Book Reviews），*Harvard Journal of Asiatic Studies*，1982，p. 42.

# 第十三章

# 英语世界的中国古典戏剧译介与研究

英语世界对中国古典戏剧的研究颇为重视,涌现出一大批知名的汉学家和丰富的成果。研究切入点比较全面,研究对象包括中国古典戏剧的历史、作家、文本、语言特征、表演等方面;涵盖的中国古典戏剧的历史时段较长,从商代开始就有所涉及,后世的宋、金、元、明、清等朝代的名家和作品均有研究;研究成果最主要的是选集性质的论著,其次是各类选题的论文,也有很多博士或者硕士的学位论文等。另外,由于戏剧综合了文学艺术、表演艺术等多方面的艺术特性,所以部分研究不仅着眼于文本研究,还带有了跨学科研究的性质。本章分为三节,分别对主要的英语世界中国古典戏剧译介与研究的名家、议题、贡献以及其中体现出的变异现象进行介绍和分析。

## 第一节 英语世界中国古典戏剧译介与研究名家选介

第二次世界大战之后,美国取代欧洲成为在各方面都领先世界的超级大国,西方汉学的中心也有向美国转移的趋势,尤其在中国古典戏剧领域,美国一跃成为研究重地,一些知名的欧洲学者先后移居美国,如白之、韩南、伊维德、司科特(A. C. Scott)等,更推动了美国戏剧研究的发展。美国本土学者有柯润璞(J. I. Crump Jr.)、奚如谷(S. West)、章道犁(Dale R. Johnson)、海登(G. A. Hayden)、莫利根(J. M. Mulligan)及一些华裔学者如时钟雯等,英国有龙彼得、杜为廉等学者，加拿大有米列娜（Milena Dolezelova‑Velingerova，从捷克移居）等学者，澳大利亚有马克林（C. Mackerras）等，本节选出最具有代表性的柯润璞、奚如谷、伊维德和杜为廉作简要介绍。

## 一、柯润璞

柯润璞（James Irving Crump Jr.，1921~2002，又名柯迁儒），出生于新泽西州，是美国汉学界著名翻译家、中国古典文学和文化研究的重要学者，精通中、日、法、德、拉丁文等多门外语，更是元杂剧研究领域的元老级人物。柯润璞自1949年起一直执教于密歇根大学安娜堡分校（University of Michigan, Ann Arbor）。关于他的生平和研究情况，有《纷争逐罢羡优伶，翔空飞钓亦关情——柯润璞与汉学研究》① 和《柯润璞与中国口述文学研究》② 等文章，本部分主要参考这些文章进行介绍。

同其他的汉学家一样，柯润璞也有一个极富中国文化内涵的中文名字，蕴含着道家的思想——"润"字体现着上善若水的品行，而"璞"字也彰显了返璞归真的理想；其早年使用过的另一个中文名字"柯迁儒"，则体现出他对儒家学风的认可和对中国古典学者人格的一种善意、诙谐而又颇具异域情调的理解。关于这一点，著名戏曲学者曾永义先生也做了类似的评价。③ 生活中的柯润璞还精通木工技艺，在闲暇之余曾制作过木制滑翔机模型和钓竿等物件，颇有中国士子的雅兴和爱好。

柯润璞出生在一个文学气氛相当浓厚的家庭，如果按照中国人的传统观念来看，当属书香门第。他的父亲大詹姆斯·欧文·克朗普（James Irving Crump Sr.，1887~1979）④ 是位非常活跃的作家，出版过四十多部书，曾担任《男孩生活》（Boy's Life）刊物主编二十多年。在这样的家庭环境中，柯润璞耳濡目染，从小就受到文学创作和人文思想的熏陶。

除了生于书香门第之外，柯润璞还师出名门。他在耶鲁大学攻读博士学位时的导师是金守拙，金守拙是汉语语言及语音学研究的专家，"耶鲁汉语拼音系统"

---

① 吴思远：《纷争逐罢羡优伶，翔空飞钓亦关情——柯润璞与汉学研究》，载于《中华读书报》2014年5月7日，第18版。
② ［美］杰夫·凯乐：《柯润璞与中国口述文学研究》，吴思远译，载于《中华戏曲》2015年第1期，第1~19页。后附"柯润璞作品列表"，十分详尽。
③ ［美］柯润璞：《元杂剧的戏场艺术（序）》，魏淑珠译，巨流图书公司2001年版。
④ 柯润璞与父亲同名同姓。按西人取名习惯，其名字后有"Jr."的后缀，是英文"Junior"的缩写，意为"小的，小一辈的"。故其父的名字译为"大克朗普"。

的主要开发人。① 而且，从柯润璞博士论文《〈新编五代史平话〉语言中的一些问题》(Some Problems in the Language of the Shin-bian Wuu-day Shyy Pyng-huah, 1951) 的致谢中可以看到，他还受教于中国语言学界大师赵元任（1892~1982）②、罗常培（1899~1958）和李方桂（1902~1987）。柯润璞也曾跟随老舍学习过中国文学。早年受到学院派大师们正规、扎实的中国语言的教育和训练，以及未曾间断的文学培养，这些都为后来柯润璞辉煌的学术生涯打下了良好的基础。

在学术生涯中，柯润璞一开始就展现出了"跨国人文领域研究"③ 的惊人天赋和能力。柯润璞学术生涯的第一篇论文是 1947 年在《美国东方学会会刊》(Journal of the American Oriental Society) 上发表的《柳宗元》(Lyou Dzung-Ywan)，同年他参与编辑并协助出版了金守拙主持的《铜镜丛书》(Mirror Series) 里的《水浒传选辑》(Selections from the Shui-hu Chuan)，深受金守拙的赏识。柯润璞早期对日本古代法律的关注，就涉及了跨国的交流与比较。④ 他发表过两篇论文，一篇是《养老律令中"借"来的唐代称谓和机构》("Borrowed" T'ang Titles and Offices in the Yoro Code, 1952)，另一篇是《早期日本的唐代刑法》(T'ang Penal Law in Early Japan, 1953)。

柯润璞与卓尔（J. J. Dreher）合作过两篇有关诸子的论文——《战国时期的纵横家》(Peripatetic Rhetors of the Warring Kingdoms, 1951) 以及《汉代之前的游说：法家》(Pre-Han Persuasion: The Legalist School, 1952)。这可能也是柯润璞进入《战国策》研究领域的起点。

《战国策》研究是柯润璞的汉学研究贡献之一。1960 年，柯润璞在权威汉学杂志《通报》(T'oung Pao) 上发表长文《〈战国策〉及其叙事》(The Chan-kuo Ts'e and its Fiction)。1964 年，他以《战国策》为译介、研究对象的学术文集《计谋：〈战国策〉研究》(Intrigues: Studies of the Chan-kuo Ts'e) 出版，该作品填补了当时汉学界《战国策》研究的空白，是他学术生涯中第一部重要的系统性

---

① 金守拙（George A. Kennedy, 1901~1960），著名汉学家，出生于杭州市塘栖镇，1918 年赴美读大学前一直生活在中国。"耶鲁汉语拼音系统"（Yale Romanization of Mandarin），是 1943 年耶鲁大学远东语言研究所（Institute of Far Eastern Languages）拟定的供外国人拼写汉语的拉丁语字母表。

② 赵元任曾主持哈佛大学的"陆军中文特训项目"（Army Specialized Training Program）研修班，此项目是 20 世纪四五十年代美国陆军战略服务处为满足开赴远东作战的士兵语言学习需求，在许多高校开设的，培养了很多后来的汉学家，比如柯润璞以及牟复礼（Frederic W. Mote, 1922~2005）。1969 年，柯润璞还和赵元任、汉学家白之等在美国创建了"中国演唱文艺研究会"。

③ 即英语世界常说的"International Studies"，这个概念涵盖了包括外国语学习与研究、外国文学研究、跨文化研究和比较研究在内的广泛意义，在现在的中国教育领域通常作为外国语专门院校的译名来使用，如上海外国语大学的校名英译即为：Shanghai International Studies University。笔者注。

④ 由于其授业恩师金守拙曾涉猎法律，柯润璞也关注过古代东方的律法问题。

专著。1970年，柯润璞完成了12策、33卷、共497篇文本的英译《战国策》全本。有关该译本的《索引》在1973年出版。1979年，《索引》也被编入全译本的第二版，1996年再次发行了全本修订版。1999年，柯润璞完成并出版了关于战国策译介、研究的文集——《战国策读本》（Legends of the Warring States: Persuasions, Romances, and Stories from Chan-kuo Ts'e）。①

实际上，柯润璞进行汉学研究真正的起点是关于中国白话文学的研究，在此领域他发表的论文有早期的《平话及三国志的早期历史》（P'ing-hua and the Early History of the San-kuo Chih, 1951）、《论中国古代白话文学》（On Chinese Medieval Vernacular, 1953），以及用法语写成的论文《远程视域中的定位：有关中世纪中国世俗文学的一个主题》（1961）。这些论文与他的博士论文研究领域有着密切关系，也是他日后把研究重点集中到通俗文学中的戏曲方面，尤其是元代戏曲的前奏。

柯润璞最突出的成就是在元杂剧研究领域。他翻译了大量剧本、发表了许多研究论文。他与捷克学者米列娜共同翻译完成的《潜龙之歌》（Ballad of the Hidden Dragon, 1971）是英语世界首个《刘知远诸宫调》的译本。柯润璞单独翻译的作品还包括：《王勃院本》（1970）、《王九思：中山狼》（1977）、《布袋和尚忍字记》《般涉调·耍孩儿·庄家不识勾栏》《竹叶舟》（1994）等。② 论文包括：《元杂剧的要素》③《中国史诗、歌谣和传奇中的刘知远》④《院本，元杂剧喧嚷叫闹的前身》⑤《元杂剧的规律及技巧》⑥《元杂剧中的宾白》⑦ 等。

他倾注18年心血写成的《忽必烈汗时期的中国戏剧》⑧ 堪称英语世界元杂剧研究的奠基之作。该书最早出版于1980年，1990年发行修订版，中文译本由魏淑珠在2001年以《元杂剧的戏场艺术》为题出版。该书分为两个部分，第一部分为四个章节：《社会背景》《戏台与戏院》《优伶的技艺》《剧本的来龙去脉》；第二部分是三出杂剧的英译：《李逵负荆》《潇湘雨》和《魔合罗》。这部书是对元杂剧全方位的研究，包括元杂剧兴起的原因、戏台戏院的形式、道具

---

①② 吴思远：《纷争逐罢羡优伶，翔空飞钧亦关情——柯润璞与汉学研究》，载于《中华读书报》2014年5月7日，第18版。

③ James I. Crump. "The Elements of Yuan Opera", *Journal of Asian Studies* XVII (3), 1958, pp. 431-433.

④ James I. Crump. "Liu Chih-yuan in the Chinese 'Epic', Ballad and Drama", *Literature East and West*, Vol. xiv, 1970, pp. 155-171.

⑤ James I. Crump. "Yuan-pen, Yuan Drama's Rowdy Ancestor", *Literature East and West*, Vol. 14, No. 4, 1970, pp. 473-490.

⑥ James I. Crump. "The Conventions and Craft of Yuan Drama", *JAOS* 91, 1971, pp. 14-29.

⑦ James I. Crump. "Spoken Verse in Yuan Drama", *Tamkang Review* IV-1, 1973, pp. 41-52.

⑧ James I. Crump. *Chinese Theater in the Days of Kublai Khan*. Tucson: University of Arizona Press, 1980.

（甚至包括动物道具）的运用、表演形态、演员的服饰装扮、剧本的体制等，可以说是面面俱到。柯润璞充分利用戏剧文本和其他的文献（如《东京梦华录》等笔记小说）、文物（如石碑等），论证详细，结论有说服力。第二部分的译文也极为生动巧妙。

在晚年，柯润璞集中研究"散曲"的译介。其散曲研究成果集中体现在两本著作上，即：《上都乐府：元散曲研究》（*Songs from Xanadu：Studies in Mongol-Dynasty Song-Poetry*，1983）和《上都乐府续》（*Song-Poems from Xanadu*，1993）。在《上都乐府：元散曲研究》中，他翻译了91首小令和7首套曲，译文旁有对应的竖排原文。第一、第六章探讨了元曲韵律的理论问题；第二、第四、第五、第八章主要分析散曲中的常见题材，如第二章探讨思春、悲秋、愁怨等题材，第四章探讨"渔樵故事"中的归隐题材，第五章探讨滑稽讽刺题材，第八章考述"鸿雁和时间流逝"方面的散曲；第三章重点研究张养浩的生平与作品；第七章考证"双渐苏卿"的爱情故事。在《上都乐府续》中，他收录了114首小令和3首套曲的译文，此书第一章讨论爱情及相关题材的散曲，第二章讨论讽刺和戏仿主题的作品，第三章是有关智慧、沉思和友谊的作品，第四章主要讲冯子振及其42首《鹦鹉曲》等曲作。

翻译与研究贯穿了柯润璞的学术生涯，但《战国策》研究、元杂剧研究和散曲研究只是他较为主要的研究领域，并不能代表他的全部学术成果。作为英语世界汉学研究的一代宗师，柯润璞还培养出一批研究戏剧文学的杰出学者，他的高足奚如谷、章道犁和彭镜禧在20世纪70年代以后都成了中国戏剧研究的权威人物。2002年，柯润璞逝世，享年81岁。

## 二、奚如谷与伊维德

奚如谷（Stephen H. West，1944~），美国著名汉学家，被称为美国汉学界东西两个"Stephen"之一。① 奚如谷1969年硕士毕业于亚利桑那大学东方语言系，1972年获得密歇根大学博士学位。之后他在亚利桑那州立大学开始了教学生涯，直到1986年被聘为加州大学伯克利分校教授，在中国及东亚语言学院教授中文。目前奚如谷在亚利桑那州立大学担任全球研究学院语言文学系教授以及亚洲研究中心主任。

奚如谷曾在学校开设宋元时代的散文和诗歌、12~13世纪的城市文学和早期的中国戏剧等课程，他的主要研究领域为宋元时期的中国文学与文化史，涉及

---

① 另一个是东部哈佛大学的宇文所安（Stephen Owen）。

宋词、元曲、散文、中国早期戏剧以及历史典籍、文字、古代都市文化、园林文化等一系列相关的领域，在中国中古史、中西比较文学以及元明戏剧方面造诣尤深。奚如谷早年游学海外，因此也掌握了包括中①、日、德、法、西班牙语在内的多种语言，这一点与他在密歇根大学时的老师，上文提到的美国元杂剧研究鼻祖柯润璞极为相似。

奚如谷在亚利桑那州立大学任教时就参与了《印第安纳中国古代文学指南》（The Indiana Companion to Chinese Literature）的编写，此书于1986年由印第安纳大学出版社出版，他作为三个副主编之一，专门负责戏剧相关的内容，撰写了《中国戏剧》（DRAMA）这一部分。后来，奚如谷又参与编写了英语世界的另一部极有影响的文学史，即宇文所安、孙康宜主编的《剑桥中国文学史》，负责撰写了《金末至明初文学：约1230~约1375》（Literature from the Late Jin to the Early Ming：ca 1230~ca 1375）。艾朗诺②认为北美汉学界金元文学研究"好文章不是没有，但数量不多，疏漏不全"，因此"相比之下，奚如谷为《剑桥中国文学史》所写的金、元文学一章就甚为可观而益显其重要了。该章中的许多资料和题目都是第一次出现在英文中，所以大部分讨论只是探索的而非概括前人的研究"。③

奚如谷的第一部学术专著就是关于金代戏剧的《杂耍与叙事：金代戏剧面面观》（Vaudeville and Narrative：Aspects of Chin Theater），1977年由弗朗茨石泰出版社（Wiesbaden：Franz Steiner Verlag）出版，是慕尼黑大学东亚研究（Münchener Ostasiatische Studien）丛书中的一部，这是根据他的博士论文《金代文学研究》（1972）修改而成的。他认为北曲是"杂耍"和"故事"相结合造就的，是中国戏剧第一种意义重大的形式。

介绍奚如谷，就不得不说起另一位中国戏剧研究专家伊维德。伊维德与奚如谷同年出生，二人在古典戏剧研究方面有着几十年的交流与合作，俨然这一领域的学术双子星。

伊维德，荷兰人，荷兰皇家艺术和科学院院士。伊维德本科在荷兰莱顿大学（Leiden University）学习中国语言与文学，后游学日本、中国等地；他1970~1999年执教于莱顿大学，并于1974年在该校中国语言与文化系获博士学位，两年之后任该校中国语言与文学教授，期间两度担任汉学院院长；他2000年起担

---

① 和当时不少对中国文化感兴趣的外国人一样，奚如谷的中文是在中国台湾学习的。
② 艾朗诺，加州大学圣塔芭芭拉分校教授，1976年获哈佛大学博士学位，主要研究方向为宋代文学、美学及文人文化。
③ ［美］艾朗诺：《北美宋金元文学研究》，蒋树勇译，载于张海惠主编《北美中国学：研究概述与文献资料》，中华书局2010年版，第632页。

任哈佛大学东亚语言与文明系中国文学教授，2004年任哈佛大学费正清东亚研究中心主任。研究领域涉及说唱文学、女性文学等，以英文、中文、德文及荷兰文发表了大量的学术论著。伊维德与中国学界的交流比较多，2009年，他作为委员参加了在北京召开的"五经"国际研究与翻译国际学术委员会会议；2014年，他应中外文化交流协会之邀，来华参加"东方文化研究计划"，访问了中国国家图书馆、中国国家博物馆、中国文化传媒集团、北京大学、敦煌研究院、北京戏曲评论学会等多个文化、学术机构，并赴甘肃敦煌、兰州、嘉峪关等地进行实地考察，游览莫高窟，聆听宝卷诵读。①

伊维德对中国的兴趣来自高中时看过的两本小说，一本是赛珍珠的《大地》，另一本是荷兰汉学家高佩罗译的《狄公案小说》。1968年从莱顿大学本科毕业时，他并没有机会到中国留学，②于是他就去了日本，先学了半年社会学，后因兴趣原因改学了中国文化。伊维德在京都的研究所遇到了田中谦二，③在田中谦二的元曲阅读会上，他开始阅读元杂剧，自此便将对戏剧的研究工作持续下来。伊维德的博士论文《中国白话小说：形成时期》（Chinese Vernacular Fiction: the Formative Period，1974）也确定了其之后通俗文学研究的大方向。

伊维德是西方学界第一个对朱有燉做系统研究的汉学家，出版过《朱有燉的戏剧作品研究（1379~1439年）》[The Dramatic Oeuvre of Chu Yu-tun (1379-1439), 1985]，该书2009年由北京大学出版社翻译出版，译名为《朱有燉的杂剧》。关于朱有燉，他还有《朱有燉的剧本序跋和古典小说》④《朱有燉的剧本序跋和古典小说（续）》⑤《石君宝与朱有燉的〈曲江池〉：形式内部的模式变化》⑥《作为戏剧理论家的朱有燉》⑦等著作。

---

① 详见叶飞《伊维德：收获的不仅仅是学术——2014年度"东方文化研究计划"追记》，载于《中国文化报》2014年10月9日第011版。相关报道还有叶飞《伊维德：中国戏曲很有现代性》，载于《中国文化报》2014年9月15日第003版，叶飞《荷兰汉学家访华：忘情之旅，心愿之旅》，载于《中国文化报》2014年9月18日第010版。

② 伊维德第一次来中国是在1978年，为一个荷兰旅行团做中国向导。

③ 田中谦二（1912~2002），出生于滋贺县大津市，时任京都大学教授，曾跟随吉川幸次郎学习元曲，致力于古典戏剧尤其是《西厢记》研究，是日本汉学界继青木正儿之后的古典文学大家。

④ Wilt L. Idema. "Zhu Youdun's Dramatic Prefaces and Traditional Fiction", *Ming Studies*, 10, 1980, pp. 17-21.

⑤ Wilt L. Idema. "Zhu Youdun's Dramatic Prefaces and Traditional Fiction: An Addendum", *Ming Studies*, 11, 1980, p. 45.

⑥ Wilt L. Idema. "Shi Chun-pao' and Chu Yu-tun's Chu-chiang-ch'ih, the Variety of Mode within Form", *T'oung Pao*, vol. 66 (4-5), 1980, pp. 217-265.

⑦ Wilt L. Idema. "Chu Yu-tun as a Theorist of Drama", R. P. Kramers, ed., *China: Continuity and Change, Papers of the XXVIIth Congress of Chinese Studies 31.8-5.9 1980*, Zurich University (Zurich: Hausdruckerei der Universitat, 1982), pp. 223-263.

与奚如谷一样，伊维德也负责了《剑桥中国文学史》的一部分——《说唱文学》(Prosimetric and Verse Narrative)，由于大部分作品的作者难以断定，初次刊刻的时间也难以明确，所以伊维德按照题材和主题进行叙述，探讨了早期叙事诗、变文、诸宫调、宝卷、道情、鼓词、弟子书、弹词等说唱文学样式，并认为"绝大部分材料仍然是研究者从未注意到的"。① 伊维德还为梅维恒主编的《哥伦比亚中国文学史》(The Columbia History of Chinese Literature) 撰写了戏剧文学史部分。

从20世纪70年代末算起，奚如谷和伊维德在古典戏剧研究领域有着40年的合作，共同出版了6部专著与译作，这些成果共同见证着两位汉学大师的学术友谊。

一是《中国戏剧渊源1100－1145》(Chinese Theater 1100－1145：A Source Book)，由弗朗茨石泰出版社1982年在威斯巴登出版，被收入慕尼黑大学东亚研究丛书。其中翻译有石君宝的《紫云亭》、无名氏的《汉钟离度脱蓝采和》和南戏的《宦门子弟错立身》，以及朱有燉的《宣平巷刘金儿复落娼》《刘盼春守志香囊怨》《美姻缘风月桃花景》。"该书涵盖范围宽泛，讨论元代戏剧表演从当时的剧场、庙台、戏院到皇家戏台面面俱到，娱兴歌调、诸宫调以及其他的娱乐形式也无一遗漏。作者提供了丰富的各类宋金元明时期描述这些娱乐形式的文本的译文，比如京都文录、文学文选、论述戏剧的特别文献、话本小说和笔记等。"② 这本书受到了田民的高度评价："本书对这些史料的论证和细致梳理对英语世界了解和进一步研究中国早期戏剧的发展具有重要意义。"③

二是《月色琴音：西厢记》(The Moon and the Zither：The Story of the Western Wing)，于1991年由加州大学出版社在伯克利出版。1995年，此书又以《西厢记》(The Story of the Western Wing) 为名在同一出版社再版。这被认为是《西厢记》译本中的最佳之作。正文前有150多页的导论，"在导论中，译者讨论了《西厢记》在中国文学和戏剧舞台演出史上的重要地位、王实甫的生平及《西厢记》的著作权问题、剧作的素材渊源、《西厢记》与元杂剧的艺术程式规则的关系问题、西厢记的意象、形象和隐喻世界"。④

---

① ［美］孙康宜、宇文所安：《剑桥中国文学史》，刘倩等译，生活·读书·新知三联书店2013年版，第461页。

② ［美］艾朗诺：《北美宋金元文学研究》，蒋树勇译，载于张海惠主编《北美中国学：研究概述与文献资料》，中华书局2010年版，第632页。

③ 田民：《美国的中国戏剧研究》，载于张海惠主编《北美中国学：研究概述与文献资料》，中华书局2010年版，第667页。田民先后在中央戏剧学院和美国伊利诺伊大学获得博士学位，曾经任中央戏剧学院副教授，现在美国爱荷华大学。

④ 田民：《美国的中国戏剧研究》，载于张海惠主编《北美中国学：研究概述与文献资料》，中华书局2010年版，第670页。

三是《僧侣、强盗、恋人和神仙：十一部早期中国戏剧》（Monks, Bandits, Lovers and Immortals: Eleven Early Chinese Plays），由哈克特出版公司（Hackett Publishing Company）于2010年在印第安纳波利斯出版。其中包含关汉卿的《感天动地窦娥冤》《包待制三勘蝴蝶梦》《诈妮子调风月》、白朴的《唐明皇秋叶梧桐雨》、马致远的《破幽梦孤雁汉宫秋》、郑光祖的《迷青琐倩女离魂》、李行道的《包待制智勘灰阑记》、佚名的《汉钟离度脱蓝采和》、朱有燉的《豹子和尚自还俗》《黑旋风仗义疏财》十部杂剧，还有一部南戏——古杭书会编撰的《小孙屠》，每种都有学术性的介绍；后有三篇附录，关于欧美对早期中国戏剧的翻译研究、推荐书目和早期戏剧现代英译本的部分清单。

四是《战争、背叛和兄弟：早期的三国戏剧》（Battles, Betrayals and Brotherhood—Early Chinese Plays on the Three Kingdoms），2012年由哈克特出版公司在印第安纳波利斯出版。书中全部是和三国题材相关的杂剧，包括佚名的《刘关张桃园三结义》、佚名的《锦云堂暗定连环计》、朱有燉的《关云长义勇辞金》、佚名的《刘玄德独赴襄阳会》、佚名的《诸葛亮博望烧屯》（有《元刊三十种》版以及宫廷版"第四出"的翻译）、关汉卿的《关大王单刀会》（有《元刊三十种》版和明代宫廷演出版两种译本）、《关张双赴西蜀梦》等七部戏剧，同样，每部之前都有详细的介绍。其中两部戏剧有不同的版本，能更好地通过对比来体现明人修改前后的不同。

五是《杨家将：四部早期戏剧》（The Generals of the Yang Family: Four Early Plays），世界世纪出版公司（World Century Publishing Corp.）和世界科技出版有限公司（World Scientific Publishing Co. Pet. Ltd.）2013年出版。这本书提供了杨家将题材四部早期剧作的唯一完整译本，包括《八大王开诏救忠臣》《昊天塔孟良盗骨》《谢金吾诈拆清风府》《杨六郎调兵破天阵》，附录是《杨家府世代忠勇演义志传》的概要、《南宋志传》和《北宋志传》的概要、明代戏剧《三关记》、"盗骨"故事的三个版本，这一部分也很有学术价值。

六是《〈赵氏孤儿〉及其他元杂剧：早期版本》（The Orphan of Zhao and Other Yuan Plays: The Earliest Known Versions），此书由哥伦比亚大学出版社于2015年出版，共收《赵氏孤儿》《霍光鬼谏》《薛仁贵衣锦还乡》《陈季卿悟道竹叶舟》《好酒赵元遇上皇》《东窗事犯》《焚儿救母》七部戏剧，与之前的三国题材戏剧翻译相同的是，二位译者也提供了多种版本的翻译。

在戏剧研究之外，他们也保持着密切的学术联系，2016年，哈克特出版公司出版了他们合作的第七本书《三国志平话》（Records of the Three Kingdoms in Plain Language）。这是《三国志平话》的第一个英译本，更短更清晰的叙述与后来的《三国演义》相比，更易为西方读者所接受。两位译者在正文之前为读者提供了中国主要的朝代顺序表和东汉至西晋的年号列表,在引言部分介绍了历史背景和"平话"这一体裁的渊源,体现了他们的研究成果,具有学术价值,他们为三卷每一节都添加了标题,书中还包括原刻本的版画。

除了中国古典戏剧研究,二人还有着广泛的研究兴趣。比如奚如谷对古代园林和生活文化颇有研究,《玩弄食物:宋元之食物、表演、与人为审美》《纤毛、鱼鳞与刚毛:北宋东京之鱼、贝的消费》《朱长文与其〈乐圃记〉》《宋元园苑中的花园和想象》《奇观、仪式、社会关系:北宋御苑中的天子、子民和空间建构》等文章就是这方面的成果;他也十分关注《东京梦华录》的研究,其文《释梦:〈东京梦华录〉的来源、评价与影响》收录于乐黛云主编的文集《北美中国古典文学研究名家十年文选》之中。① 而伊维德的《彤管:中国帝制时代妇女作品选》② 是他在女性文学研究领域的力作。③

奚如谷和伊维德的合作成果高产、优质,可以说是整个汉学界的传奇。他们的翻译极大丰富了英语世界中国古典戏剧的种类,为国外读者了解某一题材的戏剧提供了全方位的视角,也为相关研究者贡献了宝贵的材料。

## 三、杜为廉

杜为廉(William Dolby,1936~2015),英国人,先后在伦敦大学和剑桥大学学习,获剑桥大学文学博士学位,长期执教于爱丁堡大学东亚学院中文系,为该系教授,被称为"欧洲汉学传统的继承人"和"英国唯一的一流的中剧研究专家"。

杜为廉第一次接触到的中国戏剧是中学一年级时看到的《王宝钏》(Lady Precious Stream)英译本,他自己也参加过一些戏剧的演出活动,体会到了戏剧的迷人之处。后来他在市图书馆里看到了更多的剧本,也接触到了传统装帧的中国书籍,由此他对汉语感到好奇,并在15岁左右的时候就开始自学,虽然中断过一段时间,但进入伦敦大学东方学院后又继续下去。当时的伦敦大学聚集了一大批汉学家,杜为廉在课堂上遇到了刘若愚。④ 刘若愚曾进行过元杂剧和伊丽莎

---

① 吴思远:《奚如谷与中国戏曲研究》,载于《戏曲研究》2013 年第 88 辑,第 388~407 页。
② Stephen H. West, Beata Grant. *The Red Brush: Writing Women of Imperial China*. Cambridge, MA: Harvard University Asia Center, 2004.
③ 关于伊维德其他领域的汉学研究,详见凌筱峤《重构戏曲与文学与文学史——伊维德教授的学术研究》,载于《戏曲研究》2014 年第 90 辑,第 311~319 页。
④ 刘若愚(1926-1986),华裔美国汉学家,专攻中国文学与比较诗学。曾在英国伦敦大学、中国香港新亚书院、美国夏威夷大学、匹兹堡大学、芝加哥大学任教,1967 年起在美国斯坦福大学任教。主要研究中国古典诗歌、诗论和文论,以及中西比较文学、比较诗学。

白时代戏剧的比较研究。当时还有白之①、韩南②和程曦③也都是研究中国古代文学尤其是戏剧、白话文学的专家,据杜为廉回忆,白之和程曦还带领学生演出大型的中国戏剧,大获成功。④

这样浓郁的学术气氛也激励着杜为廉将中国戏剧研究进行下去。后来他进入剑桥大学,师从戏剧专家龙彼得⑤,在剑桥大学的六年时间,杜为廉一方面潜心学习文言文,一方面查阅收集了大量的中国戏剧研究材料,完成了他的博士论文《关汉卿及其作品研究》(Kuan Han – ch'ing and Some Aspects of His Works, 1968)。

关汉卿是杜为廉格外关注的剧作家,除了他的博士毕业论文之外,他还著有:《关汉卿》(Kuan Han – ch'ing),这篇长篇论文发表在 1971 年的《亚洲学刊》(Asia Major)上,被当时的学术界"公认为最全面,最可靠的关汉卿传记";⑥ 其他相关著作还有:《中国戏剧之父:关汉卿生平及著作概述》⑦《关汉卿戏剧版本的比较研究》⑧《关汉卿:一个详细的研究》⑨《关汉卿散曲全集》⑩。

杜为廉最为著名的一部专著是《中国戏剧史》(A History of Chinese Drama),1976 年由伦敦保罗·拉伊克出版社(Paul Elek Publishers)出版。除了几部一般性介绍中国戏剧的书,这本书是英语世界中第一部勾画了中国戏剧从起源到现代面貌发展全过程的著作。全书分为十二章,第一至第六章考察了从戏剧起源到唐、宋金、元、明的戏剧,分别是(1)戏剧的祖先与唐代戏剧,(2)宋金杂剧,(3)元人杂,(4)元代的表演者与戏剧界,(5)南戏传奇与昆曲的产生,(6)明代的戏剧界;第七章到第十二章探讨了清代、民国直到 20 世纪 60 年代中期的中国戏剧,分别是(7)清代多样化的戏剧风格,(8)19 世纪京剧的产生,(9)剧场与剧作家,(10)西方戏剧风格的出现,(11)20 世纪的传统戏剧,

---

① 白之(1925~),英国人,1954 年获伦敦大学中国文学博士学位,1948~1960 年在母校执教,1960 年后任教于美国加州大学伯克利分校。
② 韩南(1927~2014),新西兰人,1960 年获得英国伦敦大学中国古典文学博士学位,1953 年起执教于母校,1963 年赴美任教,并定居美国。
③ 程曦(1920~1998),河北文安人,曾是陈寅恪在燕京大学的学生。
④ 朱伟明:《英国学者杜为廉教授访谈录》,载于《文学遗产》2005 年第 3 期,第 138~143 页。
⑤ 龙彼得(1920~2002),荷兰人,早年就读于莱顿大学,后在剑桥大学跟随汉学教授夏伦(Gustav Haloun)学习,毕业后任教于剑桥大学并定居英国,1972 年任牛津大学教授,曾任欧洲汉学协会(EACS)的会长。龙彼得非常注重文献学的研究,著有《中国戏剧源于宗教仪式考》《明刊闽南戏曲和弦管选本三种》等。
⑥ 朱伟明:《英国学者杜为廉教授访谈录》,载于《文学遗产》2005 年第 3 期,第 139 页。
⑦ William Dolby. Father of Chinese Drama:A Sketch of the Life and Works of Guan Hanqing. Edinburgh:Edinburgh University Press, 1983.
⑧ William Dolby. Editions of Kuan Han – Ching's plays:A Comparative Study. Edingburgh:Edinburgh University Press, 1986.
⑨ William Dolby. Kuan Han – ch'ing:A Detailed Study. Edingburgh:Edinburgh University Press, 1986.
⑩ William Dolby. The Complete Poems of Guan Hanqing. Edingburgh:Edinburgh University Press, 1991.

(12) 中华人民共和国时期的戏剧。该书按年代划分的同时还详细介绍、选译①、论述了各时期的不同剧种，这种全面的、历时与共时相结合的梳理方法，是之前的介绍性著作所未有的。柳无忌评论说："以前的著作从来没有从这么重要的方面进行分类，这些方面对我们理解中国戏剧的多样性和活力来说至关重要。"②杜为廉认为中国戏剧的起源多元，并追溯了每种戏剧元素的源头，梳理了其发展线索，如他认为舞蹈方面就存在一条"上古舞蹈—萨满教仪式—宫廷歌舞表演—百戏道《踏摇娘》"的清晰脉络，此外还有音乐、角色、表演、情节、剧场等方面。

《中国古今八剧》③是杜为廉一部重要的译作，他根据中国古典戏剧发展线索，在这部译作中精心选择了能够反映中国古典戏剧各发展阶段剧种特点的剧目。这部译作呼应了之前《中国戏剧史》的思路，为读者提供了直观的戏剧文本感受，在文本方面对《中国戏剧史》进行了补充。这部译作包括：刘唐卿著院本《蔡顺奉母》的选段《双斗医》（The battling doctors：excerpt from Cai Shun shares the mulberries（Cai Shun fen-shen）：yuanben play attributed to Lin Tangqing），南戏《宦门子弟错立身》（Grandee's son takes the wrong career（Huan－men zi-do cuo li-shen）），石君宝著元杂剧《秋胡戏妻》（Shi，J. Qiu Hu tries to seduce his own wife（Qiu Hu xi-qi）），梁辰鱼著传奇《浣纱记》第七折（Liang，C. Secret liason with Chancellor Bo Pi：act VII from Washing silk（Wan－sha ji）），王九思著杂剧《中山狼》（Wang，J. Wolf of Mount Zhong（Zhong－shan lang）），清初笑剧《买胭脂》（Buying rouge（Mai yan-zhi）），根据梅兰芳演出本的京剧《霸王别姬》（Hegemon King says farewell to his queen（Ba－wang bie-ji）：Peking opera version by Mei Lan-fang），根据20世纪50年代中期演出本的川剧《评雪辨踪》（Identifying footprints in the snow（Ping－xue bian-zong））。这部书中也有大量关于中国文化、戏剧研究的注释，也涉及中外相同题材的比较。国内在1981年就关注到这部译作，生活·读书·新知三联书店主办的《读书》杂志的《海外书讯》栏目曾对杜为廉（当时译为威廉·道尔比）及这部书进行介绍，并评价说杜为廉的"译文严谨而流畅，剧中唱词均以押韵的诗体译出，使人可以看出他在热心介绍中国古典戏剧

---

① 包括朱有燉院本《群仙庆寿蟠桃会》、南戏《张协状元》序幕、董解元《西厢记诸宫调》、王实甫元杂剧《西厢记》、高明南戏《琵琶记》、南戏《小孙屠》序幕、南戏《宦门弟子错立身》序幕、《琵琶记》序幕、汤显祖传奇剧《牡丹亭》、洪昇《长生殿》、孔尚任《桃花扇》、老生戏《捉放曹》、昆曲旦戏《思凡》、梁启超《新罗马》、曹禺《雷雨》、田汉《关汉卿》、朱素臣《十五贯》和《沙家浜》等。

② 柳无忌在《中国季刊》（The China Quarterly）1977年9月第71期第626页发表的书评，无标题。

③ William Dolby. Eight Chinese Plays from the Thirteenth Century to the Present. New York：Columbia University Press，1978.

给西方读者这一方面确实下了很大的功夫"。①

杜为廉在中国戏剧领域的其他翻译、研究著作还有:《王实甫》(*Wang Shih-fu*,1982),后再版为《王实甫:中国最著名戏剧的作者》(*Wang Shih-Fu: Author of China's Most Famous Play*,2003);执笔马克林主编的《中国戏剧:从起源到现在》(*Chinese Theater: From Its Origins to the Present Day*,1983)中的第一章"中国早期戏剧和剧场"、第二章"元杂剧";翻译了《西厢记》②,杜为廉自己认为这部译作与其他译者的译作相比,"主要特点是文学感更强些"③;《苏武牧羊》中的《望乡》一幕("Gazing Home-wards": One Scene from a Traditional Chinese Play);《苏小卿月夜贩茶船》("Tea-trading Ship" and the Tale of Shuang Chien and Su Little Lady)。此外,他还翻译了钟嗣成《录鬼簿》的序言(Preface to Ghost Register),编写了《元剧〈生金阁〉完整词汇编》(*A Full Concurrent Vocabulary of the Yuan Drama Sheng-jin Ge*,1986)。

戏剧研究领域之外,杜为廉还关注中国白话文学,如他翻译了《钱秀才错占凤凰俦及其他故事》(*Perfect Lady by Mistake and other Stories*),其中的故事全部来自冯梦龙的小说,共计六篇,四篇来自《醒世恒言》,另外两篇分别来自《警世通言》和《喻世明言》,除了《钱秀才错占凤凰俦》,还有《李谪仙醉草吓蛮书》(Li Bai (Li Po),God in Exile,drunken drafts his "Letter to daunt the Barbarians.")、《十五贯戏言巧成祸》(A joke over fifteen strings of cash brings uncanny disaster)、《两县令竞义婚孤女》(Two magistrates vie to marry an orphaned girl)、《羊角哀舍命全交》(Yang Jiao throws away his life in fulfilment of a friendship)、《大树坡义虎送亲》(On big tree slope a faithful tiger acts best man)。另外,杜为廉还著有《中国早期诗选》(*Early Chinese Poetry: An Anthology*,1984)、《中国历史年表(拼音版)》(*Chronological Tables of Chinese History (Pinyin Version)*,1985)、《中国文学人物资料辞典》(*A Date-dictionary of Chinese Literary Figures*,1987)、《中国历代诗歌:增选本》(*Chinese Poetry through the Ages: An Enlarged Anthology*,2012),2013年,他翻译的老舍作品《二马》(*Mr. Ma and Son*,2013)出版。

2016年,"创作空间"独立出版平台(Create Space Independent Publishing Platform)④推出了杜为廉的"中国文化系列",包括《中国短篇小说》(*Chinese Short Stories*),包含22篇短篇小说译本,从司马迁到老舍跨度近2000年;《马致

---

① 梅:《海外书讯——〈八出中国戏剧,从十三世纪至今〉》,载于《读书》1981年第3期,第146页。
② William Dolby. *West Wing*. Edinburgh: Caledonian Publishing Company,1984.
③ 朱伟明:《英国学者杜为廉教授访谈录》,载于《文学遗产》2005年第3期,第142页。
④ 创作空间(CreateSpace.com)是亚马逊(Amazon.com Inc.)旗下的独立数字出版网站,采用的是跳过传统出版社一方,作者直接面向读者,在线上发售电子书、CD、DVD的商业模式。

远散曲全集》(*Ma Chih-Yüan's Complete San-ch'ü-aria Poems*);《中国民间故事》(*Chinese Folk-Tales*),收录了29个截然不同的故事;《中国神话》(*Chinese Myths*),其中有上百个神话传说,并有丰富的注释;《中国成语词典》(*Chinese Allusions: Dictionary*),收录了1 600多个成语及释义。这个系列已经有33部作品,通过新型的出版方式惠及更广阔的汉学爱好者。

不可否认,杜为廉是当代英国最为知名的中国古典戏剧专家,他也是中国语言、文化和历史方面的重要专家之一,直到晚年仍笔耕不辍,通过著作向读者分享着自己对中国戏剧及古典文学的热爱。

## 第二节 英语世界中国古典戏剧译介与研究议题选介

本节主要梳理英语世界中国古典戏剧的译介、研究成果,并对其分类进行介绍。

### 一、英语世界中国古典戏剧译介

翻译是研究的基础,对于英语世界大部分的中国古典戏剧专家来说,他们在研究之初就要首先解决翻译问题。因此,这些卓有成就的汉学家往往也是中国戏剧的翻译家,如上一节提到的柯润璞、奚如谷、伊维德、杜为廉,他们的著作中有很大比例都是译作。美国的中国语言文学系往往模仿英文系建立,并不是简单的听说读写的语言训练,还需要学习古代汉语和传统文学典籍,这样传统且扎实的汉语学习使他们在学术生涯开始之初就有了牢固的语言基础,他们对中国古典戏剧的翻译是中国学者不可忽视的重要成果。

在中国古典戏剧翻译进程中,形成了两种方向不同的翻译模式:本土汉学家、华裔学者的"译入"模式和国内学者的"译出"模式,可以说这两种模式产生的文本对于研究来说同样重要,但是由于我们在此主要探讨"英语世界"中的翻译,所以只将探讨范围集中于国外汉学家和华裔学者的翻译成果。

1735年,杜赫德在巴黎出版了《中华帝国志》,其中收录了《赵氏孤儿》,这是教士马若瑟译于1731年的版本,①虽然这个法译本的面貌已经与戏剧原本大

---

① 马若瑟译本起初只是在小范围里流转,安朴田在《中国文化西传欧洲史》中说:"《赵氏孤儿》于1731年由马若瑟神父翻译,他将此书从中国寄给了长者傅尔蒙。但此文却落入了杜赫德神父之手,杜赫德于1735年非常高兴地将此文刊布于其《中华帝国全志》第3卷中,叫作《中国悲剧〈赵氏孤儿〉》。"

相径庭，但是可以确定的是，率先走出国门的古典戏剧是《赵氏孤儿》。

杜赫德的《中华帝国志》在1736年和1741年被两次译为英语，《赵氏孤儿》也随之进入英语世界，① 这也是中国古典戏剧进入英语世界的起点；1741年伦敦查尔斯·科贝特印刷所出版威廉·哈切特改编的《中国孤儿：历史的悲剧》（The Orphan of China: An Historical Tragedy）；1756年谋飞也改编了《赵氏孤儿》，此本1759年以《中国孤儿》（The Orphan of China）为名出版，并成功上演；1762年，托马斯·帕西编译的《中国杂记》（Miscellaneous Pieces Relating to the Chinese）第1卷中也有根据马若瑟法文转译的《赵氏孤儿》。② 可以看出，中国古典戏剧最初是以转译或者改编的面貌进入英语世界的，这些并不算作严格意义上的翻译，但仍不失为一种传播和介绍。自此，中国古典戏剧源源不断地传入英语世界。

若说将古典戏剧翻译为英文的第一人，当属德庇时，他早在1817年就通过约翰·默里公司出版了武汉臣的杂剧《老生儿》英译，题为《年老的继承人》（Laou-Seng-Urh: Or An Heir In His Old Age, A Chinese Drama），1827年又翻译出版了马致远的《汉宫秋》（Han Koong Tsew, or, The Sorrow of Han, A Chinese Tragedy），不过他并没有翻译曲词。

除了上述中国古典戏剧英译的起源之外，这一部分还将介绍英语世界其他重要的译本，这些译作包括转译本（改编本）、选译本、全译本（选集、单行本），其中也包括在一些研究著作中出现的戏剧翻译。③

## （一）转译本和改编本

1929年詹姆斯·拉弗（James Laver，1899~1975）翻译的元代李行道《灰阑记》（The Circle Chalk, A Play in Five Acts）由伦敦海纳曼出版社出版，该译本根据阿尔弗雷德·亨施克（Alfred Henschke）德文改编本转译。1934年，熊式一（S. I. Hsiung）将《红鬃烈马》改编译为《王宝钏》（Lady Precious Stream）④ 由伦敦文艺性出版社麦勋书局出版（后1935年、1936年、1941年、1946年、1949年、1952年、1960年均有再版）。1955年美国戏剧工作者威尔·艾尔文（Will

---

① 1736年理查·布鲁克（Richard Brookes）选译本于出版商约翰·瓦茨（John Watts）的书局在伦敦出版，《赵氏孤儿》法文转译出现在第3卷；1741年出版商爱德华·卡夫斯（Edward Caves）全译本，《赵氏孤儿》法文转译出现在第2卷。

② 帕西在书的序言里标榜自己的翻译与《赵氏孤儿》原文本的忠实一致性，但是他的翻译是从马若瑟的法文版本转译过来的，而马氏的译本删掉了中文的唱词，所以帕西的宣言自然就落了空。

③ 英语世界对中国古典戏剧做介绍的研究成果较零散，所以这一部分只介绍"翻译"，不再涉及只做简要介绍或只有故事梗概的著作。

④ 此剧上演后盛况空前，在欧洲各地巡演，并成为在美国百老汇上演的第一部中国戏剧。

Irwin）与西德尼·霍华德（Sidney Howard）联手将《琵琶记》改编成英语音乐剧《琵琶歌》（*The Lute Song*），并在美国百老汇舞台演出。1955 年，弗朗西斯·休姆（Frances Hume）和艾迪·郎格罗（Edy Legrand）转译儒莲（朱利安）法译本《赵氏孤儿》的《不同血缘的两兄弟》（*Tse Hsiong Ti，The Two Brother of Different Sex，A Story From the Chinese*）在伦敦罗代尔出版社出版。

### （二）选译本

1849 年"美国汉学之父"卫三畏选译了《合汗衫：四幕剧》（*The Compared Tunic：A Drama in Four Acts*），开美国人译介元剧的先河。1895 年，乔治·亚当斯（George Adams）在《十九世纪》（*The Nineteenth Century*）发表文章《中国戏剧》（The Chinese Drama），选译了《㑳梅香》《忍字记》《铁拐李》。1898 年，美国汉学家坎德林（George T. Candlin）在其编译的《中国小说》（*Chinese Fiction*）中摘译了《西厢记》，这是美国最早的有关《西厢记》的译介。1925 年祖克（A. E. Zucker）① 的《中国戏剧》（*The Chinese Theater*）中有《窦娥冤》第三折《斩窦娥》的选译。1939 年哈罗德·阿克顿选译了《牡丹亭》中的《春香闹学》（Ch'un hsiang Nao Hshueh），这部名剧第一次进入英语世界。1965 年，白之在其编选的《中国文学选集——从先秦到十四世纪》（*Anthology of Chinese Literature Volume 1：From Early Times to the Fourteenth Century*）中，选译了康进之的《李逵负荆》和马致远的《汉宫秋》；同年，华裔学者翟楚（Ch'u Chai）编译的《学思文粹：中国文学选集》（*A Treasury of Chinese Literature：A New Prose Anthology，including Fiction and Drama*）节译了《窦娥冤》的第三折、《西厢记》第一本《张君瑞闹道场》和《牡丹亭》的《标目》《惊梦》《寻梦》三出。1966 年柳无忌的《中国文学导论》（*An Introduction to Chinese Literature*）在第十二章"元剧"中节译了《西厢记》《梧桐雨》《窦娥冤》和《灰阑记》中的部分文段。1967 年刘若愚在其《中国游侠》（*The Chinese Knight-errant*）一书中节译了《李逵负荆》。1972 年白之选译了《牡丹亭》的《闺塾》《惊梦》《写真》《闹殇》四出戏并收录在《中国文学选集》（*Anthology of Chinese Literature Volume 2：From the 14th Century to the Present Day*）中。1973 年，英国华裔汉学家张心沧完成了一个《牡丹亭》选译本，收入《中国文学：通俗小说与戏剧》（*Chinese Literature：Popular Fiction and Drama*），包括《闺塾》《劝农》《肃苑》《惊梦》四出戏，张心沧也因此荣获 1975 年法兰西文学院颁发的第 101 届"儒莲奖"。1976 年杜为廉在《中国戏剧史》中收录了很多戏剧的选段（详见第一节"杜为廉"

---

① 马里兰大学德国汉学家。

部分）。1977年，余晓玲（音译，Yu Shiao-ling）在香港中文大学翻译研究中心的刊物《译丛》上节译了《西厢记》（Tung Chieh-yuan: The Romance of the Western Chamber）。1978年彭镜禧（Ching-Hsi Perng）的元杂剧研究代表作《双难：评七部元代公案剧》（Double Jeopardy: A Critique of Seven Yuan Courtroom Dramas）分析了七部元公案戏《魔合罗》《窦娥冤》《金凤钗》《救孝子》《灰阑记》《勘头巾》及《神奴儿》，并在文中结合研究的需要分别翻译了上述七剧中的若干文段。1990年杜为廉选译了《苏武牧羊》中《望乡》一幕。1995年，白之选译了《浣纱记》《绿牡丹》《燕子笺》中的重要场景。1996年美国诺顿出版公司出版了宇文所安编译的《诺顿中国文学选集》（An Anthology of Chinese Literature），其中选译了《牡丹亭》的三出戏：《惊梦》《玩真》《幽媾》以及汤显祖的《作者题词》。

## （三）全译本

### 1. 选集

1899年，英国人威廉·斯坦顿出版《中国戏剧》（The Chinese Drama），在总体介绍了中国戏剧之后，翻译了《琴丝柳》《金叶菊》《附荐何文秀》等粤剧。1937年，哈罗德·阿克顿与美国汉学家阿灵顿（L. C. Arlington）合作了《中国名剧》（Famous Chinese Plays），其中收有京剧《战宛城》《长坂坡》《击鼓骂曹》《奇双会》《妻党同恶报》《庆顶珠》《捉放曹》《珠帘寨》《状元谱》《黄鹤楼》《一捧雪》《雪盃缘》《打城隍》《翠屏山》等33部京剧的英译文。1961年黄仁宇（Josephine Huang Hung）主编的《儿童梨园》[①]，其中有《梅龙镇》《九更天》《玉堂春》《鸿鸾禧》《凤仪亭》。1972年，刘君恩（Liu Jung-en）翻译了《元杂剧六种》[②]，其中收有《连环计》《汉宫秋》《张生煮海》《窦娥冤》《赵氏孤儿》《倩女离魂》。1972年杨富森的译著《四出元代戏剧》（Four Plays of the Yuan Dram）则完整翻译了《窦娥冤》《岳阳楼》《梧桐雨》和《倩女离魂》等四部元杂剧。1978年乔治·海登在他的专著《中国中世纪戏剧中的罪与罚——三部包公戏》[③]中，翻译了三个包公戏剧本《陈州粜米》《盆儿鬼》和《后庭花》，这是英语世界首次翻译出的公案剧。1978年杜为廉的《中国古今八剧》（详见第一节杜为廉部分）。2014年春由夏志清、李惠仪、乔治高（George Kao）

---

① Josephine Huang Hung. Children of the Pear Garden: Five Plays from the Chinese Opera, Translated and Adapted from the Chinese. Jacksonville: Heritage Press, 1961.
② Liu Jung-en. Six Yüan Plays: Translated with an Introduction. Harmondsworth: Penguin Books, 1972.
③ George A. Hayden. Crime and Punishment in Medieval Chinese Drama: Three Judge Pao Plays. Cambridge, MA: Harvard University Press, 1978.

主编出版的《哥伦比亚元曲选集》① 分题材收录了《赵氏孤儿》（两个版本）《陈州粜米》《魔合罗》《东堂老》《虎头牌》《赵盼儿风月救风尘》《秋胡戏妻》《墙头马上》《张生煮海》等。其他重要的选集还有奚如谷和伊维德的《僧侣、强盗、恋人和神仙：十一部早期中国戏剧》（2010 年）、《战争、背叛和兄弟：早期的三国戏剧》（2012 年）、《杨家将：四部早期戏剧》（2013 年）、《〈赵氏孤儿〉及其他元杂剧：早期版本》（2015 年），详见本章第一节。

### 2. 单行本

1869 年，伦敦蓝肯公司（Ranken And Company），杜瑞楼以及圣玛丽勒东街（ST. Mary – Le – Strand）出版了罗伯特·亚历山大（Robert Alexander）所译的五幕戏《貂蝉：一出中国戏》（*Teaou – Shin*：*A Drama from the Chinese*）。1935 年熊式一翻译王实甫《西厢记——一部十三世纪的中国剧》②，后附有《莺莺传》。1936 年亨利·哈特（Henry H. Hart）翻译《西厢记：中世纪戏剧》（*The West Chamber*，*A Medieval Drama*），由加利福尼亚斯坦福大学出版社出版。1971 年，柯润璞与捷克学者米列娜共同翻译完成英语世界首个《刘知远诸宫调》的译本《潜龙之歌》③。1973 年，我国香港学者赖恬昌（T'ien – Ch'ang Lai）与美国人艾德·贾玛瑞肯（Ed Gamarekian）合译的《西厢记》④ 出版。1976 年，哈罗德·阿克顿与陈世骧合译了清代孔尚任的《桃花扇》⑤，由白之整理出版（共 41 出，前 35 出加楔子由阿克顿和陈世骧合译，后 7 出由白之翻译）。1976 年，陈荔荔（Chen Li – li）翻译的《中国咏叹调——董西厢记诸宫调》⑥ 作为"剑桥中国历史、文学风俗研究"丛书之一（*Cambridge Studies in Chinese History*，*Literature and Institutions*）在伦敦出版。1980 年白之翻译汤显祖《牡丹亭》（*The Peony Pavilion*：*Mudan Ting*）。1980 年，美国学者让·莫利根在哥伦比亚大学"东方典籍译著"项目资助下翻译出版了《琵琶记》⑦，这是《琵琶记》迄今为止唯一的英

---

① Hsia Chih – tsing, Wai – yee Li, George Kao. *The Columbia Anthology of Yuan Drama*. New York：Columbia University Press, 2014.

② Wang Shifu, S. I. Hsiung, trans. *The Romance of the Western Chamber*（*Hsi Hsiang Chi*），*A Chinese Play Written in the Thirteenth Century*. London：Methuen, 1936.

③ J. I. Crump, Milena Dolezelová – Velingerová. *Ballad of the Hidden Dragon*（*Liu Chih – yuan chu – kung – tiao*）. Oxford：Oxford University Press, 1971.

④ T'ien – Ch'ang Lai, Ed Gamarekian. *The Romance of West Chamber*. Hong Kong：Heinemann Educational Books（Asia）Ltd, 1973.

⑤ Harold Acton, Chen Shil – hsiang. *The Peach Blossom Fan*. Berkeley：University of California Press, 1976.

⑥ Chen Li – li. *Master Tung's Western Chamber Romance*［*Tung Hsi – hsiang chu – kung – tiao*］*A Chinese Chantefable*. Cambridge：Cambridge University Press, 1976.

⑦ Jean Mulligan. *The Lute*：*Kao Ming's P'i – p'a chi*. New York：Columbia University Press, 1980.

文全译本。1984年杜为廉翻译了《西厢记》。1991年奚如谷和伊维德合译了《月色琴音：西厢记》（详见第一节奚如谷和伊维德部分）。

### 3. 期刊、研究专著中出现的译文

1876年，由斯坦特译出的无名氏《黄鹤楼》（The Yellow Stork Tower）发表于美国奥马哈《远东》杂志该年的第一期与第二期上。1933年，美国的戏剧理论家巴雷特·克拉克（Barrett H. Clark）编辑的《世界戏剧》（World Drama）由纽约的德阿普尔顿出版社出版，其中第227~258页收有埃塞尔·范德维尔（Ethel Van der Veer）翻译的《灰阑记》。1937年叶女士①的《中国唐代散文文学》（Chinese Prose Literature of the Tang Period A. D. 618 - 906）中收录了其自译的《莺莺传》。1965年阿瑟·韦利翻译了《莺莺传》，收入《中国文学选》（Anthology of Chinese Literature：Volume I：From Early Times to the Fourteenth Century）。1967年，斯科特在《中国传统戏剧卷1》（Traditional Chinese Plays，Volume 1）中翻译了《四郎探母》和《蝴蝶梦》。1969年斯科特在《中国传统戏剧卷2》中翻译了《思凡》和《十五贯》。1972年薇拉·欧文（Vera R. Irwin）编辑的《四部亚洲古典戏剧》（Four Classical Asian Plays. Penguin Books）一书中，收录哥伦比亚大学教授韦尔斯（Henry W. Wells）翻译的《西厢记》。1972年时钟雯出版了《对窦娥的不公平：窦娥冤研究与翻译》（Injustice to Tou O（Tou O yüan）：A Study and Translation），其中收录了《窦娥冤》的英译。1974年美国著名汉学家和翻译家威廉·麦克诺顿的《中国文选》（Chinese Literature：An Anthology from the Earliest Times to the Present Day）中收录了全译的《蝴蝶梦》（杨宪益、戴乃迭译）和节译的《西厢记》（第3、13、14折，亨利·哈特译）。1975年斯科特在《中国传统戏剧卷3》中翻译了《拾玉镯》和《女起解》。1979年，龙彼得在《欧洲汉学研究会不定期刊》（Occasional Pages，European Association of Chinese Studies）第2辑上发表《朱文：一个皮（纸）影戏本》（Chu Wen：A Play for the Shadow Theatre）。1980年柯润璞的《忽必烈汗时期的中国剧场》中有《李逵负荆》《潇湘雨》和《魔合罗》的英译（详见第一节柯润璞部分）。1982年奚如谷和伊维德合著的《中国戏剧渊源1100~1145》中有《紫云亭》《汉钟离度脱蓝采和》《宦门子弟错立身》和朱有燉的《宣平巷刘金儿复落娼》《刘盼春守志香囊怨》《美姻缘风月桃花景》（详见第一节奚如谷和伊维德部分）。1996年宇文所安编译的《诺顿中国文学选集》（An Anthology of Chinese Literature：Beginnings to 1911）中全译了《救风尘》。2000年梅维恒编选的《简明哥伦比亚中国古典文学

---

① 叶女士（Evangeline Dora Edwards，1888 - 1957），英国人，生于中国，在中国接受教育，其父为苏格兰长老会1913年派遣来华的传教士。

选集》(*The Shorter Columbia Anthology of Traditional Chinese Literature*) 中全译了《窦娥冤》。

## 二、英语世界中国古典戏剧研究

英语世界学者对中国古典戏剧进行研究的过程基本与译介同步,取得了丰硕的成果,随着中西学术交流的不断便捷与频繁,这些成果已经成为了中国学者进行戏剧研究时不可忽视的宝贵材料。这一部分将对此进行分类介绍。

### (一) 古典戏剧史研究

一般认为,祖克所著《中国戏剧》(1925) 为最早的中国戏剧史专题研究的著作,以后有阿灵顿的《中国戏剧古今谈》①、白之《中国元明清戏曲史》(1967)、澳大利亚学者马克林②《京剧的起源》③、马克林与杜为廉等合著《中国戏剧:从起源到现在》④、杜为廉《中国戏剧史》(1976)、伊维德和奚如谷合作的《中国戏剧渊源 1100~1145》(1982)、马克林《中国戏剧:一个历史的考察》⑤等著述及资料。

### (二) 古典戏剧综合研究

综合性较强的著作有约翰逊的《中国戏曲》⑥、凯特·巴斯(Kate Buss)《中国戏剧研究》⑦、葛瑞汉译为英语的朱家健(Chu Chia-Chien)《中国戏谈》(*The*

---

① L. C. Arlington. *The Chinese Drama from the Earliest Times until Today*. Shanghai: Kelly and Walsh, 1930. 此书也被称为《中国戏曲史图鉴》《古今中国戏曲概论》《中国古今戏剧》,1930 年于上海出版,内收彩色版画及插图百余幅,图案精美,印制极佳。所绘内容包括行头、盔头、化妆、舞台、道具、乐器等,几乎囊括了戏曲舞台艺术的各种门类。辅以美国汉学家阿灵顿撰写的说明文字,详细为西方读者编织出了中国戏曲史的经纬。

② 马克林除了古典戏剧史著作之外,还有近现代戏剧史著作《现代中国戏剧:1840 年至今》(*The Chinese Theater in Modern Times: From 1840 to the Present Day*. London: Thames & Hudson, 1975.) 与 Constantine Tung 合编的《新中国戏剧》(*Drama in the People's Republic of China*. Albany, N. Y.: State University of New York Press, 1987.)。

③ Colin Mackerras. *The Rise of the Peking Opera, 1770–1870: Social Aspects of the Theatre in Manchu China*. Oxford: Clarendon Press, 1972.

④ Colin Mackerras, William Dolby. *Chinese Theater: From Its Origins to the Present Day*. Honolulu: University of Hawaii Press, 1975.

⑤ Colin Mackerras. *Chinese Drama: A Historical Survey*. Beijing: New World Press, 1990.

⑥ R. F. Johnson. *The Chinese Drama*. Shanghai: Kelly and Walsh, 1921.

⑦ Kate Buss. *Studies in the Chinese Drama*. Boston: The Four Seas Company, 1922.

*Chinese Theater*，1922，原文为1922年法语版）、美籍华人梁社乾的《中国戏剧三论》①、齐如山（J. S. Chi）和李肃然（Lee Su）合著的《国剧浅释》②、程修龄（Cecelia S. L. Zung）《中国戏典》③、陈伊范（Jack Chin）《中国戏剧》④、斯科特的《中国古典戏剧》⑤和《中国戏剧入门》⑥、许道经（Tao‑Ching Hsu）《京戏三昧探释》⑦等。

### （三）宋以前戏剧研究

宋代以前的戏剧的专论不多见，除上文所述祖克的《中国戏剧》和杜为廉的《中国戏剧史》有所提及之外，只有不多的论文。如波兰汉学家日比科夫斯基（Tadeusz Zbikowski）《论中国早期戏剧演出》⑧、卜爱玲（Anneliese Bulling）《汉代艺术中的历史剧》⑨、吕元春（Lui Yuen Tsun）《商代乐舞》（*Music and Dance of the Shang Dynasty*，1971）、伊维德编《中国秦汉时期的思想与法律》⑩收录的鲁惟一撰的《角抵戏是蚩尤与轩辕之战的再现吗？》（*The Juedi Games：A Re-enactment of the Battle between Chiyou and Xianyuan？*）等。

### （四）宋、金戏剧研究

日比科夫斯基的博士论文《早期南戏》⑪是专门讨论宋代戏剧的著作，还有约瑟夫斯（H. K. Josephs）《缠达：宋代一种娱乐形式》⑫、孙玫（Sun Mei）的博

---

① George Kin Leung. *Three Short Addresses and Articles：With a Bibliography of the Articles and Lectures on the Chinese Theatre*. Times Print Shop，1931.

② J. S. Chi，Lee Su. *The Essentials of Chinese Drama*. Peiping：Ho Chi Press Ltd. 1935. 《国剧浅释》以中英文对照的形式，全面简明介绍我国戏曲发展情况和基本特点。包括剧场、舞美、服饰及音乐舞蹈等方面的知识，1935年9月北平和记印书馆印刷。

③ Cecelia S. L. Zung. *Secrets of the Chinese Drama*. Shanghai：Kelly & Walsh Ltd.，1937.

④ Jack Chin. *The Chinese Theatre*. London：Dennis Dobson，1948.

⑤ A. C. Scott. *The Classical Theatre of China*. London：George Allen & Unwin，1957.

⑥ A. C. Scott. *An Introduction to the Chinese Theatre*. Singapore：D. Moore，1958.

⑦ Tao‑Ching Hsu. *The Chinese Conception of Theatre*. Seattle：University of Washington Press，1984.

⑧ Tadeusz Zbikowski. "On Early Chinese Theatrical Performances"，*Rocznik Orientalistyczny* 26，1，1962，pp. 65 – 83.

⑨ Anneliese Bulling. "Historical Plays in the Art of the Han Period"，*Archives of Asian Art* 21，1967/1968，pp. 20 – 38.

⑩ Wilt Idema. *Thought and Law in Qin and Han China：Studies Dedicated to Anthony Hulsewe on the Occasion of His Eightieth Birthday*. Leiden：E. J. Brill，1990.

⑪ Tadeusz Zbikowski. *Early Nan‑hsi Plays of the Southern Sung Period*. Warsaw：Wydawnictwa Universytetu Warsawskiego，1974.

⑫ H. K. Josephs. "The Chanda. A Sung Dynasty Entertainment"，*T'oung Pao*，No. 62，1976，pp. 167 – 198.

士论文《南戏：最早的戏曲形式》① 等。

研究金代戏剧的有奚如谷的《杂耍与叙事：金代戏剧面面观》（1977）；还有一些关注于宋金时期诸宫调的论著，如华裔学者陈荔荔撰写的一系列论文：《"刘知远"与"西厢记"诸宫调中运用的口语描写和文学手段之关系》②《诸宫调的外部与内部形式及其与变文、词、白话小说的关系》③《诸宫调发展的某些背景信息》④ 和伊维德的《诸宫调的演出与阐释》⑤。

## （五）元代戏剧研究

### 1. 元代戏剧综合研究

元剧的综合研究有刘君若的博士论文《中国十三世纪的杂剧》⑥、时钟雯的《中国戏剧的黄金时代——元杂剧》⑦、柯润璞的《忽必烈汗时期的中国戏剧》（1980，详见第一节）、奚如谷的《蒙古人对南戏的影响》（*Mongol Influence on Northern Drama*，1981）、石光生（Kuang-sheng Shih）的《元杂剧的仪式方面》⑧、傅鸿础（Hongchu Fu）的《历史化的中国戏剧：元杂剧的权力和政治》⑨、伊维德的《我们读到的是"元"杂剧吗：杂剧在明代宫廷的嬗变》（*Why You Never Have Read a Yuan Drama：The Transformaion of Zaju at the Ming Court*，1996）、奚如谷的《文本和意识形态：明代编辑者和元杂剧》（*Text and Ideology：Ming Editors and Northern Drama*，1998）、田民（Min Tian）的《元杂剧表演中的舞台指导》⑩、张帆（Fan Jeremy Zhang）的《戏剧维系精神：金元时期平阳的艺

---

① Sun Mei. *Nanxi：the Earliest Form on Xiqu（Traditional Chinese Theatre）*. Honolulu：University of Hawai-i，1995.
② Chen Li-li. "The Relationship between Oral Presentation and the Literary Devices Used in Liu Chih-yuan and Hsi-hsiang chu-kung-tiao"，*Literature East and West*，Vol. 14，1970，pp. 519-528.
③ Chen Li-li. "Outer and Inner Forms of Chu-kung-tiao, with Reference to Pien-wen, Tz'u and Vernacular Fiction"，*Harvard Journal of Asiatic Studies* 32，1972，pp. 124-49.
④ Cheb Li-li. "Some Background Information on the Development of Chu-kung-tiao"，*Harvard Journal of Asiatic Studies* 33，1973，pp. 224-37.
⑤ Wilt Idema. "Performance and Construction of the Chu-kung-tiao"，*Journal of Oriental Studies*，16，1978，pp. 63-78.
⑥ Chun-jo Liu. *A Study of the Tsa-chü of the Thirteenth Century in China*. University of Wisconsin，1952.
⑦ Shih Chung-wen. *The Golden Age of Chinese Drama：Yuan Tsa-chü*. Princeton，N. J.：Princeton University Press，1976.
⑧ Kuang-sheng Shih. *Ritualistic Aspects of Yuan Tsa-chu Theater*. University of California，1992.
⑨ Hongchu Fu. *Historisizing Chinese Drama：The Power and Politics of Yuan Zaju*. University of Carlifornia，1995.
⑩ Min Tian. "Stage Directions in the Performance of Yuan Drama"，*Comparative Drama* 39. 3，2005，pp. 397-443.

术、仪式和剧场，1150—1350》①。

### 2. 元杂剧体裁、风格研究

这部分的研究有彭镜禧的《被延缓的判断：元剧的内文体研究》②、张炳祥（Ping-Cheung Cheung）的《元杂剧里的通俗闹剧与悲剧》③、冯国忠（Guozhong Feng）的《元杂剧中的悲剧》④、卢伟力（Wai Luk Lo）的《传统中国戏剧的悲剧维度：元杂剧研究》⑤。此外还有杨富森的《元杂剧中诗的功能》⑥、时钟雯的《元剧中的诗歌意象》（*The Poetic Images in Yuan Drama*，1977）。

### 3. 语言、音乐方面的研究

关于元剧的研究还有语言学方面的成果，如米勒（R. P. Miller）的博士论文《元杂剧宾白中的虚词》⑦、德林格（Paul B. Denlinger）的博士论文《中古汉语研究》⑧把元剧的语言问题放在汉语语言学的大背景下进行了考察，刘君若《元杂剧中衬字的语法功能》⑨、迪尤（James E. Dew）的博士论文《元杂剧对话中的动词短语结构》⑩，著名意大利蒙古学及元史学家罗依果（Igor de Rachewiltz）的《元代中国语言问题略论》⑪。

音韵曲韵方面有斯廷森（Hugh M. Stimson）《〈中原音韵〉的语音学》⑫和《〈中原音韵〉：早期官话音韵系统研究》⑬、白牧之的《元杂剧与京剧之曲词的比较分析》（*Comparative Analysis of Arias in Yüan Ch'ü and Peking Opera*，1974），还

---

① Fan Jeremy Zhang. *Drama Sustains the Spirit*：*Art*，*Ritual*，*and Theater in Jin and Yuan Period Pingyang*，*1150 – 1350*. Brown University，2011.

② Ching – Hsi Perng. *Judgement Deferred*：*An Intra – genre Criticism of Yuan Drama*. University of Michigan，1977.

③ Ping – Cheung Cheung. *Melodrama and Tragedy in Yüan Tsa – chü*. University of Washington，1980.

④ Guozhong Feng. *Tragedies in Yuan Drama*. Washington University，1992.

⑤ Wai Luk Lo. *Tragic Dimensions of Traditional Chinese Drama*：*A Study of Yuan Zaju*. City University of New York，1994.

⑥ Richard F. S. Yang. "The Function of Poetry in the Yuan Drama"，*Monumenta Serica*：*Journal of Oriental Studies*，Vol. XXIX. Los Angeles：The Monumenta Serica Institute at the University of California，1971.

⑦ Robert P. Miller. *The Particles in the Dialogue of Yuan Drama*：*A Descriptive Analysis*. Yale University，1952.

⑧ Paul B. Denlinger. *Studies in Middle Chinese*. University of Washington，1962.

⑨ Chun – jo Liu. "An Investigation on the Ch'en – tzu in Yuan tsa-chu"，*PCELI*，1964.

⑩ James E. Dew. *The Verb Phrase Construction in the Dialogue of Yuan Tzarjüh*：*A Description of the Arrangements of Verbal Elements in an Early Modern Form of Colloquial Chinese*. University of Michigan，1965.

⑪ Igor de Rachewiltz. "Some remarks on the language problem in Yuan China"，*Journal of the Oriental Society of Australia*，1967.

⑫ Hugh M. Stimson. "Phonology of the Chung yuan yin-yun"，*THHP*，*N. S.*，3，1962，pp. 114 – 159.

⑬ Hugh M. Stimson. *The Chung – yuan Yin Yun*：*A Study in an Early Mandarin Phonological System*. Yale University，1966.

有章道犁的《元曲韵律学》①和《元咏唱剧：韵律和结构的研究并附北方戏文全目》②，后者可谓该方面集大成之作。

### 4. 戏剧题材研究

公案戏的研究有海登的博士论文《元代包公戏》③，以及《中国中世纪戏剧中的罪与罚——三部包公戏》④《元代与明初的公案剧》⑤和载于汤普森（L. G. Thompson）主编的《亚洲研究：陈受颐教授75寿辰纪念文集》（*Studia Asiatica*：*Essays in Felicitation of the 75th Anniversary of Professor Ch'en Shou - yi*）中的论文——《包公传说：从开端到元杂剧》（The Legend of Judge Pao：From the Beginnings through the Yuan Dynasty, 1976），这些是关于包公和公案戏的研究成果。彭镜禧也作了《双难：评七部元代公案戏》⑥，选研了七部元代代表性的公案戏。还有恩斯特·沃尔夫（Ernst Wolff）的论文《元杂剧中的公案场景》⑦。

才子佳人戏的研究有姚舒华（Christina Shu - hwa Yao）的博士论文《才子佳人：元明清时期的爱情剧》⑧。边疆戏的研究有雷碧玮（Daphne Pi - Wei Lei）的博士论文《边疆故事：中国传统戏剧中的性别和跨文化冲突》⑨为代表。此外还有余晓玲的《元杂剧中的道家主题》（*Taoist Themes in Yuan Drama*, 1988）。

### 5. 戏剧人物研究

关于戏剧人物研究有梁社乾的《关公的戏剧角色》（1926）、杨富森的博士论文《元代杂剧中的吕洞宾》⑩、柯润璞的《中国史诗、歌谣与戏剧里的刘知远》（1970）、威廉·荷密（Helmut Wilhelm）的《元杂剧中的庄子戏》⑪、罗斯

---

① Dale R. Johnson. *The Prosody of Yuan Drama*. University of Michigan, 1968.

② Dale R. Johnson. *Yuan Music Dramas：Studies in Prosody and Structure and a Complete Catalogue of Northern Arias in the Dramatic Style*. Ann Arbor：Center for Chinese Studies, University of Michigan, 1980.

③ George A. Hayden. *The Judge Pao Plays of the Yuan Dynasty*. Stanford University, 1971.

④ George A. Hayden. *Crime and Punishment in Medieval Chinese Drama：Three Judge Pao Plays*. Cambridge, MA：Harvard University Press, 1978.

⑤ George A. Hayden. "The Courtroom Plays of the Yüan and Early Ming Periods", *Harvard Journal of Asiatic Studies* 34, 1974, pp. 192 - 220.

⑥ Ching - Hsi Perng. *Double Jeopardy：A Critique of Seven Yuan Courtroom Dramas*. Ann Arbor：University of Michigan, Center for Chinese Studies, 1978.

⑦ Ernst Wolff. "Law Court Scenes in the Yuan Drama", *Monumenta Serica*, 1970 - 1971, 29, pp. 193 - 205.

⑧ Christina Shu - hwa Yao. *Cai - zi Jia - ren：Lover Drama During the Yuan, Ming and Qing Periods*. Stanford University, 1983.

⑨ Daphne Pi - Wei Lei. *Performing the Borders：Gender and Intercultural Conflicts in Premodern Chinese Drama*. Tufts University, 1999.

⑩ Richard F. S. Yang. *Lü Tung - pin in the Yuan Drama*. University of Washington, 1956.

⑪ Helmut Wilhelm. "On Chuang - Tzu Plays from the Yüan Store", *Literature East and West* 17, Nos. 2 - 4, 1973.

（G. V. Ross）的博士论文《戏剧中的关羽》①、陈凡平（Fan Pen Li Chen）的博士论文《在中国文学里杨贵妃的形象转变》②、姜翠芬（Tsui－fen Jiang）的博士论文《性倒错：元代戏剧中的妇女》③、贝西奥（K. A. Besio）的博士论文《挑战者：元杂剧中作为喜剧人物的张飞》④、麦卡琳（Karin E. Myhre）的《元杂剧中的鬼魅形象》⑤、刘晓芬（Hsiao－fen Liu）的《关汉卿杂剧中的女主人公》⑥。

还有伊维德的《元和早明时期白话文学中的司马相如和卓文君的故事》（The Story of Ssu－ma Hsiang－ju and Cho Wen－chün in Vernacular Literature of the Yüan and Early Ming Dynasties，1984）、《性与贞：弘治本〈西厢记〉中莺莺的形象塑造》（Sexuality and Innocence：The Characterization of Oriole in the Hongzhi Edition of the Xixiangji，1994）、《诗人、大臣和僧侣的冲突：1250—1450年间杂剧中的苏轼形象》（Poet Versus Minister and Monk：Su Shi on Stage in the Period 1250－1450，1987）。

此外还有柳无忌的《作为元杂剧支配主题的普通人》（1969）、徐伟（V. Hsu）的《元杂剧里作为喜剧形象的僧尼》（1970）、彭镜禧的《元杂剧中的三种传统性格》（1978）、黄梅淑（Mei－Shu Huang）《论中国传统戏剧里人物的自我描绘》（1982）、B. M. Kaulback《中国歌剧里的女英雄：真实或虚构的形象》（1982）等。

关于戏剧行当的有梁社乾的《中国旦角：争雄于舞台的妇女》⑦《中国戏剧里的"净"或花脸》⑧、《中国戏剧里的丑角》（1930）、考贝克（B. M. Kaulback）《中国戏剧里的"生"或男角》（1950）、米兰达（N. Miranda）《中国古代喜剧中的女角》（1990）等。

**6. 作家作品研究**

关于关汉卿及其作品的研究成果主要有：西顿的博士论文《关汉卿其人其

---

① G. V. Ross. *Kuan Yu in Drama*：Translation and Critical Discussion of Two Yuan Plays. University of Texas at Austin，1976.

② Fan Pen Li Chen. *Yang Kuei－fei*：Changing Images of a Historical Beauty in Chinese Literature. Columbia University，1984.

③ Tsui－fen Jiang. *Gender Reversal*：Women in Chinese Drama under Mongol Rule（1234－1368）. University of Washington，1991.

④ Kimberly A. Besio. *The Disposition of Defiance*：Zhang Fei as a Comic Hero of Yuan Zaju. University of California，Berkeley，1992.

⑤ Karin E. Myhre. *The Appearances of Ghosts in Northern Dramas*. University of California，1998.

⑥ Hsiao－fen Liu. *Female Personae in Dramas by Guan Hanqing*. California State University，2005.

⑦ George Kin Leung. "The Chinese actress"，*Asia*，1927，Vol. 27.

⑧ George Kin Leung. "The Ching or Painted Face Characters of the Chinese Stage"，*China Journal*，1930.

作》①、谢辰佑（Chen-ooi Chih Hsieh）的博士论文《〈窦娥冤〉的主题演变》②、西顿的《〈陈母教子〉：一出元代闹剧及其蕴意》（*Mother Ch'en Instructs Her Sons*：*A Yuan Farce and Its Implications*，1976）、奚如谷的《臧懋循改写〈窦娥冤〉研究》③、夏颂的博士论文《修辞、传奇和互文性：关汉卿在中国元、明时期的构造和重构》④、夏颂的《滑稽的德行和值得称赞的恶行：关汉卿的〈救风尘〉及〈望江亭〉》⑤、凯莉·伯恩斯（Kelli Byrnes）的硕士论文《失意的天香：关汉卿的〈钱大尹智宠谢天香〉的分析与翻译》⑥等，此外还有杜为廉对关汉卿的一系列研究（详见第一节）。

关于马致远及其作品的研究成果有：杰克逊（B. K. Jackson）的博士论文《元代戏剧家马致远及其作品》⑦、王琳达（Linda G. Wang）的博士论文《马致远的散曲与杂剧》⑧、伊维德的《李开先的〈改定元贤传奇〉及在马致远两剧本中显现的元杂剧文本的传播》⑨。

关于王实甫及其作品则有贺尚仙（Shang-hsien Ho）博士论文《13世纪剧本〈西厢记〉研究》⑩、姚舒华的《内部谋篇：〈西厢记〉中的象征结构》（*The Design Within*：*The Symbolic Structure in Hsi-hsiang-chi*，1976）、佛思克（M. G. Fosque）的博士论文《〈西厢记〉研究》⑪、萨莉·K. 丘奇（Sally K. Church）的《金圣叹的〈西厢记〉评论》⑫和《超越语言：金圣叹关于〈西厢记〉中的隐含意义的观念》（*Beyond the Words*：*Jin Shengtan's Perception of Hidden Meanings in*

---

① Jerome P. Steaton. *A Critical Study of Kuan Hanch'ing*：*The Man and His Work*. Indiana University，1969.

② Chen-ooi Chih Hsieh. *Evolution of the Theme of Tou O Yuan*. Ohio State University，1974.

③ Stephen West. "A Study in Appropriation：Zang Maoxun's Injustice to Dou E"，*Journal of the American Oriental Society* 111. 2，1991，pp. 283-302.

④ Patricia A. Sieber. *Rhetoric*，*Romance*，*and Intertextuality*：*The Making and Remaking of Guan Hanqing in Yuan and Ming China*. University of California，1994.

⑤ Patricia A. Sieber. "Comic Virtue and Commendable Vice：Guan Hanqing's Jiu Fengchen and Wang Jiangting"，*Ming Studies*，1994.

⑥ Kelli Byrnes. The Frustrations of Heaven's Fragrance：An Analysis and Translation of Guan Hanqing's Qian Dayin Zhichong Xie Tianxiang. Arizona State University，2011.

⑦ B. K. Jackson. The Yuan Dynasty Playwright Ma Chih-yuan and His Dramatic Works. The University of Arizona，1983.

⑧ Linda G. Wang. A Study of Ma Chih-yuan's San Ch'u and Tsa Chu Lyrics. University of California，1992.

⑨ Wilt L. Idema. "Li Kaixian's Revised Plays by Yuan Masters（Gaiding Yuanxian Chuanqi）and the Textual Transmission of Yuan Zaju as Seen in Two Plays by Ma Zhiyuan"，*Chinoperl* 26，2005.

⑩ Shang-hsien Ho. A Study of The Western Chamber：A Thirteenth Century Chinese Play. The University of Texas，1976.

⑪ M. G. Fosque. Xixiang Ji：A Study of Yuan Drama. Georgetown University，1983.

⑫ Sally K. Church. Jin Shengtan's Commentary on the "Xixiang ji"（The Romance of the Western Chamber）. Harvard University，1993.

*Xixiang Ji*,1999)、王炯（Jong Wang）的《〈西厢记〉中爱情故事的理想主义：一个历史的考察》①。

关于纪君祥及其作品的研究主要有柳无忌的《最早的〈中国孤儿〉》②、奥尔德里奇（A. O. Aldridge）的《中国戏剧的首次英译》(1988)、伊维德的《〈赵氏孤儿〉：自我牺牲、悲剧选择和复仇以及元杂剧在明代宫廷的儒化》③、陆润棠的著作《中西比较戏剧》(1990) 中收录了夏瑞春所作的《法、英、德及中国香港文学中的赵氏孤儿》。

其他元剧研究的成果还有卡瓦诺（J. T. Cavanaugh）研究白朴的著作《白朴之剧作》④，其中收录了《梧桐雨》《墙头马上》两出剧本；奚如谷的《北杂剧〈虎头牌〉里的女真成分》（*Jurchen Elements in the Northern Drama Hu - t'ou - p'ai*，1977）。

### 7. 元杂剧与外国戏剧的比较研究

这一领域代表性的研究有刘若愚撰写的比较研究专著《伊丽莎白时代与元朝：若干诗剧常规简明比较》⑤，后来这部书被收入夏写时、陆润棠的比较研究集《比较戏剧论文集》(1988)。叶坦（Tan Ye）的《爱情偶像的表述：〈西厢记〉爱情故事与〈罗密欧和朱丽叶〉的比较》⑥，后以专著《元杂剧和伊丽莎白时期戏剧中的一般戏剧符码》⑦为名出版。周文彬（J. Wen - pin Chou）的《元杂剧和英国家庭剧里的家庭纠纷》⑧、魏淑珠（Shu - chu Wei）的《元曲与英国复兴戏剧比较研究》⑨。

此外还有华尔（K. W. Hall）的比较研究博士论文《灰阑记：从李行道到布莱希特》、刘（J. C. H. Liu）的《来自幽冥世界的抗议元曲和伊丽莎白戏剧中复

---

① Jong Wang. An Idealism of Romance in Xi Xiangji：A Historical Study，PhD Thesis，University of Hawaii，1996.

② Liu Wu - chi. "The Original Orphan of China"，*Comparative Literature* 5.3，1953.

③ Wilt L. Idema. "The Orphan of Zhao：Self - Sacrifce，Tragic Choice and Revenge and the Confucianization of Mongol Drama at the Ming Court"，*Cina* 21，1988.

④ Jerome T. Cavanaugh. *The Dramatic Works of the Yuan Dynasty Playwright Pai P'u*. Stanford University，1975.

⑤ James Liu. *Elizabethan and Yuan：A Brief Comparison of Some Conventions in Poetic Drama*. London：China Society，1955.

⑥ Tan Ye. The Presentation of Love Idols：A Comparison Between "The Romance of the Western Chamber" and "Romeo and Juliet"，PhD Thesis，Washington University，1991.

⑦ Tan Ye. *Common Dramatic Codes in Yüan and Elizabethan Theaters：Characterization in Western Chamber and Romeo and Juliet*. Lewiston：Edwin Mellen Press，1997.

⑧ Joanne Wen - pin Chou. Domestic Strifes in Chinese Yuan 'tsa - chu' and English Domestic Drama. University of Illinois at Urbana - Champaign，1991.

⑨ Shu - chu Wei. *Chinese Yuan and English Renaissance Theatres：A Comparative Study*. University of Massachusetts，1991.

仇的鬼魂》、都文伟（Wenwei Du）的《〈灰阑记〉的回返：从元杂剧经由西方舞台再到京剧》①。

### （六）明代戏剧研究

关于明代戏剧的研究有赵肖（L. O. Shau Chou）的博士论文《明代传奇剧剖析》(The Ming Gi'uen Ch'i Drama：Anatomy of a Popular Theater，1964)、洪（J. H. Hung）的《明代戏曲》（1966）、白之的《明传奇的视野与方法》(Some Concerns and Methods of the Ming Ch'uan-ch'i Drama，收入《中国文体研究》②)、刘邦瑞（Marjory Bong-Ray Liu）的博士论文《昆曲之嬗变》（1976）、威尔逊（D. K. Wilersion）的《明代戏剧中的诗和历史意识》（1992）、沈广仁（Grant Guangren Shen）的博士论文《明朝的戏剧演出》③、熊贤关（Hsien-kuan Ann-Maria Hsiung）的博士论文《寻找中国前现代文本中的女性：对明代戏剧的女性主义再审视》④、沈静（Shen Jing）的博士论文《传奇剧中的文学运用》⑤、何予明（He Yuming）的博士论文《生产性空间：晚明的表演文本》⑥、沈广仁的《明代文人戏》⑦。

关于汤显祖及其剧作的研究有白之的论文《牡丹亭或还魂记》（1974）和《牡丹亭结构》（1980）、胡（J. Y. H. Hu）的《从冥府到人间：〈牡丹亭〉结构分析》（1980）、唐（S. L. Tang）的博士论文《汤显祖的〈四梦〉》（1975）、陈望（C. Wang Chen）的博士论文《邯郸记的讽刺艺术》（1975）、华玮（Wei Hua）的博士论文《寻求"和"：汤显祖戏剧艺术研究》⑧、杨塞新（Sai-shing Yang）的博士论文《邯郸记评析》（1992）、邱子修（Tzu-hsiu Beryl Chiu）的博士论文《20世纪晚期阅读汤显祖：〈玉茗堂四梦〉》⑨、吕立亭（Tian Lu）的

---

① Wenwei Du. "The Chalk Circle Comes Full Circle：From Yuan Drama through the Western Stage to Peking Opera"，Asian Theatre Journal 12.2，1995.

② Cyril Birch, ed. Studies in Chinese Genres. Berkeley：University of California Press，1974.

③ Grant Guangren Shen. Theatre Performance during the Ming Dynasty，PhD Thesis，University of Hawaii at Manoa，1994.

④ Hsien-kuan Ann-Maria Hsiung. Seeking Women in Pre-modern Chinese Texts：A Feminist Re-vision of Ming Drama (1368 – 1644)，PhD Thesis，University of Hawaii at Manoa，1995.

⑤ Shen Jing. The Use of Literature in Chuanqi Drama，PhD Thesis，Washington University，2000.

⑥ He Yuming. Productive Space：Performance Texts in the Late Ming，PhD Thesis，University of California，2003.

⑦ Grant Guangren Shen. Elite Theatre in Ming China，1368 – 1644. London：Routledge，2005.

⑧ Wei Hua. The Search for Great Harmony：A Study of Tang Xianzu's Dramatic Art，PhD Thesis，University of California，1991.

⑨ Tzu-hsiu Beryl Chiu. Reading Tang Xian-zu in the Late Twentieth Century：Yu-ming Tang Si Meng，PhD Thesis，University of Geogia，1997.

《个人、角色和心理：〈牡丹亭〉和〈桃花扇〉中的身份》①、史恺悌（Catherine C. Swatek）的《舞台上的〈牡丹亭〉》②。

徐永明和陈靝沅主编的《英语世界的汤显祖研究论著选译》（浙江古籍出版社 2013 年版）中也包含了 15 篇论文。③

伊维德是英语世界朱有燉研究的第一人，他在这方面的论著见本章第一节。关于高明和《琵琶记》的研究主要是莫利根的博士论文《琵琶记及其在传奇发展中的作用》（1976）。

关于明代其他作家作品的研究，主要是司马黛兰（Deborah A. Sommer）的博士论文《丘濬》（1993）、傅静宜（J. F. Faurot）的博士论文《明代戏剧家徐渭四声猿》（1972）、梁以辰（I-Ch'en Liang）的《徐渭生平及其作品》（1973）、梁启成（Kai-cheng Leung）的博士论文《作为戏曲评论家的徐渭：南词叙录注释》（1974）、伊尔（E. Yee）所著的《爱情和新儒家正统观念的对抗：明代戏剧家高濂玉簪记述评》（1977）。

---

① Tian Lu. *Persons, Roles, and Minds: Identity in Peony Pavilion and Peach Blossom Fan*. Stanford: Stanford University Press, 2001.

② Catherine C. Swatek, *Peony Pavilion Onstage: Four Centuries in the Career of a Chinese Drama*, Ann Arbor: Center for Chinese Studies, The University of Michigan, 2002.

③ 包括：夏志清《汤显祖笔下的时间与人生》（"Time and the Human Condition in the Plays of T'ang Hsien-tsu", *Self and Society in Ming Thought*, ed. W. T. de Bary, New York: Columbia University Press, 1970.）、李惠仪（Li Wai-yee）《晚明时刻》（*The Late-Ming Moment*）、芮效卫（David T. Roy）《汤显祖创作〈金瓶梅〉考》（*The Case for Tang Hsien-tsu's Authorship of the Jin Ping Mei*）、雷威安（Andre Levy）《汤显祖和小说〈金瓶梅〉的作者身份》（*Tang Xianzu and the Authorship of the Novel Jin Ping Mei under the Light of Some Data regarding the Play Mudanting*）、伊维德《"睡情谁见"——汤显祖对本事材料的转化》（"What Eyes May Light upon My Sleeping From?: Tang Xian-zu's Transformation of His Source, With a Translation of Du Liniang Craves Sex and Return to Life", *Asia Major*, Vol. 16, 2003.）、袁书菲（Sophie Volpp）《文本、塾师与父亲——汤显祖〈牡丹亭〉中的教学与迂儒》（*Texts, Tutors, and Fathers: Pedagogy and Pedants in Tang Xianzu's Mudan ting*）、吕立亭（Tian Lu）《情人的梦》（*Persons, Roles, and Minds: Identity in Mudan ting and Tao-hua shan*）、蔡九迪（Judith T. Zeitlin）《异人同梦：〈吴吴山三妇合评牡丹亭〉考释》（*Shared Dreams: The Story of the Three Wives Commentary on The Peony Pavilion*）、华玮《〈牡丹〉能有多危险？——文本空间、〈才子牡丹亭〉与情色天然》（"How Dangerous Can the Peony Be? Textual Space, Caizi Mudan ting, and Naturalizing the Erotic", *The Journal of Asian Studies*, Vol. 65（4）, 2006.）、白之《〈牡丹亭〉英译第二版前言》（*Preface to the Second Edition of the Peony Pavilion/Mudan Ting in English*）、王靖宇（Ching-yu John Wang）《"姹紫嫣红"——〈牡丹亭·惊梦〉三家英译评点》（*Multiflorate Splendor - A Commentary on Three English Translation of Scene 10 of The Peony Pavilion*）、陆大伟（David Rolston）《陈士争版〈牡丹亭〉的传统与革新》（*Tradition and Innovation in Chen Shi-Zheng's Peony Pavilion*）、史恺悌《〈牡丹亭〉与昆曲戏剧文化》（*Mudan ting and the Theatrical Culture of Kun Opera*）、沈静（Shen Jing）《〈紫钗记〉对〈霍小玉传〉的改写》（*Huo Xiaoyu zhuan in Zichai ji*）、容世诚（Sai-shing Yung）《〈邯郸记〉的表演场合》（*The Performance Contexts of Han-tan chi*）。

### （七）清代戏剧研究

周克勤（Christian Jochim）的《清朝皇家观众礼仪：儒家社会的道德——宗教维度》（1980）及同年出版的邓学基（Shoji Deng）《清剧》（1980）是对清代戏剧的整体研究。

关于李渔的研究有毛国权（Nathan K. Mao）的论文《李笠翁的戏剧理论》（1975）、范明仁（Mingren Fan）的《评李渔改编之琵琶记第 28 出兼谈其戏剧理论》（1989）、毛国权、柳存仁的著作《李渔》①、亨利（Eric P. Henry）的《中国娱乐：李渔之剧作》②、韩南的《创造李渔》。

关于孔尚任的研究有韩禄伯的博士论文《桃花扇：一个中国剧本里的人格修养问题》（1975）和著作《孔尚任的世界》③、卡尔沃多娃（D. Kalvodova）的《孔尚任的生平》（1975）、张春树（Chun-Shu Chang）的《孔尚任与桃花扇：一个戏剧家对明清两朝传统的探索》（1978）。

另外还有王瑷玲（Ay-ling Wang）的博士论文《洪昇〈长生殿〉之艺术》④、蔡芝（Dietrich Tschanz）的博士论文《早期清代戏剧和吴伟业的剧作》⑤。

自以《赵氏孤儿》为开端的中国古典戏剧进入英语世界起，至今已经有近三百年的历史，期间涌现的翻译研究成果蔚为大观，以上的列举虽然涵盖大部分著作，但终究并不能做到穷尽所有。中国学者对英语世界译介研究的关注也有百年的时间，有一些重要的成果，如王丽娜的《中国古典小说戏曲名著在国外》，考察了 16 部古典戏剧的海外传播，孙歌、陈燕谷、李逸津合著的《国外中国古典戏曲研究》，张海惠主编的《北美中国学：研究概述与文献资料》中关于古典戏剧的部分，曹广涛的《英语世界的中国传统戏剧研究与翻译》等；还有大量关于古典戏剧整体或针对个别戏剧作品进行研究的学位论文、期刊论文、目录索引，如赵征军的《中国戏剧典籍译介研究——以〈牡丹亭〉的英译与传播为中心》、李以建的《中国传统戏剧在西方》、黄鸣奋的《英语世界中国古代戏曲之传播》、孙玫的《国外研究中国戏曲的英语文献索引》、刘文峰的《中国戏曲在港澳台和海外年表》、林舒俐和郭英德的《中国古典戏曲研究英文论著目录（1998—

---

① Nathan K. Mao, Liu Ts'un-yan. *Li Yu*. Boston：Twayne Publishers, 1977.
② Eric. P. Henry. *Chinese Amusement*：*The Lively Plays of Li Yu*. Hamden, Conn.：Archon Books, 1980.
③ Robert E. Strassberg. *The World of K'ung Shang-jen, a Man of Letters in Early Ch'ing China*, New York：Columbia University Press, 1983.
④ Ay-ling Wang. The Artistry of Hong Sheng's Changshengdian, PhD Thesis, Yale University, 1992.
⑤ Dietrich Tschanz. Early Qing Drama and the Dramatic Works of Wu Weiye (1609-1672), PhD Thesis, Princeton University, 2002.

2008)》、李安光的《英语世界的元杂剧研究》等均可作为参考①。另外，国外学者出版过的一些文献索引也可以较为全面地提供译文相关的信息，如戴维森编辑的《中国文学作品的英、法、德译文目录》(1952)，曼纽·D.娄普兹主编的《中国戏剧：评论、批评和剧本的英译之注解书目索引》(1991)，美国都文伟的《百老汇的中国题材与戏曲》(2002) 等。

## 第三节　英语世界中国古典戏剧译介与研究的贡献与变异

通过上一节的梳理和归纳，可以看到英语世界学者在古典戏剧研究领域的成果角度多样且新意频出，他们的研究无疑在世界范围内丰富了古典戏剧研究的内容，作为不同于本土研究者的他者，其成果也是国内研究的优质补充，国内与英语世界学术思想的交流自19世纪末20世纪初开始日益频繁，不断相互借鉴、相互启发，这既得益于英语世界中的新观念新方法，也有赖于中国学者世界性的眼光。本节探讨英语世界中国古典戏剧译介与研究成果对国内研究的启发和变异。

### 一、英语世界中国古典戏剧译介与研究的贡献

古典戏剧在传统中国文学中长期不被重视，甚至被视为"小道末流"，不但在"经史子集"四部体制之中没有获得与诗文对等的地位，而且一些著名剧作家的生平事迹也不见于正史记载，以至于一些知名剧作如《西厢记》至今还有作者之争②。提及元代戏剧繁荣，学者往往将当时科举中断，断绝了儒生读书入仕之途作为其原因之一，这也说明戏剧是仕途失落者为生计而为之，这样的观念导致古典戏剧的研究一直不被重视，与其他传统诗话、词话等诗文理论相比，戏剧研究的发展也比较缓慢。虽有钟嗣成、夏庭芝等编录剧作家和演员的小传，也有李渔、焦循、姚燮等对戏剧的历史、剧目、音律、演出等方面做出考证和总结，但

---

① 国内相关的著作情况可见李安光《国内"英语世界元杂剧的译介与研究"之综述——兼论该课题的学术意义与价值》，载于《云南艺术学院学报》2015年第3期，第57、62页。

② 《西厢记》原本和元代其他版本都已失传，明清两代又经历大量传抄、修改、校注，学者对原书的作者产生了分歧。关于其作者，有王实甫作（源于钟嗣成《录鬼簿》，王季思、赵景深、张人和等支持）、关作王续（源于明成化鲁氏刻本，徐子方、孔繁信等支持）、关汉卿作（源于明都穆《南濠诗话》，吴金夫、董如龙等支持）、王作关续（源于王世贞《艺苑卮言》，王国维、吴梅等支持）四种说法。

戏剧研究终究没有成为传统学术主流中的一支。① 1904年，林传甲在京师大学堂任教时编纂的《中国文学史》讲义，以文体为纲，注重作文方法，没有涉及戏剧具体的篇目内容，但对戏剧评价很低，他在"元人文体为词曲说部所紊"一章中认为"元之文格日卑，不足比隆唐宋者，更有故焉，讲学者即通用语录文体。而民间无学不识者，更演为说部文体，变乱陈寿三国志，及与正史相溷，依托元稹会真记，遂成淫亵之词"，② 并批评了日本学者笹川种郎在《中国历朝文学史》（1898年）中赞扬戏剧的做法。

英语世界的情况却恰恰相反，翟理斯在他的《中国文学史》中就已经关注到了戏剧在元代的突出发展，在"蒙古人之朝代"和"明代"两章中都有对戏剧的专门论述。这是英语世界最早的中国文学史著作，③ 可以说在英语世界学者的研究中，一开始就把戏剧与儒家经典、辞赋、史传、诗词并列作为中国文学史研究的一部分。翟理斯对待戏剧的态度在一定程度上也影响了后来的中国文学史著作。西方学者在文学史的研究中注意到古典戏剧并非偶然，因为亚里士多德在《诗学》中探讨了悲剧和史诗，并认为悲剧高于史诗。可以说，戏剧自初就没有离开过研究者的视线。

国内首先强调戏剧重要性的是梁启超，他在《论小说与群治之关系》中说到"小说之支配人道也，复有四种力"，在解释第三种"刺"时，他举出例子："刺也者，能入于一刹那顷忽起异感而不能自制者也。我本蔼然和也，乃读林冲雪天三限、武松飞云浦厄，何以忽然发指？我本愉然乐也，乃读晴雯出大观园、黛玉死潇湘馆，何以忽然泪流？我本肃然庄也，乃读实甫之琴心、酬简，东塘之眠香、访翠，何以忽然情动？若是者，皆所谓刺激也"，这里的"情动"之因就是王实甫的《西厢记》、孔尚任的《桃花扇》，梁启超所说的可以"新一国之民"的"小说"，实际上是包含戏剧在内的。当时的中国正处于外患不断的时期，梁

---

① 钟嗣成（约1279~约1360），著有《录鬼簿》，后经作者本人两次修订，记载了金元曲家一百五十二人，著录杂剧名目四百五十二种。夏庭芝（约1300~1375），著有《青楼集》，记录了元代大城市中一百余位戏曲女演员的生活片段。李渔（1611~1680），所著《闲情偶寄》中的《词曲部》《演习部》论述了戏曲、歌舞。焦循（1763~1820），著有《剧说》，辑录一百五十余家关于取、剧的论述，记载遗闻轶事、故事来源，分析研究了部分古典剧、曲。对戏曲方面某些问题的渊源与演变、角色命名的由来和含义，也作了探讨。姚燮（1805~1864），著有《今乐考证》和《今乐府选》，《今乐考证》辑录戏曲作家、作品名目、作家生平和诸家评论，还间有剧情提要和作者自己的考证，《今乐府选》是戏曲总汇，全书入载的金元明清诸宫调、杂剧、传奇、散曲达四百二十九种，计一百九十二册。
② 林传甲：《中国文学史》，武林谋新室宣统二年六月朔校正再版，第一百八十二页。
③ 世界范围内的第一部中国文学史是俄国汉学家瓦西里耶夫（王西里）的《中国文学史纲要》，1880年圣彼得堡秀列维奇印刷所出版，这部书虽然对古典戏剧着墨不多，但是给出了较高的评价，比如他认为《西厢记》"即便在全欧洲恐怕也找不出多少像这样完美的剧作"。关于这部文学史的情况，可见李明滨《世界第一部中国文学史》（《文史知识》2003年第1期）、赵春梅《瓦西里耶夫与中国》（学苑出版社2007年版）等。

启超作为改良政治家，充分认识到"小说（此处应包含戏剧）"的政治宣传与思想教化作用，承认了"小说"启迪民众的作用，若要积极发挥戏剧的这种作用，就必须以西方为参照改良中国传统戏剧，这就需要接纳西方的文学和戏剧观念，改变戏剧的地位，使之与其他文学形式平等，这未尝不可以说是梁启超将传统文学与世界性的现代文学比较之后的结果，也可以说是"在西方思潮的影响下，小说、戏曲开始在中国获得前所未有的高度评价"。①

之后王国维的《宋元戏曲史》（又称《宋元戏曲考》，撰成于1913年）更是将戏剧的地位大为提升，他在"自序"中写道："凡一代有一代之文学：楚之骚，汉之赋，六代之骈语，唐之诗，宋之词，元之曲，皆所谓一代之文学，而后世莫能继焉者也，"②将元杂剧文本与楚骚、汉赋、唐诗、宋词等并列，彻底改变了以往学人认为戏剧为"小道"的成见，提高了元杂剧在文章方面的地位，确立了杂剧的文学性。这部著作被陈寅恪称为是"取外来之观念与固有之材料相互参证，凡属于文艺批评及小说戏曲之作"，③"向来推崇羚羊挂角，无迹可求的中国古典点评式批评，待到开始自觉不自觉用西方学术来框架梳理本土的文化遗产时，《宋元戏曲考》当仁不让正是荦荦大端开一代风习者"。④王国维在书中并不只是承接着考据严密的乾嘉学风，还显示出受西方哲学影响的逻辑推演。

在现代意义上的戏剧研究开始之前，西方学术就已经在观念上引领了先进的中国学者，使他们重新审视传统戏剧，再次发现了戏剧的价值，并著书立说，奠定了后来学者可以不断深入的研究基础，随着新式戏剧（话剧）在"五四"之后大放异彩，成为了与小说、散文、诗歌并列的四大体裁之一，传统的古典戏剧也终于不再被文学史忽视，戏剧研究也逐渐获得了学科的规模。

不过王国维的观点也产生了副作用，他认为元杂剧最佳之处在其文章，"其文章之妙，亦一言以蔽之曰：有意境而已矣，"⑤虽然这种将意境概念运用到戏剧分析中的观点有力地支撑了元杂剧在"文学"领域的地位，但也带来了新的"成见"。《宋元戏曲史》中体现出的对戏剧文学性的重视，实际上剥离了戏剧作为一门现场性艺术的活力，而将戏剧带向了案头与书斋。后来很大一部分学者，尤其是文学专业的学者，更是将研究目光过分集中到戏剧文本上，重视从文本中挖掘戏剧的内涵，而忽视了戏剧的其他方面，将戏剧与戏剧文学混淆在一起，甚至等同起来，这就导致不能充分地认识到戏剧的全部价值。当然这也存在着客观

---

① 孙玫：《西方影响与现代中国戏曲研究之进程》，载于《文艺研究》2001年第6期，第52页。
② 王国维：《宋元戏曲史》，东方出版社1996年版，第1页。
③ 陈寅恪：《王静安先生遗书序》，载于王国维著《海宁王静安先生遗书》，商务印书馆1976年版，第2页。
④ 陆扬：《〈宋元戏曲考〉与〈诗学〉》，载于《戏曲艺术》2009年第2期，第30页。
⑤ 王国维：《宋元戏曲史》，东方出版社1996年版，第102页。

上的原因，戏剧资料本身就相对匮乏，更何况一些非文本的、关于音乐或舞蹈方面的资料，若非长年浸润于戏剧表演、对舞台演员十分熟悉的学者，做到面面俱到实属难事，所以国内学者依据目前尚有文字可稽，同时也较为丰富的剧作文本，着重在文学研究的视野中探讨戏剧，重点探究其文学性，这也是自然而然的。

其实，国内的研究中早已出现了不同于王国维思路的著作，如周贻白的《中国剧场史》，该书在1936年由商务印书馆出版，书中包括"剧场的形式""剧团的组织""戏剧的出演"三部分，说明梳理了剧场各方面的演进，并不同于戏剧的文学研究。还有1938年出版的徐慕云《中国戏剧史》，这部戏剧史不单包括传统戏剧，还论及五四运动之后的新剧（话剧），被称为我国第一部戏剧通史。徐慕云不同于王国维之处在于非常重视戏剧的演出，对演出方面的内容论述详细，而不把戏剧作为案头文学进行文献考据、文本分析，书中几乎没有论述剧本和剧情。

由此可见，国内的戏剧史研究或戏剧的综合研究基本上有两种模式，一种注重戏剧的文学性，即从文本和考证入手，从《宋元戏曲史》到接下来的各版本文学史中的戏剧部分，另一种则是由周贻白的《中国剧场史》、徐慕云的《中国戏剧史》为首，到张庚、郭汉城主编的《中国戏曲通史》《中国戏曲通论》等著作，这一种将戏剧作为综合的舞台艺术，主要论述戏剧表演方面的因素。这两种模式也是由两类学者走出来的研究路径，一部分是文学专业的学者，另一部分是从事戏剧实践的研究者。但即使是强调"综合"艺术的学者，也存在着忽视戏剧文学性、对本文分析薄弱的问题，无论哪一种，都有未能两全的遗憾，真正能将场上和案头并重的研究成果并不多见。

在这一方面，英语世界学者却较容易避免只偏重一方的做法，他们似乎更为自然地将古典戏剧作为一种整体的、综合的艺术门类进行研究，这样的研究成果也较国内丰富。其中原因在于，对于西方学者来说，中国古典戏剧是与自身文化截然不同的艺术门类，他们在接触这种全新的古典戏剧的时候，"剧本"就不再成为最先获得重视的独特因素，而表演形式上的问题更能说明古典戏剧的与众不同，所以如果想让西方读者对中国古典戏剧有一定了解，只研究文本并不能提供足够的信息，但忽视文本的研究只是空中楼阁，也不能为读者提供完整的认知途径，必须对古典戏剧进行包括文本和舞台的全方位透视，这样的目的也决定了他们自身的研究方法和研究范围。

如柯润璞所著的英语世界元杂剧研究奠基之作《忽必烈汗时期的中国戏剧》[1]，该书的第一部分首先探讨的是"社会背景""戏台与戏院""优伶的技

---

[1] James I. Crump. *Chinese Theater in the Days of Kublai Khan*. Tucson：University of Arizona Press，1980.

艺"和"剧本的来龙去脉";第二部分是三出杂剧的英译(《李逵负荆》《潇湘雨》和《魔合罗》)。从内容安排的次序就可以明白这部书是对元杂剧全方位的研究,从整体的社会背景进入,用了 200 多页的篇幅探究戏剧演出的场所、戏剧的表演人员,最后谈到戏剧文本,并在第二部分进入具体文本,虽然柯润璞并没有用太多笔墨进行文本分析,但是翻译本身就是文本的一种解释,而且读者通过由宏观到微观的过程,既可以了解中国古典戏剧的表演,也能够触及戏剧的文本,较以文本为纲或只探讨表演的做法更为全面。

奚如谷与伊维德合著的《中国戏剧渊源 1100~1145》(Chinese Theater 1100 - 1145: A Source Book)也是这样的全面研究,虽然从时间上看公元 1100~1145 年处于宋金时期,但是书中也探讨了元明时期的戏剧,不只包括经济社会背景、演出的组织、剧本的制作和演员的状况,还包括一些剧作的翻译,最后一章讨论明初剧作家朱有燉时期的剧场,并翻译了朱有燉的剧作。这部书比柯润璞的作品更为充实,但是同样是将演出与文本结合在一起,他们笔下的戏剧并不是作为一种扁平的文学现象,而是综合了各种艺术因素,并包含特定历史时段广阔社会背景的综合体。

达到这样的研究效果,一方面需要一种将古典戏剧作为一种综合艺术的意识,虽然国内学者如周贻白已经有过明确的表述,① 但是真正的写作实践还不多,研究成果往往局限于文本,进行情节、人物的分析和思想性的探究,完全忽视了戏剧的表演,或者对剧本的分析不够,文本分析还只是浮于表面,不能展现戏剧的文学性。另一方面则要学习英语世界学者古典戏剧研究的模式方法,即将表演和文本并重、由宏观到具体、由场上到案头的研究思路,这样才能更全面地展现戏剧的面貌,这需要戏剧文学的研究者拓宽视野,能深入文本也能跳出文本,熟知戏剧研究的各个环节,而从事表演的研究者也要对文学理论有所了解,能够进行外部研究,也能够开展内部研究。

英语世界学者还对一些问题提出颇有影响的观点,比如围绕明代戏剧改编与元代杂剧面貌的问题。

奚如谷在论文《臧懋循改写〈窦娥冤〉研究》中对比了古名家本《窦娥冤》和《元曲选》本《窦娥冤》的异同。他发现《元曲选》本做了如下改动:一是改动了窦天章的出场,"去掉了古名家本的犬儒主义、自我作注";二是抑制了古名家本中的性刺激,压制了性欲要求;三是"把窦娥行为的动机,从宿命报应的特殊需要变为儒家烈女的孝心作用";四是转化剧本的重心,"把一个性格坚强的

---

① 周贻白在《中国戏剧史长编》(人民文学出版社 1960 年版)中的"自序"中写道:"戏剧夙有综合艺术之称……若仅言南北曲,实不能包举全体,亦犹单论剧本,不足以概括整个戏剧也。"但全书在篇幅上是以场上情形为重。

女子所受的不公正待遇普遍化为个人遭受冤屈和上天主持公道之间的关系"。这样一来，《元曲选》本尽可能地去除了古名家本纯粹经济和商业交换中的职责和义务关系，去除了性欲的动机和再婚的问题，使之符合儒家正统的标准价值观念。①

奚如谷在另一篇论文《文本与意识形态——明代编订者与北杂剧》中，更为明确地指出了版本改编与意识形态之间的关系，他通过比对指出内府本和文人改编的文本都反映了其对意识形态的重视，"都主要是为了驾驭和控制早期文本的某些特定观点"，对宫廷来说是要剔除对统治构成威胁的因素，对文人来说则是使这种文学样式和创作正统化、合法化。②

伊维德在《元杂剧：版本与翻译》中不仅提到了《元曲选》，还分析了李开先的《改定元贤传奇》，李开先在编辑方式上与内府本大不相同，但是也同样证实了元杂剧在十六世纪经过了大幅度的改写，因为现在流传下来的元杂剧"不是步李开先及其门人的后尘就是来自明内府本"，所以"要研究元代的杂剧就只有十四世纪的三十部杂剧刊本了"。③而正如他在另一篇论文中指出的，这些互相存在差异的元杂剧版本反映了不同的刊印目的和实际演出的变化。④

伊维德曾在《我们读到的是"元"杂剧吗——杂剧在明代宫廷的嬗变》中明确提出"我们不仅不能依靠《元曲选》，而且也难以依靠许多万历时期的元剧版本来研究 13 和 14 世纪戏剧"，因为它们的真正本质是"晚期的、经过大幅度改编的宫廷演出本，以及经过改写的供晚明江南文人在书斋中阅读的案头剧本。"⑤

两位学者的一系列论文都说明，元杂剧在明代是一种宫廷娱乐，后又经过以臧懋循为代表的文人改编，已经越来越偏离原始的、大众的、场上的形态，走上了为明代意识形态服务和案头文学的道路。正如奚如谷的提醒："如果我们想了解 13 至 14 世纪时，公众戏院是如何重现和展示当时的文化力量及其象征，那我

---

① 奚如谷：《臧懋循改写〈窦娥冤〉研究》，载于《文学评论》1992 年第 2 期，第 73~84 页。原文刊于 *Journal of the American Oriental Society*（1991 年）。

② 奚如谷：《文本与意识形态——明代编订者与北杂剧》，甄炜旎译，载于《中国文学研究》2010 年第 2 期（第十六辑），第 247~297 页。原文载于 *The Song - Yuan - Ming Transition in Chinese History*（eds. Paul J. Smith and Richard von Glahn. Cambridge, Mass：Harvard University Asia Center, 2003）。

③ 伊维德：《元杂剧：版本与翻译》，凌筱峤译，载于《文化遗产》2014 年第 4 期，第 46~56 页。

④ 伊维德：《中世纪中国戏剧的多种形态：如何改编文本以满足演员、观众、审查官和读者的不同要求》，何博译，载于《长江学术》2015 年第 3 期，第 33~38 页。原文刊于 *Oral Tradition*（2005 年）。

⑤ 伊维德：《我们读到的是"元"杂剧吗——杂剧在明代宫廷的嬗变》，宋耕译，载于《文艺研究》2001 年第 3 期，第 97~106 页。原文载于 Studi in onore di Lionello（eds., S. M. Carletti, M. Sacchetti, and P. Santangelo. Napoli：Dipartimento di Studi Asiatici, Istituto Universitario Orientale and Istituto Italiano per il Medio ed Estremo Oriente, 1996）。

们就得把《元曲选》搁在一边，而去找寻那些更早的大部分未加润饰编辑过的坊刻本"，① 只有研究者充分认识到这一点，才能更加准确地辨明元杂剧的真实面貌，总结各时期戏剧的特色，梳理戏剧流变的过程，不然和吉川幸次郎一样，将《元曲选》当作元代杂剧的真实面貌，就无法得出可靠的结论。

由此伊维德认为应该将放置于明代的文学框架中讨论，龚鹏程的《中国文学史》和《剑桥中国文学史》已经将杂剧移出了元代文学部分，但如何将其融入明代文学的范畴中，还需要戏剧研究者进行进一步的探索。②

这种观点必将带来更广泛的变革，既然以《元曲选》为首的明代改编杂剧并不能作为元代社会的真实反映，那么更不能将杂剧视为某一特定作者抒怀咏志的作品，这些对曲词甚至是情节内容的变动打消了这种做法的有效性。所以在现在大多数文学史中，将作家作品牢牢绑定，运用"以意逆志"的方法解读作品思想感情的做法都是值得商榷的。与伊维德的观点结合来看，或许我们需要重新审视整个文学史的编写方式。

在这一问题上，国内学者孙楷第在《也是园古今杂剧考》中说"至懋循编《元曲选》，孟称舜编《柳枝集》《酹江集》，皆以是正文字为主，于原文无所爱惜：其书乃重订本也。凡删润之本，校以元刊本，大抵存原文十之七八。懋循重订本，校以元刊本，其所存原文不过十之五六或十之四五"，③ 已经明确说出明代改编的差异。不过中西学者的研究风格是有明显不同的，国内学者更加偏于考据，进行版本的对比，而英语世界学者重视文化研究，他们从文化的角度入手，正如奚如谷分析臧懋循改编《窦娥冤》时说："讨论臧氏在利用或更改原有文化模型的含意。"④ 这是对传统文本细读的一种超越，⑤ 这样一来，他们的研究虽然在考据上不能和国内学者比肩，但会考虑到更为广泛的社会背景、戏剧的演出场所和戏剧受众，发掘到文本之后的意味，由此得出具有启发性的结论，很好地补充了国内学者的研究。

在古典杂剧研究领域，国内学者能够从英语世界得到观念、方法和观点上的可借鉴之处，除了上文中提及的方面，还有一些关于悲剧戏剧的研究、女性主义的研究等，都是英语世界学者为古典戏剧研究做出的贡献。

---

① 奚如谷：《臧懋循改写〈窦娥冤〉研究》，载于《文学评论》1992 年第 2 期，第 83 页。
② 伊维德：《元杂剧：版本与翻译》，凌筱峤译，载于《文化遗产》2014 年第 4 期，第 46~56 页。
③ 孙楷第：《也是园古今杂剧考》，上杂出版社 1953 年版，第 152~153 页。
④ 奚如谷：《臧懋循改写〈窦娥冤〉研究》，载于《文学评论》1992 年第 2 期，第 76 页。
⑤ 何博在《"文化细读"与北美晚明清初传奇研究新动态》(《中国英汉语比较研究会会议论文集》，2012 年）中将其称为"文化细读"。

## 二、英语世界中国古典戏剧译介与研究的变异

本章第二节已经提到，英语世界学者在研究之初，首先要解决的就是语言问题，中国古典戏剧的英译本非常丰富，一代又一代的研究者尽力在译文中保留、反映古典戏剧的原貌，向西方读者展现其魅力，优秀的译本层出不穷，尽管如此，在不同国家、不同民族之间的文学交流中，伴随着翻译的过程，也一定会出现语言、形象等层面上的变异。

中国学者长期关注西方世界对古典戏剧的译介，我国第一部系统研究戏剧发展史的专著——王国维的《宋元戏曲史》中就提到了"至我国戏曲至译为外国文字也，为时颇早"，① 接着，他又详细举出例子："如《赵氏孤儿》，则法人特赫尔特 Du Halde 实译于 1762 年，至 1834 年，而裘利安 Julian 又重译至。又英人大维斯 Davis 之译《老生儿》，在 1817 年，其译《汉宫秋》，在 1829 年。又裘利安所译，尚有《灰阑记》《连环计》《看钱奴》，均在 1830～1840 年。而拔残 Bazin 氏所译尤多，如《金钱记》《鸳鸯被》《赚蒯通》《合汗衫》《来生债》《薛仁贵》《铁拐李》《秋胡戏妻》《倩女幽魂》《黄粱梦》《昊天塔》《忍字记》《窦娥冤》《货郎旦》，皆其所译也。此种译书，皆据《元曲选》，而《元曲选》百种中，译成外国文者，已达三十种矣。"② 这是最早关注中国古典戏剧在国外传播的文字，③ 之后又有 20 世纪 20 年代，陈受颐在其博士学位论文《十八世纪中国对英国文化的影响》中整理分析了《赵氏孤儿》在英国的传播和影响。其后，还有陈受颐的论文《18 世纪欧洲文学里的〈赵氏孤儿〉》（《岭南学报》1929 年第1 期）和范存忠的论文《17、18 世纪英国流传的中国戏》（《青年中国季刊》1941 年第 2 期）、《〈赵氏孤儿〉杂剧在启蒙时期的英国》（1957），这些都是研究"英语世界的中国古典戏剧"的先驱。④ 不过这些成果多是关注传播，而忽视了其中非常有价值的变异现象，这一部分将针对英语世界译本中的变异现象进行分析。

古典戏剧的翻译与一般散文翻译不同，虽然作为白话文学相对比较好懂，但是戏剧作为综合艺术，除了一般简洁明了的科白之外，大部分的内容是用韵的唱

---

① 王国维：《宋元戏曲史》，东方出版社 1996 年版，第 138 页。
② 王国维：《宋元戏曲史》，东方出版社 1996 年版，第 138～139 页。
③ 由于时代原因，王国维的描述有一些误差，杜赫德（Jean‐Baptiste du Halde，即王国维所说的特赫尔特）只是把《赵氏孤儿》编入了《中华帝国志》（1735 年于巴黎出版），他收录的是教士马若瑟（Joseph Maria de Prémare）的译本（1731）。
④ 李安光：《国内"英语世界元杂剧的译介与研究"之综述——兼论该课题的学术意义与价值》，载于《云南艺术学院学报》2015 年第 3 期，第 58 页。

词,更是包括诸如宫调、曲牌、典故、衬字、特定语气词等大量难以处理的细节问题,这些即使对于现代的中国读者来说也并非完全没有理解障碍,英语世界的译者在对待古典戏剧时,就更需要考虑到读者的接受。传播国与接受国之间存在文化观念、历史传统、民族心理等方面的异质性因素,翻译文学往往"在通过译介、过滤、接受或阐发之后,发生了深层次的变异,即传播国文学本身的文化规则和文学话语在根本上被接受国所同化,从而成为他国文化和文学的一部分",①这个过程被称为文学的"他国化"。在英语世界学者译介中国古典戏剧的过程中,我们就可以找到这样的"他国化"过程。

他国化体现为语言文辞上的变异。长期以来,在中国韵文的翻译问题上就大致存在两种形式,即韵文和散文。这两种各有优劣,前者是尽量将语句的韵律表现出来,这样读起来朗朗上口,富有节奏感,如柯润璞就不反对译出韵脚,因为这样会让英文读者感觉到是在读一种地道的语言,但是为了补足韵脚,往往会选取与原文并不相近的词,使翻译偏向于一种再创作;而后者是追求原意的准确,选择了以散文的形式翻译,这样避免了执意追求押韵而导致原意偏离,但丧失了音韵的美,使译本成为彻底的只可阅读不可表演的文本。

但无论哪一种,都在选择一方的同时丧失了另一方,以展现"原貌"为目标,但只能反映出"原貌"的一部分。如华裔学者张心沧在《中国文学:通俗小说与戏剧》(1973年)②中对《牡丹亭》中著名的"皂罗袍"的翻译:

(原文:[皂罗袍]原来姹紫嫣红开遍,似这般都付与断井颓垣,良辰美景奈何天,赏心乐事谁家院。恁般景致,我老爷和奶奶再不提起。(合)朝飞暮卷,云霞翠轩,雨丝风片,烟波画船,锦屏人忒看的这韶光贱。)

[sings] Gay purple and exquisite red abloom everywhere,
But all abandoned to a dried-up well and crumbled walls.
That glorious moment amidst this splendid scene
should enshroud despair!
In whose courtyard do hearts still rejoice in the present?
Such a fine view, though never mentioned by my father and mother.

---

① 曹顺庆、罗富明:《变异学视野下比较文学的反思与拓展》,载于《中外文化与文论》2011年第1期,第30页。

② Hsia C. Chang. *Chinese Literature*: *Popular Fiction and Drama*. Edinburgh:Edinburgh University Press,1973. 张心沧(H. C. Chang,1923~2004),祖籍上海,英国爱丁堡大学哲学、文学博士,曾任剑桥大学东方学院教授,《中国文学:通俗小说与戏剧》来自其《中国文学丛书》,张心沧凭借该著作获得1975年第101届儒莲奖。

［sings chorus］ Unfurled with daybreak till wrapped again by dusk,
Golden cloudlets over a jade-green pavilion,
Streaks of rain borne by a stray breeze,
A painted boat on the rippling waves,
The cloistered maiden holds cheap sweet springtime.

可以看出，张心沧的译文属于以原文含义为重，运用散文形式的翻译，极为切合原文，甚至每一个字都可以对应起来，保留了意象的完整，在这方面译文达到了同原文一样的精致，但这样处理也过滤掉了音韵美，原文舒缓、哀怨的韵律被打破。这样的译文是不可被表演的，正如其在前言中说目标读者为汉学研究者和高校读者。

以往的研究者可能会将这样的翻译称为"忠实"，甚至译者本人也这样认为，但是这种观点仍然值得深思。对于戏剧这样的综合艺术来说，"忠实"不能被预设性地限制在文本上，与小说不同，欣赏戏剧往往并不是仅关注于故事情节，更多的是欣赏"曲"和"唱"，有时候一部戏要靠一个名角才能流行起来，即使《牡丹亭》在国内也早已偏向于案头文学，但也保存着戏词音律上的美感。所以在这里定义什么是"忠实"的翻译似乎是徒劳并且模糊的，若从他国化的角度考虑这一问题，译者以文意为重以韵律为轻的选择无疑代表了一种传播的顺序，即先将文本的、案头的戏剧介绍给西方读者，使其了解这部戏剧的情节发展，明白戏剧的内容，而更为综合的、场上的戏剧面貌有待文本基础之上的再次传播。译者并没有翻译"皂罗袍"，这可能也代表着译文必须打破依照曲牌填制新词的模式，这样的译文对原文无疑是一种变异，原文的语言首先被接受国的语言模式同化。

国内学者汪榕培的译本是目前国内外唯一一部英文韵式全译本，在此将"朝飞暮卷，云霞翠轩，雨丝风片，烟波画船，锦屏人忒看的这韶光贱"一句选出，作为对比：

The mist at dawn and rain at dusk,
The bowers in the evening rays,
The threads of clouds in gales of wind,
The Painted boat and hazy sprays;
All are foreign to secluded maids. ①

---

① 汤显祖：《牡丹亭》，汪榕培译，湖南人民出版社、外文出版社2000年版，第39页。

与张心沧译文比较，汪榕培的译文有意识地遵循了一定的格律，但是正如上文分析的那样，这样的译法丧失了一些意象，与原文并不十分贴切，作者认为其译文"应该是创造性地准确再现原著的风采"，① 虽然"字对字的翻译当然不等于忠实于原文"，② 但为了照顾韵脚的确也在一定程度上损害了原意。

　　文学在由传播国到接受国的流传中，尤其在经历了跨语言的过程后，很难不发生变异，上述的两种译文虽然用来比较，但并无孰高孰低之分，这些变异现象的背后是不同文明的异质性文化规则在起作用。用上文两种译文举例来说，"朝飞暮卷"若翻译成"Unfurled with daybreak till wrapped again by dusk"看似是没有主语的，联系下一句"Golden cloudlets over a jade-green pavilion"，我们才知道主语是"云霞（Golden cloudlets）"，也就是说张心沧把两句合成了一句来译，但原文明显是四句独立，这样的意象罗列正是汉语表达的特殊之处，四句十六字就可以包含八个意象。那么"朝飞暮卷"是指什么意象呢，唐王勃有《滕王阁》诗云："画栋朝飞南浦云，朱帘暮卷西山雨"，这就是"朝飞暮卷"的来历，即"朝飞"指的是"画栋"，"暮卷"指的是"朱帘"。汪榕培的译文很敏锐地用"云（mist）""雨（rain）"分别配合了"朝""暮"，但可惜未能抓住要害，导致接下来几句的意象变得凌乱，汪榕培很可能已经意识到这句唱词的出典，但是中国传统诗文中的意象并不重复，若译者再能明确这一点，让"云""雨"在接下来的译文中各归其位，显然就能使译文更为出彩。

　　画栋、朱帘、云霞、翠轩、雨丝、风片、烟波、画船，这样的八个意象并不是简单罗列，而是有机结合，虽然并不过多形容，但它们在中国诗文的大传统下自有次序各有搭配，组成一幅绝好的韶光之景，这就是言有尽而意无穷的中国式表达，这样的组合单是凭借"over""on""in"这样具体的介词是无法描述其中关系的，但是英文表达也有自己的传统与规则，必须找到"朝飞暮卷"的动作发出者，也必须为每个意象找到明确而固定的关系，这样才能成为一个完整的句子。中文与英文，背后代表的是异质性的文化规则，当一国文学传入接受国的时候，首先就要进行语言层面的他国化，即使再"忠实"的译本，都不可避免这种文化规则的改造。

　　他国化还体现为文本变异。二百多年前首次进入英语世界的《赵氏孤儿》可以为我们提供这样的例证。1756 年，谋飞改编了《赵氏孤儿》，经过多次修改，此本 1759 年以《中国孤儿》为名出版，这也是英语世界首部成功上演的剧本。根据范存忠《中国文化在启蒙时期的英国》中关于谋飞改编本的介绍，我们大致可以了解该版本的人物关系和剧情：

---

①② 汤显祖：《牡丹亭》，汪榕培英译，湖南人民出版社、外文出版社 2000 年版，第 38 页。

铁木真入侵中原，皇族被杀得只剩下一个孤儿，遗臣盛缔将其收留，改名为爱顿，同时把自己的亲生儿子哈默特送到高丽，由隐士抚养（此段是戏中倒叙内容）。铁木真第二次入侵中原时（此处才是戏剧真正开篇），哈默特和爱顿都已经二十岁，哈默特参加战争被俘，恰逢铁木真搜寻前朝皇室，怀疑哈默特就是遗孤。铁木真召唤盛缔追问实情，盛缔妻子满氏与之同行，与此同时，爱顿为了救哈默特也来自首。最后盛缔在拷问之下还是决定牺牲亲生儿子，自己也被车裂，满氏自尽，这时爱顿赶来，在格斗中杀死铁木真。①

谋飞在伏尔泰之前就曾计划改编这个剧本，但是一直未能完成，他看到伏尔泰的改编本之后不是十分满意，认为伏尔泰剧中的爱情元素破坏了全剧的节奏。②于是谋飞在参考了伏尔泰的主要人物之后，融合了高乃依《厄拉克利乌斯》的部分情节，即女主角莱昂蒂娜为了拯救王子，让亲生儿子与王子互换姓名的情节，他将自己改编本的两位互换身份的人也设定为青年。这样一来，谋飞的改编本就基本成形了。

范存忠在书中分析了谋飞改编本《中国孤儿》获得成功的原因，除了舞台效果和演员的因素，他还提到了一个关键点：

"十八世纪五十年代是英法七年战争的年代。在这战争初期——1756 到 1757 年间——英国的统治阶级闹着派系纷争，庇特（William Pitt）、福克斯（Henry Fox）与纽卡斯尔公爵等几个政治巨头，彼此攻讦，相互排挤。这时英国在地中海吃了败仗，在北美洲又吃了败仗，英伦本部一度还有被侵袭的可能。在这风声鹤唳之中，谋飞还办过小型报刊，叫做《考验》（Test），参加政治斗争。他的政治路线是福克斯领导的派系。到了 1758 年，这几个政治巨头勉强凑成内阁，局势趋向好转，但战争还在紧张状态。这时，英王乔治二世已到风烛残年。他的孙子——就是 1760 年 10 月登基的乔治三世——是个孤儿，刚刚成年，人们还寄以不少希望。……就在那一年（1758 年），谋飞的《中国孤儿》，由于福克斯等人的推荐与支持，德鲁里兰剧院才接受排演。……谋飞的政治路线是很明显的。"③

这是改编本获得成功的原因，也是谋飞之所以要如此改编的原因。谋飞支持的福克斯派系是主战的一派，他们渴望的是通过英勇的战斗夺取胜利，"文本中

---

① 范存忠：《中国文化在启蒙时期的英国》，上海外语教育出版社 1991 年版，第 136~137 页。
② 伏尔泰改编本的大致剧情为：成吉思汗征服中原之后，搜寻前朝遗孤，盛缔因藏孤被捕，但是他让自己的儿子作为替代，盛缔的妻子系氏却因母爱道出实情。原来多年前成吉思汗爱慕系氏，现在仍未忘旧情，成吉思汗提出条件：若系氏改嫁自己，就可以不追究盛缔。但是系氏不从，成吉思汗最终被系氏和盛缔感动，不但赦免了遗孤，还准备将其抚养成人。
③ 范存忠：《中国文化在启蒙时期的英国》，上海外语教育出版社 1991 年版，第 141 页。

抵抗异族统治的叙事自然而然地与他的思想意识产生共鸣",① 这样的政治倾向使其改编本比伏尔泰更多地取材于《赵氏孤儿》，不但保留着搜孤、救孤的情节，还有之后除奸、报仇的情节。这样的改编将法国文本的文化道德内涵改变为英式的英雄情操，张扬了抵抗外侮的爱国大义，标榜了一种英雄主义的宏大立场，符合谋飞的政治诉求。《赵氏孤儿》从中国的"忠义"变为法式的歌颂善良、改造邪恶，最后又变为英式的反抗侵略、抵御外侮。激昂的、革命性的立意代替了伏尔泰式的博爱思想，也代替了中国古代思想的"义"与"忠"等范畴，这是《赵氏孤儿》的原文化内涵经过层层过滤，变异为鲜明的政治诉求的过程。

在文化意识形态的层层过滤下步步变异，最后完全地英国化了。这种变异恰恰是传播国文化与接受国文化的对话，《赵氏孤儿》到《中国孤儿》，完成了文学的他国化，被英国文化所同化、所融合，成为了英国文学的一部分。

无论是语言文字层面的变异，还是文本层面的变异，都有深层的文化内核，两种变异本质都是文化变异，这种变异说明，一国文学走向世界的过程也就是不断进行他国化的过程。在比较文学的研究中时刻关注他国化，才能超越单方面的西方视角或东方视角，把握文学融汇和创生的内在规律。

---

① 吕世生：《元剧〈赵氏孤儿〉翻译与改写的文化调适》，载于《中国翻译》2012 年第 4 期，第 68 页。

# 第十四章

# 英语世界的中国古典文学译介与研究工具书

**本**章内容主要是介绍英语世界古典文学译介与研究的工具书。这类文献与其他的专题研究和前面各章介绍的文献有一定差别，同时也具有不可分割的联系。这种特性主要体现在以下三个方面：

第一，此类工具书因文化交往的需求而产生。早期的传教士在华进行西方文化输出的同时，也将他们了解到的中国文化，按照他们的理解方式反向传回西方。这种他者的身份和带有译介、比较色彩的文化行为产生了大量有趣的成果，这些成果又成为后来者借以进行更深入研究的"工具书"。事实上，从广义的角度看来，任何系统性分类、列举、介绍中国文学文化主题和材料的文献，都可以被视为某种意义上的工具书。随着汉学研究的发展与历史进程的不断向前，越来越多的中国文学资料被西方学者和职业汉学家掌握，专门工具书的编纂也随之开展起来。英语世界开始出现一批有意识作为"工具书"而编写的文献。

第二，中国文学的资料，往往和历史、哲学、艺术、法律、文化等方面的资料密不可分。因为中国古典文学在文化的大母体内，往往文史哲密不可分，英语世界对其的研究更是不可避免地要涉及这些主题。第二次世界大战后，跨学科成为比较文学尤其是美国学派的重要范式，所以在汇编工具书的时候，某些"百科""大全"类的文献涉及的内容非常广泛，不少目录类工具书囊括了包括文学在内的很多领域。基于这种现象，我们也选出一些有代表性和影响力的著作列入"工具书"的范畴。

第三，文学史既然以"史"为名，就说明其具有历时性资料大全的特征。在对中国古典文学进行研究的时候，英语世界很多汉学研究者和普通读者往往借助这类文学史书籍，作为参考、查证、梳理的重要工具。所以，我们把文学史的成果也纳入"工具书"的范围。

除了以上三点，另外值得关注的是随着科学技术的进步，工具书从传统的纸质文献汇编的形式慢慢地向其他媒介方式转化。现代信息技术重新定义了"工具书"的概念，开始向数据库甚至大数据方向转化，出现了一些以数字媒介为技术手段的"工具书"项目，本章也将挑选介绍其中有代表性的成果。

英语世界长时期的中国古典文学研究中大师辈出，群星璀璨，不少学者著作等身，卷帙浩繁，但是工具书这一领域内的成果，与前面几个专题相比并不丰富。不过即便如此，编写工具书的学者和他们的著作也不该被忽视，因此本章将对这一领域的研究进行介绍，本章分为三节，分别介绍英语世界代表性的学者、工具书成果和价值。

## 第一节　英语世界中国古典文学译介与研究工具书名家选介

中国古典文学译介与研究工具书的编写者往往有其专长的研究领域，他们的工具书也是其研究领域成果的一部分，如柯润璞1973年编写的《〈战国策〉索引》(*Chan-kuo ts'e. Index*) 就在1979年《战国策》全译本的第二版（首版《战国策》全译本问世于1970年）出版时被编入其中，致力于《史记》和唐代文学研究的倪豪士也编写过《西方唐代文学论著选目》(*Bibliography of Selected Western Works on T'ang Dynasty Literature*)。此外还有翟理斯、宇文所安、梅维恒等学者，前面几个专题的章节中已经涉及这些学者及其著作的介绍，所以在这一节中就不再纳为介绍对象。

上文已经说到，工具书的出现首先源自早期来华传教士和外交官的需要，他们长期在华工作，既是出于自我学习的目的，也为了助力于后来者学习汉语、了解中国的方方面面，编写了或繁或简的工具书。本节就从一位来华传教士开始介绍。

### 一、伟烈亚力

伟烈亚力（Alexander Wylie，又译卫礼，1815~1887）是英国汉学家，伦敦传道会传教士。鸦片战争以后，西方国家取得在中国自由传教和新建教堂的特权，传教士来华人数不断增加，年轻的伟烈亚力处在这样的热潮之中，也萌生了到中国来的想法。但是由于条件不便，他并没有汉语教师，教材也只是法国传教士马若瑟用拉丁文写成的汉语语法著作《汉文启蒙》（*Notitia Linguae Sinicae*）和后来从英国海外圣经公会得到的新出版的《圣经》中译本。不过这样的条件并没有限制伟烈亚力的天赋，1846年，在理雅各①返回伦敦为上海墨海书馆②物色印刷工作人员时，伟烈亚力的中文水平让他颇感惊奇，因此顺利获得了来华的机会，1847年他来到了上海。

伟烈亚力在中国的活动有三个时期，分别是第一次来华时期（1847~1860年），这一段时间他主要在上海墨海书馆工作，还有第二次来华时期（1863~1869年）和第三次来华时期（1870~1877年）。伟烈亚力在中国科学技术史领域具有很高的地位，原因就在于这三段在华时期的成果。

伟烈亚力自1851年起在《北华捷报》（*North - China Herald*）上连载长文《徐光启行略》，这是他中国研究的起点，可以看出他从一开始关注的就是科学方面的内容，展示出了文献研究的能力。在第一次来华期间，除了在上海墨海书馆工作之外，他还主要进行了以下几个方面的工作：

一是翻译、撰写数学等科学著作，1852年他开始和李善兰③合译《几何原理》（1856年译成），1853年出版了用中文写成的《数学启蒙》，1859年出版了他和李善兰合译的《代数学》《代微积拾级》《谈天》。二是撰写中国相关的论著，1852年他在《北华捷报》上连载关于中国数学史的论文《中国科学札记：数学》，还发表了《中国的秘密会社》（1853）、《西安府的景教碑》（1854）、《石棉在中国》（1858）、《指南针在中国》（1859）等论文，出版了满文文法著作《清文启蒙》的英译本（1855），1857年创办中文期刊《六合丛谈》。三是进行传教工作，他不但经常外出布道，还编写了满文、汉文的马太和马可福音书，名为《吾主耶稣基督新遗诏书》（1859）。四是作为创始人之一参加了亚洲文会，④伟烈亚力回国时将自己不断购买、搜集形成的中文图书馆转让给了亚洲文会。

---

① 理雅各（James Legge，1815~1897），英国著名汉学家，和伟烈亚力一样是伦敦传道会传教士，西方第一个系统研究、翻译中国典籍的学者，"儒莲翻译奖"的第一个获得者，代表作有《中国经典》《中国的宗教：儒教、道教与基督教的对比》《中国编年史》等，他与法国的顾赛芬、德国的卫礼贤并称为汉籍欧译三大师。

② 墨海书馆是1843年英国伦敦传道会传教士麦都思、美魏茶、慕维廉、艾约瑟等在上海创建的现代出版社，也是上海最早采用西式汉文铅印活字印刷术的印刷机构，1863年停业。墨海书馆是当时中西学人接触的重要场所，20年间培养出李善兰、王韬、伟烈亚力等学者，促进了东西学术交流。

③ 李善兰（1811~1882），原名李心兰，字竟芳，号秋纫，别号壬叔，浙江海宁人，中国近代著名的数学、天文学、力学和植物学家。

④ 1857年成立时名为"上海文学与科学学会"，翌年改为"皇家亚洲学会北华分会"，1883年改为"皇家亚洲学会中国分会"，亦称"亚洲文会"。

第二次来华期间，伟烈亚力发表了《中国典籍中的日月食记录》（1867年）等论文，1868年他与徐寿①译成了《汽机发轫》并游历了川陕。在这段时间里，伟烈亚力最重要的著作当属1867年出版的《中国文献解题》和《在华新教传教士纪念录》②。关于《中国文献解题》，俄国汉学家贝勒（E. Bretschneider, 1833~1901）认为它"无疑是西人论中国的科学出版物中最重要者之一"，李约瑟（J. Needham, 1900~1995）评价它为"研究中国文献的最好的英文入门书"，这也是最早的中国古典文学研究的工具书。1869年，伟烈亚力回国前夕，亚洲文会收购了他这段时间成型的新图书馆。

第三次来华期间，伟烈亚力于1871年发表了《论中国的安息日知识》和《居庸关古代佛教铭文》；1872年参与成立"在华实用知识传播会"，他被选为亚洲文会的副主席，直至1876年；1873年他在《上海晚邮》上连载《匈奴与中国关系史》，这是《汉书》卷九十四的译文；1874年起伟烈亚力出任《教务杂志》的编辑；1875年他和徐建寅③在初版基础上合译的新版《谈天》出版；1876年伟烈亚力向第三届国际东方学家大会提交了论文《北京的元代天文仪》。

回国之后，伟烈亚力的工作并没有停止，他还翻译发表了《汉书》中《西南夷传》《朝鲜传》（1880）、《西域传》（1881）、《东夷传》《南蛮西南夷列传》《西羌传》（1882）。

以上只是对伟烈亚力较为精简的介绍，并没有涵盖他的全部作品和经历，但从上述简单的列举中也可以发现，伟烈亚力的研究领域极为广泛，他一方面大力为中国翻译引进西方的科学著作，尤其是数学、天文学等领域；另一方面又积极地向英语世界介绍中国，这更加显示了他广泛的汉学兴趣、高超的研究水平和过人的研究精力，在中国典籍、历史、宗教、科学、语言领域都有极具学术价值的论著发表，可能这也是他可以游刃有余地编写百科全书式的《中国文献解题》的原因。关于伟烈亚力，国内有一些考证严密的论文可以参考，如韩琦的《传教士伟烈亚力在华的科学活动》（《自然辩证法通讯》1998年第2期）、高第的《对英国近代汉学家伟烈亚力的回忆》（《中国史研究动态》1998年第5期，后附其汉学著述要目）、汪晓勤的《伟烈亚力的学术生涯》（《中国科技史料》1999年第1期）等。

---

① 徐寿（1818~1884），字生元，号雪村，江苏无锡人，清末科学家，中国近代化学的启蒙者。
② 此书2011年以《1867年以前来华基督教传教士列传及著作目录》为名由广西师范大学出版社出版，倪文君译。
③ 徐建寅（1845~1901），字仲虎，江苏无锡人，徐寿之子，著译有《造船全书》《兵学新书》《化学分原》《水雷录要》《欧游杂录》等40余种。

## 二、丁乃通

在英语世界中国古典文学译介与研究工具书的编写名家中，有一部分是华裔学者，比如丁乃通、李田意、翟楚等，这些华裔学者熟知古典文学，长年在国外从事教学研究，对西方语言文学和学术传统、研究方法也极为了解，他们编写的工具书往往是早期西方学者同类研究的极大补充。这一部分将简要介绍美籍华裔学者丁乃通。

丁乃通（Naitong Ding，1915～1989），浙江杭州人。他首先是专门研究英国文学的学者，1936年毕业于清华大学西方语文学系，1938年获美国哈佛大学英国文学硕士学位，1941年获哈佛大学英国文学博士学位，之后回国，先后在之江大学（上海）、河南大学、中央大学（南京）、岭南大学（广州）、新亚书院（香港）任教，1957年开始在美国泛美大学（1957～1966年）和西伊利诺伊大学（1966～1985年）任教，教授的都是英国文学。丁乃通在中国古典文学译介与研究工具书领域的代表著作是《中国民间故事类型索引》（*A Type Index of Chinese Folktales: In the Oral Tradition and Major Works on Non-Religious Classical Literature*），首先发表于芬兰民间文学工作者协会（Folklore Fellows，FF）1978年出版的《民间文学工作者通报》（*FF Communications*）第223期上，丁乃通用了10年时间，广泛收集了580多种故事资料，归纳了843个类型，涵盖了故事7 300余篇。

关于后来为何转向民间文学的研究，华中师范大学教授刘守华在《丁乃通：醉心于中国民间故事研究的美籍华裔学者》一文中引用了丁乃通自己的文字：

> "60年代初期，研究一个比较文学上的题目，发现民间文学不但是好些作家文学的基础，而且是比较两个或更多的文化背景上不同民族文学作品的最有用的工具，这才开始认真地阅读关于民俗学和民间文学的书籍和杂志。至于我和中国民间文学之所以结下不解之缘，主要的原因是看不惯美国自命为中国通……勾结起来攻击谩骂中国的民间文学工作者。我不但和他们发生争论，而且决心要用具体材料证明他们曲解了中国的民间文学。因此花了几年的心血，写了一部《中国民间故事类型索引》，看了许多中国各民族的故事，认识了中国人民的智慧和才能，深刻了解到中国民间文学在世界上占了一个不但是重要而且是领先的地位。"[1]

---

[1] 刘守华：《丁乃通：醉心于中国民间故事研究的美籍华裔学者》，载于《广西师范大学学报（哲学社会科学版）》2014年第6期，第120页。

可见，丁乃通的民间文学研究是因自己的研究需要和对祖国的热爱而起，在《中国民间故事类型索引》中译本中，贾芝的序言和丁乃通的中译本序里也提到了西方学者因某种政治需要，对中国民间文学尤其是新中国成立之后的民间文学及其研究者进行有意的歪曲。

虽然为了纠正西方学者的偏见，丁乃通将大部分精力集中于收集当时新近的出版物，[①] 而且排除了神话传说、解说宗教教义的故事、利用语言特别是古典诗词的巧妙处吸引人的故事，以限定"民间故事"的范畴，对于古典文学也是"适可而止"，但是他也意识到很多古典文学中早就包括民间故事，有的至今仍在流传，所以书中也概括了中国古典文学中载有民间故事的主要作品，比如一些主要的笔记小说、散文小说、戏剧和话本，丁乃通在该索引的英文标题中点明了自己的关注点是"口头传统"（the oral tradition）和"非宗教古典文学的主要著作"（major works on non-religious classical literature）。在书后的参考文献中，可以看到冯梦龙的"三言"、《古今谭概》和《封神演义》《绿窗新话》《博异志》等古典文学的书目。

这本索引以 AT 分类法编写，这是根据故事情节来分类的方法，由芬兰学派的阿尔奈（Anitti Aarne）率先用于欧洲故事的分类，见于 1910 年出版的《故事类型索引》一书，后来美国学者汤普森（Smith Thompson）在《民间故事类型索引》（1928）中对其加以补充和修订，使之获得了世界范围的认可，AT 分类法成为了国际通用的故事情节类型分类法。AT 分类法由五大部分组成：动物故事、普通民间故事、笑话、程式故事、未分类故事，从丁乃通的《中国民间故事类型索引》的目录可以看出，他正是严格按照这样的方法进行分类的。丁乃通完全运用西方的研究方法进行中国民间故事的研究，虽然有学者评价说"在某些方面难免有削足适履之缺陷"，[②] 但是将大量的中国材料纳入国际学术的范畴，为中国故事走向世界和该领域的比较研究打通了道路，既是对德裔美国学者艾伯华（Wolfram Eberhard，又译为艾伯哈德）《中国民间故事类型》（1937）的极大补充，也是对艾伯华等偏见的有力纠正。

关于丁乃通与《中国民间故事类型索引》，还有其他论文可以参考，如刘守华的《〈中国民间故事类型研究〉的方法论探索》和《一位美籍华人学者的中国民间文学情结——追忆丁乃通教授》、金荣华的《论丁乃通〈中国民间故事类型

---

① 正如钟敬文在"序"中的描述："他所使用的材料，不仅有五四新文化运动以后收集、出版的，并且也有采取自我国古代文献的。更值得指出的，是他大量地利用了全国解放后所收集、记录的，而当时国外有些学者正企图全盘否定这种记录的科学价值。"见丁乃通：《中国民间故事类型索引》，华中师范大学出版社 2008 年版。

② 刘守华：《丁乃通：醉心于中国民间故事研究的美籍华裔学者》，载于《广西师范大学学报（哲学社会科学版）》2014 年第 6 期，第 120 页。

索引〉中译本之〈专题分类索引〉》，此外还有艾伯华的书评①等。

## 第二节　英语世界中国古典文学译介与研究工具书议题选介

英语世界中国古典文学译介与研究工具书的类别，一般来说主要有辞典、目录、索引、导读、文学史几类。

交流首先从语言开始，语言是进一步交流的基础，早期的工具书集中在辞书一类，就是为了解决语言问题，如外交官罗伯聃编纂了《汉英字汇》（1842），英国传教士麦邦思编写了《汉英字典》（1847）和《英汉字典》（1848），从他们的职业就可以看出其目的还是在于学习、研究汉语。后来翟理斯也编纂了《华英辞典》（1892）和《中国人名大辞典》（或译《古今姓氏族谱》，1898），这两种书中都提及了中国文人，尤其是后一部书，简要介绍了从先秦到19世纪的中国名人，对文学家的关注也更为集中，但是这些工具书还不是严格意义上的古典文学研究工具书。之后的辞书类工具书逐渐偏向于文学方面，如迈耶斯的《中国手册》（1924）解释了一些关于文学的词汇；查尔斯·威廉姆斯（Charles A. S. Williams）的《中国象征主义和艺术动机纲要》②，按字母顺序概要介绍了反映在中国人的礼仪和习俗中的古代传说；华裔汉学家田宗尧（T. Y. Tien）也编写了《中国话本小说俗语辞典》③。

1867年伟烈亚力出版了《中国文献解题》④（又称《中国文献录》），在这部书里，他按照"经"（Classics）、"史"（History）、"子"（Philosophers）、"集"（Belles‐letters）的分类介绍了古典文献，其中也涉及数学和科学技术，数量巨大，基本上涵盖了古代中国较为重要的书籍内容，书中将相关书名和作者同时用中文和英文在文中列出，极大地方便了读者的查阅。还有一份译为欧洲各国语言的书目清单（a List of Translations from the Chinese into Various Europeas Languages），这部目录类的著作虽然不只包括古典文学，而是类似于当时中国文献的百

---

　①　艾伯华：《丁乃通的〈中国民间故事类型索引〉：以口头传统与无宗教的古典文学文献为主》，董晓萍译，载于《民族文学研究》2008年第3期，原文1998年在德国发表。
　②　Charles A. S. Williams. *Outlines of Chinese Symbolism and Art Motives*. Tuttle Publishing，1932.
　③　T. Y. Tien. *A Dictionary of Colloquial Terms and Expressions in Chinese Vernacular Fictions*. Taipei：Shin Wen Feng Print Co.，1984.
　④　Alexander Wylie. *Notes on Chinese Literature*. Shanghae：American Presbyterian Mission Press，Shanghae：American Presbyterian Mission Press. London：Trübner & Co. 60，Paternoster Row，1867.

科全书，但也可以说是第一部中国古典文学研究的工具书。

目录、解题、简释类的工具书比较早的有邓嗣禹（Teng Ssu-yu）和毕乃德的《中国参考书选目解题》①、海陶玮的《中国文学论题：概览与书目》②，还有戴维森（Martha Davidson）在 1952 年（上卷）和 1957 年（下卷）先后出版的《中国文学作品的英、法、德译文目录》③、袁同礼（Yuan T'ung-li）的《西洋文献中的中国：高第〈中国书目〉续编》④、胡威廉（William Hu）的《元杂剧书目》⑤、李田意（Li Tien-yi）的《中国文学史：精选书目》⑥ 和《中国小说：中英文书目及论文》⑦、麦克考茨基（M. McCaskey）的《中国文学分类目录：散文》⑧、1973 年"亚洲文学书目系列（Asian literature bibliography series）"中有裴玄德编撰的《中国散文导读》⑨ 和贝利（Roger B. Bailey）汇编的《中国诗歌与戏剧导读》⑩、丁乃通（Naitong Ding）和许丽霞（Lee-hsia Hsu Ting）合著的《中国民间故事书目》⑪、巴拉兹（Etienne Balazs）的《宋代书录》（*A Sung Bibliography*, 1978）、林理彰的《中国文学西文书目》⑫、贝里（Margaret Berry）的

---

① Teng Ssu-yu, Knight Biggerstaff. *An Annotated Bibliography of Selected Chinese Reference Works*. Harvard-Yenching Institute, Yenching University, 1936.

② James Robert Hightower. *Topics in Chinese Literature: Outlines and Bibliographies*. Cambridge, MA: Harvard University Press, 1950.

③ Martha Davidson. *A List of Published Translations from Chinese into English, French, and German*. American Council of Learned Societies. 包括著作和论文，涉及了小说、故事（兼及轶闻掌故）、戏剧、诗歌、文论、散文（杂文）甚至书信等各类文体。

④ Yuan T'ung-li. *China in Western Literature: A Continuation of Cordier's Bibliotheca Sinica*. Far Eastern Publications, Yale University, 1958. 之前有法国人高第（考狄尔，Henri Cordier）的《中国书目》（*Bibliotheca Sinica: Dictionnaire Bibliographique des Ouvrages réatifs à l'Empire chinois*）正文四卷，收书收文截至 1922 年之前，本书收书收文为 1921~1957 年。

⑤ William Hu. *Bibliography for Yuan Opera*. Michigan University, Center for Chinese Studies, 1962.

⑥ Li Tien-yi. *The History of Chinese Literature: A Selected Bibliography*. Far Eastern Publications, Yale University, 1968.

⑦ Li Tien-yi. *Chinese Fiction: A Bibliography of Books and Articles in Chinese and English*. Far Eastern Publications, Yale University, 1968.

⑧ M. McCaskey. "Categorization of Chinese Literature: Prose", in *Languages and Linguistics: Working Papers*, No. 2, 1971, pp. 35-50.

⑨ Jordan D. Paper. *Guide to Chinese Prose*. Boston: G. K. Hall, 1973. 本书所指"散文"是广义上的散文，书中介绍译作和论著的汇编，涉及了文论、经典、选集、历史文本、哲学散文、纯文学散文，乃至短篇小说、故事等文本。

⑩ Roger B. Bailey. *Guide to Chinese Poetry and Drama*. Boston: G. K. Hall, 1973.

⑪ Naitong Ding, Lee-hsia Hsu Ting. *Chinese Folk Narratives: A Bibliographical Guide*. Indiana University, Chinese Materials Center, 1975.

⑫ Richard John Lynn. *Chinese Literature: A Draft Bibliography in Western European Languages*. Faculty of Asian Studies, ANU, 1979.

《中国古典小说研究书目提要》①、倪豪士的《西方唐代文学论著选目》②、克拉朗（James L. Claren）编的《中国文学：概览与文献》③。

许多知名图书馆、博物馆、研究院收藏了大量的资料，为了使用方便，这些机构编制了可供读者使用的藏书书目，如道格拉斯（Robert Kennaway Douglas）的《大英博物馆藏汉文书籍、手稿及绘画目录》④、梅耶斯（William Frederick Mayers）的《中国皇家藏书目录》⑤、爱德蒙（J. P. Edmond）编的《克劳福德勋爵图书馆所藏中文图书与手稿目录》⑥、翟理斯的《剑桥大学图书馆中国和满语书目录》⑦。

索引类的工具书有小翟理斯（又译翟林奈，翟理斯之子）的《钦定古今图书集成引得》⑧、弗雷泽（Everard Duncan Home Fraser）的《〈左传〉引得》⑨、龙彼得的《诗经引得》⑩、柯润璞和费德勒（Sharon J. Fidler）的《〈战国策〉索引》⑪、丁乃通的《中国民间故事类型索引》⑫、保尔·克罗尔与乔伊斯·克罗尔（Paul W. Kroll & Joyce Wong Kroll）编写了《孟浩然诗索引》⑬、冯·悉尼与赖姝

---

① Margaret Berry. *The Chinese Classic Novels：An Annotated Bibliography of Chiefly English – language Studies*. Garland Publishing, Incorporated, 1988. 本书是关于四大名著和《儒林外史》《金瓶梅》在内的六部小说的研究书目提要。

② William Nienhauser. *Bibliography of Selected Western Works on Tang Dynasty Literature*. Taipei：Center for Chinese Studies, 1988.

③ James L. Claren. *Chinese Literature：Overview and Bibliography*. Nova Science Publishers, 2002.

④ Robert Kennaway Douglas. *Catalogue of Chinese Printed Books, Manuscripts, and Drawings in the Library of the British Museum*. Longmans & Company, 1877.

⑤ William Frederick Mayers. *Bibliography of the Chinese Imperial Collections of Literature*. Hong Kong：Printed at the "China Mail" Office, 1878.

⑥ J. P. Edmond. *Catalogue of the Chinese Books and Manuscripts in the Library of Lord Crawford, Haigh Hall, Wigan*. Aberdeen University Press, 1895.

⑦ Herbert Allen Giles. *A Catalogue of the Wade Collection of Chinese and Manchu Books in the Library of the University of Cambridge*. Cambridge University Press, 1898.

⑧ Lionel Giles. *An Alphabetical Index to the Chinese Encyclopaedia Chin Ting Ku Chin T'u Shu Chi Ch'eng*. Oxford University Press, 1911.

⑨ Everard Duncan Home Fraser. *Index to the Tso Chuan*. Oxford University Press, 1930.

⑩ Piet Van der Loon. *Index to the Shih Ching*. Leiden：Brill Archive, 1943.

⑪ James Irving Crump, Sharon J. Fidler. *Chan – kuo ts'e. Index*. Center for Chinese Studies, University of Michigan, 1973.

⑫ Naitong Ding. "A Type Index of Chinese Folktales in the Oral Tradition and Major Works on Non – Religious Classical Literature", *FF Communications*, No. 223, Helsinki：Suomalainen Tiedeakatemia Academia Scientarum Fennica, 1978. 中文版分别于1983年、1986年和2008年由春风文艺出版社、中国民间文艺出版社和华东师范大学出版社出版。

⑬ Paul W. Kroll, Joyce Wong Kroll. *A Concordance to the Poems of Meng Hao-jan*. University of Virginia, Chinese Materials Center, 1982.

娣（Sydney S. K. Fung & Shu Tim Lai）《25位唐诗人作品英译引得》①、梅维恒的《四位内省诗人：阮籍、陈子昂、张九龄与李白诗歌引得》②。另外还有一些针对中国古典文学研究报刊编写的索引。③

指南、导读类的工具书有狄百瑞等的《东方经典导读》④、白之编选的《中国文学选集——从先秦到十四世纪》⑤、华裔学者翟楚和翟文伯（Winberg Chai）编译的《学思文粹：中国文学选集》⑥、裴玄德的《中国散文指南》⑦、杨力宇（Winston L. Y. Yang）等编写的《中国古典小说》⑧、纪清穆（Tom Gee）的《中国国剧本事》⑨、倪豪士主编的《印第安纳中国传统文学手册》⑩、鲁惟一和鲍则岳编的《中国古代典籍导读》⑪、伊维德和汉乐逸（Lloyd Haft）的《中国文学导论》⑫。

文学史类的工具书主要有翟理斯的《中国文学史》⑬、陈受颐的《中国文学史概要》⑭、伯顿·华兹生的《中国早期文学史》⑮、赖明的《中国文学史》⑯、柳无忌的《中国文学史概论》⑰、梅维恒的《哥伦比亚中国文学史》⑱、

---

① Sydney S. K. Fung, Shu Tim Lai. 25 *T'ang Poets*: *Index to English Translations*. Chinese University Press, 1984.

② Victor H. Mair. *Four Introspective Poets*: *A Concordance to Selected Poems by Roan Jyi*, *Chern Tzyy-arng*, *Jang Jeouling*, *and Lii Bor*. Center for Asian Studies, Arizona State University, 1987.

③ 黄鸣奋：《英语世界的中国古典文学研究工具书》，载于《文史知识》1997年第3期，第38页。

④ William Theodore de Bary, Amslie T. Embree. *A Guide to Oriental Classic*. Columbia University Press, 1964. 中国部分收有14部哲学著作和4部小说。

⑤ Cyril Birch. *Anthology of Chinese Literature*: *From Early Times to the Fourteenth Century*. New York: Grove Press, 1965.

⑥ Chai Ch'u, Winberg Chai. *A Treasury of Chinese Literature*: *A New Prose Anthology*, *Including Fiction and Drama*. New York: Appleton - Century, 1965.

⑦ Jordan D. Paper. *Guide to Chinese Prose*. Boston: G. K. Hall & Co., 1973.

⑧ Winston L. Y. Yang, Peter Li, Nathan K. Mao. *Classical Chinese Fiction*: *A Guide to Its Study and Appreciation*, *Essays and Bibliographies*. G. K. Hall, 1978.

⑨ Tom Gee. *Stories of Chinese Opera*, The Library Arts Press, 1978.

⑩ William Niehauser. *The Indiana Companion to Traditional Chinese Literature*. Indiana University Press, 1986.

⑪ Michael Loewe, William G. Boltz. *Early Chinese Texts*: *A Bibliographical Guide*. Berkeley: Society for the Study of Early China, 1993.

⑫ Wilt L. Idema, Lloyd Haft. *A Guide to Chinese Literature*. University of Michigan Press, 1997.

⑬ Herbert A. Giles. *A History of Chinese Literature*. D. Appleton, 1901.

⑭ Chen Shou-yi. *Chinese Literature*: *A Historical Introduction*. Ronald Press Company, 1961.

⑮ Burton Watson. *Early Chinese Literature*. Columbia University Press, 1962.

⑯ Lai Ming. *A History of Chinese Literature*. New York, John Day, 1964.

⑰ Liu Wu - chi. *An Introduction to Chinese Literature*. Indiana University Press, 1966.

⑱ Victor H. Mair. *The Columbia History of Chinese Literature*. Columbia University Press, 2001.

孙康宜和宇文所安的《剑桥中国文学史》[①]、桑禀华（Sabina Knight）的《中国文学》[②] 等。

　　另外需要提到的是数据库，作为互联网时代特有的事物，各大数据库已经成为当下研究者们使用最多、最广泛的"工具书"。虽然有别于传统意义上的"书"，但是在"工具"意义上却大大超越了纸质图书的功能。由于互联网和云技术的兴起，以及现代图书情报技术的发展，图书馆等机构早已摆脱对纸质书目的依赖，而是转向大型数据库的建设和调用方式的创新。比如 PQDT 学位论文数据库[③]、Springer Link 全文数据库[④]、JSTOR 数据库[⑤]等，这些平台上包含的数字资源不止中国古典文学研究一个方面，而是全科式的。

　　关于中国文学研究的专门数据库也很多。比如有 Open Library 和 Gutenberg Project，哈佛大学善本特藏和哈佛大学哈佛燕京学社图书馆，麦吉尔大学—哈佛燕京学社的《明清妇女著作》数字计划的数据目录，康奈尔大学的"华生中国收藏"，哥伦比亚大学东亚图书馆有香港地区文学资料数据库，香港中文大学的汉学研究论文库、海德堡大学的"清末民初中国妇女杂志"数据库和汉学文典，加州大学伯克利分校东亚图书馆，俄亥俄大学图书馆的海外华人文献资料库，台湾图书馆汉学研究中心的经学研究论著目录资料库（1912～1997）、两汉诸子研究论著目录资料库（1912～2001）、敦煌学研究论著目录资料库、中国文化研究论文目录，等等。另外韦斯利安大学斯蒂芬·安格尔斯的国际网络数据库项目，包括"新儒学典籍"项目和"中国历史编纂文献"项目，均可在韦斯利安大学官网（http://www.wesleyan.edu）上查询。这些"工具书"在未来会在专门化、大数据化和便捷化等方面展现出很大优势，推动学术的发展。

---

　　① Kang-i Sun Chang, Stephen Owen. *The Cambridge History of Chinese Literature*. Cambridge University Press，2010.

　　② Sabina Knight. *Chinese Literature: A Very Short Introduction*. Oxford University Press，2012.

　　③ PQDT 是 ProQuest 公司的学位论文数据库，收集有 200 多万篇国外高校（北美地区为主）的优秀博硕士论文的文摘和索引。

　　④ Springer Link 是世界上著名的科技出版集团——德国施普林格出版公司提供的学术期刊及电子图书的在线服务。

　　⑤ JSTOR 全称为 Journal Storage，是一个对过期期刊进行数字化的非营利性机构，于 1995 年 8 月成立，以政治学、经济学、哲学、历史等人文社会学科主题为中心，兼有一般科学性主题，共十几个领域。从创刊号到最近三至五年前过期期刊都可阅览 PDF 格式的全文。

## 第三节　英语世界中国古典文学译介与研究工具书的贡献与变异

从上一节的梳理可以看出，英语世界中国古典文学译介与研究的工具书主要集中在目录类，这些目录既有古典文学整体的书目，也有分体书目、断代书目、研究专著书目和馆藏资源书目。这些工具书虽然不能提供原文，但是都尽可能搜抉资料信息并记录在案，有的还配以简要说明。索引类型的工具书往往针对一本书或一类书，将其内部的字词、文句或某些相关内容分类析出，编排成册，方便人们准确定位、以小知大、举一反三。这些工具书的编写虽然看似简单罗列，但这些工作终归庞杂琐碎，体量大，耗时长，时间成本极高，况且其中还要处理极多的细节问题，这需要编写者具有极强的耐心和能力，也更需要服务学界的决心和宽广的胸怀。

在被称为数字时代的今天，这些检索工具书看似已经被电脑和网络的检索功能所取代，在日常的研究中，研究者们也并不会首先求助于这些工具书，但技术的进步和研究方法的更新，并不能使这些工具书成为明日黄花。它们成为了宝贵的研究史料，是当时研究面貌的忠实反映，尤其是涉及英语世界的早期的研究成果，在网络资源也无法涵盖的地方，它们仍然以其完整、丰富、严密的特性而显得不可替代。

导读和文学史类的工具书则更加带有编写者个人的风格，对文学问题的论述，文学篇章的挑选和文学史时代的划分，都可以显示出编写者的文学眼光和学术见地。这样的个性化特征似乎冲淡了这类著作作为工具书的特性，但作为全面记载中国文学资料、发展线索、经典作者的重要文本，它们在参考、查证、梳理、宏观认知方面仍具有重要价值和不可替代的作用。英语世界读者凭借这些著作，可以了解中国古典文学的发展脉络和思想流变，获得更加全面的认识，它们实际上扮演了"指南"和"导引"的角色，因此也在发挥着"工具书"的作用。

而作为英语世界的研究成果，其价值又远远大于一般意义上的参考查询，它们为国内学者提供了他者的视角和眼光，呈现出英语世界对中国文学的认识。而且"文学史"的概念原本就是由外国传入，中国传统的文学研究著作多是以作品选入和评论品鉴为主，如《文心雕龙》《诗品》《列朝诗集》等，有学者说"在中国古代，可以说没有专门的文学史著作，其文学史观念主要集中在文论著作或'选本'（包括序、跋、评点）之中。因此，'选本'或'选集'满足古人讲述文学史的渴望"。① 并没有现代意义上的文学史，国内中国文学史的书写受到西方思想观念及文学史编撰的影响而产生。即使后来国内学者编写中国文学史越来越普遍，成果数量也超过了西方中国文学史著作，但不可否认英语世界中国文学史的重要作用，不管是最早翟理斯的《中国文学史》还是后来的《剑桥中国文学史》它们为国内文学史编写提供了理念与思路，注入了全新的活力，这在比较文学的研究中具有独特的价值。

这就涉及英语世界中国古典文学译介与研究的工具书对国内学界的贡献，这种贡献首先体现在提供了一种观念。

翟理斯的《中国文学史》是英语世界第一部中国文学史，该书整体上以朝代为顺序安排章节，每章内部主要介绍代表性的文体、作家和作品。作为如此早期的著作，这部文学史存在较为明显的问题，比如对所选取的作家，翟理斯仅仅是较为粗略地列举记载，并未进行深入评述；对涉及的作品，翟理斯常常偏重译文的引用，主要来自他自己的《古文珍选》和理雅各的《中国经典》（*Chinese Classics*），材料较为零散而且选取不甚严格。但是，由于是首开纪录的第一人，其成就不可用单纯的学术眼光评判，中国文学史的材料时间跨度巨大，要用如此小的篇幅（第一版仅448页）来详细展开，并还要兼顾到历史、文化、艺术、法律等相关方面，是非常艰难的，所以在一定程度上，翟理斯中国文学史研究质量上的不完美也是情有可原的。正如有学者评价这部文学史"翟理斯吸收了欧洲文化传统与19世纪以法国为代表的文学史研究学风，开始以史学的意识来梳理中国文学的脉络为中国文学构建了一个通史的概观。尽管这样的总结还只是一个初步的描述，但却在某种程度上代表了当时西方汉学界对中国文学译介与研究的水平"。②

相较于早期国内学者的文学史著作，如窦警凡的《历朝文学史》和林传甲的《中国文学史》，双方的不同是十分明显的，窦著依据《隋书·经籍志》所设定的传统中国书目分类法，将全书分为"文字原始""经""史""子""集"等部分，林著则是有"古文籀文小篆八分草书隶书北朝书唐以后正书之变迁""古今音韵之变迁""古今名义训诂之变迁""古以治化为文今以词章为文关于世运之升降"等十六篇，包括了文字、音韵、训诂、文体等方面。虽然窦警凡和林传甲的著作的特点在后来国内的文学史著作中仍然存在，如1914年钱基厚《中国文学史纲》主体内容为"正名""原始""阐经""谭史""攻子""考文"和"完体"七节，1938年袁厚之所编《中国文学概要》五章分别为"文字""群经"

---

① 樊宝英：《选本批评与古人的文学史观念》，载于《文学评论》2005年第2期，第46页。
② 李真：《英国早期汉学的"三大星座"——小记英国著名汉学家理雅各、德庇时和翟理斯》，载于《人文丛刊》2009年第4辑，第352页。

"史部""诸子"和"文章",但是受西方思想的影响,单一的历时性的著作也逐渐出现,如胡云翼的《中国文学概论》(上海启智书局1925年版),及在此基础上订正补充而成的《新著中国文学史》(北新书局出版社1933年版),均以朝代或朝代兼文体的方式命名,避免了涉及其他繁杂的内容。

而这种单一线性排列模式又被孙康宜和宇文所安合编的《剑桥中国文学史》打破。《剑桥中国文学史》并不按照朝代将文学分期,因为文学的发展不一定完全按照政治历史的节点来演进,很多文学思维跨越了两个甚至多个王朝或政体的时代,文学有其自身的规律,这种规律深植于大的文化背景中;而且在文学的发展过程中,前期作家与作品会对后世产生影响,后世在纵向接受前期文学与文论的基础上也产生了自己的创新,因此从文化和接受两方面来看,都不能简单按照朝代来分期。这样的编写观念对现代的文学史编写有着很大的启发作用,"文学史学的发展历程自20世纪70年代经历了从历史主义模式向新历史主义模式的转变,《剑桥中国文学史》展现了新文学史学的视角,对书写中国文学史具有借鉴意义。传统的文学史以完整性和连续性为标准,呈现线形单一叙事模式;新文学史强调非连续性和碎片化,呈现多维度的历史时刻,跨越了历史时间顺序模式。文学史书写模式和西方学术观念史紧密相关,从19世纪历史主义单线条历史叙述模式,到新历史主义影响下的微观多元模式"。①

英语世界中国古典文学译介与研究的工具书的贡献还在于,它们为国内相关研究提供了新的方法,这种新方法也促进了国内学者对研究方法的进一步探索和调整。

比如丁乃通的《中国民间故事类型索引》,本章第一节已经提及该索引以严格的 AT 分类法对民间故事进行分类,其实早在1937年德裔美籍学者艾伯华(艾伯哈德)就已经用 AT 分类法写出了《中国民间故事类型》(*Type of Chinese Folktale*),同样发表在《民间文学工作者通报》上。但是由于这是用德语写成的,所以一直未被译介到国内,直到1999年,王燕生、周祖生的中译本才由商务印书馆出版,而且艾伯华的著作虽然在体例上参考了 AT 分类法,但是在类型命名上与 AT 分类法有很大差别。② 所以当国内学者第一次看到丁乃通的《中国民间故事类型索引》时,发现了 AT 分类法对中国民间故事分类的可行性,可以说是

---

① 王敏:《〈剑桥中国文学史〉与新文学史学》,载于《上海交通大学学报(哲学社会科学版)》2012年第5期,第97页。

② 艾伯华首先将民间故事分为"正格故事"和"滑稽故事"两类,"正格故事"下又分为"动物""动物与人""动物或精灵帮助好人,惩罚坏人""动物或精灵与男人或女人结婚"等十四类,可见与 AT 分类法的五大类并不相同

丁乃通"向中国的民间故事研究者介绍了 AT 分类"。① 之后又有学者将 AT 分类法运用到叙述文学的分析上，如中国台湾学者金荣华 2000 年出版的《中国民间故事集成类型索引》就是按照 AT 分类法进行编排的，金荣华对丁乃通的著作颇为关注，还为了方便使用，依据丁著中译本另编索引，名为《丁乃通〈中国民间故事类型索引〉情节检索》，可以看出他本身受丁乃通的影响颇深。

当然也存在另一方面，即在模仿、运用新方法的同时，有些学者对这种方法进行了反思。虽然 AT 分类法的使用更能被外国学者接受，方便中国民间故事并入世界研究范畴，但是也有学者也指出了这种方法的不足，批评了丁乃通著作的"西方性"，"西方性是指把中国的民间故事套进西方人所设定的框架中，这也就未免有削足适履之嫌"，② 由阿尔奈和汤普森创立的方法，其实只能较为贴合地运用于欧美和西亚地区的民族，对亚洲、非洲、拉丁美洲等区域的民间故事，他们缺少大量的样本证明。由此，一些学者在进一步的研究中，考虑到中国民间故事的特殊性，就决定不采用 AT 分类法，如祁连休的《中国古代民间故事类型研究》（河北教育出版社 2007 年版），先为民间故事做了断代的划分，每个时代之下再划分故事类型，如此既符合了国内学者文学研究的习惯，又极大程度地保存了民间故事的本来面貌，避免了完全按照 AT 分类法带来的弊端。

对于如何有效将情节按类型划分，国内学者还在不断尝试，从发现西方的方法，到模仿、学习，再到调整、改进，这个过程的起点正是英语世界相关论著的诞生，因此，关注英语世界的成果，对激发国内学界的活力十分重要。

英语世界中国古典文学译介与研究的工具书与前面各专题讨论的内容同样可以在观念和方法上对国内学界有所启发，这无疑是英语世界研究成果对学界做出的贡献，上文所举出来的例子只是其中的一小部分，更多的价值还有待进一步的挖掘。

英语世界学者对中国古典文学相关内容进行梳理并编写工具书的过程，也就是他们进入古典文学世界、了解并吸收古典文学的过程，这一过程反映了他们对中国古典文学的认知和理解，其中就包含着变异现象。

比如前两节都着重提到的伟烈亚力的《中国文献解题》（1867），这部书对两千多部中国古典文献作了题解，是伟烈亚力最为重要和著名的一部作品。这部书按照"经史子集"编排，覆盖面极大，虽然此书初衷在于广泛收集中国文献并加以介绍，但正因如此，就必会出现详略的安排，其中不可避免地透露出伟烈亚

---

① 金荣华：《论丁乃通〈中国民间故事类型索引〉中译本之〈专题分类索引〉》，载于《民间文化论坛》2010 年第 5 期，第 108 页。
② 宁稼雨：《从"AT 分类法"到中国叙事文化学的故事类型分类——中国叙事文化学研究丛谈之五》，载于《天中学刊》2015 年第 1 期，第 20 页。

力个人的选择。比如在集部诗文评类（Critiques on Poetry and Literature）的部分，伟烈亚力首先介绍了《文心雕龙》，说其为现存最早的诗文评类作品，接着说道"直到晚唐，只有另外四五部诗文评作品保留至今"，① 然后他就开始介绍《后山诗话》《临汉隐居诗话》《优古堂诗话》《彦周诗话》等作品，大部分为宋代及以后的诗话。

这是一个值得关注之处，关于诗文评，《四库全书总目提要》中的《诗文评类小序》中说："文章莫盛於两汉。浑浑灏灏，文成法立，无格律之可拘。建安、黄初，体裁渐备，故论文之说出焉。《典论》其首也。其勒为一书传於今者，则断自刘勰、锺嵘。勰究文体之源流，而评其工拙；嵘第作者之甲乙，而溯厥师承。为例各殊。至皎然《诗式》，备陈法律，孟棨《本事诗》，旁采故实。刘攽《中山诗话》、欧阳修《六一诗话》，又体兼说部。后所论著，不出此五例中矣。宋、明两代，均好为议论，所撰尤繁。虽宋人务求深解，多穿凿之词；明人喜作高谈，多虚憍之论。然汰除糟粕，采撷菁英，每足以考证旧闻，触发新意。《隋志》附总集之内，《唐书》以下则并於集部之末，别立此门。岂非以其讨论瑕瑜，别裁真伪，博参广考，亦有裨於文章欤？"②

可以看出，"小序"将《典论》作为诗文评著作的开始，但也更为明确地将刘勰的《文心雕龙》与钟嵘的《诗品》两部著作列为诗文评之首，并将概括出了诗文评的五种主要体例，勾勒了诗文评发展的大致线索。可是伟烈亚力只介绍了《文心雕龙》一部，而包括《诗品》在内的其他在"小序"中提名的作品被简略为"另外四五部诗文评作品"一笔带过，而且在人名和作品索引部分也没有列出。难道是伟烈亚力对这一部分的内容不熟悉？实际上并不是这样。在这一部分的开头，伟烈亚力也写了类似于"小序"的一段话，其中有这样的表述：

> The encouragement given to literature by the princes of the Han, developed to a great extent a tendency of the national mind; and the abounding labors of authors during that dynasty, had been sufficient to stamp the character of the Chinese as a literary people. Poetry and the less elegant efforts at simple prose, which were at first free and natural, gradually shaped themselves according to certain conventional forms; till about the commencement of the third century, when rules began to be reduced to regular order; and the laws of poetry became more rigorous and circumscribed. During the two following centuries, there is reason to believe that

---

① Wylie, Alexander. *Notes on Chinese Literature*. Shanghae：American Presbyterian Mission Press. London：Trübner & Co. 60，Paternoster Row，1867，p. 197.
② （清）永瑢等：《四库全书总目》，中华书局 1965 年版，第 1779 页。

books were written on this subject, and thus originated an order of works which are now classed together as 詩文評 She wan ping, "Critiques on Poetry and Literature".

…

It is no less matter of fact however, that a considerate proportion of these works are extremely useful and important to the correct understanding of the genius of Chinese poetry; supplying as they do a fund of information on the history, the changes, the internal mechanism and the great aim of this much cultivated branch of art. These works were not recognized as a separate class till the Tang dynasty, since which a section has been assigned them in most bibliographical compilations.①

与"小序"对比可以发现，虽然具体表述有所差别，但是上引语句的含义与"文章莫盛於兩汉。浑浑灝灝，文成法立，无格律之可拘。建安、黄初，体裁渐备，故论文之说出焉"和"然汰除糟粕，采撷菁英，每足以考证旧闻，触发新意。《隋志》附总集之内，《唐书》以下则并於集部之末，别立此门。岂非以其讨论瑕瑜，别裁真伪，博参广考，亦有裨於文章欤"的含义是大致相同的。

所以，伟烈亚力是明确知道《诗品》等作品的信息的，那么就可以判定，这里的省略是伟烈亚力有意为之。

与省略相反，伟烈亚力在子部（Philosophers）的杂家类（Miscellaneous Writers）中对基督教典籍论述颇多，包括了《天主十义》《灵魂道体说》《圣体仁爱经规条》《四终略义》等八十部左右，共有八页，超过了诗文评的篇幅，而且这是《四库全书》中所没有的。与之类似，伟烈亚力对子部天文算法类（Astronomy and Mathematics）著作的介绍也极为详细，并补充收录了《四库全书》原本没有的书籍，包括李善兰的《方圆阐幽》、戴煦的《对数简法》和《续对数简法》，以及传教士翻译的西学著作。

有意地省略和扩充并非毫无道理，这和伟烈亚力的身份有着密切的联系，虽然他的研究领域十分多样，但是他首先是作为伦敦传道会传教士来到中国的，在华期间不断游历各处，进行传教活动，也一直从未中断地负责宗教工作，所以他非常熟知中国的基督教典籍，也愿意让欧洲读者了解到中国的宗教发展成果。而且他作为向中国大力引进西方科技的出版工作者，同样对中国科技类著作抱有关

---

① Wylie, Alexander. *Notes on Chinese Literature*. Shanghae: American Presbyterian Mission Press. London: Trübner & Co. 60, Paternoster Row, 1867, pp. 196-197.

切，从1951年连载《徐光启行略》开始就极其关注中国科学，致力于向西方介绍中国的科学成就。与这两方面相比，伟烈亚力对文学的关注似乎并不是那么突出，在重点介绍了中国的经典之后，对诗文评采取了略说的方式。

这就是在文化交流中，接受者因文化背景的不同和身份的特定需求对交流信息进行有意的选择和改造，即文化的过滤，虽然这种选择和改造本质上不可避免地具有重视与忽视的意味，但是并不代表是一种"错误"，这种变异仍是有价值的，它"体现的是文化传播过程中交流双方的相互作用，是接受者主体性、选择性和创造性的重要体现，也是文学在经过'传播'这个中介时，必然发生变异、耗损和误读的原因所在"。① 研究英语世界中国古典文学工具书，需要以变异学的视角对待其中的细节，才能让看似枯燥烦琐的工具书焕发新的生机，适应现代学术进步的需要。

---

① 曹顺庆：《比较文学教程》，高等教育出版社2010年第2版，第99页。

# 下 编

英语世界的中国现当代文学译介与研究

# 第十五章

# 晚清小说的译介与研究

## 第一节 晚清小说的译介

晚清小说尽管数量可观，但就整体质量而言，多数差强人意，加之其创作、译作时常交缠、面目不清，故而历来多受冷遇。这一现实，或许多少可以解释为其在海外翻译界不受欢迎的原因之一。当然，遇冷的另一个重要方面，仍与它的"对立面"——"五四"文学有着重要关联。众所周知，整个英语世界的中国现代文学研究起步始自"五四"，且以"五四"为中心。关于这一点，我们仅需快速地复习一下夏志清写于 20 世纪 50 年代的名著《中国现代小说史》的开篇，便可以清楚地得到印证。这种"五四的中心意识"，同惯常意义上人们对中国"现代性"的定位，即启蒙与革命的双向路线有关。这种意识，直到 20 世纪 80 年代才有了松动和转变的迹象。而且转变的一个重要原因，也是基于讲清楚"五四"的外围环境或者伴生事件，以便于更好地理解"五四"的特殊性和重要性。晚清正是在一种史前史或者开场白的定位中进入研究者视野的。王德威说，"没有晚清，何来五四"以及其倒置的提法"没有五四，何来晚清"，或多或少揭示了这一现实，指明了"五四"对"晚清"的发现与发明之功。

而与此同时，"晚清"的先行者，如明清小说和唐宋诗文，在英语世界所受到的热捧，也一并挤压了晚清文学的价值和个性。作为尾声，它所代表的异质性已远不如它的前人，其暧昧不明的民族文学特性和技巧，更是被看成"晚期风格"的一种表征：一种因对繁华逝去无能为力，而深深陷入悲悼、留恋的氛围与情绪之中，欲振乏力。

而与晚清小说英译相对阙如的状态形成强有力对照的是，国内外学界对其文学史价值的逐步肯定。尤其是在韩南、李欧梵、王德威、叶凯蒂（Catherine Yeh）、瓦格纳等一众学者不断介入阐发的状况下，这种翻译和研究的错位，显得更具戏剧性。一方面固然反映了晚清小说的价值并没有被广泛而深刻地接受，也暂且没有被包括国内外文学界、翻译界的进一步认同；另一方面对于晚清小说真正的文学价值与译介价值，或许需要经历一个接受和沉淀的过程，才能剔除其中的泡沫，还原出晚清小说真正的面貌。

不过，晚清文学的翻译数量虽然有限，但特征明显，而这些特征也在稍后的时间历程里，明确地影响了相关的文学研究，尤其是在研讨对象的锁定上，可以说，翻译扮演了重要角色。简言之，晚清文学翻译的特征主要有如下几点：

## 一、追随一般的文学史论述，着力翻译以"清末四大谴责小说"为代表的"名家名作"，对边缘性的作品涉及较少

如 1981 年，《中国文学》翻译了刘鹗的《老残游记》[①]，这是晚清最为著名的谴责小说之一，并于 1983 年重译[②]，2005 年，再次由译者杨宪益、戴乃迭署名出版《老残游记》[③] 的译本。哈罗德·谢迪克（Harold Shadick）的英文全译本[④]于 1952 年出版，是在英语世界中流播较为广泛的一个译本。而《老残游记》在英语世界之外的译本也较多，如日译本有十余种，还有捷克汉学家普实克（Jaroslav Prusek）的捷克文译本、谢马诺夫（В. Семанов）的俄文译本等，虽不属于本章所论之范畴，但也足见该小说在世界上受关注的程度。2005 年，由宋绥荃翻译的晚清侠义小说《七侠五义》的英文版[⑤]出版，对晚清颇为流行的侠义叙事文本进行了译介。

晚清另外一部影响较大的小说《孽海花》，也同样在英语世界受到了许多的关注。1951 年，唐纳德·威利斯（Donald S. Willis）翻译了该书的第 24～26 回

---

① E Liu. *The Travels of Lao Can*, trans. Xianyi Yang, Gladys Yang. Beijing：Chinese Literature，1981.
② E Liu. *The Travels of Lao Can*, trans. Xianyi Yang, Gladys Yang. Beijing：Chinese Literature，1983.
③ E Liu. *The Travels of Lao Can*, trans. Xianyi Yang, Gladys Yang. Beijing：Chinese Literature，2005.
④ E Liu. *The Travels of Lao Can*, trans. Harold Shadick. New York：Cornell University Press，1952.
⑤ Yukun Shi, Yue Yu. *The Seven Heroes and Five Gallants*, trans. Shouquan Song. Beijing：Foreign Language Press，2005.

（英译本），1951 年发表于西雅图华盛顿大学。此外，《孽海花》还有俄文本（前面提到的苏联学者谢马诺夫译）、法文本［伊莎贝勒·毕戎（Isabelle Bijon）译］和日译本［松枝茂夫（Matsueda Shigeo）译］等。

吴趼人的《二十年目睹之怪现状》①，其英文本则由刘师舜进行节译，香港中文大学 1975 年出版。刘师舜的译本，明晰流畅，虽为节译本，但基本上反映了小说的思想内容和艺术风格，较准确地向英语世界的读者介绍了吴趼人的这部代表作。此外，《二十年目睹之怪现状》较早出现的国外译本是日译本，译者是小林嘉，其同样是节译本，1926 年由丸内书院店出版。

《海上花列传》可以说是晚清小说中的翘楚，以其平淡而近自然的笔触，对妓家的女性群像进行了深入的刻画，尤其是小说中的吴语元素，更是令其在晚清文学中显得独树一帜。译者张爱玲对这部小说也可谓情有独钟，不仅将其译成了国语白话，而且还翻译成了英文，意欲向英语世界推荐这部世所称道的叙事文本。1982 年，《海上花列传》第一章和第二章的英译本在香港中文大学的《译丛》（Renditions）杂志第 17、18 期合刊上发出，余下章节则由香港中文大学的孔慧怡组织整理出版。② 值得注意的是，张爱玲的译本并没有完全忠实于原文，而是在翻译中，估量西方读者的阅读习惯与期待视野，对小说进行增补或节译。

相比上述小说，李伯元的《官场现形记》则迟至 2001 年才由香港大学出版社推出，译者杨铁梁（T. L. Yang），位高权重，是香港地区资深的大法官，曾参选香港特别行政区第一届行政长官的选举，之前还翻译过《说岳全传》及《桃花扇》等作。

## 二、译作发表的平台和界面较为集中，比较有代表性的是香港中文大学翻译研究中心主编的《译丛》杂志。此外，还出现了像韩南教授这样在晚清文学翻译和研究方面颇有建树的译者

《译丛》杂志于 1973 年创办，办刊宗旨是"致力于向西方读者介绍中国文化，满足外国读者对中国文化的兴趣，以中国的视域向其提供原始素材"。在其发行的四十余年时间里，《译丛》源源不断地向西方世界输送了大量高品质的译稿，成为西方世界了解中国文学与文化的重要窗口。部分稿件甚至直接成为欧美

---

① Jianren Wu. *Odd Things Witnessed Over Twenty Years*, trans. Shishun Liu. Hong Kong: The Chinese University Press, 1975.
② Pang-ch'ing Han. "The Sing-song Girls of Shanghai", trans. Elieen Chang, *Renditions*, 1982.

高校中国文学课程的教材,或者选入"哥伦比亚现代文学选集"等权威文学选集,成为研究必备的书目。上述张爱玲所译《海上花列传》、柳存仁等译《孽海花》(第 18 期)等书的部分章节即在该刊率先亮相。除此之外,像黄遵宪的部分诗歌(第 29、79 期)、康有为的游记(第 29/30、53/54 期)、梁启超的日记(第 53/54 期)、苏曼殊的小说《焚剑记》(第 67 期)、王韬的《漫游随录》中的部分章节(第 53/54 期),以及徐念慈的科幻创作《新法螺先生谭》(第 77/78 期)等均在《译丛》刊出。

《译丛》杂志社还分别从 1976 年和 1986 年开始,推出"译丛丛书"(Renditions Books)和"译丛文库"(Renditions Paperbacks)。其中李伯元的《文明小史》即由该社在 1996 年推出。

除去《译丛》,1996 年由斯坦福大学出版社推出的邓腾克(Kirk Denton)主编的《现代中国文学思想读本》(Modern Chinese Literary Thought: Writings on Literature, 1893-1945)一书在翻译并收录晚清相关文学文献方面也居功甚伟,是一个非常重要的译介载体。收录在内的作品包括了黄遵宪的《人境庐诗草自序》(奚密译)、梁启超的《译印政治小说序》《论小说与群治之关系》(钟玉莲(Gek Nai Cheng)译)、林纾的《妖梦》(黄宗泰译)、《贼史序》(吴燕娜译)、刘师培的《论文杂记》(胡志德译)、王国维的《文学小言》[黄金铭(Kam-ming Wong)译]等。

已故的哈佛大学教授韩南先生不仅精熟晚清文学研究,而且于译事上颇下苦功,连续推出了《禽海石》(Stones in the Sea, 1995)、《恨海》(The Sea of Regret, 1995)、《黄金祟》(The Money Demon, 1999)和《蜃楼志》(Mirage, 2014)等译著。其中,符霖的《禽海石》和吴趼人的《恨海》作为晚清写情小说的重要代表,历来为评者所瞩目,是文学研究不可或缺的参考版本。2009 年推出的邗上蒙人《风月梦》一书的英译"Courtesans and Opium",此书同样是韩南在深耕精研的基础上产出的副产品。1998 年韩南在《哈佛亚洲研究杂志》上刊发《风月梦与烟粉小说》一文,纵论《风月梦》在开启城市书写以及引导后来的《海上花列传》等烟粉小说的写作与阅读等方面的作为,同时也深入文本内部对其主题、结构及纪实特征做了重点分析。2009 年推出的译本,延续了之前的观察,着力凸显小说与扬州城市文化及当时妓院现实的关联,因而花费不少力气来向西方读者解释此中玄机,以便减少文化上的隔膜。全书分前言、正文和注释三个部分,注释部分的功用正在于此。因而有论者指出,译文不仅让西方读者大饱眼福,了解到 19 世纪中国的现实和世界观,更是将小说的"隐性"价值,即其内蕴的典故、隐喻等和盘托出,惠泽欧美读者,减少了不必要的跨文化理解障碍。①

### 三、表现出明确的文类喜好，多在小说上用力，其次是文论、政论，政论亦多涉及自由、女性等时代议题

小说在晚清翻为文类的正宗，这一基本的文学史的判定，多少影响了国内外的晚清文学研究格局，同时也对翻译产生了近似效用。而在小说内部，谴责与狭邪两类题材的作品最受关注，关于这一点，以上所列之篇目可为明证。而这两个在翻译中彰显的可能原因，不仅是因为它们在当时的创作环境里是大宗、主流，而且也因为其是解说清末中国国家凋敝的重要参考文献，同时，也是了解时人情感结构和伦理秩序的关键。这种对关键问题的把握，可以推导出政论文体受到瞩目的缘由。例如，康有为关于孔子改制考的论述，梁启超有关权力观念的讨论，就分别出现在了梅维恒等主编的《夏威夷中国传统文化读本》（Hawai'i Reader in Traditional Chinese Culture）及《当代中国思想》（Contemporary Chinese Thought）等书刊之中。这些论说文显然被视为蠡测清末思想和知识转型的重要通道，有助于了解彼时中国知识分子的思想重心所在。此外，女性知识分子本人的性别主张和思考也受到了关注。这种关注的一大动力来自勃兴于西方的女性主义运动。这场持续而广泛的运动无疑促使了学术思考的转向，使女性及其思辨浮现为最为重要的文化议题。刘禾、高彦颐（Dorothy Ko）、柯瑞佳（Rebecca Karl）等主编的《中国女权主义的诞生：跨国理论的重要文本》（The Brith of Chinese Feminism：Essential Texts in Transnational Theory）就节录了金天翮发表于1903年的《女界钟》，译者是以林纾研究著称的青年学者韩嵩文（Michael Hill）。秋瑾大抵可以看成是在西方世界最受瞩目的清末女性主义论者，她的散文、政论、书信、诗歌以及弹词均被翻译介绍到了西方。尽管这些作品多是节译或者选译，但却类型多样，足见其受关注的程度。

与晚清小说翻译相对沉寂的情况相反，晚清小说的研究，可以说是中国近现代文学研究版图中，变动最剧烈，同时也是争议最为集中之所在。在海外汉学对中国晚清（1840~1912年）小说的大力推举以前，中国学界对这段时期的小说并没有给予太多的关注，其一直被作为"五四"新文学的前奏或附庸而存在，甚至处于被边缘化的处境。在这种境况下，英语世界对晚清小说的研究，直接拓宽了中国近现代小说研究的视域和版图。可以说，海外对晚清文学文本的研究，往

---

① 刘晓晖、朱源：《派屈克·韩南的翻译价值思维管窥：以晚清小说〈风月梦〉的英译为例》，载于《中国比较文学》2017年第1期。

往通过两种方式进行：其一是以自身显著的理论视野和方法论形态，对研究对象进行整体性的观照；其二则并非直接探入其间，而是先通过反思与抵牾的方式，在对抗现有文学史框架与意识形态叙述的主旨的趋向中，反向建构起晚清小说的研究图谱。当然，这两者往往并不是截然对立和分隔的，而是相互勾连彼此融合，并入于对晚近文学史与叙事作品的梳理评析之中。

在这种情况下，牵出统摄海外中国现代文学研究的理论路径，从而以一种系统论的方式，涵纳英语世界对中国文学的聚焦，揭示其中的叙述结构和理论框架，对于整个晚近小说研究和中国文学史构建而言，便显得尤为重要。而不只是如往常一样，只注重散点透视式的总结归纳。因而，从本节的结构而言，各个部分之间是相对独立的，但是却并非互不关联，首先所谓的"晚清"，既作为一个末日帝国而存在，同时也承托出19世纪末20世纪初这段历史时间，从中所彰显的，不仅是传统与现代相互纠葛之所在，同时也与该时间段落映射下的城市与乡村、中国与世界相对照和融合；而寄寓其中的历史与想象，则是在一定的时空概念中，书写而成的科学史、人文史、社会史和情感史等，在将历史付诸文本与叙事之中时，其所映射出来的文学想象和理论建构也呼之欲出；顺着这一逻辑，值得进一步探询的，便是英语世界对晚清小说的美学和形式研究，也即无论是具体的时间/疆域考究，还是寄寓于斯的想象建构，需要通过小说的虚构而得以完成，而抒情与叙事的辩证，则是英语世界对晚清小说美学尝试的重要论述。如此，则不仅可以形成英语世界的晚清小说研究的内在纹理，同时也试图兼顾英语世界在深入晚清小说领域时，所关注的层面、探究的方向及其形成的内在逻辑。

## 第二节 传统中国与现代世界

对于中国晚清小说的研究，脱不开第一代的汉学家夏志清、韩南等学者的首倡，其中，夏志清对《老残游记》等小说的阐析，韩南对史料发掘与史识并进的研究方法等，掀起了晚清小说研究的开端；李欧梵、米列娜、胡志德等海外中国文学研究者，则提出了近代小说的现代性命题；王德威的《被压抑的现代性——晚清小说新论》，则将英语世界的晚清小说研究推向了一个新的境界，对晚清小说地位的提倡，尤其是将其置于曾被奉为现代之圭臬的"五四"之前加以肯定和阐释，更是引领了学术界的风潮。事实上，英语世界的晚清小说研究领域更为重要的影响，在于方法论和研究范式的更新。如果深入英语世界的晚清小说研究的内在的文本肌理，可以体察出其中的方法论与意识形态之间的龃龉和搅攘，这往往形成了一种内在的张力：其既是自由的审美，但事实上却有着内在而深刻的价值取向；其既提供了状似中肯的理论与方法，客观理性的背后却也往往投射出英语世界的理论方法甚或是意识形态的干预。如是这般的研究形态，更是在英语世界的晚清小说研究中，呈现出了种种辩证式的构成，不仅如此，每一种辩证式的存在背后，又体现出若干种相对应的结构。事实上，王德威在《被压抑的现代性——晚清小说新论》中，通过所谓的压抑与被压抑的设定，所探求的无疑是对固有文学史叙述倾向的纠偏，同时也是对晚清小说的叙事模式、结构形态以及小说内部所透露出来的"现代性"的挖掘；虽然晚清小说在"现代性"的追求方面，经常是不自觉的，只有极少数具有自身独立完整的美学旨归和理论倾向，其叙事倾向和结构模式也更多地倾向于对满族传统说部的继承发挥；然而应该说，密布在晚清小说文本细部的，是诸多的世界性与跨文化的要素，也正是在与传统勾连的边缘中探求外在的世界的和现代的因素，从而使得晚清小说具备了一种更为隐蔽同时也是值得探究的现代性。"'五四'作家急于切断与文学传统间的传承关系，骨子里其实以相当儒家的载道态度，接收了来自西方权威的现代性模式，视之为惟一典范，从而将已经在晚清乱象中萌芽的各种现代性式摒除于'正统'的大门"。① 可以说，王德威的反拨与反转，实际上依赖的，除了夏志清以降的新批评之文本细读的理论导向，隐约可见的还有福柯的"知识考古学"，对中国所谓之"现代"进行追本溯源，更为重要的是，王德威以英语世界的跨文化视角，对晚清小说之中国与世界、传统与现代诸问题进行了辩证式的考究。因而，在这种情况下，采取纵向和横向相结合的观照方式便显得尤为必要，探究英语世界的晚清小说研究状况，也即既注重历史化的呈现，同时也对同一时间梯度的研究文本进行横向对读，试图通过考古学式的纵向梳理，揭示相关研究的历史脉络，而且结合相类似的情境、背景、状况中的彼此激荡，指出相近时间与同一场域的小说研究态势。

新文学对晚清小说的贬抑，虽说通过特定的话语建构形成了新的理论形态和文学姿态，然而却由于片面简单的否定，不可避免地产生了偏见。关于这一点，王德威的《被压抑的现代性——晚清小说新论》中，做出了非常详尽的说明。晚清小说，可以说是历史情态与生存状况的见证，如果将这些小说都还原为历史的文本，那么确乎能够解析出时代历史的多重语境与诸种维度。在王德威看来，"在中国叙事文学研究里，晚清小说一向不受重视"，即使是在20世纪80年代以来，晚清小说的价值慢慢得到发掘，但是"仍不脱以往'四大小说'（《官场现

---

① 王德威：《被压抑的现代性——晚清小说新论》，北京大学出版社2005年版，第4页。

形记》《孽海花》《二十年目睹之怪现状》《老残游记》的窠臼）；阿英、鲁迅、胡适等以'五四'为视角的理论，依旧被奉为圭臬。"① 狭邪、侠义公案、丑怪谴责和科幻奇谭四类小说题材内部所包含的"四种相互交错的话语：欲望、正义、价值、真理（知识）"②却备受冷遇。这样，王德威便建立起了自身的现实依据和书写理论，一方面，文学史上的偏见需要破除，对中国晚近现代性的研究必须通过新的文学历史线索的揭示进行再解读与再确立；另一方面，晚清小说所形成的特定的叙事形态和话语结构，确认了自身的美学自觉与叙述风格。而这些，在王德威看来，都集中于晚近小说的叙事指向之中，如他在《想像中国的方法——历史·小说·叙事》中，便提出了"小说本身的质变，也成为中国现代化的表征之一。"③ 在他看来，小说自身的叙事和虚构性质，恰恰提供了一种想像的可能性。尤其是在亟须转型和重塑的时代，小说及其叙事的出现，为纷繁复杂的历史创造了新的愿景和希冀。

除此之外，晚清小说在内忧外患的境况下，开始由御外转而内省进而两者并存。在这种情况下，王朝/国家就不再是一个不言自明毋庸置疑的所在了，也就是说，对当下政权的不满和失落，令小说的叙事者开始转向新的理想国的构设，随之而来的则是国家主体的多重置换，从中体现出来的，则是晚清小说的新的转喻机制和想象方式。王德威首先提出"没有晚清，何来五四"的观念，认为被压抑的晚清小说，其事实上所展现出来的丰富想像力和多种可能性，被文学史的叙述所淹没和曲解，所以应当破除文学史上的偏见，对意识形态影响下的作家作品解读进行重估，从而恢复历史本来的面貌，对现代性的源流进行重新梳理。而较为重要的，则是王德威所认为的，当传统中国融入现代世界的"现代"之洪流时，家国想象势必与世界浪潮相互叠加，又彼此对照、呼应。在《贾宝玉坐潜水艇——晚清科幻小说新论》一节中，王德威指出，"以反写实的笔调，投射了最现实的家国危机，而且直指一代中国人想象、言说未来世界的方向及局限。"④ 可以说，科幻小说、理想小说甚或是想象型的叙事作品，在清末中国是较为重要的叙事题材，而天马行空、光怪陆离的形式特性也颇受读者青睐，历史的偏好也从一个侧面反映出当时的历史无意识以及集体精神/伦理旨向。如前所述，在王德威看来，科幻小说中几乎都会涉及与晚清中国相近、相似或相较的"历史"，并通过生存空间的转换、理想境界的构设，在新的历史境况甚或是国家想象中，

---

① 王德威：《被压抑的现代性——晚清小说新论》，北京大学出版社2005年版，第1页。
② 王德威：《被压抑的现代性——晚清小说新论》，北京大学出版社2005年版，第23页。
③ 王德威：《想像中国的方法——历史·小说·叙事》，生活·读书·新知三联书店1998年版，序。
④ 王德威：《想像中国的方法——历史·小说·叙事》，生活·读书·新知三联书店1998年版，第46页。

经由小说形式的多重置换和转喻,繁衍出与现实历史紧密相连却又是背离迥异的文化意义。如果以王德威的家国想像和隐喻之逻辑来看,《女娲石》这部小说则是以女性成为家国想象的主体,其中无论是刺杀皇太后而闻名江湖的金瑶瑟,还是嫉恶如仇惩奸除恶的凤葵、白十字会长汤翠仙,以及花血党首领剑仙女史秦爱浓,尤其后者提及的花血党是年"派出的也有三千四百余人",用以对抗"区区野鸡政府"的晚清政权全部归化为革命者形象,就连原为妓家所在的天香院,也在革命浪潮中改头换面,发生了功能性的转换,成为女学堂之所在,开始经营起了救国图存的大业。可以说,英语世界的晚清小说研究的话语机制,体现在其往往从传统/现代的糅合和分化入手,指出晚清小说所形成的话语生产和言说机制,如是这般的叙事话语被结构出来之后,便形成了具有鲜明语码特征的文学符号系统,并且经过自身的隐喻创造和理论建构,再加上时代历史诸因素,从而在不断的讲述、塑造和再生产中,经历了一个美学的形构和塑造过程。这便是晚清小说之所以需要重新提及,并且应当置于"现代"文学历史之重要地位的因由。

《老残游记》一个"残"字,暗示的是帝国历史的垂垂老矣。吴趼人的小说《海上游骖录》的一开始,也提到了叙事者在面对时局变化时,所产生的两种相悖的情绪——"厌世"与"热泪",① 这两种情绪一直贯穿始终,小说作者在讲故事的过程中,尽管叙述者的"厌世"情绪跃然纸上,但表现出来的却又常常是难以释怀的叙事怀抱与宏旨,这是一种饱含热泪和深情的厌世,同时也是在难以摆脱的虚无中寻求精神的慰藉与寄寓。可以说,近代中国的历史时间有一个一合一开的过程,合上的是昏昧不明的传统时间,却开启了新的未知的时间维度,而这也成为晚清小说多方探询之所在。可以说,晚清是在内忧外患的境况中开始分崩离析的,由于旧的社会制度和精神体系的瓦解,人们传统的思维结构也同样发生了裂变,活在封建中国封闭落后的狭小圈层中的旧梦魇开始破灭。这种变化指的并不仅仅是传统心理和行为模式的幻灭和消失,而且是建立在新的社会制度和国家民族层面上的异质想象。如是这般的想象,既来自外部世界的惊醒,同时也萌生自帝国内部。在这个过程中,国族的概念被唤醒,而世界的广阔性得到了进一步的确认和延伸,从而为晚清小说叙事的发生提供了新的介质和元素。

胡志德《四海为家:清末民初中国对西方的适应》(*Bringing the World Home*:*Appropriating the West in Late Qing and Early Republican China*),便对晚清历史转圜中的文学表征进行了深入的阐述。在书中,胡志德设专章讨论了晚清中国"文学"的变动与更迭,指出"文学"如何在世界文化与中国语境之间传导,并

---

① 吴趼人:《海上游骖录·第一回》,江西人民出版社1989年版,第487页。

且通过种种曲折和斡旋，形成新的文化意义，并且在与意识形态的或共谋、或妥协、或对抗状态中，建立起现代中国的美学价值与精神范畴。在胡志德看来，晚清一代不仅是帝国王朝的败落历史，其更是传统中国向现代中国蜕变的过程，与此同时也是封建中国与开放世界的全方位对接。西方与世界通过小说叙事的方式，进入东方视野与古老中国，在这种情况下，一种跨文化的倾向便于焉产生。可以说，从横向而言，这种文化间的互动和交接，固然牵涉到不同的文明和风俗的对冲，涉及小说叙事的过程，则是在此基础上诞生了非中非西、亦中亦西、中西结合的跨文化和跨语际产物；而从纵向而言，则涉及传统与现代、终结与发端等时间观念的萌生。

晚清中国及其文学叙事，从19世纪末20世纪初的时间跨度而言，其所对应的便是"世纪末"与"世纪初"。这也成为思想史、文化史和文学史的重要时间提法。陈建华提出，所谓的"末"字，一般而言，在中国历史上指的是"元明清时期，即元末、晚明和清末，在中国历史上皆值皇朝的衰世"，而在海外汉学中，更是"习惯把明清史看做 late imperial China"。① 而这里所提出的世纪末与世纪初，一方面是源于对晚清小说这一对象的聚焦；另一方面正如李欧梵所提出的，"（晚清）小说中的各种细节和人物——有的新，有的旧——愈来愈多，几乎在几十回的叙述架构中容纳不下。晚清小说本来就依附于各种小说杂志的连载，各章节有时自成一体，此起彼落，链接得很勉强，随时遭到腰斩，结构不可能完整。这一切都构成了晚清小说的局限性。然而，吊诡的是，这种局限并不一定是限制，有时反而构成一种'解放'，甚至可把传统小说的结构推到极限。"② 正因为现实历史的推助，晚清小说无论从内容上还是形式修辞上，可以说走上了一种极致。然而，结合李欧梵的提法，需要指出的是，如果将这种所谓的"极致"进行一种历史化的读解，可以看出，晚清小说所体现出来的"极致"，指的是无论在叙事结构，还是在语言形态上，都具有一种流动性和变动性，也就是说其处于嘈杂与喧嚷至临界点的"众声喧哗"状态；然而，对于文学文本而言，在形成之时，便几乎是确认的较为稳固的文本，其中也必定呈现特定的结构性特征。这两个方面看似矛盾，但事实上却是统一的，这里便不得不引入一个概念，那就是跨文化。正是由于晚清小说叙事所依托的跨文化语境，使得古与今、中与西的叙事语言、情感观念和理性意识，都存在着巨大的更迭，因而在这一时期所形成的小说文本，其复杂性与丰富性便由此生成。

关于世纪末与世纪初，以及由此而生发出来的小说叙事的演变更迭诸问题，

---

① 陈建华：《帝制末与世纪末——中国文学文化考论》，上海教育出版社2006年版，第1~2页。
② 李欧梵：《帝制末日的喧哗——晚清文学重探》，载于王尧、季进编《下江南——苏州大学海外汉学演讲录》，复旦大学出版社2011年版，第121页。

在这里并不是要作出传统与趋新的二元划分，而是将语言、叙事、文本等稳固的结构因素，置于跨文化的视野当中，着重表现的是其变动中的、尚未成型的动态过程，在一种稳步的移动中，对晚清小说加以历史化的解读。晚清之所以称其如是，除了出于时间上的考量之外，更为重要的是一种巍巍王朝日薄西山的情感映照。"晚"清被赋予诗性的内涵。而与此同时，尤其是在1843年开始，上海却是朝气蓬勃的东方明珠。1843年11月17日，根据《南京条约》和《五口通商章程》的规定，上海正式开埠，从此中外贸易中心逐渐从广州移到上海。外国商品和外资纷纷通进长江门户，开设行栈，设立码头，划定租界，开办银行等。上海作为现代化都市正处于蒸蒸日上的地位，而与此同时，晚清政府的分崩离析以及民初政府的万般乱象，彼此出现了时间与空间上的交错，从传统中国到现代上海，反映在文学上，则是叙事中所呈现出来的时间的篡改与空间的切换。"晚清—上海"之间的悖论与张力随着诗性的映照，开始浮露。在清末小说《海上繁花梦》中，主人公谢幼安原居苏州乡下，但是当他涉足都市上海之后，开始沉溺于声色犬马的生活，在温柔乡中难以自拔。这里其实有一个投入的过程，也就是说，小说人物从庸常的传统生活世界的临界点，被掷入新的身体诱惑与物质引导的现代空间中。谢幼安们来到上海，是在挥霍财富而不是创造财富，观感的华丽与心理的颓废并存，但在谢幼安、杜少牧等人那里，体现出来的却是一种陷溺中的快感。这便是"现代"与都市的双重两面性。晚清在世界性浪潮的侵染下，正在经历一个前所未有的商品经济与工业化高速发展阶段。"物"的充溢带来了拜金主义的滥觞，资本和物质所带来的等质化的社会想象，开始形塑生活于都市上海的群体与个体的心理与情感结构，生活其间的主体，可以基于同一个时间观念与意识层面中，感受"现代"的来临。正如陈建华所指出的："确切地说，自晚清以来，中国的时间意识出现'双轨'运动，在'西历'、'阴历'等名词之战的表层底下，仍活跃着中国人的时间经验和想象，特别像晚明'三教合一'文化运动中所形成的'上下天地，来去古今'的心理时间，已成为如荣格所说的'民族心理'的东西，流淌在我们的记忆里。自从与舶来的'公共时间'纠缠在一起，有融合也有冲突，在文学中激发想象而造成新的奇观。"① 这里所探讨的已经渗透入"民族心理"的时间，应该就是丹尼尔·贝尔（Daniel Bell）所提到的现代的"时间感"："农业社会……人们靠本身的体力工作，用的是代代相传的方法。而人们对世界的看法则受到自然力量——季节、暴风雨、土壤的肥瘠、雨量的多少、矿层的深浅、旱涝变化等因素——的制约。生活的节奏是由这些偶

---

① 陈建华：《帝制末与世纪末——中国文学文化考论》，上海教育出版社2006年版，第12页。

然事件造成的。时间感就是一种期限感，工作的进度因季节和天气而变化。"① 应该说，传统社会的生活是与自然时间紧密地捆绑在一起的，偶然的时间因素成了人们必然的生活选择，社会的运转在一定的历史时间内也基本上是固化而恒定的。不仅如此，休息、休闲与娱乐的时间，开始渗透于时人的生活状态和思维方式之中，这方面的时间观念在晚清一代得以确立，并且在晚清的小说中加以呈现："正是在这样的'时间'背景里，韩邦庆的《海上花列传》写四马路的'堂子'百态。之所以得到胡适、刘半农的大力推崇，除了运用方言和写实的特点之外，我想也是因为这部小说较大程度上摆脱了传统的才子式伤感，那种从青楼风月映照出的自哀自怜。一方面是描写真实，妓女与嫖客之间的感情受到种种租界机制——商业性、讲究卫生与法律的意识形态——的过滤，而妓院梳妆台上都有一座时鸣钟，则属于这一机制的不可或缺的部件。"可以说，无论是自鸣钟这样的指示时间的物质性所在，还是人物生活行为和思维意识对时间的确认，在揭示出晚清而始的新的历史认知和现实认同。"嫖客们好像日日厮混于情场，小说未正面描写他们的公务活动与家庭生活，其内在机制却主宰着他们的'嫖经'，说到底这些'堂子'仍是个休闲场所，是寄生于'正常'生活的另类空间，属于他们的'礼拜六、礼拜日'。"② 时间意识的建立，表现出了现代生活的结构化体现之一端，晚清的世人开始从传统的芜杂时间之脱化出来，开始将意识和生活通过时间的脉络进行条分缕析，以保证现实世界的合理化及社会运行的可依据性。在陈建华看来，正是如是这般的时间观，建构起了晚清的"现代"，也引导出了新的国族意识、历史观念和生活认知。而陈建华便是通过时间意识的探讨，进一步涉及晚清小说，特别是《海上花列传》在传统与现代之间的游移，"《海上花列传》的叙事有很强的实验性，显然作者要摆脱《花月痕》《红楼梦》以来的才子佳人的小说主流，而从'史传'、《儒林外史》等另找资源，其实也受了新闻报道体的影响，但韩氏未能贯之始终，主要在下半部，围绕'一笠园'大写名士高亚白、尹痴鸳等赋诗斗韵、风流自赏，给人似曾相识之感，看似'大观园'的翻版。这部分描写受到新文学家胡适、鲁迅等人批评，认为是'败笔'，尤其是刘半农大骂高、尹为'狗头名士'，更动了五四的肝火。但从实践意识的角度看，韩邦庆回到了'过去'，放弃了碎片、计算的情节展开，在'名园'中不分彼此，其乐融融，恢复了'天人合一'的秩序。大约是'名士'情结作怪，对韩氏而言，作这么冷调的叙事较为痛苦，要作现代的创新也较为辛苦。但是他也回不到过去，名园中旧时月色缺少了一份情调，结果是不伦不类，恰如他的人生比

---

① [美]丹尼尔·贝尔：《资本主义的文化矛盾》，赵一凡等译，生活·读书·新知三联书店1989年版，第198页。
② 陈建华：《帝制末与世纪末——中国文学文化考论》，上海教育出版社2006年版，第15页。

喻：不甘心做一个新派的洋场文人，一再参加科举，一再名落孙山。"① 不难看出，无论是小说作者韩邦庆的个人经历和思想意识，还是落笔于叙事之虚拟世界中的新旧摇摆，都呈现出了晚清叙事在传统与现代之间的过渡、糅合和拉扯。

不仅如此，晚清对时间观念的感受，还体现在国族处于危机的边缘以及对亡国灭种的恐惧，这是一种对时间截断和历史终结的觉知。胡志德在他的著作《把世界带回家》中，就重点分析了如是这般的晚清意识和时代观念。在胡志德看来，晚清的出现，伴随着当时特定的历史背景和社会状况，其更多指向的是国族危机的深重，甚至乎到达了某种绝境的边缘。"事实上，如果不是大部分，那也是有很多的理念，都在回应国家民族的危机，伴随着不断蔓延的对国族危机产生的绝望之情。"② 反映在小说写作上，则如《老残游记》，刘鹗在小说开头，便是幻梦之中，船行水里、人落海内："话说老残在渔船上被众人砸得沉下海去，自知万无生理，只好闭着眼睛，听他怎样。觉得身体如落叶一般，飘飘荡荡，顷刻工夫沉了底了。只听耳边有人叫道：'先生，起来罢！先生，起来罢！天已黑了，饭厅上饭已摆好多时了。'老残慌忙睁开眼睛，楞了一楞道：'呀！原来是一梦！'"③ 对于如是的转型时代，社会与思想的混沌通过浑噩之梦加以结构；而国民精神困惑和情感惶惑，又经由恍惚之梦加以形塑，加之在国族危机映射下的人物主体内部的灵魂躁动、情绪郁结和欲望纠斗，也统统经由昏昧之梦呈现了出来。而这也成为夏志清所言的"感时忧国"的传统之形成。正是对时间与时世的感知以及对国族危机的忧虑，不仅令陈建华的时间观念和胡志德的国家民族的危机，同时在小说的虚拟时间中得以呈现，而且，承载着民族意识与国家观念的小说，其身份和地位也经历了巨大的转圜。

晚清以降，小说地位发生了巨大的更迭，这早已成为学界的共识。然而，小说地位的变动，从本质上而言，对应的是社会制度与历史理念的松动。事实上，早在晚清之前，就曾有李贽、袁宏道、金圣叹、毛宗岗、张竹坡等人倡言提高小说地位，甚至施耐庵、曹雪芹等人也曾在创作领域写就了经典的小说作品，但由于当时社会等级制度依旧森严，中央集权制统辖下的权力机构及其在"诗文正宗"观念下所操纵的意识形态，以及意识形态背后所统辖的传统士大夫意识观念和文章思想，都体现出在封建等级制度统领下的对小说的贬抑。"只是由于士大夫的偏见，形式特征的'俗'和艺术趣味的'俗'被无条件地等同起来，于是，

---

① 陈建华：《帝制末与世纪末——中国文学文化考论》，上海教育出版社2006年版，第16页。
② Theodore Huters. *Bringing the World Home*: *Appropriating the West in Late Qing and Early Republican China*. Honolulu: University of Hawai'i Press, 2005, p. 2.
③ 刘鹗：《老残游记》，岳麓书社1989年版，第7页。

小说（尤其是章回小说）只能长期徘徊于中国文学结构的边缘。"① 然而，晚清民初所面临的政治状况和社会历史，令纵向的等级制度发生瓦解，有利于横向的文化间性的相互融合，跨文化的尝试便得以拨开意识形态的迷雾，进入自我更新和循环的过程。李欧梵在论及中国文学的现代化追求时，也提出，"清末文学的出现，特别是小说，乃是报刊的副产品，这些报刊是一连串日益深重的政治危机引发的一种社会反应。一八九四——一八九五年的中日甲午战争，中国耻辱地战败，这使得知识分子中的精英人物极为震惊，于是转入行动。但是他们要求变革的愿望却以一八九八年那次失败的改良运动而告终。自上而下进行改革的希望破灭了，意在革新的知识界人士从无所作为的状态中振奋起来，成为中国社会的激进的代言人。他们努力集中在制造'舆论'，向中央政府施加压力。于是他们发现通商口岸的报刊杂志是实现这种目的的一个很有用的媒体。"② 李欧梵在这里进一步提出晚清小说在报刊杂志的媒介中传播的意图，对其中的政治背景与政治倾向进行了揭示。通过对梁启超等人对小说地位的力倡，以及李宝嘉、吴沃尧、周桂笙、黄摩西等报人编辑和知识群体的文化实践，《新小说》（1902）、《绣像小说》（1903）、《月月小说》《小说林》等小说刊物开始风行于世，小说也因而成为打破等级制度，建构起自下而上的谏言渠道的媒介，并在此之后波及清末的市民阶层和市井生活。

可以说，西学传入、社会阶层的升沉以及变革的需求，作为等级制的重要表现形式的文体等级，于焉瓦解，而新的文学形式——小说无论从内容的模仿与创造、语言形式的传袭与革新以及叙事形态的转化与变革而言，都开始进入世界性的发展系统之中。而英语世界也同样关注到，晚清小说所映射出来的现代性趋向，事实上对于思考中国近现代以来的家国转向、文化挪移和精神迭变，有着极为重要的文献意义和想象意义。正如王德威所提及的："用晚清以来的文学和文化的现象，重新思考在过去的一百五十年以来，中国现代性流变的种种可能。"③所以在这种情况下，便需要进一步拓宽晚清小说的研究路径和考察方式，必须改变对于晚清小说研究现状——其"仍不脱以往'四大小说'（《官场现形记》《孽海花》《二十年目睹之怪现状》《老残游记》的窠臼）；阿英、鲁迅、胡适等以'五四'为视角的理论，依旧被奉为圭臬。"④——从而开启新的观照模式并建构起与现代中国之发端相匹配的现代性文学类型。这也便是王德威之所以以晚清小说对中国进行思考、解读和想象的意义所在。在王德威看来，自晚清小说而始，

---

① 陈平原：《中国现代小说的起点——清末民初小说研究》，北京大学出版社 2005 年版，第 99 页。
② 李欧梵：《现代性的追求》，人民文学出版社 2010 年版，第 175~176 页。
③ 王德威：《被压抑的现代性》，载于《社会科学论坛》2006 年第 2 期。
④ 王德威：《被压抑的现代性——晚清小说新论》，北京大学出版社 2005 年版，第 1 页。

中国叙事便承载着现代意义的探询,因此,中国文学的现代性,理应以晚清小说作为发端;而对晚清小说本身所蕴含的现代性意涵进行考究,则有助于考察和揭示晚清一代在传统与现代的时间观念中,所孕育出来的精神旨向、伦理困境与时代意识。

李欧梵在论及《二十年目睹之怪现状》《官场现形记》《孽海花》等清末流行于世的小说时,也指出了其中的中与西,传统与现代之间的跨文化杂糅。"清末小说颇受益于《儒林外史》,但我们也不要因此而忽略它本身所具有的那些独到之处:外国词语和观念与本地的场景和土生土长的人物融为一体。《官场现形记》里面引述过卢梭(Jean–Jacques Rousseau)的《社会契约论》(*Du Contrat Social*)和孟德斯鸠(C. L. Montesquieu)的《论法的精神》(*The Spirit of Laws*,或译《法律的精义》)。《孽海花》中,甚至还出现外国人的形象,诸如约翰·弗莱,托马斯·韦德,一位俄国虚无主义者,还有一位德国总司令(瓦德西)。而且,部分情节出现在欧洲。谈论'洋务'以及外国风尚的涌入,这类情景在清末的许多小说中也都能够找到。绝大多数作家都渴望吸收外国的观念,他们显然对模仿西方文学技巧不感兴趣,尽管西方文学译本愈来愈容易得到。说得更准确些,他们的文学借鉴局限于西方某些小说中的男主人公和女主人公。柯南·道尔(Arthur Conan Doyle)笔下的夏洛克·福尔摩斯,成为一个极受欢迎的人物,并且有助于促使一系列中国侦探小说中出现福尔摩斯式的主人公。侦探小说的盛行,一方面是社会小说市俗化的发展,另一方面则是西方影响的结果。"[1] 可以说,在李欧梵看来,清末小说置身于中西古今的跨文化语境之中,无论是小说的人物设置,还是叙事模式,均是中西文化碰撞交融的结果。

总体而言,英语世界对晚清小说的涉及,如果从纵横(即传统中国与现代世界)两项进行考察的话,不难看出,既有纵向的注重其传统文学的因源沿袭,为中国小说的古今推演提供纵向的线索;同时也有横向的对西方因素介入的研究,主要集中在国族想象的确立、时间意识的变迁、主体精神状态的转圜等方面的探讨。而英语世界对晚清小说的研究,如果从传统与现代的角度出发,则无疑提供了一个跨文化的视角,而所谓跨文化,不仅接续以往相对成熟的文学史发展理念,提供一种延续性的研究思路,而且更为重要的是以破除中西、古今的二元对立为理论方法,结合晚近的世界性因素及其多文化交互的历史语境,在这种情况下,"跨文化"不仅是一种社会背景或文化现象,这里论及的所谓"跨文化",指的是晚清以降中外文化的汇聚交流所激荡出来的世界性因素,也即在工业化和现代化浪潮冲刷下,都市上海所经历的现代化转型。不仅如此,如果结合英语世

---

[1] 李欧梵:《现代性的追求》,人民文学出版社 2010 年版,第 183 页。

界对晚清小说文本的探究,可以见出,"跨文化"的提出,其并非作为一种现实存在不言自明,而是渗透于晚近小说的叙事形态与语言形式之中,形成独特的文本表征。其中所呈现出来的传统与现代、主体与他者、内省与外扩,又反过来说明了寄寓于晚清中华的一种由表及里又由内而外所浸润的跨文化因素。

## 第三节 历史叙事与抒情想象

晚清历史是震荡与阵痛并存的一个阶段性的时间,这段时间之所以意蕴深长,是因为其中的悬而未决的历史特性。而晚清小说的出现,以其结构化的特质进行叙事的敷衍,在虚构和铺展的过程中,呈现出了时代的观念形态和集体无意识的精神状况。在这种情况下,英语世界对焦晚清小说的叙事,即选择从其中的中国历史与叙事想象入手,试图探究出彼一时代的文本及其中的叙事细节,如何表征出中西文化合流与民族国家觉醒之初的基本形态。

对中国近现代小说研究功勋卓著的美国学者夏志清,其对晚清小说的研究同样受人瞩目,他的《老残游记:艺术及意义剖析》,[①] 在对这部谴责小说进行叙事形态和叙述结构进行论述的同时,结合当时中国国族意识的觉醒和时代征兆的显现,进一步揭示出小说所蕴含的政治意涵和历史设想。可以说,无论是捷克的普实克,还是英语世界的夏志清,都往往将注意力倾注于作品的内部,对晚近小说在抒情与叙事方面的叙事旨向和精神内蕴,通过小说的话语表达进行阐析,并将其与时代历史和文学历史加以勾连,从而开创了海外汉学和英语世界的研究范式和学术理路。

来自美国的汉学家魏爱莲(Ellen Widmer)对晚清小说中的女性书写进行了详尽的考察,她在《美人与书:19 世纪中国的女性与小说》(*The Beauty and the Book:Women and Fiction in Nineteenth-Century China*)一书中,研究了晚清历史转换处的女性意识如何在新知识的传播中得以初步觉醒,而清朝的中后期开始,女性的知识接收、诗词创作和文学实践开始不断深化,对文学的传播和知识的创造起到了不可忽视的历史作用。此外,她还对詹熙、詹垲兄弟的小说创作中的女性形象进行了考究,提出晚清的历史境况中,女性意识的萌生及其生存状态的揭示,促成了近代以来的现实主义文学以及晚清文学的现代观念的发生。

另一位汉学家高彦颐同样对晚清的女性生活和女性命运叙事进行了对焦,涉

---

① 夏志清:《老残游记:艺术意义剖析》,载于《清华学报·中国研究》1969 年第 2 号。

及的是清末女性情感史与生活史层面的课题，也体现出了英语世界对晚清小说的性别书写的关注。高彦颐以清末小说《痛史》为中心，提出作为一种"身体"之感受的"疼痛的历史"，吴趼人的《痛史》，写的是由宋入元之际的历史，主要写的是元朝入住中原，汉奸贾似道的卖国行径与爱国将领文天祥的忠肝义胆，在民族遭遇悲痛与仇恨之际，形成的鲜明对照。元朝对中国的残酷统治也在小说中尽显无遗。而其所对应的清末民初之中国历史，也是极为明显的。正如小说序言中所提及的："年来吾国上下，竞言变法，百度维新。教授之术，亦采法列强，教科之书，日新月异。历史实居其一。"① 也就是说，在维新变法之际，清朝的没落腐朽，更是激起了国民对入侵中原以及对国人残暴统治的不满，于是，悲痛之情弥漫当时之社会，从而便有了对历史的重新回归，意图是唤起国人的切肤之痛，寻求新的精神慰藉与历史突破。而汉学家高彦颐则另辟蹊径，结合她一贯的以女性及女性特征为中心的观念，指示在残酷的历史震荡之中，女性的命运应该由谁来代言，女性又何以形成自身真正的声音，"原来发自女人嘴巴的声音，未必尽是'纯粹'或'真正'的女性声音。"② 如此看来，通过文学的建构与话语的塑造，辨析出真正的女性声音，对女性声音进行定位、鉴别和分析，便显得尤为必要。在高彦颐眼中，需要警惕的是男权的政治的声音会假以女性之口进行言说，而归于晚清小说，则易于凭借文本先在的主旨，追崇祛恶的叙事伦理与劝讽的文本宏旨，对女性的声音和意识进行统摄甚或是篡改。因而便需要对真正的女性声音进行辨认。而纯粹的女性情感及其发声，其所对应的叙事话语和语义修辞，只有通过形式化与文本化的细节之中才能发现，也只有在这样的女性主体呈现过程中，辨析出女性真正的知觉形态、感觉意识与现代观念等。不仅如此，高彦颐在《〈痛史〉与疼痛的历史——试论女性身体、个体与主体性》中所提到的："民族主义的论述一味执着解除国耻，缠足妇女身受的私人羞耻，是没有多少人付出同情的。"③ 由此可见，执念于家国历史无法自拔，甚至以此为圭臬的观念，并不有助于人性与人道的养成；相反，如果将晚清众声喧哗中被遮蔽的因素进行还原，对这一历史时段中不容忽视的女性群体自身特有的发音（声音）加以揭示，那么，这样的声音，作为建构自我以及围绕着如此这般的自我所形成的社会历史样态，甚至通过己身的生活状貌和情感表达，对大历史作出了无言的抵抗。如是这般的于"无声"处发出幽微的细腻柔软之"絮语"，便得以从边缘的

---

① 我佛山人（吴趼人）：《痛史·序言》，载于王继权等编《中国近代小说大系》，江西人民出版社1988年版。
② ［美］高彦颐：《〈痛史〉与疼痛的历史——试论女性身体、个体与主体性》，载于黄克武、张哲嘉主编《公与私：近代中国个体与群体之重建》，"中央研究院"近代史研究所2000年版，第197页。
③ ［美］高彦颐：《〈痛史〉与疼痛的历史——试论女性身体、个体与主体性》，载于黄克武、张哲嘉主编《公与私：近代中国个体与群体之重建》，"中央研究院"近代史研究所2000年版，第196页。

甚至是被压抑被审判的声音中摆脱出来。而建立于消解意义层面上的反抗，尽管并不是一种直接的抗争，但如果以一种平等的态度对其加以揭示，那么起码可以避免的是这一在晚清中国被频繁述及的重要群体，被固执的历史执念轻易地排除出去，使晚近女性真切的声音不再游离于中心，而得以于边缘中复归。

此外，清末民初的鸳鸯蝴蝶派及其小说创作，也同样在英语世界中得到了较多的关注，尤其是鸳鸯蝴蝶派中关于女性书写和女性意识凸显的评述，更是在周蕾、刘剑梅等海外汉学研究者的引领下蔚为风尚。之所以将"性别研究"作为重要的一环提出，一方面固然是因为"性别研究"一直是英语世界打开中国之"现代性"，并对现代中国何以"现代"进行考究的重要思路；另一方面则是因为在具体文学历史与文学作品中，例如鸳鸯蝴蝶派以及伴随着女性主体意识觉醒的文本，与传统的中国叙事相距甚远，因而显示出了晚清小说的独特性，或者说代表着晚清小说之现代性的一极。在对中国晚近小说的研究方面，周蕾以鸳鸯蝴蝶派小说为切入点，引用林培瑞的观念，认为鸳鸯蝴蝶派小说分为三个浪潮：20世纪10年代晚期与20世纪20~30年代，尤其是20世纪前后的上海，泥沙俱下，也海纳百川，孕育了鸳鸯蝴蝶派小说，同时也令其在都市的境况下得以发展壮大。值得注意的是，英语世界对晚清小说中的女性书写，除了采取单一的直面论述，还通过两性之间的情感，通过女性的情爱关系和情感世界中的男性形象进行阐析，譬如周蕾在《妇女与中国现代性：西方与东方之间的阅读政治》(*Women and Chinese Modernity*: *The Politics of Reading between East and West*)中，即援引了林培瑞对鸳鸯蝴蝶派"才子佳人"之"才子"的解读，"才……主要指文才但并非是带来官位和财富的寻常文才。它十分独立，几乎是仅遵循自身标准的奇才……读者透过一个青年的诗文以及他莫大理解与同情来了解到他的才气，尤其是透过他那些关乎自然世界的表现。但寻常社会无法赏识这种少见奇才。他是孤立的，且常处于困顿。他拒绝常理世界，因为他了解到更高的层次，常理世界排斥他出自于无法理解。"① 林培瑞对鸳鸯蝴蝶派小说"才子/佳人"的人物模式进行了社会与文化层面的考量，特别针对情感世界与外在的文化世界的龃龉，而能够理解和匹配"才子"内在精神的，则是"佳人"。然而，才子佳人与传统文化世界和当下社会状况的冲突，也成为他们情爱世界的悲剧来源；但是，情感的败退及其悲剧的形成，成为抒情主体倾注情思与感怀的契机，同时也为小说抒情提供了充足而丰盈的内在动力。在此基础上，周蕾还进一步回到"才子"自身，指出才子存在的"双重性"："他不只是被排斥于社会之外，而且他有时被

---

① Perry Link. *Mandarin Ducks and Butterflies*: *Popular Fiction in Early Twentieth – Century Chinese Cities*. Berkeley: University of California Press, 1981, p. 66. 引文见［美］周蕾：《妇女与中国现代性：西方与东方之间的阅读政治》，蔡青松译，上海三联书店2008年版，第106页。

赋予一种特别、近乎特权的地位；他被视为罕见敏锐的人，因为天赋而'狂妄'（hubristic）。因此，将何梦霞纯粹视为'孤立于'社会之外是不妥的，因为对于诗文的品味是他用以表现怀才不遇的最佳方式，而这样明显的菁英品味正是让他置身于社会之中。"①

透过鸳鸯蝴蝶派文学的写作，指出历史传统与现代都市的龃龉，对作为主体的女性与作为读者的女性的作用。"鸳蝴派文学的特征——其中的都会主义、与报纸和杂志之类的文化生产机制存有紧密关系、对于西方态度模棱的保守主义——在此方面都不仅是'反映现实'（reflection），而且也是种'表达'（expressions），负载着矛盾历史景况的印记。然而，最有趣的是，这些特征伤感地且充满教诲地曲折显现，经过是透过聚焦于'女人'作为社会变化的场域。"② 而透过"女人"而得来的阅读材料和阅读体验，便产生出作为现代社会重要性别圈层的知识系统和认知要求，但是其中也同样透视传统与现代交融搅扰的历史境况。性别差异和基于性别的精神认知体验，通过知识与产生知识的行为而得以实现，这是现代女性精神转圜的过程，同时也是清末民初的鸳鸯蝴蝶派小说的生产机制和精神内核。

另外，周蕾通过对《玉梨魂》中的女性角色的分析，尤其通过身为寡妇的梨娘，指出在人物的情感以及写作者的抒情的背后，事实上隐藏着中国传统的文化桎梏和礼教束缚，"尽管一般认为中国寡妇不应该重新改嫁，典籍和真实历史显示，旧社会对这个问题的立场并不明确。"③ 周蕾通过安·沃尔特纳（Ann Waltner）对明清女性改嫁的研究，指出晚清所处的时代，女性的改嫁与否存在的左右摇摆和未知变数。在此情况下，是否改嫁，能否承担改嫁的风险，是否可以通过物质层面实现自身的自由，成为重要的衡量标准。在周蕾看来，"梨娘是一名经济能力可以维持其贞洁的寡妇。"④ 这便使得她能够一定程度地独立起来，从而开始形塑自身的抒情形态。然而值得注意的是，情感的渲染和宣泄并不是最后的旨归，相反，其只是问题的开始。也就是说，情感的过度抒发，压抑了身体层面的呈现，这一方面显然是抒情时代的文化因素使然，然而在周蕾看来，却在一个跨文化的语境中，在英语世界阅读视角下，产生了新的问题：

情欲中缺乏感官层面是徐忱亚小说最关键的形构面向。这一点最能解释小说的碎裂性：恋人间真实接触几乎不存在，而往往出现的是更为流畅的、带有丰富

---

① ［美］周蕾：《妇女与中国现代性：西方与东方之间的阅读政治》，蔡青松译，生活·读书·新知三联书店2008年版，第106页。

② ［美］周蕾：《妇女与中国现代性：西方与东方之间的阅读政治》，蔡青松译，生活·读书·新知三联书店2008年版，第61页。

③④ ［美］周蕾：《妇女与中国现代性：西方与东方之间的阅读政治》，蔡青松译，生活·读书·新知三联书店2008年版，第106~107页。

情感的另一封信或另一首诗。这样"游戏般"（playful）、自我延续的置换（displacements）结果，使得情感世界中所发生的事显得不是过分被夸大就是过分被轻忽，程度不是太大就是太小，但却从未能连贯在一起。同时，即使女性的身体在这样的展演中仍旧保持"贞洁"，在这个脉络中她过分活跃的情感与思想便成了唯一越轨之处，依照鸳鸯蝴蝶派叙事逻辑来看，为此她必须付出代价。①

由此可见，当英语世界将外在的叙事视角与文化观念，引入晚清小说的分析之中时，如周蕾曾引述夏志清戏谑《玉梨魂》的语句，提出西方经典的叙事模式事实上并不一定适合衡量和评价中国抒情作品的优劣，而才子与佳人的鸳鸯蝴蝶派叙事，也自成己身的抒情逻辑和意义旨归。从这个意义上而言，晚清言情小说的叙事模式，与抒情主体之伦理价值和道德趋向的文化模式，是相互呼应的。而周蕾也将《玉梨魂》的现象归结于她所立论的"阅读政治"，"民主化过程中的矛盾最能够从所谓对情爱的'恋物崇拜'（the 'fetishization' of love）这个流通全球的政治经济语言之中，获得印证。在此，'恋物崇拜'指的不只是'主观的'、'心理的'迷恋过程，而且也指商品化的过程，藉此'情爱'获致交换价值。"从这个意义上而言，以《玉梨魂》为代表的清末民初的抒情文体，虽然其以骈体文的方式进行叙事，然而却以情感及情感的抒发为内核的形态，却在当时引发了长久的热潮，并且借以传导出嵌入于时代且又跨越时代的"情爱的""自发的"同时又是"革命的"情感模式。②

刘剑梅的《革命与情爱：二十世纪中国小说史中的女性身体与主题重述》（Revolution Plus Love: Literary History, Women's Bodies, and Thematic Repetition in Twentieth-Century Chinese Fiction），则更是进一步从女性书写及女性形象所经历的革命历史出发，以中国20世纪历史的长维度为坐标轴，将女性、女性意识以及女性身体置于其中，呈现出不同的历史主体与对象之间错综复杂的关系，勾勒出政治与情爱之间的纠葛和缠绕。周蕾在谈论鸳鸯蝴蝶派小说时提出："在小说中，我们常常发现叙事的拼凑分裂于感伤主义（sensationalism）与教诲主义（didacticism）之间、分裂于多愁善感的通俗剧（sentimental melodrama）与作者坦率直言的道德意图（the author's avowed moral intent）之间，这样内在的分裂性并非产生出平衡与有所节制的效果，而是搬演出现实的冲突，即使冲突双方不相互排斥。"③ 如此这般的内在平衡与内外失衡的统一，恰恰表征出了意识形态层面的

---

① ［美］周蕾：《妇女与中国现代性：西方与东方之间的阅读政治》，蔡青松译，生活·读书·新知三联书店2008年版，第110页。
② ［美］周蕾：《妇女与中国现代性：西方与东方之间的阅读政治》，蔡青松译，生活·读书·新知三联书店2008年版，第111页。
③ ［美］周蕾：《妇女与中国现代性：西方与东方之间的阅读政治》，蔡青松译，生活·读书·新知三联书店2008年版，第85页。

分裂和龃龉，也预示着彼一时代的主体精神与性别观念迭变。比起周蕾更多地从感伤的抒情性与小说的社会叙事功能和阅读政治层面出发不同，刘剑梅在谈及晚清小说中的女性书写时，则是将女性置于国族意识萌生和形成的视角之下，指出女性在面临自我意识的觉醒与国族意识的生成过程中，身上所承载着的历史、政治、革命等种种压力，在女性叙述中构成了多重纠葛，同时也伴随着晚近以来女性觉醒与自我意识构成的一个重要部分。

不仅如此，李欧梵更是进一步将清末民初的鸳鸯蝴蝶派小说创作热潮，归结于社会趋向以及知识界的集体意识所为，"因此，鸳鸯蝴蝶派小说的盛行，表明新的甚至更激进的一代人的那种别开生面、创立另一种通俗文学样式作为一场整个知识界革命的一部分这样一种强烈欲望。"① 在这里，鸳鸯蝴蝶派小说创作与之前周蕾、刘剑梅等人从女性主义角度切入不同，李欧梵将鸳鸯蝴蝶派小说的发生和发展，归结于国族层面以及知识阶层的内在欲求之中，其代表着传统中国的"现代性追求"。

可以说，被男性与国族的声音所压抑和篡改的女性意识及女性历史，固然是文学史上一条被埋没的线索；然而，比起城市的历史，另一个被遮蔽的所在，即是边陲的"小史"与遗落的"外史"。而英语世界对文学史的重估与发现，撇除固化的意识形态话语的搅扰和掩埋，也往往采用从边缘推及中心的理论原则。晚清谴责小说《文明小史》从湖南、安徽等边陲的小史，一路讲到了现代大都市上海，从一个民风"朴陋相安"的小地方，到繁华与罪恶的都市上海，实现历史的边缘与中心之间的对接，也由此生发出了许多饶有兴味的问题。正如李欧梵所指出的："《文明小史》也算是'外史'，但它的历史至少一半是外来的，包括意大利的工程师、英国传教士（映射李提摩太）和德国的军事教练……作者谦称'小史'，但内中新事物繁多，早已超过了正史的记述。"② 也因为此，"小史"与"外史"相类似，都具备了一种跨文化的视野。此外，"小史"与"外史"所指示的晚清小说中涉及的形式探索和叙事模式，一方面表现出晚清历史所面临的分崩离析的局面之深广；另一方面也指示了晚清小说在内地与沿海、传统与现代、中与西的跨文化语境中，所形成的叙事表征和伦理倾向。

不仅如此，李欧梵还拿《儒林外史》与《文明小史》作比较，指出前者在故事的表面虽"备极嘲讽"，但背后却隐藏着一个"真正的儒家支柱"，"所以在最后的祭奠仪式也备极隆重。"而对于《文明小史》而言，那个坚固而内在的传统中国及其儒家文明已然隐匿，"整个小说的各种奇怪人物都是新冒出来的，就

---

① 李欧梵：《现代性的追求》，人民文学出版社 2010 年版，第 189～190 页。
② 李欧梵：《帝制末日的喧哗——晚清文学重探》，载于王尧、季进编《下江南——苏州大学海外汉学演讲录》，复旦大学出版社 2011 年版，第 125 页。

是在这十年间才出现于晚清社会,和一个世纪前的《儒林外史》的世界差别太大了!"因而,"《文明小史》已经失去《儒林外史》中的文化稳定性"。① 李欧梵在这里是将《文明小史》提升到了一个思想史和文学史的高度去进行衡量,然而,这样的研究思路并不是这里所要讨论的重点。如果从文学与形式的角度而言,《文明小史》更在于塑造一个大的小说形式层面的容器,以盛装其所提出的"整个小说的各种奇怪人物"以及其不同以往小说如《儒林外史》所呈现出来的新的文化差异性。

这里将"小史"与"外史"作为清末小说的叙事类型模式,主要指示的是作为一种对焦历史和叙述历史的形式,小说这一文学品类在晚清中国所发生的异动与所建构的历史形态。而英语世界在这个过程中,不仅涉及小历史与大历史之间的互动,而且在乡村与都市、地方与中央、国内与国外之间的互动、穿插和交汇中,呈现出晚清这一剧烈变动的历史过程中,伦理道德和思维习惯、精神震荡和意识观念等层面的新变。李欧梵等汉学家以"小史"与"外史"为核心,从文本形态和叙事旨归而言,不仅涉及思想史和文学史,而且还将牵扯到生活史和情感史。具体而言,之所以称为"小史",除了从中国边缘的小地方和小人物入手,写出晚清中国历史进程的诸种变化由政治/经济/文化的中心城市(如都市上海)向偏远城镇和内陆县乡的逐步渗透;与此同时,所谓"小史",写的还有官场细微之丑态,从官场中人的言语行为切入,口子很小,切割颇深。叙事者甚乎要从臧否之人物的一举一动、一言一行中,揭示出政治之腐朽与权力之荒唐,让人物的丑态败露尽显,似乎不如此不足以展现一个全面的彻底的"怪状"。如《文明小史》第 26 回,女会党坐塌座椅,不惜以微细的笔致加以描述,极尽讽刺嘲弄之能事。小说中也曾涉及济川与母亲两人的对谈,体现出了两套价值体系之间的龃龉,两人在各陈己见的过程中,难以达成一致的态度。但是从中可以看出,民主科学作为当时中国流行的价值观念,也逐渐渗透到时人的日常生活,并在家庭中引起波澜。因而可以判断,中心与边缘总是在相互映衬和对照,中心的价值理念、思想意识,往往会波及边缘与细微的局部。

与此相联系的,还有"小史"所对应的小说形式特征,一方面,晚清小说的地位由边缘走向了中心,自不待言;另一方面,小说的功用性自然是升级到了经国大业与开启民智的地位,但是对于小说形式的发展而言,则同样是由细微之处发生渐变,从细枝末节的叙事时间、叙事角度等方面开始牵动小说形式的大更迭。正如李欧梵所言:"用 Franco Moretti 的说法,就是小说形式的演变(evolu-

---

① 李欧梵:《帝制末日的喧哗——晚清文学重探》,载于王尧、季进编《下江南——苏州大学海外汉学演讲录》,复旦大学出版社 2011 年版,第 125 页。

tion）往往从微不足道的小节开始，逐渐牵动全局。这个过渡时期的小说家也不像乔伊斯一样开创一个语言的新世界，而大多是'泥瓦匠'（bricoleur），这里堆堆，那里砌砌，却在不知不觉之中因其小说形式的演变和发展。我认为晚清小说就是如此。这显然是'新'、'旧'之间的一种文体过渡，换言之，晚清文学挣扎于'世纪末'和'世纪初'之间，既顾后，又瞻前，但在表面上却看不出形式上的创新，而是用一种乱七八糟的拼凑方式进行的。"① 因而，这里之所以将《文明小史》中的"小史"拿出来讨论，除了小说中主要是从中国边缘的小地方和小人物入手，写出清末民初中国历史发展进程的诸种变化，由政治/经济/文化相对繁荣的中心城市如上海、京城，向较为偏远的县乡或内陆城镇的逐步渗透；与此同时，所谓"小史"，还呈现出小说所描述的官场细微之丑态与怪状，从官场中人的言语和行为切入，口子很小，却切割颇深，叙事者甚乎要从臧否之人物的一举一动、一言一行中，揭示出政治之腐朽与权力之荒唐。如是这般的以小见大，成为晚清小说叙事形式的重要体现。在英语世界的研究看来，在晚清之际，历来补正史之阙如的小说，尽管还是以民间的日常生活之故事性的"小"切入时代进程，但其与现代传媒和新式读者的合拍，以及其中家国理论诉求所指示的民众国族精神改良，透露出晚清小说直接参与到家国民族的改造和建构之中的尝试。

　　与李欧梵通过"小史"与"外史"来考究晚清小说不同，胡志德则直击大都市上海的世情人性，对其中的社会结构、区域政治与公私糅杂进行了深入的分析。具体而言，胡志德以清末民初的文学作者朱瘦菊为核心，指出朱瘦菊小说中的清末民初的上海，其中所涉及的家国伦理、民族主义与个人道德的纠葛，所在颇多。朱瘦菊的《歇浦潮》虽然成书于民国初年，但是其写作的年代以及小说中所呈现出来的时代背景和历史境况，都指向晚清的中国社会。例如在小说中，频繁触及了有关租界中的判案执法问题。小说的第62、63回，就以很长的篇幅，触及租界断案的场景；不仅如此，在小说的第40回中，孔律师与租界法律甚至对官员赵伯宣还产生了强力的威慑力。这说明了租界与华界中人物主体与公共律法之间的勾连，尤其是当国族主义与殖民主义发生冲突时，后者的效用往往更为切实。而世界性和跨文化的因素，也开始以此冲击中国固有的精神和生活。这里需要提及的是，普天之下莫非王土的中国土地，其公有的性质却在清末民初之际，被帝国的瓜分所取代，占有而私有化。值得注意的是，帝王/国族公有之土地，在被帝国/殖民者私有化之后，却又于其间开辟出了更为细致的公共场域与

---

① 李欧梵：《帝制末日的喧哗——晚清文学重探》，载于王尧、季进编《下江南——苏州大学海外汉学演讲录》，复旦大学出版社2011年版，第121页。

私人领域之间的差异。

如果说倪伯和对都市的判断总是出错的话，在他夹着尾巴回内地之前却留下了一个令人印象深刻的判断。他被人带着从租界往南走到了老城区后，一开始的印象并不太好："步行进城，见街道狭窄，游人辐凑，两旁小贩，摆着各种地摊，行路时一不经意，便有碰撞之虑，与租界相比，真有天渊之别。"倪对这里的印象跟同时期大多数中国人——包括上海本地人和内地来的游客——是差不多的。比如1883年的《申报》上刊登了一篇很有影响的文章，对这两个地区做了一系列对比，文中积极地评价租界，最终结论几乎跟倪伯的陈词滥调一模一样："如果华界要与租界相比的话，这差别正如天渊。"①

因而，在公与私、世界主义与民族主义、侵略与革命之间，存在着极大的生存空间和阐释空间，其中的龃龉所在颇多，寄寓之中的复杂性也难以言明。在这种情况下，也就出现了《歇浦潮》中的种种乱象，正因为空间的多重属性以及革命与反革命、私己场域与公共领地的重合和分化，更是令小说的人物主体身份和精神状态，时常产生错乱和倒置。而这一切，都与现代化都市的生存样态和残酷的欲望争逐，有着密切的关系。可以说，在晚清小说笔下的上海，存在着一种想象式的传统，这里指的是接续性对传统文化的建构，由于上海作为地方性的城市/都市存在确认较晚，因为开埠通商以及设立租界等世界性因素的深入而使其文化传统以及中国精神也逐渐稀释。又或者说，一种跨文化的现实/精神样态逐渐在现代化的都市上海生根发芽，当世界性的浪潮汹涌而来时，作为现代城市的上海肌体内部，其实已经做好了诸多准备。而人性恶以及寄寓其间所呈现出来的欲望消泯和生成，国族和私己在租界中所面临的新的公（私）龃龉和内外交困，在这个过程中，则成为晚清中国迈向现代过程中的重要面向。

不仅如此，胡志德还在其文章《逆潮而上——〈歇浦潮〉》中，提到民初上海的姨太太问题，指出正是石库门的出现，清末小说中所难以容纳的从良倌人，到了民初，命运发生了新的转变。事实上，这其中有一个发展和演变的过程，解决的方式与新的生存界域和家庭组合方式密切相关。以晚清之际的烟粉或狭邪小说来看，一开始是妓女从良之后，往往在传统家庭中无所适从，或携款私逃，或仅仅为了逃离束缚己身自由的牢笼而离家出走，甚至是根本就不愿意嫁入传统的家庭作姨太太，而更愿意无忧无虑地生活在妓院之中。而从晚清到了民初，姨太太们得到了新的安置，如胡志德所提到的《歇浦潮》中石库门作为一个新的地域，得以延伸出新的家庭形式和生活方式。事实上，新的空间的开辟，代表的是

---

① ［美］胡志德：《逆潮而游——朱瘦菊的上海》，载于王尧、季进编《下江南：苏州大学海外汉学演讲录》，复旦大学出版社2011年版，第176页。

强有力的权力控制在维持旧时家庭的前提，对欲望的客体进行重新移植，从而建构起新的欲望空间。因而，在胡志德看来，《歇浦潮》在欲望、道德、抒情等层面，呈现出了更为丰富的复杂性，各种因素在晚清中国尤其是都市上海频繁上演，个个掺杂其间，演绎了一出多声部的都市交响曲。

由于中国传统小说被斥为"稗官野史"，不入大流，使得其在民间与官方、写实与虚构、生活与历史之间，形成了许多的折叠与展开、收束与铺延；而到了近代，关于东方与西方、传统与现代的重要命题，则又更多地通过小说的方式得以表现。因此，立足于中国的叙事文学，有助于对中国的生活伦理与风气道德的蕴蓄与展开、收束与张扬、回旋与前行，提供有益的面向和多样的探索。竹内好（Takeuchi Yoshimi）曾说："我并不认为国民道德的重建这个课题是只有文学家应该承担的……但是，这个课题的表现艺术之一面，从哪个角度来考虑，还是应该由文学家来负责的。文学家对于这个课题不予表现，不解放被压抑的本来表现，谁做这个工作呢？对于一个时代的文学表现负责的，除了文学家以外没有其他。"① 因而，在清末民初的上海，在"礼失求诸野"的时代精神状况中，小说的游记因素、道德诉求、抒情样态以及围绕其中的主体生成，体现出了每当社会道德坍塌，仁德败颓之际，文学必定借助其触角，四方寻觅，借以延伸至文化积淀的深处，或延展到异地文化的新因素，寻求深层次的精神拯救。王德威在《抒情传统与中国现代性》中就提道："作为一个经历20世纪'现代'洗礼的知识分子，我们的当下此时，是要把时间的变幻莫测的不定的感受纳入，再一次地理解，抒情之所以重要，是因为它成为揭露文学/艺术面对生命'无明'时的引渡关系，指涉意义生成的'有情'形式聚散维度。"② "情迷家国"是中国现代文学的精神情结，然而如果用来分析晚清的小说作品，其中的关键，则在于一个"迷"字，也即萦绕着自我的私情与民族国家情感所构造的形式体现。"Obsession"固然是一种迷思和困惑，跟哈姆雷特的鬼魂一般，笼罩人的心志，塑造人的情思，形成无意识，反映在文学上，则是寄寓着作者怀抱和胸襟的形式化抒写。在个体情思乃至家国民族处于"无明"状态时，文学（小说）以叙事者（抒情者）所独有的情感、情思和情怀，作为形成"引渡"力量的主要维度，并通过主体抒情和个性化的语言结构，统摄私我记忆中的情感寄寓以及自我情思中的家国情怀，进而重新建制小说文本中的言说方式、叙事逻辑以及抒情形式。

更为重要之处还在于，如此这般的公（私）扰攘，所表征的是晚清民初的中国社会，试图由专制转向共和过程中所面临的难以纾解的历史困惑，以及难以克

---

① ［日］竹内好：《亡国之歌》，《竹内好全集·第7卷》，第26~27页。转引自坂井洋史：《忏悔与越界——中国现代文学史研究》，复旦大学出版社2011年版，第157页。
② 王德威：《抒情传统与中国现代性》，生活·读书·新知三联书店2010年版，第215页。

服的反映在个人、家庭及国族层面的深层次难题。20世纪初,就在晚近小说方兴未艾之际,严复将穆勒(John Stuart Mill)的《论自由》(On Liberty)翻译成了《群己权界论》,其中涉及君主与国民之权限问题,指出爱国之民,应当"常以限制君权,使施于其群者,不得恣所欲为,为祈响其君所守之权限,其民所享之自由也。"① 群体与个体的关系通过国民与君主相互间的权限加以阐发,潜在地以国民之"公"对专制之"私"进行修正,而这个过程,也正暗合了晚近小说中所依托的专制政体逐渐瓦解的悬而未决的历史。不仅如此,"中国各口审断案件,两国法律既有不同,只能视被告者为何国之人,即赴何国官员处控告,原告为何国人之人,其本国官员只可赴承审官员处观审。倘观审之员以为办理未妥,可以逐细辩论,庶保各无向隅,各按本国法律审断。"② 但是针对此,却没有确切的法律条例与规章制度,尽管在此之前,也存在《上海洋泾浜设官会审章程》(10款)等规约,但是含糊而笼统的表述,并没有给租界内的案件审判带来太大的合理性。由于租界律法的极不完善以及鱼龙混杂的会审公堂,使得原本就倾斜不定的公平与偏私,更是无法取得理想的平衡公正,而更为重要的是其间所凸显的罪罚认同与文化差异,在对国人——世界人的行为(作为)判定上,将确凿地以法律乃至制裁的方式,从侧面透射出来。而晚清民初的小说,也得以在世界主义的意义范畴中,通过对租界中的法律审判的再审视,在无意中触及了更为深层也更为广泛的公私龃龉。正如前面所提到的那位总巡,其可以通过个人方式,公行私效,决定女子是否可以进出公共空间,与此相联系的,是私己生活与公共空间的关系,往往是由权力与个人意志所决定的,其中并无公共运转与社会效能方面的考虑,文化要素与价值考量亦极为稀薄。胡志德就提到,"上海戏院……兴起于十九世纪后半叶,是一系列公共空间中最为重要的场所,尽管中国有着悠久的戏剧表演传统,但却鲜有如此公开的戏院,因为长期以来男女同场看戏长期都是被禁止的。正如徐道清所说:'中国的戏院从来就不是妇女可以任意出入的,直到近代(也就是到了20世纪)之前,大家闺秀都从未进入过戏院。乾隆皇帝(1736年-1796年在位)一度禁止所有的妇女看戏,而在其它年代,虽然不怎么讲究的妇女也可以进戏院,但不管怎样她们一开始也是与男性隔开的。'上海观众可以不受性别限制随意出入戏院,这与早先的禁止和隔离形成了对比。"接着胡志德继续指出,上海作为一个新兴都市所展示出来的公共场域与私密空间,往往存在着一种不稳定性,要维持"公共与隐私之间维持平衡是多么困难"。③ 值

---

① 严复:《群己权界论·首篇·引论》,商务印书馆1930年版,第2页。
② 王铁崖:《中外旧约章汇编》(第一册),生活·读书·新知三联书店1982年版,第348页。
③ [美]胡志德:《逆潮而游——朱瘦菊的上海》,载于王尧、季进编《下江南:苏州大学海外汉学演讲录》,复旦大学出版社2011年版,第169页。

得注意的是，私密空间所展开的"匿名性"又往往被小说中所坚持的道德判断、伦理准则乃至讽劝旨向所挑破，胡志德以朱瘦菊的《歇浦潮》为例，指出钱如海等人偷情与幽会的隐私场所，又往往被叙事者严肃的言辞和充满道德感的话语倾向，将人物的私闻"呈现"于世人面前。在这里还特别需要指出的是，在意向确切并且具有明显的现实旨向的文本书写中——曾有论者将《怪现状》中所"目睹"之怪现状，与当时的社会状况进行虚实间的对照、发现、索引——以揭露的方式公诸天下的隐私成为近代小说本身所含纳的道德倾向中具有道德争议探索，尽管这种暧昧的道德的判断具有后设的立场，然而这莫不代表当时之书写伦理的迷惑与叙事意旨的困境。

## 第四节　叙事结构与修辞形态

新文学对清末民初小说（尤其是通俗小说）的贬抑，虽说通过特定的话语建构形成了新的理论形态和文学姿态，然而却由于片面简单的否定，不可避免地产生了偏见。关于这一点，王德威的《被压抑的现代性——晚清小说新论》中，已经做出了非常详尽的说明，如前所述，王德威将晚清小说按照叙事类型进行分类。通过晚清小说中的狎邪、侠义公案、丑怪谴责和科幻奇谭四类小说题材内部所包含的"四种相互交错的话语：欲望、正义、价值、真理（知识）"，[1]进行具体详尽的分析；并在此基础上，王德威对应该以什么样的视角和方法想象和建构晚清小说叙事，通过怎样的意识形态介入晚清的小说研究做出了回答。他以类型学与修辞学的方式切入晚清小说的现代性之揭示中，试图通过细部的文本读解和分析，揭示晚清叙事的结构形态和修辞美学，并以为重心挑明此一时段萌生的现代意识及其所具备的现代性意涵。

譬如，在科幻小说《新石头记》的前半部分，主要写的是贾宝玉在都市上海的遭际，譬如其阅读新闻报纸，确定了小说写作的文本语境，"拿了这张纸，翻来覆去的看了又看，也有可解的，也有不可解的，再翻回来，猛看见第一行上，是：大清光绪二十六年□月□日，即公历一千九百零一年□月□日，礼拜日。不觉吃了一大惊。"[2]值得注意的是，这个时间的确认，同时也重新厘定了贾宝玉再生的历史时间，小说以其与薛蟠、焙茗等人的行迹，放弃了封闭的红楼叙事，

---

[1] 王德威：《被压抑的现代性——晚清小说新论》，北京大学出版社2005年版，第23页。
[2] 吴趼人：《新石头记·第一回》，载于王继权等编《中国近代小说大系》，江西人民出版社1988年版。

并且设置了一个现在时的时空,进一步寄寓其间、建构未来。正如王德威所提出的:"以较为专业化方式来说,晚清小说开拓了一模拟嘲弄(parody)的新境,对以往的政教章程、文学成规在模仿之余却又暗图瓦解讽笑,因此造成读者进退两难,器笑不得的地位,实应视为意料之中的阅读效果。"① 在王德威看来,小说《新石头记》以贾宝玉为人物主体,通过令其经历和体验中国清末历史,如义和团、维新变法等,事实上是以一种戏拟和模仿的形式,对晚清中国历史进行重新审视,通过陌生化的视角,展现出中国社会历史的荒诞、惊奇以及对其所展开的畅望;不仅如此,叙事者还在文本中逾离当时中国实有的地理空间和时间概念,进入了一个名曰"文明境界"的地域。可以说,在此"境界"中,无论是人心、人情、人性,还是世界的物景和愿景,都是令人耳目一新的。从都市上海到乌托邦的"文明境界",叙事者所展示的,是通过贾宝玉的游历和体验,描绘出一幅与现实历史若即若离的虚幻图景,以此来参照时代的思想文化和情感意识,并从中试探出新的社会机制与意义层级。由此可见,英语世界旨在揭示被奉"现实主义"为圭臬的新文学所遮蔽的虚幻世界,如是这般的新的愿景与想象的出现,不仅意味着晚近浪漫主义的肇始,同时也昭示出中国文学在晚清历史中所经历的"现代性"漫溢,悬而未决的国族想象与现代意识开始在晚清小说中得以表征。

再宏观的文学史揭橥与研究范式建构,也离不开文学文本的解析与细读。于是,针对晚清小说具有代表性的作家与作品的解读,在英语世界的研究视域中也是卓有成效的。这个传统也成为了英语世界对晚清小说研究的起点。例如美国耶鲁大学的司马懿(Chloe Star)教授,就摒弃以往的民族国家及历史研究法,将《老残游记》仅仅按照小说的题名和人物的行迹,作为"游记"进行探究。指出《老残游记》这部小说是中国传统游记文学的一种延续,如《徐霞客游记》、柳宗元的游记散文等,都成为曾朴小说叙事的历史映射,在此基础上,结合晚清的时代特征,指出曾朴在《老残游记》中所蕴藏的新的文化元素以及出游之人的内在心理。更进一步而言,对小说的叙事结构、形式美学以及语言形态的分析,更是英语世界聚焦晚清小说的重要理路。

李欧梵也曾对中国近现代文学中的"浪漫"与"颓废"进行历史性的梳理,探讨了"颓废"一词在中国的译介和缘起,在他看来,颓废也成了不仅是中国古典文学,而且是一直延续到近现代文学作品的历史现象,"如果把颓废的概念放在中国古典文学中来谈,其实可谈的东西极多,魏、晋、唐、晚明的不少作品和

---

① 王德威:《想像中国的方法:历史·小说·叙事》,生活·读书·新知三联书店1998年版,第68页。

文学现象都值得研究，此处不便多说。"他具体从古典小说的高峰《红楼梦》开始谈起，"但我觉得《红楼梦》的作者曹雪芹也早有这种预感，不过他无法预测将来的世界是什么样子，他只能感到他那一个世界的结束，这是一种中国式的'世纪末'，而正由于他知道往世的荣华已不可重返，所以才苦苦追忆营造出一个幻想的镜子式的世界，故名之曰'风月宝鉴'。'风月'恰是'淫'的艺术境界，所以镜花水月，意义也在于此，它是一种抒情的虚构和幻象。它反映的是一个（在该书产生的时代）已经不能存在的世界。这正是这本小说的'颓废'之处。"① 有清一代的历史感开始在小说中频频出现，这也预示了那是一个变换更迭的时间段落。而李欧梵则进一步将笔触对准晚清小说，将清朝末期的叙事尝试及其中小说叙事结构中的"颓废"进行聚焦，"从《红楼梦》的时代到晚清，又是一个时代的转折变迁，又到了一个世纪末，然而这个时候的文学表现的内容和形式与此前不相同了。由于内乱外患的交迫，中国国运危在旦夕，知识分子和文人所感受的是一种强烈的危机，已经无法作审美式的抒情了。即使像《老残游记》中的几章（老残游大明湖、申子平登山遇虎）虽仍有自然的意义，它已经被外在的政治世界所包围，所以借黄龙子的口吻对今后的巨变作微言大义式的预测，其'颓废'意识也几乎荡然无存。其他晚清小说更不必谈。"② 可以说，在李欧梵看来，作为一种叙事结构和抒情形态的"颓废"模式，由于政治的参与和时代巨变的纷扰，在晚清小说中开始走向式微，取而代之的，是对政治革命的托举以及对于未来中国的想象。这样的想象，在晚清小说中，时常通过基于未来的想象呈现出来，李欧梵将这些小说称之为"政治幻想小说"。"其诱因可能是来自梁启超那本未完成的小说《新中国未来记》，这部小说是从一个乌托邦式的中华共和国建立后五十年写起。另一部流行的小说史旅生的《痴人说梦记》，结尾写梦见未来上海的情景，那时不再有外国人、外国警察、建筑物上的外国标志，或是外国债务，而有许多由中国人建筑的铁路和学校。"③ 不难想见，晚清小说所蕴蓄的，是当时内外交困的处境中试图变革的想象性实验，而比比皆是的关乎未来幻想的叙事建构，更是提示了集体无意识中的焦虑与欲求。"新中国这一乌托邦为作家和读者既描绘了一幅热情洋溢的政治图景——他们共同具有的那种对于中国命运的关切之情由此得到满足——又提供了一个逃避当前社会种种问题的带有浪漫情调的避难所。"可见，关于晚清小说的想像，其事实并不止于政治和未来生活的愿景，在李欧梵看来，晚清小说中所透露出来的如是这般的欲望，还带来了其副产品与副作用，那便是庞杂丰富而又泥沙俱下的社会境况和人物群

---

① 李欧梵：《现代性的追求》，人民文学出版社 2010 年版，第 139 页。
② 李欧梵：《现代性的追求》，人民文学出版社 2010 年版，第 140~141 页。
③ 李欧梵：《现代性的追求》，人民文学出版社 2010 年版，第 183~184 页。

像。"在清末小说的背景上，充满这样一批游荡于东西方交界处冥冥暗影区里的人物，这些任务五花八门，有欲壑难填的商人，有觊觎地位的暴发户，有移居城里寻欢作乐的、堕落的农村地主的遗少。"① 晚清小说在呈现清末社会历史的广阔性与纵深度方面，可以说做出了前所未有的努力。尤其是通过政治小说、谴责小说抑或社会小说的题材类型，对彼时之社会文化风俗、时代精神状况以及人物行为逻辑进行揭示。

不难看出，英语世界对晚清小说中的社会谴责小说是关注较多的，例如《二十年目睹之怪现状》就是一个明显的例子。该小说中通过转述、复述以及"我"所亲身经历的故事，凡一二百例，这些故事经过简单的串联，在"我"的游走与衔接中，组成了带有先定性和倾向性的叙事序列而被命名为"怪现状"。"故事情节"所产生的原因在于对自身生活经验与精神之贫乏的深切认知，而以对世间风气以及官场、商场、妓院等界域的丑怪奇观的追逐，印证己身已有之经验，抑或拓开"目睹"之眼界，从对"故事"急切的追问和兴味以及"我"的个人遭遇而言，似乎不如此无以缓解自身之焦虑并且实现"我"的成长、蜕变；而深层的焦虑则逾离人物本身，归结到书写者的叙事意旨上：通过一种内部聚焦的方式，专注于整体的伦理层面的诉求，立足清末民初社会的权力欲望、社会生态与精神伦理，以"怪"的主题先行及背后预设的价值审判为切入点，实行带有强烈倾向性的批判式呈现，这是小说叙事的内在动力。而《官场现形记》则以小说的文本形式，对晚清官场进行一次总攻式的讨伐，并且结构出一个个故事的形态，尽其揶揄、揭露和批判之能事。然而，汉学家普实克则提出了一个值得探究的问题，如《二十年目睹之怪现状》《官场现形记》这般的汲汲于"故事"的情结的写作尝试，如何通过既定的叙事形态与话语机制，敷衍出现代中国的"故事"？而晚清民初的中国小说又如何聚焦、围绕甚或是迂回于近代上海的都市语境，在内在焦虑与外在忧患之中，通过对诸种"怪现状"进行"现形"式的敷衍，结构并呈现晚清—中国的故事？其中又体现出了怎样的形式自觉和话语形态？普实克对此结合了《二十年目睹之怪现状》等小说，对中国晚近小说中的"主观主义"和"个人主义"的抒情性特点进行了深入阐析，并对其中所彰显的主体性加以肯定。普实克提到，"对自我及其存在与意义的觉醒伴随着另一个特征，即对生活悲剧性的感受。"② 结合小说《二十年目睹之怪现状》而言，可以肯定的是，在传统伦理观照视野下的"怪现状"，必然会被定格为某种悲剧性的基调，这一点从小说最后"我"所面临的商业上的大失败以及失败之后的流离失所可以

---

① 李欧梵：《现代性的追求》，人民文学出版社 2010 年版，第 184 页。
② ［捷克］亚罗斯拉夫·普实克：《中国现代文学中的主观主义和个人主义》，载于李欧梵编《抒情与史诗：现代中国文学论集》，郭建玲译，上海三联书店 2010 年版，第 2 页。

见出端倪，而"我"对此种"生活悲剧性"的"目睹"、体验和感受，在旁观与参与的双重作用下，渗透出切己的意识感知以及对其间之"意义"的洞察。然而，如果深入到写作者的无意识层面进行考察，便可得知，尽管写作者乃至叙事者自身并没有显在的宏大叙事倾向，但是在小说整体的道德伦理倾向以及在"现形"诸种"怪现状"的过程中，时代语境下更深层的主体认知和判断必然游走于表层叙说与深在叙事之间，使得建基于生活实事之上的精细"感受"，同样能知微见著，现出时代历史的宏大主题。更进一步说，只有立稳于日常的生活实感的基础上，也即建立在充分的"主观"和"个人"的认知和感受的切身体验中，才能在下意识/无意识地趋近意识形态的过程，保持内在的丰富性，以一种从容、清醒和自持，面对现代主体己身的孕育、蜕变与长成。

　　胡志德对吴趼人及其《二十年目睹之怪现状》的研究，则进一步统摄小说的叙事结构形态："事实上，吴趼人的作品中的一个显著特征，是其能够将自身所存在与工作的艰难时世中的矛盾和冲突，进行全景式的描绘。"[1] 吴趼人的《二十年目睹之怪现状》以"我"结构全篇，并且有着一以贯之的情节线索，这是在叙事形态上异于当时一般小说的重要表现。"我"对"故事"有一种沉迷甚至于痴迷，通过近乎执拗的追诉、索求乃至实践，实现对时事经验和社会历史尤其是"怪现状"的间接把捉甚而直接参与。不仅我的洗耳恭"听"至关重要，其他人物的"说"亦值得玩味。后者是"我"所"目睹"之"怪现状"的包含他者立场的叙说，同时也是叙事者"写"的重要方面。从这个意义上而言，与其说是"目睹"，不如将之归为聆听与践行。从胡志德的观点可以见出，小说中复杂纠葛的倾听、叙说、"目睹"以及作者/叙事者的"写"，提示了在结构文本的过程中，各种感官的调动与知觉的呈现，代表着晚清小说所形塑的中国主体，俨然以极大限度地敞开和吸纳的姿态，对外部世界施以全能的感知，其中所强调的是具有觉知功能的主体切入现代历史时间之中的积极互动。综上所述，可以说，英语世界试图探索的，是晚清小说所特有的叙事美学，也就是文本构形的修辞形态，如何在虚构的世界中，形成写作者与叙事者独特的文本形式与话语机制，并在此基础上，将语辞的结构揳入晚近中国历史的内在肌理之中，实现驳杂而丰富的互动。

---

[1] Theodore Huters. *Bring the World Home: Appropriating the West in the Late Qing and Early Republican China*. Honolulu: University of Hawai'i Press, 2005, p. 124.

## 第十六章

# 现代小说的译介与研究

英语世界与现代中国文学的互动,与现代文学的发展几乎是同步的,在中国的叙事文本走向现代的过程中,更多的固然是对域外小说的吸收和借鉴;而谈及英语世界对中国现代小说的译介和研究,则进展得相对较为延缓,这固然源于其中需要一个沉淀和反映的时间,开始的时候也更多的是外在文化对中华这个古老帝国及其中的"老树发新枝"的文化好奇,但是从英语世界的译介和研究的路径来看,可以探视出其不仅形成了自身的选文偏好和评价体系,而且同时体现出中国现代文学尤其是现代小说的创作实绩。

从文学史与学术史的角度而言,英语世界对中国现代文学尤其是现代小说的研究,可谓影响深远,对国内的现代文学尤其是现代小说研究,起到了极为强烈的刺激作用,也直接启发了相关研究领域的理论创新和思路再造。本章将在英语世界对20世纪前半期的中国现代小说的译介进行梳理的基础上,重点对英语世界的现代小说研究进行剖解分析,试图呈现出其中的理论结构、评价体系与研究范式。英语世界的中国现代文学研究,经历了一个范式的建构、范式的延续及范式的分化过程。肇始于夏志清的《中国现代小说史》,为英语世界的中国文学研究提供了一种史学态度和文本批评精神,对文学史本身的书写以及对文学历史的认知,尤其是其最为重要的对现代中国小说作者的发现意识、论述方式与重评理念,建构起了泽披后来的研究范式;夏济安则独辟一径,对鲁迅小说以至于"左翼"小说进行了重读,指出其中幽微而不容忽视的切面;而普实克则对夏志清的研究进行商榷,并在此基础上,提出了抒情与史诗的辩证,对现代中国小说进行再解读,而情感与历史的叙述模式,同样形成了英语世界的现代中国小说研究中的重要倾向和理论向度；随后，夏志清、夏济安、普实克等汉学巨擘所建构的研究范式得以进一步延续，李欧梵、王德威等学者对中国小说的现代性、鲁迅研究、文学史研究等领域进行了更为深入而有开创性的开掘；随着英语世界的现代中国小说研究的发展，路径和理念却逐渐发生分化，都市文化、性别研究、地缘探索、跨语境与跨文化等，为英语世界的现代中国研究提供了新的空间和余地，将英语世界的现代中国小说研究推向纵深。

## 第一节 现代小说第一个十年（1918～1927年）在英语世界的译介和研究

由于设置了专章讨论晚清小说在英语世界的译介和研究，因而在这一章，便以学界另一种接受程度也较为广泛的1918年为现代小说的开端，此节也以鲁迅的《狂人日记》为标志，直至1927年中国革命风雨变幻之时。这里还需要指出的是，由于有清一代的落幕时间是1912年，所以在这一节的书写中，也同时将1912～1917年之间英语世界的译介和研究一并进行讨论。

追溯现代以来的文学文化交流，一方面是出于近现代以来世界文化对中国文化的渗透，另一方面则是现代中国文学自身的价值探询过程。1930年，美国人威廉·阿兰（William Alan）与中国作家兼翻译家萧乾一起策划出版英文刊物《中国简报》（*China in Brief*），旨在向英语世界推介中国优秀的现代文学著作，刊物开创于1931年，共出版8期。1933年，著名的美国记者埃德加·斯诺编译了一本中国现代小说集《活的中国：中国现代小说选》（*Living China：Modern Chinese Short Stories*），第一部分收录了鲁迅的六篇小说《药》《一件小事》《孔乙己》《祝福》《风筝》《离婚》，以及一些杂文作品，第二部分交由萧乾翻译，共收短篇小说17篇，分别是郭沫若的《十字架》、茅盾的《自杀》《泥泞》、巴金的《狗》、郁达夫的《紫藤与莺萝》、丁玲的《冰》《消息》、柔石的《为奴隶的母亲》、沈从文的《柏子》、林语堂的《狗肉将军》、田军的《第三枝枪》《在"大连号"轮船上》、张天翼的《移行》、沙汀的《法律外的航线》、孙席珍的《阿娥》、萧乾的《皈依》、杨刚的《日记拾遗》等。斯诺编译的这部小说集，英文版由伦敦乔治·G.哈拉普有限公司（George G. Harrap）出版发行。在编选和翻译的过程中，斯诺往往偏向于考虑目的语的一方，其翻译也往往具有这方面的倾向性，也即以英语世界的阅读接受作为翻译效果的重要旨归。可以看出，虽然这些翻译都是由英语世界的文人牵头或参与，但主体还是由中国翻译家担纲，这无疑代表着英语世界对中国现代小说关注的倾向和重心所在。创刊于1951年的《中国文学》，囊括了诸如鲁迅作品选集、《阿Q正传》等现代小说经典，以及杜博妮、戴乃迭等人翻译的《郁达夫作品选》① 等。无论是《中国文学》还是"熊猫丛书"，都具有官方译介的色彩，代表着中国文学与文化走向世界的需要和探索，当然客观上也给英语世界带来了新的文本，一定程度上为中国小说进入世界文学的范畴做出了应有的努力。

毋庸置疑，鲁迅是现代中国文学与文化绕不开的开端和高峰，同时也是中国现代小说外译过程的重中之重。其中，鲁迅小说的英译分为国内翻译和国外翻译，前者如梁社乾对《阿Q正传》的翻译②、林兰编的《呐喊》③、赵景深编的《彷徨》④ 和《呐喊》⑤；后者则有米尔斯（E. H. F. Mills）根据敬隐渔的法文译本转译的英译本《阿Q的悲剧及现代中国短篇小说》⑥、王际真的《阿Q及其他：鲁迅小说选》⑦ 则成为英语世界最早的鲁迅小说专集，其中收录了鲁迅的11篇小说：《故乡》《肥皂》《离婚》《在酒楼上》《头发的故事》《风波》《阿Q正传》《孤独者》《伤逝》《祝福》《狂人日记》。鲁迅作为中国现代小说最重要的开创者，无论是国内出版社还是国外编译者，都对其作品进行了详尽的翻译和介绍，试图为英语世界的读者展示中国现代文学与新文化开创之初的状貌和实绩。

除此之外，则是关于现代小说选集的编译，与之前着重于介绍个案与个体如鲁迅小说不同，选集的编译更为侧重的是对作家群体和流派的介绍和推荐，对同一历史时段小说创作的概貌进行集中反映。王际真的另外一部小说译文集《当代中国小说选》，除了鲁迅之外，还译介了张天翼、老舍、巴金等人的作品，对现代中国小说史上举足轻重的作家作品进行了译介，译者的眼光由此可见一斑。⑧ 1970年，英国人詹纳和戴乃迭合作选译了一本《现代中国小说》⑨，其中编选了鲁迅的《孔乙己》《祝福》《故乡》以及老舍等人的小说；1971年，由夏志清、

---

① Dafu Yu. *Night of Spring Fever and Other Writings*, trans. Bonnie S. Mcdougall, et al. Beijing：Chinese Literature，1984.

② Hsun Lu. *The True Story of Ah Q*, trans. George Kin Leung. Shanghai：The Commercial Press，1926.

③ Lan Lin, ed. *War Cry*. Shanghai：Beixin Bookstore，1943.

④ Ching-shen Chao, ed. *Hesitation*. Shanghai：Beixin Bookstore，1948.

⑤ Ching-shen Chao, ed. *The War Cry*. Shanghai：Beixin Bookstore，1948.

⑥ Yn Yu Kyn, ed. *The Tragedy of Ah Qui and Other Modern Chinese Stories*. London：George Routledge and Sons，1930. Translated from the Chinese by J. B. Kyn Yn Yu, and from the French by E. H. F. Mills.

⑦ Lusin. *Ah Q and Others：Selected Stories of Lusin*, trans. Chi-chen Wang. New York：Columbia University Press，1941.

⑧ Chi-chen Wang ed. *Contemporary Chinese Stories*. New York：Columbia University Press，1944.

⑨ W. J. F. Jenner, Gladys Yang, eds. *Modern Chinese Stories*. London：Oxford University Press，1970.

刘绍铭等编译的《20世纪中国短篇小说选集》①，收录了现代中国短篇小说创作的诸多佳作，比如郁达夫的《沉沦》，其中还包含了张爱玲自译的《金锁记》，而白先勇的小说则由作者与夏志清合译，1981年，夏志清、李欧梵、刘绍铭等人一起，编译了一本《中国现代中短篇小说选》②，其中选入了鲁迅的《孔乙己》《药》《故乡》《祝福》《在酒楼上》《肥皂》以及巴金的《秋》、郁达夫的《沉沦》、沈从文的《柏子》《萧萧》等在中国文学史上举足轻重的小说作品，这两个小说选集的译本，应该说也是夏志清《中国现代小说史》的一个重要延伸，秉持了小说史研究中以文本为核心的标准和思维，选择了现代小说史上较为重要的叙事作品，然其翻译限于篇幅，也往往舍弃长篇的作品，而专注于中短篇的创作。1995年，方志华编译的《20世纪中国短篇小说英译》③同样收录了鲁迅的名作《狂人日记》《祝福》《孔乙己》等。同年，由刘绍铭和葛浩文合作编译的《哥伦比亚中国现代文学选》④，以小说、诗歌、散文三种文类为核心，每种分三个时期即1918～1949年，1949～1976年，1976年至今进行出版，而第一部分的现代小说（1918～1949年），选入了鲁迅的《呐喊自序》《狂人日记》《孔乙己》以及许地山的《商人妇》、郁达夫的《沉沦》、茅盾的《春蚕》、沈从文的《萧萧》等小说，从中也可以看出夏志清在1981年的《中国现代中短篇小说选》的影子。

可以说，中国现代小说的第一个十年，就代表了小说现代化尝试的高峰，其同时也是在中外文学与文化对接中的消化和反映。小说叙事中所呈现出来的有别于传统的异质性与世界性，也成了英语世界关注的中心。而英语世界对中国现代小说的译介，多以自身的文本准则和美学标准进行，而事实上，如是这般相对独立的审美姿态和选篇原则，其所建立起来的中国小说的英文文本，在文学史和译介史上的影响也是举足轻重的。

海外汉学对现代中国文学史的研究，更多的并不是直接探入其间，而是通过反思与抵牾的方式，在对抗现有文学史框架与意识形态叙述主旨的趋向中，反向建构起现代中国文学历史的研究图谱。海外关于中国现代文学及其历史的研究领域，往往一方面以西方文学理论作为方法论的支撑，形成立论的根基；另一方面则是直接对抗和消解国内现有的研究路径和概念理论，尤其是对意识形态管控下

---

① Chih-tsing Hsia, ed. *Twentieth-Century Chinese Stories*. New York: Columbia University Press, 1971.
② Joseph S. M. Lau et al., eds. *Modern Chinese Stories and Novellas*, 1919-1949. New York: Columbia University Press, 1981.
③ Zhihua Fang, ed. *Chinese Short Stories of the Twentieth Century: An Anthology in English*. New York: Garland Pub., 1995.
④ Joseph S. M. Lau and Howard Goldblatt, eds. *The Columbia Anthology of Modern Chinese Literature*. New York: Columbia University Press, 1995.

的文艺思想进行质疑。值得注意的是,这两个面向往往是相互呼应的,以此建构起具有西方思想形态的同时又有着强烈寻求本土化和在地化呼应效果的独特的文学史体系。

中国现代小说的历史,鲁迅、郭沫若、茅盾、巴金、老舍、曹禺一度成为文学史写作的中心,尽管从文学作品的优劣而言,他们的小说固然具有不可否认的价值,然而英语世界对其所产生的重读和审视,既是基于一定的价值准绳和理论依据做出的判断,也是为了阐发出在主流小说作者以及他们背后形成的政治意识形态的侵扰,因而得以呈现现代中国小说在国内文学研究和文学史研究中所或缺的价值,同时也意欲揭示出在遮蔽和误读之外,新的文学文本和价值标的。也正因为如此,基于海外中国文学的研究之研究,才构成了其意义所在,也即为国内文学史写作提供直观而深刻的样本的同时,启发出新的作者文本、理论视角和研究形式。

夏志清溯源英美人文主义的意识,通过"新批评"的方法研读文本,以美学的和艺术的视野进行观照,写出具有确切理论方法与鲜明史学态度的《中国现代小说史》,开辟了中国现代文学研究的新局面。他在著名的论文《现代中国文学感时忧国的精神》中,曾提出"感时忧国"的概念,认为"从世界文学的眼光来看",这种感时忧国的精神"值得我们进一步加以探讨",现代中国作家并不像西方现代文学大师那样,"热切地去探索现代文明的病源,但他们非常感怀中国的问题,无情地刻划国内的黑暗和腐败",这使得中国现代文学作品往往"自外于世界性"。① 显然,夏志清对此秉持的是审慎甚而批判的态度。"感时忧国"所体现的,是一种缺乏文学个性甚至是文学性的革命事业,几乎所有的思想与思考,都基于对国族与政治的执迷,发展到某种程度,则令现代中国的文学探索与世界文学观念相背离,其中所呈现出来的紧扣时代历史的先在的目的性和旨向性,成为横亘在中国文学与世界文学之间的重要屏障,而这也成了夏志清在他的小说史写作中所秉持的一个重要的评价标准。

需要指出的是,如果单纯从文学是否感时忧国的角度进行评价,并不能判断出作品的高下优劣,因为感时忧国同样可以产生好的作品。事实上,夏志清在这里也只是提出对中国现代文学的一个判断,在谈论中国文学时,夏志清内心存在着一种超乎其外的更为高级而纯粹的文学,这既是他面对文学历史的态度,同时也是他对文学本身所持有的立场。在夏志清看来,"文学是应当探索的,不过,不仅要探索社会问题,而且要探索政治和形而上的问题;不仅要关心社会公正,而且要关心人的终极命运之公正。一篇作品探索问题和关心公正愈多,在解决这

---

① 夏志清:《中国现代小说史》,刘绍铭等译,中文大学出版社2001年版,第460~462页。

些问题时,又不是依照简单化的宣教精神提供现成的答案,这作品就愈是伟大。"① 这既是夏志清批评理念下的好的文学,同时也是他基于中国现代文学现状的批判而提出的文学理想。

夏志清在《中国现代小说史》中,指出中国现代文学对现实主义的历史内容过分关心,容易令自身落入某种目的和手段的陷阱中,从而忽略了对艺术和形式的探索,更有甚者则沦为政治的工具和意识形态的宣传品。值得注意的是,夏志清对文学历史的处理,特别是其反抗现有文学史的写法,摆脱了意识形态和固有观念对文学史的禁锢,为20世纪中国文学史的书写提出新的挑战。

对意识形态宰制话语的抵制和批判,尤其对鲁迅等国内备受推崇的"左翼"作家、革命文学等小说写作保持审慎甚而是否定的态度。"我选出蒋光慈、丁玲及萧军来讨论战前各种类型的共产主义小说。虽然题材各别,《少年飘泊者》《冲出云围的月亮》《水》《八月的乡村》等小说与其他类似的作品,实在只能算是一种宣传习作。现在看起来,这些作家的一生似乎比他们的作品更有历史意义,特别是萧军与丁玲,他们是这些爱国理想主义作家的典型。他们在维护人格完整上所作的努力是值得我们同情与钦佩的,但我们没有理由因此就原谅他们早期所写的粗浅宣传著作。不管他们的动机是如何的高尚,他们如此轻易地接受了宣传,就证实他们缺少智慧,而智慧是创作成熟文艺作品不可或缺的条件。"② 夏志清对意识形态的抗拒是显而易见的,对革命文学保持着审慎的态度,尤其是对遵命文学的批判最为用力。这其中显现出来的,既是其政治上的倾向,同时也是审美的偏好。当夏志清一家之言的现代小说史移置到中国时,却引领了一场文学史的革命。

在夏志清出版《中国现代小说史》后七年,1968年,夏济安出版了研究鲁迅及"左翼"文学运动的专著《黑暗的闸门——中国左翼文学运动研究》(*The Gate of Darkness: Studies on the Leftist Literary Movement in China*),对鲁迅、瞿秋白、蒋光慈、冯雪峰、丁玲等左翼文学作家及其文学创作进行了评说,可以说,夏济安对左翼革命史与文学创作史,进行了综合的评断,与此同时又深入文本内部做出了细致考察。其中,《鲁迅作品的黑暗面》《鲁迅与左联的解体》等文章不仅直接将鲁迅作品中独特而幽微的一面揭示了出来,对其性格、意识与情感层面的复杂性进行了披露,而且将鲁迅的精神意绪与外在的革命组织左翼作家联盟(以下简称"左联")相对应,分析两者之间错综交互的关系。需要指出的是,夏济安的鲁迅研究,与当时国内主流的受意识形态层层裹挟的鲁迅评论相去甚

---

① 夏志清:《中国现代小说史》,刘绍铭等译,复旦大学出版社2005年版,第328页。
② 夏志清:《中国现代小说史》,刘绍铭等译,中文大学出版社2001年版,第239页。

远,尽管夏济安的鲁迅评述也逃避不了社会历史文化的印记,也同样深受西方美学与冷战意识形态的影响,但是却为鲁迅、左联和中国革命文学的研究打开了一个宽阔的空间,尤其为世人提供了一个更为客观内在,也更为复杂丰富的鲁迅。就这一方面而言,夏济安将传统的左翼文学研究和鲁迅研究从单调引向复杂和丰富的尝试,可谓做出了非常好的表率。夏济安以左翼文学为研究对象,率先对当时在国内奉为神明的左翼文学的独尊论与一元论进行了质疑,也为其提出了更为丰富的意涵和向度,尤其是对鲁迅的研究,着重探究鲁迅作品中的黑暗面,指出鲁迅小说中尽管执拗于对现代理性与科学的追求,但是却时常为内在的魔障、鬼魅与死亡意念所缠绕。① 从而一改以往对鲁迅研究所秉持的奉若神明的态度,与夏志清一道,重新思考甚至是反向建构其鲁迅的形象与鲁迅作品的意涵,这同样引领了作家重评与文本再读的潮流。

普实克关于中国现代小说的论述,集中于小说内在的情感意涵与结构形态,提出了抒情与史诗两种范式。1957 年,普实克发表了著名论文《中国现代文学中的主观主义和个人主义》(Subjectivism and Individualism in Modern Chinese Literature),文中对郭沫若的七部自传体小说、鲁迅的短篇小说集《呐喊》和《彷徨》、茅盾的《蚀》三部曲、巴金的《家》、丁玲的《莎菲女士的日记》等小说进行了深入剖析,指出其中所包孕的浓郁的主观主义意识,"这种关注作家个人命运和个人生活的倾向,我们称之为主观主义",而寄寓了个人情绪与意识的文本书写,也恰恰对应了传统中国的现代转化中,所必须裹挟和含纳的主体性和自我发现。"主观主义、个人主义、悲观主义、生命的悲剧感以及叛逆心理,甚至是自我毁灭的倾向,无疑是一九一九年五四运动至一九三七年抗日战争爆发这段时期中国文学最显著的特点。"② 可以说,现代中国小说中彰显出来的主观主义和个人主义,其对主体内在的宽限度和容忍性是极大的,从而使得传统被压抑和被遮蔽的"自我",得以最大限度地喷发出来。普实克的观点,启发了英语世界对现代中国小说的认知,随后的无论是浪漫主义与现实主义的辩证,还是抒情主义与现代性的勾连等,都能见出普实克抒情与史诗之分野的影响。事实上,在普实克看来,抒情性的存在,是中国现代文学突破封建束缚,获取自我意识的最重要的途径所在,同时也是中国文学从传统过渡到现代的必由之路。

可以说,夏氏昆仲明显受到当时冷战思维的影响,对中国受意识形态影响的"左翼"、战争、大众文学等往往持有保留甚或是批判的倾向,尤其是对现代中国

---

① Tsi-an Hsia. *The Gate of Darkness: Studies on the Leftist Literary Movement in China*. Seattle: University of Washington Press, 1968, p. 146.
② [捷克]亚罗斯拉夫·普实克:《中国现代文学中的主观主义和个人主义》,载于李欧梵编《抒情与史诗:现代中国文学论集》,郭建玲译,上海三联书店 2010 年版,第 83 页。

中深受政治因素所左右的文学写作行为和文学文本进行了否定。虽然在对文学及其作者的论述上不无偏颇，但是在客观上实现了对国内现代小说研究中浓郁的军事要素、政治色彩和国家意志的纠偏，这为国内后来的文学与文学史研究提供了极为阔大的思辨空间。不仅如此，夏志清、夏济安、普实克等海外汉学先辈对中国现代小说与小说历史的影响，可谓泽被久远，对英语世界的文学史书写提供了源流式的探索路径。

王德威则在《被压抑的现代性——晚清小说新论》中，直接指摘和反抗以"五四"为圭臬的文学史叙述，尤其是其将晚清小说归入现代中国小说的史学范畴，更是将现代中国小说史的时间节点提至了清末。对于现代中国小说的研究路径与既定价值而言，王德威不断继承和发扬先行者的理念方法，拨出来自文学以外的诸种遮蔽，揭示出小说史复杂而丰富的面向。"小说在一个虚构的立场上，它不必负担所谓国计民生的大责任；小说作为一种虚构，不必和中国的建构发生必然的连锁。但是反过来说，中国的建构却总也离不开一种对虚构的想象。就是我们对中国未来和过去的愿景，对一个乌托邦世界的演义和创造；我们总是需要依赖于一种论述、一种叙事、一种小说式的行为。所以，当我们谈到'虚构'这两个字时，它就并不是那么简单的、天外飞来的、无中生有的一种叙事行为。它总是在一个历史脉络里面刺激着我们、挑逗着我们、挑衅着我们，如何逃逸出现实以外，在不可能中创造一个可能。在这个层次上来谈论小说史或者'小说中国'，我觉得可能更为有意义。"① 这就为中国现代小说存在的价值和意义提供了多种可能性，也启发了文学史研究趋于新的面向。更为重要的是，英语世界的文学史与小说史研究，极大地刺激了既有的文学史研究范畴，也为叙事文学走向深化和多元提供了不可或缺的理念。

现代文学的第一个十年，鲁迅的小说固然是扛鼎之作，但是在王德威看来，鲁迅小说所呈现出来的中国想像，代表了写实主义的一种现代符号，"鲁迅所化身的写实作家既是摩罗诗人、也是知识分子革命者、洞见现实和未来的寓言家兼预言家、激进的历史家、意识形态信仰者兼批判者和狂人。"② 除此之外，王德威对现代中国文学的历史观照，还体现在他的文章《重写"重写文学史"：十个"关键"时刻》中，其中，王德威提出了有关"中国"与"现代"的辩证，而且借此提出他在哈佛大学所编写之文学史的构思和设想。具体而言，他提炼出了现代中国文学史的十个关键时刻，分别对应现代中国文学发展具有转折性或标志性意义的事件/人物/文本：鲁迅1907年写作，1908年在《河南》发表的《摩罗诗

---

① 王德威：《抒情传统与中国现代性》，生活·读书·新知三联书店2010年版，第278~279页。
② 王德威：《写实主义小说的虚构：茅盾·老舍·沈从文》，复旦大学出版社2011年版，第12页。

力说》；1922年沈从文从湖南到达北平，开始了他"那课永远学不尽的人生"；1930年《啼笑因缘》在上海《新闻报》的《快活林》副刊连载完毕；1942年"诗人"毛泽东和何其芳的互动；1952年张爱玲离开内地；1956年，北京人民艺术剧院的演员们与剧本《茶馆》的作者老舍进行交流；1969年陈寅恪与世长辞；1979年"文化大革命"之后的贾植芳；1989年诗人海子卧轨自杀；2062年来自梁启超的《新中国未来记》的乌托邦想象。可以看出，王德威在他的中国文学史构思中，不仅考虑了不同文类如文论、小说、诗歌、话剧等之间的变动，而且兼及文学与历史的交互，最为重要的，还是其所提到的小说与小说作者所占据着的举足轻重的地位。由此而构成的小说地图，更是勾勒了现代中国文学史的核心版图。在王德威看来，编纂文学史的过程必然存在着若干至为关键的要素，也即虚构与历史、传统与现代、学科/文类/媒介之间的对话、翻译及翻译的现代性以及对于批评的批评等。① 这些都体现出了英语世界现代中国文学研究的理论方法、思考路径与叙事伦理。可以说，海外现代中国文学/小说及其历史研究，时常需要面对来自海外与国内影响的双重焦虑，不仅需要承续前人研究历史的影响的经典性，而且需要背负着焦虑前行。而自夏志清以还的文学史和小说史研究，王德威可谓得其真传并发扬开去，其不仅继承了夏志清的史学传统，而且更多地排除了夏所秉持的政治观念和意识形态先决，体现出了更为辩证也更为成熟的文学史书写体例，尤其是王德威在文学外部与内部所滋生的多种要素间，往往会进行不断的辨证和考允，不仅将问题丰富复杂的层面呈现出来，而且最大限度地防止了文学与文学史研究中的偏颇与片面。

在对文学史观的突破与重构过程中，无论是夏氏兄弟，还是普实克、李欧梵、王德威等学者，海外中国文学研究者对中国现代小说的研究展现出了强烈的史学意识、完整的理论框架与坚定的价值立场。而其对现代中国小说研究领域的贡献，除了先前所提到的方面之外，还有一个极为重要的层次，那就是对作家作品的发现与重估。

现代性作为西方学术世界中的概念与理论，较早将其介绍到中国来的，是詹明信（Fredric Jameson）到北大讲学时所提出的；李欧梵则将现代性的概念，挪移至现代中国文学研究领域中。李欧梵对中国现代小说中所呈现出来的"现代性"意涵的探究，首先集中在小说处理"现实"的方式及其如何"写实"的形式化体现，指出"启蒙"在小说所指向的"现代"及"现代性"观念中，所遭遇的困境与难题，"这种怀疑从鲁迅的立场来说，表面做的是一回事，在文学的形式做的可能是彷徨的，所以他的小说一本叫《呐喊》，一本叫《彷徨》，他做

---

① 王德威：《现当代文学新论：义理、伦理、地理》，生活·读书·新知三联书店2014年版，第52页。

了一系列技巧上的试验，事实上并不能证明小说可以达到启蒙的目的。"① 可以说，"五四"一代的小说作者在叙事实践中所承载的启蒙意识，构成了现代性的重要组成部分。不仅如此，对时间观念的处理，同样成为现代中国小说之"现代性"的一个面向，这便涉及传统到现代的转化以及如何通过叙事的方式将如是这般的转换形态进行结构的过程。可以说，李欧梵的探索，"使人真正认识一个真实的鲁迅"，而为鲁迅研究"提供了一个复杂而深刻的个体形象，而他与社会、历史、民族的丰富联系则通过个体独特的精神品格呈现出来。"②

不仅如此，李欧梵还通过茅盾的《子夜》等作品对此进行论述，指出小说如何面对传统与现代、现实与未来的命题；此外，从艺术与审美的角度而言，现代中国小说如何在古今、中西之间，寻求自身的位置，并将叙事的试验根治于现代中国的情境与人物中，成为"现代性"实现中国化的基本要素，对于这一点而言，中国现代小说可谓做出了极佳的表率，尤其是上海的新感觉派作家，例如施蛰存、刘呐鸥、穆时英等人的小说书写，将一个现代的上海——事实上也代表着现代之中国的一面——加以呈现。

在另一篇文章《追求现代性》中，李欧梵还指出，浪漫的爱情与自我的主体意识之生成，同样是现代中国小说在寻求现代性的道路上形成的新形态。浪漫主义在现代中国的生发与蔓延，主要得益于个性解放与自由思想的渗透。对于小说而言，"五四"前后的小说作者往往将浪漫化的自我，寄寓在浸淫中西文化的现代中国人物主体身上，并令其去感受、参与和介入传统到现代的过渡进程，并呈现出其中的碰撞与撕扯。李欧梵重点考察了庐隐、冯沅君、丁玲等女作家的小说创作，"女作家作品中的这种强烈的主观性质把一种新的深度和一套新的心理复杂性带到五四文学中来。"女性将对自我的发现与认同，投射到小说的写作中，使得主观的理念与情感的意绪得以充分表达，从而摆脱了传统中国女性失语的境况，这便是中国现代性最重要的表征之一。除此之外，李欧梵还谈及了短篇小说作为一种小说的存在样态，在现代中国的转型阶段，处于怎样的地位，又发挥了何种作用。郁达夫、鲁迅、叶绍钧等小说作者，都通过短篇的写作形式，把握社会历史的断层、传达人物内在稍纵即逝而又幽微细致的心理。不仅如此，短篇小说所映射出来的时代印记，还在于这一文学样式与世界文学的接触与融合，外国文学的影响，可以说直接刺激了现代中国小说的借鉴、成型与转化，无论是现实主义、浪漫主义、象征主义等类型的小说写作，都能投射出来自域外的刺激与启发。然而李欧梵却进一步指出，由于以往文学史简单地以受意识形态影响与否进

---

① 李欧梵：《未完成的现代性》，北京大学出版社 2005 年版，第 39 页。
② 季进：《李欧梵和其鲁迅研究》，载于《中华读书报》2000 年 7 月 12 日。

行评断，从而忽略了现代小说丰富的横向借鉴的层面。"在人们从'现代性'这一比较的眼光研究的时候，往往不仅掩盖了鲁迅与西方文学关系的更深层的内涵，而且掩盖了中国现代文学的真实性质所包含的更深刻的意涵。"①

安敏成（Marston Anderson）的著作《现实主义的限制：革命时代的中国小说》（*The Limits of Realism*：*Chinese Fiction in the Revolutionary Period*），重新对现代中国流波最为深远、小说作者用力最勤之所在、同时也与政治（革命）保持着最为密切的关系的"现实主义"进行反思和批判。安敏成的《现实主义的限制》重新反思了作为 20 世纪中国文学主线的现实主义文艺创作等。② 其中，安敏成对鲁迅、叶绍钧、茅盾等小说作者的作品进行了探究，指出"五四"以来在现实主义的写作旨向中所面临的困境和遭遇的危机，尤其是背后所蕴蓄的意识形态因素和革命战争导向，更是令所谓的写"实"变得可疑，现实主义的核心，实际上为政治愿景和内在倾向所掣肘。

刘禾的《跨语际实践：文学、民族与被译介的现代性（中国 1900—1937）》（*Translingual Practice*：*Literature*，*National Culture*，*and Translated Modernity*：*China*，*1900 - 1937*），对鲁迅等"五四"一代的小说家所提出的国民性的问题进行审视和质疑，还原历史的本貌，同时也旨在消解关乎政治与意识形态的宏大话语。刘禾在文章《国民性理论质疑》中，提出了关于西化的现代性反思，尤其是以鲁迅为首的现代作家的单向度的启蒙姿态，需要进行不断的推敲与重审。在刘禾看来，现代文学作者在话语建构过程中，其启蒙的心态往往通过一种结构性的西化知识理性对故土与国民进行观照，以此作为小说文本的重要思想背景。"新文化运动的倡导者提出国民性是中国启蒙运动的主要对象，于是，唤醒和教育国民的责任自然落在了包括他们自己在内的一小部分知识分子精英的肩头上。"③ 启蒙和批判的前提是国民精神现状的缺憾，而缺失的根源则在于现代观念价值参照下的传统文化世界的贫乏甚至贻害。这便是不断回到"补缺"之原点的文学言说和叙述，从而使得叙事者的声音每每演化成焦灼的"呐喊"。而焦虑感的产生实际上同样来源于对中国内部历史现实和文化精神的缺失的认同，事实上，这种有待"补偿"的"缺失"来自横向（中外）和纵向（古今）的比较，在相互的甄别与对照中，产生了忧虑和焦灼，于是在文学书写中便滋生了"优"与"劣"的认同，并且生发出浓重的现实批判和精神重构意味；然而，如此这般二律背反的"歇斯底里的叫喊"，却压抑和掩盖住了指示对象的声音，而且统摄型的西化

---

① 李欧梵：《现代性的追求》，人民文学出版社 2010 年版，第 234 页。
② 季进：《多元文学史的书写——海外中国现代文学研究论之一》，载于《文学评论》2009 年第 6 期。
③ 刘禾：《国民性理论质疑》，载于王晓明主编《批评空间的开创》，东方出版中心 1998 年版，第 156 页。

的现代性叙事和革命话语,同样没有为自由的抒情与独立的叙事留下太多的空间,从而导致了对象与情感的双重缺席,这无疑凸显出了现代文学中的"缺憾—补偿"机制本身的裂缝所在。

中国现代小说曾一次次踏上返乡之旅。"五四"一代的乡土叙事,以蕴含着强烈异质性的现代旨归重返中国传统乡村,新文学的叙事者也以新的理论视野和认知模式,坐实了的悲悯和愤恨姿态,并充作故土的代言人和叙述者。在给生己养己的故乡涂上落后、贫穷和愚昧的底色的同时,实际上是以现代的,甚而是西化的生活和思想程式去考量家国乡土,其中代表的无疑是以西方的现代性为思想基础的叙事实践。然而,"五四"之后,中国的历史问题与社会困境愈发显示出其复杂的面向,西化的现代性标的从一种带有强烈优越性的单向度意识形态批判,转而成为言说与发现中国之现代的阻滞。体现在小说叙事上,则是在书写对象陷入被动和失语境地的同时,现代文学很容易滑入程式化、单一性甚至是主题先行的叙事困境之中。

可以说,英语世界对现代中国小说第一个十年的研究,往往注重对文学史偏见的拨乱反正,同时建构起自身对于文学史研究及其方法论视野。除夏氏昆仲之外,还有普实克所建构的叙事/抒情的多维解读、李欧梵及其现代小说与现代性探索、王德威对文学史的解构和重塑、高利克的茅盾研究等,体现出了海外中国现代小说研究的实绩。可以看出,自夏志清在《中国现代小说史》中对中国小说作者重新评估以来,逐渐形成了作家重评重读的文学研究气候,其中所体现的是反抗既定的意识形态束缚的尝试,同时呈现出来的还有来自海外汉学界的理论素养和精神投向,也即英语世界对中国现代小说书写历史的态度及其所出现的新的转向,具体而言,其以文学文本为主导,波及意识形态的影响却又试图摆脱其影响,推翻既定的文学史与作家作品论断,从而形成文本批评与理论建构并重的文学史/小说史书写模式。

## 第二节 现代小说第二个十年(1928~1937年)在英语世界的译介和研究

现代小说的第二个十年,是在"五四"一代基础上的深化和发展,主要的小说作者和流派有茅盾、老舍、巴金、沈从文、丁玲、京派海派小说、左翼小说,等等。作为中国现代小说的沉淀期和拓展期,1928~1937年的小说创作,是继"五四"一代的小说家之后崛起的,同时也代表着对"五四"小说的修正和丰富。其中，英语世界对巴金、老舍、丁玲以及带有地域色彩的小说流派倾注了较多的关注，而沈从文不同于"五四"叙事风格的笔调，尤其是他对湘西世界的勾勒和描绘，更是使其成为英语世界译介和研究所钟爱的小说作者之一。

如本章第一节中所述，夏志清等人合作编译了《中国现代中短篇小说选》，其中选入了鲁迅的《孙乙己》《药》《故乡》《祝福》《在酒楼上》《肥皂》巴金的《秋》、沈从文的《柏子》《萧萧》等；由刘绍铭和葛浩文合作编译的《哥伦比亚中国现代文学选》收入茅盾的《春蚕》、沈从文的《萧萧》等，此不赘述。除此之外，1941年，由文宜编译的《巴金小说选》① 在上海出版；首先要提及的，还是知名中国文学的外译期刊《中国文学》，其中，由王明杰、戴乃迭、沙博理、唐笙、杨毅等人合译巴金的小说集《春天里的秋天及其他》（Autumn in Spring and Other Stories）②，对巴金的中短篇小说作品进行了译介，把握住了巴金在"五四"以降虚构文本创作的轨迹。1972年，英译本《家》面世，并由著名的巴金研究者奥尔格·朗（Olga Lang）作序③；1978年，美国人茅国权翻译并作序的巴金《寒夜》英译本问世，由香港中文大学出版。④ 此外，意大利、德国、俄罗斯、挪威等欧美国家，也曾对巴金的小说进行了许多的译介，此处从略。

对老舍作品的翻译，在英语世界中也颇受欢迎，这是由于老舍的小说多反映北平的生活，既是对中国重要的城市同时也是后来的政治中心的聚焦，也是了解中国北方人民生活的重要窗口。关于老舍小说在英语世界的译介，除了之前所提及的哥伦比亚大学出版社的译本以及王际真的翻译，还有就是1945年，伊文·金（Even King）翻译了《骆驼祥子》⑤，1948年，他还翻译了《离婚》⑥，伊文·金是外交家出身，对中国的文化尤其是北方的风俗民情有着深刻的体验和了解，故而对老舍及其笔下的北方中国也是情有独钟。可见，对老舍作品的翻译，也构成了英语世界英译现代中国小说的重要一环，尤其是老舍的《骆驼祥子》，由于其带有浓郁的地域色彩，能够满足英语世界对兼具传统与现代意味的中国的想像，所以在伊文·金（Even King）之后，这部现代中国文学史上影响颇大的小说中还出现了多种译本。⑦ 诸种译本固然各有千秋也自有风格，然而更为重要的是，这若干版本大多侧重对老舍小说中的地方风俗和方言俚语进行深入考究，在翻译

---

① Jin Ba. *Short Stories by Pa Chin*：*with English Translation*. Xiangang：Zhong Ying Chu Ban She，1941.
② Jin Ba. *Autumn in Spring and Other Stories*，trans. Wang Mingjie et al. Beijing：Chinese Literature，1981.
③ Chin Pa. *The Family*，trans. Sidney Shapiro. Boston：Cheng & Tsui Company，1972.
④ Chin Pa. *Cold Night*，trans. Nathan K. Mao et al. Hong Kong：The Chinese University Press，1978.
⑤ She Lao. *Rickshaw Boy*，trans. Even King. New York：Reynal and Hitchcock，1945.
⑥ She Lao. *Divorce*，trans. Even King. New York：Reynal and Hitchcock，1948.
⑦ 此后最主要的还有三个版本，分别由简·詹姆斯（Jean James，1979）、施小青（1981）、葛文浩（2010）等翻译。

时也注重其中生活化和中国化的书写。除了《骆驼祥子》,1946 年,袁家骅和罗伯特·佩恩编译了《当代中国短篇小说集》(Contemporary Chinese Short Stories),其中收录了老舍在《火车集》中的小说《"火"车》①;郭镜秋与老舍合译了小说《离婚》②;同年,老舍出版于 1934 年的《牛天赐传》,也得以译介,并在伦敦出版③;1964 年,杜尔文(James E. Dew)翻译的《猫城记》④,由美国密歇根大学中国研究中心出版,这部小说在 1970 年由威廉·莱尔(William A. Lyell)重译⑤;1999 年,威廉·莱尔和陈伟明共同编译了一个关于老舍短篇小说的集子《草叶集》(Blades of Grass),收录了短篇小说 11 篇。⑥ 可以说,英语世界对老舍作品的翻译,从一开始具有强烈目的性的国别交流产物,如外交官伊文·金的译本,到之后专注于小说语言和美学品格的推介,如老舍自己与人合译的版本以及葛浩文等人的编译等,体现出了小说译介背后的意识形态与美学流变。

早在 20 世纪 30 年代,《天下月刊》就曾刊发过沈从文小说的英译本《翠翠》《萧萧》《王老太太的鸡》;20 世纪 40 年代,袁家骅与英国的罗伯特·佩恩合译了沈从文的《灯》《黑夜》,小说集《中国大地:沈从文的小说》;此外,《龙朱》《长河》《七个野人和最后一个迎春节》等小说,也开始被译介到英语世界中;20 世纪 80 年代,较为引人注目的,则是《中国文学》中戴乃迭对沈从文小说的译介,如《边城及其他》《萧萧》《丈夫》《贵生》等;夏志清在他的《二十世纪中国短篇小说》中,则翻译了沈从文的《静》《白日》等小说。⑦ 可以说,沈从文小说中展现出来的中国乡土状貌,以及他的叙事文本中所透露出来的独树一帜的抒情意味,使其受到了来自英语世界的青睐,对沈从文小说的译介也呈现出了繁盛的局面,而沈从文也一度被题名为诺贝尔奖的候选人。英语世界对沈从文小说的翻译,主要聚焦于他对乡土中国的描绘,也多集中于沈从文小说中偏重于民情风俗与地域色彩的小说叙事。

---

① Chia - Hua Yuan, Robert Payne, eds. *Contemporary Chinese Short Stories*. New York:Noel Carrington Transatlantic Arts Co. Ltd. ,1946.

② She Lao. *The Quest for Love of Lao Lee*,trans. Helena Kuo and She L. . New York:Reynal and Hitchcock,1957.

③ She Lao. *Heavensent*. ,trans. Denni Xiong. London:J. M. Dent and Sons,1951.

④ She Lao. *The City of Cats*,trans. James E. Dew. Ann Arbor:Center for Chinese Studies at the University of Michigan,1964.

⑤ She Lao. *Cat Country:A Satirical Novel of China in the 1930's*,trans. William A. Lyell. Columbus:Ohio State University Press,1970.

⑥ William A. Lyell and Sarah Wei-ming Chen,eds. *Blades of Grass*. Honolulu:University of Hawai'i Press,1999.

⑦ 自华强:《沈从文著作的外文翻译》,载于《上海师范大学学报(哲学社会科学版)》1985 年第 3 期,第 150 页。

还有则是对中国 20 世纪 30 年代左联小说的翻译，戴乃迭、沙博理等人编译的《三十年代小说选（1）（2）》①，分别对叶圣陶、许地山、王统照、柔石、杨振声、胡也频、王鲁彦、张天翼、罗纾、吴组缃、端木蕻良、魏瑾芝、艾芜、叶子等小说作者向英语世界进行介绍和推荐。1999～2000 年，还陆续出版了《端木蕻良小说选（英汉对照）》②，以及《现代文学系列》，分别出版了艾芜、孙犁、叶圣陶等人的小说③。2004 年，葛浩文还与孔海立合译了端木蕻良的《鹭鹭湖的忧郁》④。除此之外，则是海派小说的译介，"熊猫丛书"曾于 1994 年出版施蛰存的《梅雨之夕》⑤《施蛰存小说选》⑥等，对 20 世纪 30 年代的上海叙事进行了译介。

现代文学的第二个十年，彼时中国的社会政治局势急转直下，而英语世界对这一时期小说的关注，首先是侧重于"五四"一代的乡土中国相异的地域书写，例如沈从文的湘西世界，老舍的北平书写，吴组缃、艾芜、端木蕻良等人的区域性书写，以及活跃于 20 世纪 30 年代上海的新感觉派小说创作；其次则是对新的革命形势与革命团体及其文学创作的倚重，如对左翼小说的翻译和评说。对女作家的翻译，也是英语世界对现代中国小说进行推介的一个重心。1941 年，丁玲的小说集出现了一个英译本《孩子们及其他》⑦；而之前提及的美国翻译家和学者詹纳，翻译了丁玲的作品，结集为《莎菲女士的日记及其他小说》⑧。另一位女作家萧红作品的出现，则是 20 世纪三四十年代中国现代小说的重要收获。英语世界对萧红的翻译，除了前面提到的零散的小说选集中的作品外，非常值得关注的便是葛浩文对萧红作品的翻译和研究。1979 年，葛浩文与杨爱伦合译了萧红的《生死场》⑨和《呼兰河传》⑩；1982 年，还出版了《萧红小说选集》⑪，收入

---

① Shengtao Ye et al. *Stories from the Thirties* (Ⅰ Ⅱ), trans. Gladys Yang et al. Beijing：Chinese Literature, 1982.

② Hongliang Duanmu. *Selected Stories of Duanmu Hongliang*. Beijing：Chinese Literature Press, 1999.

③ Chinese Literature Editorial Board, ed. *Selected Stories by Ai Wu/Sun Li/Ye Shengtao*. Beijing：Chinese Literature Press, 1999/2000.

④ Hongliang Duanmu. *The Sorrows of Egret Lake*, trans. Howard Goldblatt and Haili Kong. Hong Kong：The Chinese University Press, 2004.

⑤ Zhecun Shi. *One Rainy Evening*. Beijing：Chinese Literature Press, 1981.

⑥ Zhecun Shi. *Selected Stories of Shi Zhecun*. Beijing：Chinese Literature Press, 1999.

⑦ Ling Ding. *Our Children and Other Stories*, trans. Meng Tsiang. Shanghai：Yingwen Xuehui, 1941.

⑧ Ling Ding. *Miss Sophie's Diary and Other Stories*, trans. W. J. F. Jenner. Beijing：Chinese Literature Press, 1985.

⑨ Hong Xiao. *The Field of Life and Death*, trans. Howard Goldblatt & Ellen Yeung. Bloomington：Indiana University Press, 1979.

⑩ Hong Xiao. *The Tales of Hulan River*, trans. Howard Goldblatt & Ellen Yeung. Bloomington：Indiana University Press, 1979.

⑪ Hong Xiao. *Selected Stories of Xiao Hong*, trans. Howard Goldblatt. Beijing：Chinese Literature, 1982.

《王阿嫂的死》《桥》《手》《牛车上》《家族以外的人》《逃难》《朦胧的期待》《北中国》《小城三月》等小说；葛浩文作为英语世界的萧红研究专家，对萧红作品的翻译和评述，不仅对萧红在国外的传播做出了突出的贡献，而且也为国内的研究提供了新的视野。

现代中国小说发展的第二个十年，可以说是对前一个十年的延伸和分化。王德威指出，"鲁迅之后"的现实主义小说创作，显示出了新的状貌。在《写实主义小说的虚构》一书中，王德威重点探讨了茅盾的小说创作。在他看来，茅盾在鲁迅小说传统的基础上，又对其进行了修正和增益，从而形成了自身的叙事特色。"茅盾的作品持续探索中国现代写实论述中两个最具挑战性的层面：政治与历史。他对当代政治事件的投入，以及他对中国共产主义的献身，使得写作本身更富历史和政治意义。"① 茅盾在《蚀》三部曲、《子夜》《春蚕》等小说创作中，对彼时的革命历史高度关切，而其代表作《子夜》更是对资产阶级与无产阶级的生存、妥协与斗争进行了描述，试图在变革历史中，表现出政治意识形态层面的阶级动态。对于茅盾而言，他对政治的认同与追随是极为突出的，在这个过程中，作者身上所体现出来的吊诡便显现了出来：所谓之写实，事实上并没有秉笔直书的如自然主义般地对准现实人生与宇宙世界，而是往往于背后显现出不同的意识形态映射和个体精神投影，而这也便是王德威此书所关心的核心问题。周蕾在论述茅盾的书写时，同样指出，"叙事在新国族的'身份认同'建构过程之中担任工具性的角色，倘若如此，对于茅盾提倡的新语言与新文学来说，细节大大地阻碍了国族建构的严肃计划，因此，在正常的叙事建构之中应该被予以删除。"② 英语世界往往认为，茅盾的小说具有一种先在的宏旨，民族国家的兴亡以及政治革命的意涵，在小说构思和形成过程中，便早早地埋伏于斯，从而颇有些主题先行的意味，这一点，在茅盾最具代表性的《子夜》《蚀》三部曲等小说中，体现得较为明显。而英语世界对这一问题的关注，并不是简单地否定这样的书写模式，况且类似茅盾这样的写作现象，在20世纪的第二个十年的中国，并不鲜见，如果推延至整个现代中国，那么革命与政治的意指先行，更是不在少数。王德威、周蕾等学者对茅盾的研究，尽管对茅盾小说中的"细节"书写提出了不同的看法，然而却更多地探入茅盾小说内部的语言形态，并借此探究阶级、历史与国族认同层面的课题。

不得不说，现代中国小说文本所彰显的，事实上已经脱离了简单的现实/写实与抒情/写意的二元分野，其背后复杂的革命、政治、情感因素，令小说文本

---

① 王德威：《写实主义的虚构：茅盾、老舍、沈从文》，复旦大学出版社2011年版，第13页。
② [美]周蕾：《妇女与中国现代性——西方与东方之间的政治阅读》，蔡青松译，生活·读书·新知三联书店2008年版，第135页。

不断演化成社会、政治与历史文本，从而为中国的现代想像与现代中国的想像，提供了意蕴丰富的质地和资源。而老舍身上所体现的，则是现实人生中的地域色彩与人道主义。老舍为现代中国小说提供的营养，除了《骆驼祥子》中笑中带泪的悲喜剧风格，还在于其对城市生活所寄予的同情和悲悯。最早在夏志清的《中国现代小说史》中，就设立专章对老舍小说进行了评述，重点讨论了老舍小说的叙事上做出的尝试以及在艺术上取得的成就。而后来者王德威，则对老舍小说进行了进一步的阐发，"事实上，老舍之所以有别于其他的五四作家，不仅是因为他对社会的不公不义做了写真暴露，而更是因为他以闹剧和煽情悲喜剧的手法把社会的不公给夸张化了。老舍的叙事之所以有力，是来自他的笑与泪的泛滥、道德/知识价值的戏剧化逆转，但更重要的，还在于其敢于偏离写实主义的金科玉律，自抒新机。"① 可以说，王德威在这里还是以文学史的眼光去观照老舍的小说，因而以"五四"和鲁迅等写实主义小说传统为参照，指出老舍小说中所含蓄的新的写实风格和人文关怀。可以说，老舍的写实主义，在渗透寻常人生与以戏谑/幽默的方式逾离/背离现实之间，形成了巨大的张力。王德威重点分析了老舍的《老张的哲学》《赵子曰》《二马》《离婚》《牛天赐传》《猫城记》以至《骆驼祥子》等小说，试图描绘出老舍叙事风格与小说题材的演变路径，从而指出老舍是如何一步步抽离其所承继的五四传统，走向自在的写实——也即从坚定的现实主义轨道上旁枝斜逸而出，批判的写实具备了一种戏谑、狂欢与鬼魅，而现实人生的繁复与社会政治的搅扰，更是让"老舍的哲学"愈发显得意味深长。

20世纪中期的1967年，美国的哈佛大学出版社出版了奥尔格·朗撰写的《巴金和他的作品：两次革命中的中国青年》②，值得一提的是，奥尔格·朗的研究并没有有意突出巴金小说中人物的反叛意识和革命观念，而是将巴金自身的成长与小说及其人物的形成进行了勾连，特别是还原了文学作者与人物形象世俗的一面，对寻常的人性和人心加以分析和阐释，这也在客观上对巴金及其文学创作进行了合理而中肯的评价。

对于萧红的发现和研究，显示出了海外中国现代小说研究不一样的趣味，对国内的文学史叙述产生了较大的影响。1976年，葛浩文出版了他多年来的萧红研究专著《萧红传》③，以萧红出生、生活、奔波乃至流浪的地域出发，叙述了萧红从籍籍无名的写作者到文坛知名小说家，红极一时的作家生涯，以及其由于内在情感与外在历史的双重侵袭而命途多舛，最终在香港走到了人生旅程的终

---

① 王德威：《写实主义的虚构：茅盾、老舍、沈从文》，复旦大学出版社2011年版，第124页。
② Olga Lang. *Pa Chin and His Writings*: *Chinese Youth between the Two Revolutions*. Cambridge: Harvard University Press, 1967.
③ Howard Goldblatt. *Hsiao Hung*. Boston: Twayne Publishers, 1976.

点。值得注意的是，葛浩文在第七章重点分析了萧红作品的主题和她的写作态度，并在此基础上，揭示其小说与散文作品中体现出来的文体和技巧。"当我们讨论到萧红的文体时，首先要谈的是她那简洁、不雕琢、自然得像诗样美的精炼行文。除了在《呼兰河传》全书中及其他几篇特别优美的篇章外，她这种优美精简的文笔，当读者初读时很易被忽略，原因是她的行文太流畅，太自然了。她这种如行云流水般的文体，也就是她成功的关键所在。萧红的文章是真挚感人的，从不拐弯抹角或使人扯不清楚，并且特别女性化……以她书中的背景主题和角色而论，她无论是在对话还是叙述的章节中，已经是非常技巧地避免使用华而不实、枯萎无力或过分纠缠不清的语句。即使当她书中人物因感情不逼真或个性没能充分发挥却缺乏深度时，那些人物仍能表现得诚挚自然而扣人心弦、栩栩如生。"① 可以说，葛浩文沿袭的还是夏志清"新批评"的文本研究方法，通过深入萧红小说的文本肌理和叙事细部，从语言、形象和形式层面，对萧红的小说进行了深入的剖析，也开启了萧红研究的新格调。

作为现代小说史中"二萧"的另一位作家萧军，以及他所代表的东北作家群，同样成为英语世界研究现代小说的重要标志。可以说，英语世界对现代中国小说研究的贡献，不仅体现在单个作家的重评与研究，而且对于作家群以及文学流派的考察提供了独特的视角和观念。在这方面，除了之前所提到的对左翼文学作家群的研究，东北作家群也成为海外中国现代文学研究重点探讨的对象；其中，葛浩文是最为引人瞩目的研究者，他在谈论中国新文学时，重点讨论了东北作家群的小说创作，指出萧军的"《八月的乡村》是 1930 年代影响力最大，最著名的小说之一。该故事是叙事萧军家乡满洲抗日义勇军的事迹。……全篇充满着令人难以忘怀的事件和人物，例如农民英雄、革命者、知识分子的领袖、队长、外国女子，以及一些日本兵和当地的地主们等等"。不仅如此，葛浩文还论及东北作家群中的李辉英、端木蕻良等人，甚至将这些作家的小说进行彼此的对照，"（端木蕻良的）《大地的海》出版后，中国读者有了第三本抗日小说可欣赏。此书与二萧之间各有相似之处：与萧红的《生死场》相同点是两书都是谈东北的土地以及地上居民之间；与萧军的《八月的乡村》相似点是书中描述各式各样当地居民的爱国抗日活动"。② 可以说，以萧红、萧军、端木蕻良等人为代表的东北作家群，他们在小说中呈现出来的异质性因素，恰恰是英语世界对现代中国小说作者最为关注之处，尤其是文本写作者如何将自身寄寓于所处的时代与所遭受的意识形态干扰，其中又出现了怎样的罅隙和扞格，又体现出了怎样的历史

---

① ［美］葛浩文：《萧红传》，复旦大学出版社 2011 年版，第 131～132 页。
② ［美］葛浩文：《漫谈中国新文学》，香港文学研究社 1985 年版，第 197～198 页。

无意识与个体无意识；更为关键的是，现代小说作者在被革命/政治话语包围的境地中，所实现的叙事突破与文本尝试。

可以说，对于英语世界的现代小说研究领域而言，小说作家与小说文本的发掘或重读，成为一个突破的路径甚至形成某种研究范式，较为突出的，是通过对小说作者的人生历程和文本形成过程的忠实还原，以传记或传记性的方式，综合论述写作主体的创作情况和写作风格。又如率先在英语世界开展沈从文研究的金介甫，20 世纪 70 年代初便在美国开始研究沈从文，1977 年，以沈从文研究为中心的《沈从文笔下的中国社会与文化》(Shen Ts'ung-wen's Vision of Republican China) 作为自己的博士论文，金介甫将其研究逐渐推向深入。1985 年，金介甫出版了《沈从文传》(The Odyssey of Shen Congwen)，在其博士论文的基础上，加上了许多第一手的研究沈从文的资料，对在民国时期名动文坛的小说作者沈从文进行了还原，重新对沈从文的价值进行了评估。特别是其中对沈从文小说的抒情性、传奇性与思想性的定位，尤为引人注目。"汉人对苗民的猎奇心理使沈从文写的传奇小说弥漫着一层神化传奇气氛，然而他的态度基本上并非如此。他写的神化把苗民部族从普通社会中分离出来，确认了他们的生活方式，赋予他们以人性：就是说，像传统办法那样，让他们生活在各种社会世俗之中，让他们理解忠诚、孝顺之类的品德；更现代一点的，让他们有复杂的精神生活，有自己的抱负、理想、献身精神。而沈从文对这些部落苗民的内心生活，却没有什么第一手材料，只好全仗自己发挥想象力，把所知道的苗民部族的传说，从这类传说中得出的种种梦幻式的想法。"① 可以说，从沈从文的小说中，金介甫发现了文本书写从传统到现代、从少数族裔到汉民族之间的复杂关系，如是这般的诸种丰富辩证，成为沈从文小说中的传奇之来源与变异，其更是透过文本的抒情和想象，令文化现实转而为虚构世界，尽管这是立足于汉人立场对苗族传说的误读，但却使得虚构的小说与虚幻的传奇之间，激荡出了更富于想象力的乡土空间和文本世界。

王德威则在《抒情传统与中国现代性》一书中，论及抒情与史诗的辩证问题，并且以比较文学的角度，探究抒情与史诗之间的发端和分化。王德威溯源了陈世骧与普实克的抒情理论，并将其与西方的抒情理论进行了深入的对照，尤其从普实克和卢卡契（Georg Luacs）两人对抒情与史诗的阐发，谈及本雅明如何处理抒情主体的现代处境，再到阿多诺（Theodor Wiesengrund Adorno）借抒情以引渡历史的蛮荒与残暴。在中国的 20 世纪初，便由梁启超、鲁迅、王国维等人揭开了"抒情"的序幕，随后，郭沫若、郁达夫、蒋光慈等小说作者，同样秉持抒

---

① ［美］金介甫：《沈从文传》，符家钦译，国际文化出版公司 2010 年版，第 239 页。

情主义和浪漫主义的创作态度和叙述风格,一直到沈从文,进一步发挥抒情之能事,"通过写作,他希望发挥小说家对讲述的故事与故事的讲述间差异的自觉,更希望捕捉诗人填补符号与声腔间罅隙的奴隶。这样的奴隶有助于揭开隐藏在世间的'神性'"。① 可以说,沈从文通过重返湘西的写作尝试,将现实中难以言明和摆渡的情感进行抒发,试图建构起自身的审美理想和价值体系。抒情与史诗的辩证,对英语世界现代中国小说研究的波及,首先来自后之来者基于现实主义与浪漫主义的研究。现实主义、浪漫/抒情主义这两种小说创作思潮,在中国现代小说史的发生与流变的图谱中占据着至关重要的位置,对于其源起与发展脉络,前人多有论及,许多观念也已形成和完善;在这种状况下,要廓清研究历史的迷雾,进行回溯源头式的再发掘,以新的方法论和系统的文学史观照视野,探讨其起源与变迁的状况,以及在这个过程中所面临的困境,并非易事。而英语世界对中国现代现实主义和浪漫主义小说的研究,对其中的叙事形态做出了深入的解读,尤其结合小说创作的时代背景及其背后的意识形态因素,提出了小说创作的向度与限度。

可以说,自普实克以来,写实与抒情可谓是奠定了中国现代小说史中最为重要的表现形式,而金介甫、安敏成、王德威等学者对其进行重新论述,以现代中国文学史内部所面临的问题为核心,在具体的论证过程中,建构起新的认识论基础,形成了切实有效的方法论研究,从而对中国近、现代社会与文化转型中出现的具体的文艺现象以及整体的文学史脉络,提供了一种富有启发性的阐述。尤其是突破了一直以来以现实主义和写实主义为中心的文学史评价体系和标准,揭示出了新的小说史学发展脉络。

金介甫的沈从文研究同样引人注目,在他看来,沈从文的小说,在现代中国的 20 世纪 20~40 年代之间,意识形态之色彩极少,在中国文学史上也是鲜见的。"沈从文创造性地展现了其地域性,这在共产主义革命以前的中国,几乎是独一无二的。只有沈从文,随后是北京的老舍以及一些东北的小说家(他们聚焦的是自己被日本侵略的故土),见证了丰富的地域性文学在中国如何成为可能。"② 可见,尽管沈从文处于边缘地位,但是其小说表现出了边陲之地湘西强烈的个人和家族烙印,沈从文小说中强有力的地域化想象,形成了其自身的叙述模式,当他转向自我的语言实验,地方化色彩在他的小说中弥漫。

王德威在《抒情传统与中国现代性》中,将中国现代小说中抒情性与现代性相结合,试图揭示出在革命与启蒙话语下中国现代小说的另一重发展线索,也即

---

① 王德威:《抒情传统与中国现代性》,生活·读书·新知三联书店,2010 年,第 40 页。
② Jeffrey C. Kinkley. "Shen Congwen and the Uses of Regionalism in Modern Chinese Literature", *Modern Chinese Literature*, Vol. 1, No. 2, Spring, 1985, pp. 157 – 158.

主体意识的张扬与情感意绪的抒写。具体而言，王德威特别通过沈从文的小说创作，指出其小说所承继的抒情传统，除了其所提到的《桃花源记》的乌托邦理想，王德威还提出《离骚》及其所代表的"中国南方楚辞的抒情传统"，同样对沈从文小说抒情形态的建构提供了有益的参考。"除此之外，当然他也提到《史记》《圣经》等对他创作灵感的启发"。王德威重点提出沈从文的抒情理念与小说创作所经历的"三次启悟"，意图揭示中国现代小说及小说作者在处理现代与现代性的问题时，所形成的状态以及所遭遇的曲折和困境，而沈从文和他的小说创作本身，也表征出了中国之"现代"与"现代性"的发展历程。"所谓的现代性和时间本身的关系，到底要怎么样地来诠释？当我们谈到'现代'这两个字……我们立刻想到是时间的断裂，想到当下此时面对传统一种扑面而来的冲击。这样对'时间'的震撼感受其实在历史的过程里可能曾经发生过，可是从来没有像20世纪的知识分子、文人、思想者那样，有这么深切的回应。"① 可以说，在王德威看来，现代与现代性所折射出来的，是关于特定对象的某种中止与断裂，而对于现代小说而言，如是这般的转折往往意味着新的表达中介与新的参照元素的出现，无论是语言上、文体上、形式上，还是题材内容上，现代小说都经历了一个质的巨变。从这一点而言，中国现代小说文本中呈现出来的现代性，便意味着关于过去、现代与未来的时间辩证，并通过人物的书写与形象的塑造建构出来，这不仅代表着小说文本构成的形态，同时也呼应着外在的大历中规律，在革命、政治、战争中如何寻求自身发展，开启文学与小说自身的成长规律，又如何昭示人心人性，返归精神与思想的人文主义，这是中国小说缘何现代与何以现代的关键所在。

在20世纪的中国，与写实/现实主义相对应的，无疑是浪漫主义。李欧梵在《现代中国文学中的浪漫个人主义》中写道："我选择将注意力放在普实克所称的'个人主义及主观主义'的文学层面，而不讨论自我之英雄式的梦幻视野，是因为五四时期文学对自我的表达与其他活动比较，是相当具有个人主义以及英雄式气概的。也正因为如此，它更能表现出此时期所代表的一个重要的传奇色彩。"② 在这里可以看出，李欧梵的思考其实是寄寓在普实克的"抒情与史诗"讨论框架之中的，并以之为出发点，论及"五四"文学中的自我表现，指出个人主义与英雄气质对于"自我"之建构所形成的核心作用，而这也是"五四"文学写作中的一种源动力，并且波泽深远，其小说写作亦体现出"传奇"之色彩。

不仅如此，李欧梵还在《中国现代作家的浪漫一代》（*The Romantic Genera-*

---

① 王德威：《抒情传统与中国现代性》，生活·读书·新知三联书店2010年版，第208页。
② 李欧梵：《中国现代文学与现代性十讲》，复旦大学出版社2005年版，第22页。

tion of Modern Chinese Writers）中重新揭示被现实主义及其背后的意识形态所压制的中国现代文学浪漫主义一脉的文学史价值。除此之外，浪漫主义的另一个异变，便是颓废美学的诞生。在李欧梵看来，现代中国的颓废文学，其虽然源于法国和英语的颓废主义，然而却与之有着本质的区别。在《漫谈中国现代文学中的"颓废"》一文中，李欧梵以施蛰存等人的小说为例，重点论及"颓废"之于他们的关系。在李欧梵看来，刘呐鸥和穆时英的小说中，呈现出来的是一种诱惑和欲望的力量，通过对都市世俗生活的叙述，实现不同主体与客体间的转换，物质与身体之间，似乎有着某种沟通的可能，而这一切，往往寄寓于情绪的表达与欲望的流动。而施蛰存的小说，则通过女性的身体，将其主观意识和内在心理描述了出来。其小说叙事上对人的潜意识的关注，"毫无疑问，这是具有充分现代化艺术意义而又反现代理性主义的表现。"[1] 类似的表达还贯穿到了施蛰存的历史小说写作中，尤其是《将军底头》《石秀》《李师师》《鸠摩罗什》等，将传统与历史的情境，移植到现代的人物和心理之中，令其中所显现出来的现代性由于传统意味的渗透而愈发显得"现代"。在对叶灵凤小说的讨论中，则指出其书写较为成功的，是对都市日常生活的描写，在其中添加了一定的异域风情和颓废书写，例如在小说《禁地》中，对一位美男子及其生活进行了刻画，尤其突出男子身上的女性色彩，但是叶灵凤的小说并没有产生更为深远的意涵，以至于李欧梵在结论中指出："反观中国这个时期的'颓废'文学，其资源仍来自五四新文学商业化以后的时髦和摩登（这是当时人对 modern 这个字眼的译音），并没有彻底反省'现代性'这个问题。由于五四新文化运动的成功，他们也打着反传统的旗帜，无法在传统文化中去寻求颓废的文化资源……我认为这些作家并没有用颓废来反对现代，也没有真正从传统文学资源中提出对抗现代文明的方法。"[2] 而对于李欧梵而言，真正实现在传统与现代之间寄寓颓废之情绪，并对"五四"新文化有着内在龃龉而又自成一体的，则是张爱玲的写作。最为重要的，是张爱玲小说中把艺术人生和历史对立的现代意味，与"五四"以来的启蒙和革命话语形成了极为参差的对照，也为中国之现代性提供了新的向度与新的可能。

关于城市与乡土主题在现代中国社会历史发展中的辩证式关系，事实上所对应的，往往是现代中国与传统中国的分野。李欧梵在他著名的关于城市研究的著作《上海摩登——一种新都市文化在中国 1930—1945》的第二部分，设置了《现代文学的想象：作家和文本》的环节，他重点探讨了施蛰存的实验小说、"新感觉派"刘呐鸥、穆时英的上海写作、邵洵美和叶灵凤小说中的唯美与颓废

---

[1] 李欧梵：《中国现代文学与现代性十讲》，复旦大学出版社 2005 年版，第 61 页。
[2] 李欧梵：《中国现代文学与现代性十讲》，复旦大学出版社 2005 年版，第 75 页。

以及张爱玲的小说创作。对于施蛰存，李欧梵首先追溯了施小说创作的历程，揭示其中所揭示出来的人物主体的爱念和欲望，尤其是这种潜藏在个体内心深处的精神特性，往往控制着人的心性和行为。而如是这般的精神意识，在都市化的生活中屡见不鲜。李欧梵指出，施蛰存在创作出代表作《将军底头》时，实际上才真正寻找到了自己写作的方向，"他在种族的冲突中描写受压抑的欲望。"① 而欲望与受抑的欲望，则成为其小说的重要脉络。可以说，地域化的叙事还体现在以施蛰存、穆时英等为代表的，主要活跃于都市上海并且以小说对焦现代城市心理和生活的所谓"现代派"小说的写作。而英语世界对中国现代小说研究的一个重要方面，还在于对中国现代派小说的聚焦，在这方面，李欧梵可谓用力最勤，成果也较为显著。

随后，李欧梵更是进一步将自己的讨论不断深入，尤其是对施蛰存小说进行文本细研，试图寻找其中幽微独特的蕴涵。李欧梵引用施蛰存的话指出其小说"第一个是 grotesque，就是怪诞；第二个是 erotic，就是色情；第三个词就是 fantastic，就是幻想。"② 通过对《魔道》《夜叉》两个小说的阐析，指出施蛰存的小说是一种实验性的文本，其中与弗洛伊德（Sigmund Freud）的精神分析理论相合，并将对现代派小说置于世界文学的语境中，一方面将施蛰存的小说与勒法努（Le Fanu）的哥特式小说（Gothic Fiction）以及萨克斯·罗默（Sax Rohmer）所写的神仙鬼怪小说相对照；另一方面则溯源至中国的传统文化与古典意象，指出施蛰存的现代主义小说中涵纳的古典意味。李欧梵所立意的，是在中西文化与文学的交融中，现代派小说所作出的探索和试验，而如是这般的叙事尝试，构成和塑造了现代派小说的先锋性和现代性。

对都市小说同样给予关注的，还有张英进，他在《现代文学与电影中的都市：空间、时间与性别构形》中，将文学与电影进行对照阅读，在谈到都市上海的叙事形态时，同样对 20 世纪 30 年代的都市小说进行了论析。他对"自由派"的上海作家叶灵凤等人的小说进行探讨，细读了《禁地》《时代姑娘》《未完的忏悔录》等小说，揭示其 30 年代的上海小说"在表现现代女人和城市时使用的偷窥、展示、性虐待、拜物教等机制"。"用心理分析术语来说，男性主体为了否认阉割焦虑，会采取这些机制，但这种否认未必成功。所以，我们在《未完的忏悔录》中看到，斐君通过日记重新建构自己的主体意识却遭到失败，他最终无力应付'妖姬'（所以他从现代都市中消失，也就是说，他的自我在现代都市中被抹去）。即便是一个著名作家采用调查式叙述模式，最终也无法穿越女

---

① 李欧梵：《上海摩登》，毛尖译，生活·读书·新知三联书店 2008 年版，第 173 页。
② 李欧梵：《"怪诞"与"着魅"：重探施蛰存的小说世界》，载于《文汇报》2014 年 12 月 19 日。

性的神秘（或秘密）。戴着面具的、有欺骗性的现代女性，就这样构成了男性指示的另一面。更具威胁性的是，她仍戴着面具在城市中自由行走，所以需要在男性的知识领域中进行不断的监控和进一步的调查。"① 复杂的都市生态令个人的主体性建构难以持续进行，而难以把控的欲望更是令主体丧失了自我。在这种情况下，两性关系被异化成物与欲的代名词，情感与人性便因此而侧身于危机的边缘。

此外，在第二个十年的小说创作中，"革命加恋爱"的叙事模式开始成型并走向成熟，这个方面有丁玲的《韦护》《一九三〇年春上海》、蒋光慈的《野祭》《咆哮了的土地》、白薇的长篇自传体小说《悲剧生涯》等作品，这个创作思路也一直蔓延至当代中国文学的创作。而英语世界也体现出了对这一题材的关注。其中论述比较精当深入的，是王德威在《历史与怪兽：历史・暴力・叙事》(*The Monster That Is History*: *History*, *Violence*, *and Fictional Writing in Twentieth-Century China*) 中对"革命加恋爱"小说叙事的探究。王德威分析了茅盾、蒋光慈等人"革命加恋爱"的作品，指出"如果茅盾视'革命加恋爱'为社会的病症，蒋光慈则视'革命加恋爱'为治愈社会种种疑难杂症的良药"。② 并且进一步以白薇的小说《悲剧生涯》为中心，探讨其叙事世界中的异质性因素，白薇所塑造的歇斯底里的女性形象，一方面对抗外在世界与男性男权的戏弄和压迫，另一方面则直接颠覆了一般的"革命加恋爱"的模式，以女性纤细羸弱而又忧郁怨怼的内在，瓦解了革命强加于恋爱的意志。

除了以上所谈及的英语世界对现代中国小说的研究评述之外，还有瓦格纳、佛克玛、杜博妮、谷梅（Merle Goldman）等学者对中国左翼文学、文化、政治的研究；梅仪慈在《丁玲的小说》中对丁玲及其小说创作的重读③等，不胜枚举，但限于讨论的篇幅有限，这里只能提点一二，不再展开论述。

可以说，家国天下的写实精神，一直是中国文学秉持的正宗；然而抒情亦古已有之，普实克则率先提出了抒情与史诗的分野；而从文学历史和文学传统的角度对抒情的概念进行论述，在英语世界中肇始于陈世骧，陈世骧在《论中国抒情传统》中，率先从中西文学与文化的比较出发，指出西方的史诗传统与中国古典的抒情传统的差异，提出《诗经》《楚辞》以及抒情精神在中国文学史中占据着的主导作用。"抒情精神在中国传统之中享有最尊尚的地位，正如史诗和戏剧兴

---

① 张英进：《现代文学与电影中的都市：空间、时间与性别构形》，秦立彦译，江苏人民出版社 2007 年版，第 230 页。
② 王德威：《历史与怪兽：历史・暴力・叙事》，麦田出版社 2004 年版，第 84 页。
③ Feuerwerker Yi-tsi Mei. *Ding Ling's Fiction*: *Ideology and Narrative in Modern Chinese Literature*. Cambridge: Harvard University Press, 1982.

致之于西方"① 及至现代,中国文学的抒情一脉,却被既定的文学史偏见所压抑,而英语世界对抒情的倚重,无疑为文学史的建构提供了新的根茎和枝叶,并将其培植繁盛。

关于抒情与史诗的辩证,归根结底在于语言与形式的问题。20 世纪的中国,民族意识开始在内忧外患的境况中得以唤醒,而民族和国家在发现和建构过程中,势必要进行自我的言说和发声、塑造和形成,从这个角度而言,语言的作用是显而易见的,甚至处于核心地位。可以说,抒情与史诗、现实主义与浪漫主义所关注的,是不同的语言表达与形式建构的过程,这同样也是 20 世纪中国小说发展历程中的核心问题,其中所呈现出来的情志与事功,两者往往不是彼此分隔的,而有着深刻而内在的呼应,也就是说,英语世界以抒情/史诗及后来的写实/写情、现实主义与浪漫主义等分疏,事实上敏锐地把握住了 20 世纪中国文学发展过程中所彰显的问题。无论是普实克所肇始的文学发展之两极,还是安敏成、王德威、李欧梵等人拨云见日完成的文学史线索之发掘,体现出了英语世界在现代中国小说研究中,以语言和形式层面为讨论重心的探索路径,事实上这也是试图探索文学文本内部的存在状态,尤其是考察不同的小说叙事形式与表现手法在历史发展中的演进动力,由里及外地勾勒现代中国文学发展更为深刻而内在的特性和脉络。不仅如此,对语言与形式的关注,实际上依循的也是小说叙事的内在规律,通过考察文学内部的构件和要素,尤其是叙事语言和美学形式上的发展演变,阐发出了 20 世纪中国文学的质量和品格。

## 第三节 现代小说第三个十年(1938~1949 年)在英语世界的译介和研究

进入第三个十年,现代中国小说的发展进入了更为关键的转折期,一方面处于全面抗战以及解放战争的残酷情境;另一方面新的意识形态给文学注入了新的使命和要求,从而使得这一个十年的小说写作,主要围绕着战争与革命展开。而英语世界对这一时期小说的译介和研究,也基本上出于对这一方面的了解和评述。然而除此之外,在 20 世纪 40 年代的中国,也出现了诸如钱钟书的《围城》、萧红的《呼兰河传》以及端木蕻良的创作等优秀的作品,而这些小说写作,也成

---

① 原文是陈世骧在 1971 年美国亚洲研究学会比较文学讨论组的致辞,中文版见陈国球、王德威编《抒情之现代性——"抒情传统"论述与中国文学研究》,生活·读书·新知三联书店 2014 年版,第 51 页。

为了英语世界推介之所在。除此之外，40 年代的中国小说，较为受人瞩目的，还有解放区的文学，譬如赵树理的小说，在英语世界的译介和研究中，也占据着一席之地。

钱钟书的《围城》是现代文学史最重要的收获之一，1979 年，其英文版由美国作家兼翻译家珍尼·凯利（Jeanne Kelly）和美籍学者茅国权合译，① 在美国引起了较大反响。2004 年，杨绛女士授权美国纽约新方向（New Directions）出版公司，再版发行了英文版《围城》；英国企鹅现代经典文库（Penguin Modern Classics）则于 2005 年将上述《围城》英译本印制发行，收入平装本普及文库。如前所述，葛浩文一直致力于现代中国文学的译介和研究中，对萧红、萧军等东北作家群的作品青睐有加。除了之前提及的翻译作品，葛浩文还翻译了端木蕻良的短篇小说《红夜》②；他还与杨爱伦合译了萧红在 20 世纪 40 年代的代表作品《呼兰河传》③；1999 年，葛浩文与孔海立一同英译巴金《第四病室》④，为英语世界的读者再现了巴金这部书写于 40 年代的优秀长篇。葛浩文作为美国著名的中国现当代文学研究者和翻译家，在他看来，翻译需要表达对原著的尊崇和敬意，然而在这个过程中，却总是不可避免地会掺入译者的创造性和能动性，所以翻译经常体现为守正与悖逆的辩证。

《中国文学》也对这一个十年的中国小说进行了重点译介，这个在中国现当代译介史上不可忽视的刊物，对左翼文学和解放区文学进行了大量的外译。而其中涉及 40 年代小说的，则是著名翻译家杨宪益及其夫人戴乃迭和美国友人沙博理所翻译的丁玲的《太阳照在桑干河上》（1948）⑤，以及赵树理的《李家庄的变迁》（1946）等。除此之外，"东欧对中国解放区作家作品的译介始于上世纪 40 年代末 50 年代初。1949 年，保加利亚索菲亚工会出版社翻译出版了丁玲的《太阳照在桑干河上》；1950 年，匈牙利布达佩斯西克拉出版社和雷依瓦出版社先后出版了丁玲的《太阳照在桑干河上》和赵树理的《李家庄的变迁》。同年，波兰也出版了《太阳照在桑干河上》（华沙书籍与知识出版社）和《李家庄的变迁》（塔·热罗姆斯基译），捷克作家出版社也出版了《李家庄的变迁》。另外，亚洲

---

① Zhongshu Qian. *Fortress Besieged*, trans. Jeanne Kelly and Nathan K. Mao. Bloomington：Indiana University Press, 1979.

② Hongliang Duanmu. *Red Night*, trans. Howard Goldblatt. Beijing：Chinese Literature Press, 1988.

③ Hong Xiao. *The Tales of Hulan River*, trans. Howard Goldblatt and Ellen Yeung. Indiana University Press, 1979.

④ Jin Ba. *Ward Four*：*A Novel of Wartime China*, trans. Howard Goldblatt and Haili Kong. San Francisco：China Books and Periodicals, 1999.

⑤ Ling Ding. *The Sun Shines over the Sanggan River*, trans. Gladys Yang, et al. Beijing：Chinese Literature Press, 1984.

的越南、朝鲜、印度等国以及南美的巴西等国也都在上世纪50年代初翻译出版了《李家庄的变迁》、《李有才板话》、《太阳照在桑干河上》、《我在霞村的时候》等中国解放区文学作品。"① 然而其中很多并非本书论述范围，此仅简单罗列。可以说，无论是这一时期的丁玲小说，还是赵树理的叙事，都代表着解放区文艺在1942年毛泽东《延安文艺座谈会上的讲话》之后的文本尝试，土地革命和农村变革，反映了20世纪40年代解放区的民众生活状貌，因而也成为英语世界关注之所在。

作为中国文化尤其是城市与市民文化书写的代表作家，老舍的作品，尤其是20世纪40年代的作品如《四世同堂》等，成为对外翻译的重点之一。1951年，身在美国的老舍，与浦爱德（Ida Pruitt）合作翻译了《四世同堂》第3部《饥荒》②，此外，他与美籍华人郭镜秋合译完成的《鼓书艺人》③ 在1952年由纽约雷诺与希区考克出版社出版。可见，现代中国小说外译至英语世界，多仰赖来自英语世界的汉学家、华人翻译家以及国内知名翻译家及小说原作者的努力，而在更多的时候，则是由彼此之间进行合作而得以进行。如此则一方面能在充分考虑英语世界读者倾向和口味的基础上，以准确而地道的外语进行翻译；另一方面也可以既充分保留中文世界的语言特性和表达习惯，与此同时也有助于小说文本中的幽微细腻的文化意蕴加以传达。

张爱玲小说的英译，最初由她本人进行。早在1961年，她已把《等》和《桂花蒸·阿小悲秋》节译成英文，收录在聂华苓编译的《中国女作家的八个短篇小说》④。1966，《怨女》的英文版《北地胭脂》⑤，由英国凯赛尔公司出版。1971年再把《金锁记》译成"The Golden Cangue"，收入夏志清编译的《中国现代中短篇小说选》⑥。此外则是张爱玲小说的他译，如1978年的《红玫瑰与白玫瑰》与1985年的《倾城之恋》等。⑦ 2000年，中国香港出版了张爱玲的小说选

---

① 宋绍香：《在异质文化中探寻"自我"——国外汉学家中国解放区文学译介、研究管窥》，载于《文艺理论批评》2006年第2期。

② She Lao. *The Yellow Storm*, trans. She L. and Ida Pruitt. New York: Harcourt, Brace and Company, 1951.

③ She Lao. *The Drum Singers*, trans. She L. and Helen Kuo. New York: Reynal & Hitchcock, 1952.

④ Hualing Nieh ed. *Eight Stories by Chinese Women*. Taipei: The Heritage Press, 1962.

⑤ Elieen Chang. *The Rouge of the North*, trans. Elieen Chang. London: Cassell and Company, 1966.

⑥ Chih-tsing Hsia et al., eds. *Modern Chinese Stories and Novellas 1919 – 1949*. New York: Columbia University Press, 1971.

⑦ Carolyn Thompson Brown. "Eileen Chang's 'Red Rose and White Rose': A Translation and Afterword", Ph. D. diss., The American University, 1978; Shu-ning Scriban. "Eileen Chang's 'Love in the Fallen City': Translation and Analysis", Master's Thesis, The University of Alberta, 1985.

集《留情》，① 这也是 21 世纪以来张爱玲小说的首次英译，而随着时间的推移，张爱玲在文学史上的地位也日渐突出，对其小说的英译也方兴未艾。2006 年，小说集《倾城之恋》也在纽约出版，② 并受到了英语世界的追捧，成为当时的畅销小说；次年，《倾城之恋》被纳入企鹅经典丛书，同样被列入企鹅经典丛书的，还有《十八春》。2007 年，小说集《色戒》在纽约出版，集中还收录了张爱玲的其他四篇小说。③ 可以说，张爱玲小说的英语译介与其小说的命运若合符节，从开始默默无闻地在自留地中耕耘，到后来价值不断得到认同，其中的曲折与挪移，也同样表征出了中文小说在英语世界的困境和机遇。

从夏志清的《中国现代小说史》中可知，现代文学第三个十年的小说作者备受推崇，尤其是钱钟书、张爱玲等。其中，处于中心地位的所谓主流作家并没有被旧调重弹，甚至在夏氏兄弟眼中，所谓"主流"和"中心"所传递出来的价值理念、叙事形态与背后支撑的精神内里，是值得怀疑和批判的。而在文学史上一度默默无闻的张爱玲、钱钟书、张天翼等小说作者，则是被突出到较为重要的地位。这实际上标志着英语世界研究现代小说的基本理论，也即以小说文本的美学价值为核心，兼顾历史、文化和个体的精神走向，从中剥离出叙事文学本身潜藏的意蕴，并在此基础上，映射和透露大历史的境况，从而摒弃以社会政治和革命历史为导向的小说史写法。具体而言，夏志清的文学史，包括夏氏以降的小说和小说史研究，形成了政治与文学、理论与文本、西方与中国的复杂辩证，也成为海外中国文学研究尤其是文学史研究重要的方法论。然而，对文学外部元素如世界与国族、文化与社会等要素的考察，势必最终要回归到文本内部探究，否则将会架空文学真正的本质与核心。就这一点而言，无论是夏志清以"新批评"理论投入中国现代小说研究，还是普实克对文学史提出的新的辩证和抒情/史诗并置的小说处理模式，以及夏济安对革命文学的秉笔直论，抑或是李欧梵以现代性为依归透视现代中国小说的诸种线索，以至王德威对小说历史的重新揭示，实际上在对现代中国小说文本的处理上，提出了一个一直绵延于英语世界的重要准则，那便是尊重历史与文学的多样性，并以文学内在的核心——文本为真正的研究对象，呈现出众声喧哗的文学生态，也提示小说的不同价值和意义之所在。如是这般的小说史研究体例，在随后的中国现代小说研究疆域中，可谓影响深远。

如前所述，除了文学史的史学态度与史论据之外，对作家与作品的重估，可以说形成了夏志清文学史最为学界所称道的地方，这在评述 20 世纪 40 年代的小说作者时，显得尤为突出；而这也对英语世界对中国现代小说研究的后之来

---

① Eileen Chang. *Traces of Love and Other Stories*. Hong Kong：Renditions Press，2000.
② Elieen Chang. *Love in a Fallen City and Other Stories*. New York：The New York Review of Books，2006.
③ Eileen Chang. *Lust，Caution*. New York：Anchor Books，2007.

者,提供了一种最为重要的理路与范式。具体而言,夏著论现代中国小说史,起始时间也是1917年,然而,其引起学界重视之处却在于:首先,运用独特的美学方法论,对现代中国小说进行文本细读,更为重要的是在此基础上,对钱钟书、张爱玲、张天翼等作家进行了发掘并加以推崇。这在很大程度上影响了国内文学史的写作和作家作品研究的格局与范式。值得注意的是,对作家作品的重估过程,不仅体现在揭示出新的杰出小说作者和小说文本,其对既有评价的小说作品之重评也极为重要,这体现了文学史家的史学观念的延续,同时更体现出小说/文学本身所蕴含的丰富的文本内涵与历史意义。

李欧梵对现代中国浪漫主义一脉的研究,同样是对长久以来备受压抑的小说发展线索加以发掘。特别是被写实/现实主义所掩盖和遮蔽的浪漫主义,事实上彰显出了现代中国小说灵动和活跃的一面,其中所代表的文学的想象力和创造力,也是现代中国文学/小说发展的重要成果。特别是李欧梵对中国现代文学中的浪漫个人主义的研究,通过对鲁迅、郁达夫等小说作者的重论,指出"五四"文学及其内在的浪漫性的价值观,往往体现在"自我解放、自我建设、情感的解放、不受外在约束的独立性,以及对自己的诚挚……。"① 在《张爱玲:沦陷都会的传奇》中,李欧梵将其所为的"浪漫个人主义"的高峰交付给了张爱玲,并且从都市文化与现代性的角度,对张爱玲小说进行了解读。关于上海叙事的论述,在李欧梵的《漫谈中国现代文学中的"颓废"》一文中,通过发掘施蛰存、穆时英、刘呐鸥等新感觉派小说家的创作,将都市中的情感与理性、自我与他者、欲望与压抑阐释得淋漓尽致。而对张爱玲的研究,李欧梵更是对准了她在40年代前后的小说作品,如《倾城之恋》(1943)、《金锁记》(1943)、《封锁》(1943)等,指出在开埠以来中西杂糅的大都市,张爱玲如何将女性的细腻与时代的残酷相对接,在变革与战争的背景中,她文本世界中的人物如白流苏、曹七巧等,表现出了种种焦灼而残忍、分裂而执着的精神状态。

可以说,张爱玲自夏志清在《中国现代小说史》对其推崇备至以来,开始在华文世界中广泛流播,其影响力也波及海外。关于张爱玲小说在英语世界的研究,较早的有当时加州大学伯克利分校东亚语言系文学硕士彼得·阿德金斯(Peter Adkins),在1972年写成的《张爱玲的短篇小说:一个文学分析》(*The Short Stories of Chang Ailing*:*A Literary Analysis*),主要采用的是新批评的理论方法,对张爱玲的短篇小说进行阐析。随后,关于张爱玲的研究便一发不可收拾,其广泛而巨大的影响力一直绵延至今。在其间,史华慈的《张爱玲的中国桥梁》(*Eileen Chang's Bridges to China*)、英语世界第一篇以张爱玲为研究对象的博士论

---

① 李欧梵:《中国现代文学与现代性十讲》,复旦大学出版社2005年版,第40页。

文《张爱玲的〈红玫瑰与白玫瑰〉：翻译及译后记》（*Eileen Chang's 'Red Rose and White Rose'*：*A Translation and Afterword*），采用的是在对文本进行翻译的基础上的评述，这种方式也一度成为英语世界的研究模式。英语世界关于张爱玲研究的硕士博士论文还有不少，此不赘述。除此之外，陈建华、周蕾等学者对张爱玲也进行了卓有成果的探索。①

周蕾的《妇女与中国现代性：西方与东方之间的阅读政治》，以"西方与东方之间的阅读政治"为副标题，其中的女性主义与女权意识的批评形态固然引人注意，然而其却有着更为深刻的宏旨，那就是对东西方文化不平等的反抗，也即对西方的"歧视"表现出一种坚决而迫切的还击，指出来自西方世界对东方的"被歧视的经验"，"正是来自于对我们怀有传道抱负或是学术兴趣的人，其中的压迫性本质是经历过的人皆有所体悟。但是，这般'族裔'经验对于西方思想发展的基本意义，包括对于西方思想自我批判企图的意义，仅能够藉由第一世界学术圈中主要探究议题的范畴优位已然受到翻转之际，才能以迟至的方式体现（belately realized）。精神、人道、传统、语言的'他者性'，认同的'他者性'、人的'他者性'、白人的'他者性'等等：如此认识论的排列秩序如今必须被彻底反转。"②可以说，作者不仅对自身的理论素养之形成以及在文学批评过程中理论态度有着高度的自觉，而且对源自西方的东方主义式的霸权和歧视，也存在着内化的彻底反思。在这种视野下进入其女性主义与族裔文化批评，周蕾以张爱玲的小说为切入点，对女性主义的思潮及其文本表现进行了论述，尤其以女性主义批评的立场，在周蕾看来，张爱玲沉溺于细节的叙事，事实上对现代性的宏大主题提供了一种怀疑和审视的态度，然而这样的书写，也同样可以纳入现代性的范畴，代表着对现代性与现代历史的独特探索。

可以说，现代小说的第三个十年是一个战争的时代，时代更迭、战乱频仍，女性的性格与命运在"五四"前后不断实现解放和改变之后，也逐渐开始面临新的社会历史局面，20世纪前半期中国小说文本中，同样寄寓了女性在特定社会政治与革命历史中的精神言行。在这种境况下所透露出来的女性解放，一方面固然是其自身的历史追求与生命探询，但是另一方面自由、平等、民主等口号和理念的提出，也与"五四"前后的社会变革与文学革命若合符节。因而可以说，性别解放与自我意识的形成，既是女性本身的意义求索，同时也是中国社会政治变

---

① Jianhua Chen. "Memory, History, and the Poetics of Desolation in Eileen Chang", Association for Asian Studies Conference paper, 1998. (Session 188：History, Narrative, Memory：Visions of the Past in Modern Chinese Literature)；Rey Chow. "Seminal Dispersal, Fecal Retention, and Related Narrative Matters：Eileen Chang's Tale of Roses in the Problematic of Modern Writing", *Differences*, Vol. 11, No. 2, summer, 1999.

② ［美］周蕾：《妇女与中国现代性：西方与东方之间的阅读政治》，蔡青松译，生活·读书·新知三联书店2008年版，前言。

革的意识形态要求。但是当这一切都置于一个战争和革命的广阔恢宏的大背景下时，又将演变出怎样的痛苦与执着。如是这般的状态反映在现代小说文本上，20世纪前半叶的中国，涌现了如张爱玲、萧红等出色的女性小说作者，而男性作家在书写女性形象的时候，也寄托了与传统中国截然不同的女性观念和思想意识。延及英语世界的性别研究，可以说，无论在探究的深度还是波及的广度上，都对内地小说研究产生了极大的启发。具体而言，尽管夏志清在《中国现代小说史》中，对张爱玲等女性作家进行了述评，揭示了张爱玲在现代文学史上的重要价值；而葛浩文的《萧红传》也聚焦萧红的人生及其写作，甚至也提到了关于女权主义与女性写作的关系，① 然而却只是从历史和美学的角度解读女作家的创作，简单地以女性与男性对立的方式去探讨问题，其针对的是小说文本的价值以及主体历史与文本生成之间的关联，事实上并没有自觉地从女性意识和性别理论的角度切入女性作家的小说创作。

真正以女性自我的性别意识与女性身体的自觉为中心，对现代中国文学进行探究的，则主要来自同样身为女性的海外中国文学文化研究者。其中，刘剑梅、李海燕、周蕾等女性研究者的情感的社会和文化史研究，颇为引人注目。刘剑梅在《革命与情爱：二十世纪中国小说史中的女性身体与主题重述》中，从中国20世纪的现代性与革命性谈起，描绘出了现代小说中革命与爱情的叙事谱系，并且将其中的曲折勾勒了出来，以此来分析革命话语的组织模式。其中，刘剑梅首先，分析了"五四"革命加恋爱产生的现代性因素，而且指出了此种行为和叙事模式中的传播与弊端；其次，刘剑梅还进一步以个案进行叙述，聚焦左翼作家、女性作家及上海作家对女性书写，指出革命/战争年代中女性的思想和命运如何在小说叙事中呈现出来。在著作中，刘剑梅纵横于20世纪中国文学与文化中的女性形象与女性写作，尤其注重女性与政治和革命层面的关联，而在论及20世纪30～40年代的女性形象与女性命运时，刘剑梅提出女性在政治与革命的裹挟中，如何自处，又经历了怎样的内在分裂和龃龉，在"革命加恋爱"的叙事公式之下，性别与权力之间的腾挪变幻，更是令20世纪前半期的女性解放和自由平等经历了一次前所未有的洗礼和考验。

传统中国的女性意识与女性身体是模糊甚至是缺失的，这在学界已成为某种共识，而在现代中国小说的文本世界中，女性观念被重新复现，此时，"五四"

---

① ［美］葛浩文：《萧红传》，复旦大学出版社2011年版，第七章"萧红及其文采"的相关论述。其中指出，女性主义在萧红的作品中，成为最为突出的主题之一，因为她自身即受封建时代的荼毒。"因此像这种女权主义的论调，在她作品中屡见不鲜是不足为奇的。萧红的反男性态度在她的作品中，以下列两种姿态出现：一种是直接的、独特化的，常以大吼大叫来表现；另一种是比较间接而且是非常有效的方法。"具体见第128～129页。

前后解放了的性别平等和主体意识，开始参与到文本的建构与形象的塑造中，其中所彰显的意义，所在颇多。如果说同时代的沈从文由于出身僻远而安宁的湘西农村，以一种回撤性的方式守卫乡土的情结似乎还可以理解，那么，在英语世界的小说研究者看来，出身封建地主家庭并深受其害，而且对东北城乡和人民的灾难感同身受的萧红，尤其是受"五四"的现代思想影响颇深的她，无论在思想上，还是言谈举止上，都具有现代女性的特质，以至于在其晚期的小说写作中，尤其在《呼兰河传》（1940）等小说中，表现出了耐人寻味的异质性。相对而言，她并没有纯粹立意将笔墨置于感时忧国的现代小说叙事程式之中，而是寄寓与根植于中国乡土，以自身强烈的自我意识与抒情形态，给现代文学带来新的启示，在文学史和思想史意义上，为现代文学提供了新的叙事姿态与小说话语，在吐纳了"五四"一代的写作理念的基础上，开创出了回溯自我与抒情的精神生长点。

除了女性主义层面的书写，中国现代小说中开始出现显著而成熟的地缘文化特征，并开始在叙事尝试上实现自觉定型，则要延及至现代文学第三个十年的小说创作。而这实际上一方面，来源于真正意义上的城市的出现，尤其是城市化发展到一定程度出现的都市形态，以及由此而引发的与城市相对应的乡土文化的建构；另一方面，来源于具有地域特征的小说题材和文本创作形式。到了现代小说的第三个十年，基于地缘文化的小说创作则站上了一个新的台阶，分别有沈从文的《长河》（1938）、萧红的《呼兰河传》（1940）、老舍的《骆驼祥子》（1944年出版第一卷《惶惑》）等极具代表性的写作。王德威在他的《写实主义小说的虚构：茅盾·老舍·沈从文》中，对写实现实主义进行了再批评与再讨论。王德威从鲁迅所创立的写实主义传统出发，指出鲁迅之后的茅盾、老舍、沈从文等作者，对五四传统尤其是鲁迅传统的继承、遗漏与异变。"然而鲁迅最珍贵的遗产不仅在于他的多面性，而在于他毕竟无法扮演这么多不同的角色。狂人的故事于是成了他自己——一个充满挫折的写实主义者——的故事。面对'真实'难以厘清的面貌，鲁迅现身说法，试图拉近意念与实践、文本与脉络、政治意识与无意识之间的距离，最后却事倍功半。"[①] 王德威在这里将鲁迅所叙述的狂人与鲁迅自身相对接，指出写实主义所面对的困境与限度；需要进一步指出的是，事实上"狂人"所代表的，除了写作者个人的内在呼应，还有"五四"时代与"五四"一代在狂飙突进的政治、思想和文学变革中所遭遇的内外围制。在这种情况下，鲁迅的后之来者，又是如何秉持写实的创作理念，在与鲁迅进行对话的同时，能逾越其所建构的写实主义范式，令现代中国小说的格局产生了新的元素与新的意

---

[①] 王德威：《写实主义小说的虚构：茅盾·老舍·沈从文》，复旦大学出版社 2011 年版，第 12 页。

义。而鲁迅之后，王德威重点讨论了茅盾、老舍和沈从文的小说创作。对于沈从文而言，他小说世界中的抒情并不是为了建构纯粹而完美的理想之境，而是于焉建构起与现实不同甚而是相悖的生活和人文理念。"我认为沈从文既未曾设想纯洁无暇的自然世界，也不欲创造一清二楚的乌托邦，用以与当下堕落的世界相对照。对他而言，如果一个乌托邦确实存在，那它也早已是满目疮痍；如果现代社会为他所批判，那也是在与传统社会的参差对照下进行。沈从文的世界充满辩证式的张力。在这个世界里，他赋予阴鸷或伧俗的现象以抒情的悲悯，并试图从人间的暴虐或愚行中重觅生命的肯定。"① 更为重要的是，沈从文小说中所暗含的反讽意味，首先，通过营造出现实历史中所缺失的物质/人文境景，实现对现实世界的批判；其次，则是一反"五四"传统的呐喊式写实，通过抒情的文体与语势，催生出具有包容性的新写实小说形态；最后，沈从文自觉以反讽渗透于叙事过程中，以原生态的语言，建构与此质地类同的境界，从而形构出了新型的诗学态度。在此基础上，王德威以沈从文小说中蕴蓄的时间、战争、历史以及爱欲、死亡等主题为中心，探询其以抒情探询未知的叙事尝试对写实主义开拓的新的"人性疆域"。② 而在《想象的乡愁》中，王德威重新回到沈从文的乡土小说，揭示其在"五四"乡土文学的基础上实现了新的突破，建构起自觉的审美想象与诗学建构。具体而言，《边城》与《长河》这两部长篇，寄寓了沈从文对虚构之愿景的召唤，也正是其易于消逝、不可捉摸，甚或是子虚乌有，方才成就了其令人神往的形态。在王德威眼中，沈从文笔下从未出现过的乌托邦之境界，也正因为其无可寻觅，才最大限度地激发了读者与世人的想象。作为沈从文在20世纪30年代末创作的虚构型文本《长河》，王德威通过小说中所构造的乡土情境，试图指出想象与抒情的重要性乃至必要性，尤其是在写实主义小说中，无中生有的过程，往往寄托着作者甚至是读者的期待与希冀，同时也是丰赡和补充所写之"实"的必由之路。

关于20世纪40年代中国小说在地域方面的书写研究，除了王德威等学者的论述外，还有诸如耿德华（Edward M. Gunn）对抗战时期沦陷区"生不逢辰的缪斯"的研究，同样基于特定的具有政治和战争意涵的疆域进行聚焦。耿德华在《被冷落的缪斯——中国沦陷区文学史 1937—1945》（*The Unwelcome Muse: Chinese Literature in Shanghai and Peking, 1937 - 1945*）中，对30年代末40年代中期的中国文学进行了历史性的考究，其中专门讨论了张爱玲和钱钟书等作家的小说作品。其中，耿德华指出，张爱玲得益于外国文学的影响，其笔下的小说取道

---

① 王德威:《写实主义小说的虚构：茅盾·老舍·沈从文》，复旦大学出版社2011年版，第225页。
② 王德威:《写实主义小说的虚构：茅盾·老舍·沈从文》，复旦大学出版社2011年版，第268页。

毛姆、奥尔德斯·赫胥黎（Aldous Huxley）等外国作者的叙事手法，在艺术形式上秉承了西方现代小说的风格，而她的《茉莉香片》《心经》等小说，则受到精神分析理论的影响，在反映人物潜意识心理上，做出了有益的尝试。而钱钟书的《围城》，则是受到英国作家伊夫林·沃（Evelyn Waugh）与赫胥黎的影响，耿德华将这些外在因素与钱钟书小说中的幽默诙谐与滑稽相比对，试图探询中西文学在相互接触与碰撞中形成的叙事景观。

除此之外，老舍的《火葬》《四世同堂》等小说，在第三个十年的文学历史中，同样具有重要的价值。据此，王德威在《写实主义的虚构：茅盾·老舍·沈从文》中，重点分析了老舍在战时写就的长篇小说《火葬》以及 1939 年发表的短篇小说集《火车集》等，提出写实主义与国族之间存在着极为复杂的互动关系，而 1944 年开始写作的《四世同堂》，更是将老舍的写实主义小说创作推向了深化，包罗万象的书写体势，不仅含纳了"五四"批判主义与人道主义的写实传统，而且塑造出若干力透纸背的喜剧角色，将日常生活、平常人性与战争中的恐惧、死亡、国族危机等主题相勾连，在这个过程中，个体之言行思绪，并没有被残酷的历史所吞噬，反而投射出了更为丰富复杂的意涵。除此之外，英语世界对老舍的研究，还存在着多部博士论文以及其他的论文和论文集。① 此处限于篇幅，对许多著述唯有点到即止，不再深入论述。

英语世界对中国现代小说的研究，一直延续了夏志清以降的新批评传统，立足于文本的细部进行解读和剖析，体现在小说研究中，则是通过对小说的叙事形态和美学风格进行探究。胡志德在其著作《钱钟书》（Qian Zhongshu）中，重点评述了钱钟书的小说《围城》，他用罗兰·巴特的"功能序列"（functional sequences）理论，指出小说"大致分为五个功能序列。这样的结构具有一种对称性：后两个序列是前两个序列的反面映像，而序列三则起着分水岭的作用。"② 对《围城》的叙事结构及其叙述的内在动力进行了探究，胡志德从叙事学的角度，重点分析了钱钟书《围城》里各章所形成的功能序列是如何推动小说情节发展，并且指出不同的功能排列对人物命运的影响，结合钱钟书小说书写的主旨，揭示出小说"在由轻灵的讽刺变为真切的哀婉的过程中"，"完成了震撼读者、

---

① Ranbir Vohra. *Lao She and the Chinese Revolution*, 1974; Walter Meserve and Ruth Meserve. *Lao Sheh: From People's Artist to an Enemy of the People*, 1974; Sui-ning Prudence Chou. *Lao She: An Intellectual's Role and Dilemma in Modern China*, 1976; S. R. Munro. *The Function of Satire in the Works of Lao She*, 1977; George Kao, ed. *The Two Writers and the Cultural Revolution: Lao She and Chen Jo-hsi*, 1980; Alexander Huang. "Cosmopolitanism and Its Discontents: The Dialectics between the Global and the Local in Lao She's Fiction", *Modern Language Quarterly* 3, 2008, etc.

② [美] 胡志德：《钱钟书》，张晨等译，人民文学出版社 1990 年版，第 185 页。

促使他们警觉的重任"。①

1982 年，王德威的博士论文《现实主义叙述的可能性：茅盾和老舍的早期小说研究》（*Verisimilitude in Realist Narrative: Mao Tun's and Lao She's Early Novels*），对老舍的现实主义小说写作进行了论述，尤其指出老舍所开创的写实的叙事风格以及所延伸的内涵，他的现实主义书写创造出了怎样的范畴，与此同时却又受限于一定的界域。除了博士论文，王德威还专门著文《老舍战争年代的小说》（*Lao She's Wartime Fiction*），探讨老舍在战争年代的叙事尝试，指出老舍的《火葬》《四世同堂》等跟战争相关的小说所反映出来的人物命运及其中的叙事伦理，揭示出老舍在写实主义背后的人性旨归和人文关怀，而且还进一步分析了老舍话语书写中的叙事肌理和形式构造。在对老舍小说的论述中，王德威时常将历史的动荡与个体的悲剧相糅合进行比照分析，"吊诡"是其在面对小说之未名与无名时，常常使用的语词，这一次，王德威更是将历史的吊诡引向历史的残酷和暴虐，这无疑是一种更为极端化的"吊诡"。兽性的历史通过小说的叙事展现出来，实际上其照应的是小说叙事与历史现实之间更为深层的带有形而上意味的指涉。王德威在这里抽出了一条被隐藏至深的历史/文学史线索，拨开了意识形态有意的遮掩、粉饰和扭曲，以达到重接揭示和叙述历史的目的。

可以说，世界文学与中国文学、普遍性与特殊性、西方性与在地化的辩证，成为海外中国文学研究尤其是文学史研究重要的方法论。然而，对文学外部元素如世界与国族、文化与社会等要素的考察，势必最终要回归到文本内部探究，否则将会架空文学真正的本质与核心。就这一点而言，与夏志清以"新批评"理论投入中国现代小说研究相对照的是，王德威相应地将文学史的研究重心倾向于文学文本的内部——抒情与形式。王德威在《抒情传统与中国现代性》中提道："作为一个经历 20 世纪'现代'洗礼的知识分子，我们的当下此时，是要把时间的变幻莫测的不定的感受纳入，再一次地理解，抒情之所以重要，是因为它成为揭露文学/艺术面对生命'无明'时的引渡关系，指涉意义生成的'有情'形式聚散维度。"②"情迷家国"是中国现代文学的精神情结，其中关键在于"迷"，是萦绕着民族情感和国是情怀的形式体现，是一种迷思和困惑，跟哈姆雷特的鬼魂一般，笼罩人的心志，塑造人的情思，形成无意识，反映在文学上，则是寄寓着作者怀抱和胸襟的形式化抒写。在家国民族处于"无明"状态时，王德威指出，写作者应以自身独有的情感、情思和情怀作为形成"引渡"力量的主要维度，通过主体抒情和个性化的语言结构，而不是宰制性的革命化雨，统摄现代中

---

① ［美］胡志德：《钱钟书》，张晨等译，人民文学出版社 1990 年版，第 193 页。
② 王德威：《抒情传统与中国现代性》，生活·读书·新知三联书店 2010 年版，第 215 页。

国和由此而引申出来的家国民族/（主体自我）的诸种情结，进而建构起新的言说方式和叙事逻辑。可以说，无论是沈从文的《长河》、萧红在《呼兰河传》中富于变化、充满柔韧性和质感的抒情语言，还是老舍的《四世同堂》、钱钟书的《围城》，其在处理其经验认知中所观照的乡土中国及知识分子群体、现代性叙事与革命话语以及主体抒情与语言结构等多重要素时，往往显得游刃有余。这表明了 40 年代的中国现代小说，并没有为西化意识所牵引，也没有受制于单一的传统本土立场，而是从西方—中国、传统—现代的二元分化中逾越出来，通过坚持自身主体意识的方式进行文学书写，以独特而成熟的文学语言和写作方式，实现不同的主体之间的对话与不同界域之间的融合，真正地从"现代"中国的内部出发，进行艰难而含义深刻的叙事实践与精神探索。

柯文（Paul A. Cohen）的著作《在中国发现历史》（*Discovering History in China*：*America Historical Writing on the Recent Chinese Past*），从对"冲击—回应""传统—近代"与"帝国主义"三种模式的批判为基点，进而提出"中国中心"的理念。"中国中心取向想概括的思想是，19、20 世纪的中国历史有一种从 18 世纪和更早时期发展过来的内在的结构和趋向。若干塑造历史的极为重要的力量一直在发挥作用；前所未有的人口压力的增长与疆域的扩大，农村经济的商业化，社会各阶层在政治上遭受的挫折日增等等。呈现在我们眼前的并不是一个踏步不前，'惰性十足'的'传统'秩序，主要或只可能从无力与西方抗争的角度予以描述，而是一种活生生的历史情势，一种充满问题与紧张状态的局面，对这种局面无数的中国人正力图通过无数方法加以解决。"很明显，柯文试图从中国的内部而不是以西方为圭臬去揭示其自身内部的现代性发展的独特历史进程。"尽管中国的情境日益受到西方影响，这个社会的内在历史自始至终依然是中国的。"①如果将柯文对"内在的结构和趋向"的考量，挪移到现代中国及其小说叙事当中，那么，值得探究的问题就变成了：语言结构与叙事形式如何组织成中国式的现代性话语，参与到现代中国的建构之中；再进一步说，在英语世界的研究视野中，现代中国的叙事文学，通过怎样的抒情性语言，以一种迥异于传统的姿态和话语，重新审视和观察现代中国的生与死、爱与恨、喜与乐……形成稳定性的情结"结构"和言说"趋向"，进而发现和建构中国式的现代性生活体验及家国历史。

由中国走向现代的进程所引申出来的，则是国族与个体的辩证，由于革命情境对人物主体的作用与反作用，使得小说在形式化过程中，塑造出了许多面对革

---

① ［美］柯文：《在中国发现历史——中国中心观在美国的兴起》，林同奇译，中华书局 2002 年版，第 210 页。

命或无所适从、或精神游移、或内在分裂的个体,而这事实上也与民族国家的建立息息相关,然而后者的出现,则将这个问题进一步引向深入。王德威在《历史与怪兽》中指出,在小说书写中,国族与个体之间的关联,还存在着历史的暴力,其中,意识形态与国家机制与个体情感心理之间的角斗所在颇多。在王德威看来,与西方的阿多诺、巴塔耶(George Bataille)、吉拉尔(René Girard)、本雅明、巴赫金、阿伦特(Hannah Arendt)、鲍德里亚(Jean Baudrillard)、福柯、德里达等人所讨论的政治和暴力相对应的,是中国文化中的兽物"梼杌"——其同样在中国的政治、民间以及文化、文学文本中屡见不鲜。而在现代中国小说叙事中,往往隐含着情感与理性、历史与现实以及理想与当下的多重矛盾,如是这般的矛盾如若产生落差,便会令暴力得以彰显,尤其是在革命、战争年代,政治与个体之间往往存在着内在的分裂,权力所产生的压制和逼迫,在小说叙事中时而演变为控制、暴力甚或是毁灭。而个体对之所进行的妥协或反抗,也比比皆是。王德威在这里还着重以"自杀"作为探讨的中心,指示生命的终结时常作为自我意识与生命意义的彰显而出现,与此同时,也昭示着外在的强力对个体的撕裂和摧毁,这是小说叙事所提供的人文关怀,同时也是虚构的形态试图寻找现实对应的重要方式。

  显然,感时忧国的传统成为英语世界的中国现代小说评论者所警惕之所在,除了夏志清等人的审视和批判,王德威同样指出,"感时忧国在夏志清的语汇里指涉的是,那一辈中国作家文人过分地放大国家民族问题和自身的批判立场,以至于忽略了文学作为一种人文社会活动,己与群、个人与外界更绵密而又象征性的互动;更何况还有一个中国以外的世界和世界文学等着我们去回应、去发掘。"可以说,夏志清所提出的感时忧国,既成为现代中国小说的原动力,但是从某种程度而言,其同样形成了一种局限甚至是原罪,也即"'感时忧国'最动人的部分是带出一代作家文人的历史危机感和行动(革命)急迫性,但另一方面,却也助长文化人自以为是的耽溺,以及为批判而批判的到的优越感。"① 因而,在 20 世纪的中国,在现代小说的文本世界中,国族与个体,成为最为重要的叙事伦理与抒情动力。而文学究竟应当如何反映和呈现人生,又如何思考和建构自我,成为英语世界探究现代中国中的国族与个体、革命与自我、群与己等关系时所寄寓的忧思与所提供的反思。"我再次强调,文学伦理不过就是在用文字(或其他艺术符号)作为象征的社会媒介或者文化建构里,不断地探讨:'我'在人生关系里、在世界处境里,如何成为一个有意识、有知识的主体,而这个主体当然永远

---

① 王德威:《现当代文学新论:义理、伦理、地理》,上海三联书店 2014 年版,第 185 页。

是群之内的主体,或用我们的语境来说,是一个公民社会的主体。"① 在20世纪现代中国,个体如何合理地生产出关乎时代的文本,小说叙事的力量又如何从虚构的情境之中逾越出来,寻求现实与当下的对应,成为一个时代最重要的命题,与此同时也成为来自异域文化的英语世界的关注重心所在。

---

① 王德威:《现当代文学新论:义理、伦理、地理》,上海三联书店2014年版,第187页。

# 第十七章

# 当代小说的译介与研究

中华人民共和国成立以后，尤其是新时期以来的中国当代文学在英语世界的译介与研究格外值得重视，这不仅因为英语是当今世界的主导语言，讲英语的美国在目前世界格局中占有极为重要的地位，第二次世界大战后取代英、法等国成为世界上中国研究的中心，而且还和中国改革开放的国策及中国政府对文化"软实力"的重视有很大关系。改革开放为中国当代文学和中国文化的对外交流提供了前所未有的机遇，而文化"软实力"作为一种良好的"声誉资本"，能够提升中国在国际上的地位和综合影响力。近几年来，文化"走出去"已提升到国家战略的高度，而作为文化重要组成部分的文学，其在国外的译介与研究，引起越来越多研究者的关注。

本章将中华人民共和国成立以来70年的文学分为两个时段——"十七年"及"文革"时期、新时期，探讨这两个阶段的小说在英语世界的译介与研究，并以莫言为个案进行深入剖析。具体展开时结合不同阶段英语世界的中国形象，力图既历时性地勾勒出中国当代文学在英语世界译介与研究的发展历程，又有点和面上的深层剖析，同时揭示出英语世界译介和研究中国当代文学背后的深层话语机制，融资料性与学术性、考证与思辨于一体，努力做到既有第一手资料的挖掘与整理，又有对具体资料的分析与思考。致力于探讨有哪些中国当代小说被翻译成英语出版？这些作品出版后在英语世界的接受情形如何？研究状况怎样？有哪些因素促使或制约着中国当代文学在英语世界的传播等问题。

## 第一节 "十七年文学"及"文革"小说在英语世界的译介与研究

1949~1966 年期间的中国文学通常被称为"十七年文学"。这一时期,文学被有意识地纳入政治范畴,因而在创作理念、创作方法、表现形式、审美趋向等方面都表现出高度一体化的特征。"文革"时期的文学虽以革命样板戏为主导,这期间文学的对外输出也以毛泽东诗词、"样板戏"为主,但像浩然等人创作的塑造"社会主义新人形象"的小说也由国内译成英文、经外国文学出版社出版后引起西方研究者的关注。本节主要探讨有哪些"十七年文学"和"文革"时期的小说被翻译成英语或进入英语世界研究者的视野,这些译本的特点及支配国外编选者、研究者的价值理念。

### 一、"十七年文学"及"文革"小说在英语世界的译介

这两个时期译成英文的包含中国当代小说的选集和单行本小说,按出版时间的先后主要有:英国汉学家詹纳编选的《现代中国小说选》①、沃尔特·麦瑟伍和鲁斯·麦瑟伍编选的《中国现代小说集》②、许芥昱的《中国文学图景:一个作家的人民共和国之行》③、美国汉学家白志昂与胡志德合编的《中国革命文学选》④、许芥昱编选的《中华人民共和国文学作品选》⑤、聂华苓的《"百花"时期的文学》卷 2《诗歌与小说》⑥ 等。

詹纳的《现代中国小说选》收入的 1949 年以后的短篇小说有:孙犁的《铁

---

① W. J. F. Jenner, ed. *Modern Chinese Stories.* London:Oxford University Press,1970.
② Walter J. Meserve and Ruth I. Meserve,eds. *Modern Literature from China.* New York:New York University Press,1974. 收入了周立波的《山那边人家》("The Family on the Other Side of the Mountain")、老舍的《上任》("Brother Yu takes office")。
③ Kai-yu Hsu. *The Chinese literary Scene:A Writer's Visit to the People's Republic.* New York:Vintage Books,1975.
④ John Berninghausen and Theodore Huters,eds. *Revolutionary Literature in China:An Anthology.* New York:M. E. Sharpe,1976.
⑤ Kai-yu Hsu,ed. *Literature of the People's Republic of China.* Bloomington:Indiana University Press,1980.
⑥ Hua-ling Nieh,ed. *Literature of the Hundred Flowers Period. Vol. 1 Criticism and Polemics;Vol. 2 Poetry and Fiction.* New York:Columbia University Press,1981.

木前传》、谷岩的《枫》、房树民的《霜晨月》、王杏元的《铁笔御史》;两篇现代说书故事:唐耿良的《穷棒子办社》和徐道生与陈文彩的《两个稻穗头》;两篇捻军故事:高元勋口述的《二老渊》、郭同德口述的《旗杆镇》。

詹纳选择中国当代小说的一个重要标准是"新奇性",他热衷于译介那些对西方读者来说既陌生又好奇的中国文学作品,体现了某些西方学者对中国文化的猎奇心理。由于喜欢中国古代的说书故事,詹纳在翻译中国作品时,较好地传达出了其中蕴含的中国传统文化质素,尽可能贴切地翻译了小说原文中的俗语、谚语、歇后语,让英语读者感受到某种异国情调的东西。

但詹纳的目的并非让西方作家、读者得到艺术上的借鉴和玩味,而是着眼于小说所反映的中国社会信息。他"这部选集的主要是展现中国人的生活,让西方读者看到中国人的世界观"。① 如此看来,詹纳主要是将中国当代小说作为了解中国社会的一个途径,小说的思想主题显然是他关注的重心所在,这也是相当一段时间内西方汉学家、译者、研究者不约而同的共识。因而该小说选在英语学界产生了较大影响,对早期中国当代文学在英语世界的传播具有重要意义。

许芥昱的《中国文学图景:一个作家的人民共和国之行》收入了"文革"前后的部分中国小说、诗歌、戏剧及作家、诗人的创作谈和访谈。就中国当代小说来说,节选了杨沫的《青春之歌》第八、十七、十八章;《高玉宝》第九章《半夜鸡叫》;浩然的《金光大道》第十九章"浑身是劲"、第四十二章"决不当百分之一";郑万隆的《春潮滚滚》。许芥昱编选这本书的主要目的是介绍其时新中国文学的发展状况,但他在该书中对新中国文学的整体评价并不高。

许芥昱编选的另一部《中华人民共和国文学作品选》堪称一段时间内英语世界出现的收入新中国作家作品数目最多、规模最大的综合性选本,多达976页,反映了编者试图展现新中国文学整体面貌的意图。该选集出版后在英语世界影响颇大,被视为是关于中国当代文学的一部力作。

就新中国的小说来说,许芥昱的《中华人民共和国文学作品选》收入了杨朔的《三千里江山》第二、三、十一、十八章的内容;李准的《不能走那条路》;艾芜的《夜归》;峻青的《黎明的河边》第 5~8 节的内容;刘白羽的《扬着灰尘的路上》;费礼文的《一年》;王愿坚的《党费》;崔八娃的《一把酒壶》;秦兆阳的《选举》;刘宾雁的《在桥梁工地上》节选;王蒙的《组织部新来的青年人》;周立波的《山乡巨变》第二卷第六章;茹志鹃的《百合花》;周而复的《上海的早晨》第二、七、二十三、三十二等章节;梁斌的《红旗谱》第三十

---

① W. J. F. Jenner, ed. *Modern Chinese Stories*. London: Oxford University Press, 1970, p. vii.

七、五十四章；杜鹏程的短篇小说《延安人》；杨沫《青春之歌》第三十九、四十一章；康濯的《水滴石穿》节选；孙谦的《伤疤的故事》；柳青的《创业史》第九章；王汶石的《新任队长彦三》；赵树理的《套不住的手》；唐克新的《第一课》；沙汀的《你追我赶》；欧阳山的《三家巷》第五、十五章；刘真的《长长的流水》；李英儒的《野火春风斗古城》第十九章；胡万春的《晚年》等。

许芥昱在章节编排上突出新中国文学与政治的关系，将文学视为新中国政治论争的反映，在每一个时段前面都有本时期社会历史语境与文学发展概况的简介。但由于没有充分考虑文学自身发展的规律，该选集未能从艺术角度客观、全面地反映出新中国文学的发展脉络。

美国汉学家白志昂与胡志德合编的《中国革命文学选》试图反映"五四"以来中国"革命文学"的发展历程，以让英语世界的读者更好地理解"革命文学"在中国的发展以及它同现代中国社会和中国革命的关系。该选集收入的中华人民共和国成立后的短篇小说有秦兆阳的《沉默》、周立波的《新客》、浩然的《初显身手》等。编者认为秦兆阳的《沉默》表现了"许多革命作家和知识分子中坚持批评的倾向"，周立波的《新客》"成功地使生动活泼的语言、幽默感和令人可信的人物（如王大妈、大喜）与这时的思想要求（即道德观）连接成一体"，指出周立波和浩然的作品都"具有抒情般的描写，并配上农村俗语和地方土话的艺术运用"。① 该选本没有一味指责新中国文学中的教化性，而是以同情和理解的态度，尽可能地将作品放在中国具体的历史文化语境中进行阐释。

聂华苓的《"百花"时期的文学》卷2《诗歌与小说》收入的新中国小说有张贤亮的《大风歌》和《给编辑部的来信》、萧军的《八月的乡村》第三、四、五、六章的相关内容、黄秋耘的《爪哇牛请了"病假"》、王若望的《见大人》、李国文的《改选》、王蒙的《组织部新来的青年人》。聂华苓的选本也突出了新中国文学与政治意识形态之间的关系，并力图借助文学作品反映"百花运动"期间中国文化思想界的特征。

就个体作家来说，在这两个时间段内，浩然以中华人民共和国成立后涌现出的多产作家之一的身份，成为"文革"时期作品译介到英语世界最多的小说家，国内出版的英文杂志《中国文学》曾专门刊文对浩然进行介绍，其反映"社会主义新人"的作品被高调译成英文，如他的长篇小说《艳阳天》(The Sun Shines Bright) 节选、《金光大道》(The Bright Road) 节选，短篇小说集《彩霞》

---

① ［美］约翰·伯宁豪森、特德·赫斯特：《〈中国革命文学〉引言》，周发祥，陈圣生译，中国社会科学院文学研究所国外中国学研究组编《国外中国文学研究论丛》，中国文联出版公司1985年版，第127～128页。

(*Bright Clouds*)以及短篇小说《西沙儿女》(*Sons and Daughters of Hsiasha*)、《两桶水》(*Two Buckets of Water*)等都被介绍到国外。这些作品除了以战争为题材的《西沙儿女》外,大都描述的是中国北方农村生活,反映了当时农村里的阶级斗争和社会主义新中国发生的巨大变化,塑造了充满活力的"社会主义新人"形象,在英语世界借助文学作品了解中国社会发展的思想理念支配下,引起了国外研究者的一定关注。

整体而言,英语世界对"十七年文学"和"文革"小说的译介政治意图较明显,选择篇目时政治功利性、社会资料性大于文学鉴赏。着眼于文学作品"异"的层面,偏重向英语世界的读者介绍新中国文学中的传统质素。

从译介主体来说,这两个时期向英语世界传播新中国文学的,既有西方本土学者,也有海外华人学者,前者主要有英国汉学家詹纳,美国汉学家白志昂、胡志德等,后者以许芥昱、聂华苓为代表,这两个群体对新中国文学的编选既有基于共同历史文化处境而呈现出的相似性,也因成长背景、族裔身份的不同而有所不同。对文学与政治关系的关注、对小说思想性和史料价值的强调,是这两个群体一致的地方,而且他们对新中国文学的评价都不是很高,特别是在艺术形式和创作理念上,认为对世界上其他国家的创作没有足够的借鉴意义。就不同来说,西方本土学者更偏爱那些蕴含了中国传统质素的新中国文学作品,编选译本时带有猎奇心理。另外,受"冷战"思维影响,西方本土学者对新中国的"异端"作品更感兴趣。相比之下,海外华人学者没有西方本土学者的猎奇心理,对小说中表现出来的传统质素态度更为冷静、淡然。另外,出于对祖国文化的热爱,他们希望向英语读者更全面、客观地介绍新中国文学。

## 二、"十七年文学"及"文革"小说在英语世界的研究

英语世界对这两个阶段的中国文学进行研究的主要有两个群体:西方本土学者和海外华人学者。前者主要有美国的白之、包华德、戈茨、赫格、马若芬,英国的詹纳、杜博妮;后者主要有夏志清、杨富森、时钟雯、黄胄、吕亚力、蔡梅曦等。他们的研究既有着眼于某一位作家的,也有从人物形象、创作主题进行分类探讨的。下面分别论述之。

首先,从对个体作家的研究来看,浩然、赵树理、茹志鹃成为关注的重点。

作为"文革"时期唯一始终享有稳定地位、作品译介到英语世界最多的小说家,浩然自然也吸引了海外研究者的视线,詹纳的《作家眼里中国乡村的阶级斗

争——浩然的〈艳阳天〉》[①]、黄冑的《浩然：农民小说家》[②] 就是其中典型的研究论文。詹纳积极寻找新中国文学创作中值得肯定的质素，他的论文从人物塑造、主题意蕴、创作手法等方面，对《艳阳天》进行了较为全面的论述。他认为从整体上看，浩然"非常理性、真诚地描绘了一个中国乡村在特定历史时期的风貌。小说详细记述了农民阶层在新中国农业集体化运动中的各种表现，不仅印证了共产党的官方报道，还为国外的观察者提供了新鲜的材料。"[③] "小说的基调和内容强烈地表明它既要传达时代信息，也要激发革命热情。"[④] 詹纳指出，浩然对人物形象的塑造非常成功："小说中的积极分子、反面人物和中间派都独具特色。"[⑤] 他尤其欣赏浩然对反面人物的处理，在介绍该小说时也倾笔于此："因为那些正派的农民——普通的贫下中农、孩子等，和其他中国小说中的没有太大区别，尽管浩然是以极大的真诚来塑造他们的。"[⑥] 在主题意蕴上，詹纳认为"《艳阳天》的精彩之处在于它正确处理了中国农村中政治冲突和社会发展的复杂关系，并提出一个极为重要的问题：强有力的农村基层领导是农业合作社繁荣发展的根本。"[⑦] "很少有中国作家能正确地解决党的政策路线要求与复杂的真实生活之间的矛盾，但浩然做到了。"[⑧] 现实主义的创作方法和口语化的语言表达也是詹纳极为赞赏的："小说以生动活泼的口语写成……对话带有中国北方农村的鲜明特色。尽管浩然对人物形象的处理带有时代政治话语痕迹，但无疑是以他熟悉的真人真事为原型的。"[⑨] "作者把故事娓娓道来，里面的人物和场景都是他烂熟于心的。"[⑩] 詹纳的这篇论文虽然总体来说介绍性文字居多，评论性的内容偏少，但他几乎是同步地[⑪]、正面地把新中国的文学创作在国外的期刊上反映出来，这在中外交往受到限制、信息沟通远不像今天发达的 20 世纪 60 年代，是难能可贵的，也是非常值得肯定的。

黄冑的论文《浩然：农民小说家》首先介绍了浩然的寒苦出身、成长背景、

---

[①] W. J. F. Jenner. "Class Struggle in a Chinese Village—A Novelist's View：Hao Ran's *Yan Yang Tian*", *Modern Asian Studies*, Vol. 1, No. 2, 1967, pp. 191 – 206.

[②] Joe C. Huang. "Haoran：the Peasant Novelist", *Modern China*, Vol. 2, No. 3, 1976, pp. 369 – 396.

[③⑤⑨] W. J. F. Jenner. "Class Struggle in a Chinese Village—A Novelist's View：Hao Ran's *Yan Yang Tian*", *Modern Asian Studies*, Vol. 1, No. 2, 1967, p. 191.

[④⑧⑩] W. J. F. Jenner. "Class Struggle in a Chinese Village—A Novelist's View：Hao Ran's *Yan Yang Tian*", *Modern Asian Studies*, Vol. 1, No. 2, 1967, p. 192.

[⑥] W. J. F. Jenner. "Class Struggle in a Chinese Village—A Novelist's View：Hao Ran's *Yan Yang Tian*", *Modern Asian Studies*, Vol. 1, No. 2, 1967, p. 205.

[⑦] W. J. F. Jenner. "Class Struggle in a Chinese Village—A Novelist's View：Hao Ran's *Yan Yang Tian*", *Modern Asian Studies*, Vol. 1, No. 2, 1967, p. 206.

[⑪] 《艳阳天》的第一部 1964 年问世，第二部 1967 年与国内读者见面，第三部詹纳写这篇论文时还没有出版。

创作道路、创作态度、创作理念，然后重点分析了他的《艳阳天》和《金光大道》，旨在将浩然置于当时的历史语境中去审视他的创作观，在特定的历史风云变幻中去理解他的文学作品。

在创作观念上，黄胄强调，浩然认为："生活不仅是创作素材的唯一源头，也是艺术的唯一来源"。① 在这一创作理念指导下，浩然指出当时很多描写互助组的作品都不太真实，因为它们都遵循这样一个熟悉的套路：干部下乡去贯彻执行党的农业合作社政策，遭到坏人的蓄意破坏，最后所有的问题都得到圆满的解决。浩然认为这样写没有反映出农民内心的愿望，也和他亲眼看到的不符，因为他的观察和感受是：农业合作社不是强加于农民的，而是他们热切盼望的。②

在对《艳阳天》进行分析时，黄胄结合同一时期出版的同类作品——赵树理的《三里湾》（1955）、周立波的《山乡巨变》（1958）、柳青的《创业史》（1960）进行对比研究，并指出《艳阳天》与它们相比有两点明显的不同："一是表现了社会主义者与反社会主义者之间的斗争；二是采用了革命的现实主义与革命的浪漫主义相结合的创作方法。"③

就第一点来说，在黄胄看来，赵树理的《三里湾》作为最早描写农业合作化运动的小说，重点描写了农民对农业集体化运动所表现出的不同程度的热情，反映了新中国第一个十年社会主义建设中高昂的乐观主义精神，但基本上没有触及阶级斗争。尽管小说塑造了个别热衷于自己致富的落后分子，但缺乏给人留下深刻印象的反面人物。总的来说，"《三里湾》是一个平淡的、缺乏想象力的故事。"④ 周立波的《山乡巨变》在黄胄看来也是如此。小说描写了农民对合作化运动的普遍不满情绪，但没有达成作家预设的目标：令人信服地表现出农民最后转变成农业合作化运动的支持者。"小说的主要人物，不管是正面的还是反面的，都没有给读者留下深刻的印象。"⑤柳青的《创业史》也没有突出阶级斗争问题。梁生宝从来没有和富农姚士杰、村主任郭振山发生过正面的冲突，尽管前者一直想破坏梁生宝领导的互助组，后者主张走自发的道路。⑥ 而相比之下，《艳阳天》生动地描绘了农村中尖锐的阶级斗争，⑦ "他不惜笔墨，描绘了正面力量和反面力量的交锋。"⑧

就第二点来看，黄胄主要分析了浩然以革命浪漫主义手法对爱情的直面与描写，而在1949年之后一段时间内出版的很多小说中，男女之间的爱情通常被处

---

① Joe C. Huang. "Haoran: the Peasant Novelist", *Modern China*, Vol. 2, No. 3, 1976, p. 375.
② Joe C. Huang. "Haoran: the Peasant Novelist", *Modern China*, Vol. 2, No. 3, 1976, p. 374.
③ Joe C. Huang. "Haoran: the Peasant Novelist", *Modern China*, Vol. 2, No. 3, 1976, p. 377.
④⑤⑦ Joe C. Huang. "Haoran: the Peasant Novelist", *Modern China*, Vol. 2, No. 3, 1976, p. 378.
⑥⑧ Joe C. Huang. "Haoran: the Peasant Novelist", *Modern China*, Vol. 2, No. 3, 1976, p. 381.

理成婚姻。① 黄胄首先考察了同类小说中对爱情的处理。

《三里湾》中的爱情虽然不是父母之命、媒妁之言，但仓促、生硬、草率。灵芝和王玉生的婚姻在一夜之间就确定下来，作者仅用了一页的篇幅就叙述完两个年轻人的终身大事，他们之间没有任何浪漫的交流与行动。"人类感情中最微妙的爱情在赵树理笔下变成再平常不过的事情。"②

《山乡巨变》中的爱情刚一开始就结束了。团支书陈大春和盛淑君的爱情是在一次山间夜路中完成的，还没走到家，两个人就拥抱在一起。消息传开后，人们纷纷向他们道喜，小说对他们恋爱的描写也就到此结束。③

柳青虽然有意编织爱情故事，但在他的《创业史》中，男女社会主义建设者之间的爱情却无疾而终。梁生宝一度喜欢上了徐改霞，但一听说徐改霞要去城里当工人就疏远、冷落她。后来当他们再一次陶醉在爱情中时，梁生宝却突然想起乡亲们还在等着他开会，因而一把推开徐改霞，推说秋后再谈。但此后作者就再没提他们的爱情发展，只是在尾声中，徐改霞走在去北京当工人的路上，而此时梁生宝正和他的队员们一起在田间奋战。"这是一个典型的当爱情和伟大的社会主义建设事业发生冲突时，要舍弃爱情的例子。"④

而"《艳阳天》让我们第一次看到了对爱情的精心描写，并给出了一个令人满意的结局。"⑤ 浩然用作品告诉我们，投身于社会主义建设的新中国青年男女，同样能够拥有爱情。《艳阳天》的第二十七章详细描绘了萧长春和焦淑红的爱情绽放，他们的爱情充满了诗情画意，这在描写阶级斗争的小说中并不多见。萧长春和焦淑红的爱情中有很多浪漫元素——静谧的夏日夜晚、一轮圆圆的明月、远处朦胧的山峦、身旁波光粼粼的小溪、令人想起中国山水画中的层层梯田。萧长春和焦淑红在这样的意境中并肩走着，虽然他们的谈话仍离不开村子里的阶级斗争，但这一主题被彼此的爱意紧紧缠绕。萧长春心中有一团火在燃烧，焦淑红胸中也不禁像小鹿在撞。他们用政治话语的逻辑表达着爱情，爱情貌似失语，实际上却"乔装打扮"，用政治话语实现着其爱情的目的。第二十七章整整一章对萧长春和焦淑红爱情的描写只是这个爱情故事的开端，作者浩然并没有让这个爱情故事就此结束，而是在此后的叙事中用爱的金线不时缝补，萧长春和焦淑红的浪漫爱情平缓而又坚实地向前发展。"《艳阳天》是一部表现严酷阶级斗争的小说，但萧长春和焦淑红的爱情故事使它具有更多人性的色彩……这样的爱情叙事增添了小说人物的烟火味，他们不仅是意识形态宣传中的'社会

---

① Joe C. Huang. "Haoran: the Peasant Novelist", *Modern China*, Vol. 2, No. 3, 1976, p. 381.
②③ Joe C. Huang. "Haoran: the Peasant Novelist", *Modern China*, Vol. 2, No. 3, 1976, p. 382.
④⑤ Joe C. Huang. "Haoran: the Peasant Novelist", *Modern China*, Vol. 2, No. 3, 1976, p. 383.

主义新人',还是有情有爱的热血青年。"① "两条道路的斗争是小说的中心思想,它反映了党的路线要求,但阶级斗争的严酷性被男女主人公的浪漫爱情柔化了,这两条线索交互发展,凝结成一个动人的故事,诠释着革命现实主义和革命浪漫主义的有机结合。"②

对于浩然的《金光大道》,黄胄认为虽然它是"文革"后出版的第一部小说,也是"文革"后一段时间内最好的小说,但给人的第一印象是意识形态凌驾于艺术之上。③ 由于黄胄写这篇论文时《金光大道》还没有全部出版,因而他无法对这部鸿篇巨制的小说从主题和情节上进行评价,因此主要剖析了浩然对河北农村方言的运用、对象征手法的谙熟和对农民性格的成功刻画。"而所有这一切都要归功于浩然对农村生活的熟稔。"④ 比如《金光大道》中高大泉劈柴就有着深刻的象征内涵,树墩"象征着旧势力的死灰复燃",而"高大泉把树墩劈成柴火表明他要粉碎走个人发家致富道路的决心。"⑤

黄胄尤其分析了《金光大道》中浩然对人物形象的出色刻画,指出"浩然是刻画人物的圣手。"⑥ 从这一点上看,浩然深得中国传统小说的精髓,因为人物形象塑造是中国传统小说评判作家才华高低的标准,中国的古典小说像《三国演义》《水浒传》《隋唐英雄》《红楼梦》,都因对人物体系的庞大设计和精彩刻画而不朽。浩然同样如此,他的《金光大道》人物众多,有 60 人之多。并且区分出同一类人物的不同之处,同一人性格的复杂性。高大泉和张金发同是贫苦农民,却有着显著的不同:一个视互助组为唯一的集体化道路,乐于在他人需要的时候伸出援助之手;另一个只顾自己发家致富,从他人的困境中渔利。⑦《金光大道》中执行政策不力的人,如村长张金发、区委书记王友清、县长谷新民,既有好的一面,也有坏的一面,他们都不是单纯的善或恶,而是表现出人性的复杂性。⑧

论文的最后,黄胄进一步归纳了浩然作为一位农民作家,无疑是非常出色的:"描述农村生活时他观察敏锐,描写真切,善于捕捉新奇的、富有戏剧性的事件,尤其是具有很强的构架复杂故事的能力。"⑨ 而一旦脱离了他熟悉的农村生活题材,浩然的短板就显出来了。比如,正当浩然创作《金光大道》第三部时

---

① Joe C. Huang. "Haoran: the Peasant Novelist", *Modern China*, Vol. 2, No. 3, 1976, p. 385.
②③ Joe C. Huang. "Haoran: the Peasant Novelist", *Modern China*, Vol. 2, No. 3, 1976, p. 386.
④ Joe C. Huang. "Haoran: the Peasant Novelist", *Modern China*, Vol. 2, No. 3, 1976, p. 387.
⑤ Joe C. Huang. "Haoran: the Peasant Novelist", *Modern China*, Vol. 2, No. 3, 1976, p. 388.
⑥ Joe C. Huang. "Haoran: the Peasant Novelist", *Modern China*, Vol. 2, No. 3, 1976, p. 389.
⑦ Joe C. Huang. "Haoran: the Peasant Novelist", *Modern China*, Vol. 2, No. 3, 1976, p. 391.
⑧ Joe C. Huang. "Haoran: the Peasant Novelist", *Modern China*, Vol. 2, No. 3, 1976, p. 390.
⑨ Joe C. Huang. "Haoran: the Peasant Novelist", *Modern China*, Vol. 2, No. 3, 1976, p. 394.

接到一项任务：写一篇守护中国南海的故事，这就是浩然带有新闻报道色彩的《西沙儿女》。这个中篇通俗易懂，但在人物塑造上却非常肤浅，因为他不熟悉海岛生活，背离了他所主张的艺术源于生活的创作原则。[①]

国外对赵树理进行深入研究的学者主要有白之和马若芬，前者从赵树理对中国传统叙事方式的继承角度，探讨了他的《三里湾》《灵泉洞》；后者以赵树理为自己的研究领域，在其博士论文《艺术与真实：赵树理及其小说世界》等论文中全面分析了赵树理其人其作，主要探讨了长篇小说《三里湾》，短篇小说《锻炼锻炼》《登记》《卖烟叶》《实干家潘永福》《杨老太爷》《传家宝》等。

白之认为赵树理对中国传统小说形式的继承是他成功的要素。他的《三里湾》借鉴了传统小说中的幽默、使用谚语等技巧，[②] 对三对年轻人的恋爱和婚姻处理得非常有趣，特别是小俊和满喜的结合反映了中国农村传统的婚姻模式中"媒人"的重要性。[③] 尽管如此，白之认为这部小说整体上"并不成功"，赵树理并没有实现小说内容介绍中所说的表现了"极为复杂的矛盾和重重的困难"，[④] "情节欠流畅，作者忙于事件的堆积。"[⑤] 不过白之对《灵泉洞》的评价却很高，认为这部小说是他"读过的最真实、最激动人心的战争小说""尽可能多地利用了中国传统小说的艺术技巧"，特别是每章结尾对接下来可能会发生的事情的设问，设置了悬念，紧紧地抓住了读者的注意力，[⑥] "简单的悬念设置铺就了小说成功的关键。"[⑦] 白之总结了《灵泉洞》在四个方面对中国传统小说叙事手法的继承：一是用话本小说常用的"闲话少说"来聚焦叙事；二是通过"读者直接发问和作者介入的方式，营造一种聊天式的氛围"；三是像传统小说那样，"岔开话题介绍书名中的地名来源以扩充知识"；四是利用带有"迷信"色彩的事件比如祈雨[⑧]来增加地方色彩和趣味性。总之，在白之看来，《灵泉洞》由于成功地运用了中国古代小说的叙事技巧而获得了很高的艺术价值。

美国学者马若芬集中于中国当代个体作家研究，而且关注的焦点颇为一致，都是赵树理。她研究赵树理的核心成果是 1991 年获俄亥俄州立大学博士学位的

---

① Joe C. Huang. "Haoran：the Peasant Novelist"，*Modern China*，Vol. 2，No. 3，1976，p. 394.

②③④ Cyril Birch. "Chinese Communist Literature：The Persistence of Traditional Form"，*The China Quarterly*，No. 13，1963，p. 78.

⑤⑥ Cyril Birch. "Chinese Communist Literature：The Persistence of Traditional Form"，*The China Quarterly*，No. 13，1963，p. 79.

⑦ Cyril Birch. "Chinese Communist Literature：The Persistence of Traditional Form"，*The China Quarterly*，No. 13，1963，p. 80.

⑧ Cyril Birch. "Chinese Communist Literature：The Persistence of Traditional Form"，*The China Quarterly*，No. 13，1963，pp. 80 - 81.

英文论文《艺术与真实：赵树理及其小说世界》[①]，此外，她还用中文写就了《赵树理笔下的旧乡村人景——谈谈〈催粮差〉与〈刘二和与王继圣〉》（1986年赵树理诞生80周年纪念大会暨第二次赵树理学术研讨会上宣读）、《意在故事构成之中：赵树理的明描隐示》（1990年第三次赵树理学术研讨会上宣读），这两篇论文后来均被收录日本学者荻野修二（はぎのしゅうじ）和马若芬等编选的《赵树理研究文集：外国学者论赵树理》下卷（中国文联出版公司，1998年，前者是第26~32页，后者为第33~48页）。由于这两篇中文研究资料已为研究者多次引用，且出处明确，便于查询，我们这里重点看看马若芬的英文博士论文《艺术与真实：赵树理及其小说世界》。

马若芬这篇研究赵树理的博士论文分九章深入全面地分析了赵树理小说的艺术世界，包括其新中国成立前后的作品，篇幅宏大，正文有352页之多，主要参考文献列举了近50页。从论文写作来看，马若芬的中文水平较高，论文中作品名、人名、一些术语都附有中文。从参考文献可以看出她对赵树理研究以及赵树理其人其作的中文资料把握得非常全面：赵树理的长篇、短篇小说、随笔、杂文、赵树理传记、研究论文、文章和研究著作，赵树理作品的英译情况、英文的赵树理研究资料等，几乎悉数囊括在内，算得上一篇有深度、有长度、有宽度、有厚度的国外研究赵树理的论文。尤为难能可贵的是，马若芬在分析赵树理的作品时，将其放在中国特定的历史语境中，结合作品产生的时代背景进行探讨。并采用比较的视野，与她所熟悉的英美作家作品，比如狄更斯（Charles Dickens）、马克·吐温（Mark Twain）、赛林格（Jerome David Salinger）等，进行对比分析，同时借助西方理论家如弗莱（Northrop Frye）的理论加以剖析。

马若芬的博士论文在探讨赵树理对中国传统小说的继承、赵树理农民作家的本色、赵树理的文学观和创作原则、赵树理小说的语言特色等基础上，设专章分析了赵树理的《催粮差》《刘二与王继圣》《小二黑结婚》《李家庄的变迁》等新中国成立前的作品，同时也从主题、人物和艺术技巧等角度探讨了上文提到的赵树理新中国成立后的长篇小说和短篇作品。

关于赵树理对中国传统小说的继承，马若芬指出赵树理遵循的是"有话则长，无话则短"的原则，这一点和西洋小说不同，西方是"有话则有，无话则无"。也就是说，"中国的传统小说认为应该把所有的事情都讲出来，即便是对情节发展关系不大的事件，为了叙述线索的完整也要讲述出来。"而"西方的信条

---

[①] Josephine Alzbeta Matthews. "Artistry and Authenticity: Zhao Shuli and His Fictional World", Ph. D. diss., The Ohio State University, 1991.

是审美至上",把无助于审美的一切都略去不要。① 在吸引读者方面,赵树理采取的是中国传统小说中开门见山的方式,而且注意留下悬念:"欲知后事如何,且看下章分解",用马若芬的话说,留下"扣子"。②

尽管赵树理的创作不像西方那样"有话则有,无话则无",其整体创作风格仍然"简朴、明晰",没有"五四"文学的"生造语法、西化表达、绕口句子和自命不凡的对西方古典文学的偏好",他用的是一种"接近'原生态'口语的真诚聊天式风格"。③ 马若芬把赵树理的创作和英国作家狄更斯的进行比较,以突出赵树理作品的地域色彩:"狄更斯的叙述带给读者的是普泛的触动,甚至身体上的压迫感,"是一种"沉重的意象",而"赵树理的叙述是一幅清新淡雅的素描"(《灵泉洞》和《三里湾》除外)。在"给人留下深刻印象"的同时,"晕染着鲜明的地域文化色彩"。④

在对赵树理本人的认识上,马若芬突出赵树理作为农民作家的淳朴:"瘦削的脸上镌刻着艰苦生活的印记",身着"黄色军装"或是用农家布做的黑色旧布衫,头戴一顶旧帽子,裤腿挽到膝盖,肩膀上挎着一个自己粗针缝制的方形大布包。"用农民喜欢的烟袋锅子吸烟",⑤ 深深喜爱着农村文化。

在文学观和创作原则上,马若芬指出赵树理坚持"社会主义现实主义的创作原则",追求"社会需求和艺术追求的和谐统一,至少在理论层面上的统一",因为他认识到"艺术和政治的道德内涵在于它们要实现社会正义。他说,作家生活在人民中间,与群众心连心,必须去发现那些既能反映艺术家思想,又体现出政府意志的重大主题。好的艺术家必须能够预见政府最终会发现的问题,并以艺术的形式表现出来"。因此,"赵树理的文学观是让政治和艺术携起手来,共同完成缺了任何一方都无法完成的事业"。他将自己的作品归之为"问题小说"。⑥

在语言上,马若芬认为赵树理的特色"十分鲜明",并以美国作家赛林格、马克·吐温与之相较:"美国文学中语言特色比较鲜明的是 J. D. 赛林格的《麦

---

① Josephine Alzbeta Matthews. "Artistry and Authenticity: Zhao Shuli and His Fictional World", Ph. D. diss., The Ohio State University, 1991, pp. 19 - 20.
② Josephine Alzbeta Matthews. "Artistry and Authenticity: Zhao Shuli and His Fictional World", Ph. D. diss., The Ohio State University, 1991, p. 21.
③ Josephine Alzbeta Matthews. "Artistry and Authenticity: Zhao Shuli and His Fictional World", Ph. D. diss., The Ohio State University, 1991, p. 8.
④ Josephine Alzbeta Matthews. "Artistry and Authenticity: Zhao Shuli and His Fictional World", Ph. D. diss., The Ohio State University, 1991, p. 10.
⑤ Josephine Alzbeta Matthews. "Artistry and Authenticity: Zhao Shuli and His Fictional World", Ph. D. diss., The Ohio State University, 1991, p. 40.
⑥ Josephine Alzbeta Matthews. "Artistry and Authenticity: Zhao Shuli and His Fictional World", Ph. D. diss., The Ohio State University, 1991, p. 86.

田里的守望者》",① "赛林格的语言是美国青少年使用的、没有经过教育驯化的语言……是一种不受约束、不受通常的修辞、发音规则限制的'文盲'语言",赵树理的语言"来自于中国农民,运用于创作是'口语化'的语言……是经过打磨的农民的语言……是提炼后的广大汉民族的口语"。"他的作品不是每一部都有自己的语言特色,而是所有的作品都带有社会大背景下的语言特色。"② "是把中国大多数人特别是中国农民的日常语言进行改造的结果,就像马克·吐温用哈克的土语作为主要叙述语言一样。"③

在人物塑造方面,马若芬将赵树理笔下的人物分成四种类型:反抗型、顺从型、理想主义者和敢想敢干者,④ 并着重分析了小说中有"绰号"的人物——"三仙姑""二诸葛""常有理""能不够""糊涂涂""小腿疼""吃不饱"等,⑤ 认为虽然这是别人起的外号,但"他们的这些'特长'使之成为赵树理塑造的最令人难忘的人物形象"。⑥ 在马若芬看来,赵树理的这些喜剧形象和西方传统喜剧如阿里斯托芬喜剧中的定型化角色——儿女婚姻的干涉者(alazon)不无相似之处。"三仙姑""二诸葛""常有理""糊涂涂"都想方设法阻止孩子和他们喜欢的人结婚,是西方喜剧中典型的"alazon"。"常有理"的妹妹"能不够"则与他们不同,她鼓动女儿离婚。而"小腿疼"和"吃不饱"虽然没有在婚姻问题上大做文章,但他们是从旧制度向新的农业合作化运动迈进的绊脚石。⑦ 并说"这一点正如诺思洛普·弗莱所指出的:所有的经典喜剧都是在从旧制度向新社会过渡中产生的"。⑧

"常有理"代表悍妇形象,她的丈夫"糊涂涂"看似逃避社会的怕老婆典型,私底下却是老婆听他的。"能不够"是一个只顾自己利益并且不以为耻地去

---

① Josephine Alzbeta Matthews. "Artistry and Authenticity: Zhao Shuli and His Fictional World", Ph. D. diss., The Ohio State University, 1991, p. 119.

② Josephine Alzbeta Matthews. "Artistry and Authenticity: Zhao Shuli and His Fictional World", Ph. D. diss., The Ohio State University, 1991, p. 120.

③ Josephine Alzbeta Matthews. "Artistry and Authenticity: Zhao Shuli and His Fictional World", Ph. D. diss., The Ohio State University, 1991, p. 121.

④ Josephine Alzbeta Matthews. "Artistry and Authenticity: Zhao Shuli and His Fictional World", Ph. D. diss., The Ohio State University, 1991, p. 318.

⑤ "三仙姑""二诸葛"是《小二黑结婚》中的人物;"常有理""能不够""糊涂涂"是《三里湾》中的人物;"小腿疼""吃不饱"是短篇小说《锻炼锻炼》里面的人物。

⑥ Josephine Alzbeta Matthews. "Artistry and Authenticity: Zhao Shuli and His Fictional World", Ph. D. diss., The Ohio State University, 1991, p. 274.

⑦ Josephine Alzbeta Matthews. "Artistry and Authenticity: Zhao Shuli and His Fictional World", Ph. D. diss., The Ohio State University, 1991, p. 275.

⑧ Josephine Alzbeta Matthews. "Artistry and Authenticity: Zhao Shuli and His Fictional World", Ph. D. diss., The Ohio State University, 1991, p. 276.

追求的女人。她在结婚时就奠定了当家做主的地位，而不是由丈夫和女婿牵着鼻子走。她通过斥责、胡搅蛮缠、发脾气、装哭、假绝食等方法让他们无可奈何。"吃不饱"是"能不够"的翻版，家里的事由她说了算，不仅想方设法支使丈夫干活，还不让他吃饱。"小腿疼"像"常有理"一样，满脑子旧观念，认为娶儿媳妇就是伺候她的，要儿媳对她毕恭毕敬，把她伺候得舒舒服服。这是她装腿疼的主要动机。①

但马若芬又指出，赵树理对女性形象如此处理不是在丑化她们，反对女权主义，②而是"强调了农村女性低下的社会地位，至少在赵树理写作的时代社会地位不高。"③"常有理"的能言善辩和固执己见隐含着她对妇女三从四德从属地位的不满。在现代、文明的城市环境中，她的语言才能会助她事业成功，受人尊敬。可由于生活在缺少教育和机会的小山村，她的天赋才能只能让她臭名乡里。④马若芬认为这些形象的意义在于"反映了困扰女性生存的焦虑。这些女性一生都要挣脱社会赋予她们的牺牲品地位……喜剧形象体现了严肃的社会问题……她们是为了提高自己的社会地位和经济保障而奋力挣扎的、具有鲜明性格的人。"⑤

当然，马若芬也不是一味地褒扬赵树理的作品。比如她指出："《三里湾》塑造了很多积极正面的人物形象——党员干部和积极分子，而很少甚至几乎没有描写普通群众和'反面'人物……小说对正面人物的塑造，像王金兰、王玉生、张永清、王满喜等，缺乏独到之处，显得肤浅，很难给读者留下深刻的印象，但他们无疑传达出了赵树理心目中农村干部的典型形象，也体现了农村人的本性。"⑥

《百合花》是茹志鹃的杰作，国外对茹志鹃的关注也集中在她的《百合花》上。1982 年，美国学者何谷理在夏威夷大学举办的"现代中国短篇小说批评方法研讨会"上提交了论文《茹志鹃〈百合花〉中的政治一体化》（Political Integration in Ru Zhijuan's "Lilies"），采用西方结构主义批评方法，结合叙述视角，探究了《百合花》所隐含的深层内涵。

何谷理认为《百合花》中隐含着不同层次的矛盾。首先，是时代的主要矛盾"国民党和共产党的政治冲突"，这是小说矛盾冲突的主线，为小说营造了紧张的

---

① Josephine Alzbeta Matthews. "Artistry and Authenticity: Zhao Shuli and His Fictional World", Ph. D. diss., The Ohio State University, 1991, p. 280.

② Josephine Alzbeta Matthews. "Artistry and Authenticity: Zhao Shuli and His Fictional World", Ph. D. diss., The Ohio State University, 1991, p. 277.

③④⑤ Josephine Alzbeta Matthews. "Artistry and Authenticity: Zhao Shuli and His Fictional World", Ph. D. diss., The Ohio State University, 1991, p. 278.

⑥ Josephine Alzbeta Matthews. "Artistry and Authenticity: Zhao Shuli and His Fictional World", Ph. D. diss., The Ohio State University, 1991, p. 82.

战争氛围。围绕主要矛盾的次要矛盾有两重：一是"人民军队和叙述者'我'之间的矛盾"。"我"要去前线救治伤员，年轻的通讯员负责护送"我"到前线去。通讯员是位农民士兵，"我"是知识分子。故事开始时，"我"不仅在步伐上难以和通讯员保持一致，在年龄、世事经验等方面也存在着差异。但后来，"我"逐渐喜欢上了这位通讯员，这重矛盾便消除了："她和人民军队之间的矛盾得以解决，理想化的知识分子（至少是文艺工作者）与人民军队团结在了一起"。二是"军队的需求和当地老百姓的支持之间的矛盾"。通讯员向新媳妇借被子被拒绝，"我"作为协调者成功地解决了矛盾。当年轻的通讯员为救人牺牲后，新娘子坚持用自己唯一的嫁妆——那床洒满百合花的被子裹住通讯员的身体，象征着"人民群众和人民军队之间由于价值观产生的矛盾得以改善"。次要矛盾服从于主要矛盾，故事最后，"主要矛盾战胜了所有的个人矛盾和个人价值观"，这也暗示了人民军队终将战胜反对派的结局。①

此外，何谷理认为第一人称叙述者"我"的"边缘状态"是《百合花》的另一个独特之处。第一人称视角增强了故事的感染力和作品的真实感，但这个叙述者在价值观、人生经验等方面都与其他人物不同："她和故事里的其他人物互相影响……但最终她只是加速变化发生的'催化剂'，真正的变化发生于'人民'内部"。当小说中人民群众和军队的关系趋于和谐后，她的催化功能也失去了，故事结尾，其他人物成长为典范，而叙述者"我""站在独立、孤独、观望、边缘化的立场"，成为边缘化的人物，暗示出"像叙述者这样的知识分子，在意识形态方面与人民大众有隔阂"。②

尤为难能可贵的是，作为一位外国学者，何谷理能结合茹志鹃个人的历史处境来分析她这样结构小说的原因。《百合花》发表于1958年，当时正值"反右"时期，大批知识分子被送往工厂、农村劳动改造。尽管茹志鹃在茅盾的匡护下没有被下放，但她丈夫用她的话说"岌岌可危"而她又无计可施。在如此的困境下，茹志鹃心中的苦楚不难想象，因此，《百合花》中的叙述者"我"以边缘化的知识分子形象出现，何谷理由是分析了叙述视角的选择对于揭示作家内心情感的重要作用。综合来看，何谷理对《百合花》的分析方法新颖，见解独到，对于国内的茹志鹃研究不无启发意义。

其次，从对作品人物形象的研究来看，英语世界对"十七年文学"及"文革"小说的探讨主要集中在工人形象、英雄形象、坏人形象和女性形象等几种不

---

① Robert Earl Hegel. "Political Integration in Ru Zhijuan's 'Lilies'", Theodore Huters, ed. *Reading the Modern Chinese Short Story*. Armonk：Sharpe, 1990, pp. 93 – 97.

② Robert Earl Hegel. "Political Integration in Ru Zhijuan's 'Lilies'", Theodore Huters, ed. *Reading the Modern Chinese Short Story*. Armonk：Sharpe, 1990, pp. 100 – 101.

同的类型。

华裔学者杨富森分析了《中国共产主义小说中的工人形象》（Industrial Workers in Chinese Communist Fiction）。由于新中国成立初期的文艺政策强调为工农兵服务，因而一批产业工人形象在作品中得到表现。杨富森的论文《中国共产主义小说中的工人形象》涉及雷加的《我们的节日》（1952）、《春天来到鸭绿江》（1954）和艾芜的《百炼成钢》（1961）三部长篇小说。之所以选择它们，是因为"不仅这三部作品的跨度有十年之多，而且它们反映了工业发展过程中的不同活动侧面，有助于我们深入了解小说中的工人形象。"①

杨富森结合文本细读，详细分析这几部小说的主题意蕴。在杨富森看来，《我们的节日》中的工人不是模范或英雄，而是一群普通的劳动者，他们遇到的困难和问题是司空见惯的。作者雷加遵循现实主义创作原则，没有回避工业建设中的问题与困难，反映了"工人在面对国家建设的艰巨任务时的力不从心"，揭示了"有技术的老工人与缺乏经验的年轻工人之间的复杂关系，因为革命摧毁了年轻工人绝对尊奉师傅、服从师傅的旧学徒制，而新的替代性机制尚未建立起来。"② 而且不仅工人中间存在着问题，高层领导和工人之间也缺乏信任。"似乎管理者与工人领袖之间也有摩擦，这种现象在西方'资本主义'国家见惯不怪，但在一个革命国家不应该存在"。③ 当然，问题最后都得到了解决，工人阶级通过教育提高了自身的觉悟，提高了生产效率，完成了生产指标。作者并没有明确说出小说的真正英雄是谁，但通读作品我们能感受到工厂的领导者而非普通工人，是真正的英雄。

《春天来到了鸭绿江》歌颂了造纸厂厂长、共产党员何士捷的"能力与智慧"，④ 他胆识过人，但又虚心诚恳、平易近人。他坚决按照党的指示办事，深入群众，使从日本人手里接管的造纸厂重新投入生产。但小说中对工人作为英雄形象的塑造并不成功，尽管作者有意突出产业工人的形象。不过作品描述了工人们面对的问题和展开的斗争，这些可视为新中国小说的新质素。⑤

《百炼成钢》描述了工人秦德贵的英雄形象，他具有模范工人的典型特征：党员、出身于无产阶级，参加了解放战争，新中国成立后投身于钢铁建设事业，

---

① Richard F. S. Yang. "Industrial Workers in Chinese Communist Fiction", *The China Quarterly*, No. 13, 1963, p. 215.

②③ Richard F. S. Yang. "Industrial Workers in Chinese Communist Fiction", *The China Quarterly*, No. 13, 1963, p. 216.

④ Richard F. S. Yang. "Industrial Workers in Chinese Communist Fiction", *The China Quarterly*, No. 13, 1963, p. 218.

⑤ Richard F. S. Yang. "Industrial Workers in Chinese Communist Fiction", *The China Quarterly*, No. 13, 1963, p. 220.

因工作突出被提拔为炉长。但小说也表现了"工人间的嫉妒与敌意……厂长与党的干部对生产的不同态度,这是技术工人与党员干部之间常见的摩擦"。① 但小说中"真正的英雄不是模范工人,而是党员干部"。②

另一位对"十七年小说"的人物形象进行了集中探讨的是美国学者戈茨,他1977年撰写的博士论文《1949-1964当代中国小说中的工人形象》(Images of the Worker in Contemporary Chinese Fiction, 1949-1964)阐释了草明的《原动力》、柯岩的《王青春的故事》、杜鹏程的《在和平的日子里》、艾芜的《百炼成钢》、胡万春的《步高师傅所想到的》及《晚年》、唐克新的《沙桂英》、苗培时的《深仇记》等作品。

戈茨首先在"引言"中介绍了新中国工人小说产生的社会、政治、经济背景及其对作品主题的影响。戈茨将1949~1964年的中国小说分为1949~1956年、1957~1964年两个阶段,称前一个时期的工人是社会主义建设初期的模范工人,如草明的《原动力》、柯岩的《王青春的故事》反映了新中国成立初期中国工人所面临的建设任务的艰巨性,以及他们在党的领导下决心取得胜利的坚定信念。杜鹏程的《在和平的日子里》、艾芜的《百炼成钢》则反映了工人们在中国第一个经济"五年计划"期间昂扬的革命精神。后一个时期的工人是为社会变革而奋斗的社会主义者,如胡万春的《步高师傅所想到的》表现了"大跃进"时期工人们的狂热激情。但在20世纪60年代初期中共调整"大跃进"经济政策后,小说中的人物也有了更多的主动性和创造性。像唐克新的《沙桂英》,其中的工人形象更多地发挥自己的主观能动性,依靠自身的奋斗获得成功。此外,戈茨还分析了这些以工人为主角的小说中的"中间人物",并从艺术角度分析了这些小说的语言风格。

在对正面的中国工人形象进行分析时,戈茨并不完全同意前文中杨富森所总结的模范工人的四个特点,认为这些特点过于着眼社会政治层面的共性,没有体现出不同工人的个性,戈茨认为应该重点挖掘工人形象的独特性。戈茨通过对文本的详细解读,指出《原动力》中的老孙头"身为老一代工人,富有主动性、循循善诱和坚持不懈的精神,有着与同事、农民融洽相处的突出能力";《王青春的故事》中的王青春作为年轻一代工人,"鲁莽、无法处理好与同事的关系,直到受党的教育后才接受批评,逐渐缓和与同志的关系";《在和平的日子里》的阎兴是"革命时期锻造的经验丰富的传奇英雄,在和平时期坚定不移地进行社会

---

① Richard F. S. Yang. "Industrial Workers in Chinese Communist Fiction", *The China Quarterly*, No. 13, 1963, p. 223.

② Richard F. S. Yang. "Industrial Workers in Chinese Communist Fiction", *The China Quarterly*, No. 13, 1963, p. 225.

主义建设";《百炼成钢》中的秦德贵"是拥有大无畏勇气的年轻党员,与同事乃至女孩子相处融洽";《沙桂英》中的女主角具有坚忍不拔、无私奉献的精神,但"在与其他工人合作、交流自己的知识与思想方面,做得不够突出";《深仇记》中的杨宝山"勇敢、富有反抗精神,经受了长期的痛苦,最终成为一名尽职尽责的安全监察员和模范工人,阶级意识得到很大提高";而胡万春小说中的程德凯、顺发以其丰富的阅历、高超的业务能力,帮助年轻一代继续做好革命工作。① 总之,在戈茨看来,新中国成立初期工人小说中的正面人物形象各具特色,而不是千人一面。

　　除正面人物外,戈茨还论及工人小说中的"中间人物",并专辟一章,探讨他们的特质。戈茨主要分析了《百炼成钢》的张福全、《沙桂英》的邵顺宝、《在和平的日子里》的常飞等人,认为这些形象有某些共性,如都是年轻人,有爱情的烦恼;与英雄人物时常发生矛盾,并且很少意识到自己的错误;在善与恶、社会主义与资本主义行为方式之间徘徊,有进一步改造的必要等。但由于戈茨是一位注重个性研究的学者,他同样探讨了这些人物的独特性,如张福全"特别顽固,认识不到自己的错误",需要接受改造;邵顺宝有着强烈的控制女性的欲望;常飞是一个"不思悔改的个人主义者"等。②

　　戈茨也注意到这些小说的语言艺术特征,并细致地探讨了它们的语言风格、象征手法运用、与中国传统文学的关系等。戈茨认为草明的《原动力》语言华丽,吸收"汉赋"的艺术形式,同时采用"意象主义诗人描摹自然的语言,表现社会政治思想","在尝试将人与自然以及它们之间的斗争联系起来的语境营造方面,非常成功"。此外,小说还吸收了民间传说、话本故事以及其他通俗文学的语言技巧与风格,使得小说更显通俗、活泼。相比之下,柯岩的《王青春的故事》的语言运用却无甚特点,语言虽真实可信,但"大部分叙述都很简单、不加修饰"。杜鹏程的小说《在和平的日子里》"语言富于变化,既有口语化的比喻,也有对自然高度抒情化、浪漫化的意象描述"。唐克新的《沙桂英》"大量运用从日常生活中提炼出来的口语化的类比",带给人阅读的愉悦。并且,该小说"还利用普通中国读者耳熟能详的传统文学中的人物,来达到目的"。胡万春的《步高师傅所想到的》《晚年》则运用了象征、心理描写等技巧,细腻地呈现出人物的内心世界。最后,戈茨总结道:"我们所研究的每部长篇小说,在将艺术形式与政治内容相结合方面,很多地方都做得相当成功,每位作者都展现了与众

---

① Michael Louis Gotz. "Images of the Worker in Contemporary Chinese Fiction (1949-1964)", Ph. D. diss., University of California, Berkeley, 1977, pp. 298-299.
② Michael Louis Gotz. "Images of the Worker in Contemporary Chinese Fiction (1949-1964)", Ph. D. diss., University of California, Berkeley, 1977, pp. 182-300.

不同的文学技巧"。① 在对这些小说语言形式的探讨上,挖掘独特之处依然是戈茨关注的重心。

总的来说,在戈茨看来,1949~1964年的中国工人小说,不仅人物形象丰富多彩,艺术技巧也有可圈可点之处。可以说,较之其他研究新中国成立初期中国文学的美英研究者,戈茨高度肯定了新中国小说所取得的成就。这源于他研究视角、立场的变化。戈茨清楚地意识到中西审美观、审美标准的差异,指出西方通常视文学为审美的对象,"是一种反映人类灵魂深度的表达形式",文学作品绝非"社会政治层面的训导"。而中国(特别是新中国成立初期)则视文学为"思想形式",强调文学"为群众服务,教育群众,通过赞扬他们的优点提高其觉悟水平,反映群众的斗争和日常生活"。② 戈茨指出,正是这种文学批评观上的差异,使得西方学者对新中国意识形态色彩浓厚的文学,产生厌烦情绪,继而否定新中国成立初期文学的价值。不过他认为这种立场并不正确,应结合中国文学产生的具体历史文化语境,采用中国的文学批评标准,进行针对性的研究。一味从西方审美标准出发会抹杀新中国文学的价值和意义。

美籍华裔学者蔡梅曦1975年的博士论文《当代中国小说中正面典型形象的塑造》(The Construction of Positive Types in Contemporary Chinese Fiction) 重点分析了孙福田的《狼牙山五壮士》、马加的《开不败的花朵》、冯德英的《苦菜花》、杜鹏程的《保卫延安》《在和平的日子里》、柳青的《创业史》、王杏元的《绿竹村风云》、艾芜的《百炼成钢》、李尔重的《翠英》等十余部"十七年小说"。蔡梅曦总结了中国小说中的两类英雄形象:不可战胜的英雄与坚持不懈的英雄。前者主要代指承担民族解放历史重任的革命英雄,常见于以抗日战争、解放战争、抗美援朝为主题的小说。这些英雄不惜以生命为代价,完成党交给的光荣任务,代表性的作品像《红岩》《野火春风斗古城》《苦菜花》等。后者主要指在生产过程中无私奉献、富有责任感、全心全意为工农服务的英雄,也即工农业生产战线的英雄。如蔡梅曦论文中涉及的《在和平的日子里》《创业史》《绿竹村风云》《百炼成钢》等均属此列。蔡梅曦结合具体作品,详细分析了不同的英雄形象如何体现了上述特质,作家采用何种叙事手段,比如典型场景的烘托、对比、心理描写等艺术技巧,完成人物形象的塑造。

华裔学者黄胄1973年出版的《共产主义中国文学中的英雄和坏人形象》(*Heroes and Villains in Communist China*: *The Contemporary Chinese Novel as Reflec-*

---

① Michael Louis Gotz. "Images of the Worker in Contemporary Chinese Fiction (1949–1964)", Ph. D. diss., University of California, Berkeley, 1977, pp. 62–317.

② Michael Louis Gotz. "Images of the Worker in Contemporary Chinese Fiction (1949–1964)", Ph. D. diss., University of California, Berkeley, 1977, p. 5.

tion of Life）也是一部美英学界研究"十七年文学"的重要著作,所论及的小说有二十余部,均为长篇,且多为"十七年"作品。具体研究时黄胄将这些小说分为描述"白区"地下斗争、游击战争、"内战"等不同类型,重点剖析了对人物形象的塑造。

在研究关于"白区"地下斗争的小说时,黄胄首先将其作者分为两种：一是从未入党的知识分子,二是长期从事地下斗争的革命者。前者的代表有杨沫、高云览,后者为李英儒、司马文森。不同的立场、经历决定了他们塑造的人物形象的差异。杨沫的《青春之歌》、高云览的《小城春秋》中的英雄,本质上是些小资产阶级知识分子,他们欣赏西方文化,陷于浪漫的三角恋爱当中,以浪漫的冒险而非棘手、危险的任务吸引读者。而李英儒的《野火春风斗古城》、司马文森的《风雨桐江》中的正面人物根植于中国传统,他们忠于国家和人民,孝敬父母,信任朋友。小说中他们要完成的任务艰巨而危险。在黄胄看来,这两类人物的差异实际上代表了中国革命中两种不同的力量,即小资产阶级革命者和富有献身精神的革命者,他们在共同的斗争中团结起来。①

关于游击战争小说,黄胄以刘知侠的《铁道游击队》、艾煊的《大江风雷》、曲波的《林海雪原》为例,但并未着重分析其中的英雄形象,而是探讨了游击战争的运动形式、发展过程和指导策略。如《铁道游击队》展现了游击战无固定作战模式、抓住机会打击敌人,鼓励每个游击队员充分发挥自己的聪明才智,而不强调统一指挥。《大江风雷》则体现了游击队力量的壮大,《林海雪原》突出了共产党游击队与国民党部队的差异,从而说明国民党失败的主要原因。②

黄胄以杜鹏程的《保卫延安》、吴强的《红日》为例,探讨了共产党战胜国民党军队的主要因素。小说突出了共产党高层领导人彭德怀、陈毅的智慧与韬略,他们虚心听取下级意见,又指挥得力。而国民党上下级之间甚至将领之间彼此猜疑,缺乏信任,最终决定了他们在战争中失败的命运。③

对于新中国成立后的作品,黄胄主要探讨了反映农业集体化的四部小说：赵树理的《三里湾》、周立波的《山乡巨变》、柳青的《创业史》和浩然的《艳阳天》。黄胄指出,《三里湾》《山乡巨变》《创业史》中的人物既非"英雄",也非"坏人",而是体现出"积极"与"消极"的不同,认为这反映出此时的中国

---

① Joe. C. Huang. *Heroes and Villains in Communist China*：*The Contemporary Chinese Novel as Reflection of Life*. New York：PICA Press, 1973, pp. 55 – 108.

② Joe. C. Huang. *Heroes and Villains in Communist China*：*The Contemporary Chinese Novel as Reflection of Life*. New York：PICA Press, 1973, pp. 116 – 137.

③ Joe. C. Huang. *Heroes and Villains in Communist China*：*The Contemporary Chinese Novel as Reflection of Life*. New York：PICA Press, 1973, pp. 152 – 180.

突出农业革命而非阶级斗争。但《艳阳天》中再次出现了"地主""坏人"形象,暗示"文革"强调阶级斗争的动向。①

此外,黄胄还探讨了这些小说的艺术形式与价值。如他分析了《铁道游击队》《大江风雷》《林海雪原》等游击战争小说对中国传统的借鉴,认为《林海雪原》借鉴了传统"善、恶"二元对立的人物造型模式,《铁道游击队》《大江风雷》则主要将游击战争与传统小说中的英雄、历史创造者联系起来,"赋予当代游击战争以历史维度"。②

夏志清探讨了新中国成立初期小说中的女性形象。其论文《残留的女性特征:共产主义中国小说中的女性形象》(Residual Femininity: Women in Chinese Communist Fiction)按时间顺序,考察了20世纪50年代初至60年代初新中国短篇小说中的女性形象。

他在开篇即指出新中国成立初期的小说中女性性别意识的普遍缺失:"在中国共产主义小说中,男性与女性主要作为劳动者而有相同之处,不是作为'人'体现出性别、情感的差异。女性和男性一样,具有社会主义热情、在工作中表现出英雄气概的,受到赞扬;懒惰的、对社会主义建设三心二意的,受到谴责。"③他的研究试图呈现新中国成立12年里女性形象的变化。

具体论述时,夏志清考察了1950~1951年《婚姻法》颁布时期、1954~1955年农业合作化运动时期、1958~1959年"大跃进"时期几个时段女性形象的整体特征,最后谈到了"百花运动"时期小说中女性形象的独特性。

夏志清指出,《婚姻法》颁布的1950年及随后一年里,小说中出现很多"欢迎新的婚姻自由的女性",④进步女性"本能地选择当地的劳动模范,而她们落后的母亲出于对财产的老套想法,想把她们嫁给家庭条件相对较好的家庭"。⑤热爱劳动的青年人与看重个人财富的家长形成冲突,不过尽管小说以进步女性的胜利结束,但冲突中爱情因素并不占重要地位,劳动是撮合年轻人的媒人,他们

---

① Joe. C. Huang. *Heroes and Villains in Communist China: The Contemporary Chinese Novel as Reflection of Life*. New York: PICA Press, 1973, pp. 239-279.
② Joe. C. Huang. *Heroes and Villains in Communist China: The Contemporary Chinese Novel as Reflection of Life*. New York: PICA Press, 1973, pp. 140-141.
③ Chih-tsing Hsia. "Residual Femininity: Women in Chinese Communist Fiction", *The China Quarterly*, No. 13, 1963, p. 158.
④ Chih-tsing Hsia. "Residual Femininity: Women in Chinese Communist Fiction", *The China Quarterly*, No. 13, 1963, p. 161.
⑤ Chih-tsing Hsia. "Residual Femininity: Women in Chinese Communist Fiction", *The China Quarterly*, No. 13, 1963, p. 162.

把劳动放在第一位,为了社会主义建设事业可以"无限期地推迟婚期",① 也不渴求对方的陪伴。马烽的小说《结婚》就反映了这一主题。刘真的《春大姐》虽然包含某些爱情因素,但男女双方爱的表达仅限于握手,亲吻只能留给孩子。

在表现 1954 ~ 1955 年农业合作化的小说中,"年轻一代在积极与落后的斗争中占据决定性地位"。② 他们顽固的父母常常因孩子爱上更进步的青年而被迫入社。在这些婚姻故事中,爱情依然有着实际的作用:让顽固的父母走上合作化道路,纳入党的政策轨道。师陀的《前进曲》就是这方面的典型。

艾芜的《夜归》表现了男性要想获得女性的青睐,必须更加努力地工作。他的《雨》讲述了一位女售票员因为小伙子积极上进而暗暗喜欢上了他,并在他的精神鼓舞下,不管多么疲惫都要在灯下读书。工作、劳动也是男女婚姻的保鲜剂。"丈夫通常把醒着的时间全部献给工作,妻子不得不追赶他,用新的社会主义激情给他们平淡的婚姻生活注入活力。"③ 艾芜的《新的家》、茹志鹃的《春暖时节》都十分强调夫妻感情中工作和学习的重要性,工作不仅使夫妻感情得到加深,而且使女方得到社会的高度认可。女性一旦思想、工作落后,或是脱离了集体,其婚姻家庭就会面临危机。以至于夏志清这样总结道:"在社会主义社会,分担丈夫沉闷的工作比扮演传统妻子的角色更容易让丈夫亲近。"④

1958 ~ 1959 年新中国小说中的女性形象有了新的变化。此前一年,即 1957 年 9 月,中国召开了"中国妇女第三次全国代表大会",将"勤俭建国、勤俭持家,为建设社会主义而奋斗"确定为妇女工作的方针,这促使很多女性走出家门,投身于火热的社会主义建设事业。因此,这一时期小说中的女性从烦琐的家务中解放出来,成为各行各业的能手:生产队长、食堂管理员、养猪能手、妇产科医生、气象工作者。李准的《李双双小传》即为这类小说中的典范。这一时期的小说中还出现了职业女性形象,如教师、医生、护士,她们对工作有着"毫无保留的热爱"。《新生》中的女医生认为工作中的快乐比"任何个人的'幸福'都崇高、伟大得多",李威仑的《爱情》说明"个人的浪漫'爱情'无法与对社会主义的'爱'相提并论"。⑤

---

① Chih-tsing Hsia. "Residual Femininity:Women in Chinese Communist Fiction", *The China Quarterly*, No. 13,1963, p. 162.

② Chih-tsing Hsia. "Residual Femininity:Women in Chinese Communist Fiction", *The China Quarterly*, No. 13,1963, pp. 164 - 165.

③ Chih-tsing Hsia. "Residual Femininity:Women in Chinese Communist Fiction", *The China Quarterly*, No. 13,1963, p. 167.

④ Chih-tsing Hsia. "Residual Femininity:Women in Chinese Communist Fiction", *The China Quarterly*, No. 13,1963, p. 169.

⑤ Chih-tsing Hsia. "Residual Femininity:Women in Chinese Communist Fiction", *The China Quarterly*, No. 13,1963, p. 172.

在分析这些小说的基础上，夏志清总结了女性形象的总体特征：她们都注意"调节自我以适应社会主义建设的需要"，"在一个模范社会主义工作者看来，除了劳动的激情之外，其他的感情都无足轻重"。① 夏志清指出，与传统文学中的中国女性相比，这些新时代的女性"总是关心集体的事业，没有欲望、贪婪、自我毁灭的想法，没有为无所顾忌的一己幸福而施虐、受虐的图谋"。②

总的来看，夏志清认为在新中国初期描写女性的文学作品中，女性的性别特征和感情要求被淹没到火热的社会主义建设事业当中，劳动、工作、学习高居于家庭、爱情之上。夏志清之所以热衷于发现新中国小说中女性被压制的性别身份，是因为一定程度上受到了这一时期中国与西方资本主义世界关系紧张和美英国家"冷战思维"的影响。今天在重读这类研究论文时，一要考虑论文写作、发表的社会历史语境，二要注意批判地接受。

最后，从创作主题来看，国外有学者专门撰文探讨了新中国小说对合作社、人民公社的表述。我们这里重点谈谈时钟雯的《共产主义中国小说中的农业合作化和人民公社运动》(Co-operatives and Communes in Chinese Communist Fiction)。

时钟雯在论文开头就指出新中国农业集体化运动对中国乃至世界都产生了深远影响："它改变了中国的社会经济结构，在世界范围内引起了普遍反响。"③ 时钟雯认为这场集体化运动发展的每个阶段都在新中国的小说中得到了很大程度的反映。因而，她首先按年代顺序介绍了反映这场运动的小说的内容，其后简要探讨了这类小说的社会意义和艺术价值。

时钟雯认为林霜1952年发表的小说《新路》表现了农业合作社初级阶段的情形："尽管土地、牲畜集中在一起使用，但农民仍然拥有对它们的所有权，并获得相应的报酬。"农民刚开始入社时并不是思想整齐划一的，甚至"从一开始就在经济、社会、心理上存在着巨大压力。"④ 师陀的《前进曲》就表现了农民老朱经过一番挣扎，最终加入农业合作社的故事。"用行动、榜样而不是武力向农民证明农业合作化运动的优势，是早期描写合作社小说常见的主题。"⑤ 赵树理的《三里湾》反映了合作社规模扩大给农民带来的痛苦与欢乐，揭示了中国北方农村在剧烈的社会变革中所经历的艰辛与躁动。这时期另一部生动刻画合作化

---

①② Chih-tsing Hsia. "Residual Femininity: Women in Chinese Communist Fiction", *The China Quarterly*, No. 13, 1963, p. 174.

③ C. W. Shih. "Co-operatives and Communes in Chinese Communist Fiction", *The China Quarterly*, No. 13, 1963, p. 195.

④ C. W. Shih. "Co-operatives and Communes in Chinese Communist Fiction", *The China Quarterly*, No. 13, 1963, p. 196.

⑤ C. W. Shih. "Co-operatives and Communes in Chinese Communist Fiction", *The China Quarterly*, No. 13, 1963, p. 197.

运动的小说是周立波的《山乡巨变》，描写女干部邓秀梅下到清溪乡贯彻落实农业合作化政策，突出了她如何在当地干部的支持下，耐心地做农民的思想工作，最终建立起五个农业社。王希坚的《迎春曲》、李满天的《水向东流》、李准的《冰化雪消》等都是表现"先进"与"落后"斗争的小说，可以说这时期"有关合作社的短篇故事和长篇小说有着基本相似的主题——阶级斗争和生产劳动，二者对于社会主义建设都必不可少"。① 李德复的《典型报告》表现了"大跃进"时期的乐观精神，周立波的《北京来客》憧憬了未来农民衣食极大富足的美好前景，李准的《李双双小传》表现了妇女走出家庭、投身于生产劳动，从而为社会主义建设做贡献的高度热情："公社食堂、托儿所和其他类似的机构，将女性从家庭责任中解放出来，帮助中国增加了大约一亿的女性劳动力。"② 沙汀的《你追我赶》表现了"人民公社打破男女劳动力界线、脑力劳动与体力劳动界线、城乡界线、军民界线"的社会现实。③

时钟雯指出，这些小说反映了旧的社会习俗、行为方式和新生力量的冲突，表现了部分农民入社时的内心挣扎、怀恋、不舍与牺牲。"当故事讲述者以娴熟的艺术技巧，真实地道出人类的普遍感情时，不管他的作品整体结构如何，都是一件艺术作品，这样的情形在老一代表现农业集体化的共产主义作家，如赵树理、师陀、李准、周立波的作品中，尽管不甚多，却清晰可见。"④

小说也反映了中国传统价值观的转变。家庭经济模式的取消削弱了父辈对子辈的威权，子女对父母的绝对服从在反映集体化的共产主义小说中不见了，反而是思想进步的子女引导父辈拥抱新的生活。同等的工作机会提高了女性和年轻人的经济、社会地位，给予他们以前从未享受过的自由和重要性，父母之命、媒妁之言的婚姻在新社会被抛进了历史的尘埃。随着私有制、家庭经济、年龄等级、父母威权、包办婚姻的消亡，新社会的家庭从面貌到本质，都发生了翻天覆地的变化。

但时钟雯也指出，这些小说作为社会资料的价值不容夸大。"由于采用的是社会主义现实主义的创作方法，这些塑造理想性格、描绘巨大成就的小说更多地

---

① C. W. Shih. "Co-operatives and Communes in Chinese Communist Fiction", *The China Quarterly*, No. 13, 1963, p. 200.
② C. W. Shih. "Co-operatives and Communes in Chinese Communist Fiction", *The China Quarterly*, No. 13, 1963, p. 202.
③ C. W. Shih. "Co-operatives and Communes in Chinese Communist Fiction", *The China Quarterly*, No. 13, 1963, p. 203.
④ C. W. Shih. "Co-operatives and Communes in Chinese Communist Fiction", *The China Quarterly*, No. 13, 1963, p. 207.

反映了政府的愿望而非农业集体化运动的现实。"① 鉴于当时的文艺作品承担着宣传社会主义建设成就的重任，读者只能从这些作品中"领略到千百万处于中国社会急剧转型期的农民的部分信息"。②

关于这类小说的艺术价值，时钟雯认为主题单调，形象单一，缺乏对人物心理的剖析。③ 比如小说中的群众总是在劳动、学习，修水库、建堤坝是最常见的主题，不免令人产生审美疲劳。

另外，时钟雯指出这些小说的"说教性远远高于艺术性"④。在当时，小说作为阶级斗争的工具，用来向群众证明只有走农业集体化道路，才能过上幸福生活。"社会主义现实主义不是按照事物的本来面目，而是按照它们应该成为的面目去描绘"。正是基于这样的认识，"这些描写农业合作化运动和人民公社的小说旨在向普通大众展示理想人物，其中最突出的一类是干部形象，他们在农业集体化运动中对农民表现出无比的耐心，在反帝、反封建的斗争中体现出毫不妥协的勇气，对工作投入巨大的热情，而且，最重要的，对党绝对忠诚。"另一类被理想化的人物是农民，他们"任劳任怨，满腔热情，时刻准备着克服一切困难，战胜一切灾害，乐观地、毫无怨言地为合作社和共产主义牺牲自己及家庭的利益。"⑤ 其中年轻人特别是年轻女性，表现出令人惊异的智慧和创造性。时钟雯认为，作家创造这些人物的目的，主要是"为人民树立榜样"，让人们"对这种没有先例的集体主义生活方式树立信心"，⑥ "相信集体生活的优越性"。⑦ 因而，在这些小说中，我们看到不管是年轻的、年老的，男的、女的，识字的、不识字的，都踊跃走进会场或课堂，努力理解和接受这种新的生活方式。并不断地举行忆苦思甜活动，以新社会的甜对比旧社会的苦，增强群众对新政权的支持和感激。

鉴于当时新中国与西方世界的隔膜和西方世界对中国的负面认识，对国内的真实情况缺乏充分了解的时钟雯，没有探讨这些小说中所反映的农业集体化运动给农民带来的巨大利益，也没有强调作品中洋溢的身心获得解放的农民那种昂扬乐观的精神面貌，这是意识形态对作者评价视角的限制，需要我们研究者加以注意。

---

①⑥ C. W. Shih. "Co-operatives and Communes in Chinese Communist Fiction", *The China Quarterly*, No. 13, 1963, p. 208.

②⑦ C. W. Shih. "Co-operatives and Communes in Chinese Communist Fiction", *The China Quarterly*, No. 13, 1963, p. 209.

③ C. W. Shih. "Co-operatives and Communes in Chinese Communist Fiction", *The China Quarterly*, No. 13, 1963, p. 205.

④⑤ C. W. Shih. "Co-operatives and Communes in Chinese Communist Fiction", *The China Quarterly*, No. 13, 1963, p. 207.

## 第二节　新时期小说的译介与研究

新时期以来，文学创作结出累累硕果，不仅把中国文学推向一个新的高峰，而且还远播海外，给国外的读者打开了一扇了解中国社会变迁、感受中国人精神风貌、领略异域文学之美的大门。中国新时期文学是通过哪些渠道走向世界的？走向世界后的影响如何？有哪些新时期的作家作品在国外受到欢迎？这些作家作品在国外受关注的原因是什么？与国内的中国新时期文学研究相比，国外的研究有哪些洞见和不见？中国新时期文学走向世界的历程中有哪些经验教训？以后如何才能更宏阔、更高远、更深入地走向世界？这是本节要重点探讨的内容。

### 一、新时期小说在英语世界的译介

新时期文学在英语世界的传播途径主要有两个：一是中国官方主动向外推介、输出；二是英语国家的译者、出版商通过各种渠道翻译、出版中国新时期的文学作品。就第一种途径来说，《中国文学》杂志、"熊猫丛书""中国图书对外推广计划""中国当代文学百部精品译介工程"是中国政府采取的主要措施，同时也体现了中国新时期文学在英语世界传播的重要实绩。

《中国文学》1951年创刊，2001年停刊，是中华人民共和国第一份也是迄今为止唯一一份面向西方读者，及时、系统地翻译、介绍中国文学尤其是新时期文学的国家级刊物，该刊及时译载了大量反映新时期中国人民真实心声的文学作品上，如《乔厂长上任记》《人到中年》《大墙下的红玉兰》《小镇上的将军》《月食》《黑旗》《班主任》《伤痕》《蝴蝶》《乡场上》《被爱情遗忘的角落》《草原上的小路》《弦上的梦》《活佛的故事》《这是一片神奇的土地》《杜晚香》《许茂和他的女儿们》（节译）、《李自成》（节译）、《黄河东流去》（节译）、《蒲柳人家》《爬满青藤的木屋》《受戒》《大淖记事》《寻访"画儿韩"》《迷人的海》《神鞭》《绿化树》《浮屠岭》《棋王》《祖母绿》《烟壶》《美食家》《陈奂生上城》《芙蓉镇》《爱是不能忘记的》《赤橙红绿青蓝紫》《风景》《烦恼人生》《凤凰琴》《伏羲伏羲》《系在皮绳扣上的魂》《沙狐》《哦，香雪》《鞋》《清水里的刀子》等，覆盖新时期不同流派的众多作家，像反思文学、改革文学的谌容、从维熙、蒋子龙、高晓声、陈忠实，寻根和先锋作家阿城、扎西达娃、贾平凹、莫言、余华、残雪，新写实和其他风格的作家刘震云、池莉、刘醒龙、迟子建、毕淑敏、毕飞宇等。据统计，在《中国文学》存在的 50 年里，共出版 590 期，介绍作家、艺术家 2 000 多人次，译载文学作品 3 200 篇。①

在中国文学的对外传播方面，"熊猫丛书"堪与《中国文学》媲美。该丛书承继《中国文学》杂志的宗旨，从 1981 年开始，用英文出版了大量中国当代文学作品。中国新时期作家中，像茹志鹃、陆文夫、王蒙、蒋子龙、谌容、宗璞、张贤亮、张承志、梁晓声、邓友梅、古华、汪曾祺、高晓声、王安忆、冯骥才、贾平凹、张洁、韩少功、方方、池莉、铁凝、刘恒、扎西达娃、刘震云、周大新、阿成、刘醒龙、史铁生、程乃珊、陈建功等，②都曾在"熊猫丛书"出版过专集，有些作品得到重印或再版。

作为中国政府倾力打造的中国文学对外译介工程，《中国文学》和"熊猫丛书"的译文和译本有些在域外受到欢迎，销量不错。但整体而言，其效果并不理想。中国作协副主席陈建功说："改革开放以来，中国文学最著名的译丛'熊猫丛书'虽然走出了国门，但其中很多种书其实在我国的驻外机构里'沉睡'。"③西方的中国当代文学译者和研究者对这些翻译成外文的中国文学作品也颇有微词。英国汉学家蓝诗玲用"糟糕""索然无味"来评价某些"熊猫丛书"的翻译质量。④ 美国汉学家金介甫虽然肯定"熊猫丛书"让一些中国作家获得了国际性声誉，如古华、高晓声、陆文夫、谌容、邓友梅等，但他对这套丛书的总体评价不高："对高晓声和陆文夫来说，甚至对更传统的邓友梅和汪曾祺来说，其优点和嘲讽锋芒，都被压抑、磨削，直到几乎看不出……一九九〇年代初，'熊猫丛书'想'赶时髦'，选择翻译了'新潮'作家的作品，但译文质量不高。也许是由于出版部门心急，负责翻译出版的官员无法跟上文学创作上的复杂变化，也许是有意删削所有文本（最令人厌恶的是删削郑义和刘恒的作品——它们被改编成了电影）以配合影视剧本的长度和情节上的简洁，好几部熊猫版译本都是马马虎虎的意译，而不是文学翻译。"⑤ 这里面既有翻译策略、翻译水平的问题，也有中国文学作品本身质量的问题。"熊猫丛书"有很长时间一直采取严格的直译，因为其倡导者杨宪益主张"信"是翻译时首先要遵循的原则，反对对原文做出改动，也不做过多的解释。由于没有考虑西方读者的阅读习惯和中西读者接受的差

---

① 徐慎贵：《〈中国文学〉对外传播的历史贡献》，载于《对外大传播》2007 年第 8 期。
② 详见外文局民间刊物《青山在》2005 年第 4 期所载《中国文学出版社熊猫丛书简况》一文所列具体书目。
③ 吴越：《如何叫醒沉睡的"熊猫"》，载于《文汇报》2009 年 11 月 23 日。
④ Julia Lovell. "Great Leap Forward", *The Guardian*, Jun 11, 2005.
⑤ ［美］金介甫：《中国文学（一九四九——一九九九）的英译本出版情况述评》，查明建译，载于《当代作家评论》2006 年第 3 期。

异，某些译文在西方人读来"荒唐可笑"。① 小说这种体裁要求译本阅读起来流畅、易懂，有美感，而单纯的直译往往不会取得很好的阅读效果，翻译目的和阅读效果之间产生很大的间离。

当然，"熊猫丛书"中也不乏成功译介的个案。陈建功说自己的作品《找乐》从中文翻译成英语的经过就非常富有启发意义。"1984 年前后，李陀编选一本《中国当代小说选》，委托在北京大学法律系做访问学者的戴静翻译。戴静事先提醒我们，许多对中国读者不成问题的词句，却会是外国人阅读的障碍，要把一些犄角旮旯儿的说法改得美国人能够看明白。""戴静在《找乐》里所有美国人可能看不懂的地方划了杠，我把划杠的地方重新写一遍，比如北京的'天桥'，你要改成：天桥是 20 世纪初在北京南城形成的一片平民游乐场，等等。宁可多写一点，让外国人明白'天桥'是什么。"结果，《中国当代小说选》在 20 世纪 80 年代末由兰登书屋（Random House）出版。"听说这本中国小说集在美国走红。李欧梵评论其中的《找乐》，说他从没有见有人把中国小说译得这么漂亮。"②

进入 21 世纪，中国政府以更加宽广的渠道，更加多样化的形式，进一步加快中国文学走向世界的脚步。2004 年，国务院新闻办公室推出"中国图书对外推广计划"，旨在让世界各国人民更完整、更真实地了解中国。"中国图书对外推广计划"采用国际出版业普遍接受的资助出版的做法：凡购买或获赠国内出版机构版权的国外出版机构，均将得到翻译费资助。这项优惠政策吸引了不少海外出版商。为了进一步加强工作，2006 年 1 月，国务院新闻办公室与原新闻出版总署在北京联合成立了"中国图书对外推广计划"工作小组，每年推出《"中国图书对外推广计划"推荐书目》，利用书展、媒体、网站、杂志等各种渠道向国内外出版机构介绍推荐图书，并建立了"中国图书对外推广计划"网站，③ 以便及时地发布信息，促进交流。

2006 年 2 月，中国作家协会又推出"中国当代文学百部精品译介工程"，组织各方面的专家研究、探讨中国文学对外译介工作的方式、方法、途径等问题，选择 100 部当代作家的优秀作品，利用中外文化年、中国作家代表团出访等机会，多方寻求外国的译者、出版商。采用交换出版、合作出版、资助翻译费和出版经费等方式，促成中国文学作品在国外的出版，拓展中国当代文学对外交流的

---

① W. J. F. Jenner. "Insuperable Barriers? Some Thoughts on the Reception of Chinese Writing in English Translation", Howard Goldblatt, ed. *Worlds Apart*: *Recent Chinese Writing and Its Audiences*. New York: M. E. Sharpe, 1990, p. 189.
② 吴越：《如何叫醒沉睡的"熊猫"》，载于《文汇报》2009 年 11 月 23 日。
③ 网址：www.chinabookinternational.org。

区域,扩大中国当代文学对外交流的对象,畅通中国当代文学对外交流的渠道。

除了中国官方的努力外,新时期以来的中国文学也在英语世界得到了大量译介,这条途径甚至可以视为中国文学向外传播的主导力量。这些译介多以合集的形式在国外翻译出版,其中有按流派、专题编选的,也有按某一时间段组合的。对于其创作反映了中国社会和中国文学的某些重要方面的新时期作家,国外也翻译出版了他们的个人中短篇选集和长篇小说单行本。

新时期以来,中国文坛上不同的文学流派更迭频繁,伤痕文学、反思文学、改革文学、寻根文学、先锋小说、新写实小说等,呈递进式演进。1979年,香港联合出版集团出版了英文版的《伤痕:描写"文革"的新小说,1977-1978》①,收入了中国新时期之初七位作家的八篇小说,分别是:卢新华的《伤痕》、孔捷生的《姻缘》、杨文志的《啊,书》、陆文夫的《献身》、王亚平的《神圣的使命》、刘心武的《班主任》和《醒来吧,弟弟》、王蒙的《最宝贵的》。这些小说今天看来主要具有历史意义和文学史价值,其艺术手法相对来说还显得稚嫩。

从中国新时期文坛的思潮演变来看,"伤痕文学"之后是"反思文学"和"改革文学"的盛行。李怡编选的《新现实主义:"文革"之后的中国文学作品集》②收入的主要是这两种文学思潮的作品,虽然书名中用了"新现实主义"一词,但从选入的作品来看,实际上属于"反思文学"和"改革文学"范畴,而编译者所谓的"新",是针对"文革"时期不顾社会现实、一味盲目颂扬的革命乐观主义作品而言的。此选集主要收入了茹志鹃的《儿女情》、高晓声的《李顺大造屋》、蒋子龙的《乔厂长上任记》、叶文福的《将军,你不能这样做!》、王蒙的《夜之眼》、谌容的《人到中年》、张弦的《被爱情遗忘的角落》、白桦的《一束信札》。

"反思文学"和"改革文学"之后紧接着就是寻根文学的粉墨登场。1989年,戴静编选的《春笋:中国当代短篇小说选》③ 由美国兰登书屋出版,这是一部"寻根文学"作品集,收入的小说有:郑万隆的《钟》、韩少功的《归去来》、王安忆的《老康归来》、陈建功的《找乐》、李陀的《七奶奶》、扎西达娃的《系在皮绳扣上的魂》、史铁生的《命若琴弦》、莫言的《枯河》、阿城的《树王》、张承志的《九座宫殿》。李欧梵为该书写了《序言》,认为这部小说选集令西方

---

① Hsin-hua Lu, et al. The Wounded: New Stories of the Cultural Revolution, 77-78, trans. Geremie Barmé and Benneett Lee. Hong Kong: Joint Publishing Co., 1979.

② Yee Lee, ed. The New Realism: Writings from China after the Cultural Revolution. New York: Hippocrene Books Inc., 1983.

③ Jeanne Tai, ed. Spring Bamboo: A Collection of Contemporary Chinese Short Stories. New York: Random House, 1989.

读者耳目一新，因为它和以往的中国文学选本不同，里面没有"革命意识形态的痕迹，没有强加的政治宣传，甚至没有说教色彩"①。李欧梵简略地介绍了寻根文学出现的历史背景，并对入选的作品和作家进行了简要评述，指出这些作家以自己独特的声音，阐释了"强烈的没有归属感、矢志不愈地追求不可达到的目标、面对生活的变迁茫然无措"②等主题。"尽管对西方读者来说，这些小说过于简单、平淡，他们可能会期望这一代在过去二十年里经历了众多磨难的中国作家，能够写出更加深刻的作品。但对于经历了人生暴风骤雨的中国作家来说，恰恰是简单的叙事和抒情最能打动读者。"③ 而且，"其中的一些佳作无论从语言还是意象运用上来看，都清新宜人"④。

"寻根文学"之后的"先锋小说"是中国新时期文坛上比较富于美学创新的文学流派。1998年王晶编选了英文版的《中国先锋小说选》⑤，收入了7位先锋作家的14篇小说，具体包括：格非的《追忆乌攸先生》《青黄》《嗯哨》，余华的《西北风呼啸的中午》《一九八六》《此文献给少女杨柳》，苏童的《飞跃我的枫杨树故乡》《水神的诞生》《舒家兄弟》，残雪的《山上的小屋》，孙甘露的《我是少年酒坛子》，马原的《叠纸鹞的三种方法》《游神》以及北村的作品。该书的编选者王晶写了一篇长达14页的"前言"，对中国先锋文学出现的背景、代表性的作家作品、先锋作家的文学观、先锋小说的特点等做了详细介绍，强调收入该选集的都是"迷恋形式和寻求讲故事乐趣"⑥的作品，让国外的读者认识到中国的文学作品不仅关注主题表达，同样也注重形式探索，"有意味的形式"是中国新时期文学探索的重要收获之一。

除了对中国新时期不同文学流派的作品进行集中译介外，按专题、地域选择、组合译本也是国外学者喜欢的方式。在这方面，女性作家文集、探讨女性或同性之间亲密关系的选集、中国西部作品集、描写中国农民的选集、不同专题杂汇的选集，具有一定的代表性。

就女性作家文集来说，译成英文出版的主要有以下几部。1988年，刘年玲

---

① Jeanne Tai, ed. *Spring Bamboo: A Collection of Contemporary Chinese Short Stories*. New York: Random House, 1989, p. xi.
② Jeanne Tai, ed. *Spring Bamboo: A Collection of Contemporary Chinese Short Stories*. New York: Random House, 1989, p. xv.
③ Jeanne Tai, ed. *Spring Bamboo: A Collection of Contemporary Chinese Short Stories*. New York: Random House, 1989, p. xvii.
④ Jeanne Tai, ed. *Spring Bamboo: A Collection of Contemporary Chinese Short Stories*. New York: Random House, 1989, p. xvi.
⑤ Jing Wang, ed. *China's Avant-Garde Fiction: An Anthology*. Durham: Duke University Press, 1998.
⑥ Jing Wang, ed. *China's Avant-Garde Fiction: An Anthology*. Durham: Duke University Press, 1998, p. 14.

等人编选的《玫瑰色的晚餐：中国当代女作家新作集》①出版，收入了谌容的《玫瑰色的晚餐》和《关于猪仔过冬的问题》、张洁的《未了录》、张抗抗的《火的精灵》、宗璞的《我是谁》、茹志鹃的《儿女情》、王安忆的《朋友》、张辛欣的《我在哪儿错过了你》等作品。

1991年，朱虹编选、翻译的《恬静的白色：中国当代女作家之女性小说》②出版，收入了陈瑞晴的《猜猜》、包川的《高音喇叭》、古应的《晶晶落生记》和《恬静的白色》、胡辛的《四个四十岁的女人》、陆星儿的《今天没有太阳》和《一个和一个》、牛正寰的《风雪茫茫》、问彬的《心祭》、宗璞的《核桃树的悲剧》等。朱虹有意选择了当时在国外还不太知名的中国女作家，像包川、古应、牛震寰、陈瑞晴、胡辛、问彬等，旨在让国外的读者看到一些中国女性作家的新面孔。哈佛大学的叶凯蒂为朱虹的选本写了"序"，介绍了"五四"以来中国女性的生存状况和女性作家的地位，指出收入本书的小说主要是将女性作为一个整体来塑造的，"小说更多的是表现她们的社会层面而不是个体层面，人物的经历具有广泛的代表性，而不注重挖掘她们个人遭际的独特性"。③ 这些小说像陈瑞晴的《猜猜》、牛正寰的《风雪茫茫》，主要描写女性争取基本的做人的权利，还谈不上要求做女人的权利。在古应的《恬静的白色》和陆星儿的《今天没有太阳》中，主人公的女性意识开始觉醒，她们反抗自己牺牲品的命运，要求重新界定自身的价值，关注女人的地位和命运。这在当时西方人对中国女性作家和女性生存状况缺乏了解的情况下，引起了西方读者的阅读热情。

由美国女编辑金婉婷编选的《我要属狼：中国女性作家的新呼声》④，收入了马中行的《我要属狼》、铁凝的《遭遇礼拜八》、白峰溪的《风雨故人来》、向娅的《女十人谈》、王安忆的《弟兄们》、刘西鸿的《你不可改变我》和韩春旭的《背对命运的独白》。李小江写了一篇洋洋洒洒的"序"，对收入该选集的作品从四个层面进行了详细的解读。首先，是爱与被爱的权利。⑤ 韩春旭的《背对命运的独白》在"一神论"的爱的教义（爱情就是爱男人、爱丈夫）中揉进了"泛神论"的情趣，以一个隐晦的"第三者"插足的故事，探讨未婚先孕问题，不仅无视传统的家庭规范，而且无视传统的道德规范。其次，"性"的权利。20

---

① Nienling Liu et al., trans. *The Rose Colored Dinner*: *New Works by Contemporary Chinese Women Writers*. Hong Kong: Joint Publishing Co., 1988.

②③ Hong Zhu, ed. *The Serenity of Whiteness*: *Stories by and about Women in Contemporary China*. New York: Ballantine Books, 1991, pp. viii – ix.

④ Diana B. Kingsbury, compile and trans. *I Wish I Were a Wolf*: *The New Voice in Chinese Women's Literature*. Beijing: New World Press, 1994.

⑤ Diana B. Kingsbury, compile and trans. *I Wish I Were a Wolf*: *The New Voice in Chinese Women's Literature*. Beijing: New World Press, 1994, p. 7.

世纪80年代中期以后,"性主题在女性作家创作中已不是什么新鲜事儿。女作家借女主人公之口,将与肉身相关的'性'同与灵魂相关的'爱'相提并论"。向娅的《女十人谈》以纪实文学的手法,揭示出一场深层的性革命已经开始。"女性的主体意识已经觉醒,一旦冲破了来自自身的、传统的性观念的束缚,'性'的权利要求就会相应地产生,如水到渠成一般。"① 再次,选择生活方式的权利。曾经,妇女的生活方式是千年不变的老套路:出嫁、做妻子、当母亲。但在新的时代里,"觉醒了的女人要求自己决定自己的命运,义无反顾地提出了'选择'的权利要求"。②《你不可改变我》中的"我"是一个有职业、有男友也有女友的独身者,过得舒展而惬意。《背对命运的独白》中的"我"甘愿选择"有爱"却"没有婚姻"的生活。最后,自我发展的权利。这部集子中有篇小说从两个不同的角度提出了女性的"自我发展"问题。马中行的《我要属狼》中的女主人公一直是婆婆、丈夫、儿子身边受苦的羔羊,在繁重的家务压迫、折磨下,变得窒息而卑贱。但她又是一位大学老师,在事业与家庭的两难处境中,她反思道:"如果我能从头再活一辈子,我不愿意属羊,我要属狼"。③ 她要"属狼",这是女人为了"自我发展"不得不做出的反抗。但即便是反抗了,结果又会怎样?白峰溪的《风雨故人来》中夏之娴以牺牲爱情和家庭为代价换来了事业上的成功,但她并不快乐,甚至不想让其他女人重复她走过的路。"从要属狼的'我'和夏之娴这两个女主人公不同方向上的自我否定中可以看出,中国当代女性'自我发展'的要求已经不是针对任何单一方面的权利,而是追求全面发展和更加完美的人生。"④

值得指出的是,朱虹和金婉婷的选本恰好反映了到此时为止,新时期中国女性文学发展的两个阶段。朱虹所选的作品大多写于20世纪80年代前期,突出的是"觉醒";《我要属狼》则几乎全部选自20世纪80年代中后期,创作主题集中于在"觉醒"的基础上全面伸张"女性的权利"。

《蜻蜓:20世纪中国女作家作品选》⑤ 是又一部聚焦女性作家的选集,选本中收入了从20世纪20年代到90年代11位作家的12篇小说,这11位作家是:

---

① Diana B. Kingsbury, compile and trans. *I Wish I Were a Wolf*: *The New Voice in Chinese Women's Literature*. Beijing: New World Press, 1994, p. 8.

② Diana B. Kingsbury, compile and trans. *I Wish I Were a Wolf*: *The New Voice in Chinese Women's Literature*. Beijing: New World Press, 1994, p. 9.

③ Diana B. Kingsbury, compile and trans. *I Wish I Were a Wolf*: *The New Voice in Chinese Women's Literature*. Beijing: New World Press, 1994, p. 10.

④ Diana B. Kingsbury, compile and trans. *I Wish I Were a Wolf*: *The New Voice in Chinese Women's Literature*. Beijing: New World Press, 1994, p. 11.

⑤ Shu-ning Scriban and Fred Edwards, eds. *Dragonflies*: *Fiction by Chinese Women in the Twentieth Century*. New York: East Asia Program, Cornell University, 2003.

凌叔华、张爱玲、冰心、韦君宜、康芸薇、西西、廖辉英、平路、蒋子丹、池莉和王安忆。编者之一王恕宁在"前言"中说，编选这个集子的目的有两个，一是通过介绍20世纪中国女作家的优秀作品，让英语国家的读者对中国的文学和文化有一个大致的了解；二是促进西方读者对20世纪中国女性地位和中国女性文学的认识，因为文学是社会生活的反映。编者选取作品时基于两点考虑。首先，这些作品都有很高的艺术价值，所有这11位作家都是时代的佼佼者，所有入选的作品都是脍炙人口的佳作。其次，小说中描写的都是"普通"女性，即不管出身和受教育如何，都既不是革命者，也没有雄心勃勃的追求，她们可能有些传统，甚至囿于家庭，但都无一例外地追求简朴、快乐的生活。① 和我们对新时期文学的探讨直接相关的，是该选本中蒋子丹的《等待黄昏》、池莉的《冷也好，热也好，活着就好》、王安忆的《姐妹们》。在编选者看来，她们三位是中国当代著名的女作家。蒋子丹的《等待黄昏》是女性对自己生存境遇的重新审视，池莉的《冷也好，热也好，活着就好》描写了城市女性日常生活中的快乐，王安忆的《姐妹们》则告诉我们农村的女性依然生活在令人压抑的环境当中。"这本选集虽然只有区区12篇小说，远远不能涵盖女作家在过去一个世纪里塑造的所有形象，但它确实反映了女性生活的不断变化。"② 从20世纪50年代到70年代，文学作品中的女性书写基本上沿袭一个模式。但20世纪80年代至90年代以来，女性书写有了显著变化，女作家拥有了更多的创作自由，之前三十年对女性的压抑给女作家提供了无尽的创作主题。"20世纪最后二十年女性文学所取得的成就超过了之前中国历史上任何一个时期，揭示的主题有女性争取爱的权利、女性意识的觉醒、寻求现代女性身份、深层地透视男女之间的关系、事业与家庭的冲突、性的要求，等等。"这些作家从多个角度重新审视女性问题，"女性走过了困惑、愤怒、沮丧的阶段，学会了理性分析，最终做到自己主宰自己的命运"。③

2001年，夏颂编选的《红色不是惟一的颜色》④ 出版。这本选集有意避开意识形态方面的考虑，收入的是探索女性或同性之间亲密友情的作品。入选的作品有：黄碧云的《她是女子，我也是女子》、陈染的《破开》、张梅的《记录》、王安忆的《弟兄们》、梁寒衣的《唇》、陈雪的《寻找天使失落的翅膀》等。编选

---

① Shu-ning Scriban and Fred Edwards, eds. *Dragonflies*: *Fiction by Chinese Women in the Twentieth Century*. New York: East Asia Program, Cornell University, 2003, p. 1.

② Shu-ning Scriban and Fred Edwards, eds. *Dragonflies*: *Fiction by Chinese Women in the Twentieth Century*. New York: East Asia Program, Cornell University, 2003, p. 23.

③ Shu-ning Scriban and Fred Edwards, eds. *Dragonflies*: *Fiction by Chinese Women in the Twentieth Century*. New York: East Asia Program, Cornell University, 2003, p. 20.

④ Patricia Sieber, ed. *Red Is Not the Only Color*: *A Collection of Contemporary Chinese Fiction on Love and Sex between Women*. Lanham, Maryland: Rowman & Littlefield Publishers, 2001.

者夏颂在谈到这本书的成书过程时说道:"《红色不是惟一的颜色》力图避开宏大的英雄叙事,避开那种国家与个人完全相冲突的叙事。新中国的文学已有许多英译本,其中有些标题中就透着'红',这些选集不仅突出政治,而且固化了文化和政治高度一致的老套观点,即便这种固化不是有意为之。与此同时,中国的许多电影瞄准国外市场,用特定的视觉意象去表现中国的过去。这些电影强化了中国和红色之间的关联,不仅体现在政治层面上,也表现在日常生活层面上。比如在传统的中式婚礼中,新娘子一律蒙着红盖头。'红色'似乎将中国简化成了两个故事,一个和政治革命有关,另一个和女性的角色有关。这本选集无疑从'红色'的这两点内涵——婚姻与革命出发,探寻红色叙事之外的文学表述。""收入本选集的作品,或刻画真挚的友情,或塑造事业上的知音、情感上的伴侣,或描写同性之间的亲密友情。更加宽松的政治、社会和文化环境为它们的出现提供了可能。"①

除了聚焦女作家和女性主题之外,对中国西部文学的译介也是新时期文学对外传播的一个重要成果。1988年,朱虹编选了《中国西部:今日中国短篇小说》②,收入了在地域上属于西部的作家和因政治原因下放到西部的作家的作品,具体包括贾平凹的《人极》和《木碗世家》、朱晓平的《桑树坪纪事》、张贤亮的《邢老汉和狗的故事》、张贤亮的《肖尔布拉克》、王蒙的《买买提处长轶事》、唐栋的《兵车行》、王家达的《清凌凌的黄河水》。该选本中所说的西部,指的是新疆、甘肃、青海、宁夏、陕西、西藏,约占中国土地面积的五分之一,新时期的改革开放政策对这些地区产生了巨大影响,也典型地体现了中国走向现代化过程中遇到的各种问题。这个选本里的大多数小说都是描写农民的,揭示他们的生活困境,叙说他们生活中传统和现代的冲突、新与旧的矛盾,也可以说这是一个农民专题的选集。改革之风吹进了边远闭塞的西部农村地区,"像中国其他地区一样,中国西部地区'也汇入了走向世界的潮流'"。③

1990年,萧凤霞编选的《犁沟:农民、知识分子与国家,中国现代小说与历史》④ 出版,该选集在一个宏大的历史发展脉络中,考察了从"五四"到新时期中国的知识分子是如何描写农民的,里面不仅收入了小说,还有作家关于题材

---

① Patricia Sieber, ed. *Red Is Not the Only Color: A Collection of Contemporary Chinese Fiction on Love and Sex between Women.* Lanham, Maryland: Rowman & Littlefield Publishers, 2001, p. 17.
② Hong Zhu, ed. *The Chinese Western: Short Fiction from Today's China.* New York: Ballantine Books, 1988.
③ Hong Zhu, ed. *The Chinese Western: Short Fiction from Today's China.* New York: Ballantine Books, 1988, p. x.
④ Helen Siu, ed. *Furrows: Peasants, Intellectuals, and the State: Stories and Histories from Modern China.* Stanford: Stanford University Press, 1990.

选择和创作手法的创作谈。入选的小说有：茅盾的《泥泞》、吴组缃的《某日》、萧红的《牛车上》、沙汀的《兽道》、艾芜的《咆哮的许家屯》、赵树理的《田寡妇看瓜》、康濯的《第一步》、方之的《出山》、浩然的《铁面无私》、高晓声的《送田》、古华的《爬满青藤的木屋》、李锐的《选贼》、杨绛的《干校六记》中的《学圃记闲》、韩少功的《归去来》、贾平凹的《水意》、阿城的《炊烟》和《父亲》，让西方读者对中国不同历史时期农民的精神面貌和生存状况有一个历时的、比较的认识。

1993年，陈家宁编选的《中国当代小说专题文选》① 出版，分为"过去与现在""爱情与婚姻""人与人之间""漂泊四海"四类主题，收入的作品有邓友梅的《那五》、刘心武的《钟鼓楼》、贾平凹的《天狗》、王安忆的《人与人之间》、冯骥才的《高女人和她的矮丈夫》、王蒙的《轮下》等作品，旨在让西方人对中国人的思维方式、生活方式和文学创作有更多的了解。

在中国新时期文学的对外译介中，除了按流派、专题编选的集子外，还有相当一部分选本是按照时间段松散地组合起来的，下面我们根据出版时间的先后，逐一加以介绍。

1983年，美国汉学家林培瑞编选的《倔强的草："文革"后中国的流行文学及争议性作品》② 在美国出版，该选本收入的主要是1979～1980年的作品，分为短篇小说、诗歌、戏剧、民间表演艺术四个板块。我们主要关注其中的小说部分，这一部分有刘真的《她明白了多一点点》、徐慧的《噩梦》、郑义的《枫》、陈国凯的《我应该怎么办》、金彦华与王景全的《死牢里的呐喊》、白桦的《一束信札》、蒋子龙的《基础》、小一的《卖蛋的女孩》和安东的《海不属于我们》，最后两篇是未发表过的作品。林培瑞在《前言》中说，这个选本是许芥昱1980年编选的《中华人民共和国的文学》（*Literature of the People's Republic of China*）的续本，因为那个选本收入的是1949～1979年的作品。正如标题中所言，林培瑞选入的大多是1979～1980年有影响、有争议的作品，从1979年开始，官方对文学创作的限制逐渐减少，中国作家能够在创作中反映出复杂、深刻的社会问题，带给西方读者一个相对真实和多样化的中国。林培瑞说，他力图选入那些对非中国读者有长期潜在影响的作品，刘真的《她明白了多一点点》和小一的《卖蛋的女孩》正符合这样的要求。不过入选的大多数小说都带有明显的时代特征和中国文化色彩，西方读者对中国了解得越多，对这些作品的理解也就越深刻。"至少，它们让人们看到了世界上人口最多的国家在过去若干年里所遭受的

---

① Jianing Chen, ed. *Themes in Contemporary Chinese Literature*. Beijing: New World Press, 1993.
② Perry Link, ed. *Stubborn Weeds: Popular and Controversial Chinese Literature after the Cultural Revolution*. Bloomington: Indiana University Press, 1983.

巨大创痛，这样的作品具有跨文化的价值，即便是带有某一特定文化的色彩。"①同时，林培瑞也指出了这些作品的不足。比如，过多地借鉴了西方电影中的闪回手法；巧合比比皆是；不管需不需要，都以程序化的浪漫爱情作为故事框架，等等。

也是在 1983 年，萧凤霞、塞尔达·斯特恩编选的《毛的收获：中国新一代的声音》② 出版，收入的主要是 1978~1981 年中国作家发表的作品，有小说、诗歌、随想、信札等不同文体，分为信仰、家庭、爱情、工作、政治五个专题。就小说来讲，有张洁的《忏悔》和《爱，是不能忘记的》、刘心武的《立体交叉桥》、张弦的《被爱情遗忘的角落》、蒋子龙的《基础》、陈忠实的《信任》、金河的《重逢》、甘铁生的《聚会》等。史景迁（Jonathan D. Spence）为本书写了一个短小精悍的"序"，认为"萧凤霞、塞尔达·斯特恩从一个正在发生变化的国家精心选取了一组极具价值的作品"，③ 这些作品富有洞察力，生动地反映了中国当代人的生活，带给西方人意料之外的惊喜。但他同时也指出，要想参与世界文学对话，这些作品还缺乏一种强烈的自我意识。④ 为了让西方读者更好地解读这些作品，该选本前面有洋洋洒洒的长篇《前言》，对新中国成立以来的政治运动和文学语境做了详细的说明与阐释，并附有入选作家的小传。

1984 年，林培瑞编选的《玫瑰与刺：中国小说的第二次百花齐放，1979 – 1980》⑤ 出版，包括王蒙的《夜之眼》、汪浙成和温小钰的《积蓄》、刘庆邦的《看看谁家有福》、林斤澜的《记录》、曹冠龙的《三个教授》、孔捷生的《在小河那边》、黄庆云的《化石记》、金河的《重逢》、张洁的《爱，是不能忘记的》、谌容的《人到中年》等。林培瑞写了一篇长达 41 页的"前言"，详细介绍了新中国成立以来中国的政坛动荡和文坛概况，阐释了书名中"玫瑰与刺"的含义，认为在中国，歌颂性的作品是"花"，批评性的作品是"刺"，而收入该集子的都是发表于 1979~1980 年的不同程度上的"刺"。⑥ 林培瑞认为 1979~1980 年的

---

① Perry Link, ed. *Stubborn Weeds*: *Popular and Controversial Chinese Literature after the Cultural Revolution*. Bloomington: Indiana University Press, 1983, p. 25.

② Helen Siu and Zelda Stern, eds. *Mao's Harvest*: *Voices from China's New Generation*. New York: Oxford University Press, 1983.

③ Helen Siu and Zelda Stern, eds. *Mao's Harvest*: *Voices from China's New Generation*. New York: Oxford University Press, 1983, p. vii.

④ Helen Siu and Zelda Stern, eds. *Mao's Harvest*: *Voices from China's New Generation*. New York: Oxford University Press, 1983, p. vi.

⑤ Perry Link, ed. *Roses and Thorns*: *The Second Blooming of the Hundred Flowers in Chinese Fiction*, *1970 – 80*. Berkeley: University of California Press, 1984.

⑥ Perry Link, ed. *Roses and Thorns*: *The Second Blooming of the Hundred Flowers in Chinese Fiction*, 1970 – 80. Berkeley: University of California Press, 1984, p. 21.

中国文学创作暴露出社会上存在的一系列问题，具有很大的史料价值。同时也表现了中国文坛在与西方隔绝30年之后，新时期的作家急切地想知道在世界文学的发展进程中，他们错过了哪些东西。作家致力于艺术上的探索，开始运用西方的闪回、黑色幽默（如王蒙的《买买提处长轶事》）、意识流（如王蒙的《夜的眼》）等手法。① 除了暴露社会问题和进行艺术上的探索外，林培瑞认为中国1979～1980年的小说还大胆地冲破以前的题材禁区，比如表现浪漫爱情的题材开始受到一些新时期作家的青睐。②

1985年，杜迈克出版了他编选的《中国当代文学：后毛泽东时期的小说与诗歌》③，收入的主要是1979～1980年发表的作品。除了北岛、顾城、舒婷的诗外，入选该选本的小说有陈迈平的《广场》、史铁生的《黑黑》《一个冬天的晚上》《午餐半小时》、戴厚英的《人啊！人》（节译）、竹林的《生活的路》（节译）、杨振文的《福大接亲》、礼平的《晚霞消失的时候》（节译）、李潮的《春寒》、张弦的《未亡人》、张抗抗的《悠远的钟声》、峭石的《管饭》等。杜迈克在"前言"中说，"这部选集里的作品证明批判现实主义传统在中国并没有消失"，"后毛泽东时代的大多数中国作家，像他们的'五四'先驱者一样，重新用现实主义创作来揭开社会的脓疮"。④ 杜迈克认为中国新时期之初的文学创作续接上了"五四"的文学传统，"毫不留情地、讽刺尖刻地揭露出中国当代生活中的阴暗面"，⑤ "入选的作品都是基于其内在的文学价值，不仅具有可读性，而且值得反复阅读，它们不仅让我们看到了当代中国社会存在的问题，在创作技巧上也值得研究"。⑥

1988年，白杰明和约翰·闵福德编选的《火种：中国良知的声音》⑦ 出版，里面收入了小说、诗歌、散文、访谈、剧本、歌词等多种体裁的作品，按主题划分成十类，比如有"墙"（喻"死胡同"）"讽刺""性禁忌""人道主义""朦

---

① Perry Link, ed. *Roses and Thorns*: The Second Blooming of the Hundred Flowers in Chinese Fiction, 1970 - 80. Berkeley: University of California Press, 1984, pp. 22 - 23.

② Perry Link, ed. *Roses and Thorns*: The Second Blooming of the Hundred Flowers in Chinese Fiction, 1970 - 80. Berkeley: University of California Press, 1984, p. 24.

③ Michael S. Duke, ed. *Contemporary Chinese Literature*: An Anthology of Post - Mao Fiction and Poetry. Armonk, New York: M. E. Sharpe, 1985.

④ Michael S. Duke, ed. *Contemporary Chinese Literature*: An Anthology of Post - Mao Fiction and Poetry. Armonk, New York: M. E. Sharpe, 1985, p. 3.

⑤ Michael S. Duke, ed. *Contemporary Chinese Literature*: An Anthology of Post - Mao Fiction and Poetry. Armonk, New York: M. E. Sharpe, 1985, p. 4.

⑥ Michael S. Duke, ed. *Contemporary Chinese Literature*: An Anthology of Post - Mao Fiction and Poetry. Armonk, New York: M. E. Sharpe, 1985, p. 6.

⑦ Geremie R. Barmé and John Minford, eds. *Seeds of Fire*: Chinese Voices of Conscience. New York: Hill and Wang, 1988.

胧诗"等。这些作品显示出中国文坛上的杂沓之声，其中有些是有争议的作品。除北岛、顾城、江河、芒克、杨炼等人的朦胧诗外，就小说来看，主要有北岛的《幸福大街13号》、刘心武的《黑墙》、戴厚英的《人啊！人》（节译）、张贤亮的《灵与肉》（节译）等。

1991年，杜迈克编选的《当代中国小说大观》①问世，共收入25篇小说，这些作品既有传统现实主义风格的，也有采用了象征、梦幻、意识流等现代派叙事技巧。题材亦多种多样，对历史的洞察，对浪漫爱情的描写，对母子关系的刻画，对寻常人生矛盾的揭示，不一而足。如韩少功的《蓝盖子》、乔典运的《无字碑》、残雪的《山上的小屋》、莫言的《白狗与秋千》、洪峰的《生命之流》、史铁生的《梦境》、陈建功的《辘轳把儿胡同九号》、郑万隆的《狗头金》、张承志的《辉煌的波马》等。

1991年，龙煕编选、翻译的《1987—1988年中国中短篇小说选》②出版，包括11篇中短篇小说，分别是王蒙的《来劲》、魏世祥的《火船》、邢洪亮（音译）的《荐贤》、韩少功的《故人》、谌容的《同窗》、岑之京的《青年阿德之烦恼》、马本德的《又见炊烟，又见炊烟》、李心田的《流动的人格》、曹乃谦的《到黑夜我想你没办法》、李送今的《流产》、刘玉峰的《巧娘》。编者在《前言》中说："本书的初衷是给国外中国当代文学研究者、学习者以及其他领域的汉学家，提供一些当今中国描写中国特有的政治动荡的、富有见地的作品。同时，也希望这些撼动心灵、以独特视角描写时代变迁的中国当代文学作品，能够引起西方读者更大的兴趣。"③

1992年，白杰明和贾佩琳编选的《新鬼旧梦录》④出版，这个选本可以视为前面谈到的《火种：中国良知的声音》的续篇，收入的有小说、诗歌、歌词、随笔、演讲、剧本、请愿书、新闻报道、纪实作品、报刊文章，等等。时间跨度从"五四"到新时期，个别作品甚至远至中国古代。其中很多作品传达出"一种深刻的危机意识——社会的、经济的、政治的、文化的、环境的危机意识，以及对中国迈向21世纪所面临的问题的深切忧虑"。⑤本书由五个相互关联的主题组成。第一个主题是"呐喊"，意为汉字"哭"，是对民主的呼唤，收入的有周作

---

① Michael S. Duke, ed. *Worlds of Modern Chinese Fiction*. Armonk, New York: M. E. Sharpe, 1991.
② Long Xu, ed. *Recent Fiction from China, 1987–1988: Novellas and Short Stories*. New York: Edwin Mellen Press, 1991.
③ Xu Long, ed. *Recent Fiction from China, 1987–1988: Novellas and Short Stories*. New York: Edwin Mellen Press, 1991, p. ix.
④ Geremie Barmé and Linda Jaivin, eds. *New Ghosts, Old Dreams*. New York: Random House, 1992.
⑤ Geremie Barmé and Linda Jaivin, eds. *New Ghosts, Old Dreams*. New York: Random House, 1992, p. xv.

人的《前门遇马队记》、西西的诗《晨辉》等。第二个主题是"束缚",意为汉字"缠",探讨历史、社会、文化对中国人的种种束缚,该主题下的作品有冯骥才的《三寸金莲》(节译)、龚自珍的《病梅馆记》等。第三个主题是"杂音",意为汉字"混",是和之前严格的意识形态文学不同的文坛新声,收入的作品有王朔的《一半是火焰,一半是海水》、徐星的《无主题变奏》等。第四个主题是"循环",意为汉字"回",指的是中国人在束缚和自由之间的挣扎,收入的作品有阿城的《观察》以及刘亚洲、柯云路等人的作品。第五个主题是"漂泊",意为汉字"浮",指流亡与回归,收入的作品有西西的小说《浮城志异》、余光中的诗《九广铁路》等。编选者的目的"旨在让西方读者看到中国人对自身存在问题的论争"①。

1994年,王德威和戴静编选的《狂奔:新一代中国作家》②出版,收入了20世纪80年代末90年代初的14篇中国小说的英译本,作者来自中国、美国和新西兰。王德威在《后记》中说,本选集"旨在提供一个崭新的中国形象,这个中国不再仅是地理意义和意识形态意义上的中国,而是一个同外界有文化交融、体现出共同的文学想象的中国"。③ 他认为,以前的中国现代文学选集太局限于地域。"而现在的大陆正向世界敞开胸怀,再以旧的地缘政治视角看待中国文学,已显得不合时宜。"④ 因此,他选本中作者的居住地遍及寰宇。选入该译本的作家作品主要有莫言的《神嫖》、也斯的《超越与传真》、余华的《现实一种》、钟玲的《望安》、朱天文的《柴师傅》、杨炼的《鬼话》、西西的《母鱼》、阿城的《节日》、顾肇森的《素月》、唐敏的《我不是猫》、李佩甫的《捉奸》、苏童的《狂奔》、杨照的《我们的童年》等。通过对上述小说的阅读,王德威认为20世纪末的中文小说有三个特征。第一个特征是怪世奇谈。中国年轻的一代作家,如莫言、苏童、余华等,创作风格诡谲多变,题材突兀惑人,常使读者如坠五里云雾,却又仿佛看出了什么。相对于以往所谓的高大全文学,这些作家以不可思议的笔触,力求写出不该说、不可说、也说不清的历史经验。第二个特征是历史的抒情诗化。新时期的作家们企图以"小我"的声音,扰乱以往宏大的历史叙事。"面对官方历史中发生了什么的记述和应该发生了什么的裂隙,这些作

---

① Geremie Barmé, Linda Jaivin, eds. *New Ghosts, Old Dreams*. New York: Random House, 1992, p. xxii.

② David Der-wei Wang, Jeanne Tai, eds. *Running Wild: New Chinese Writers*. New York: Columbia University Press, 1994.

③ David Der-wei Wang, Jeanne Tai, eds. *Running Wild: New Chinese Writers*. New York: Columbia University Press, 1994, p. 238.

④ David Der-wei Wang, Jeanne Tai, eds. *Running Wild: New Chinese Writers*. New York: Columbia University Press, 1994, pp. 238-239.

家试图用个人化的叙事来赋予历史以新的意义。"① 第三个特征是消遣（解）中国。20世纪末的中国文学不再像以往那样虔诚严肃，作家要消遣中国，消解中国的神话图腾，他们以讪笑、嘲谑、戏弄多种方式，来摇撼"感时忧国"传统的基石。王德威以上述作品为主导的高屋建瓴的分析与总结，对西方读者具有极大的指导与启发意义。

1995年，葛浩文编选的《中国小说选》出版，选入的是发表于1983～1995年之间的作品，有史铁生的《第一人称》、苏童的《舒家兄弟》、王蒙的《选择的历程》、李锐的《假婚》、多多的《我到达西安那天》、陈染的《嘴唇里的阳光》、余华的《往事与刑罚》、莫言的《灵药》、艾蓓的《红藤绿地母》、曹乃谦的《到黑夜我想你没办法》、毕飞宇的《祖先》、杨争光的《鬼地上的月光》、格非的《追忆乌攸先生》、陈村的《屋顶上的脚步》、池莉的《细腰》、孔捷生的《睡狮》等。

2001年，卡罗林·乔和苏立群编选的《中国当代小说精选》②出版，收入了20世纪最后20年的21部作品，主要有曹乃谦的《洪太太》、史铁生的《命若琴弦》、王安忆的《小院琐记》和《人与人之间》、苏叔阳的《生死之间》、苏童的《樱桃》、王蒙的《失恋的乌鸦及其他》、陈世旭的《小镇上的将军》、刘心武的《黑墙》、邓友梅的《寻访"画儿韩"》、张洁的《爱，是不能忘记的》、周立波的《山那边人家》、冯骥才的《高女人和她的矮丈夫》、毕淑敏的《一厘米》等。卡罗林·乔在《编者的话》中谈到，编选这个集子要达到两个目的："一是选取的作品要最能代表当今中国文化，反映中国人的生活，因此，从创作时间上看都是最近20年发表的作品。二是这些作品既反映了人类普遍的生存境况，又不失'文革'之后中国文学所特有的关注社会各个层面的特征。""这些作品对中国社会存在的问题进行了尖锐的批评，但又不失强烈的爱国之心。更可贵的是，作家有意用干净利落的语言来表达一种新的、对情感的深层探索。"③

2006年出版了穆爱莉、赵茱莉和葛浩文合编的《喧闹的麻雀：中国当代小小说选》④，共收入91篇小说，是过去30年来中国小小说创作的结晶。该小说选

---

① David Der-wei Wang, Jeanne Tai, eds. *Running Wild*: *New Chinese Writers*. New York：Columbia University Press, 1994, p. 249.
② Carolyn Choa and David Su Li-qun, eds. *The Vintage Book of Contemporary Chinese Fiction*. New York：Vintage Books, 2001.
③ Carolyn Choa, David Su Li-qun, eds. *The Vintage Book of Contemporary Chinese Fiction*. New York：Vintage Books, 2001, p. xi.
④ Aili Mu, Julie Chiu, Howard Goldblatt, eds. *Loud Sparrows*：*Contemporary Chinese Short - Shorts*. New York：Columbia University Press, 2006.

中最短的有125字，最长的达1 600多字，体裁丰富多样，寓言、童话、佚事、散文诗、讽刺小品、戏剧独白、经典故事、流行小说、历史小说琳琅满目。涉及的作家有60位之多，比较著名的有王蒙、汪曾祺、阿城、林斤澜、冯骥才、刘心武、莫言、曹乃谦、张抗抗、迟子建、陈克华、袁琼琼、苦苓、刘以鬯、钟玲、西西、也斯等。关于小小说这种文体，选译者之一穆爱莉在"前言"中说道："小小说具有小说的一切要素，正如中国古语所言：麻雀虽小，五脏俱全。"①"小小说让读者思考艺术的能动性，体现出不断再现多元想象的功能。小小说是这样一种艺术形式：它的审美形式和特征必然导致对定势思维的冲击；它的叙事方式和策略必然引发新视角，触发新思想。""我们希望这本选集能让西方读者感受到转型时期中华大地上熙熙攘攘的生活、不同音调的奏鸣和对个人意识的张扬。"②《喧闹的麻雀》的出版为西方世界打开了一扇了解中国世态万象的小窗口，北岛在该书的"序"中这样评价道："这些独特而富有洞察力的小说，让英语国家的读者体味中国人的日常生活，感受中国历史的脉搏，领略中国文学无穷的创造力。"③

除了多人合集的译介外，国外还出版了一些作家的个人文集和小说单行本。莫言的大多数长篇小说和重要的短篇小说目前都已有英译本。余华的长篇小说《活着》《许三观卖血记》《在细雨中呼喊》《兄弟》，短篇小说集《往事与刑罚》；苏童的长篇小说《米》《我的帝王生涯》《河岸》《碧奴》，中篇小说集《大红灯笼高高挂》《刺青》，短篇小说集《桥上的疯女人》；贾平凹的《浮躁》；王安忆的《小城之恋》《荒山之恋》《锦绣谷之恋》《小鲍庄》《长恨歌》；韩少功的长篇小说《马桥词典》、短篇小说集《归去来和其他故事》；张洁的小说集《爱，是不能忘记的》；郑义的《老井》；刘心武的小说集《黑墙及其他》等一大批中国新时期作家的作品也都被译成英文出版。

在英语世界对中国新时期文学的译介中，汉学家起到了十分重要的作用。美国的葛浩文、金介甫，英国的杜博妮、蓝诗玲，澳大利亚的雷金庆、白杰明，加拿大的杜迈克等，做出了令人钦佩的贡献。拿葛浩文来说，他被誉为中国现当代文学的首席且惟一的"接生婆"。夏志清称他是"公认的中国现、当代文学之首

---

① Aili Mu, Julie Chiu, Howard Goldblatt, eds. *Loud Sparrows*: *Contemporary Chinese Short – Shorts*. New York: Columbia University Press, 2006, p. xvi.

② Aili Mu, Julie Chiu, Howard Goldblatt, eds. *Loud Sparrows*: *Contemporary Chinese Short – Shorts*. New York: Columbia University Press, 2006, p. xxiii.

③ Aili Mu, Julie Chiu, Howard Goldblatt, eds. *Loud Sparrows*: *Contemporary Chinese Short – Shorts*. New York: Columbia University Press, 2006, p. xi.

席翻译家"①;刘再复盛赞他是"把中国现、当代文学作品翻译成英文最积极、最有成就的翻译家",是"中国文学的指引和积极传播者"。② 葛浩文已从事中国现当代文学作品英译三十余年,用他的激情和才华,将中国20多位现当代作家的40余部作品介绍到英语世界,让中国文学披上了当代英美文学的色彩。葛浩文最钟情的中国当代作家是莫言。他关注莫言的每一部新作,目前已翻译出版莫言的近10部小说。在葛浩文眼里,莫言几乎囊括了一个优秀作家所应具备的所有特质,没有匠气,在叙述方式上丝毫不重复自己。

葛浩文翻译出版的中国新时期的文学作品依照出版的先后顺序,主要有杨绛的《干校六记》③、张洁的《沉重的翅膀》④、贾平凹的《浮躁》⑤、莫言的《红高粱》⑥、刘恒的《黑的雪》⑦、马波的《血色黄昏》⑧、莫言的《天堂蒜薹之歌》⑨、苏童的《米》⑩、古华的《贞女》⑪、王朔的《玩的就是心跳》⑫、李锐的《旧址》⑬、朱天文的《荒人手记》⑭、莫言的《酒国》⑮、王朔的《千万别把我当人》⑯、刘恒的《苍河白日梦》⑰、莫言的《师傅越来越幽默》⑱、阿来的《尘埃落定》⑲、莫言的《丰乳肥臀》⑳、苏童的《我的帝王生涯》㉑和《碧奴》㉒、毕飞宇

---

① 夏志清:《大时代——端木蕻良四十年代作品选·序》,转引自张杰《美国汉学中以葛浩文为代表的萧红及东北作家群研究》,载于《新文学史料》2009年第2期,第165页。
② 刘再复:《百年诺贝尔文学奖和中国作家的缺席》,载于《北京文学》1999年第8期。
③ Yang Jiang. *Six Chapters from My Life "Downunder"*. University of Washington Press, 1984.
④ Zhang Jie. *Heavy Wings*. Grove Press, 1990.
⑤ Jia Pingwa. *Turbulence*. Louisiana State University Press, 1991; paperback edition published by Grove Press, 2003.
⑥ Mo Yan. *Red Sorghum*. Viking, 1993; published simultaneously in Great Britain by Heinemann. Penguin Modern Classic, 1994.
⑦ Liu Heng. *Black Snow*. Atlantic Monthly Press, 1993.
⑧ Ma Bo. *Blood Red Sunset*. Viking, 1995; Penguin Modern Classic, 1996.
⑨ Mo Yan. *The Garlic Ballads*. Viking, 1995; Penguin Modern Classic, 1996.
⑩ Su Tong. *Rice*. William Morrow, 1995; Penguin Modern Classic, 1996; Perennial paperback, 2004.
⑪ Gu Hua. *Virgin Widows*. University of Hawai'i Press, 1996.
⑫ Wang Shuo. *Playing for Thrills*. William Morrow, 1997; published in UK by No Exit Press, 1997; Penguin paperback, 1998.
⑬ Li Rui. *Silver City*. Metropolitan Books, Henry Holt, 1997.
⑭ Chu Tien-wen. *Notes of a Decadent Man* (Li-chun Lin, co-tr.). Columbia University Press, 1999.
⑮ Mo Yan. *The Republic of Wine*. Arcade Publishing [US] and Hamish Hamilton [UK], 2000.
⑯ Wang Shuo. *Please Don't Call Me Human*. Hyperion, 2000.
⑰ Liu Heng. *Green River Daydreams*. Grove Press, 2001.
⑱ Mo Yan. *Shifu, You'll Do Anything for a Laugh*. Arcade, 2001.
⑲ Alai. *Red Poppies* [co-tr. with Sylvia Li-chun Lin]. Houghton Mifflin, 2002.
⑳ Mo Yan. *Big Breasts and Wide Hips*. Arcade, 2004.
㉑ Su Tong. *My Life as Emperor*. Hyperion, 2005.
㉒ Su Tong. *Binu and the Great Wall*. Canongate Books, 2007.

的《青衣》①、姜戎的《狼图腾》②、莫言的《生死疲劳》③、张炜的《古船》④、毕飞宇的《玉米》⑤、苏童的《河岸》⑥、莫言的《檀香刑》⑦、《四十一炮》⑧、《变》⑨等。这些汉学家以对中英两种语言的娴熟把握,将中国新时期的小说译成合乎英语读者接受习惯的文学作品。莫言甚至这样赞赏葛浩文的译文:"葛浩文教授的翻译与我的原著是一种旗鼓相当的搭配,但我更愿意相信,他的译本为我的原著增添了光彩。"⑩

## 二、新时期小说在英语世界的研究

中国新时期文学通过各种渠道传播到英语世界后,引起了研究者的热忱。英语世界研究中国新时期文学的核心力量有三股,一是汉学家,二是海外华人学者,三是海外攻读博士学位的年轻学人。

汉学家不仅是中国新时期文学的翻译者,也是很有发言权的研究者,他们在翻译的基础上展开研究,成为国外研究中国新时期文学的重要力量。

美国汉学家金介甫既是中国新时期文学的翻译者,也是一位出色的研究者。其主要研究成果有:《中国文学(一九四九——一九九九)的英译本出版情况述评》⑪、《中国后社会主义时代的反腐小说与现实主义作品:政治小说的回归》⑫和《小说与正义:当代中国的法律与文学》⑬。前者如题所示,结合历史发展形势,详细介绍了新中国五十年文学在英语世界的译介情况;中者详细解读了陆天明的《苍天在上》、陈放的《天怒》、张平的《抉择》、王跃文的《国画》、刘平

---

① Bi Feiyu. *Moon Opera* [co-tr. with Lin Li-chun]. Telegram Books [UK], 2007; Harcourt [US], 2009.
② Jiang Rong. *Wolf Totem*. Penguin, 2008.
③ Mo Yan. *Life and Death Are Wearing Me Out*, Arcade, 2008.
④ Zhang Wei. *The Ancient Ship*. Harper Collins, 2008.
⑤ Bi Feiyu. *Three Sisters*. Telegram [UK] and Harcourt [US], 2009.
⑥ Su Tong. *The Boat to Redemption*. Transworld [UK], 2009.
⑦ Mo Yan. *Sandalwood Death*. University of Oklahoma Press, 2012.
⑧ Mo Yan. *Pow*! Seagull Books, 2012.
⑨ Mo Yan. *Chang* [*What Was Communism?*]. Chicago University Press, 2012.
⑩ 莫言:《美国演讲两篇》,载于《小说界》2000年第5期。
⑪ Jeffrey C. Kinkley. "A Bibliographic Survey of Publications on Chinese Literature in Translation from 1949–1999", Pang-yuan Chi and David Der-wei Wang, eds, *Chinese Literature in the Second Half of a Modern Century: A Critical Survey*. Bloomington: Indiana University Press, 2000.
⑫ Jeffrey C. Kinkley. *Corruption and Realism in Late Socialist China: The Return of the Political Novel*. Stanford: Stanford University Press, 2007.
⑬ Jeffrey C. Kinkley. *Chinese Justice, the Fiction: Law and Literature in Modern China*. Stanford: Stanford University Press, 2000.

的《走私档案》，剖析了中国的现实主义、大众文化和批评家之间的关系，探讨了中国反腐小说的特点及局限；后者论述了中国官场文学的再次繁荣，追溯了中国官场文学的起源。此外，金介甫还主编了《后毛泽东时代的中国文学与社会，1978—1981》①。这是一部论文集，收入了金介甫、雷金庆、郑树森、林培瑞、李欧梵、鲁道夫·瓦格纳等人的论文，论述了中国的科幻小说、侦探小说、爱情小说、官方文学和民间文学的社会地位等问题，其中金介甫撰写了《20世纪80年代的中国侦探小说及其模式》(Chinese Crime Fiction and Its Formulas at the Turn of the 1980s) 一文。金介甫撰写的有关新时期文学的论文主要有：《中国当代文学中的新写实主义》②《张辛欣作为一个20世纪80年代的青年作家的文化选择》③。从以上列举的著作和论文可以看出，金介甫对中国文学兴趣广泛且研究深入。

英国汉学家杜博妮对中国文学的翻译与研究相得益彰，她与雷金庆合著的《20世纪中国文学》(*The Literature of China in the Twentieth Century*) 产生了一定影响。哈顿（Rosemary Haddon）评价道："本书对中国文学目前的趋势和未来的走向提出了很有洞察力的见解。"④ 该书对新时期的伤痕文学、寻根文学、先锋小说等进行了探讨，并对新时期的众多作家，像汪曾祺、高晓声、王蒙、谌容、张贤亮、蒋子龙、冯骥才、刘心武、郑万隆、阿城、残雪、王安忆、刘索拉、莫言、苏童等，都做了专门介绍。从个人研究著作来说，杜博妮先后出版了《1949—1979年的中国流行文学与表演艺术》⑤《作者的虚构与读者的想象：20世纪中国文学》⑥《中国现当代文学作品翻译：官方操作与版权交易》⑦ 等。《1949—1979年的中国流行文学与表演艺术》主要探讨这样几个问题："中国文学的现状如何？这种现状是怎样形成的？这样的文学来源于怎样的文学和非文学源头？在塑造文

---

① Jeffrey C. Kinkley, ed. *After Mao*: *Chinese Literature and Society*, 1978—1981. Cambridge and London: Harvard University Press, 1985, reprinted in 1990.

② Jeffrey C. Kinkley. "New Realism in Contemporary Chinese Literature", *Journal of the Chinese Language Teachers Association*, 17.1, 1982, pp. 77—100.

③ Jeffrey C. Kinkley. "The Cultural Choices of Zhang Xinxin, a Young Writer of the 1980's", Paul A. Cohen and Merle Goldman, eds. *Ideas across Cultures*: *Essays on Chinese Thought in Honor of Benjamin I. Schwartz*. Harvard Council on East Asian Studies, Harvard University, 1990, pp. 137—162.

④ Rosemary Haddon. "The Literature of China in the Twentieth Century by Bonnie McDougall and Kam Louie", *The China Journal*, Vol. 44, 2000, p. 160.

⑤ Bonnie S. McDougall, ed. *Popular Chinese Literature and Performing Arts in the People's Republic of China*, 1949—1979. Berkeley: University of California Press, 1984.

⑥ Bonnie S. McDougall. *Fictional Authors*, *Imaginary Audiences*: *Modern Chinese Literature in the Twentieth Century*. Hong Kong: The Chinese University Press, 2003.

⑦ Bonnie S. McDougall. *Translation Zones in Modern China*: *Authoritarian Command Versus Gift Exchange*. Amherst, New York: Cambria Press, 2011.

化产品方面，艺术家、观众和权力机构之间的关系是怎样的？"①《作者的虚构与读者的想象：20 世纪中国文学》是一部观点锤炼的论文集，大胆质疑了 20 世纪中国文学作品、作者和读者之间的固有关系，指出政治制度与自我审查一起遮蔽了中国文学的真实性，认为中国文学的创作现状和作家的循规蹈矩是中国知识分子安于自身的边缘性地位的结果。《中国现当代文学作品的翻译：官方操作与版权交易》剖析了 20 世纪后半期中国文学英译的两种方式，促使研究翻译的学者、文化官员、政策制定者重新思考文学翻译的不同模式，是一部对中国文学作品的英译进行深入理论阐释的著作。

另一位英国汉学家蓝诗玲除了翻译外，主要从事中国现当代文学与文化史、西方对中国的认识史等方面的研究，曾出版《文化资本的政治角力：中国对诺贝尔文学奖的追求》②和《长城：中国与世界关系 3000 年》③。此外，蓝诗玲还发表了多篇研究中国文学的论文，如《从讽喻到刺激：20 世纪 90 年代的中国小说》④《大跃进》等。其中《大跃进》评述了 20 世纪最后 20 年中国当代文学作品的英译情况，以及其没有产生应有影响的事实。文中指出，尽管在过去 20 年里，英译中国当代文学作品的数量一直在增长，但难见轰动之作。⑤

澳大利亚汉学家雷金庆同样在中国当代文学研究方面做出了重要实绩。雷金庆的汉学研究以对中国男性气质的探讨为主要成就和重要特色。在翻译郑万隆的"异乡异闻"系列后，他撰写了论文《男性气质与少数族裔："异乡异闻故事"中的异化》⑥，以郑万隆的 14 篇"异乡异闻"故事为研究对象，探讨中国新时期寻根文学中把原始性等同于中华性的伪命题，认为郑万隆作品中体现出来的原始性与汉文明之间的二元关系，反映出寻根作家对中华性和人类生存异化的认识。除此之外，雷金庆的《亚洲男人的男性气质：中国和日本的男性气概内涵及表

---

① Richard King. "Popular Chinese Literature and Performing Arts in the People's Republic of China, 1949 – 1979 by Bonnie S. McDougall", *Pacific Affairs*, 1985 – 1986 (4), p. 693.

② Julia Lovell. *The Politics of Cultural Capital*: *China's Quest for a Nobel Prize in Literature*. Honolulu: University of Hawai'i Press, 2006.

③ Julia Lovell. *The Great Wall*: *China against the World* 1000 BC – AD 2000. London: Atlantic Books, 2006.

④ Julia Lovell. "From Satire to Sensationalism: Chinese Fiction in the 1990s", *China Review*, Autumn/Winter, 2001.

⑤ Julia Lovell. "Great Leap Forward", *The Guardian*, Jun 11, 2005.

⑥ Kam Louie. "Masculinities and Minorities: Alienation in 'Strange Tales from Strange Lands'", *The China Quarterly*, No. 132, 1992.

现》①《中国男性气质的理论化》②等,在国际学术界产生了较大影响。他归纳出中国男性气质中"文""武"两种类型,"文"或者优雅的男性气质是以孔子和文人作为象征的,强调的是文化内涵而不是身体能力;"武"或者尚武的男性气质是以关帝以及居住在民间社会之外的神秘空间(江湖)中的武侠形象作为象征的,这些英雄人物强调身体的力量和技能。雷金庆的性别研究与一般研究者不同的地方在于,他把男性气质研究提升到理论的高度,对之进行了深度的理论化阐释。

关于20世纪的中国文学和文化,雷金庆的主要成果有:《事实与虚构之间》③,探讨的是中国新时期的伤痕文学、爱情小说和知青文学等;《中国当代(1945—1992)小说的英译与批评》④,对1945~1992年间中国文学作品的英译与研究进行了较为系统的梳理与分析;与杜博妮合著的《20世纪中国文学》⑤分三大部分,分别探讨了1900~1937年、1938~1965年、1966~1989年三个时间段的中国小说、诗歌、戏剧及其特点。

加拿大汉学家杜迈克在中国当代文学研究方面的著述主要有:《现当代中国女作家评论》⑥,涉及新时期的张洁、张抗抗、张欣欣、谌容等作家,对新时期文学作品中的青年知识女性形象、女性意识等做了深层剖析。杜迈克还写了一部专论后毛泽东时代文学的专著《繁荣与竞争:后毛泽东时代的中国文学》⑦,论述了毛泽东去世后中国文坛上出现的"新现实主义"(指"伤痕文学""反思文学"等),论及刘宾雁、白桦、戴厚英等人的作品。

海外华人学者是国外研究中国当代文学的生力军。我们这里重点提及的有王德威、张旭东、吕彤邻、钟雪萍、蔡荣等人,他们的研究视野开阔,往往以前沿的国际学术视野作参照,呈现出与中国学者迥然不同的研究风貌,是来自异域的"新声"。这些华人学者从中国学者非常熟悉的作品和材料中发现了令人惊奇的东

---

① Kam Louie, Morris Low, eds. *Asian Masculinities: The Meaning and Practice of Manhood in China and Japan.* London and New York: Routledge, 2003.

② Kam Louie. *Theorising Chinese Masculinity: Society and Gender in China.* Cambridge: Cambridge University Press, 2002.

③ Kam Louie. *Between Facts and Fiction.* Sydney: Wild Peony, 1989.

④ Kam Louie, Louise Edwards, eds. *Bibliography of English Translations and Critiques of Contemporary Chinese Fiction*, 1945–1992. Taipei: Center for Chinese Studies, 1993.

⑤ Bonnie S. Mcdougall, Kam Louie. *The Literature of China in the Twentieth Century.* New York: Columbia University Press, 1997.

⑥ Michael S. Duke, ed. *Modern Chinese Women Writers: Critical Appraisals.* Armonk, New York: M. E. Sharpe, 1989.

⑦ Michael S. Duke. *Blooming and Contending: Chinese Literature in the Post-Mao Era.* Bloomington: Indiana University Press, 1985.

西，发掘出中国当代文学研究的多种可能性。

王德威被称为海外中国现当代文学研究界继夏志清、李欧梵之后的第三代领军人物，著有《当代小说二十家》《想像中国的方法：历史·小说·叙事》《历史与怪兽：历史、暴力、叙事》①《众声喧哗：三十与八十年代的中国小说》等。在王德威的论著中，和中国新时期文学密切相关的是《当代小说二十家》，该书探讨了中国、新加坡、马来西亚等地的二十位作家，从中国选取的当代作家有七位，分别是王安忆、苏童、余华、李锐、叶兆言、莫言、阿城。王德威把王安忆视为海派作家的传人，而对苏童笔下南方的堕落与诱惑，余华对暴力与伤痕的迷恋，李锐对吕梁山的钟情，叶兆言对市井人间的兴趣和对旧瓶如何装新酒、俗曲如何表深情的追求，莫言对历史与原乡的开掘，阿城对世俗技艺的论断，不仅抓住了作家创作的核心，更是王德威独特批评话语的显现，成为国内中国新时期文学研究者广为征引的文献。王德威对这些作家作品以新批评的细读方法，辅以理论的融会贯通，写得笔意飞扬，文采横溢。作为一名身居海外的中国文学研究者，王德威对海外汉学的价值有着积极的认识："相对于历史和政治的因素，海外汉学所代表的一种很有想像力的研究方向，绝对是一个正面的效应。"② 像王德威这样的海外华人学者，以其英语优势和置身西方先进理论潮头的先机，和国内的中国现当代文学研究形成互补之势。

张旭东现为纽约大学比较文学系和东亚研究系教授，用中英文出版文化研究、文艺理论、现代主义及后现代主义研究等方面的著作多部，包括《对话启蒙时代》③《后社会主义和文化政治：20世纪中国的最后十年》④《全球化时代的文化认同：西方普遍主义话语的历史批判》⑤《改革时代的中国现代主义：文化热、先锋小说和新中国电影》⑥ 等。《对话启蒙时代》中既有张旭东和《启蒙时代》的作者王安忆的长篇对谈，也有张旭东对该小说文本和启蒙问题的深入分析，亦有王安忆对小说"虚构"功能的畅谈。《后社会主义和文化政治：20世纪中国的最后十年》剖析了王安忆作品中的上海怀旧情结，莫言《酒国》中的魔幻现实主义和市场经济因素。《改革时代的中国现代主义：文化热、先锋小说和新中

---

① David Der-wei Wang. *The Monster that is History*：History，Violence，and Fictional Writing in Twentieth-Century China. Berkeley：University of California Press，2004.
② 季进：《海外汉学：另一种声音——王德威访谈录之一》，载于《文艺理论研究》2008 年第 5 期。
③ 张旭东、王安忆：《对话启蒙时代》，生活·读书·新知三联书店 2008 年版。
④ Xudong Zhang. *Postsocialism and Cultural Politics*：The Last Decade of China's Twentieth Century. Durham：Duke University Press，2008.
⑤ 张旭东：《全球化时代的文化认同：西方普遍主义话语的历史批判》，北京大学出版社 2006 年版。
⑥ Xudong Zhang. *Chinese Modernism in the Era of Reforms*：Cultural Fever，Avant-Garde Fiction，and New Chinese Cinema. Durham & London：Duke University Press，1997.

电影》探讨了中国的先锋文学作品、电影以及文学批评，认为"尽管先锋小说在很多人看来是新时期最注重形式、最具后现代文学风格的创作，但它深深植根于当代激进的社会文化氛围，而这种氛围是后革命时代的中国知识分子主流话语所没有触及到的"。① 并通过对格非作品的细读，阐释了 20 世纪 80 年代后期中国先锋小说的典型主题：记忆、时间、历史、自我或主体性，形成了自己以后社会主义为特色的研究领域。

吕彤邻现为加拿大蒙特利尔大学比较文学系教授，其学术领域主要以中国文化研究为阵地，包括《玫瑰与莲花：法国与中国的欲望叙事》②《20 世纪中国文学和社会中的性别与性》③《厌女症、文化虚无主义和对立政治：当代中国实验小说》④ 等。其中《20 世纪中国文学和社会中的性别与性》是一部论文集，与新时期文学有关的几篇论文分别探讨了刘恒的《伏羲伏羲》、莫言的《红高粱家族》中男性气质和女性意识的建构、残雪作品中的妄想狂，以及蒋子丹《等待黄昏》、王安忆《弟兄们》中的女性关系。而《厌女症、文化虚无主义和对立政治：当代中国实验小说》是和中国新时期文学密切相关的一部著作，其中的有关章节以个案研究的方式，探讨了莫言的《红高粱》，残雪创作中的妄想症，苏童的《一九三四年的逃亡》《妻妾成群》《罂粟之家》里面的女性意识和男性气质，指出 20 世纪 80 年代的中国也有一种厌女症。

钟雪萍现任教于美国塔夫茨大学，其研究兴趣和范围包括：中国现当代文学文化及社会史，中西女性主义理论与批评，中西文学和文化批评理论与思想史等。钟雪萍用中英文出版、发表著作和论文，其英文著作（编著）有：《被围困的男性气质？20 世纪末中国文学的现代性和男性主体》⑤《毛泽东时代的中国女性》⑥。主编、出版的中文著作有：《越界的挑战：跨学科女性主义研究选译》[与劳拉·罗斯克（Laura Roskos）合编]、《文化与社会转型》（与曹天予合编）、《美国大学课堂里的中国》（与王斑合编）。除了著述外，钟雪萍还发表了大量的

---

① Xudong Zhang. *Chinese Modernism in the Era of Reforms: Cultural Fever, Avant-Garde Fiction, and New Chinese Cinema*. Durham & London: Duke University Press, 1997, p. 117.

② Tonglin Lu. *Rose and Lotus: Narrative of Desire in France and China*. Albany: State University of New York Press, 1991.

③ Tonglin Lu. *Gender and Sexuality in Twentieth-century Chinese Literature and Society*. Albany: State University of New York Press, 1993.

④ Tonglin Lu. *Misogyny, Cultural Nihilism & Oppositional Politics: Contemporary Chinese Experimental Fiction*. Stanford: Stanford University Press, 1995.

⑤ Xueping Zhong. *Masculinity Besieged? Issues of Modernity and Male Subjectivity in Chinese Literature of the Late Twentieth Century*. Durham: Duke University Press, 2000.

⑥ Xueping Zhong et al., eds. *Some of Us: Chinese Women Growing Up in the Mao Era*. New Jersey: Rutgers University Press, 2001.

中英文论文，英文的主要有：《银幕内外的"赵先生"：男性欲望及其在当代中国城市中的难以实现》①《谁是女权主义者？——由〈上海宝贝〉和"身体写作"引发的对中国女权主义矛盾立场的思考》②《男人的磨难和男人的欲望：张贤亮〈男人的一半是女人〉的政治解读》③、《姐妹情？两部中国当代文学作品中的女性关系表述》④ 等。中文的论文主要有：《后妇女解放与自我想象》（《读书》，2005 年第 11 期）、《"女人味"大观：论当代中国大众文化中的女性话语》（收入杜芳琴、王向贤主编：《妇女与社会性别在中国（1987 – 2003）》）、《错置的焦虑》（《读书》，2003 年第 4 期）、《多元的妇女学》（《读书》，2002 年第 11 期）、《西方女性主义理论与中国现代文学》（收入鲍晓兰主编：《西方女性主义理论评介》）等，形成了自己以性别研究为特色的中国文学研究。

在钟雪萍的上述著作与论文中，《被围困的男性气质？20 世纪末中国文学的现代性和男性主体》是最有分量的一份学术成果。钟雪萍以卡加·希尔曼（Kaja Silverman）、朱迪斯·巴特勒（Judith Bulter）的女性主义理论为指导，以鲁迅、钱钟书和新时期的张贤亮、刘恒、韩少功、余华、王朔、莫言等人的作品为分析对象，系统而深入地阐释了中国知识分子、男性气质、现代性之间的关系。钟雪萍指出，后毛泽东时代的男性主人公既不拒绝自我，也不认为他们被置于了边缘地位。实际上，他们是新时期的男性作家希冀建构一个更加强壮有力的自我的表现。后毛泽东时代的中国作家以英雄的缺席和被置于边缘地位的男性主人公，传达出他们对历史创伤的焦虑。钟雪萍的这部著作对于那些关注中国新时期性别的研究者来说具有极高的价值和启发意义。

蔡荣现任教于美国埃默里大学，其学术兴趣和研究范围包括中国现当代文学与社会、当代中国大众文化、性别研究等。发表的和新时期文学有关的论文主要有：《被异化的他者：莫言〈丰乳肥臀〉中的母亲、父亲和私生子》⑤《文本之

---

① Xueping Zhong. "Mr. Zhao On and Off the Screen: Male Desire and Its Discontent in Contemporary Urban China", Zhen Zhang, ed. *The Urban Generation: Chinese Cinema and Society at the Turn of the 21st Century*. Durham: Duke University Press, 2007, pp. 295 – 315.

② Xueping Zhong. "Who is a Feminist? Understanding the Ambivalence towards *Shanghai Baby*, 'Body Writing', and Feminism in Post – Women's Liberation China", *Gender and History*, Vol. 18, No. 3, 2006, pp. 635 – 660.

③ Xueping Zhong. "Male Suffering and Male Desire: Politics of Reading *Half of Man is Woman* by Zhang Xianliang", Lisa Rofel et al., eds. *Engendering China*. Cambridge: Harvard University Press, 1994, pp. 175 – 191.

④ Xueping Zhong. "Sisterhood? Representations of Women's Relationships in Two Contemporary Chinese Texts", Tonglin Lu, ed. *Gender and Sexuality in Twentieth – Century Chinese Literature and Society*. New York: SUNY Press, 1993, pp. 157 – 173.

⑤ Rong Cai. "Problematizing the Foreign Other: Mother, Father, and the Bastard in Mo Yan's *Large Breast and Full Hips*", *Modern China*, Vol. 29, No. 1, 2003, pp. 108 – 137.

镜：博尔赫斯与后毛泽东时代的元小说》①《也谈余华小说中的孤独旅者》②《癫狂的众生：残雪小说中的自我与他者》③《危机意识的主体：韩少功笔下的非正常人》④ 等。

　　蔡荣最重要的学术论著是《中国当代文学中的主体危机》⑤。该著涵盖了上文提到的她撰写的有关莫言、余华、残雪和韩少功的几篇论文，此外，还涉及贾平凹的小说。该著作研究的中国文学时段是20世纪70年代末到90年代初，涉及的上述作家的作品也基本上是这一时期出版和发表的。书中探讨了知识分子和国家之间的紧张关系。蔡荣认为，新时期中国的改革给作家和知识分子带来了持久的危机，她借助中国新时期作家的创作主题来透视这一危机。蔡荣从李泽厚和刘再复对主体性的理论探讨入手，通过对韩少功的《爸爸爸》和《女女女》、残雪的《苍老的浮云》、莫言的《丰乳肥臀》、贾平凹的《废都》等小说文本的细腻剖析，揭示出新时期文学对自我的多重建构（作为社会政治的存在、作为文化主体的存在和作为新的艺术自我的存在）。蔡荣的研究不仅着眼于文学作品中的病态人物，而且论及形象塑造者受挫的自我，巧妙地把文学的内部因素和外部因素整合起来。在展开论述的时候，她对拉康（Jaques Lacan）、罗伯特·魏恩曼（Robert Weinmann）、辛西娅·恩洛（Cynthia Enloe）等的理论进行了灵活运用，使得这部著作在理论性与实证性上相得益彰。

　　海外攻读博士学位的年轻学人用英语撰写的博士论文构成中国新时期文学海外研究的另一块阵地。这些博士论文有就某一位作家进行研究的，有用某一个主题将几位作家的创作统和起来探讨的。而且不仅在选题上对国内的中国新时期文学研究构成互补之势，在理论和方法上也具有一定的启发性。下面择其要而述之。

　　科罗拉多大学雪莱·W. 陈（音译，Shelley W. Chan）的博士学位论文《连续性与非连续性：论莫言的小说》从莫言对以鲁迅为代表的"五四"文学传统继承与创新角度，探讨了莫言小说创作的几个重要主题。该论文的第一章梳理了中国文学的整体发展概况，特别是毛泽东时期和毛泽东之后一段历史时期的文学

---

① Rong Cai. "The Mirror in the Text：Borges and Metafiction in Post – Mao China", *Tamkang Review*, Vol. 32, No. 2, 2001, pp. 35 – 67.

② Rong Cai. "The Lonely Traveler Revisited in Yu Hua's Fiction", *Modern Chinese Literature*, Vol. 10, No1/2, 1998, pp. 173 – 190.

③ Rong Cai. "In the Madding Crowd：Self and Other in Can Xue's Fiction", *China Information：A Quarterly Journal on Contemporary China Studies*, Vol. 11, No. 4, 1997, pp. 41 – 57.

④ Rong Cai. "The 'Subject' in Crisis：Han Shaogong's Cripple（s）", *The Journal of Contemporary China*, Vol. 3, No. 5, 1994, pp. 64 – 77.

⑤ Rong Cai. *The Subject in Crisis in Contemporary Chinese Literature*. Honolulu：University of Hawai'i Press, 2004.

发展情况。之后介绍了莫言的生平，以及他在一个特定的历史时期登上文坛的背景。第二章探讨了莫言对历史的表述和建构，分析了历史唯物观在莫言这里是怎样受到挑战的，以及莫言对历史的看法是如何在他的两部主要历史小说（《红高粱》和《丰乳肥臀》）中发生变化的。论文认为："一方面，莫言描绘了道德化了的历史上的非道德现象，也就是说，他采取的是反对官方意识形态的叙事态度；另一方面，他通过颠覆以前历史小说中的善恶二元对立，把历史复杂化了。"① 指出"莫言模糊了历史和小说的界线……对莫言来说，历史不是必须向前发展进步的"。② "莫言不是像前人那样追溯历史上的英雄和光荣事迹，而是质疑历史，甚至否定历史。"③ 第三章揭示了莫言对他的家乡——山东高密矛盾复杂的历史情怀，比较了鲁迅和莫言对知识分子，特别是那些从城市返回农村故土的知识分子的看法，考察了莫言在小说中是如何把他的家乡变成一个抽象的存在，一个没有时间和边界限制、可以自由驰骋的空间。第四章分析了莫言的讽刺叙述策略，他以后现代主义的戏谑方式，展示了自己对社会、政治、文化痼疾和人性弱点的批判，并详细探讨了莫言如何把他的小说《酒国》写成政治寓言。总的来看，该论文试图呈现出一个新的莫言，一个继承并发展了以鲁迅为代表的"五四"文学传统的莫言。论文作者对该学位论文进行了丰富和修改，于2011年出版，名为《中国文学中的抗议之声：莫言的小说世界》。④

悉尼大学王一燕的博士论文《叙说中国：〈废都〉和贾平凹的小说世界》⑤以霍米·巴巴的"国族叙述"为理论框架，探讨了贾平凹的《浮躁》《废都》《妊娠》《逛山》《白夜》《土门》《高老庄》《怀念狼》等作品，该论文修改后于2006年出版成书。⑥

多伦多大学司徒祥文（John Edward Stowe）的博士论文《农民知识分子贾平凹的生活与早期创作：基于文学的分析》⑦结合贾平凹的生活，主要从以下几个

---

① Shelley W. Chan. "Continuity and Discontinuity: The Fiction of Mo Yan", Ph. D diss., University of Colorado, 2003, p. 31.
② Shelley W. Chan. "Continuity and Discontinuity: The Fiction of Mo Yan", Ph. D diss., University of Colorado, 2003, p. 32.
③ Shelley W. Chan. "Continuity and Discontinuity: The Fiction of Mo Yan", Ph. D diss., University of Colorado, 2003, p. 199.
④ Shelley W. Chan. *A Subversive Voice in China: The Fictional World of Mo Yan*. New York: Cambria Press, 2011.
⑤ Yiyan Wang. "Narrating China: Defunct Capital [Feidu] and the Fictional World of Jia Pingwa", Ph. D diss., The University of Sydney, 1998.
⑥ Yiyan Wang. *Narrating China: Jia Pingwa and His Fictional World*. London and New York: Routledge, 2006.
⑦ John Edward Stowe. "The Peasant Intellectual Jia Pingwa: An Historico-Literary Analysis of His Life and Early Works", Ph. D diss., The University of Toronto, 2003.

方面展开探讨：贾平凹的创作与中国古典文学名著比如《红楼梦》《金瓶梅》的联系；贾平凹的创作和其他中国作家比如沈从文、阿城的关系；贾平凹作品中表现出来的道家和佛家思想；贾平凹作品中对待女性的态度。

加拿大英属哥伦比亚大学郑明芳（音译）的博士论文《贾平凹20世纪90年代四部小说中的悲剧意识》① 主要研究了《废都》《白夜》《土门》和《高老庄》的悲剧意识，论文作者在梳理西方悲剧理论的基础上，剖析了贾平凹上述四部作品中主人公的生活、他们跨越城乡界线的努力以及小说对不同社会发展阶段的展示。作者的结论是：贾平凹具有一种悲剧意识，并且成功地将这种悲剧意识以艺术的形式传达出来。

加拿大英属哥伦比亚大学方金彩（Fang Jincai）的博士论文《中国当代作家张贤亮、莫言、贾平凹创作中的男性气质危机和父权制重建》② 从女性主义角度，在20世纪八九十年代呼吁重建儒家父性权威的文化语境中，重新解读中国当代三位著名作家张贤亮、莫言、贾平凹的三部作品《男人的一半是女人》《红高粱》和《废都》。该论文从历史发展的角度深入探讨了为什么当代男性气质的重建很大程度上依赖于女性。在具体论述时剖析了三个方面的问题：一是男性感到失去男性力量和女性化的主要原因；二是重构理想男性气质的意识形态框架；三是这些框架是如何建构男性的性别地位并影响男性对女性的看法和感情的，男性是如何让女性参与他们的男性气质建构的。

威斯康星大学麦迪逊分校危令敦的博士论文《性政治：张贤亮、莫言、王安忆的小说》从政治、文化和个人经验层面上剖析题目中几位作家小说创作中的性表述，认为性既是大自然的赠予，也是社会问题的根源。"性……是一股自古有之的激发活力的力量。到了当代，性沦为一种生理快感，成了解决不了的问题"。③ 论文结尾总结道："如果说在农村性因为和生育有关而带有某种崇高的含义，在城市却沦为人们见惯不怪的淫乱。"④

加拿大英属哥伦比亚大学李佩然的博士论文《中国当代文学的历史叙事——

---

① Ming Fang Zheng. "The Tragic Vision in Jia Pingwa's Four Novels of the 1990", Ph. D diss., The University of British Columbia, 2004.

② Jincai Fang. "The Crisis of Emasculation and the Restoration of Patriarchy in the Fiction of Chinese Contemporary Male Writers Zhang Xianliang, Mo Yan and Jia Pingwa", Ph. D diss., The University of British Columbia, 2004.

③ Ling Tun Ngai. "Politics of Sexuality: The Fiction of Zhang Xiangliang, Mo Yan and Wang Anyi", Ph. D diss., University of Wisconsin – Madison, 1994, p. 384.

④ Ling Tun Ngai. "Politics of Sexuality: The Fiction of Zhang Xiangliang, Mo Yan and Wang Anyi", Ph. D diss., University of Wisconsin – Madison, 1994, p. 385.

以韩少功、莫言、苏童为例》①探讨了中国当代小说中历史表述模式的变化。美国哥伦比亚大学的罗宾·林恩·维瑟（Robin Lynne Visser）的博士论文《20世纪中国文学想象中的城市主题》②结合20世纪80年代中国关于国民性、现代性和文化的讨论，重新审视先锋作家的创作，指出"文化论争一度将农村价值观和城市价值观严重地对立起来"，而先锋作家的创作"通过对城市和农村景观的详尽描写，尝试着解构文化论争，凸显现代性"。③美国威斯康星大学麦迪逊分校的狄德莉·奈特·萨比娜（Deirdre Knight Sabina）的博士论文《20世纪中国小说中的命运与自由意志》④探讨了20世纪80~90年代的反思文学、寻根文学、先锋小说对命运与自由意志的表述，并重点分析了莫言、苏童质疑、挑战决定论的姿态以及他们对现代艺术形式的探索为自由意志注入的力量。

加州大学米佳艳（Jia-yan Mi）的《乡土景观：中国现代文学、电影、艺术中的风景与国族叙事》⑤、普渡大学傅彬彬（Binbin Fu）的《身体革命：中国当代文学中的身体意识》⑥……可以说，用英语撰写的有关中国新时期文学的博士论文正以可观的数量和不断提高的质量，构成海外中国新时期文学研究的一支重要力量。

从英语世界对中国新时期的单个作家研究来说，莫言、余华、苏童、贾平凹、王安忆、韩少功、王蒙、残雪等成为关注的焦点。莫言我们后面要专辟一节进行探讨，因而这里着重看看其他新时期作家在英语世界的研究概貌。

余华是英语世界关注较多的作家。关于其《活着》，国外这样评论道："不仅写出了中国和中国人的精神内核，而且触及人性的深处……《活着》是人类精神的救赎，表达了人类共同的情感追求。"⑦《许三观卖血记》是"一部令人难忘的小说……余华抓住了动荡岁月里中国家庭生活中的简单和复杂，把深沉的爱包裹在黑色幽默里面，展现了一位父亲在种种困难面前显示出来的宽厚、善良以及

---

① Vivian P. Y. Lee. "The Presentation of History in Contemporary Chinese Fiction: Han Shaogong, Mo Yan, Su Tong", Ph. D diss., The University of British Columbia, 2001.

② Robin Lynne Visser. "The Urban Subject in the Literary Imagination of Twentieth Century China", Ph. D diss., Columbia University, 2000.

③ Robin Lynne Visser. "The Urban Subject in the Literary Imagination of Twentieth Century China." Ph. D diss., Columbia University, 2000, p.114.

④ Deirdre Knight Sabina. "Fate and Free Will in Twentieth-Century Chinese Fiction", Ph. D diss., University of Wisconsin-Madison, 1998.

⑤ Jia-Yan Mi. "The Spectacle of Xiangtu: Home, Landscape and National Representation in Modern Chinese Literature, Film and Art", Ph. D diss., University of California, 2002.

⑥ Binbin Fu. "Corporeal Reform: Figuring the Body in Contemporary Chinese Narrative", Ph. D diss., Purdue University, 1999.

⑦ Hua Yu. *To Live: A Novel*, trans. Michael Berry. New York: Anchor Books, 2003, back cover.

为家人不惜赴汤蹈火的牺牲精神"。①《在细雨中呼喊》描绘了"中国社会大动荡时期人们的悲剧命运……向读者展示了孩子眼中的家庭、友谊、性、婚姻、命运、死亡、出生,而这一切又掺杂着成年人孙光林的评论和哲学思考"。②《兄弟》像美国电视剧《24 小时》一样充满了狂风暴雨般的语言、肉体暴力以及情欲,具备这些元素的作品在西方会一鸣惊人。③

苏童的《妻妾成群》(译成英文后的名字为《大红灯笼高高挂》)、《米》《我的帝王生涯》等作品受到英语学界研究者的重视,认为苏童在《大红灯笼高高挂》中"重新界定了历史,将经验性的社会现实和易逝的个人梦想全都涵盖进去,而这种全新的历史视角又通过身体描写表现出来……通过身体书写历史,或者说重述历史时考虑身体的作用,是苏童的小说带给人最大愉悦的原因所在"。④《米》"描绘了一幅人性的讽刺画……它自有一种冷酷、讽刺的力量,让人欲罢不能"。⑤《我的帝王生涯》把"苏童华丽的散文风格……和令人惊异的细节描写、独具匠心的结构有机融合在一起,令这个险象环生的宫廷故事更加惊心动魄"。⑥

贾平凹的小说特别是《浮躁》漫卷了英语世界,西方学界认为《浮躁》"既真切感人,又带给人启迪"。⑦ "是一部极为难得的小说……情节曲折,充满着对生活的真知灼见。贾平凹以当地的方言和粗鲁的幽默,令人信服地描述了中国农村中支配农民精神和社会关系的价值观——忍耐。"⑧ "会让所有的美国读者爱不释手。"⑨ 而《废都》"以现实主义的笔触,用现实生活中的细节,痛快淋漓地一步一步揭开了一个在各方面都走向腐败的旧都城的生活画面"。⑩

王安忆的《长恨歌》"用一位女性的故事串起上海的社会动荡和文化变迁"⑪,探讨了"什么能够持久,什么保持不变——什么东西能够经受住时间的

---

① Hua Yu. *Chronicle of a Blood Merchant*, trans. Andrew F. Jones. New York: Pantheon Books, 2004, back cover.
② Li Hua. "Cries in the Drizzle: A Novel", *Pacific Affairs*, Vol. 81, No. 4, 2008/2009, pp. 625 – 627.
③ Jess Row. "Chinese Idol", *New York Times Book Review*, Mar. 8, 2009, p. 15.
④ Simon Patton. "*Raise the Red Lantern* by Su Tong and translated by Michael S. Duke", *World Literature Today*, Vol. 68, No. 3, 1994.
⑤ Richard, Bernstein. "Books of the Times; In China, 3 Generations, Much Trouble and *Rice*", *New York Times*, Nov. 13, 1995.
⑥ Anonymous. "My Life as Emperor", *Publishers Weekly*, Vol. 252, No. 5, 2005.
⑦ Kirkus Associates. "Rev. of *Turbulence*", *Kirkus Reviews*, Aug 15, 1991.
⑧ Ann Scott Snyder. "Rev. of *Turbulence*", *The Christian Science Monitor* (Eastern edition), Jan 15, 1992.
⑨ Paul E. Hutchinson. "Rev. of *Turbulence*", *Library Journal*, Vol. 116, 1991.
⑩ Jianying Zha. "Yellow Peril", *Triquarterly*, 93, 1995.
⑪⑬ Lisa Movius. "Rewriting Old Shanghai: Tragic Tales of Beautiful Young Girls Titillate Again", *Asian Wall Street Journal*, May 16 – 18, 2003.

流逝，又是什么会在剧烈的社会变迁中面目全非"。小说的结尾让"读者对小说中时间的流逝产生一种普鲁斯特式的伤感，这种伤感既映射出王琦瑶的忧伤，也映照出读者对正在消失的上海弄堂的留恋"。① "它契合了人们对上海的怀旧情绪，上海背景和对上海的怀旧使《长恨歌》声誉鹊起"。王安忆的《小鲍庄》"既有写实，亦有虚构"，"以悬置、省略、空白和沉静带给人一种不确定性和音乐感，它不是破碎意象、明确期待的外在呈现，而是带给人内在的启发。"③ 三恋——《小城之恋》《荒山之恋》《锦秀谷之恋》表现出王安忆超凡的勇气，"这样的小说很可能会改变西方人认为中国当代文学呆板乏味、缺乏文学价值和终极关怀的看法。"④

关于韩少功，西方学者出版了一部韩少功研究专著《以出世的状态而入世：韩少功与中国寻根文学》⑤，把韩少功的创作放到中国当时的文化和社会语境中加以诠释，深入分析了韩少功主要作品的主题、叙事技巧和反复出现的主题意象，用中国人认知世界的传统方式——"相对性"来观照韩少功的作品，指出韩少功对"相对性"的强调体现在他喜欢运用二元对立模式，比如生活和创作、梦境与现实、词语与意义、中国和西方、传统与现代、阴和阳、去和来等。

这些新时期作家在英语世界受欢迎的原因既有共性的一面，也有各自的独特之处。从共性来说，如西方世界希望通过阅读、研究中国新时期的作家作品，了解中国历史、政治和社会生活变迁；根据某些作家的小说改编的电影在国际上大放异彩，从而带动了对其作品的关注和研究；作家卓越的编织故事的能力吸引了外国读者；作家创造性地接受外国文学的影响，融会贯通后创作出既有民族性又有世界性的作品；好的译者，得力的翻译等。

从受欢迎的独特性来看则千姿百态。就余华来说，首先，他的小说本身非常打动外国读者。其作品中有更多的人性关怀，更关注人物本身的生命价值，在平凡的小人物身上挖掘出深刻的生存命题。并将中国社会的历史变迁融入普遍的人性描写当中，把文学的民族性和世界性有机地融合起来。如《活着》的主人公福贵充满苦难的一生体现了余华关于人是为活着本身而活着的，不是为活着之外的任何事物而活着的人生思考；《许三观卖血记》让人透过一个普通男人的辛酸看到了人性的温暖。其次，西方读者在余华的作品中读到了熟悉的东西，唤醒了他们记忆深处的某些情感，印证了他们对中国的某些想象。西方读者在接受中国文

---

① Francine Prose. "Miss Shanghai", *The New York Times*, May 4, 2008.

④ Sylvia Chan. "Book Review: Love in a Small Town", *The Australian Journal of Chinese Affairs*, No. 26, 1991, p. 209.

⑤ Mark Leenhouts. *Leaving the World to Enter the World: Han Shaogong and Chinese Root-Seeking Literature*. Leiden: CNWS Publications, 2005.

学时有两种思维定式,一是寻求文化认同,追求不同文学间的互证、互识;二是寻求一种全新的、同自己的文化习俗迥异的东西,追求东西方文化的互补。余华在走向文学创作的道路上受到很多外国作家的影响,主动吸收外国文学的养分,让西方读者在他的作品中找到一种文化认同感。最后,余华作品在西方的广为传播还和他语言简洁有关。文笔洗练是余华小说的一个重要特征,他始终保持着简洁的文风,多用短句,少用修饰语、复合句,而且小说结构简单,呈现出一种自然天成之美。这一切都为西方人翻译、阅读他的作品提供了有利的契机。

对苏童来说,独特的历史意识是他受到外国读者好评的原因。新时期文学中描写历史题材的作家有很多,但只有苏童的历史题材小说在国外引起更多的关注,这是因为他以截然不同的姿态介入历史:用个体的历史叙事代替群体的主流叙事;由侧重表现外在的历史行为转而主要揭示人的心理、命运和人性;放弃努力使历史呈现为整体统一的旧观念,刻意呈现历史的细小、碎片状态。比如,在《红粉》中,针对一个在新中国成立后如何把旧社会的"非人"变成新社会的"新人"的叙事,苏童采取了摒弃旧社会的烟花女子在新社会经过劳动改造蜕变为新人、并获得爱情的常规叙事模式。他笔下的秋仪和小粤都没有主动接受历史对个人的设计与规范,而是从历史对个人的铸造和改造中逃离了。秋仪从送去改造的车上逃走,遁入佛门,执拗地逃离历史的设计。小粤表面上接受了社会的改造,内心但却丝毫没有因为新的历史时代的到来而感到幸福,反而痛苦得想要自杀,她抛弃了历史对她的锻造。《妻妾成群》中颂莲接受的新式教育没有使她成为积极投入时代洪流的女学生,最终做出了当"小妾"这一与当时的历史价值相违背的选择,她放弃了历史的召唤。相对于忠实于主流历史意识形态的作品,国外的读者尤其是西方读者更喜欢苏童的处理方式,这让他们看到了历史洪流中不一样的选择,契合了西方人认为历史不是固定的,它有多种可能性,其叙事是多元化的观点。

西方世界对王安忆的关注,首先,和西方女性主义批评理论的兴起与发展使得对女性及女性作家的关注成为西方文学批评界的一个突出现象有一定关系。王安忆作为女性作家,再加上她创作了众多以女性为主人公的小说,因而进入了西方批评家的视线。王安忆虽然不是女性主义者,但她认为女性拥有比男性更为强大的人性力量,因此她构建的男女主人公以及两性关系模式,都不同于男性作家的女性叙事想象,表现出一种潜在的女性意识。《小城之恋》《荒山之恋》《锦绣谷之恋》表达了女性隐秘幽深的本能欲望,《长恨歌》表达了女性复杂多变的情爱经验,建构出一种新的以女性为主体、突出女性价值的两性关系模式。基于西方女性主义文学批评方兴未艾的背景和王安忆作品中对女性意识的强调,国外关注王安忆(也关注当代其他女性作家,如张洁、张抗抗等)就很好理解了。他们要了解中国女性的生存状况，评价中国女性作家对女性意识的表现，推动世界范围内的女性主义文学批评。其次，西方人对上海的怀旧情怀也是王安忆的作品在国外受关注的一个重要原因。王安忆对上海有着独特的情结，她的许多知名作品都是以上海为背景或以上海为主题创作出来的，比如《长恨歌》《妹头》《富萍》等。旧上海曾充斥着各色洋货，晃动着洋人的身影，嘈杂着洋人的声音。新中国成立后，西方人恋恋不舍地辞别旧上海，西方人对上海的记忆和怀念也只能在梦中重现。改革开放以后，中国新时期的文学作品被介绍到西方，西方人的上海梦又萌动了，他们迫不及待地想知道新时期的上海是怎样改换了容颜。王安忆的大量描写上海的小说给他们提供了这种可能。那些昔日在上海生活过或者对上海情有独钟的西方人，在王安忆的作品中重温了过去的时光，看到了新上海的种种变化；而那些西方"新生代"读者则从王安忆的作品中了解到上海曾经有过的沧桑和独特的地理人文，从而丰富了对上海这个今天仍是世界上重要城市的认识。

总的来看，英语世界对中国新时期文学的译介与研究不仅在数量上与前两个阶段相比有了大幅增长，在质量上也不断提高。这和新时期以来中国政府主动在国际上构建良好的中国形象，以及中国综合国力不断提升有着不可分割的关系。外国人眼中良好的中国形象推动了中国文学的境外传播，中国形象与文学传播形成良性互动，中国文学走向世界的期待越来越变成令人欣慰的现实。英语世界对中国新时期文学的研究整体上已由意识形态向文学审美回归，从社会学材料向文学作品回归，由单向度走向多元化。

不过，在看到成绩的同时也应该意识到存在的不足。正如许多学者指出的，目前文学"贸易"的逆差还是很大，而且就英语世界对中国作家作品的研究来说，一定程度上存在着脱离中国历史语境的想象性现象（一些华人学者的研究除外）。研究中国文学需要结合具体的历史语境展开。由于外国的一些中国文学研究者对中国的社会、历史发展缺乏足够的了解，因而在分析中国文学作品时容易从自身的感受出发，运用有限的中国知识，加上大胆的想象和联想，得出的结论虽然独特、新鲜，有时却有悖于作家的创作初衷和中国实情，造成误读。

## 第三节　英语世界的莫言研究

就目前来看，莫言可以说是英语世界研究最多的中国当代作家，特别是在他2012年获得诺贝尔文学奖（以下简称"诺奖"）后，英语世界对其作品的翻译、出版、研究、报道达到一个新的高潮。其实，英语世界对莫言的研究从来就没有冷却过。在全球最大的英文期刊、论文数据库ProQuest以"MoYan"为关键词进行检索，得到四五百篇的检索结果，去除相关度低的、消息报道性的，外加上收入各类研究论文集的莫言及其作品评论，有150篇之多是可能的。下面我们首先对莫言作品在英语世界的研究做一鸟瞰，然后评析一下莫言获诺贝尔文学奖的国外反响。

## 一、莫言作品在英语世界的研究

英语世界对莫言及其作品的研究覆盖面甚广，既有对莫言作品本身的探讨，也有从比较角度展开的研究。从主题上看，可以说涵盖了莫言涉及的主要问题领域：历史想象、时间、记忆、创伤、战争、苦难、欲望、身体、性、父权、女性、家族、电影改编……从风格和艺术手法看，狂欢、反讽、魔幻现实、传统继承……无不进入研究者的视野。而且这些论文发表的期刊级别高，研究者的威望、层次高。英语世界看重的刊物，如《今日世界文学》（*World Literature Today*）、《中国现代文学》（后更名为《中国现代文学与文化》，*Modern Chinese Literature*, renamed *Modern Chinese Literature and Culture*）、《纽约时报书评周刊》（*New York Times Book Review*）、《纽约书评》（*New York Review of Books*）、《亚洲研究》（*The Journal of Asian Studies*）、《柯克斯评论》（*Kirkus Reviews*）、《出版者周刊》（*Publishers Weekly*）、《图书馆学刊》（*Library Journal*）、《华尔街日报》（*Wall Street Journal*）等，都曾登载过莫言作品评论，有的像《今日世界文学》，还出版过莫言评论专辑。发表莫言及其作品评论的作者中许多是著名的汉学家和享誉海内外的华人学者，前者像美国的葛浩文、金介甫，加拿大的杜迈克，英国的蓝诗玲等，后者如王德威、吕彤邻等，他们以自己的敏锐卓识，发表对莫言作品的真知灼见。此外，还有一批海外的博士论文从不同角度分析了莫言及其作品。

《红高粱》是莫言翻译成英文的第一篇小说，由于张艺谋执导的电影《红高粱》的先行效应，该小说出版后得到西方人的高度评价。汉学家金介甫的赞美之词溢于言表："《红高粱》可以说是20世纪翻译成英文的最好、最感人的中国小说"。它"以现代主义的叙事策略，让过去和现在交织在一起。小说头绪繁复，不无神秘感，既有古典的悬疑，又有现代的画面感"。"《红高粱》在中国当代小说中是独一无二的……它的独创性和神话色彩，它的英雄主义和反英雄主义，它的暴力和荒诞，会让读者永远难忘。"① 菲利普斯（Alice H. G. Phillips）也不无赞赏地说："《红高粱》……是一部震撼心灵的小说，它有着加西亚·马尔克斯作品的震撼力和丰富内涵，情节蜿蜒迂回，场景瑰丽多姿，背景融铸着感情。"② 海外华人学者王德威在谈到《红高粱》时这样说："酿酒的神奇配方，江湖的快意恩仇，还有抗日的血泪牺牲，无不令人叹为观止。过去与未来，欲望与狂想，一下子在莫言小说中化为血肉凝成的风景。"③

对于莫言的《天堂蒜薹之歌》，汉学家杜迈克专门写了一篇长文进行评述，认为这是"一部风格独特、感人至深、思想深刻成熟的艺术作品""是莫言最有思想性的小说"。④ 论文还分析了该小说与"五四"小说的一脉相承，以及莫言对中国传统小说和西方现代主义技巧的借鉴与融会。王德威对杜迈克的这一阐释进行评价，认为杜迈克指出《天堂蒜薹之歌》与乡土文学传统的联系是别具慧眼，他认同杜迈克的评论，并做了进一步的阐释：表面上看《天堂蒜薹之歌》是回到了"社会主义现实主义风格，煞似农民抗暴的老套故事。但细细读来，我们方知莫言此作实有深义存焉。他的小说在人物、情节及叙事法则上似乎回响四五十年代赵树理等人的农民小说，也因此间接呼应了毛泽东的延安文艺讲话精神。其实不然。《天堂蒜薹之歌》依样画葫芦之余，暴露当年农民文学'天真可爱'之处，并反衬后续历史发展最残酷的一面。小说一方面对当年'新中国'的乌托邦叙述，作乡愁式的敬礼，一方面却也完全颠覆了这一叙述"。⑤ 翻译该小说的葛浩文指出："莫言的《天堂蒜薹之歌》以激越的元小说形式，暴露了地方官员的贪污腐败。"⑥

随后翻译成英语出版的《酒国》也赢得了西方人的高度认可。该小说的英译者葛浩文说："《酒国》更是对中国当代社会的尖锐批评……莫言以拉伯雷式的风格对中国社会的某些方面进行了批评和讽刺。"⑦ 更多的学者从叙事风格上对其做出评论。金介甫指出："这部小说比莫言已出版的作品都更为独特，不仅采

---

① Jeffrey C. Kinkley. "China—Red Sorghum：A Novel of China by Mo Yan and translated by Howard Goldblatt", *World Literature Today*, Vol. 68, No. 2, 1994.

② Alice H. G. Phillips. "On China—Red Sorghum：A Novel of China by Mo Yan and translated by Howard Goldblatt", *Current History*, Vol. 92, No. 575, 1993.

③ 王德威：《跨世纪风华：当代小说20家》，麦田出版社2002年版，第254页。

④ Michael S. Duke. "Past, Present, and Future in Mo Yan's Fiction of the 1980s", Ellen Widmer & David Der-wei Wang, eds. *From May Fourth to June Fourth：Fiction and Film in Twentieth-Century China*. Cambridge：Harvard University Press, 1993. 这里引用发表在2006年第6期《当代作家评论》上的译文：《论〈天堂蒜薹之歌〉》。

⑤ 王德威：《想象中国的方法：历史·小说·叙事》，生活·读书·新知三联书店1998年版，第363页。

⑥⑦ Howard Goldblatt. "Mo Yan's Novels Are Wearing Me Out", *World Literature Today*, Vol. 83, No. 4, 2009.

用了魔幻现实主义的夸张手法,而且使用了现代主义的碎片式叙事和后现代主义的杂糅风格。"① 菲利普·甘博恩(Philip Gambone)评价道:"《酒国》是一个后现代主义的奇妙组合,里面既有功夫小说和侦探小说的因素,也有中国传统超自然故事和美国西部小说的成分,同时也不乏魔幻现实主义的特色……通过将恐惧因素与戏剧成分、优美的和污秽的东西冶为一炉,莫言嘲讽了后毛泽东时代的某些改革主义者,同时大声疾呼中国灵魂力量的缺失。"② 西比尔·斯坦伯格(Sybil S. Sternberg)认为"莫言在这部小说中显示出他喜欢一种有意为之的、各线索之间彼此呼应同时又让人深思的复杂叙事。《酒国》在基调上更为大胆泼辣,意象丰富,情节离奇,表现出作者宏大的文学视野"。③

莫言的小说集《师傅越来越幽默》英文版出版后也在西方世界引起了较大反响。国外的《当代小说评论》刊文说:"莫言的写作特色既表现在文体上,也表现在主题上……他的叙述会突然转向奇异和怪诞,人们常常把他同两位公认的文学大师——加西亚·马尔克斯和福克纳相比较,尽管莫言的农民主人公使得福克纳的人物看起来更高雅一些。不过,虽然莫言的小说稍显灰暗,有些场面令人作呕,但他的描写充满了生命力和幽默感,灰暗而又灌注着同情与爱。"④ 英美学界重量级文学评论刊物《今日世界文学》刊文评价道:"《师傅越来越幽默》中的几个短篇展示了作者毋庸置疑的创作才华……莫言所表现出的叙事技巧可看作是一种中国式的巴洛克,充满了华丽、诡异的想象。"⑤《出版者周刊》刊文说:"如果中国有卡夫卡的话,他可能就是莫言。像卡夫卡一样,莫言通过各种方式来观察他所处的那个社会。他创造了一系列富有想象力、像卡夫卡的人变甲虫那样的意象……这部小说集中的故事讲述的是中国过去 20 年来发生的事情,它们带给人的感觉更像是不经意间做出的自助餐,而非精心准备的大餐。"⑥

对于像砖头一样厚重的《丰乳肥臀》,《出版者周刊》如此评价:"引人入胜的细节,毫不畏缩的描写……莫言的这部小说是一次感官的盛宴……莫言的描写非常大胆,有时甚至极为冷酷,因为他的幽默来自恐怖的东西,而整个故事非常吸引人,构思精巧,结构紧凑,更有许多有趣的插曲,带给读者阅读的愉悦……小说充满野性,令人回味无穷……是一部非常值得一读的小说。"⑦《今日世界文

---

① Jeffrey C. Kinkley. "The Republic of Wine", *World Literature Today*, Vol. 74, No. 3, 2000.
② Philip Gambone. "The Republic of Wine", *New York Times Book Review*, Jun 25, 2000.
③ Sybil S. Steinberg. "The Republic of Wine", *Publishers Weekly*, Vol, 247, No. 13, 2000.
④ Jeffrey Twitchell – Waas. "Shifu, You'll Do Anything for a Laugh", *Review of Contemporary Fiction*, Vol. 22, No. 3, 2002.
⑤ Timothy C. Wong. "Shifu, You'll Do Anything for a Laugh", *World Literature Today*, Vol. 76, No. 2, 2002.
⑥ Jeff Zaleski. "Shifu, You'll Do Anything For a Laugh", *Publishers Weekly*, Vol. 248, No. 29, 2001.
⑦ Anonymous. "Big Breasts and Wide Hips", *Publishers Weekly*, Vol. 251, No. 47, 2004.

学》则刊文评价道:"在莫言已出版的小说中,《丰乳肥臀》在主题和视野上无疑是最雄心勃勃的。"① 而《图书馆学刊》干脆说:"收藏亚洲图书的大型图书馆和收藏中国作家图书的专业图书馆,都会把这本书收藏进去。"②

对于莫言的《生死疲劳》,著名汉学家史景迁撰长文评论道:"莫言的最新力作《生死疲劳》……如史诗般壮丽,横跨 1950 年到 2000 年这段被称为中国改革时代的历史时期。因此,从某种意义上说,这部作品更像一段史料记录,它带领读者进行了一次跨越历史时空的旅行……可以说这部小说是莫言对历史忠实反映的一部政治性长剧,但它仍然是一部充满想象力、富有创造性的小说,以讽刺、幽默以及莫言特有的叙述方式震撼着读者。"③ 翻译该小说的葛浩文则说,《生死疲劳》是一部"充满野性和创造力的小说……除了元小说因素外,还有无处不在的黑色幽默和超凡想象"。④《华尔街日报》刊文说:"《生死疲劳》是一部通过一个地主的多次投胎转世,揭示中国历史的喜剧性史诗。"⑤ 当然,批评之声也不是没有。《书单》上有这样的评论:"莫言以擅长讽刺、作品发人深省著称。《生死疲劳》中的人物富有吸引力,他们的见解也非常深刻,但轮回转世的描写显得有些沉闷冗长。"⑥

莫言的其他作品《檀香刑》《四十一炮》《变》《蛙》等也正在引起英语世界研究者的关注。

从比较角度研究莫言的主要有何东辉的博士论文 "Reconstructions of the Rural Homeland in Novels by Thomas Hardy, Shen Congwen and Mo Yan" (The University of British Columbia (Canada), 2000)、黄伟仪 (Wong, Dorothy Wai Yi) 的博士论文 "Form, Force, and Sociality: A Study of the Literary Fantastic with Special Reference to Angela Carter and Mo Yan" (University of Hong Kong, 2004)、托马斯·英奇 "Mo Yan and William Faulkner: Influence and Confluence" (*The Faulkner Journal* 6, 1 (1990): 15 – 24) 等,这些论文通过将莫言和其他国家作家的比较,凸显出莫言的独特性和不同国家的作家在创作上存在的共通性。

---

① Fu Binbin. "Big Breasts and Wide Hips", *World Literature Today*, Vol. 79, No. 3/4, 2005.
② Quan Shirley N. "Big Breasts & Wide Hips", *Library Journal*, Vol. 129, No. 20, 2004.
③ Jonathan Spence. "Born Again", *New York Times Book Review*, May 4, 2008.
④ Howard Goldblatt. "Mo Yan's Novels Are Wearing Me Out", *World Literature Today*, Vol. 83, No. 4, 2009.
⑤ Robert J. Hughes. "Born Again; Chinese Author Mo Yan Weaves an Absurdist Reincarnation Tale." *Wall Street Journal* (Eastern edition), Mar 15, 2008.
⑥ Allison Block. "Life and Death are Wearing Me Out", *The Booklist*, Vol. 104, No. 13, 2008.

## 二、莫言获诺贝尔文学奖的国外反响评析

莫言获得诺贝尔文学奖可以说是 2012 年中国文学界最重大的事件。莫言此次获奖不管在国内还是国外都引起了热议，甚至是争议，如今这件事引起的喧嚣已沉寂下来，我们从新闻事件、政治事件、文学事件三个层面对莫言获诺奖做一剖析。

### （一）作为新闻事件

作为一个新闻事件，英语世界媒体对莫言获诺贝尔文学奖的报道非常及时、广泛。瑞典皇家文学院诺贝尔奖评审委员会宣布莫言获奖后，第一时间引起世界各大主流媒体的关注。英国的《泰晤士报》（*The Times*）、《每日电讯报》（*The Daily Telegraph*）、《独立报》（*The Independent*）、《卫报》（*The Guardian*）、《星期日泰晤士报》（*The Sunday Times*），美国的《华盛顿邮报》（*The Washington Post*）、《华尔街日报摘要》（*Wall Street Journal Abstracts*）、《纽约时报》（*The New York Times*）、《洛杉矶时报》（*Los Angeles Times*）、《国际先驱论坛报》（*International Herald Tribune*）、《华盛顿时报》（*The Washington Times*）、《基督教科学箴言报》（*The Christian Science Monitor*），加拿大的《全国邮报》（*National Post*）、《环球邮报》（*The Globe and Mail*）、《多伦多星报》（*The Toronto Star*），澳大利亚的《悉尼先驱晨报》（*The Sydney Morning Herald*）、《邮政快报》（*The Courier Mail*）、《太阳先驱报》（*The Herald Sun*），新加坡的《海峡时报》（*The Strait Times*）、《商业时报》（*The Business Times*），爱尔兰的《爱尔兰时报》（*The Irish Times*）等，先后进行了报道。各国报刊先是将其作为一个新闻事件进行简短的报道，内容涉及获奖人、获奖者国籍、获奖评语、莫言的主要作品及莫言本人的生平简介、莫言对此事的第一反应、中国政府对莫言获奖的祝贺等。这从新闻标题上可以看出来，如《莫言获诺贝尔文学奖》[①]、《中国作家莫言获 2012 年诺贝尔文学奖》[②]、《中国作家莫言获诺贝尔文学奖》[③]、《中国的莫言获得诺贝尔文学奖》[④]、《中国小说家获诺贝尔文学奖：作品将幻想和现实结合起来》[⑤]、《在对和

---

① "Mo Yan Wins Nobel Prize for Literature", thetimes. co. uk, October 11, 2012.
② "Chinese Author Mo Yan Wins the 2012 Nobel Literature Prize", telegraph. co. uk, October 11, 2012.
③ "Chinese Writer Mo Yan Wins Nobel Prize for Literature", independent. co. uk, October 11, 2012.
④ "China's Mo Yan Wins Nobel in Literature", *The Washington Post*, October 12, 2012.
⑤ "Chinese Novelist Wins Nobel Literature Prize; Recognized for Works of 'Hallucinatory Realism'", *The Toronto Star*, October 12, 2012.

平奖愤然之后,中国拥抱了诺贝尔文学奖》①、《来自中国的小说家获得了诺贝尔文学奖:〈红高粱〉作者打破了欧洲垄断世界著名文学奖项的局面》②、《中国作家说获诺贝尔文学奖"很吃惊"》③、《中国党报祝贺莫言获得诺贝尔文学奖》④等。应该说这是国际媒体对一个新闻事件的第一反应,是正常的,不带多少偏见和倾向性。

### (二) 作为政治事件

国外媒体对莫言获奖的报道很快发生转向,从新闻事件转向政治事件,从新闻性的报道转向政治层面的指责。莫言获诺贝尔文学奖本身是新闻事件和文学事件,世界各大媒体理应从文学、审美层面对其进行评价,但事实却是越过文学审美,炒作成对中国话题的兴趣。莫言作为体制内作家的身份、莫言的政治姿态甚至中国的自由民主,都成为国外媒体借助莫言获奖一事热衷议论的话题,而且报道篇幅也大为增加。

虽然诺贝尔文学奖获得者历来不乏争议,但热衷于从政治角度进行评价的情况并不多见。就莫言之前的五位获奖者来说,2011年获奖的瑞典诗人托马斯·特朗斯特罗姆(Tomas Transtromer)基本上没有政治层面的报道,各国媒体主要将之作为新闻事件和文学事件加以报道。2010年度的诺贝尔文学奖得主秘鲁作家马里奥·巴尔加斯·略萨(Mario Vargas Llosa)由于其生活经历带有浓厚的政治色彩——曾竞选过总统,做过记者,是个政治家,且其创作中多有政治内涵,因而国际上有些媒体从政治角度对其获奖进行报道,但这些带有政治字眼的报道多集中于他本人的政治身份、政治立场,并没有波及秘鲁的政治生活。因此,外媒对略萨获诺奖的评价没有演变成政治事件,而且政治层面的评述只占总体报道的一小部分。2009年获诺贝尔文学奖的德国作家赫塔·穆勒生于罗马尼亚,后流亡德国,加入德国籍。其作品大多描述在罗马尼亚期间如何受到言论自由的限制,因而在罗马尼亚受到禁止。穆勒获得诺贝尔文学奖后,国际媒体有一些政治层面的关注,但主要是对穆勒流亡身份的揭示,没有演变成意识形态上的质疑。2008年获诺贝尔文学奖的是法国小说家让-马里·古斯塔夫·勒·克莱齐奥

---

① "After Past Fury for Peace Prize, China Embraces Nobel Choice", *The New York Times*, October 12, 2012.

② "Novelist from China Gets Nobel for Literature; 'Red Sorghum' Author Breaks European Hold on Prestigious Writing Award", *The International Herald Tribune*, October 12, 2012.

③ "Chinese Writer Says 'Very Surprised' on Being Awarded Nobel Literature Prize", BBC Monitoring Asia Pacific – Political Supplied by BBC Worldwide Monitoring, October 12, 2012.

④ "China Propaganda Chief Congratulates Nobel Winner Mo Yan", Independent.co.uk, October 12, 2012.

(Jean - Marie Gustave Le Clézio)，瑞典皇家文学院公布结果后，观察家们没有就政治性、意识形态等问题大做文章。对于获得 2007 年诺贝尔文学奖的英国女作家多丽丝·莱辛（Doris Lessing），国际媒体报道的热点集中在她 88 岁高龄获得诺贝尔文学奖上，几乎没有专门从政治视角进行的报道。

尽管国际媒体对近五年诺贝尔文学奖获奖者的评价不能代表全部，但一定程度上可以看出国际媒体的倾向性。由于诺贝尔文学奖历来为西方主导，再加上意识形态的差异，使得中国本土作家获奖这一新闻、文学事件，被附加上更多的政治内涵。他们从政治层面看待诺贝尔文学奖，希望选择一个在政治上挑战中国政府的异议作家成为获奖者。当然，坚持文学为唯一标准的诺贝尔文学奖评委不会认同这一观点。

国际媒体的这种做法折射出两个问题。一是国际上对中国还存在着偏见，把一个文学问题引向政治领域，升级成对中国问题的议论。二是中国文学走向世界的艰难。中国文学走向世界除了翻译这道坎儿外，还面临着政治、意识形态的隔阂。

令人欣慰的是，英语世界的一些学者对这一倾向进行了反思与反拨："当一个澳大利亚作家获得文学奖项的时候，我们有没有问他/她是否批评其国家的政府没有处理好本国人的问题或是和伊拉克、利比亚等有关的国际问题？你会听到他/她说：这和文学有什么关系？……他们在作品中与当前的政治相疏离是合情合理的。同样，对莫言来说也是如此。"[1] "莫言在《四十一炮》中表现出对中国社会某些方面的失望，但其他国家的作家同样也会对他们的国家有这样的失望……在贫穷中长大的莫言，对生活充满了感恩，对国家给予他的一切、允许他做的一切充满了感恩。"[2]

## （三）作为文学事件

在我们看来，莫言获诺贝尔文学奖是一个文学事件，因而我们也最关心国外媒体从文学和审美层面对此事的评价。与国内对莫言获诺贝尔文学奖的评价相似，国外媒体的看法也是毁誉兼而有之。批评者指出"诺贝尔文学奖委员会因将 2012 年的诺奖授予 57 岁的莫言而备受争议和指责"，[3] "2012 年的诺贝尔文学奖

---

[1] Ouyang Yu. "Mo Yan, My China, Self - Colonization and Hallucination", *Antipodes* 27.1, 2013, p. 103.

[2] M. L.. "Mo on Mo: Dissent and the Demands of Literature", *The Economist* (Online), Jan 3, 2013.

[3] Angus Grigg. "Mo Wins, But Nobel Team Loses Its Mojo", *Australian Financial Review*, October 13, 2012.

授予莫言是典型的不顾文学品质的做法",①认为"莫言是对马尔克斯（Gabriel García Márquze）、福克纳（William Faulkner）、君特·格拉斯（Günter Grass）的阅读和对西方文学风格的模仿……他的作品缺乏对现实生活的真正揭示，因为莫言是体制内作家，那样做的话就会让他自己没有生存的立足之地。"②

但喜爱中国文学、研究中国文学的汉学家、国外学者、作家、出版人认为莫言获奖名副其实。莫言作品最重要的英译者葛浩文说："莫言获奖是名至实归，他在中国是一位多产、广受欢迎和尊敬的严肃作家。他的作品多是大部头的，风格恣肆汪洋，有时甚至不无粗俗之笔，但想象力非凡，给人以感官的盛宴，是他忠实于自己社会良知的产物。"③ 创建中国文学英文网站 Paper Republic 的艾瑞克·亚布拉汉森（Eric Abrahamsen）也说："莫言获得诺贝尔文学奖当之无愧，原因很简单，他是一位伟大的作家。""他为发展中国当代文学的语言和风格做出了巨大贡献，而且他的创作触及当代中国很多'宏大的'历史主题和社会主题。""中国文学经常从一个极端走向另一个极端"，"要么是作家为了表达自己对社会问题的看法而忽视了文学性，要么是回避社会问题，玩想象游戏，但莫言对二者进行了很好的平衡。"④ 马来西亚华裔作家欧大旭认为："从文学角度来看，莫言的才华和知名度都是毋庸置疑的"，"他的作品是对社会变革的强有力书写"。⑤ 张旭东说，莫言获得诺贝尔文学奖"是对当代中国文学迟到的承认"，"西方媒体……热衷于把这个问题政治化……但这并不代表一般读者的态度，也不代表专业批评界、学术界的态度。"⑥ 另一位学者王德威指出："莫言的作品中有一种'嘉年华'，一方面，他激发民间活力，描述最理想的乌托邦和创造力的可能性；而另一方面，他也会以自己的嘲讽、欢笑的幽默对未实现的、理想中的乌托邦加以质疑，"而"莫言的魔幻写实和想象力，比较容易激发外国人的想象。"⑦

国外出版莫言作品的出版社也庆幸自己的眼光。拱廊出版社（Arcade Publishing）已出版了莫言的五部小说，该社的创始人之一、2009 年去世的迪克·

---

① Charles Foran. "A Nobel Nod to the Might of Modern China", *The Globe and Mail*, October 13, 2012.
② Jasper Becker. "Disgusting, But Not Shocking", *The Spectator*, October 27, 2012.
③ Howard Goldblatt. "My Hero: Mo Yan", *The Guardian*, October 13, 2012.
④ Wei Liu. "Nobel Glory for Mo Yan; 'Red Sorghum' Author is China's First Writing Laureate", *The Nation*, October 13, 2012.
⑤ Tash Aw. "Nobel Prize: Was Mo Yan the Communist Party's Choice?", telegraph. co. uk, October 16, 2012.
⑥ 衣鹏："莫言是通向当代中国文学的门户"——对话纽约大学比较文学系教授、东亚系主任张旭东，载于《21世纪经济报道》2012 年 10 月 15 日。
⑦ 杜方舒：《王德威：莫言在美国知名度很高 魔幻写实激发西方想象》，载于《东方早报》2012 年 10 月 12 日。

西维尔（Dick Seaver）生前一直看好莫言，认为莫言有"非凡的想像力"，并预言他有一天会获得诺贝尔文学奖。莫言获诺奖后其小说的订单看好。拱廊出版社的执行编辑说，他们不断地收到各种版本的订单，包括购买莫言小说电子书的请求。① 莫言获诺奖无疑会提高他在海外的影响力，推动他的作品在国外的销售。

国外媒体也看到了莫言获诺贝尔文学奖对中国文化的意义和中国实力的彰显。《洛杉矶时报》刊文说："作为寻求软实力的一部分，中国很多年来一直有一个诺贝尔文学奖情结。"② 《爱尔兰时报》报道说："莫言获诺奖实现了中国人期盼已久的梦想。"③ 《澳大利亚人报》指出：莫言获奖是中国向世界展示实力的机会，莫言的获奖证明中国不仅仅是"世界工厂"，还是世界文化与知识的中心。④ 《澳大利亚人报周末版》进一步断言："莫言获诺奖……是世界对中国伟大复兴的认可。""中国先是成功举办了奥运会，现在另一只鞋子也落地了，这只鞋子就是文化。""中国现在注重以'软实力'来推动塑造良好的中国形象。"⑤ 新加坡《海峡时报》总结道："莫言获诺奖反映了中国的日益强大和世界对中国越来越多的关注，也说明中国文学作品的翻译传播取得了成效。"⑥

国外媒体从文学层面对莫言获诺贝尔文学奖的评价虽然众声喧哗，但总体上是正面、积极的，比较准确地抓住了莫言创作的特征和他在中国当代文学史上的地位，并上升到对中国当代文学的整体认识和对中国文化软实力的认可。这些评价虽然不能完全排除偏见，但可以说是见仁见智。

就国外媒体对莫言获诺贝尔文学奖的三个层面的报道来看，作为新闻事件，及时、广泛，也相对客观。鉴于中国在国际事务中的影响力日益增强，再加上这是百年来中国本土作家首次获得诺贝尔文学奖，国外媒体对莫言的报道力度更大，关注面更广。作为政治事件，则带有许多的偏见，这种偏见不仅指向莫言，更多的是对中国的苛责。作为文学事件，反映了国外的汉学家和中国文学研究者对莫言创作成就的肯定，对中国文学走向世界的正向评价。

---

① Jim Milliot. "Yan's Nobel a Win for Arcade, Skyhorse", *Publishers Weekly*, October 22, 2012.
② David L. Ulin. "China's Nobel Prize Author: Muted Voice or Deftly Subversive?", *Los Angeles Times*, October 12, 2012.
③ Clifford Coonan. "China Finally Gets Kudos It Sought with Writer Who Is Not a Critic of the Regime", *The Irish Times*, October 12, 2012.
④ Rowan Callick. "China's Mo Wins Nobel for Literature", *The Australian*, October 12, 2012.
⑤ Rowan Callick. "A Novel Win for Soft Power; Nobel Prize is Seen as Salve to China's Frustration", *Weekend Australian*, October 13, 2012.
⑥ Ai Li Ho. "Nobel Laureate Hits Back at Critics; Chinese Writer Mo Yan Defends Himself Against Charges of Being Party Toady", *The Straits Times*, October 13, 2012.

# 第十八章

# 现代汉诗的译介与研究

现代汉诗的出现是中国新文学发展历程中一个重要的事件,具有巨大的创新意义。从 1917 年始,涌现了大批有影响的诗人和作品。如今,现代汉诗拥有大批国内外读者,产生了广泛影响,已经成为国内外文学界研究的热点。但是综观目前国内现代汉诗的研究现状,研究的重点主要集中在探讨古代或国外文学对现代汉诗的影响或现代汉诗在国内的接受,而从其在国外的影响角度切入的研究成果则相对匮乏。为了借鉴国外现代汉诗的研究成果,促进国内外相互交流,对现代汉诗在国外接受状况的研究现状进行总结就显得相当迫切。本章即力求在比较文学视域下,在占有丰富原始资料的基础上,对现代汉诗在英语世界的传播现状进行总结,通过对众多翻译与研究资料的仔细阅读与整理,绘制现代汉诗在英语世界接受的脉络图谱,并最终构建起现代汉诗对外传播的立体阐释框架,为国内现代汉诗研究提供系统、全面的资料参考。

## 第一节 现代汉诗的译介及其特点

现代汉诗滥觞于 1917 年,其英译工作则始于 20 世纪 30 年代。按照现代汉诗在英语世界传播的特点,可将其分为三个时期:1949 年以前的滥觞期、1949 ~ 1980 年的挫折期,20 世纪 80 年代以来的繁荣期。

一是滥觞期(1949 年以前)。首先,海内外报刊对现代诗人徐志摩、闻一多、卞之琳、戴望舒、冯至、李广田、梁宗岱等诗人的推荐，可谓开风气之先。1931年6月1日，辅仁大学西语系学生萧乾联合美国青年威廉·阿兰，在北平发行了第一份关于中国现代文学作品的英文刊物——《中国简报》。其中诗歌部分包括"徐志摩的《灰色的人生》（诗），闻一多的《洗衣歌》（诗），还对这些名作——作了粗浅的评介"。①《中国简报》虽然英译的现代汉诗作品不多，但毕竟已经开了现代汉诗英译的先河，依然具有特殊的重要意义。1935年8月，在上海创刊的《天下月刊》专门开辟"译文"（Translations）专栏，其中刊登现代汉诗13首：邵洵美《蛇》（Serpent）、《声音》（Voice）、《昨日的园子》（The Garden of Yesterday）、闻一多《死水》（The Dead Water）、卞之琳《还乡》（The Return of the Native）、《一个和尚》（The Monk）、戴望舒《我底记忆》（My Memory）、《秋蝇》（Fly in Autumn）、李广田《旅途》（A Journey）、《流星》（The Shooting Star）、梁宗岱《回忆》（Souvenir）、《晚祷》（Vespers）、徐志摩《偶然》（Chance Encounter）。② 20世纪40年代，部分美侨在上海发行了《密勒氏评论报》（Millard's Review of the East），诗人屠岸曾为该报翻译了"冯至的诗《召唤》、杜运燮的诗《被遗弃路边的死老总》和他自己的诗《解放了的中国农民之歌》等"。③ 除这两本刊物外，美国芝加哥《诗刊》（Poetry）和北京的《北平纪事》（The Peiping Chronicle）等刊物上也有少量现代汉语诗歌的译作出现。但是，因为这些期刊并不是现代汉诗的专门刊物，相对于20世纪二三十年代轰轰烈烈的新诗运动而言，毕竟显得单薄，真正能代表新中国成立以前现代汉诗英译实绩的是下面将要介绍的两本选集。

其次，无论是期刊报纸还是选集的编翻，大都是中外专家共同完成的。譬如罗伯特·佩恩编选的《当代中国诗选》（Contemporary Chinese Poetry），就是由佩恩组织西南联合大学（以下简称"西南联大"）的师生共同编译的，卞之琳还自译了自己的诗歌。1936年，伦敦达克沃斯出版公司（Darkworth Publishers）出版了由英国学者哈诺德·艾克顿和其中国学生陈世骧联合选编、翻译的《中国现代诗选》（Modern Chinese Poetry）。这是现代汉诗第一部较完整的英译选集，是现代汉语诗歌成果在英语世界的第一次集中展现。该译本收录了从1917年现代汉诗到20世纪20~30年代的"尝试派"以及"文学研究社"等15位诗人的英译诗作。选本中诗人排序及其入选作品数目如下：陈梦家7首，周作人4首，冯废名4首，何其芳10首，徐志摩10首，郭沫若3首，李广田4首，林庚19首，卞之琳14首，邵洵美2首，沈从文2首，孙大雨1首，戴望舒10首，闻一多5首，

---

① 陈岚：《中国现当代文学作品英译研究概述》，载于《湖南社会科学》2008年第3期。
② 彭发胜：《〈天下月刊〉与中国现代文学的英译》，载于《中国翻译》2011年第2期。
③ 北塔：《中国现当代诗歌英文翻译概况》，载于《华文文学》2012年第5期。

俞平伯2首。其中，最多的是林庚（19首），其次就是卞之琳（14首）。针对这个诗歌选集的选诗特点，国内学者曾有评论："阿克顿当时在北京大学教书，与北京的诗人相熟，但他好像还谈不上是诗歌行家，对中国诗歌，尤其是北京之外的中国当代诗歌，恐怕了解得很有限。"因此"这个本子收录的基本上是京派诗人，而且是20年代就已有了席位的诗人，尤其是新月诗派的，开篇第一人不是胡适（压根就没选这位新诗开山鼻祖），也不是郭沫若（排在第七位），而是新月派中的联络员陈梦家，即是明证"。① 这也正是此选集的特色。

1947年，罗伯特·佩恩编选的《当代中国诗选》在劳特里奇（Routledge）出版社出版。这本书由佩恩在西南联大任教期间和该校师生合作编译，当时聚于西南联大的闻一多、卞之琳、袁可嘉等著名诗人、学者都曾参与此书的编译工作。"也许是受到战争氛围和个人关怀的影响，也许跟他的报告文学作家身分有关，佩恩更重视与现实紧密结合的作品。"② 因此，闻一多、田间和艾青都是佩恩钟爱的诗人。该书收录了9位现代诗人的104首诗歌。其中，徐志摩8首、闻一多14首、何其芳8首、冯至15首、卞之琳16首、俞铭传（自译）11首、臧克家12首、艾青8首、田间12首。1949年，由伦敦艾伦与安文（G. Allen & Unwin）出版公司出版了罗伯特·佩恩编选的《小白驹：古今中国诗选》（*The White Pony: An Anthology of Chinese Poetry from the Earliest Times to the Present Day*）。这个译本选诗范围从《诗经》直到现代诗歌，是一部横跨古今的中国诗歌选集。其中所选现代诗人共有8位，分别是八指头陀、闻一多、冯至、卞之琳、俞铭传、艾青、田间和毛泽东，八指头陀和毛泽东所作为古体诗。

二是挫折期（1949~1980年）。在这一时期，由于西方对新中国进行文化封锁，中外交流陷入停滞局面。与此政治背景相对应，这一时期的现代汉诗英译工作也遭到极大的挫折，所以本节将这一时期称为"挫折期"。但是，在国内外一些诗人、学者的共同努力下，现代汉诗的英译工作并没有因此而完全中断，虽然在数量上有所缩减，但是却呈现出别样的特色。在挫折期，现代汉诗英译呈现出三个特色：其一是汉语诗歌英译的主阵地由英国转移到了美国；其二是中国台湾地区现代汉诗英译的崛起，无论是翻译数量还是在英语世界的影响都超过了中国大陆同一时期的诗歌；其三是与新中国成立前的合作编译情况不同，新中国成立后现代汉诗的编译，主要以个人编选为主，如许芥昱编译的《二十世纪中国诗选》（*Twentieth Century Chinese Poetry*）、奚密编译的《中国现代诗选》（*Anthology of Modern Chinese Poetry*）和叶维廉编译的《防空洞里的抒情诗：中国现代诗选1930-1950》（*Lyrics From Shelters: Modern Chinese Poetry 1930-1950*）等中国选

---

①② 杨思平、北塔、严力：《远游的诗神：新诗在国外》，载于《诗歌月刊》2009年第9期。

集，皆属此种类型。

以女性诗人为专题展开的编译著作，包括古典与现代女诗人的译介，在20世纪70年代普遍受到关注。1972年，美国著名诗人王红公和钟玲合作编译的《兰舟：中国女诗人》（*The Orchid Boat：Women Poets of China*）由纽约新方向出版社（New Directions）出版。所选女诗人自东周何氏（韩凭妻）至今人李菊，凡五十二家之中，现当代女诗人包括冰心、白薇、郑敏和一些中国台湾地区的女诗人。该书是首本以中国女性诗人作品为主体的英译本，打开了英语世界了解中国现代女诗人的一扇窗口。

对中国现代诗人的译介，在筛选不同流派诗人的基础上，不再囿于政治意识形态的束缚，而是重新以审美的眼光打量诗文本。1963年，康奈尔大学出版社（Cornell University Press）出版了许芥昱编译的《二十世纪中国诗选》。该译本所选择诗人诗作主要集中在现代，规模比较庞大，整书将近500页。许芥昱将现代汉诗按诗人作品特色分为尝试派、新月派、形式主义者、象征派和新民歌派等几个板块。这本书无论是在数量上，还是在英译的质量上都超越了以前的选集，可谓当时现代汉诗英译的集大成者。尤为可贵的是，作为一位在美国生活的华人学者，许芥昱基本上规避了当时政治大环境的影响，在诗人诗作的选择和评介上基本做到了客观公正。1976年，杜博妮编译的《梦中道路：何其芳散文、诗歌选》（*Paths in Dream Selected Prose and Poetry of Ho Ch'i-fang*）由昆士兰大学出版社（University of Queensland Press）出版，这是目前见到的唯一一部专门的何其芳作品英译本。正文部分共分为7个部分，包含有诗歌（包括散文诗）的部分有4个。其中的诗文选自《汉园集》《画梦录》《刻意集》《莱阳诗歌》《还乡日记》《星火集》《夜歌》等共五十四篇。① 著名的诗歌《预言》《休洗红》《爱情》《夜歌》等都被收入。

三是繁荣期（1980年至今）。20世纪80年代以来现代汉诗的英译呈现出两个特点：其一是现代汉诗英译的主要对象又重新回到了中国大陆作品；"与政治风向相应，台湾地区文学作品的翻译日渐被边缘化，西方研究者关注的重点已经转向后毛泽东时代的大陆文学"。② 其二是译作呈现出百花齐放的场面，中国港澳台地区诗歌都有相应译本出现，而且译本数量也远远超过前两个时期。

第一，就1980年以前诗歌翻译而言，既重现经典文本，又将视线聚焦于未被关注的诗人。不仅推介诗人的诗歌，还涉及诗论，试图展现更为全面的创作生态。1980年，许介昱编译的《中华人民共和国文学》由印第安纳大学出版社

---

① 章子仲：《何其芳年谱初稿》，载于《武汉师范学院学报（哲学社会科学版）》1982年第1期。
② Jeffrey Twitchell – Waas. "Review", *World Literature Today*, Spring 2, 2002, p. 136.

（Indiana University Press）出版。"许芥昱和丁望编的长达九百七十六页的《中华人民共和国文学》，对毛泽东时代的诗歌和小说，做了最好的概述。"① 该译本选录了 1942～1976 年 34 年间各文体作品，诗歌部分则收录了艾青等现代诗人的作品。这是改革开放以来第一本涉及现代汉语诗歌的译文集，可以说是英语世界对新中国成立以来中国文学成果的一次总结。1987 年，庞秉均、闵福德及高尔登（Sean Golden）合作编译的《中国现代诗一百首》（One Hundred Modern Chinese Poems）由商务印书馆香港分馆出版。这部选集收录了现代汉诗发展过程中占据重要地位的 51 位诗人的 100 首诗歌，对现代汉诗的发展做了一个全景的展现。但其选诗却有些出乎常规，如选了徐志摩《这是一个怯懦的世界》《偶然》，却没有选名气更大的《再别康桥》《沙扬娜拉》等；闻一多部分选了《烂果》《丢掉她》，却没有选择《死水》；戴望舒部分亦是选了《我的记忆》《我思想》，却没有选录人人皆知的《雨巷》。1981 年，哥伦比亚大学出版了由聂华苓主编的《百花文学选》（Literature of the Hundred Flowers），其第二卷为小说诗歌卷，其中收录的主要是 20 世纪 30～50 年代的诗人的作品，其中包括艾青、流沙河、穆旦、李白凤、丁芒、蔡其矫和卞之琳等 13 位诗人的诗歌和诗论。但遗憾的是，该书没有收录更晚近的当代诗歌作品。1992 年，叶维廉的《防空洞里的抒情诗：中国现代诗选 1930-1950》，由纽约加兰出版社（Garland Publishing）出版。该译本收录了 20 世纪 30～50 年代冯至、戴望舒、艾青、卞之琳、何其芳等近 19 位诗人的作品，其中 16 位为"现代派"与"中国新诗派"诗人（另外 3 位为艾青、臧克家、绿原）。这些诗人的作品在很长一段时间被埋没，"在文学史中也难觅其踪迹""大部分诗人都不为年青一代的中国人所知"，作者选编此书的"目的就是引起读者重新阅读这些诗人，并纠正西方读者关于这份重要文化遗产的成见"。② 1995 年，刘绍铭和葛浩文合编的《哥伦比亚中国现代文学选》出版。这是一部囊括中国现当代各文体文学作品的一个合集，包括小说（fiction）、诗歌（poetry）、散文（essays），所选录作品创作时间范围从 1919 年到 20 世纪 90 年代初，其中收录的诗人有闻一多、李金发、徐志摩、冯至等。1984 年，路易·艾黎（Rewi Alley）编并译《大道上的光与影：现代中国诗选》（Light and Shadow Along a Great Road：An Anthology of Modern Chinese Poetry）由北京新世界出版社出版。该书选译了从《诗经》到现代的诗歌，其中现代汉诗部分占了全书的将近五分之四，所选诗人包括郭沫若、田间、艾青、马凡陀等的诗作。而其诗歌内容

---

① ［美］金介甫：《中国文学（一九四九——一九九九）的英译本出版情况述评（续）》，查明建译，载于《当代作家评论》2006 年第 4 期。
② Wai-lim Yep. Lyrics from Shelters：Modern Chinese Poetry 1930-1950. New York：Garland Publishing, INC，1992，pp. vii-viii.

则不论现代诗还是古诗，都反映了百姓的疾苦及其与权贵抗争的主题。

第二，20世纪80年代中期以后，江河、杨炼、北岛、顾城、芒克、严力等今天派诗人纷纷流散海外，引起了海外译者的关注。90年代以后，随着海内外诗人的交流日益频繁，包括于坚、翟永明、唐亚平等在内的"第三代"汉语诗人，亦备受瞩目。1985年，杜迈克编译的《当代中国文学：后毛泽东时代小说诗歌选》由纽约M. E. 夏普（M. E Sharp）出版社出版，该选集收录了北岛、顾城、谢烨、张真等部分朦胧派诗人的诗歌。1990年，美国诗人兼编辑家爱德华·莫琳（Edward Morin）编译的《红杜鹃："文革"后的中国诗歌》（*The Red Azalea: Chinese Poetry since the Cultural Revolution*）由夏威夷大学出版社（University of Hawai'i Press）出版。译本收录的诗人既包括艾青、蔡其矫、郑敏、流沙河、邵燕祥等老一代诗人，也包括北岛、舒婷、于坚、唐亚平等新晋诗人。本诗集共选录22位诗人发表于1970~1987年的120首诗歌，可谓当时介绍"文革"后现代汉诗"内容最丰富详尽"的选集，翻译也"忠实流畅"。① 这些诗歌都是"文革"后诗人们发出的新声，也成为英语世界了解当时中国诗歌创作的一个窗口。1991年，唐纳德·芬克尔（Donald Finkel）编译的《破镜："文革"后的中国诗歌》（*A Splintered Mirror: Chinese Poetry from the Democracy Movement*）由北点出版社（North Point Press）出版。与《红杜鹃："文革"后的中国诗歌》稍有不同的是，该译本所收录的全为新生代的诗人，如北岛、舒婷、多多、顾城、江河、芒克、杨炼等的作品，通过它们"可以感受到中国青年的脉搏"。② 1992年，奚密编译的《中国现代诗选》由耶鲁大学出版社出版。编者收录了胡适、徐志摩、闻一多等现代著名诗人的作品，同时也包括翟永明、王小妮等当代诗人的作品。这本选集收录广泛，译笔精致，因为晚出的缘故，所选诗作更晚近，也填补了许芥昱的《二十世纪中国诗选》的缺憾。

第三，20世纪80年代以来，中国当代女性诗人在诗坛大放异彩。随之而来的是重新发现20世纪女性诗人的重要性，包括冰心、陈敬容、舒婷、唐亚平、翟永明等诗人的作品。海外译者以她们的作品为专题，试图呈现20世纪女性诗人的整体风貌。比较有代表性的是张明晖编译的《红色平原上的女性：中国当代女诗人选集》（*Women of the Red Plain: An Anthology of Contemporary Chinese Women's Poetry*），1992年由纽约企鹅出版社（Penguin Books Ltd）和北京熊猫丛书出版。这是第一部关于中国现当代女诗人的诗歌选集，共选录了32位诗人的101首诗歌，其中不但收录了冰心、陈敬容等现代女诗人的作品，也收录了舒

---

① Michelle Yeh. "Review", *Chinese Literature: Essays, Articles, Reviews* (CLEAR), Vol. 15, Dec., 1993, pp. 207 - 208.

② Zhiling Lin. "Review", *The Journal of Asian Studies*, Vol. 51, No. 1, Feb., 1992, pp. 150 - 152.

婷、唐亚平、翟永明等当代女诗人的作品。然而,该著所选诗作良莠不齐,也引起争议,如金介甫所言"这部文集鱼龙混杂,既收有新出现的优秀诗人作品,又选入了毛泽东时代平庸诗人的蹩脚作品"。①

第四,1999年以后,除了今天派、"第三代"诗人之外,一批新生代诗人进入翻译者的视野,包括胡冬、张耳、姜涛、蒋浩等。1999年,王平和12位美国诗人合作编译的《新生代:今日中国诗选》(New Generation: Poems from China Today)由专门致力于诗歌出版的翰英鲁斯出版社(Hanging Loose Press)出版。这本选集共收录24位新生代的作品,同时该书也成为"第一本介绍后朦胧诗人的英译选集",② 对于英语世界的读者了解现代汉诗的最新进展具有重要的意义。2000年,赵毅衡、陈彦冰、约翰·罗森沃德(John Rosenwald)合作编译的《裂变:中国〈今天〉作品选》(Fissures: Chinese Writing Today)由西风出版社(Zephyr Press)出版。该选集中的所有诗作均选自1993年的《今天》(Today)第3期,其中不但收录了北岛、杨炼、多多等朦胧派诗人,还包括了韩东、胡冬等后朦胧诗人,是20世纪80年代末和90年代初中国诗歌作品在英语世界的一次集中展示。2001年,奚密与马悦然合作编译了《台湾前沿:现代中国诗歌选集》(Frontier Taiwan: An Anthology of Modern Chinese Poetry),由哥伦比亚大学出版社出版。该书共收录了50位诗人的400首诗歌,将近500页,可以说是目前收集我国台湾地区诗歌最全的一本英译集。此外,该书的主编奚密和马悦然都是著名的学者,他们召集的译者也皆为此领域的行家,无论所选诗歌还是翻译都极具代表性。因此英语世界有人这样评论,它"是20世纪80年代中期以来第一本重要的中国台湾地区诗歌的英译集,毫无疑问,它的出版也是中国现当代文学翻译界的一件大事"。③

2003年,弗兰克·斯图瓦特(Frank Steward)、施加彰和奚密联合编译了《水星升起:台湾当代诗歌选》(Mercury Rising: Featuring Contempory Poetry from Taiwan),该书由夏威夷大学出版社出版。诗集收录了将近20位诗歌创作富有特色的中国台湾地区诗人的作品,其中不但翻译了商禽、杨牧、洛夫、夏宇等著名诗人的诗歌,也收录了原住民诗人莫那能的作品,这正好符合了该选集所追求的台湾地区诗歌特色。2006年,冯张曼仪翻译的卞之琳《雕虫纪历》(The Carving of Insects)④ 由香港中文大学出版社出版。据冯张曼仪在引言中所说,这本翻译

---

① [美]金介甫:《中国文学(一九四九——一九九九)的英译本出版情况述评(续)》,查明建译,载于《当代作家评论》2006年第4期。
② Jeffrey Twitchell-Waas. "Review", *World Literature Today*, 74.1, Winter, 2000, p.237.
③ Jeffrey Twitchell-Waas. "Review", *World Literature Today*, Spring 2, 2002, p.136.
④ Mary. M. Y. Fung. *The Carving of Insects*. Hong Kong: The Chinese University of Hong Kong, 2006.

依据的是卞之琳《雕虫纪历》1982 年的增订版,包括了该版《雕虫纪历》百分之八十的诗歌,而且还包括了他晚期创作的《布鲁明屯小机场待发》和《香港小游长洲岛》等 9 首诗歌。冯张曼仪说:"依照卞之琳所谓的'全集',这也许可以说是英语世界的卞之琳诗歌全集了。"[①] 除此之外,英文长序中对《雕虫纪历》作以简要介绍,其余篇幅则对卞之琳的写作生涯和诗歌特色有较为独到的评价。2006 年,陶乃侃和托尼·普林斯(Tony Prince)合作编译的《八位当代中国诗人诗选》(*Eight Contemporary Chinese Poets*)由悉尼野牡丹出版社(Wild Peony)出版。这也是一部反映中国最新诗歌创作成绩的诗集,八位诗人分别是杨炼、江河、韩东、于坚、翟永明、张真、西川、海子。2007 年,两位旅美诗人张耳与陈东东合作主编的《另一种国度:中国当代诗选》(*Another Kind of Nation: An Anthology of Contemporary Chinese Poetry*)由塔里斯曼出版社(Talisman House)出版。在选诗的时候,编者认为,台湾地区诗歌的英译已经很丰富,所以诗集中选译的都是大陆诗人的作品。这些诗人包括韩东、张耳、张真等共 24 人,而且这些诗人"几乎全部是 1960 年以后出生,1980 年代以来活跃于诗坛的各派诗人,最年轻的曹疏影出生于 1979 年"。[②] 可以说是涵盖大陆地区当代诗歌创作相当全面的一部诗集。

2007 年,韩怡丹主编的《诗天空:中国当代诗选 2005~2006(双语版)》(*Poetry Sky: Anthology of Contemporary Chinese Poetry 2005–2006, A Bilingual Edition*)由美国诗天空出版社(Poetry Sky Press)出版。如题目所示,这也是一部双语对照版的诗集,它的一个最重要的特色就是"新",因其所选译的诗歌都是发表于 2005~2006 年的新作。2009 年,张明晖编选的《二十世纪中国女诗人选集》(*Twentieth-Century Chinese Women's Poetry: An Anthology*)由美国夏普出版社出版。这部译本分为大陆地区女诗人和台湾地区女诗人两部分,其中大陆部分女诗人包括冰心、林徽因、陈敬容、郑敏等 16 人,台湾部分则包括张秀亚、胡品清等 24 人。相对于《红色平原上的女性:中国当代女诗人选集》而言,这本书所选诗人和诗作更多,也更能反映中国女诗人的创作实绩。2012 年,诗人杨炼和英国诗人威廉·赫伯特(William Herbert)合作出版了《玉梯:当代中国诗歌》(*Jade Ladder: Contemporary Chinese Poetry*)由英国血斧出版社(Bloodaxe Books)出版。该书共 360 页,选录的诗人共 57 位,既包括老一代的北岛、柏桦等朦胧诗人,也包括张枣、肖开愚、西川、臧棣、胡续东、姜涛,蒋浩等后来诗人。选录的作品依据抒情诗、叙事诗、新古典诗、组诗、实验诗、长诗分为六部

---

[①] This can therefore be called a "complete works" in English in the author's sense. Mary. M. Y. Fung. *The Carving of Insects*. Hong Kong: The Chinese University of Hong Kong, 2006, p. 11.

[②] 吴建、张韵菲:《汉语新诗在英语世界的译介》,载于《外语研究》2012 年第 6 期。

分,包括20世纪70年代末到21世纪初30多年间的196首中国当代诗歌品(含组诗与长诗)。

英语世界的现代汉诗翻译成果,颇为丰硕。不仅涉及不同代际的诗作,还兼及诗人各阶段的风格变化。同时,对于中国香港、澳门、台湾地区以及海外华语地区的诗人亦有所关注。无论是时间还是空间上,译者极尽可能地展现现代汉诗的文本特色,可谓意义非凡。当然,编选时篇目重复率过高的问题也难免存在,譬如戴望舒最著名的诗歌《雨巷》在7本选集中①出现5次,《我底记忆》出现5次,《我用残损的手掌》出现5次。这种状况虽然在一定程度上有利于其经典诗歌接受的强化,但是由于篇目重复率过低也必然影响到戴望舒诗歌在英语世界的传播数量和阅读群体的扩大。当然,翻译的过程中,也存在误译、漏译的现象,比如哈诺德·艾克顿和陈世骧编译的《中国现代诗选》,选译了戴望舒的《二月》一诗,误将主语置换,"拈着蒲公英缓缓归去"的当为"我",因为只可能是我"听了最后一个游女的惋叹",而不能听"游女""拈着一枝蒲公英缓缓地归去";利大英译戴望舒的《狱中题壁》,将原诗中的"飘风"一词译为"wind",而漏掉"飘",使得戴望舒从牢笼中出来,得见外面世界的阳光风雨的激动心情荡然无存。此外,汉英两种语言的语意不对等,也可能引起翻译的差异。以徐志摩《再别康桥》中"金柳"和"新娘"的几种译法为例,在徐志摩原作中,"那河畔的金柳,是夕阳中的新娘"一句中,"柳"与"新娘"就遇到了单复数这一现象。其中,袁可嘉将"柳"和"新娘"分别译为表达复数的"willows"和"brides",而许芥昱与奚密则分别译为单数"willow"和"bride"。与英语中名词可以通过词形变化来表达单复数不同,汉语名词的单复数则是通过量词与语境表达,这不是翻译者自身翻译能力的问题,而是由两种语言功能不对等的客观事实造成的。

## 第二节 现代汉诗的研究

现代汉诗在英语世界的翻译起步较早,国外对于现代汉诗的研究则相对滞后。起初,现代汉诗的研究不过是以选集的序言或导语的形式出现,这种现象直到张明晖的专著《中国现代诗歌导论》(*Modern Chinese Poetry: An Introduction*)

---

① 包括利大英研究专著《戴望舒:一个中国现代主义诗人生平及诗歌》,Gregory Lee. *Dai Wangshu: The Life and Poetry of a Chinese Modernist.* Hong Kong: The Chinese University Press, 1989.

出版后才有所改观。《诗经·小雅·鹤鸣》篇有云："他山之石，可以攻玉"。英语世界关于中国现当代诗歌的研究成果，因所处文化背景和研究者个人视角的差异，其中蕴藏着有丰富的方法论和具体实践，无论是"实证性研究的严谨性"还是"新理论的应用"都有借鉴意义。本节就现代汉诗在英语世界研究取得的进展，主要讨论三个方面：现代汉诗的史论撰写；文体、翻译和比较研究；个案研究。

## 一、史论的撰写

首先，是与古典汉诗相比，现代汉诗的主题、形象、意象、结构、语言、形式等都形成了新的审美特征。海外汉学界不再拘泥于古典汉诗的研究，而是试图为现代汉诗正名，揭示世纪初这场变革发生的根源，进而从理论与实践方面梳理现代汉诗的发展脉络。

1972 年，美国俄亥俄大学英语系教授张明晖的《中国现代诗歌导论》由华盛顿大学出版社出版发行。该书评述了 1919 年至"文化大革命"期间的现代汉诗发展概况。全书分三个部分。第一部分简要地回溯中国诗歌的传统，探讨现代汉诗和古典汉诗的渊源，并由此指出在 1917 年"文学革命"之前中国诗歌已开始"现代化"的进程；第二部分介绍 1917 年至抗日战争爆发前现代汉诗代表诗人和主要流派；第三部分简要地评述了自 1937 年抗日战争正式爆发以后现代汉诗的发展历程，主要介绍"普罗诗派"代表诗人艾青、田间、郭沫若。该书对 1949 年以后诗坛的状况则不加详评，仅信手拈来一些诗歌加以译介，没有举出代表性诗人评述。

1991 年，耶鲁大学出版社出版了奚密的《现代汉诗：一九一七年以来的理论与实践》（Modern Chinese Poetry：Theory and Practice Since 1917）。这是英美第一部现代汉诗史通论。该书分为五章，第一章讨论了从古典到现代的转化，考察了现代汉诗的基本预设，如诗的本质和作用，如何有别于古典诗传统。并得出结论：古典和现代的区别，不仅仅在于年代或形式上的差异，更存在于新的哲学前提和艺术角度。第二章着重探讨了现代汉诗中的意象问题，如作为悲剧英雄的形象，尤其是将现代汉诗与古典诗歌中的星星意象的比较，细读深入又不乏理论高度。第三章考察隐喻在现代诗学里的意义，指出现代诗的跳跃式意象与断裂式并置和西方广义的现代主义之间的密切关系。第四章提出了现代汉诗"环形结构"的概念，即一首诗以大致相同的意象或母题来作为诗的开头和结尾。并认为这种形式来自欧洲浪漫主义和象征主义的启发。第五章则探讨现代诗对于古典诗的继承问题，认为现代诗与传统彻底决裂的说法是不成立的，虽然现代汉诗以相当激进的手段改变了中国诗的全貌，是汉诗传统的一个新起点，但两者之间存在着深刻、有机性的关联，离开了传统，这个新起点也就无法存在。

1994年，麦吉尔大学冯丽萍发表了《现代性与传统：中国文学理论，1900 – 1930》（Modernity and Tradition：Chinese Theories of Literature，1900 – 1930）。这篇论文研究了20世纪早期的中国文学理论，主要从诗歌理论和叙事理论两个方面展开。在文中，冯丽萍虽然也追溯了西方文论对20世纪初中国文论的影响，但是与一些学者将中国现代文论视为西方文论在中国的衍生物不同，这篇论文认为中国现代文论是深深植根于中国古代文论而发展的，彼此是一个连续的整体。

2008年，柯雷（Maghiel van Crevel）的《精神与金钱时代的中国诗歌》（Chinese Poetry in Times of Mind，Mayhem and Money）出版。该书涉及十二位先锋诗人的个案研究，包括韩东、海子、西川、于坚、孙文波、杨炼、王家新、北岛、尹丽川、颜峻。"全书的时间跨度从20世纪80年代一直到现在，每一章都围绕着三个核心概念展开论证：文本、语境和元文本，它们分别表示'诗歌'、'诗歌的社会—政治语境和文化环境'以及广义上的'批评性话语'。每一个独立的章节里都包含作者对诗歌和关于诗歌的话语（即元文本）所做的聚焦式论述，作为一个整体而言，这部著作是对中国先锋诗歌发展所作的一次及时而深刻的综合性考察。"① 该书描述了朦胧诗以来的诗坛发展概况，可谓国外研究朦胧诗以来诗歌的最重要的著作。

加利福尼亚大学圣地亚哥分校的考怡丽发表了《战后台湾的汉语诗歌与绘画：传统与现代之中的焦虑与转型》（Chinese Poetry and Painting in Postwar Taiwan：Angst and Transformation in the Negotiation between Tradition and Modernity）。这篇论文研究了20世纪50~60年代的中国台湾地区现代汉诗和绘画运动，其中诗歌部分的研究集中于第一章和第二章。其中第一章追溯了台湾地区的现代诗运动，并对其诗人领袖纪弦、覃子豪、余光中、洛夫和叶维廉等的诗论进行评述；第二章则依据当时特殊的时代背景，对叶维廉、郑愁予、洛夫、痖弦、商禽等的诗歌进行了解读。作者认为这些诗人力求达到一种"中国"的现代化，他们努力寻求在中国传统中现代化因素的努力，对大陆和台湾地区的后来者都产生了深远的影响。

其次，是梳理现代汉诗问题史。围绕中国现代浪漫主义、现代主义、象征主义诗歌流派及运动，参照诗人写作的时代背景及文化渊源，分析诗歌及诗论的本土和现代意义。另外，还聚焦于理论流派的分支，涉及"颓废""自我塑造"等问题，进一步深化现代汉诗史的研究维度。

---

① 梁建东，张晓红：《论柯雷的中国当代诗歌史研究》，载于《当代文坛》2009年第4期。

1973 年，哈佛大学博士李欧梵提交了博士论文《中国现代作家的浪漫一代》。这是英语世界第一部论及中国现当代诗人的博士论文，论述的对象则是浪漫主义文学的倡导者之一的徐志摩、浪漫的"左派"郭沫若与蒋光慈。① 这部论文通过传记研究的方式，将三人的生平经历、思想历程和其创作之间的关系一一做了解读，为英语世界的读者详细介绍了浪漫主义文学在中国的发展状况及其特殊性。

1983 年，另一位哈佛大学的博士哈里·埃兰·卡普兰（Harry Allan Kaplan）提交了《现代汉诗中的象征主义运动》（*The Symbolist Movement in Modern Chinese Poetry*）。这本书主要研究了象征主义在中国的传播，并以象征派诗人李金发、穆木天、王独清、冯乃超、戴望舒等的诗歌作品②为例具体阐述了象征主义在中国取得的实绩，可以说是孙玉石《中国初期象征派研究》③ 的一个呼应。

1994 年，贺麦晓（Michel Hockx）的《〈雪朝〉：八个中国诗人的现代主义之路》（*A Snowy Morning: Eight Chinese Poets on the Road to Modernity*）由荷兰莱顿大学出版社出版。这是研究"《雪朝》诗人群"（朱自清、周作人、俞平伯、徐玉诺、郭绍虞、叶绍钧、刘延陵和郑铎）的一本专著，其对"《雪朝》诗人群"的形成以及接受的国外影响及传统渊源都做了精彩的评述，并在最后一章论述了他们诗学观点的现代性及其突破意义。

2001 年，印第安纳大学保尔·理查德·曼菲尔德（Paul Richard Manfredi）发表了论文《现代汉诗中的颓废主义：问题与解决》（*Decadence in Modern Chinese Poetry: Problems and Solutions*）。此论文在第二章论述了象征主义在中国的接受，并以波德莱尔的接受为例进行案例分析，指出了颓废主义在李金发、戴望舒等象征主义诗人诗歌中的表现。

2004 年，米佳燕的《现代汉诗的自我塑造及其现代性，1919—1949》（*Self-fashioning and Reflexive Modernity in Modern Chinese Poetry, 1919 - 1949*）由美国埃德温美伦出版社（Edwin Mellen Press）出版发行。该书重点以郭沫若、李金发、戴望舒三人的诗歌创作为例，重点分析了现代汉诗中存在的自我意识觉醒。其中，第三章分析了戴望舒诗歌的现代性；最后一章则举了穆旦的诗歌，简要论述了现代汉诗在追求现代的基础上走向成熟的愿望。正如奚密在为该书所写的序中所言："通过分析三位主要现代诗人作品中的自我现代意识的产生与发展，可以理解颓废主义、浪漫主义、民族主义在现代汉诗中的演变过程。"

最后，是现代诗的主题研究。主要围绕爱情、性别等主题展开，以比较的视野着重分析不同阶段诗人的写作变化，呈现出专题研究的独特景观。

---

① 文中论及的另外几位作家是林纾、苏曼殊、郁达夫和萧军。
② 其中也附带地提到了卞之琳、何其芳等人。
③ 此书的研究对象未包括戴望舒。

1989年,哈佛大学兰多夫·特朗布尔(Randolph Trumbull)的博士论文《上海现代派》(The Shanghai Modernist)中研究了戴望舒诗歌中的爱情主题。他在这篇论文的第二部分专列了一节《戴望舒论爱情的艺术》,是英语世界关于戴望舒诗歌中爱情主题的重要研究成果。兰多夫·特朗布尔将女权主义观点引入戴望舒的爱情主题的诗歌解读,并以《我的恋人》《八重子》和《百合子》等诗歌为例进行解读,非常具有创新性。

2004年,张晓红编译了《话语的创造:中国当代女性诗歌》(The Invention of a Discourse: Women's Poetry from Contemporary China)。该书是第一本全面研究中国当代女诗人作品的英文专著,主要研究中国现代女诗人发明的话语表达方式。该书作者主要采用了语义分析的方式研究了7位当代女诗人1980~1990年的作品,这7位女诗人分别是:海男、陆忆敏、唐亚平、王小妮、伊蕾、翟永明和张真。"通过细读这些作品并恰当引用中国和西方传统诗学做参考,张晓红阐明了女诗人自觉在她们创作过程中重写传统女性观点的方法。"①

2008年,费正华(Jennifer Leigh Feeley)的博士论文《重释女诗人:20世纪早期中国诗歌的性别和经典化》(Reconfiguring the Poetess: Gender and Canonicity in Early Twentieth-century Chinese Poetry),对创作现代汉诗的女诗人的历史境遇有着详尽分析,并将之与古代女诗人进行对比。她认为,从20世纪始,抒情和多愁善感这两种女性化特征正是使女诗人受轻视的原因,而现代女诗人的价值正在于其改造和颠覆男性定义的写作特征和对女性写作的期待,惟其如此,才能重新界定女诗人在文学史上的地位。

2010年,密歇根大学孟莲淑发表了《地狱探戈:性别政治与中国现代诗学,1917-1980》(The Inferno Tango: Gender Politics and Modern Chinese Poetry, 1917-1980)。这篇论文研究了中国现代知识分子的性别政治,考察了20世纪10年代~80年代之间的现代汉诗发展历程,主要涉及的诗人包括现代诗人郭沫若、闻一多和陈敬容,当代诗人则是北岛、芒克和舒婷。

## 二、文体、翻译及比较研究

首先,区别于散文、小说等文学体裁,诗歌有其独特的文体形式。海外汉学界对于中国现代十四行诗、长诗等方面的探索,无疑有益于文体学研究的开展。2000年,汉安逸(Lloyd Haft)的《中国商籁体:形式的意义》(The Chinese Son-

---

① Cosima Bruno. "Review", *The China Quarterly*, No. 183, Culture in the Contemporary PRC, Sep., 2005, pp. 719-721.

net – Meanings of a Form）由莱顿大学出版社出版。该书是对商籁体（即通常所谓的"十四行诗"）这种外来诗体在现代汉诗发展的一种总结性的研究，分别介绍了中国商籁体的来源、朱湘的商籁体创作、商籁体的格式、冯至的商籁体特色，是一部不可多得的有关文体学研究的比较文学范例。

其次，研究者普遍关注诗人的创作，往往忽略了作家的译者身份。关于此，海外研究者重新考察诗人的译作，追溯他们汲取的古典与西方文化资源，从而分析其所面临的困境与突破。1997 年，密歇根大学李点发表了《写作危机：现代汉诗的翻译、文体和身份》（Writing in Crisis：Translation, Genre, and Identity in Modern Chinese Poetry）。这篇论文论述了现代汉诗在三个领域的危机：翻译（translation）、文体（genre）和身份（identity）。作者认为要了解这三个领域的危机，就必须从历史（historical）、形式（formalistic）和传记（biographical）三个方面进行考察，分别研究传统、诗歌形式变革和诗人身份问题。并以晚清诗歌、胡适白话诗实验、新月派形式实践（朱湘单独列为一章）、小诗和十四行诗以及北岛的诗歌创作为例，对其进行了精彩阐释。2009 年，南卡罗来纳大学刘小青的《作为写作的翻译：20 世纪早期现代中国女作家作品研究》（Writing as Translating：Modern Chinese Women's Writing in the Early Twentieth Century）。这篇论文的研究对象主要包括三个中国女作家的四部作品：冰心的《繁星》《春水》、卢隐的《海滨故人》、凌叔华的《古韵》，其中对诗人冰心的研究主要集中在第一章（第 21 ~ 92 页）。作者认为作为翻译者的冰心通常为大家所忽略（尤其是在西方文学批评者眼中），但是翻译在冰心的写作生涯中也不应忽略。通过翻译，冰心将印度的泰戈尔、黎巴嫩的纪伯伦等第三世界作家介绍进中国，并将李清照推向西方。在冰心的个人著作中，《春水》和《繁星》无疑受到了她所翻译的泰戈尔诗歌的影响，在这些诗歌中泰戈尔作品中的意象、主题、哲学思想甚至整行的句子都会出现。翻译学上有一种观点认为，模仿和借用可以视作翻译。正是在这个意义上，刘小青将冰心的写作称为"作为写作的翻译"。

最后，中外诗人的比较研究。以跨文化的视野，从时代环境、文化传统与个性特征等方面切入，结合两国诗人的交往情况，探讨他们之间的联系和差异，进而追问背后的文化根源，最有代表性的是得克萨斯 A&M 大学黄贵友的《交流：美国文学与中国现代主义，中国文化与美国现代主义》、张文英的《布卢姆茨伯里派和新月派：联系与比较》。1993 年，得克萨斯 A&M 大学黄贵友的《交流：美国文学与中国现代主义，中国文化与美国现代主义》（Cross Currents：American Literature and Chinese Modernism, Chinese Culture and American Modernism）。这是一篇跨文化研究的论文，在文中，作者既论述了爱默生、梭罗和其他超验主义者对中国 20 世纪文学和文化的影响，也论述了中国道家著作和盛唐山水诗对美国意象派诗人的影响。文中论述到的接受美国文学影响的中国现代诗人则有郭沫若、田汉、艾青等。这篇论文通过对中美跨文化交流的研究，不仅阐明了单个作家或流派之间的影响与接受关系，也揭示了影响与误读在不同文化体之间交流中起到的重要作用。2001年，明尼苏达大学张文英的《布卢姆茨伯里派和新月派：联系与比较》（Bloomsbury Group and Crescent School：Contact and Comparison），比较了活跃于20世纪早期的中国新月派与英国布卢姆茨伯里派的异同，作者发现这两个流派在家庭出身、政治目标、形式主义实验甚至都喜欢百无禁忌的派对等方面，有诸多相同之处，这些也正是其可比性的基础。经过作者考察，原来这两派之间早有来往，徐志摩曾是罗杰·弗莱（Roger Fry）的好朋友，朱利安·贝尔（Julian Bell）曾来到中国，并爱上了凌叔华，甚至在新月派作家的作品里还能找到模仿伍尔夫（Virginia Woolf）意识流手法的痕迹。论文作者不但察觉到了其同，而且给出了翔实的影响的证据。张文英认为其异的方面存在于，新月派作家不但受到了西方文化的影响，他们也同样从中国传统文化中汲取养分，对待战争的态度更接近年轻一代的布卢姆茨伯里派而不像该派老一代的和平主义者。这篇论文考察中国新月派和英国布卢姆茨伯里派之间的同与异，并从跨文化的角度深究其中的根源。

## 二、个案研究

首先，是诗集、诗选集研究。研究者一方面深入现代汉诗史的发展脉络，择取代表性的诗集，透过文本细读凸显诗人开创的美学典范；另一方面又挑选诗选集，予以分析编选者独特的视角和美学趋向。1989年，汉乐逸主编的《中国文学精选指南（1900－1949）第三卷，诗歌》（A Selective Guide to Chinese Literature, 1900－1949, Volume Ⅲ, The Poem）由博睿学术出版社出版。这是另外一部重要的现代汉诗研究专著，该书介绍了1900～1949年几乎全部的现代汉诗选集，并且在其中还有对每本诗集言简意赅的评价，可以说是现代汉诗在英语世界的一部百科全书，也是西方人了解中国现代诗人的一个重要窗口。1997年，华盛顿大学郑悟广的《〈汉园集〉研究：解读现代汉诗新方式，1930－1934》（A Study of "The Han Garden Collection"：New Approaches to Modern Chinese Poetry, 1930－1934）对由卞之琳、何其芳和李广田三人合著的《汉园集》进行了研究。作者认为，《汉园集》对现代汉诗有着深远的影响，它不但回击了现代汉诗盲目模仿西方诗歌的质疑，而且回答了"什么是现代汉诗"这一根本性问题。这篇论文通过阐述下列问题：什么是《汉园集》各位诗人偏爱的独特的艺术风格和审美观念？卞之琳、何其芳和李广田在19世纪30年代早期表述了影响他们后来诗学风格的东西？他们怎样采用并修改使"五四"时期诗人显得浅薄的尝试？全面阐述了三位中国"现代派"诗人的合集《汉园集》取得的令人瞩目的成就。

其次，对具体诗人及作品的解读，无疑是个案研究的重要组成部分。英语世界的研究者往往结合政治、经济及文化语境，探讨诗人在主题、意象、形式等方面的创造性成果。这其中，对冯至、卞之琳、戴望舒、多多的研究最具代表性。1979 年，张错的《冯至》（*Feng Chih*）由波士顿特韦恩出版社（Twayne Publishers）出版。本身即为诗人的张错对冯至的理解颇为独到，与以往的接受者仅仅将冯至视为"抒情圣手"的刻板看法不同，他认为"抒情的传统"和"叙事的传统"在冯至诗作中占有同等重要的地位，从而对其有了更为立体的理解。1983 年，汉乐逸的《卞之琳：中国现代诗歌研究》（*Pien Chih-Lin: A Study in Modern Chinese Poetry*）原本为其博士论文，后由荷兰福瑞斯出版社（Foris Publication）出版，该书被李永毅翻译为中文时名《发现卞之琳：一位西方学者的探索之旅》，由外语教学与研究出版社于 2010 年出版。这是英语世界第一本系统研究卞之琳的专著，在本书中，汉乐逸以创作年代为序，将卞之琳诗歌分为早年、20 世纪 30 年代、战前诗歌、40 年代、50 年代、60 年代及以后共 6 个阶段，分别展开阐释。其中尤以前三章（即早年、20 世纪 30 年代、战前诗歌）最为出彩，在这部分，汉乐逸细究 20 世纪 30 年代以前卞之琳的诗歌生涯与全部作品，从"形式特质"（formal qualities）和"主题、意象"（thematics and imagery）两个方面展开了深入探讨。这本著作虽然比较薄，但其内容却很丰富，可谓国外卞之琳诗歌研究的一项重大成果。

1989 年，利大英（Gregory B. Lee）的《中国现代派诗人戴望舒：其人其诗》（*Dai Wangshu: The Life and Poetry of A Chinese Modernist*）由香港中文大学出版社出版。正如戴望舒的好友施蛰存评价："这是第一本用英文写的戴望舒评传，也是外国学者研究中国现代派文学的第一本著作。这本书的出版，已给研究中国现代文学的西方学者，树立了一个典范，它将成为中西比较文学的一部奠基著作，我希望它很快就会有中文译本。"① 与一般诗人传记是以人传诗不同，这本书却将诗歌研究作为整本书的核心，详细深入地解读了戴望舒诗歌生命中的不同阶段三本代表作（《我底记忆》《望舒草》和《灾难的岁月》）中的几乎每一首诗歌，以实例讲述了这个现代主义代表诗人从模仿到独创的演变历程。1996 年，柯雷的《破碎的语言：中国当代诗歌和多多》（*Language Shattered: Contemporary Chinese Poetry and Duoduo*）由荷兰莱顿大学的非西方研究中心（Research School CNWS）出版。这是英语世界第一本专职于研究中国"先锋诗歌"的专著，主要

---

① 施蛰存：《诗人身后事》，载于《沙土的脚迹》，辽宁教育出版社 1995 年版，第 94 页。

研究了中国当代诗歌中非常重要却至今被忽略的问题：中国"先锋诗歌"和最具创新精神同时也最离经叛道的诗人多多。本书可以分为两部分：第一部分对1949年至20世纪80年代中期以后政治文化背景状况做了介绍，并研究了20世纪50~60年代的"官方诗歌"、60~70年代的"地下诗歌"和1979年后的"先锋诗歌"；第二部分则主要研究多多1972~1982年和1983年~1994年两个阶段的代表性作品，柯雷在本部分翻译了多多的代表作，并对其加以分析。"总的来说，破碎的语言把多多置于世界级的作家之列，对存在主义问题的思考使其超越了文化和国别的界限。同时，这本书提供了对中国当代文学及其对国外读者的影响一个详实公正的评价"。① 1999 年，斯坦福大学张宽发表了《奇妙的文化碰撞：冯至对德国浪漫主义、里尔克和现代主义的接受》(A Remarkable Cultural Encounter: The Reception of German Romanticism, Rilke, and Modernism in Feng Zhi's Poetry)，这篇论文主要探讨了冯至与德国文学的关系，从德国浪漫主义文学对青年冯至的作品影响谈到冯至对里尔克十四行诗的接受，尤以对冯至十四行诗的研究部分最为详细精彩。论文不但在附录中将冯至的 27 首十四行诗悉数译成英文，而且对这些诗歌进行了全面研究，不但指出了冯至十四行诗在押韵、格律、结构和跨行等方面的特色，而且尤为难能可贵的是，作为一个英语世界的研究者，作者还指出了中国古典诗歌对冯至诗歌创作的影响。

肇端于 1917 年以来的现代汉诗，不仅意味着创作实践迎来全新的挑战，而且还预示了诗学理论话语也彻底陷入失语状态。毫不夸张地说，正是这双重的尴尬处境，使得建构现代汉诗的理论框架成为 20 世纪中国文学最为棘手的学术研究领域之一。如同"旧瓶装新酒"似蹩脚的现代汉诗创作，碎片化的古典诗学话语，显然也已经不能再套用于现代汉诗的躯壳上。考虑到现代汉诗研究本身所遭遇的边缘化困境，海外汉学界一方面溯源穷流而重构现代汉诗的历史发展脉络，另一方面又借助文体学、翻译学和比较文学的研究方法而拓展现代汉诗的研究领域。此外，还聚焦于具体的个案，就诗集、诗选和诗人展开讨论，实现了史论、理论与实践的结合。这些努力，都为现代汉诗的研究带来了新的生机。

## 第三节　英语世界的戴望舒研究

回望整个现代汉诗史，"雨巷诗人"戴望舒无疑是最为重要的人之一。米佳

---

① Mabel Lee. "Review", *The China Journal*, No. 37, Jan., 1997, pp. 176–178.

燕认为"戴望舒继承了李金发的象征主义传统,并在19世纪30年代将其发展成熟"。并引用施蛰存和痖弦等人的观点,认为戴望舒是"五四"运动之后第二代诗人的代表,他的出现不仅代表着现代汉诗的一个重要突破,而且在艺术精神和艺术形式上都为即将到来的中国现代主义开启了一个新时代。① 而且,就英语世界被研究的频率和篇幅而言,戴望舒的接受也更为全面广泛,超过了胡适、徐志摩、闻一多和卞之琳等现当代著名诗人。戴望舒在英语世界的研究不但成果众多,而且在有些方面对国内的研究界而言尚属空白。因此本节将戴望舒在英语世界的接受作为个案研究对象,力求管窥现代汉诗在英语世界的接受现状。

英语世界对戴望舒的接受可谓极为活跃,表现形式也多种多样,有专著、学位论文、期刊论文以及书评等。综观其研究成果可以发现,英语世界对戴望舒的研究比较独特和新颖的所在主要集中在两个方面:一是戴望舒诗歌中的国外渊源;二是对戴望舒爱情主题诗歌的独特视角。

## 一、戴望舒诗歌中的国外渊源

关于戴望舒所受国外诗人的影响,一直是很受中外研究者关注的一个话题,其中法国象征派诗人对其诗歌创作的影响更是重中之重。在这一节,我们就来具体介绍法国学者利大英在其英文著作《中国现代派诗人戴望舒:其人其诗》中关于耶麦(Francis Jammes)对戴望舒诗歌创作的影响研究。

在利大英看来,耶麦诗歌对戴望舒创作的巨大影响的证据来自诗集《我底记忆》第二部分(即《雨巷》部分)及以后的诗歌,这种影响不只是戴望舒可能是在无意识的情况下在情绪、技巧或主题比较抽象的方面受其影响,在意象、字词亦然,甚至在戴望舒的诗歌形式中也能看出耶麦的影响。这种影响虽在《雨巷》之后创作的几首诗中体现得更加明显。"但是从《雨巷》开始,戴望舒就已经被耶麦所影响是无可置疑的。"②

怎样才能证明耶麦的这种巨大影响呢?利大英首先研究了《雨巷》的核心意象"丁香",并将之与耶麦的两本诗集(戴望舒曾经选译其中的一些诗歌)——《晨昏三经》(*De l'Angélus de l'aube à l'Angélus du soir*)和《澄净的天空》(*Clairières Dans Le Ciel*)中的诗歌进行比较。利大英认为,通过将二者比较,我们就会发现

---

① Jiayan Mi. *Self-fashioning and Reflexive Modernity in Modern Chinese Poetry*, 1919 – 1949. New York: The Edwin Press, 2004, p. 149.

② "But that Jammes influenced Dai as early as 'Rainy alley' can hardly be doubted", Gregory Lee. *Dai Wangshu: the Life and Poetry of a Chinese Modernist*. Hong Kong: The Chinese University Press, 1989, p. 145.

在其中就有一些有启示意义的诗行。① 下面，我们就来看一下利大英的发现。

第一，利大英认为，在耶麦的诗歌和戴望舒的《雨巷》中，丁香都具有悲伤和忧郁的特征，他举了《澄净的天空》中的一例：

法语原文：

> Elle avait emporté des brassées de lilas
> Les lilas qu'elle avait, elle les posa là.
> Elle a tendu la main et m'a dit au revoir. ②

汉译为：

> 她满怀丁香
> 放下满怀的丁香
> 她挥手作别。③

通过将二者的核心意象"丁香"相比较，利大英认为，"用'丁香'来表现悲伤和《雨巷》中失之交臂女子的想法，很有可能是戴望舒阅读了耶麦的诗歌之后，受到其启发的结果"。④ 在《雨巷》和《澄净的天空》的片段中，丁香都与爱恋的悲伤相关，或者说这个诗歌中的核心意象，也成了悲伤的象征，而这种悲伤却又都是因遇到了一个一见倾心的女子，却又匆忙离别引起。在这方面，两首诗是完全一致的。

第二，通感手法的移用。利大英认为，在戴望舒的《雨巷》中可以看到这样的诗句："她是有丁香一样的颜色/丁香一样的芬芳"，这是很典型的象征主义的通感（correspondance）手法。而这也可以将耶麦的 "la couleur d'un parfum qui n'aura pas de nom"⑤ 与之对比，可以"很明显地看出，戴望舒所做的是，给这种

---

① Gregory Lee. *Dai Wangshu: the Life and Poetry of a Chinese Modernist*. Hong Kong: The Chinese University Press, 1989, pp. 145-146.
② Gregory Lee. *Dai Wangshu: the Life and Poetry of a Chinese Modernist*. Hong Kong: The Chinese University Press, 1989, p. 147.
③ 本章作者译。
④ "It seems therefore highly probable that the association of lilac with sadness and the idea of the vision of an unatttainable woman in 'Rainy alley' are the result of Dai's having read and been influenced by the poetry of Jammes", Gregory Lee. *Dai Wangshu: the Life and Poetry of a Chinese Modernist*. Hong Kong: The Chinese University Press, 1989, p. 147.
⑤ 利大英将其英译为：The Colour of a perfume which will have no name. 笔者汉译为：无名芬芳之色。

'芬芳'加上了名字和颜色。"①

第三，词句的借用。在利大英看来，戴望舒的《雨巷》中的一些词句也深受耶麦诗歌的影响，我们很容易辨认出彼此之间的相似性来。"例如《雨巷》的第一句，就和耶麦另外一首诗的第一行相似，它们都出现了一个想象中的女孩：'撑着你的伞'②"③ 两诗开头的场景都是一个撑着伞的主人公，这不能不让我们联想起彼此之间的影响与被影响的关系。

第四，无论是在耶麦的诗歌还是在戴望舒的《雨巷》中，都存在着一个几乎完美而又可望而不可即的女主人公。根据利大英的分析，对耶麦而言，他所渴望的那个女人至纯至美，因此一定是可望而不可即的。他举了耶麦的一句诗来说明：

法语原文：

Je ne désire point ces ardeurs qui passionnent.
Non：elle me sera douce comme l'Automne.
Telle est sa pureté…④

汉译为：

我不需要如火的热情，
不，她对我会像秋天一样的温柔。
她如此清纯……⑤

紧接着，他分析了戴望舒《雨巷》中的女主人公，他认为戴望舒《雨巷》中所描述的"丁香一样"的女孩和上面提到的耶麦诗歌中的女孩一样，也可以用纯洁（virgin）、朦胧（opaque）和无暇（unimpeachable）来描述，而且同样，她们都是可望而不可即的。⑥

---

① "Dai of course, gives his parfum both a colour and name", Gregory Lee. *Dai Wangshu*：*the Life and Poetry of a Chinese Modernist*. Hong Kong：The Chinese University Press, 1989, p. 147.
② 法语原文：Avec ton parapluie bleu…，利大英英译：With your umbrella…
③ "The first line of 'Rainy alley', for instance, resembles the first line of another of Jammes's poems with once again the presence of an imaginary girl：'Avec ton parapluie bleu'（With your umbrella）", Gregory Lee. *Dai Wangshu*：*the Life and Poetry of a Chinese Modernist*. Hong Kong：The Chinese University Press, 1989, p. 147.
④ Gregory Lee. *Dai Wangshu*：*the Life and Poetry of a Chinese Modernist*. Hong Kong：The Chinese University Press, 1989, p. 148.
⑤ 本章作者译。
⑥ Gregory Lee. *Dai Wangshu*：*the Life and Poetry of a Chinese Modernist*. Hong Kong：The Chinese University Press, 1989, p. 148.

因此，利大英得出结论说："戴望舒在创作《雨巷》时，对耶麦的影响是不是有清醒意识，或者究竟受了耶麦多大的影响，这些问题都有商讨的余地。但是戴望舒不但受到了耶麦的影响，而且其影响比其他任何法国象征主义诗人的影响都要大，这一点却是无可置疑的。"①

通过利大英对戴望舒《雨巷》这首诗歌中存在的耶麦影响的案例研究可以看出，利大英的研究最有特色同时也是最重要的一点就是：他不但指出了问题之所在，而且对其进行了深入的分析，并举出具体案例。当然，在分析耶麦诗歌对《我底记忆》存在的影响时也不例外。

利大英认为《我底记忆》这首诗歌在戴望舒的诗歌生涯中占有重要的地位，它崭新的风格和形式显示了戴望舒新诗风的确立，而且通过这首诗歌（此部分其他一些诗歌也是一样），我们也能看出耶麦的重大影响。②

首先，他分析了《我底记忆》的诗歌形式，利大英指出，这首诗的特点就是自由体形式，其中最引人注目的形式就是第3~7行的重复"它存在在……上"，这个重复告诉了我们诗人的记忆是如何被激发的。③

在利大英看来，这首诗与耶麦的《膳厅》一诗在表面上就有几分相似，正如利大英所言："这首诗的形式及其主题让我们首先想起了耶麦的《膳厅》"。④ 因此，我们很有必要先看耶麦《膳厅》的原文，我们选用的是戴望舒的译本：

> 有一架不很光泽的衣橱，
> 它曾听见过我的姑祖母的声音，
> 它曾听见过我的祖父的声音。
> 它曾听见过我的父亲的声音。
> 对于这些记忆，衣橱是忠实的。
> 别人以为它只会缄默着是错了。
> 因为我和它谈着话。⑤

---

① "The degree to which Dai relied on Jammes in composing 'Rainy alley' is open to question, as is whether the influence was totally conscious, but that Dai is indebted to Jammes, and more so than to any other French poet in the Symbolist tradition, is indisputable", Gregory Lee. *Dai Wangshu: the Life and Poetry of a Chinese Modernist*. Hong Kong: The Chinese University Press, 1989, p. 148.

② Gregory Lee. *Dai Wangshu: the Life and Poetry of a Chinese Modernist*. Hong Kong: The Chinese University Press, 1989, P. 159.

③ Gregory Lee. *Dai Wangshu: the Life and Poetry of a Chinese Modernist*. Hong Kong: The Chinese University Press, 1989, p. 161.

④ "The form and subject matter remind us foremost of the poem 'La salle à manger'", Gregory Lee. *Dai Wangshu: the Life and Poetry of a Chinese Modernist*. Hong Kong: The Chinese University Press, 1989, p. 161.

⑤ 节选自［法］耶麦：《膳厅》，戴望舒译，载于《新文艺》1929年第1卷创刊号。

在把耶麦的《膳厅》和戴望舒的《我底记忆》对比之后，利大英认为二者之间存在着惊人的相似，这两首诗歌不但将关键词重复使用这种技巧相同，而且两位诗人都采用了拟人化的手法，把无生命的物体的"灵魂"（soul）当作自己的朋友，并且和它交谈。在具体词汇方面相似上，两首诗都提到了"忠实"（faithful）和"这些记忆"（these memories）。① 也正是以上三点，使得利大英对戴望舒《我底记忆》的创作受到了耶麦《膳厅》的深刻影响这一点深信不疑。

　　为了证明自己这种观点的可靠性，利大英紧接着又介绍了影响产生的可能性，即戴望舒不但熟悉耶麦的这首《膳厅》，而且还曾将耶麦的这首诗和其他几首诗一起翻译并发表在《新文艺》上。所以说，戴望舒一定熟悉耶麦的这首《膳厅》，并大方地从中借用。正是对耶麦诗歌的借用，帮助戴望舒形成了新的风格。利大英指出，虽然其中还是难免有文绉绉的词语跳出，如"凄凄地"（最后一段第二行）之类，"但是，总体而言，其语言已经变得通俗易懂，相较以前的作品，也显得更为平易。"② 而这一切的变化，在利大英看来，无疑是耶麦的诗歌起了莫大的推动作用。

　　利大英关于耶麦诗歌影响戴望舒诗歌创作的案例，除了上面我们已经介绍的《雨巷》与《我底记忆》之外，他还分析了戴望舒的另一首著名诗歌《赠克木》，同时这也是利大英有关影响部分所做的最后一个案例分析。

　　利大英认为，相比较《雨巷》和《我底记忆》阶段而言，写作这首《赠克木》时，戴望舒已经在法国待过一段时间，熟悉的法国作品也多了起来。但是，这首诗还是一定会让我们看出耶麦对他的影响。据利大英分析，这首写于1936年的诗歌一定是受到了耶麦的《天要下雪了》（*Il va neiger*）一诗的影响。这种影响体现在两个方面：一是意象、词汇的相似；二是这两首诗的构思也很相似，都是描述一个人要研究宇宙，却对其根本无法驾驭的情景。③ 而且，在利大英看来，"耶麦诗歌的开头部分和戴望舒诗歌的开头部分如此相似，我们无法将其简单地归因为巧合"。④

　　耶麦的原诗为：

---

① Gregory Lee. *Dai Wangshu: the Life and Poetry of a Chinese Modernist*. Hong Kong: The Chinese University Press, 1989, p. 161.
② "All in all, there is a much greater simplicity than in his earlier work", Gregory Lee. *Dai Wangshu: the Life and Poetry of a Chinese Modernist*. Hong Kong: The Chinese University Press, 1989, p. 162.
③ Gregory Lee. *Dai Wangshu: the Life and Poetry of a Chinese Modernist*. Hong Kong: The Chinese University Press, 1989, p. 249.
④ "The first two lines of Jammes' stanza bear such a strong resemblance to the first two lines of Dai's poem that the similarity cannot be dismissed as coincidence", Gregory Lee. *Dai Wangshu: the Life and Poetry of a Chinese Modernist*. Hong Kong: The Chinese University Press, 1989, p. 249.

> On a baptisé les étoiles sans penser
> Qu'elles n'avaient pas besoin de nom, et les nombres
> Qui prouvent que les belles comètes dans l'ombre
> Passeront, ne les forceront pas à passer.①

戴望舒将其汉译为：

> 人们将星儿取了名字，
> 也不想它们是用不到名字的，
> 而证明在暗中将飞过的美丽彗星的数目，
> 是不会强迫它们飞过的。②

戴望舒的《赠克木》中第一段中的原文为：

> 我不懂别人为什么给那些星辰
> 取一些它们不需要的名称，
> 它们闲游在太空，无牵无挂，
> 不了解我们，也不求闻达。③

将两首诗比较之后，就可以发现其相似程度之高，戴望舒诗歌的第一段简直可以看作耶麦诗歌的中文翻译。对于耶麦的影响在戴望舒诗歌中再次出现，利大英也进行了评述，他说，这位法国诗人的影响在戴望舒诗集《灾难的岁月》中重新出现，可能不仅仅是因为耶麦所使用的意象给戴望舒留下了深刻的印象，更因其诗中意象所表达的情感，即"相比于早期这些意象只为他的诗歌提供主题线索而言，其中的情感如今对于戴望舒而言更深有感触"。④

由上面的论述可见，耶麦在戴望舒诗歌创作的《雨巷》阶段直至《灾难的岁月》阶段，都存在着很深的影响，这种影响不仅体现在语词上、意象上、主题上、格式上，也体现在耶麦式的亲切随和的语调。也正是耶麦无处不在的影响，

---

① Gregory Lee. *Dai Wangshu: the Life and Poetry of a Chinese Modernist*. Hong Kong: The Chinese University Press, 1989, p. 249.
② [法]耶麦：《天要下雪了》，戴望舒译，载于《新文艺》1929年第1卷创刊号。
③ 戴望舒：《赠克木》，载于《新诗》1936年第1卷，第1期。
④ "The emotions expressed in those images, emotions which were to be more immediate and relevant to Dai than they had been when merely providing themes for his early poems", Gregory Lee. *Dai Wangshu: the Life and Poetry of a Chinese Modernist*. Hong Kong: The Chinese University Press, 1989, p. 250.

利大英认为，直至《我底记忆》阶段，戴望舒的诗歌仍然称不上完全成熟。他说，虽然戴望舒打破了有史以来传统中国诗歌创作技巧，并移除了早期诗歌中存在的法语字词，但是对耶麦诗歌的模仿与借用似乎已成为他尝试追求诗歌特色道路上重要支撑。"正是因为这个原因，我们不能说戴望舒在《我底记忆》这部分的诗歌艺术已经成熟，虽然他在自己的诗歌成长历程中已经取得了很大成就。"

## 二、戴望舒爱情主题诗歌的独特视角

爱情，是中国"现代派"诗人偏爱的一个诗歌主题，无论是戴望舒，还是何其芳和卞之琳，其诗歌中都有不少有关爱情的诗歌。在本部分，我们就来看一下英语世界的研究者是如何通过他们独特的眼光和文化视角来看待"现代派"最重要的代表诗人戴望舒关于这一主题的创作。

英语世界关于戴望舒诗歌中爱情主题的研究成果主要集中于哈佛大学兰多夫·特朗布尔的博士论文《上海现代派》中，该论文提交于1989年。他在这篇论文的第二部分专列了一节来谈论戴望舒诗歌中的爱情主题，这一节的题目是《戴望舒的爱情艺术》。

兰多夫·特朗布尔指出："在他富有创造性的生涯中，戴望舒的写作对象却主要是关于有限的几个主题，首先就是浪漫的爱情。"① 在戴望舒以爱情主题的诗歌中，最重要的角色毫无疑问是其中的女性。

关于戴望舒爱情主题诗歌中的男女之间的关系，兰多夫·特朗布尔提出了一个迥异于前人的观点，他认为，"戴望舒对于其诗歌中女主人公的看法甚至会被看作带有性别歧视意味，读者不可避免地会把他诗歌中描述的这些不幸的女主人公理解为被囚禁的，或者是被奴役的，因为她们被迫去执行一种已经过时的道德规范，在这种道德规范下，确定女性地位的基础就是她们对男人而言的实用性"。② 兰多夫·特朗布尔关于戴望舒爱情主题诗歌的讨论就是在上述观点的基础上展开的。

兰多夫·特朗布尔首先论及的戴望舒关于爱情主题的诗歌是《我的恋人》。在他看来，戴望舒这首诗歌中出现的女主人公形象就像一个"天使"一样，而其中的"我"则是一个生病的孩子，为其所具有的母爱品质所吸引。"这个女性的

---

① "Throughout his creative life Dai Wangshu wrote on a limited number of subjects. First on the list was romantic love", Randolph Trumbull. "The Shanghai Modernist", Ph. D. diss., Stanford: Stanford University, 1989, p. 115.

② "Dai holds views towards his ladies that even when the poems were published out to have been recognized as sexist. It is hard not to perceive these unfortunate women as imprisoned in Dai Wangshu's poems, or rather enslaved, since they are forced to serve an outdated morality that grades women on the basis of their usefulness to mates", Randolph Trumbull. "The Shanghai Modernist", Ph. D. diss., Stanford: Stanford University, 1989, p. 118.

价值就在于她随时准备安抚他的伤痛,她的力量和她作为恋人的动力主要来源于对懦弱诗人的无限同情。"①

兰多夫·特朗布尔举的第二个有关爱情主题的诗歌案例是戴望舒所写的三首有关日本女子的诗歌《八重子》(*Yaeko*)、《百合子》(*Yuriko*) 和《梦都子》(*Mutsuko*)。我们先看一下其中的第一首诗歌《八重子》的原文:

### 八重子

八重子是永远地忧郁着的,
我怕她会郁瘦了她的青春。
是的,我为她的健康挂虑着,
尤其是为她的沉思的眸子。
发的香味是簪着辽远的恋情,
辽远到要使人流泪;
但是要使她欢喜,我只能微笑,
只能像幸福者一样地微笑。
因为我要使她忘记她的孤寂,
忘记萦系着她的渺茫的乡思,
我要使她忘记她在走着
无尽的、寂寞的、凄凉的路。
而且在她的唇上,我要为她祝福,
为我的永远忧郁着的八重子,
我愿她永远有着意中人的脸,
春花的脸,和初恋的心。②

兰多夫·特朗布尔认为,在这首诗歌中,戴望舒对待女主人公的方式有所不同,他对其中的女主人公表现了不多见的同情。在对待其中的男女关系上,他选择了和以往不同的观点:"她受到了伤害,而他则对其报以深切同情"。③ 虽然在这首诗歌中,诗人仍然表现得多愁善感,但是至少他能够从只关注自己的内心世界走出,而关注到对方的感受。诗人承认,他想通过让八重子感受到自己的爱

---

① "This woman is valuable in that she is forever on call to nurse him through his difficulties, her stength, her chief sourse of desirability as a lover lies in her vast sympathy for faint-hearted bards", Randolph Trumbull. "The Shanghai Modernist", Ph. D. diss., Stanford: Stanford University, 1989, p. 118.
② 戴望舒:《八重子》,载于《小说月报》1930 年第 22 卷第 6 号。
③ "She suffers, he showers the pity on her", Randolph Trumbull. "The Shanghai Modernist", Ph. D. diss., Stanford: Stanford University, 1989, pp. 118 – 119.

意，从而治愈她的思乡病，或者至少减轻她思乡的痛苦。但是，毫无疑问的是，正是八重子所承受的痛苦，才使诗人产生了靠近她的愿望。也就是说，八重子对于戴望舒而言，她的魅力正是来自她独自承受着生活的苦痛，就是一朵枯萎的花朵，她的美来自如古代女人的小脚一样的病态美。①

兰多夫·特朗布尔分析的下一首诗歌是戴望舒的《百合子》，他认为这首诗中的女主人公和上面诗歌描述的八重子如此相似，很可能这两首诗歌描述的是同一个女主人公，只是采用了不同的名字。和《八重子》一样，《百合子》最显著的特征就是对命运的顺从，在生活的挑战面前显出令人可悲的消极。为了更好地理解兰多夫·特朗布尔的评论，有必要先看一下《百合子》这首诗歌的原文：

### 百合子

百合子是怀乡病的可怜的患者，
因为她的家是在灿烂的樱花丛里的；
我们徒然有百尺的高楼和沈迷的香夜，
但温煦的阳光和朴素的木屋总常在她缅想中。

她度着寂寂的悠长的生涯，
她盈盈的眼睛茫然地望着远处；
人们说她冷漠的是错了，
因为她沈思的眼里是有着火焰。

她将使我为她而憔悴吗？
或许是的，但是谁能知道？
有时她向我微笑着，
而这忧郁的微笑使我也坠入怀乡病里。

她是冷漠的吗？不。
因为我们的眼睛是秘密地交谈着；
而她是醉一样地合上了她的眼睛的，
如果我轻轻地吻着她花一样的嘴唇。②

---

① Randolph Trumbull. "The Shanghai Modernist", Ph. D. diss., Stanford：Stanford University, 1989, p. 119.
② 戴望舒：《百合子》，王文彬、金石编《戴望舒全集》（诗歌卷），中国青年出版社1999年版，第69页。

兰多夫·特朗布尔指出，百合子在戴望舒爱情主题诗歌的女主人公中之所以值得注意，在于至少她身上还能看出一点生命的火花。但是，百合子散发出的温度并不属于令人鼓舞的那种，而是恰恰相反，她所散发的温度极像是有害无益的。"她吸引诗人到她身边，是为了消磨尽诗人的生命力；而他则被其魅力吸引，只能沿着一条可能毁灭自我的道路上走下去。"①

这三首诗的最后一首是《梦都子——致霞村》（*Mutsuko*：*to Xiacun*），兰多夫·特朗布尔认为，在这首诗歌中，戴望舒描述了一个寄生在男人身上的女性形象，对待女主人公的方式更加夸张。《梦都子——致霞村》这首诗歌可能是对诗人朋友徐霞村的警告——梦都子在这首诗歌就充当了一个尤物的角色：漂亮而危险。《梦都子》这首诗的原文如下：

### 梦都子
#### ——致霞村

她有太多的蜜饯的心——
在她的手上，在她的唇上；
然后跟着口红，跟着指爪，
印在老绅士的颊上，
刻在醉少年的肩上。

我们是她年青的爸爸，诚然，
但也害怕我们的女儿到怀里来撒娇，
因为在蜜饯的心以外，
她还有蜜饯的乳房，
而在撒娇之后，她还会放肆。

你的衬衣上已有了贯矢的心，
而我的指上又有了纸捻的约指，
如果我爱惜我的秀发，
那么你又该受那心愿的忤逆。②

---

① "She draws the poet to her inoder to drain the vitality out of him，and he，mesmerized by her beauty，can only continue on a course he suspects is self-destructive." in Trumbull, Randolph. *The Shanghai Modernist*. Stanford：Stanford University，1989，p. 120.

② 戴望舒：《梦都子》，王文彬、金石编《戴望舒全集》（诗歌卷），中国青年出版社 1999 年版，第 76 页。

兰多夫·特朗布尔写道，为了使这个梦都子更具有文学意义上的真实性，诗人故意和他的描述对象拉开了适当的距离。"诗人意识到文中的梦都子是一个骗子，一个带着甜美伪装的吸血鬼，因此能够避免她的伤害。"① 但是对于徐霞村，好像无力摆脱梦都子的魔力，而他写这首诗的目的就是为了提醒徐霞村不要被梦都子所迷惑。

除了上面列举的四个案例，兰多夫·特朗布尔认为，描述虐恋的情形在戴望舒关于爱情主题的诗歌里显得更为新颖（至少是在当时中国的语境中）。他举的与此相关的例子是戴望舒的《微辞》（*Veiled Word*）一诗。这首诗的原文为：

微辞

园子里蝶褪了粉蜂褪了黄，
则木叶下的安息是允许的吧，
然而好弄玩的女孩子是不肯休止的，
"你瞧我的眼睛，"她说，"它们恨你！"

女孩子有恨人的眼睛，我知道，
她还有不洁的指爪，
但是一点恬静和一点懒是需要的，
只瞧那新叶下静静的蜂蝶。

魔道者使用蔓陀罗根或是枸杞，
而人却像花一般地顺从时序，
夜来香娇妍地开了一个整夜，
朝来送入温室一时能重鲜吗？

园子都已恬静，
蜂蝶睡在新叶下，
迟迟的永昼中
无厌的女孩子也该休止。②

兰多夫·特朗布尔认为，这首诗歌描绘了一个以折磨自己恋人为乐的女主人

---

① "The poet's recognition that she is a deceiver, a honey-coated vampire, effectively renders her harmless to him", Randolph Trumbull. "The Shanghai Modernist", Ph. D. diss., Stanford：Stanford University, 1989, p. 121.
② 戴望舒：《微辞》，载于《现代》1932 年第 1 卷第 3 期。

公,被折磨者虽然抱怨,却仍然认为这个女子很有魅力。这个恶作剧的女孩(与用化学药品制作毒药的女巫不同),她以善变为武器。她的恋人必须时刻提防,以免一不小心就会被她伤害。

关于戴望舒爱情主题的诗歌,兰多夫·特朗布尔举的最后一个案例是《单恋者》,他认为这首诗是其爱情诗和纯哲理诗之间的一个非常自然的过度。这首诗歌描述了戴望舒诗歌中的一个重要主题——诗人对完美的无休止地追寻。正如我们已经看到,戴望舒有时候将他关于完美的理念投射到一个可爱的女性身上。但是他经常将其置于某个具体地方,如"那里",而这个地方正好在他能够触及的范围之外。不管他是将其置于基督教的领地("天堂"或者"伊甸园"),佛教的领地("众香国"),或者只是简单地将之置于天空或蓝色大海,戴望舒的极乐世界都隐藏在雾中,正是这种雾使得其中的角色与《雨巷》中的女主人公一样变得朦胧。①

在分析了上面几首诗歌之后,兰多夫·特朗布尔认为这些已经足以说明戴望舒的爱情诗歌特色,"我们已经不需要再过多地引用戴望舒的爱情诗歌来说明它们在戴望舒创作中的重要性。依据上面所举的案例,我们已经有足够的理由说,他写了许多关于厌世男子以及他们试图安慰心力交瘁的女子时所遭遇的问题的诗歌"。②

利大英和兰多夫·特朗布尔的研究成果,对国内的戴望舒研究不无借鉴意义:首先是实证性研究的严谨性。利大英对戴望舒诗歌中法国渊源的研究,建立在丰富的案例基础之上,尤其是戴望舒与耶麦的诗歌渊源的分析,体现出严谨的学术态度。通过文本细读,他将耶麦与戴望舒诗歌的相同或相似之处一一指出,甚至得出一个这样令人震惊的结论:"我们几乎可以说戴望舒有剽窃嫌疑"。③ 即使利大英紧接着为戴望舒辩护④,但利大英深受法国实证主义传统的影响,其研

---

① Randolph Trumbull. "The Shanghai Modernist", Ph. D. diss., Stanford:Stanford University,1989,pp. 126 – 127.

② "There is no need to cite more of Dai Wangshu's love poems in order to show their prominance in his work; suffice it to say that he wrote many poems that revolve around world-weary men and the problems they have trying to satisfy jaded women", Randolph Trumbull. "The Shanghai Modernist", Ph. D. diss., Stanford:Stanford University,1989,pp. 125 – 126.

③ "It would be easy to accuse Dai of plagiarism", Gregory Lee. *Dai Wangshu:the Life and Poetry of a Chinese Modernist*. Hong Kong:The Chinese University Press. 1989,p. 165.

④ 深谙中国文学创作传统的利大英并未一味指责,他接着为戴望舒做了开脱。利大英笔锋一转,又说到,戴望舒所做的只是和中国古代诗人所做的一样:使用他人作品中的意象或词句作为典故,或者只是简单地认为原诗中的词句为自己创作提供了灵感。因此,戴望舒对自己引用了这些诗歌中的词句一事并不忌讳,因为这可能也是他学习这些前辈诗人或者向他们表达倾慕之意的一种方式,如利大英所言:"当然,戴望舒并没有隐藏他对耶麦的钦羡,因为我们可以看到,戴望舒翻译并发表了他所引用的耶麦的诗歌。" Dai, of course, made no secret of his admiration for Jammes, translating and publishing the very poems from which, as we have seen, he borrowed. in Gregory Lee. *Dai Wangshu:the Life and Poetry of a Chinese Modernist*. Hong Kong:The Chinese University Press,1989,p. 165.

究无疑是有效和可行的①，不仅开辟出耶麦对戴望舒影响研究的新路径，还成为比较文学影响研究的经典案例。其次是阐释过程中新理论的运用。对于国内的读者而言，戴望舒的爱情诗中女主人公的柔婉美更贴近中国古典美。而在兰多夫·特朗布尔看来，《百合子》和《八重子》中看似温顺的女性只是被驯化而已，她们完全依附于男性而存在，备受男权的压迫；《梦都子》和《微辞》中的女性却又称为魔女的代称，她们是被蛊惑的、狠毒的女人。这些都与我们国内对戴望舒爱情诗中女主人公的评价差别太大，因此不得不说兰多夫·特朗布尔的观点是戴望舒诗歌接受中令人耳目一新的见解。② 兰多夫·特朗布尔的解读能够不落窠臼，与女性主义理论的应用不无关系。虽然兰多夫·特朗布尔的解读可能远远出乎国内读者的期待视野，但也不失合理性、甚至可谓颇有新意。

## 第四节　奚密的现代汉诗研究

1982 年奚密开始专注于"现代汉诗"研究。一方面，她从误解、失望和轻视的噪音世界中突围而出，洞悉"现代汉诗"的差异性，并提出一系列重要的理论术语，包括"四个同心圆""边缘诗学""当代中国的诗歌崇拜""噪音诗学""环形结构"等，归纳出"现代汉诗"的历史发展脉络，无论在研究方法、研究思路和研究内容方面都极具借鉴价值；另一方面，她又着眼于中国与西方、古典与现代的宏观视野，将"现代汉诗"搁置于历时与共时的诗歌背景中加以考量，试图整合华语诗歌之间的裂隙，并立足真正意义上的"世界诗歌"以沟通诗王国的共性追求。本节将分析奚密提出的"现代汉诗"概念，进而阐述其"边缘"

---

① 米佳燕关于这个问题的探索也值得我们参考："根据利大英的观点，戴望舒的灵感是直接源于弗朗西斯·耶麦……在这个问题上，无论戴望舒是否受到了道松，或者魏尔伦，或者耶麦，或者道松受魏尔伦影响，魏尔伦受波德莱尔影响，耶麦受波德莱尔影响，又或者他们（道松、魏尔伦、耶麦、波德莱尔）全部都影响了戴望舒的诗歌创作，更重要的却是戴望舒在这种互文的交织中，如何创作出自己的诗歌作品。"According to Lee's speculation, …Dai derived the inspiration directly from Francis Jammes…In this case, no matter whether Dai was influenced by Dowson, or Verlaine, or Jammes, or Dowson by Verlaine by Baudelaire and Jammes by Baudelaire or Dai by all of them（Dowson, Verlaine, Jammes, Baudelaire）, it is more revealing to see Dai's inspcription of his own textuality in this intertextual chain. Jiayan Mi. *Self-fashioning and Reflexive Modernity in Modern Chinese Poetry*, 1919–1949. New York：The Edwin Press, 2004, p. 238.

② 为了对比，我们可以参考中国学者孙玉石对《我的恋人》一诗的分析。在孙玉石看来，戴望舒在诗中"用词语和声音来勾勒他所爱恋的女人……读者完全可以把它当做一幅用词语绘制的肖像画来欣赏"，"这首诗的动机是赞美恋人，诗人为他的恋人所具有的美感到迷醉和骄傲。"也即是说，在孙玉石看来，"《我的恋人》是一首感情细腻、爱意绵密的爱情诗。"见孙玉石：《戴望舒名作欣赏》，中国和平出版社 1996 年版，第 164 页。

诗学,"四个同心圆"以及"Game – Changer"理论,从这四个方面综论奚密现代汉诗研究的理论建树。

## 一、"现代汉诗":文化身份与政治话语的突围

20世纪80年代中期,伴随着朦胧诗的退潮,"他们""非非""海上""莽汉"等数百家诗歌流派毫无禁忌地挺进诗坛。第三代诗人的登场,昭示着当代汉语诗歌逐渐逃脱政治意识形态主导的时代,转而寻找诗歌自身的声音。进入20世纪90年代,叙事诗、口语化诗歌的涌入,更是在纷繁的诗歌文本汪洋中,使得汉语诗歌陷入批评失范的处境。那么,面对如此境况,究竟汉语诗歌将何去何从?又将以何种标准评判诗文本的优劣?一时间成为现代汉诗批评最大的焦虑。于是,学界一方面开始重新反观1917年现代汉诗的发生,另一方面则从古典诗歌或者西方诗歌中为新诗寻找参照系。

1990年11月19日,《新共和国》(*The New Republic*)刊载出美国汉学家宇文所安的一篇文章《环球影响的忧虑:什么是世界诗歌?》,作为古典诗歌研究的权威,他区分出"地方性"与"世界性":"它们的作者可以是任何人,它们能在翻译成另一种语言以后,还具有诗的形态。世界诗歌的形成相应地要求我们对'地方性'重新定义。换句话说,在'世界诗歌'的范畴中,诗人必须找到一种可以被接受的方式代表自己的国家。和真正的国家诗歌不同,世界诗歌讲究民族风味。诗人常常诉诸于那些可以增强地方荣誉感、也可以满足国际读者'地方色彩'的渴求的名字、意象和传统。"① 宇文所安带着对现代汉诗的焦虑心境,认为满足"地方色彩"才能跻身"世界诗歌"的行列。关于此,奚密追问:"在环球资讯传递迅捷的现代,我们如何在'民族'和'国际'诗歌间划清一条清楚固定的界线?"② 紧接着质问:"'现代汉诗应该是什么样?'是一个伪问题,一个没有意义的问题,因为它暴力地抹煞了现代汉诗已经走过的八十年的道路。我认为更值得深思的问题是:为什么一触现代汉诗,首先考虑的总是它的文化身份?"③ 这些问题,不禁暴露出宇文所安站在西方文化霸权立场上的文化身份优越感。宇文所安的焦灼转移且升级为"身为国际读者中的英美或者欧洲成员,我

---

① [美]宇文所安:《什么是世界诗歌?》,洪越译,田晓菲校,载于《新诗评论》2006年第1期,第119页。原载 Stephen Owen. "The Anxiety of Global Influence:What is World Poetry?", *The New Republic*, 19 Nov., 1990, pp. 28 – 32.
② 奚密:《差异的忧虑——对宇文所安的一个回响》,载于《中外文化与文论》1997年第2期,第63页。原载《今天》1991年第1期。
③ 奚密:《中国式的后现代——现代汉诗的文化政治》,载于《中国研究》1998年9月第37期,第9页。

们阅读的是从我们自己的诗歌遗产之译本衍生出来的诗歌之译本"① 既要迎合"欧美成员"的审美眼光,又被搁置于古典诗歌的光环下苟延残喘,那么,现代汉诗是否还有主体性可言?现代汉诗的差异性又何在?

　　无独有偶,宇文所安引发的思考,显然已经是波及学界普遍性的忧虑。郑敏在 1993 年 3 月发表于《文学评论》上的文论《世纪末的回顾:汉诗语言变革及中国新诗创作》中,基于后现代主义的西方理论基础(索绪尔、德里达和拉康等),从西方形而上学的传统视角对"五四"展开批判,最后矛头直指"五四"以来的诗歌以及现代汉语的变革,并得出与宇文所安几乎相同的结论,即现代汉诗至今仍然没有出现世界级的诗人和作品。针对郑敏对现代汉诗的理解所存在的潜在误区,奚密从思维模式上,探讨这种"文化革新/传统的继承、白话文/文言文、口语/书面语、明清口语文学/其以前的古典文言文学、新文化/旧文化"的对立方式。在她看来,首先,这种分裂本身就是政治化的,郑敏搁浅了历史语境,混淆了文学革命与政治革命之间的界限。其次,理论与实践不能混为一谈,郑敏将激进的话语策略等同于文学创作实践,对"五四"前辈的指责,反而体现出其对传统理解的局限。在此基础上,奚密营救出社会政治场域中苦苦挣扎的"现代汉诗",一针见血地指出:"现代汉诗是一全面的美学革命,企图推翻原有的诗歌成规,包括形式、音律、题材、以及最根本的——语言。"② 她坚信王国维的"一代有一代之文学",故而"一九一七年文学革命的深刻意义在于它对中国诗歌的重新理解与定位,通过白话作一新的、仍充满生命力的媒介来树立新的诗歌范式——从词汇到语法、意象、象征、形式、以至诗观诗学。"③

　　面对种种质疑④,"为现代诗一辩"⑤ 终于演变为一场突围式的保卫战,奚密在《现代汉诗:1917 年以来的理论与实践》中首次从诗学理论意义上提出"现代汉诗"⑥ 概念,其后又在《中国式的后现代?——现代汉诗的文化政治》的注释中作出解释,"现代汉诗意指 1917 年文学革命以来的白话诗"。这种提法,既在时间上超越了中国大陆在现当代诗歌上的分野,同时又在地域上超越了中国大

---

　　① [美]宇文所安:《什么是世界诗歌?》,洪越译,田晓菲校,载于《新诗评论》2006 年第 1 期,第 120 页。
　　② 奚密:《中国式的后现代——现代汉诗的文化政治》,载于《中国研究》1998 年 9 月第 37 期,第 1 页。
　　③ 奚密:《中国式的后现代——现代汉诗的文化政治》,载于《中国研究》1998 年 9 月第 37 期,第 4 页。
　　④ 这些质疑,显然是基于对"现代汉诗"的想象,一方面它笼罩在古典与西方诗歌阴影下;另一方面则受到政治意识形态的侵蚀。
　　⑤ 奚密、崔卫平:《为现代诗一辩》,载于《读书》1999 年第 5 期,第 90 页。
　　⑥ 1980 年,芒克等创办杂志《现代汉诗》,尽管首次提出"现代汉诗",但仍停留在创作层面,并没有对这一概念进行学术界定。

陆与其他以汉语进行诗歌创作的地区之间的分野。① 在奚密之前,"新诗""白话诗""自由诗""现代诗"的提法早已深入人心,但这些概念本身存在不合理性和理论的偏颇,如俞平伯在《瓶与酒》中提到的,"白话诗别于文言诗而言,新诗别于旧诗而言,但这些名称都不甚妥当。'白话'之立名并不足定两者中间底主要差别,新旧之称又苦混淆。旧瓶装了新酒是新不是?新瓶装了老酒是旧不是?这些事情是常有的,并非任意的设想。"② "现代汉诗"的提出则更具兼容性,既突出了"现代"的特质,又取消了新与旧的二元思维模式,还将汉语范围内的诗歌都纳入其中,为世界诗歌的命题打开了更宽阔的视野。

回到宇文所安和郑敏陷入的困境,需要回应的是,对"现代汉诗"断裂性的强调,是否就意味着摒弃古典传统?恰恰相反,奚密在肯定现代汉诗差异性和主体性的基础上,提出"影响的接受往往以接受主体的内在状况和需要为前提;没有先已存在的倾向是无法影响的"。③ 第一,回到"中华性"并不能够解决现代汉诗与古典传统的关系,"用维护传统来批判现代,用维护中华性来批判西方性,本身即接受而且复制了宇文与琼斯所欲颠覆的结构性不平等,因为它只是颠倒了东方主义而已"。④ 第二,她深谙传统并不是一成不变的,它绵延流长,在历史的长河中,不断地被注入新鲜的血液。即使反传统,也是对传统继承的一种方式,"所谓的对抗传统总是对传统的再诠释、再发明、再建构"。⑤ 在此基础上,她辩证性地重新阐释了宇文所安提到的"世界诗歌",中西"任何对中国的论述已不再可能满足于单一的中国视角,而必须考虑(空间上)更广阔、(时间上)更长远的世界观"。⑥ 正是基于这样的视野,奚密才能够持续不断地挖掘着现代汉诗在传统与现代、中国与西方多种背景融合中的发生、继承与创新的可能性(关于此,笔者将在后文中详细论述)。

## 二、"边缘化诗学":诗人身份与读者反应的双重奏效

20 世纪以来,中国政治、社会结构、教育制度及文化氛围发生了震荡性的

---

① 奚密:《中国式的后现代——现代汉诗的文化政治》,载于《中国研究》1998 年 9 月第 37 期,第 12 页。
② 俞平伯:《瓶与酒》,O. M. 编《我们的七月(1924 年)》,亚东出版社 1924 年版,第 177 页。
③ 奚密:《差异的忧虑——一个回响》,载于《今天》1991 年第 1 期,第 94 页。
④ 奚密:《中国式的后现代——现代汉诗的文化政治》,载于《中国研究》1998 年 9 月第 37 期,第 8~9 页。
⑤ 奚密:《中国式的后现代——现代汉诗的文化政治》,载于《中国研究》1998 年 9 月第 37 期,第 4 页。
⑥ 奚密:《中国式的后现代——现代汉诗的文化政治》,载于《中国研究》1998 年 9 月第 37 期,第 2 页。

变化，而现代汉诗在时代的巨浪中置身何处？又是否还能够巩固传统的精英地位？这一系列的问题，引起了学者奚密的思考。在她看来，现代汉诗的边缘化处境已是既成事实。究其原因：第一，"民主共和推翻了数千年的君主专政；1904年科举制度的废止断绝了传统知识分子最主要的擢升途径；19 世纪末以来引进的西式教育制度使教育重心由传统的人文素养向科技理工转移。诗成为一种相当专门、私人、边际性的活动。"第二，"在各种文类中，是现代小说肩负了这个'伟大'任务、'崇高'使命，是小说作家扮演了社会代言人的重要角色。在某种程度上，我们甚至可以说：传统的文化结构——诗高高在上，小说不登大雅之堂——受到根本的动摇。"第三，"随着现代社会的商业化和大众传媒（包括收音机、电影、电视、录像、电脑）的兴盛，诗所代表的精英文化与通俗文化之间的距离日益悬殊（相对而言，小说一直和通俗文化较接近，因此其边缘化的震撼也较小）。"① 现代汉诗在整个 20 世纪"迅速转化中的传统社会"和"日趋以大众传播和消费主义为主导的现代社会"② 两个世界中游离，它"一方面丧失了传统的崇高地位和多元功用，另一方面它又无法和大众传媒竞争，吸引现代消费群众。两者结合，遂造成诗的边缘化"。③ 但边缘绝不意味沉沦，其意义是双重的，"它既意味着诗歌传统中心地位的丧失，暗示潜在的认同危机，同时也象征新的空间的获得，使诗得以与主话语展开批判性的对话"。④ 奚密通过观察诗人身份和读者反应，发现并矫正着这种被延误的双重性。

首先，诗人身份的"自我再现"。"相对于旧社会，现代诗人失去其原有地位；相对于新社会，它又处在外围。自我认同的危机感使诗人不得不为诗、为自身重新定位。"⑤ 进入当代，直到新时期以后，处于边缘化的主体才得以"自我再现"⑥。针对这一症候，奚密从"乡土中国到后现代""女诗人""海外汉诗写作"等方面扫描"从边缘出发"的当代诗学动态。其中，海外汉诗写作体现出诗人疏离母语环境后孤独与飘零的心理体验。根据诗人与空间的对应关系，奚密将海外汉诗的写作分为三类：第一类，以多多为例，表现了"浓重的流放情绪"；第二类，以张错为例，流露出"深刻的漂泊感"；第三类，以杨牧为例，则体现了"中西文化传统之间的互动"，多层面地展开分析了海外诗人的边缘化情感经

---

①③ 奚密：《从边缘出发：现代汉诗的另类传统》，广东人民出版社 2000 年版，第 2 页。
②④ 奚密：《从边缘出发：现代汉诗的另类传统》，广东人民出版社 2000 年版，第 1 页。
⑤ 奚密：《从边缘出发：现代汉诗的另类传统》，广东人民出版社 2000 年版，第 3 页。
⑥ 自 20 世纪 20～40 年代之间，"革命文学"的旗帜稳固地扎根在现代汉诗的土壤中。尽管在这期间，1928 年甘人和韩侍曾为个人主义辩护，试图获得自我书写的空间，但终以失败告终。其后，1932 年苏汶和施蛰存先后也提出"第三种人"的观点，试图脱离资产阶级和普罗文学的划分方式，而是从客观批判的角度书写现实，但也很快淹没于左翼作家和理论家的反对中。在当代诗歌史上，诗歌又服务于工农兵，而 50 年代的反右运动与 60～70 年代"文化大革命"也成为驱逐边缘声音的政治干预手段。

验。除此之外，值得一提的是，"当代中国的'诗歌崇拜'"也是她"边缘诗学"中一个重要的子课题。自《今天》之后，民间刊物雨后春笋般地出现在 20 世纪 80 年代中期以来的中国当代诗坛，为诗歌文本、评论文章、传记、访谈的涌现提供了重要的推出平台。处于边缘地位的先锋诗人，更趋向于表达个人和私人化的创作活动，包括成茂朝的《礼拜教堂雨天》、杨炼的《礼魂》、石光华的《吃鹰》等，他们在诗歌中的宗教意识，主要源发于"诗人相对于社会或世界的个人危机意识"，① 是对"官方意识形态的抽离和偏向"。② 诗神与现实的反差，引人深省，"一方面我充分意识到任何重大的政治事件均对中国人生活的各方面有实质影响，另一方面我对政治与文学之间任何简单、直接、未经中介的对应关系的解释，都持严重保留的态度。我以为先锋诗人的危机意识源自更深的压抑和疏离。这些压抑和疏离的根源不仅是政治上的，而且也是经济和文化上的。"③ 文化建制与消费社会将诗人推向以"诗歌崇拜"为核心的英雄主义。在此基础上，中国传统与西方世界中的诗人形象，为他们重新定位诗人身份提供了依据，由此出现了一系列的现象和症状，其中最为极端的例子就是诗人的自杀事件。奚密以"诗歌崇拜"为切入点，批判性地认为，"在传统价值典范崩溃、知识分子对官方意识形态质疑的同时，诗人企图超越这种意识形态的屏障，重新自我定义"，"它再一次展示了艺术家和作家对自我认同的探索，对创作自由和艺术独立的捍卫"。④

其次，读者反应。诗集的销量低迷、教材摘录的视而不见，种种迹象都表露出现代汉诗已经沦为今天文学中的"弃婴"。⑤ 读者最普遍的回馈，就是"看不懂"，"这就使得读者产生了一个困惑：既然它是用白话文写的，我应该看得懂，为什么反而看不懂呢"。⑥ 奚密再次概述了造成读者"看不懂"的三个原因：第一，与文类有关，古典诗歌在精英圈子中传看，现代汉诗却缺乏这样的读者基础；第二，与传播渠道有关，现代汉诗主要通过大众传媒，读者群体主要是消费者；第三，与文以载道的传统观念有关，读者常常以古典诗歌的传统认识来衡量白话诗歌，难免大失所望。奚密怀着对现代汉诗发展历程的理解，渴望读者能够首先回归到它的真实轨迹中，而不是一味地以古典或者西方诗歌的模式，强求现代汉诗本身并不具备的某些特征。考虑到此，由于现代汉诗本身的边缘性特征，凡是苛求其承担社会、政治使命或者使其娱乐、大众化的倾向，都将现代汉诗推

---

① 奚密：《从边缘出发：现代汉诗的另类传统》，广东人民出版社 2000 年版，第 213 页。
②④ 奚密：《从边缘出发：现代汉诗的另类传统》，广东人民出版社 2000 年版，第 235 页。
③ 奚密：《从边缘出发：现代汉诗的另类传统》，广东人民出版社 2000 年版，第 216 页。
⑤ 奚密：《今天为什么要读诗》，载于《联合报》（副刊）1995 年 8 月 26～27 日。
⑥ 奚密、崔卫平：《为现代诗一辩》，载于《读书》1999 年第 5 期，第 91 页。

向了异化和畸形化的深渊。① 尽管读者反应有因可循，但现代汉诗属私人化的表现形式，它的功用性已然为资讯媒体所取代，而它的娱乐性也被电影、电视、戏剧和小说所取代，企图让其背负社会政治使命或者沦为大众化的娱乐工具都是变相的压迫，而如今"诗的存在理由已由文学以外的'功用'逐渐焦聚于文学本身的意义和价值"。② 现代汉诗需要自由而开放的环境，奚密呼吁："一般读者，如能放下长期基于古典诗所形成的期待，以开放开明的心胸来看待年轻的现代汉诗，自会对这新的美学典范有所领会。个中滋味，亦无异于嚼橄榄，先苦后甜，渐入佳境。"③ 但她又并非泛泛而谈，还提出具体的阅读方法：首先，需深入到诗歌文本中，"一首诗的核心是一个个人的、内在的、独一无二的声音，它具体表现在一个多层次的语言结构中。包括：形式、结构、语汇、句法、意象、语气、视角、感知取向等。这个复杂的结构即是诗文本"。其次，还需挖掘现代汉诗"特定的时空指涉"，"读诗的过程往往融合了两种彼此依附、互补互助的过程：内聚和外延。内聚是对文本的抽丝剥茧式的分析，外延是对文本所置身的特定的文学和历史语境的观照，包括对作者生平及其他作品的掌握，对文学传统的认识（因为没有一个作者能自外于其传统）、对诗与文学传统之间（自觉或不自觉）的互动把握、对历史脉络的省察、以至对超越时空的人性及人类存在意义的启示"。④ 深入现代汉诗的发生和成长过程中，使得奚密看到内蕴于其中的特点。她所提倡的阅读心态，不仅意味着理解，还预示着观念的扭转，而这点对于当下读者来说，又是何其重要！

## 三、"四个同心圆"："理论革命"时代的呼声

近三四十年欧美的理论革命开始向中国席卷而来，以至于学者做研究言必谈后殖民主义、女性主义、新历史主义等，这种现象已经成为当下不争的事实。新知识、新学问的魅力固然不可阻挡，它既迎合了学术的生产化体制，同时满足了"由隐到显""由点到面""由浅入深"⑤ 的学术追求，再者还受到跨学科研究的启发。但显然，其负面影响也是不可回避的，奚密批判理论革命对中国文学的冲击，一者是"理论先行"，二者则是"对于文学的简约化，见树不见林，有时候过度关注一个主题甚至是理论术语"。⑥ 她提倡在理论对话的基础上，真正

---

① 奚密、崔卫平：《为现代诗一辩》，载于《读书》1999年第5期，第91页。
② 奚密：《今天为什么要读诗》，载于《联合报》（副刊）1995年8月26～27日。
③ 奚密：《现代汉诗：一九一七年以来的理论与实践》（中文版序），上海三联书店2008年版。
④ 奚密：《诗生活》，广西师范大学出版社2004年版，第147页。
⑤ 奚密：《文学研究与理论革命》，载于《社会科学论坛》2006年2月上半月期，第82页。
⑥ 奚密：《文学研究与理论革命》，载于《社会科学论坛》2006年2月上半月期，第83页。

关注文学，重视文本。奚密在"四个同心圆"①的方法论研究中，重新反思现代汉诗的理论研究方法，她提到，"我认为理想的解读应涵括四个层面：第一是诗文本，第二是文类史，第三是文学史，第四是文化史"。②

首先，"这四个层面就像四个同心圆，处于中心的是诗文本；没有文本这个基础，任何理论和批评就如同沙上城堡，是经不起检验的"。③ 将文本分析置于同心圆的最核心位置上，足见奚密相当重视文本分析，认为脱离文本的研究，是无本之源。从这个角度而言，奚密的学术研究从未沦陷于理论革命时代，而是对诗歌语言保持着绝对的敏感度，所有理论都紧密地环绕着文本，而文本这一轴心更是发散出无限的能量以印证理论的有效性。因此，她往往从诗人个案和个别作品着手，彰显出她评价诗歌优劣的重要标准，正如她提到的"一首好诗里没有一个字是多余的。没有一个字是浪费的。仅仅不起负面作用还不够，应该是每个字都发挥正面作用。一首好诗呈现一个饱满的情感结构，一个完整统一的艺术效果。它的各个元素（包括：语义、形式、意象、声音、节奏等等）相辅相成，缺一不可"。④ 在汉语与英语世界中游走，使得奚密对于语言或者语感葆有极度的敏感，由此论及的诗人，包括夏宇、杨牧、商禽、陈黎、海子、顾城、于坚、王小龙等，都在语言上极具变化，对于声音有着高度的自律性。但她并不认为优秀的诗人就没有败笔，优秀的作品就一定是认可度较高的诗人而作。因此，每每细读，她总是从具体的文本切入，试图真正打开诗人通向汉语的窗口，让读者切实体验到语言自身的无穷魅力，并进而探索语言指向的人类普遍精神。以陈黎的《战争交响曲》为例，奚密从视觉和听觉的双重体验中，将这首图案诗蕴含的战争带来的破碎、喧嚣、残忍与痛苦进行了详尽的分析。陈黎的另外一首诗歌《腹语课》，同样得到奚密的赞赏，她对诗作中单复数和对称、不对称的空间结构、抑扬顿挫的听觉效果加以分析，从看似熟悉而又陌生的语词排列中，发现诗歌所传达的心与口、表象与内在之间的反差，挖掘出紧张而僵硬的心理经验。⑤ 此外，她对商禽《电锁》⑥、海子《亚洲铜》⑦、于坚《0档案》⑧等的解读，都堪称文本细读的典范。

---

① 奚密提出重要的"四个同心圆"理论，在《中国式的后现代？——现代汉诗的文化政治》一文中，她率先指出："现代汉诗的主体性并非依赖某种虚构的，神话的中华性，而必须从其内在结构和肌理去理解和摸索——包括对文本的细读，对文体演变的考察，对文学史的研究以及对文化史的掌握。"

②③ 奚密、崔卫平：《为现代诗一辩》，载于《读书》1999年第5期，第90页。

④ 奚密、崔卫平：《为现代诗一辩》，载于《读书》1999年第5期，第91页。

⑤ 奚密：《台湾现代诗论》，香港天地图书2009年版，第303~308页。

⑥ 奚密：《纪念商禽》，载于《创世纪》2012年12月第165期，第46~47页。

⑦ 奚密：《海子〈亚洲铜〉探析》，奚密著《现当代诗文录》，台北联合文学1998年版，第281~296页。

⑧ 奚密：《诗与戏剧的互动：于坚〈0档案〉探微》，载于《诗探索》1998年第3期，第102~114页。

其次,"从文本出发,然后涉及文类研究。每一种文类都有它自身发展的历史与内在变化的逻辑,不可忽略"。① 奚密从意象、隐喻、形式、声音等文本层面,探讨现代汉诗文本的独特性。她的博士论文题目为《隐喻与转喻:中西方诗学比较研究》(*Metaphor and Metonymy*: *A Comparative Study of Chinese and Western Poetics*),分论《中西诗学的"比"与"隐喻"》中,她对照中国的"比"(即"类比或隐喻","也就是展现一对意象,它们代表着有机宇宙中事物的事物之间的本体对应或'共鸣'。")② 与西方的"隐喻"(两种不同的事物或者两类不同的经验,二者间存在着距离和张力),洞察出中西文学乃至哲学思维上的差异,"隐喻在西方诗学中是优越的修辞格,但它在中国诗学中却从未获得这样的地位。在中国诗学中,讨论隐喻时并非是(针对)某一个隐喻的新颖、大胆或洞察力,而是一个隐喻是否把人的主体与与外在世界或把情感与景象联系起来并创造出统一的经验。"③ 另外,从声音层面上,她归纳出与意象互动影响下文本形式的结构,从而观照其中所蕴含的文化思维和审美观念。《自然诗诗歌结构的比较研究》中,她对比西方浪漫主义诗歌与中国山水诗歌在结构上的差异性,指出,"浪漫派诗歌的结构特征可以被描述为时间的、进行时的、历时性的;而中国山水诗相对来说,则是空间的、非进行时的、共时的。在前者中,诗人与自然如同分开的两极,通过相互交流而创造意义。它常常采取伴随时间展开的辩证形式;而后者,则常常独立于时序之外,采取并置和共识的方式,发挥着一种类似绘画的功能"。④《论现代汉诗的环形结构》中,她提出诗的环形结构是一种"回旋和对称的结构",意指"诗的开始和结尾都使用同一个意象或母体,而此意象或母题在诗其他地方并不出现"。⑤ 这种看似简单的结构特征,却以非直线的圆形形态完成了时间上的未终结性。古典诗歌鲜有使用的环形结构,在现代汉诗中却得到了极大的发挥,奚密通过大量的文本分析,认为早期现代汉诗中回环结构完成了空间性的表达,是诗人自我的赓续和循环,同时还从这种曲折结构中洞悉出当时诗人内心的挫折感。而后期的环形结构渐显复杂多变性,包括商禽的《逃亡的天空》中所凸显的死亡与绝望;张错的《洛城草》中,对称的偏移所表露出的对自我的超越和突破;杨牧的《霜叶作》中对瞬间的无限性追求。由上可见,奚密

---

① 奚密、崔卫平:《为现代诗一辩》,载于《读书》1999 年第 5 期,第 90 页。
② 奚密:《中西诗学的"比"与"隐喻"》,载于《比较文学》1987 年第 3 期;收入李达三、罗钢主编《中外比较文学的里程碑》,人民文学出版社 1997 年版,第 136 页。
③ 奚密:《中西诗学的"比"与"隐喻"》,载于《比较文学》1987 年第 3 期;收入李达三、罗钢主编《中外比较文学的里程碑》,人民文学出版社 1997 年版,第 139 页。
④ 奚密:《自然诗诗歌结构的比较研究》,载于《亚洲文化季刊》1980 年第 8 期;收入李达三、罗钢主编《中外比较文学的里程碑》,人民文学出版社 1997 年版,第 210 页。
⑤ 奚密:《论现代汉诗的环形结构》,载于《当代作家评论》2008 年第 3 期,第 42 页。

整合现代汉诗的文类形式，其实质更是为了获得现代人的心理经验和情感内涵。

最后，她又注重现代汉诗在语义、意象、声音、形式等方面的突破与变化，从文类意识深入到文学史的角度，"对于中国这样悠久的诗歌传统来说，诗人往往有浓厚的文类意识，诗人之于传统，不论是承袭、修正，还是反抗的关系，都有相当高的自觉。诸如文类（如诗和小说、诗和散文）之间的差别与互动，作者生平与作品之间的辩证，以至文学流派之间的消长等等，这些都可算是文学史方面的考量"。① 奚密曾细读过胡适、卞之琳、废名、穆旦等诸多诗人作品中的意象或者母题，从中挖掘现代与传统之间的关系。她深知，"现代如何与传统挂钩，这是一个引起许多辩论的争议性问题，而且这类的辩论可能会延续相当长的时间"。② 同时她也看到这一课题的前景，现代汉诗与传统的古典诗歌有着千丝万缕的联系，现代汉诗挖掘、重塑传统，但同时它非但不能抵消其被纳入现代这一时间段中的根本性特征，还进一步提升了现代品质。诗论《卞之琳：创新的继承》谈及卞之琳虽然与西方象征主义、现代主义诗学之间关系紧密，但对中国传统道释思想的承续与超越，更是帮助他实现了从传统中建立现代性的可能。因此，奚密总结出，"传统可以影响（可能多半是无意识而非有意识地）现代诗人接受消化外国资源的方法和角度"。③ 卞之琳诗歌中的水意象于无常中逾越出混沌模糊的道佛思想；梦意象又于负面的迷信和缺乏自省精神中对主体抽离，从而实现了变化无常和四大皆空的佛家观念。另外，《诗的新向度：从传统到现代的转化》一文中，她则细致地分析了废名的作品《街头》，从断行、押韵与古典诗歌的差异，进而分析"邮筒""汽车""阿拉伯数字""罗马字母"这些意象所表征的现代科技世界，更深入诗人感性世界中的寂寞情结，"寂寞源自于他在现代物质条件下深陷于某种矛盾而感到的困惑，这种矛盾在于，外部世界的挤迫和喧嚣灌注于他的，只是深深的孤独和无助而已"。④ 奚密对现代汉诗文本的细读，有其重要的诗学立场，即发现现代，为现代汉诗寻找切实的立足点。

由上，奚密致力于中西诗学的比较研究，又从文本细读发现汉语的独特魅力。她探讨诗人所彰显的声音、意象、形式和语义功能，进而扩展至文类、文学史和文化史。总体上而言，她身处理论革命时代又批判性地保持审视的姿态，她努力与理论进行对话又跳脱出其抽象性而回归到文学内部——集文本、文类、文学史和文化史为一体的系统性的同心圆构造。

---

① 奚密、崔卫平：《为现代诗一辩》，载于《读书》1999 年第 5 期，第 90 页。
②③ 奚密：《卞之琳：创新的继承》，载于《江苏大学学报（社会科学学报）》2008 年第 3 期，第 47 页。
④ 奚密：《从边缘出发：现代汉诗的另类传统》，广东人民出版社 2000 年版，第 57 页，第 213 页。

## 四、"Game-Changer"：文学场域的观察

"现代汉诗"这一极具包容性的概念，看似抵消了新与旧、古典与现代、现代与当代以及写作地区的隔膜，淡化了不同时代、不同地域之间的差异性。但事实上，不到百年的现代汉诗却不断地经历着"价值的转换和典范的轮替"，而"每一次的转换和轮替皆有赖于游戏规则的改变，而游戏规则的改变既来自体制结构的疆界重画，也和作家的实验和独创密不可分"。① 奚密在《杨牧：台湾现代诗的 Game-Changer》和《早期新诗的 Game-Changer：重评徐志摩》两篇文章中，分别以杨牧和徐志摩为例，与布尔迪厄（Pierre Bourdieu）的"场域"理论进行对话，深化了"四个同心圆"中的文学史和文化史观念。

文本与场域之间存在着互动关系，文学场域中的参与者具有自主性，这种自主性推动了文学史的"变"。在此基础上，"Game-Changer"理论，即"改变游戏的人"。"第一，作为文学史的推动者，Game-Changer 是一位作家，或是一个作家群，透过作品和其他文本实践（诸如结社、编辑、出版、朗诵、座谈、论战等），建立新的文学习尚与价值，进而改变了文学场域的生态，对当代或者后代的发展造成深远的影响。第二，Game-Changer 常常出现在文学史的转捩点，当旧的典范日益衰微，而新的典范方兴未艾之际。Game-Changer 往往从边缘出发，透过作品和其他文学实践，突破旧的思维及书写模式，在文坛上建立优越的地位，而造成上述影响。"② 这一理论模式的提出，不仅厘清了包括浪漫主义、抒情传统、超现实主义等文学史观念在现代汉诗中的发生与演变，同时还从文本实践引发的文学场域变化（包括阅读、写作、评论等），理解文学的原创力和社会学之间相互渗透的品质。

奚密试图回到汉语诗歌的文化场域，重新发现、理解西方文学史观念在本土语境中的对位和移位，"将时间历史化"③。2008 年，王敖《怎么给奔跑着的诗人们对表：关于诗歌史的问题与主义》将浪漫主义的讨论推向白热化。学界通常对浪漫主义的理解显得平面而单薄，殊不知，浪漫主义层次的丰富性，却远非如此。诗人杨牧曾经界定过浪漫主义传统在西方诗歌中的四种形式，"第一层意义

---

① 奚密：《杨牧：台湾现代诗的 Game-Changer》，载于《台湾文学学报》2010 年 12 月第 17 期，第 1 页。
② 奚密：《杨牧：台湾现代诗的 Game-Changer》，载于《台湾文学学报》2010 年 12 月第 17 期，第 3~4 页。
③ 王敖：《怎么给奔跑着的诗人们对表：关于诗歌史的问题与主义》，载于《新诗评论》2008 年第 2 辑，第 47 页。

无非是扑捉中世纪气氛和情调；第二层是华兹华斯以质朴文明的拥抱代替古代世界的探索；第三层是山海浪迹上下求索的抒情精神，以拜伦为典范，为人类创造一种好奇冒险的典型；第四层是雪莱向权威挑战，反抗苛政和暴力的精神。"① 奚密矫正了理解浪漫主义所存在的误区，即不应该将浪漫和浪漫主义混为一谈。换言之，徐志摩对理想化爱情的追求以及他惊世骇俗的离婚再婚，并不代表对他对浪漫主义的全部探索，也不足以诠释浪漫主义精神的整体内涵。徐志摩出现在20世纪20年代新旧交替的新诗场域中，但在他身上体现更多的却是二者的融合。徐志摩在处理爱情诗、儿童诗时，都如同自然诗一样，"不是表面的写景抒情，而自有一套深厚的哲学在背后支撑它""相对于欧洲的浪漫主义对自然去宗教化和世俗化，徐志摩带给新诗的恰恰是一种西方式的宗教情怀"。② 宗教式的虔诚和朝圣的情怀，使得徐志摩作为"Game-Changer"，参与了浪漫主义在中国本土环境中的发生、演变和修正。以这种研究思路，奚密还重新审视了超现实主义、抒情传统等西方文学史观念在汉语诗歌语境中的生长过程。她在《反思现代主义：抒情性与现代性的相互表述》分析郑愁予与叶珊的诗歌，提道："在现代主义启发下发展出来的现代汉诗并非反抒情，而是反抒情主义；它吸收了中国古典诗传统的养分，但是它却是，如杨牧所说的，'绝对的现代'"③；在《燃烧与飞翔：一九三〇年代台湾的超现实诗》考察20世纪30年代风车诗社的两位诗人水荫萍和林修二，对比大陆诗人对超现实主义的引鉴，从不同的侧面打量"超现实主义欲打破惯性思维方式和日常的感知角度，以绝对自由的想象，挖掘潜意识和梦的世界，揭示比现实世界更真实的超现实"。④

同时，奚密不仅仅看到了文本的作用，也没有忽略同人期刊、诗歌流派、理论主张等在文化场域中的感召力。她对期刊、流派和论战的分析，再次诠释出文学场域的系统化演变过程，从文学社会学的角度重申文学场成员挖掘、积累资本并反身赢得利益，甚至自主改变整个时代文学发展路径的全部过程。

此外，若将视线移至20世纪80~90年代的文学场域，奚密总是能够洞悉到现代汉诗身处"最好的时代，也是最坏的时代"。新兴媒体、视觉文化、娱乐产业的崛起和印刷业的萎缩，诗歌陷入尴尬的处境已是不争的事实。但"Game-changer"的意义就在于，他们并不屈服于恶劣的社会现实，而是更坚决地调动起可利用的文化资源服务于原创性文本，较有代表性的是杨牧在诗歌中增加了汉语

---

① 杨牧：《叶珊散文集》，台北洪范书店1977年版，第6~8页。
② 奚密：《早期新诗的 Game-Changer：重评徐志摩》，载于《新诗评论》2010年第2辑，第44页。
③ 奚密：《反思现代主义：抒情性与现代性的相互表述》，载于《渤海大学学报》2009年第4期，第9页。
④ 奚密：《燃烧与飞跃：一九三〇年代台湾的超现实诗》，载于《台湾文学学报》2007年12月第11期，第24页。

的听觉和视觉效果、木炎将长诗改写为短诗展示在书店外的人行道上，鸿鸿2006年出版的《土制炸弹》成为第一本明确表示版权免费的诗集等，大胆地与变化着的社会、政治和文化进行协商，完成了极具创造力的诗歌作品。① 可以说，警觉着时代性所造成的恶疾，同时也鼓励并期待着诗人们竭力朝向的创造性空间，这也是学者奚密站在审视的高度上所一直坚守的知识分子精神。

奚密一以贯之地发现并矫正着学界的各种误解，试图以边缘化为起点，进而为"现代汉诗"的差异性正名。而她所从事的现代汉诗翻译工作②，更是推进了她的诗学研究意图。现代汉诗的英译直到1982年以后③才真正引起重视，在此之前的译本屈指可数④。她提出现代汉诗的可译性，"可译性存在于语言的技术层面，也存在于文化典故的层面。更甚者，可译性也暗示着某种价值判断。"⑤ 不像古典诗歌为西方译者带来的理论启发性，现代汉诗的译者期待"新"——新的语言、形式、主题和感性。此外，饶有趣味的是，奚密具备学院派的理论批判性，却又不乏诗意的赏玩心境。她的著作《诗生活》从汉字中发现隐藏在生活背后的诗意，《谁与我诗奔》激荡出携诗同游的生活乐趣，而最近出版的《香：文学、历史、生活》则引领读者由诗文本走进一段奇幻的芳香之旅。可以说，整整30年，奚密笔耕不辍的理论成果以及她身上闪烁的抽象与经验、知性与感性、思辨与情趣，全方位地使她成为当下重要的现代汉诗研究者之一。

---

① Michelle Yeh. "Introduction： 'The Best of Times, the Worst of Times'", *World Literature Today*, Vol. 84, No. 1, Jan. – Feb., 2010, pp. 23–25.

② 奚密翻译了大量的现代汉诗文本，比如《现代汉诗选集》(*Anthology of Modern Chinese Poetry*. New Haven：Yale University Press, 1991) 和《园丁无踪：杨牧诗选》(*No Trace of the Gardener*, New Haven：Yale University Press, 1998)。

③ 1982年以后，包括文学刊物特刊和个人作品的译本都相对丰富起来，其总量甚至超过之前50年的总数。

④ 1982年以前现代汉诗的译本相当有限，其中包括1936年，艾克顿和陈克骧合译《现代中国诗选》(*Modern Chinese Poetry*)；1947年，佩恩《当代中国诗选》(*Contemporary Chinese Poetry*)；1954年，路易·艾黎《人民大声说出》(*The People Speak Out*)；余光中《中国新诗》(*New Chinese Poetry*)；张兰熙《新锐之声》(*New Voices*)；1963，许芥昱《二十世纪中国诗歌》(*Twentieth-Century Chinese Poetry*)；1972年，荣之颖《台湾现代诗选》(*Modern Verse form Taiwan*) 等。

⑤ 奚密：《现代汉诗：翻译与可译性》，季进、王尧编：《下江南——苏州大学海外汉学演讲录》，复旦大学出版社2011年版，第229页。

## 第十九章

# 现代话剧的译介与研究

2013年,英语世界的中国现代话剧研究经历了一个新的里程碑式的发展:陈小眉主编的《哥伦比亚中国现代话剧作品选》(*The Columbia Anthology of Modern Chinese Drama*)(精简版)正式出版,这本书的面世结束了美国大学课堂缺少一本真正有关中国现代话剧教科书的历史。这本选集的读者定位是英语世界中所有的潜在读者——他们可以是学院中的中国研究专家,也可以是众多在读的大学学生,还可以是对亚洲戏剧感兴趣的戏剧工作者。陈小眉在编写本书时所秉持的初衷就是希望中国话剧可以成为英语研究者中的一门受到关注和尊重的学问。哥伦比亚大学出版社作为一所声名斐然的大学出版社,它对中国话剧这一艺术体裁及其重要性的承认,以及其推广话剧研究和教学的决心,无不反映了英语学界中中国文学研究者数十年辛勤的努力及其成果。这本选集的面世同样受惠于在此之前的话剧翻译作品选,比如说如沃尔特·麦瑟伍、鲁斯·麦瑟伍、耿德华等人选编的文集,以及马科林、杜博妮和董保中等人的相关研究。除此之外,这本选集亦还吸收,诸如康开丽(Claire Conceison)、罗斯玛丽·罗伯茨(Rosemary Roberts)、费莱丽(Rosella Ferarri)、刘思远、黄承元和梅嘉乐(Barbara Mittler)等更年轻一代中国话剧研究者们的最新成果。事实上,许多优秀的话剧导论与选读作品(如沃尔特·麦瑟伍和鲁斯·麦瑟伍夫妇、耿德华、陈小眉)在编纂思路方面都照顾到了推动英文学界中国话剧研究,同时拓宽相应研究视角的需求。随着越来越多来自不同地区、拥有不同主体地位、具有不同政治意识形态的作品进入现代话剧经典的行列中来,中国话剧的"身份"不再是像过去那样代表着某种"异域风情"的刻板形象。在21世纪,西方英语研究界中,中国话剧因其多元化的构成跻身于中国戏剧"代表"的行列之中,而这点也正好反映出了西方中国戏剧研究者在过去几十年中不断发展和扩大的研究视角。

## 第一节 英语世界话剧研究的四个阶段

### 一、第一代中国话剧研究者及其定义研究对象的努力

过去 80 年里（1928～2013 年），英语学界的中国话剧研究者们一直在调整与研究对象间的复杂关系。当中国与西方的外交关系在孤立与解冻之间相互转换时，学者们的研究角度也随之在冷静旁观、武断评价、对异国情调的兴趣甚至迷恋之间不断变化。学者们的态度往往受自身意识形态的影响，又或与获取相关研究资料的难易程度相关，同时话剧研究界这个相对较小的学术圈有时也加剧或夸大了英文学界中对中国话剧研究的一些问题。虽然中国戏剧研究长期受到政治风潮的限制，但仍有一部分学者极力主张话剧与文学研究之间的相关性，以及话剧之于文学性的重要性。为了向英语观众介绍中国话剧，帮助他们更好地理解话剧，这些学者付出了极大的心血和努力。本章将向读者介绍这些学者和他们的作品，以及在过去 80 年中他们是如何通过自己的研究努力定义并建立起这一研究领域的。

现代中国戏剧在英语学界中相对边缘化的处境主要有两方面的原因。首先是西方学界对小说的青睐有加，忽视了包括戏剧在内的其他文学体裁。20 世纪 60～70 年代，虽然英语学界的中国文学研究者大力宣扬中国文学的重要性，但他们的关注点大多还是集中在小说这一文学体裁上。例如，夏志清的《中国现代小说史》、白之的《中国文学选集Ⅱ》（*Anthology of Chinese Literature*，*Volume* 2，1972）等，这些早期的英语研究者均将小说作为中国文学的代表。甚至到了 2007 年，在由刘绍铭和葛浩文编选的《哥伦比亚中国现代文学选》中，尽管编者们增加了现代诗歌、当代中国文学作品，以及中国台湾、西藏等地区少数民族作家的作品，可是话剧这一体裁依然被排除在了这个选本之外。其次是西方学界对中国戏剧缺乏新意的偏见。虽然其他文学体裁，如现代诗歌、音乐、流行文学等研究也曾被学界长期边缘化，但话剧相比于它们还面临着另一个障碍：如果说中国诗歌还能被英美现代主义学者所欣赏，那西方戏剧研究者对中国话剧则是兴趣阙如。正如陈小眉在她的《正角登场——当代中国大众戏剧》（*Acting the Right Part*：*Political*

Theater and Popular Drama in Contemporary China)一书中所指出,英语研究者的注意力过分集中在中国戏曲的异域风情上,以至于忽略了其他西化的艺术形式,例如话剧。他们要么认为话剧和西方戏剧传统"一模一样",所以没多大意思,要么认为话剧太具政治宣传性而算不得严肃文学。

除了在英文世界中的中国文学研究的一般性状况之外,本章主要关注中国现当代戏剧研究领域中的三大现状。第一个现状或许是由于英语世界中中国话剧研究者数量较少,很少有学者会关注单独一个剧作家。因此本章将主要讨论关于中国话剧经典大方向的专著。当然,少数的单个剧作家研究仍然十分有价值,例如20世纪70年代有两本曹禺研究书籍出版:1970年刘绍铭的《曹禺——契诃夫与奥尼尔貌合神离的追随者》(Ts'ao Yu, the Reluctant Disciple of Chekhov and O'Neill)和1972年胡耀恒的散文集《曹禺》(Ts'ao Yu)。而当高行健获得2000年诺贝尔文学奖以后,一些学者对他在戏剧方面的贡献也进行了研究并出版了专著。例如,诺贝尔奖公布后,2004年柯思仁出版了《高行健与跨文化中国戏剧》(Gao Xingjian and Transcultural Chinese Theater);2008年杨慧仪出版了高行健全部作品研究专著《变动不定的水墨舞蹈——作为文化翻译的高行健作品》(Ink Dances in Limbo: Gao Xingjian's Writing as Cultural Translation)。曹禺和高行健都是戏剧名家,但他们的剧作仍然只占中国话剧经典中极小的一部分。高行健获奖后得到的关注也反映了另一个问题,即一些西方汉学家突出宣传得到西方承认的中国戏剧家,因而未能均衡地看待中国戏剧史——尽管高行健在80年代早期的先锋戏剧运动中起过领头作用,但他并不代表当代中国话剧的最高成就。

第二个现状是西方关于中国现当代话剧的探讨并不仅仅局限于出版的书籍中。英语学术期刊为学者们提供了分享研究成果和对近期学界发展作快速回应的平台。但是本书囿于篇幅,无法一一详述这部分期刊文章,同时也由于不少作者后期将文章发展成了专著,因此就无须在此赘述。尽管不得不略过期刊文章,但本章仍会大致介绍一些最重要的、发表话剧英语研究成果的阵地。

西方早期对话剧的讨论多数来自旅途见闻。例如,路易斯·克莱恩(Louis Crane)在1930年版的《旅行》杂志(Travel)上发表了一篇题为《变化中的中国及其观剧行为》(Theatre - Going in Changing China)的文章。另外一本经常发表有关话剧文章的季刊杂志是《戏剧艺术月刊》(Theatre Arts Monthly,1916 - 1964)。1928年,该杂志第12期发表了第一篇关于话剧的英语文章:维拉·凯尔西(Vera Kelsey)的《中国新剧》(New Theatre of China)。此后该杂志还陆续发表了一些关于现代中国戏剧的文章,如1946年雷金诺·劳伦斯(Reginald Lawrence)的《升起的中国舞台幕布》(Curtain Going Up in China),卡尔·乔·陈(Karl Chiao Chen)的系列文章:1939年《不宣而战和中国的新梦想》(Undeclared War and China's New Dream)、1942 年《中国新戏曲》(New Opera in China)、和 1947 年《戏曲打败了话剧》(Opera Defeats Spoken Drama) 等。这些旅途见闻都只突出了话剧表演的异域风情而并不具有真正的学术批评性质。

在之后的几十年中，学术出版社满足了这一领域的出版需求。一个典型例子是《亚洲戏剧杂志》(Asian Theatre Journal，ATJ)，该刊除了关注中国以外，还关注包括东亚、东南亚以及跨文化和跨国界的戏剧作品。由于创刊于 1984 年春，《亚洲戏剧杂志》也成为英语学界话剧研究的一大阵地：该刊第一期便发表了一篇话剧方面的文章——杨世彭关于"文革"后戏剧的研究成果。自此之后，该杂志又陆续刊发了一系列话剧资料或对话剧的反思：2009 年第 26 卷第 2 期刊登了刘思远和凯文·J.小维特莫 (Kevin J. Wetmore Jr.) 合作的英语话剧研究、翻译详细书目；马克林也在 2008 年春季刊（第 25 卷第 1 号）上发表了向中国话剧百年诞辰致敬的文章《中国戏剧百年的改变与传承——纪念话剧诞辰一百周年》(Change, and Continuity in Chinese Theatre in the Last Hundred Years: In Commemoration of the Spoken Drama Centenary)。

话剧研究领域第二个重要平台是《中国现代文学与文化》，它不但是西方汉学界的重要期刊，其网站还带有论坛功能。该杂志 1984 年创刊时的名称是《中国现代文学》，于 1998 年改为现名。《中国现代文学与文化》由俄亥俄州立大学东亚研究中心和中国研究所提供部分经费，致力于汉语小说、电影、诗歌、文化等多领域问题的探索。该杂志经常刊登戏剧作家新书书评，其网站的资源区还有大量有关现代和传统戏剧的书籍、论文、文章的目录。

早期《中国现代文学与文化》上发表的许多文章，例如第 2 卷第 1 号上叶少娴的《歌德对中国现代戏剧的影响》(Goethe's Impact on Modern Chinese Drama) 和谭国根的《易卜生与中国现代戏剧家——影响与平行发展》(Ibsen and Modern Chinese Dramatists: Influences and Parallels)，都对西方戏剧家对中国的影响进行了思考。该刊近期所登文章则反映了话剧研究领域的扩大趋势，以及研究方法的多样化。例如，陈小眉的文章《田汉的遗产——"无产阶级现代主义"及其传统根源》(Reflections on the Legacy of Tian Han: "Proletarian Modernism" and Its Traditional Roots, 2006 年第 18 卷第 1 期) 探讨了田汉复杂多样的贡献，在海外汉学界相对边缘的地位，以及他对西方社会主义、现代主义、女性主义思想与中国传统戏曲和审美思想的兼收并蓄。吴文思 (John B. Weinstein) 也在他 2008 年的文章《丁西林与陈白尘——通过喜剧构建现代戏剧》(Ding Xilin and Chen Baichen: Building a Modern Theater through Comedy, 第 20 卷第 2 期) 里提到，越来越多学者开始对他的研究领域（讽刺与幽默）发生兴趣。《中国现代文学与文化》还支持学者对批评理论的运用，如姜靖的文章《现代中国舞台上的莎乐美》

（Chinese Salomés on the Modern Stage，第 23 卷第 2 期）运用了女性主义视角来研究话剧。

第三个现状是多年来英语国家的汉学家们并没有充分掌握研究所需的一手资料。虽然学者们并不需要翻译，但是否有英译版往往决定了一部剧是否流行、是否重要、或研究者是否能在课堂里将其用于教学。笔者在下文中将会提到几部重要的、由西方学者编纂的文集，不过我们必须认识到：正是亚洲的许多出版商承担了大部分的文本翻译工作。

下面介绍的业内期刊是香港中文大学翻译研究中心出版的《译丛》。自1973年以来，该刊将大量中国古典和现代文学译成了英语，从而在信息交流匮乏的特殊时期为英语研究者打开了一扇了解中华人民共和国的窗户。尽管该刊基本每期都固定地分为几个板块，但是 1974 年《译丛》的第 3 期则完全是一期戏剧专号。这一期杂志上不但有汤显祖的《牡丹亭》、白朴的《唐明皇秋叶梧桐雨》，还有曹禺的《北京人》、丁西林的《压迫》、夏衍的《上海屋檐下》等。在现代的三个剧目中既有侧重非政治的（丁西林），也有注重审美的（曹禺），同时还有偏向说教的（夏衍）。这一期的《译丛》还刊登了一些关于表演理论和实践方面的文章，主题包括古典和现代，其中有：17 世纪戏曲家李渔的文论，宋淇对毛姆《戏剧学者》（A Student of the Drama）一文的个人体验式回应，以及梁实秋的《莎士比亚译论》（On Translating Shakespeare）。而杨世彭的文章则介绍了他在美国改编京剧《乌龙院》的尝试，这是较早的跨国界表演的范例，他在科罗拉多大学和夏威夷大学的表演已经模糊了所谓正宗或纯粹的"中国现代戏剧"的定义。

在较长一段时间内，中国本土的译者和作者曾直接面向英语研究者介绍中国现代戏剧。例如第一部话剧文集，顾宗沂的《英译中国近代戏剧选》（Modern Chinese Plays）即由上海商务印书馆于 1941 年出版。这本薄薄的册子选录了多部早期话剧中著名的独幕剧：如田汉的《苏州夜话》《湖上的悲剧》；余上沅的《兵变》；丁西林的《压迫》；熊佛西的《醉了》和《艺术家》等。

北京外文出版社是这方面的另一个代表。该社即使在新中国尚未与英语世界结盟时就已经开展了话剧英译工作。戏剧以及其他形式的文学艺术作品成了一扇窗口，向外部世界展现了新生的社会主义中国的文艺成就。1955 年，该社翻译了郭沫若的《屈原》；三年后出版了由 A. C. 巴恩斯（A. C. Barnes）和王佐良共同翻译并定稿的《雷雨》。外文出版社在选择重要作品进行翻译方面比较迅速。例如，曹禺的《明朗的天》1956 年在中国国内出版，外文出版社的英译版 1960 年就问世了。外文出版社还出版了两部社会主义独幕剧选：1956 年的《妇女代表：三部独幕剧》（The Women's Representative：Three One – Act Plays）和 1957 年的《纱厂的星期六下午及其他作品集》（Saturday Afternoon at the Mill and Other

One-Act Plays）。该社在20世纪60~70年代继续推进，出版了所有样板戏译本，包括1966年和1972年两个《红灯记》译本①，为外界了解中国样板戏的大貌提供了难得的资料。

外文出版社由此开了戏剧为外交服务的先河。该社在戏剧翻译方面独占鳌头，并在英语学界造成了两个后果：第一，中国的话剧经典和英美所认可的较重要的话剧剧目非常接近。不少大学图书馆至今还有许多这类官方翻译本馆藏，其中绝大多数是从中国香港购得。因为当时"文革"的关系，许多中国的学术资料很难买到，这种情况直到"文革"后才得以缓解。第二，英语研究者继续将中国戏剧研究等同于对中国的政治意图的分析。这一略显功利的目的持续了多年，并因此导致一部分非政治的或以审美为重点的戏剧在研究中受到冷落。

考虑到本章在后文论述中将给予"混杂"这一现象以相当篇幅，在这一部分最后我想总结性地谈一谈把话剧视为多种影响源头相互交汇以及不同风格相互融合的观点。从一方面看，这种意见接受了中国话剧运动有着多重影响来源的看法（从传统戏曲、到西方戏剧、到日本实验戏剧改革等）。在这个研究模式下，我们就没有必要强调和证明话剧身上的所谓的"中国性"，或是去努力厘清话剧与政治史、民族主义之间的关系。但从另一方面来讲，过去几十年中，尽管研究者在处理民族、历史等话题时往往显得僵化、呆板，却也清楚地展示出了话剧研究的重要性。今后随着英语研究者不再受学科定义的限制，他们必将产出更有意义的成果。但他们也必须更加努力，方能使自己的分析在"世界戏剧"系统内自圆其说。

## 二、第二代研究者对中国话剧政治功效的论述

尽管没有现成英译本，有一些西方学者仍试图分析这些来自铁幕背后的戏剧。1970年，沃尔特·麦瑟伍、鲁斯·麦瑟伍夫妇出版了第一部由美国学者翻译并进行分析的中国戏剧选《共产中国的现代戏剧》（*Modern Drama from Communist China*，1970）。彼时虽是东西方关系极其复杂的冷战时期，但对中国现代戏剧的研究恰好借此而拉开了帷幕。

从书名就能看出，《共产中国的现代戏剧》的作者重点强调了戏剧和国家之间的政治关联。他们试图通过一系列"曾经的被认可的，或者是至今仍被共产党领导所接受的"戏剧来厘清中国共产党的政治路线。这些戏剧包括老舍的《龙须

---

① *The Red Lantern：A Peking Opera*. Peking：Foreign Languages Press，1966；and *The Red Lantern：the Story of the Modern Peking Opera*. Peking：Foreign Language Press，1972.

沟》、孙芋的《妇女代表》，常宝华、钟艺兵的《昨天》，任德耀的《马兰花》，莎色、傅铎、马融和李其煌的《南方来信》等。书中的政治视角有时也不是绝对的，例如编者还收录了元杂剧《感天动地窦娥冤》（关汉卿），因为这部剧在1949年后又重新上演。在分析样板戏如《白毛女》《红灯记》时，作者的兴趣明显在于重构审查官员和艺术家的不同动机。

在书的前言中，麦瑟伍夫妇承认该指南是以中国文化局外人的视角编写。① 尽管麦瑟伍夫妇的指南并没有展现中国戏剧的全貌，不过他们的努力仍然提升了相关领域的学术兴趣。该书出版后，很快就有其他两部研究更仔细、信息也更充分的指南跟进出版。

1972年，洛伊斯·惠勒·斯诺（Lois Wheeler Snow）的《中国舞台——一位美国女演员在人民共和国》（*China on Stage: An American Actress in the People's Republic*，1970）一书为中国当代戏剧研究者们提供了较为独特的研究资料。洛伊斯是美国著名记者埃德加·斯诺的夫人，她于1970年访问中国，因此对中国国内的表演文化有直观的了解。由于作者与写作对象们的密切关系，她的文字也显得随意，因此这并不是一本学术书籍。斯诺夫人在书中插入了许多历史知识和趣闻轶事，以及对四部样板戏（《智取威虎山》《沙家浜》《红色娘子军》《红灯记》）的翻译的感想。该书的目的是阐明在样板戏中导演和演员创造性地结合了传统戏曲形式和现代主题。

总体来看，斯诺夫人意在教育美国的读者——她在书中列出了详细的中英对照戏剧、舞蹈专业词汇表（主要是京剧），以及整整16页的个人照或戏剧舞台照。斯诺夫人将"文革"期间的戏剧改革视为了不起的成就，这与其他西方批评者"艺术为政治目的服务是艺术的退化"的批评话语形成鲜明对照。但是，还是由于该书的自传体性质，我们只能把它看作是实践报告，而不是学术批评。

马丁·伊彭（Martin Ebon）的《中共戏剧五种》（*Five Chinese Communist Plays*）于1975年出版，该书同样包含了翻译和历史两方面的研究方法。伊彭在书中用了不少笔墨来解释每部戏剧的历史语境：每章前都有介绍性质的短文来简述该剧创作和接受过程的历史状况，而这些短文的浪漫标题也使整部书染上了些许异域色彩，例如介绍《白毛女》的"鬼魂，女神与革命"（Ghost, Goddess, Revolutionary），介绍《红色娘子军》的"舞鞋与火枪"（Ballet Slippers and Rifles），介绍《智取威虎山》的"秃鹫化身老鹰"（Eagle into Vulture），介绍《红灯记》的"钢琴之战"（The Battle of the Piano），以及介绍《杜鹃山》的

---

① Walter J. Meserve, Ruth I Meserve, eds. *Modern Drama from Communist China*. New York: New York University Press, 1970, p. i.

"副队长温其久——寓言一则"（Deputy Chief Wen, an Allegory）等。

1975年前后出版的两本中国戏剧史所采取的研究方法与麦瑟伍夫妇、伊彭、甚至斯诺夫人等使用的方法不同。之前的作者强调20世纪70年代戏剧的共产主义本质，并用西方社会作为参考点。然而马克林和杜为廉则将话剧视为千年历史的延续，并进一步考察20世纪的戏剧工作者如何在前人基础上进行了改动；因此，马克林与杜为廉二人的书几乎没有对中国话剧的政治后果多作评论。这种历史性角度是对冷战期间过分政治化氛围的某些抵制，但它同样也是当时政治与非政治二元对立的产物。

马克林的《1840年以来的中国现代戏剧》（Chinese Theater in Modern Times: From 1840 to the Present）一书于1975年出版。在书中马克林提出，从京剧的流行到样板戏的创立，中国戏剧在改革和发展方面具有一定连续性。从某种意义上来说，该书是作者另一部成功之作《京剧百年史1770—1870》（The Rise of the Peking Opera 1770-1870, Social Aspects of the Theatre in...China, 1972）的延续。两书中部分内容有重合，但研究焦点、语调和方法论上的微调显示了作者的研究计划在第一部和第二部书之间发生的改变：马克林在该书前言里解释说该书是为普罗大众而非学术圈所写，这也暗示了当时蓬勃兴起的对中国的热情。他还解释说自己对中国表演文化的阐释是多样化的，并不局限于像北京、上海这样大都会里的戏剧现象。

《1840年以来的中国现代戏剧》分为三部分：1949年之前北京的戏剧活动，1949年前北京以外地区的戏剧活动，以及新中国成立后的时段（这部分里他还是区分了乡村、城市、职业和业余戏剧）。该书关于话剧最重要的部分是在第二部分，上海及长江三角洲下游地区的情况。马克林还提出一个颇具话题性的观点，即话剧只是一个在数百年时间内推广到全国的地方戏剧变种。作者还纠正了对乡村和地区性戏剧的偏见，尽管有矫枉过正之嫌。同时，该书也忽视了新中国成立前后话剧在都市里逐渐成为主流戏剧形式的发展，并未对此作出学术解释。

如果说马克林把话剧放在地方戏剧的背景下来看，那么杜为廉1976年极具分量的著作《中国戏剧史》（A History of Chinese Drama）则更重视分类和体裁，并在此基础上来理解现代化戏剧的转变。他的中国戏剧编年史起点比马克林的还要早，从周朝（公元前1027~256）开始，记录了几十个世纪以来构成中国表演文化的各种戏剧类型的变化。杜为廉的戏剧史中有两章是关于话剧："西式风格戏剧的出现"和"中华人民共和国时期的戏剧"。他特别突出了话剧发展史上重要的事件，例如春柳社的成立，"百花争鸣运动"等；同时他还在收录了书中提到的某些剧本中最重要章节的短译，例如梁启超的《新罗马》、曹禺的《雷雨》、1956年改编的昆剧《十五贯》、田汉的《关汉卿》，以及样板戏《沙家浜》等。

杜为廉对谱系和体裁分类的兴趣也体现在关于现代戏剧的这两章里，但他没有在此基础上发展出批评性意见或分析。

1984 年，杜博妮追随耿德华，继续修正话剧研究的道路，编纂并出版了《中华人民共和国时期的流行文学和表演艺术》（*Popular Chinese Literature and Performing Arts in the People's Republic of China*）一书。书中文章的主题联系紧密，不过研究对象并不局限于话剧，而是涵盖了过去被严格"文学"研究方法所忽略的流行文学和表演文化。正是由于戏剧被放在精英对抗流行、形式与内容互有所长的丰富话语中，文章作者们更关注话剧的阐释可能性，而非强行划分标准话剧史或列举话剧的特点。

此书的价值在于它对当代英语学界和研究者在未来应该行进的方向采取了自省和批评式的态度。1979 年 6 月在哈佛大学所举办的一个工作坊是促成该书初稿的动因，在工作坊上与会人员还讨论了美国、英国和澳大利亚学者所面临的三个问题。现在重新回顾这本书使我们明白为了发展话剧研究这个领域，西方学者走过了怎样一条艰难和自觉的道路。

杜博妮在西方汉学里看到的第一个问题是能否从官方或非官方渠道获得足够信息及对信息分析的准确性。第二个问题是在书中前言部分提到的学科障碍，即西方汉学中缺乏文学研究的传统。由于这个缘故，许多学者的背景是历史学或政治学，这便导致本来就有政治倾向的中国现代文学研究加速朝社会学研究倾斜。在总体评价冷战时期的学界时，杜博妮在前言中解释说："正是因为极度缺乏当代中国的信息，造成了西方对中国文学不正常的需求，以此来替代记录式文献的不足"。[①] 第三个问题更加抽象，也更难以克服，那就是该研究领域内的态度问题。杜博妮称文学是"非常具有价值意识的学科"，她对西方学界要么批评中国现代文学"很糟糕"，要么因其是政治观点的反映而对其"漠不关心"的态度十分关切。她呼吁学者们"避免（用高高在上的态度）对中国现代文化采取双重标准，因为作为西方学者，不论在西学还是汉学领域里我们的地位都取决于是否具有旁观者的中立态度。尤其重要的是，我们都必须对自己的身份有自知之明，不要试图代表全体或部分中国人民讲话"。[②]

耿德华在书中撰写的《"孤岛"时期的上海和现代戏剧的发展》一章在视角和方法论方面都是较传统的戏剧研究。这一章涵盖了上海在抗日战争期间剧作家们的创新、他们如何适应战时环境、又如何在创作中涉及战事等多方面内容。这

---

[①] Bonnie McDougall, ed. *Popular Chinese Literature and Performing Arts in the People's Republic of China*, 1949 – 1979. Berkeley: University of California Press, 1984, p. xi.

[②] Bonnie McDougall, ed. *Popular Chinese Literature and Performing Arts in the People's Republic of China*. 1949 – 1979. Berkeley: University of California Press, 1984, p. xii.

篇文章的观点在耿德华 1980 年关于敌占区文学的书《被冷落的缪斯——中国沦陷区文学史（1937—1945）》中也得到了充分表达。在 1980 年的那本书中，有一章是关于古装剧复苏和商业剧发展背景下的话剧潮流。除此以外，还有两位作者研究了在改编地方剧目以适应革命需要的背景下，将现代性和传统并置的重要性；大卫·霍姆（David Holm）的文章是关于延安的秧歌运动，而荣鸿曾的文章则是关于如何把样板戏《沙家浜》通过艺术改造变成粤剧《沙家浜》。杜博妮把话剧看作是一种流行文学的体裁，因此她希望读者把戏剧看成是表演活动，而非正式的、文学的、高雅精英的体裁，这种态度也预示了 21 世纪表演学的转向。

如上文所述，杜博妮在她的书中提到了话剧研究三大困难。1987 年当董保中和马克林编辑出版《新中国戏剧》（*Drama in the People's Republic of China*）一书时，杜博妮的"三大困难"再次得到了印证。该书基于 1984 年 10 月 15～19 日在纽约大学布法罗分校举办的中国当代戏剧国际学术报告会论文而出版。这次会议使一年后在北京的大会得以顺利进行，而后者也是"自现代中国戏剧 1910 年左右诞生以来"第一次在中国召开的相关国际会议。①

董保中和马克林的书出版时，有几位学者因为认为该书结构不够紧凑、篇幅较小，而表达了失望之情。而这些缺点同时也反映了之前杜博妮已经提到的方法论和意识形态方面的问题。也许由于该书是会议合集，章节之间确实缺乏明显的有机联系。有些文章又回到了 20 世纪 30～40 年代现场报告的老路，而有些则仅仅对戏剧发表了泛泛之谈。不过从某种程度上来说，该书缺乏明确焦点的问题恰好反映了冷战结束后英语学界可能发展出的多种研究方向，例如外国作品接受研究领域〔如格尔德·卡明斯基（Gerd Kaminsk）和艾尔瑟·翁特里德（Else Unterrieder）对奥地利音乐剧史影响的研究〕和戏剧理论评价〔如朱爱岚（Ellen Judd）〕等。

《新中国戏剧》一书中题为"戏剧，理想和理论"的部分提炼了新中国成立以来引导剧本创作和舞台表演最基本的一些理论，这部分被认为是最有价值的。邓腾克把样板戏《智取威虎山》理解成一种神话作品，而非文学作品，并用罗兰·巴特的理论对其进行了符号学分析。邓腾克认为，"这出样板戏运用了多种符号，特别是传统民间文化符号，它借助交际符码描绘了一幅气象恢宏、令人信服的新中国意识形态画卷"②。孙惠柱的文章则追溯了 20 世纪主导戏剧表演的三体系〔即梅兰芳、斯坦尼拉夫斯基（Konstantin Stanislavsky）和布莱希特（Ber-

---

① Constantine Tung, Colin Mackerras, eds. *Drama in the People's Republic of China*. Albany: State University of New York Press, 1987, p. vii.

② Constantine Tung, Colin Mackerras, eds. *Drama in the People's Republic of China*. Albany: State University of New York Press, 1987, p. 119.

tolt Brecht)]之间的继承与分歧关系。夏瑞春讨论黄佐临的文章恰好排在孙惠柱之后,延续了孙惠柱的话题,因为孙惠柱在自己的文章中认为黄佐临是唯一一位能够驾驭三种表演体系的戏剧工作者,而夏瑞春则对"黄佐临在艺术实践上是某一体系的忠实信徒"的观点有不同见解。作为一名精通德、法以及汉语文学的资深学者,夏瑞春集中研究了布莱希特和黄佐临之间的不同:前者是要促人思考,而后者则要感动人心。夏瑞春的结论是:"布莱希特仅仅为黄佐临的思考和发展提供了一种动力,即他对京剧和间离概念的赞扬,黄佐临自己的体系是非常具有中国特色的"。①

《新中国戏剧》反映了冷战后中国戏剧研究领域从政治视角逐渐转向更多元的方向。和耿德华一样,董保中和马克林并没有执念于功利主义或异国情调。然而,冷战的余波还是在书中不时浮现。本书的作者们还在集体强调着戏剧的审美价值和其政治或社会价值之间的联系,正如编者之一的马克林在结论里说的,"本书中所讨论的所有剧本和演出都有其政治意义"。②

## 三、第三代研究者对分析精准性的追求

20世纪90年代起,西方学者一方面逐步加强了专业性和研究深度,另一方面也意识到英语研究者对重要信息了解的匮乏。许多出版物为了克服这一缺陷,提出了一些新的战略。这一时期最好的资料书之一就是艾伯斯坦(Bernd Eberstein)编写的《中国文学精选指南(1900–1949)》(*A Selective Guide to Chinese Literature* 1900–1949)。该书由欧洲科学基金会(European Science Foundation)资助,全书共分四卷,收录了中国文学不同体裁(包括小说、短篇、诗歌和戏剧)的书目信息。最后一卷由耿德华和马悦然合编,提供了近100部话剧的详细资料,这其中有很多至今尚未被译成英语。每部戏剧都由一位学者担任撰稿人负责简介。除此之外,该书还涵盖了作品的出版地点、表演记录和现存汉语及西方语言批评资料。戏剧作品是按照作者进行分类,而第四卷的安排也清晰体现了编者对文学和风格的重视更甚于剧作法或表演。该书的唯一缺点是截止时间只到1949年,但其资料的详尽性已经能使研究人员能够无须翻译和各种指南而直接了解话剧发展的概况了。

鲁道夫·瓦格纳1990年的著作《当代中国的历史剧——四个实例研究》

---

① Constantine Tung, Colin Mackerras, eds. *Drama in the People's Republic of China*. Albany: State University of New York Press, 1987, p. 156.
② Constantine Tung, Colin Mackerras, eds. *Drama in the People's Republic of China*. Albany: State University of New York Press, 1987, p. 326.

(*The Contemporary Chinese Historical Drama*：*Four Studies*）对历史剧进行了较彻底的研究，该书颇具洞见，对新进学者在方法论上极具示范意义。作者通过对田汉的《关汉卿》《谢瑶环》和《孙悟空三打白骨精》这三部话剧的多个改编版本的研究来梳理寓言性作品中不同的原则。除此之外，他还关注了郭沫若的《武则天》和吴晗的《海瑞罢官》。瓦格纳在剖析每部历史剧时都有具体的关注点，同时他也展示了历史剧通过何种方式来赋予我们写剧和观剧的能力。

本书的总论点是：每部历史剧的创作和表演过程都鲜明地体现了一种有关戏剧阐释、意识形态表达以及在虚构人物与政治形象之间进行平行比较的方法。瓦格纳将百花争鸣运动中的现实主义作家和后来重回历史剧领域的老一代剧作家进行了比较。前者建构了对未来社会主义社会的想象，并"用未来'科学社会主义'的标杆来衡量当下'不理性'和'不科学'的官僚主义作风"。从这个角度来看，尽管新中国已经史无前例地远离了黑暗的过去，但是历史剧却描绘了"继承同时改变"的形象。①

虽然瓦格纳的研究是在 20 世纪 80 年代进行的，但在一定程度上他仍然受到资料来源的限制，并且他在写作时也假定了其他英语学者也会遇到相似的问题。由于瓦格纳所讨论的大多是戏剧的现场演出，他因此提出了自己克服困难的两个方案："第一，不放过任何一个线索。第二，不要关注中心，而要关注边缘"。②第一条方案指的是瓦格纳会研究能得到的每条信息，不管是农业记录还是政治论战记录。虽然身在外国，不可能亲眼观看所研究的舞台演出，这个方法使瓦格纳得以再现演出时的氛围。而第二条"关注边缘"的意思是瓦格纳相信那些看起来不太重要的记录或表演片段有可能和正式剧本一样重要。例如，他在分析《美猴王》的几个舞台改编本时，也分析了孙悟空故事绘本。瓦格纳最主要的贡献在于他的历史语境论、细节研究和富有洞察力的细读技巧。

这本书成了中国话剧研究的新标杆，并被学界所广泛接受。马克林在《澳中》（*The Australian Journal of Chinese Affairs*）杂志上评论说，瓦格纳的研究"很了不起""不仅是对'文革'前话剧研究的贡献，也是对同时代政治研究的重要贡献"。③颜海平在《戏剧杂志》（*Theatre Journal*）上的评论里除了认同该书的重要性外，还特别提到它"点出了一些方法论上的问题，可能会吸引别的学者来

---

① Rudolf G. Wagner. *The Contemporary Chinese Historical Drama*：*Four Studies*. Berkeley：University of California Press，1990，p. 239 – 240.

② Rudolf G. Wagner. *The Contemporary Chinese Historical Drama*：*Four Studies*. Berkeley：University of California Press，1990，p. ix.

③ Colin Mackerras. "The Contemporary Chinese Historical Drama：Four Studies by Rudolf G. Wagner"，*The Australian Journal of Chinese Affairs*，27，1992，pp. 206 – 208.

进行中国当代历史剧研究。"①

随着对中国文化与社会的新关注,20世纪90年代英语汉学学界连续出现了三部中国现代话剧选集。第一部是余孝玲编译的《"文革"后中国戏剧选(1979-1989)》(Chinese Drama after the Cultural Revolution 1979-1989: An Anthology),该书收录了两部传统戏曲(郭大宇、习志淦的《徐九经升官记》和魏明伦的《潘金莲》)以及五部话剧(高行健的《绝对信号》和《车站》,王培公的《WM》,锦云的《狗儿爷涅槃》和何冀平的《天下第一楼》)。余孝玲的关注时间段只有十年,因此限制了其著作的体量,使得她无法在此基础上发展出宏观的论点。但是作者在前言部分比较了"文革"后的戏剧和"五四"运动时期蓬勃的思想发展史,其观点比较令人信服。

张佩瑶与黎翠珍编选的《牛津当代中国戏剧选集》(An Oxford Anthology of Contemporary Chinese Drama)于1997年出版,该书的一大特点是不仅收录了中国大陆的戏剧,也收录了中国台湾地区和香港地区的一些作品。在这本书里,作者提出要把汉语戏剧看成是"国际舞台"(xii)的一部分,并且书中的翻译多半是为了给戏剧实践工作者所用。书中选录的作品,大陆部分包括梁秉堃的《谁是强者》、锦云的《狗儿爷涅槃》、过士行的《鸟人》、高行健的《彼岸》、徐频莉的《老林》和马中骏的《老风流镇》。《谁是强者》和《老风流镇》虽然在初演后有些轰动效应,但没有成为公认的"经典之作"。

颜海平1998年出版的《戏剧与社会——当代中国戏剧选》(Theatre & Society: An Anthology of Contemporary Chinese Drama)一书中个别剧目和上述两本选集有所重复:如《WM》《车站》和《潘金莲》已在余孝玲的书中出现,不过两人的译本并不相同。颜海平的独家译本包括:陈子度、杨健、朱晓平的《桑树坪纪事》和吴天明的电影剧本《老井》。虽然书中部分剧本前人已有过翻译,但颜海平对英语研究者的贡献在于给话剧新发展建立了理论和历史框架。在她的长篇导论中,她区分了不同作家群体和不同运动(最重要的是批判现实主义和实验现代主义),为建立了当代剧作的新经典提供了重要依据。

这三部选集延续了耿德华试图建构话剧权威经典的努力,给对此感兴趣的、来自不同背景的学者和学生提供了研究材料。然而,这些选集对于当代话剧的关注,往往使人忽略了选集作者们与耿德华截然不同的研究目的。耿德华选择一部戏剧常常是因为它的历史相关性,但这种定性一般是事后的。而这三位选集作者则认为当代话剧具有预言的价值,即话剧能为理解一个充满不确定性的国家提供

---

① Haiping Yan. "The Contemporary Chinese Historical Drama: Four Studies by Rudolf G. Wagner", *Theatre Journal*, Vol. 44, No. 4, 1992, pp. 550-552.

真知灼见。颜海平在其导论结尾提到了这一未加明说的期望，她写道："当代中国话剧和戏剧家的未来……取决于中国现代化的未来和它在'地球村'的重新定位，而这一过程目前看来正日益被多国、跨国资本所控制"。①

## 四、第四代研究者对话剧理论的创新

康开丽 2004 年出版的著作《意味深长的他者——中国戏剧舞台上的美国人》（*Significant Other*：*Staging the American in China*）主要探讨了中国当代话剧舞台上表现美国人形象的方法和理论。本书的题目对应了康开丽给外国人形象的定义："意味深长的他者"——他们是"有特权的、边缘化的他者，而非受统治的殖民对象"。② 作者分析了一系列当代戏剧作品，包括孙惠柱、费春放的《秋千情人》《中国梦》，王周生的《陪读夫人》（由上海话剧艺术中心首演），王培公的《大留洋》，沙叶新的《尊严》，黄纪苏、张广天、沈林的《切·格瓦拉》和过士行的《鸟人》等。鉴于该书的跨国视角，评论界赞扬其"详细描绘了中美政治、当代中国文化和全球化问题之间的联系"。③

康开丽对外国人形象的分析主要从表演技巧方面来看。她针对美国形象登上中国舞台而引发的审美后果提出了一系列问题，例如：他们是否要在穿着、举止等方面特别体现出外国人腔调？登上中国舞台的美国专业或业余演员在多大程度上有种族、民族的区分？这些问题的探索都伴随着对剧本本身的讨论，因为作者认为文学和表演领域是相辅相成的："当一个中国演员打扮起来演一个外国人，就像是在提醒大家这是中国人在解读、阐释外国人。当外国演员受邀参与演出，这种形象借用就不再是外表上的而是文本层面上的了；虽然身体上的现实主义表演掩盖了部分问题，但其实中国仍然在替他者讲话"。④《亚洲戏剧杂志》上的书评特别赞赏康开丽这种基于表演的研究态度，有评论说，"通过综合采访、报道、剧本、学术文章和其他多种不易保存的演出材料，（康开丽）仿佛让读者置身彩

---

① Haiping Yan. *Theater and Society*：*An Anthology of Contemporary Chinese Drama*. Armonk，N. Y.：M. E. Sharpe，1998，p. xi.
② Claire Conceison. *Significant Other*：*Staging the American in China*. Honolulu：University of Hawai'i Press，2004，p. 3.
③ Barbara Sellers - Young. "Significant Other：Staging the American in China，by Claire Conceison"，*Theatre Journal*，Vol. 58，No. 4，2006，pp. 721 - 722.
④ Claire Conceison. *Significant Other*：*Staging the American in China*. Honolulu：University of Hawai'i Press，2004，p. 33.

排室和剧院一般"。① 从这个角度看，本书在传统话剧文本研究的基础上更进一步，已经进入了从彩排到舞台的整个表演过程去发掘深意。

中国戏剧领域中最近一部从女性主义角度切入的专著是罗斯玛丽·罗伯茨2010年出版的《毛主义的模范剧场：中国"文革"中的性别与性符号学（1966 – 1976）》（*Maoist Model Theatre：The Semiotics of Gender and Sexuality in the Chinese Cultural Revolution*（1966 – 1976））。该书对"文化大革命"时期样板戏进行了全面、详尽的研究。从书名便可推知，作者从符号学视角来仔细阅读"宣传"作品。罗伯茨认为这种分析方法很有可取之处，因为样板戏里的每个词、每个形象，甚至每个声音都是精心设计、富有含义的。作者的方法比较接近董保中、马克林的《新中国戏剧》中邓腾克撰写章节所使用的，区别在于罗伯茨的研究兴趣在于样板戏里对性别的描写。

作者在书中反驳或修正了其他女性主义汉学家（例如孟悦、戴锦华、陈小眉、柏棣等）的观点，这些女学者一般认为在"文革"中性别和女性特质（femininity）是被"消除"了的。而罗伯茨则认为，这种观点对两个方面进行了错误假设。首先，在这批学者看来，妇女只有在作为社会角色（如母亲、女儿、妻子）时才能表达性别身份，而这些社会角色往往是被父权制所限定。其次，也是相关的一点，罗伯茨发现这种"性别消除"论只能在本质主义女性特质观中才能成立。因此，作者在书中提出，"'文革'并没有从公共话语、特别是文学话语中消除性别和性征（sexuality），而是依照政治路线改变了性别界限"②。简言之，男性和女性的性别内涵都改变了。由男性或女性展现的女性特质和反革命联系起来，而男性特质则被归为革命的。罗伯茨在这个重要准则上和其他女性主义批评家一致，她相信传统女性气质符码不但没有被从样板戏中剔除，并且还在戏里得到了放大利用。一些传统表征例如颜色、女战士的形象、女性身体等仍然保留了它们在文化中的意义。

《流行先锋》（*Pop Goes the Avant – Garde*）是费莱丽于2012年出版的、关于1989年后中国实验戏剧研究的专著。作者在书的前半部分从历史角度讨论了先锋戏剧运动，按时间顺序记录了林兆华、牟森和其他戏剧工作者的贡献。书的后半部分则详细研究了孟京辉及其与先锋戏剧之间的联系。作者费莱丽本人同孟京辉相当熟悉，前者在中央戏剧学院留学期间就曾和孟京辉进行过合作。书中的这部分追溯了孟京辉的事业如何从诡异荒诞主义（grotesque absurdism）转向解构蒙

---

① John B. Weinstein. "Significant Other：Staging the American in China，by Claire Conceison", *Asian Theatre Journal*, Vol. 22, No. 2, 2005, pp. 271 – 368.

② Claire Conceison. *Significant Other：Staging the American in China*. Honolulu：University of Hawai'i Press, 2004, pp. 20 – 23.

太奇（deconstructive montage）和跨媒介流行戏剧（transmedial pop）①。

费莱丽所关注的先锋戏剧主要是她所定义的"流行先锋"。虽然从表面来看流行文化和先锋文化"反体制"的态度似乎是针锋相对的，但本书认为中国的戏剧工作者在两者交汇处找到了和谐与深刻的意义。作者指出，以孟京辉的"愉悦审美"为代表的"流行先锋"其实是一种理论建构和审美原则，其标志是"解构、互文、讽刺、戏仿、嬉戏、风格化、对话、互动、互利和交换"。② 最重要的是，作者坚信"流行先锋"应该被看作是一种情感结构，这种结构"代表、概括了后社会主义、全球化和市场经济时期的艺术创作现象和中国社会、政治的混杂本体本质"。③

《流行先锋》对之前很多专著所提出的有关在中国以外进行当代话剧研究的性质问题进行了回答。"先锋"这一概念本来自西方，但是费莱丽解释说，她的"目标是要用西方理论来达到和西方不同的结论，并借此证明我们再也不能只用西方视角来审视非西方经验了"。④ 评论界认为，这一平衡是本书在理论方面作出的重要的贡献，因为"该研究超越了前人设定的、先锋艺术家对抗国家的二元对立框架"并"呈现了先锋戏剧工作者中相互竞争的规划和彼此相异的声音"。⑤

但是费莱丽的地理和政治视角也忽视了一些历史性问题，即：该书将中国当代先锋艺术与西方同行进行了比较，然而作者却忽略了过去话剧也曾是实验性、反体制的事实。这个盲点也反映了该领域的一个总体趋势：当代表演文化受到褒扬的同时，话剧历史及其复杂性则往往受到忽视。

## 第二节 话剧研究领域的新问题和新方向

自从 2010 年以来，英语话剧研究在多个领域都取得了令人欣喜的突破。笔者将用三个例子来说明英语世界中国现代戏剧研究正在经历的发展和变化，以及这些变化又是如何与其他学科遥相呼应的。虽然在后面将要讨论的三项研究在研

---

① Rossella Ferrari. *Pop Goes the Avant‑Garde：Experimental Theatre in Contemporary China*. London：Seagull Books，2012，p. 112.

②③ Rossella Ferrari. *Pop Goes the Avant‑Garde：Experimental Theatre in Contemporary China*. London：Seagull Books，2012，p. 300.

④ Rossella Ferrari. *Pop Goes the Avant‑Garde：Experimental Theatre in Contemporary China*. London：Seagull Books，2012，p. 9.

⑤ Ros Holmes. "Pop Goes the Avant‑Garde：Experimental Theatre in Contemporary China，by Rossella Ferrari"，*The China Journal*，Vol. 72，2014，pp. 221–223.

究对象上差别较大，但在研究的问题意识上，三位作者都不约而同地将他们的关注点聚焦到了对话剧来源及其影响源的思考上面。如今越来越多的学者不再把话剧只看作是中国内部的一种戏剧形式或是一种西化的、现代化的表演风格，而是倾向于关注话剧在形成过程中起作用的多种混杂因素。

目前西方的中国戏剧研究领域出现了一种新论断，认为传统和现代表演体系不应该割裂而是应该联系地加以看待——这种新的方法可以视为是对中国大陆研究成果的回应或追随。不过除了单纯的追随之外，英语研究者也有着自己的独到之处。老一代学者如杜为廉、马克林等曾经从大的历史视角来研究戏剧、话剧，不过新一代学者却对区分不同艺术形式之间的差别兴趣不大。后者更希望找到依然存在于话剧中的传统戏曲元素，在此基础上来证明话剧是源自中国本土或者东方的戏剧传统而非全然西洋舶来的表演形式。

刘思远的《摩登中国时期的表演杂糅》（*Performing Hybridity in Modern China*）一书于 2013 年出版，该书前提就是传统与现代戏剧之间的相互联系。作者反对"文明戏"在现有研究体系中的地位，即被看作是话剧的前身，话剧比较成熟，而文明戏则比较粗糙。这一见解也隐含着给文明戏正名所要涉及的重大改变，例如在作者看来必须要承认现代戏剧体系的混杂性及其与西方、日本戏剧体系的互动。刘还提议对使用"混杂"舞台技巧（如即兴表演、男扮女装、行当角色、演唱、甚至情节剧等）的文本给予更多承认。

作者明确反对依据历史或类别来研究戏剧的学者（如杜为廉等）的做法，即按照时间顺序来研究接受与发展史。本书中，作者细致地描述了"新派""新剧"和"文明戏"，并指出给某些戏剧体系贴上诸如"现代"或"西方"标签的行为并没有太多益处。在这一点上，本书提出回到东方与西方、传统与现代融合的时刻，在研究这些时刻的同时也有益于揭示 21 世纪中国戏剧异质本质（the heterogeneous nature）。刘思远在书中首先回顾了中国留学生在日本的活动，他们在发展话剧这种新的混杂戏剧的同时也借鉴了多种表演传统。其次刘思远指出了中国和日本的表演文化虽然没有太多的直接联系，但两者间仍有重要的交集，因此作者也在历史与文学的层面上探讨了两者的相似性。

书评人士也注意到了该书的深刻洞见。吴文思为《中国现代文学与文化》所撰写的评论聚焦了刘思远在研究话剧的日本渊源时从历史文献中引出的"令人大开眼界"的结论，并称"刘思远对日语资料信手拈来，这使他的专著在方法论上与中国戏剧研究标准迥然相异"。许仁豪在给《现代戏剧》（*Modern Drama*）杂志撰写的评论则认为该书最重要的成果是"（作者）从熟悉的材料里读出了深度"，并认为该书"在对一系列历史材料的深入研读中对混杂话语（the discourse of hybridity）进行了介入"。① 该书引起的反响可见一斑。这些评论还展现了刘思远对现代戏剧研究所做出的贡献的复杂本质：它既不是纯粹的向东亚的地理焦点转移，也不是哲学上的反思，而是介于两者之间的思考。

《摩登中国时期的表演杂糅》是现代英语学术界少有的、颇有分量的涉及中日戏剧比较问题的专著，但这并不意味着其他学者在这方面就无所建树。例如，罗靓在 2014 年出版一本关于田汉的专著《现代中国的先锋与流行——田汉和表演政治的交错》(The Avant–Garde and the Popular in Modern China: Tian Han and the Intersection of Performance and Politics)。该书旨在探索田汉在日本期间的生活。不过总体而言，西方学者倾向于从欧美文化中寻找话剧的来源，这就使得刘思远的论点显得格外引人注目。

黄承元 2009 年的著作《中国莎士比亚——两个世纪的文化交流》(Chinese Shakespeares: Two Centuries of Cultural Exchange) 则从对立的或曰补充的角度展现了中国戏剧的多元异质来源。作者的主要目的是消除认为只有一个正宗"莎士比亚"或一个单一、连贯"中国"的观念。因此该书从一开始就提出，在华语世界、华语社区的表演里，对中国身份和莎士比亚的理解一直处于重新定义、重新认知的过程中。在本书的前言部分，黄承元便提问道："'莎士比亚'在中国文学和表演文化中起了什么作用？相反地，关于中国的想像在莎士比亚演出中起了什么作用？它们承担了什么样的意识形态功能？"作者在书中大致按照时间顺序，通过翻译、电影、后现代电影等角度追溯了莎士比亚在中国的译介和改编史，但是作者本身的目的并不局限于对历史的介绍，而是为了揭示"中国性"与"莎士比亚"相互碰撞会引起的新思与迷惑。

随着戏剧研究领域跨文化主义的逐渐盛行，《中国莎士比亚——两个世纪的文化交流》一书也成了第一本同时受到中文和英文专业评价并被两者同时使用的专著。只需看一眼封底就会发现，给该书写书评的不仅有著名汉学家如王德威、陈小眉和新锐学者李海燕等，还有莎学名家如提摩西·皮林思（Timothy Billings）。该书还得到了美国现代语言学会（Modern Language Association of America）的比较文学年度奖（The Aldo and Jeanne Scaglione Prize for Comparative Literature Studies），以及国际亚洲学者会议（The International Convention of Asia Scholars）同行选择奖（The Colleagues' Choice Award）。

随着中国戏剧研究和西方戏剧研究之间差别的缩小，越来越多的学术对话开始把话剧作为"世界戏剧"来看待，至于此类研究究竟对何种学者有所裨益，意

---

① Jen-Hao Hsu. "Performing Hybridity in Colonial-Modern China, by Siyuan Liu", *Modern Drama*. Vol. 57, No. 2, 2014, p. 278.

见还尚未统一。《戏剧杂志》在书评中向广大戏剧观众力推此书:"任何对新的跨文化分析感兴趣的读者(可以阅读此书)因为它把文本与文化看成是叙事系统,并从文化的在地性来分析每个表演个案"。① 但是《莎士比亚季刊》(Shakespeare Quarterly)上的书评则认为该书缺少英中对照词汇表,同时过分"关注那些已经被其他英语学者研究过了的案例",这对建立跨文化对话帮助不大。②

争论还在继续,但是我们必须认识到黄承元的书也继承了英语研究者的方法传统,即注重西方戏剧家对中国戏剧工作者的影响。这种中西戏剧家的比较几乎从话剧诞生之日起就出现了。例如,洪深明显受到受尤金·奥尼尔的影响,这曾引起早期研究者的兴趣。卡洛琳·布朗(Carolyn Brown)在1985年版《比较文学研究》(Comparative Literature Studies)中就把洪深的《赵阎王》和奥尼尔的《琼斯皇》进行了比较。陈颖曾在1967年的《现代戏剧》杂志上撰写了一篇题为《尤金·奥尼尔〈琼斯皇〉的两个中文改编》的文章(Two Chinese Adaptations of Eugene O'Neill's The Emperor Jones),文中除了奥尼尔,还分析了曹禺的《原野》。而刘海平和洛威尔·斯沃泽尔(Lowell Swortzell)则于1992年出版了重要的相关研究《尤金·奥尼尔在中国》(Eugene O'Neill in China)。

伊丽莎白·艾德(Elisabeth Eide)在易卜生的中国接受研究领域开创先河。1987年她出版了《中国易卜生——从易卜生到易卜生主义》(China's Ibsen: From Ibsen to Ibsenism)。同年,她还比较了1949年后中国的两台易卜生戏剧演出:1956年严格遵循现实主义风格的《玩偶之家》和1983~1984年戏曲风格的《培尔·金特》。2001年,谭国根出版了一本资料索引《易卜生和易卜生主义在中国(1908-1997)——注释书目》(Ibsen and Ibsenism in China 1908-1997: A Critical Annotated Bibliography)。何成洲还成立了名为"易卜生在中国"的网站,刊登了一些相关资料,例如他的英语专著《亨利克·易卜生与现代中国戏剧》(Henrik Ibsen and Modern Chinese Drama)。何成洲于2010年当选为"国际易卜生委员会"主席,这是第一次由亚洲学者出任该委员会主席,从一个侧面展现了中国双语戏剧研究走向世界的实力。

另一个在英语学界经常讨论的话题是布莱希特对中国戏剧的关注。田民在《谁的"间离效果"?布莱希特对中国古典戏曲的解读或误读》("Alienation-Effect" for Whom? Brecht's (Mis) Interpretation of the Classical Chinese Theatre)一文中全面质疑了布莱希特对梅兰芳戏剧技巧观察的准确性。1982年,安东尼·

---

① Dan Venning. "Chinese Shakespeares: Two Centuries of Cultural Exchange, by Alexander Huang" *Theatre Journal*, Vol. 63, No. 3, 2011, pp. 470-471.
② Ruru Li. "Chinese Shakespeares: Two Centuries of Cultural Exchange", by Alexander Huang, *Shakespeare Quarterly*, Vol. 62, No. 4, 2011, pp. 622-625.

泰特罗（Antony Tatlow）与黄德华（Tak-wai Wong）合著的会议论文集《布莱希特与东亚戏剧》（*Brecht in East Asian Theatre*）认为需要把布莱希特放在更广阔背景下来看待。另外，萧伯纳（George Bernard Shaw）无疑对话剧的发展有过影响，但是只有李芸磯研究过他与中国戏剧家的交往历史与交往深度并出版了相关专著：她2007年的专著《萧伯纳与中国的跨文化相遇》（*Bernard Shaw and China: Cross-Cultural Encounters*）探讨了萧伯纳来访中国以及中国国内对其接受和改编的历史。

英语研究者对接受的格外热心往往也暴露了他们在话剧研究中更重视西方渊源，同时忽视了在戏剧构成里中国传统或民族主义所起的独特作用。不过近期，特别是过去十年中的一些接受研究已经在着力改变这种倾向，它们力图说明，仅仅只看接受无法全面解释中国语境下的西方渊源，以及对西方戏剧的修改和改编等问题。黄承元和刘思远的专著展示了如何迈出下一步，揭示影响了话剧的复杂影响来源。如今光按照时间顺序介绍某位作家的接受史已经不能令人满意了。研究者们进一步提出问题，例如新的来源如何影响身份阐释，传统艺术的传承与革新，以及戏剧的商业化或大众化。

黄承元和刘思远在他们的书中从地理角度探讨影响、接受和改编的问题。而梅嘉乐2013年关于"文革"的新书《不断革命：理解文化革命的文化》（*A Continuous Revolution: Making Sense of Cultural Revolution Culture*）则从历史延续的角度讨论了相似问题，即"文革"前后几十年的文化产品。该书围绕着"持续革命"这一概念展开，作者认为宣传和改革都在中国有较长历史，"文革"只是其中的一部分，同时它也是独特的个例。和黄承元、刘思远一样，该书认为戏剧具有多种历史和地理渊源，因此是一种混杂的体系。

在这一基础上，梅嘉乐希望能用异质理论来研究"文革"表演文化。她的研究目标除了被认为具有代表性的八部"文革"样板戏之外，还有"人民在观赏那一时期的文化产品时产生的知觉的、感官的、情感的、和身体上的反应"。[①] 为了达到这一目的，她对许多经历过"文革"的人们进行了个人和匿名的采访。在采访中她不去限制被采访者，允许他们表达复杂的体验，后来在写作该书时她也大段引用了这些采访作为例证。为了充分展现这一个人化的方法论，本书根据不同感官体验来划分章节：耳—声用来分析音乐和戏剧，口—字着重分析阅读，演—像注重视觉文化，而手—触则是最后一章，围绕着"文革"体验的时空展开。在《中国现代文学与文化》上刊登的一篇书评赞扬了该书的独特结构，认为

---

① Barbara Mittler. *A Continuous Revolution: Making Sense of Cultural Revolution Culture*. Cambridge: Harvard University Asia Center, 2013, p. xi.

这样的结构使作者达成了"超越陈词滥调的'文革'话语,并进行具体的、展示多面文化体验的微历史研究"的目的,但同时书评也指出,作者列举的某些感官例如嗅觉、触觉等在文学语境下稍微有点难以理解。①

或许这种不适感是因为书中多面的、感官的分析法很像戏剧研究领域中的新方法:表演研究。表演研究不再只关注戏剧文学,而是着眼于表演文化本身,着眼于作为一种实际生活经历的戏剧事件,而非录像所呈现的表演。虽然英语研究者大部分是靠阅读剧本来理解话剧,表演研究的日益壮大已经开始改变这一领域。例如,中国戏剧研究里已出现舞蹈、民间艺术等新类型,而表演研究学者也坚持把中国戏剧看成"世界戏剧"的一部分。陈小眉参与写作的一本有关戏剧和表演研究的研究生教材,这本教材也是向著名表演学学者马文·卡尔森(Marvin Carlson)致敬的礼物。这类教材的编写能够邀请一位中国文学研究者加入本身就说明西方严肃的表演研究已经再也不能忽视中国现当代戏剧的学术成果了。

## 第三节 当代英语学界中国现代话剧研究的两条路径

从英语学界对中国话剧表现出学术兴趣之日开始至今,无数的学者连同他们的研究和翻译编辑工作一同塑造了中国话剧研究领域的面貌和形态。话剧研究也从最初的作为地缘政治研究的附庸逐渐地变成了一门具有自身传统、规范和方法体系的研究领域。除了话剧作品和表演中包含的现实政治信息以外,如何更为开放和有效地去认识、理解和把握中国现当代话剧作品以及舞台呈现一直都是英语学界中国话剧研究学者们最为关注的问题之一。为了避免不必要的烦琐分类,本章选取了两位具有代表性的学者——耿德华与陈小眉,并以他们的研究为例,尝试勾勒出话剧研究领域中的两条代表性的研究路径。这两条路径——即对话剧作品的审美分析和文化分析——既是相互区别,但又相互补充。同时,不论是对话剧的审美特性和文学性的讨论,还是对其文化语境和意义的阐释,均不是无水之源,而是与整个英语学界文学研究的理论范式转变息息相关的。大体而言,以20世纪70年代中后期为界,英语世界的文学研究(并非中国文学研究)在理论上从一种追求科学性的范式(包括新批评的余绪、现象学美学、结构主义、接受美学等)转向了一种泛政治的批评范式(后殖民主义、女性主义、后结构主义、

---

① Xueping Zhong. "A Continuous Revolution: Making Sense of Cultural Revolution Culture, by Barbara Mittler", MCLC Resource Center Publication, 2014. Web. Sept. 7. 2014. < http://u.osu.edu/mclc/book-reviews/revolution/ >.

以及后来的文化研究)。不过要注意的是,这样一个分水岭的现象,当然是后人回顾时刻意为之的,范式转换的过程绝非一蹴而就,更不是泾渭分明。这一点在英语世界的中国文学研究中就更是如此了。具体到现代中国话剧研究的两条路径,我们可以从中发现更多值得玩味的重叠与分叉:在 20 世纪 70 年代中后期开始在学术界崭露头角的耿德华对文学语体情有独钟,并且怀着类似于结构主义者那种致力于发现普遍性语言规律的学术抱负——这显示出了文学研究或者比较文学研究作为一个整体领域与其间作为一个分支的中国文学研究存在的时差现象。在具体操作方法上他承袭了他的老师夏志清从新批评那里借鉴来的细读分析,在价值取向上也多少受到了战后直至冷战期间形成的一种特别的人文主义的影响,即对文学审美性的推崇。相较于耿德华,进入学界晚了一个世代的陈小眉,恰好赶上了文学研究界的"理论爆炸"时期。她的学术训练塑造了她在研究方法上讲求文本与文化语境相互对照的研究路径,并以此来发掘出文本及其实践产生出的文化政治。而这两条研究路径从 20 世纪 80 年代开始,可以说就是共时存在,平行发展,并相互借鉴,并不存在某一方绝对地排斥另一路径和相应理论的情况。耿德华和陈小眉作为非常杰出的中国文学和戏剧研究者,他们的研究本身就呈现出了极大的复杂性和丰富性,绝非几个简化的原则可以一言以蔽之。虽然在研究方法和路径上带有各自进入学界时的时代特征,但毋庸置疑的是两位学者对英语学界中国现代戏剧研究都产生了不可低估的影响。他们通过翻译和编辑戏剧作品选集扩大了中国话剧的经典谱系,同时他们的研究专著则对这些作品进行了犀利而到位的分析。因此这两位学者的研究可以为我们提供绝佳的个案,以便读者更好地了解英语学界中国现代话剧的发展轨迹以及将来可能的演进方向。

## 一、话剧研究的审美分析路径:语体、结构和文学价值

在英文世界的中国话剧研究中,耿德华可以说是发挥了最重要的影响的研究者之一。正是耿德华将对中国话剧的研究从一种西洋镜式的猎奇心态或者是政治的功利主义取向扭转到了对话剧文本严肃的学术式探究。他所提倡的对话剧文本的细读方法则是直接师承了 20 世纪 70 年代他在哥伦比亚大学求学时的指导教授夏志清的衣钵。虽然夏志清是中国文学当时在美国的主要倡导者之一,但是他对话剧确实不甚了解。而正是耿德华的杰出工作,使得这一学术研究中的沟壑才得以被填平。在这个过程中,针对夏志清对文学文体的偏爱,耿德华的"纠偏"是在对文本细读时尽量地辅以对文本构成中的政治和文化力量的细微体察——这样才能够成为他眼中公正同时有说服力的分析。在其荣休之前,耿德华大部分时间

都是在康奈尔大学的东亚语文系进行教学和研究工作。

耿德华出版于 1980 年的专著《被冷落的缪斯——中国沦陷区文学史,1937 – 1945》（以下简称《被冷落的缪斯》）一书是他对美国中国文学研究界作出的第一个大贡献。这部书处理的主题正是一个非常棘手的话题：抗战时期沦陷区的文学活动。耿德华形象地将沦陷区的状况比喻为外科手术中的切除手术，在他看来"当时正在努力追求国内统一的中华民族因为战争而再次陷入到了分崩离析之中"。① 耿德华本人对他这项涉及争议时期的研究及可能面临的挑战保持着一种高度自觉的意识。在导言中，他这样写道："考虑到人们对沦陷区文学性质非常自然的好奇与怀疑，（对此时期文学的研究）非常重要的一个任务就是尝试着去揭示出日本占领者施加于文学创作上的政治影响的限度，并且解释清楚在绝大多数时间中，中国作家们必须应付的并非是政治宣教者的要求，而是审查者定下的各种规定"。② 而他的最终看法则是"到战争结束为止，就沦陷区的文学而言更值得研究的是个体的中国作家们通过他们的想象创造了什么，而非日本占领者希望他们通过写作去鼓吹什么"。③

耿德华在《被冷落的缪斯》一书中通过对不同文类的分析来支持他的论述。比方说，书中的一章致力于对散文的分析，而另一章则将目光转向了张爱玲、钱钟书和杨绛，探讨了这三位作家所共有的一种反浪漫的态度。作者由此指出战时中国文学呈现出的是一种斑驳多彩的状态。在书中，为了说服读者改变战时沦陷区中国作家群死气沉沉、毫无创见的印象，耿德华正是利用了关于戏剧创作的种种轶事来支持自己的看法。首先，耿德华希望能够公正地对待战时中国各种形式各异的戏剧活动和尝试。在他的笔下，我们可以看到在日本占领者胁迫下进行宣传活动的演剧团；租界中与抵抗势力有着千丝万缕联系的剧院；以及身陷于异常复杂的协商情形（negotiations）中的演员和协力者们——他们冀望于维持自己的脸面，同时又能够尽可能地避免任何直接的冲突。

随后，耿德华将精力转向对战时文学创作中对历史主题和寓言的使用。其中的一章完全讨论的是关于话剧创作中的古装剧倾向，而另一章则是讨论了散文创作。通过这两章的讨论，一方面他有力地捍卫了这些作品中透露出的政治和美学价值，另一方面他同样在意于如何去理解当时的文学创作对"五四"激进革命论调令人费解的摒弃。虽然在这一时期各种文学体裁在风格和内容方面体现出了多

---

① Edward M. Gunn. *Unwelcome Muse*: *Chinese Literature in Shanghai and Peking*, 1937 – 1945. New York: Columbia University Press, 1980, p. 1.
② Edward M. Gunn. *Unwelcome Muse*: *Chinese Literature in Shanghai and Peking*, 1937 – 1945. New York: Columbia University Press, 1980, p. 5.
③ Edward M. Gunn. *Unwelcome Muse*: *Chinese Literature in Shanghai and Peking*, 1937 – 1945. New York: Columbia University Press, 1980, p. 9.

样性，不过总体而言，对传统形式的借用在戏剧和散文创作中表现为一种主导趋势；而（对于研究者而言）最吸引人的则是去考察这些剧作家和散文家们作为"五四"一代的后继者们对于那个文学传统到底做了些什么。①

借由这一问题，耿德华直接遭遇到了在研究 20 世纪 30~40 年代中国话剧时所必须面对的一个重要矛盾，即对战时作家所身处的政治和文化环境的过度关注可能同样会招致不满的声音，那就是如何去评价那些在创作中并未直接描写艰难时世的作家们。不过在耿德华看来，这些尚处于表面的分析和评价忽视了当时历史语境中对反抗日本侵略者群情激昂的回应——这种回应有时候并非直接的，而更倾向于采取一种寓言式的方式去表现当时的各种冲突和矛盾。

从这个角度看，耿德华对沦陷区文学的研究希望扭转简单直接地对文学作品进行政治解读和批评的状况，也因此在一定程度上响应了布尔迪厄试图通过"文学场域"这一概念表达的一种研究方法和思路。在这种方法的指导下，政治场域对文学场域的影响表现为一种"折射"的形式，而非一一对应的状况。而文学场域在具体社会情景中形成的内部法则，既有其"半自治"特性，也有其历史性（historicity）。作家们一方面在应对政治和审查制度带来的压力，另一方面也必须应对美学体制、文学传统对他们提出的要求和挑战——所有这些都必须经由"协商"（negotiation）得以实现，从而成为作品或者某场表演，简言之，一套表征系统。这就要求对文学以及表演艺术的讨论和评价，突破简单的内容解读，以及历史索隐的层面，而是通过更多样和开放的角度去理解由作品的语体、风格和结构等因素呈现出的协商过程。

虽然，从史料和经验现实的角度，这两者——来自其他场域的"折射"影响和场域法则的内部运行——并非能够清晰地区分出来，有时甚至是呈现出一种"你中有我，我中有你"的纠缠状况。但在理论层面，我们必须要意识到两者所对应的是不同的领域、话语和行动。耿德华虽然没有在理论上明确地讨论这些问题，但是他的文学史研究确实是提供了一个绝佳的机会来思考如何更直接、有效地去理解和研究具体的文学现象，特别是诸如中国现、当代文学，沦陷区文学这些在当时英语学界被高度政治化解读所主导的研究对象。

这本书仅仅只是耿德华产生了深远影响的研究生涯的一个开始，自此之后他就一直致力于不断地修正和完善英语世界中有关中国现代文学的经典谱系。他写道：《被冷落的缪斯》一书"最主要的目的在于将这一时期的文学重新放回到主

---

① Edward M. Gunn. *Unwelcome Muse: Chinese Literature in Shanghai and Peking*, 1937-1945. New York: Columbia University Press, 1980, p. 110.

流的中国现代文学和批评史当中去"。① 他在此所挑战的"主流"观念有着两层含义：在最为明显的层面，《被冷落的缪斯》实际上质疑了人们所习以为常的一个假设，那就是沦陷时期的文学作品在艺术上是不成熟的，或者是不够"中国"的，因此不能进入文学的经典谱系之中。在一个更深层的层次上，本书将对话剧的讨论囊括入了对整个中国现代文学史研究的视野之中，并将它放到了与小说和电影齐平的位置上面。

在这本书出版之后，耿德华转而着手开始编辑一本有关中国戏剧的英文翻译选集。他的编辑思路直接地对应了 20 世纪 80 年代英语世界中国文学研究领域在方法论上正在经历的诸种新的转变迹象。马克林和杜为廉的历史视角也许昭示了冷战态度的软化，以及对戏剧研究价值更多样化的看法。从学术重要性方面来看，对中国戏剧的文化、艺术和历史成就的关注开始获得了与对其政治内容关注相似的地位。耿德华 1983 年开创性的著作《二十世纪中国戏剧选》则可以看成是标志着冷战思维的全面转向。和麦瑟伍夫妇提出的有关"真理"和"洗脑"的论调相反，耿德华对话剧长期以来审美流变表现出了更强烈的学术兴趣。他在前言里特别强调了自己希望平衡意识形态和艺术性的意图，指出"剧作家们扩大了中国戏剧的审美范围，使戏剧始终站在社会、政治和艺术论争的前沿"。②

耿德华的著作按时间顺序列出了 1919～1979 年最知名的话剧剧目，其中一部分还附带了最新翻译。全文翻译的剧目有胡适的《终身大事》、洪深的《赵阎王》、丁西林的《压迫》、欧阳予倩的《潘金莲》、夏衍的《上海屋檐下》、李健吾的《青春》、宗福先的《红灯记》《於无声处》、周惟波的《炮兵司令的儿子》、杨牧的《吴凤》等。有些剧本经过了缩写，或只选用了几幕，例如陈白尘的《乱世男女》、杨履方的《布谷鸟又叫了》、田汉的《关汉卿》、吴晗的《海瑞罢官》、沙叶新的《假如我是真的》等。该书内容的选择不仅体现了耿德华坚持不拘泥于典范剧本的原则，同时作为第一部英文的中国话剧剧作选，该书推动了中国话剧在英语世界的阅读、教学与传播。

在这本选集言简意赅的前言中，耿德华通过对话剧两个基本要点的分析，化繁为简地梳理和介绍了与话剧相关的戏剧史流变。首先，他指出尽管中国现代戏剧脱胎于西方，但是多数青年戏剧家在接触这一艺术体裁伊始都寄望于能够借助这一艺术体裁来打破旧制度的束缚。在进行这一跨文化比较时，耿德华说他在选择剧目时"并不是要和西方现代戏剧的名作来竞争"，而是要"看看这种舶来的

---

① Edward M. Gunn. *Unwelcome Muse*：*Chinese Literature in Shanghai and Peking*，1937 - 1945. New York：Columbia University Press，1980，p. 4.

② Edward M. Gunn, ed. *Twentieth - Century Chinese Drama*：*An Anthology*. Bloomington：Indiana University Press，1983，p. vii.

艺术及其思维是如何被大胆的中国作家所实验和运用"。其次，话剧同时也深受传统中国戏曲的影响。基于这一点，该书所选剧目也体现了"对戏曲如何间接影响了新式话剧，以及现代戏剧家的作品如何适应于戏曲传统"的思考。① 如果说此前研究者更喜欢寻求话剧背后隐藏的有关中国现代政治的意涵的话，耿德华则对过去发生的艺术运动更感兴趣，因为它们揭示了当下一些做法的成因，换言之，也就是去理解某个时期文学或者美学体制形成并获得合法化的基础。直到20世纪90年代中期绝版前，耿德华的这本书一直是英文世界有关中国现代戏剧教学唯一的权威性读本。

虽然耿德华为英语世界的话剧研究带来了无可比拟的开拓之功，但在后来的写作中他再也没有将话剧与他文类分别开来，进行单独的分析。相反地，在之后的几本带着跨学科色彩的著作中，他更倾向于通过主题来组织材料，将不同的文学体裁放置在共享的主题下进行论述。例如，《重写中文：二十世纪中文写作中的体例与创新》（*Rewriting Chinese: Style and Innovation in Twentieth-century Chinese Prose*）一书就是他意图发展出一套关于现代小说风格理论的雄心之作，而这一对小说的探讨又是通过对戏剧和诗歌等文类的比照讨论而实现的。这部出版于1991年并有着极大理论抱负的作品在最后为读者提供了一份极其细致的附录，其上总结和整理出了在20世纪中国文学语法和修辞所经历的各种变化，并且还配上了大量相关的作品节选以资参考。正是基于这份非常细致的材料整理，耿德华提出了令人信服的结论，那就是现代中国文学的语言风格，广义地来看，也是现代中国文学所依仗并试图彰显的美学体制，是多种力量的共同塑造的结果，这些美学资源包括了直接从日本和西方引介进入的文学和艺术作品，以及在本土由政治、社会运动触发的文学现象和运动等。

耿德华对话剧的解析建立在他对剧本内部复杂的体例和风格要素的分析之上，而这正是之前相关话剧研究中所忽视的方面。比方说，在他的分析中，一个主要的观点就是他提出的"脱节"（disjunction）概念："连贯性陈述的脱节……造成的是（戏剧中）对混乱的群体场景的设置与对多重对话的安排这两者相互之间发生了重叠甚至是干扰。"② 耿德华指出，在诸如夏衍的《上海屋檐下》和陈白尘的《乱世男女》等话剧作品中，我们可以轻易地发现这一戏剧手法的应用。而他进一步指出这一技法表明了在正统的现实主义框架中社会混乱和失序可能产生出的紧张关系。而在其他时候，耿德华质疑了现代中国话剧必然是无一例外的

---

① Edward M. Gunn, ed. *Twentieth-Century Chinese Drama: An Anthology*. Bloomington: Indiana University Press, 1983, p. vii.

② Edward M. Gunn. *Rewriting Chinese: Style and Innovation in Twentieth-Century Chinese Prose*. Stanford, Calif: Stanford University Press, 1991, p. 45.

现实主义的假定，转而强调了诸如徐志摩的《卞昆冈》这类的作品以及郭沫若在其历史剧中大量援引诗歌的做法。① 他同样质疑了早期中国话剧总是采取单一戏剧风格的假设——不论这种风格是现实主义的还是其他戏剧风格。相反地，在许多剧本中耿德华发现了形式和风格上的多样性。比如胡适的《终身大事》"开始于直接的论证式风格，最后则是以女儿来信的形式而结尾"。洪深的《赵阎王》则经历了一个"从平民式的讲述到对舞台奇观、仪式乃至挽歌形式的表现"；还有丁西林的《压迫》虽然是专注于"机锋巧对，最后的故事却是以无语做结"。② 在耿德华看来，这些语言和表现风格的多样性正体现出了早期中国话剧在风格实验方面的广度，而这些尝试的成果在曹禺《雷雨》一剧中达到了高峰，按照耿德华的看法，这部戏剧标志着"第一部彻底贯彻了现实主义技巧的话剧"。虽然在这本书中，耿德华还花费了一些笔墨讨论了沙叶新的《如果我是真的》和高行健的《车站》，但是他对于话剧研究最为坚实的贡献还是主要集中在他对民国时期话剧的分析和讨论之中。

耿德华的著作《地方性的表达：当代中国媒体中的方言》（*Rendering the Regional：Local Language in Contemporary Chinese Media*）出版于2006年，这本书主要关注于在电视、广播、电影、小说以及戏剧中方言的使用。在谈到话剧时，耿德华讨论的作品包括了《天下第一楼》《鸟人》《桑树坪纪事》以及在中国台湾地区流行的歌仔戏。按照他的一贯做法，耿德华将这些戏剧与对其他文类的作品的讨论穿插交织了起来，不过在讨论方言问题时他的这一研究方法却全获得了更好的效果。他在书中深入讨论了指涉性的方言和舞台小说中模仿性声音的区别，而从对如何思考在不同文类中的语言所扮演的角色这个问题提出了新的理论见解。除此之外，耿德华还指出了一个艺术门类的方法和主题往往可以被移植到另一个门类之中。他进而讨论了方言戏剧与方言电视剧之间的互动关系——后者的兴起总是得益于前者的流行。

《地方性的表达：当代中国媒体中的方言》一书可以说最好地体现出了耿德华本人在研究中国话剧和其他文学体裁时的思路与方法；通过在研究中强调话剧与诸如小说和电影等其他文类的关联性，他所倡导的跨学科方法逐渐地将话剧放入了整个中国现代文学的经典谱系之中。耿德华很少将话剧视为一种孤零零的艺术门类，而是将其描述为一种在本质上就是多面向的，深深地植根于文化中的一种艺术门类。这一对话剧的理解帮助了西方世界的读者们更好地找到这一文类与

---

① Edward M. Gunn. *Rewriting Chinese：Style and Innovation in Twentieth - Century Chinese Prose*. Stanford, Calif：Stanford University Press, 1991, p. 129.

② Edward M. Gunn. *Rewriting Chinese：Style and Innovation in Twentieth - Century Chinese Prose*. Stanford, Calif：Stanford University Press, 1991, p. 130.

他们的相关性。这时候，话剧对于西方读者而言就不再是一个仅仅用来窥视中国政治的窗口，很多时候是陌生而且极端的。耿德华的贡献恰恰就是在于发掘出了话剧本身的文学价值。同时，从《被冷落的缪斯》，到《重写中文：二十世纪中文写作中的体例与创新》，再到《地方性的表达：当代中国媒体中的方言》，在这跨越将近30年的学术历程中，我们可以隐约发现一条线索贯穿了耿德华的学术研究：那就是对现代中国文学和戏剧作品审美特质和文学价值的关注，以及逐渐地将这一关注落实到语体风格层面的探索和努力。在英文中国文学研究界，这一研究取向自20世纪70年代开始萌发，随后曾盛极一时，直至今天依然还在某些文类的研究中发挥"余热"。而它在戏剧研究中的发端至少反映了两个方面的历史成因：一是在冷战期间经由夏志清中介的新批评理论，通过他的研究写作，更重要的是经由他在哥伦比亚大学的教学实践，逐渐地成为当时讨论和研究中国文学（古代和现代）的一个主要的理论资源；二是具体到戏剧研究领域，疲于政治解读的学者们，也急于找到一个新的方向去突破原有的趋向于僵化的研究范式。正是在这两方面趋势的合力之下，耿德华此后近三十年的研究才呈现出了我们在前面勾勒出的面貌。

## 二、话剧研究的文化政治分析路径：表演政治和政治"表演"的辩证法

作为改革开放后中国大陆第一批赴美求学的留学生，陈小眉在印第安纳大学取得比较文学博士之后，先后任教于俄亥俄州立大学和加州大学戴维斯校区。她的研究涉及了现代以来中国文学的各种文类以及在当代社会蓬勃兴起的大众文化。在其非常广泛的学术兴趣中，最为独特同时影响最大的首先当推她对中国现代话剧——或者更为恰当地说是中国现代以来的表演文化的深入研究。自1995年出版第一部学术专著开始，陈小眉的学术研究就与中国话剧以及由此产生出的表演文化结下了不解之缘：《西方主义：后毛泽东时代中国的话语理论》（Occidentalism: A Theory of Counter-Discourse in Post-Mao China）中对中西戏剧传统及其之间互动影响关系的比较；《正角登场——中国当代大众戏剧》中应用广义的文化研究方法，将对话剧的内容解读与表演文化所包含的政治、社会和历史信息巧妙地结合了起来，对由话剧所代表的表演政治做出了开创性的分析；在选编的《正典精读——中国当代戏剧选编》（Reading the Right Text: An Anthology of Contemporary Chinese Drama, 2003）中，她创造性地提出了理解中国话剧的六种不同批评视角，从为英文世界的跨文化读者以及中国话剧的海外传播这两端提供了一个相互衔接的桥梁；最后在2016年由哥伦比亚大学出版社出版的新著《表

演中国革命——戏剧、电影,以及宣传的余音》(*Staging Chinese Revolution: Theater, Film, and the Afterlives of Propaganda*)中,她进一步将自己对表演文化的文化研究延伸到了影视大众文化的领域。这一研究试图将表演文化与对20世纪中国乃至全球的革命史思考结合起来,对我们一般称之为"红色经典"的作品进行了全面而别开生面的解读。

  如同许多与她同代的海外华人学者一样,陈小眉的研究从谱系上而言无疑属于20世纪80年代兴起的文化政治研究范式。通过对话剧以及其他大众文化产品的考察,她将女性主义、后殖民主义、文化研究等在当时方兴未艾的理论方法融进了自己对当代中国社会和文化的思考之中。以她的研究为例,我们可以管窥20世纪80年代之后有关中国文学,特别是中国现代话剧研究中出现的关键性议题。这些议题包括:现代话剧及其表演背后的中西文化动力学,意识形态和权力协商的问题,传统文化和文学体制内的性别结构的在场及其影响,政治、社会、日常生活和表演之间的互动,还有如何从文化政治的角度去理解戏剧和表演等。所有这些议题并不限于陈小眉个人的专著,甚至不限于中国戏剧研究领域,而是在更大程度上对英语学界文学研究最新发展的一个呼应,以及借由这些发展去重新思考和评估20世纪中国现代文化和文学的曲折演变。

# 第二十章

# 中国电影的研究

与国内电影、文学别有所宗,分属两个学科体系的设置不同,海外世界倾向于将电影视为文学的重要组成。造成此一现象的原因,不仅在于两者之间天然的亲缘关系,如有电影文学、电影剧本的存在,更因为在 20 世纪西方文论史上占据重要位置的"文本"观念一再扩张,视万物俱为文本,而且与此同时,"文化研究"的方案也一再渗入文学研究的领域,促使我们关注文学的社会属性和跨界关联性。在其人看来,电影也好,文学也罢,无非是表现的手法和载体不同,这并不影响我们从电影这一全新的文化文本中了解到中国的思维和情感结构。尤其是在中国现代性展开的实际历程中,以电影为代表的视觉文化扮演了重要角色。既然画报、绣像已经成为文学研究的重镇,那么,我们便没有理由将更具现代形态的电影拒之门外。

中国电影研究在英语世界中的兴起,大致可以追溯到 20 世纪 80 年代。张英进认为以下几件事促成了中国电影研究在西方的兴起:一是以《黄土地》等为代表的所谓"第五代"中国电影开始在世界上获得越来越广泛的认可,并屡屡在西方的国际电影节上斩获大奖;二是 1982~1984 年在海内外举办的几次大型的中国电影回顾展,空前地激起了西方世界对中国电影的兴趣;三是 1984 年秋和 1986 年春,中国电影学者程季华和陈梅两次前往美国洛杉矶加州大学讲授中国电影,标志着这一新兴学科开始进入西方高等学府的讲堂。[①]

---

[①] 张英进:《电影的世纪末怀旧:好莱坞·老上海·新台北》,湖南美术出版社 2006 年版,第 42、81~82 页。

作为一个不断壮大、时刻激荡的学术领域，英语世界中的中国电影研究在过去的30年间，在研究方法、取向、对象、视野等各个方面发生了巨大的变化，不断地改变着英语读者对于中国电影和中国电影研究的认识。本章将对该领域这三十年的发展作一个阶段性的回顾和总结，以求对这个领域中的一些重要学术问题和研究发展脉络进行一些梳理。笔者将参考近年来海外学者所撰写的几篇关于该领域的总结性文章，以及发表于中英文学术刊物上的书评，并结合个人在该领域中的经验及对这个领域的理解，就这个话题展开进一步的讨论。需要说明的是，本章重点关注的是英语世界中出版的专著和论文集，而散见于各学术刊物的单篇论文由于其数量巨大、议题繁杂，在此因篇幅和时间等限制而不展开具体讨论。另外，笔者所参考的文献和书评也以英文出版物为主，少量中文文献也多为海外学者所著，此举意在为中文读者提供英语世界中该领域的更多更全面的信息。

## 第一节　中国电影研究的形成与发展[①]

　　英语世界的中国电影研究发轫于何处？一般认为，陈利（Jay Leyda）出版于1972年的《电影：中国电影与电影观众》（*Dianying/Electric Shadows: An Account of Films and the Film Audience in China*）（以下简称《电影》）一书是该领域内的第一部专著。陈利是研究苏俄电影的美国学者，曾经在俄国跟随电影大师爱森斯坦（Sergei Eisenstein）学习并翻译他的著作，之后又出版过研究苏联电影的专著。陈利在1959~1964年在北京为中国电影资料馆收藏了大量外国电影编目，因此有机会接触到当时外国学者接触不到的中国电影资料。虽然该书为当时的英语读者提供了一些了解中国电影的珍贵信息，可是由于陈利并不懂中文，因此书中出现了不少不准确的信息，特别是关于电影片名和人物名字等方面的错误。类似的错误也同样出现在同一时期出版的中国电影研究的其他语言著作中。

　　如果将英语世界的中国电影研究看作一个研究"领域"（field）的话，那么这一时期或许只能算作该领域发展的"史前史"（prehistory）。因为诚如裴开瑞所言，在当时的条件下，英语世界中还没有中国电影研究的学术期刊、研究机

---

[①] 张英进在《中国电影研究在欧美的发展简述》（载于《电影的世纪末怀旧：好莱坞·老上海·新台北》）一文中对中国电影研究的概况和部分英文著作进行了详细的评述。笔者在本部分和下部分主要参考该文和裴开瑞（Chris Berry）的《英语中的中国电影学术》（*Chinese Film Scholarship in English*），对张英进和裴开瑞中已有评述的著作扼要总结和补正，略辅以个人观点，不再赘述。

构、学术会议、研究项目、学者等这些领域构成要素间的相互呼应，那么当时的研究只能算是不成系统的个体行为，因此也就不难解释为什么陈利书中的错误在付梓前没有其他学者给予指出并得到纠正。①

20 世纪 80 年代，随着中国电影在世界舞台上影响日渐扩大，而电影研究本身作为一门新兴学科在西方学术界也日受追捧，再加之众多带有英文字幕的中国电影录像带（后来是 DVD）的流传等其他因素，英语世界的中国电影研究也渐成气候。1985 年由康奈尔大学出版的裴开瑞编辑的《中国电影视角》（Perspectives on Chinese Cinema）一书或许可以看作这一新局面的开端。该书于 1991 年扩充篇幅，由英国电影学院再版，一直被视为早期英语世界中国电影研究的经典之作。正如张英进指出，"该论文集里文章角度多种多样，包括文学史、艺术批评、电影理论和历史研究"，② 这也在一定程度上反映了当时该领域的学术发展特点和学者构成情况。可以说，中国电影研究在英语世界中刚刚起步，这一时期涉足中国电影研究的学者来自不同的专业领域，而非只是为有电影研究专业背景的学者所专美。例如在本书中，李欧梵研究电影的视角是历史学和文学，毕克伟（Paul G. Pickowicz）和康浩（Paul Clark）的研究角度主要是历史学，卓以玉（Cathine Yi-yu Cho Woo）则从艺术史的角度来分析电影，而邱静美与汪悦进则强调了电影理论的运用。

这个时期另外几部值得一提的著作还包括：康浩于 1987 年出版的由他的博士论文修改而成的专著《中国电影：1949 年后的文化与政治》（Chinese Cinema: Culture and Politics since 1949），迪沙那亚基（Wimal Dissanayake）编辑的论文集《电影与文化身份：反思日本、印度和中国电影》（Cinema and Cultural Identity: Reflections on Films from Japan, India, and China），仁特（John A. Lent）的著作《亚洲电影工业》（The Asian Film Industry），以及塞姆塞尔（George S. Semsel）与数位中国同行合作编辑的两本论文集：《中国电影：中华人民共和国的艺术状况》（Chinese Film: The State of the Art in the People's Republic）和《中国电影理论：新时期指南》（Chinese Film Theory: A Guide to the New Era）。

康浩的专著围绕他认为是 1949 年后中国电影史中三个主导性的主题展开：群众民族文化的扩大，党、艺术家与观众之间的关系，以及"延安"与"上海"间的张力。作者在书中象征性地使用了延安和上海这两个地名代表中国电影的两种模式：延安所代表的模式是基于由共产党的意识形态所改编过的民间传统，而上海则代表的是西方非马克思主义的改良与革命模式。作者认为 1949 年后的中

---

① Chris Berry. "Chinese Film Scholarship in English", *A Companion to Chinese Cinema*, edited by Yingjin Zhang. Malden, Mass.: Wiley-Balckwell, 2012, pp. 486–487.

② 张英进：《电影的世纪末怀旧：好莱坞·老上海·新台北》，湖南美术出版社 2006 年版，第 45 页。

国电影在这两种模式之间做着必要的让步与协调。康浩的这部著作显然受到当时英语世界的中国电影研究领域整体发展的影响,学术严谨,已然没有类似陈利《电影》一书中所出现的错误。然而,将1949年后的中国电影化约为延安和上海两种模式间对立和平衡,似乎有将近四十年中国电影复杂的政治文化内涵过于简单化之嫌。

迪沙那亚基和仁特的著作虽然不是专门讨论中国电影的,但是都将中国电影视为他们研究的一个重要组成部分。迪沙那亚基著作中有四章涉及中国电影:马强的《80年代的中国电影:艺术与产业》、邵牧君的《改革浪潮中的中国电影》、康浩的《电影的意义:作为异物的电影在中国》和雷恩斯(Tony Rayns)的《女性在中国电影中的地位》。总体来说,这四篇文章有助于英语读者了解中国电影,但似乎与"文化身份"这个文集主题的贴切程度不太一致。仁特书中有三章涉及中国电影,主要倚重采访和个人观察来描述和评论中国电影工业发展情况。这本书的一大贡献是将西方研究中国电影的学者当时很少关注的问题——例如电影的发行和放映——作为议题来讨论,在某种意义上不能不说是有先见之明。

塞姆塞尔出版于1987年的论文集《中国电影》,据张英进的评述,① 结构较为松散,选文质量也欠整齐;虽不乏精彩批评和分析,但选集对中国电影不同阶段的处理缺乏平衡(例如1949~1980年资料不足,康浩的电影史可为补充),以及对电影人的研究也不够深入〔雷恩斯的长文《中国词汇:〈孩子王〉与〈新中国电影〉导论》(Chinese Vocabulary:An Introduction to *King of the Children and the New Chinese Cinema*)②可补其不足〕。塞姆塞尔与夏虹、侯建平合编的《中国电影理论》出版于1990年,意在向西方学者介绍20世纪80年代中国学者争论的重要议题,如电影的戏剧性、文学性、民族性、新电影概念以及电影的传统与更新等问题;同时也将中国电影学者的理论建树介绍给英语世界的学者,其中包括"影戏"等理论对英语世界的中国电影研究产生了一定的影响。但是由于西方学术界的批评理论在世界范围内过于强势,我们将看到,英语世界的中国电影研究在很大程度上仍然深受西方理论话语的影响。

20世纪80年代末的这些学术著作的出现,可以说标志着中国电影研究这个学术领域在英语世界中逐步形成。具有不同专业背景的学者以他们各自不同的理论视角来探讨中国电影的历史轨迹、艺术特点、产业状况、意识形态、文化政治等各方面的问题,显示出该领域萌发之时的勃勃生机。同时,起步之初的生

---

① 张英进:《电影的世纪末怀旧:好莱坞·老上海·新台北》,湖南美术出版社2006年版,第46~48页。

② 该文是他与陈凯歌合编的《孩子王与新中国电影》(Kaige Chen and Tony Rayns. *King of the Children and the New Chinese Cinema*. London:Faber and Faber Limited,1989)一书的序言。

涩也历历可见——许多著作由于选材的问题，往往主题欠突出、结构欠紧凑，且同一著作中各个篇目很难保持相同的高水准。这些问题将随着整个领域的继续发展而渐渐解决。

笔者认为，英语世界的中国电影研究大致可分为20世纪80年代后期的"领域形成"阶段、90年代"快速发展"阶段和进入21世纪后的"众声喧哗"阶段。需要指出的是，这三个阶段间并没有绝对的界限，既有重叠也有跳跃，中国电影的研究呈现的是一种持续渐进、有时并不规则的发展轨迹。"领域形成"阶段在前一部分已作了详细说明；"众声喧哗"阶段将在下一部分具体讨论。本节将关注"快速发展"阶段的重要著作和特点。

1991年裴可瑞编辑的《中国电影视角》再版，随后在1993～1995年又有五本新书出版，这"表明中国电影已成为一个迅速发展的新学科"。① 首先是迪沙那亚基于1993年编辑出版的论文集《通俗剧与亚洲电影》（*Melodrama and Asian Cinema*）。该书收录了四篇关于中国电影的论文：卡普兰（E. Ann Kaplan）的《通俗剧/主体性/意识形态：西方通俗剧理论及其与近来中国电影的联系》，马宁的《象征性表现与象征性暴力：八十年代早期的中国家庭通俗剧》，罗斯曼（William Rothman）的《神女：反思东西方的通俗剧》以及汪悦进的《作为历史认知的通俗剧：建立与解体共产主义历史》。可以看到，西方批评理论话语中的核心术语——如"主体性""象征性"等——在这里被大量地运用于中国电影研究。这种话语范式将在该领域中逐渐成形，也将深刻影响其研究方向、话语模式以及表达方法。总体来说，这四篇论文水准高、见解深刻，具有相当的理论高度。但是"由于侧重电影理论，这本集子不时流露出作者在'理论漩涡'中艰难跋涉的痕迹"。②

1994年娥丽齐（Linda C. Ehrlich）和德泽（David Desser）合编的《电影风景：中国与日本的视觉艺术和电影》（*Cinematic Landscapes: Observations on the Visual Arts and Cinema of China and Japan*）一书出版。该书大约有一半篇幅（六章）讨论中国电影和传统视觉艺术之间的关系，包括中国传统美学中平面感大于深度感、整体大于个体、写意大于写实、游移视角大于固定视角、扩展性大于范围性等美学特点是如何在电影这种现代技术媒介中得以体现、如何被赋予新的意义与使命、如何被创造性地运用与扬弃的。张英进是这样评价这部论文集的："就编者有意沟通电影研究和艺术史而言，这本集子是相当成功的；它不仅帮助填补了西方学术研究的一个空白，也沟通了中国和西方两种不同的电影研究方

---

① 张英进：《电影的世纪末怀旧：好莱坞·老上海·新台北》，湖南美术出版社2006年版，第82页。张英进在该书中详细点评了每本著作的具体章节及其得失，请参考。本书在此从略。

② 张英进：《电影的世纪末怀旧：好莱坞·老上海·新台北》，湖南美术出版社2006年版，第84页。

法。然而,由于一意追求美学、哲学和形式上的问题,这本集子的中国部分(除了裴开瑞和胡敏娜 Mary Farquhar 的文章以外)不能解释新的电影风格在中国文化、政治环境内是如何产生作用的"。①

而 1993 年出版的由塞姆塞尔与陈犀禾、夏虹合编的《当代中国电影:1979－1989 年间的学术争论》(*Film in Contemporary China*:*Critical Debates*,1979－1989)则着力讨论了这十年间中国电影研究中意识形态方面的争论。类似前面介绍的塞姆塞尔等编辑的《中国电影理论》一书,本文集也是选择性地翻译了具有代表性的中国学者的论文、短评和座谈等,可视为《中国电影理论》的姊妹篇。论文集分为五大部分:呼唤新的社会概念、文化问题、影剧、娱乐电影和新的中国电影理论。有意思的是,该书旨在与西方学者交流中国学者的研究动向——在某种意义上该文集也达到了这个目的:文章灵活的形式以及研究者自己的语言、文化和学术传统让深处日益学院化氛围的西方学者感到耳目一新。然而,诚如编者所言,新时期的中国电影研究在中国不可避免地深受西方学术的影响。西方学者带入中国的研究方法和话语给中国学者提供了全新的视野、模式和批评空间,也让中国学者学会熟悉地运用西方的批评语言。

出版于 1994 年,由布朗(Nick Brown)、毕克伟、索沙克(Vivian Sobchack)和邱静美合编的《中国新电影:形式、身份、政治》(*New Chinese Cinemas*:*Forms*,*Identities*,*Politics*)一书无疑是这一时期的经典之作,其出版"标志着西方的中国电影研究在短短十年内趋向成熟"。② 该论文集汇集了包括编者在内的众多顶尖学者——如裴开瑞、李欧梵、詹明信——的论文。这些论文讨论了当时西方人文学术界所关注的重要议题,如身份、政治、性别等,从某种意义上说该论文集将中国电影研究纳入西方人文研究的主流话语之内。

周蕾发表于 1995 年的专著《原始的感情:视觉性、性征、民俗学与中国当代电影》(*Primitive Passions*:*Visuality*,*Sexuality*,*Ethnography*,*and Contemporary Chinese Cinema*)将西方学术话语在中国电影研究中的运用推向一个新的高度。在该书中作者一如既往地关注西方与中国的文化关系,认为西方走向现代性的过程是对第三世界"原始化"(primitivization)的过程,即西方想像性地构建一个原始的、具有异域风情的他者,并将其借用于自身的现代性构建。这个过程伴随着 20 世纪技术化的视觉性(technologized visuality)的出现,这种技术化的视觉性以其与生俱来的民主性,开始颠覆传统的精英化的以文字为中心的文化。周蕾认为,文字精英文化所面临的危机带来了整个指意系统的错位(dislocation of sig-

---

① 张英进:《电影的世纪末怀旧:好莱坞·老上海·新台北》,湖南美术出版社 2006 年版,第 85～87 页。
② 张英进:《电影的世纪末怀旧:好莱坞·老上海·新台北》,湖南美术出版社 2006 年版,第 88 页。

nification）；当传统文化无法独占指意系统，人们便开始追寻事物的起源；而颠覆精英文化的民主精神将这种起源指向大众、日常；那么原始的事物便自然地被构建成具有普适性的、超越时间和语言的起源。这种原始化的过程不光发生于西方，同时在第三世界内部也有自我原始化的出现。由此可见，视觉性在走向现代性——原始化东方——的过程中发挥着相当的作用。西方和中国人对于"中国"的认识和意识正是在这种凝视（gaze）与被凝视的关系中形成的。这种关系是一种权利的象征、一种欲望表现（而对东方女性性征的使用则进一步加强了这种视觉欲望）。在西方凝视中国——也就是作者所说的将中国"民俗"（ethnography）化——的同时，中国电影也主动将自己的异域风景、奇风异俗、女性性欲等呈现给西方观众，造成"自我民俗"（autoethnography）化。作者主要以第五代导演为讨论对象，批评了西方后殖民霸权，同时也尖锐地指出了中国电影与这种霸权的共谋。张英进对《原始的感情》有一段非常中肯的评价，在此不妨借用。他认为周蕾的书"并没有完全回答当代中国电影研究的许多问题，但她却提出了不少富于想象的见解"，因为：

> 在及时参与有关跨文化研究、性话语、民族性、身份、真实性和商品拜物教等方面的讨论这一点上，《原始的感情》对人类学、电影和文学的跨学科研究做出了贡献。但是，周蕾意图通过技术化的视觉形象来书写现代中国文化史和文化人类学的这个目的却没有达到，原因是她所想做的这个大工程不能不包括对其他视觉表现形式的研究，诸如插图、画报、漫画以及摄影、电视、广告和建筑等等。在她的书中，她掌握的西方理论与她援用的相当有限的中国材料形成鲜明对照，而这一局限不可避免地影响了她诸多观点的可信性。①

在西方学界，电影研究作为一门学科的发展，在 20 世纪后几十年深受西方批评理论的影响——该批评理论体系以索绪尔的语言学研究为基础，结合心理分析学、马克思主义、性别研究等其他学科，深刻地影响了文学研究和文化研究——并由此发展出以文本阐释学为基调的电影研究理论体系。在该体系中，电影被视为一种"文本"，电影叙事被视为一种"语言"，电影这种语言媒介如同其他文本中的语言，并非单纯和透明，而是充满着各种意识形态的复杂联系与权利争斗。电影研究在这一时期的一个主要研究方向就是通过对电影文本的分析，

---

① 张英进：《电影的世纪末怀旧：好莱坞·老上海·新台北》，湖南美术出版社 2006 年版，第 95～96 页。

探讨电影中各类话语（discourse）中各种意识形态间的对立、调和、共谋等政治性问题。

英语世界的中国电影研究在这一时期也明显显现出西方电影研究发展的影响，特别是西方理论话语和研究方法在该领域中的主导性地位——甚至是霸权地位——是显而易见的。对于身处西方学术界的中国电影研究学者，西方的学术体制和人文学科的整体特质决定了他们的研究特点。当然，西方的理论话语也给中国电影研究拓宽了思路，提供了新的思想资源，也影响到了许多国内电影学者的学术行为。然而，一个不可回避的问题是，用"西方"理论解读"中国"文本到底在何种程度上合理且合适，这是很多学者提出的疑虑和批评。对于西方理论的过度依赖，同时也容易使研究者陷入理论的泥沼，而忽视文本和语境的特质。进而言之，将电影视作"文本"来解读，也忽视了电影作为一门综合艺术、一个文化产业、一种社会历史现象在其他众多方面的影响和价值。随着中国电影研究在西方学术界的深入，这些问题也逐渐进入学者的视野，提上研究日程。

## 第二节　英语世界的中国电影专题研究及动向（上）

### 一、早期中国电影及文化研究

英语世界中的早期中国电影研究相对于当代电影研究起步较晚。在英国出版的《中国电影杂志》（Journal of Chinese Cinemas）2007 年的创刊号上，毕克伟曾撰文提出，研究中国电影的海外学者应将更多的目光投向早期中国电影这个亟待有所突破的领域。① 造成该领域研究相对滞后有许多因素，例如西方世界认识中国电影主要是通过 20 世纪 80 年代后期的所谓"新浪潮"（New Wave）电影。这些电影在西方各大电影节上频频获奖，引起了西方观众和学界对中国电影的重视。同时，发行商也愿意推动这类电影在西方市场上的传播，因此，带有英文字幕的录影带和光碟也比较容易获得。这一切也有利于这些电影走向西方学院的课堂，为中文较为薄弱的学生和学者研究中国电影提供了便利。相比较而言，早期中国电影在西方因为缺乏上述条件，在西方学界获得的关注就要少许多。除了部

---

① Paul G. Pickowicz. "From Yao Wenyuan to Cui Zi'en: Film, History, Memory", *Journal of Chinese Cinemas*, Vol. 2, No. 1, 2007, pp. 41-53.

分专注这方面的学者以外，其他大部分学者很少在此领域特别着力。但是，近年来随着西方对中国电影研究的深入和一些研究早期中国电影的专著的出现，这种状况正在逐渐改变。

张英进编著的《民国时期的上海电影与城市文化，1922－1943》（*Cinema and Urban Culture in Shanghai*，1922－1943）出版于1999年，是英语世界中第一部成熟的研究早期中国电影的论文集。① 这部论文集在很大程度上也体现了英语世界的研究者对该议题的研究志趣和方法。不同于英语世界研究当代中国电影时运用心理分析、马克思主义、后结构主义、女性主义等各式批评理论来解读具体影片的策略，对早期电影的研究则大量使用了历史档案，并呈现出跨学科研究的特点。这是因为：其一，由于年代和战事等缘故，许多早期电影早已散失，因此研究者必须诉诸与电影相关的影迷杂志、电影海报、报纸上的影评、电影说明书、影院节目介绍等档案材料，并结合对文明戏、话剧、通俗小说、流行歌曲等影响中国电影发展的艺术娱乐形式的研究，来重新构建当年电影放映时的历史文化情境。其二，如编者在《序》中所言，该文集意在发掘电影与其他大众文化现象——包括咖啡馆和茶馆的休闲、百货公司的时尚、舞厅、夜总会乃至妓院的娱乐——所构成的一种被压抑的中国"现代性"。这种将早期电影置于"现代性"诉求——而非"民族救亡"——的话语中进行考察的研究策略，已经成为英语世界研究该课题的一个明显的方向。②

该论文集除了编者的《序》以外，另有九篇文章，包括论述电影及都市文化的三篇——张真以《劳工之爱情》为例考察茶馆与影戏，哈里斯（Kristine Harris）以《西厢记》为例讨论20世纪20年代的古装戏，以及李欧梵描述30～40年代有关电影的城市文化；③ 讨论性别政治的三篇——菲尔德（Andrew Field）对上海的歌女与舞女、张勉治对女明星和张英进对妓女形象的研究；还有探讨国族与身份政治的三篇——萧知纬考察国民党政府的审查制度对构建新国民文化的影响，苏独玉（Sue Touhy）讨论30年代的电影音乐以及斯蒂芬森（Shelley Ste-

---

① Paul G. Pickowicz. "Review of *Cinema and Urban Culture in Shanghai*, 1922 – 1934 Edited by Yingjin Zhang", *Pacific Affairs*, Vol. 73, No. 4, Winter, 2000, pp. 578 – 579; Hai Ren. "Review of *Cinema and Urban Culture in Shanghai*, 1922 – 1934 Edited by Yingjin Zhang", *The China Journal*, No. 46, 2001, pp. 210 – 212; Andrew F. Jones. "Review of *Cinema and Urban Culture in Shanghai*, 1922 – 1934 Edited by Yingjin Zhang", *The China Quarterly*, No. 166, 2001, pp. 521 – 522.

② 笔者在此将"现代性"置于引号内，意在说明此"现代性"的特殊性——学者们在此所讨论的"现代性"大体上是基于西方现代启蒙话语的所衍生出来，往往与中国"革命性"话语形成某种紧张。不可否认的是，中国革命的道路也是一种对"现代"的追求。

③ 从某种意义上说，李欧梵的专著《上海摩登》（Leo Ou-fan Lee. *Shanghai Modern*：*The Flowering of a New Urban Culture in China*, 1930 – 1945. Cambridge：Harvard University Press, 1999.）是其对该项研究的扩展。

phenson）探寻李香兰的形象。这些研究为读者拼贴出一幅民国时期以电影为中心的上海都市文化的现代景观。

张真于 2005 年出版的《银幕艳史：都市文化与上海电影，1896 – 1937》（An Amorous History of the Silver Screen：Shanghai Cinema，1896 – 1937）是早期中国电影研究中极具分量的一部英文作品。① 上承张英进的论文集，作者将电影置于整个上海都市文化中去勾勒以电影为代表的现代性（芝加哥大学出版社也将该书作为其"电影与现代性"系列丛书的第一部出版。）在书中，作者借用了电影学者汉森（Miriam Hansen）所提出的"vernacular modernism"的概念——这个概念具有双重含义，既可翻作"白话现代主义"，又可翻作"地方现代主义"。从第一层含义上讲，汉森认为，电影作为都市大众文化现代性最为重要的一种形式，其所代表的不仅仅是技术、工业和资本的现代性，它更是一种包罗最广的公众的文化现象，所有现代性的进步与病征都在此中显影；同时，电影技术也使得新公众能够看见自己，也见于社会。电影与现代性的这种关系是基于其全新的视觉技术对人们感官和认知方式的改变，而这种改变同时也启发了人们对于自身与现代性关系的反思。从第二层含义上讲，电影作为一种世界性的文化，它在全世界范围内传播一方面挑战了传统的国族概念，另一方面它在不同地域的接受过程也是一个以不同文化视角翻译的过程。②

张真将上海的早期电影文化视为一个东方与西方、传统与现代、民族与世界、高雅与通俗等各种力量交织而成的光怪陆离、丰富多彩的现代经验。作者围绕两个方面展开其讨论：第一是电影现代性与中国启蒙运动——即"五四"新文化运动——的关系，第二是现代性中的身体与性别政治。在第一个方面，作者将"五四"白话文运动看作是一个更为广泛的、融"古典、白话、外国乃至不同媒介"于一体的文化运动。③ 如此，电影便获得成为此运动中重要一环的依据，但同时电影与运动本身也保持了一种紧张关系。作者在全书中不断提及"五四"运动对上海电影的影响，特别是诸如田汉、洪深、欧阳予倩、侯曜等"五四"新文化干将对上海电影的参与。但更多时候作者似乎将上海电影置于"五四"新文化之侧，将其视为由文化精英领导、实行大众路线的"五四"白话运动的一种补充或对立。从作者对娱乐性与教育性、"软性电影"与"硬性电影"之争，以及文化精英对武侠神怪电影的批判的讨论中不难看出，作者是要在启蒙救亡的话语之

---

① Weihong Bao. "Review of An Amorous History of the Silver Screen：Shanghai Cinema, 1896 – 1937 by Zhen Zhang", Nineteenth Century Theatre and Film, Vol. 33, No. 2, 2006, pp. 71 – 75.

② Miriam Hansen. "Fallen Women, Rising Stars, New Horizons：Shanghai Silent Films as Vernacular Modernism", Film Quarterly, Vol. 54, No. 1, 2000, pp. 12 – 13.

③ Zhen Zhang. An Amorous History of the Silver Screen：Shanghai Cinema, 1896 – 1937. Chicago, IL：University of Chicago Press, 2005, p. 25.

外寻求对早期电影的另一种叙事方式。

在第二个方面,作者探讨了电影这种现代的大众娱乐形态是如何改变人们对于身体和性别关系的看法。作者所关注的不仅是身体本身,而更重要的是一种象征意义上的身体政治。换而言之,作者将电影对于身体的表现作为一个话语节点来探寻那个历史时代各种文化力量的交织和角力。例如,作者认为武侠片中利用现代电影技术对飞檐走壁的身体的展示,从视觉感官上直接地改变了人们对身体的看法;而这种飞檐走壁的身体不仅可以溯源至中国民间故事和通俗小说,也同时深受好莱坞惊悚片的影响。在身体政治的讨论中,女性身体尤其是作者关注的重点。例如,书中讨论了通俗剧中女性打破家庭对性别角色限制的藩篱以及由此所受的磨难、武侠片中女性角色所获得的特殊力量与遭遇等。这种性别政治在书中进一步象征性地衍生至对"硬性电影"与"软性电影""左翼"与"右翼""政治"与"艺术"的讨论之中,发掘后者在与世界现代化和好莱坞经典对话过程中的丰富性,从而确认了这种大众现代性的价值。

彭丽君于 2002 年出版的《在电影中构筑新中国:1932 至 1937 年的中国左翼电影运动》(*Building a New China in Cinema:The Chinese Left-Wing Cinema Movement,1932-1937*),是英语世界中第一部关于中国左翼电影的专著。[①] 该书分为"历史""导演与集体主体性的形成"和"观众与电影文化"三大部分,用翔实的史料和细致的分析为读者描述了 20 世纪 30 年代左翼电影的发展状况和问题。在第一部分中,作者梳理了左翼电影作为一个"运动"其产生的历史背景和发展过程。第二部分讨论个体在这个运动中的位置,包括国族叙事宏大话语中的作为个人的导演的位置以及女性的位置。第三部分是对当年电影观众和电影文化的研究。鉴于史料的缺乏和获取的困难程度,这部分的研究显得尤其难得。作者主要依据 20 世纪 30 年代出版的报刊评论和文章,以及诸如明星公司发行主任经理周剑云的陈述,来还原当年"左翼"电影的受众情境。作者认为,"左翼"电影的内容虽然带有明显的政治倾向,但是其观众却来自上海民众的各个阶层,尤其是"小市民"阶层,即那些"未受启蒙的、保守的、受潮流趣味影响的"市民。[②] 好莱坞的商业电影对 30 年代中国电影有很大的影响,"左翼"电影也包含其中。(但作者认为同时期苏联电影对"左翼"电影的影响仅限于象征层面的观点却有待商榷。)以郑正秋导演、胡蝶主演的影片《姊妹花》(1933)为例,彭丽君分

---

① Shaoyi Sun. "Review of *Building a New China in Cinema:The Chinese Left-Wing Cinema Movement*,1932-1937 by Laikwan Pang",*Modern Chinese Literature and Culture Resource Center*,2007. http://mclc.osu.edu/rc/pubs/reviews/sun.htm.

② Laikwan Pang. *Building a New China in Cinema:The Chinese Left-Wing Cinema Movement*,1932-1937. Lanham,Md.:Rowman & Littlefield Publishers,2002,p.141.

析了当时观众对该影片的接受,认为影片在商业上的巨大成功并非因为观众被影片的政治寓意所吸引,而是因为影片很好地激发和调动了观众的情绪。因此,作者认为,"左翼"电影非常倚重"伤感主义和民粹主义"（sentimentalism and popularism）,是政治和商业的结合,其形式可称为"迷人现实主义"（engaging realism）。① 这一结论,与黄雪蕾对明星电影公司所作的专题研究——即她于 2009 年用英语完成于德国海德堡大学的博士论文《意识形态的商业化：1922～1938 年明星影业公司的知识和文化生产》（Commercializing Ideologies：Intellectuals and Cultural Production at the Mingxing（Star）Motion Picture Company 1922–1938）——所得到的结论有着许多相似之处。黄雪蕾将其论文修改扩充成书《上海电影生产：跨越界限、连接全球,1922–1938 年》（Shanghai Filmmaking：Crossing Borders, Connecting to the Globe, 1922–1938）。该书专注于对明星公司的个案研究,却从中瞥见上海电影界 20 世纪 20～30 年代的时代特性,即跨越国界的生产与发行,跨越媒介——纸媒、话剧界——的艺术运作,跨越政治界限合作和跨越社会阶层的消费。

沈晓虹于 2005 年出版的《中国左翼电影的起源,1932–1937》（The Origins of Left-Wing Cinema in China, 1932–1937）一书,与海外众多中国早期电影研究者的观点不同——后者往往在正统"国族史"书写之外去探寻湮没在历史尘埃中的历史的另一面,作者在书中强调了左翼电影在民族危难时期的"社会变革"作用与"国族政治"性。② 该书从历史背景、主题和风格这三大方面——具又分为五个章节,即"艺术与政治"（背景）、"乡村与城市""性别关系""自我与社会"（主题）和"戏剧性的与现实主义的"（风格）——来讨论起源时期的"左翼"电影。

2003 年出版的《投射一个民族：1949 年前的中国电影》（Projecting a Nation：Chinese National Cinema before 1949）,是一次重构"旧中国"电影史的尝试。③ 作者胡菊彬曾于 20 世纪 90 年代在中国电影档案馆做研究工作,并于 1996 年与郦苏元合著出版了《中国无声电影史》一书。之后胡菊彬远赴澳大利亚求学,运用当时在西方学界讨论非常热烈的国族理论,结合自己先前掌握的大量珍贵素材,试图重写 1949 年前的中国电影史。《投射一个民族》围绕中国民族独立运动中的"民族主义"的议题展开,质疑正史中将作为民族国家的中国视为理所

---

① Laikwan Pang. *Building a New China in Cinema：The Chinese Left-Wing Cinema Movement*, 1932–1937. Lanham, Md.：Rowman & Littlefield Publishers, 2002, p. 197.

② Vivian Shen. *The Origins of Left-Wing Cinema in China*, 1932–37. New York：Routledge, 2005, p. xiii.

③ Zhen Zhang. "Review of *Projecting a Nation：Chinese National Cinema before* 1949 by Jubin Hu", *Modern Chinese Literature and Culture Resource Center*, 2005. http：//mclc.osu.edu/rc/pubs/reviews/zhang.htm.

当然的主体这一出发点，讨论 20 世纪上半叶的中国电影是如何建构一个民族想象的——即"投射"出中华民族的。作者将中国电影这半个世纪的民族主义的努力分为六种形式，分别描述不同时期的电影制作。第一阶段从 1896~1920 年是电影中民族意识产生和萌发时期；第二阶段从 1931~1936 年是"阶级民族主义"与"传统民族主义"抗衡的时期；第三阶段从 1937~1945 年是"殖民民族主义"与"反殖民族主义"斗争的时期；第四阶段从 1946~1949 年是民族主义和现代化交织的时期。作者通过对大量史料的分析，令人信服地展示了民族主义在早期中国电影中多面性的、争议性的且流动不居的特点和性质。

该书值得商榷之处在于，以重大政治事件划分历史时期和以线性发展的方式归类民族主义的形式，似乎回到了作者从该书最初所批判的按意识形态不同、线性书写历史的正史书写的套路。或许这样的书写很难避免，因为作者的选题决定了他所讨论的对象和范围，其方法也必然是将其对象纳入民族主义的范式。然而如此，一方面会有将某些丰富的现象——如早期的武侠和鬼怪片——简单化和片面化的嫌疑，另一方面也会使与议题看似较远、实则相关的话题——例如电影的形式、技术、观众等——着墨略显欠缺。

包卫红 2015 年的新著《火一样的电影：中国情感媒介的出现，1915–1945 年》(*Fiery Cinema: The Emergence of an Affective Medium in China, 1915–1945*) 将电影视为一种"情感的媒介"，激发观众的感情，形塑他们的视角与经历。作者将电影置于民国时期的印刷、戏剧、广播、电视、建筑等各种媒介所构成的社会文化情境之中，探讨了殖民现代性、消费者主体、民族国家公民主体的构成等众多理论问题。同为明尼苏达大学出版社（University of Minnesota Press）2015 年出版的范可乐的《电影接近现实：定位中国电影理论》(*Cinema Approaching Reality: Locating Chinese Film Theory*) 一书则关注 20 世纪 20~40 年代中国电影界关于"逼真"问题的讨论。作者认为该问题回应了法国电影理论家巴赞（André Bazin）关于电影"存真"的理论，由此中西电影理论可以展开跨时空的对话，激发我们对于电影媒介的新的认识。

## 二、电影研究中的性别研究

性别研究在西方学术界是一门当仁不让的显学。英语世界的中国电影研究中的性别研究因此也是一个持续受关注的话题，它往往是一部著作中一个不可或缺的维度，而许多著作中也会有特别的章节来讨论性别政治。然而，相对于其重要性而言，有关性别研究的专著却显得有些姗姗来迟，只是在近十年中才陆续出现。

首先要提到的是崔淑琴2003年出版的专著《镜头里的女人：百年中国电影中的性别与民族》(*Women through the Lens*: *Gender and Nation in a Century of Chinese Cinema*)。该书通过对20世纪各个时期有代表性的影片——包括《神女》《红色娘子军》《霸王别姬》《菊豆》《女儿楼》和《人、鬼、情》——的解读来阐述中国电影中性别与民族的关系。作者认为，在中国历史语境中，性别话语一直被纳入民族话语的表述之中，成为民族话语表述的一个隐喻和象征。民族话语在各个时期有着不同的呈现，因此性别——特别是女性——的表现也随之不同：例如，在早期电影启蒙和救亡的民族话语中，女性要么是社会底层受剥削受压迫的形象，要么是摩登西化的新女性形象；在社会主义时期电影构建新中华民族的话语中，女性要么被描绘为封建、官僚和帝国主义的受害者，要么被塑造成与男性完全平等、无性别的革命形象；在后社会主义电影——特别是所谓"第五代"导演的电影——重塑国际社会中中国民族形象的民族话语中，女性的身体又重新获得了异域和他者的象征意义，与被去势化的男性一起成为西方想象中国的一个符号。在所有上述的影片中，女性都是在男性的目光下被书写和观看，从未获得真正的主体性的位置。而作者所考察的由女性导演来执导的影片，在某种意义上也很难被称作"女性电影"，因为女性导演本身由于女性主义在中国的长期缺席并未创造出深刻的女性意识。因此，作者认为，在中国女性的解放很大程度上取决于"将女性主义从民族话语中脱离开来"。① 虽然该书的某些论题在国内学者——如戴锦华、孟悦等——的著作中已有涉及，但作者将中国电影中女性和民族的问题置于西方女性主义的理论框架中批判性地考察，首次将这个问题较系统地介绍给英语世界的读者，因此其价值不容忽视。

如果说崔淑琴考察中国电影中的性别问题是以民族国家为参照的话，那么王玲珍编辑的论文集《中国女性电影：跨国语境》(*Chinese Women's Cinema*: *Transnational Contexts*)，则如其书名所示，是以跨国语境中的女性主义为其前景的。② 编者认为中国电影中的女性研究在英语为主导的西方学界处于一个相当边缘化的地位，因为女性主义本身自从20世纪80年代受到后结构主义以及符号学和心理分析理论的冲击，女性的主体性在这些理论中受到压抑；而以民族国家为中心的西方批评理论将非西方的中国女性电影推入地域研究（area studies）的领域，使得后者被进一步边缘化。③ 在这种情境下，编者提出"跨国女性主义"(transna-

---

① Shuqin Cui. *Women through the Lens*: *Gender and Nation in a Century of Chinese Cinema*. Honolulu: University of Hawai'i Press, 2003, p. xx.
② Stephanie Hemelryk Donald. "Review of *Chinese Women's Cinema*: *Transnational Contexts* Edited by Lingzhen Wang." *The China Quarterly*, No. 211, 2012, pp. 882–884.
③ Lingzhen Wang, ed. *Chinese Women's Cinema*: *Transnational Contexts*. New York: Columbia University Press, 2011, pp. 1–2.

tional feminism）的研究策略。编者认为，跨国女性主义研究可以：（1）避免西方"国际女性主义"（international feminism）和"全球女性主义"（global feminism）理论中普适化和非历史化的倾向，并将自身与西方殖民和新殖民历史联系起来；（2）将现代民族国家和民族主义问题纳入女性问题的讨论；（3）为女性主义的讨论提供一个政治的视角；（4）纠正当今诸如性别研究和地域研究画地为牢的倾向。① 书中的十六个章节涵盖了中国女性电影的许多重要方面，讨论了众多重要的女性导演和编剧，包括民国时期的杨耐梅和艾霞，华裔美籍导演伍锦霞，社会主义时期的董克娜和王苹，张爱玲的剧本，20 世纪 70 年代活跃于香港地区的唐书璇，② 新时期大陆导演张暖忻、黄蜀芹、胡玫、宁瀛、李玉、徐静蕾，香港地区的张婉婷、罗卓瑶，台湾地区作家朱天文、才女张艾嘉、导演黄玉珊、周美玲等。

林松辉出版于 2006 年的《胶片同志：当代中国电影中男同性恋再现》（*Celluloid Comrades：Representations of Male Homosexuality in Contemporary Chinese Cinemas*）是英文世界中第一部关于同性恋问题的专著。③ 作者将该问题置于当代跨国语境中讨论，认为当代中国同性恋电影并不能简单理解为西方注视下的自我"东方主义"行为，而应该看到电影人利用全球资本和文化的流动及西方电影节所提供的契机，为这种非社会主流的、非服从主义的文化现象争取主体性实现的可能。作者对同性恋问题的考察主要借重于西方批评理论，例如福柯、西尔维曼（Kaja Silverman）、朱迪斯·巴特勒和罗兰·巴特的理论；但作者同时也试图将这个问题置于中国历史语境中去考察，例如在讨论中提及中国戏曲中男扮女装的传统、儒家文化中文士女性化以及同性间亲密无间的关系等问题。但在后一方面作者或许有将传统文化中同性关系简单化的嫌疑。

全书共有六章。在第一章中作者主要澄明新全球文化经济下的"同性关系""中国电影"等几个关键概念。以下几章具体讨论了中国导演的作品。第二章讨论中国第一部男同志电影——李安的《喜宴》。通过对影片中三个主要人物的细致分析，作者展现导演"再现的负担"（burden of representation）。第三章论述陈凯歌的《霸王别姬》和张元的《东宫西宫》是如何通过对同性关系的刻画来表现"自我流放的艺术家或知识分子和国家间的关系"的。④ 第四章将王家卫的

---

① Lingzhen Wang, ed. *Chinese Women's Cinema：Transnational Contexts*. New York：Columbia University Press，2011，pp. 14 – 22.

② Ching Yau. *Filming Margins：Tang Shu Shuen, a Forgotten Hong Kong Woman Director*. Hong Kong：Hong Kong University Press，2004.

③ Song Geng. "Review of *Celluloid Comrades：Representations of Male Homosexuality in Contemporary Chinese Cinemas* by Song Hwee Lim", *The China Journal*, No. 60, 2008, pp. 214 – 215.

④ Song Hwee Lim. *Celluloid Comrades：Representations of Male Homosexuality in Contemporary Chinese Cinemas*. Honolulu：University of Hawai'i Press，2006，p. 88.

《春光乍泄》置于香港"九七"回归的历史背景下对海峡两岸和香港的关系进行政治解读。第五章分析了蔡明亮的《青少年哪吒》和《河流》。作者认为导演在对同性关系的刻画中，用其特有的镜头语言来质疑人们对性取向和身份天生论、本质论的看法，表现出一种"强烈的告白式的欲望诗学"。① 第六章聚焦关锦鹏的"出柜"电影《愈快乐愈堕落》，探讨导演在电影中对自己个人性取向表现出的焦虑感。

肖慧 2014 年新近出版的专著《家庭革命：当代中国文学与视觉文化中的争斗》(Family Revolution: Marital Strife in Contemporary Chinese Literature and Visual Culture)，从"离婚"之战这个新颖的角度审视两性间的关系。在破裂的婚姻中，两性间的关系以一种更戏剧化的形式被置于聚光灯下，更有利于我们探寻社会剧烈转型期的新时期，男性和女性面临的心理的震荡与危机。因此，这种危机不仅是心理的和家庭的，更有着其历史的代系根源并折射出社会的政治文化肌理。

## 三、独立电影与纪录片研究

独立电影和纪录片本属两个话题，可是由于在中国电影研究中两者某种程度上的重合，在此放在一起叙述以展开对两者关系的讨论。相对于剧情片，中国纪录片在英语世界中受关注较少；而独立电影，由于各种原因——包括中国和海外出版审查机制的不同、西方政府和文化机构对艺术电影的资助以及海外电影节文化等——在英语世界中的研究却比较活跃。而近些年出版的一系列关于该议题的专著和论文集中两者出现了很有趣的重叠，这一切都值得我们关注。

由于意识形态上的差异，英语世界中对于中国独立和地下电影一直保持相当多的关注，这方面的论文数量和质量都非常可观。而由毕克伟和张英进合编的《由地下到独立：当代中国另一种电影文化》(From Underground to Independent: Alternative Film Culture in Contemporary China) 则是英语世界中的第一部专门讨论独立电影的论文集。② 与众多早先侧重于文本分析的研究不同，该论文集主要从社会、政治、经济等方面对独立电影这种文化现象进行跨学科研究。在第一章中，毕克伟首先仔细考察了英语世界中对这类电影的不同命名以及命名所含带的

---

① Song Hwee Lim. *Celluloid Comrades: Representations of Male Homosexuality in Contemporary Chinese Cinemas*. Honolulu: University of Hawai'i Press, 2006, p. 150.

② Shuqin Cui. "Review of *from Underground to Independent: Alternative Film Culture in Contemporary China* Edited by Paul Pickowicz and Yingjin Zhang", *The Journal of Asian Studies*, Vol. 67, No. 4, 2008, pp. 1430 – 1433；Weihong Bao. "Review of *from Underground to Independent: Alternative Film Culture in Contemporary China* Edited by Paul Pickowicz and Yingjin Zhang", *American Anthropologist*, Vol. 112, No. 3, 2010, pp. 469 – 470.

政治意义。如毕克伟所言，西方世界比较喜欢用"地下电影"这个词来强调该类电影的异见和反抗的性质。然而20世纪90年代中后期，中国电影制作人越来越有意识地使用"独立电影"这个词，来表明自身独立于国家制作发行体制之外，而非与国家政治意识形态处于相对立的关系之中。而正如毕克伟指出，这些制作人所谓的"独立"，并不能掩盖他们依赖于国外艺术电影资助项目和西方电影节等这些全球电影体制的事实。在第二章中，张英进对中国独立电影中"我的摄影机不撒谎"这一宣言式的告白做了精彩的分析。作者指出，中国独立导演在将镜头对准社会现象时所宣称的绝对客观的、所谓"零度"拍摄的姿态，并不能掩盖电影艺术的主观性特点。这种宣称事实上是导演在复杂的国内和国际文化体制中的一种自我定位和身份确认。

蒋迈（Mathew David Johnson）和裴开瑞的论文分别分析了吴文光、段景川和蒋樾的独立电影制作。杰菲（Valerie Jaffee）讨论了技术设备进步所带来的"业余"（amateur）电影制作。吕彤邻以贾樟柯为例，分析了全球化语境下中国独立导演抵制全球化的努力同时成为全球化的一部分，表明了中国独立电影的不居性和复杂性。陈墨和萧知纬的论文则为读者提供了来自中国评论界的观点和声音。中岛圣雄（Seio Nakajima）的文章通过考察北京的电影俱乐部分析了独立电影的观众和消费情况。最后，该书附录中详细地列举了圣地亚哥加州大学馆藏的独立电影影片资料。两位编者均为该校教授，该校也成为这个研究领域的重镇。这些影片为研究者提供了珍贵的第一手资料。

朱宁子于2007年出版的《中国纪录片——从教条到众声喧哗》（*Chinese Documentaries: From Dogma to Polyphony*）是英语世界中第一部系统研究中国纪录片的专著。作者在书中对整个20世纪中国纪录片的发展史进行了梳理，将这段历史分为两个大的阶段，即改革开放前的教条主义阶段和改革开放后的众声喧哗阶段。作者所重点讨论的是以社会问题为素材的纪录片（包括电影和电视片），她将这类纪录片视为反映社会的一面镜子。贯穿全书的是作者对该类纪录片是如何促进一个"媒体公共领域"（public media sphere）在中国的形成。作者在浩如烟海的纪录片资料中对档案材料进行整理和分析实属不易。或许如相关论者指出，作者在讨论中国纪录片在20世纪80年代的转变时，应更多地将其置于世界纪录片发展的大语境下去考察。①

裴开瑞、吕新雨和罗丽莎（Lisa Rofel）合编的论文集《中国新纪录片电影运动：为了公共档案》（*The New Chinese Documentary Film Movement: For the Pub-*

---

① Paola lovene. "Review of *Chinese Documentaries: From Dogma to Polyphony* by Yingchi Zhu", *American Anthropologist*, Vol. 112, No. 3, 2010, pp. 468–469.

lic Record）于 2010 年由香港大学出版社出版。① 这本书在某种程度上可以说是将吕新雨在中国所做的这方面的开拓性工作介绍给英语读者——正如蒋迈在其书评中指出，该书非常倚重吕新雨在中文世界所做的大量工作和所写的著作，书中也收录了吕新雨的两篇中文论文的英译。② 第一篇是吕新雨近来对中国新纪录片运动的一些重新思考。吕新雨于 2003 年出版了《纪录中国：当代中国新纪录运动》一书，她认为从那时到现在有一些新现象的出现和一些新的思考，需要进一步说明。第一是新纪录运动和电视的关系：吕新雨认为我们不能在两者间划清界限，而是应该看到一些电视节目和新纪录运动影片的相同处，而这种相同正是由于电视越来越开放的姿态所造成。第二是对"个人化"的理解：吕新雨认为不是数字技术的出现带来了个人化的影像纪录，在此之前个人化特质便已是新纪录运动的一部分。第三是"社会性"的问题：吕新雨认为新纪录运动的个人化影像并不说明运动对社会参与度的降低；相反，纪录者是用个人化的镜头语言来寻求对社会问题的另一种参与方式。③ 另外一篇吕新雨的文章是《铁西区：历史与阶级意识》，发表于《读书》杂志 2004 年的第一期。吴文光的中文文章《DV：个人的影像》的英译也收录书中。两篇的中文原文很容易找到，在此不赘述。

论文集中其他文章包括赵锡彦对《盒子》和《女同志游行日》的讨论，齐娜（Paola Voci）对北京的纪录电影的讨论，中岛圣雄对放映空间和公共空间的讨论，王亦蛮对女同志纪录电影的讨论，罗宾森（Luke Robinson）对"现场性"的讨论等。对于裴开瑞和罗丽莎在序言中对新纪录运动的着力介绍，特别是对他们将该运动视为理解当今中国视觉文化的一个起点、并全面地改变了中国的公共文化，有评论者持有不同看法。蒋迈在其书评中指出，新纪录作为一个"运动"，本身就有待争论。或许就将中国社会变动中常人的边缘性生活"真实"地纪录和展现而言，新纪录电影人有着共同之处；然而其发端似乎可追溯至众多新纪录作品出现前的中国电视体制变革的 20 世纪 80 年代早期，其表现手法亦可在国内外视觉艺术圈内寻到痕迹。换而言之，如同众多其他文化现象，新纪录运动有着其本身的复杂性，很难将其描述为一个有着内部一致性的运动。

罗宾森出版于 2013 年的《中国独立纪录片：从制作间到户外》（*Independent Chinese Documentary：From the Studio to the Street*）是最近一部考察中国独立纪录

---

① 余天琦：《书评：〈中国新纪录片电影运动：为了公共档案〉》，载于《当代艺术与投资》2010 年第 11 期。

② Matthew D. Johnson. "Review of *The New Chinese Documentary Film Movement：For the Public Record* Edited by Chris Berry, Lü Xinyu, and Lisa Rofel", *Modern Chinese Literature and Culture Resource Center*, 2011. http：//mclc. osu. edu/rc/pubs/reviews/johnson. htm.

③ Chris Berry, et al. , eds. *The New Chinese Documentary Film Movement：For the Public Record*. Hong Kong：Hong Kong University Press, 2010, pp. 15 – 16.

片的专著。作者认为"现场"是当代中国独立纪录片区别于新时期前列宁主义体制下在制作间内完成的、说教型的纪录片的一个突出特点,并围绕"现场"这个关键词来讨论当代独立纪录片和其所处的后社会主义语境的关系。作者指出,"现场"所传达的是纪录者对真实的追求,表现出的是即时性、开放性和不可预知性,这同时又同纪录者所追求的生动性相矛盾,因为前者要求纪录者操作(mediation)的退场,而后者则必须有其操作才能实现。因此,作者认为独立纪录者所追求的"现场"是一种表现的策略,是由个人实践、技术发展和具体的产业、社会和政治环境所构成的语境所决定的——作者称其为"不确然性的诗学"(poetics of contingency)。[1] 作者在后面的章节中通过对具体独立纪录片的分析,从类型、时间性、身体政治和声音这几个方面来阐述上述因素是如何构建出"现场"策略的。

另外,王琦 2014 年出版的专著《记忆、主体与中国独立电影》(*Memory, Subjectivity and Independent Chinese Cinema*)讨论了 1990~2010 年中国电影故事片、纪录片、实验影像与数码多媒体等类型中 16 部有代表性的作品——既包括张艺谋、陈凯歌等第五代导演,也包括贾樟柯、娄烨等第六代导演,还包括王冰、崔子恩、段锦川等独立电影导演的作品——分析了他们的个人记忆叙事、纪实风格以及主体表述等问题。

可以看出,上述著作都不约而同地强调了电影制作的独立性——即独立于权威的意识形态——和社会性——即纪录并以纪录的方式参与社会的变革。正是在这样的情形下,独立电影和纪录片在英语世界的研究中产生了结合点。

## 第三节 英语世界的中国电影专题研究及动向(下)

### 一、电影媒体研究、跨媒体研究与产业研究

电影作为一个集文学、美术、音乐、造型等艺术为一体的综合性艺术媒体形式,其研究视野可以极其开阔。然而,英语世界中早期对中国电影的研究较多地将电影作为文本形式来探讨,因此电影丰富的(跨)媒体性并未充分展开。这或

---

[1] Luke Robinson. *Independent Chinese Documentary: From the Studio to the Street.* New York, NY: Palgrave Macmillan, 2013, p. 6.

许和许多研究中国电影的学者的文学和文化研究背景不无关系。近年来,随着电影专业背景的学者越来越多加入讨论,电影的媒体性研究和跨媒体性研究也越来越成为研究的焦点。

英语世界中将电影和文学、文化放在一起讨论的著作非常之多,例如张旭东出版于1997年的两卷本专著《改革时期的中国现代主义:文化热、先锋小说和新电影》(*Chinese Modernism in the Era of Reforms: Cultural Fever, Avant-Garde Fiction, and the New Chinese Cinema*)的第二卷就专门讨论新时期中国电影。作者将"第五代"导演20世纪80~90年代的电影和文化热以及先锋小说一并视为新时期中国现代主义的文化表征加以论述。鲁晓鹏分别出版于2001年和2007年的两本专著《中国,跨国视觉性,全球后现代性》(*China, Transnational Visuality, Global Postmodernity*)和《中国现代性与全球身体政治:文学与视觉文化研究》(*Chinese Modernity and Global Biopolitics: Studies in Literature and Visual Culture*)将中国电影、文学和视觉艺术置于当代全球化和后现代性语境中考察,强调跨国资本流动对中国电影生产和消费的影响。柏佑铭出版于2003年的专著《历史的反见证:二十世纪中国文学、电影和公共话语》(*Witness against History: Literature, Film, and Public Discourse in Twentieth-Century China*)也将电影和文学作为解读文本,发现其中"非历史性"的倾向,质疑20世纪线性历史主义的宏大叙事。马杰生(Jason McGrath)出版于2008年的专著《后社会主义现代性:市场时期的中国电影、文学和批评》(*Postsocialist Modernity: Chinese Cinema, Literature, and Criticism in the Market Age*)同样将文学和电影一并作为后社会主义的文化现象来考察,分析市场经济时期该领域的文化转型。龚浩敏出版于2012年的专著《不平衡的现代性:后社会主义中国的文学、电影和知识分子话语》(*Uneven Modernity: Literature, Film, and Intellectual Discourse in Postsocialist China*)考察当代中国"不平衡性"特点及其如何构建电影和文学干预的丰富性和局促性,分别以精英文学和通俗文学、艺术电影和商业电影为例来解读"不平衡性"。

上述专著均将文学和电影并置,将两者作为广义的文化现象来考察文化与社会政治的张力。而蔡秀妆出版于2010年的专著《银幕改编:现代中国小说和电影的文化政治》(*Adapted for the Screen: The Cultural Politics of Modern Chinese Fiction and Film*)则通过对文学作品改编为影视作品这一现象的解读,将两种艺术形式沟通起来,考察这一媒介转变中的政治性,尤其是性别政治。全书选择性地解读了七部有代表性的影片及其原著小说——《卧虎藏龙》《大红灯笼高高挂》《红玫瑰与白玫瑰》《花样年华》《巴尔扎克与小裁缝》《童年往事》和《征婚启事》,具体分析了每部影片在对原著或忠实或自由的改编策略中所体现出的社会、个人、文化、历史、地缘等各因素的政治博弈,并将这种博弈置于广义的性别政治范式中解读。

电影与城市研究是英语世界中国电影研究中的一个新的动向。这个动向的出现是随着 20 世纪 90 年代末新一代导演的崛起而产生的。80～90 年代"第五代"导演将中国"新浪潮"电影推向世界舞台，为中国电影赢得国际地位。西方的中国电影研究对这一批导演及其作品投入了很大的热情。除了上述的许多著作以外，还有相当一批的研究是专门考察"第五代"导演的，如康浩出版于 2006 年的《重新创造中国：一代导演和他们的电影》(Reinventing China: A Generation and Its Films) 就是一部详细记录分析张艺谋、陈凯歌、田壮壮等导演学习、生活和创作历程以及讨论他们作品的专著。科内柳思（Sheila Cornelius）2002 年出版的小册子《新中国电影：挑战表现力》(New Chinese Cinema: Challenging Representations) 描述了"第五代"导演和他们的代表作品，同时也介绍了"第六代"。

然而，以贾樟柯、王小帅等为代表的所谓"第六代"导演的登台为观众带来了一种新的电影美学，同时也将观众的视线由中国的历史和乡村转移到现实和城市。对"第六代"及其同时代导演的命名，如同对"第五代"的命名一样，在学术界充满了争议。在英语世界中，"城市一代"是一个使用较为广泛、认同度较高的名字。张真出版于 2007 年的论文集《城市一代：进入二十一世纪的中国电影和社会》(The Urban Generation: Chinese Cinema and Society at the Turn of the Twenty-First Century) 对这个命名的推广发挥了相当的作用。该论文集从电影产业和市场、意识形态和政治、美学、空间、身份等诸多方面探讨电影和城市的关系。虽然大多数论文主要关注当代城市空间，但是也有章节是讨论早期电影和城市的，为世纪交替时期的中国城市电影发掘其历史的渊源。柏佑铭出版于 2010 年的专著《抹红城市：中国电影与城市契约》(Painting the City Red: Chinese Cinema and the Urban Contract) 同样在关注当代都市文化景观变迁的同时，注重历史的内在联系，尽管作者在本书中只考察了 1949 年后的历史。魏若冰（Robin Visser）出版于同年的专著《城市包围乡村：后社会主义中的都市美学》(Cities Surround the Countryside: Urban Aesthetics in Post-Socialist China) 则聚焦于北京和上海这两座中国文化史上谈论最多的城市。作者通过对电影、文学、视觉艺术、建筑等艺术形式的研究，展开一幅在全球商业化和新自由主义推动下越来越趋同的后社会主义都市景观。① 周学麟出版于 2007 年的专著《当代中国电影中国的叛逆青年》(Young Rebels in Contemporary Chinese Cinema) 考察了代表当代中国城

---

① Paul Manfredi. "Review of *Cities Surround Countryside: Urban Aesthetics in Postsocialist China* by Robin Visser", *Modern Chinese Literature and Culture Resource Center*, 2011. http://mclc.osu.edu/rc/pubs/reviews/manfredi5.htm.

市亚文化的青年叛逆者的形象。另外，英国的智识出版社（Intellect）出版的"世界电影地点"（World Film Locations）丛书中关于中国城市已经出版了北京、上海和香港卷。这三部论文集均围绕着电影中的城市和城市中的电影的话题来展开两者间极具活力的关系。[①]

英语世界中讨论电影和其他视觉艺术关系的著作也相当丰富。例如，谢柏柯（Jerome Silbergeld）出版于1999年的专著《电影里的中国：当代中国电影的参照格》（*China into Film: Frames of Reference in Contemporary Chinese Cinema*）从视觉艺术的角度来解读"第五代"导演的作品。彭丽君出版于2007年的专著《哈哈镜：中国的视觉现代性》（*The Distorting Mirror: Visual Modernity in China*）以哈哈镜为其中心借喻和象征，考察中国早期电影同摄影、广告、舞台戏剧和印刷媒体等所共同构成的视觉现代性，讨论中国人如何在各种看与被看之间构建自己的现代主体。罗鹏（Carlos Rojas）出版于2009年的专著《裸露的目光：反思中国现代性》（*The Naked Gaze: Reflections on Chinese Modernity*）同样将视觉性作为其中心借喻，但作者考察的范围包括了整个20世纪；作者所关注的是视觉话语是如何在不同的语境下表达欲望并建构性别主体的。另外，巫鸿编《中国实验艺术展览》（*Exhibiting Experimental Art in China*），以及巫鸿和菲利普斯（Christopher Phillips）合编的《过去与未来之间：来自中国的新摄影与视频》（*Between Past and Future: New Photography and Video from China*）均对属于广义的视觉艺术范围的电影——特别是实验性的影片和视频——有讨论。而林小平出版于2010年的专著《马克思和可口可乐的孩子：中国先锋艺术与独立电影》（*Children of Marx and Coca-Cola: Chinese Avant-Garde Art and Independent Cinema*）也是将独立制作电影和其他先锋艺术形式一同讨论，考察当代社会文化转型和该类艺术表现之间的互动关系。从书的标题不难看出，作者试图通过对先锋视觉艺术的分析，探寻社会主义意识形态和商品资本大潮共同作用下的中国社会文化的转型。

此外，齐娜出版于2010年的专著《视频中的中国：小屏幕的现实》（*China on Video: Smaller-Screen Realities*）关注的是在非传统银幕上观看的电影，即那些通过各类电子终端——电脑、智能手机等——传送、散播、生产和消费的电影和视频。这是一个非常新的话题，是随着电子和网络技术迅猛发展而产生的话题。作者将小屏幕与传统大银幕对比，突出前者的"轻"——在成本、目的、受众、影响等方面的"轻"，也包括其传播方式的轻快、素材个人化的轻巧和不受

---

[①] 这三本论文集是：John Berra, and Liu Yang, eds. *World Film Locations: Beijing*. Chicago: Intellect Books, 2012; Linda Chiu-han Lai, and Kimburley Wing-yee Choi, eds. *World Film Locations: Hong Kong*. Chicago: Intellect Books, 2013; John Berra, and Wei Ju, eds. *World Film Locations: Shanghai*. Chicago: Intellect Books, 2014.

政治、资本、艺术等各类框架束缚的轻便。通过对这种"轻"的分析，我们可以理解中国电影不同于传统的一种生存空间和形态，及其这种形态在社会结构、技术发展、生活方式转型中的政治文化意义。

刘国华出版于 2003 年的论文集《多重现代性：跨文化东亚的电影与通俗媒体》（Cinemas and Popular Media in Transcultural East Asia）则将电影与其他"通俗"媒体——例如摇滚乐、另类艺术、电视连续剧——等一并考察，且考察的范围包括整个东亚地区。书中关于中国电影部分包括第六代导演的作品、武侠片、香港地区 20 世纪 90 年代的电影等。可以讨论的是，诸如第六代导演的影片还有摇滚和另类艺术这些或许可归为"亚文化"类的文化现象，它们和所谓"通俗"媒体是什么关系呢？

另外，值得关注的是 2014 年出版的蒋迈等编著的论文集《中国的 i 世代：二十一世纪的电影与移动影像》（China's iGeneration：Cinema and Moving Image Culture for the Twenty–First Century）。该书关注"i 世代"——即数字时代——的影像媒体文化。如裴开瑞在其所作的序中指出，编者所关注的对象不仅是影像生产中数字技术本身，更是该技术对电影研究这个领域的影响，并导致即"电影研究"走向"屏幕研究"（screen studies）。虽然这种研究范式的转变目前还未在学术界真正有影响力地发生，但是该书的编者显然已经敏锐地察觉到了数码技术将改变媒体、产业与研究的生态这一似乎不可阻止的趋势。书中众多章节讨论记录电影，或许这与数码技术在该类型中最早与最广泛的运用有关。另外，其他章节关注了从传统电影生态向新数码生态的转变、跨媒体文化现象、社会政治情境等众多相关问题。整体来看，该领域方兴未艾，而这部论文集为我们开启了进入该领域的一扇大门。

从媒介角度来说，与电影最为相关的姊妹媒体是电视。英语世界中的中国电视研究随着中国电影研究的深入也逐渐壮大。柯庭（Michael Curtin）出版于 2007 年的专著《为世界上最大观众群表演：中文电影和电视的全球化》（Playing to the World's Biggest Audience：The Globalization of Chinese Film and TV）就将电影和电视两种媒体结合在一起，讨论 20 世纪 80 年代后全球化事件——包括冷战结束、世界贸易组织的兴起、民主运动发展以及东亚青年文化的出现等——是如何对中文电影电视产业造成转变机制的压力、并同时带来不可多得的机遇。柯庭在这里所说的中文电影电视包括了中国和新加坡等地的华语影片和电视节目。

其他专注于中国电视媒体研究的著作包括：朱颖出版于 2008 年的专著《后改革时期的中国电视：连续剧、儒家领导与全球电视市场》（Television in Post–Reform China：Serial Dramas, Confucian Leadership and the Global Television Market）；朱颖、金麦克（Michael Keane）和白若云于同年出版的论文集《中国电视剧》(*TV Drama in China*);朱颖和裴开瑞于次年出版的论文集《电视中国》(*TV China*);钟雪萍于 2010 年出版的专著《重新聚焦主流文化:中国改革时期的电视剧、社会与意义的生产》(*Mainstream Culture Refocused: Television Drama, Society, and the Production of Meaning in the Reform Era China*);以及白若云与宋耕主编的论文集《二十一世纪中国电视:娱乐全国》(*Chinese Television in Twenty-First Century: Entertaining the Nation*)等。这些著作均凸显电视节目的生产和消费及其相关的社会机制,表现出文化研究对当下社会的介入性。同时,作者大都身处西方社会,对西方电视媒体有着耳濡目染的经历,因此将中国的电视置于全球电视生产和消费的大语境中考察,探寻中国电视如何参与跨国性流动和形成自身的特点。

电影产业研究进一步扩大了电影研究的视野,将电影的"内部"与"外部"打通。上文提到,早在 1990 年仁特便出版了《亚洲电影工业》一书,讨论整个亚洲地区的电影产业状况。不过,由于当时全球化趋势尚未完全展开,中国的改革开放也刚刚渡过第一个十年,中国的电影产业还未像今天这样融入全球化的进程。而 2008 年出版的由戴乐为(Darrell William Davis)和叶月瑜合写的《东亚银幕产业》(*East Asian Screen Industries*)一书则专注于东亚地区——包括中国、韩国和日本——在经历亚洲金融危机和重大社会变动后,面对好莱坞电影的汹汹来势所展开的应对策略。该书并不以国族为单位,简单地比较各地的异同,而是牢牢抓住整个东亚地区的前所未有的跨国电影流动,进行产业机制分析。

就中国电影产业而言,下面几部著作有较大影响。朱颖出版于 2003 年的专著《改革时期的中国电影:一个聪明的系统》(*Chinese Cinema During the Era of Reform: The Ingenuity of the System*)考察了后毛泽东时代商业电影的生成机制和中国国族电影构建的关系。① 作者认为 20 世纪 90 年代中后期的娱乐电影是国家意识形态、政策、市场和导演个人意志的共同产物,电影越来越以市场为基础,朝大众文化方向转变。张睿的专题研究——《冯小刚的电影:1989 年后中国电影的商业化与审查》(*The Cinema of Feng Xiaogang: Commercialization and Censorship in Chinese Cinema after 1989*)——则是借对冯小刚电影的梳理,来考察中国在改革开放 30 年间的电影政策和社会环境的改变是如何影响电影生产的。朱颖和骆思典(Stanley Rosen)2010 年合编的论文集《中国电影中的艺术、政治与商业》(*Art, Politics, and Commerce in Chinese Cinema*)则将影响当代中国电影的力量归结为政治、商业和艺术这三大因素——而全书的 12 篇论文也是按照这三部

---

① 蒋迈、秦立彦:《书评:〈改革时期的中国电影:一个聪明的系统〉》,载于《电影艺术》2006 年第 2 期。

分分类组织的。这似乎与张英进在《全球化中国的电影、空间与多地性》中提出的四分模式有着某种不谋而合之处。张氏提出政治、资本、艺术和边缘这四种力量，分别对应主旋律电影（权利）、娱乐电影（利润）、艺术电影（美学）和独立电影（真实）。四者或合谋、或打压、或吸纳、或和解，而居于其中的是市场这个中心平台。

另外，我们可以将两本讨论盗版问题的书结合来读。第一本是彭丽君出版于2006年的《亚洲的文化控制与全球化：知识产权、盗版与电影》（*Cultural Control and Globalization in Asia：Copyright，Piracy，and Cinema*），第二本是王淑珍出版于2003年的《追踪定位盗版：大中华格局里的全球化与电影发行》（*Framing Piracy：Globalization and Film Distribution in Greater China*）。① 张英进在评价两位的观点时认为，彭氏以精英主义的立场批评盗版及其所传播的通俗娱乐内容，对观众低下的欣赏品味表现出不信任。但这一态度忽略了盗版在全球资本霸权体制下，边缘位置的人群对于这一霸权的反抗策略。王淑珍避免对盗版这一行为进行审判，而是对这种现象作社会学的调查，发现其中的复杂性。张英进提出，盗版这一反抗策略将给霸权下的芸芸受众带来一次视觉上的民主，他们将不再只是被动的观看，还会以游戏的方式参与重新制作、模仿、戏谑。② 这一观点在张氏的《全球化中国的电影、空间与多地性》中有详细的阐述。

## 二、翻译、访谈、期刊、文集与其他研究领域

英语世界对中文世界电影研究著作的译介，相对于中文世界对英语世界中国电影研究著作的译介来说，还显得比较单薄。这是因为：其一，英语世界中研究中国电影学者的中文水平普遍较高，可以直接阅读原文，而反之则不然；其二，中文著作数量巨大，且水平良莠不齐，两者共同造就了上述局面。但随着双方交流的日趋增多与深入，中文著作的翻译也在英语世界中出现，且产生了一定的影响。例如，上述提及的塞姆塞尔于20世纪80～90年代与中国学者合作编译的三本论文集——《中国电影》《中国电影理论》和《当代中国电影》——可视为英语世界译介中文著作的先驱。

2002年由王瑾和白露（Tani E. Barlow）组织翻译编辑中国学者戴锦华的论文集《电影与欲望：戴锦华作品中的女性马克思主义与文化政治》（*Cinema and*

---

① 韦杰生（James Wicks）、秦立彦：《书评：〈追踪定位盗版：大中华格局里的全球化与电影发行〉》，载于《电影艺术》2006年第2期。

② 张英进：《中国电影盗版的语境：阴谋、民主还是游戏？》，载于《二十一世纪》2008年6月号总第107期。

Desire: *Feminist Marxism and Cultural Politics in the Work of Dai Jinhua*）由英国沃索（Verso）出版社出版。该书收集了戴锦华的经典论文九篇，包括《雾中风景：初读"第六代"》《断桥：子一代的艺术》等。戴锦华独特的行文风格与英语学术论文明显不同，该论文集的翻译出版可视为双方相互借鉴与交流的一个成功的案例。卓伯棠的专著《香港新浪潮电影》（*Hong Kong New Wave Cinema*：1978 – 2000）于 2008 年由英国智识出版社出版。这部著作较为全面地梳理了香港新浪潮电影的发展历史，并对在该浪潮中产生过较大影响的人物和作品做出了精彩的评论。另外，卢非易的《台湾电影：政治、经济、美学，1949 – 1994》（*Taiwan Cinema*：*Politics*，*Economics*，*Aesthecis*）的英文版本也即将由杜克大学出版社（Duke University Press）和香港大学出版社联合出版。相信随着中文著作的水平的提高和影响的扩大，英语世界对电影研究的中文作品的译介会越来越多。

2002 年，杜克大学出版社出版了由裴开瑞翻译的倪震的采访回忆录《北京电影学院故事：第五代电影前史》（*Memoirs from the Beijing Film Academy*：*The Genesis of China's Fifth Generation*）。该书此前已有日文和中文版本。2005 年白睿文出版的采访集《用形象说话：当代中国电影家访谈录》（*Speaking in Images*：*Interviews with Contemporary Chinese Filmmakers*）收录了对 19 位中国著名导演的采访和相关资料；2008 年孙绍谊和李迅合作出版的采访录《灯光！镜头！开始！：中国新生代电影导演深度访谈》（*Lights! Camera! Kai Shi!*：*In Depth Interviews with China's New Generation of Movie Directors*）则收录了对 21 位新生代导演——例如贾樟柯、徐静蕾——的采访，并按主题加以编排。这些采访录为英语世界的读者和研究者提供了很多难得的第一手资料。

另外，学术期刊是学术研究的一个极为重要的载体。早期研究中国电影的英文论文大多刊载于各类综合电影和文化期刊，如《电影期刊》（*Cinema Journal*）、《银幕》（*Screen*）、《电影与录像季度评论》（*Quarterly Review of Film and Video*）、《广角镜》（*Wide Angle*）、《脚本》（*Post Script*）、《跳剪》（*Jump Cut*）、《电影感觉》（*Senses of Cinema*）等。其中《跳剪》和《电影感觉》现在均已成为免费网络期刊。由"亚洲电影研究会"（Asian Cinema Studies Society）创办于 1995 年的《亚洲电影》（*Asian Cinema*）是刊登中国电影研究论文的一个重要阵地。该刊物长期由天普大学的学者仁特教授主持，直到 2012 年转由英国智识出版社发行。《亚洲电影》刊载过大量中国电影研究的论文、采访和书评，对英语世界的中国电影研究起到一定的推动作用。但由于前期并未采用匿名审稿机制，因此有时出现论文质量良莠不齐的现象。目前该刊已经采用学术界通行的盲审机制，大大提高了其登载论文的质量。创刊于 2007 年的《中国电影杂志》则是专门刊载中国电影研究论文的期刊。其英文标题中的"电影"采用复数形式，表明其对来自不同地区中国（中文）电影兼容并蓄的包容态度。自创刊以来，该刊物已主持了多次专题研究，包括影星研究、声响研究、色彩研究等。《中国电影期刊》为中国电影研究提供了一个非常专业的交流平台。此外，一些中国（亚洲）文学文化研究期刊也经常刊登中国电影研究的论文和书评，这其中包括《中国现代文学与文化》《当代中国期刊》（Journal of Contemporary China）、《位置：亚洲评论》（Positions：Asia Critique）（原名为《位置：东亚文化评论》（Positions：East Asia Cultures Critique））、《亚洲研究期刊》（Journal of Asian Studies）等。这也从一个角度表明了西方学院体制的一个新近的变化，那就是，新生的电影研究越来越被吸纳到传统的文学和其他研究领域了。

此外，近年来关于中国电影的综合性文集也逐渐增多。张英进和萧知纬在1998年合作的《中国电影百科》（Encyclopedia of Chinese Film）是较早的一部关于中国电影的百科全书集。稻草人出版社（Scarecrow Press）的"历史词典"系列有三卷关于中国电影，分别是叶坦与祝芸的《中国电影历史词典》（Historical Dictionary of Chinese Cinema），斯托克斯（Lisa Odham Stokes）的《香港电影历史词典》（Historical Dictionary of Hong Kong Cinema）和李道明的《台湾电影历史词典》（Historical Dictionary of Taiwan Cinema）。孔海力和仁特编于2006年的《中国电影百年：几代人的对话》（One Hundred Years of Chinese Cinema：A Generational Dialogue）则是纪念中国电影百年所编的一部论文集。众多知名学者的参与，以及三篇谢晋、吴子牛和娄烨访谈使该册增辉不少。柯瑚和张高山（Sean Metzger）2009年合编的《中国电影的未来：中国银幕文化中的技术和时间性》（Futures of Chinese Cinema：Technologies and Temporalities in Chinese Screen Cultures）一书虽然将技术因素和时间性作为中心议题，但从整部书的选文和编排来看，这是一部中国电影的综合论文集。林松辉与沃德（Julian Ward）2011年合编的《中国电影手册》（The Chinese Cinema Book）是一部按时代和地区编排的论文集。该书的每一章节均由该领域的专家执笔，介绍性和学术性并重，是一部教学和研究兼顾的优秀参考书。2012年和2013年连续有两部大部头的综合论文集出版：张英进编辑的《中国电影参考手册》（A Companion to Chinese Cinema）和罗鹏与周成荫合编的《牛津中国电影手册》（The Oxford Handbook of Chinese Cinemas），两者的分量和水平均代表了当代英语世界中国电影研究的高峰。

另外一些专项课题的研究也值得关注。唐纳德（Stephanie Hemelryk Donald）出版于2000年的专著《公共秘密、公共空间：中国电影与文明性》（Public Secrets，Public Spaces：Cinema and Civility in China）从"公共空间"的角度来讨论中国电影。"公共空间"和"公民社会"是1990年代西方汉学界中一个讨论非常热烈的话题。唐纳德认为西方"公共空间"的理论无法完全解释中国"公共空间"的问题,因为中国没有西方社会那样的"公共空间"和"公民社会";但是公共"礼仪"(civility)构成了当代中国社会日常生活的一个"公共秘密"(public secret),成为构建中国公共社会空间的一个要素。作者考察了作为公共文化空间的电影如何与观众一起建构出一个中国社会的公共空间。唐纳德在其2005年的专著《小朋友:中国儿童电影与媒体文化》(*Little Friends: Children's Film and Media Culture in China*)中,通过采访、观察、分析向英语读者展示了中国儿童电影业在现有体制下的发展与问题。不仅如此,作者还在书中考察了与电影相关的其他新媒体——如互动电视、互联网流媒体、移动媒体等——对儿童娱乐和教育形态的重塑。此外,胡敏娜与张英进2011年编辑的论文集《华语电影明星》(*Chinese Film Stars*)是第一部以影星为主题的研究专辑。该书是在两位编辑的《中国电影期刊》特刊的基础上扩充而成,讨论了包括黄柳霜、阮玲玉、成龙在内的早期和当代的海内外华语电影明星。

# 第二十一章

# 现代文论的译介与研究

在近百年中国现代文明的发展历程中,中国现代文论是极为重要的组成部分。它与中国现代文学相济相生、相互定义,对中国社会的变革起过难以磨灭的影响。20世纪50年代始,英语学界开始了对中国现代文论的考察和研究,学术成果既有翻译介绍也有分析研究,既有专题研究也有综合梳理,贡献巨大。然而,国内对海外中国文论研究的研究存在双重失衡。一方面,相较于对海外中国古典文论丰富的研究与系统的梳理,对海外中国现代文论研究的关注显然很缺乏。另一方面,国内学界主要聚焦著名汉学家及已有中译本的专著,造成了不少海外研究成果至今没有得到应有的重视。

本章采取了以问题为中心的结构,将英语世界中国现代文论研究中三个主要问题提炼出来,讨论英语世界对中国现代文论与异域滋养及传统遗泽之间的关系研究。第一节对英语世界中国现代文论研究及国内研究现状进行述评;第二节以影响接受者主体性、文论与小说受外来影响的异同、外来影响作为文学场域之争中的筹码资本三个层面梳理英语世界中国现代文论外来影响研究的启示;第三节前两部分从英语世界现代文论研究方法着眼,探讨传统与现代问题语境化处理的必要性、现代知识分子改写传统的原因及结果,第三部分则希望进入"传统"这一概念内部,考察英语世界中国现代文论研究中有关"大传统""小传统"及其贯通互补可能性的概念研究。

中国现代文论孕育于重生之中,英语世界对它的思索折射出中国古代文论与西方文论是否具有通约性的问题,也具有回答我们是否"失语"问题的现实意义。考察英语世界的中国现代文论研究，不仅是认识他者的过程，也是反思自身的必经之路。

## 第一节 现代文论研究述评

在近百年中国现代文明的发展历程中，中国现代文论是极为重要的组成部分。它一方面与中国现代文学相济相生、相互定义，另一方面也对中国社会的变革起过难以磨灭的影响。自"五四"乃至晚清始，异彩纷呈的文学理论不断涌现在现代文论领域，共同构建着中国文学理论的现代性，真正可谓百家争鸣、百花齐放。而与此同时，国内研究者几乎是同步开始了对现代文学论争的资料整理、梳理分析。早在20世纪30年代李何林先生就开始系统汇编二十年来的文学批评理论，[1] 时至今日，温儒敏、周海波、张大明等一批学者依然在以不同的学术史整理工作完善着对现代文学批评的认知。自诞生以来，现代中国文论就不断地被定义和书写，其研究价值也正是在这反复的定义和书写中得到了彰显。

20世纪50年代始，海外学界开始了对中国现代文学系统的考察和研究，其中，对现代文学理论的研究无疑是一个重要的组成部分。在半个多世纪的海外中国现代文论研究中，来自美国、澳大利亚、荷兰、捷克等不同国家的学者刮摩淬励、锲而不舍，其学术成果既有翻译介绍也有分析研究，既有专题研究也有综合梳理，贡献巨大。其中，以英语作为载体的研究无论是数量或质量都独占鳌头，因此，本章主要梳理对象是英语世界的中国现代文学理论研究。

在专题研究领域，多数学者聚焦于现代文学史上重要的批评家。这类研究的肇始是捷克汉学家高利克的《茅盾与中国文学批评》。[2] 该书成书于1969年，继承了东欧汉学研究的风格，体现了马克思主义美学思想。海外茅盾研究多关注茅盾小说创作，如陈幼石对茅盾小说现实主义的探讨、陈建华对茅盾小说形式结构与现代性的探讨等。而该书则重视茅盾文学理论的独创性，在分析茅盾作为中国现代文论批评家所受到的西方影响的同时，高利克重视其文学理论的独创性及发展变化，重视梳理其在中国现代文论"力场"中与其他批评家的论争。尽管该书仍有偏颇之处，但高利克在该书中展现了对中国现代文论细节的关注与宏观的梳理，为其后来系统梳理中国现代文论打下了基础。随后，美国汉学家卜立德

---

[1] 李何林：《近二十年中国文艺思潮论》，陕西人民出版社1981年版。
[2] Marián Gálik. *Mao Tun and Modern Chinese Literary Criticism*. Wiesbaden: Franz Steiner Berlag, 1969.

（David E. Pollard）的《一个中国人的文学观：周作人的文艺思想》[1]于1973年出版。该书廓清了周作人各个时期的文学理论并分析了其在创作实践中的表现，重点关注周作人在中年时期的文艺思想，即聚焦五四"落潮"以后，五四先驱们面临的不同审美走向与自身的剧烈变化。诚如该书书名"一个中国人的文学观"，卜立德将周作人文艺思想放置在中国文学批评长河之中，系统讨论了周作人对中国古代文论传统的撷拾，并广泛比较了周作人与同时代的现代文论批评家。该书别具一格地采用了词源学的研究方法，但是在提炼这些词语的标准和依据问题上也存在着以偏概全、主题先行的局限。1977年，李又安（Adele Austin Rickett）将王国维的文学理论著作《人间词话》译为英语，[2]并以长篇序言介绍研究了王国维的文论思想，试图探索中国人如何看待自身的文学以及这一文学究竟为何的问题。

20世纪80年代诞生的三部中国现代文论批评家研究专著是毕克伟的《马克思主义文学思想在中国：瞿秋白的影响》[3]、威廉·莱尔的《鲁迅的现实主义观》[4]、波恩纳（Joey Bormer）的《王国维的学术生涯》[5]。美国的瞿秋白研究成果颇丰，1968年夏济安曾在《黑暗的闸门》一书中以专章《"软心肠"的共产主义者——瞿秋白》探讨了瞿秋白遭遇的纠结与误解；1971年爱伦·威德曼（Ellen Widemer）的《瞿秋白与俄国文学》对瞿秋白文艺思想与俄国文艺复杂关系进行了深入比较。毕克伟也早在20世纪70年代就已经开始了对瞿秋白文艺理论的研究。[6]在脱胎于博士论文的《马克思主义文学思想在中国：瞿秋白的影响》一书中，他系统分析了瞿秋白对中国共产党文艺方针的贡献，并阐扬了瞿秋白对中国无产阶级大众文艺问题做出的贡献。该书共分十三章，一方面全面展现了瞿秋白作为文学批评家与政治家双重身份的耦合，一方面分析了"左翼"文艺集团对马克思主义理论的分歧和争论，并指出瞿秋白对中国革命最大的贡献正是在马克思主义文艺理论领域。在第十三章中他系统比较了瞿秋白与毛泽东文艺理论思想，提出瞿秋白对毛泽东文艺思想的产生有重要的影响。这种比较在80年代是拓荒式的，在今天看来依然具有影响研究典范意义。威廉·莱尔的《鲁迅的

---

[1] David E. Pollard. *A Chinese Look at Literature*：*The Literary Values of Chou Tso-jen in Relation to the Tradition*. Berkeley：University of California Press，1973.

[2] Adele Austin Rickett. *Wang guo-wei's Jen-chien Tz'u-hua*：*A Study in Chinese Literary Criticism*. Hong Kong：Hong Kong University Press，1994.

[3] Paul G. Pickowicz. *Marxist Literary Thought in China*：*the Influence of Chu Chiu-pai*. Berkeley：Center for Chinese Studies，University of California，1980.

[4] William Lyell. *Lu Xun's Vision of Reality*. Berkeley：University of California Press，1985.

[5] Joey Bormer. *Wang Kuo-wei*：*An Intellectual Biography*. Cambridge：Harvard University Press，1986.

[6] Paul G. Pickowicz. "Chu Chiu-pai and the Chinese Marxist Conception of Revolutionary Popular Literature and Art"，*The China Quarterly*，No. 70，1977，pp. 296 – 314.

现实主义观》是美国最早的鲁迅研究之一,具有础石的意义。正如作者在序言中所说,该书以向西方读者介绍鲁迅为主旨,十二章中有八章内容是鲁迅家庭、求学和成长经历的介绍。在附录中,作者还翻译了鲁迅的最早的两篇短篇小说:《怀旧》(1911)与《兔和猫》(1912)并整理了鲁迅小说的英译情况。该书也结合鲁迅的文学理论、文学创作与社会历史情况,分析了其现实主义文学理论的产生背景。但在该书中,将鲁迅的文学观简单单一地定义为现实主义,不免存在狭仄和遗憾。波恩纳的《王国维的学术生涯》一书中对王国维文论的研究所占比例较大,亦是英语世界最早涉及王国维文论西方影响的研究,书中关于康德(Immanuel Kant)对王国维美学分类方式的影响对研究尤为详尽。

进入 20 世纪 90 年代以后,中国现代文论批评家研究在范围和深度上都有了明显的跃进,其代表是邓腾克的《现代中国文学中的"自我"问题:胡风与路翎》①。邓腾克是近年来重要的中国现代文论研究者,该书分为两个部分,第一部分以"现代性与文化政治"为标题,主要讨论的是胡风文学理论中主观性与中国文学现代性话语的建构、主观性理论与文化政治的关系、主观性理论与路翎创作的关系。第二部分则以文本细读的方式重点分析了路翎代表作品。这一部分由"《财主的儿女们》中的浪漫个人主义色彩"与"《财主的儿女们》和《饥饿的郭素娥》中群众之力量"两节组成。邓腾克的研究不仅注重分别讨论胡风与路翎文学理论的特点,并借此探讨"自我"问题为经线,网状梳理了文学理论与创作实践、作家个体与文学集团、文学与政治三组复杂关系,郁勃而全面,具有重要的研究价值。

而另一部则是涉足七月派的外部,研究"左翼"文化界的短兵相接与角力。舒允中的《内线号手:七月派的战时文学活动》(Buglers on the Home Front: The War Time Practice of the Qiyue School)② 一方面将七月派视作文学场域占位中的一个整体,探讨了它对主流话语的挑战,另一方面也重视七月派内部的自我质疑与发展流变。在第一章中,作者重点探讨了胡风与"五四"精神、鲁迅文学理论之间复杂的双向关系,认为胡风在受此二者影响启发的同时,通过对其极端化的阐释完成了文学场域的占位。该书也详细诠释了胡风主观战斗精神,并对《七月》报告文学、《七月》小说、路翎与冀汸的代表小说进行了文本细读。与该书相似的研究,还有胡志德的《胡风与鲁迅的批评遗产》③。该文详细研究了鲁迅去世

---

① Kirk A. Denton. *The Problematic of Self in Modern Chinese Literature*: *Hu Feng and Lu Ling*. Stanford: Stanford University Press, 1998.
② [美] 舒允中:《内线号手:七月派的战时文学活动》,上海三联书店 2010 年版。
③ Theodore Huters. "Hu Feng and the Critical Legacy of Lu Xun", Leo Ou-fan Lee, ed. *Lu Xun and his Legacy*. Los Angeles: University of California Press, 1985, pp. 129 – 152.

之后，其文学理论遭遇的政治化改造及其对胡风文学理论的影响，认为胡风战时文章中体现的视野的狭隘与其"鲁迅继承人"身份有关，实为文学占位中利益所迫。

除了以上所述专门探讨批评家与中国现代文论的专著研究之外，对现代批评家的研究也散见于对中国现代文学家的传记式研究，其中的早期代表是20世纪70年代格里德（Jerome B. Grieder）所著的《胡适与中国的文艺复兴》[①]及80年代金介甫著《沈从文传》[②]。金介甫在介绍沈从文生平背景、文学创作的同时，以较大的篇幅讨论了沈从文作为"故都怪客"在二三十年代的文艺活动，细致入微，该书被认为是"沈从文在八十年代西方现代文学研究中被重新定位的重要表征。"[③]而2000年苏文瑜（Susan Daruvala）的《周作人与中国对现代性的另一种回应》[④]则是近年来的代表。苏文瑜选择研究周作人文学思想并借此讨论与主流背道而驰的另一种现代性，充分考察了周作人对传统与现代、个人与国族的思考。

除了聚焦于现代文学史上重要的批评家，另一些专题研究则着重探讨现代文学批评史上的重要事件、文学现象。其中澳大利亚汉学家杜博妮所著的《毛泽东〈延安文艺座谈会上的讲话〉：1943年文本的翻译与阐释》[⑤]具有相当的意义。杜博妮是一位研究对象广泛的重要汉学家，既重整体也重个案，其研究成果包括《何其芳诗歌与散文翻译及评论》（*Paths in Dreams：Selected Prose and Poetry of Ho Chi'-fang*）、《1949-1979年中国流行文学与表演》（*Popular Chinese Literature and Performing Arts in the People's Republic of China，1949-1979*）、《1919-1925年现代中国对西方文学理论的译介》、《二十世纪中国文学》（*The Literature of China in the Twentieth Century*）等，并大量翻译介绍了北岛、阿城、王安忆等当代中国文坛中活跃的作家。《毛泽东〈延安文艺座谈会上的讲话〉：1943年文本的翻译与阐释》一书是其颇具代表性的个案研究。该书包括序言、翻译毛泽东《延安文艺座谈会上的讲话》全文、对毛泽东《延安文艺座谈会上的讲话》编辑版本和翻译版本的整理。杜博妮在序言中强调还原毛泽东文艺理论产生的历史语境，还原

---

① Jerome B. Grieder. *Hu Shih and the Chinese Renaissance：Liberalism in the Chinese Revolution*，1917-1937. Cambridge：Harvard University Press，1970.

② Jeffrey C. Kinkley. *The Odyssey of Shen Congwen*，Stanford：Stanford University Press，1987.

③ 王德威：《想像中国的方法：历史·小说·叙事》，生活·读书·新知三联书店1998年版，第350页。

④ Susan Daruvala. *Zhou Zuoren and an Alternative Chinese Response to Modernity*. Cambridge：Harvard University Press，2000.

⑤ Bonnie S. McDougall. *Mao Ze Dong's "Talks at the Yan'an Conference on Literature and Art"：A Translation of the 1943 Text with Commentary*. Ann Arbor：Center for Chinese Studies，The University of Michigan，1980.

其本身的文学理论意义，反对对其做政治化的简单概括。这种著书理念实际是尊重理论在不同情境之间旅行（traveling theory）的复杂变化，具有深远的借鉴意义。

相较于壁垒分明的专题研究，综合研究中国现代文学批评无疑具有更高的难度。然而，系统梳理中国现代文论的发展历程、研究中国文学理论脱胎于传统中国文论与西方现代理论复杂的孕育过程具有极为重要的意义。海外汉学界在这一领域也已诞生了不少重要的研究著作。20 世纪 60 年代就已诞生了三部中国现代文论阶段性研究的著作。其一是荷兰著名比较文学学者和文学理论家佛克马所写的《中国文学与苏联影响（1956－1960）》。[1] 该书或许可以称作"专门史的断代史"，它梳理了 1956~1960 年的中国现代文论史——包括中国文艺政策、文学理论和文学创作，以史料和实证的立场梳理历史线索，展现了比较文学研究的视野。与此相似的另一部"专门史的断代史"研究是谷梅成书于 1967 年的《共产主义中国的文学歧见》，该书主要的探讨对象是四五十年代的中国现代文学批评。[2] 而同一年远在东方的印度，大诗人泰戈尔之孙阿米吞德纳施·泰戈尔（Amitendranath Tagore）对 1918~1937 年近 20 年的文艺思潮争论做了整理汇编，并用英语写成《1918－1937 年间中国文艺论争》[3] 一书。至此，英语世界对中国现代文学理论发生期到 60 年代的中国文学理论演变有了系统的整理，尽管部分论述在今天看来带有时代性的狭仄，但是可以得出结论，英语世界中国现代文论研究于 20 世纪 60 年代已经形成了系统、综合、多元发展的雏形。

20 世纪 70~80 年代，综合性中国现代文论研究有了新的发展。首先是杜博妮所著的《1919－1925 年间引进中国的西方文学理论》[4]，该书以影响研究的方法和视角探讨了 20 年代西方文学理论的引入与其对中国现代文论发生及新文学创作实践的影响。而随后高利克的《中国现代文学批评发生史》[5] 则更完整地呈现了 1919~1937 年中国现代文论成长过程的细部图像。该书以作家为中心而非时间顺序组织章节，而在"纪传体"讨论独立批评家的同时也注意以时序分析批评家自身的发展变化。该书两个重要的特点是，一方面强调比较视野与实证研究，另一方面在理论层面建构了"系统—结构"体系，强调批评家作为"子系

---

[1] D. W. Fokkema. *Literary Doctrine in China and Soviet Influence*. Hague: Mouton Press, 1965.
[2] Merle Goldman. *Literary Dissent in Communis China*. Cambridge: Harvard University Press, 1967.
[3] Amitendranath Tagore. *Literary Debates in Modern China*, 1918－1937, Tokyo: Centre for East Asian Cultural Studies, 1967.
[4] Bonnie S. McDougall. *The Introduction of Western Literary Theories into Modern China*, 1919－1925. Tokyo: Centre for East Asian Cultural Studies, 1971.
[5] Marián Gálik. *The Genesis of Modern Chinese Literary Criticism*, 1917－1930. London: Curzon Press, 1980.

统"在中国现代文论"场域"中的角色与批评家自身"天才""文学观""阶级性"等"亚子系统"的相互作用，具有很强的整体性。然而该书也存在着一些盲点，其局限与学术意义同样需要讨论。

在中国现代文论翻译方面做出贡献最大的，当推邓腾克主编的《中国现代文学思想：文学论作》[①]，该书将中国现代批评史断代为：晚期时期（1839～1911年）、五四时期（1915～1925年）、革命文学时期（1923～1930年）、文学自由讨论时期（1932～1935年）、国家危机时期（1936～1945年）五个时间段。书中收录了多元的作者群，作者群所属的文学派与身份都有所不同，既包括一向被认为是重要文学理论家的王国维、胡适、周作人、梁实秋、梅光迪、王钝根、成仿吾、钱杏邨、周扬、胡风、胡秋原、苏汶，也有作家如鲁迅、叶圣陶、徐志摩、茅盾、郭沫若、冰心、庐隐、周瘦鹃、郁达夫、张爱玲、钱钟书、沈从文、丁玲，还有一批以改良文艺为旨的政治家。该书并非类似泰戈尔、杜博妮、高利克式的影响研究，而是聚焦中国现代文论内在的传承。邓腾克在长篇序言中指出，中国现代文论中体现出的现代性是中西文化话语的混合物，绝非与中国传统一刀两断而空洞地模仿西方，通过介绍中国现代文论给西方读者，他希望恢复中国现代文论的主体性并把它作为一种对西方文论普适价值的挑战，研究其对西方文论的重塑。该书可谓是近年来重要的中国现代批评史研究成果。

尽管海外现代中国文论研究成绩斐然，但中国国内对其介绍和研究却相当缺乏。国内对海外研究的译介开始于20世纪80年代末，其成果主要是对专著的翻译，包括谭一青、季国平译毕克伟著《书生政治家：瞿秋白曲折的一生》[②]；陈圣生等译高利克所著《中国现代文学批评发生史》[③]；陈广宏译卜立德著《一个中国人的文学观：周作人的文艺思想》[④]；符家钦译金介甫著《沈从文传》[⑤]；季进、聂友军译佛克马著《中国文学与苏联影响（1956－1960）》[⑥]。另有少数单篇论文翻译介绍，比如邓腾克《现代中国文学中的"自我"问题：胡风与路翎》

---

① Kirk A. Denton. *Modern Chinese Literary Thought：Writings on Literature*, 1893－1945. Stanford：Stanford University Press, 1996.
② ［美］毕克伟：《书生政治家》，谭一青、季国平译，中国卓越出版公司1990年版。
③ ［斯洛伐克］高利克：《中国现代文学批评发生史》，陈圣生等译，社会科学文献出版社1997年版。
④ ［英］卜立德：《一个中国人的文学观：周作人的文艺思想》，陈广宏译，复旦大学出版社2001年版。
⑤ ［美］金介甫：《沈从文传》，符家钦译，国际文化出版公司2010年版。
⑥ ［荷］佛克马：《中国文学与苏联影响（1956－1960）》，季进、聂友军译，北京大学出版社2011年版。

中的第六章被单独译为《路翎笔下的蒋纯祖与浪漫个人主义话语》①，另有一些论文收录入论文集，如《国外中国文学研究论丛》②《国外鲁迅研究论集》③等。

国内对海外学界"研究的研究"则更为零星，多以单篇论文形式呈现。这种"研究的研究"主要可以分为两类。一类以著作为中心，介绍分析海外研究中国现代文论的著作。这一类的代表是：陈圣生的《高利克的〈中国现代文学批评的发生〉简介》④、刘锋杰的《"人的文学"的发生研究自议——从〈中国现代文学批评发生史〉谈起》⑤、聂友军的《历史意识·多元视角·学术谱系——读〈中国文学中的清规戒律与苏联影响〉》⑥、佘爱春的《中西文化语境中的周作人文艺思想——黄开发〈人在旅途〉与卜立德〈一个中国人的文学观〉之比较》⑦、顾明道的《毕克伟与美国的瞿秋白研究》⑧、张晓红的《从那里出发：评佛克马〈中国文学与苏联影响（1956 - 1960）〉》⑨。这类研究不乏胜见，如刘锋杰的《"人的文学"的发生研究自议——从〈中国现代文学批评发生史〉谈起》敏锐地指出《中国现代文学批评发生史》中存在着"现代"概念定义未明、局限于无产阶级文学批评、重视外部作用，忽视内部演变的三点缺陷，并认为中国现代文论研究应当寻找理论"内核"。张晓红的《从那里出发：评佛克马〈中国文学与苏联影响（1956 - 1960）〉》不仅勾勒了佛克马该书融合理论与实践的特征，总结了该书的核心理念——中国官方文学话语由苏联影响与本土内在需要共同催生的，也以"从那里出发"为题定义了佛克马由此开始的学术旅途。然而这一类的研究局限于个案，缺乏对海外中国现代文论研究的整体观照。

另一类研究则以汉学家为中心，将中国现代文论研究作为其研究中的一个部分进行讨论，比如王宁的《经典的解构与重建——佛克马的比较文学和文化理论

---

① ［美］邓腾克：《路翎笔下的蒋纯祖与浪漫个人主义话语》，载于《南京师范大学文学院学报》2010 年第 4 期。

② 中国社会科学院文学研究所国外中国学研究组编：《国外中国文学研究论丛》，中国文联出版社 1985 年版。

③ 乐黛云：《国外鲁迅研究论集（1960 - 1981）》，北京大学出版社 1981 年版。

④ 陈圣生：《高利克的〈中国现代文学批评的发生〉简介》，载于《中国现代文学研究丛刊》1987 年第 2 期，第 232 ~ 239 页。

⑤ 刘锋杰：《"人的文学"的发生研究自议——从〈中国现代文学批评发生史〉谈起》，载于《文艺理论研究》1999 年第 4 期，第 2 ~ 11 页。

⑥ 聂友军：《历史意识·多元视角·学术谱系——读〈中国文学中的清规戒律与苏联影响〉》，载于《当代作家评论》2007 年第 1 期，第 143 ~ 149 页。

⑦ 佘爱春：《中西文化语境中的周作人文艺思想——黄开发〈人在旅途〉与卜立德〈一个中国人的文学观〉之比较》，载于《理论月刊》2010 年第 8 期，第 128 ~ 130 页。

⑧ 顾明道：《毕克伟与美国的瞿秋白研究》，福勤等编《瞿秋白研究文丛》（第五辑），中国文联出版社 2011 年版。

⑨ 张晓红：《从那里出发：评佛克马〈中国文学与苏联影响（1956 - 1960）〉》，载于《现代中文学刊》2012 年第 3 期，第 112 ~ 114 页。

思想》①、彭松的《对抗与交融中的中西文学关系——论高利克的中国现代文学研究》②。另外，在对海外中国现代文学研究的整体梳理和一些汉学家访谈中也可散见海外中国现代文论研究的一些情况。③ 这种宏观研究逻辑缜密，连贯性强，但对海外中国现代文论研究的梳理往往仅占其中很小的篇幅，未得到应有的重视。

纵观上述研究情况，国内对海外中国文论研究的研究存在双重失衡。一方面，相较于对海外中国古典文论丰富的研究与系统的梳理，对海外中国现代文论研究的关注显然很缺乏。④ 另一方面，在这些研究中，国内学界主要聚焦著名汉学家及已有中译本的专著，造成了不少海外研究成果至今没有得到应有的重视。这种失衡现象的产生，一部分的原因是海外中国现代文论研究的确起步较晚、积累尚浅。更主要的是，国内对现代文学理论研究已经形成了一套具有权威性的学科话语，面对他者话语时缺乏包容吸收的态度，或将其视作西方知识体系的分支，或仅以一种介绍的姿态将其当作现代文学理论研究的边缘。这种主流与支流对立的思维方式有失偏颇，悖于全球化世界文学的发展趋势。

在江苏人民出版社的"海外中国研究丛书"总序中，刘东写道：海外汉学研究的发展已然把国内学界逼入窘境："我们不仅必须放眼海外去认识世界，还必须放眼海外来重新认识中国。"这句话道明了全面梳理海外中国现代文论研究的意义。近年来，国内学界如曹顺庆、蒋寅、孙津等学者进行了对中国文论"失语症"的讨论与质疑，提出后殖民话语下中国当代文学理论存在着盲目吸收西方理论的危机。然而反观海外中国现代文论研究，中国现代文论发生发展过程中的内在传承与所受西方影响都得到了不少有益的讨论，应当成为我们思考当代中国文学理论复杂问题的参考。因此，全面梳理海外中国现代文论研究的成果不仅有认识他者的必要性，也提供了反思自身的可能性。

## 第二节 现代文论与异域滋养

中国古代文论萌芽于先秦两汉时期、经历数千年的生长，具备了极高的价值

---

① 王宁：《经典的解构与重建——佛克马的比较文学和文化理论思想》，载于《中国比较文学》2007年第1期，第125~135页。

② 彭松：《对抗与交融中的中西文学关系——论高利克的中国现代文学研究》，载于《兰州学刊》2009年第3期，第200~203页。

③ 季进：《回转与呈现——海外中国现代文学研究一瞥》，载于《中国现代文学研究丛刊》2011年第12期，第119~123页。

④ 对海外中国古典文论研究的梳理可参见王晓路：《西方汉学界的中国文论研究》，巴蜀书社2003年版；陈引驰、李姝：《鸟瞰他山之石——英语学界中国文论研究》，载于《中国比较文学》2005年第3期，第140~149页。

和独特的个性,孕育了《文选》《文心雕龙》《诗品》《沧浪诗话》《醉翁谈录》等成果。在漫长的发展历程中,中国古代文论早已与外来文化发生了联系。正如范文澜所举例的:《文心雕龙》"体大而虑周"的严密结构体系就与刘勰精通的佛学著作格式有关,受到了佛经《阿毗昙心》的启发影响。① 到了融汇古今、学贯东西的文论家王国维这里,中国文论则更自觉地迈开了"别求新声于异邦"的脚步,在异域文明的滋养下打开了视野,才有开天辟地、柳暗花明的天才之言。时至20世纪80年代,西方文学理论如浪潮一般冲向大陆学界,影响着当代的文学批评,也影响着当代的文学创作。从古至今异域滋养与中国文论的关系如此之大,不禁让人思索:我们的文论在哪些方面受到了外来影响?还保留了什么?在强势的外来影响下我们究竟有没有"失语"?倘若有,我们怎样才能摆脱被动和束缚;倘若没有,我们的文论是否具有普适性的美学价值?

　　本节以三个层面梳理英语世界对中国文论中外来影响的研究。首先,本节将关注影响过程中接受者的问题。通过分析李又安、波恩纳、王斑对王国维文论的译介与研究,讨论王国维文论化同中西的尝试与双重现代性的特征,反思影响研究中对接受者主体性关注的重要性。其次,本节将以"多元系统理论"讨论不同文类作为接受者思想整体中子系统对外影响不同的反应及其相互关系。高利克、陈建华等学者以茅盾小说、文论为对象分析茅盾对自然主义的选择、误读和逃避,并由此涉及茅盾小说与文论之间的相互联系与相互竞争。最后,本节将视线放置于影响的接受者个体之外,思考文学场域之争中外来影响作为筹码资本的情况。通过梳理夏济安、李欧梵、王德威、刘剑梅组成的研究谱系,我们将能看到美国蒋光慈研究中出现的双重场域,并借此讨论这种研究方式的优势与狭仄。

## 一、接受与消化中的中西化同

　　思考中国现代文论与外来文化的关系,应当回到中国现代文论的源头——王国维那里。王国维在甲骨学、敦煌学等人文学科的诸多领域中都有杰出的成就,在文学、美学领域的成绩也很早就为人认同。自20世纪20年代末俞平伯为王国维《人间词话》重刊作序起,李长之、唐圭璋、朱光潜等学者就开始了对王国维文艺理论的体悟、分析、阐发。40年代出现了对王国维文论与外来文论关系的探讨,缪钺的《王静安与叔本华》就是此类研究最早的代表。英语世界对王国维文论的译介研究也有不少成果。1977年,曾在中国经历了留学、任教、拘禁、遣返的李又安将《人间词话》译为英语,并以长篇序言介绍研究了王国维的文论

---

① 范文澜:《文心雕龙注》(下册),人民文学出版社1978年版,第728页。

思想，试图探索中国人如何看待自身的文学以及这一文学究竟为何的问题。从结构上看该书分为四章，第一章介绍了中国古代文论在宋代前后的基本特质与词话作为文学批评的特性，第二章分析了王国维文学理论的西方影响、传统因素以及理论体系，第三章讨论词这种文学体裁的起源、形式、内容、风格，第四章以徐调孚 1940 年版《校注人间词话》为底本进行翻译，分为卷一、卷二、附录、删稿四节。第二章讨论王国维所受到的外来影响时，李又安指出王国维早在 1898 年在"东文学社"研读期间就已经广泛接触了亚瑟·费尔班克斯（Arthur Fairbanks）的《社会学简介》、威廉·杰文斯（William Jevons）的《逻辑学引言》、弗里德里希·包尔生（Friedrich Paulsen）的《哲学简介》等西方经典，在此基础上又反复研读了康德、叔本华（Arthur Schopenhauer）、尼采等的德国哲学著作。在研究并介绍康德、叔本华哲学的基础上，王国维的文学理论带有明显的外来影响痕迹：比如王国维著名的对"优美"与"壮美"两个美学范畴的分类就与叔本华有关。① 李又安的译著结构完整、典雅简洁，在文体、语词、风格等方面的处理上既保留了《人间词话》的丰姿，又不见生硬牵强，是异化与归化的有机结合，对王国维文论在英语世界的传播起了重要的作用。② 2010 年该书由凤凰传媒集团与译林出版社联合出版，是国内出版的第一种《人间词话》英译本，足见其常青的生命力。

除了对王国维文论进行翻译介绍，英语世界对其展开的深入研究也值得注意。较早诞生的是将王国维文论视为王国维学术体系中一个部分的波恩纳的专著《王国维的学术生涯》。该书成书于 1986 年，是英语世界第一部研究王国维的专著，也是体现了 20 世纪 80 年代英语世界现代中国文学研究作家论热潮的一个个案。该书共分 16 章，旨在讨论王国维在哲学、文学、历史等领域思想的发展轨迹和贡献，也涉及了王国维研究在大陆和台湾地区的发展情况。在结构上，该书以王国维学术生涯的发展为脉络，研究对象包含了王国维的生平；王国维在教育学、考古学、语言学上的热忱与成绩；王国维哲学思想的来源、悲剧色彩的特点以及幻灭；王国维对《红楼梦》、诗词、元曲的赏析研究以及其美学观念；王国维本人的文学创作等内容，并将王国维学术生涯的特点定义为"跨越文化与时间的阻隔"。该书是英语世界最早涉及王国维文论西方影响的研究，书中对王国维文论的研究所占比例较大，尤为详尽的是康德对王国维美学分类方式的影响。波恩那首先讨论了最早区分"崇高"与"美"的英国经验主义哲学家伯克（Ed-

---

① Adele Austin Rickett. *Wang Guo-wei's Jen-chien Tz'u-hua*: *A Study in Chinese Literary Criticism*. Hong Kong: Hong Kong University Press, 1994, p. 13.
② 对本书翻译问题的研究可参见彭玉平：《〈人间词话〉英译的两种平议——以李又安译本为中心》，载于《社会科学战线》2012 年第 9 期，第 131～139 页。

mund Burke）的美学思想，认为康德在受到伯克写于 1756 年的美学著作《我们的崇高和美两种观念》的启发后，以更抽象的方式阐释了美的分类方法，补充了伯克从经验主义、生理学出发的分类理念，并集中体现在其 1790 年所著的《判断力批判》（Crique of Judgement）中。接着，波恩那详细对比了王国维文论所受的康德影响。其一在于对美学本质的认识，王国维接受了康德哲学中美学无功利论的论点；其二是王国维接受了康德提出的"美是形式"；其三在于接受康德对于美的分类的观点；其四是王国维接受了康德"数学的崇高"（mathematically）和"力学的崇高"（dynamically）的分类方式。① 波恩那对康德对王国维的直接影响进行了严密的考察，应当说是英语世界王国维文论研究的础石。同时，波恩那将该书中的影响研究作为王国维学术生涯的一个组成部分，没有忽视由其美学思想自身的发展逻辑。另外，波恩那把王国维视作 1890 年前后一批身处危机和转型中的中国知识分子的代表，将具体的材料解读置于宏观的历史文化背景之下，着力挖掘他探求中西思想融合的过程，具有文化批评（culture criticism）的特点。

　　20 世纪 90 年代以后，英语世界尤为值得注意的王国维文论研究者是王斑。《历史的崇高形象——二十世纪的中国美学与政治》（The Sublime Figure of History: Aesthestics and Politics in Twentieth-Century China）一书将"崇高"这一美学范畴视为有机生命体，以源于西方的"崇高"概念为经，以王国维、蔡元培、鲁迅、张爱玲、朱光潜、梁宗岱、李泽厚、余华、残雪等个体对这一概念的借鉴与化用为纬，编织了 20 世纪以来"崇高"概念在中国理论家与艺术家手中改变的轨迹和成型的方式，一方面讨论个体与社会的关系，另一方面追逐美学与政治的角力。该书中，王斑将王国维的文论思想视作最早从西方引入"崇高"概念的盗火者，并探讨以王国维为代表的一代知识分子对西方美学思想的接受、突破、局限及其原因。由接受西方美学思想为契机，王国维的文学观成为传统文论走向现代文论的桥梁，即使不是中国现代文论唯一的起点，也是中国文论现代性转型合力中的主力。这种影响研究的价值可见一斑，有关叔本华、康德等对王国维的影响也继而产生了不少研究成果。而在王斑的研究中，尤其值得注意的是他没有将叔本华、康德等对王国维的影响视作既成的事实、不变的教条，而着眼于王国维本人的品格气质、所处的具体语境以及不断变化的接受过程。从对王国维文论思想"非功利性"的讨论这点来看，不少学者都曾指出王国维受到叔本华思想的影响，在学术和文学上都反对功利主义，主张摆脱现实政治和个人利害的纯学术研究、纯文学创作。的确，叔本华反功利主义的风格深深影响了王国维，他定义的

---

① Joey Bormer. *Wang Kuo-wei: An Intellectual Biography*. Cambridge: Harvard University Press, 1986, p. 107.

"抓住一瞬间的心境而以歌词体现这心境的人皆为诗人或天才"① 的非功利化的"天才说"就在王国维的文论中化为"入乎其内,出乎其外"的天才形象。然而,王斑的研究则强调王国维对叔本华的接受是处于民族危机、社会危机、文化危机的大背景下的,王国维文论的初衷并非自我封闭、与世无涉,而氤氲着解决实际社会问题、治愈道德败坏的良药。他反对将王国维单纯的视作艺术和文学的卫道士,认为"把王国维奉为现代中国与世隔绝的美学家和纯艺术的先驱,似乎忽视了王国维一生中牵缠他的政治与伦理问题。诚然,政治与伦理问题关系到处在文化危机中的每个中国知识分子和作家。这些问题在王国维的美学著作里并没有成为最明显的话题,却是隐藏在它的著作之下的隐流"。② 在对王国维《去毒篇》的分析中,王斑的这种观点得到了具体的体现。《去毒篇》是王国维针对当时国人嗜吸鸦片、毒瘾缠身的社会问题所写的。王国维指出其原因既有"政治之不修""教育之不博及",更在于"国民之无希望、无慰藉。一言以蔽之,其原因存在感情上而已"。③ 也就是说,王国维认为国民沉湎于鸦片的原因是大众心理的空虚无助、绝望痛苦。王斑不仅注意到了《去毒篇》中王国维将美学视作社会、政治生活中的良药、将审美活动视为调节人们感情生活的助力,并将王国维呼吁美学宗教作用的背景与西方"宗教危机"时期相联系,也注意到了《去毒篇》中王国维对叔本华的继承和个人思想的矛盾。他认为,王国维的《去毒篇》中既有外来影响的影子,也满贮对民族家国命运的忧思。在诊断大众心理的病因时,"当王国维陷入叔本华式的论述,大谈人的欲望之无止境、焦虑和痛苦乃至人类生存之固有云云之时,显得空泛有加。然而当他把注意力的焦点转向历史境况,试图阐明老大帝国的垂危和中国人将为列强奴役的前途,他的诊断是极为深刻的。"④ 伴随着炮声枪鸣,国民猛然从天朝上国之梦中惊醒,山穷水尽、心灰意败,烟瘾成了缓解巨大的精神创伤的救民稻草,王国维所提出的美学功用性不同于梁启超、蔡元培的政治美学,却契合历史现实、直指人类灵魂危机与精神空虚。王斑的研究令人想到王国维在《国学丛刊序》中提出的"学无新旧,无中西、无有用无用之说",两者之间似乎颇有契合之处。也令人反思,以影响研究的方式套住王国维文论中一切具有外来影响的因素是否有失偏颇,影响的发生与王国维自身美学思想的产生背景和发展脉络之间存在着不容忽视的联系。

曾有学者试着挖掘王国维的"美术者,上流社会之宗教"中的现代性,认为

---

① [德] 叔本华:《作为意志与表象的世界》,石冲白译,商务印书馆1982年版,第344页。
② [美] 王斑:《历史的崇高形象——二十世纪的中国美学与政治》,孟祥春译,生活·读书·新知三联书店2008年版,第6页。
③ 王国维:《王国维文集》(第三卷),中国文史出版社1997年版,第23页。
④ [美] 王斑:《历史的崇高形象——二十世纪的中国美学与政治》,孟祥春译,生活·读书·新知三联书店2008年版,第10页。

其中蕴含了市民阶层对美的现代性需求。① 我们不妨把这个论题推进一步：王国维的美学思想中蕴含的是何种现代性？正如司各特·拉什（Scott Lash）在《另一种现代性，一种不同的理性》（Another Modernity: A Different Rationality）中反复探讨着两种相互对立矛盾的现代性：一种是基于科学的、理性的、启蒙的现代性，另一种则是与社会处于对立状态的，试图打破传统、日常和制度的审美现代性。启蒙的现代性要求艺术服务于现实，而审美的现代性则将艺术的社会功能抹去，以感性对抗理性、以艺术对抗现实。在面向西方的先驱者王国维那里，我们似乎可以看见这两者截然相反的现代性的共存：当他强调美学的无功利性，主张摆脱现实政治和个人利害时，他的唯美主义和先锋性无疑是具有审美现代性的；而当他提出以美学作为挽救国民孱弱灵魂时，他对政治与伦理问题的关切又何尝不具有启蒙现代性呢？如此看来，王斑对王国维文论的研究不仅在影响研究层面颇具新意，也能暗示着个体思想中两种矛盾的现代性。王国维咏史诗第十七首有云："南海商船来大食，西京祆寺建波斯。远人尽有如归乐，知是汉家全盛时。"西方文论到了王国维这里，恰似盛唐宾至如归的远人，经历了影响、接受、诠释，融为其文论体系的有机组成，有的直露、有的隐晦，值得我们去挖掘探究。忽略了接受者溶解、消化过程的影响研究，是鸠占鹊巢、本末倒置的。因此，我们固然应当重视西方影响对王国维的启迪之力，也应重视其中西化同之功。

## 二、影响焦虑下的文论与小说

如果说王国维是开始接受西方美学体系、推动中国文论现代性转型的先驱，那么茅盾则是首先以文论批评家的身份自居，打破传统文学理论桎梏，促使中国现代文论形成和发展的领航者。茅盾对中国现代文学作出了多方面的贡献，他是小说家、文论家、翻译家、编辑家、散文家，他的多重身份一方面使他名声籍甚，另一方面却或多或少地遮蔽了他作为文论家的贡献。茅盾以批评家的专业眼光研究接受西方文学及理论，是浴后光前、承上启下的一代知识分子，同时，他的文论思想也与他的文学创作有直接的联系。茅盾文论思想经历了巨大的转型，恰如他的文学创作从《蚀》到《虹》到《子夜》的巨大变化。从"五四"时期的"为人生而艺术"到1920年《小说月报改革宣言》中推崇的"写实主义"和"批评主义"，到1922年《自然主义与中国现代文学》中反对向壁虚造和不切实际，茅盾以"人生派"代言人的身份介绍、推荐、呼吁学习自然主义和现实主义文学。而从1925年的《论无产阶级艺术》开始，茅盾逐渐向马克思主义美学靠

---

① 刘小枫：《现代性社会理论绪论》，生活·读书·新知三联书店1998年版，第310页。

拢，最终选择了带有马克思主义阶级意识的美学观念。茅盾文论思想的转型值得深思，他对西方文学理论的接受、挑选对这种转型究竟有何影响？而这种转型与其文学创作的联系又是怎样的呢？

英语世界最早对这个问题进行思考的是高利克。早在 20 世纪 60 年代，高利克在其专著《茅盾与中国现代文学批评》（*Mao Tun and Modern Chinese Literary Criticism*）中就以作家论的模式纵向梳理了茅盾的文学思想流变，并将其放置于 1920 年以后频繁的文学论争中进行横向对比。高利克对茅盾文论更成熟的研究则是 80 年代的力作《中国现代文学批评发生史（1917－1930）》（*The Genesis of Modern Chinese Literary Criticism：1917－1930*）中讨论茅盾的专章。从整体来看，该书是 1917 年 1 月中国文学革命"宣言书"的发表至 1930 年 3 月中国"左翼"作家联盟成立的中国现代文论的断代史。高利克以这个时间段作为研究对象，是因为这是中国现代文学和现代文学批评突飞猛进的十年，也是中国无产阶级文学批评诞生发展的一段时间。该书的研究有两个侧重点：一方面重视考察中国现代文论的发展成长过程，尤其是以无产阶级文学批评的发展过程；另一方面则将中国现代文论的发生发展放置于世界文学的大背景下，不是仅仅罗列出中国现代文论中的"外贸"和"舶来品"，而重视真正成为中国现代文论组成部分的西方影响。该书的研究以文论家为中心，对茅盾的研究恰恰反映了这两个侧重。

高利克对茅盾在 1920～1930 年的文论思想的分析共分为五节，前三节中主要讨论 1925 年以前茅盾受到的西方现实主义的影响和思想的摇摆，后两节则以 1925 年的《论无产阶级艺术》为分水岭，讨论茅盾思想的转型与对无产阶级文论所做的贡献。在前三节中高利克强调，茅盾对现实主义的接受不是单一的点对点的接受，而是受西方现实主义内部各种因素多方合力的共同影响；不是一蹴而就的，而是逐渐形成的；不是单纯由于文学层面的、个人的偏好而决定的，而是由文学救世的目标决定的。高利克首先指出茅盾在 20 世纪 20 年代初就有爱好哲学思辨的特点，这种哲理性在他所写的《尼采的学说》中对尼采哲学思想的扬弃与《托尔斯泰与今日之俄罗斯》中对托尔斯泰（Leo Tolstoy）作品哲理性及其文学对社会影响的探讨中可见一斑。茅盾文论在 20 年代早期的另一个特点是对文学实用性、社会性的追求。茅盾将文学视作抵抗封建、启蒙思想、改造社会的工具，这一特点也是他研究尼采和托尔斯泰的原因之一。高利克将茅盾与陈独秀对比，凸显了茅盾这一特点。茅盾与陈独秀"他们两人都希望借助文学以反对当时中国的一切守旧和腐朽的东西，以便建成绝然不同的新中国"。① 茅盾研究尼采，

---

① ［斯洛伐克］高利克：《中国现代文论发生史》，陈圣生等译，社会科学出版社 1997 年版，第 186 页。

希望以他的哲学解决中国的社会、经济、哲学问题，这与陈独秀1919年草拟的《本志宣言》中以社会进步的世纪需要为中心、创造新时代、新社会所需的文学道德的呼吁异曲同工。茅盾对文学现实作用的追求也影响了他对自然主义与现实主义的选择。高利克对自然主义在中国的影响曾有详尽的论述，通过分析茅盾1922年的《自然主义与中国现代小说》及《小说月报》中对自然主义的译介，高利克指出了茅盾选择自然主义的原因与误读。他认为，茅盾选择自然主义的原因是为了改变当时中国小说的局限，他反对旧式章回体的长篇小说以及承袭了其意境和结构的伪现代小说中向壁虚造、虚伪做作的气味，更反对其将小说视为游戏、以用小说谋利为目的的思想态度。在茅盾看来，自然主义的"真"在描写方法和题材选取两个方面都能救助当时中国小说的弊病，故而应当学习自然主义。而高利克同时指出，茅盾对自然主义的理解存在着偏差。高利克对比了霍尔兹（Arno Holz）等西方自然主义理论代表的异同，指出茅盾对自然主义的认识直接来源于左拉（Emile Zola）、岛村抱月（Hōgetsu）、钱德勒（Frank Wadleigh Chandler），在理论层面上岛村抱月和钱德勒的影响甚至超过了左拉。这使得茅盾将自然主义和现实主义的概念混淆，自然主义只是现实主义的听起来更科学化的代名词。① 茅盾对自然主义的复杂态度也体现在《小说月报》中对自然主义截然不同的多元解读中，在谢六逸的《自然派小说》、李青崖《现代法国文学的鸟瞰》、晓风所译岛村抱月《文艺上的自然主义》等重要文章中，对自然主义及其与现实主义关系的定义皆不相同。可见，茅盾对自然主义的选择和接受是出于实用的目的，而对自然主义局限的忽视和有意无意的误读也是出于实用性的考虑。这种强力误读正是哈罗德·布鲁姆（Harold Bloom）所说的"影响的焦虑"（anxiety of influence）——通过限制（limitation）、替换（substitution）和呈现（representation）的方式，茅盾在受自然主义影响的同时逃避抗拒着前驱者的掌控，寻觅自己的独特身份。

　　高利克在对茅盾文学创作的研究中也曾讨论过他所受的西方影响，如果将这种分析与高利克的茅盾文论研究做一个对读，可以发现茅盾不同侧面受西方影响的异同。在《中西文学关系的里程碑》（Sino-western Literary Confrontation: 1898–1979）中《茅盾的〈子夜〉与左拉、托尔斯泰、维特主义和北欧神话的创造性对抗》一文中，高利克强调茅盾小说受到的外来影响是多元的、综合的。在《茅盾小说〈子夜〉中的比较成分》一文中，高利克详细对比了《子夜》与左拉小说《金钱》在内容、结构和形式的相似，甚至认为"如果没有左拉的

---

① Mariàn Gálik. "Naturalism: A Changing Concept", *East and West*, September – December, 1966, pp. 320 – 321.

《金钱》,《子夜》是不会写的出来的"。① 尽管高利克对茅盾小说和批评中受影响的异同没有进行系统的整理,但他在将《子夜》的创作与《金钱》《娜娜》《战争与和平》《北欧神话》等文本进行比较研究的同时,也从茅盾的《西洋文学通论》《谈我的研究》《小说新潮宣言》等同时期的文论中挖掘影响的来源,避免了曲为比附、以达己意的危险。更值得注意的是,高利克研究中似乎隐藏着这样一个命题:茅盾在文论中对自然主义概念不明、混淆不清,但在创作中已经将自然主义的精髓融会贯通。举例而言,《子夜》中吴老太爷在一次舞会中看到现代女郎们诱惑的曲线、狂放的舞姿,突发脑溢血而死,王西彦等学者指责这种象征性的夸张死亡不够严肃、不够现实主义,而高利克则将这一段落中象征性的特点与对女性肉体毁灭性力量的描写与左拉的《娜娜》相联系,认为这一情景恰恰是自然主义而非现实主义的。这正是茅盾能巨细靡遗刻画出大都市中灵魂躁动、焦虑不安、颓唐厌世、沉沦堕落、放荡不羁人物群像的原因之一,这也是吴荪甫双面性的原因——茅盾一方面以革命家的身份书写吴荪甫的失败,另一方面却在自然主义的影响下诚实地刻画他的生命力。

在英语世界对茅盾小说进行专门研究的作品众多,陈幼石、安敏成、王德威都对茅盾的小说进行过专门研究。其中,也有很好地结合茅盾文论思想的范例,比如陈建华的《革命与形式——茅盾早期小说的现代性展开》(*Revolutionary and Form: Literary Modernity in Mao Dun's Early Fiction*)。该书孕育于作者师从李欧梵的求学时代,成书于 2000 年。在经历了 20 世纪 80 年代以来"重写文学史"浪潮对茅盾小说研究意识形态迷雾的驱散之后,茅盾小说的价值和文学性在海内外得到了前所未有的挖掘。随着时代的推移、观念的更新,该书中出现了更丰富深入的解读阐释。该书重点探讨的茅盾小说中"新女性"与男性中心政治狂想的吊诡关系、"新女性"作为小说形式与乌托邦式革命主题的张力等问题颇为人称道,成为近年来茅盾研究的学术热点。陈建华的茅盾研究比高利克所做的工作又推进了一步。然而,在对茅盾小说与文论的关系问题上,陈建华同高利克一样注意两者的异同及其与西方影响的关系。陈建华结合茅盾的《小说研究 ABC》《自然主义与中国现代小说》等文论作品中对小说传统形式的排斥和西化的要求指出,这种带有谬误的文学观造成了茅盾小说创作中一以贯之的现代性追求。这种现代性在茅盾自己的笔下被命名为"时代性",既表现在《小说月报》中对西方思潮和世界文学养分的汲取和挑选中,也表现在从文学进化思想和泰纳(Hippolyte Adolphe Taine)的地理种族文化观到马克思主义文论的思想变迁中。在小说创作实

---

① [斯洛伐克]高利克:《茅盾小说〈子夜〉的比较成分》,人大复印资料《中国现当代文学研究》1997 年第 3 期,第 163 页。

践中，这种追寻演变为对当下问题的关注——他的创作旨在声诉现代人尤其是现代都市青年的烦闷。《革命与形式》一书的第一章《小说形式的现代性预设》正是以茅盾文论思想中的现代性追寻为源，通过梳理其内容、特点、所受影响等方面讨论了茅盾长篇小说形式和内容的必然性。

总体来说，英语世界茅盾文论研究中关于茅盾所受的外来影响成果丰富，其中最值得重视的部分正是由此引发的茅盾文论与其创作实践的对读。一些学者已经分析过海外汉学界对"批评之批评"的重视，并对其功用及隐患进行了勾勒。① 而批评与创作结合的研究也值得深思。伊文·佐哈尔（Itamar Even-Zohar）的多元系统理论指出，一个大的多元系统中包含着若干相互依存又相互竞争的子系统，这些系统有的处于中心、有的处于边缘，彼此是可以相互转化而非孤立存在的。对研究者来说，把多元系统中以前被忽略甚至被排斥的子系统纳入研究框架，不仅是发现未知的尝试，而且是全面认识任何一个多元系统的必要条件。② 茅盾研究中对其文论和小说创作的对读正符合多元系统理论对研究者的要求，这种对读不仅有助于认清"影响的焦虑"下保留和误读的原因、内容，也有助于在观察茅盾文论与小说创作作为子系统的相互联系与相互竞争，有助于进行更全面系统的作家论研究。这也不免让人联想到茅盾早年所写的《鲁迅论》《王鲁彦论》等结合了社会历史背景与审美分析的作家论批评，当罗兰·巴特式的"作家已死"的呼号带给我们对文本多维空间的挖掘，看似传统的作家论却依旧为我们提供理性的、全面的思考方式。

## 三、文学场域中的外来影响

王国维文论研究启发我们注意影响研究中接受者的主体性，茅盾文论研究展现了通过外来影响透视一位作家理论概念与创作实践关系的可能性，而当我们把视线放置于影响的接受者个体之外，蒋光慈文论研究则跳出了作家个案研究的范畴，提供了文学场域之争中外来影响作为筹码资本的案例。如果说英语世界的鲁迅研究经历了从单一介绍到系统阐释的"祛魅"（disenchantment）之旅，那么蒋光慈研究经历的则是从作为作家的评价到作为文学现象梳理的"复魅"（enchantment）之旅。

蒋光慈是最早接触并翻译介绍苏联文学的一批文论家之一，是《太阳社》最

---

① 季进：《多元文学史的书写——海外中国现代文学研究论之一》，载于《文学评论》2009 年第 6 期，第 193 页。

② Even-Zohar Itamar. "Polysystem Theory", *Poetics Today*, No.1, 1997, p. 287.

主要的成员之一，也是"革命加恋爱"小说模式的始作俑者。从文学史的角度看，他的革命文学理论与创作实践既属于他自己、也属于一个时代，产生了一定的影响。英语世界的蒋光慈研究可以分为两种类别，一种是美国研究者夏济安、李欧梵、王德威与刘剑梅等，这些不同年代的美国蒋光慈研究似乎形成了一种谱系；而在研究思路上与之截然不同的则是高利克在《中国现代文论发生史》中对蒋光慈革命文学理论来源、特点、影响的分析。这两种类型的研究在研究材料、研究方法、所用理论与研究意义等方面呈现出不同的特点，值得我们注意。

高利克的蒋光慈研究主要见于《中国现代文学批评发生史》一书，是比较专门的蒋光慈革命文学理论研究。他首先对蒋光慈生平经历进行了考证，讨论了他敏感、自负又带有游侠色彩的性格特点。文中另外的两个主要组成部分是对蒋光慈浪漫色彩革命观念以及文学反映论和功能性的分析，以及对他受到的苏联文学影响的分析。高利克认为，俄国诗人中对蒋光慈影响最大的是布洛克（Alexander Blok）、杰米扬·别德内依（Б. Бедный）与叶赛宁（Сергей Александрович Есенин）——布洛克帮助蒋光慈构建其浪漫色彩浓郁的革命理论，别德内依为普通人写作的特点影响了蒋光慈的普罗文学创作，叶赛宁的田园诗作似乎与蒋光慈对自然的喜爱有关。总的来说，高利克认为蒋光慈文论的价值是有限的、不重要的，但他依旧认为有必要分析蒋光慈及其后继者的文论，这是因为他在现代文学史上产生的作用之大。高利克对蒋光慈文论的分析以追求客观真相为目标，也确实梳理清了一些问题。然而遗憾的是，他没有涉及蒋光慈现象中蕴含的更复杂的问题——为何价值有限的批评家和作家能够产生如此大的影响？高利克也没有能够回答他失败的原因，在他的论述中这似乎仅仅和他才力的欠缺与性格的自负有关。另外，对蒋光慈文论外来影响的分析也仅仅停留在理清现象的层面。

相较高利克的研究，夏济安、李欧梵、王德威、刘剑梅的研究更加复杂。他们彼此之间的师承与交流关系明显，然而他们对蒋光慈的研究既有相似、也有争锋。早在20世纪60年代，夏志清就已经将蒋光慈、丁玲、萧军作为20~30年代无产阶级文学的典型进行分析。夏志清介绍了蒋光慈的两部代表性小说——《少年漂泊者》与《冲出云围的月亮》，批评蒋光慈的作品缺乏文学性，是幼稚浅薄的浪漫想象与政治性的"宣传习作"。① 60年代末，在夏济安的《蒋光慈现象》中，蒋光慈被视为一个耐人寻味的失败案例。夏济安所指的这种失败是双重的，一方面指蒋光慈在有生之年在革命事业上不断逃避、偏安，以致被共产党以叛徒之名开除；而另一方面他的作品却只是粗暴的公式化的革命与爱情故事，没有任何展现他的政治期望与挫折、冲突与逃避，不能不说是一种遗憾。夏济安是

---

① 夏志清：《中国现代小说史》，刘绍铭等译，中文大学出版社2001年版，第241页。

英语世界最早对蒋光慈进行全面系统考察的研究者，不同于夏志清对其充满冷战色彩的斥责，夏济安的研究则展现了一种礼遇和同情，将蒋光慈的失败和无价值作为研究对象，将他身上革命者与小说家身份的矛盾作为讨论重点，①提出他的贡献正在于他的失败，他的价值正在于他的没有价值。随后的李欧梵的博士论文《中国现代作家的浪漫一代》是在夏济安《黑暗的闸门》影响下诞生的，其中将蒋光慈作为浪漫的左派代表，以单章进行梳理。李欧梵更明确地将蒋光慈的盛名和与其并不相符的平凡文学创作视为一个特殊文学现象，探讨其个人浪漫主义与革命理想、政治信念的关系。②2003年，刘建梅的《革命与情爱》发表，该书是受夏济安与李欧梵启迪之作，也是对他们研究成果的积极补充。该书借革命与情爱创作公式讨论一代作家在个人与集团、理想与现实、传统与现代间的精神困境，尤其是对革命与情爱小说中"女性身体"下隐藏的疼痛、控制和挣脱进行了前所未有的捕捉，特别引人注目。蒋光慈作为革命与情爱小说的始作俑者，在该书中也得到了详细的分析。③2004年，王德威的《历史与怪兽》以四篇专论探讨历史与文学的互动，描摹名为"梼杌"实为历史的怪兽如何不断强迫叙事者在政治与身体、欲望与信仰、现实与虚构间作出选择。他以茅盾、蒋光慈、白薇三人作为案例，认为革命与情爱在他们笔下看似合为一体，却蕴含着巨大的张力和矛盾，而他们自身的革命与恋爱经历似乎在为这种张力做着注解。④他们的研究既有一脉相承的风格，也有各不相同的特点，我们不妨从他们对蒋光慈文学思想所受外来影响这一点的研究进行考察。

　　蒋光慈留学苏俄的经历一方面带给他广泛接触苏俄文学的机会，丰富了他的知识体系；另一方面通晓俄语和熟悉马克思主义理论也带给他与众不同的地位，他的自负也与这种经历有着密切的联系。因此，蒋光慈所受的外来影响显然是值得讨论的。在夏济安和李欧梵那里，他们首先注意到的是蒋光慈对西方文学中浪漫主义的热忱。夏济安首先介绍了蒋光慈对拜伦（George Gordern Byron）曲折有致浪漫生活的向往与对拜伦诗歌风格东施效颦式的崇拜。李欧梵也蒋光慈诗作以《怀拜伦》为例，讨论了蒋光慈对拜伦与自己的身份定位——政治诗人和漂泊英

---

①　Tsi-an Hsia. *The Gate of Darkness*: *Studies on the Leftist Literary Movement*. Seattle: University of Washington Press, 1968；本文中译可参见夏志清：《蒋光慈现象》，庄信正译，《现代中文学刊》2010年第1期，第61～84页。
②　Leo Ou-fan Lee. *The Romantic Generation of Modern Chinese Writers*. Cambridge: Harvard University Press, 1973.
③　Jianmei Liu. *Revolution Plus Love*: *Literary History*, *Women's Bodies*, *and Thematic Repetition in Twentieth-century Chinese Fiction*. Honolulu: University of Hawai'i Press, 2003.
④　David Der-wei Wang. *The Monster that is History*: *History*, *Violence*, *and Fictional Writing in Twentieth-century China*. California: California University Press, 2004.

雄。李欧梵认为，对拜伦的崇拜和天真的英雄式的自负显示出了蒋光慈在文学上个人浪漫主义的倾向，这与郭沫若的诗歌风格有相似之处。然而不同于较为幸运的郭沫若，蒋光慈的个人浪漫主义与他的政治身份发生了剧烈的冲突。这种冲突隐藏在他的革命加恋爱小说创作中，他小说中的爱情往往为革命牺牲，正如他自身的小资产阶级欲望不得不为革命者的身份牺牲；这种冲突也隐藏在他的生活中，正如他的夫人吴似鸿回忆的，他不愿做实际的革命工作而只愿意以文学创作服务革命，最终被开除党籍。在王德威的研究中，我们也能看到相似的论述。他是这样分析蒋光慈拒绝参与街头游行与群众运动的：

"对于一个两年前还振振有词，提倡'革命书写'与'革命行动'合而为一的作家来说，蒋光慈的反抗确实是自相矛盾。然而，蒋的起而抗命也代表了他内心深处的浪漫诗人终于抬起头来，抗拒……的现实主义阵线。"①

可见，王德威认为蒋光慈选择的西方典范凸显了个体内部浪漫主义与政治身份的冲突。

在李欧梵对蒋光慈对布洛克评价的研究中，我们则能看到另一种冲突。李欧梵分析了蒋光慈的长文《十月革命与苏俄文学》中赞誉布洛克浪漫主义的第二部分，并指出："蒋光慈在这篇长文中对布洛克的过分推崇，显然不是为了学术目的，而是象征了他自我辩解的努力"。② 刘建梅也同样认为蒋光慈对布洛克的拔高是对他自己作为革命和浪漫的诗人作家地位的自我辩解，并把这种刻意拔高放置于文学场域的权利关系中进行考察。她认为蒋光慈文学观念暗合布尔迪厄的文学场域（field）理论。场域是布尔迪厄定义的一个分析单位，场域中充满力量和对抗，不同的代理人（agents）不断地在场域中竞争权威地位。在文学场域中，争夺的中心是文学合法性的专有权与垄断权。刘剑梅认为，"左翼"内部的争夺对象是革命文学的合法性，如蒋光慈这样的新来者"不得不声明他们与五四一代的鲁迅等文化名流不同，这也是为了使他们自己在文坛中受到足够的重视以争夺革命文学的阐释权和文坛的支配权"。③ 蒋光慈介绍拔高西方理论以自我辩解，排斥资产阶级文化和"同路人"文学，正是文学场域中的一种占位。刘剑梅运用场域理论进行蒋光慈研究，认为蒋光慈将西方理论视为象征权力的文化资本，但对这种资本的选择有时并非出于真正的爱好，比如他的文学创作中，就不自觉地吸收了依利亚·爱伦堡（Ilya Ehrenburg）这样的"同路人"作品中的心理描写与革命与个人情感冲突的因素。刘剑梅的研究已经涉及接受者的选择是否"无邪"的带

---

① 王德威：《历史与怪兽：历史·暴力·叙事》，麦田出版社2004年版，第51页。
② 李欧梵：《中国现代作家的浪漫一代》，王宏志等译，新星出版社2010年版，219页。
③ ［美］刘剑梅：《革命与情爱：二十世纪中国小说史中的美学与政治》，郭冰茹译，生活·读书·新知三联书店2009年版，第11页。

有功利性的问题,而另一个相关的问题是:当作为资本的外来影响被纳入场域,它是否是"无邪"的呢?当接受者毫不犹豫地将作为殖民者的西方与作为文化来源的西方区分开来,他们是否忽视了西方文化与帝国主义的联系,他们是否无意中默许了一种文化殖民?对这一问题讨论的缺失,应当说是一种遗憾。

通过以上的梳理,我们可以看到美国蒋光慈研究谱系中的双重场域,而蒋光慈文学理论与实践中的外来影响在这两层场域研究中都有所体现。第一层场域将20世纪20~30年代"左翼"文学界视作一个文学场域,认为争夺革命文学的合法权益是蒋光慈文学理论与创作的目的之一。第二层则考察这个文学场域中的子场域——蒋光慈本人的思想体系,将他浪漫个人主义倾向与革命政治理想进行对比。其一令我们想到贺麦晓将20世纪20年代中国文坛视作文学场域的论述,也如同《内线号手》中舒允中对七月派和"左翼"文化界内部短兵相接的分析,这种研究方式是一种返回现场、触摸历史的尝试,诚然给蒋光慈研究带来了新意。然而如果仅仅有这一种场域研究,不仅恐怕落入了理论先行的窠臼,也忽视了蒋光慈现象的复杂性。蒋光慈敢于"抗命"的事实与《丽莎的哀愁》等小说中体现的反叛成分显然不是权利占位的需要,这正与作为子场域的蒋光慈思想体系有关。对蒋光慈浪漫个人主义与政治角色冲突的挖掘包含了文学与政治、个体与社会等多个重要的、永恒的话题。作为文论家与作家的蒋光慈看似是一个没有价值的、转瞬即逝的研究对象,然而这两层场域的出现使得研究者获得了从局部关照整体、从边缘进入中心、从速朽窥视永恒的可能。

## 第三节 现代文论与传统遗泽

清末尤其是甲午中日战争惨败以后,中国社会的军事、政治、经济、文化等不同方面受到外来的震撼,爆发出潜藏已久的巨大危机。应运而生的是疗治社会的决心与变革思想的要求,在文学方面亦是如此。1917年胡适在《新青年》上发表著名的《文学改良刍议》,呼吁推倒贵族文学、古典文学、山林文学,高张文学革命的大旗。中国新文学的概念正是在推倒、抛弃旧文学的历史语境下生长起来的。然而,"旧文学"及其所包含的价值体系早已渗透在中国人的生活方式、语言习惯、思维逻辑中,又岂能轻易"推倒"?现代文论研究离不开传统,不仅是因为我们需要在二者的对比中认清现代,也由于新旧文学间的鸿沟上仍然存在着千丝万缕的联系。正如普实克所举例的,19世纪西方的写实主义的动力被中国古典文学的抒情主义和主观主义驯化了,而对中国古代文学主流抒情诗中抒情传统(cynical)的继承体现在郁达夫、郭沫若等创作的新文学作品中。① 当我们把视线放在中国现代文论的范畴中,传统遗泽的问题则似乎变得更为复杂。20 世纪早期知识分子对传统的态度包含着服从与否定的矛盾,这种矛盾在现代文论中得到了充分的展现。文论受到的外来影响显然更为直接,甚至曾扮演过"推倒"旧文学的重要工具。且文论中表述方式清晰、明朗,相较于创作实践中隐藏着的传统因子的显然更少。那么,中国现代文论中是否还保留着传统因子呢?哪些传统因子突破时代、政治、文化交流的藩篱,依旧在现代文学观念中留下痕迹呢?本节前两部分从英语世界现代文论研究方法着眼,探讨传统与现代问题语境化处理的必要性、现代知识分子改写传统的原因及结果,第三部分则希望进入"传统"这一概念内部,考察英语世界中国现代文论研究中有关"大传统""小传统"及其贯通互补可能性的研究。

## 一、传统、现代、现实

思考中国现代文论中传统与现代的关系,不免想到的是周作人。自"五四"时期始,周作人就跻身重要文论家之列。相较于强调白话取代文言的胡适,周作人更强调文字革命后的思想革命。在 1918 年的《人的文学》一文中,他提出以人道主义为基础的文学代替传统的"非人"文学,在整个新文学的历程中产生了深远的影响。"五四"落潮之后,周作人的人本主义文艺观发生了不少变化,他试图弥合传统与现代文论间的巨大裂痕,并在散文创作中展现了惊人的天赋。如果说"五四"前后的转变增加了周作人文论的复杂性,那么周作人的附逆之举则更显得暧昧莫测。从"五四"时期的文化精英到汉奸叛徒,戏剧性的角色转换令研究者失望愤怒,使得周作人文论研究竟在很长一段时间内荒芜。

最早开始对"五四"之后的周作人进行系统研究,重新挖掘其文论背后复杂问题的研究者来自英语世界。早在 20 世纪 60 年代,沃尔夫就以周作人作为博士论文选题,以作家论的形式讨论周作人生平。② 而将目光聚焦周作人文论的则是英国汉学家卜立德。卜立德是最早一批摆脱对周作人"汉奸"的民族愤怒,进行系统、理性研究的学者。1965 年,卜立德在《周作人与自己的园地》一文中分析了周作人早年的文学理论。卜立德介绍了周作人早年生平,并结合五四运动的

---

① [捷克]亚罗斯拉夫·普实克:《抒情与史诗:现代中国文学论集》,郭建玲译,李欧梵编,生活·读书·新知三联书店 2010 年版,第 75 页。
② Ernest Wolff. *Chou Tso-Jen*. New York: Twayne Publishers, 1971.

发生背景指出，周作人在中国现代文学理论的发生过程中影响巨大，是新文学革命中推倒传统儒家文学观，建立取而代之的人的文学价值观念的主力。卜立德在此文中讨论的对象从1918年的《人的文学》到1927年出版的《谈虎集》，并提出近十年间周作人的文学观经历了由"大我"到"小我"的转变，这种转变代表了中国自由主义知识分子改革梦想的陨落。"五四"文化精英的改革灵感多来自美国与法国革命的启发，而当他们的政治哲学被更新的、更严格的后来者取代时，他们的身份就显得孤立无援了。① 这种对周作人变化的分析将周作人置于一代知识分子的集体中进行思考，在20世纪60年代具有很强的创新性。然而，尽管马克思主义等后来者取代"五四"精神成为国家社会改革的主要色调是"五四"精英们退场的原因之一，但周作人从"大我"转向"小我"的深层原因恐怕还不止如此。"五四"时期的改革源于文化领域，"人"的发现成为社会、文化改革的纯粹力量，然而随着现实状况的复杂、政治派别斗争的加剧，知识分子很难在不依靠政治力量的情况下参与改革。正如陈思和所说的，当时的知识分子除了面临政治派别的选择，还面临着到底是通过政治力量来实现自身价值，或是坚持文化阵地上个人主义的拷问。② 周作人转向"小我"正是选择个人主义的体现。

在《周作人与自己的园地》一文中卜立德探讨的中心是风云变化的时代环境与周作人文论的关系，而在《一个中国人的文论观——周作人的文论思想》中，他则讨论了传统和现代在周作人文论尤其是"五四"之后周作人文论中的角力与汇合。该书采用了词源学（etymology）的研究方法，将周作人文学理论中的核心概念提取出来进行分析，着重将其放在中国传统文学长河中探源、对比。这种方式本身具有中国古代训诂学的特征，又结合了西方词源比较研究手段的理性因素，用于周作人研究似乎有一种天然的契合。然而该书词源学方式的运用也带来了两个潜在问题：其一是这种切分的研究方式是否妨碍了对周作人文学思想或其思想某一阶段的整体关照？其二是提炼这些词语的标准和依据是什么？提炼出的词语是否全面概括了周作人文论思想？

首先来看这种切分研究方式对文学思想整体性的干扰。在这一点上，卜立德重视将这些概念进行梳理与串联。在第七章综述中，卜立德分析了周作人强调"文学无用论"与他文章中普遍存在的道德与政治含义的矛盾，认为这种矛盾的源头是民族危亡的焦虑。这种现实的忧患与传统文论中继承的遗产、西方艺术的

---

① David E. Pollard. "Chou Tso-jen and Cultvating One's Garden", *Asia Major*, 1965, Vol. 11, No. 2, pp. 180 – 198.

② 陈思和：《关于周作人的传记》，载于《中国现代文学研究丛刊》1991年第3期，第218页。

滋养相互融合，形成了周作人独特的人本主义文学观。① 虽然卜立德没有对这一问题做进一步分析，但这一部分中将周作人思想和现实背景、文化语境的关系进行组合思考，与他对周作人"五四"时期文论的研究方式一脉相承，具有拓荒意义。

接着考察卜立德选取这些词语的依据。他所选择周作人的文学概念包括："载道与言志""个人主义""趣味""平淡与自然""即兴""偶成""简单""苦涩"。这些概念都带有周作人个性色彩，既出现在他的文学理论中，也往往体现在他的创作实践中，显然是非常重要、值得探源的。这些概念恐怕并不全面，至少缺少了对周作人中庸思想和儒家人文主义的梳理。但是，更大的问题在于：这些语词的选择恐怕具有主题先行的嫌疑。以对"个人主义"的讨论为例，卜立德首先分析了周作人对书信体与小品文的重视与个人主义的关系。随后将个人主义与中国文论中的抒情性传统联系起来，分析了从刘勰"为情造文"、钟嵘的"摇荡性情"、到唐顺之的"本色论"再到"诚"这一与文学自发性相关的概念在《中庸》、王充、颜李学派和金圣叹那里的延续传承。最终他得出结论："在创作个人的文学的问题上，这些品质的聚合，不过是周作人利用了在中国久为人熟知的审美观念——这些观念在欧洲至少与浪漫主义运动一样的古老，而没有贡献任何他自己的东西。"② 这种论断将周作人的个人主义与抒情性混为一谈，以偏概全，忽视了周作人个人主义真正的价值。其一，在"五四"时期，这种个人主义内部包含着对个体灵肉二重性的要求，正如《人的文学》中强调的：人是从"动物"进化的，也是从动物"进化"的，兽性与神性的结合才是完整的人性。其二，在个人与集体的关系上，个人主义的人间本位主义将国家视为个体利益的保障，个体自由成为前所未有的重要标准，这是对封建伦理观念的彻底颠覆，也是"五四"精神的最强音符。即使是从"五四"以后个人主义审美趣味的角度来看，周作人的自由主义文学观在吸收了日本散文与古希腊品格之后也已脱胎于传统，蕴含着以审美对抗现代文明束缚的要求。卜立德显然认识到了周作人文学思想受传统中国与现代西方的双重影响，但他将周作人与传统文学的关系作为该书研究的中心，刻意将周作人文学思想与传统文论勾连，给人以周作人的文学思想仅仅来源于中国传统文论的错觉，忽视了其文学思想的现代性新质与主体性因素。

近年来英语世界周作人研究突出的成就是苏文瑜所著的《周作人与中国对现

---

① ［英］卜立德：《一个中国人的文论观——周作人的文论思想》，陈广宏译，复旦大学出版社2001年版，第158页。

② ［英］卜立德：《一个中国人的文论观——周作人的文论思想》，陈广宏译，复旦大学出版社2001年版，第79页。

代性的另一种回应》,该书原著出版于 2000 年,并已在台湾地区、大陆先后翻译出版。① 不同于卜立德就事论事的风格,苏文瑜选择研究周作人及其文学思想是为了借此讨论这样一个问题:由帝国主义、殖民主义所带来的大环境是现代性形成的唯一基础吗?第三世界在接受帝国主义带来的现代性过程中是否压抑了另一种现代性的成长?主流的现代性诞生于工业化的浪潮中,成长于资本主义扩张之中,当它伴随着殖民主义的炮火与吸血式的贸易进入中国,引发了一代知识分子改革的呼唤。苏文瑜以鲁迅小说中反复出现的群众与国家论述作为这种对现代性主流回应的代表。然而不同于资本主义孕育的"二级现代性",还存在着一种"更普遍、有些布罗代尔(Braudelian)式的""一级现代性"。周作人试图在传统中发现有可能推动现代性的因素,正是因为他追寻的现代性不同于主流。

苏文瑜提出的问题隐藏着两组关系——传统与现代、个人与国族。在她看来,周作人以三种环环相扣的策略对现代性作出另类回应:"第一,他使用传统的美学范畴;第二,他非常看重作家的身份认同及自我表达时相关的地方性;第三,他建构了与主流模式背道而驰的文学史。"② 苏文瑜认为,周作人对传统的追寻既体现在他对以公安派为代表的晚明文论的推崇,也体现在他对传统美学范畴中的"趣味"与"本色"的重视。前者是周作人在传统中挖掘的现代因素的代表,使他免于掉入"五四"式的迷思——现代文学的祖先只有西方而已。而后者则与他对"地方色彩"的重视相似,形同一具缓冲器,用于抵挡将文学视为国家现代化服务、当作意识形态传声筒使用的风潮。这三种策略恰恰体现了周作人对传统与现代、个人与国族的思考——传统中蕴含着现代因素,而个体不应被国族权威话语吞没。值得注意的是,当苏文瑜从周作人文学思想中提炼出这两种关系时,她自身的研究实践也体现着对这两种关系的态度。在该书的最后,她试图寻找周作人与 30 年代的京派作家、80 年代的寻根文学的脐带关系,讨论了沈从文在文体结构、意象运用上与周作人美学范畴的契合,以及阿城的《棋王》与韩少功的《爸爸爸》《马桥词典》中对传统的思考和自我建构的觉悟。这种谱系的梳理蕴含着对周作人美学思想当代意义的思考——寻觅传统中现代因素的周作人本身成为一种传统,他的自由文化观和审美情调对当代小说、散文产生着不小的影响,这种回转(involution)是在怎样的新的历史语境下发生的?我们又该如何应对看待这种新的传统,规避它沦为教条或东施效颦的可能?是哪些人接受了这种传统?一些大陆学者对这类问题的思考也不遑多让,在现实语境中思考传统与

---

① Susan Daruvala. *Zhou Zuoren and an Alternative Chinese Response to Modernity*. Cambridge:Harvard University Press,2000.
② [英]苏文瑜:《周作人:自己的园地》,陈思齐、凌曼萍译,麦田城邦文化出版社 2011 年版,第 26 页。

现代问题的努力无疑是可贵的。①

在卜立德将周作人文论研究放置于具体历史语境中的成功与忽视其文论现代性新质的缺陷中，我们看到了对继承与断裂问题进行完整思考的困难。苏文瑜的周作人研究在挖掘中国传统现代性因素的同时，也是对中国现代化过程中内因与外因汇合的思考，是脱离了"冲击—反应"式西方中心主义的"在中国发现历史"的尝试。这种包含了人民、语言、阶级、地域的研究提醒我们，传统与现代的关系不是抽象空泛的，不是局限于某个个体或文学内部的，而是长期以来存在于中国经济制度、社会结构、符号系统当中的。传统、现代、现实三者的联系远比我们想象得更加密切，它们之间动态的、连续的互动是客观存在的，对传统与现代关系的语境化处理是我们思考继承与断裂的前提。

## 二、传统的阐释与改写

在英语世界的周作人文论研究中，我们看到了传统与现代问题语境化处理的必要，而在英语世界郭沫若文论研究中，我们不妨探寻对传统的误读、改写及其原因和影响。传统不是"过去"，它联系着现在、孕育着未来，潜藏于每个个体的生存方式、价值系统中，不断地引起人们的追问。在"五四推倒旧文学"的浪潮呼啸而过之后，传统作为动态系统的影响力依旧存在。当中西文化交流带来现代的诱惑时，传统的诱惑又何尝不是意义深远、耐人寻味呢？通常人们把郭沫若视为浪漫主义者、革命功利主义者，他作为文学创作者的身份与他作为社会活动家的身份具有太多值得讨论的内涵，即便当我们对他的文学思想进行探源，也往往会首先注意到他的诗歌与历史剧创作中受泰戈尔、惠特曼、歌德影响的痕迹。事实上，郭沫若是"五四"前后的批评家中最早赋予民族文化传统正面因素的人物之一，他对传统的态度有丰富的值得考察的内涵。

在高利克看来，传统因素是郭沫若文学思想中重要的组成部分。高利克将司各特（Walter Scott）、朗费罗、泰戈尔视作郭沫若思想来源的一端，而《诗经》、道家文学、王阳明心学是与之相反的另一端。高利克认为郭沫若在接触西方文学之前，就已经在早期所受教育中深为道家艺术传统所浸濡。他分析了郭沫若在《生活的艺术化》一文中对庄子的阐释，认为郭沫若对天才客观性的、后天的、无我的定义源于庄子，认为"《庄子》中的言论为他逐步建立起自己的批评理论

---

① 孙郁：《当代文学中的周作人传统》，载于《当代作家评论》2001 年第 4 期。

打下牢固的基础"。① 而通过分析郭沫若的《儒家精神之复活者——王阳明》,高利克则认为王阳明心学中"万物一体"与对精神生活的重视对郭沫若的个人主义有启迪的意义,恰如种子"落入一片肥沃的土壤之中"。② 高利克对郭沫若与传统文学关系的注意是可贵的,但他将庄子与王阳明视为郭沫若文学思想全部基础和来源的断言恐怕不够准确全面,这是由于他的分析缺少进一步的追问:郭沫若对庄子、王阳明的理解是否准确?他又为何偏好庄子、王阳明?

而早在高利克研究的数年前,李欧梵的研究中已经出现了这种问题意识。在《中国现代作家的浪漫一代》中李欧梵将郭沫若视为浪漫的"左派"的代表,对郭沫若转向马克思主义之前讨论的重点包括了叛逆性格、泛神论与带有浪漫色彩的英雄哲学。这种对郭沫若与浪漫主义关系的梳理令人想到杜博妮《1919 – 1925年间引进中国的西方文学理论》的第三章《浪漫主义与新浪漫主义》对郭沫若的分析。杜博妮详细讨论了郭沫若的天才论、表现主义以及对诗人完整人格的追求,并论及郭沫若与泰戈尔、歌德、惠特曼的关系,认为他早期的浪漫主义及后期的革命宣传具有一脉相承的自由与率性。这种看法将郭沫若的文学观念视为线性的整体,没有以"左转"机械地进行分割,较早期英语世界中国文学研究的冷战思维有了一定的进步,但杜博妮的研究有意无意地忽略了郭沫若对传统文学的看法。③ 李欧梵则指出,郭沫若对屈原的崇拜是因为屈原骄傲、狂热、壮志未酬的英雄色彩,《惠施的性格与思想》中对战国时期哲学家惠施的分析是个人主义理论的强制性运用。尤其值得注意的是郭沫若在《论中德文化书》与《中国文化之传统精神》两篇文章中对老子与孔子惊人相似的阐释——认为他们都是具有反抗精神和强大意志的不屈个体。在学术上这种阐释几乎刻意地忽略了儒家与道家的区别差异,李欧梵认为这种将人生观强加于古代哲学家的解释是郭沫若自身性格与文学思想的折射。④

英语世界另一位对郭沫若与传统文化关系这一问题进行阐释的是史书美。《现代的诱惑:书写半殖民地中国的现代主义(1917 – 1937)》(*The Lure of the Modern*: *Writing Modernism in Semicolonial China*: *1917 – 1937*) 一书全面考察了民国时期中国现代主义的美学特征与意识形态特征,分析了"五四"时期人们对现代的强烈渴望与应运而生的"西方主义"、京派作家对现代的反思与批判的现

---

① [斯洛伐克]高利克:《中国现代文论发生史》,陈圣生等译,社会科学出版社1997年版,第31页。
② [斯洛伐克]高利克:《中西文学关系的里程碑》,伍晓明等译,北京大学出版社1990年版,第55页。
③ Bonnie S. Mcdougall. *The Introduction of Western Literary Theories into China* (1919 – 1925). Tokyo: The Centre for East Asian Cultural Studies, 1971, pp. 124 – 146.
④ 李欧梵:《中国现代作家的浪漫一代》,王宏志等译,新星出版社2010年版,第192页。

代性（critical modernity）、上海新感觉派作家对现代的炫耀以及与意识形态的对话。史书美指出，"五四"时期反传统的文化精英们急切地引入外来术语和理论，将其视为跃入现代的捷径。然而他们的引入中存在着的大量误读和错用，隐含着一种"非均质的世界主义"——第三世界需要通过西方认知世界，而西方却无须了解第三世界。史书美对郭沫若的研究正是建立在对这一问题的思考上的。史书美认为，郭沫若对中国传统文化的态度是在其"超国家"的视野下形成的。在《中国文化之传统精神》中，郭沫若将老子和孔子视为个人主义、自由思想的先驱者，认为他们具有泛神论的特质，多年以来被世人极端的误解。在《论中德文化书——致宗白华兄》中，郭沫若则以《诗经》中的占星术、《墨子》中的物理学以及邹衍的阴阳五行学说为例论争先秦文化的理性与科学性同古希腊文化如出一辙，并认为老子哲学与尼采哲学在反对神性、强调个人进步等方面非常相似。郭沫若断章取义地强调传统中的理性和进步因素，甚至不顾学术上的正确与否，是为了寻找传统与现代、中国与西方的相似性，赋予中国传统文化以合法性。①这种做法恰如方珣、冯友兰等"五四"知识分子出于实用的目的对亨利·柏格森（Henri Bergson）的重新阐释。他们强调柏格森理论中的科学理性与实证主义，刻意忽略伯格森理论中"感觉混沌"（chaos of sensations）与"绵延"（real duration）等概念对传统理性的挑战，以便使其理论成为促进社会改革和现代化的工具。②这种阐释和改写与郭沫若对待传统的方法都出于改造社会的功利性目的，然而郭沫若对传统的改写背后的"超国家"的视野却也体现了一种"非均质的世界主义"。郭沫若对传统文化的唯一评价标准是西方文化，他对老子、孔子、墨子、邹衍的肯定都是因为发现了其思想体系中与西方文明的相似之处。这种态度无疑与"五四"时期中国内忧外患、急需救治的现实情况有关，但这种试图将中国传统文化"非边缘化"的尝试却默许了西方/东方、给予/接受、中心/边缘的文化殖民现实，导致传统沦为丧失了身份和话语的边缘化的他者。

但史书美的分析也存在着一些漏洞。史书美所举的另一个例证是郭沫若的《西厢记艺术上之批判与作者之性格》，认为郭沫若以泛性论、升华说、释梦说等精神分析理论阐释王实甫《西厢记》是为了使精神分析学说在中国语境中获得合法性，这种理论应用有机械、人为的痕迹。在史书美看来，对《西厢记》中对裹小脚情节的分析极具讽刺意味——郭沫若试图将中国传统文化中积极的部分提炼出来与西方对话，而实际操作中却是文化的糟粕使西方理论在中国的运用成为可

---

① ［美］史书美：《现代的诱惑：书写半殖民地中国的现代主义（1917 – 1937）》，何恬译，江苏人民出版社 2007 年版，第 114 页。
② ［美］史书美：《现代的诱惑：书写半殖民地中国的现代主义（1917 – 1937）》，何恬译，江苏人民出版社 2007 年版，第 72 页。

能。史书美对郭沫若与《西厢记》的分析延续了"非均质的世界主义"的判断，解释了郭沫若改写传统的结果，但却并未涉及这种改写的原因。要解决这个问题，我们不妨将郭沫若《西厢记艺术上之批判与作者之性格》一文还原到历史语境中，将其与郭沫若对《西厢记》所做的改编创作工作进行对比分析。早在童年时代，郭沫若就对《西厢记》发生了浓厚的兴趣。在郭沫若对偷看《西厢记》的回忆中，可以清楚读到一个青春期的少年是如何对引起性幻想的神秘禁书从茫然到痴迷，而后产生"风流自命，大作其诗"的创作冲动的。① 1921年从日本归国后，郭沫若受上海东泰书局之托标点元杂剧《西厢记》，在结构上、内容上对其进行了大刀阔斧的改编，史书美分析的《西厢记艺术上之批判与作者之性格》一文正是改编版出版时的序言。改编后的《西厢记》语言更通俗，内容更精简连贯，甚至改变了原剧的大团圆结局。即便不论其艺术价值的高低，这种改编本身不仅是郭沫若最早的戏剧创作尝试，为他以后的历史剧创作铺垫了基础，也是在"全数扫净，尽情推翻"旧剧风潮中极为罕见的接连古今文化的尝试。这样看来，郭沫若对待传统的态度恐怕不是仅仅将其作为"世界主义"的论证工具进行利用，也具有非功利的一面。恰如《西厢记》诱惑着少年时的郭沫若，传统的深刻内涵和文化力量也诱惑着试图跃进现代的知识分子郭沫若。在国家内忧外患、面临转型的20世纪初，现代性话语成为一种可以压制他人、提高自身的文化资本，成为区分精英与大众、先进与落后的标准。而不同于现代的诱惑，传统的诱惑则是不可言说的、带有耻辱感的，是与现代性冲突、矛盾的。正因现代性话语文化霸者的地位，面对传统诱惑的郭沫若不得不对其进行改写。

与改编《西厢记》非常相似的传统改写郭沫若1923年译著的是《卷耳集》。《卷耳集》将《诗经》中《国风》译为白话诗，共收录四十首，附有序言、注解和自跋，同样由上海泰东书局出版。美国学者李海燕曾在《摧毁长城的眼泪：五四民歌运动中的情感因素溯源》一文中讨论《卷耳集》的改写。该文针对的是顾颉刚的孟姜女传奇研究，之所以分析郭沫若的古诗今译是为了讨论"五四"时期北大歌谣运动中知识分子对待传统的态度。北大歌谣运动在学术上希望以西方民俗学对中国歌谣进行梳理，在艺术上则重视歌谣天真真挚的美学特色。李海燕指出，郭沫若在《〈卷耳集〉序》中提出的"纯依我一人的直观，直接在各诗中追求它的生命""在诗海中游泳""戏波逐澜"正是北大歌谣运动中艺术上态度的代表。而通过分析《周南卷耳》的译文，李海燕认为对于郭沫若来说，翻译

---

① 郭沫若：《学生时代·我的学生时代》，郭沫若著作出版委员会编《郭沫若全集·文学编》（第12卷），人民文学出版社1992年版，第10页。

《国风》既是对传统财富的汲取，也是对儒家道德化的《诗经》阐释的反抗。① 郭沫若的译文显然不同意儒家将《卷耳》阐释为渴望帝王重用的臣子之情，而刻意渲染征夫怨妇的离别之苦，强调平民化的情感和语言，正是出于民族复兴和启蒙的理想以及个人更为复杂的现代性需求。可见，《卷耳集》的创作也显示了郭沫若对传统非功利的喜好与受时代影响的改写传统的方式。

在高利克那里，郭沫若文论中的传统因素得到了重视；在李欧梵那里，研究者开始探讨郭沫若对传统的误读、改写及其原因；在史书美那里，这种误读中隐藏的"非均质的世界主义"成为讨论的焦点。而通过对以上研究的梳理、对郭沫若文论与创作实践的对比，我们不仅可以看到对传统误读和改写的表现，也可以透视误读和改写的原因——由于"传统的诱惑"与追寻现代的时代要求之间的矛盾，传统因素在现代文论中必须发生改变才得以保存。这些内容是郭沫若文论研究意义深远的启示。

## 三、"大传统"与"小传统"

本节的前两部分从研究方法着眼，以英语世界现代中国文论为引探讨了传统与现代问题语境化处理的必要性和改写传统的原因及结果，第三部分则希望进入"传统"这一概念内部，分析它的不同面向以及20世纪中国文论与之的关系。美国人类学家雷德菲尔德（Robert Redfield）曾提出"大传统"与"小传统"这对范畴以研究传统的不同面向。随后经过詹姆斯·斯高特（James Scott）、巴赫金、金兹伯格（Carlo Ginzburg）等的发展，这对范畴逐渐明确了精英与民间、雅与俗、国族与地区、都市与乡村的划分。不少学者对这对错综复杂的范畴及它们之间的区分与界限、隔阂与互动进行了多样的梳理，也早已将其用于中国社会历史中进行系统论证。② 而如果借由这对范畴思考现代中国文论，那么沈从文文学思想则是一个具有丰富内涵的考察对象。

作为批评家的沈从文属于京派文学批评的队伍，他的文学批评建立在深厚的中国文化基础上，具有重视直觉感悟、重视对批评对象的整体审美把握的特点，批评语言文学化并带有感情色彩。这些特征彰显着传统美学观和批评方式的影响渗透，体现了来自大传统的潜移默化。然而，"湘西"这一来自民间的、村落的、

---

① Haiyan Lee. "Tears That Crumbled the Great Wall: The Archaeology of Feeling in the May Fourth Folklore Movement", *The Journal of Asian Studies*, Vol. 64, No. 1, 2005, p. 57.

② 李亦园：《人类的视野》，上海文艺出版社1996年版，第140~161页；李亦园：《中国文明的民间文化基础》，马戎等主编《二十一世纪：文化自觉与跨文化对话（一）》，北京大学出版社2001年版；[美] 史华兹：《古代中国的思想世界》，江苏人民出版社2004年版。

边缘的小传统概念如背景色一般，笼罩着沈从文的美学观念和创作的方方面面。大传统与小传统的张力和矛盾在沈从文的身上如此显著，但碰撞中却蕴含着种种交流、渗透、妥协。因此，沈从文文学思想研究为分析大传统与小传统关系提供了可能。

20 世纪 30 年代以来的大学教学工作为沈从文提供了从事文学批评的契机，30～40 年代"论海派""谈'差不多'"等数次文学论争展现了沈从文作为文学批评家的热忱。而沈从文作为批评家最大的价值是与其丰赡的文学创作息息相关的，他许多重要的文学观念与审美兴味隐于他的文学创作中，必须与其创作结合起来看才能得到开掘和揭示。诚如王润华所说，沈从文是一个的"诗人批评家"（poet-critic）。① 正因如此，在英语世界的沈从文综合研究中，我们往往能够看到沈从文文论研究的真知灼见。英语世界著名沈从文研究专家金介甫的博士论文《沈从文笔下的中国社会与文化》② 诞生于 70 年代，其中就引入了大传统与小传统的概念。金介甫指出，在沈从文的美学观念中"湘西"是一个极为重要的概念，这种地方性在社会方面和象征方面具有重要意义，也存在着与现代性所要求的民族融合相对抗的因素。金介甫赞同列文森（Joseph R. Levenson）《儒教中国及其现代命运》（Confucian China and Its Modern Fate）一书中所分析的"五四"时代反传统主义者对作为大传统的儒家文化与作为小传统的地方主义的双重否定，并提出沈从文文学思想中带有地方色彩的小传统是对"五四"话语的反驳。③ 在对沈从文身上小传统因素的分析中，金介甫首先以沈从文在《废邮存底》中对一位东南亚作家的劝告指导和 1931 年所列举的地域色彩浓厚的创作计划为例，论证了沈从文文学思想中对地方主义的重视。④ 随后，金介甫讨论了沈从文的地方主义与国族主义的关系，认为在沈从文身上小传统与大传统之间存在着支配与挑战的对抗关系。在金介甫看来，沈从文的小传统既与儒家文化相对立、也与都市文化的现代性相对立，当沈从文加工记忆构建出道德完善、人心质朴的湘西图景，当他刻画出毫无汉人的狡诈、毫无都市人时代弊病的理想化的苗人时，他塑造了一种古老而又长期受到压抑的文化分支。这种小传统"代表了中国已丢失的一面纯洁无瑕的镜子，召唤所有中国人回到大自然去，在人道的理想

---

① 王润华：《沈从文小说创作的理论架构》，载于《中国文化研究》1997 年春之卷总第 15 期，第 129 页。

② Jeffrey C. Kinlkley. Shen Ts'ung-wen's Vision of Republican China. Cambridge：Harvard University，1978.

③ ［美］金介甫：《沈从文笔下的中国社会与文化》，虞建华、邵华强译，华东师范大学出版社 1994 年版，第 7～8 页。

④ ［美］金介甫：《沈从文笔下的中国社会与文化》，虞建华、邵华强译，华东师范大学出版社 1994 年版，第 57 页。

基础上建立起一个健康的社会"。①

这种判断令人联想到苏文瑜对周作人地方主义的看法。苏文瑜认为，周作人"忠于地"的地方主义是民族的意识形态要求与作家之间的缓冲器，是站在狭隘民族主义的对立面、也是站在反传统主义对立面的。② 而在史书美对京派文人如何"面向未来的走向过去"的论述中，她认为以周作人文学思想为代表的地方主义小传统是对"五四"以来线性时间观的反对，是对民族主义想象的抗衡。不仅如此，她还讨论了小传统的普适性。当"五四"话语要求中国放弃自身的精英文化和大传统与现代西方合作，周作人等则以地方主义和小传统强调个人主义的亘古和普适。换而言之，这种小传统不是在"排外主义意义上的对本质化了的中国传统的回归"，而是一种空间化了的文化概念，在特殊性中宣称了一种普遍性。③ 在史书美看来，小传统的普适性在另一个不同层面彰显了与大传统的不同。

金介甫对沈从文文学思想中小传统的挖掘、苏文瑜和史书美对以周作人为代表的京派文人的地方主义的赞许诚然可贵，但这些研究也令我们不由发出进一步的反思：在人类学领域，小传统与大传统是研究上层文化与下层文化的基本概念，经过沈从文、周作人等文化精英改写的小传统还依然属于下层文化吗？经过他们叙述的小传统发生了哪些改变呢？在王德威对沈从文文学思想里"想象的乡愁"和"原乡"的探讨中我们也许可以获得问题的答案。王德威认为，正如鲁迅在《中国新文学大系小说二集·导言》中所说的，只有当作家被从他挚爱的土地上连根拔起，才有可能体会到"乡愁"的滋味。"故乡"似近实远，因此作家才会对乡野人物、地方风俗、俚俗语言进行陌生化的详细描绘，批评家才会以极大的热忱对其进行研究论述。④ 这种描绘看似是巨细靡遗的写实，但实际上却是一种复杂的重塑，体现着真实与想象的互文。在王德威看来，沈从文文学思想中的地方色彩、乡土氛围看似纯任天然，却隐藏着沈从文在追逐原乡时在方言土话、奇风异俗间的种种取舍，隐藏着一位传统写实主义者在描写真实与艺术追求之间的两难，更隐藏着都市人的视角与乡下人身份的冲突——尽管沈从文一生自诩为"乡下人"，但他的天才、知识、经历使他只能站在局外的上层文化的立场

---

① [美]金介甫：《沈从文笔下的中国社会与文化》，虞建华、邵华强译，华东师范大学出版社1994年版，第116页。
② [英]苏文瑜：《周作人：自己的园地》，陈思齐、凌曼萍译，麦田城邦文化出版社2011年版，第203~219页。
③ [美]史书美：《现代的诱惑：书写半殖民地中国的现代主义（1917-1937）》，何恬译，江苏人民出版社2007年版，第201页。
④ 王德威：《写实主义小说的虚构：茅盾、老舍、沈从文》，复旦大学出版社2011年版，第273~274页。

诠释故土、挖掘原乡的意义。① 这种分析提醒我们，如果将重塑后的小传统与小传统本身混淆，也就是将"想象的乡愁"与乡愁混淆，恐怕是将问题简单化了。

对王德威研究的参考也许会令人质疑金介甫、苏文瑜和史书美在文化精英身上寻找小传统的合理性。然而如果我们仅仅关注文化精英对小传统的重塑，恐怕要陷入教条的窠臼。因为周作人、沈从文这样的上层知识分子成长于乡土社会的小传统中，对小传统中的民俗、宗教、伦理有着直观的体验，即便接受了上层文化教育，他们的思想依然是大小传统混合的整体。在《汉代循吏与文化传播》一文中，余英时分析了秦汉时期中国大传统与小传统畅通交流的"双行道"关系。循吏具有"吏"和"师"的双重角色，承担着大传统"教化之师"，将儒家传统注入民间生活。然而通过对史料中记载的循吏王景、张奂事迹的分析，余英时认为循吏是大小传统的中介，使小传统中的某些成分具有了进入大传统的可能。② 在某种意义上，沈从文文学思想中大传统与小传统的共存与交流正与循吏的文化职能相似。它们的存在值得我们思考：是否"大传统"与"小传统"只有对峙竞争、没有贯通互补的可能呢？这正是研究沈从文文学思想中"大传统"与"小传统"重要的启示。

---

① 王德威：《想像中国的方法：历史·小说·叙事》，生活·读书·新知三联书店1998年版，第229页。

② 余英时：《士与中国文化》，上海人民出版社1987年版，第197~200页。

# 参考文献

## 上编

[1] [荷] 阿维夏伊·玛格里特，伊恩·伯鲁马：《"西方主义"》，张和龙译，载于《国外文学》2002年第2期。

[2] [法] 安田朴：《中国文化西传欧洲史》，耿昇译，商务印书馆2013年版。

[3] [美] 布莱德·马罗：《残雪进入了我的小说》，载于《中华读书报》2004年5月12日。

[4] 蔡方鹿：《中华道统思想发展史·自序》，四川人民出版社2003年版。

[5] 蔡尚思：《十家论易》，上海人民出版社2006年版。

[6] 曹顺庆：《比较文学教程》，高等教育出版社2010年版。

[7] 曹顺庆：《比较文学教程》，高等教育出版社2006年版。

[8] 曹顺庆：《比较文学学》，四川大学出版社2005年版。

[9] 曹顺庆：《比较文学学》，四川教育出版社2002年版。

[10] 曹顺庆：《翻译的变异与世界文学的形成》，载于《外语与外语教学》2018年第1期。

[11] 曹顺庆、靳义增：《论"失语症"》，载于《文学评论》2007年第6期。

[12] 曹顺庆：《跨文明比较文学研究——比较文学学科理论的转折与建构》，载于《中国比较文学》2003年第1期。

[13] 曹顺庆、李卫涛：《比较文学学科中的文学变异学研究》，载于《复旦学报》2006年第1期。

[14] 曹顺庆、刘颖：《英语世界中国文学译介与研究的若干问题》，载于《英语研究》2017年第1期。

[15] 曹雪芹、无名氏：《红楼梦》（上），人民文学出版社2008年版。

[16] 常耀信：《中国文化在美国文学中的影响》，载于《外国文学研究》1985年第1期。

[17] 陈跃红：《后现代思维与中国诗学精神》，载于《北京大学学报（哲学社会科学版）》1996年第1期。

[18] 程树德：《论语集释》（一），中华书局1990年版。

[19] ［美］大卫·达姆罗什等：《新方向：比较文学与世界文学读本》，北京大学出版社2010年版。

[20] ［美］大卫·丹穆若什：《什么是世界文学？》，查明建、宋明炜等译，北京大学出版社2014年版。

[21] 董继平：《勃莱诗选》，宁夏人民出版社2012年版。

[22] 杜维明：《文明对话的语境：全球化与多样性》，载于《史学集刊》2002年第1期。

[23] 杜明业：《'世界文学史新建构'中的多元文学观与中国话语》，载于《西安外国语大学学报》2012年12月第4期。

[24] 范存忠：《〈赵氏孤儿〉杂剧在启蒙时期的英国》，载于《文学研究》1957年第3期。

[25] 范存忠：《中国文化在启蒙时期的英国》，译林出版社2010年版。

[26] 冯友兰：《中国哲学简史》，新世界出版社2004年版。

[27] ［德］伽达默尔：《哲学解释学》夏镇平、宋建平译，上海译文出版社1998年版。

[28] 葛桂录：《雾外的远音——英国作家与中国文化》，宁夏人民出版社2002年版。

[29] ［美］葛浩文：《中国文学如何走出去》，林丽君译，载于《文学报》2014年7月3日第18版。

[30] 辜正坤：《中西诗鉴赏与翻译》，湖南人民出版社1998年版。

[31] 郭绍虞：《中国历代文论选》（一），上海古籍出版社2001年版。

[32] 海炯：《首届国际红楼梦研讨会情况简况》，载于《社会科学》1980年第5期。

[33] 何颖：《英语世界的庄子研究》，四川大学博士学位论文，2010年。

[34] 弘扬老子文化国际研讨会筹备委员会：《自然·和谐·发展：弘扬老子文化国际研讨会论文集》，中州古籍出版社2006年版。

[35] 胡文彬、周雷：《香港红学论文选》，百花文艺出版社1982年版。

[36] 胡优静：《英国19世纪的汉学史研究》，学苑出版社2009年版。

[37] 黄鸣奋：《英语世界中国古典文学之传播》，学林出版社1997年版。

[38] 季进：《海外中国现代文学研究的再反思》，载于《文学评论》2015年第6期。

[39] 季进：《另一种声音——海外汉学访谈录》，复旦大学出版社 2011 年版。

[40] 季羡林：《东方文论选·序》，载于《比较文学报》1995 年 10 月。

[41] 季羡林：《东学西渐丛书》，河北人民出版社 1999 年版。

[42] 江枫：《〈新世纪的新译论〉点评》，载于《中国翻译》2001 年第 3 期。

[43] 姜智芹：《英语世界中国当代文学译介与研究的方法论及存在问题》，载于《中外文化与文论》2013 年第 24 辑。

[44] 金学勤：《〈论语〉英译：跨文化阐释——以理雅各、辜鸿铭〈论语〉英译为例》，四川大学博士学位论文，2008 年。

[45] 老舍：《茶馆》，霍华译，外文出版社 2003 年版。

[46] 乐黛云、勒·比雄：《独角兽与龙——在寻找中西文化对话中的误读》，北京大学出版社 1995 年版。

[47] 李冰梅：《韦利与翟理斯在英国诗学转型期的一场争论》，载于《外国文学评论》2012 年第 3 期。

[48] 李伟荣：《麦丽芝牧师与英语世界第一部〈易经〉译本：一个历史视角》，载于《中外文化与文论》2013 年第 3 期。

[49] 李滟波：《全球化语境下的"世界文学"新解——评介大卫·达姆罗什著〈什么是世界文学〉》，载于《中国比较文学》2005 年第 4 期。

[50] 李争：《〈射雕〉英译者：翻译武功招式不难，难在译得流畅》，载于《澎湃新闻》2017 年 10 月 28 日。

[51] 刘畅：《在政治立场与学术探讨之间——评夏志清先生〈中国现代小说史〉鲁迅专章》，载于《重庆社会科学》2007 年第 1 期。

[52] 刘单平：《〈孟子〉西译史述评》，载于《理论学刊》2010 年第 8 期。

[53] 刘华文：《"道"与"逻各斯"在汉诗英译中的对话》，载于《外语与外语教学》2000 年第 8 期。

[54] 刘英凯：《"形美"、"音美"杂议——与许渊冲教授商榷》，载于《翻译通讯》1981 年第 1 期。

[55] 刘英凯：《许渊冲教授"音美"理论与实践质疑》，载于《深圳大学学报（人文社会科学版）》1986 年第 2 期。

[56] 刘立军、王海红：《西方十四行诗或源于中国律诗》，载于《河北学刊》2013 年第 6 期。

[57] 刘岩：《中国文化对美国文学的影响》，河北人民出版社 1999 年版。

[58] 龙迪勇：《空间叙事研究》，生活·读书·新知三联书店出版 2014 年版。

[59] 陆侃如、冯沅君：《中国古典文学简史》，中国青年出版社 1957 年版。

[60] 吕叔湘：《中诗英译比录》，中华书局 2002 年版。

[61] [法] 罗贝尔·埃斯卡皮：《文学社会学》，王美华、王沛译，安徽文艺出版社 1987 年版。

[62] 罗贻荣：《"马小跳现象"的跨文化传播分析》，载于《中国海洋大学学报》（社会科学版）2015 年第 2 期。

[63] 彭珊珊：《郝玉青谈英译〈射雕〉成"爆款"：撬动市场耗时近十年》，载于《澎湃新闻》2018 年 6 月 4 日。

[64] 钱满素：《爱默生和中国——对个人主义的反思》，生活·读书·新知三联书店 1996 年版。

[65] 钱锺书：《七缀集》，生活·读书·新知三联书店 2007 年版。

[66] 钱锺书：《谈艺录·序》，生活·读书·新知三联书店 2007 年版。

[67] 容新芳：《I. A. 瑞恰兹与中国文化：中西方文化的对话及其影响》，商务印书馆 2012 年版。

[68] [美] 塞缪尔·亨廷顿：《文明的冲突与世界秩序的重构》周琪等译，新华出版社 2005 年版。

[69] 沙不烈：《明末奉使罗马教廷耶稣会士卜弥格传》，冯承钧译，上海古籍出版社 2014 年版。

[70] 《十三经注疏》（上册），中华书局 1979 年版。

[71] 孙轶旻：《近代上海英文出版机构与中国古典文学的跨文化传播（1867－1941）》，上海古籍出版社 2014 年版。

[72] 孙展：《顾彬：中国作家应沉默 20 年》，载于《中国新闻周刊》2007 年 4 月 2 日。

[73] 汪榕培：《比较与翻译》，上海外语教育出版社 1997 年版。

[74] 汪榕培：《〈牡丹亭〉的英译及传播》，载于《外国语》1999 年第 6 期。

[75] 汪榕培、任秀桦：《英译周易》，上海外语教育出版社 1993 年版。

[76] 王侃：《中国当代小说在北美的译介和批评》，载于《文学评论》2012 年第 5 期。

[77] 王力：《古代汉语》，中华书局 2000 年版。

[78] 王蒙：《对李商隐及其诗作的一些理解》，载于《文学遗产》1991 年第 1 期。

[79] 王蒙：《混沌的心灵场——论李商隐无题诗的结构》，载于《文学遗产》1995 年第 3 期。

[80] 王蒙：《锦瑟的野狐禅》，载于《随笔》1991 年第 6 期。

[81] 王苗苗、曹顺庆：《从比较文学变异学视角浅析巴金〈寒夜〉翻译中

的创造性叛逆》，载于《当代文坛》2013年第6期。

［82］王宁：《从单一到双向：中外文论对话中的话语权问题》，载于《江海学刊》2010年第2期。

［83］王宁：《翻译研究的文化转向》，清华大学出版社2009年版。

［84］王宁：《世界文学与中国》，载于《中国比较文学》2010年第4期。

［85］王宁：《世界主义、世界文学以及中国文学的世界性》，载于《中国比较文学》2014年第1期。

［86］王栻：《严复集》，中华书局1986年版。

［87］王晓路：《论费维廉的中国文论观》，载于《湖南师范大学社会科学学报》2003年第5期。

［88］王晓路：《术语的困惑——西方汉学界的中国古代文论研究述研》，载于《文艺理论研究》1999年第4期。

［89］王岳川：《发现东方》，北京图书馆出版社2003年版。

［90］王佐良：《英语文体学论文集》，外语教学与研究出版社1980年版。

［91］吴琳：《文学变异学视野下的语言变异研究》，载于《当代文坛》2007年第1期。

［92］吴赟：《中国当代文学译介伦理探讨——以白睿文、陈毓贤〈长恨歌〉为例》，载于《中国翻译》2012年第3期。

［93］谢天振：《译介学》，上海外语教育出版社1999年版。

［94］谢天振：《中国文学走出去：问题与实质》，载于《中国比较文学》2014年第1期。

［95］徐新建：《回顾与前瞻：2015中国多民族文学论坛学术评述》，载于《贵州民族大学学报》2015年第6期。

［96］徐志啸：《中国古代文学在欧洲》，河北教育出版社2013年版。

［97］许嘉璐：《甲申文化宣言》，载于《大地》2004年第18期。

［98］许苗苗：《作者的变迁与新媒介时代的新文学诉求》，载于《文艺理论研究》2015年第2期。

［99］许渊冲：《毛泽东诗词选"译序"》，中国对外翻译出版公司1993年版。

［100］许渊冲：《中诗英韵探胜》，北京大学出版社1992年版。

［101］薛明秋、张良奇：《十四行诗可能是一曲东西合璧的奏鸣曲》，载于《浙江经专学报》1993年第3期。

［102］彦火：《葛浩文与性描写》，载于《羊城晚报》2013年1月31日。

［103］杨四平：《跨文化的对话与想象：现代中国文学海外传播与接受》，东方出版中心2014年版。

[104] 杨宪益:《试论欧洲十四行诗及波斯诗人莪默凯延的鲁拜体与我国唐代诗歌的可能联系》,载于《文艺研究》1983年第4期。

[105] 姚君伟:《赛珍珠论中国小说》,南京大学出版社2012年版。

[106] 叶嘉莹:《王国维及其文学批评》,河北教育出版社1997年版。

[107] 叶维廉:《叶维廉文集》(第一卷),安徽教育出版社2003年版。

[108] 叶维廉:《中国诗学》,生活·读书·新知三联书店1994年版。

[109] 叶维廉:《中国诗学》(增订版),人民文学出版社2006年版。

[110] 张冲:《新编美国文学史》(第一卷),上海外语教育出版社2000年版。

[111] 张弘:《中国文学在英国》,花城出版社1992年版。

[112] 张智中:《诗歌形式与汉诗英译》,载于《天津外国语学院学报》2007年9月第14卷第5期。

[113] 赵毅衡:《诗神远游——中国如何改变了美国现代诗》,译文出版社2003年版。

[114] 赵志裕、康萤仪:《文化社会心理学》,刘爽译,方文校,中国人民大学出版社2010年版。

[115] 钟玲:《中国禅与美国文学》,首都师范大学出版社2009年版。

[116] 周发祥、李岫:《中外文学交流史》,湖南教育出版社1999年版。

[117] 周宪·《审美现代性批判》,商务印书馆2005年版。

[118] 周振甫、冀勤著:《钱锺书(谈艺录)读本》,上海教育出版社1993年版。

[119] 朱靖华:《他山有砺石,良璧逾晶莹——评〈英语世界中国古典文学之传播〉》,载于《中国文化研究》1998年第3期。

[120] 朱谦之:《中国哲学对欧洲的影响》,河北人民出版社1999年版。

[121] Alber, Charles J. A Survey of English language Criticism of the Shui-hu Chuan. *Tsing Hua Journal of Chinese Studies*, Vol. 2 (1969) pp. 108.

[122] Alexander, G. G. *Confucius, The Great Teacher: A Study*. London: Kegan Paul, Trench, Trübner & Co, 1890.

[123] Allinson, Robert E. *Chuang-Tzu for Spritual Transformation: An Analysis of the Inner Chapters*. Albany: State University of New York Press, 1989.

[124] Arthur David Waley. "Notes on the Lute-Girl's Song", *The New China Review*, Vol. 2, 1920 (Dec).

[125] Balfour, F. H. *Taoist Texts: Ethical, Political, and Speculative*. London: Trubner, 1884.

[126] Balfour, F. H. *The Divine Classic of Nan-hua, Being the Works of Chuang-*

Tsze, *Taoist Philosopher*. London: Kelly & Walsh, 1881.

［127］Barmé, Geremie and Benneett Lee, eds. *The Wounded: New Stories of the Cultural Revolution*, 77 – 78. Hong Kong: Joint Publishing Co., 1979.

［128］Barmé, Geremie and John Minford, eds. *Seeds of Fire: Chinese Voices of Conscience*. New York: Hill and Wang, 1988.

［129］Barmé, Geremie and Linda Jaivin, eds. *New Ghosts, Old Dreams*. New York: Random House, 1992.

［130］Bassnett, Susan and Andre Lefevere. *Translation, History and Culture*. London, Cassell, 1990.

［131］Beal, Samuel. *Travels of Fah-hian and Sung-yun, Buddhist Pilgrims, from China to India* (400 A. D. and 518 A. D). London, Trübner, 1869. ［2d ed］. New York: Kelley 1964.

［132］Berninghausen, John and Huters, Theodore eds. *Revolutionary Literature in China: An Anthology*. White Plains, New York: M. E. Sharpe, 1976.

［133］Bonsall, B. S. trans. *Red Chamber Dream* (*Hung Lou Meng*), < http://www.lib.hku.hk/bonsall/hongloumeng/3.pdf >. Bouvet, Joachim, Collège de la Trinité, Michallet. *Portrait historique de l'empereur de la Chine*. chez Estienne Michallet, 1697.

［134］Cao, Shunqing. *The Variation Theory of Comparative Literature*. Heidelberg: Springer, 2013.

［135］Carcassonne, E. "La Chine dans l'Esprit des Lois", in *Revue d'Histoire littéraire de la France*, 31 (1924).

［136］Chen, Jianing, ed. *Themes in Contemporary Chinese Literature*. Beijing: New World Press, 1993.

［137］Ch'en, Shou-yi. *Chinese Literature: A Historical Introduction*. New York: Ronald Press, 1961.

［138］Choa, Carolyn and David Su Li-qun, eds. *The Vintage Book of Contemporary Chinese Fiction*. New York: Vintage Books, 2001.

［139］Creel, Herrlee Glessner. *Confucius, the Man and the Myth* (1949). New York: John Day. Rpt. under title: *Confucius and the Chinese Way*, New York: Harper, 1960.

［140］Damrosch, David. *What is World Literature?* Princeton, New Jersey: Princeton University Press, 2003.

［141］Dapper, Olfert. *Asia, Oder Genaue und Gründliche Beschreibung des ga-*

ntzen *Syrien und Palestins*, *oder Gelobten Landes*: *worinnen Die Landschafften Phoenicien*, *Celesyrien*, *Commagene*, *Pierien*, *Cyrestica*, *Seleucis*, *Cassiotis*, *Chalibonitis*, *Chalcis*, *Abilene*, *Apamene*, *Laodicis*, *Palmyrene*, & *c. Neben denen Ländern Peréa oder Ober - Jordan*, *Galilaea*, *das absonderliche Palestina*, *Judaea und Iduméa begriffen sind*. Amsterdam: Jacob von Meursen, 1681.

［142］David Hawkes, John Minford, trans., *The Story of the Stone* Vol. I. London: Penguin Books, 1980.

［143］Dubs, Homer Hasenplug. *Hsuntze*: *The Moulder of Ancient Confucianism*. London: Arthur Probsthain, 1927.

［144］Duke, Michael S. ed. *Contemporary Chinese Literature*: *An Anthology of Post - Mao Fiction and Poetry*. Armonk, New York: M. E. Sharpe, 1985.

［145］Duke, Michael ed. *Worlds of Modern Chinese Fiction*. Armonk, New York: M. E. Sharpe, 1991.

［146］Eliot, T. S. *Introduction in Selected Poems of Ezra Pound*. London: Faber and Faber, 1959.

［147］Eoyang, Eugene Cheng. *The Transparent Eye*: *Reflections on Translation*, *Chinese Literature*, *and Comparative Poetics*. Honolulu: University of Hawaii Press, 1993.

［148］Feng, Yuanjun. *A Short History of Classical Chinese Literature*. Beijing: Beijing Foreign Languages Press, 1958.

［149］Friedrich (Preußen, König, II.). *Relation de Phihihu*, *Émissaire de l'Empereur de la Chine en Europe*. Marteau, 1760.

［150］Gibson, Morgan. *Revolutionary Rexroth*: *Poet of East - West Wisdom*. Hamden: Archon Books, 1986.

［151］Giles, Herbert A. *A Dictionary of Colloquial Idioms in the Mandarin Dialect*. Shanghai, A. H. de Carvalho, 1873.

［152］Giles, Herbert A. *A Glossary of Reference on Subjects Connected with the Far East*. 1878. Hong Kong: Shanghai; Yokohama: London: Lane, Crawford; Kelly & Walsh; B. Quaritch, 1886. London: Totowa, N. J.: Curzon Press; Rowman & Littlefield, 1900, 3d ed.. London: Curzon Press; Totowa, N. J.: Rowman & Littlefield 1974.

［153］Giles, Herbert A. *Synoptical Studies in Chinese Character*. Shanghai, A. H. de Carvalho, 1874.

［154］Giles, Herbert A. ed. &tr. *Gems of Chinese Literature*. London, Shanghai,

B. Quaritch; Kelly & Walsh, 1884.

［155］ Giles, Herbert A. *A Catalog of the Wade Collection of Chinese and Manchu Books in the Library of the University of Cambridge. T. F Wade（Thomas Francis）, 1818 – 1895.* Cambridge: Cambridge University Press, 1898.

［156］ Giles, Herbert A. *A History of Chinese Literature, With a Supplement on the Modern Period.* New York, F. Ungar Pub. Co., 1967.

［157］ Giles, Herbert A. *A Chinese Biographical Dictionary.* London: Bernard Quaritch; Shanghai: Kelly & Walsh 1898. Taipei: Cheng – Wen Pub. Co., 1968.

［158］ Giles, Herbert A. *A Chinese – English Dictionary.* London, Shanghai［etc.］ B. Quaritch; Kelly & Walsh, limited, 1892. Revised edition, Nanking, 1899. Rev. & enl.. Taipei: Cheng Wen Pub. Co., 1972.

［159］ Giles, Lionel. *The Sayings of Confucius: A New Translation of the Greater Part of the Confucian Analects.* New York: E. P. Dutton and Company, 1910.

［160］ Girardot, Norman J. *The Victorian Translation of China: James Legge's Oriental Pilgrimage.* University of California Press, 2002.

［161］ Goldblatt, Howard ed. *Chairman Mao Would Not Be Amused: Fiction from Today's China.* New York: Grove Press, 1995.

［162］ González, Juan de Mendoza. *Historia de las cosas mas notables, ritos y costumbres, del gran reyno dela China, sabidas assi por los libros delos mesmos Chinas, como por relacion de Religiosos y otras personas que an estado en el dicho reyno.* Rome: Bartholome Grassi, en la Stampa de Vicentio Accolti, 1585.

［163］ Harvey, David W. *The Condition of Postmodernity: An Enquiry into the Origins of Cultural Change.* Cambridge, MA: Blackwell. 1990.

［164］ Hawkes, David, tr. *The Story of the Stone,* Vol. I. London: Penguin Books, 1980.

［165］ Hegel, Robert E. and Richard C. Hessney, eds. *Expressions of Self in Chinese Literature.* New York: Columbia University Press, 1985.

［166］ Herder, Johann Gottfried. T. Churchill. J. Johnson tr. *Outlines of a Philosophy of the History of Man.* London: Luke Hanford, 1803.

［167］ Hobson, John M. *The Eastern Origins of Western Civilisation.* Cambridge, UK: Cambridge University Press, 2004.

［168］ *Holy Bible,* New International Version, 1973.

［169］ Hsia, Adrian ed. *The Vision of China in the English Literature of the Seventeenth and Eighteenth Centuries.* Hong Kong: The Chinese University Press, 1998.

［170］Hsu, Kai-yu. *The Chinese Literary Scene*: *A Writer's Visit to the People's Republic.* New York: Vintage Books, 1975.

［171］Hsu, Kai-yu, ed. *Literature of the People's Republic of China*, Bloomington: Indiana University Press, 1980.

［172］Hwui, Li. *The life of Hiuen - Tsiang by the Shaman Hwui Li.* With an introduction, containing an account of the works of *I - tsing*, by Samuel Beal. With a pref. by L. Cranmer - Byng. New ed. . London: Trubner, 1911.

［173］Jenner, W. J. F. ed. *Modern Chinese Stories.* London: Oxford University Press, 1970.

［174］Joseph S. Nye, Jr. , *Soft Power*: *The Means to Success in World Politics.* New York: Public Affairs, 2004.

［175］Kingsbury, Diana B. compile & tr. *I Wish I Were a Wolf*: *The New Voice in Chinese Women's Literature.* Beijing: New World Press, 1994.

［176］Kinkley, Jeffrey C. ed. *After Mao*: *Chinese Literature and Society*, 1978 - 1981. Cambridge and London: Harvard University Press, 1985, reprinted in 1990.

［177］Kinkley, Jeffrey C. "A Bibliographic Survey of Publications on Chinese Literature in Translation from 1949 - 1999", in Qi, Banyuan and Wang, Dewei, ed, *Chinese Literature in the Second Half of a Modern Century*: *A Critical Survey*, Bloomington: Indiana University Press, 2000.

［178］Kinkley, Jeffrey C. *Chinese Justice*, *the Fiction*: *Law and Literature in Modern China.* Stanford: Stanford University Press, 2000.

［179］Kinkley, Jeffrey C. *Corruption and Realism in Late Socialist China*: *The Return of the Political Novel.* Stanford: Stanford University Press, 2007.

［180］Kingsmill, Thomas W. "In Memoriam（of Rev. Canon McClatchie）", *Journal of the China Branch of the Royal Asiatic Society*, Vol. 20, 1885, p. 100.

［181］Knechtges, David. "A Literary Feast: Food in Early Chinese Literature", in *Journal of the American Oriental Society*, Vol. 106, No. 1, 1986, pp. 49 - 63.

［182］Knechtges, David R. Taiping Chang, eds. *Ancient and Early Medieval Chinese Literature*: *A Reference Guide.* Leiden; Boston: Brill, 2010 - 2014.

［183］Ku Hung - Ming. *Dicourses and Sayings of Confucius.* Shanghai: Kelly and Walsh, Limited, 1898.

［184］Ku Hung-ming, tr. *The Discourses and Sayings of Confucius. A new special translation, illustrated with quotations from Goethe and other writers.* Shanghai ［etc. ］:

Kelly and Walsh, limited, 1898.

［185］ Ku Hung Ming. *The Conduct of Life*; or, *The Universal Order of Confucius*: *A translation of one of the Four Confucian Books hitherto known as The Doctrine of the Mean*. London: J. Murray, 1908.

［186］ Ku Hung-Ming, trans. *Higher Education*: *A new translation of Ta hsüeh*. Shanghai: Shanghai Mercury, 1915.

［187］ Lai Ming. *A History of Chinese Literature*. New York, John Day Co., 1964. London: Cassell, 1964.

［188］ Le Père Prémare. *L'Orphelin de Tchao*, in *Description de la Chine*, par le Père du Halde. Paris, 1735.

［189］ Lee, Yee, ed. *The New Realism*: *Writings from China After the Cultural Revolution*. New York: Hippocrene BooksInc., 1983.

［190］ Lefevere, André. ed. *Translation, History, Culture*: *A Source Book*. London: Routledge, 1992.

［191］ Legge, James. *The Chinese Classics*: *With a Translation, Critical and Exegetical Notes*, Leibniz, Gottfried Wilhelm. *Novissima Sinica Historiam Nostri Temporis Illustratura*: *In quibus De Christianismo Publica nunc primum autoritate propagato missa in Europam relatio exhibetur*. Förster, 1699.

［192］ Legge, James, trans. "The *Yih King*" in *The Texts of Confucianism*. Oxford: Claredon Press, 1882, p. 396.

［193］ Legge, James. *The Chinese Classics*. Vol. 1. Hong Kong University Press, 1960.

［194］ Link, Perry ed. *Stubborn Weeds*: *Popular and Controversial Chinese Literature after the Cultural Revolution*. Bloomington: Indiana University Press, 1983.

［195］ Link, Perry. ed. *Roses and Thorns*: *The Second Blooming of the Hundred Flowers in Chinese Fiction*, 1970–80. Berkeley: University of California Press, 1984.

［196］ Lionel M. Jensen. *Manufacturing Confucianism*: *Chinese traditions & universal civilization*. Durham: Duke University Press, c1997.

［197］ Liu, Nienling et al, trans. *The Rose Colored Dinner*: *New Works by Contemporary Chinese Women Writers*. Hong Kong: Joint Publishing Co., 1988.

［198］ Liu, Wu-chi. *Confucius, His Life and Time*. New York: Philosophy library, 1955.

［199］ Mair, Victor H., *The Columbia History of Chinese Literature*. New York: Columbia University Press, 2001.

［200］Martinson, Paul Varo. *Pao Order and Redemption*: *Perspective on Chinese Religion and Society Based on a Study of the Chin P'ing Mei*. Ph. D. dissertation, University of Chicago, 1973, p. 305.

［201］McClatchie, Thomas. trans. *A Translation of the Confucian* 易经 *or the "Classic of Changes" with Notes and Appendix*. Shanghai: American Presbyterian Mission Press and London: Messrs. Trübner & Co., 1876.

［202］Mei, Y. P. "Review of Confucius and Christ: A Christian Estimate of Confucius by Leo Sherley – Price". *Philosophy East and West*, Vol. 2, No. 3, Oct 1952, pp. 262 – 263.

［203］Meserve, Walter J. and Ruth I. Meserve, eds. *Modern Literature From China*. New York: New York University Press, 1974.

［204］Mu, Aili and Julie Chiu, Howard Goldblatt, eds. *Loud Sparrows*: *Contemporary Chinese Short – Shorts*. New York: Columbia University Press, 2006.

［205］Müller, Max. eds. *Sacred Books of the East Series*. Oxford: Clarendon Press, 1879 – 1891.

［206］Nieh, Hua-ling, ed. *Literature of the Hundred Flowers Period. Vol. 1 Criticism and Polemics*; *Vol. 2 Poetry and Fiction*. New York: Columbia University Press, 1981.

［207］Nieuhof, Johannes (1618 – 1672) et al. *An Embassy from the East – India Company of the United Province to the Grand Tartar Cham*: *Emperour of China, Delivered by their Excelleies Peter De Coyer, and Jacob De Keyzer, At his Imperial City of Peking*. London: printed by John Macock, 1669.

［208］Plaks, Andrew H. "Where the Lines Meet: Parallelism in Chinese and Western Literatures", in *Chinese Literature*: *Essays, Articles, Reviews*, 10 (1988).

［209］Pound, Ezra. "A Retrospect", in *Literary Essays of Ezra Pound*, edited by T. S. Eliot, New York: New Directions Publishing, 1968.

［210］*Prolegomena, and Copious Indexes*, 5 vols., Hong Kong: Legge; London: Trubner, 1861 – 1872.

［211］Rousseau, Jean – Jacques. *Discours sur les sciences et les arts*. A Geneve: Chez Barillot & fils, 1750.

［212］Said, Edward W. "Traveling Theory" in *the World, the Text, and the Critic*. Cambridge, MA: Harvard University Press, 1983.

［213］Sciban, Shu-ning and Fred Edwards, eds. *Dragonflies*: *Fiction by Chinese Women in the Twentieth Century*. New York: East Asia Program, Cornell University, 2003.

[214] Sieber, Patricia, ed. *Red Is Not the Only Color*: *A Collection of Contemporary Chinese Fiction on Love and Sex between Women*. Lanham, Maryland: Rowman & Littlefield Publishers, 2001.

[215] Siu, Helen and Zelda Stern, eds. *Mao's Harvest*: *Voices from China's New Generation*. New York: Oxford University Press, 1983.

[216] Siu, Helen, ed. *Furrows*: *Peasants, Intellectuals, and the State*: *Stories and Histories from Modern China*. Stanford: Stanford University Press, 1990.

[217] Tai, Jeanne, ed. *Spring Bamboo*: *A Collection of Contemporary Chinese Short Stories*. New York: Random House, 1989.

[218] Tu, Shali. *The Influence of Taoism on O'Neill's Late Plays*. (Degree Thesis), Wuhan: College of Foreign Languages, Central China Normal University, 2002.

[219] Venuti, Lawrence. *Rethinking Translation*: *Discourse, Subjectivity, Ideology*. London & New York: Routledge, 1992.

[220] Voltaire. *L'orphelin de la Chine*: *Tragedie*. Dans l'imprimerie de J. L. N. de Ghelen, 1757.

[221] Voltaire. *Essai sur les moeurs et l'esprit des nations…* [Remarques & pièces relatives a L'Essai]. Fragmens sur l'histoire. Eclaircissemens historiques à l'occasion d'un libelle…contre l'Essai. Chez Stoupe, Imprimeur, 1792.

[222] Wang, Jing, ed. *China's Avant-Garde Fiction*: *An Anthology*. Durham: Duke University Press, 1998.

[223] Wang, David Der-wei & Jeanne Tai, eds. *Running Wild*: *New Chinese Writers*. New York: Columbia University Press, 1994.

[224] Watson, Burton. *Su Tung-p'o*: *Selections from a Sung Dynasty Poet*, New York: Columbia Universtiy Press, 1965.

[225] Webb, John. *An Historical Essay Endevouring a Probability that the Language of the Empire of China is the Primitive Language*. London: Nathaniel Brooks, 1669.

[226] Wolff, Christian von. *Oratio De Sinarum Philosophia Practica*. Francofurti: Hort Andreae, 1726.

[227] Xu, Long ed. *Recent Fiction from China*, 1987-1988: *Novellas and Short Stories*. New York: Edwin Mellen Press, 1991.

[228] Xuanzang. *Si-yu-ki. Buddhist Records of the Western World*. Translated from

the Chinese of Hiuen Tsiang (A. D. 629) by Samuel Beal. Popular ed. London: Trubner & Co., 1884; 1906; Calcutta: Susil Gupta, 1957 – 1958; Delhi: Nirmal D. Jain, 1969; New York: Paragon Book Reprint Corp, 1968.

[229] Yang, Hsien-yi and Gladys Yang, trans., *A Dream of Red Mansions*. Beijing: Foreign Languages Press, 1978.

[230] Zhu, Hong, ed. *The Chinese Western: Short Fiction from Today's China*. New York: Ballantine Books, 1988.

[231] Zhu, Hong, ed. *The Serenity of Whiteness: Stories by and about Women in Contemporary China*. New York: Ballantine Books, 1991.

[232] Zhang, Longxi. *The Tao and The Logos: Literary Hermeneutics, East and West*. Duke: Duke University Press, 1992.

## 中编

[1] 艾伯华:《丁乃通的〈中国民间故事类型索引〉: 以口头传统与无宗教的古典文学文献为主》, 董晓萍译, 载于《民族文学研究》2008 年第 3 期。

[2] [美] 艾朗诺:《北美宋金元文学研究》, 蒋树勇译, 载于张海惠主编《北美中国学——研究概述与文献资料》, 中华书局 2010 年版。

[3] 安乐哲:《和而不同: 比较哲学与中西会通》, 北京大学出版社 2002 年版。

[4] 安乐哲、罗思文:《〈论语〉的哲学诠释》, 余瑾译, 中国社会科学出版社 2003 年版。

[5] [英] 彼德·琼斯:《意象派诗选》, 裘小龙译, 漓江出版社 1986 年版。

[6] 曹顺庆:《比较文学教程》, 高等教育出版社 2010 年版。

[7] 曹顺庆:《比较文学论》, 四川教育出版社 2002 年版。

[8] 曹顺庆、林家钊:《语言与意义——中西文论关键词比较》, 载于《学术研究》2017 年第 2 期。

[9] 曹顺庆、罗富明:《变异学视野下比较文学的反思与拓展》, 载于《中外文化与文论》2011 年第 1 期。

[10] 曹顺庆、周春:《"误读"与文论的"他国化"》, 载于《中国比较文学》2004 年第 4 期。

[11] 曹雪芹:《红楼梦》(上), 人民文学出版社 2008 年版。

[12] 陈寅恪:《王静安先生遗书序》, 载于王国维著《海宁王静安先生遗书》, 台湾商务印书馆 1976 年版。

[13] 陈友冰:《二十世纪中期以前英国作家笔下的中国形象及特征分析》,

载于《华文文学》2008 年第 2 期。

[14] 成中英:《易学本体论》,北京大学出版社 2006 年版。

[15] 程俊英:《诗经译注》,上海古籍出版社 1986 年版。

[16] 程树德:《论语集释》(一),中华书局 1990 年版。

[17] 董雯婷:《西方文论关键词:罗曼司》,载于《外国文学》2017 年第 5 期。

[18] 樊宝英:《选本批评与古人的文学史观念》,载于《文学评论》2005 年第 2 期。

[19] 范存忠:《中国文化在启蒙时期的英国》,上海外语教育出版社 1991 年版。

[20] [美] 方志彤:《〈诗品〉作者考》,闫月珍译,载于《文学遗产》2011 年第 5 期。

[21] [美] 方志彤:《〈诗品〉作者考之二》,闫月珍译,载于《中山大学学报(社会科学版)》2014 年第 6 期。

[22] [瑞士] 费尔迪南·德·索绪尔:《普通语言学教程》,高名凯译,商务印书馆 1980 年版。

[23] 冯友兰:《中国哲学简史》,新世界出版社 2004 年版。

[24] 高德耀:《斗鸡与中国文化》,中华书局 2005 年版。

[25] 宋耕:《元杂剧改编与意识形态——兼谈'宏观文学史'的思考〈二十一世纪〉(网络版)》,2003 年 5 月。

[26] 辜鸿铭:《辜鸿铭文集》,海南出版社 2000 年版。

[27] 辜正坤:《中西诗鉴赏与翻译》,湖南人民出版社 1998 年版。

[28] 郭建中:《当代美国翻译理论》,湖北教育出版社 2000 年版。

[29] 郭沫若:《〈周易〉时代的社会生活》,载于蔡尚思主编《十家论易》,上海人民出版社 2006 年版。

[30] 郭少棠:《旅行:跨文化想象》,北京大学出版社 2005 年版。

[31] 韩南:《创造李渔》,杨光辉译,上海教育出版社 2010 年版。

[32] 韩南:《韩南中国小说论集》,王秋桂等译,北京大学出版社 2008 版。

[33] 韩南:《中国白话小说史》,尹慧珉译,浙江古籍出版社 1989 年版。

[34] 韩南:《中国短篇小说——年代、作者、作法的研究(之一)》,曾虹、王青平译,载于《明清小说研究》1986 年第 1 期。

[35] 韩南:《中国古代爱欲小说》,水晶译,载于《书城》1998 年第 11 期。

[36] 韩南:《中国古代爱欲小说》(续),水晶译,载于《书城》1998 年第 12 期。

［37］郝景春：《儒家思想在西方的传播》，载于《河北学刊》2012 年第 5 期。

［38］胡适：《胡适留学日记》（下），安徽教育出版社 2006 年版。

［39］胡燕春：《新批评派与美国汉学界的中国文学研究》，载于《福建师范大学学报（哲学社会科学版）》2009 年第 2 期。

［40］黄鸣奋：《二十世纪英语世界中国古代戏剧之传播》，载于《戏曲研究》1998 年第 1 期。

［41］黄鸣奋：《20 世纪中国古代散文在英语世界之传播》，载于《厦门大学学报（哲学社会科学版）》1996 年第 4 期。

［42］黄鸣奋：《英语世界的中国古典文学研究工具书》，载于《文史知识》1997 年第 3 期。

［43］黄鸣奋：《英语世界先秦散文著译通论》，载于《厦门大学学报（哲学社会科学版）》1995 年第 2 期。

［44］黄鸣奋：《英语世界中国古代戏剧之传播》，载于《戏剧艺术》1998 年第 3 期。

［45］黄鸣奋：《英语世界中国古典文学之传播》，北京学林出版社 1997 年版。

［46］黄云霞：《"历史"著述与"文学史"书写——从近年引进的几部海外版"中国文学史"谈起》，载于《东南学术》2015 年第 1 期。

［47］霍跃红：《基于语料库的译者文体比较研究》，载于《大连理工大学学报（社会科学版）》2010 年第 2 期。

［48］［日］吉川幸次郎：《中国诗史》，章培恒等译，复旦大学出版社 2001 年版。

［49］冀爱莲、郭炳通：《胡适海外汉学观研究》，载于《安徽史学》2010 年第 3 期。

［50］江枫：《〈新世纪的新译论〉点评》，载于《中国翻译》2001 年第 3 期。

［51］姜智芹：《英语世界中国当代文学译介与研究的方法论及存在问题》，载于《中外文化与文论》2013 年第 3 期。

［52］［美］杰夫·凯乐：《柯润璞与中国口述文学研究》，吴思远译，载于《中华戏曲》2015 年第 1 期。

［53］金荣华：《论丁乃通〈中国民间故事类型索引〉中译本之〈专题分类索引〉》，载于《民间文化论坛》2010 年第 5 期。

［54］金学勤：《〈论语〉英译：跨文化阐释——以理雅各、辜鸿铭〈论语〉英译为例》，四川大学博士学位论文，2008 年。

［55］［美］柯润璞：《元杂剧的戏场艺术（序）》，魏淑珠译，巨流图书公司 2001 年版。

[56] 李安光：《国内"英语世界元杂剧的译介与研究"之综述——兼论该课题的学术意义与价值》，载于《云南艺术学院学报》2015 年第 3 期。

[57] 李明滨：《世界第一部中国文学史》，载于《文史知识》2003 年第 1 期。

[58] 李欧梵：《韩南教授的治学和为人》，载于徐侠译《中国近代小说的兴起》，上海教育出版社 2004 年版。

[59] 李万生：《"水浒"书名及相关问题》，载于《云梦学刊》2005 年第 6 期。

[60] 李伟荣：《英语世界的〈易经〉研究》，四川大学博士学位论文，2012 年。

[61] 李贤平：《〈红楼梦〉成书新说》，载于《复旦学报（社会科学版）》1987 年第 5 期。

[62] 李秀英：《华兹生的汉学研究与译介》，载于《国外社会科学》2008 年第 4 期。

[63] 李秀英：《华兹生英译〈史记〉的叙事结构特征》，载于《外语与外语教学》2006 年第 9 期。

[64] 李真：《英国早期汉学的"三大星座"——小记英国著名汉学家理雅各、德庇时和翟理斯》，载于《人文丛刊》2009 年第四辑。

[65] ［法］列维·斯特劳斯：《结构人类学》，张祖建译，中国人民大学出版社 2006 年版。

[66] 凌筱峤：《重构戏曲与文学与文学史——伊维德教授的学术研究》，载于《戏曲研究》2014 年第 2 期。

[67] 刘华文：《"道"与"逻各斯"在汉诗英译中的对话》，载于《外语与外语教学》2000 年第 8 期。

[68] 刘英凯：《"形美"、"音美"杂议——与许渊冲教授商榷》，载于《翻译通讯》1981 年第 1 期。

[69] 刘英凯：《许渊冲教授"音美"理论与实践质疑》，载于《深圳大学学报（人文社会科学版）》1986 年第 2 期。

[70] 刘龙：《赛珍珠研究》，云南人民出版社 1992 年版。

[71] 刘若愚：《中国文学理论》，杜国清译，江苏教育出版社 2006 年版。

[72] 刘少雄：《近现代词学批评方法论》，载于《中国文哲研究通讯》第四卷第二期，1994 年 6 月。

[73] 刘守华：《丁乃通：醉心于中国民间故事研究的美籍华裔学者》，载于《广西师范大学学报：哲学社会科学版》2014 年第 6 期。

[74] 刘泽权、田璐：《〈红楼梦〉叙事标记语及其英译——基于语料库的对比分析》，载于《外语学刊》2009 年第 1 期。

[75] 鲁迅：《致姚克书》，载于《鲁迅全集》第12卷，人民文学出版社1981年版。

[76] 陆侃如、冯沅君：《中国古典文学简史》，中国青年出版社1957年版。

[77] 陆扬：《〈宋元戏曲考〉与〈诗学〉》，载于《戏曲艺术》2009年第2期。

[78] 吕世生：《元剧〈赵氏孤儿〉翻译与改写的文化调适》，载于《中国翻译》2012年第4期。

[79] 吕叔湘：《中诗英译比录》，中华书局2002年版。

[80] [法] 罗贝尔·埃斯卡皮：《文学社会学》，王美华、王沛译，安徽文艺出版社1987年版。

[81] [英] 马库斯·埃里夫：《美国的文学》，方杰译，香港今日出版社1975年版。

[82] [美] 梅维恒：《绘画与表演（中国的看图讲故事和它的印度起源）》，王邦维等译，北京燕山出版社2000年版。

[83] 梅益民：《海外书讯——〈八出中国戏剧，从十三世纪至今〉》，载于《读书》1981年第3期。

[84] [美] 倪豪士：《传记与小说：唐代文学比较论集》，中华书局1995年版。

[85] 宁稼雨：《从"AT分类法"到中国叙事文化学的故事类型分类——中国叙事文化学研究丛谈之五》，载于《天中学刊》2015年第1期。

[86] 欧阳桢：《捉襟见肘的信使：翻译中的接受美学》，载于乐黛云、陈珏选编《北美中国古典文学研究名家十年文选》，江苏人民出版社1996年版。

[87] 潘吉星：《沈福宗在十七世纪欧洲的学术活动》，载于《传统文化与现代化》1994年第1期。

[88] 沙博理、妙龄：《〈水浒传〉的英译》，载于《中国翻译》1984年第2期。

[89] 申小龙：《语言的文化阐释》，上海知识出版社1992年版。

[90] 沈伯俊：《水浒研究论文集》，中华书局1994年版。

[91] 生安锋、白军芳：《孙康宜教授访谈录》，载于《书屋》2008年第2期。

[92] 施建军：《关于以〈红楼梦〉120回为样本进行其作者聚类分析的可信度问题研究》，载于《红楼梦学刊》2010年第5期。

[93] （宋）苏轼：《苏轼全集校注》（词集），河北人民出版社2011年版。

[94] （宋）苏轼：《苏轼全集校注》（诗集），河北人民出版社2010年版。

[95] 孙楷第：《也是园古今杂剧考》，上杂出版社1953年版。

[96]［美］孙康宜、宇文所安：《剑桥中国文学史》，刘倩等译，生活·读书·新知三联书店2013年版。

[97] 孙玫：《简论戏曲研究之中西互动》，载于《戏曲艺术》2007年第4期。

[98]［英］斯当东：《英使谒见乾隆纪实》，叶笃义译，上海书店出版社2005年版。

[99]［美］斯坦利·费什：《读者心中的文学：情感文体学》，载于张经之等主编：《西方二十世纪文论选》（第三卷），中国社会科学出版社1989年版。

[100] 覃江华：《典籍英译者翻译观的多维思考》，载于《江西教育学院学报》2009年第2期。

[101]（明）汤显祖：《牡丹亭》，汪榕榕英译，湖南人民出版社2000年版。

[102]［美］唐凯琳：《苏轼诗歌中的"归"——宋代士大夫贬谪心态之探索》，载于《国际宋代文化研究会论文集》，四川大学古籍整理与研究所1991年版。

[103] 田菱：《风景阅读与书写》，李馥名译，载于《体现自然：意象与文化实践》，中央研究所中国文哲研究所2012年版。

[104] 田民：《美国的中国戏剧研究》，载于张海惠主编《北美中国学——研究概述与文献资料》，中华书局2010年版。

[105] 佟艳光：《理雅各布〈诗经〉英译本与朱氏〈诗集传〉的关系初探》，载于《辽宁行政学院学报》2010年第10期。

[106] 汪榕培：《比较与翻译》，上海外语教育出版社1997年版。

[107] 汪榕培：《〈牡丹亭〉的英译及传播》，载于《外国语》1999年第6期。

[108] 王国强：《〈中国评论〉（1872-1901）与西方汉学》，上海世纪出版集团2010年版。

[109] 王国维：《宋元戏曲史》，江苏文艺出版社2007年版。

[110] 王力：《古代汉语》，中华书局2000年版。

[111] 王利器：《"水浒"英雄的绰号》，载于《水浒研究论文集》，作家出版社1957年版。

[112] 王蒙：《对李商隐及其诗作的一些理解》，载于《文学遗产》1991年第1期。

[113] 王蒙：《混沌的心灵场——论李商隐无题诗的结构》，载于《文学遗产》1995年第3期。

[114] 王蒙：《锦瑟的野狐禅》，载于《随笔》1991年第6期。

[115] 王敏：《〈剑桥中国文学史〉与新文学史学》，载于《上海交通大学学报（哲学社会科学版）》2012年第5期。

[116] 王润华：《华裔汉学家周策纵的汉学研究》，北京学苑出版社2011

年版。

[117] 王晓路、奚如谷：《中国和美国：文化、仪式、书写与都市空间》，载于《文艺研究》2007年第9期。

[118] 王晓农：《中国文化典籍英译出版存在的问题——以〈大中华文库·二十四诗品〉为例》，载于《当代外语研究》2013年第11期。

[119] 王琰：《汉学视域中的〈论语〉英译研究》，上海外语教育出版社2012年版。

[120] 王佐良：《英语文体学论文集》，外语教学与研究出版社1980年版。

[121] 吴伏生：《汉诗英译研究：理雅各、翟理斯、韦利、庞德》，学苑出版社2012年版。

[122] 吴思远：《纷争逐罢羡优伶，翔空飞钓亦关情——柯润璞与汉学研究》，载于《中华读书报》2014年5月7日第18版。

[123] 吴思远：《奚如谷与中国戏曲研究》，载于《戏曲研究》2013年第八十八辑。

[124] 吴涛：《勒菲弗尔"重写"理论视域下的华兹生〈史记〉英译》，载于《昆明理工大学学报（社会科学版）》2010年第5期。

[125] 吴原元：《隔绝对峙时期的美国中国学（1949-1972）》，上海辞书出版社2008年版。

[126] 奚如谷：《文本与意识形态——明代编订者与北杂剧》，甄炜旎译，载于《中国文学研究》2010年第2期（第十六辑）。

[127] 奚如谷：《臧懋循改写〈窦娥冤〉研究》，载于《文学评论》1992年第2期。

[128] 谢天振：《比较文学与翻译研究》，复旦大学出版社2011年版。

[129] 谢天振：《译介学》，上海外语教育出版社1999年版。

[130] 谢·托洛普采夫：《银幕上的中国文学作品》，王燎译，载于《世界电影》1998年第4期。

[131] 谢耀文：《中国诗歌与诗学比较研究》，济南大学出版社2006年版。

[132] 徐学平：《试谈沙译〈水浒传〉中英雄绰号的英译》，载于《湛江师范学院学报》2001年第5期。

[133] 徐志啸：《别具一格——〈剑桥中国文学史〉特色简介》，书屋出版社2010年版。

[134] 许渊冲：《毛泽东诗词选"译序"》，中国对外翻译出版公司1993年版。

[135] 许渊冲：《中诗英韵探胜》，北京大学出版社1992年版。

[136] 叶飞：《荷兰汉学家访华：忘情之旅，心愿之旅》，载于《中国文化

报》2014年9月18日第010版。

[137] 叶飞：《伊维德：收获的不仅仅是学术——2014年度"东方文化研究计划"追记》，载于《中国文化报》2014年10月9日第011版。

[138] 叶飞：《伊维德：中国戏曲很有现代性》，载于《中国文化报》2014年9月15日第003版。

[139] 叶嘉莹：《王国维及其文学批评》，河北教育出版社1997年版。

[140] 叶维廉：《叶维廉文集》（第一卷），安徽教育出版社2003年版。

[141] 叶维廉：《中国诗学》，生活·读书·新知三联书店1994年版。

[142] 叶维廉：《中国诗学》（增订版），人民文学出版社2006年版。

[143] （清）叶燮：《原诗》，载于《原诗·一瓢诗话·说诗晬语》，人民文学出版社1979年版。

[144] 伊维德：《我们读到的是"元"杂剧吗——杂剧在明代宫廷的嬗变》，宋耕译，载于《文艺研究》2001年第3期。

[145] 伊维德：《元杂剧：版本与翻译》，凌筱峤译，载于《文化遗产》2014年第4期。

[146] 伊维德：《中世纪中国戏剧的多种形态：如何改编文本以满足演员、观众、审查官和读者的不同要求》，何博译，载于《长江学术》2015年第3期。

[147] （清）永瑢等：《四库全书总目》，中华书局1965年版。

[148] [美] 宇文所安：《史上有史（上）》，载于《读书》2008年第5期。

[149] [美] 宇文所安：《中国文论：英译与评论》，王柏华等译，上海社会科学院出版社2003年版。

[150] 詹杭伦：《刘若愚：中西诗学融合之路》，北京出版社2005年版。

[151] 詹锳：《李白全集校注汇释集评》，天津百花文艺出版社1996年版。

[152] 张隆溪：《道与逻各斯》，江苏教育出版社2002年版。

[153] 张智中：《诗歌形式与汉诗英译》，载于《天津外国语学院学报》2007年9月第14卷第5期。

[154] 赵春梅：《瓦西里耶夫与中国》，学苑出版社2007年版。

[155] 赵毅衡：《诗神远游——中国如何改变了美国新诗》，上海译文出版社2003年版。

[156] 赵毅衡：《意象派与中国古典诗歌》，载于《外国文学研究》1979年第4期。

[157] 钟玲：《史耐德与中国文化》，首都师范大学出版社2006年版。

[158] 周发祥：《西方文论与中国文学》，江苏教育出版社1997年版。

[159] 周振甫、冀勤：《钱锺书（谈艺录）读本》，上海教育出版社1993

年版。

[160] 朱虹、刘泽权：《四大名著汉英平行语料库的创建：问题与对策》，载于《当代外语研究》2011年第1期。

[161] 朱徽：《唐诗在美国的翻译与接受》，载于《四川大学学报（哲学社会科学版）》2004年第4期。

[162] 朱徽：《中国诗歌在英语世界——英美译家汉诗翻译研究》，上海外语教育出版社2009年版。

[163]（清）朱寿朋：《东华续录（光绪朝）》光绪一百九十九（光绪199），清宣统元年上海集成图书公司版。

[164] 朱伟明：《英国学者杜为廉教授访谈录》，载于《文学遗产》2005年第3期。

[165] 自正权：《古代文学作品英译的语料库辅助研究——以〈道德经〉为例》，载于《海外英语》2011年第2期。

[166] Acton, Harold and Ch'en, Shih-hsiang, tr. *Modern Chinese Poetry*, London: Duckworth, 1936.

[167] Acton, Harold and Chen, Shil-hsiang. *The Peach Blossom Fan*. Berkeley, University of California Press, 1976.

[168] Alexander, G. G. *Confucius, the Great Teacher: A Study*. London: Kegan Paul, Trench, Trübner & Co, 1890.

[169] Allen, Clement Francis Romilly. *The Book of Chinese Poetry: Being the Collection of Ballads, Sagas, Hymns, and other Pieces Known as the Shih Ching, or, Classic of Poetry*. London: K. Paul, Trench, Trübner, 1891.

[170] Allen, Herbert James. *Early Chinese History. Are the Chinese Classics Forged?* London; New York: Society for Promoting Christian Knowledge; E. S. Gorham, 1906.

[171] Allen, Herbert J. "Is Confucius a Myth?", *Journal of the China Branch of the Royal Asiatic Society*, Vol. XXI, 1886.

[172] Allinson, Robert E. *Chuang-Tzu for Spritual Transformation. An Analysis of the Inner Chapters*. Albany: State University of New York Press, 1989.

[173] Ames, Roger, T. and Rosemont, Henry. *The Analects of Confucius: A Philosophical Translation*. New York: The Ballantine Publishing Group, 1998.

[174] Anneliese Bulling, "Historical Plays in the Art of the Han Period", *Archives of Asian Art* 21, 1967/1968, pp. 20-38.

[175] Ashmore, Robert. *The Transport of Reading: Text and Understanding in*

the World of Tao Qian (365 – 427). Cambridge, Mass.: Harvard University Press, 2010.

［176］Bailey, Roger B. *Guide to Chinese Poetry and Drama*. Boston: G. K. Hall, 1973.

［177］Balfour, F. H. *Taoist Texts: Ethical, Political, and Speculative*. London: Trubner, 1884.

［178］Balfour, F. H. *The Divine Classic of Nan-hua, Being the Works of Chuang - Tsze, Taoist Philosopher*. London, 1881.

［179］Barnstone, Tony. *Laughing lost in the mountains: poems of Wang Wei*. New York: UPNE, 1991.

［180］Barrett, Timothy Hugh. *Buddhism, Taoism and Confucianism in the thought of Li Ao*, Vol. 1 – 2, Ann Arbor, Mich. : University Microfilms International, 1986.

［181］Barrett, Timothy Hugh. *Li Ao: Buddhist, Taoist, or neo – Confucian?* Oxford; New York: Oxford University Press, 1992.

［182］Bary, William Theodore de and Embree, Amslie T. *A Guide to Oriental Classic*. Columbia University Press, 1964.

［183］Baxter, Glen William. *Index to the Imperial Register of Tz'u Prosody (Ch'in-ting tz'u-p'u)*. Cambridge: Harvard University Press, 1956.

［184］Baxter, Glen William. "Metrical Origins of the Tz'u", *Harvard Journal of Asiatic Studies*, Vol. 16 (1/2), 1953, pp. 108 – 145.

［185］Beal, Samuel. *Travels of Fah-hian and Sung-yun, Buddhist Pilgrims, from China to India (400 A. D. and 518 A. D. )*. London, Trübner, 1869. ［2d ed］. New York: Kelley, 1964.

［186］Berezkin, Rostislav. "An Analysis of 'Telling Scriptures' (jiangjing) during Temple Festivals in Gangkou (Zhangjiagang), with special attention to the status of the performers", *Chinoperl Papers*, 30 (2011), pp. 25 – 76.

［187］Berezkin, Rostislav. "'Records on Rescuing Mother': A Local Drama from Shaoxing (English translation of excerpt with introduction)", *The Columbia Anthology of Chinese Folk and Popular Literature*, edited by Victor H. Mair and Mark Bender, New – York: Columbia University Press, 2010.

［188］Berezkin, Rostislav. "Scripture Telling (jiangjing) in the Zhangjiagang Area and the History of Chinese Storytelling", *Asia Major*, Vol. 24, part 1, June 2011: 1 – 42.

［189］Berezkin, Rostislav. "The Lithographic Printing and the Development of

Baojuan Genre in Shanghai in the 1900 – 1920s: on the Question of the Interaction of Print Technology and Popular Literature in China ( preliminary observations )," *Chongcheng University Bulletin of the Department of Chinese Language and Literature*, 2011, 1 ( cumulative 13), pp. 337 – 368.

［190］Berezkin, Rostislav. "Zheng Zhenduo's Contribution to the Study of Baojuan ( Precious Scrolls): Problems of the Origin and Early History of the Genre," *Book of Papers of 3rd International Scientific Conference "Issues of Far Eastern Literatures"*. Saint – Petersburg, June 24 – 28, 2008. Saint – Petersburg University Press, 2008. Vol. 1, pp. 9 – 19.

［191］Berry, Margaret. *The Chinese Classic Novels: An Annotated Bibliography of Chiefly English-language Studies.* Garland Publishing, Incorporated, 1988.

［192］Besio, Kimberly A. *The Disposition of Defiance: Zhang Fei as a Comic Hero of Yuan Zaju.* University of California, Berkeley, 1992.

［193］Bi, Kong Yingda and Hu, Yuan and Zhang, Zai. *Excursions in Sinology*, Hong Kong: Commercial Press, 2002, pp. 195 – 232.

［194］Birch, Cyril and Hegel, Robert E. "Studies of Ming Literature: Observations on the State of the Art", *Ming Studies*, 1976, Vol. 2, No. 1, pp. 25 – 31.

［195］Birch, Cyril. *Anthology of Chinese Literature: From Early Times to the Fourteenth Century.* New York: Grove Press, 1965.

［196］Birch, Cyril and Keene, Donald. *Anthology of Chinese Literature.* New York etc.: Grove Press, 1965, 1972; Harmondsworth: Penguin, 1967.

［197］Birch, Cyril. *Chinese Myths and Fantasies.* London: Oxford University Press, 1961.

［198］Birch, Cyril ed. *Studies in Chinese Genres.* Berkeley: University of California Press, 1974.

［199］Birch, Cyril. *Ku Chin Hsiao Shuo A Critical Examination*, Thesis ( Ph. D. ), School of Oriental and African Studies, University of London, 1954.

［200］Birch, Cyril. "On the History of the Translation of Chinese Plays into English", paper presented to the International Conference on the History of European Sinology held in Taipei, April, 1992, pp. 17 – 22.

［201］Birch, Cyril. *Scenes for Mandarins: The Elite Theater of the Ming.* New York: Columbia University Press, 1995.

［202］Birch, Cyril. "Some Formal Characteristics of The Hua-pen Story", *Bulletin of the School of Oriental and African Studies*, 1955, Vol. 17, No. 2, pp. 347 –

364.

［203］Birch, Cyril. *Stories from a Ming Collection*: *Translations of Chinese Short Stories Published in the Seventeenth Century*. Westport, Conn.: Greenwood Press, 1958; New York: Grove Press, 1958; London: Bodley Head, 1958.

［204］Birch, Cyril. *Studies in Chinese Literary Genres*. Berkeley: University of California Press, 1974.

［205］Birch, Cyril. *The Language of Chinese Literature*. New Literary History, Vol. 4, No. 1. (Autumn, 1972), pp. 141 – 150.

［206］Birrell, Anne. *Chinese Myth and Culture*. Cambridge: McGuinness China Monographs, 2006.

［207］Birrell, Anne. *Chinese Mythology*: *An Introduction*, with a foreword by Yuan K'o, Baltimore: Johns Hopkins University Press, 1993.

［208］Birrell, Anne. ed. *Chinese Myths*. Austin: University of Texas Press, Published in cooperation with British Museum Press, 2000.

［209］Birrell, Anne. *Games Poets Play*: *Readings in Medieval Chinese Poetry*. Cambridge: McGuinness China Monographs, 2004.

［210］Birrell, Anne. *Gendered Power*: *A Discourse on Female-gendered Myth in the Classic of Mountains and Seas*. Philadelphia, PA: Order from Dept. of Asian and Middle Eastern Studies, University of Pennsylvania, 2002.

［211］Birrell, Anne Margaret. *Erotic Decor*: *A Study of Love Imagery in the Sixth Century A. D. Anthology*, *Yu-t'ai hsin-yung*, *New poems from a Jade Terrace*. Thesis (Ph. D.), Columbia University, 1979.

［212］Birrell, Anne. *Popular Songs and Ballads of Han China*. Honolulu: University of Hawaii Press, 1993.

［213］Birrell, Anne. *Postmodernist Theory in Recent Studies of Chinese Literature*. Philadelpia, PA, USA: Order from Dept. of Asian and Middle Eastern Studies, University of Pennsylvania, 2000.

［214］Birrell, Anne tr. *New Songs from a Jade Terrace*: *An Anthology of Early Chinese Love Poetry*, *with Annotations and an Introduction*. London: Allen & Unwin, 1982.

［215］Birrell, Anne tr. *The Classic of Mountains and Seas*. London: Penguin Books, 1999.

［216］Bischof, Friedrich A. *Interpreting the Fu*: *A Study in Chinese Literary Rhetoric*. Münchener Ostasiatische Studien Vol. 13, Wiesbaden: Steiner, 1976.

[217] Black, Shirley M. *Chapters from a Floating Life*: *The Autobiography of a Chinese Artist*. New York: Oxford University Press, 1960.

[218] Blofeld, John. *The Book of Change*: *A New Translation of the Ancient Chinese I Ching (Yi King) with Detailed Instruction for its Practical Use in Divination*. London: Allen & Unwin, 1965.

[219] Bonsall, B. S. trans. *Red Chamber Dream (Hung Lou Meng)*, (http://www.lib.hku.hk/bonsall/hongloumeng/3.pdf).

[220] Brandauer, Frederick Paul. *Tung Yuüeh*. Boston: Twayne Publishers, 1978.

[221] Brooks, E. Bruce & Brooks, A Taeko trans. *Original Analects*: *Sayings of Confucius and His Successors*. New York: Columbia University Press, 1998.

[222] Bruce, J. P. *Chu Hsi and his Masters*; *An Introduction to Chu Hsi and the Sung School of Chinese Philosophy*. London, Probsthain & co., 1923.

[223] Bruce, J. P. *The Humanness of Chu Hsi*: *A Paper Read before the China Society on January 15, 1925*. London: East and West, 1925.

[224] Bryant, Daniel ed. & tr. *Lyric Poets of the Southern T'ang*: *Feng Yen-ssu, 903 - 960, and Li Yü, 937 - 978, Feng, Yansi, 903 - 960*. Vancouver: University of British Columbia Press, 1982.

[225] Bryant, Daniel. *The Great Recreation*: *Ho Ching-ming (1483 - 1521) and His World*. Leiden and Boston: Brill, 2008.

[226] Buss, Kate. *Studies in the Chinese Drama*. Boston: The Four Seas Campany, 1922.

[227] Byrne, Christopher. The Chan Interpretation of Wang Wei's Poetry: A Critical Review by Yang Jingqing (Review), *Chinese Literature*: *Essays, Articles, Reviews (CLEAR)*, Vol. 31, December 2009, pp. 131 - 134.

[228] Byrnes, Kelli. *The Frustrations of Heaven's Fragrance*: *An Analysis and Translation of Guan Hanqing's Qian Dayin Zhichong Xie Tianxiang*. Arizona State University, 2011.

[229] Cao, Yiwei. Ralf Klamma, Gao Yan, Rynson W. H. Lau, Matthias Jarke. "A Web 2.0 Personal Learning Environment for Classical Chinese Poetry", *Advances in Web Based Learning* – ICWL 2009. Lecture Notes in Computer Science Volume 5686, 2009, pp. 98 - 107.

[230] Cai, Zongqi. *Configurations of Comparative Poetics*: *Three Perspectives on Western and Chinese Literary Criticism*. Hawaii University Press, 2001.

［231］ Cai, Zongqi, ed. *Chinese Aesthetics: The Ordering of Literature, the Arts, and the Universe in the Six Dynasties.* Honolulu: University of Hawai'i Press, 2004.

［232］ Cai, Zong-qi, ed. *How to Read Chinese Poetry: A Guided Anthology.* Columbia University Press, 2008.

［233］ Cai, Zongqi. *The Matrix of Lyric Transformation: Poetic Modes and Self-Presentation in Early Chinese Pentasyllabic Poetry.* Ann Arbor, Mich: Center for Chinese Studies, University of Michigan, 1996.

［234］ Cavanaugh, Jerome T. *The Dramatic Works of the Yuan Dynasty Playwright Pai P'u.* Stanford University, 1975.

［235］ Chai, Ch'u and Chai, Winberg. *A Treasury of Chinese Literature: A New Prose Anthology, including Fiction and Drama.* New York: Appleton-Century, 1965.

［236］ Chan, Bing C. (Bing-Cho Chan). *The Authorship of The Dream of the Red Chamber: Based on a Computerized Statistical Study of its Vocabulary.* Hong Kong: Joint Pub. Co., 1986.

［237］ Chan, Marie. *Kao Shih.* Boston: Twayne Publishers, 1978.

［238］ Chan, Timothy Wai Keung. *Considering the End: Mortality in Early Medieval Chinese Poetic Representation.* Leiden: Brill Academic Publishers, 2012.

［239］ Chan, Wing-Tsit. *A Source Book in Chinese Philosop.* Princeton: Princeton University Press, 1969.

［240］ Chan, Wing-tsit. *The Way of Lao Tzu.* Indianapolis: Bobbs-Merrill, 1973, p. 77.

［241］ Chang, Hsia C. *Chinese Literature: Popular Fiction and Drama.* Edinburgh: Edinburgh University Press, 1973.

［242］ Chang, Kang-i Sun and Owen, Stephen. *The Cambridge History of Chinese Literature.* Cambridge, UK; New York: Cambridge University Press, 2010; *The Cambridge History of Chinese Literature.* Vol. 2, From 1375. Cambridge: Cambridge University Press, 2011.

［243］ Chang, Kang-I Sun *Six Dynasties Poetry.* Princeton University Press, 1986, p. 48.

［244］ Chang, Mei-Yu, *Generic Evolution of the 'Fu' from 200 BC to 600 AD: with a Comparative Study of its Prose Nature and Repetition.* Ann Arbor, Mich. UMI, 1992.

［245］ Chang, Yin-nan and Walmsley, Lewis C. *Poems of Wang Wei.* Rutland,

Vt: Charles E. Tuttle, 1958.

［246］Chen, Li-li. *Master Tung's Western Chamber Romance* ［*Tung Hsi-hsiang chu-kung-tiao*］ *A Chinese Chantefable.* Cambridge University Press, 1976.

［247］Chen, Shih-hsiang. "China—Literature", in *Encyclopedia Americana*, New York: American Corporation, Vol. 6, pp. 541-548, 1952.

［248］Chen, Shih-hsiang tr. and annotated. *Biography of Ku K'ai-chih.* Berkeley: University of California Press, 1953.

［249］Chen, Shih-Hsiang tr. *The Flower Drum and other Chinese Songs.* Arranged by C. Chen; foreword by Pearl S. Buck; preface by Henry Cowell, Ann Arbor, Mich. : UMI Out of Print Books on Demand, 1988.

［250］Chen, Shixiang. *Literature as Light against Darkness: Being a Study of Lu Chi's "Essay on Literature", in Relation to his Life, his Period in Medieval Chinese History, and some Modern Critical Ideas; With a Translation of the Text in Verse.* Peiping: National Peking University Press, 1948.

［251］Ch'en, Shou-yi. *Chinese Literature: A Historical Introduction.* New York: Ronald Press, 1961.

［252］Cheng, Chung-ying & Johnson, Elton. "A Bibliography of the I Ching in Western Languages", *Journal of Chinese Philosophy*, Vol. 14, 1987, p. 73-90.

［253］Chow, Bannie and Cleary, Thomas. *Autumn Willows: Poetry by Women of China's Golden Age.* Ashland, Ore: Story Line Press, 2003.

［254］Chi, J. S. and Su, Lee. *The Essentials of Chinese Drama.* Peiping: Ho Chi Press Ltd, 1935.

［255］Chaves, Jonathan tr. *Yüan Hung-tao and His brothers. Pilgrim of the Clouds: Poems and Essays.* New York: Weatherhill, 1978.

［256］Chen, Fan Pen Li. *Yang Kuei-fei: Changing Images of a Historical Beauty in Chinese Literature.* Columbia University, 1984.

［257］Chen, Li-li, "Outer and Inner Forms of Chu-kung-tiao, with Reference to Pien-wen, Tz'u and Vernacular Fiction", *Harvard Journal of Asiatic Studies* 32, 1972: 124-149.

［258］Chen, Li-li, "Some Background Information on the Development of Chu-kung-tiao", *Harvard Journal of Asiatic Studies* 33, 1973: 224-237.

［259］Chen, Li-li, "The Relationship between Oral Presentation and the Literary Devices Used in Liu Chih-yuan and Hsi-hsiang chu-kung-tiao", *Literature East and West*, Vol. 14, 1970: pp. 519-528.

［260］Cheung, Ping – Cheung. *Melodrama and Tragedy in Yüan Tsa-chü*. University of Washington, 1980.

［261］Chin, Jack. *The Chinese Theatre.* London: Dennis Dobson, 1948.

［262］Chiu, Tzu-hsiu Beryl. *Reading Tang Xian-zu in the Late Twentieth Century: Yu-ming Tang Si Meng.* University of Geogia, 1997.

［263］Chou, Joanne Wen-pin. *Domestic Strifes in Chinese Yuan 'tsa-chu' and English Domestic Drama.* University of Illinois at Urbana – Champaign, 1991.

［264］Church, Sally K. *Jin Shengtan's Commentary on the "Xixiang ji" (The Romance of the Western Chamber).* Harvard University, 1993.

［265］Claren, James L. *Chinese Literature: Overview and Bibliography.* Nova Science Publishers, 2002.

［266］Cohen, J. M. tr.. *Encyclopedia Americana.* Danbury, Conn.: Grolier, 1986, Vol. 27, pp. 12 – 13.

［267］Confucius. *Confucius Sinarum Philosophus, sive scientia Sinensis Latine exposita. Studio & opera Prosperi Intorcetta, Christiani Herdtrich, Francisci Rougemont, Philppi Couplet … Adjecta est tabula chronologica sinicae monarchiae …* Published: Parisiis, Apud D. Horthemels, 1687.

［268］Confucius. *The Best of Confucius. Translated from the Chinese by James R. Ware.* Garden City, N. Y.: Halcyon House, 1950.

［269］Confucius. *The Sayings of Confucius: A New Translation of the Greater Part of the Confucian Analects, with Introduction and Notes by Lionel Giles.* London: J. Murray, 1927.

［270］Connery, Christopher Leigh. *Jian'an Poetic Discourse*, Thesis (Ph. D.), Princeton University, 1991.

［271］Connery, Christopher Leigh. *The Empire of the Text: Writing and Authority in Early Imperial China.* Lanham: Rowman & Littlefield Publishers, 1998.

［272］Creel, Herrlee G. *Sinism: A Study of the Evolution of the Chinese Worldview.* Chicago: Open Court Pub. Co. , 1929.

［273］Creel, Herrlee G. "Bronze Inscriptions of the Western Chou Dynasty as Historical Documents", *Journal of the American Oriental Society*, Vol. 56 (3), 1936, pp. 335 – 349.

［274］Creel, Herrlee Glessner. *Chinese thought, from Confucius to Mao Tse-tung.* London: Eyre & Spottiswoods, 1954.

［275］Creel, Herrlee G. Confucius and Hsün – Tzǔ, *Journal of the American*

Oriental Society, Vol. 51（1）, 1931, pp. 23 – 32.

［276］Creel, Herrlee G. *Confucius, the Man and the Myth.* New York: J. Day Co., 1949.

［277］Creel, Herrlee Glessner. *Confucius, the Man and the Myth*（1949）. New York: John Day. Rpt. under title: *Confucius and the Chinese Way*, New York: Harper, 1960.

［278］Creel, Herrlee G. *Shen Pu-hai: A Chinese Political Philosopher of the Fourth Century B. C*, Chicago. London: University of Chicago Press, 1974.

［279］Creel, Herrlee G. "Was Confucius Agnostic?", *T'oung Pao*, Vol. 29, 1932, pp. 55 – 99.

［280］Creel, Herrlee G. *What is Taoism? And other Studies in Chinese Cultural History.* Chicago: University of Chicago Press, 1970.

［281］Crow, Carl. *Master Kung*; *The story of Confucius.* New York, Harper & Brothers c1937.

［282］Crowell, Robert Joe. "Saying Goodbye: The Transformation of the Dirge in Early Medieval China", *Early Medieval China*, 2004, Vol. 10, No. 1, pp. 67 – 129.

［283］Crump, James Irving and Fidler, Sharon J. *Chan-kuo ts'e. Index.* Center for Chinese Studies, University of Michigan, 1973.

［284］Crump, James I. *Chinese Theater in the Days of Kublai Khan.* Tucson: University of Arizona Press, 1980.

［285］Crump, James I. "Liu Chih-yuan in the Chinese 'Epic', Ballad and Drama", *Literature East and West*, Vol. xiv, 1970, pp. 155 – 171.

［286］Crump, James I. *Milena Dolezelová – Velingerová, Ballad of the Hidden Dragon*（*Liu Chih-yuan chu-kung-tiao*）. Oxford University Press, 1971.

［287］Crump, James I. "Spoken Verse in Yuan Drama", *Tamkang Review* IV – 1, 1973, pp. 41 – 52.

［288］Crump, James I. "The Conventions and Craft of Yuan Drama", *JAOS* 91, 1971, pp. 14 – 29.

［289］Crump, James I. "The Elements of Yuan Opera", *Journal of Asian Studies* XVII（3）, 1958, pp. 431 – 433.

［290］Crump, James I. "Yuan-pen, Yuan Drama's Rowdy Ancestor", *Literature East and West* vol. 14, no. 4, 1970, pp. 473 – 490.

［291］Cutter, Robert Joe and Crowell, William Gordon tr. *Empresses and Con-*

sorts: *Selections from Chen Shou's Records of the Three States with Pei Songzhi's Commentary*. Honolulu: University of Hawaii? Press, 1999.

[292] Cutter, Robert Joe. *Cao Zhi（192 – 232）and His Poetry*. Ann Arbor, Mich.: University Microfilms International, 1985.

[293] Cutter, Robert Joe. *The Brush and the Spur: Chinese Culture and the* Robert K. Douglas, *The Language and Literature of China. Two Lectures Delivered at the Royal Institution of Great Britain in May and June*. London: Trübner & co., 1875.

[294] Cyril Birch, "Feng Meng – Lung and the Ku Chin Hsiao Shuo", *Bulletin of the School of Oriental and African Studies*, 1956, Vol. 18, No. 1, pp. 64 – 83.

[295] Davidson, Martha. *A List of Published Translations from Chinese into English, French, and German*. American Council of Learned Societies, 1952.

[296] Davis, A. R. *Tu Fu*. New York: Twayne, 1971.

[297] Davis, John Francis. "On the Poetry of the Chinese", *Transactions of the Royal. Asiatic Society*, Vol. 2, 1829, pp. 393 – 401.

[298] Dawson, R. 编:《中国遗产》(1964),《亚洲研究第8次国际会议文集》8卷1期, 1986.

[299] Denlinger, Paul B. *Studies in Middle Chinese*. University of Washington, 1962.

[300] Dew, James E. *The Verb Phrase Construction in the Dialogue of Yuan Tzarjiuh: A Description of the Arrangements of Verbal Elements in an Early Modern Form of Colloquial Chinese*. University of Michigan, 1965.

[301] Ding, Naitong. "A Type Index of Chinese Folktales in the Oral Tradition and Major Works on Non – Religious Classical Literature", *FF Communications*, No. 223, Du, Wenwei. "The Chalk Circle Comes Full Circle: From Yuan Drama through the Western Stage to Peking Opera", *Asian Theatre Journal* 12.2, 1995.

[302] Ding, Naitong. Lee-hsia Hsu Ting, *Chinese Folk Narratives: A Bibliographical Guide*. Indiana University, Chinese Materials Center, 1975.

[303] Dobson, William A. *The Language of the Book of Songs*. Toronto: University of Toronto Press, 1968.

[304] Dolby, William. *Editions of Kuan Han – Ching's plays: A Comparative Study*. Edinburgh University Press, 1986.

[305] Dolby, William. *Eight Chinese Plays from the Thirteenth Century to the Present*. Columbia University Press, 1978.

[306] Dolby, William. *Father of Chinese Drama: A Sketch of the Life and Works*

*of Guan Hanqing*. Edinburgh University Press, 1983.

[307] Dolby, William. *Kuan Han-ch'ing: A Detailed Study*. Edinburgh University Press, 1986.

[308] Dolby, William. *The Complete Poems of Guan Hanqing*. Edinburgh University Press, 1991.

[309] Dolby, William. *West Wing*. Edinburgh: Caledonian Publishing Company, 1984.

[310] Douglas, Robert Kennaway. *Catalogue of Chinese Printed Books, Manuscripts, and Drawings in the Library of the British Museum*, Longmans & Company, 1877.

[311] Du, Halde, J.-B. (Jean-Baptiste), Enrich'd with general and particular maps, and adorned with a gread number of cuts. From *The French of P. J. B. Du Halde, Jesuit: with Notes Geographical, Historical, and Critical; and other Improvements, Particularly in the Mpas*, by the translator, in two volumes, London: printed by T. Gardner in Bartholomew-Close, for Edward Cave, at St. John's Gate, MDCCXXXVIII, 1738.

[312] Du Halde, J.-B. (Jean-Baptiste), *The General History of China.: Containing a Geographical, Historical, Chronological, Political and Physical Description of the Empire of China, Chinese-Tartary, Corea and Thibet…adorn'd with curious maps, and…copper-plates*, Translated by Richard Brookes, London: printed by and for John Watts, 1736.

[313] DuBose, Hampden C. *The Dragon, Image, and Demon: or, The Three Religions of China; Confucianism, Buddhism and Taoism, Giving an Account of the Mythology, Idolatry, and Demonolatry of the Chinese*, New York: A. C. Armstrong & son, 1887.

[314] Dubs, Homer Hasenplug. *Hsuntze: The Moulder of Ancient Confucianism*, London: Arthur Probsthain, 1927.

[315] Duke, Michael S. *Lu You*, Boston: Twayne Publishers, 1977.

[316] Duke, Michael S. The Poetry of Meng Chiao and Han Yü by Stephen Owen (Review), Chinese Literature: Essays, Articles, Reviews (CLEAR), Vol. No. 2, Jul, 1979, pp. 281-284.

[317] Edkins, Joseph. "The Yi King of the Chinese, as a Book of Divination and Philosophy", *China Review*, Vol. 16, 1884, pp. 360-380.

[318] Edmond, J. P. *Catalogue of the Chinese Books and Manuscripts in the Li-*

brary of Lord Crawford, Haigh Hall, Wigan. Aberdeen University Press, 1895.

[319] Edwards, E. D. *Chinese Prose Literature of the T'ang Period*, A. D. 618 – 906. London: A. Probsthain 1937 – 38.

[320] Egan, Ronald C. "Aesthetic Pursuits in Northern Song China", Department of Chinese Studies, National University of Singapore, March 15, 2005.

[321] Egan, Ronald C. "A New Reading of Li Qingzhao's 'Afterword to Records on Metal and Stone'", *Institute for Chinese Studies*, Oxford University, Oxford, England, May 31, 2004.

[322] Egan, Ronald C. "Art Collecting and Its Discontents in the Song Dynasty: Su Shi, Mi Fu, and Wang Shen", Faculty Seminar, Dept. of Chinese, Translation, and Linguistics, City University of Hong Kong, December 3, 2001.

[323] Egan, Ronald C. "Art Objects and Collecting in the Song Period", Seminar for Faculty and Graduate Students, Department of East Asian Languages and Literatures, University of Wisconsin, Madison. , April 20, 2001.

[324] Egan, Ronald C. "A Stroll Though Kaifeng, Capital of China, ca. 1100: Art, Representation, and Politics in Song Dynasty China", Santa Barbara Museum of Art, January 21, 2010.

[325] Egan, Ronald C. "Changing Concepts of Masculinity Among Northern Song Period literati: Treatises on Flowers, Love Songs, and Remarks on Poetry. ", Institute of Literature and Philosophy. *Academia Sinica.* Nangang, Taiwan. June 12, 2006.

[326] Egan, Ronald C. "Characteristics of Ouyang Xiu's Prose on Daily Life: Translation of Chapter 2 of The Literary Works of Ou-yang Hsiu (1007 – 72)", *Gudian Wenxue Zishi*, No. 39 (1991), pp. 99 – 109.

[327] Egan, Ronald C. "Chinese Classics and Western Literatures in the Essays of Qian Zhongshu", Conference on "Matteo Ricci and After: Four Centuries of Cultural Interactions between China and the West", Centre for Cross – Cultural Studies, City University of Hong Kong, October 12, 2001.

[328] Egan, Ronald C. *Chinese Literary Studies in America*, Lecture Sponsored by the Chinese Dept, Nanjing Univeristy, Nanjing, P. R. C, May 5, 1995.

[329] Egan, Ronald C. "Chinese studies in America", Center for Song Dynasties Studies, Zhejiang University. Hangzhou, China, April 25, 2006.

[330] Egan, Ronald C. "Collecting Antiquities in the Sung Dynasty", Western Conference of the Association for Asian Studies, Tucson, Arizona, October 30, 1987.

[331] Egan, Ronald C. "Early Book Printing in China and Its Impact upon Reading, Writing, and Learning", Center for Ideas and Society, University of California, Irvine, February 9, 2006.

[332] Egan, Ronald C. "Early 'Shi hua' in Song Dynasty Literary Culture", Panel on Song Dynasty Poetry at the Annual Meeting of the Association for Asian Studies, Boston, Massachusetts, March 14, 1999.

[333] Egan, Ronald C. Entries on Fang Xuanling, Zhang Yue, and Ouyang Xiu, in *Women Writers of Traditional China: An Anthology of Poetry and Criticism*, ed. by Kang-I Sun Chang and Haun Saussy. Stanford: Stanford University Press, 1999, pp. 721-727.

[334] Egan, Ronald C. Fan Yu, "The Waterfall" and Hsiang Yang, "A Traveler's Dream" in *Taiwan Literature: English Translation Series*, no. 1 (August 1996), pp. 51-57.

[335] Egan, Ronald C. "Forced Separations: Li Qingzhao and her Peripatetic Husband." Wang Foundation Lecture Series, Center for Chinese Studies, Yale Univeristy, April 9, 2008.

[336] Egan, Ronald C. "Gender and Developments in Song Dynasty Aesthetics", Seminar, Department of Chinese, Linguistics, and Translation, City University of Hong Kong, Hong Kong, June 8, 2006.

[337] Egan, Ronald C. "Guanzhui bian, Western Citations, and the Cultural Revolution", Workshop on Qian Zhongshu and Yang Jiang: A Centennial Perspective, Centre for Asian Studies, University of British Columbia, Vancouver, Canada, December 11, 2010.

[338] Egan, Ronald C. "Hoodlums and beggars in the Northern Song capital", *Wenhui bao*, April 6, 2009, Internet Edition.

[339] Egan, Ronald C. "How the Mawangdui Discoveries Change Our Understanding of Early China", Santa Barbara Museum of Art, October 18, 2009.

[340] Egan, Ronald C. "Huizong's Palace Poems", For Conference on Huizong and the Culture of Northern Song China, Jackson School of International Studies, University of Washington, Seattle, Februrary 1-3, 2001.

[341] Egan, Ronald C. "'I do not know that elegant words are admirable, nor do I know that vulgar opinions should be denigrated': on the exploration of daily life found in Song dynasty miscellanies", Department of Chinese, Fudan University, May 26, 2010.

[342] Egan, Ronald C. "Imagery and Imagination in the Poetry of Tu Mu", for Panel Entitled "Imagery in Chinese Poetry", Annual Meeting of the Association for Asian Studies, Washington, D. C, March 21, 1980.

[343] Egan, Ronald C. "Imperial Calligraphy in Song Dynasty China", Conference on Symbolicity in Court Cultures, University of Heidelburg, Coburg, Germany, September 7 – 9, 2006.

[344] Egan, Ronald C. "Issues in contemporary Chinese studies in America and China", Forum on Multicultural-multidisciplinary Research, Institue for Multicultural-multidisciplinary Research, Nankai University. Tianjin, China. August 19, 2006.

[345] Egan, Ronald C. *Limited Views*: *Essays on Ideas and Letters by Qian Zhongshu*. Cambridge: Harvard University, 1998.

[346] Egan, Ronald C. "Li Qingzhao and the Burden of Female Talent", Center for East Asian Studies, Princeton University, March 8, 2007.

[347] Egan, Ronald C. "Li Qingzhao's postface to Records on Bronze and Stone", Cultural Salon, Chinese Civilization Centre, City University of Hong Kong, January 28, 2002.

[348] Egan, Ronald C. "Marriage, Widowhood, and Writing in the Life of Li Qingzhao", Lecture Sponsored by the Department of East Asian Languages and Literatures, University of California, Davis, April 10, 2003. "Domestic Violence in the Life and Afterlife of Li Qingzhao", For Symposium on The Question of Violence, Center for Chinese Studies, University of California, Berkeley, March 7, 2003.

[349] Egan, Ronald C. "Mired in the text: Qian Zhongshu's dialogue with Qing dynasty scholars in Limited Views", International Conference Commemorating the One Hundred Year Centennial of Qian Zhongshu's Birth, Taiwan Central University, December 19, 2009.

[350] Egan, Ronald C. "Narratives in Tso chuan", *Harvard Journal of Asiatic Studies* 37. 2 (1977), pp. 323 – 353.

[351] Egan, Ronald C. "Nature and Higher Ideals in Texts on Calligraphy, Music, and Painting", For Conference on Chinese Aesthetics: The Orderings of Word, Image, and the World in the Six Dynasties, Allerton Conference Center, University of Illinois, Urbana – Champaign, November 3 – 4, 2000.

[352] Egan, Ronald C. "North American studies of Tang dynasty literature and song lyrics during the past twenty years", Institute for Literature, Wuhan University, September 14, 2010.

[353] Egan, Ronald C. "Northern Song Dynasty Literature", *The Cambridge History of Chinese Literature*, ed. Kang-i Sun Chang and Stephen Owen. Cambridge: Cambridge University Press, 2010, pp. 381 – 464.

[354] Egan, Ronald C. *Nourishment in Extremis in China*, Discussant for Panel at the Western Conference of the Association for Asian Studies in Claremont, CA, October 20 – 21, 1994.

[355] Egan, Ronald C. "On Qian Zhongshu and his Limited Views: Essays on Ideas and Letters", Department of Chinese, Chinese Institute of Calculation and Measurement, Hangzhou, China, June 22, 2006.

[356] Egan, Ronald C. "On poems of flirtatiousness attributed to Li Qingzhao", Department of Chinese, Suzhou University, May 12, 2010.

[357] Egan, Ronald C. "On Speaking While Not Speaking: Qian Zhongshu's Preface to Guanzhui bian", Association for Asian Studies, Western Branch Meeting. Boulder, Colorado, October 8, 2010.

[358] Egan, Ronald C. "On the Appearance and Proliferation of 'Poetry Talks' during the Song Dynasty", Plenary Session, International Conference on Song Dynasty Literature, Fudan University, Shanghai, March 29, 2000.

[359] Egan, Ronald C. "On the Circulation of Books During the Eleventh and Twelfth Centuries", *Chinese Literature: Essays, Articles, and Reviews*, Special Issue Honoring Professor William Nienhauser, Vol. 30 (2009), 9 – 17.

[360] Egan, Ronald C. "On the Citation of Western writings in Guanzhui bian", Institute for Literature, Wuhan University, September 16, 2010.

[361] Egan, Ronald C. "On the Content and Language of Song Dynasty Miscellanies", Department of Chinese, Yangzi University, Jingzhou, Hubei, September 18, 2010.

[362] Egan, Ronald C. "On the origin of the Yu hsien k'u Commentary", *Harvard Journal of Asiatic Studies*, 36 (1976), pp. 135 – 146.

[363] Egan, Ronald C. "On the Trail of Su Shi in Hangzhou, Nine Hundred Years Later", Princeton-in – China Program. Beijing Normal University, Beijing, China. July 31, 2006.

[364] Egan, Ronald C. "Ou-yang Hsiu and Su Shih on Calligraphy", *Harvard Journal of Asiatic Studies* 49.2 (1989), pp. 365 – 419.

[365] Egan, Ronald C. Ouyang Xiu, "The Three Zithers" in *The Columbia Anthology of Traditional Chinese Literature*, edted by Victor Mair, Columbia University

Press, 1994, pp. 589 – 590.

[366] Egan, Ronald C. "Poems on Paintings: Su Shih and Huang T'ing-chien", *Harvard Journal of Asiatic Studies* 43.2 (1983), pp. 413 – 451.

[367] Egan, Ronald C. "Poet, Mind, and World: A Reconsideration of the 'Shen si' Chapter of Wenxin Diaolong", *Contemporary Perspectives on Wenxin diaolong*, ed. Zongqi Cai. Stanford: Stanford University Press, 2001, pp. 101 – 126.

[368] Egan, Ronald C. "Poetry and Literary Values," for Panel Entitled "Trends and Turning Points in the History of Middle Period China", Annual Meeting of the Association for Asian Studies, Chicago, Illinois, March 25, 1986.

[369] Egan, Ronald C. "Poetry Classics, Old and New in Song Dynasty Literary Thought" In conference on "History, Poetry, and the Classical Tradition" Council on East Asian Studies, Yale University, New Haven, April 24, 2004.

[370] Egan, Ronald C. "Pottery and porcelain in Song dynasty poetry", Centre for Chinese Civilization, City University of Hong Kong, October 4, 2001.

[371] Egan, Ronald C. "Preface", to Bi Xiyan, *Creativity and Convention in Su Shi's Literary Thought*, Lewiston, New York: The Edwin Mellen Press, 2003, PP. xi – xii.

[372] Egan, Ronald C. "Private Art Collecting in the Emperor's Shadow: the Case of Li Qingzhao", Conference on Count Cultures in Comparative Perspective, UC Berkeley, Center for Chinese Studies, Calistoga, California, February 19, 2002.

[373] Egan, Ronald C. "Productive Antipathies in Court Service and Painting in Northern Song Dynasty China", Conference on Court Cultures in Cross – Cultural Perspective, Taipei, Taiwan University, August 25 – 29, 1997.

[374] Egan, Ronald C. "Productive Antipathies in Court Service and Painting in Northern Song Dynasty China", *Selected Essays on Court Culture in Cross – Cultural Perspective*, ed. Liu Yaofu, Taipei: Taiwan University, 1999, pp. 171 – 204.

[375] Egan, Ronald C. "Prose", Chapter in *The Columbia History of Traditional Chinese Literature*, ed. Victor Mair. New York: Columbia University Press, 2001, pp. 527 – 541.

[376] Egan, Ronald C. "Qian Zhongshu's Purposes in Writing Limited Views", Confucius Institute, Arizona State University, Tempe, Arizona, April 22, 2011.

[377] Egan, Ronald C. "Qian Zhongshu, The Cambridge History of Chinese Literature, and Chinese Studies Abroad", *Shanghai Wenhua*, 2010.6, pp. 112 – 119.

[378] Egan, Ronald C. "Qian Zhongshu's Reading of the Classics: An Analysis

of the Underlying Principles of Guanzhui bian", Hsin-chu Bank Endowed Lectures in Intellectual and Cultural History. Tsing Hua Univeristy, December 10 – 15, 1996.

［379］Egan, Ronald C. *Qian Zhongshu's Reading of the Classics*: An Analysis of the Underlying Principles of Guanzhui bian. Taiwan: Institute of History, Tsing Hua University, 1998.

［380］Egan, Ronald C. "Qin Guan's preface to Temporary Lodgings and the composition of anecdotal collections by Northern Song literati", Department of Chinese, Fudan Univeristy, Shanghai, December 11, 2003.

［381］Egan, Ronald C. "Reading Classical Chinese Poetry: Conventions and Strategies", Chair of Panel at the Annual Meeting of the Association for Asian Studies, Washington, D. C., March 29, 1998.

［382］Egan, Ronald C. "Recent Chinese Scholarship on Li Qingzhao", Center for Chinese Studies. University of Michigan, Ann Arbor, Michigan, February 19, 2008.

［383］Egan, Ronald C. "Recent developments in Western studies of pre-modern Chinese literature", Department of Chinese, People's University, Beijing, December 9, 2003, "Qin Guan's Preface to Temporary Lodgings", American Oriental Society, Western Branch annualmeeting, UC Berkeley, October 11, 2003.

［384］Egan, Ronald C. "Recent Trends in Chinese Studies in the USA", Program in International Sinology, Taiwan Normal University, September 24, 2009.

［385］Egan, Ronald. C. "Recent Trends in the Study of Tang and Song Period Literature in the USA", Chinese Department, Shandong Normal University, Jinan, Shandong, September 12, 2004.

［386］Egan, Ronald C. "Red on Gold: Teaching Honglou meng in California", *Exchange*: Newsletter of the Centre for Cross – Cultural Studies, City University of Hong Kong, No. 2 (2001), pp. 9 – 12.

［387］Egan, Ronald C. "Reevaluating Li Qingzhao and Her Critics", Center for Asian Studies, Stanford University, February 5, 2007.

［388］Egan, Ronald C. "Reflections on Use of the Electronic Siku quanshu", *Chinese Literature*: Essays, Articles, Reviews, 23 (2001), pp. 103 – 113.

［389］Egan, Ronald C. "Resistance to Book Printing in Eleventh-century China", Workshop on Early Book Printing in China, Fairbank Center for Chinese Studies, Harvard University, April 24 – 26, 2005.

［390］Egan, Ronald C. "Rethinking Li Qingzhao", Hsiang Lecture Series,

McGill University, Montreal, Canada, October 25, 2008.

［391］Egan, Ronald C. Review. André Lévy, *Chinese Literatrure, Ancient and Classical*, trans, William H. Nienhauser, Jr. *Journal of the American Oriental Society*, 121.4 (2001), pp. 655–656.

［392］Egan, Ronald C. Review. Burton Watson, The Tso Chuan: Selections, *Journal of Asian Studies*, 49.1 (1990), pp. 144–145.

［393］Egan, Ronald C. Review. Michael Fuller, *The Road to East Slope. Harvard Journal of Asiatic Studies*, 52.1 (1992), pp. 313–323.

［394］Egan, Ronald C. Review. Wm de Bary, *A Guide to Oriental Classics, Asian Thought and Society*, 15.45 (1990), pp. 319–320.

［395］Egan, Ronald C. Review. Yoshikawa Kojiro, *Five Hundred Years of Chinese Poetry. Journal of Sung Yuan Studies*, 22 (1992), pp. 197–200.

［396］Egan, Ronald C. "Seduction By flowers: Ouyang Xiu's Record of the Peonies of Luoyang", Conference Commemorating the Thousand Year Anniversary of the Birth of Ouyang Xiu, Chinese Department, Taiwan University, September 28–29, 2007.

［397］Egan, Ronald C. "Seminar on Chinese Studies in America", Graduate Student Colloquium, Department of Chinese Language and Literature, Peking University, Beijing, China, May 25, 2006.

［398］Egan, Ronald C. "Shen Kuo Chats with Ink Stone and Brush", Conference on "Anecdote, Gossip, and Occasion in Pre-modern China", Center for Chinese Studies, UCLA, May 17, 2008.

［399］Egan, Ronald C. "Some Reflections on David Hawkes' Translation of Honglou meng", Translation Seminar, Centre for Translation, Hong Kong Baptist University, May 30, 2002.

［400］Egan, Ronald C. "Song Dynasty Book Printing and Literati Concepts about Writing: Huang Tingjian, Li Qingzhao, Zhu Xi, and Lu You", Conference on Chinese Intellectual Culture and Social Change after the Mid–Tang, Institute for the Study of Chinese Thought and Society, Nankai University, Tianjin, China, August 17, 2006.

［401］Egan, Ronald C. "Song Dynasty Literature", Planning Meeting for The Cambridge History of Chinese Literature, Council on East Asian Studies, Yale University, New Haven, November 6, 2004.

［402］Egan, Ronald C. "Song Dynasty Shi Poetry", *How to Read Chinese Poet-*

ry: *A Guided Anthology*, ed. Zong-qi Cai, Honolulu: University of Hawaii Press, 2008, pp. 308 – 328.

[403] Egan, Ronald C. "Su Dongpo in China Today", Invited lecture at Franklin Pierce University, Rindge, New Hamphire, October 25, 2007.

[404] Egan, Ronald C. "Su Shih as Governor and Poet" for Panel Entitled "Poetry and Politics in Imperial China," Annual Meeting of the Association for Asian Studies, Washington, D. C, March 17, 1989.

[405] Egan, Ronald C. *Su Shi in English-language Scholarship*, Lecture Given at a Conference on Su Shi, Organized by the Su Shi Study Group, Changzhou, P. R. C, March 20, 1995.

[406] Egan, Ronald C. "Su Shih's 'Notes' as a Historical and Literary Source", *Harvard Journal of Asiatic Studies*, 50. 2 (1990), pp. 561 – 588.

[407] Egan, Ronald C. "The appearance and proliferation of 'Remarks on Poetry' in the Song dynasty", *Proceedings of the First International Conference on Song Dynasty Literature*, ed. Wang Shuizhao, Shanghai: Fudan University, pp. 302 – 318.

[408] Egan, Ronald C. "The Biography of Li Qingzhao: Ming – Qing Period", Association for Biographical Literature, Beijing, December 19, 2010.

[409] Egan, Ronald C. The Burden of Female Talent: Li Qingzhao's "On Song Lyrics" and Early Criticism on Her, Part 1, *Changjiang xueshu*, Vol. 2, 2009, pp. 23 – 29.

[410] Egan, Ronald C. "The Campaign to Vindicate Li Qingzhao in Ming – Qing Times", Center for East Asian Studies, Indiana University, Bloomington, Indiana, April 14, 2011.

[411] Egan, Ronald C. "The Chimerical City in Song Dynasty Sources", Conference on "Urban Splendor in Asian History", Humanities Institute, Fudan University, Shanghai, China, March 27, 2009.

[412] Egan, Ronald C. "The collecting of antiquities in the Song dynasty", Centre for Chinese Civilization, City University of Hong Kong, September 20, 2001.

[413] Egan, Ronald C. "The Context of Sung Dynasty Poetry", for Panel Entiteld "Sung Poetry" in Workshop on Sung Literati Culture, Harvard University, April 18, 1985.

[414] Egan, Ronald C. "The Controversy Over Music and 'Sadness' and Changing Conceptions of the Qin in Middle Period China", *Harvard Journal of Asiatic Studies*, 57. 1 (June 1997), 1 – 66.

[415] Egan, Ronald C. "The Desire to Desire in Song Dynasty Ci." China Humanities Seminar. Harvard University, December 6, 1999.

[416] Egan, Ronald C. "The Elusive Bowl: Locating Ceramics in Song Dynasty Culture", Elvehjem Art Museum, Univeristy of Wisconsin, Madison, April 19, 2001.

[417] Egan, Ronald C. "The Emperor and the Ink Plum: Issues in Politics and Culture at the Court of Huizong", Faculty Seminar, Center for Chinese Studies, University of Michigan, January 23, 1999.

[418] Egan, Ronald C. "The Emperor and the Ink Plum: Literati and the Court of Huizong." Association for Asian Studies Annual Meeting, San Diego, CA, March 10, 2000.

[419] Egan, Ronald C. "The influence that the transmission of books had upon Song literati thought about books and the written word", International Conference on Song Dynasty Literature, Zhejiang University, Hangzhou, P. R. C. September 10 – 15, 2005.

[420] Egan, Ronald C. "The Language of Flowers in China", The Huntington Library, Art Collections, and Botanical Gardens, San Marino, California, March 31, 2009.

[421] Egan, Ronald C. *The Language of Shi ji* for Workshop on Shi ji, Harvard University, October 20 – 21, 1996. *Qian Zhongshu's Essays on Ideas and Letters*, paper presented at the Western Branch of the American Oriental Society, Los Angeles, CA, Nov 3, 1995.

[422] Egan, Ronald. C. "The Legacy of Su Shi as Governor of Hanghou", Royal Asiastic Society, Hangzhou Branch, Hangzhou, China, May 18, 2006.

[423] Egan, Ronald C. *The Literary Works of Ou-yang Hsiu* (1007 –72), Cambridge, MA: Cambridge University Press, 1984.

[424] Egan, Ronald C. "The Methodology of Qian Zhongshu's Guanzhui bian", Humanities Lecture Series, Hong Kong University of Science and Technology, December 6, 2001.

[425] Egan, Ronald C. "The Old Man as Poet in Chinese Literature", Discussant for Panel at the Annual Meeting of the Association for Asian Studies, Chicago, Illinois, March 28, 1997.

[426] Egan, Ronald C. *The Politics of Slander*, Western Branch of the American Oriental Society, Seattle, Washington, October, 23, 1990.

［427］Egan, Ronald C. *The Problem of Beauty*: *Aesthetic Thought and Pursuits in Northern Song Dynasty China*. Cambridge: Harvard University, 2006.

［428］Egan, Ronald C. "The Problem of the Repute of Ci During the Northern Song Dynasty," in *Voices of the Song Lyric in China*, ed. Pauline R. Yu. University of California Press, 1994, pp. 191 – 225.

［429］Egan, Ronald C. *The Problem of the Repute of Tz'u During the Northern Sung Dynasty*, ACLS/JCCC Sponsored Conference on Tz'u, Brekinridge Conference Center, York, Maine, June 5 – 10, 1990.

［430］Egan, Ronald C. "The Prose Style of Fan Yeh", *Harvard Journal of Asiatic Studies*, 39.2 (1979), pp. 339 – 402.

［431］Egan, Ronald C. "The state of Chinese studies in the USA today", *Zhongguo sixiang yu shehui yanjiu*, No. 1, Beijing: Chinese Academy of Social Sciences, 2007, pp. 21 – 25.

［432］Egan, Ronald C. "The study of Tang and Song period literature in America", Department of Chinese, Suzhou University, Suzhou, China, April 27, 2006.

［433］Egan, Ronald C. "The Transmission of Books during the Song Dynasty and Ideas about Learning and Writing", Department of Chinese Language and Literature, Peking University. Beijing, China, May 22, 2006.

［434］Egan, Ronald C. "The treatment of Li Qingzhao by Song, Yuan, Ming, and Qing scholars, some contradictions and questions", Department of Chinese, Taiwan University, September 21, 2009.

［435］Egan, Ronald C. "The Trouble with Peonies: Beauty and Botany in the Northern Song Dynasty", Center for Chinese Studies, University of California, Berkeley, April 25, 1999.

［436］Egan, Ronald C. "To Change Iron into Gold: Song Dynasty Poetry and the Inspiration of the Past", In conference on "Reading Chinese Poetry: Interpretive Methods, Critical Approaches & Teaching Strategies", Center for East Asian and Pacific Studies, University of Illinois at Urbana – Champaign, November 12, 2004.

［437］Egan, Ronald C. "To Count Grains of Sand on the Ocean Floor: Changing Perceptions of Books and Learning in Song Dynasty China." *Knowledge and Text Production in an Age of Print*, *China*, 900 – 1400, ed. Lucille Chia and Hilde De Weerdt, Leiden: Brill, 2011, pp. 33 – 62.

［438］Egan, Ronald C. "To Count Grains of Sand on the Ocean Floor: Changing Perceptions of Books and Learning in the Song Dynasty" Conference on "First Impressions: The Cultural History of Print in Imperial China (8th – 14th centuries)", Fairbank Center for East Asian Research, Harvard University, June 25 – 27, 2007, "Changing Conceptions of Books and Learning in Song Period China", Center for Chinese Studies, UC Berkeley, April 13, 2007.

[439] Egan, Ronald C. "Trouble with Peonies: Beauty and Botanical Treaties in the Northern Song", American Oriental Society, Western Branch annual meeting, Tucson, Arizona, October 11, 2002.

[440] Egan, Ronald C. *Tso chuan: Analysis of Selected Narratives*, dissertation, Cambridge: Harvard University, 1976.

[441] Egan, Ronald C. Two ci by Huang Tingjian, *Renditions Golden Jubilee of Ci Poetry*, edited by Alice Cheang. Hong Kong: Centre for Translation Studies, Chinese University Press, 2004, pp. 148 – 151.

[442] Egan, Ronald C. "Up the Yangtze" film introduction, Interdisciplinary Humanities Center, UCSB, January 12, 2010.

[443] Egan, Ronald C. "Voice and Autobiography in the Song Lyrics of Li Qingzhao", Annual meeting of the American Oriental Society, Western Branch, UC Irvine, October 12 – 13, 2007.

[444] Egan, Ronald C. "When Opposition Leaders Die in Song Dynasty China", Conference on Death in Court Culture in Comparative Perspective, Calistoga, California, October 10, 2008.

[445] Egan, Ronald C. "Why Didn't Zhao Mingcheng Send Letters to His Wife, Li Qingzhao, When He Was Away?" Chinese Department, Fudan University, Shanghai, March 25, 2008.

[446] Egan, Ronald C. " 'Wisdom and folly, and beauty and ugliness are found everywhere': an inquiry into urban lower-class life in Song dynasty miscellanies", Department of Chinese, Taiwan University, September 23, 2009.

[447] Egan, Ronald C. *Word, Image and Deed in the Life of Su Shi*, Council on East Asian Studies, Harvard University, 1994.

[448] Eoyang, Eugene Chen. Polar Paradigms in Poetics: Chinese and Western Literary Premises. *Comparative Literature East and West: Traditions and Trends*, edited by Cornelia Moore and Raymond A. Moody, Honolulu: University of Hawaii Press, 1989, pp. 11 – 21.

[449] Eoyang, Eugene. "T'ao Ch'ien's 'The Seasons Come and Go: Four Poems' – A Meditation", Chinese Literature: Essays, Article, Reviews (CLEAR),

Vol. 20, Dec, 1998, pp. 1 – 9.

［450］Eoyang, Eugene Chen. *The Transparent Eye*: *Reflections on Translation, Chinese Literature, and Comparative Poetics.* Honolulu: University of Hawaii Press, 1993.

［451］Epstein, Maram. "Engendering Order: Structure, Gender, and Meaning in the Qing Novel Jinghua yuan", Chinese Literature: Essays, Articles, Reviews (CLEAR), Vol. 18, 1996, pp. 101 – 127.

［452］Erkes, Eduard. "Ho – Shang – Kung's Commentary on Lao-tse", *Artibus Asiae*, Vol. 8 (2/4), 1945, pp. 119 – 196; Vol. 9 (1/3), 1946, pp. 197 – 220; Vol. 12 (3), 1949, pp. 221 – 251.

［453］Erkes, Eduard tr. and annotated. *Commentary on Lao-tse.* Ascona, Switzerland: Artibus Asiae, 1958.

［454］Faber, Ernst and Möllendorff, P. G. von. *A Systematical Digest of the Doctrines of Confucius, According to the Analects, Great learning and Doctrine of the Mean, with an introd on the authorities upon Confucius Confucianism.* Shanghai: Mission Press; London: Trubner, 1875.

［455］Fairbank, John King ed. *Chinese Thought and Institutions*, Chicago: The University of Chicago Press, 1957.

［456］Fairbank, John King & Reischauer. *China*: *Tradition and Transformation.* Boston: Houghton Mifflin Company, 1978.

［457］Fang, Dai. "Drinking, Thinking, and Writing: Ruan Ji and the Culture of His Era", Ph. D. diss, University of Michigan, Ann Arbor, Mich.: UMI, 1994, ao Chih. New York: Philosophical Library, 1969.

［458］Fan, Liben. *Beng Sim Po Cam o Espejo Rico del Claro Corazón. primer libro traducido en lengua castellana por Fr. Juan Cobo, O. P.* (*c. a.*1592). Madrid: V. Suarez, 1959.

［459］Farringdon, Michael G. *A Study of Quantitative Literary Analysis and Literary Data Processing by Computer*: *With some Quantitative Analysis of the Prose Style of Henry Fielding and Some Writers Contemporary with him.* Bristol, Eng.: Bristol University, 1974.

［460］Feifel, Eugene. *Po Chü-i as a Censor*: *His Memorials Presented to Emperor Hsien-tsung during the Years 808 – 810.* Hague: Mouton, 1961.

［461］Feifel, Eugene tr. & explained. *Po Chu-i as a Censor*: *His memorials Presented to Hsien-tsung during the Years 808 – 810*, Ann Arbor, Mich.: University

Microfilms International, 1985.

［462］Feng, Guozhong. *Tragedies in Yuan Drama*. Washington University, 1992.

［463］Feng, Yuanjun. *A Short History of Classical Chinese Literature*. Peking, Foreign Languages Press, 1958.

［464］Feng, Yuanjun. *An Outline History of Classical Chinese Literature*. Hongkong: Joint Pub. Co., 1983.

［465］Field, Rosalind. *Romance in England*: 1066 – 1400, *The Cambridge History of Medieval English Literature*. Ed. David Wallace. Cambridge: Cambridge University Press, 1999.

［466］Field, Stephen Lee. *Ancient Chinese Divination*. Honolulu: University of Hawaii Press, 2008.

［467］Field, Stephen Lee. *Tian Wen*: *A Chinese Book of Origins*. New York: New Directions, 1986.

［468］Fletcher, W. J. B. *Gems of Chinese Verse*. Shanghai, China: Commercial Press, 1922.

［469］Fletcher, W. J. B. tr., *Havoc in Heaven*: *Adventures of the Monkey King*, illustrated by Li Shiji. Beijing: Foreign Language Press, 1979.

［470］Fletcher, W. J. B. *More Gems of Chinese Poetry*. Shanghai, China: The Commercial Press, Limited, 1933.

［471］Fosque, M. G. *Xixiang Ji*: *A Study of Yuan Drama*. Georgetown University, 1983.

［472］Frankel, Hans Hermann. *Catalogue of Translations from the Chinese Dynastic Histories for the Period 220 – 960*. Berkeley, University of California Press 1957; Greenwood, 1974.

［473］Frankel, Hans H. *The Flowering Plum and the Palace Lady*: *Interpretation of Chinese Poetry*. New Haven: Yale University Press, 1976.

［474］Frankel, Hans H. "The Problem of Authenticity in the Works of Ts'ao Chih", In Chan Ping-leung et al, eds, *Essays in Commemoration of the Golden Jubilee of the Fung Ping Shan Library* (1932 – 1982), Hong Kong: Fung Ping Shan Library, Hong Kong University, 1982, pp. 189 – 200.

［475］Frankel, Hans H. "Review on the Columbia Book of Chinese Poetry From Early Times to the Thirteenth Century by Burton Watson", *Harvard Journal of Asiatic Studies*, 1986, 46 (1).

［476］Frankel, Hans Hermann tr. &annotated. *Biographies of Meng Hao-jan*. 2nd ed. , rev. and enl. , Berkeley: University of California Press, 1961.

[477] Fraser, Everard Duncan Home. *Index to the Tso Chuan*. Oxford University Press, 1930.

[478] Frodsham, J. D. "The Poet Juan Chi", *Journal of the Chinese Society*, Malaya University, 2 (1963 – 1964) pp. 26 – 42.

[479] Fu, Hongchu. *Historisizing Chinese Drama: The Power and Politics of Yuan Zaju*. University of Carlifornia, 1995.

[480] Fuller, Michael Anthony. "The Poetry of Su Shi (1037 – 1101)", Ph. D. Diss, Yale University, 1983.

[481] Fuller, Michael Anthony. The Road to East Slope: The Development of Su Shi's Poetic Voice, Stanford: Stanford University Press, 1990.

[482] Fung, Sydney S. K. and Lai, Shu Tim. 25 *T'ang Poets: Index to English Translations*. Chinese University Press, 1984.

[483] Gardner, Daniel K. *Chu Hsi and the Ta-hsueh: Neo – Confucian Reflection on the Confucian Canon*. Cambridge, Mass. : Council on East Asian Studies, Harvard University, 1986.

[484] Gardner, Daniel K. tr. *Learning to Be a Sage: Selections from the Conversations of Master Chu, Arranged Topically*. Berkeley: University of California Press, c1990.

[485] Gardner, Daniel K. tr. , *The Four Books: The Basic Teachings of the Later Confucian Tradition*, Indianapolis: Hackett Pub, 2007.

[486] Gardner, Daniel K. *Zhu Xi's Reading of the Analects: Canon, Commentary, and the Classical Tradition*. New York: Columbia University Press, c2003.

[487] Gee, Tom. *Stories of Chinese Opera*. The Library Arts Press, 1978.

[488] Giles, Herbert A. *A Chinese Biographical Dictionary*. London: Bernard Quaritch; Shanghai: Kelly & Walsh, 1898; Taipei: Cheng – Wen Pub. Co. , 1968.

[489] Giles, Herbert A. *A Catalog of the Wade Collection of Chinese and Manchu Books in the Library of the University of Cambridge. T. F Wade (Thomas Francis), 1818 – 1895*. Cambridge: University Press, 1898.

[490] Giles, H. A. *A Chinese – English Dictionary*, London, Shanghai [etc. ]: B. Quaritch; Kelly & Walsh, limited, 1892; Revised edition, Nanking, 1899; Rev. & enl. , Taipei: Cheng Wen Pub. Co. , 1972.

[491] Giles, Herbert A. *A Dictionary of Colloquial Idioms in the Mandarin Dialect*, Shanghai: A. H. de Carvalho, 1873.

[492] Giles, H. A. *Adversaria Sinica*. Shanghai: Kelly & Walsh, 1905.

[493] Giles, Herbert A. *A Glossary of Reference on Subjects Connected with the Far East*. 1878, Hong Kong; Shanghai; Yokohama; London: Lane, Crawford; Kelly & Walsh; B. Quaritch, 1886; London: Totowa, N. J.: Curzon Press; Rowman & Littlefield, 1900, 3d ed. . London: Curzon Press; Totowa, N. J.: Rowman & Littlefield 1974.

[494] Giles, Herbert Allen. *A History of Chinese Literature*. London: W. Heinemann, 1901; New York, D. Appleton and Company, 1901; New York; London: D. Appleton and co. , 1915; New York: Appleton, 1924, 1937; New York, Grove Press, 1958; Rutland, Vt. , C. E. Tuttle Co. , 1973.

[495] Giles, H. A. *An Introduction to the History of Chinese Pictorial Art*. Shanghai. China: Keloy & Walsh, ld. , 1905; London, B. Quaritch, ltd, 1918. [2d ed. , rev. and enl. ]

[496] Giles, Herbert A. and Waley, Arthur trs. , *Select Chinese Verses*. Shanghai: The Commercial Press, 1934; Taibei: The Commercial Press, 1967.

[497] Giles, Herbert A. *Short Stories from Giles' Historic China*, Compiled by Ping-wei Huang. 台中: 晨星出版有限公司, 2004.

[498] Giles, Herbert A. *China and the Chinese*. New York: The Columbia University Press, The Macmillan compay agents, 1902; New York: Columbia University Press, 1912.

[499] Giles, Herbert A. *China and the Manchus*. Cambridge: University Press; New York: G. P. Putnam's Sons, 1912.

[500] Giles, Herbert Allen. *Chinese Fairy Tales*. London, etc. : Gowan & Gray, 1911.

[501] Giles, Herbert A. *Chinese Poetry in English Verse*. Bernard Quaritch, 1898.

[502] Giles, Herbert Allan. *Chinese Poetry in English Verse*. London: Bernard Quaritch, 1898.

[503] Giles, Herbert A. *Chinese Sketches*. London: Trübner & co. , Ludgate Hill, Shanghai: Kelly & Co. 1876.

[504] Giles, H. A. *Chuang tzǔ: Mystic, Moralist, and Social Reformer*. London, B. Quaritch, 1889.

[505] Giles, Herbert A. *Confucianism and its Rivals: Lectures Delivered in the University Hall of Dr. William's Library*. London: Williams and Norgate , 1915.

［506］ Giles, H. A. ed. & tr. *Gems of Chinese Literature.* London, Shanghai, B. Quaritch; Kelly & Walsh, 1884.

［507］ Giles, Herbert Allan. *Gems of Chinese literature: Prose.* Shanghai: Kelly and Walsh, 1922.

［508］ Giles, H. A. *Gems of Chinese Literature: Prose; Gems of Chinese Literature: Verse.* Shanghai: Kelly and Walsh, 1923. 2nd ed., rev. and greatly enl., New York: Paragon Book Reprint Corp, 1965.

［509］ Giles, H. A. *Historic China, and other Sketches.* London, T. de La Rue, 1882.

［510］ Giles, Herbert Allen. *History of Chinese Literature. With a Supplement on the Modern Period.* New York: F. Ungar Pub. Co., 1967.

［511］ Giles, Herbert A. tr, *Quips from a Chinese Jest-book.* Shanghai: Kelly and Walsh, limited, 1925.

［512］ Giles, H. A. *Religions of Ancient China.* London, 1905; Folcroft, Pa.: Folcroft Library Editions, 1976; Whitefish, MT: Kessinger Pub, 2004.

［513］ Giles, H. A. *Some truths about opium*, Cambridge [England]: W. Heffer & sons ltd, 1923.

［514］ Giles, Herbert A. *Synoptical Studies in Chinese Character.* Shanghai: A. H. de Carvalho, 1874.

［515］ Giles, Herbert A. *The Civilization of China.* London: Williams and Norgate, 1911.

［516］ Giles, H. A. *The Remains of Lao Tzu.* Hong Kong: The China Mail Office, 1886.

［517］ Giles, Herbert A. *The travels of Fa-hsien (399 – 414 A. D.); or, Record of the Buddhistic kingdoms*, Translated by H. A. Giles. London: Trübner & Co., 1877, Retranslated, Cambridgeshire: University Press, 1923; London: Routledge & K. Paul, 1956.

［518］ Giles, H. A. tr. *Chuang tzu, Taoist Philosopher and Chinese Mystic*, 2nd rev. ed., London: Allen & Unwin, 1926.

［519］ Giles, Herbert A. tr. *Musings of a Chinese Mystic: Selections from the Philosophy of Chuang Tzu.* London: John Murray, 1955.

［520］ Giles, Lionel. *An Alphabetical Index to the Chinese Encyclopaedia Chin Ting Ku Chin T'u Shu Chi Ch'eng.* Oxford University Press, 1911.

［521］ Giles, Lionel. *The Sayings of Confucius: A New Translation of the Greater*

*Part of the Confucian Analects*. New York: E. P. Dutton and Company, 1910, p. 25.

［522］Ginsberg, Stanley M. "Alienation and Reconciliation of a Chinese Poet: The Huang-chou Exile of Su Shih", Ph. D. Diss, University of Wisconsin, 1974.

［523］Girardot, Norman J. *The Victorian Translation of China: James Legge's Oriental Pilgrimage*. Oakland: University of California Press, 2002, p. 357.

［524］Goldin, Paul Rakita. *After Confucius: Studies in Early Chinese Philosophy*. Honolulu: University of Hawaii Press, 2005.

［525］Goldin, Paul Rakita. *Confucianism*, Durham: Acumen; United Kingdom: Acumen Publishing, 2010.

［526］Goldin, Paul Rakita ed. *Dao Companion to the Philosophy of Han Fei*. New York: Springer, 2012.

［527］Goldin, Paul Rakita. *Miching Mallecho: The Zhanguoce and Classical Rhetoric*. Philadelphia, PA, USA: Dept. of Asian and Middle Eastern Studies, University of Pennsylvania, 1993.

［528］Goldin, Paul Rakita. *Rituals of the Way: The Philosophy of Xunzi*. Chicago, Ill.: Open Court, 1999.

［529］Goldin, Paul Rakita. *The Culture of Sex in Ancient China*. Honolulu: University of Hawaii Press, 2002.

［530］Goldin, Paul Rakita. *The philosophy of Xunzi*, Thesis (Ph. D.), Harvard University, 1996.

［531］Goodrich, Luther Carrington. *The Literary Inquisition of Ch'ien-Lung*, 1935. New York: Paragon Book Reprint Corp., 1966.

［532］Graham, A. C. *Chuang-tzu: Textual Notes to a Partial Translation*. London: School of Oriental and African Studies, 1982.

［533］Graham, A. C. *chuang-tzu: The Seven Inner Chapters and Other Writings from the Book Chuang-tzu*. London: Allen and Unwin, 1981.

［534］Graham, A. C. *Later Mohist Logic, Ethics and Science*. Hong Kong: Chinese University Press, 1978.

［535］Graham, A. C. *Poems of the Late Tang*. London: Penguin Classics, 1965.

［536］Graham, A. C. *Poems of the West Lake*. London: Wellsweep Press, 1990.

［537］Graham, A. C. *Reason and Spontaneity*. London: Curzon Press, and New York: Barnes and Noble, 1985.

［538］Graham, A. C. "Reason in the Chinese philosophical tradition", *The Legacy of China*, ed. by Raymond Dawson. Oxford: Clarendon Press, 1964.

[539] Graham, A. C. *Studies in Chinese Philosophy and Philosophical Literature.* Albany: SUNY Press, 1990.

[540] Graham, A. C. *The Book of Lieh-tzu.* London: John Murray, 1960.

[541] Graham, A. C. "The logic of the Mohist Hsiao-ch'u", *T'oung Pao*, Vol. 51, No. 2, 1964.

[542] Graham, A. C. *The Origins of the Legend of Lao Tan.* Singapore: Institute of East Asian Philosophies, 1986; Reprinted in A. C. Graham, *Studies in Chinese Philosophy and Philosophical Literature.* Albany: State University of New York Press, 1990.

[543] Graham, A. C. *The Problem of Value.* London: Hutchinson's University Library, 1961.

[544] Graham, A. C. *Two Chinese Philosophers: Ch'eng Ming-tao and Cheng Yi-chuan.* London: Lund Humphries, 1958.

[545] Grant, Beata. and Idema, W. L. *The Red Brush: Writing Women of Imperial China.* Cambridge: Harvard University Asia Center, 2004.

[546] Grant, Beata and Idema, W. L (Wilt L.) tr. *Escape from Blood Pond Hell: The Tales of Mulian and Woman Huang.* Seattle: University of Washington Press, 2011.

[547] Grant, Beata. "Da Zhangfu: The Gendered Rhetoric of Heroism and Equality in Seventeenth – Century Chan Buddhist Discourse Records", *NAN Nü*, Vol. 10, No. 2, pp. 177 – 211.

[548] Grant, Beata. "Buddhism and Taoism in the poetry of Su Shi (1036 – 1101)", Ph. D. Diss, Stanford University, 1987.

[549] Grant, Beata. *Daughters of Emptiness: Poems of Chinese Buddhist Nuns.* Somerville, MA: Wisdom Publications, 2003.

[550] Grant, Beata. *Eminent Nuns: Women Chan Masters of Seventeenth-century China.* Honolulu: University of Hawaii Press, c2009.

[551] Grant, Beata. "Out of the Cloister: Literati Perspectives on Buddhism in Sung China, 960 – 1279", *The American Historical Review*, 2007, Vol. 112 (3), pp. 826 – 827; *Harvard East Asia Monographs*, No. 272, Cambridge, Mass: Harvard University Press, 2006.

[552] Grant, Beata. "Kuan-yin: The Chinese Transformation of Avalokiteshvara", *The Journal of Asian Studies*, Vol. 61 (3), 2002, pp. 1045 – 1047.

[553] Grant, Beata. "The Poetess And The Precept Master: A Selection Of

Daoist Poems By Gu Taiqing", *Text, Performance, and Gender in Chinese Literature and Music*. Essays in Honor of Wilt Idema Leiden – Boston: Brill, 2010, pp. 325 – 340.

[554] Grant, Beata. *Mount Lu Revisited: Buddhism in the Life and Writings of Su Shih*. Honolulu: University of Hawaii Press, 1994.

[555] Grant, Beata. "Women Saints in World Religions", *The Journal of Asian Studies*, Vol. 60 (2), 2001, pp. 510 – 512.

[556] Gu, Mingdong. *Chinese Theories of Reading and Writing: A Route To Hermeneutics And Open Poetics*. State University of New York Press, 2005.

[557] Gu, Mingdong. *Literary Openness and Open Poetics: A Chinese View in a Cross-cultural Perspective*, for the degree of Doctor of Philosophy of The University of Chicago, 1999.

[558] Gu, Hongming. *The Story of a Chinese Oxford Movement*. Shanghai: Shanghai Mercury, 1910.

[559] Hamill, Sam and Seaton, J. P. *The Poetry of Zen*. Boston: Shambhala, 2004.

[560] Hanan, Patrick. *Archetype and Allegory in the Dream of the Red Chamber*. Princeton: Princeton University Press, 1976.

[561] Hanan, Patrick. *Chinese Fiction of the Nineteenth and Early Twentieth Centuries*. New York: Columbia University Press, 2004.

[562] Hanan, Patrick. *Chinese Narrative: Critical and Theoretical Essays*. Princeton: Princeton University Press, 1977.

[563] Hanan, Patrick trans. *Falling in love: Stories from Ming China*. Honolulu: University of Hawai'i Press, 2006.

[564] Hanan, Patrick. "Fengyue Meng and the Courtesan Novel", *Harvard Journal of Asiatic Studies* 58, No. 2, 1998, pp. 345 – 372.

[565] Hanan, Patrick. *The Chinese Vernacular Story*. Cambridge: Harvard University Press, 1981.

[566] Hanan, Patrick. *The Four Master works of the Ming Novel*. Princeton: Princeton University Press, 1987.

[567] Hanan, Patrick trans. *The Carnal Prayer Mat*. New York: Ballantine Books, 1990. New edit. Honolulu: University of Hawai'i Press, 1996.

[568] Hanan, Patrick trans. *Silent Operas*. Hong Kong: Chinese University Press, 1990.

[569] Hanan, Patrick trans. *Tower for the Summer Heat*. New York: Columbia University Press, 1998.

[570] Hansen, Chad. *A Daoist Theory of Chinese Thought*. New York: Oxford University Press, 1992, p. 201.

[571] Harold, Bloom. *The Ringers in the Tower: Studies in Romantic Tradition*. Chicago: University of Chicago Press, 1971.

[572] Hartman, Charles. "Poetry and Politician 1079: The Crow Terrace Poetry Case of Su Shih", *Chinese Literature: Essays, Articles, Reviews*, Vol. 12, December, 1990, pp. 15 – 44.

[573] Hawkes, David and Minford, John trans. *The Story of the Stone*, Vol. I. London: Penguin Books, 1980.

[574] Hayden, George A. *Crime and Punishment in Medieval Chinese Drama: Three Judge Pao Plays*. Harvard University Press, 1978.

[575] Hayden, George A. "The Courtroom Plays of the Yüan and Early Ming Periods", *Harvard Journal of Asiatic Studies* 34, 1974, pp. 192 – 220.

[576] Hayden, George A. *The Judge Pao Plays of the Yuan Dynasty*. Stanford University, 1971.

[577] He, Dajiang. "Su Shi: pluralistic view of values and making poetry out of prose", Ph. D. diss, The Ohio State University, 1997.

[578] He, Yuming. *Productive Space: Performance Texts in the Late Ming*. Berkeley: University of California, 2003.

[579] Hegel, Robert E. and Hessney, Richard C. eds. *Expressions of self in Chinese literature*. New York: Columbia University Press, 1985.

[580] Hegel, Robert E. and Hessney, Richard C. eds, *Hessney. Expressions of Self in Chinese Literature*. New York: Columbia University Press, 1985.

[581] Hegel, Robert E. and Katherine Carlitz, eds. *Writing and Law in Late Imperial China: Crime, Conflict, and Judgment*. Seattle: University of Washington Press, 2007.

[582] Hegel, Robert E. "Pilgrim of the Clouds: Poems and Essays by Yuan Hung-tao and His brothers", *Ming Studies*, Vol. 9, No. 1, 1979, pp. 33 – 34.

[583] Hegel, Robert E. *Reading Illustrated Fiction in Late Imperial China*. Stanford, Calif.: Stanford University Press, 1998.

[584] Hegel, Robert E. *Sui T'ang Yen-i: The Sources and Narrative Techniques of a Traditional Chinese Novel*. Thesis (Ph. D.), Columbia University, 1973.

［585］Hegel, Robert E. *The Novel in Seventeenth-century China*. New York: Columbia University Press, 1981.

［586］Hegel, Robert E. "The Sights and Sounds of Red Cliffs: On Reading Su Shi", *Chinese Literature: Essays, Articles, Reviews (CLEAR)*, 1998, Vol. 20, pp. 11 – 30.

［587］Hegel, Robert E. "Traditional Chinese Fiction—The State of the Field", *The Journal of Asian Studies*, 1994, Vol. 53, No1. 2, pp. 394 – 426.

［588］He, Jianjun. "Burning Incense at Night: A Reading of Wu Yueniang in Jin Ping Mei", *Chinese Literature: Essays, Articles, Reviews (CLEAR)*, Vol. 29, 2007, pp. 85 – 103.

［589］Helsinki: Suomalainen Tiedeakatemia Academia Scientarum Fennica, 1978.

［590］Henricks, Robert G. "Examining the Ma – Wang – Tui Silk Texts of the Lao – Tzu", *T'oung Pao*, Vol. 65, No. 4 – 5, 1979, pp. 166 – 199 (34).

［591］Henricks, Robert G. *Hsi K'ang (223 – 262): His Life, Literature, and Thought*, Ann Arbor, Mich.: University Microfilms International, 1983.

［592］Henricks, Robert G. *Laozi. Lao-tzu: Te-tao Ching: A New Translation Based on the Recently Discovered Ma-wang-tui Texts*. New York: Ballantine Books, 1989.

［593］Henricks, Robert G. "On the Chapter Divisions in the Lao-tzu", *Bulletin of the School of Oriental and African Studies*, Vol. 45, No. 3, 1982, pp. 501 – 524.

［594］Henricks, Robert G. "On the Whereabouts and Identity of the Place Called 'K'ung – Sang' (Hollow Mulberry) in Early Chinese Mythology," *Bulletin of the School of Oriental and African Studies*, Vol. 58 (1), 1995, pp. 69 – 90.

［595］Henricks, Robert G. "Tao Te Ching – Chinese Classics", *The Journal of Asian Studies*, Vol. 44, No. 1, 1984, pp. 177 – 180.

［596］Henricks, Robert G. *The Poetry of Han-shan, Complete, Annotated Translation of Cold Mountain*. New York: State university of New York Press, 1990.

［597］Henricks, Robert G. *The Tao and the Field: Exploring an Analogy*, St. John's Papers in Asian Studies, No. 27, The Center of Asian Studies, St. John's University, 1981.

［598］Henricks, Robert G. "The Three – Bodied Shun and the Completion of Creation", *Bulletin of the School of Oriental and African Studies*, Vol. 59, No. 2, 1996, pp. 268 – 295.

［599］Henricks, Robert G. tr. *The Poetry of Han-shan: A Complete, Annotated Translation of Cold Mountain.* Albany: State University of New York Press, 1990.

［600］Henry, Eric. P. *Chinese Amusement: The Lively Plays of Li Yu.* Hamden, Conn.: Archon Books, 1980.

［601］Hightower, James Robert. *Topics in Chinese Literature: Outlines and Bibliographies.* Harvard University Press, 1950.

［602］Hinton, David. The Mountain Poems of Hsieh Ling-yun, New Directions Publishing, 2011. David Knechtges, "A Literary Feast: Food in Early Chinese Literature", *Journal of the American Oriental Society*, Vol. 106, No. 1, 1986, pp. 49–63.

［603］His, Ch'eng and Wells, Henry W. *An Album of Wang Wei.* Hong Kong: Ling Ch'ao hsuan, 1974.

［604］Ho, Shang-hsien *A Study of The Western Chamber: A Thirteenth Century Chinese Play.* The University of Texas, 1976.

［605］Hobson, John M. *The Eastern Origins of Western Civilisation.* Cambridge, UK: Cambridge University Press, 2004.

［606］Holzman, Donald. "Ch'en Tzu-ang: Innovator in T'ang Poetry", *T'oung Pao*, Vol. 81 (4/5), 1995, pp. 355–360.

［607］Holzman, Donald. *Chinese Literature in Transition from Antiquity to the Middle Ages.* Aldershot, Great Britain; Brookfield, Vt., USA: Ashgate, 1998.

［608］Holzman, Donald. *Immortals, Festivals, and Poetry in Medieval China: Studies in Social and Intellectual History.* Aldershot, Hants, England; Brookfield, Vt., USA: Ashgate, 1998.

［609］Holzman, Donald. *Landscape Appreciation in Ancient and Early Medieval China: The Birth of Landscape Poetry; Six Lectures Given at Tsing Hua University, February–March* 1995, Hsin Chu, Taiwan: Program for research of intellectual-cultural history, College of humanities and social sciences, Tsing Hua University, 1996.

［610］Holzman, Donald. "Literary Criticism in China in the Early Third Century A. D.", *Asiatische Studien* 28: 2, 1974, pp. 113–149.

［611］Holzman, Donald. "On the Authenticity of the 'Preface' to the Collection of Poetry Written at the Orchid Pavilion", *The Journal of the American Oriental Society*, April–June, 1997, Vol. 117, No. 2.

［612］Holzman, Donald. *Poetry and Politics: The Life and Works of Juan Chi*, A. D. 210–263. Cambridge [Eng.]; New York: Cambridge University Press, 1976.

［613］Holzman, Donald. "Shen Kua and His Meng-ch'i pi-t'an", *T'oung Pao*,

1958, Vol. 46 (3/5), pp. 260 – 292.

［614］Holzman, Donald. "Tracking the Banished Immortal. The Poetry of Li Bo and Its Critical Reception", *T'oung Pao*, 2004, Vol. 90, Vol. 4/5, pp. 475 – 480.

［615］Holzman, Donald. *Yuan Chi and His Poetry*. Ann Arbor, University Microfilms, 1974.

［616］Holzman, Donald. "Yuan Chi and His Poetry", Ph. D. diss, Yale University. Ann Arbor, Mich.：UMI, 1966.

［617］Hon, Tze-ki. "Constancy in Change：A Comparison of James Legge's and Richard Wilhelm's Interpretations of the Yijing", *Monumenta Serica*, Vol. 53, 2005, pp. 315 – 336.

［618］Hsia, Chih-tsing, Li, Wai-yee and Kao, George. *The Columbia Anthology of Yuan Drama*. Columbia University Press, 2014.

［619］Hsieh, Chen-ooi Chih *Evolution of the Theme of Tou O Yuan*. Ohio State University, 1974.

［620］Hsiung, Hsien-kuan Ann – Maria. *Seeking Women in Pre-modern Chinese Texts：A Feminist Re-vision of Ming Drama (1368 – 1644)*. University of Hawaii at Manoa, 1995.

［621］Hsleh, Deniel. Fragrant Rice and Green Paulownia, Notes on a Couplet in DuFu's "Autumn Meditations", Chinese Literature：Essays, Articles, Reviews (CLEAR), Vol. 31, December 2009, pp71 – 95.

［622］Hsu, Kai-yu. *Wen I – to.* Boston：Twayne Publishers, 1980.

［623］Hsu, Tao – Ching. *The Chinese Conception of Theatre.* University of Washington Press, 1984.

［624］Huang, Chih – Fang, Lu Hsiang – Pin, Ren Jenny, "Algorithmic Approach to Sonification of Classical Chinese Poetry", *Multimedia Tools and Applications*, November 2012, Vol. 61, Issue 2, pp. 489 – 518.

［625］Hung, William. *Tu Fu, China's Greatest Poet：A Supplementary Volume of Notes.* MA：Harvard University Press, 1952.

［626］Hughes, E. R. *Two Chinese Poets；Vignettes of Han Life and Thought.* Princeton, N. J., Princeton University Press, 1960.

［627］Huang, Harrison Tse – Chang *Excursion, Estates, and the Kingly Gaze：The Landscape Poetry of Xie Lingyun*, Ph. D. diss, University of California, Berkeley. Ann Arbor, Mich.：UMI, 2010.

［628］Huang, Joseph. *Children of the Pear Garden：Five Plays from the Chinese*

Opera, *Translated and Adapted from the Chinese*. Heritage Press, 1961.

[629] Huang, Kerson and Rosemary, *I Ching*. New York: Workman Publishing Company, 1987.

[630] Huang, Martin W. "Author (ity) and Reader in Traditional Chinese Xiaoshuo Commentary", *Chinese Literature: Essays, Articles, Reviews* (CLEAR) 16 (1994), pp. 41–67.

[631] Huang, Martin W. "Dehistoricization and Intertexualization: The Anxiety of Precedents in the Evolution of the Traditional Chinese Novel", *Chinese Literature: Essays, Articles, Reviews* (CLEAR) 12 (1990), pp. 45–68.

[632] Huang, Martin W. *Desire and Fictional Narrative in Late Imperial China*. Cambridge: Harvard University Asia Center, 2001.

[633] Huang, Martin W. "From Caizi to Yingxiong: Imagining Masculinities in Two Qing Novels, 'Yesou puyan' and 'Sanfen meng quan zhuan'", *Chinese Literature: Essays, Articles, Reviews* (CLEAR) 25 (2003), pp. 59–98.

[634] Huang, Martin W. *Hongloumeng piyu pianquan* by Andrew H. Plaks. *Chinese Literature: Essays, Articles, Reviews* (CLEAR). Vol 22 (Dec., 2000): pp. 173–175.

[635] Huang, Martin W. *Literati and Self-Re/Presentation: Autobiographical Sensibility in the Eighteenth-Century Chinese Novel*. California: Standford University Press, 1995.

[636] Huang, Martin W. *Male Friendship in Ming China*. Holand: Brill Press, 2007.

[637] Huang, Martin W. *Negotiating Masculinities in Late Imperial China*. Honolulu: University of Hawaii Press, 2006.

[638] Huang, Martin W. *Snakes' Legs: Sequels, Continuations, Rewritings and Chinese Fiction*. Honolulu: University of Hawaii Press, 2001.

[639] Huang, Martin W. "The dilemma of Chinese lyricism and the Qing literati novel", Ph. D. dissertation, Washington University, 1991.

[640] Huntington, Rania. *Alien Kind: Foxes and Late Imperial Chinese Narrative*. Cambridge: Harvard University Press, 2004.

[641] Huntington, Rania. "Foxes and Sex in Late Imperial Chinese Narrative", *NAN NU – Men, Women & Gender in Early & Imperial China* 2, No. 1, 2000. pp. 78–128.

[642] Huntington, Rania. "Ghosts Seeking Substitutes: Female Suicide and

Repetition", *Late Imperial China* 26, No. 1, 2005, pp. 1 – 40.

[643] Huntington, Rania. "Memory, Mourning, and Genre in the works of Yu Yue", *Harvard Journal of Asiatic Studies* 67, No. 2, 2007, pp. 253 – 293.

[644] Huntington, Rania. "The View from the Tower of Crossing Sails: Ji Yun's Female Informants", *NAN NÜ* 12, No. 1, 2010, pp. 30 – 64.

[645] Hu, Pinqing. *Li Ch'ing-chao*. New York: Twayne Publishers, 1966.

[646] Huters, Theodore. Bringing the World Home: Appropriating the West in Late Qing and Early Republican China, Honolulu: University of Hawaii Press, 2005.

[647] Hu, William. *Bibliography for Yuan Opera*. Michigan University, Center for Chinese Zbikowski, Tadeusz. *Early Nan-hsi Plays of the Southern Sung Period*, Warsaw: Wydawnictwa Universytetu Warsawskiego, 1974.

[648] Idema, Wilt L. and Haft, Lloyd. *A Guide to Chinese Literature*. University of Michigan Press, 1997.

[649] Idema, Wilt L. and Li, Wai – Yee and Barr, Allan etc. eds. *Trauma and Transcendence in Early Qing Literature*. Cambridge: Harvard University Asia Center, 2006.

[650] Idema, Wilt L. "Chu Yu-tun as a Theorist of Drama", R. P. Kramers, ed., China: Continuity and Change, *Papers of the XXVIIth Congress of Chinese Studies* 31.8 – 5.9, 1980, Zurich University (Zurich: Hausdruckerei der Universitat, 1982).

[651] Idema, Wilt L. "Li Kaixian's Revised Plays by Yuan Masters (Gaiding Yuanxian Chuanqi) and the Textual Transmission of Yuan Zaju as Seen in Two Plays by Ma Zhiyuan", *Chinoperl* 26, 2005.

[652] Idema, Wilt. "Performance and Construction of the Chu-kung-tiao", *Journal of Oriental Studies*, 16, 1978: 63 – 78.

[653] Idema, Wilt L. "The Orphan of Zhao: Self – Sacrifce, Tragic Choice and Revenge and the Confucianization of Mongol Drama at the Ming Court", *Cina* 21, 1988.

[654] Idema, Wilt. *Thought and Law in Qin and Han China: Studies Dedicated to Anthony Hulsewe on the Occasion of His Eightieth Birthday*. Leiden, 1990.

[655] Idema, Wilt L. "Li Kaixian's Revised Plays by Yuan Masters (Gaiding Yuanxian Chuanqi) and the Textual Transmission of Yuan Zaju as Seen in Two Plays by Ma Zhiyuan", *Chinoperl* 26, 2005.

[656] Idema, Wilt. "Performance and Construction of the Chu-kung-tiao",

*Journal of Oriental Studies*, 16, 1978: 63 – 78.

［657］Idema, Wilt L. "Shi Chun-pao' and Chu Yu-tun's Chu-chiang-ch'ih", The Variety of Mode within Form", *T'oung Pao*, Vol. 66（4 – 5）, 1980.

［658］Idema, Wilt L. "The Orphan of Zhao: Self – Sacrifce, Tragic Choice and Revenge and the Confucianization of Mongol Drama at the Ming Court", *Cina 21*, 1988.

［659］Idema, Wilt. *Thought and Law in Qin and Han China: Studies Dedicated to Anthony Hulsewe on the Occasion of His Eightieth Birthday*. Leiden, 1990.

［660］Idema, Wilt L. "Zhu youdun's Dramatic Prefaces and Traditional Fiction: An Addendum", *Ming Studies*, 11, 1980.

［661］Intorcetta, Prospero and Couplet, Filippo. *The Morals of Confucius, a Chinese Philosopher: Who Flourished above Five Hundred Years before the Coming of our Lord and Saviour Jesus Christ: Being one of the Most Choicest Pieces of Learning Remaining of that Nation*. London: Printed for Randal Taylor, 1691.

［662］Jansen, Thomas. *Beacon Fire and Shooting Star: The Literary of the Liang*（502 – 557）, Harvard – Yenching Institute Monograph Series, 63 by Xiaofei Tian（Review）. *Chinese Literature: Essay, Articles, Reviews（CLEAR）*, Vol. 31（December 2009）, pp. 138 – 142.

［663］Jensen, Lionel M. *Manufacturing Confucianism: Chinese Traditions & Universal Civilization*. Durham: Duke University Press, 1997.

［664］Jian, Guoru, *The Mighty Chang Jiang River: the Chinese Classical Poems with Paintings of the Chang Jiang Scenery*. Ontario: Pearlmak Publishing Inc, 1998.

［665］John, Webb. *An Historical Essay Endevouring a Probability that teh Language of the Empire of China is the Primitive Language*. London: Nathaniel Brooks, 1669.

［666］Jackson, B. K. *The Yuan Dynasty Playwright Ma Chih-yuan and His Dramatic Works*. The University of Arizona, 1983.

［667］Jiang, Tsui-fen. *Gender Reversal: Women in Chinese Drama under Mongol Rule（1234 – 1368）*. University of Washington, 1991.

［668］Jing, Shen. *The Use of Literature in Chuanqi Drama*. Washington University, 2000.

［669］Johnson, Dale R. *The Prosody of Yuan Drama*. University of Michigan, 1968.

［670］Johnson, Dale R. *Yuan Music Dramas: Studies in Prosody and Structure* and a Complete Catalogue of Northern Arias in the Dramatic Style. Ann Arbor: Center for Chinese Studies, University of Michigan, 1980.

［671］Josephs, H. K. "The Chanda. A Sung Dynasty Entertainment", T'oung Pao, No. 62, 1976, pp. 167 – 198.

［672］Kahlen, Wolf. "Sorry, Milarepa/Excuse me, Li Bo/I Beg your Pardon, Kukai", http://rhizome.org/artbase/artwork/2697/. ［2012 – 10 – 6］

［673］Kang, His. Philosophy and Argumentation in Third-century China: The Essays of Hsi Kang, translated, with introduction and annotation by Robert G. Henricks, Princeton, N. J.: Princeton University Press, 1983.

［674］Kao, Hsin-sheng C. Li Ju-chen. Boston: Twayne 1981.

［675］Karl, Haushofer. Geopolitik des Pazifischen Ozeans, Studien über die Wechselbeziehungen zwischen Geographie und Geschichte. Mit sechzehn Karten und Tafeln. Berlin: K. Vowickel, 1924.

［676］Karlgren, Bernhard. The Book of Odes. Stockholm: The Museum of Far Eastern Antiquities, 1950.

［677］Karlgren, Berhard. The Poetical Part in Lao Lao-tsi?. Göteborg: Elanders boktryckeri aktiebolag, 1932.

［678］Keng, Lim Boon. Li Sao: An Elegy on Encountering Sorrows. Shanghai: The Commercial Press, 1929, p. 19.

［679］Kennedy, Mary. I Am a Thought of you: Poems by Sie Thao (Hung Tu), Written in China in the Ninth Century. New York: Gotham Book Mart, 1969.

［680］Kern, Martin and Hegel, Robert E. "A History of Chinese Literature?" Chinese Literature: Essays, Articles, Reviews (CLEAR), Vol. 26, 2004, pp. 159 – 179.

［681］Kingsmill, Thomas W. "In Memoriam (of Rev. Canon McClatchie)", Journal of the China Branch of the Royal Asiatic Society, Vol. 20, 1885, p. 100.

［682］Knechtges, David R. Trans, Wen Xuan, or Selections of Refined Literature, Rhapsodies on Sacrifices, Hunting, Travel, Sightseeing, Palaces and Halls, Rivers and Seas, Vol. 2. Princeton University Press, 1987.

［683］Knechtges, David R. trans. Wen Xuan, or Selections of Refined Literature. Rhapsodies on Natural Phenomena, Birds and Animals, Aspirations and Feelings, Literature, Music, Passions, Vol. 3. Princeton University Press, 1996.

［684］Knechtges, David R. Taiping Chang, eds. Ancient and Early Medieval Chinese Literature: A Reference Guide. Leiden; Boston: Brill, 2010 – 2014.

〔685〕Knight, Sabina. *Chinese Literature*: *A Very Short Introduction*. Oxford University Press, 2012.

〔686〕Knoblock, John. "Su Tung – P'o: Selections from a Sung Dynasty Poet" (Book Review), *Journal of Asian Studies*. Vol. 26, No. 1, Nov 1, 1966, pp. 112.

〔687〕Kohn, Livia et al., Laozi. 〔2012 – 6 – 27〕http://plato.stanford.edu/entries/laozi/. 〔2013 – 3 – 12〕

〔688〕Kroll, Paul W. and Kroll, Joyce Wong compiled. *A Concordance to the Poems of Meng Hao-jan*. Taipei: Chinese Materials Center, 1982.

〔689〕Kroll, Paul W. "Daoist Verse And The Quest Of The Divine", *Early Chinese Religion*, Part Two: The Period of Division (220 – 589 AD), Leiden – Boston: Brill 2009, pp. 963 – 996.

〔690〕Kroll, Paul W. *Dharma Bell and Dharani Pillar*: *Li Po's Buddhist Inscriptions*. Scuola italiana di studi sull'Asia orientale, 2001.

〔691〕Kroll, Paul W. *Essays in Medieval Chinese Literature and Cultural History*, Farnham: Ashgate, 2009.

〔692〕Kroll, Paul W. *Meng Hao – Jan*. Boston: Twayne 1981.

〔693〕Kroll, Paul W. Poetry of Early Tang by Stephon Owen (Review), *Chinese Literature*: *Essay, Articles, Reviews* (*CLEAR*), Vol. 1, July, 1979, pp. 257 – 261.

〔694〕Kroll, Paul W. *Portraits of Ts'ao Ts'ao*: *Literary Studies on the Man and the Myth*. Ann Arbor, Mich.: University Microfilms International, 1985.

〔695〕Kroll, Paul W. *Studies in Medieval Taoism and the Poetry of Li Po*, Farnham: Ashgate, 2009.

〔696〕Ku, Hung – Ming, *Papers from a Viceroy's Yamen. A Chinese Plea for the Cause of Good Government and True Civilization in China*. Shanghai: The Shanghai Mercury, 1901.

〔697〕Ku, Hung Ming, *The Conduct of Life*; or, *The Universal Order of Confucius. A translation of One of the Four Confucian Books Hitherto Known as The Doctrine of the Mean*. London: J. Murray, 1908.

〔698〕Ku, Hung – Ming, tr. *Higher Education. A new Translation of Ta hsüeh*. Shanghai: Shanghai Mercury, 1915.

〔699〕Ku, Hung-ming, *The Spirit of the Chinese People. With an Essay on "The War and the Way out"*. Peking: The Peking Daily News, 1915.

〔700〕Ku, Hung-ming, tr., *The Discourses and Sayings of Confucius. A New Special Translation, Illustrated with Quotations from Goethe and other Writers*. Shanghai, etc. : Kelly and Walsh, limited, 1898.

[701] Kung, Shang-jen. *The Peach Blossom Fan – Tao Hua Shan*, Translated by Chen Shih-hsiang and Harold Acton, with the collaboration of Cyril Birch. Berkeley: University of California Press, 1976.

[702] Kuo, His. *An Essay on Landscape Painting*, translated by Shio Sakanishi; a foreword by L. Cranmer – Byng. London: J. Murray, 1935.

[703] Kunst, Richard Alan. "The Original *Yijing*: A Text, Phonetic Transcription, Translation and Indexes, with Sample Glosses", Ph. D. dissertation in Oriental Languages, University of California at Berkeley, 1985.

[704] Lai, Ming. *A History of Chinese Literature.* New York, John Day Co., 1964. London: Cassell, 1964.

[705] Lai, T'ien – Ch'ang Ed Gamarekian. *The Romance of West Chamber.* Hong Kong, Heinemann Educational Books (Asia) Ltd, 1973.

[706] Lancashire, Douglas. *Li Po – Yuan.* Boston: Twayne Publishers, 1981.

[707] Laozi. *Lao Tzu's Tao Te Ching*: *A translation of the Startling New Documents Found at Guodian*, translated by Robert G. Henricks. New York: Columbia University Press, 2000.

[708] Laozi. *The Sayings of Lao Tzǔ*, translated from the Chinese, with an introduction by Lionel Giles. London: Orient Press, 1904.

[709] Larsen, Jeanne. *Brocade River Poems.* Princeton: Princeton University Press, 1987.

[710] Larsen, Jeanne. The Chinese Poet Xue Tao: The Life and Works of a Mid – Tang Woman, Ph. d Dissertation, University of Iowa, 1983.

[711] Larsen, Jeanne. *Willow, Wine, Mirror, Moon: Women's Poems from Tang China.* Rochester, NY: BOA Editions, 2005.

[712] Latham, Ronald tr. *The Travels of Marco Polo.* Harmondsworth, Middlesex: Penguin Books, 1958.

[713] Lau, D. C. *Lao Tzu Tao Te Ching.* Harmondsworth: Penguin Books, 1963, p. 14.

[714] Laughlin, Charles A. "Bringing the World Home: Appropriating the West in Late Qing and Early Republican China by Theodore Huters (Review)", Chinese Literature: Essay, Articles, Review (CLEAR), Vol. 29, Dec 2007, pp. 178 – 180.

[715] Lee, Brigitta Ann. "*Imitation, Remembrance and the Formation of the*

Poetic Past in Early Medieval China", Ph. D. diss, Princeton University, Ann Arbor, Mich, UMI, 2007.

[716] Lee, Joseph J. *Wang Chang-Ling*. Boston: Twayne, 1983.

[717] Lefevere, André. *Translation, Rewriting and the Manipulation of Literary Fame*. London; New York: Routledge, 1992.

[718] Lefevere, Andre. *Translation, Rewriting and the Manipulation of Literary Fame*. Shanghai: Shanghai Foreign Language Education Press, 2004.

[719] Legge, James. *The Chinese Classics—With a Translation, Critical and Exegetical Notes, Prolegomena, and Copious Indexes*, Vol. 1-5. Hong Kong: At the Authorps, 1861.

[720] Legge, James. *The Chinese Classics: with a Translation, Critical and Exegetical Notes, Prolegomena, and Copious Indexes*, 5 Vols. Hong Kong: Legge; London: Trubner, 1861-1872.

[721] Legge, James. *The Four Books with English Translation and Notes*. Shanghai: Chinese Book Press, 1861.

[722] Legge, James trans. *The I Ching* (originally rendered *Yi King*). New York: Dover Publications, 1963 (2rd edition, rpt. of 1899 edition).

[723] Legge, James. "Imperial Confucianism", *China Review* 6 (1877-78): 147-158, 223-235, 299-310, 363-374.

[724] Legge, James. *The Life and Teaching of Confucius*. Montana: Kessinger Publishing Co. , 2004.

[725] Legge, James. "The Li Sao Poem and its Author", *The Journal of the Royal Asiatic Society of Great Britain and Ireland*, Vol. 7, 1895.

[726] Legge, James. *The Notions of the Chinese Concerning God and Spirits*. Hong Kong: Hongkong Register office, 1852.

[727] Legge, James. *A Record of Buddhistic Kingdoms*. New York: Cosimo Classics, 2005.

[728] Legge, James. *The Religions of China: Confucianism and Taoism Described and Compared with Christianity*. Montana: Kessinger Publishing Co. , 1880.

[729] Legge, James trans. , "The Yih King", *The Texts of Confucianism*. Oxford: Claredon Press, 1882.

[730] Lei, Daphne Pi-Wei. *Performing the Borders: Gender and Intercultural Conflicts in Premodern Chinese Drama*. Tufts University, 1999.

[731] Leung, George Kin. "The Chinese actress", *Asia*, vol. 27, 1927.

［732］Leung, George Kin. "The Ching or Painted Face Characters of the Chinese Stage", *China Journal*, 1930.

［733］Leung, George Kin. *Three Short Addresses and Articles: With a Bibliography of the Articles and Lectures on the Chinese Theatre*. Times Print Shop, 1931.

［734］Levy, Andreé. *Chinese Literature, Ancient and Classical*, translated by William H. Nienhauser, Jr., Bloomington: Indiana University Press, 2000.

［735］Levy, Andreé. *La Littérature Chinoise, Ancienne Classique*. Paris: PUF, 1991.

［736］Levy Howard S. and Wells, Henry Willis. tr. & described, *Translations from Po Chu-i's Collected Works*. New York: Paragon Book Reprint Corp., 1971－1978.

［737］Li, Hwui. *The life of Hiuen-Tsiang by the Shaman Hwui Li, with an Introd. Containing an Account of the Works of I-tsing*, by Samuel Beal; with a pref. by L. Cranmer-Byng, new ed., London: Trubner, 1911.

［738］Li, Peter. *Tseng P'u*. Boston: Twayne Publishers, 1980.

［739］Li, Qiancheng. *Fictions of Enlightenment: Journey to the West, Tower of Myriad Mirrors, and Dream of the Red Chamber*. Honolulu: University of Hawai'I Press, 2004.

［740］Li, Tien-yi. *The History of Chinese Literature: A Selected Bibliography*. New Haven, Far Eastern Publications, Yale University, 1968.

［741］Liezi. *Taoist Teachings from the Book of Lieh Tzǔ; tr. from the Chinese, with introduction and notes*, by Lionel Giles. London, J. Murray, 1912.

［742］Lin, Pauline. *Reading Tao Yuanming: Shifting Paradigms of Historical Reception (427-1900)*. Harvard University Asia Center: Harvard University Press, 2008.

［743］Lin, Pauline. "A Separate Space, a New Self: Representations of Rural Spaces in Six Dynasties Literature and Art", Harvard University, Ann Arbor, Mich.: UMI, 1999.

［744］Lindbeck, John M. H. *Understanding China: An Assessment of American Scholarly Resources*. New York: Praeger, 1971.

［745］Li, Tien-yi, *Chinese Fiction: A Bibliography of Books and Articles in Chinese and English*. Far Eastern Publications, Yale University, 1968.

［746］Littlejohn, Ronnie. Laozi (Lao-tzu, fl. 6th C. BCE). ［2005-7-25］http://www.iep.utm.edu/laozi/#H5. ［2013-3-12］

[747] Liu, Chun-jo *A Study of the Tsa-chü of the Thirteenth Century in China*. University of Wisconsin, 1952.

[748] Liu, Hsiang-fei. "The 'Hsing-Ssu' Mode in Six Dynasties Poetry: Changing Approaches to Imagistic language", Ph. D. diss, Princeton University, Ann Arbor, Mich, UMI, 1988.

[749] Liu, Hsiao-fen. *Female Personae in Dramas by Guan Hanqing*. California State University, 2005.

[750] Liu, Hsieh. *The Literary Mind and the Carving of Dragons: A Study of Thought and Pattern in Chinese Literature*, translated with an introduction and notes by Vincent Yu-chung Shih, New York: Columbia University Press, 1959.

[751] Liu, hun-jo. "An Investigation on the Ch'en-tzu in Yuan tsa-chu", *PCELI*, 1964.

[752] Liu, James. *Elizabethan and Yuan: A Brief Comparison of Some Conventions in Poetic Drama*, London: China Society, 1955.

[753] Liu, Wu-chi. "The Original Orphan of China", *Comparative Literature* 5.3, 1953.

[754] Liu, James J. Y. *The Art of Chinese Poetry*. Chicago: University of Chicago Press, 1962.

[755] Liu, James J. Y. *The Interlingual Critic: Interpreting Chinese Poetry*. Bloomington: Indiana University Press, 1982.

[756] Liu, James J. Y., *Language - Paradox - Poetics: A Chinese Perspective*. Princeton, N. J.: Princeton University Press, 1988.

[757] Liu, James J. Y., "Su Tung - P'o: Selections from a Sung Dynasty Poet", (Book Review), *Journal of the American Oriental Society*, Vol. 35, No. 1, Nov 1, 1966, p. 21.

[758] Liu, James J. Y. Times, Space, and Self in Chinese Poetry, *Chinese Literature: Essays, Articles, Reviews (CLEAR)*, Vol. 1 (Jul., 1979), pp. 137 - 156.

[759] Liu, Jung-en. *Six Yüan Plays: Translated with an Introduction*. Harmondsworth: Penguin Books, 1972.

[760] Liu, Marjory Bong - Ray. Kunqu: China's First Great Multi-art Theatrical Tradition Webcast (Library of Congress), http://www.loc.gov/today/cyberlc/feature_wdesc.php? rec = 4472. [2013 - 7 - 29]

[761] Liu, Shi-yee. *An Actor in Real Life: Chen Hongshou's 'Scenes from the life of Tao Yuanming' (China)*, Ann Arbor, Mich.: UMI, 2003.

[762] Liu, Wu-chi. *Confucius, His Life and Time.* New York: Philosophy Library, 1955.

[763] Liu, Wu-chi. *An Introduction to Chinese Literature.* Bloomington and London: Indiana University Press, 1966.

[764] Liu, Wu-chi and Lo., Irving Yucheng ed. *Sunflower Splendor: Three Thousand Years of Chinese Poetry.* Indiana University Press, 1976.

[765] Lo, Wai Luk. *Tragic Dimensions of Traditional Chinese Drama: A Study of Yuan Zaju.* City University of New York, 1994.

[766] Loewe, Michael and Boltz, William G. *Early Chinese Texts: A Bibliographic Guide.* Berkeley: Society for the Study of Early China, 1993.

[767] Loon, Piet Van der. *Index to the Shih Ching.* Leiden: Brill Archive, 1943. Lu, Tian. *Persons, Roles, and Minds: Identity in Peony Pavilion and Peach Blossom Fan.* Stanford: Stanford University Press, 2001.

[768] Lu, Chi. *Essay on Literature*, translated by Shih-hsiang Chen in the year MCMXLVIII, Rev. ed., Portland, Me.: Anthoensen Press, 1952.

[769] Lu, Ji. *The Art of Letters; Lu Chi's "Wen fu,"* A. D. 302, a translation and comparative study, by E. R. Hughes; with a forenote by I. A. Richards, New York: Pantheon Books, 1951.

[770] Luo, Yuming. *A Concise History of Chinese Literature.* Leiden; Boston: Brill, 2011.

[771] Lu, Buwei. *The Annals of Lu Buwei = Lu shi chun qiu*, a complete translation and study by John Knoblock and Jeffrey Riegel. Stanford, Calif.: Stanford University Press, 2000.

[772] Lyall, Leonard A. *Mencius.* London: Longmans Green and Co., 1932.

[773] Lyall, Leonard A. *The sayings of Confucius/translated by Leonard A. Lyall.* 1909, 2nd ed., London: Longmans 1925; Leonard A Lyall (Leonard Arthur), tr., *Confucius: Bold-faced thoughts on Loyalty, Leadership, and Teamwork*, edited by Laura Ross; New ed., New York, NY: Sterling Innovation, 2010.

[774] Lynn, Richard John. *Chinese Literature: A Draft Bibliography in Western European Languages.* Faculty of Asian Studies, ANU, 1979.

[775] Lynn, Richard John. *Chinese Poetics.* Princeton: Princeton University Press, 1993.

[776] Lynn, Richard John. *Kuan Yün-shih.* Twayne Pub., 1980.

[777] Lynn, Richard John trans. The Classic of Changes: a New Translation of

the I Ching as Interpreted by Wang Bi, New York. Chichester: Columbia University Press, 1994.

[778] Magaillans, Gabriel. *A New History of China: Containing a Description of the Most Considerable Particulars of that Vast Empire.* London: Printed for Thomas Newborough, 1688.

[779] Mair, Victor H. ed. *Four Introspective Poets: A Concordance to Selected Poems by Roan Jyi, Chern Tzyy-arng, Jang Jeouling, and Lii Bor.* Tempe, Ariz, Center for Asian Studies, 1987.

[780] Mair, Victor H. ed. *The Columbia Anthology of Traditional Chinese Literature*, New York: Columbia University Press, 1994.

[781] Mair, Victor H. *The Columbia History of Chinese Literature.* New York: Columbia University Press, 2001.

[782] Mann, Susan. *Women in China's Long Eighteenth Century.* Stanford: Stanford University Press, 1997.

[783] Mao, Nathan K. and Liu, Ts'un-yan. *Li Yu.* Boston: Twayne Publishers 1977.

[784] March, Andrew Lee. *Landscape in the Thought of Su Shih* (1036 – 1101), Ph. D. dissertation, University of Washington, 1964.

[785] March, Andraw Lee. "Self and Landscape in Su Shih", *Journal of the American Oriental Society*, Vol. 86, No. 4, 1966, pp. 377 – 396.

[786] Marney, John. *Chiang Yen.* Boston: Twayne, 1981.

[787] Martinson, Paul Varo. "Pao Order and Redemption: Perspective on Chinese Religion and Society Based on a Study of the Chin P'ing Mei", Ph. D. dissertation: University of Chicago, 1973.

[788] Martin, W. A. P. (William Alexander Parsons), *The Lore of Cathay; or, The Intellect of China.* New York, Chicago, etc. : F. H. Revell company, 1901.

[789] Mather, Richard B. "The Landscape Buddhism of the Fifth Century Poet Hsieh Ling-yun", *Journal of Asian Studies.* Vol 18, Issue 1, Nov, 1958, pp. 67 – 79.

[790] Maurette, Marc and Mercanton, Victoria. *Chinese Theatre*, France: Triangle Films and Procinex, distributed by Gateway Film Productions, 1960.

[791] Mayers, William Frederick. *Bibliography of the Chinese Imperial Collections of Literature.* Hong Kong: Printed at the "China Mail" Office, 1878.

[792] McCaskey, M. "Categorization of Chinese Literature: Prose", in *Lan-*

guages and Linguistics：Working Papers，No. 2，1971，pp. 35 – 50.

［793］McClatchie, Thomas R. H. "Confucian Cosmology", *China Review*, Vol. 1, No. 3, 1872, pp. 84 – 95.

［794］Mclaren, Anne E. *Chinese Popular Culture and Ming Chantefables*. Leiden; Boston Mass.：Brill, 1998.

［795］Mclaren, Anne E. ed., *Chinese Women, Living and Working*. London; New York：Routledge Curzon, 2004.

［796］Mclaren, Anne E. "History Repackaged in the Age of Print：The Sanguozhi and Sanguo Yanyi", *Bulletin of the School of Oriental and African Studies*, University of London, Vol. 69, No. 2 (Jun 2006), pp. 293 – 313.

［797］Mclaren, Anne E. "Investigating Readerships in Late – Imperial China：A Reflection on Methodologies", *The East Asian Library Journal* 10, No. 2, 2001, pp. 104 – 159.

［798］McLaren, Anne E. *Ming Chantefable and the Early Chinese Novel：A Study of the Chenghua Period Cihua*. Ann Arbor, Mich.：University Microfilms International, 1985.

［799］Mclaren, Anne E. *Performing Grief：Bridal Laments in Rural China*. Honolulu：University of Hawaii Press, 2008.

［800］Mclaren, Anne E. tr. *The Chinese Femme Fatale：Stories from the Ming Period*. Honolulu：International distribution, University of Hawaii Press, 1994.

［801］McMahon, Keith. "A Tower for the Summer Heat by Patrick Hanan (Review)", *Chinese Literature：Essays Article, Reviews (CLEAR)*, Vol. 21, pp. 173 – 175.

［802］McMahon, Keith. *Causality and Containment in Seventeenth – Century Fiction*. Leiden：Brill, 1988.

［803］McMahon, Keith. *Misers, Shrews, and Polygamists, Sexuality and Male – Female Relations in Eighteenth – Century Chinese Fiction*. Durham：Duke University Press Books, 1995.

［804］McMahon, Keith. *Polygamy and Sublime Passion, Sexuality in China on the Verge of Modernity*. Honolulu：University of Hawai'i Press, 2009.

［805］McNaughton, William. *The Book of Songs*. New York：Twayne Publishers, 1971.

［806］Mei, Qiaozhu and Hu, Junfeng, "From Text to Exhibitions：A New Approach for E – Learning on Language and Literature based on Text Mining", *Proceeding* of COLING 2004 Workshop "e – Learning for Computational Linguistics and Computational Linguistics for e – Learning", pp. 90 – 96.

[807] Mei, Sun. *Nanxi*: *The Earliest Form on Xiqu (Traditional Chinese Theatre)*. University of Hawaii, 1995.

[808] Mei, Y. P. "Review of *Confucius and Christ*: *A Christian Estimate of Confucius* by Leo Sherley – Price", *Philosophy East and West*, Vol. 2, No. 3, Oct. 1952, pp. 262 – 263.

[809] Mencius (Mengzi). *Selections. The Book of Mencius*: (abridged) *Translated from the Chinese by Lionel Giles*. London: J. Murray, 1942.

[810] Mencius. *The Sayings of Mencius. A New Translation by James R.*, Ware. New York: New American Library, 1960.

[811] Mendoza, Juan González de. *The Historie of the Great and Mightie Kingdome of China, and the Situation Thereof*: *Togither with the Great Riches, Huge Cities, Politike Gouernement, and Rare Inuentions in the Same*. London: Printed by I. Wolfe for Edward White, 1588.

[812] Meng, Chengshun. *Mistress and Maid*: *Jiaohongji*. Columbia University Press, 2001.

[813] Meow, Hui Goh, Knowing Sound: Poetry and Chang, Kang-i Sun & Stephen Owen, ed, *The Cambridge History of Chinese Literature*, Vol. 1. Cambridge University Press, 2010.

[814] Miao, Ronald Clendinen. *Studies in Chinese Poetry and Poetics*. San Francisco: Chinese Materials Center, Inc., 1978.

[815] Miller, Robert P. *The Particles in the Dialogue of Yuan Drama*: *A Descriptive Analysis*. Yale University, 1952.

[816] Mitchell, John Dietrich. *Classical Chinese Theater Martial Arts & Acrobatic Sequences*, Bronx, N. Y.: Fordham University Press, 1980 – 1986.

[817] Mulligan, Jean. *The Lute*: *Kao Ming's P'i-p'a chi*. New York: Columbia University Press, 1980.

[818] Müller, Max eds. *Sacred Books of the East Series*. Oxford: Clarendon Press, 1879 – 1891.

[819] Myhre, Karin E. *The Appearances of Ghosts in Northern Dramas*. University of California, 1998.

[820] Nadel, Ira B. *The Cambridge Introduction to Ezra Pound*. Cambridge: Cambridge University Press, 2007.

[821] Nienhauser, William H. Jr. *An Interpretation of the Literary and Historical Aspects of the Hsi-ching tsa-chi* (*Miscellanies of the western capital*). Ann Arbor, Mich.: University Microfilms International, 1985.

[822] Nienhauser, William H. Jr., ed. *Bibliography of Selected Western Works on T'ang Dynasty Literature.* Taipei, Taiwan: Center for Chinese Studies, 1988.

[823] Nienhauser, William H. Jr., ed. *Critical Essays on Chinese Literature.* Hong Kong: Chinese University of Hong Kong; Honolulu: distributed outside Hong Kong by the University Press of Hawaii, 1976.

[824] Nienhauser, William H. Jr., ed. and compiled. *The Indiana Companion to Traditional Chinese Literature* (*volume* 2), Charles Hartman, associate editor; Scott W. Galer, assistant editor. Bloomington: Indiana University Press, 1998.

[825] Nienhauser, William H. Jr., ed. & compiled. *The Indiana Companion to Traditional Chinese Literature*, Charles Hartman, associate editor for poetry, Y. W. Ma, associate editor for fiction, Stephen H. West, associate editor for drama, Bloomington, Ind.: Indiana University Press, 1986.

[826] Nienhauser, William H. Jr., et al. *Liu Tsung-yüan.* New York: Twayne, 1973.

[827] Nienhauser, William H. Jr. *P'i Jih-hsiu.* Boston: Twayne Publishers, 1979.

[828] Nienhauser, William H. Jr. *Tang Dynasty Tales*: *A Guided Reader.* Singapore; Hackensack, NJ: World Scientific c2010.

[829] Nienhauser, William H. Jr. Tao Yuanming and Manuscript Culture: The Record of a Dusty Table by Xiaofei Tian (review). *Chinese Literature, Assays, Article, Reviews* (*CLEAR*), Vol. 28, Dec, 2006, pp. 191 – 195.

[830] Nieh, Hua-ling. *Shen Ts'ung-wen.* New York: Twayne Publishers, 1972.

[831] Olembert, Theodora and Maurette, Marc. *Chinese Theatre*, Great Britain: Procinex [production company]; Triangle Films [production company], 1970 – 1980.

[832] Osing, Gordon. Blooming Alone in Winter: poems of Su Dong-po, Zhengzhou: Henan People's Publishing House, 1999.

[833] Owen, Stephon. "A Defense", *Chinese Literature*: *Essay, Articles, Reviews* (*CLEAR*), Vol. 1, January, 1979.

[834] Owen, Stephon. *An Anthology of Chinese Literature. Beginnings to* 1911, Norton&Company, 1996.

[835] Owen, Stephon. *An Anthology of Chinese Literature Beginnings to* 1911. Princeton, NJ: Recording for the Blind & Dyslexic, 2008.

[836] Owen, Stephon. and Lin, Shunfu. *The Vitality of the Lyric Voice*: *Shih Poetry from the Late Han to T'Ang*, Ed. Princeton Uiversity Press, 1986.

[837] Owen, Stephon. *Borrowed Stone*: *Selected Essays of Stephen Owen*. Nanjing: Jiangshu people's Publishing House, 2002.

[838] Owen, Stephen. Deadwood: The Barren Tree from Yü Hsin to Han Yü, *Chinese Literature*: *Essay, Articles, Reviews (CLEAR)*, Vol. 1, July, 1979, pp. 157 – 179.

[839] Owen, Stephon. *Mi-lou*: *Poetry and the Labyrinth of Desire*. Cambridge: Harvard University Press, 1989.

[840] Owen, Stephon. *Readinsg in Chinese Literary Thought*. Cambridge, Massachusetts and London: Harvard University, 1992.

[841] Owen, Stephon. *Remembrances*: *The Experience of the Past in Classical Chinese Literature*. Cambridge: Harvard university press, 1986.

[842] Owen, Stephon. Ruined Estates: Literary History and the Poetry of Eden, *Chinese Literature*: *Essays, Articles, Reviews* (CLEAR), Vol. 10, No. 1/2, Jul., 1988.

[843] Owen, Stephon. *The End of the Chinese "Middle Ages"*: *Essays in Mid – Tang Literary Culture*. Stanford: Stanford University Press, 1996.

[844] Owen, Stephen. *The Great Age of Chinese Poetry*: *The High T'ang*. New Haven: Yale, 1980.

[845] Owen, Stephen. *The Late Tang*: *Chinese Poetry of the Mid – Ninth Century* (827 – 860). Cambridge: Harvard University Press, 2006.

[846] Owen, Stephen. *The Poetry of the Early T'ang*. New Haven: Yale, 1977.

[847] Owen, Stephen. *The Poetry of Meng Chiao and Han Yü*. New Haven and London: Yale University Press, 1975.

[848] Owen, Stephon. *Traditional Chinese Poetry and Poetics*: *Omen of the World*. Madison: University of Wisconsin Press, 1985.

[849] Palandri, Angela C. Y. Jung. *Yüan Chen*. Boston: Twayne Publishers, 1977.

[850] Paper, Jordan D. *An index to Stories of the Supernatural in the Fa Yuan Chu Lin*. Taipei: Chinese Materials and Research Aids Service Center, 1973.

[851] Paper, Jordan D. *Guide to Chinese Prose*. Boston, Mass. : G. K. Hall, 1973; 2nd ed., 1984.

［852］Paper, Jordan D. *The Fu-tzu*: *A Post-Han Confucian Text*. Leiden; New York: E. J. Brill, 1987.

［853］Paper, Jordan D. *The Spirits are Drunk*: *Comparative Approaches to Chinese Religion*. Albany, N. Y.: State University of New York Press, 1995.

［854］Paper, Jordan D. *The Theology of The Chinese Jews*, 1000-1850. Waterloo, Ont.: Wilfrid Laurier University Press, 2012.

［855］Peng, Edward. The Role of Allusion in Classical Chinese Poetry, Ph. d Dissertation, University of California, Irvine, 1994.

［856］Percy, Bishop Thomas ed. *Hau Kiou Choaan or the Pleasing History*: *A Translation from the Chinese Language*, *to which Are Added*, Ⅰ. *The Argument or Story of a Chinese Play*, Ⅱ. *A Collection of Chinese Proverbs*, *and* Ⅲ. *Fragments of Chinese Poetry. In four volumes. With notes*, London: Printed for R. and J. Dodsley in Pall-mall, MDCCLXI, Vols. 1-3 translated by James Wilkinson, vol. 4 translated by Bishop Percy, 1761.

［857］Perng, Ching-Hsi. *Double Jeopardy*: *A Critique of Seven Yuan Courtroom Dramas*. Ann Arbor: University of Michigan, Center for Chinese Studies, 1978.

［858］Perng, Ching-Hsi. *Judgement Deferred*: *An Intra-genre Criticism of Yuan Drama*. University of Michigan, 1977.

［859］Pine, Red and O'Connor, Mike ed. *The Clouds Should Know me by Now*: *Buddhist Poet Monks of China*. Boston: Wisdom Publications, 1990.

［860］Pine, Red. *The Collected Songs of Cold Mountain*. Washington: Copper Canyon Press, 2000.

［861］Plaks, Andrew H. Comp. Hong Lou Meng Piyu Pianquan. Taipei: Nantian shuju, 1997.

［862］Plaks, Andrew H. "Where the Lines Meet: Parallelism in Chinese and Western Literatures", *Chinese Literature*: *Essays*, *Articles*, *Reviews*, 10 (1988), pp. 43-60.

［863］Pohl, K-L. *Ye Xie's On the Origin of Poetry*: *A Poetic of the Early Qing*. T'oung Pao, Second Series, Vol. 78. Liver. 1/3, 1992.

［864］Průšek, Jaroslav. *Chinese History and Literature*; *Collection of Studie*. Dordrecht: Reidel, 1970. Prague: Academia, 1970.

［865］Pu, Songling. *Strange Stories from a Chinese Studio*, Translated and annotated by Herbert A. Giles, London: Thos. De la Rue, 1880. 2nd ed. rev., New York: Paragon Book Gallery 1908; 2nd ed. rev., Shanghai (etc.) Kelly & Walsh, limited,

1916; Taipei, Taiwan: Wen-xing, 1965.

［866］Puttenham, George. *The Arte of English Poesie: Contriued into Three Bookes: The First of Poets and Poesie, the Second of Proportion, the Third of Ornament.* London: Printed by Richard Field, dwelling in the black – Friers, neere Ludgate, 1589.

［867］Pound, Ezra. *Ezra Pound Translations.* New Directions, 1963.

［868］Pound, Ezra trans, *The Confucian odes: The Classical Anthology Defined by Confucius.* Cambridge, Massachusetts: Harvard University Press, 1954.

［869］Rachewiltz, Igor de. "Some remarks on the language problem in Yuan China", *Journal of the Oriental Society of Australia*, 1967.

［870］Ren, Yong. "Poetic Inspiration in Cultural contexts a Comparative Study of the European Romantic Concept of Inspiration and the Chinese Six Dynasties View of the 'Inspired' State of Creation", Ph. D. diss, University of California, Davis. Ann Arbor, Mich. UMI, 1991.

［871］Rexroth, Kenneth. 100 *More Poems from the Chinese: Love and the Turning Year.* New York: New Directions Publishing Corporation, 1970.

［872］Riegel, Jeffrey K. analysed and tr. *The Four "Tzu Ssu" Chapters of the Li Chi: An Analysis and Translation of the Fang Chi, Cheung Yung, Piao Chi, and Tzu I.* Ann Arbor, Mich. : University Microfilms International, 1988.

［873］Riegel, Jeffrey K. "Eros, Introversion, and The Beginnings of Shijing Commentary", *Harvard Journal of Asiatic Studies*, Vol. 57, No. 1, 1997, pp. 143 – 177.

［874］Robinson, G. W. *Poems of Wang Wei: Translated with an Introduction.* Baltimore: Penguin, 1973.

［875］Roddy, Stephen J. *Literati Identity and Its Fictional Representation in Late Imperial China.* Stanford: Stanford University Press, 1998.

［876］Ross, G. V. *Kuan Yu in Drama: Translation and Critical Discussion of Two Yuan Plays.* University of Texas at Austin, 1976.

［877］Roy, David T, "The Themes of the Neglected Wife in the Poetry of Ts'ao Chih", *Journal of Asian Studies* 19 (1959 – 60), pp. 25 – 31.

［878］Rutt, Richard trans. *The Book of Changes (Zhouyi): a Bronze Age Document Translated with Introduction and Notes.* London: Curzon Press Ltd. , St. John's Studios, Church Road Richmond, 1996.

［879］Sargent, Stuart. "Can Latecomers Get There First? Sung Poets and T'ang

Poetry", *Chinese Literature: Essays, Articles, Reviews* (CLEAR), Vol. 4, No. 2, 1982, pp. 165 – 198.

[880] Sargent, Stuart. "Colophons in Countermotion: Poems by Su Shih and Huang T'ing-chien on Paintings", *Journal of Asian Studies* 52 (June 1992), pp. 263 – 302.

[881] Sargen, Stuart Howard. Experiential Patterns in the Lyrics of Ho Chu (1052 – 1125), UMI, 1979.

[882] Sargent, Stuart. "Points of Comparison between Robert Herrick (1591 – 1674) and Hsin Ch'i-chi (1140 – 1207): Lyric Poetry, Allusion, and Print. Culture", *Chinese Literature: Essays, Articles, Reviews* (CLEAR), Vol. 26, 2004, pp. 151 – 158.

[883] Sargent, Stuart. *The Poetry of He Zhu (1052 – 1125): Genres, Contexts, and Creativity.* Leiden: Brill, 2007.

[884] Saussy, Haun. "Repetition, Rhyme and Exchange in the Book of Songs", *Harvard Journal of Asiatic Studies*, Vol. 57, 1997, pp. 519 – 542.

[885] Saussy, Haun. "The Age The Age of Attribution: Or, How the 'Honglou Meng' Finally Acquired an Author", *Chinese Literature: Essays, Articles, Reviews* (CLEAR), Vol. 25, Dec 2003, pp. 119 – 132.

[886] Schmidt – Glintzer, Helwig and Mittag, Achim and Ruüsen, Joörn eds. *Historical Truth, Historical Criticism, and Ideology: Chinese Historiography and Historical Culture from a New Comparative Perspective.* Leiden; Boston: Brill, 2004.

[887] Schmidt-glintzer, Helwig and Jansen, Thomas. "The Scholar – Official and His Community: The Character of the Aristocracy in Medieval China", *Early Medieval China*, Vol. 1, No. 1, 1994, pp. 60 – 83.

[888] Schmidt – Glintzer, Helwig. *Conceiving the Empire: China and Rome Compared.* Oxford; New York: Oxford University Press, 2008.

[889] Schmidt – Glintzer, Helwig. *Concepts of Nature: A Chinese – European Cross-cultural Perspective.* Leiden, The Netherlands; Boston: Brill, 2010.

[890] Scott, A. C. *The Classical Theatre of China.* Allen & Unwin, 1957.

[891] Scott, A. C. *An Introduction to the Chinese Theatre.* Singapore: D. Moore, 1958.

[892] Seaton, Jerome P. and Maloney, Dennis ed. *A Drifting Boat: An Anthology of Chinese Zen Poetry.* New York: White Pine, 1994.

[893] Seaton, J. P. *Cold Mountain Poems: Zen poems of Han Shan, Shih Te, and Wang Fan-chih.* Boston: Shambhala, 2009.

〔894〕Semedo, F. Alvarez. *The History of that Great and Renowned Monarchy of China*: *Wherein all the Particular Provinces Are Accurately Described*, *as also the Dispositions*, *Manners*, *Learning*, *Lawes*, *Militia*, *Government*, *and Religion of the People*: *Together with the Traffick and Commodities of that Country*, Translated by De bello Tartarico Historia, London: Printed by E. Tyler for Iohn Crook, 1655.

〔895〕Serrano, Richard. *Neither a Borrower*: *Forging Traditions in French*, *Chinese and Arabic Poetry*. Oxford: European Humanities Research Centre, 2002.

〔896〕Shang, Wei. *Rulin Waishi and Cultural Transformation in Late Imperial China*. Cambridge: Harvard University Asia Center, 2003.

〔897〕Shaughnessy, Edward L. *Ancient China*: *Life*, *Myth and Art*. London: Duncan Baird Publishers, 2005.

〔898〕Shaughnessy, Edward L. *Before Confucius*: *Studies in the Creation of the Chinese Classics*. Albany: State University of New York Press, 1997.

〔899〕Shaughnessy, Edward L. *The Cambridge History of Ancient China*: *From the Origins of Civilization to* 221 *B. C.*, ed. with Michael Loewe, New York: Cambridge University Press, 1999.

〔900〕Shaughnessy, Edward L. *China*: *Land of the Heavenly Dragon*. London: Duncan Baird Publishers, 2000.

〔901〕Shaughnessy, Edward L. *New Sources of Early Chinese History*: *An Introduction to the Reading of Inscriptions and Manuscripts*, editor. Berkeley: Institute of East China, 1997. Translated as Zhongguo gudai shi xin ziliao (New Sources of Early Chinese History), ed. Li Xueqin (Beijing: Shehui kexue chubanshe, 2001).

〔902〕Shaughnessy, Edward L. *Rewriting Early Chinese Text*, Albany. NY: Suny Press, 2006.

〔903〕Shaughnessy, Edward L. *Chinese Wisdom*: *Sayings from the Classical Masters*. London: Duncan Baird Publishers, 2010.

〔904〕Shaughnessy, Edward L. *Sources of Western Zhou History*: *Inscribed Bronze Vessels*, Berkeley: University of California Press, 1991.

〔905〕Shaughnessy, Edward L. "The Composition of the Zhouyi", Ph. D. dissertation, Stanford University, 1983.

〔906〕Shaughnessy, Edward L. trans. *I Ching*, *the Classic of Changes*: *The First English Translation of the Newly Discovered Second-century B. C. Mawangdui Texts*. New York: Ballantine Books, 1996 (reprinted in 1998).

〔907〕Sheidan, Selinda Ann. "Vocabulary and Style in Six Dynasties Poetry: A

Frequency Study of Hsieh Ling-yun and Hsieh T'iao", Ph. D. diss, University of Washington. Ann Arbor, Mich. : UMI, 1982.

[908] Sheng-yenm, Master. *The Poetry of Enlightenment*: *Poems by Ancient Ch'an Masters*, New York: Dharma Drum Publications, 1987.

[909] Shen, Grant Guangren. *Elite Theatre in Ming China*, 1368–1644. London: Routledge, 2005.

[910] Shen, Grant Guangren. *Theatre Performance during the Ming Dynasty.* University of Hawaii at Manoa, 1994.

[911] Shih, Chung-wen. *The Golden Age of Chinese Drama*: *Yuan Tsa-chü*. Princeton, N. J. : Princeton University Press, 1976.

[912] Shih, Kuang-sheng. *Ritualistic Aspects of Yuan Tsa-chu Theater.* University of California, 1992.

[913] Shi, Nai'an & Luo, Guanzhong, *All Men Are Brothers*, trans. by P. S. Buck, New Yor k: The Heritage Press, 1948.

[914] Shi, Nai'an & Luo, Guanzhong, *Outlaws of the Marsh*, trans. by S. Shapiro, Beijing: Foreign Languages Press, 1999.

[915] Shi, Nai'an & Luo, Guanzhong, *Water Margin*, trans. by J. H. Jackson, Shang hai: The Commercial Press, Ltd. , 1937.

[916] Sieber, Patricia A. *Comic Virtue and Commendable Vice*: *Guan Hanqing's Jiu Fengchen and Wang Jiangting*, 1994.

[917] Sieber, Patricia A. *Rhetoric, Romance, and Intertextuality*: *The Making and Remaking of Guan Hanqing in Yuan and Ming China.* University of California, 1994.

[918] Sim, Cheng-Lian. *Su Shih and His Disciples*, Ph. D. diss, Sidney University, 1985.

[919] Smith, Larry and Huang, Mei Hui. *Chinese Zen Poems*: *What Hold Has this Mountain.* Huron: Bottom Dog Press, 1998.

[920] Smith, Richard J. *China's Cultural Heritage*: *The Qing Dynasty, 1644–1912.* Boulder: Westview Press, 1994.

[921] Smith, Richard J. *Fathoming the Cosmos and Ordering the World*: *The Yijing (I-Ching, or Classic of Changes) and Its Evolution in China.* Charlottesville: University of Virginia Press, 2008.

[922] Smith, Richard J. *Fortune Tellers and Philosophers*: *Divination in Traditional Chinese Society.* Boulder: Westview Press, 1991.

［923］Smith, Richard J. *Traditional Chinese Culture*: *An Interpretive Introduction*. Houston, Texas: Rice University Press, 1978.

［924］Smith, Richard J. *The I Ching*: *A Biography*. Princeton: Princeton University Press, 2012.

［925］Smith, Richard J. "The Languages of the Yijing and the Representation of Reality", *The Oracle*: *The Journal of Yijing Studies*, Vol. 2, 1998.

［926］Smith, Richard J. "The Yijing", in *Great Literature of the Eastern World*, Ian P. McGreal, ed. New York: Harper-Collins, 1996.

［927］Steaton, Jerome P. *A Critical Study of Kuan Hanch'ing*: *The Man and His Work*. Indiana University, 1969.

［928］Stimson, Hugh M. "Phonology of the Chung yuan yin-yun", *THHP*, N. S., 3, 1962, pp. 114-159.

［929］Stimson, Hugh M. *The Chung-yuan Yin Yun*: *A Study in an Early Mandarin Phonological System*. Yale University, 1966.

［930］Strassberg, Robert E. *The World of K'ung Shang-jen, a Man of Letters in Early Ch'ing China*, 1983.

［931］Sun, Chang, Kang-i. *Six Dynasties Poetry*. Princeton University Press, 1986.

［932］Sundararajan, Louise. *Ssu-k'ung T'u's Vision of Ultimate Reality*: *A Quantum Mechanical Interpretation*. Ultimate Reality and Meaning: Interdisciplinary Studies in the Philosophy of Understanding, 2004, No. 4.

［933］Sunzi, *Transcription of the Text of Sun Tzu on the Art of war, the Oldest Military Treatise in the World*, tr. from the Chinese by Lionel Giles. London: Luzac, 1910.

［934］Swatek, Catherine C. *Peony Pavilion Onstage*: *Four Centuries in the Career of a Chinese Drama*. Ann Arbor: Center for Chinese Studies, the University of Michigan, 2002.

［935］Swartz, Wendy. "Naturalness in Xie Lingyun's Poetic Works", *Harvard Journal of Asiatic Studies*, Vol. 70, No. 2, Dec 2010.

［936］Swartz, Wendy. "Reclusion, Personality and Poetry: Tao Yuanming's Reception in the Chinese Literary Tradition", Ph. D. diss, University of California, Los Angeles. Ann Arbor, Mich.: UMI, 2003.

［937］Swartz, Wendy. Rewriting a Recluse: The Early Biographers' Construction of Tao Yuanming. *Chinese Literature*, Assays, Article, Reviews (*CLEAR*), Vol. 26,

Dec, 2004, pp. 77 – 97.

[938] Synder, Gary. *Riprap and Cold Mountain Poems*. New York: Four Seasons Foundation, 1965.

[939] Tan, Joan Qionglin. *Han Shan, Chan Buddhism and Gary Snyder's Ecopoetic Way*. Cornwall: TJ International, 2009.

[940] Tang, Xianzu. *The Peony Pavilion*: (*Mudan Ting*), translated by Cyril BirchBloomington: Indiana University Press, 1980.

[941] Tang, Yanfang. *Mind and Manifestation*: *The Intuitive Art* (*miaowu*) *of Taditional Chinese Poetry and Poetics*, Ph. d Dissertation, Ohio State University, 1994.

[942] Taylor, Brewitt C H. *Romance of three kingdoms*. New York: Tuttle Publishing, 2002.

[943] Teng, Ssu-yu, Knight Biggerstaff. *An Annotated Bibliography of Selected Chinese Reference Works*. Harvard – Yenching Institute, Yenching University, 1936.

[944] Terence, Martin. *The Romance*, *The Columbia History of the American Novel*. Ed. Emory Elliott. New York: Columbia UP, 1996.

[945] Tian, Min. "Stage Directions in the Performance of Yuan Drama", *Comparative Drama* 39. 3, 2005, pp. 397 – 443.

[946] Tian, Xiaofei. *Beacon Fire and Shooting Star*: *The Literary of the Liang* (*502 – 557*). Cambridge, MA: Harvard University Press, 2007.

[947] Tian, Xiaofei. *Visionary Journeys*: *Travel Writings from Early Medieval and Nineteenth – Century*. Cambridge (Massachusetts) and London: Harvard University Asia Center, Harvard University Press, 2011.

[948] Tien, T. Y. *A Dictionary of Colloquial Terms and Expressions in Chinese Vernacular Fictions*. Taipei: Shin Wen Feng Print Co. , 1984.

[949] Tomlonovic, Kathleen. "Poetry of Exile and Return: A Study of Su Shi (1037——1101)", Ph, D. diss, University of Western Washington, 1989.

[950] Tschanz, Dietrich. *Early Qing Drama and the Dramatic Works of Wu Weiye* (*1609 – 1672*). Princeton University, 2002.

[951] Tseng, Tai-yui. *Chinese Poetry Classical and Modern*. Pacifica Programs, 1961.

[952] Tseng, Tai-yiu, Glen Glasow, Judy Brundin, et al. *Chinese Poetry Classical and Modern*. North Hollywood, CA: Pacifica Radio Archives, 2010.

[953] Tu, Kuo-ch'ing. *Li Ho*. Twayne Publishers, 1979.

[954] Tung, Constantine. "Juan Chi, an Escapist, and His Inescapable

World", *Journal of the Blaisdell Institute* 5：2，June，1970，pp. 9 – 22.

［955］Unknown writer，Chinese Text Sampler – Annotated Collection of Classical and Modern Chinese Literary Texts.

［956］Unknown Writer. *Mencius.* http：//www. poemhunter. com/mencius. ［2013 – 3 – 9］

［957］Voth，Grant L. *The History of World Literature.* Chantilly，VA：Teaching Co. ，2007.

［958］Wagner，Marsha L. *Wang Wei.* Boston：Twayne Publishers，1981.

［959］Wagner，Rudolf G. *A Chinese Reading of the Daodejing：Wang Bi's Commentary on the Laozi with Critical Text and Translation.* Albany：State University of New York Press，2003.

［960］Wagner，Rudolf G. *Joining the Global Public：Word，Image，and City in Early Chinese Newspapers*，1870 – 1910. Albany，NY：State University of New York Press，2007.

［961］Wagner，Rudolf G. *The Craft of a Chinese Commentator：Wang Bi on the Laozi.* Albany，NY：State University of New York Press，2000.

［962］Wagner，Rudolf G. *Wang Bi's Scholarly Exploration of the Dark（xuanxue）.* Albany：State University of New York Press，2003.

［963］Waley，Arthur. *A Hundred and Seventy Chinese Poems.* London：Constable & Co Ltd，1918.

［964］Waley，Arthur. *An Introduction to the Study of Chinese Painting.* New York：Charles Scribner's Sons，1923.

［965］Waley，Arthur & Giles，H. A. trans. *Selected Chinese Verses.* Shanghai：Shangwu yinshu guan，1934.

［966］Waley，Arthur. *Ballads and Stoties from Tun—Huang：An Anthology.* London：George Allen and Unwin Ltd，1960.

［967］Waley，Arthur. *Chinese Poems Selected from 170 Chinese Poems，More Translations from the Chinese，the Temple and the Book of Songs.* London：George Allen and Unwin Ltd，1946.

［968］Waley，Arthur. *Monkey.* London：George Allen and Unwin Ltd，1942.

［969］Waley，Arthur. *More Translations From The Chinese.* London：George Allen & Unwin LTD，1919.

［970］Waley，Arthur. *The Analects of Conucius.* London：George Allen and Unwin Ltd，1938.

[971] Waley, Arthur. *The Augustan Books of Englisn Poetry Second Series Number seven: Poems From The Chinese.* London: Ernest Benn LTD, 1927.

[972] Waley, Arthur. *The Book of Songs.* London: George Allen and Unwin Ltd, 1937.

[973] Waley, Arthur. *The Life and Times of Po Chu—yi* (772—846A. D. ). London: George Allen and Unwin Ltd, 1949.

[974] Waley, Arthur. *The Nine Songs: A Study of Shamanism in Ancient China.* London: George Allen and Unwin Ltd, 1955.

[975] Waley, Arthur. *The Poet Li po* A. D. (701—762 A. D. ). London: London East and West LTD, 1919.

[976] Waley, Arthur. *The Poetry and Career of Li Po* (701 - 762 A. D. ). London, G. Allen and Unwin; New York: Macmillan Co. , 1950.

[977] Waley, Arthur. *The Poetry and Career of Li Po* (701—762 A. D. ). London: George Allen and Unwin Ltd, 1951.

[978] Waley, Arthur. *The Real Tripitaka And Other Piece.* London: George Allen and Unwin Ltd, 1952.

[979] Waley, Arthur. *The Secret History of the Mongols.* London: George Allen and Unwin Ltd, 1964.

[980] Waley, Arthur. *The Temple and Other Poems.* London: George Allen and Unwin Ltd, 1923.

[981] Waley, Arthur. *Translations from the Chinese.* NewYork: Alfred A. Roof Press, 1941.

[982] Waley, Arthur trans. *The Great Summons.* Hawaii, Honolulu: The White Knight Press, 1949.

[983] Waley, Arthur trans. *The Travels of An Alchemist: The Journey of the Taoist Chang Chun from China to the Hindukush at the Sumons of Chingiz Khan.* London: George Routleadge & Sons, LTD, 1931.

[984] Waley, Arthur. *Yuan Mei: Eighteenth Century Chinese Poet.* London: George Allen and Unwin Ltd, 1956.

[985] Walls, Jan Wilson. *The Poetry of Yu Hsuan-chi: A Translation, Annotation.* J. D. Schmidt, *Yang Wan-li,* Boston: Twayne, 1976.

[986] Wang, Ay-ling. *The Artistry of Hong Sheng's Changshengdian.* Yale University, 1992.

[987] Wang, Ching-hsien. *The Bell and the Drum: Shih Ching as Formulaic Po-*

etry in an Oral Tradition. Berkeley: University of California Press, 1974.

［988］Wang, John Ching-yu. *Chin Sheng-t'an*. Twayne Publishers, 1972.

［989］Wang, Jong *An Idealism of Romance in Xi Xiangji: A Historical Study*. University of Hawaii, 1996.

［990］Wang, Linda G. *A Study of Ma Chih-yuan's San Ch'u and Tsa Chu Lyrics*. University of California, 1992.

［991］Wang, Rongpei. *The Complete Poetic Works of Tao Yuanming (A Verified Translation)*. Beijing: Foreign Language Teaching and Research Press, 2000.

［992］Wang, Rongpei. 300 *Early Chinese Poems* (206 BC – 618 AD). Changsha: Hunan People's Publishing House, 2006.

［993］Wang, Shifu, S. I. Hsiung Trans, *The Romance of the Western Chamber (Hsi Hsiang Chi), A Chinese Play Written in the Thirteenth Century*. London: Methuen, 1936.

［994］Wang, Ying. "The Disappearance of the Simulated Oral Context and the Use of the Supernatural Realm in 'Honglou meng'", Chinese Literature: Essays, Articles, Reviews (CLEAR) 27 (2005), pp. 137 – 150.

［995］Wang, Yinglin. *San Tzu Ching. Elementary Chinese*, translated and annotated by Herbert A. Giles, 1900; 2nd ed., rev, 1910; Taipei, Taiwan: Republished by Literature House, 1964.

［996］Wang, Yi-t'ung, "The Political and Intellectual World in the Poetry of Juan Chi", *Renditions* 7, 1977, pp. 48 – 61.

［997］Ward, Jean Elizabeth. *The Beheaded Poetess*. Lulu. com, 2008.

［998］Ward, Jean Elizabeth. *Yu Hsuan-chi: Remembered*. Lulu. com, 2008.

［999］Watson, Burton. *Chinese Lyricism: Shi Poetry from the Second to the Twelfth Centur*. New York: Columbia University Press, 1971. Burton Watson, *The Columbia Book of Chinese Poetry—From Early Times to the Thirteenth Century*. Columbia University Press, 1984.

［1000］Watson, Burton. *Early Chinese Poetry*. New York and London: Columbia University Press, 1962.

［1001］Watson, Burton. *Records of the Grand Historian of China, Translated from the Shih – Chi of Ssu – Ma Ch'ien*. New York & London: Columbia University Press, 1961, p. 5.

［1002］Watson, Burton. trans. *Su Tung – P'o: Selections from a Sung Dynasty Poet*. Columbia University Press, 1965.

［1003］ Watters, Thomas. *A Guide to the Tablets in a Temple of Confucius*. Shanghai: America Presbyterian Mission Press, 1879.

［1004］ Watters, Thomas. *Lao-Tzu; A study in Chinese Philosophy*. Hong Kong, London, Printed at the "China mail" Office; Williams & Norgate, 1870.

［1005］ Watters, Thomas. *On Yuan Chwang's travels in India* (A. D. 629-45). London: Royal Asiatic Society, 1904.

［1006］ Wei, Hua. *The Search for Great Harmony: A Study of Tang Xianzu's Dramatic Art*. University of California, Berkeley, 1991.

［1007］ Wei, Shu-chu. *Chinese Yuan and English Renaissance Theatres: A Comparative Study*. University of Massachusetts, 1991.

［1008］ Westbrook, Francis. "Landscape Description in the Lyric Poetry and 'Fuh on Dwelling in the Mountains' of Shieh Ling-yunn", Ph. D. diss., Yale University. Ann Arbor, Mich.: UMI, 1973.

［1009］ West, Stephen. "A Study in Appropriation: Zang Maoxun's Injustice to Dou E", *Journal of the American Oriental Society* 111. 2, 1991, pp. 283-302.

［1010］ Wilhelm, Hellmut and Wilhelm, Richard. *Understanding the I ching: The Wilhelm Lectures on the Book of Changes*. Princeton, N. J.: Princeton University Press, 1995.

［1011］ Wilhelm, Helmut. "On Chuang-Tzu Plays from the Yüan Store", *Literature East and West* 17, Nos. 2-4, 1973.

［1012］ Wilhelm, Richard. *A short history of Chinese civilization*, translated from the German by Joan Joshua; with an introd. by Lionel Giles, New York: Viking Press, 1929.

［1013］ Wilhelm, Richard. *Chinese Folktales*, translated from the German by Ewald Osers, London: Bell, 1971.

［1014］ Wilhelm, Richard. *Lectures on the I Ching: Constancy and Change*, translated from the German by Irene Eber, Princeton, N. J.: Princeton University Press, 1979.

［1015］ Wilhelm, Richard tr. *The I ching; or, Book of changes*, translated into English by Cary F. Baynes, foreword by C. G. Jung, Pref. to the 3d ed. by Hellmut Wilhelm, [3d ed.]. Princeton, N. J.: Princeton University Press, 1967.

［1016］ Williams, Charles A. S. *Outlines of Chinese Symbolism and Art Motives*. Tuttle Publishing, 1932.

［1017］ Williamson, Henry Raymond. *Wang An Shih, a Chinese Statesman and*

Educationalist of the Sung Dynasty. London: A. Probsthain, 1935 – 37.

［1018］Willis, Richard tr. , *The history of travayle in the West and East Indies*, by Pietro Martire D'Anghiera, London: R. Jugge, 1577.

［1019］Wimsatt, Genevieve. *A Well of Fragrant Waters*: a sketch of the life and writings of Hung Tu. John W. Luce company, 1945.

［1020］Wimsatt, Genevieve. Selling Wilted Peonies: Biography and Songs of Yü Commentary and Critique, Ph. d Dissertation, University of Indiana, 1972.

［1021］Wen, C. Fong and Murck, Alfreda. *Words and Images*: *Chinese Poetry, Calligraphy, and Painting.* New York: Metropolitan Museum of Art, 1991.

［1022］W. F, Jenner. *Journey To The West.* Beijing: Foreign Language Press, 1984.

［1023］Whorf, B. L. *Linguistics as an exact science.* John B. Carroll (ed.). *Language, Thought, and Reality.* Cambridge: The M. I. T. Press, 1956.

［1024］W, Kent George. trans. , *Worlds of Dust and Jade*: 47 Poems and Ballads of the Third Century Chinese Poet Ts'ao Chih. New York: Philosophical Library, 1969.

［1025］Wolff, Ernst *Chou Tso-jen.* New York: Twayne Publishers, 1971.

［1026］Wolff, Ernst. "Law Court Scenes in the Yuan Drama", *Monumenta Serica*, 1970 – 1971, 29, pp. 193 – 205.

［1027］Wong, Shirleen S. *Kung Tzu-chen.* Boston: Twayne Publishers, 1975.

［1028］Wong, Timothy Chung-tai. *Wu Ching-tzu.* Boston: Twayne Publishers, 1978.

［1029］Wu, Ming – Der and Chen, Shih – Chuan, Humanities Graduate Students' Use Behavior on Full-text Databases for Ancient Chinese Books. Dec. 2007. *Proceedings of the 10th International Conference on Asian Digital Libraries.* Lecture Notes in Computer Science 4822, pp. 141 – 149.

［1030］Wu, Fusheng. *The Late Tang*: *Chinese Poetry of the Mid – Ninth Century* (827 – 860) by Stephen Owen (Review). Chinese Literature: Essays, Articles, Reviews (CLEAR), Vol. 30, Dec, 2008, pp. 209.

［1031］Wu, Paulus J. T. *A Concordance to the Book of Poetry*: *Based upon a New Chinese-character-coding-system.* Hamburg: Helmut Buske, 1975.

［1032］Wu, Yenna. *Ameliorative Satire and the Seventeenth – Century Chinese Novel*, "Xingshi yinyuan zhuan" – *Marriage as Retribution, Awakening the World.* Lewiston: N. Y. : The Edwin Mellen Press, 1999.

[1033] Wylie, Alexander. *Notes on Chinese Literature.* Shanghae: American Presbyterian Mission Press. London: Trübner & Co. 60, Paternoster Row, 1867.

[1034] Xie, Ming. *Ezra Pound and the Appropriation of Chinese Poetry: Cathay, Translation, and Imagism.* New York: Garland Pub, 1999.

[1035] Xu, Weihe, Novel Ridens in Ming-Qing fiction pathetic humor in and of "Honglou meng", Ph. D. dissertation, Washington: Washington University, 1999.

[1036] Xuanzang. *Si-yu-ki. Buddhist Records of the Western World*, translated from the Chinese of Hiuen Tsiang (A. D. 629) by Samuel Beal. Popular ed. London: Trubner & Co. , 1884; 1906; Calcutta: Susil Gupta, 1957–1958; Delhi: Nirmal D. Jain, 1969; New York: Paragon Book Reprint Corp, 1968.

[1037] Yang, Hsien-yi, and Yang, Gladys. *Beacon Fire and Shooting Star: The Literary of the Liang (502–557).* Cambridge, MA: Harvard University Press, 2007.

[1038] Yang, Hsien-yi and Yang, Gladys. *Li Sao and Other Poems of Chu Yuan.* Beijing: Foreign Languages Press, 1953, p. xx.

[1039] Yang, Hsien-yi, and Yang, Gladys trans. *Poetry and Prose of the Han, Wei and Six Dynasties.* Beijing: Foreign Languages Press, 2005.

[1040] Yang, Hsien-yi, and Yang, Gladys. *Tao Yuanming, Selected Poems.* Beijing: Chinese Literature Press, 1993.

[1041] Yang, Hsien-yi, and Yang, Gladys trans. *A Dream of Red Mansions.* Beijing: Foreign Languages Press, 1978, p. 50.

[1042] Yang, Jingqing, *The Chan Interpretation of Wang Wei's Poetry: A Critical Review.* Hong Kong: The Chinese University Press, 2007.

[1043] Yang, Richard F. S. *Lü Tung-pin in the Yuan Drama.* University of Washington, 1956.

[1044] Yang, Richard F. S. "The Function of Poetry in the Yuan Drama", *Monumenta Serica: Journal of Oriental Studies*, Vol. XXIX. Los Angeles: The Monumenta Serica Institute at the University of California, 1971.

[1045] Yang, Vincent. *Nature and Self: A study of the Poetry of Su Dongpo with Comparison to the Poetry of William Wordsworth.* New York: Peter Lang, 1989.

[1046] Yang, Winston L. Y. and Li, Peter and Mao, Nathan K. *Classical Chinese Fiction: A Guide to Its Study and Appreciation, Essays and Bibliographies.* G. K. Hall, 1978.

[1047] Yang, Xiaoshan, *Metamorphosis of the Private Sphere: Gardens and Objects in Tang – Song Poetry. Cambridge, Mass: Harvard University Press, 2003.

[1048] Ye Yang. *Beyond the Last Image: Poetic Endings in Chinese Tradition*, Ph. d Dissertation, Harvard University, 1989.

[1049] Yao, Christina Shu-hwa. *Cai-zi Jia-ren: Lover Drama During the Yuan, Ming and Qing Periods.* Stanford University, 1983.

[1050] Yau, Ka – Fai "Androgyny in Late Ming and Early Qing Literature by Zuyan Zhou", Chinese Literature: Essay, Articlrs, Reviews (CLEAR), Vol. 25, (Dec 2003), pp. 213 –215.

[1051] Ye, Tan. *Common Dramatic Codes in Yüan and Elizabethan Theaters: Characterization in Western Chamber and Romeo and Juliet.* Lewiston: Edwin Mellen Press, 1997.

[1052] Ye, Tan. *The Presentation of Love Idols: A Comparison Between "The Romance of the Western Chamber" and "Romeo and Juliet"*. Washington University, 1991.

[1053] Ye, Yang. *Chinese Poetic Closure.* New York: Peter Lang Publishing, Inc, 1996.

[1054] Yim, Chi-hung. "The 'Deficiency of Yin in the Liver': Dai-yu's Malady and Fubi in 'Dream of the Red Chamber'", *Chinese Literature: Essays, Articles, Reviews* (CLEAR), Vol. 22 (Dec., 2000), pp. 85 – 111.

[1055] Yip, Wai-lim. *Chinese Poetry: An Anthology of Major Modes and Genres.* Durham: Duke University Press, 1997.

[1056] Yip, Wai – Lim. *Diffusion of Distances – Dialogues Between Chinese and Western Poetics.* California: University of California Press, 1993.

[1057] Yip, Wai – Lim. "Full-length Vernacular Fiction", in *The Columbia History of Chinese Literature*, ed. Victor H. Mair. New York: Columbia University Press, 2001, pp. 620 – 658.

[1058] Yip, Wai – Lim. "Heroic Transformation: Women and National Trauma in Early Qing literature", Harvard Journal of Asiatic Studies 59, No. 2, 1999. pp. 363 – 443.

[1059] Yip, Wai – Lim. *Hiding the Universe: Poem by Wang Wei.* New York: Grossman, 1972.

[1060] Young, David and Lin, Jiann I. *The Clouds Float North: the Complete Poems of Yu Xuanji.* Wesleyan: Wesleyan University Press, 1998.

[1061] Yuan, T'ung-li. *China in Western Literature: A Continuation of Cordier's*

*Bibliotheca Sinica*. Far Eastern Publications, Yale University, 1958.

［1062］Yucheng Lo, Irving. *Hsin Ch'i-chi*. New York: Twayne Publishers, 1971.

［1063］Yu, Hsiao-jung. "The Interrogatives Emplyed in Honglou Meng and Their Bearing on the Problem of Authorship", *Journal of The American Oriental Society*, Vol. 116, No. 4, 1996, p. 730.

［1064］Yuh, Liouyi. "Liu Yung, Su Shih, and Some Aspects of the Development of Early Tz'u Poetry", Ph. D. diss, University of Washington, 1972.

［1065］Yu, Pauline. *Chinese and Symbolist Poetics Theories*, *Comparative Literature* 30. 4（1978）.

［1066］Yu, Pauline ed. *Voices of the Song Lyric in China*. Berkeley: Univ. of California Press, 1994.

［1067］Yu, Pauline. *Hidden in Plain Sight? The Art of Hiding in Chinese Poetry*, *Chinese Literature: Essays, Articles, Reviews*（CLEAR）, Vol. 30, Dec, 2008, pp. 179 – 186.

［1068］Yu, Pauline. *The Poetry of Wang Wei: New Translations and Commentary*. Bloomington: Indiana UP, 1980.

［1069］Yu, Pauline. *The Reading of Imagery in the Chinese Poetic Tradition*. Princeton University Press, 1987.

［1070］Yu, Pauline. *Wang Wei the Painter-poet* by Lewis C. Walmsley, Dorothy B. Walmsley, *Chinese Literature: Essays, Articles, Reviews*（CLEAR）, Vol. 1, Jul, 1979, pp. 219 – 240.

［1071］Yu, Pauline. *The World of Wang Wei's poetry: An Illumination of Symbolist Poetics*, Ph. D. Dissertation, Stanford University, Ann Arbor, Mich.: University Microfilms International, 1983.

［1072］Zbikowski, Tadeusz. "On Early Chinese Theatrical Performances", *Rocznik Orientalistyczny* 26. 1, 1962, pp. 65 – 83.

［1073］Zeitlin, Judith T. *Historian of the Strange: Pu Songling and the Chinese Classical Tale*. Stanford: Stanford University Press, 1993.

［1074］Zeitlin, Judith T. *The Phantom Heroine, Ghosts and Gender in Seventeenth – Century Chinese Literature*. Honolulu: University of Hawaii Press, 2007.

［1075］Zhang, Fan Jeremy. *Drama Sustains the Spirit: Art, Ritual, and Theater in Jin and Yuan Period Pingyang*, 1150 – 1350. Brown University, 2011.

［1076］Zhang, Longxi. Language and Interpretation: A Study in East – West

Comparative Poetics, Ph. d Dissertation, Harvard University, 1989.

［1077］ Zhang, Longxi. *The Tao and The Logos*: *Literary Hermeneutics*, *East and West*. Duke: Duke University Press, 1992, p. 31.

［1078］ Zhou, Zuyan. *Androgyny in Late Ming and Early Qing Literature*. Honolulu: University of Hawaii Press, 2003.

［1079］ Zhu, Xi. *Confucian Cosmogony*: *A Translation of Section Forty-nine of the Complete works of the Philosopher Choo – Foo – Tze/with explanatory notes*, by Thomas M'Clatchie, Shanghai: American Presbyterian Mission Press, 1874.

［1080］ Zhu, Xi. *The Philosophy of Human Nature*, translated from the Chinese, with notes, by J. Percy Bruce. London, Probsthain, 1922.

［1081］ Zhuangzi. *Nanhua Jing. Musings of a Chinese Mystic*: *Selections from the Philosophy of Chuang Tzǔ*, with an Introduction by Lionel Giles. London: J. Murray, 1906.

［1082］ Zhuangzi. *The Sayings of Chuang Chou. A New Translation by James R. Ware*. New York: New American Library, 1963.

［1083］ Zung, Cecelia S. L. *Secrets of the Chinese Drama*. Shanghai: Kelly & Walsh Ltd. , 1937.

［1084］ Robert Joe Cutter. *The Brush and the Spur*: *Chinese Culture and the Cockfight*. Hong Kong: Chinese University Press, 1989.

［1085］ Wu Fusheng. *The Matrix of Lyric Transformation*: *Poetic Modes and Self–Presentation in Early Chinese Pentasyllabic* Zong-qi Cai, *ChineseLiterature*: *Essay, Article, Reviews* (*CLEAR*), Vol. 20, Dec, 1998, pp. 191–197.

［1086］ Donald Holzman, *Poetry and Politics*, *The Life and Works of Juan Chi* (*A. D.* 210–263). Cambridge: Cambridge University Press, 1976.

［1087］ Cheng Chung-ying. "Book of Changes", *Routledge History of Chinese Philosophy*, ed. , Bo Mou, London: Routledge, 2008.

［1088］ Cheng Chung-ying. "Chinese Philosophy and Symbolic Reference", *Philosophy East & West*, Vol. 27, No. 3, Jul. 1977, pp. 307–322.

［1089］ Cheng Chung-ying. "Confucius, Heidegger, and the Philosophy of the *I Ching*", *Philosophy East & West*, Vol. 27, No. 3, Jan. , 1987, pp. 51–70.

［1090］ Cheng Chung-ying. "*Li and Ch' I*in the I Ching: Reconsideration of Being and Non-Being in Chinese Philosophy", *Journal of Chinese Philosophy*, Vol. 14, Mar. , 1987, pp. 1–38.

［1091］ Gu Ming-dong. "Literary Openness: A Bridge across the Divide between

Chinese and Western Literary Thought", *Comparative Literature*, Vol. 55, No. 2, Spr. 2003, pp. 112 – 129.

[1092] Gu Ming-dong. "Elucidation of Images in the Book of Changes: Ancient Insights into Modern Language Philosophy and Hermeneutics", *Journal of Chinese Philosophy*, Vol. 31, No. 4, 2004, pp. 469 – 488.

[1093] Gu Ming-dong. "From yuanqi (Primal Energy) to wenqi (Literary Pneuma): A Philosophical Study of a Chinese Aesthetic", *Philosophy East & West*, Vol. 59, No. 1, 2009, pp. 22 – 46.

[1094] Gu Ming-dong. "The Theory of the Dao and Taiji: A Chinese Model of the Mind", *Journal of Chinese Philosophy*, Vol. 36, No. 1, 2009, pp. 157 – 75.

[1095] Gu Ming-dong. "The 'Zhouyi' (*Book of Changes*) as an Open Classic: A Semiotic Analysis of Its System of Representation", *Philosophy East & West*, Vol. 55, No. 2, Apr. 2005, pp. 257 – 282.

[1096] Gu Ming-dong. "Eremetism, Sagehood, and Public Service: The Zhouyi kouyi of Hu Yuan", *Monumenta Serica*, Vol. 48, 2000, pp. 67 – 92.

[1097] Gu Ming-dong. Being and Non – Being: A Comparison of the Yijing Commentaries of Wang.

[1098] Chan, Wing-tsit. "A Review on Change: Eight Lectures on the I Ching", *The Journal of Asian Studies*, ed. by Hellmut Wilhelm & Cary F. Baynes, Vol. 20, No. 4, Aug. 1961, pp. 527 – 528.

# 下编

[1] 艾略特：《传统与个人才能》，卞之琳译，上海译文出版社 2012 年版。

[2] 艾青：《诗论》，新文艺出版社 1953 年版。

[3] 爱德华·萨义德：《东方学》，王宇根译，生活·读书·新知三联书店 1999 年版。

[4] 安敏成：《现实主义的限制：革命时代的中国小说》，姜涛译，江苏人民出版社 2001 年版。

[5] 坂井洋史：《忏悔与越界——中国现代文学史研究》，复旦大学出版社 2011 年版。

[6] 北塔：《中国现当代诗歌英文翻译概况》，载于《华文文学》2012 年第 5 期。

[7] 毕克伟：《书生政治家》，谭一青、季国平译，中国卓越出版公司 1990 年版。

［8］［英］卜立德：《一个中国人的文论观——周作人的文论思想》，陈广宏译，复旦大学出版社2001年版。

［9］陈国球：《文学史书写形态与文化政治》，北京大学出版社2004年版。

［10］陈建华：《从革命到共和：清末至民国时期文学、电影与文化转型》，广西师范大学出版社2009年版。

［11］陈建华：《帝制末与世纪末——中国文学文化考论》，上海教育出版社2006年版。

［12］陈建华：《革命与形式：茅盾早期小说的现代性展开（1927—1930）》，复旦大学出版社2007年版。

［13］陈岚：《中国现当代文学作品英译研究概述》，载于《湖南社会科学》2008年第3期。

［14］陈平原：《中国现代小说的起点——清末民初小说研究》，北京大学出版社2005年版。

［15］陈圣生：《高利克的〈中国现代文学批评的发生〉简介》，载于《中国现代文学研究丛刊》1987年第2期。

［16］陈思和：《关于周作人的传记》，载于《中国现代文学研究丛刊》1991年第3期。

［17］陈引驰、李姝：《鸟瞰他山之石——英语学界中国文论研究》，载于《中国比较文学》2005年第3期。

［18］戴望舒：《百合子》，王文彬、金石编《戴望舒全集》（诗歌卷），中国青年出版社1999年版。

［19］戴望舒：《梦都子》，王文彬、金石编《戴望舒全集》（诗歌卷），中国青年出版社1999年版。

［20］戴望舒：《微辞》，载于《现代》1932年第1卷第3期。

［21］戴望舒：《赠克木》，载于《新诗》1936年第1卷第1期。

［22］［美］丹尼尔·贝尔：《资本主义的文化矛盾》，赵一凡等译，生活·读书·新知三联书店1989年版。

［23］邓腾克：《路翎笔下的蒋纯祖与浪漫个人主义话语》，载于《南京师范大学文学院学报》2010年第4期。

［24］杜方舒：《王德威：莫言在美国知名度很高 魔幻写实激发西方想象》，载于《东方早报》2012年10月12日。

［25］范文澜：《文心雕龙注》（下册），人民文学出版社1978年版。

［26］费正清主编：《剑桥中国晚清史》（上、下），中国社会科学出版社1993年版。

［27］佛克马、蚁布思：《文学研究与文化参与》，俞国强译，北京大学出版社1996年版。

［28］佛克马：《中国文学与苏联影响（1956－1960）》，季进、聂友军译，北京大学出版社2011年版。

［29］洛夫、张默、痖弦：《中国现代诗论选》，大业书店1969年版。

［30］［斯洛伐克］高利克：《茅盾小说〈子夜〉的比较成分》，载于人大复印资料《中国现当代文学研究》1997年第3期。

［31］［斯洛伐克］高利克：《中国现代文学批评发生史》，陈圣生等译，社会科学出版社1997年版。

［32］［斯洛伐克］高利克：《中西文学关系的里程碑》，伍晓明等译，北京大学出版社1990年版。

［33］［美］高彦颐：《〈痛史〉与疼痛的历史——试论女性身体、个体与主体性》，载于黄克武、张哲嘉主编《公与私：近代中国个体与群体之重建》，中央研究院近代史研究所2000年版。

［34］格里德：《胡适与中国的文艺复兴》，鲁奇译，江苏人民出版社1993年版。

［35］［美］葛浩文：《漫谈中国新文学》，香港文学研究社1985年版。

［36］［美］葛浩文：《萧红传》，复旦大学出版社2011年版。

［37］龚浩敏：《光影折射中主体意识的辩证法——评王亦蛮〈中国电影重拍：透过上海、香港与好莱坞的多棱镜〉》，载于《二十一世纪》2015年12月号总第152期。

［38］顾明道：《毕克伟与美国的瞿秋白研究》，福勤等编《瞿秋白研究文丛》（第五辑），中国文联出版社2011年版。

［39］郭沫若著作出版委员会：《郭沫若全集·文学编》（第12卷），人民文学出版社1992年版。

［40］韩南：《中国近代小说的兴起》，徐侠译，上海教育出版社2010年版。

［41］［美］胡志德：《逆潮而游——朱瘦菊的上海》，载于王尧、季进编《下江南：苏州大学海外汉学演讲录》，复旦大学出版社2011年版。

［42］［美］胡志德：《钱钟书》，张晨等译，人民文学出版社1990年版。

［43］华强：《沈从文著作的外文翻译》，载于《上海师范大学学报（哲学社会科学版）》1985年第3期。

［44］黄克武、张哲嘉：《公与私：近代中国个体与群体之重建》，中央研究院近代史研究所2000年版。

［45］季进：《多元文学史的书写——海外中国现代文学研究论之一》，载于

《文学评论》2009年第6期。

[46] 季进：《海外汉学：另一种声音——王德威访谈录之一》，载于《文艺理论研究》2008年第5期。

[47] 季进：《回转与呈现——海外中国现代文学研究一瞥》，载于《中国现代文学研究丛刊》2011年第12期。

[48] 季进：《李欧梵和其鲁迅研究》，载于《中华读书报》2000年7月12日。

[49] 季进：《另一种声音：海外汉学访谈录》，复旦大学出版社2011年版。

[50] 蒋迈、秦立彦：《书评：〈改革时期的中国电影：一个聪明的系统〉》，载于《电影艺术》2006年第2期。

[51] 金介甫：《沈从文笔下的中国社会与文化》，虞建华、邵华强译，华东师范大学出版社1994年版。

[52] [美] 金介甫：《沈从文传》，符家钦译，国际文化出版公司2010年版。

[53] [美] 金介甫：《中国文学（一九四九——一九九九）的英译本出版情况述评》，查明建译，载于《当代作家评论》2006年第3期。

[54] [美] 金介甫：《中国文学（一九四九——一九九九）的英译本出版情况述评（续）》，查明建译，载于《当代作家评论》2006年第4期。

[55] 金丝燕：《文化接受与文化过滤：中国对法国象征主义的接受》，中国人民大学出版社1994年版。

[56] [美] 柯文：《在中国发现历史——中国中心观在美国的兴起》，林同奇译，中华书局2002年版，第210页。

[57] 乐黛云：《国外鲁迅研究论集（1960～1981）》，北京大学出版社1981年版。

[58] 李何林：《近二十年中国文艺思潮论（1917-1937）》，陕西人民出版社1981年版。

[59] 李欧梵：《帝制末日的喧哗——晚清文学重探》，载于王尧、季进编《下江南——苏州大学海外汉学演讲录》，复旦大学出版社2011年版。

[60] 李欧梵：《"怪诞"与"着魅"：重探施蛰存的小说世界》，载于《文汇报》2014年12月19日。

[61] 李欧梵、季进：《李欧梵季进对话录》，苏州大学出版社2003年版。

[62] 李欧梵：《李欧梵论中国现代文学》，生活·读书·新知三联书店2008年版。

[63] 李欧梵：《上海摩登》，毛尖译，生活·读书·新知三联书店2008年版。

[64] 李欧梵：《上海摩登——一种新都市文化在中国》，毛尖译，北京大学出版社2006年版。

[65] 李欧梵:《未完成的现代性》,北京大学出版社 2005 年版。

[66] 李欧梵:《现代性的追求:李欧梵文化评论精选集》,生活·读书·新知三联书店 2000 年版。

[67] 李欧梵:《现代性的追求》,人民文学出版社 2010 年版。

[68] 李欧梵:《中国现代文学与现代性十讲》,复旦大学出版社 2005 年版。

[69] 李亦园:《人类的视野》,上海文艺出版社 1996 年版。

[70] 梁建东、张晓红:《论柯雷的中国当代诗歌史研究》,载于《当代文坛》2009 年第 4 期。

[71] 刘鹗:《老残游记》,岳麓书社 1989 年版。

[72] 刘锋杰:《"人的文学"的发生研究自议——从〈中国现代文学批评发生史〉谈起》,载于《文艺理论研究》1999 年第 4 期。

[73] 刘禾:《国民性理论质疑》,载于王晓明主编《批评空间的开创》,东方出版中心 1998 年版。

[74] 刘禾:《跨语际实践:文学,民族文化与被译介的现代性(1900—1937)》,宋伟杰等译,生活·读书·新知三联书店 1990 年版。

[75] 刘剑梅:《革命与爱情:二十世纪中国小说史中的女性身体与主题重述》,郭冰茹译,生活·读书·新知三联书店 2008 年版。

[76] 刘剑梅:《革命与情爱:二十世纪中国小说史中的美学与政治》,郭冰茹译,生活·读书·新知三联书店 2009 年版。

[77] 刘小枫:《现代性社会理论绪论》,生活·读书·新知三联书店 1998 年版。

[78] 刘晓晖、朱源:《派屈克·韩南的翻译价值思维管窥:以晚清小说风月梦的英译为例》,载于《中国比较文学》2017 年第 1 期。

[79] 刘再复:《百年诺贝尔文学奖和中国作家的缺席》,载于《北京文学》1999 年第 8 期。

[80] 卢非易:《台湾电影:政治、经济、美学(1949-1994)》,远流出版公司 1998 年版。

[81] 罗钢:《历史汇流中的抉择——中国现代文艺思想家与西方文学理论》,中国社会科学出版社 1993 年版。

[82] 马戎等:《二十一世纪:文化自觉与跨文化对话(一)》,北京大学出版社 2001 年版。

[83] 莫言:《美国演讲两篇》,载于《小说界》2000 年第 5 期。

[84] 聂友军:《历史意识·多元视角·学术谱系——读〈中国文学中的清规戒律与苏联影响〉》,载于《当代作家评论》2007 年第 1 期。

[85] 彭发胜：《〈天下月刊〉与中国现代文学的英译》，载于《中国翻译》2011年第2期。

[86] 彭松：《对抗与交融中的中西文学关系——论高利克的中国现代文学研究》，载于《兰州学刊》2009年第3期。

[87] 彭玉平：《〈人间词话〉英译的两种平议——以李又安译本为中心》，载于《社会科学战线》2012年第9期。

[88] 普实克：《普实克中国现代文学论文集》，湖南文艺出版社1987年版。

[89] 普实克：《抒情与史诗：现代中国文学论集》，郭建玲译，李欧梵编，生活·读书·新知三联书店2010年版。

[90] 宋绍香：《在异质文化中探寻"自我"——国外汉学家中国解放区文学译介、研究管窥》，载于《文艺理论批评》2006年第2期。

[91] 佘爱春：《中西文化语境中的周作人文艺思想——黄开发〈人在旅途〉与卜立德〈一个中国人的文学观〉之比较》，载于《理论月刊》2010年第8期。

[92] 施蛰存：《诗人身后事》，载于《沙土的脚迹》，辽宁教育出版社1995年版，第94页。

[93] [美] 史华兹：《古代中国的思想世界》，江苏人民出版社2004年版。

[94] 史书美：《现代的诱惑：书写半殖民地中国的现代主义》，何恬译，江苏人民出版社2007年版。

[95] [德] 叔本华：《作为意志与表象的世界》，石冲白译，商务印书馆1982年版。

[96] 舒允中：《内线号手：七月派的战时文学活动》，生活·读书·新知三联书店2010年版。

[97] 苏文瑜：《周作人：自己的园地》，陈思齐、凌曼萍译，麦田城邦文化出版社2011年版。

[98] 孙绍谊：《想象的城市：文学、电影和视觉上海（1927—1937）》，复旦大学出版社2009年版。

[99] 孙玉石：《戴望舒名作欣赏》，中国和平出版社1996年版。

[100] 孙玉石：《中国初期象征派诗歌研究》，北京大学出版社1986年版。

[101] 孙玉石：《中国现代解诗学的理论与实践》，北京大学出版社2007年版。

[102] 孙玉石：《中国现代诗歌艺术》，人民文学出版社1992年版。

[103] 孙郁：《当代文学中的周作人传统》，载于《当代作家评论》2001年第4期。

[104] 唐湜：《意度集》，平原出版社，1950。

[105] 田寿昌、宗白华、郭沫若：《三叶集》，上海：亚东图书馆，1920。

[106] 王敖：《怎么给奔跑着的诗人们对表：关于诗歌史的问题与主义》，载于《新诗评论》2008年第2辑。

[107] 王斑：《历史的崇高形象：二十世纪中国的美学与政治》，孟祥春译，生活·读书·新知三联书店2008年版。

[108] 王国维：《王国维文集》（第三卷），中国文史出版社1997年版。

[109] 王宁：《经典的解构与重建——佛克马的比较文学和文化理论思想》，载于《中国比较文学》2007年第1期。

[110] 王润华：《沈从文小说创作的理论架构》，载于《中国文化研究》第15期。

[111] 王铁崖：《中外旧约章汇编》（第一册），生活·读书·新知三联书店1982年版。

[112] 王德威：《被压抑的现代性——晚清小说新论》，北京大学出版社2005年版。

[113] 王德威：《被压抑的现代性》，载于《社会科学论坛》2006年第2期。

[114] 王德威、陈思和、许子东：《一九四九以后：当代文学六十年》，上海文艺出版社2011年版。

[115] 王德威：《从刘鹗到王祯和：中国现代写实小说散论》，时报出版公司1986年版。

[116] 王德威：《当代小说二十家》，生活·读书·新知三联书店2006年版。

[117] 王德威：《后遗民写作》，麦田出版社2007年版。

[118] 王德威、季进主编：《文学行旅与世界想象》，江苏教育出版社2007年版。

[119] 王德威：《跨世纪风华：当代小说20家》，麦田出版社2002年版。

[120] 王德威：《历史与怪兽：历史·暴力·叙事》，麦田出版社2004年版。

[121] 王德威：《落地的麦子不死：张爱玲与"张派"传人》，山东画报出版社2004年版。

[122] 王德威：《如此繁华》，上海书店出版社2006年版。

[123] 王德威：《如何现代，怎样文学？：十九、二十世纪中文小说新论》，麦田出版社1998年版。

[124] 王德威：《抒情传统与中国现代性》，生活·读书·新知三联书店2010年版。

[125] 王德威：《抒情之现代性——"抒情传统"论述与中国文学研究》，

生活·读书·新知三联书店 2014 年版。

[126] 王德威：《文学伦理与公民意识》，载于《现当代文学新论：义理、伦理、地理》，生活·读书·新知三联书店 2014 年版。

[127] 王德威：《现代抒情传统四论》，台大出版中心 2011 年版。

[128] 王德威：《现代中国小说十讲》，复旦大学出版社 2003 年版。

[129] 王德威：《现当代文学新论：义理、伦理、地理》，生活·读书·新知三联书店 2014 年版。

[130] 王德威：《想像中国的方法：历史·小说·叙事》，生活·读书·新知三联书店 1998 年版。

[131] 王德威：《小说中国：晚清到当代的中文小说》，麦田出版社 1993 年版。

[132] 王德威：《写实主义小说的虚构：茅盾·老舍·沈从文》，复旦大学出版社 2011 年版。

[133] 王德威：《一九四九：伤痕书写与国家文学》，三联书店（香港）有限公司 2008 年版。

[134] 王德威：《阅读当代小说——台湾．大陆．香港．海外》，远流出版社 1991 年版。

[135] 王德威：《众声喧哗：三〇与八〇年代的中国小说》，远流出版社 1988 年版。

[136] 王德威：《中国现代小说的史与学：向夏志清先生致敬》，联经出版社 2010 年版。

[137] 王德威：《众声喧哗以后——点评当代中文小说》，麦田出版社 2001 年版。

[138] 王晓路：《西方汉学界的中国文论研究》，巴蜀书社 2003 年版。

[139] 王尧、季进：《下江南——苏州大学海外汉学演讲录》，复旦大学出版社 2011 年版。

[140] 韦杰生、秦立彦：《书评：〈追踪定位盗版：大中华格局里的全球化与电影发行〉》，载于《电影艺术》2006 年第 2 期。

[141] 魏爱莲：《美人与书：19 世纪中国的女性与小说》，马勤勤译，北京大学出版社 2015 年版。

[142] 我佛山人（吴趼人）：《痛史·序言》，载于王继权等编《中国近代小说大系》，江西人民出版社 1988 年版。

[143] 吴趼人：《海上游骖录·第一回》，江西人民出版社 1989 年版。

[144] 吴趼人：《新石头记·第一回》，载于王继权等编《中国近代小说大

系》，江西人民出版社 1988 年版。

[145] 吴建、张韵菲：《汉语新诗在英语世界的译介》，载于《外语研究》2012 年第 6 期。

[146] 吴越：《如何叫醒沉睡的"熊猫"》，载于《文汇报》2009 年 11 月 23 日。

[147] 奚密：《卞之琳：创新的继承》，载于《江苏大学学报（社会科学学报）》2008 年第 3 期。

[148] 奚密：《差异的忧虑——对宇文所安的一个回响》，载于《中外文化与文论》1997 年第 2 期。

[149] 奚密：《从边缘出发：现代汉诗的另类传统》，广东人民出版社 2000 年版。

[150] 奚密、崔卫平：《为现代诗一辩》，载于《读书》1999 年第 5 期。

[151] 奚密：《反思现代主义：抒情性与现代性的相互表述》，载于《渤海大学学报》2009 年第 4 期。

[152] 奚密：《海子〈亚洲铜〉探析》，载于奚密著《现当代诗文录》，台北联合文学 1998 年版。

[153] 奚密：《纪念商禽》，载于《创世纪》2012 年 12 月第 165 期。

[154] 奚密：《今天为什么要读诗》，载于《联合报》（副刊）1995 年 8 月 26～27 日。

[155] 奚密《燃烧与飞跃：一九三〇年代台湾的超现实诗》，载于《台湾文学学报》2007 年 12 月第 11 期。

[156] 奚密：《诗生活》，广西师范大学出版社 2004 年版。

[157] 奚密：《诗与戏剧的互动：于坚〈0 档案〉探微》，载于《诗探索》1998 年第 3 期。

[158] 奚密：《台湾现代诗论》，香港天地图书 2009 年版。

[159] 奚密：《文学研究与理论革命》，载于《社会科学论坛》2006 年 2 月上半月期。

[160] 奚密：《现代汉诗：翻译与可译性》，载于季进、王尧编《下江南——苏州大学海外汉学演讲录》，复旦大学出版社 2011 年版。

[161] 奚密：《现代汉诗：一九一七年以来的理论与实践》（中文版序），生活·读书·新知三联书店 2008 年版。

[162] 奚密：《杨牧：台湾现代诗的 Game‑Changer》，载于《台湾文学学报》2010 年 12 月第 17 期。

[163] 奚密：《早期新诗的 Game‑Changer：重评徐志摩》，载于《新诗评

论》2010年第2辑。

[164] 奚密：《中国式的后现代——现代汉诗的文化政治》，载于《中国研究》1998年9月第37期。

[165] 奚密：《中西诗学的"比"与"隐喻"》，载于《比较文学》1987年第3期。

[166] 夏志清：《老残游记：艺术意义剖析》，载于《清华学报·中国研究》1969年第2期。

[167] 夏志清：《中国现代小说史》，刘绍铭等译，复旦大学出版社2005年版。

[168] 夏志清：《中国现代小说史》，刘绍铭等译，中文大学出版社2001年版。

[169] 晓风、张炜：《〈古船〉入选拥抱中国计划》，载于《齐鲁晚报》2006年10月18日。

[170] 徐慎贵：《〈中国文学〉对外传播的历史贡献》，载于《对外大传播》2007年第8期。

[171] [捷克] 亚罗斯拉夫·普实克：《中国现代文学中的主观主义和个人主义》，载于李欧梵编《抒情与史诗：现代中国文学论集》，郭建玲译，上海三联书店2010年版。

[172] 严复：《群己权界论·首篇·引论》，商务印书馆1930年版。

[173] 杨牧：《传统的与现代的》，志文出版社1974年版。

[174] 杨牧：《叶珊散文集》，台北洪范书店1977年版。

[175] 杨思平、北塔、严力：《远游的诗神：新诗在国外》，载于《诗歌月刊》2009年第9期。

[176] [法] 耶麦：《膳厅》，戴望舒译，载于《新文艺》1929年第1卷创刊号。

[177] [法] 耶麦：《天要下雪了》，戴望舒译，载于《新文艺》1929年第1卷创刊号。

[178] 叶维廉：《比较诗学》，东大图书公司1983年版。

[179] 衣鹏：《"莫言是通向当代中国文学的门户"——对话纽约大学比较文学系教授、东亚系系主任张旭东》，载于《21世纪经济报道》2012年10月15日。

[180] 余虹：《中国文论与西方诗学》，生活·读书·新知三联书店1999年版。

[181] 余英时：《士与中国文化》，上海人民出版社1987年版。

[182] 余天琦：《书评：〈中国新纪录片电影运动：为了公共档案〉》，载于

《当代艺术与投资》2010年第11期。

[183] [美]宇文所安：《什么是世界诗歌？》，洪越译，田晓菲校，载于《新诗评论》2006年第1期。

[184] 宇文所安：《中国文论：英译与评论》，王柏华、陶庆梅译，上海社会科学院出版社2003年版。

[185] 袁可嘉：《论新诗的现代化》，生活·读书·新知三联书店1988年版。

[186] 张杰：《美国汉学中以葛浩文为代表的萧红及东北作家群研究》，载于《新文学史料》2009年第2期。

[187] 张英进：《电影的世纪末怀旧：好莱坞·老上海·新台北》，湖南美术出版社2006年版。

[188] 张英进：《现代文学与电影中的都市：空间、时间与性别构形》，秦立彦译，江苏人民出版社2007年版。

[189] 张英进：《中国电影盗版的语境：阴谋、民主还是游戏？》，载于《二十一世纪》2008年6月号总第107期。

[190] 张松建：《抒情主义与中国现代诗学》，北京大学出版社2012年版。

[191] 张晓红：《从那里出发：评佛克马〈中国文学与苏联影响（1956~1960）〉》，载于《现代中文学刊》2012年第3期。

[192] 张旭东：《全球化时代的文化认同：西方普遍主义话语的历史批判》，北京大学出版社2006年版。

[193] 张旭东、王安忆：《对话启蒙时代》，生活·读书·新知三联书店2008年版。

[194] 章子仲：《何其芳年谱初稿》，载于《武汉师范学院学报（哲学社会科学版）》1982年第1期。

[195] 中国社会科学院文学研究所国外中国学研究组编：《国外中国文学研究论丛》，中国文联出版社1985年版。

[196] [美]周蕾：《妇女与中国现代性：西方与东方之间的阅读政治》，蔡青松译，生活·读书·新知三联书店2008年版。

[197] 朱光潜：《诗论》，重庆国民图书馆1943年版。

[198] 朱徽：《中国诗歌在英语世界：英美译家汉诗翻译研究》，上海外语教育出版社2009年版。

[199] 朱自清：《新诗杂话》，作家书屋1947年版。

[200] Acton, Harold & Chen, Shih-hsiang. *Modern Chinese Poetry*. London: Duckworth, 1936.

[201] Acton, Harold. *Memoirs of an Aesthete*. London: Methuen, 1948.

[202] "After Past Fury for Peace Prize, China Embraces Nobel Choice", *The New York Times*, October 12, 2012.

[203] Alai. *Red Poppies* [co-tr. with Sylvia Li-chun Lin], Houghton Mifflin, 2002.

[204] Alley, Rewi, ed. *The People Speak Out*. Peking, 1954.

[205] Alley, Rewi. *Light and Shadow along a Great Road: An Anthology of Modern Chinese Poetry*. Beijing: New World Press, 1984.

[206] Anderson, John. *Edward Yang*. Urbana: University of Illinois Press, 2005.

[207] Anonymous. "Big Breasts and Wide Hips", *Publishers Weekly*, Vol. 251, No. 47, 2004.

[208] Anonymous. "My Life as Emperor", *Publishers Weekly*, Vol. 252, No. 5, 2005.

[209] Arp, Robert, Adam Barkman & James McRae, eds. *The Philosophy of Ang Lee*. Lexington: The University Press of Kentucky, 2013.

[210] Ashbery, John. *Chinese Whispers: Poems*. Manchester: Carcanet, 2002.

[211] Aw, Tash. "Nobel Prize: Was Mo Yan the Communist Party's Choice?", telegraph.co.uk, October 16, 2012.

[212] Bai, Liping. "Babbitt's Impact in China: The Case of Liang Shiqiu", *Humanitas*, Vol. 17, 2004.

[213] Bai, Ruoyun & Song Geng, eds. *Chinese Television in Twenty-First Century: Entertaining the Nation*. New York: Routledge, 2014.

[214] Ba, Jin. *Autumn in Spring and Other Stories*, trans. Wang Mingjie et al. Beijing: Chinese Literature, 1981.

[215] Ba, Jin. *Short Stories by Pa Chin: With English Translation*. Xiangang: Zhong Ying chu ban she, 1941.

[216] Ba, Jin. *Ward Four: A Novel of Wartime China*, trans. Howard Goldblatt and Haili Kong. San Francisco: China Books and Periodicals, 1999.

[217] Balakan, Anna. *The Symbolist Movement: A Critical Appraisal*. New York: New York University Press, 1977.

[218] Bao, Weihong. *Fiery Cinema: The Emergence of an Affective Medium in China, 1915-1945*. Minneapolis: University of Minnesota Press, 2015.

[219] Bao, Weihong. "Review of *an Amorous History of the Silver Screen: Shanghai Cinema, 1896-1937* by Zhen Zhang", *Nineteenth Century Theatre and Film*

33, No. 2, 2006.

[220] Bao, Weihong. "Review of *from Underground to Independent*: *Alternative Film Culture in Contemporary China* Edited by Paul Pickowicz and Yingjin Zhang", *American Anthropologist* 112, No. 3, 2010.

[221] Barmé, Geremie & Bennett Lee, eds. *The Wounded*: *New Stories of the Cultural Revolution*, 77–78. Hong Kong: Joint Publishing Co., 1979.

[222] Barmé, Geremie & John Minford, eds. *Seeds of Fire*: *Chinese Voices of Conscience*. New York: Hill and Wang, 1988.

[223] Barmé, Geremie & Linda Jaivin, eds. *New Ghosts, Old Dreams*. New York: Random House, 1992.

[224] Becker, Jasper. "Disgusting, But Not Shocking", *The Spectator*, October 27, 2012.

[225] Berninghausen, John & Theodore Huters, eds. *Revolutionary Literature in China*: *An Anthology*. New York: M. E. Sharpe, 1976.

[226] Bernstein, Richard. "Books of the Times; In China, 3 Generations, Much Trouble and *Rice*", *New York Times*, Nov. 13, 1995.

[227] Berra, John & Liu Yang, eds. *World Film Locations*: *Beijing*. Chicago: Intellect Books, 2012.

[228] Berra, John, & Wei Ju, eds. *World Film Locations*: *Shanghai*. Chicago: Intellect Books, 2014.

[229] Berry, Chris. "Chinese Film Scholarship in English." in *A Companion to Chinese Cinema*, edited by Yingjin Zhang. 484–98. Malden, Mass.: Wiley-Balckwell, 2012.

[230] Berry, Chris, ed. *Chinese Films in Focus* II. 2nd ed. London: British Film Institute, 2008.

[231] Berry, Chris, ed. *Chinese Films in Focus*: 25 *New Takes*. London: British Film Institute, 2003.

[232] Berry, Chris, ed. *Perspectives on Chinese Cinema*. London: British Film Institute, 1991.

[233] Berry, Chris, ed. *Perspectives on Chinese Cinema*. New York: China-Japan Program, Cornell University, 1985.

[234] Berry, Chris, et al., eds. *The New Chinese Documentary Film Movement*: *For the Public Record*. Hong Kong: Hong Kong University Press, 2010.

[235] Berry, Chris & Feiyi Lu, eds. *Island on the Edge*: *Taiwan New Cinema*

and After. Hong Kong: Hong Kong University Press, 2005.

［236］ Berry, Chris. *Postsocialist Cinema in Post-Mao China: The Cultural Revolution after the Cultural Revolution*. New York: Routledge, 2004.

［237］ Berry, Michael. *Speaking in Images: Interviews with Contemporary Chinese Filmmakers*. New York: Columbia University Press, 2005.

［238］ Berry, Michael. *Xiao Wu, Platform, Unknown Pleasures: Jia Zhangke's Hometown Trilogy*. New York: Palgrave Macmillan, 2009.

［239］ Bi, Feiyu. *Moon Opera* [co-tr. with Lin Li-chun], Telegram Books [UK], 2007; Harcourt [US], 2009.

［240］ Bi, Feiyu. *Three Sisters*. Telegram [UK] and Harcourt [US], 2009.

［241］ Birch, Cyril. *Anthology of Chinese Literature*. Volume 2. New York: Grove Press, 1972.

［242］ Birch, Cyril. *Chinese Communist Literature*. London: Frederick A. Praeger, 1963.

［243］ Block, Allison. "Life and Death are Wearing Me Out", *The Booklist*, Vol. 104, No. 13, 2008.

［244］ Bordwell, David. *Planet Hong Kong: Popular Cinema and the Art of Entertainment*. Cambridge: Harvard University Press, 2000.

［245］ Bormer, Joey. *Wang Kuo-wei: An Intellectual Biography*. Cambridge: Harvard University Press, 1986.

［246］ Braester, Yomi. *Painting the City Red: Chinese Cinema and the Urban Contract*. Durham: Duke University Press, 2010.

［247］ Braester, Yomi. *Witness against History: Literature, Film, and Public Discourse in Twentieth-Century China*. Stanford: Stanford University Press, 2003.

［248］ Brown, Carolyn T. "Creative Imitation: Hung Shen's Cultural Translation of Eugene O'Neill's 'The Emperor Jones'", *Comparative Literature Studies* 22.1, 1985.

［249］ Brown, Carolyn Thompson. "Eileen Chang's 'Red Rose and White Rose': A Translation and Afterword", Ph. D. diss., The American University, 1978; Shu-ning Scriban. "Eileen Chang's 'Love in the Fallen City': Translation and Analysis", Master's Thesis, The University of Alberta, 1985.

［250］ Browne, Nick, et al., eds. *New Chinese Cinemas: Forms, Identities, Politics*. Cambridge: Cambridge University Press, 1994.

［251］ Brunette, Peter. *Wong Kar-Wai*. Urbana: University of Illinois Press,

2005.

[252] Bruno, Cosima. "Review", *The China Quarterly*, No. 183, Culture in the Contemporary PRC, Sep., 2005.

[253] Cai, Rong. "In the Madding Crowd: Self and Other in Can Xue's Fiction", *China Information: A Quarterly Journal on Contemporary China Studies*, Vol. 11, No. 4, 1997.

[254] Cai, Rong. "Problematizing the Foreign Other: Mother, Father, and the Bastard in Mo Yan's *Large Breast and Full Hips*", *Modern China*, Vol. 29, No. 1, 2003.

[255] Cai, Rong. "The Lonely Traveler Revisited in Yu Hua's Fiction", *Modern Chinese Literature*, Vol. 10, No1/2, 1998.

[256] Cai, Rong. "The Mirror in the Text: Borges and Metafiction in Post-Mao China", *Tamkang Review*, Vol. 32, No. 2, 2001.

[257] Cai, Rong. "The 'Subject' in Crisis: Han Shaogong's Cripple(s)", *The Journal of Contemporary China*, Vol. 3, No. 5, 1994.

[258] Cai, Rong. *The Subject in Crisis in Contemporary Chinese Literature*. Honolulu: University of Hawai'i Press, 2004.

[259] Calinescu, Matei. *Five Faces of Modernity: Modernism, Avant-Garde, Decadence, Kitsch, Postmodernism.* Durham: Duke University Press, 2006.

[260] Callick, Rowan. "A Novel Win for Soft Power; Nobel Prize is Seen as Salve to China's Frustration", *Weekend Australian*, October 13, 2012.

[261] Callick, Rowan. "China's Mo Wins Nobel for Literature", *The Australian*, October 12, 2012.

[262] Cao, Yu. *Bright Skies*. Trans. Zhang, Peiji. Peking: Foreign Languages Press, 1960.

[263] Cao, Yu. *Thunderstorm*. Trans. Wang, Zuoliang & A. C. Barnes. Peking: Foreign Languages Press, 1958.

[264] Chang, Eileen. *Lust, Caution*. New York: Anchor Books, 2007.

[265] Chang, Eileen. *Traces of Love and Other Stories*. Hong Kong: Renditions Press, 2000.

[266] Chang, Elieen. *Love in a Fallen City and Other Stories*. New York: The New York Review of Books, 2006.

[267] Chang, Elieen. *The Rouge of the North*, trans. Elieen Chang. London: Cassell and Company, 1966.

[268] Chan, Joseph Man, et al.. *Policies for the Sustainable Development of the Hong Kong Film Industry*. Hong Kong: The Chinese University of Hong Kong, 2010.

[269] Chan, Kenneth. *Remade in Hollywood: The Global Chinese Presence in Transnational Cinemas*. Hong Kong: Hong Kong University Press, 2009.

[270] Chan, Shelley W. *A Subversive Voice in China: The Fictional World of Mo Yan*. New York: Cambria Press, 2011.

[271] Chan, Shelley W. "Continuity and Discontinuity: The Fiction of Mo Yan", Ph.D diss., University of Colorado, 2003.

[272] Chan, Sylvia. "Book Review: *Love in a Small Town*", *The Australian Journal of Chinese Affairs*, No. 26, 1991.

[273] Chao, Ching-shen ed. *Hesitation*. Shanghai: Beixin Bookstore, 1948.

[274] Chao, Ching-shen ed. *The War Cry*. Shanghai: Beixin Bookstore, 1948.

[275] Chau, Angie Christine. *Dreams and Disillusionment in the City of Light: Chinese Writers and Artists Travel to Paris*, 1920s–1940s. Ph.D. dissertation, San Diego: University of California, San Diego, 1984.

[276] Chen, David Y. "Two Chinese Adaptations of Eugene O'Neill's the Emperor Jones", *Modern Drama* 9.4, 1966.

[277] Chen, Jianing, ed. *Themes in Contemporary Chinese Literature*. Beijing: New World Press, 1993.

[278] Chen Kaige & Tony Rayns, eds. *King of the Children and the New Chinese Cinema*. London: Faber & Faber, 1989.

[279] Chen, Karl Chaio. "New Opera in China", *Theatre Arts* 26, 1942.

[280] Chen, Karl Chaio. "Opera Defeats Spoken Drama", *Theatre Arts* 31, 1947.

[281] Chen, Karl Chaio. "Undeclared War and China's New Drama", *Theatre Arts* 23, 1939.

[282] Chen, Xiaomei, ed. *Columbia Anthology of Modern Chinese Drama*. New York: Columbia University Press, 2010.

[283] Chen, Xiaomei, ed. *Reading the Right Text: An Anthology of Contemporary Chinese Drama*. Honolulu: University of Hawai'i Press, 2003.

[284] Chen, Xiaomei. "Reflecting on the Legacy of Tian Han: 'Proletarian Modernism' and Its Traditional Roots", *Modern Chinese Literature and Culture* 18.1, 2006.

[285] Chen, Xiaomei, "Six Taiping Rebellion Tragedies: Heroes, Traitors,

and the Discourse of the Chinese Revolution", *Changing the Subject*: *Marvin Carlson and Theatre Studies*, 1959 – 2009. Eds. Roach, Joseph R. & Marvin Carlson. Ann Arbor: University of Michigan Press, 2009.

[286] Chen, Xiaomei. *Staging Chinese Revolution*: *Theater*, *Film*, *and the Afterlives of Propaganda*. New York: Columbia University Press, 2016.

[287] Chen, Xiao-mei. *The Poetics of Misunderstanding*: *The Anxiety of Reception in Chinese – Western Literary Relations*. Ph. D. dissertation, Bloomington: Indiana University, 1989.

[288] Cheuk, Pak Tong. *Hong Kong New Wave Cinema*: 1978 – 2000. Bristol: Intellect, 2008.

[289] Cheung, Dominic. *Feng Chih*. Boston: Twayne, 1979.

[290] Cheung, Dominic. *The Isle full of Noises*: *Modern Chinese Poetry from Taiwan*. New York: Columbia University Press, 1987.

[291] Cheung, Esther M. K. et al. . *Hong Kong Screenscapes*: *From the New Wave to the Digital Frontier*. Hong Kong: Hong Kong University Press, 2011.

[292] Cheung, Esther M. K. *Fruit Chan's Made in Hong Kong*. Hong Kong: Hong Kong University Press, 2009.

[293] Cheung, Esther M. K. & Yiu – Wai Chu, eds. *Between Home and World*: *A Reader in Hong Kong Cinema*. Hong Kong: Oxford University Press, 2004.

[294] Cheung, Martha & Jane Lai, eds. *An Oxford Anthology of Contemporary Chinese Drama*. Hong Kong: Oxford University Press, 1997.

[295] "China Propaganda Chief Congratulates Nobel Winner Mo Yan", Independent. co. uk, October 12, 2012.

[296] "China's Mo Yan Wins Nobel in Literature", *The Washington Post*, October 12, 2012.

[297] "Chinese Author Mo Yan Wins the 2012 Nobel Literature Prize", telegraph. co. uk, October 11, 2012.

[298] Chinese Literature Editorial Board, ed. *Selected Stories by Ai Wu/Sun Li/Ye Shengtao*. Beijing: Chinese Literature Press, 1999/2000.

[299] "Chinese Novelist Wins Nobel Literature Prize; Recognized for Works of 'Hallucinatory Realism'", *The Toronto Star*, October 12, 2012.

[300] Chinese Opera Troupe. *The Red Lantern*: *A Peking Opera*. Peking: Foreign Languages Press, 1966.

[301] Chinese Opera Troupe. *The Red Lantern*; *the Story of the Modern Peking*

*Opera*. Peking: Foreign Language Press, 1972.

[302] "Chinese Writer Mo Yan Wins Nobel Prize for Literature", independent. co. uk, October 11, 2012.

[303] "Chinese Writer Says 'Very Surprised' on Being Awarded Nobel Literature Prize", BBC Monitoring Asia Pacific – Political Supplied by BBC Worldwide Monitoring, October 12, 2012.

[304] Choa, Carolyn & David Su Li-qun, eds. *The Vintage Book of Contemporary Chinese Fiction*. New York: Vintage Books, 2001.

[305] Chow, Rey. *Primitive Passions: Visuality, Sexuality, Ethnography, and Contemporary Chinese Cinema*. New York: Columbia University Press, 1995.

[306] Chow, Rey. *Sentimental Fabulations, Contemporary Chinese Films: Attachment in the Age of Global Visibility*. New York: Columbia University Press, 2007.

[307] Chow, Rey. *Woman and Chinese Modernity: The Politics of Reading between East and West*. Minneapolis: Minnesota University Press, 1991.

[308] Chow, Tse-tsung, *The May Fourth Movement: Intellectual Revolution in Modern China*. Cambridge: Havard University Press, 1960.

[309] Chu, Tien-wen. *Notes of a Decadent Man* (Li-chun Lin, co-tr.), Columbia University Press, 1999.

[310] Chu, Yingchi. *Chinese Documentaries: From Dogma to Polyphony*. New York: Routledge, 2007.

[311] Clark, Paul. *Chinese Cinema: Culture and Politics since* 1949. Cambridge and New York: Cambridge University Press, 1987.

[312] Clark, Paul. *Reinventing China: A Generation and Its Films*. Hong Kong: The Chinese University Press, 2005.

[313] Conceison, Claire. *Significant Other: Staging the American in China*. Honolulu: University of Hawai'i Press, 2004.

[314] Coonan, Clifford. "China Finally Gets Kudos It Sought with Writer Who Is Not a Critic of the Regime", *The Irish Times*, October 12, 2012.

[315] Cornelius, Sheila. *New Chinese Cinema: Challenging Representations*. London: Wallflower, 2002.

[316] Crane, Louise. "Theatre – Going in Changing China", *Travel* 55, 1930.

[317] Cui, Shuqin. "Review of *from Underground to Independent: Alternative Film Culture in Contemporary China* Edited by Paul Pickowicz and Yingjin Zhang",

*The Journal of Asian Studies* 67, No. 4, 2008.

[318] Cui, Shuqin. *Women through the Lens: Gender and Nation in a Century of Chinese Cinema*. Honolulu: University of Hawi'i Press, 2003.

[319] Curtin, Michael. *Playing to the World's Biggest Audience: The Globalization of Chinese Film and TV*. Berkeley: University of California Press, 2007.

[320] Dai, Jinhua. *Cinema and Desire: Feminist Marxism and Cultural Politics in the Work of Dai Jinhua*. Edited by Jing Wang and Tani E. Barlow. London: Verso, 2002.

[321] Daruvala, Susan. *Zhou Zuoren and an Alternative Chinese Response to Modernity*. Cambridge: Harvard University Press, 2000.

[322] Davis, Darrell William & Emilie Yueh-yu Yeh. *East Asian Screen Industries*. London: British Film Institute, 2008.

[323] Davis, Darrell William & Ru–Shou Robert Chen, eds. *Cinema Taiwan: Politics, Popularity, and State of the Arts*. New York: Routledge, 2007.

[324] Denton, Kirk A., ed. *Modern Chinese Literary Thought: Writings on Literature, 1893—1945*. Stanford: Stanford University Press, 1997.

[325] Denton, Kirk A. "The Hu Feng Group: The Genealogy of a Literary School", *Early Twentieth Century China*, April 13, 2002.

[326] Denton, Kirk A. *The Problematic of Self in Modern Chinese Literature: Hu Feng and Lu Ling*. Stanford: Stanford University Press, 1998.

[327] Deppman, Hsiu–Chuang. *Adapted for the Screen: The Cultural Politics of Modern Chinese Fiction and Film*. Honolulu: University of Hawi'i Press, 2010.

[328] Dilley, Whitney Crothers. *The Cinema of Ang Lee: The Other Side of the Screen*. London and New York: Wallflower Press, 2007.

[329] Ding, Ling. *Miss Sophie's Diary and Other Stories*. Trans. W. J. F. Jenner. Beijing: Chinese Literature Press, 1985.

[330] Ding, Ling. *Our Children and Other Stories*. Trans. Meng Tsiang. Shanghai: Yingwen Xuehui, 1941.

[331] Ding, Ling. *The Sun Shines over the Sanggan River*. Trans. Gladys Yang, et al. Beijing: Chinese Literature Press, 1984.

[332] Dissanayake, Wimal, ed. *Cinema and Cultural Identity: Reflections on Films from Japan, India, and China*. Lanham: University Press of America, 1988.

[333] Dissanayake, Wimal, ed. *Melodrama and Asian Cinema*. Cambridge: Cambridge University Press, 1993.

［334］Dolby, William. *A History of Chinese Drama*. New York： Barnes & Noble Books, 1976.

［335］Doleželová – Velingerová, Milena, ed. *The Chinese Novel at the Turn of the Century*. Toronto： University of Toronto Press, 1980.

［336］Donald, Stephanie Hemelryk. *Little Friends*： *Children's Film and Media Culture in China*. Lanham： Rowman & Littlefield Publishers, 2005.

［337］Donald, Stephanie Hemelryk. *Public Secrets*, *Public Spaces*： *Cinema and Civility in China*. Lanham： Rowman & Littlefield, 2000.

［338］Donald, Stephanie Hemelryk. "Review of *Chinese Women's Cinema*： *Transnational Contexts* Edited by Lingzhen Wang", *The China Quarterly*, no. 211, 2012.

［339］Dongsheng, Hu, et al. "Major Achievements in Theatrical Scholarship, Research, and Development in the People's Republic of China", *Asian Theatre Journal* 1. 2, 1984.

［340］Duanmu, Hongliang. *Red Night*. Trans. Howard Goldblatt. Beijing： Chinese Literature Press, 1988.

［341］Duanmu, Hongliang. *Selected Stories of Duanmu Hongliang*. Beijing： Chinese Literature Press, 1999.

［342］Duanmu, Hongliang. *The Sorrows of Egret Lake*. Trans. Howard Goldblatt and Haili Kong. Hong Kong： The Chinese University Press, 2004.

［343］Duke, Michael. *Blooming and Contending*： *Chinese Literature in the Post – Mao Era*. Bloomington： Indiana University Press, 1985.

［344］Duke, Michael, ed. *Contemporary Chinese Literature*： *An Anthology of Post – Mao Fiction and Poetry*. New York： M. E. Sharpe, 1985.

［345］Duke, Michael, ed. *Modern Chinese Women Writers*： *Critical Appraisals*. New York： M. E. Sharpe, 1989.

［346］Duke, Michael, ed. *Worlds of Modern Chinese Fiction*. New York： M. E. Sharpe, 1991.

［347］Duke, Michael S. "Past, Present, and Future in Mo Yan's Fiction of the 1980s", Ellen Widmer & David Der-wei Wang, eds. *From May Fourth to June Fourth*： *Fiction and Film in Twentieth – Century China*. Cambridge： Harvard University Press, 1993.

［348］Eberle – Sinatra, Wendy J. . *East and West in Dialogue*： *Poetic Language Innovation in the May Fourth and Modernist Movements*. Ph. D. dissertation, Toronto：

University of Toronto, 2000.

[349] Ehrlich, Linda C. & David Desser, eds. *Cinematic Landscapes: Observations on the Visual Arts and Cinema of China and Japan.* Austin: University of Texas Press, 1994.

[350] Eide, Elisabeth. *China's Ibsen: From Ibsen to Ibsenism.* London: Curzon, 1987.

[351] Endrey, Andrew. "Hu Feng – Return of a Counter – Revolutionary", *Australian Journal of Chinese Affairs*, No. 5, 1981.

[352] Fairbank, J. King, et al., eds. *The Cambridge History of China: Republican China, 1912 – 1949.* Cambridge: Cambridge University Press, 1986.

[353] Fang, Karen Y. *John Woo's a Better Tomorrow.* Hong Kong: Hong Kong University Press, 2004.

[354] Fang, Zhihua ed. *Chinese Short Stories of the Twentieth Century: An Anthology in English.* New York: Garland Pub., 1995.

[355] Fan, Victor. *Cinema Approaching Reality: Locating Chinese Film Theory.* Minneapolis: University of Minnesota Press, 2015.

[356] Farquhar, Mary Ann & Yingjin Zhang, eds. *Chinese Film Stars.* New York: Routledge, 2011.

[357] Ferrari, Rossella. *Pop Goes the Avant – Garde: Experimental Theatre in Contemporary China.* London: Seagull Books, 2012.

[358] Feuerwerker, Yi-tsi Mei. *Ding Ling's Fiction: Ideology and Narrative in Modern Chinese Literature.* Cambridge: Harvard University Press, 1982.

[359] Feuerwerker, Yi-tsi Mei. *Ideology, Power, Text: Self – Representation and the Peasant "Other" in Modern Chinese Literature.* Stanford: Stanford University Press, 1998.

[360] Finkel, Donald. *A Splintered Mirror: Chinese Poetry from the Democracy Movement.* San Francisco: North Point press, 1991.

[361] Fokkema, D. W. *Literary Doctrine in China and Soviet Influence.* New York: Mouton Press, 1965.

[362] Foran, Charles. "A Nobel Nod to the Might of Modern China", *The Globe and Mail*, October 13, 2012.

[363] Ford, Stacilee. *Mabel Cheung Yuen – Ting's An Autumn's Tale.* Hong Kong: Hong Kong University Press, 2008.

[364] Fu, Binbin. "Big Breasts and Wide Hips", *World Literature Today*,

Vol. 79, No. 3/4, 2005.

［365］Fung, Mary M. Y. *The Carving of Insects*. Hong Kong: Renditions Books, 2006.

［366］Funnell, Lisa, and Man-Fung Yip, eds. *American and Chinese-Language Cinemas: Examining Cultural Flows*. New York: Routledge, 2015.

［367］Funnell, Lisa. *Warrior Women: Gender, Race, and the Transnational Chinese Action Star*. New York: SUNY Press, 2014.

［368］Fu, Poshek, and David Desser, eds. *The Cinema of Hong Kong: History, Arts, Identity*. Cambridge: Cambridge University Press, 2000.

［369］Fu, Poshek. *Between Shanghai and Hong Kong: The Politics of Chinese Cinemas*. Stanford: Stanford University Press, 2003.

［370］Fu, Poshek, ed. *China Forever: The Shaw Brothers and Diasporic Cinema*. Urbana: University of Illinois Press, 2008.

［371］Galik, Marian, ed. *Interliterary and Intraliterary Aspects of the May Fourth Movement 1919 in China*. Bratislava: Veda, 1990.

［372］Galik, Marian. "Kuo Mo-jo's The Goddesses: Creative Confrontation with Tagore, Whitman and Goethe." In Galik, ed., *Milestones in Sino-Western Literary Confrontation (1898–1979)*. Weisbaden: Otto Harrassowitz, 1986.

［373］Galik, Marian. *Mao Tun and Modern Chinese Literary Criticism*. Wiesbaden: Franz Steiner Berlag, 1969.

［374］Galik, Marian. *Milestones in Sino-Western Literary Confrontation (1898–1979)*. Wiesbaden: Otto Harrassowitz, 1986.

［375］Galik, Marian. "Naturalism: A Changing Concept", *East and West*, September-December, 1966.

［376］Galik, Marian. "Studies in Modern Chinese Literary Criticism: Ⅱ. Mao Tun on Men of Letters, Character and Functions of Literature (1921–1922)", *Asian and African Studies* 4, 1968.

［377］Galik, Marian. "Studies in Modern Chinese Literary Criticism: Ⅰ. Mao Tun, 1919–1920", *Asian and Afican Studies* 3, 1967.

［378］Galik, Marian. *The Genesis of Modern Chinese Literary Criticism*, 1917–1930. London: Curzon Press, 1980.

［379］Gambone, Philip. "The Republic of Wine", *New York Times Book Review*, Jun 25, 2000.

［380］Gan, Wendy. *Fruit Chan's Durian Durian*. Hong Kong: Hong Kong University Press, 2005.

[381] Gibbs, Donald A. "Dissonant Voices in Chinese Literature: Hu Feng", *Chinese Studies in Lterature* 1, 1979 – 1980.

[382] Goldblatt, Howard, ed. *Chairman Mao Would Not Be Amused: Fiction from Today's China*. New York: Grove Press, 1995.

[383] Goldblatt, Howard, ed. *Worlds Apart: Recent Chinese Writing and Its Audiences*. New York: M. E. Sharpe, 1990.

[384] Goldblatt, Howard. *Hsiao Hung*. Boston: Twayne Publishers, 1976.

[385] Goldblatt, Howard. "Mo Yan's Novels Are Wearing Me Out", *World Literature Today*, Vol. 83, No. 4, 2009.

[386] Goldblatt, Howard. "My Hero: Mo Yan", *The Guardian*, October 13, 2012.

[387] Goldman, Merle, ed. *Modern Chinese literature in the May Fourth* Era. Cambridge: Havard University Press, 1977.

[388] Goldman, Merle. "Hu Feng's Conflict with the Communist Literary Authorties", *The China Quarterly* 17, 1982.

[389] Gong, Haomin. *Uneven Modernity: Literature, Film, and Intellectual Discourse in Postsocialist China*. Honolulu: University of Hawai'i Press, 2012.

[390] Gotz, Michael Louis. "Images of the Worker in Contemporary Chinese Fiction (1949 – 1964)", Ph. D. diss., University of California, Berkeley, 1977.

[391] Grieder, Jerome B. *Hu Shih and the Chinese Renaissance: Liberalism in the Chinese Revolution*, 1917 – 1937. Cambridge: Harvard University Press, 1970.

[392] Grigg, Angus. "Mo Wins, But Nobel Team Loses Its Mojo", *Australian Financial Review*, October 13, 2012.

[393] Gu, Hua. *Virgin Widows*. University of Hawai'i Press, 1996.

[394] Gunn, Edward M, ed. *Twentieth – Century Chinese Drama: An Anthology*. Bloomington: Indiana University Press, 1983.

[395] Gunn, Edward M. & Göran Malmqvist. *A Selective Guide to Chinese Literature: 1900 – 1949 – The Drama*. Leiden: Brill, 1990.

[396] Gunn, Edward M. *Rendering the Regional: Local Language in Contemporary Chinese Media*. Honolulu: University of Hawai'i Press, 2005.

[397] Gunn, Edward M. *Rewriting Chinese: Style and Innovation in Twentieth – Century Chinese Prose*. Stanford: Stanford University Press, 1991.

[398] Gunn, Edward. *The Unwelcome Muse: Chinese Literature in Shanghai and*

Peking, 1937 – 1945. New York: Columbia University Press, 1980.

［399］Guo, Moruo. *Chu Yuan: A Play in Five Acts*. Trans. Yang, Gladys & Hsien-i Yang. Peking: Foreign Languages Press, 1955.

［400］Haddon, Rosemary. "The Literature of China in the Twentieth Century by Bonnie McDougall and Kam Louie", *The China Journal*, Vol. 44, 2000.

［401］Haft, Lloyd, ed. *A Selective Guide to Chinese Literature*, 1900 – 1949, Volume Ⅲ. *The Poem*. Leiden: Brill, 1989.

［402］Haft, Lloyd. *Pien Chih-lin: A Study in Modern Chinese Poetry*. Dordrecht: Foris Publications, 1983.

［403］Haft, Lloyd. *The Chinese Sonnet – Meanings of a Form*. Leiden: Leiden University Press, 2000.

［404］Hall, Kenneth E. *John Woo's the Killer*. Hong Kong: Hong Kong University Press, 2009.

［405］Hall, Kenneth E. *John Woo: The Films*. Jefferson, N. C. : McFarland, 1999.

［406］Hanan, Patrick. *Chinese Fiction of the Nineteenth and Early Twentieth Centuries*. New York: Columbia University Press, 2004.

［407］Han, Pang-ch'ing. "The Sing-song Girls of Shanghai", trans. Elieen Chang, *Renditions*, 1982.

［408］Hansen, Miriam. "Fallen Women, Rising Stars, New Horizons: Shanghai Silent Films as Vernacular Modernism", *Film Quarterly* 54, No. 1, 2000.

［409］He, Chengzhou. *Henrik Ibsen and Modern Chinese Drama*. Oslo: Unipub, 2004.

［410］He, Chengzhou. "Ibsen in China", *Ibsen International*, June 10, 2014.

［411］Hegel, Robert Earl. Political Integration in Ru Zhijuan's "Lilies", Theodore Huters, ed. *Reading the Modern Chinese Short Story*. Armonk: Sharpe, 1990.

［412］Hjort, Mette. *Stanley Kwan's Center Stage*. Hong Kong: Hong Kong University Press, 2006.

［413］Ho, Ai Li. "Nobel Laureate Hits Back at Critics; Chinese Writer Mo Yan Defends Himself Against Charges of Being Party Toady", *The Straits Times*, October 13, 2012.

［414］Hockx, Michel. *A Snowy Morning: Eight Chinese Poets on the Road to Modernity*. Leiden: Leiden University Press, 1994.

[415] Hockx, Michel, ed. *The Literary Field of Twentieth-century China*. Richmond: Curzon Press, 1999.

[416] Holmes, Ros. "Pop Goes the Avant – Garde: Experimental Theatre in Contemporary China, by Rossella Ferrari", *The China Journal*, 72, 2014.

[417] Hong, Guo – Juin. *Taiwan Cinema: A Contested Nation on Screen*. New York: Palgrave Macmillan, 2011.

[418] Hsia, Chih-tsing. *A History of Modern Chinese Fiction*. New York: Yale University Press, 1961.

[419] Hsia, Chih-tsing ed. *Twentieth – Century Chinese Stories*. New York: Columbia University Press, 1971.

[420] Hsia, Chih-tsing et al., eds. *Modern Chinese Stories and Novellas* 1919 – 1949. New York: Columbia University Press, 1971.

[421] Hsia, Chih-tsing. *On Chinese Literature*. New York: Columbia University Press, 2004.

[422] Hsia, Chih-tsing. "Residual Femininity: Women in Chinese Communist Fiction", *The China Quarterly*, No. 13, 1963.

[423] Hsia, Tsi-an. *The Gate of Darkness: Studies on the Leftist Literary Movement in China*. Seattle: University of Washington Press, 1968.

[424] Hsu, Jen – Hao. "Performing Hybridity in Colonial – Modern China by Siyuan Liu (review)", *Modern Drama* 57.2, 2014.

[425] Hsu, Kai-yu. *The Chinese literary Scene: A Writer's Visit to the People's Republic*. New York: Vintage Books. 1975.

[426] Hsu, Kai-yu & Ting Wang, eds. *Literature of the People's Republic of China*. Bloomington: Indiana University Press, 1980.

[427] Hsu, Kai-yu. *Twentieth Century Chinese Poetry: An Anthology*. New York: Doubleday, 1964.

[428] Huang, Alexander C. Y. *Chinese Shakespeares: Two Centuries of Cultural Exchange*. New York: Columbia University Press, 2009.

[429] Huang, Joe C.. "Haoran: the Peasant Novelist", *Modern China*, Vol. 2, No. 3, 1976.

[430] Huang, Joe. C. *Heroes and Villains in Communist China: The Contemporary Chinese Novel as Reflection of Life*. New York: PICA Press, 1973.

[431] Huang, Nicole. *Women, War, Domesticity: Shanghai Literature and Popular Culture of the 1940s*. Leiden: Brill, 2005.

［432］ Huang, Xuelei. *Shanghai Filmmaking: Crossing Borders, Connecting to the Globe*, 1922 – 1938. Leiden: Brill, 2014.

［433］ Hughes, Robert J.. "Born Again; Chinese Author Mo Yan Weaves an Absurdist Reincarnation Tale", *Wall Street Journal* (Eastern edition), Mar 15, 2008.

［434］ Hu, John Y. H. *Ts'Ao Yü*. New York: Twayne Publishers, 1972.

［435］ Hu, Jubin. *Projecting a Nation: Chinese National Cinema before 1949*. Hong Kong: Hong Kong University Press, 2003.

［436］ Hung, Chang-tai. *Going to the People: Chinese Intellectuals and Folk Literature*, 1918 – 1937. Cambridge: Harvard University Press, 1985.

［437］ Hung, Chang-tai. *War and Popular Culture: Resistance in Modern China*, 1937 – 1945. Berkeley: University of California Press, 1994.

［438］ Hunt, Leon. *Kung Fu Cult Masters: From Bruce Lee to Crouching Tiger*. New York: Wallflower Press, 2003.

［439］ Hu, Qiuhua. "Wang Guowei und Immanuel Kant: Zu den Anfangen der Interkulturalitat im China der spaten Qing Dynastie", *Monumenta Serica* 53, 2005.

［440］ Hutchinson, Paul E. "Rev. of *Turbulence*", *Library Journal*, Vol. 116, 1991.

［441］ Huters, Theodore, *Bringing the World Home: Appropriating the West in Late Qing and Early Republican China*. Honolulu: University of Hawai'i Press, 2005.

［442］ Huters, Theodore. *Bringing the World Home: Appropriating the West in Late Qing and Early Republican China*. Honolulu: University of Hawai'i Press, 2005.

［443］ Huters, Theodore, ed. *Reading the Modern Chinese Short Story*. New York: M. E. Sharpe, 1990.

［444］ Huters, Theodore. "Hu Feng and the Critical Legacy of Lu Xun", Leo Ou-fan Lee, ed. *Lu Xun and his Legacy*. Los Angeles: University of California Press, 1985.

［445］ Huters, Theodore. *Qian Zhongshu*. Boston: Twayne Publishers, 1982.

［446］ Ingham, Michael. *Johnnie to Kei – Fung's PTU*. Hong Kong: Hong Kong University Press, 2009.

［447］ Ing, Nancy Chang, ed. *New Voice: Stories and Poems by Young Chinese Writers*. Taipei: Heritage Press, 1962.

［448］ Ing, Nancy Chang, ed. *Summer Glory: A Collection of Contemporary Chinese Poetry*. San Francisco: Chinese Materials Center, 1982.

［449］ Iovene, Paola. "Review of *Chinese Documentaries: From Dogma to Polyphony by Yingchi Zhu", *American Anthropologist* 112, no. 3, 2010.

［450］Itamar, Even-Zohar "Polysystem Theory", *Poetics Today*, No.1, 1997.

［451］Jenner, W. J. F. and Yang, Gladys eds. *Modern Chinese Stories*. London: Oxford University Press, 1970.

［452］Jenner, W. J. F. "Class Struggle in a Chinese Village - A Novelist's View: Hao Ran's *Yan Yang Tian*", *Modern Asian Studies*, Vol.1, No.2, 1967.

［453］Jenner, W. J. F., ed. *Modern Chinese Stories*. London: Oxford University Press, 1970.

［454］Jenner, W. J. F. "Insuperable Barriers? Some Thoughts on the Reception of Chinese Writing in English Translation", Howard Goldblatt, ed. *Worlds Apart: Recent Chinese Writing and Its Audiences*. New York: M. E. Sharpe, 1990.

［455］Jiang, Jing. "Chinese Salomés on the Chinese Stage", *Modern Chinese Literature and Culture* 23.2, 2011.

［456］Jiang, Rong. *Wolf Totem*. Penguin, 2008.

［457］Jia, Pingwa. *Turbulence*. Louisiana State University Press, 1991; paperback edition published by Grove Press, 2003.

［458］Johnson, Matthew D., et al., eds. *China's iGeneration: Cinema and Moving Image Culture for the Twenty-First Century*. London: Bloomsbury, 2014.

［459］Johnson, Matthew D. "Review of *The New Chinese Documentary Film Movement: For the Public Record* Edited by Chris Berry, Lü Xinyu, & Lisa Rofel", *Modern Chinese Literature and Culture Resource Center* (2011). http://mclc.osu.edu/rc/pubs/reviews/johnson.htm.

［460］Johnson, R. F. *The Chinese Drama*. Shanghai: Kelly and Walsh, 1921.

［461］Jones, Andrew F. "Review of *Cinema and Urban Culture in Shanghai, 1922-1934* Edited by Yingjin Zhang", *The China Quarterly*, No.166, 2001.

［462］Jung, Woo-Kwang. *A Study of the Han Garden Collection: New Approaches to Modern Chinese Poetry*. Ph. D. dissertation, Seattle: University of Washington, 1997.

［463］Kam, Tan, et al., eds. *Chinese Connections: Critical Perspectives on Film, Identity and Diaspora*. Philadelphia: Temple University Press, 2009.

［464］Kaplan, Harry Allan. *The Symbolist Movement in Modern Chinese Poetry*. Ph. D. dissertation, Cambridge: Harvard University, 1983.

［465］Kelsey, Vera. "New Theatre of China", *Theatre Arts Monthly* 12, 1928.

［466］Khoo, Olivia & Sean Metzger, eds. *Futures of Chinese Cinema: Technolo-*

*gies and Temporalities in Chinese Screen Cultures*. Bristol and Chicago: Intellect, 2009.

[467] Kiley, Robert, ed. *Modernism Reconsidered*. Cambridge: Harvard University Press, 1983.

[468] King, Richard. "Popular Chinese Literature and Performing Arts in the People's Republic of China, 1949–1979 by Bonnie S. McDougall", *Pacific Affairs*, 1985–1986 (4).

[469] Kingsbury, Diana B., ed. *I Wish I Were a Wolf: the New Voice in Chinese Women's Literature*. Beijing: New World Press, 1994.

[470] Kinkley, Jeffrey C. "A Bibliographic Survey of Publications on Chinese Literature in Translation from 1949–1999", Pang-yuan Chi and David Der-wei Wang, eds, *Chinese Literature in the Second Half of a Modern Century: A Critical Survey*. Bloomington: Indiana University Press, 2000.

[471] Kinkley, Jeffrey C. *After Mao: Chinese Literature and Society*, 1978–1981. Cambridge: Harvard University Press, 1985.

[472] Kinkley, Jeffrey C. "China – *Red Sorghum*: A Novel of China by Mo Yan and translated by Howard Goldblatt", *World Literature Today*, Vol. 68, No. 2, 1994.

[473] Kinkley, Jeffrey. C. "Shen Congwen and the Uses of Regionalism in Modern Chinese Literature", *Modern Chinese Literature*, Vol. 1, No. 2, Spring, 1985.

[474] Kinkley, Jeffrey C.. *Shen Ts'ung-wen's Vision of Republican China*. Cambridge: Harvard University, 1978.

[475] Kinkley, Jeffrey C. "The Cultural Choices of Zhang Xinxin, a Young Writer of the 1980's", Paul A. Cohen and Merle Goldman, eds. *Ideas across Cultures: Essays on Chinese Thought in Honor of Benjamin I. Schwartz*. Harvard Council on East Asian Studies, Harvard University, 1990.

[476] Kinkley, Jeffrey C.. *The Odyssey of Shen Congwen*. Stanford: Stanford University Press, 1987.

[477] Kinkley, Jeffrey C. "The Republic of Wine", *World Literature Today*, Vol. 74, No. 3, 2000.

[478] Kinkly, Jeffrey C.. *Chinese Justice, the Fiction: Law and Literature in Modern China*. Stanford: Stanford University Press, 2000.

[479] Kinkly, Jeffrey C.. *Corruption and Realism in Late Socialist China: The Return of the Political Novel*. Stanford: Stanford University Press, 2007.

[480] Kirkus Associates. "Rev. of *Turbulence*", *Kirkus Reviews*, Aug 15,

1991.

[481] Klein, Lucas. *Foreign Echoes & Discerning the Soil*: *Dual Translation*, *Historiography*, *& World Literature in Chinese Poetry*. Ph. D. dissertation, New Haven: Yale University, 2001.

[482] Kong, Haili, and John A. Lent, eds. *One Hundred Years of Chinese Cinema*: *A Generational Dialogue.* Norwalk, CT: EastBridge, 2006.

[483] Ku, Tsong-Nee. *Modern Chinese Plays.* Shanghai: Shanghai Commercial Press, 1941.

[484] Kyn, Yn Yu ed., *The Tragedy of Ah Qui and Other Modern Chinese Stories.* London: George Routledge and Sons, 1930. Translated from the Chinese by J. B. Kyn Yn Yu, and from the French by E. H. F. Mills.

[485] Lai, Linda Chiu-han, & Kimburley Wing-yee Choi, eds. *World Film Locations*: *Hong Kong.* Bristol: Intellect Books, 2013.

[486] Lang, Olga. *Pa Chin and His Writings*: *Chinese Youth between the Two Revolutions.* Cambridge: Harvard University Press, 1967.

[487] Lang, Olga. *Pa Chin and His Writings*: *Chinese Youth between Two Revolutions.* Cambridge: Harvard University Press, 1967.

[488] Lao, She. *Cat Country*: *A Satirical Novel of China in the 1930's*, trans. William A. Lyell. Columbus: Ohio State University Press, 1970.

[489] Lao, She. *Divorce*, trans. Even King. New York: Reynal and Hitchcock, 1948.

[490] Lao, She. *Heavensent.*, trans. Denni Xiong. London: J. M. Dent and Sons, 1951.

[491] Lao, She. *Rickshaw Boy*, trans. Even King. New York: Reynal and Hitchcock, 1945.

[492] Lao, She. *The City of Cats*, trans. James E. Dew. Ann Arbor: Center for Chinese Studies at the University of Michigan, 1964.

[493] Lao, She. *The Drum Singers*, trans. She L. and Helen Kuo. New York: Reynal & Hitchcock, 1952.

[494] Lao, She. *The Quest for Love of Lao Lee*, trans. Helena Kuo and She L.. New York: Reynal and Hitchcock, 1957.

[495] Lao, She. *The Yellow Storm*, trans. She L. and Ida Pruitt. New York: Harcourt, Brace and Company, 1951.

[496] Larson, Wendy. *From Ah Q to Lei Feng*: *Freud and Revolutionary Spirit in*

20*th Century China*. Stanford: Stanford University Press, 2009.

[497] Larson, Wendy. *Women and Writing in Modern China*. Stanford: Stanford University Press, 1998.

[498] Lau, Jenny Kwok Wah, ed. *Multiple Modernities: Cinemas and Popular Media in Transcultural East Asia*. Philadelphia: Temple University Press, 2003.

[499] Lau, Joseph S. M. and Goldblatt, Howard eds. *The Columbia Anthology of Modern Chinese Literature*. New York: Columbia University Press, 1995.

[500] Lau, Joseph S. M. et al., eds. *Modern Chinese Stories and Novellas*, 1919 – 1949. New York: Columbia University Press, 1981.

[501] Lau, Joseph S. M. & Howard Goldblatt, eds. *The Columbia Anthology of Modern Chinese Literature*. New York: Columbia University Press, 2007.

[502] Lau, Joseph S. M. *Ts? ao Yü, the Reluctant Disciple of Chekhov and O'Neill, a Study in Literary Influence*. Hong Kong University Press, 1970.

[503] Law, Kar, & Frank Bren. *Hong Kong Cinema: A Cross – Cultural View*. Lanham: Scarecrow Press, 2004.

[504] Lawrence, Reginald. "Curtain Going up in China", *Theatre Arts Monthly* 30, 1946.

[505] L. C. Arlington, *The Chinese Drama from the Earliest Times until Today*. Shanghai: Kelly and Walsh, 1930.

[506] Lee, Daw – Ming. *Historical Dictionary of Taiwan Cinema*. Lanham: Scarecrow Press, 2012.

[507] Lee, Gregory. *Dai Wangshu: The Life and Poetry of a Chinese Modernist*. Hong Kong: The Chinese University Press, 1989.

[508] Lee. Haiyan. "Tears That Crumbled the Great Wall: The Archaeology of Feeling in the May Fourth Folklore Movement", *The Journal of Asian Studies* 64, No. 1, 2005.

[509] Lee, Leo Ou-fan. *Shanghai Modern: The Flowering of A New Urban Culture in China*, 1930 – 1945. Cambridge: Harvard University Press, 1999.

[510] Lee, Leo Ou-fan. *The Romantic Generation of Modern Chinese Writers*. Cambridge: Harvard University Press, 1973.

[511] Lee, Leo Ou-fan. *Voices from the Iron House: A Study of Lu Xun*. Bloomington: Indiana University Press, 1987.

[512] Lee, Mabel. "Review", *The China Journal*, No. 37, Jan., 1997.

[513] Leenhouts, Mark. *Leaving the World to Enter the World: Han Shaogong*

*and Chinese Root – Seeking Literature.* Leiden: CNWS Publications, 2005.

[514] Lee, Vivian P. Y. *Hong Kong Cinema since 1997: The Post – Nostalgic Imagination.* New York: Palgrave Macmillan, 2009.

[515] Lee, Vivian P. Y. "The Presentation of History in Contemporary Chinese Fiction: Han Shaogong, Mo Yan, Su Tong", Ph. D diss., The University of British Columbia, 2001.

[516] Lent, John A. *The Asian Film Industry.* Austin: University of Texas Press, 1990.

[517] Leung, ping-kwan. *Aesthetics of Opposition: A Study of the Modernist Generation of Chinese Poets, 1936 – 1949.* Ph. D. dissertation, San Diego: Universiy of California, 1984.

[518] Levith, Murray J. *Shakespeare in China.* New York: Continuum, 2006.

[519] Leyda, Jay. *Dianying – Electric Shadows: An Account of Films and the Film Audience in China.* Cambridge: MIT Press, 1972.

[520] Li, Dian. *Writing in Crisis: Translation, Genre, and Identity in Modern Chinese Poetry.* Ph. D. dissertation, Ann Arbor: University of Michigan, 1997.

[521] Li, Hua. "Cries in the Drizzle: A Novel", *Pacific Affairs*, Vol. 81, No. 4, 2008/2009.

[522] Li, Kay. *Bernard Shaw and China: Cross – Cultural Encounters.* Gainesville: University Press of Florida, 2007.

[523] Lim, Song Hwee. *Celluloid Comrades: Representations of Male Homosexuality in Contemporary Chinese Cinemas.* Honolulu: University of Hawai'i Press, 2006.

[524] Lim, Song Hwee & Julian Ward, eds. *The Chinese Cinema Book.* London: Palgrave Macmillan and British Film Institute, 2011.

[525] Lim, Song Hwee. *Tsai Ming – Liang and a Cinema of Slowness.* Honolulu: University of Hawai'i Press, 2014.

[526] Lin, Chang Ming-hui. *Tradition and Innovation in Modern Chinese Poetry.* Ph. D. dissertation, Washington: University of Washington, 1965.

[527] Lin, Julia C. *Modern Chinese Poetry: An Introduction.* London: George Allen & Unwin Ltd., 1972.

[528] Link, Perry, ed. *Roses and Thorns: The Second Blooming of the Hundred Flowers in Chinese Fiction, 1970 – 80.* Berkeley: University of California Press, 1984.

[529] Link, Perry, ed. *Stubborn Weeds: Popular and Controversial Chinese Literature after the Cultural Revolution.* Bloomington: Indiana University Press, 1983.

[530] Link, Perry. *Mandarin Ducks and Butterflies*: *Popular Fiction in Early Twentieth-century Chinese Cities*. Berkeley: University of California Press, 1981.

[531] Lin, Lan ed. *War Cry*. Shanghai: Beixin Bookstore, 1943.

[532] Lin, Sylvia Li-chun. *Representing Atrocity in Taiwan*: *The 2/28 Incident and White Terror in Fiction and Film*. New York: Columbia University Press, 2007.

[533] Lin, Sylvia Li-chun & Tze-lan Deborah Sang, eds. *Documenting Taiwan on Film*: *Issues and Methods in New Documentaries*. New York: Routledge, 2012.

[534] Lin, Xiaoping. *Children of Marx and Coca-Cola*: *Chinese Avant-Garde Art and Independent Cinema*. Honolulu: University of Hawai'i Press, 2010.

[535] Lin, Zhiling. "Review", *The Journal of Asian Studies*, Vol. 51, No. 1, Feb., 1992.

[536] Li, Rui. *Silver City*, Metropolitan Books, Henry Holt, 1997.

[537] Li, Ruru. "Chinese Shakespeares: Two Centuries of Cultural Exchange (review)." *Shakespeare Quarterly* 62.4, (2011): 622-625.

[538] Li, Ruru. *Shashibiya*: *Staging Shakespeare in China*. Hong Kong: Hong Kong University Press, 2003.

[539] Li, Siu Leung. *Cross-Dressing in Chinese Opera*. Hong Kong: Hong Kong University Press, 2006.

[540] Liu, E. *The Travels of Lao Can*, trans. Harold Shadick. New York: Cornell University Press, 1952.

[541] Liu, E. *The Travels of Lao Can*, trans. Xianyi Yang, Gladys Yang. Beijing: Chinese Literature, 1983.

[542] Liu, E. *The Travels of Lao Can*, trans. Xianyi Yang, Gladys Yang. Beijing: Chinese Literature, 2005.

[543] Liu, E. *The Travels of Lao Can*, trans. Xianyi Yang, Gladys Yang. Beijing: Chinese Literature, 1981.

[544] Liu, Haiping & Lowell Swortzell, eds. *Eugene O'Neill in China*: *An International Centenary Celebration*. New York: Greenwood Press, 1992.

[545] Liu, Heng. *Black Snow*, Atlantic Monthly Press, 1993.

[546] Liu, Heng. *Green River Daydreams*, Grove Press, 2001.

[547] Liu James J. Y. *The Art of Chinese Poetry*. Chicago: University of Chicago Press, 1962.

[548] Liu, Jianmei. *Revolution plus Love*: *Literary History*, *Women's Bodies*, *and Thematic Repetition in Twentieth-century Chinese Fiction*. Honolulu: University of

Hawai'i Press, 2003.

[549] Liu, Lydia H. *Translingual Practice: Literature, National Culture, and Translated Modernity China*, 1900 – 1937. Stanford: Stanford University Press, 1995.

[550] Liu, Nienling et al., trs. *The Rose Colored Dinner: New Works by Contemporary Chinese Women Writers*. Hong Kong: Joint Publishing Co., 1988.

[551] Liu, Siyuan, and Kevin J. Wetmore. "Addendum to Modern Chinese Drama in English: A Selective Bibliography", *Asian Theatre Journal* 28.2, 2011.

[552] Liu, Siyuan, and Kevin J. Wetmore. "Modern Chinese Drama in English: A Selective Bibliography", *Asian Theatre Journal* 26.2, 2009.

[553] Liu, Siyuan. *Performing Hybridity in Colonial – Modern China*. Palgrave Studies in Theatre and Performance History: Palgrave Macmillan, 2013.

[554] Liu, Ts'un-Yan, ed. *Chinese Middlebrow Fiction: From the Ch'ing and Early Republican Eras*. Hong Kong: Chinese University Press, 1984.

[555] Liu, Wei. "Nobel Glory for Mo Yan; 'Red Sorghum' Author is China's First Writing Laureate", *The Nation*, October 13, 2012.

[556] Logan, Bey. *Hong Kong Action Cinema*. New York: Overlook Press, 1995.

[557] Louie, Kam. *Between Facts and Fiction*. Sydney: Wild Peony, 1989.

[558] Louie, Kam & Louise Edwards, eds. *Bibliography of English Translations and Critiques of Contemporary Chinese Fiction*, 1945 – 1992. Taipei: Center for Chinese Studies, 1993.

[559] Louie, Kam. "Masculinities and Minorities: Alienation in 'Strange Tales from Strange Lands'", *The China Quarterly*, No. 132, 1992.

[560] Louie, Kam & Morris Low, eds. *Asian Masculinities: The Meaning and Practice of Manhood in China and Japan*. London: Routledge, 2003.

[561] Louie, Kam. *Theorising Chinese Masculinity: Society and Gender in China*. Cambridge: Cambridge University Press, 2002.

[562] Lovell, Julia. "From Satire to Sensationalism: Chinese Fiction in the 1990s", *China Review*, Autumn/Winter, 2001.

[563] Lovell, Julia. "Great Leap Forward", *The Guardian*, Jun 11, 2005.

[564] Lovell, Julia. *The Great Wall: China against the World* 1000 BC – AD 2000. London: Atlantic Books, 2006.

[565] Lovell, Julia. *The Politics of Cultural Capital: China's Quest for a Nobel Prize in Literature*. Honolulu: University of Hawai'i Press, 2006.

［566］Lu, Hsun. *The True Story of Ah Q*, trans. George Kin Leung. Shanghai: The Commercial Press, 1926.

［567］Luo, Liang. *The Avant-Garde and the Popular in Modern China: Tian Han and the Intersection of Performance and Politics*. 2014.

［568］Lu, Sheldon H. *China, Transnational Visuality, Global Postmodernity*. Stanford: Stanford University Press, 2001.

［569］Lu, Sheldon H. *Chinese Modernity and Global Biopolitics: Studies in Literature and Visual Culture*. Honolulu: University of Hawai'i Press, 2007.

［570］Lu, Sheldon H. & Emilie Yueh-yu Yeh, eds. *Chinese-Language Film: Historiography, Poetics, Politics*. Honolulu: University of Hawai'i Press, 2005.

［571］Lu, Sheldon H. *From Historicity to Fictionality: The Chinese Poetics of Narrative*. Stanford: Stanford University Press, 1994.

［572］Lu, Sheldon H. & Jiayan Mi, eds. *Chinese Ecocinema: In the Age of Environmental Challenge*. Hong Kong: Hong Kong University Press, 2009.

［573］Lusin. *Ah Q and Others: Selected Stories of Lusin*, trans. Chi-chen Wang. New York: Columbia University Press, 1941.

［574］Lu, Tonglin. *Confronting Modernity in the Cinemas of Taiwan and Mainland China*. Cambridge: Cambridge University Press, 2002.

［575］Lu, Tonglin. *Gender and Sexuality in Twentieth-century Chinese Literature and Society*. Albany: State University of New York Press, 1993.

［576］Lu, Tonglin. *Misogyny, Cultural Nihilism & Oppositional Politics: Contemporary Chinese Experimental Fiction*. Stanford: Stanford University Press, 1995.

［577］Lu, Tonglin. *Rose and Lotus: Narrative of Desire in France and China*. Albany: State University of New York Press, 1991.

［578］Lyell, William A. and Chen, Sarah Wei-ming eds. *Blades of Grass*. Honolulu: University of Hawai'i Press, 1999.

［579］Lyell, William. *Lu Xun's Vision of Reality*. Berkeley: University of California Press, 1985.

［580］Ma, Bo. *Blood Red Sunset*. Viking, 1995; Penguin Modern Classic, 1996.

［581］Mackerras, Colin and Dolby, William. *Chinese Theater: From Its Origins to the Present Day*. Honolulu: University of Hawaii Press, 1975.

［582］Mackerras, Colin. *Chinese Drama: A Historical Survey*. Beijing: New World Press, 1990.

［583］Mackerras, Colin. *The Chinese Theatre in Modern Times*: *From 1840 to the Present Day*. Amherst: University of Massachusetts Press, 1975.

［584］Mackerras, Colin. "The Contemporary Chinese Historical Drama: Four Studies by Rudolf G. Wagner", *The Australian Journal of Chinese Affairs*. 27, 1992.

［585］Mackerras, Colin. *The Rise of the Peking Opera*, 1770 – 1870: *Social Aspects of the Theatre in Manchu China*. Oxford: Clarendon Press, 1972.

［586］Mackerras, Colin. "Tradition, Change, and Continuity in Chinese Theatre in the Last Hundred Years: In Commemoration of the Spoken Drama Centenary", *Asian Theatre Journal* 25. 1, 2008.

［587］Ma, Eric Kit-wai. *Culture, Politics, and Television in Hong Kong*. London and New York: Routledge, 1999.

［588］Mair, Victor H., ed. *The Columbia History of Chinese Literature*. New York: Columbia University Press, 2001.

［589］Ma, Jean. *Melancholy Drift*: *Marking Time in Chinese Cinema*. Hong Kong: Hong Kong University Press, 2010.

［590］Manfredi, Paul. *Decadence in Modern Chinese Poetry*: *Problems and Solutions*. Ph. D. dissertation, Bloomington: Indiana University, 2001.

［591］Manfredi, Paul. "Review of *Cities Surround Countryside*: *Urban Aesthetics in Postsocialist China* by Robin Visser", *Modern Chinese Literature and Culture Resource Center* (2011). http: //mclc. osu. edu/rc/pubs/reviews/manfredi5. htm.

［592］Martin, Fran. *Situating Sexualities*: *Queer Representation in Taiwanese Fiction, Film and Public Culture*. Hong Kong: Hong Kong University Press, 2003.

［593］Matthews, Josephine Alzbeta. "Artistry and Authenticity: Zhao Shuli and His Fictional World", Ph. D. diss., The Ohio State University, 1991.

［594］McDougall, Bonnie S., ed. *Popular Chinese Literature and Performing Arts in the People's Republic of China*, 1949 – 1979. Berkeley: University of California Press, 1984.

［595］McDougall, Bonnie S.. *Fictional Authors, Imaginary Audiences*: *Modern Chinese Literature in the Twentieth Century*. Hong Kong: The Chinese University Press, 2003.

［596］McDougall, Bonnie S. & Kam Louie. *The Literature of China in the Twentieth Century*. New York: Columbia University Press, 1997.

［597］McDougall, Bonnie S. *Love – Letters and Privacy in Modern China*: *The Intimate Lives of Lu Xun and Xu Guangping*. New York: Oxford University Press,

2002.

［598］McDougall, Bonnie S. "Mao Ze Dong's 'Talks at the Yan'an Conference on Literature and Art': A Translation of the 1943 Text with Commentary", *Michigan papers in Chinese Studies*, No. 39, 1980.

［599］McDougall, Bonnie S. "On the Social Implications of the Aesthetic Theories of Zhu Guangqian", in Goran Malmqvist, ed., *Modern Chinese Literature in Its Social Context*. Stockholm: Nobel Symposium, 1975, pp. 77 – 122.

［600］McDougall, Bonnie S.. *Paths in Dreams Selected Prose and Poetry of Ho Ch'i-fang*. Queensland: University of Queensland Press, 1976.

［601］Mcdougall, Bonnie S. *The Introduction of Western Literary Theories into China* (1919 – 1925). Tokyo: The Centre for East Asian Cultural Studies, 1971.

［602］McDougall, Bonnie S. *The Introduction of Western Literary Theories into Modern China*, 1919 – 1925. Tokyo: Centre for East Asian Cultural Studies, 1971.

［603］McDougall, Bonnie S. "The Search for Synthesis: T'ien Han and Mao Tun in 1920", in A. R. Davis, ed., *Search for Identity: Modern Literature and the Creative Arts in Asia*. Sydney: Angus and Robertson, 1974, pp. 225 – 254.

［604］McDougall, Bonnie S. *Translation Zones in Modern China: Authoritarian Command Versus Gift Exchange*. New York: Cambria Press, 2011.

［605］McGrath, Jason. *Postsocialist Modernity: Chinese Cinema, Literature, and Criticism in the Market Age*. Stanford: Stanford University Press, 2008.

［606］Mei, Feuerwerker Yi-tsi. *Ding Ling's Fiction: Ideology and Narrative in Modern Chinese Literature*. Cambridge: Harvard University Press, 1982.

［607］Meng, Liansu. *The Inferno Tango: Gender Politics and Modern Chinese Poetry*, 1917—1980. Ph. D. dissertation, Ann Arbor: University of Michigan, 2010.

［608］Meserve, Walter J. & Ruth Meserve, eds. *Modern Drama from Communist China*. New York: New York University Press, 1970.

［609］Meserve, Walter J. & Ruth Meserve, eds. *Modern Literature from China*. New York: New York University Press, 1974.

［610］Meserve, Walter J. & Ruth Meserve. "Hung Shen: Chinese Dramatist Trained in America", *Theatre Journal* 31. 1, 1979.

［611］Mi, Jiayan. *Self – Fashioning and Reflexive Modernity in Modern Chinese Poetry*. New York: Edwin Mellen, 2004.

［612］Mi, Jia – Yan. "The Spectacle of Xiangtu: Home, Landscape and National Representation in Modern Chinese Literature, Film and Art", Ph. D diss., University of California, 2002.

[613] Millet, Raphaël. *Singapore Cinema*. Singapore: Editions Didier Millet, 2006.

[614] Milliot, Jim. "Yan's Nobel a Win for Arcade, Skyhorse", *Publishers Weekly*, October 22, 2012.

[615] Mittler, Barbara. *A Continuous Revolution: Making Sense of Cultural Revolution Culture*. Cambridge: Harvard University Asia Center, 2013.

[616] Moore, Hayes Greenwood. *Transfixing Forms: The Culture of Chinese Poetry and Poetics in Modern Chinese Literary History*. Ph. D. dissertation, New York: Columbia University, 2009.

[617] Morin, Edward, ed. *The Red Azalea: Chinese Poetry since the Cultural Revolution*. Honolulu: University of Hawai'i Press, 1990.

[618] Morris, Meaghan et al., eds. *Hong Kong Connections: Transnational Imagination in Action Cinema*. Durham: Duke University Press, 2005.

[619] Movius, Lisa. "Rewriting Old Shanghai: Tragic Tales of Beautiful Young Girls Titillate Again", *Asian Wall Street Journal*, May 16 – 18, 2003.

[620] Mo, Yan. *Big Breasts and Wide Hips*, Arcade, 2004.

[621] Mo, Yan. *Chang [What Was Communism?]*, Chicago University Press, 2012.

[622] Mo, Yan. *Life and Death Are Wearing Me Out*. Arcade, 2008.

[623] Mo, Yan. *Pow*! Seagull Books, 2012.

[624] Mo, Yan. *Red Sorghum*. Viking, 1993; published simultaneously in Great Britain by Heinemann. Penguin Modern Classic, 1994.

[625] Mo, Yan. *Sandalwood Death*. University of Oklahoma Press, 2012.

[626] Mo, Yan. *Shifu, You'll Do Anything for a Laugh*. Arcade, 2001.

[627] Mo, Yan. *The Garlic Ballads*. Viking, 1995; Penguin Modern Classic, 1996.

[628] Mo, Yan. *The Republic of Wine*. Arcade Publishing [US] and Hamish Hamilton [UK], 2000.

[629] "Mo Yan Wins Nobel Prize for Literature", thetimes. co. uk, October 11, 2012.

[630] Mu, Aili, Julie Chiu & Howard Goldblatt, eds. *Loud Sparrows: Contemporary Chinese Short – Shorts*. New York: Columbia University Press, 2006.

[631] Nadeau, Maurice. *The History of Surealism*. Cambridge: Harvard Universi-

ty, 1989.

［632］ Nieh, Hualing ed. *Eight Stories by Chinese Women*. Taipei: The Heritage Press, 1962.

［633］ Nieh Hua-ling, ed. *Literature of the Hundred Flowers Period. Vol. 1 Criticism and Polemics; Vol. 2 Poetry and Fiction*. New York: Columbia University Press, 1981.

［634］ Ning, Xin. *The Lyrical and the Crisis of Modern Chinese Selfhood in Modern Chinese Literature*, 1919—1949. Ph. D. dissertation, Rutgers, New Brunswick: The State University of New Jersey, 2008.

［635］ Ni Zhen. *Memoirs from the Beijing Film Academy: The Genesis of China's Fifth Generation*. Translated by Chris Berry. Durham: Duke University Press, 2002.

［636］ "Novelist from China Gets Nobel for Literature; 'Red Sorghum' Author Breaks European Hold on Prestigious Writing Award", *The International Herald Tribune*, October 12, 2012.

［637］ Ouyang, Yu. "Mo Yan, My China, Self-Colonization and Hallucination", *Antipodes* 27.1, 2013, p. 103.

［638］ Owen, Stephen. "The Anxiety of Global Influence: What is World Poetry?", *The New Republic*, 19 Nov., 1990.

［639］ Pa, Chin. *Cold Night*, trans. Nathan K. Mao et al. Hong Kong: The Chinese University Press, 1978.

［640］ Pa, Chin. *The Family*, trans. Sidney Shapiro. Boston: Cheng & Tsui Company, 1972.

［641］ Pang, Laikwan. *Building a New China in Cinema: The Chinese Left-Wing Cinema Movement*, 1932-1937. Lanham: Rowman & Littlefield Publishers, 2002.

［642］ Pang, Laikwan. *Cultural Control and Globalization in Asia: Copyright, Piracy, and Cinema*. New York: Routledge, 2006.

［643］ Pang, Laikwan & Day Wong, eds. *Masculinities and Hong Kong Cinema*. Hong Kong: Hong Kong University Press, 2005.

［644］ Pang, Laikwan. *The Distorting Mirror: Visual Modernity in China*. Honolulu: University of Hawai'i Press, 2007.

［645］ Parkin, Adrew. *From the Bluest Part of the Harbor-Poems from Hong Kong*. Oxford: Oxford University Press, 1995.

［646］ Patton, Simon. "*Raise the Red Lantern* by Su Tong and translated by Michael S. Duke", *World Literature Today*, Vol. 68, No. 3, 1994.

［647］Payne, Robert, ed. *Contemporary Chinese Poetry*. London, Routledge, 1947.

［648］Payne, Robert. *The White Pony*. New York: The John Day Company, 1947.

［649］Peng, Hsiao-yen, and Whitney Crothers Dilley, eds. *From Eileen Chang to Ang Lee: Lust/Caution*. New York: Routledge, 2014.

［650］Phillips, Alice H. G. "On China – *Red Sorghum*: A Novel of China by Mo Yan and translated by Howard Goldblatt", *Current History*, Vol. 92, No. 575, 1993.

［651］Pickowicz, Paul G. *China on Film: A Century of Exploration, Confrontation, and Controversy*. Lanham: Rowman & Littlefield, 2012.

［652］Pickowicz, Paul G. "Chu Chiu-pai and the Chinese Marxist Conception of Revolutionary Popular literature and Art", *The China Quarterly*, No. 70, 1977.

［653］Pickowicz, Paul G. "From Yao Wenyuan to Cui Zi'en: Film, History, Memory", *Journal of Chinese Cinemas* 1, No. 1, 2007.

［654］Pickowicz, Paul G. *Marxist Literary Thought in China: The Influence of Chu Chiu-pai*. Berkeley: Center for Chinese Studies, University of California, 1980.

［655］Pickowicz, Paul G. "Review of *Cinema and Urban Culture in Shanghai, 1922 – 1934* Edited by Yingjin Zhang", *Pacific Affairs* 73, No. 4, Winter 2000.

［656］Pickowicz, Paul & Yingjin Zhang, eds. *From Underground to Independent: Alternative Film Culture in Contemporary China*. Lanham: Rowman & Littlefield, 2006.

［657］Pollard, D. E. *A Chinese Look at Literature: The Literary Values of Chou Tso-jen in Relation to the Tradition*. Berkeley: University of California Press, 1973.

［658］Pollard, D. E. "Chou Tso-jen and Cultvating one's Garden", *Asia Major*, Vol. 11, No. 2, 1965.

［659］Pollard, D. E. "Chou Tso-jen: A Scholar Who Withdrew", *The Limits of Change: Essays on Conservative Alternatives in Republican China*, Cambridge: Harvard University Press, 1976, pp. 332 – 356.

［660］Prose, Francine. "Miss Shanghai", *The New York Times*, May 4, 2008.

［661］Průšek, Jaruslav. *The Lyrical and the Epic*. ed. Leo Ou-fan Lee. Bloomington: Indiana University Press, 1981.

［662］ Qian, Zhongshu. *Fortress Besieged*, trans. Jeanne Kelly and Nathan K. Mao. Bloomington: Indiana University Press, 1979.

［663］ Quah, Sy Ren. *Gao Xingjian and Transcultural Chinese Theater*. Honolulu: University of Hawai'i Press, 2004.

［664］ Quan, Shirley N. "Big Breasts & Wide Hips", *Library Journal*, Vol. 129, No. 20, 2004.

［665］ Rawnsley, Gary D. & Ming-Yeh T. Rawnsley. *Critical Security, Democratisation, and Television in Taiwan*. Burlington: Ashgate, 2001.

［666］ Rawnsley, Gary D. & Ming-Yeh T. Rawnsley, eds. *Global Chinese Cinema: The Culture and Politics of "Hero"*. New York: Routledge, 2010.

［667］ Ren, Hai. "Review of *Cinema and Urban Culture in Shanghai, 1922 – 1934* Edited by Yingjin Zhang", *The China Journal*, No. 46, 2001.

［668］ Rexroth, Kenneth & Ling Chung. *The Orchid Boat: Women Poets of China*. New York: New Directions, 1972.

［669］ Reynaud, Bérénice. *A City of Sadness*. London: British Film Institute, 2002.

［670］ Rickett, Adele Austin. *Wang guo-wei's Jen-chien Tz'u-hua: A Study in Chinese Literary Criticism*. Hong Kong: Hong Kong University Press, 1994.

［671］ Roberts, Rosemary. *Maoist Model Theatre: The Semiotics of Gender En Sexuality in the Chinese Cultural Revolution (1966 – 1976)*. Leiden: Brill, 2010.

［672］ Robinson, Luke. *Independent Chinese Documentary: From the Studio to the Street*. New York: Palgrave Macmillan, 2013.

［673］ Rojas, Carlos & Eileen Cheng-yin Chow, eds. *The Oxford Handbook of Chinese Cinemas*. Oxford: Oxford University Press, 2013.

［674］ Rojas, Carlos. *The Naked Gaze: Reflections on Chinese Modernity*. Cambridge: Harvard University Asia Center, 2008.

［675］ Row, Jess. "Chinese Idol", *New York Times Book Review*, Mar. 8, 2009.

［676］ Sabina, Deirdre Knight. "Fate and Free Will in Twentieth-Century Chinese Fiction", Ph. D diss., University of Wisconsin-Madison, 1998.

［677］ Schroeder, Andrew. *Tsui Hark's Zu: Warriors from the Magic Mountain*. Hong Kong: Hong Kong University Press, 2004.

［678］ Sciban, Shu-ning & Fred Edwards, eds. *Dragonflies: Fiction by Chinese Women in the Twentieth Century*. New York: East Asia Program, Cornell University,

2003.

[679] Sellers‑Young, Barbara. "Significant Other: Staging the American in China. By Claire Conceison", *Theatre Journal* 58.4, 2006.

[680] Semsel, George S., ed. *Chinese Film: The State of the Art in the People's Republic*. New York: Praeger, 1987.

[681] Semsel, George S. et al., eds. *Chinese Film Theory: A Guide to the New Era*. New York: Praeger, 1990.

[682] Semsel, George S. et al., eds. *Film in Contemporary China: Critical Debates*, 1979–1989. Westport, Conn.: Praeger, 1993.

[683] Shen, Vivian. *The Origins of Left‑Wing Cinema in China*, 1932–37. New York: Routledge, 2005.

[684] Shih, C. W. "Co‑operatives and Communes in Chinese Communist Fiction", *The China Quarterly*, No. 13, 1963.

[685] Shih, Shu‑Mei. *The Lure of the Modern: Writing Modernism in Semicolonial China*, 1917–1937. Berkeley: University of California Press, 2001.

[686] Shi, Yukun and Yu, Yue. *The Seven Heroes and Five Gallants*, trans. Shouquan Song. Beijing: Foreign Language Press, 2005.

[687] Shi, Zhecun. *One Rainy Evening*. Beijing: Chinese Literature Press, 1981.

[688] Shi, Zhecun. *Selected Stories of Shi Zhecun*. Beijing: Chinese Literature Press, 1999.

[689] Sieber, Patricia, ed. *Red is Not the Only Color: A Collection of Contemporary Chinese Fiction on Love and Sex between Women*. Lanham: Rowman & Littlefield Publishers, 2001.

[690] Silbergeld, Jerome. *Body in Question: Image and Illusion in Two Chinese Films by Director Jiang Wen*. Princeton, N. J. and Woodstock: Tang Center for East Asian Art in association with Princeton University Press, 2008.

[691] Silbergeld, Jerome. *China into Film: Frames of Reference in Contemporary Chinese Cinema*. London: Reaktion Books, 1999.

[692] Silbergeld, Jerome. *Hitchcock with a Chinese Face: Cinematic Doubles, Oedipal Triangles, and China's Moral Voice*. Seattle: University of Washington Press, 2004.

[693] Siu, Helen, ed. *Furrows: Peasants, Intellectuals, and the State: Stories and Histories from Modern China*. Stanford: Stanford University Press, 1990.

［694］Siu, Helen & Zelda Stern, eds. *Mao's Harvest*: *Voices from China's New Generation*. New York: Oxford University Press, 1983.

［695］Snow, Lois Wheeler. *China on Stage*: *an American Actress in the People's Republic*. New York: Random House, 1972.

［696］Snyder, Ann Scott. "Rev. of *Turbulence*", *The Christian Science Monitor* (Eastern edition), Jan 15, 1992.

［697］Song, Geng. "Review of *Celluloid Comrades*: *Representations of Male Homosexuality in Contemporary Chinese Cinemas* by Song Hwee Lim", *The China Journal*, No. 60, 2008.

［698］Soong, Stephen & John Minford, eds. *Trees on the Mountain*: *an Anthology of New Chinese Writing*. Hong Kong: The Chinese University Press, 1984.

［699］Spence, Jonathan. "Born Again", *New York Times Book Review*, May 4, 2008.

［700］Steinberg, Sybil S. "*The Republic of Wine*", *Publishers Weekly*, Vol, 247, No. 13, 2000.

［701］Stewart, Frank, et al. . *Mercury Rising*: *Featuring Contemporary Poetry from Taiwan*. Honolulu: University of Hawai'i Press, 2003.

［702］Stokes, Lisa Odham. *Historical Dictionary of Hong Kong Cinema*. Lanham: Scarecrow Press, 2007.

［703］Stokes, Lisa Odham & Michael Hoover. *City on Fire*: *Hong Kong Cinema*. New York: Verso, 1999.

［704］Stringer, Julian. *Blazing Passions*: *Contemporary Hong Kong Cinema*. London: Wallflower Press, 2008.

［705］Sun, Kang-i Chang & Stephen Owen. *The Cambridge History of Chinese Literature*. Cambridge: Cambridge University Press, 2010.

［706］Sun, Shaoyi, and Li Xun. *Lights! Camera! Kai Shi!*: *In Depth Interviews with China's New Generation of Movie Directors*. Norfolk, Conn.: Eastbridge, 2008.

［707］Sun, Shaoyi. "Review of *Building a New China in Cinema*: *The Chinese Left-Wing Cinema Movement, 1932-1937* by Laikwan Pang", *Modern Chinese Literature and Culture Resource Center* (2007). http://mclc.osu.edu/rc/pubs/reviews/sun.htm.

［708］Su, Tong. *Binu and the Great Wall*. Canongate Books, 2007.

［709］Su, Tong. *My Life as Emperor*. Hyperion, 2005.

［710］Su, Tong. *Rice*. William Morrow, 1995; Penguin Modern Classic, 1996;

Perennial paperback, 2004.

［711］Su, Tong. *The Boat to Redemption*. Transworld ［UK］, 2009.

［712］Szeto, Kin‐Yan. *The Martial Arts Cinema of the Chinese Diaspora*: *Ang Lee, John Woo, and Jackie Chan in Hollywood*. Carbondale: Southern Illinois University Press, 2011.

［713］Tagore, Amitendranath *Literary Debates in Modern China*, 1918–1937. Tokyo: Centre for East Asian Cultural Studies, 1967.

［714］Tai, Jeanne, ed. *Spring Bamboo*: *A Collection of Contemporary Chinese Short Stories*. New York: Random House, 1989.

［715］Tambling, Jeremy. *Wong Kar‐Wai's Happy Together*. Hong Kong: Hong Kong University Press, 2003.

［716］Tam, Kwok-kan. "Ibsen and Modern Chinese Dramatists: Influences and Parallels", *Modern Chinese Literature and Culture* 2.1, 1986.

［717］Tam, Kwok-kan. *Ibsen in China*, 1908–1997: *A Critical‐Annotated Bibliography of Criticism, Translation and Performance*. Hong Kong: Chinese University Press, 2001.

［718］Tam, Kwok-kan. *Soul of Chaos*: *Critical Perspectives on Gao Xingjian*. Hong Kong: Chinese University Press, 2001.

［719］Tam, Kwok-kan & Wimal Dissanayake. *New Chinese Cinema*. Hong Kong and New York: Oxford University Press, 1998.

［720］Tang, Yuchi. *Self in Poetic Narratives*: *A Study of Contemporary Chinese Long Poems in Taiwan as Exemplified by Works of Luo Fu, Luo Men, Chen Kehua, and Feng Qing*. Ph. D. dissertation, Edmonton: University of Alberta, 2000.

［721］Tao, Naikan & Tony Prince. *Eight Contemporary Chinese Poets*. Sydney: Wild Peony Press, 2006.

［722］Tatlow, Antony & Tai-wai Wong. *Brecht and East Asian Theatre the Proceedings of a Conference on Brecht in East Asian Theatre, Hong Kong, 16–20 March 1981*. Hong Kong: Hong Kong University Press, 1982.

［723］Tay, William & Ying-hsiung Chou, eds. *China and the West*: *Comparative Literature Studies*. Hong Kong: Chinese University Press, 1980.

［724］Teo, Stephen. *Chinese Martial Arts Cinema*: *The Wuxia Tradition*. Edinburgh: Edinburgh University Press, 2009.

［725］Teo, Stephen. *Director in Action*: *Johnnie To and the Hong Kong Action Film*. Hong Kong: Hong Kong University Press, 2007.

［726］Teo, Stephen. *Hong Kong Cinema: The Extra Dimensions*. London: BFI, 1997.

［727］Teo, Stephen. *King Hu's A Touch of Zen*. Hong Kong: Hong Kong University Press, 2006.

［728］Teo, Stephen. *Wong Kar-Wai*. London: BFI, 2005.

［729］Tian, Min. "'Alienation-Effect' for Whom? Brecht's (Mis) Interpretation of the Classical Chinese Theatre", *Asian Theatre Journal* 14.2, 1997.

［730］Trumbull, Randolph. *The Shanghai Modernist*. Ph. D. dissertation, Standford: Standford University, 1989.

［731］Tung, Constantine & Colin Mackerras, eds. *Drama in the People's Republic of China*. Albany: State University of New York Press, 1987.

［732］Twitchell-Waas, Jeffrey. "Review", *World Literature Today*, spring 2, 2002, p. 136.

［733］Twitchell-Waas, Jeffrey. "*Shifu, You'll Do Anything for a Laugh*", *Review of Contemporary Fiction*, Vol. 22, No. 3, 2002.

［734］Udden, James. *No Man an Island: The Cinema of Hou Hsiao-Hsien*. Hong Kong: Hong Kong University Press, 2009.

［735］Udhe, Jan, and Yvonne Ng Udhe. *Latent Images: Film in Singapore*. 2nd edition. Singapore: National University of Singapore Press, 2010.

［736］Ulin, David L. "China's Nobel Prize Author: Muted Voice or Deftly Subversive?", *Los Angeles Times*, October 12, 2012.

［737］Van Crevel, Maghiel. *Chinese Poetry in Times of Mind, Mayhem and Money*. Leiden: Brill, 2008.

［738］Van Crevel, Maghiel. *Language Shattered: Contemporary Chinese Poetry and Duoduo*. Leiden: Research School CNWS, 1996.

［739］Venning, Dan. "*Chinese Shakespeares: Two Centuries of Cultural Exchange* (review)", *Theatre Journal* 63.3, 2011.

［740］Visser, Robin. *Cities Surround the Countryside: Urban Aesthetics in Post-Socialist China*. Durham: Duke University Press, 2010.

［741］Visser, Robin Lynne. "The Urban Subject in the Literary Imagination of Twentieth Century China", Ph. D diss., Columbia University, 2000.

［742］Voci, Paola. *China on Video: Smaller-Screen Realities*. London and New York: Routledge, 2010.

［743］Vojković, Sasha. *Yuen Woo Ping's Wing Chun*. Hong Kong: Hong Kong

University Press, 2009.

[744] Wagner, Rudolf G. *The Contemporary Chinese Historical Drama*: *Four Studies*. Berkeley: University of California Press, 1990.

[745] Wang, Chi-chen ed. *Contemporary Chinese Stories*. New York: Columbia University Press, 1944.

[746] Wang, David Der-wei. Jeanne Tai, eds. *Running Wild*: *New Chinese Writers*. New York: Columbia University Press, 1994.

[747] Wang, David Der-wei. *The Monster That Is History*: *History, Violence, and Fictional Writing in Twentieth - Century China*. Berkeley: University of California Press, 2004.

[748] Wang, Jing, ed. *China's Avant - Garde Fiction*: *an Anthology*. Durham: Duke University Press, 1998.

[749] Wang, Lingzhen, ed. *Chinese Women's Cinema*: *Transnational Contexts*. New York: Columbia University Press, 2011.

[750] Wang, Qi. *Memory, Subjectivity and Independent Chinese Cinema*. Edinburgh: Edinburgh University Press, 2014.

[751] Wang, Shujen. *Framing Piracy*: *Globalization and Film Distribution in Greater China*. Lanham, Md.: Rowman & Littlefield, 2003.

[752] Wang, Shuo. *Playing for Thrills*, William Morrow, 1997; published in UK by No Exit Press, 1997; Penguin paperback, 1998.

[753] Wang, Shuo. *Please Don't Call Me Human*, Hyperion, 2000.

[754] Wang, Yiman. *Remaking Chinese Cinema*: *Through the Prism of Shanghai, Hong Kong, and Hollywood*. Honolulu: University of Hawai'i, 2013.

[755] Wang, Yiyan. "Narrating China: Defunct Capital [Feidu] and the Fictional World of Jia Pingwa", Ph. D diss., The University of Sydney, 1998.

[756] Wang, Zhuoyi. *Revolutionary Cycles in Chinese Cinema*, 1951 – 1979. Basingstoke, UK: Palgrave Macmillan, 2014.

[757] Weinstein, John B. "Ding Xilin and Chen Baichen: Building a Modern Theater through Comedy", *Modern Chinese Literature and Culture* 20. 2, 2008.

[758] Weinstein, John B. "Performing Hybridity in Colonial - Modern China. By Siyuan Liu", MCLC Resource Center Publication 2014. Web. 7 Sep. 2014. < https: //u. osu. edu/mclc/book - reviews/performing - hybridity/ > .

[759] Weinstein, John B. "Significant Other: Staging the American in China. By Claire Conceison", *Asian Theatre Journal* 22. 2, 2005.

［760］Williams, Tony. *John Woo's Bullet in the Head*. Hong Kong: Hong Kong University Press, 2009.

［761］Wilson, Flannery. *New Taiwanese Cinema in Focus*. Edinburgh: Edinburgh University Press, 2013.

［762］Wolff, Ernest. *Chou Tso-Jen*. New York: Twayne Publishers, 1971.

［763］Wong, Timothy C. "*Shifu, You'll Do Anything for a Laugh*", *World Literature Today*, Vol. 76, No. 2, 2002.

［764］Wu, Hung & Christopher Phillips, eds. *Between Past and Future: New Photography and Video from China*. Chicago: Smart Museum of Art, University of Chicago, and New York: International Center for Photography and Asia Society, 2004.

［765］Wu, Hung, ed. *Exhibiting Experimental Art in China*. Chicago: Smart Museum of Art, University of Chicago, 2000.

［766］Wu, Jianren. *Odd Things Witnessed Over Twenty Years*, trans. Shishun Liu. Hong Kong: The Chinese University Press, 1975.

［767］Xiao, Hong. *Selected Stories of Xiao Hong*, trans. Howard Goldblatt. Beijing: Chinese Literature, 1982.

［768］Xiao, Hong. *The Field of Life and Death*, trans. Howard Goldblatt & Ellen Yeung. Bloomington: Indiana University Press, 1979.

［769］Xiao, Hong. *The Tales of Hulan River*, trans. Howard Goldblatt and Ellen Yeung. Indiana University Press, 1979.

［770］Xiao, Hui Faye. *Family Revolution: Marital Strife in Contemporary Chinese Literature and Visual Culture*. Seattle: University of Washington Press, 2014.

［771］Xueping Zhong. "Male Suffering and Male Desire: Politics of Reading *Half of Man is Woman* by Zhang Xianliang", Lisa Rofel et al., eds. *Engendering China*. Cambridge: Harvard University Press, 1994.

［772］Xueping Zhong. "Sisterhood? Representations of Women's Relationships in Two Contemporary Chinese Texts", Tonglin Lu, ed. *Gender and Sexuality in Twentieth-Century Chinese Literature and Society*. New York: SUNY Press, 1993.

［773］Xueping Zhong. "Who is a Feminist? Understanding the Ambivalence towards *Shanghai Baby*, 'Body Writing', and Feminism in Post-Women's Liberation China", *Gender and History*, Vol. 18 No. 3, 2006.

［774］Xu, Gary G. *Sinascape: Contemporary Chinese Cinema*. Lanham: Rowman & Littlefield Publishers, 2007.

［775］Xu, Long, ed. *Recent Fiction from China, 1987–1988: Novellas and

Short Stories. New York: Edwin Mellen Press, 1991.

［776］Yang, Daniel S. P. "Theatre in Post Cultural Revolution China: A Report Based on Field Research in the Fall and Winter of 1981", *Asian Theatre Journal* 1.1, 1984.

［777］Yang, Jiang. *Six Chapters from My Life "Downunder"*, University of Washington Press, 1984.

［778］Yang, Richard F. S. "Industrial Workers in Chinese Communist Fiction", *The China Quarterly*, No. 13, 1963.

［779］Yan, Haiping, ed. *Theater and Society: An Anthology of Contemporary Chinese Drama*. New York: M. E. Sharpe, 1998.

［780］Yan, Haiping. "The Contemporary Chinese Historical Drama: Four Studies by Rudolf G. Wagner", *Theatre Journal* 44.4, 1992.

［781］Yau, Ching. *Filming Margins: Tang Shu Shuen, a Forgotten Hong Kong Woman*.

［782］Yau, Kinnia Shuk-ting. *Japanese and Hong Kong Film Industries: Understanding the Origins of East Asian Film Networks*. London and New York: Routledge, 2010.

［783］Yee, Lee, ed. *The New Realism: Writings from China after the Cultural Revolution*. New York: Hippocrene Books Inc., 1983.

［784］Yeh, Emilie Yueh-yu & Darrell William Davis. *Taiwan Film Directors: A Treasure Island*. New York: Columbia University Press, 2005.

［785］Yeh, Emilie Yueh-yu. "Review of *Between Shanghai and Hong Kong: The Politics of Chinese Cinemas* by Poshek Fu", *Film Quarterly* 59, No. 3, Spring 2006.

［786］Yeh, Michelle. *An Anthology of Modern Chinese Poetry*. New Haven: Yale University Press, 1993.

［787］Yeh, Michelle. "Introduction: 'The Best of Times, the Worst of Times'", *World Literature Today*, Vol. 84, No. 1, Jan. – Feb., 2010.

［788］Yeh, Michelle. *Modern Chinese Poetry: Theory and Practice since* 1917. New Haven: Yale University Press, 1991.

［789］Yeh, Michelle & N. G. D. Malmquvist, eds. *Frontier Taiwan: an Anthology of Modern Chinese Poetry*. New York: Columbia University Press, 2001.

［790］Yeh, Michelle. "Review", *Chinese Literature: Essays, Articles, Reviews (CLEAR)*, Vol. 15, Dec., 1993.

［791］Yep, Wai-lim. *Lyrics from Shelters: Modern Chinese Poetry 1930-1950*. New York: Garland Publishing, INC, 1992.

［792］Ye, Shengtao. et al. *Stories from the Thirties* (Ⅲ), trans. Gladys Yang et al. Beijing: Chinese Literature, 1982.

［793］Ye, Tan, and Yun Zhu. *Historical Dictionary of Chinese Cinema*. Lanham, Md.: Scarecrow Press, 2012.

［794］Yeung, Jessica. *Ink Dances in Limbo: Gao Xingjian's Writing as Cultural Translation*. Hong Kong University Press, 2008.

［795］Ying, Lihua. *Historical Dictionary of Modern Chinese Literature*. Plymouth: Scarecrow Press, 2010.

［796］Ying, Lihua. *The A to Z of Modern Chinese Literature*. Plymouth: Scarecrow Press, 2010.

［797］Ying, Ruocheng & Claire Conceison. *Voices Carry: Behind Bars and Backstage During China's Revolution and Reform*. Lanham: Rowman & Littlefield Publishers, 2009.

［798］Yip, June. *Envisioning Taiwan: Fiction, Cinema, and the Nation in the Cultural Imaginary*. Durham: Duke University Press, 2004.

［799］Yip, Terry Siu-han. "Goethe's Impact on Modern Chinese Drama", *Modern Chinese Literature and Culture* 2.1, 1986.

［800］Yip, Wai-lim. *Lyrics from Shelters: Modern Chinese Poetry, 1930-1950*. New York: Garland Pub., 1992.

［801］Yuan, Chia-Hua and Payne, Robert eds. *Contemporary Chinese Short Stories*. New York: Noel Carrington Transatlantic Arts Co. Ltd., 1946.

［802］Yu, Dafu. *Night of Spring Fever and Other Writings*, trans. Bonnie S. Mcdougall, et al. Beijing: Chinese Literature, 1984.

［803］Yue, Audrey. *Ann Hui's Song of the Exile*. Hong Kong: Hong Kong University Press, 2010.

［804］Yue, Audrey & Olivia Khoo, eds. *Sinophone Cinemas*. London: Macmillan, 2014.

［805］Yu, Hua. *Chronicle of a Blood Merchant*, trans. Andrew F. Jones. New York: Pantheon Books, 2004.

［806］Yu, Hua. *To Live: A Novel*, trans. Michael Berry. New York: Anchor Books, 2003.

［807］Yu, Kuang-chung. *New Chinese Poetry*. Taipei: Heritage Press, 1960.

[808] Yu, Shiao-Ling, ed. *Chinese Drama after the Cultural Revolution*, 1979-1989: *An Anthology*. NewYork: E. Mellen Press, 1996.

[809] Zaleski, Jeff. "*Shifu, You'll Do Anything For a Laugh*", *Publishers Weekly*, Vol. 248, No. 29, 2001.

[810] Zha, Jianying. "Yellow Peril", *Triquarterly*, 93, 1995.

[811] Zhang, Jie. *Heavy Wings*. Grove Press, 1990.

[812] Zhang, Kuan. *A Remarkable Cultural Encounter: The Reception of German Romanticism, Rilke, and Modernism in Feng Zhi's Poetry*. Ph. D. dissertation, Stanford: Stanford University, 1999.

[813] Zhang, Rui. *The Cinema of Feng Xiaogang: Commercialization and Censorship in Chinese Cinema after* 1989. Hong Kong: Hong Kong University Press, 2008.

[814] Zhang, Wei. *The Ancient Ship*. Harper Collins, 2008.

[815] Zhang, Wenying. *Bloomsbury Group and Crescent School: Contact and Comparison*. Ph. D. dissertation, Twin Cities: University of Minnesota, 2001.

[816] Zhang, Xiaoyang. *Shakespeare in China: A Comparative Study of Two Traditions and Cultures*. Newark: University of Delaware Press, 1996.

[817] Zhang, Xudong. *Chinese Modernism in the Era of Reforms: Cultural Fever, Avant-Garde Fiction, and the New Chinese Cinema*. Durham: Duke University Press, 1997.

[818] Zhang, Xudong. *Postsocialism and Cultural Politics: The Last Decade of China's Twentieth Century*. Durham: Duke University Press, 2008.

[819] Zhang, Yingjin, ed. *A Companion to Chinese Cinema*. Malden: Wiley-Blackwell, 2012.

[820] Zhang, Yingjin, ed. *Cinema and Urban Culture in Shanghai*, 1922-1943. Stanford: Stanford University Press, 1999.

[821] Zhang, Yingjin. *Screening China: Critical Interventions, Cinematic Reconfigurations, and the Transnational Imaginary in Contemporary Chinese Cinema*. Ann Arbor: Center for Chinese Studies, University of Michigan, 2002.

[822] Zhang, Yingjin & Zhiwei Xiao, eds. *Encyclopedia of Chinese Film*. London and New York: Routledge, 1998.

[823] Zhang, Zhen. *An Amorous History of the Silver Screen: Shanghai Cinema*, 1896-1937. Chicago: University of Chicago Press, 2005.

[824] Zhang, Zhen, ed. *The Urban Generation: Chinese Cinema and Society at the Turn of the Twenty-First Century*. Durham: Duke University Press, 2007.

［825］Zhang, Zhen. "Review of *Projecting a Nation*: *Chinese National Cinema before 1949* by Jubin Hu", *Modern Chinese Literature and Culture Resource Center* (2005). http://mclc.osu.edu/rc/pubs/reviews/zhang.htm.

［826］Zhong, Xueping. "A Continuous Revolution: Making Sense of Cultural Revolution Culture. By Barbara Mittler", MCLC Resource Center Publication 2014. Web. Sept. 7 2014. <http://u.osu.edu/mclc/book-reviews/revolution/>.

［827］Zhong, Xueping et al., eds. *Some of Us*: *Chinese Women Growing Up in the Mao Era*. New Jersey: Rutgers University Press, 2001.

［828］Zhong Xueping. *Masculinity Besieged? Issues of Modernity and Male Subjectivity in Chinese Literature of the Late Twentieth Century*. Durham: Duke University Press, 2000.

［829］Zhong, Xueping. "Mr. Zhao On and Off the Screen: Male Desire and Its Discontent in Contemporary Urban China", Zhen Zhang, ed. *The Urban Generation*: *Chinese Cinema and Society at the Turn of the 21st Century*. Durham: Duke University Press, 2007.

［830］Zhou, Xuelin. *Young Rebels in Contemporary Chinese Cinema*. Hong Kong: Hong Kong University Press, 2007.

［831］Zhu Hong, ed. *The Chinese Western*: *Short Fiction from Today's China*. New York: Ballantine Books, 1988.

［832］Zhu Hong, ed. *The Serenity of Whiteness*: *Stories by and about Women in Contemporary China*. New York: Ballantine Books, 1991.

［833］Zhu, Yanhong. *Reconfiguring Chinese Modernism*: *The Poetics of Temporality in 1940s Fiction and Poetry*. Ph.D. dissertation, Los Angeles: University of Southern California, 2009.

［834］Zhu, Ying. *Chinese Cinema during the Era of Reform*: *The Ingenuity of the System*. Westport, Conn.: Praeger, 2003.

［835］Zhu, Ying & Chris Berry, eds. *TV China*. Bloomington: Indiana University Press, 2009.

［836］Zhu, Ying et, al. eds. *TV Drama in China*. Hong Kong: Hong Kong University Press, 2008.

［837］Zhu, Ying & Stanley Rosen, eds. *Art, Politics, and Commerce in Chinese Cinema*. Hong Kong: Hong Kong University Press, 2010.

［838］Zhu, Ying. *Television in Post-Reform China*: *Serial Dramas, Confucian Leadership and the Global Television Market*. London and New York: Routledge, 2008.

# 后 记

"英语世界的中国文学译介与研究"是教育部哲学社会科学研究重大课题攻关项目（项目批准号：12JZD016）。作为首席专家，责任重大，我带领课题组严格按照教育部与其他领导机构的相关要求，与英语世界中国文学的译介与研究的著名学者，厦门大学黄鸣奋教授、美国俄亥俄州立大学简小滨教授、苏州大学季进教授等共同努力奋斗，团结来自四川大学、美国俄亥俄州立大学（The Ohio State University）、美国加州大学戴维斯分校（University of California, Davis）、美国凯斯西储大学（Case Western Reserve University）、香港中文大学、北京师范大学、复旦大学、厦门大学、苏州大学等国内外著名高校、科研机构的研究力量进行集体协同攻关。我和课题组成员通过各种途径，广泛查阅、搜集、整理散见于海内外的相关文献资料，充分利用各种学术资源与学术平台，积极进行国际、国内学术交流（如参加维也纳第21届国际比较文学学会年会、第七届中美双边比较文学国际学术研讨会），尤其是在研究经费较为紧张的情况下，我们依然试图为学界呈现中国文学在英语世界译介与研究的多维面貌与立体图景。虽然本课题涉及面广、资料收集不易、研究难度大，但总体来讲，我们的研究目标基本得以实现，应该说也为学界交出了一份令人满意的答卷。

课题自立项到结题，我们出版和发表了丰富的中期成果，已在 *Comparative Literature and Culture*（美国普度大学 A&HCI 期刊）、《外国文学研究》《文艺研究》《南京大学学报（哲学·人文科学·社会科学版）》《中山大学学报（社会科学版）》《中国比较文学》等国内外著名期刊发表了七十余篇学术论文，其中，大多数文章被 A&HCI、CSSCI 收录，或被《中国社会科学文摘》《新华文摘》《高等学校文科学术文摘》《社会科学文摘》等转载；子课题成果"英语世界中国文学的译介与研究丛书"已出版10部（《谢灵运诗歌在英语世界的译介及研究》《英语世界的〈易经〉研究》《美国汉学界的苏轼研究》《英语世界的巴金研究》《英语世界的茅盾研究》《英语世界中的唐诗研究》《英语世界的中国画研究》《英语世界的〈水浒传〉研究》《〈楚辞〉在英语世界的译介与研究》《中国

"现代派"诗人在英语世界的接受研究》);本书是该成果的总论部分,是更具宏观性、理论性与思辨性的学术著作,全书共分为三编,(《英语世界的中国文学译介与研究总论》《英语世界的中国古典文学译介与研究》《英语世界的中国现当代文学译介与研究》),约118余万字,这部学术专著由首席专家曹顺庆任主编,黄鸣奋、季进、简小滨、刘颖、万燚、张放、余夏云担任副主编,韩周琨任主编助理。子课题另编有一本覆盖面广且翔实可靠的资料集《英语世界中国文学译介与研究文献目录》,也准备由相关出版社出版。

本项目相关各子课题分别由以下课题组成员分工完成(课题组成员按姓氏音序排列):

子课题一"英语世界中国文学译介与研究总论":

子课题负责人:曹顺庆 刘 颖

课题组成员:陈 侠 付飞亮 黄 立 佘秀国 谢春平 万 燚 王 涛 杨 清

子课题二"英语世界中国古典文学的译介与研究":

子课题负责人:黄鸣奋 万 燚

课题组成员:林家钊 李 牲 欧 婧 秦 岭

子课题三"英语世界中国现当代文学的译介与研究":

子课题负责人:季 进 余夏云

课题组成员:冯雪峰 龚浩敏 季 进 姜智芹 蒋一之 Mogan Ammirati 王树文 余夏云 曾 攀 翟月琴

子课题四"英语世界中国文学译介与研究文献目录":

子课题负责人:万 燚 简小滨

课题组成员:高小珺 黄 莉 韩周琨 卢 婕 李 泉 李伟荣 聂 韬 王苗苗 谢春平 庄佩娜 周娇燕

子课题五"英语世界中国文学译介与研究个案研究":

子课题负责人:曹顺庆 张 放

课题组成员:郭晓春 黄 莉 何 敏 李伟荣 万 燚 王凯凤 王树文 王苗苗 谢春平 叶天露 周娇燕

除感谢课题组成员的精诚协作外,还特别感谢教育部社会科学司,四川大学社会科学研究处、文学与新闻学院,经济科学出版社等,它们为本课题的顺利完成提供了全方位指导和支持,在此一并致谢。

曹顺庆<br>2018年6月

# 教育部哲学社会科学研究重大课题攻关项目
## 成果出版列表

| 序号 | 书　名 | 首席专家 |
|---|---|---|
| 1 | 《马克思主义基础理论若干重大问题研究》 | 陈先达 |
| 2 | 《马克思主义理论学科体系建构与建设研究》 | 张雷声 |
| 3 | 《马克思主义整体性研究》 | 逄锦聚 |
| 4 | 《改革开放以来马克思主义在中国的发展》 | 顾钰民 |
| 5 | 《新时期　新探索　新征程——当代资本主义国家共产党的理论与实践研究》 | 聂运麟 |
| 6 | 《坚持马克思主义在意识形态领域指导地位研究》 | 陈先达 |
| 7 | 《当代资本主义新变化的批判性解读》 | 唐正东 |
| 8 | 《当代中国人精神生活研究》 | 童世骏 |
| 9 | 《弘扬与培育民族精神研究》 | 杨叔子 |
| 10 | 《当代科学哲学的发展趋势》 | 郭贵春 |
| 11 | 《服务型政府建设规律研究》 | 朱光磊 |
| 12 | 《地方政府改革与深化行政管理体制改革研究》 | 沈荣华 |
| 13 | 《面向知识表示与推理的自然语言逻辑》 | 鞠实儿 |
| 14 | 《当代宗教冲突与对话研究》 | 张志刚 |
| 15 | 《马克思主义文艺理论中国化研究》 | 朱立元 |
| 16 | 《历史题材文学创作重大问题研究》 | 童庆炳 |
| 17 | 《现代中西高校公共艺术教育比较研究》 | 曾繁仁 |
| 18 | 《西方文论中国化与中国文论建设》 | 王一川 |
| 19 | 《中华民族音乐文化的国际传播与推广》 | 王耀华 |
| 20 | 《楚地出土戰國簡册［十四種］》 | 陈　伟 |
| 21 | 《近代中国的知识与制度转型》 | 桑　兵 |
| 22 | 《中国抗战在世界反法西斯战争中的历史地位》 | 胡德坤 |
| 23 | 《近代以来日本对华认识及其行动选择研究》 | 杨栋梁 |
| 24 | 《京津冀都市圈的崛起与中国经济发展》 | 周立群 |
| 25 | 《金融市场全球化下的中国监管体系研究》 | 曹凤岐 |
| 26 | 《中国市场经济发展研究》 | 刘　伟 |
| 27 | 《全球经济调整中的中国经济增长与宏观调控体系研究》 | 黄　达 |
| 28 | 《中国特大都市圈与世界制造业中心研究》 | 李廉水 |

| 序号 | 书　名 | 首席专家 |
|---|---|---|
| 29 | 《中国产业竞争力研究》 | 赵彦云 |
| 30 | 《东北老工业基地资源型城市发展可持续产业问题研究》 | 宋冬林 |
| 31 | 《转型时期消费需求升级与产业发展研究》 | 臧旭恒 |
| 32 | 《中国金融国际化中的风险防范与金融安全研究》 | 刘锡良 |
| 33 | 《全球新型金融危机与中国的外汇储备战略》 | 陈雨露 |
| 34 | 《全球金融危机与新常态下的中国产业发展》 | 段文斌 |
| 35 | 《中国民营经济制度创新与发展》 | 李维安 |
| 36 | 《中国现代服务经济理论与发展战略研究》 | 陈　宪 |
| 37 | 《中国转型期的社会风险及公共危机管理研究》 | 丁烈云 |
| 38 | 《人文社会科学研究成果评价体系研究》 | 刘大椿 |
| 39 | 《中国工业化、城镇化进程中的农村土地问题研究》 | 曲福田 |
| 40 | 《中国农村社区建设研究》 | 项继权 |
| 41 | 《东北老工业基地改造与振兴研究》 | 程　伟 |
| 42 | 《全面建设小康社会进程中的我国就业发展战略研究》 | 曾湘泉 |
| 43 | 《自主创新战略与国际竞争力研究》 | 吴贵生 |
| 44 | 《转轨经济中的反行政性垄断与促进竞争政策研究》 | 于良春 |
| 45 | 《面向公共服务的电子政务管理体系研究》 | 孙宝文 |
| 46 | 《产权理论比较与中国产权制度变革》 | 黄少安 |
| 47 | 《中国企业集团成长与重组研究》 | 蓝海林 |
| 48 | 《我国资源、环境、人口与经济承载能力研究》 | 邱　东 |
| 49 | 《"病有所医"——目标、路径与战略选择》 | 高建民 |
| 50 | 《税收对国民收入分配调控作用研究》 | 郭庆旺 |
| 51 | 《多党合作与中国共产党执政能力建设研究》 | 周淑真 |
| 52 | 《规范收入分配秩序研究》 | 杨灿明 |
| 53 | 《中国社会转型中的政府治理模式研究》 | 娄成武 |
| 54 | 《中国加入区域经济一体化研究》 | 黄卫平 |
| 55 | 《金融体制改革和货币问题研究》 | 王广谦 |
| 56 | 《人民币均衡汇率问题研究》 | 姜波克 |
| 57 | 《我国土地制度与社会经济协调发展研究》 | 黄祖辉 |
| 58 | 《南水北调工程与中部地区经济社会可持续发展研究》 | 杨云彦 |
| 59 | 《产业集聚与区域经济协调发展研究》 | 王　珺 |

| 序号 | 书名 | 首席专家 |
|---|---|---|
| 60 | 《我国货币政策体系与传导机制研究》 | 刘 伟 |
| 61 | 《我国民法典体系问题研究》 | 王利明 |
| 62 | 《中国司法制度的基础理论问题研究》 | 陈光中 |
| 63 | 《多元化纠纷解决机制与和谐社会的构建》 | 范 愉 |
| 64 | 《中国和平发展的重大前沿国际法律问题研究》 | 曾令良 |
| 65 | 《中国法制现代化的理论与实践》 | 徐显明 |
| 66 | 《农村土地问题立法研究》 | 陈小君 |
| 67 | 《知识产权制度变革与发展研究》 | 吴汉东 |
| 68 | 《中国能源安全若干法律与政策问题研究》 | 黄 进 |
| 69 | 《城乡统筹视角下我国城乡双向商贸流通体系研究》 | 任保平 |
| 70 | 《产权强度、土地流转与农民权益保护》 | 罗必良 |
| 71 | 《我国建设用地总量控制与差别化管理政策研究》 | 欧名豪 |
| 72 | 《矿产资源有偿使用制度与生态补偿机制》 | 李国平 |
| 73 | 《巨灾风险管理制度创新研究》 | 卓 志 |
| 74 | 《国有资产法律保护机制研究》 | 李曙光 |
| 75 | 《中国与全球油气资源重点区域合作研究》 | 王 震 |
| 76 | 《可持续发展的中国新型农村社会养老保险制度研究》 | 邓大松 |
| 77 | 《农民工权益保护理论与实践研究》 | 刘林平 |
| 78 | 《大学生就业创业教育研究》 | 杨晓慧 |
| 79 | 《新能源与可再生能源法律与政策研究》 | 李艳芳 |
| 80 | 《中国海外投资的风险防范与管控体系研究》 | 陈菲琼 |
| 81 | 《生活质量的指标构建与现状评价》 | 周长城 |
| 82 | 《中国公民人文素质研究》 | 石亚军 |
| 83 | 《城市化进程中的重大社会问题及其对策研究》 | 李 强 |
| 84 | 《中国农村与农民问题前沿研究》 | 徐 勇 |
| 85 | 《西部开发中的人口流动与族际交往研究》 | 马 戎 |
| 86 | 《现代农业发展战略研究》 | 周应恒 |
| 87 | 《综合交通运输体系研究——认知与建构》 | 荣朝和 |
| 88 | 《中国独生子女问题研究》 | 风笑天 |
| 89 | 《我国粮食安全保障体系研究》 | 胡小平 |
| 90 | 《我国食品安全风险防控研究》 | 王 硕 |

| 序号 | 书　名 | 首席专家 |
|---|---|---|
| 91 | 《城市新移民问题及其对策研究》 | 周大鸣 |
| 92 | 《新农村建设与城镇化推进中农村教育布局调整研究》 | 史宁中 |
| 93 | 《农村公共产品供给与农村和谐社会建设》 | 王国华 |
| 94 | 《中国大城市户籍制度改革研究》 | 彭希哲 |
| 95 | 《国家惠农政策的成效评价与完善研究》 | 邓大才 |
| 96 | 《以民主促进和谐——和谐社会构建中的基层民主政治建设研究》 | 徐　勇 |
| 97 | 《城市文化与国家治理——当代中国城市建设理论内涵与发展模式建构》 | 皇甫晓涛 |
| 98 | 《中国边疆治理研究》 | 周　平 |
| 99 | 《边疆多民族地区构建社会主义和谐社会研究》 | 张先亮 |
| 100 | 《新疆民族文化、民族心理与社会长治久安》 | 高静文 |
| 101 | 《中国大众媒介的传播效果与公信力研究》 | 喻国明 |
| 102 | 《媒介素养：理念、认知、参与》 | 陆　晔 |
| 103 | 《创新型国家的知识信息服务体系研究》 | 胡昌平 |
| 104 | 《数字信息资源规划、管理与利用研究》 | 马费成 |
| 105 | 《新闻传媒发展与建构和谐社会关系研究》 | 罗以澄 |
| 106 | 《数字传播技术与媒体产业发展研究》 | 黄升民 |
| 107 | 《互联网等新媒体对社会舆论影响与利用研究》 | 谢新洲 |
| 108 | 《网络舆论监测与安全研究》 | 黄永林 |
| 109 | 《中国文化产业发展战略论》 | 胡惠林 |
| 110 | 《20世纪中国古代文化经典在域外的传播与影响研究》 | 张西平 |
| 111 | 《国际传播的理论、现状和发展趋势研究》 | 吴　飞 |
| 112 | 《教育投入、资源配置与人力资本收益》 | 闵维方 |
| 113 | 《创新人才与教育创新研究》 | 林崇德 |
| 114 | 《中国农村教育发展指标体系研究》 | 袁桂林 |
| 115 | 《高校思想政治理论课程建设研究》 | 顾海良 |
| 116 | 《网络思想政治教育研究》 | 张再兴 |
| 117 | 《高校招生考试制度改革研究》 | 刘海峰 |
| 118 | 《基础教育改革与中国教育学理论重建研究》 | 叶　澜 |
| 119 | 《我国研究生教育结构调整问题研究》 | 袁本涛<br>王传毅 |
| 120 | 《公共财政框架下公共教育财政制度研究》 | 王善迈 |

| 序号 | 书　名 | 首席专家 |
|---|---|---|
| 121 | 《农民工子女问题研究》 | 袁振国 |
| 122 | 《当代大学生诚信制度建设及加强大学生思想政治工作研究》 | 黄蓉生 |
| 123 | 《从失衡走向平衡：素质教育课程评价体系研究》 | 钟启泉<br>崔允漷 |
| 124 | 《构建城乡一体化的教育体制机制研究》 | 李　玲 |
| 125 | 《高校思想政治理论课教育教学质量监测体系研究》 | 张耀灿 |
| 126 | 《处境不利儿童的心理发展现状与教育对策研究》 | 申继亮 |
| 127 | 《学习过程与机制研究》 | 莫　雷 |
| 128 | 《青少年心理健康素质调查研究》 | 沈德立 |
| 129 | 《灾后中小学生心理疏导研究》 | 林崇德 |
| 130 | 《民族地区教育优先发展研究》 | 张诗亚 |
| 131 | 《WTO主要成员贸易政策体系与对策研究》 | 张汉林 |
| 132 | 《中国和平发展的国际环境分析》 | 叶自成 |
| 133 | 《冷战时期美国重大外交政策案例研究》 | 沈志华 |
| 134 | 《新时期中非合作关系研究》 | 刘鸿武 |
| 135 | 《我国的地缘政治及其战略研究》 | 倪世雄 |
| 136 | 《中国海洋发展战略研究》 | 徐祥民 |
| 137 | 《深化医药卫生体制改革研究》 | 孟庆跃 |
| 138 | 《华侨华人在中国软实力建设中的作用研究》 | 黄　平 |
| 139 | 《我国地方法制建设理论与实践研究》 | 葛洪义 |
| 140 | 《城市化理论重构与城市化战略研究》 | 张鸿雁 |
| 141 | 《境外宗教渗透论》 | 段德智 |
| 142 | 《中部崛起过程中的新型工业化研究》 | 陈晓红 |
| 143 | 《农村社会保障制度研究》 | 赵　曼 |
| 144 | 《中国艺术学学科体系建设研究》 | 黄会林 |
| 145 | 《人工耳蜗术后儿童康复教育的原理与方法》 | 黄昭鸣 |
| 146 | 《我国少数民族音乐资源的保护与开发研究》 | 樊祖荫 |
| 147 | 《中国道德文化的传统理念与现代践行研究》 | 李建华 |
| 148 | 《低碳经济转型下的中国排放权交易体系》 | 齐绍洲 |
| 149 | 《中国东北亚战略与政策研究》 | 刘清才 |
| 150 | 《促进经济发展方式转变的地方财税体制改革研究》 | 钟晓敏 |
| 151 | 《中国—东盟区域经济一体化》 | 范祚军 |

| 序号 | 书　名 | 首席专家 |
|---|---|---|
| 152 | 《非传统安全合作与中俄关系》 | 冯绍雷 |
| 153 | 《外资并购与我国产业安全研究》 | 李善民 |
| 154 | 《近代汉字术语的生成演变与中西日文化互动研究》 | 冯天瑜 |
| 155 | 《新时期加强社会组织建设研究》 | 李友梅 |
| 156 | 《民办学校分类管理政策研究》 | 周海涛 |
| 157 | 《我国城市住房制度改革研究》 | 高　波 |
| 158 | 《新媒体环境下的危机传播及舆论引导研究》 | 喻国明 |
| 159 | 《法治国家建设中的司法判例制度研究》 | 何家弘 |
| 160 | 《中国女性高层次人才发展规律及发展对策研究》 | 佟　新 |
| 161 | 《国际金融中心法制环境研究》 | 周仲飞 |
| 162 | 《居民收入占国民收入比重统计指标体系研究》 | 刘　扬 |
| 163 | 《中国历代边疆治理研究》 | 程妮娜 |
| 164 | 《性别视角下的中国文学与文化》 | 乔以钢 |
| 165 | 《我国公共财政风险评估及其防范对策研究》 | 吴俊培 |
| 166 | 《中国历代民歌史论》 | 陈书录 |
| 167 | 《大学生村官成长成才机制研究》 | 马抗美 |
| 168 | 《完善学校突发事件应急管理机制研究》 | 马怀德 |
| 169 | 《秦简牍整理与研究》 | 陈　伟 |
| 170 | 《出土简帛与古史再建》 | 李学勤 |
| 171 | 《民间借贷与非法集资风险防范的法律机制研究》 | 岳彩申 |
| 172 | 《新时期社会治安防控体系建设研究》 | 宫志刚 |
| 173 | 《加快发展我国生产服务业研究》 | 李江帆 |
| 174 | 《基本公共服务均等化研究》 | 张贤明 |
| 175 | 《职业教育质量评价体系研究》 | 周志刚 |
| 176 | 《中国大学校长管理专业化研究》 | 宣　勇 |
| 177 | 《"两型社会"建设标准及指标体系研究》 | 陈晓红 |
| 178 | 《中国与中亚地区国家关系研究》 | 潘志平 |
| 179 | 《保障我国海上通道安全研究》 | 吕　靖 |
| 180 | 《世界主要国家安全体制机制研究》 | 刘胜湘 |
| 181 | 《中国流动人口的城市逐梦》 | 杨菊华 |
| 182 | 《建设人口均衡型社会研究》 | 刘渝琳 |
| 183 | 《农产品流通体系建设的机制创新与政策体系研究》 | 夏春玉 |

| 序号 | 书　名 | 首席专家 |
|---|---|---|
| 184 | 《区域经济一体化中府际合作的法律问题研究》 | 石佑启 |
| 185 | 《城乡劳动力平等就业研究》 | 姚先国 |
| 186 | 《20世纪朱子学研究精华集成——从学术思想史的视角》 | 乐爱国 |
| 187 | 《拔尖创新人才成长规律与培养模式研究》 | 林崇德 |
| 188 | 《生态文明制度建设研究》 | 陈晓红 |
| 189 | 《我国城镇住房保障体系及运行机制研究》 | 虞晓芬 |
| 190 | 《中国战略性新兴产业国际化战略研究》 | 汪　涛 |
| 191 | 《证据科学论纲》 | 张保生 |
| 192 | 《要素成本上升背景下我国外贸中长期发展趋势研究》 | 黄建忠 |
| 193 | 《中国历代长城研究》 | 段清波 |
| 194 | 《当代技术哲学的发展趋势研究》 | 吴国林 |
| 195 | 《20世纪中国社会思潮研究》 | 高瑞泉 |
| 196 | 《中国社会保障制度整合与体系完善重大问题研究》 | 丁建定 |
| 197 | 《民族地区特殊类型贫困与反贫困研究》 | 李俊杰 |
| 198 | 《扩大消费需求的长效机制研究》 | 臧旭恒 |
| 199 | 《我国土地出让制度改革及收益共享机制研究》 | 石晓平 |
| 200 | 《高等学校分类体系及其设置标准研究》 | 史秋衡 |
| 201 | 《全面加强学校德育体系建设研究》 | 杜时忠 |
| 202 | 《生态环境公益诉讼机制研究》 | 颜运秋 |
| 203 | 《科学研究与高等教育深度融合的知识创新体系建设研究》 | 杜德斌 |
| 204 | 《女性高层次人才成长规律与发展对策研究》 | 罗瑾琏 |
| 205 | 《岳麓秦简与秦代法律制度研究》 | 陈松长 |
| 206 | 《民办教育分类管理政策实施跟踪与评估研究》 | 周海涛 |
| 207 | 《建立城乡统一的建设用地市场研究》 | 张安录 |
| 208 | 《迈向高质量发展的经济结构转变研究》 | 郭熙保 |
| 209 | 《中国社会福利理论与制度构建——以适度普惠社会福利制度为例》 | 彭华民 |
| 210 | 《提高教育系统廉政文化建设实效性和针对性研究》 | 罗国振 |
| 211 | 《毒品成瘾及其复吸行为——心理学的研究视角》 | 沈模卫 |
| 212 | 《英语世界的中国文学译介与研究》 | 曹顺庆 |
| | …… | |